Macroéconomie

OUVERTURES ◄► ÉCONOMIQUES

Macroéconomie

Gregory N. Mankiw

Traduction de la 7ᵉ édition américaine par
Jihad C. El Naboulsi

5ᵉ édition

◆ÉCONOMIQUES

OUVERTURES

Ouvrage original :
Macroeconomics by N. Gregory Mankiw, 7th edition
First published in the United States by WORTH PUBLISHERS, New York
Publié pour la première fois aux Etats-Unis par WORTH PUBLISHERS, New York
© 2010 by WORTH PUBLISHERS
All rights reserved

Pour toute information sur notre fonds et les nouveautés dans votre domaine de spécialisation, consultez notre site web: **www.deboeck.com**

© Groupe De Boeck s.a., 2010   5e édition
Pour la traduction en langue française
Éditions De Boeck Université
Rue des Minimes 39, B - 1000 Bruxelles

Tous droits réservés pour tous pays.
Il est interdit, sauf accord préalable et écrit de l'éditeur, de reproduire (notamment par photocopie) partiellement ou totalement le présent ouvrage, de le stocker dans une banque de données ou de le communiquer au public, sous quelque forme et de quelque manière que ce soit.

Imprimé en Belgique

Dépôt légal :
Bibliothèque Nationale, Paris : septembre 2010   ISSN 2030-501X
Bibliothèque royale de Belgique, Bruxelles : 2010/0074/271   ISBN 978-2-8041-6191-0

L'AUTEUR

N. Gregory Mankiw est professeur d'économie à l'Université de Harvard. Il a entamé ses études d'économie à l'Université de Princeton, où il a obtenu une licence en 1980. Après avoir décroché un doctorat en économie au Massachusetts Institute of Technology (MIT), il enseigna à l'Université de Harvard dès 1985 pour y devenir professeur en 1987. Aujourd'hui, il assure régulièrement les cours de macroéconomie tant en premier qu'en second cycle. Il est aussi l'auteur du manuel populaire introductif à l'économie *Principes de l'économie*.

Le professeur Mankiw participe activement à la vie académique et aux débats politiques. Ses travaux de recherche couvrent un large champ de la macroéconomie et vont de l'ajustement des prix à la croissance économique en passant par le comportement du consommateur, les marchés financiers, ou encore les politiques monétaire et budgétaire. Outre sa charge d'enseignement à l'Université de Harvard, il est chercheur associé au National Bureau of Economic Research, membre du Brookings Panel on Economic Activity, et conseiller de la Federal Reserve Bank de Boston et du Bureau du Budget du Congrès Américain. Entre 2003 et 2005, il dirigeait le Council of Economic Advisors (CEA) auprès du Président des États-Unis.

Le professeur Mankiw vit à Wellesley, Massachusetts, avec sa femme Deborah, leurs trois enfants Catherine, Nicholas et Peter et leur chien border terrier, Tobin.

À Deborah

Les domaines de la sphère politique ou sociale, dont un nombre suffisant d'éléments ont fait l'objet d'une analyse critique méthodologiquement assez rigoureuse pour constituer le début d'une science, doivent faire l'objet d'un enseignement académique. On compte au premier rang de ceux-ci l'économie politique, qui expose les sources et les conditions de la richesse et de la prospérité matérielle pour des ensembles déterminés d'êtres humains...

    Les mêmes personnes qui décrient la logique mettent souvent en garde contre l'économie politique. Elles disent qu'elle exclut tout sentiment, qu'elle intègre des faits déplaisants. En ce qui me concerne, la chose la moins sentimentale que je connaisse est la loi de la gravitation : sans aucun scrupule, elle inflige aux personnes les plus raffinées et les plus aimables les pires blessures dès qu'elles oublient d'en tenir compte. Les vents et les vagues ne font pas preuve de plus grands sentiments. Conseilleriez-vous aux marins de nier l'existence des vents et des vagues, ou plutôt de les utiliser et de trouver les moyens de se garder de leurs dangers ? Permettez-moi de vous conseiller d'étudier les grands auteurs en économie politique et de vous en tenir à ce que vous trouverez de vrai dans leurs écrits : soyez sûrs que, si vous n'êtes déjà ni égoïstes ni blasés, ce n'est pas l'économie politique qui vous le fera devenir.

John Stuart Mill, 1867

SOMMAIRE

L'auteur 5

Avant-propos 11

PARTIE 1
Introduction

Chapitre 1. La science macroéconomique 25

Chapitre 2. Les données qu'utilise la macroéconomie 43

PARTIE 2
La théorie classique : l'économie dans le long terme

Chapitre 3. Le revenu national : sa production, sa répartition
et son affectation 79

Chapitre 4. La monnaie et l'inflation 121

Chapitre 5. L'économie ouverte 167

Chapitre 6. Le chômage 219

PARTIE 3
La théorie de la croissance : l'économie dans le très long terme

Chapitre 7. La croissance économique (I) : accumulation du capital
et croissance démographique 253

Chapitre 8. La croissance économique (II) : technologie, faits empiriques
et politique économique 291

PARTIE 4
La théorie des fluctuations économiques : l'économie dans le court terme

Chapitre 9. Introduction aux fluctuations économiques 333

Chapitre 10. La demande agrégée I : la construction du modèle *IS-LM* 367

Chapitre 11. La demande agrégée II : l'application du modèle *IS-LM* 395

Chapitre 12. L'économie ouverte revisitée : le modèle de Mundell-Fleming et les régimes de taux de change 431

Chapitre 13. L'offre agrégée et l'arbitrage à court terme entre inflation et chômage 477

Chapitre 14. Un modèle dynamique de l'offre et de la demande agrégées 511

PARTIE 5
Les débats de politique économique

Chapitre 15. Les politiques de stabilisation 555

Chapitre 16. Dette publique et déficit budgétaire 581

PARTIE 6
Les fondements microéconomiques de la macroéconomie

Chapitre 17. La consommation 615

Chapitre 18. L'investissement 651

Chapitre 19. L'offre de monnaie, la demande de monnaie et le système bancaire 679

Épilogue   Ce que nous savons, ce que nous ne savons pas encore 705

Glossaire 715

Index 737

Table des matières 759

AVANT-PROPOS

L'économiste doit être « mathématicien, historien, homme d'État, philosophe, dans une certaine mesure... au-dessus de la mêlée et aussi incorruptible qu'un artiste et pourtant, parfois aussi proche de la réalité qu'un homme politique ». Ces paroles de John Maynard Keynes, le grand économiste britannique qui, plus que quiconque, pourrait être qualifié de « père de la macroéconomie », résument parfaitement ce que l'on attend d'un économiste.

Comme le suggèrent les propos de J. M. Keynes, l'étudiant en économie doit donc faire appel à des talents multiples. Il incombe aux professeurs et aux auteurs de manuels de l'aider à identifier et à développer ces talents. En rédigeant ce livre pour des cours intermédiaires en macroéconomie, mon objectif était de rendre la macroéconomie accessible, pertinente et, mais oui, plaisante. Ceux d'entre nous qui ont choisi la macroéconomie comme objet de leur profession l'ont fait parce qu'ils la trouvent fascinante, mais surtout parce qu'ils sont convaincus qu'elle peut aider à comprendre de nombreux éléments de la réalité qui nous entoure et que ses enseignements, correctement interprétés et mis en œuvre, peuvent rendre le monde meilleur. J'espère que cet ouvrage pourra transmettre, non seulement la sagesse accumulée par notre profession, mais aussi son enthousiasme et son sens des responsabilités.

L'approche retenue

Tout en partageant un ensemble commun de connaissances, les macroéconomistes n'ont pas tous la même approche de la meilleure manière d'enseigner ces connaissances. J'entame donc cette nouvelle édition en rappelant quatre de mes objectifs qui, conjointement, définissent l'approche poursuivie dans cet ouvrage.

Tout d'abord, je propose une présentation équilibrée des thèmes macroéconomiques de court et de long terme. Tous les économistes savent que les politiques publiques et une série d'autres facteurs agissent sur l'économie à divers horizons temporels. Chacun vit dans son propre court terme, mais également dans le long terme que ses parents lui ont légué. C'est pourquoi les cours de macroéconomie doivent aborder aussi bien les éléments de court terme, tels que le cycle conjoncturel ou la politique de stabilisation, que ceux qui relèvent du long terme, et notamment la croissance économique, le taux de chômage naturel, l'inflation persistante ou l'impact de la dette publique. Aucun des deux horizons temporels ne l'emporte sur l'autre.

Deuxièmement, j'intègre les lignes directrices de la pensée économique tant keynésienne que classique. La place essentielle réservée dans ce livre, comme dans d'autres, à l'approche keynésienne des fluctuations économiques n'est rien d'autre qu'un tribut payé à l'influence et à l'importance de la *Théorie générale* de Keynes. Pour autant, il est important de ne pas perdre de vue le fait que l'économie classique fournit les bonnes réponses à de nombreuses questions fondamentales. Dans cet ouvrage, j'introduis un grand nombre de contributions des économistes classiques, tant des prédécesseurs de Keynes que de la nouvelle économie classique qui s'est développée au cours des trois dernières décennies. Par exemple, la théorie des fonds prêtables du taux d'intérêt, la théorie quantitative de la monnaie et le problème de l'incohérence dans le temps sont abondamment traités. Parallèlement, toutefois, je tiens compte du caractère indispensable de nombreuses idées de Keynes et des nouveaux keynésiens si l'on veut comprendre les fluctuations économiques. Par ailleurs, toute l'attention nécessaire est réservée au modèle *IS-LM* de la demande agrégée, à l'arbitrage à court terme entre inflation et chômage, ainsi qu'aux théories modernes de la rigidité des prix et des salaires.

Troisièmement, j'explique la macroéconomie à l'aide d'une série de modèles simples. Loin de prétendre qu'un seul modèle est suffisamment complet pour expliquer tous les aspects de l'économie, j'incite les étudiants à apprendre à utiliser et à comparer un ensemble de modèles importants. Cette approche permet, en termes pédagogiques, de conserver une relative simplicité à chacun des modèles étudiés, lesquels, de ce fait, peuvent être présentés en un ou deux chapitres. De manière plus significative encore, cette approche invite les étudiants à penser comme les économistes, qui ont toujours à l'esprit plusieurs modèles lorsqu'ils analysent les événements économiques ou les politiques.

Quatrièmement, j'insiste sur le fait que la macroéconomie est une discipline empirique qui tire ses origines et ses lignes directrices d'une large gamme d'expériences. Cet ouvrage contient de nombreuses études de cas qui font appel à la théorie macroéconomique pour éclairer des données ou des événements du monde réel. Pour mettre en valeur les très larges possibilités d'application de la théorie de base, j'ai tiré ces études de cas à la fois de problèmes contemporains auxquels sont confrontées les économies du monde entier et d'épisodes historiques remarquables. Ainsi, certaines de ces études de cas analysent les politiques d'Alexander Hamilton, d'Henry Ford, d'Alan Greenspan, de George Bush (les deux, père et fils !) ou encore de Barack Obama. Elles enseignent au lecteur comment appliquer les principes économiques à des événements survenus en Europe, au quatorzième siècle, sur l'île de Yap, au pays d'Oz, mais aussi à ce qu'on peut lire chaque jour dans les journaux.

Qu'y a-t-il de nouveau dans cette septième édition ?

La présente édition comprend les changements les plus importants apportés au manuel depuis sa première publication en 1992. Elle reflète les nouveaux événements économiques ainsi que les nouvelles recherches sur la meilleure façon de comprendre les développements macroéconomiques.

De loin, le plus grand changement est le nouveau chapitre 14, « Un modèle dynamique de l'offre et de la demande agrégées ». Ces dernières années, l'usage des modèles d'équilibre général dynamiques et stochastiques s'est largement répandu aussi bien dans le milieu universitaire qu'au sein des banques centrales. Ces modèles sont trop complexes pour les présenter d'une façon détaillée aux étudiants de premier cycle. Cependant, on peut leur enseigner les idées essentielles à la fois avec simplicité et rigueur. Tel est l'objet de ce nouveau chapitre. Il s'appuie sur les principes que les étudiants ont vus auparavant, tant dans les chapitres précédents que dans les cours introductifs, et il leur dévoile ces idées récemment développées par la recherche théorique et mises en œuvre par la politique économique.

Les autres chapitres du livre ont été mis à jour afin d'incorporer les nouvelles données et les événements les plus récents, y compris la récente crise financière et celle de l'économie en général. Voici certaines modifications les plus importantes dans l'ordre :

- Chapitre 3 : un nouvel encadré d'information appelé « Le système financier : marchés, intermédiaires financiers et la crise de 2008-2009 ».
- Chapitre 4 : une nouvelle étude de cas sur la récente hyperinflation au Zimbabwe.
- Chapitre 9 : une nouvelle étude de cas appelée « Une leçon monétaire de l'histoire française ».
- Chapitre 9 : un nouvel encadré d'information sur la théorie monétaire de David Hume.
- Chapitre 10 : une nouvelle étude de cas portant sur le plan de stimulation économique proposé et signé par le président Barack Obama.
- Chapitre 11 : une nouvelle étude de cas appelée « La crise financière et le ralentissement économique de 2008-2009 ».
- L'annexe au chapitre 13 incorpore une nouvelle figure illustrant comment les différents modèles macroéconomiques sont liés (grâce à Robert Martel de l'Université de Connecticut qui l'a suggérée).
- Chapitre 16 : une nouvelle étude de cas portant sur le traitement comptable en 2008 et 2009 du TARP (*Troubled Assets Relief Program*) par le département du Trésor et le bureau du budget du Congrès des États-Unis.
- Chapitre 18 : une nouvelle discussion de la récente expansion et récession du marché de l'immobilier.
- Chapitre 19 : une nouvelle section sur les fonds propres en capital des banques, l'effet de levier et l'adéquation du capital bancaire.

Comme toujours, tous les changements que j'ai apportés à l'ouvrage et de nombreux autres que j'ai envisagés ont fait l'objet d'une évaluation sur la base du critère de concision. Ma propre expérience d'étudiant m'a convaincu de la difficulté de lire de longs ouvrages. Mon objectif ici est d'offrir le cours de macroéconomie le plus clair, le plus à jour et le plus accessible en aussi peu de mots que possible.

L'articulation des sujets

La stratégie que je poursuis en enseignant la macroéconomie consiste à étudier d'abord le long terme, où les prix sont flexibles, pour passer ensuite au court terme, où les prix sont rigides. Cette stratégie comporte plusieurs avantages. Premièrement, dans la mesure où la dichotomie classique permet de distinguer les problèmes réels et les problèmes monétaires, les étudiants abordent plus aisément les éléments de long terme. Deuxièmement, quand les étudiants abordent les fluctuations de court terme, ils maîtrisent parfaitement l'équilibre de long terme autour duquel l'économie fluctue. Troisièmement, commencer par des modèles qui incorporent l'équilibre des marchés permet de mieux distinguer le lien entre macroéconomie et microéconomie. Quatrièmement, les étudiants apprennent d'abord les éléments de macroéconomie les moins controversés. Pour toutes ces raisons, la stratégie qui consiste à commencer par les modèles classiques de long terme simplifie considérablement l'enseignement de la macroéconomie.

Passons dès à présent de la stratégie à la tactique : ce qui suit est une visite éclair de l'ouvrage.

Partie I   Introduction

Les éléments introductifs de la partie I sont aussi concis que possible, pour permettre aux étudiants de passer rapidement aux éléments essentiels. Le premier chapitre aborde les grandes questions dont traite la macroéconomie et la manière dont les économistes construisent leurs modèles pour expliquer le monde. Le chapitre 2 donne une idée des données de base de la macroéconomie, en insistant sur le produit intérieur brut, l'indice des prix à la consommation et le taux de chômage.

Partie II   La théorie classique : l'économie dans le long terme

La partie II étudie le long terme, caractérisé par la flexibilité des prix. Le chapitre 3 introduit le modèle classique de base du revenu national. Dans ce modèle, les facteurs et la technologie de production déterminent le niveau du revenu et les productivités marginales des facteurs déterminent la répartition de celui-ci entre les ménages. En outre, le modèle indique comment la politique budgétaire influence l'affectation des ressources de l'économie entre consommation, investissements et dépenses publiques, et il explique comment le taux d'intérêt réel équilibre l'offre et la demande des biens et services.

Le chapitre 4 introduit la monnaie et le niveau des prix. Comme on suppose les prix totalement flexibles, on se réfère aux principales idées de la théorie monétaire classique : théorie quantitative de la monnaie, taxe d'inflation, effet Fisher, coûts sociaux de l'inflation et causes et coûts de l'hyperinflation.

C'est au chapitre 5 que commence l'étude de la macroéconomie des économies ouvertes. Tout en conservant l'hypothèse de plein emploi, ce chapitre présente des modèles permettant d'expliquer la balance commerciale et le taux de change. Il aborde divers thèmes de politique économique : relation entre déficit budgétaire et déficit commercial, impact macroéconomique des politiques commerciales protectionnistes et relation entre politique monétaire et valeur de la monnaie sur les marchés des changes.

Le chapitre 6 relâche l'hypothèse de plein emploi pour aborder la dynamique du marché du travail et du taux naturel de chômage. Il passe en revue diverses causes de chômage, y compris la recherche d'emploi, les législations sur le salaire minimum, le pouvoir de négociation des organisations syndicales et les salaires d'efficience. Il introduit également une série de mesures notoires ayant un impact sur le chômage.

Partie III La théorie de la croissance : l'économie dans le très long terme

La partie III dynamise l'analyse classique de l'économie en ouvrant la boîte à outils des théories récentes de la croissance. Le chapitre 7 fait appel au modèle de Solow pour montrer comment l'économie évolue dans le temps. Il souligne les rôles de l'accumulation du capital et de la croissance démographique. Le chapitre 8 ajoute le progrès technologique au modèle de Solow et utilise ce nouveau modèle pour permettre de comprendre pourquoi le niveau de vie varie entre pays et comment les politiques économiques influencent tant le niveau que la croissance de celui-ci. Enfin, ce même chapitre 8 initie l'étudiant aux théories les plus récentes de la croissance endogène.

Partie IV La théorie des fluctuations économiques : l'économie dans le court terme

La partie IV étudie le court terme, caractérisé par des prix rigides. Elle débute par le chapitre 9 qui examine quelques facteurs clés qui décrivent les fluctuations de l'activité économique dans le court terme. Ensuite, ce chapitre introduit le modèle de l'offre et de la demande agrégées ainsi que le rôle des politiques de stabilisation. Les chapitres suivants affinent ces propos liminaires.

Les chapitres 10 et 11 étudient de plus près la demande agrégée. Le chapitre 10 présente l'approche keynésienne et la théorie de la préférence pour la liquidité, en utilisant ces modèles comme autant d'éléments qui serviront ensuite à construire le modèle *IS-LM*. Le chapitre 11 utilise ce modèle *IS-LM* pour expliquer les fluctuations économiques et la courbe de demande agrégée. Il se conclut par un long développement consacré à l'étude de cas de la Grande Dépression.

L'étude des fluctuations de court terme se poursuit au chapitre 12, centré sur la demande agrégée en économie ouverte. Ce chapitre présente le modèle de Mundell-Fleming et montre comment les politiques monétaires et budgétaires affectent l'économie dans des régimes de taux de change flottants et de taux de change fixes. Il expose également le débat relatif au choix entre taux de change fixes ou flottants.

Le chapitre 13 étudie de plus près l'offre agrégée. Il passe en revue diverses approches explicatives de la courbe d'offre agrégée de court terme et aborde l'arbitrage à court terme entre inflation et chômage.

Le chapitre 14 développe un modèle dynamique de l'offre et de la demande agrégées. Il s'appuie sur les bases théoriques déjà acquises par les étudiants dans les chapitres précédents pour leur permettre d'aborder les fluctuations économiques dans le court terme.

Partie V Les débats de politique économique

Maintenant que l'étudiant maîtrise les modèles standards de long et de court terme, il est invité à utiliser ceux-ci pour éclairer quelques débats fondamentaux en matière de politique économique. Le chapitre 15 pose la question de la réaction des politiques publiques aux fluctuations économiques de court terme. Il met en avant deux grandes questions : d'une part, les politiques monétaires et budgétaires doivent-elles être actives ou passives ? D'autre part, doivent-elles être régies par la règle ou par la discrétion ? Les arguments « pour » et « contre » sont présentés dans chaque cas.

Le chapitre 16 évoque les divers débats que suscitent les déficits budgétaires et la dette publique. Après avoir précisé l'importance de celle-ci, il expose les difficultés auxquelles se heurte la mesure des déficits budgétaires, rappelle l'approche traditionnelle de l'impact de la dette publique et lui oppose l'équivalence ricardienne et d'autres interprétations de l'impact de la dette publique. Pas plus que dans les chapitres précédents, les étudiants ne se voient offrir des conclusions toutes faites, mais bien des outils leur permettant de se forger leur propre opinion.

Partie VI Les fondements microéconomiques de la macroéconomie

Une fois exposés les modèles de long et de court terme et leur application aux débats de politique macroéconomique, l'ouvrage aborde divers sujets dans le but d'affiner notre compréhension de l'économie, en analysant de manière plus détaillée, dans les trois derniers chapitres, les fondements microéconomiques de la macroéconomie. Ces chapitres peuvent être présentés à la fin du cours ou à un stade plus précoce de celui-ci, selon les préférences de l'enseignant.

Le chapitre 17 présente les diverses théories du comportement du consommateur, y compris la fonction de consommation keynésienne, le modèle de Fisher des choix intertemporels, l'hypothèse du cycle de vie de Modigliani, l'hypothèse du revenu permanent de Friedman, l'hypothèse de la marche au hasard de Hall et le modèle de la gratification immédiate de Laibson. Le chapitre 18 étudie la théorie qui sous-tend la fonction d'investissement. Le chapitre 19 fournit des éléments supplémentaires d'interprétation des marchés monétaires, et notamment le rôle du système bancaire dans la détermination de l'offre de monnaie et le modèle dit de Baumol-Tobin de la demande monétaire.

Épilogue

Le livre se conclut par un bref épilogue qui évoque tant les principaux points de convergence entre macroéconomistes que les problèmes non encore résolus. Quel que soit le choix retenu par les enseignants quant aux chapitres enseignés, ce chapitre final peut être utilisé pour rappeler aux étudiants comment lier les uns aux autres les divers modèles et thèmes de la macroéconomie. Comme dans tout l'ouvrage, j'y souligne qu'en dépit des désaccords qui subsistent entre macroéconomistes, nous en savons aujourd'hui beaucoup sur la manière dont l'économie fonctionne.

Divers chemins pour aborder le texte

Bien que le livre soit organisé selon mes propres préférences d'enseigner la macroéconomie intermédiaire, je comprends que les autres enseignants aient d'autres préférences pour le faire. Ainsi, j'ai essayé de garder cet élément à l'esprit en écrivant ce livre pour offrir une plus grande flexibilité. Voici quelques idées et chemins que les enseignants pourraient prendre en considération pour adapter le livre à leurs attentes :

- Certains enseignants sont impatients d'aborder les fluctuations économiques dans le court terme. Pour ce type de cours, je préconise de traiter les chapitres 1 à 4 pour que les étudiants disposent des éléments essentiels de la théorie classique et ensuite traiter les chapitres 9, 10, 11, 13 et 14 pour couvrir le modèle de la demande et de l'offre agrégées.
- D'autres enseignants ont hâte de couvrir la croissance économique dans le long terme. Pour ce type de cours, les enseignants peuvent traiter les chapitres 7 et 8 immédiatement après le chapitre 3.
- Un enseignant qui veut différer (ou même omettre) la macroéconomie des économies ouvertes, peut remettre à plus tard les chapitres 5 et 12 sans perte de continuité.
- Un enseignant voulant mettre l'accent sur les bases microéconomiques de la macroéconomie peut traiter les chapitres 17, 18 et 19 plus tôt en cours, par exemple immédiatement après le chapitre 6 (ou même avant).

L'expérience des éditions précédentes montre que ce texte peut être utilisé dans une variété d'approches.

Les outils d'apprentissage

Je me réjouis tout particulièrement que les étudiants aient trouvé les éditions antérieures conviviales. Je me suis efforcé que ce soit plus vrai encore de cette septième édition.

Les études de cas

L'économie prend vie quand elle est utilisée pour comprendre les événements réels. C'est pourquoi de nombreuses études de cas (dont beaucoup sont nouvelles ou ont été revues pour cette édition) constituent un important outil d'apprentissage intégré à côté des éléments théoriques présentés dans chaque chapitre. Leur nombre élevé autant que la fréquence avec laquelle elles apparaissent dans cet ouvrage sont délibérés : le but en est que l'étudiant ne doive jamais se battre avec un excès de théorie avant de voir concrètement appliquée cette théorie. Selon les propres dires des étudiants, ces études de cas constituent pour eux l'élément favori de l'ouvrage.

Les encadrés d'information

Les encadrés d'information présentent des éléments d'information complémentaires. Je les utilise pour clarifier des concepts plus difficiles, pour fournir des éléments d'information plus détaillés sur les outils qu'utilise l'économiste et pour montrer comment l'économie affecte nos vies quotidiennes. Plusieurs d'entre eux sont nouveaux ou ont été révisés en vue de cette édition.

Les figures

Comprendre l'analyse graphique est essentiel pour étudier la macroéconomie. J'ai donc fait de mon mieux pour rendre les figures « parlantes ». J'y ai souvent ajouté des commentaires qui décrivent brièvement, tout en les soulignant, les principaux éléments qu'illustrent les figures. Ils devraient aider les étudiants tant à comprendre qu'à réviser les éléments du cours.

Les notes mathématiques de bas de page

De temps à autre, j'ai recours aux notes mathématiques de bas de page pour expurger le texte principal des éléments les plus abstraits. Ces notes ont pour objet de présenter un argument de manière plus rigoureuse ou de démontrer un résultat mathématique. Leur localisation en bas de page permet aux étudiants qui ne maîtrisent pas les outils mathématiques nécessaires de les négliger.

Les synthèses de chapitre

Chaque chapitre se termine par une brève synthèse non technique des grands enseignements qu'il comporte. Les étudiants peuvent indifféremment les utiliser pour placer ces enseignements en perspective ou pour réviser le cours en vue de leurs examens.

Les concepts de base

L'apprentissage du langage d'une discipline est une composante majeure de tout cours. Dans le corps de l'exposé, tout nouveau concept figure, lors de sa première introduction, en caractères **gras**. Une liste figurant en fin de chapitre reprend l'ensemble de ces concepts dans l'ordre où ils apparaissent.

L'évaluation des connaissances

Au terme de chaque chapitre, les étudiants peuvent immédiatement vérifier leur compréhension de ces principaux enseignements à l'aide des éléments d'évaluation des connaissances proposés.

Les problèmes et applications

On trouve à la fin de chaque chapitre des « problèmes et applications » conçus en vue des travaux personnels. Certains d'entre eux sont des applications quantitatives de la théorie exposée dans le chapitre concerné, tandis que d'autres invitent l'étudiant à dépasser le cadre strict du chapitre en abordant de nouveaux thèmes étroitement liés à son sujet.

Les annexes de chapitre

Plusieurs chapitres comprennent des annexes qui proposent des éléments d'information ou de compréhension complémentaires, d'un niveau d'élaboration mathématique parfois supérieur à celui de l'exposé principal. L'objet en est de permettre aux professeurs d'approfondir, s'ils le souhaitent, certains sujets. Cependant, ces annexes peuvent être tout simplement ignorées sans jamais affecter la continuité de l'exposé.

Le glossaire

Pour aider les étudiants à se familiariser avec le langage de la macroéconomie, un glossaire de plus de 250 termes est proposé en fin d'ouvrage.

Traduction

La version anglaise de ce livre a été utilisée dans une douzaine de pays. Pour rendre le livre plus accessible aux étudiants à travers le monde, des éditions sont (ou seront bientôt) disponibles en 15 autres langues : arménien, chinois, français, allemand, grec, hongrois, indonésien, italien, japonais, coréen, portugais, roumain, russe, espagnol et ukrainien. En outre, une adaptation canadienne du livre écrite en collaboration avec William Scarth (McMaster University) et une autre adaptation européenne de l'ouvrage écrite en collaboration avec Mark Taylor (University of Warwick) sont disponibles. Les enseignants qui souhaitent obtenir des renseignements sur ces différentes versions sont priés de contacter Worth Publishers.

Remerciements

Depuis que j'ai commencé à écrire la première édition de ce livre en 1988, j'ai bénéficié des contributions de nombreux lecteurs et collègues en économie. Maintenant que le livre est à sa septième édition, ces personnes sont trop nombreuses pour être énumérées toutes. Toutefois, je continue à leur être reconnaissant d'avoir renoncé à leur temps précieux pour m'aider à améliorer tant le contenu économique que la pédagogie de ce texte. Leur avis a fait de ce livre un meilleur outil d'enseignement pour des centaines de milliers d'étudiants à travers le monde.

Je voudrais mentionner les enseignants dont les contributions récentes ont permis d'améliorer cette nouvelle édition :

Jinhui Bai (*Georgetown University*)

Joydeep Bhattacharya (*Iowa State University*)

Ronald Cronovich (*Carthage College*)

Massimiliano De Santis (*Dartmouth College*)

John Driscoll (*Federal Reserve Board*)

James Fackler (*University of Kentucky*)

Chris Foote (*Federal Reserve Bank of Boston*)

David R. Hakes (*University of Northern Iowa*)

Christopher House (*University of Michigan*)

Nancy Jianakoplos (*Colorado State University*)

George Karras (*University of Illinois at Chicago*)

Roger Kaufman (*Smith College*)

Manfred W. Keil (*Claremont McKenna College*)

John Leahy (*New York University*)

Christopher Magee (*Bucknell University*)

Robert Martel (*University of Connecticut*)

Meghan Millea (*Mississippi State University*)

Robert Murphy (*Boston College*)

John Neri (*University of Maryland*)

Christina Peters (*University of Colorado at Boulder*)

Jeffrey Reynolds (*Northern Illinois University*)

David Romer (*University of California at Berkeley*)

Brian Rosario (*American River College*)

Naveen Sarna (*Northern Virginia Community College*)

Mark Siegler (*California State University at Sacramento*)

David Spencer (*Brigham Young University*)

Henry S. Terrell (*University of Maryland*)

Nora Underwood (*University of Central Florida*)

Jaejoon Woo (*DePaul University*)

Bill Yang (*Georgia Southern University*)

Noam Yuchtman (*Harvard University*)

En outre, je suis reconnaissant à Stacy Carlson, étudiante à l'Université de Harvard, qui m'a aidé à mettre à jour les données, affiner ma prose, et relire l'intégralité du livre.

Tous les collaborateurs de Worth Publishers ont continué de faire preuve de la même gentillesse et du même dévouement que pour les éditions antérieures. J'aimerais remercier Catherine Woods, éditeur senior ; Graig Bleyer, éditeur senior ; Sara Dorger, responsable des acquisitions ; Scott Guile, senior marketing manager ; Marie McHale, éditeur de développement senior ; Paul Shensa, consultant éditeur ; Tom Acox, assistant éditeur des suppléments et média ; Lorraine Klimowich, éditeur associé des suppléments et média ; Steven Rigolosi, directeur R&D ; Dana Kasowitz, éditeur projet ; Tracey Kuehn, éditeur associé ; Barbara Seixas, directrice de production ; Barbara Reingold, directrice artistique ; Vicki Tomaselli, design manager ; Kevin Kall, layout designer ; Karen Osborne, Copyeditor ; Laura McGinn, éditeur des suppléments et Stacey Alexander, directeur des suppléments.

De nombreuses autres personnes ont apporté de précieuses contributions. Je voudrais souligner en particulier celle de Jane Tufts, responsable indépendant du développement, qui, une fois de plus, a apporté sa magie sur ce livre, confirmant qu'elle est la meilleure dans le domaine. La qualité de l'index est une nouvelle fois due à Alexandra

Nickerson. Deborah Mankiw, ma femme et éditeur personnel à la maison, a continué à être le premier lecteur des nouveaux éléments, en fournissant le bon équilibre de critique et d'encouragement.

Enfin, je voudrais remercier mes trois enfants, Catherine, Nicholas et Peter. Ils m'ont énormément aidé dans l'élaboration de cette édition, autant en m'en distrayant plaisamment qu'en me rappelant que les manuels sont écrits pour la prochaine génération.

N. Gregory Mankiw
Cambridge, Massachusetts
Mai 2009

PARTIE 1

INTRODUCTION

Chapitre 1.	La science macroéconomique	*25*
Chapitre 2.	Les données qu'utilise la macroéconomie	*43*

LA SCIENCE MACROÉCONOMIQUE

La science tout entière n'est rien d'autre qu'un affinement de la pensée quotidienne.
Albert Einstein

1.1	Ce qu'étudient les macroéconomistes	*26*
1.2	Comment pensent les économistes	*30*
1.3	La démarche de ce livre	*40*

1.1 CE QU'ÉTUDIENT LES MACROÉCONOMISTES

Pourquoi certains pays ont-ils connu une forte croissance des revenus au cours du dernier siècle alors que d'autres restent enlisés dans la pauvreté ? Pourquoi certains pays ont-ils des taux d'inflation élevés alors que d'autres réussissent à maintenir stable le niveau de leurs prix ? Pourquoi tous les pays rencontrent-ils des récessions et des dépressions, des épisodes récurrents de baisse des revenus et de l'emploi ? Comment les politiques publiques peuvent-elles être utilisées pour réduire tant leur fréquence que leur gravité ? La **macroéconomie**, qui est l'étude de l'économie dans son ensemble, s'efforce de répondre à ces questions et à bien d'autres.

Pour vous convaincre de l'importance de la macroéconomie, il vous suffit d'ouvrir votre journal ou votre radio. Vous y lirez ou entendrez quotidiennement des grands titres tels que : « La croissance des revenus rebondit », « La Banque centrale prend des mesures contre l'inflation », ou encore « Baisse des cours boursiers dans la crainte d'une récession ».

Ces événements macroéconomiques semblent être abstraits mais affectent la vie de tous les citoyens. Les chefs d'entreprise, pour prévoir la demande de leurs produits, doivent anticiper la hausse des revenus des consommateurs. Les personnes âgées vivant avec un revenu fixe se demandent à quelle vitesse les prix augmentent. Les nouveaux diplômés à la recherche d'un emploi espèrent un rebond de l'économie qui incitera les entreprises à embaucher à nouveau.

Comme tous sont affectés par les conditions économiques, on ne s'étonnera donc pas que les problèmes macroéconomiques jouent un rôle essentiel dans le débat politique. Les électeurs sont bien conscients de la situation économique et de l'impact sur celle-ci des politiques publiques. C'est pourquoi la popularité de tout président croît pendant les périodes d'expansion et se réduit pendant les récessions.

La macroéconomie est également au centre des relations internationales. Si vous lisez la presse internationale, vous commencez rapidement à réfléchir à la diversité des questions macroéconomiques. Ainsi, était-ce une bonne chose pour beaucoup de pays de l'Union européenne d'adopter une monnaie unique ? La Chine devrait-elle maintenir un taux de change fixe par rapport au dollar américain ? Pourquoi les États-Unis fonctionnement-ils avec des déficits commerciaux importants ? Comment les pays pauvres peuvent-ils augmenter leur niveau de vie ? Ce sont ces problèmes qui sont au cœur des discussions des dirigeants mondiaux lors de leurs rencontres périodiques.

Bien que la décision en matière de politique économique appartienne aux dirigeants mondiaux, la tâche d'expliquer comment l'économie fonctionne dans son ensemble revient aux macroéconomistes. Ainsi, les macroéconomistes sont des chercheurs s'efforçant d'expliquer le fonctionnement de l'économie dans son ensemble. À cette fin, ils collectent des données sur les revenus, les prix, l'emploi et de nombreuses autres variables économiques, à des époques et en des lieux différents. Sur cette base, ils essayent de formuler des théories générales susceptibles d'expliquer les données ainsi rassemblées. Tout comme les astronomes qui étudient l'évolution des astres ou les biologistes qui étudient l'évolution des espèces, les macroéconomistes sont dans l'impossibilité de mener à bien des expérimentations qu'ils contrôlent totalement. Ils doivent donc se contenter d'observer les différences entre systèmes économiques et l'évolution de ceux-ci dans le temps. Ce sont ces observations qui, tout à la fois, incitent à élaborer des théories macroéconomiques et constituent les données qui permettent de vérifier ces dernières.

Nul ne le conteste, la macroéconomie est une science à la fois jeune et imparfaite. La capacité des macroéconomistes à prévoir l'évolution future des composantes économiques n'est en rien supérieure à celle des météorologistes à prédire le temps qu'il fera le mois prochain. Pourtant, vous constaterez au fil de cet ouvrage que les macroéconomistes en savent long sur la manière dont l'économie fonctionne. L'objet de l'étude de la macroéconomie n'est pas uniquement de comprendre et d'expliquer les événements économiques. Au-delà, il s'agit de formuler et d'améliorer la politique économique.

Chaque ère a ses propres problèmes économiques. Dans les années 1970, les présidents Richard Nixon, Gerald Ford et Jimmy Carter ont tous lutté en vain contre la hausse du taux d'inflation. Dans les années 1980, l'inflation a diminué, mais les présidents Ronald Reagan et George Bush ont gouverné avec de vastes déficits budgétaires fédéraux. Dans les années 1990, avec le président Bill Clinton dans le Bureau Ovale, l'économie et les marchés boursiers ont bénéficié d'un essor remarquable ; le déficit budgétaire a diminué et s'est même transformé en un excédent budgétaire. Mais, au moment où Clinton terminait son second mandat, le marché boursier était en retrait et l'économie se dirigeait vers la récession. Lorsque le président George W. Bush a pris ses fonctions à la Maison Blanche en 2001, il a réduit les impôts, ce qui a contribué à mettre fin à la récession, mais a également favorisé la réapparition des déficits budgétaires.

Le président Barack Obama a pris ses fonctions à la Maison Blanche en 2009 dans une période de turbulences économiques accrues. L'économie était ébranlée par la crise financière alimentée par la chute importante des prix de l'immobilier et la forte hausse des faillites hypothécaires. Cette crise s'est propagée à d'autres secteurs économiques poussant ainsi l'économie dans son ensemble dans une autre récession. L'ampleur de cette récession n'était pas connue lors de la publication de cette édition du livre mais certains observateurs craignaient déjà que la récession soit très profonde. Dans certains esprits, cette crise financière fait réapparaître le spectre de la Grande Dépression des années 1930 durant laquelle, et dans ses pires moments, un Américain sur quatre qui voulait travailler ne pouvait pas trouver un emploi. En 2008 et 2009, face à cette crise financière, des responsables du département du Trésor, de la Réserve Fédérale et des autres instances gouvernementales ont réagi avec vigueur afin d'éviter qu'une telle situation se reproduise.

L'histoire macroéconomique n'est pas une histoire simple mais elle fournit une riche motivation pour la théorie économique. Les principes de base de la macroéconomie ne changent pas de décennie en décennie, mais le macroéconomiste doit appliquer ces principes avec souplesse et créativité pour répondre à l'évolution des circonstances.

ÉTUDE DE CAS - L'économie américaine en perspective historique

Les économistes ont recours à de nombreux types de données pour mesurer les performances d'une économie. Trois variables macroéconomiques revêtent une importance particulière à cet égard : le **produit intérieur brut** (**PIB**), le taux d'inflation et le taux de chômage. Le PIB réel mesure le revenu global de tous les agents d'une économie (compte tenu du niveau des prix). Le **taux d'inflation** mesure la vitesse avec laquelle les prix augmentent. Le **taux de chômage** mesure la part de la population active qui n'a pas d'emploi. Les macroéconomistes étudient les déterminants de ces variables, les raisons de leurs variations dans le temps et les relations entre elles.

La figure 1.1 indique l'évolution du PIB réel par habitant dans l'économie américaine. Deux éléments méritent d'être soulignés. Tout d'abord, le PIB réel croît dans le temps. Aujourd'hui, le PIB réel par habitant est huit fois supérieur à ce qu'il était en 1900. Cette croissance du revenu moyen nous permet de jouir d'un niveau de vie plus élevé que celui de nos arrière grands-

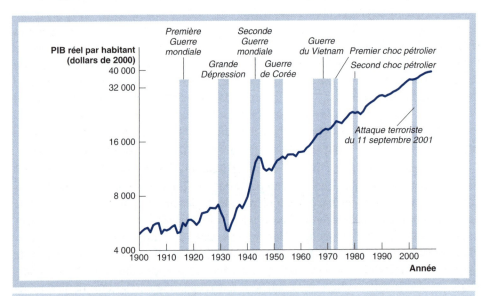

Figure 1.1
PIB réel par habitant dans l'économie américaine

Le PIB réel mesure le revenu global de tous les agents d'une économie. Le PIB réel par habitant mesure le revenu moyen des agents de cette économie. La figure montre que le PIB réel par habitant tend à croître au fil du temps, mais que cette tendance habituelle est périodiquement interrompue par des périodes de recul des revenus, que l'on appelle « récessions » ou « dépressions ».

Note : La figure trace le PIB réel en échelle logarithmique. Sur une telle échelle, des distances égales sur l'axe vertical représentent des variations en *pourcentage* égales. Ainsi, la distance entre $4 000 et $8 000 (une variation de 100 %) est la même que la distance entre $8 000 et $16 000 (une variation de 100 %).

Source : U.S. Department of Commerce and Economic History Services.

parents. Deuxièmement, la croissance du PIB réel n'est pas régulière. La figure montre des périodes successives de baisse du PIB réel, dont la plus importante survient au début des années 1930. De tels épisodes de baisse du PIB réel sont appelés **récession** si la baisse est modérée et **dépression** si elle est plus grave. Il n'est pas étonnant que les périodes de baisse du revenu soient liées à des difficultés économiques substantielles.

La figure 1.2 illustre le taux d'inflation américain. On voit que ces variations ne sont pas négligeables. Au cours de la première moitié du vingtième siècle, le taux d'inflation restait en moyenne proche de zéro. À des périodes de baisse des prix, appelées **déflation**, succédaient des périodes de hausse des prix. Au cours des dernières cinquante années, l'inflation a été la norme. L'inflation est devenue très sévère durant la fin des années 1970, lorsque les prix ont augmenté à un taux de près de 10 % par an. Dans les années récentes, les prix ont en moyenne augmenté de 2 à 3 % par an, traduisant une relative stabilité.

La figure 1.3 illustre le taux de chômage américain. On remarque qu'il y a toujours un certain niveau de chômage et que celui-ci varie d'une année à

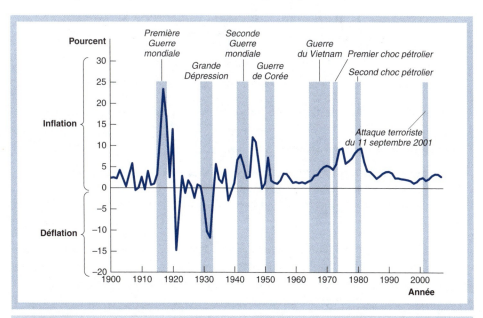

Figure 1.2
Le taux d'inflation dans l'économie américaine

Le taux d'inflation mesure la variation en pourcentage du niveau général des prix par rapport à l'année antérieure. Un taux d'inflation négatif indique que les prix baissent. Un taux positif implique qu'ils augmentent. Un taux positif décroissant indique que la hausse des prix se ralentit.

Note : L'indicateur retenu ici du taux d'inflation est le déflateur du PIB.

Source : U.S. Department of Commerce and Economic History Services.

l'autre. Même s'il n'apparaît aucune tendance nette à long terme, le niveau de chômage varie fortement d'une année à l'autre. Des niveaux anormalement élevés de chômage accompagnent les récessions et dépressions. Ainsi, les taux de chômage les plus élevés ont été atteints au cours de la Grande Dépression des années 1930.

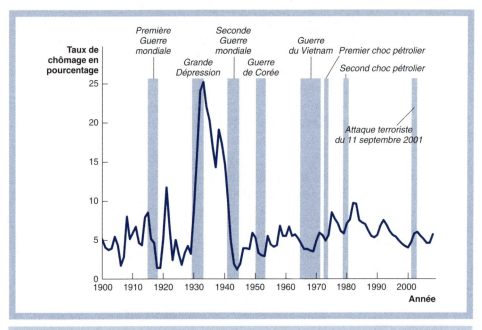

Figure 1.3
Le taux de chômage dans l'économie américaine

Le taux de chômage mesure la part de la population active qui ne trouve pas d'emploi. Cette figure montre qu'il y a toujours du chômage, mais que le niveau de celui-ci varie d'année en année.
Source : U.S. Department of Labor and U.S. Bureau of the Census (*Historical Statistics of the United States : Colonial Times to 1970*).

Ces trois figures, réunies, constituent un aperçu de l'histoire économique des États-Unis. Les chapitres qui suivent vont montrer comment on mesure ces variables et présenter les théories qui expliquent leur comportement.

1.2 COMMENT PENSENT LES ÉCONOMISTES

Les économistes s'efforcent d'aborder les thèmes qu'ils étudient, même si ces derniers sont politiquement sensibles, avec objectivité scientifique. Comme toute science, l'économie dispose de sa boîte à outils : terminologie, données et modes de pensée. La meilleure manière de se familiariser avec ces outils, qui peuvent paraître au départ ésotériques, est de les utiliser. Cet ouvrage vous en offre abondamment la possibilité. Pour les rendre moins rébarbatifs, cependant, nous allons vous en présenter quelques-uns ci-dessous.

1.2.1 Les modèles économiques

Les jeunes enfants apprennent beaucoup sur le monde qui les entoure en jouant avec des versions de jouets représentant des objets réels. Par exemple, ils rassemblent souvent des modèles de voitures, de trains ou d'avions. Ces modèles sont loin d'être réalistes, mais le constructeur du modèle apprend beaucoup d'eux tout de même. Le modèle illustre l'essence de l'objet réel et est conçu pour lui ressembler (en plus, pour de nombreux enfants, construire des modèles est amusant).

Les économistes utilisent aussi des **modèles** pour comprendre le monde, mais le modèle de l'économiste est plus susceptible d'être fait de symboles et d'équations que de plastique et de colle. Les économistes ont construit leurs « jouets » pour comprendre l'économie et pour expliquer les variables économiques, tels que le PIB, l'inflation et le chômage.

Les modèles économiques sont des théories qui synthétisent, souvent en termes mathématiques, les relations entre variables économiques. Ils aident à éviter les détails non pertinents et à centrer l'attention sur les liaisons économiques essentielles (en outre, pour un bon nombre d'économistes, construire des modèles est un plaisir).

Les modèles utilisent deux catégories de variables : les **variables exogènes** et les **variables endogènes**. Comme leur nom l'indique, les variables exogènes ont une origine extérieure au modèle : elles sont introduites dans le modèle. Les variables endogènes, au contraire, sont générées par le modèle lui-même : le modèle les produit. En d'autres termes, les variables exogènes conservent la valeur qu'elles ont au moment où elles sont introduites dans le modèle, tandis que les variables endogènes sont déterminées au sein du modèle. Comme l'illustre la figure 1.4, l'objet du modèle est de montrer comment les variables exogènes affectent les variables endogènes.

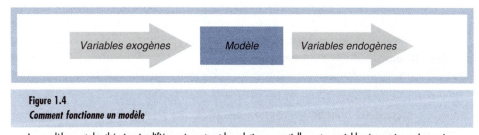

Figure 1.4
Comment fonctionne un modèle

Les modèles sont des théories simplifiées qui montrent les relations essentielles entre variables économiques. Les variables exogènes sont d'origine extérieure au modèle, tandis que les variables endogènes sont celles qu'explique le modèle. Le modèle indique comment les variations des variables exogènes affectent les variables endogènes.

Afin de rendre ces idées plus concrètes, nous allons passer en revue le plus célèbre de tous les modèles économiques, le modèle de l'offre et de la demande. Imaginons un économiste intéressé par la détermination des facteurs qui influencent le prix de la pizza et les quantités de pizzas vendues. Il mettrait au point un modèle qui décrit le comportement des acheteurs de pizza, le comportement des vendeurs de pizza, et leur interaction sur le marché de la pizza. Voyons, à titre d'exemple, comment l'économiste pourrait élaborer ce modèle du marché de la pizza. Il fait tout d'abord l'hypothèse que la quantité de pizzas demandée par les consommateurs Q^d dépend du prix de la pizza P_p et du revenu agrégé Y. L'équation suivante traduit cette relation :

$$Q^d = D\left(P_p, Y\right) \tag{1.1}$$

où $D(\cdot)$ représente la fonction de demande. De même, l'économiste suppose que la quantité de pizzas offerte par les pizzerias Q^s dépende du prix de la pizza P_p et du prix des matières premières telles que le fromage, les tomates, la farine et les anchois, P_m. L'équation suivante traduit cette relation :

$$Q^s = S\left(P_p, P_m\right) \tag{1.2}$$

où $S(\cdot)$ représente la fonction d'offre. Enfin, l'économiste fait l'hypothèse supplémentaire que le prix de la pizza s'ajuste pour équilibrer l'offre et la demande :

$$Q^d = Q^s \tag{1.3}$$

Ces trois équations ne sont rien d'autre, ensemble, qu'un modèle possible du marché de la pizza.

L'économiste illustre ce modèle à l'aide du graphique de l'offre et de la demande présenté à la figure 1.5. La courbe de demande établit la relation entre la quantité de pizzas demandée et le prix de la pizza, le revenu agrégé étant constant. La courbe de demande est décroissante : plus le prix de la pizza est élevé, plus les consommateurs se détournent de la pizza pour acheter d'autres aliments. La courbe d'offre établit une relation entre la quantité de pizzas offerte et le prix de la pizza, le prix des matières premières étant constant. La courbe d'offre est croissante, car plus le prix de la pizza est élevé, plus les pizzerias sont tentées d'en produire. Le marché trouve son équilibre en termes de prix et de quantités au point où les courbes d'offre et de demande se croisent. Au prix d'équilibre, les consommateurs décident d'acheter exactement la quantité de pizzas que les pizzerias décident de produire.

Ce modèle du marché de la pizza comporte deux variables exogènes et deux variables endogènes. Les variables exogènes sont le revenu agrégé et le prix des matières premières. On a vu que le modèle ne tente pas de les expliquer, mais les intègre comme telles (expliquées peut-être par un autre modèle). Les variables endogènes sont

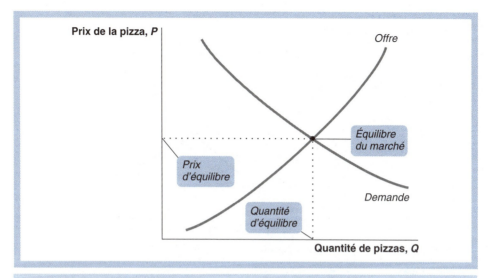

Figure 1.5
Le modèle de l'offre et de la demande

Le modèle économique le plus connu est celui de l'offre et de la demande de biens ou de services, dans notre cas, la pizza. La courbe de demande est une courbe décroissante qui relie le prix de la pizza à la quantité de pizzas demandée par les consommateurs. La courbe d'offre est une courbe croissante qui relie le prix de la pizza à la quantité de pizzas offerte par les pizzerias. Le prix des pizzas s'ajuste jusqu'au moment où les quantités offertes sont égales aux quantités demandées. Le point d'intersection entre la courbe d'offre et la courbe de demande définit l'équilibre du marché, c'est-à-dire le prix auquel les quantités de pizzas offertes et demandées sont égales.

le prix de la pizza et la quantité de pizzas échangée. Ce sont ces deux variables que le modèle a pour objet d'expliquer.

Le modèle indique comment une variation de l'une des variables exogènes affecte les deux variables endogènes. Ainsi, si le revenu agrégé augmente, la demande de pizzas augmente elle aussi, comme l'illustre la figure 1.6 (a). Le modèle montre que tant le prix que la quantité d'équilibre des pizzas augmentent. De même, si le prix des matières premières augmente, l'offre de pizzas diminue, ainsi que l'illustre la figure 1.6 (b). Comme le montre le modèle, dans ce cas le prix d'équilibre de la pizza augmente et la quantité d'équilibre de la pizza diminue. On voit donc que le modèle indique comment des variations du revenu agrégé ou du prix des matières premières affectent le marché de la pizza.

Comme tout modèle, celui du marché de la pizza a recours à des hypothèses simplificatrices. Ainsi, il ne tient aucun compte de la localisation des diverses pizzerias. En réalité, tout consommateur va choisir la pizzeria dans laquelle il fera ses achats, notamment en fonction de la distance qu'il doit parcourir pour y parvenir. Ceci offre aux pizzerias une possibilité de différencier leurs prix en fonction de leur localisation.

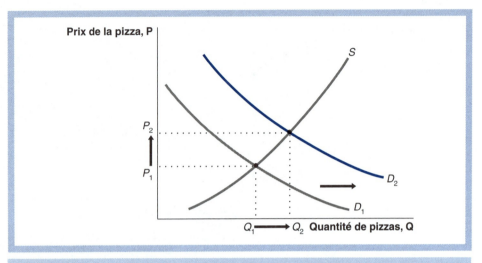

Figure 1.6 (a)
Une hausse de la demande

Si le revenu agrégé augmente, la demande de pizzas augmente : à tout prix donné, les consommateurs souhaitent acheter davantage de pizzas. C'est ce qu'illustre le glissement vers la droite de la courbe de demande, de D_1 en D_2. Le marché se déplace vers le nouveau point d'intersection entre l'offre et la demande. Le prix d'équilibre et la quantité d'équilibre de la pizza augmentent tous deux, respectivement de P_1 en P_2 et de Q_1 en Q_2.

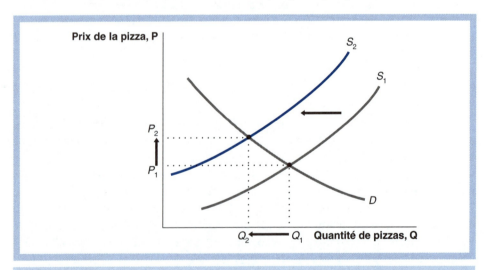

Figure 1.6 (b)
Une baisse de l'offre

Si le prix des matières premières augmente, l'offre de pizzas diminue : à tout prix donné, les pizzerias considèrent qu'il est moins rentable de vendre des pizzas et en produisent donc moins. C'est ce qu'illustre le glissement vers la gauche de la courbe d'offre, de S_1 en S_2. Le marché se déplace vers le nouveau point d'intersection entre l'offre et la demande. Le prix d'équilibre augmente de P_1 en P_2 et la quantité d'équilibre diminue de Q_1 en Q_2.

Comment réagir à cet apparent manque de réalisme du modèle du marché de la pizza ? Devons-nous le rejeter, pour tenter de construire un modèle plus complexe permettant de différencier les prix des pizzas ? La réponse à cette question dépend de l'objet que nous poursuivons. Si notre objectif est d'expliquer comment le prix du fromage affecte le prix moyen de la pizza et la quantité des pizzas vendue, la diversification des prix des pizzas n'est sans doute pas très importante pour nous. Le modèle simplifié du marché de la pizza devrait nous suffire. Par contre, si nous voulons expliquer pourquoi les prix des pizzas sont moins élevés dans les villes où il y a trois pizzerias que dans les villes où il n'y en a qu'une, le modèle simplifié du marché de la pizza ne nous suffira probablement pas.

INFORMATION

Comment utiliser des fonctions pour exprimer les relations entre variables

Tous les modèles économiques expriment des relations entre variables économiques. Souvent, ces relations sont exprimées sous la forme de fonctions. Une *fonction* est un concept mathématique qui montre comment une variable dépend d'un ensemble d'autres variables. Ainsi, dans le modèle du marché de la pizza, nous avons dit que la quantité de pizzas demandée dépendait du prix de la pizza et du revenu agrégé. Ceci s'exprime par la fonction suivante :

$$Q^d = D\left(P_p, Y\right) \qquad (1.1)$$

Cette équation nous dit que la quantité de pizzas demandée Q^d est une fonction du prix de la pizza P_p et du revenu agrégé Y. Dans une fonction, la variable qui précède les parenthèses dénote la fonction. Dans notre cas, $D\left(\cdot\right)$ est la fonction qui exprime comment les variables situées entre parenthèses déterminent la quantité de pizzas demandée.

Si nous en savions davantage sur le marché de la pizza, nous pourrions proposer une formulation numérique de cette quantité de pizzas demandée, par exemple :

$$Q^d = 60 - 10P_p + 2Y \qquad (1.4)$$

Dans ce cas, la fonction de demande serait :

$$D\left(P_p, Y\right) = 60 - 10P_p + 2Y \qquad (1.5)$$

Pour tout prix de la pizza et pour tout revenu agrégé, cette fonction de demande donne la quantité correspondante de pizzas demandée. Ainsi, si le revenu agrégé est égal à $10 et le prix de la pizza égal à $2, la quantité de pizzas demandée est 60 pizzas. Si le prix de la pizza monte à $3, la quantité de pizzas demandée baisse à 50 pizzas.

La notation sous forme de fonction nous permet d'exprimer une relation entre variables même si la relation numérique précise entre elles ne nous est pas connue. Ainsi, nous pourrions savoir que la quantité de pizzas demandée baisse lorsque le prix augmente de $2 à $3, sans pour autant connaître la mesure dans laquelle cette demande baisse. La notation sous forme de fonction reste cependant utile, car elle nous rappelle l'existence d'une relation entre les deux variables.

Tout l'art de l'économiste consiste à évaluer la mesure dans laquelle une hypothèse donnée aide à comprendre un problème ou, au contraire, en éloigne. Si, d'aventure, quelqu'un voulait construire un modèle totalement réaliste, personne ne pourrait le comprendre. La simplification est le prix à payer pour construire un modèle utilisable. Par ailleurs, un modèle qui ignorerait l'une ou l'autre caractéristique essentielle de telle ou telle économie conduirait inévitablement à des conclusions incorrectes. La modélisation économique doit donc faire preuve à la fois de la plus grande prudence et du bon sens le plus affûté.

1.2.2 *La macroéconomie, discipline multiple*

Les problèmes qu'abordent les macroéconomistes sont très différents. Par exemple : l'influence de la politique budgétaire sur l'épargne nationale, l'impact du système de sécurité sociale sur le taux de chômage, l'effet de l'inflation sur les taux d'intérêt, ou encore l'impact de la politique commerciale sur la balance commerciale et le taux de change. En fait, la macroéconomie est aussi diversifiée que l'économie elle-même.

Aucun modèle économique unique ne peut résoudre tous ces problèmes. Tout comme les charpentiers utilisent différents outils pour des tâches différentes, les macroéconomistes utilisent de nombreux modèles différents pour expliquer et comprendre des phénomènes assez divers. Il est extrêmement important, en conséquence, pour les étudiants en macroéconomie, de garder constamment à l'esprit qu'il n'existe aucun modèle unique « correct ». Bien au contraire, il y a une variété de modèles, chacun devant être utilisé de façon adéquate en fonction des objectifs poursuivis. La macroéconomie est donc comme un couteau suisse, un ensemble d'outils complémentaires mais distincts qui peuvent être appliqués de différentes manières dans différentes circonstances.

C'est pour cette raison que l'ouvrage que vous avez sous les yeux, présente de nombreux modèles différents, qui font des hypothèses différentes, en fonction des thèmes abordés. N'oublions jamais que la validité d'un modèle dépend crucialement de la pertinence de ses hypothèses et que celles-ci, utiles dans tel cas, peuvent induire en erreur dans tel autre cas. Lorsqu'il utilise un modèle pour étudier un problème donné, l'économiste ne peut jamais en perdre de vue les hypothèses sous-jacentes, et il doit, en chaque occasion, réexaminer si ces hypothèses peuvent être raisonnablement acceptées pour l'objet qui le préoccupe.

1.2.3 *Les prix : flexibles ou rigides*

L'une des hypothèses de base des modèles macroéconomiques porte sur la vitesse avec laquelle les prix et les salaires s'ajustent face à des changements des conditions économiques. En règle générale, les économistes font l'hypothèse que le prix d'un bien ou d'un service donné s'ajuste rapidement pour équilibrer l'offre et la demande. En d'autres termes, ils supposent que, pour tout prix donné, les acheteurs ont acquis la quantité qu'ils souhaitaient et les offreurs ont vendu la quantité qu'ils voulaient. Cette hypothèse, dite d'**équilibre du marché**, est au cœur du modèle du marché de la pizza présenté plus haut. Dans la plupart des cas, les économistes font appel à des modèles d'équilibre du marché.

Pourtant, il n'est pas totalement réaliste de supposer que les marchés s'équilibrent *en permanence*. Ce ne serait le cas que si les prix s'ajustaient instantanément aux variations de l'offre et de la demande. En réalité, de nombreux prix et salaires ne s'ajustent que lentement. Les conventions collectives et les contrats de travail fixent souvent les salaires pour plusieurs années. De nombreuses entreprises évitent de modifier trop souvent leurs prix, comme c'est par exemple le cas des éditeurs de journaux qui généralement changent leurs prix tous les trois ou quatre ans. Alors que les modèles d'équilibre du marché font l'hypothèse que tous les prix et salaires sont **flexibles**, dans le monde réel, de nombreux prix et salaires sont **rigides**.

Cette rigidité apparente des prix et des salaires n'invalide pas pour autant les modèles d'équilibre du marché. Elle n'est, en effet, pas éternelle : au bout d'un certain temps, variable, les prix et salaires doivent s'ajuster à l'offre et à la demande. Ainsi, les modèles d'équilibre du marché n'expliquent sans doute pas l'état de l'économie à tout moment, mais bien l'équilibre vers lequel l'économie évolue lentement. C'est pourquoi la plupart des macroéconomistes considèrent que l'hypothèse de flexibilité des prix explique bien l'économie dans le long terme et notamment tout ce qui concerne la croissance économique de décennie en décennie.

Par contre, pour expliquer les fluctuations économiques d'une année à l'autre, l'hypothèse de flexibilité des prix est moins aisément acceptable. À court terme, de nombreux prix sont fixés à des niveaux prédéterminés. C'est pourquoi la plupart des macroéconomistes préfèrent aujourd'hui adopter l'hypothèse de rigidité des prix pour expliquer le comportement de l'économie à court terme.

1.2.4 La pensée microéconomique et les modèles macroéconomiques

La **microéconomie** étudie le comportement des agents économiques individuels. En d'autres termes, elle s'attache à comprendre comment les ménages et les entreprises prennent leurs décisions et comment ces décisions s'influencent mutuellement sur le marché. Elle fait l'hypothèse de base que les ménages et les entreprises ont un comportement d'*optimisation* : ils font tout ce qu'ils peuvent pour atteindre leurs objectifs, étant donné leurs contraintes. Dans les modèles microéconomiques, les ménages choisissent leurs achats en vue de maximiser leur niveau de satisfaction, ou en termes économiques leur *utilité*, et les entreprises fixent leur niveau de production en vue de maximiser leur *profit*.

Les multiples interactions entre les décisions que prennent les ménages et les entreprises finissent par susciter des phénomènes qui touchent l'ensemble de l'économie : c'est pourquoi macroéconomie et microéconomie sont inextricablement liées. Il n'est pas possible d'étudier l'économie dans son ensemble sans prendre en compte les décisions des acteurs économiques individuels. Par exemple, pour comprendre ce qui détermine la dépense totale de consommation, nous devons savoir comment une famille décide d'allouer son revenu entre la dépense présente et l'épargne en vue de l'avenir. Pour comprendre ce qui détermine la dépense totale d'investissement, nous devons savoir comment l'entreprise décide de construire ou non une nouvelle usine. Les variables agrégées ne sont en définitive que la somme des variables qui décrivent les actions des agents individuels. La macroéconomie a donc nécessairement des fondements microéconomiques.

Si les décisions microéconomiques sous-tendent toujours les modèles économiques, dans un grand nombre de ceux-ci, le comportement d'optimisation des ménages et des entreprises reste implicite plutôt qu'explicite. Reprenons l'exemple du modèle du marché de la pizza présenté plus haut dans ce chapitre. Les décisions que prennent les ménages quant à leurs achats de pizzas déterminent la demande de pizzas, et les décisions des pizzerias quant aux quantités de pizzas qu'elles souhaitent produire déterminent l'offre de pizzas. Il est implicite que les ménages prennent leurs décisions dans le but de maximiser leur utilité et les pizzerias les leurs pour maximiser leur profit. Le modèle n'est cependant pas centré sur ces décisions microéconomiques : il les laisse à l'arrière-plan. De même, le comportement de maximisation des entreprises et des ménages reste implicite dans une grande partie de la macroéconomie.

INFORMATION

Les prix Nobel en macroéconomie

Le gagnant du prix Nobel d'économie est annoncé chaque mois d'octobre. De nombreux lauréats sont des macroéconomistes dont les travaux font l'objet d'étude dans ce livre. Voici quelques-uns d'entre eux, ainsi que certains de leurs propos concernant la manière dont ils ont choisi leur domaine d'études :

Milton Friedman (Prix Nobel 1976) : « J'ai obtenu mon diplôme du collège en 1932, lorsque les États-Unis étaient au bas de la dépression la plus profonde de leur histoire. Le principal problème du moment était l'économie. Comment sortir de la dépression ? Comment réduire le chômage ? Qu'est-ce qui explique le paradoxe de la grande nécessité d'une part, et les ressources non utilisées d'autre part ? Dans ces conditions, devenir un économiste semblait plus pertinent pour les questions brûlantes du jour que de devenir un mathématicien appliqué ou un actuaire. »

James Tobin (Prix Nobel 1981) : « J'ai été attiré par l'économie pour deux raisons. L'une d'elles est que la théorie économique est un défi intellectuel fascinant, dans le même ordre que les mathématiques ou les échecs. J'ai aimé le raisonnement analytique et logique… L'autre raison était la pertinence évidente de l'économie pour comprendre et peut-être surmonter la Grande Dépression. »

Franco Modigliani (Prix Nobel 1985) : « Pour un certain temps, il a été question que j'étudie la médecine parce que mon père était médecin... Je suis allé au bureau des inscriptions en médecine, mais alors j'ai fermé mes yeux et j'ai pensé au sang ! Je suis devenu pâle juste en y pensant et j'ai décidé, dans ces conditions, qu'il vaudrait mieux me tenir à distance de la médecine... Cherchant quelque chose à faire, il se trouve que j'ai pu avoir quelques activités économiques. Je connaissais un peu l'allemand et j'ai été invité à traduire de l'allemand à l'italien certains articles pour l'une des associations professionnelles. Ainsi, j'ai commencé à me frotter aux problèmes économiques traités dans la littérature allemande. »

Robert Solow (Prix Nobel 1987) : « Je suis revenu [au collège après avoir été à l'armée] et, presque sans y penser, j'ai choisi l'économie comme spécialité afin de finir mes études de premier cycle. Le temps était tel que j'ai dû prendre une décision à la hâte. Sans doute me suis-je comporté comme si je maximisais une somme infinie actualisée d'utilités à une période, mais sans pouvoir le prouver. Pour moi, c'est comme si je disais à moi-même : *"que diable"*. »

Robert Lucas (Prix Nobel 1995) : « À l'école publique la science était sans fin. C'était une liste pas très bien organisée de ce que d'autres personnes ont découvert depuis longtemps. Au collège, j'ai appris des choses sur le processus de la découverte scientifique, mais ceci ne m'a pas incité à faire une carrière dans le domaine scientifique... Ce que j'ai aimé, c'est la réflexion sur la politique et les questions sociales. »

George Akerlof (Prix Nobel 2001) : « Quand je suis allé à Yale, j'ai été convaincu que je voulais être un économiste ou un historien. Vraiment, pour moi, c'était une distinction sans une différence. Si j'allais être un historien, alors je serais un historien économique. Et si j'optais pour économiste, je considérerais l'histoire comme la base de l'économie. »

Edward Prescott (Prix Nobel 2004) : « En discutant avec [mon père], j'ai appris beaucoup de choses sur la façon dont les affaires fonctionnent. C'est une raison pour laquelle j'ai tant aimé mon cours de microéconomie en première année au Swarthmore College. La théorie des prix que j'ai apprise dans ce cours m'a permis de rationaliser mes connaissances acquises auprès de mon père sur le mode de fonctionnement des affaires. L'autre raison est le manuel utilisé dans ce cours, *Principles of Economics* de Paul A. Samuelson. J'ai adoré la façon dont Samuelson énonce la théorie dans son ouvrage, si simplement et clairement. »

Edmund Phelps (Prix Nobel 2006) : « Comme la plupart des Américains entrant à l'université, j'ai commencé à Amherst College sans idées précises de la discipline à approfondir, ni de la carrière à embrasser. J'ai fait l'hypothèse tacite que je serais porté par le monde des affaires, par l'argent, en faisant quelque chose de terriblement intelligent. Cependant, durant la première année j'ai été émerveillé par les écrits de Platon, Hume et James. J'aurais sans doute continué en philosophie s'il n'y avait pas mon père qui a insisté et a plaidé pour que je suive un cours en économie, ce que j'ai fait la deuxième année... J'ai été extrêmement impressionné de voir qu'il était possible de soumettre les événements que j'avais lus dans les journaux à une sorte d'analyse formelle. »

Si vous voulez en savoir plus sur le prix Nobel et ses lauréats, rendez-vous sur www.nobelprize.org [1].

---

1 Les cinq premières citations sont de William Breit et Barry T. Hirsch, eds., *Lives of the Laureates*, 4th ed. Cambridge, MA : MIT Press, 2004. Les deux suivantes sont du site web des prix Nobel. La dernière citation est de Arnold Heertje, ed., *The Makers of Modern Economics*, Vol. II, Aldershot, U.K. : Edward Elgar Publishing, 1995.

1.3 LA DÉMARCHE DE CE LIVRE

Ce livre comporte six parties. Ce chapitre et le suivant constituent la première de celles-ci, qui fait œuvre d'entrée en matière. Le chapitre 2 a pour objet d'expliquer comment les économistes mesurent les variables économiques, telles que le revenu agrégé, le taux d'inflation ou encore le taux de chômage.

La partie II intitulée « La Théorie classique : l'économie dans le long terme » présente le modèle classique de l'économie. L'hypothèse de base de ce modèle classique est que les prix s'ajustent pour équilibrer les marchés (flexibilité). En d'autres termes, à quelques exceptions près, le modèle classique fait l'hypothèse qu'un marché s'équilibre. Pour les raisons que nous avons dites déjà, il vaut mieux considérer cette hypothèse comme décrivant l'économie à un horizon d'au moins quelques années.

La partie III, « La théorie de la croissance : l'économie dans le très long terme », développe le modèle classique. Elle maintient l'hypothèse d'équilibre des marchés, mais en soulignant les rôles de la croissance du stock de capital, de la population active et des connaissances technologiques. Son objet est d'expliquer l'évolution des économies sur des périodes de plusieurs dizaines d'années.

La partie IV, dont le titre est « La théorie des fluctuations économiques : l'économie dans le court terme » étudie le comportement de l'économie lorsque les prix sont rigides. Elle introduit un modèle d'économie en déséquilibre conçu pour analyser des problèmes de court terme tels que les raisons des fluctuations économiques et l'impact des politiques publiques sur celles-ci. Sa meilleure utilisation réside dans l'analyse des variations économiques de mois en mois ou d'année en année.

La partie V, consacrée aux « Débats de politique économique », puise dans les analyses précédentes les éléments d'évaluation du rôle optimal de l'État dans la vie économique. Ainsi, l'État doit-il réagir, et dans quelle mesure, aux fluctuations de court terme du PIB réel et du chômage ? On y présente également diverses approches de l'impact de la dette publique sur l'économie.

La partie VI, intitulée « Les fondements microéconomiques de la macroéconomie », passe en revue certains des modèles microéconomiques qui s'avèrent utiles pour l'analyse des problèmes macroéconomiques. Elle étudie notamment les décisions de consommation et d'épargne des ménages et les décisions d'investissement des entreprises. Réunies, ces décisions individuelles tissent la toile macroéconomique d'ensemble. L'objet de l'étude détaillée de ces décisions microéconomiques est d'affiner notre compréhension de l'économie agrégée.

Synthèse

1. La macroéconomie est l'étude de l'économie dans son ensemble, notamment quant à des phénomènes tels que la croissance du revenu, l'inflation et le taux de chômage. La macroéconomie s'efforce à la fois d'expliquer les évolutions économiques et de concevoir des politiques susceptibles d'améliorer les performances économiques.

2. Pour comprendre l'économie, les économistes ont recours à des modèles, c'est-à-dire des théories qui simplifient la réalité pour mettre en évidence la manière dont les variables exogènes influencent les variables endogènes. Tout l'art de l'économiste est d'évaluer si un modèle donné rend compte de manière pertinente des principales relations économiques. Aucun modèle unique n'étant capable de répondre à toutes les questions, les macroéconomistes utilisent à diverses fins des modèles différents.

3. L'une des hypothèses centrales à tout modèle macroéconomique porte sur la flexibilité ou la rigidité des prix. La plupart des macroéconomistes pensent que les modèles d'équilibre du marché décrivent l'économie dans le long terme, mais que les prix sont rigides dans le court terme.

4. La microéconomie est l'étude de la manière dont les ménages et les entreprises prennent leurs décisions et des interrelations entre ces décisions. Ces multiples interrelations microéconomiques se répercutent au niveau macroéconomique. On ne s'étonnera donc pas que les macroéconomistes utilisent également de nombreux outils empruntés à la microéconomie même si les fondements de cette dernière sont implicites.

Concepts de base

- Macroéconomie
- PIB réel
- Inflation et déflation
- Chômage
- Récession
- Dépression
- Modèles
- Variables exogènes
- Variables endogènes
- Équilibre du marché
- Prix flexibles et prix rigides
- Microéconomie

Évaluation des connaissances

1. Expliquez la différence entre macroéconomie et microéconomie. Qu'est-ce qui lie ces deux domaines ?

2. Pourquoi les économistes construisent-ils des modèles ?

3. Qu'entend-on par modèle d'équilibre du marché ? Quand l'hypothèse de l'équilibre du marché s'avère-t-elle pertinente ?

PROBLÈMES ET APPLICATIONS

1. De quels grands problèmes macroéconomiques a parlé la presse récemment ?
2. Quelles sont, selon vous, les caractéristiques qui définissent une science ? L'étude de l'économie comporte-t-elle ces caractéristiques ? Pensez-vous qu'il convient d'appeler « science » la macroéconomie ? Pourquoi ou pourquoi pas ?
3. Utilisez le modèle de l'offre et de la demande pour expliquer comment une baisse du prix du yogourt surgelé affecte le prix de la crème glacée ainsi que la quantité vendue de crème glacée. Dans cette explication, identifiez les variables exogènes et endogènes.
4. Avec quelle fréquence le prix d'une coupe de cheveux se modifie-t-il ? Quelles sont les implications de votre réponse quant à l'utilité des modèles d'équilibre du marché en vue de l'analyse du marché de la coupe de cheveux ?

2

LES DONNÉES QU'UTILISE LA MACROÉCONOMIE

C'est une erreur fatale de construire des théories avant de connaître les faits. Elle induit insensiblement à conformer les faits aux théories, au lieu de l'inverse.
Sherlock Holmes

2.1 La mesure de la valeur de l'activité économique : le produit intérieur brut   44

2.2 La mesure du coût de la vie : l'indice des prix à la consommation   62

2.3 La mesure du chômage : le taux de chômage   66

2.4 Conclusion : des statistiques économiques aux modèles économiques   71

Les scientifiques, les économistes et les détectives ont beaucoup de choses en commun : ils veulent tous savoir ce qui se passe dans le monde qui les entoure. Pour ce faire, ils s'appuient sur la théorie et l'observation. Ainsi, les économistes font usage de théories et d'observations pour comprendre comment fonctionne l'économie. L'observation de l'économie leurs fournit les bases théoriques. Une fois ces dernières élaborées, ils retournent à l'observation pour les vérifier. Ce chapitre identifie les types d'observations qu'utilisent les macroéconomistes pour élaborer et vérifier leurs théories.

L'observation au quotidien est l'une des sources d'information possibles sur l'économie. Pour observer la variation des prix, il suffit d'entrer dans un magasin. Ceux qui cherchent un emploi savent tout de suite si les entreprises embauchent ou non. Étant tous impliqués dans l'économie, nous observons au jour le jour quelles sont les conditions économiques du moment.

Il y a un siècle, les économistes avaient besoin d'aller au-delà de ces simples observations du quotidien. D'autant plus que les politiques économiques étaient plus difficiles à mettre en place avec de telles informations fragmentaires et partielles. L'anecdote dit que, tandis qu'un économiste suggérait que l'économie se dirigeait dans un sens, un autre suggérait qu'elle se déplaçait dans un sens inverse. Les économistes avaient besoin de trouver une façon de combiner les expériences individuelles en un ensemble cohérent. Il y avait une solution évidente : d'une façon sarcastique, le pluriel d'« anecdote » est « données ».

Aujourd'hui, les statistiques économiques constituent une autre source, plus systématique et plus objective, d'informations sur l'économie, et presque tous les jours, les journaux ont une histoire sur ces statistiques récemment publiées.

Les organismes publics compétents réalisent à intervalles réguliers des enquêtes auprès des ménages et des entreprises dans le but de mieux cerner leur activité économique et d'apprendre, par exemple, ce qu'ils gagnent, ce qu'ils achètent et à quels prix. Les résultats de ces enquêtes permettent d'établir des statistiques synthétisant les conditions économiques. Ce sont ces statistiques qu'utilisent les économistes pour étudier l'économie. Ces mêmes statistiques aident les décideurs politiques à suivre les évolutions économiques et à formuler en conséquence les politiques les plus adéquates.

Ce chapitre présente les trois mesures statistiques économiques les plus utilisées par les économistes et les décideurs politiques. Le produit intérieur brut, ou PIB, reflète le revenu total généré dans une économie et les dépenses totales que celle-ci consacre à l'acquisition de biens et de services. L'indice des prix à la consommation, ou IPC, mesure le niveau des prix. Le taux de chômage décrit la part de la population active qui ne trouve pas d'emploi. Nous verrons plus loin comment sont calculées ces mesures statistiques et ce qu'elles nous apprennent sur l'économie.

2.1 LA MESURE DE LA VALEUR DE L'ACTIVITÉ ÉCONOMIQUE : LE PRODUIT INTÉRIEUR BRUT

Nombreux sont ceux qui considèrent le **produit intérieur brut (PIB)** comme la meilleure mesure des comportements et performances d'une économie. Aux États-

Unis, cette mesure statistique est établie tous les trois mois par le Bureau d'Analyses Économiques (Bureau of Economic Analysis), l'un des services du Département du Commerce des États-Unis, à partir d'un grand nombre de sources de données primaires.

Les sources primaires comprennent aussi bien les données administratives obtenues à partir des fonctions gouvernementales telles que la collecte des impôts, les programmes d'éducation, la défense ou encore la réglementation, et les données statistiques qui proviennent des enquêtes gouvernementales effectuées auprès des établissements de vente au détail, des entreprises manufacturières, et des agriculteurs par exemple. L'objet du PIB est de résumer toutes ces données et de les synthétiser en un seul chiffre représentant la valeur en dollars de l'activité économique pour une période de temps donnée.

En termes plus concrets, le PIB est égal aux deux grandeurs suivantes :
- *le revenu total de l'ensemble des membres de l'économie* ;
- *la dépense totale consacrée à l'acquisition des biens et services produits par cette économie.*

Il est aisé de comprendre pourquoi le PIB mesure le comportement économique en termes tant de revenus que de dépenses. Le PIB, en effet, mesure quelque chose qui intéresse beaucoup les gens, leurs revenus. Par ailleurs, une économie qui produit de grandes quantités de biens et services est mieux à même de satisfaire les demandes des ménages, des entreprises et des pouvoirs publics.

Mais comment le PIB peut-il mesurer à la fois le revenu et la dépense d'une économie ? La réponse est simple : en fait, ces deux quantités sont identiques. Pour l'économie dans son ensemble, le revenu doit nécessairement être égal à la dépense. Ceci est le résultat d'un constat plus fondamental encore : puisque dans toute transaction interviennent un vendeur et un acheteur, chaque dollar dépensé par ce dernier constitue nécessairement un dollar de revenu pour le vendeur. Quand Joe repeint la maison de Jane pour $1 000, ces $1 000 sont un revenu pour lui et une dépense pour Jane. Cette transaction ajoute $1 000 au PIB, peu importe que l'opération se fasse du côté du revenu ou du côté de la dépense.

Pour le comprendre, nous devons nous tourner vers la **comptabilité nationale**, qui constitue le système comptable dans le cadre duquel se mesurent le PIB et bien d'autres mesures statistiques associées.

2.1.1 *Le revenu, la dépense et le circuit économique*

Prenons le cas d'une économie qui ne produit qu'un seul bien, du pain, à partir d'un seul facteur de production, le travail. La figure 2.1 illustre toutes les transactions économiques susceptibles de se dérouler entre ménages et entreprises constitutifs de cette économie.

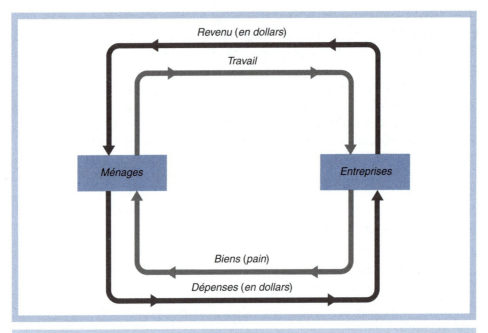

Figure 2.1
Le circuit économique

Cette figure illustre les flux entre entreprises et ménages dans une économie qui produit un seul bien, du pain, à l'aide d'un seul facteur de production, le travail. La boucle intérieure représente les flux de travail et de pain : les ménages vendent leur travail aux entreprises et celles-ci leur pain aux ménages. La boucle extérieure représente les flux correspondants de dollars : les ménages paient leur pain aux entreprises et ces dernières paient des salaires et versent des profits aux ménages. Dans cette économie, le PIB est à la fois la dépense totale consacrée à l'achat de pain et le revenu total tiré de la production de pain.

La boucle intérieure de la figure 2.1 représente les flux de pain et de travail. Les ménages vendent leur travail aux entreprises. Celles-ci utilisent le travail des ménages pour produire du pain qu'elles vendent ensuite à ces mêmes ménages. On voit donc que le travail va des ménages vers les entreprises et que le pain circule à partir des entreprises vers les ménages.

La boucle extérieure de cette même figure 2.1 représente le flux correspondant de dollars. Les ménages achètent du pain auprès des entreprises. Celles-ci utilisent une partie du revenu de leurs ventes pour payer les salaires des travailleurs et le solde constitue le profit des propriétaires des entreprises, qui eux-mêmes font partie du secteur des ménages. L'argent consacré à l'acquisition de pain va donc des ménages vers les entreprises et les revenus correspondants des entreprises vers les ménages sous forme de salaires et de profits.

Le PIB mesure le flux de dollars au sein de l'économie. On le calcule de deux manières. Le PIB est le revenu total tiré de la production de pain, lequel est égal à la

INFORMATION
Des stocks et des flux

Un grand nombre de variables économiques mesurent une quantité de quelque chose : une quantité de monnaie, une quantité de biens, etc. Les économistes font une distinction entre deux catégories de variables quantitatives : les stocks et les flux. Un **stock** est une quantité mesurée en un point donné du temps, tandis qu'un **flux** est une quantité mesurée par unité de temps.

La baignoire illustrée à la figure 2.2 est le support classique de l'illustration de la différence entre stock et flux. La quantité d'eau qu'elle contient est un stock : c'est la quantité d'eau qui se trouve dans la baignoire à tout moment donné. La quantité d'eau qui coule du robinet est un flux : c'est la quantité d'eau qui s'ajoute dans la baignoire par unité de temps. Vous aurez remarqué que stocks et flux sont mesurés dans des unités différentes. La baignoire contient 50 *litres* d'eau, mais l'eau coule du robinet à la vitesse de 5 *litres par minute*.

Le PIB est probablement le flux le plus important en économie : il mesure le flux de dollars dans le circuit économique par unité de temps. Lorsque vous entendez quelqu'un dire que le PIB des États-Unis est de $14 000 milliards, vous devez comprendre que cela signifie qu'il est de $14 000 milliards *par année*. D'une façon équivalente, nous pouvons dire que le PIB américain est $444 000 par seconde.

Stocks et flux sont souvent liés. Dans le cas de la baignoire, par exemple, cette relation est claire : le stock d'eau contenu par la baignoire résulte de l'accumulation de l'eau qui coule du robinet et le flux d'eau identifie la variation de ce stock. Lors de l'élaboration des théories explicatives des variables économiques, il s'avère souvent utile de déterminer si les variables en cause sont des stocks ou des flux, et quelles sont les éventuelles relations entre eux.

Voici quelques exemples de stocks et de flux liés les uns aux autres et qui seront étudiés dans les chapitres suivants :

- La richesse d'une personne est un stock ; son revenu et sa dépense sont des flux.
- Le nombre de chômeurs est un stock ; le nombre de personnes qui perdent leur emploi est un flux.
- Le volume de capital présent dans une économie est un stock ; la quantité d'investissements est un flux.
- La dette publique est un stock ; le déficit budgétaire public est un flux.

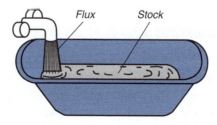

Figure 2.2
Stocks et flux
La quantité d'eau dans la baignoire est un stock, que l'on mesure à tout moment donné. La quantité d'eau qui coule du robinet est un flux, qui se mesure par unité de temps.

somme des salaires et des profits, soit la partie supérieure du circuit des dollars. Simultanément, le PIB mesure la dépense totale consacrée à l'acquisition de pain, représentée dans la partie inférieure du circuit de dollars. On peut donc indifféremment considérer le flux de dollars des entreprises vers les ménages ou le flux de dollars des ménages vers les entreprises.

La dépense et le revenu totaux d'une économie sont nécessairement égaux, puisque toute transaction a deux acteurs, un acheteur et un vendeur. La dépense consacrée par les acheteurs à l'acquisition de produits constitue, du fait des règles comptables, le revenu des vendeurs de ces produits. En conséquence, toute transaction qui affecte la dépense affecte simultanément le revenu et toute transaction qui affecte ce revenu affecte nécessairement la dépense.

Examinons le cas où une entreprise produit et vend un pain de plus à un ménage. Cette transaction accroît de toute évidence la dépense totale consacrée à l'achat de pain, mais elle a un effet identique sur le revenu total. Si l'entreprise en question produit ce pain supplémentaire sans embaucher davantage de main-d'œuvre, par exemple en rendant plus efficace son processus de production, son profit augmente. Si cette même entreprise produit le pain supplémentaire en utilisant plus de main-d'œuvre, ce sont les salaires qui augmentent. Dans les deux cas, dépense et revenu augmentent dans la même proportion.

2.1.2 Quelques règles de calcul du PIB

Dans notre économie hypothétique qui ne produit que du pain, nous pouvons calculer le PIB par simple addition des dépenses totales consacrées à l'acquisition de pain. En grandeur réelle, cependant, une économie produit et vend une vaste gamme de biens et de services. Pour calculer le PIB d'une telle économie complexe, il est important de mieux définir cette notion : *le PIB est la valeur marchande de tous les biens et services finaux produits par une économie pendant une période donnée du temps*. Pour interpréter correctement ce que mesure le PIB, nous devons comprendre certaines des règles qui président à son calcul.

A. Comment additionner des pommes et des oranges

Jusqu'ici, nous avons parlé du PIB dans le cas de la production d'un seul bien, du pain. Mais l'homme ne vit pas seulement de pain. Toute économie produit un nombre considérable de biens et de services différents, pain, bœuf, voitures, croisières, etc. Le PIB additionne la valeur de tous ces biens et services en une seule mesure. La variété des produits présents dans toute économie complique le calcul du PIB, dans la mesure où chacun de ces biens et services a une valeur différente.

Prenons le cas d'une économie qui produit quatre pommes et trois oranges. Comment, sur cette base, calculer le PIB ? En nous contentant d'additionner ces pommes et ces oranges, nous pourrions dire que le PIB est égal à 7 unités de fruit. Mais ceci n'a de sens que si la valeur des pommes et des oranges est identique, ce qui n'est généralement pas le cas.

Pour calculer la valeur totale de divers biens et services, nous utilisons comme mesure de valeur le prix du marché. Ce prix reflète en effet ce que les gens sont prêts à payer pour acquérir un bien ou un service. Si, donc, les pommes valent $0,50 pièce, et les oranges $1,00 pièce, le PIB devient :

$$\begin{aligned} \text{PIB} &= (\text{Prix des pommes} \times \text{Quantité de pommes}) \\ &+ (\text{Prix des oranges} \times \text{Quantité d'oranges}) \\ &= (\$0,50 \times 4) + (\$1,00 \times 3) \\ &= \$5,00 \end{aligned} \qquad (2.1)$$

Le PIB est donc égal à $5,00, soit la valeur de toutes les pommes, $2,00, plus la valeur de toutes les oranges, $3,00.

B. Les biens usagés

Le PIB ne recense que les biens et services produits au cours de la période à laquelle il se réfère. La valeur des voitures sorties des chaînes de montage pendant cette période en fait donc partie. Par contre, il n'inclut pas la valeur de revente d'une voiture de collection datant d'il y a cinquante ans. En effet, cette vente n'est rien d'autre qu'un transfert d'actif entre deux acteurs économiques, qui n'ajoute rien à la richesse globale de l'économie.

C. Comment traiter les stocks

Faisons l'hypothèse que l'entreprise de notre économie à un seul bien embauche des travailleurs pour produire davantage de pain, leur paie des salaires, mais ne peut ensuite vendre les pains supplémentaires. Comment cette transaction affecte-t-elle le PIB ?

La réponse dépend du sort réservé au pain non vendu. S'il moisit, le profit baisse à concurrence des salaires supplémentaires versés : l'entreprise a payé des salaires à ses travailleurs, mais n'a tiré aucun bénéfice de cette action. Celle-ci n'affectant ni la dépense, ni le revenu, elle laisse le PIB inchangé, l'excédent de salaire versé étant compensé par une baisse identique du produit. Si, au contraire, le pain rejoint le stock pour être vendu ultérieurement, la transaction revêt une nature différente. Dans ce cas, le profit ne baisse pas et l'on fait comme si les propriétaires de l'entreprise en cause avaient « acheté » ce pain pour le placer en stock. Dans ce cas, les salaires supplémentaires accroissent le revenu total, d'une part, et le pain supplémentaire qui rejoint les stocks accroît la dépense totale, et donc le PIB augmente.

Qu'advient-il plus tard, quand l'entreprise vend le pain qu'elle a placé en stock ? Cela ressemble fort au traitement des biens usagés décrit plus haut. À la dépense de ceux qui achètent le pain correspond le « désinvestissement » que constitue la sortie de stock, qui n'est rien d'autre qu'une dépense négative compensant exactement la dépense positive des acheteurs. Ainsi, cette transaction n'affecte pas le PIB.

En règle générale, lorsque les entreprises accroissent leurs stocks de biens, on considère que ceux-ci constituent un investissement en stocks, et on en tient compte à la fois dans la dépense et dans le revenu. La production en vue de constitution de stocks accroît donc le PIB tout autant que la production en vue des ventes finales. Toutefois, une sortie de stock est à la fois une dépense positive (achat) et négative (désinvestissement), ce qui n'affecte pas le PIB. Ce traitement des stocks garantit que le PIB reflète bien la production courante de l'économie des biens et services.

D. Les biens intermédiaires et la valeur ajoutée

La plupart des biens sont produits en diverses étapes : les matières premières sont transformées en biens intermédiaires par une entreprise qui vend ces derniers à une autre entreprise, laquelle les transforme à son tour en produits finis. Comment devons-nous traiter ces diverses étapes de production dans le calcul du PIB ? Si, par exemple, un éleveur de bétail vend 150 grammes de viande à McDonald's pour $0,50, et que McDonald's revend ensuite un hamburger à $1,50 : le PIB doit-il inclure à la fois le prix de la viande et celui du hamburger, soit un total de $2,00 ou ne compter que le hamburger, soit $1,50 ?

En fait, le PIB n'inclut que la valeur des biens finaux. Dans notre exemple, il recense le hamburger, mais non la viande et il augmente donc de $1,50 et non de $2,00. La raison en est que la valeur des biens intermédiaires est déjà comprise dans le prix de ces biens finaux. Ajouter à ceux-ci la valeur des biens intermédiaires conduirait à des doubles comptages : la viande apparaîtrait deux fois dans le PIB. Retenons donc que le PIB est la valeur totale des biens et services finaux produits par une économie.

La **valeur ajoutée** d'une entreprise est égale à la valeur de sa production diminuée de la valeur des biens intermédiaires qu'elle achète. Dans le cas du hamburger, la valeur ajoutée de l'éleveur s'élève à $0,50 si l'on suppose qu'il n'achète pas de biens intermédiaires, et la valeur ajoutée de McDonald's est donc de $1,50 − $0,50, soit $1,00. La valeur ajoutée totale est égale à $0,50 + $1,00, soit $1,50. Pour l'ensemble de l'économie, la somme de toutes les valeurs ajoutées doit être égale à la valeur de tous les biens et services finaux. On peut donc dire que le PIB est également égal à la valeur ajoutée totale de toutes les entreprises présentes dans une économie.

E. Les services de logement et autres imputations

Même si la plupart des biens et services sont évalués à leurs prix du marché dans le calcul du PIB, il existe des biens et services qui ne sont pas vendus sur ce marché et ne peuvent donc avoir de prix de marché. Pour que le PIB inclue la valeur de tous les biens et services produits, il faut donc procéder à une estimation de la valeur de ces derniers biens et services. On parle alors d'une **valeur imputée**.

Les imputations jouent un rôle particulièrement important dans la détermination de la valeur du logement. Le locataire d'une maison achète en fait un service de logement qui procure un revenu au propriétaire. Beaucoup de gens, toutefois, sont eux-mêmes propriétaires de leur maison. Ils ne paient donc pas de loyer, tout en bénéficiant d'un service similaire à celui qu'achètent les locataires. C'est pour tenir compte des services de logement dont bénéficient les propriétaires que le PIB inclut le « loyer » que ces propriétaires « se paient » à eux-mêmes. Ce revenu est bien entendu fictif. Pour l'évaluer, on estime le loyer qui prévaut sur le marché pour un logement similaire et on ajoute ce montant au PIB en tant que loyer imputé, et ceci tant au titre des dépenses des propriétaires que des revenus de ceux-ci.

Les imputations interviennent également dans l'évaluation des services publics. Ainsi, les pompiers, les policiers, ou encore l'ensemble des fonctionnaires rendent des services aux citoyens. Il est cependant difficile de mesurer exactement la valeur de tels services, car ils ne sont pas vendus sur un marché et n'ont donc pas eux non plus de prix de marché. La comptabilité nationale les ajoute au PIB en les évaluant sur la base de ce qu'ils coûtent. En fait, ce sont essentiellement les traitements des fonctionnaires qui sont utilisés comme mesure de la valeur de leur production.

Il arrive fréquemment qu'une imputation de ce type soit souhaitable, mais on y renonce pour des raisons de simplicité. Ainsi, tout comme le loyer imputé des logements occupés par leur propriétaire, il faudrait idéalement inclure dans le PIB le loyer imputé des propriétaires de voitures, des équipements de la maison, des bijoux et d'une série d'autres biens durables détenus par les ménages. En réalité, la valeur de tels services n'apparaît pourtant pas dans le PIB. S'y ajoutent la production et la consommation domestiques, qui ne passent jamais par le marché : par exemple, les repas préparés à la maison n'ont rien de différent des repas consommés dans un restaurant, mais pourtant la valeur ajoutée des repas à domicile n'apparaît pas dans le PIB.

Enfin, on n'impute pas non plus la valeur des biens et services vendus dans l'économie souterraine. On appelle *économie souterraine* la partie des activités économiques que les citoyens cachent à l'État, soit pour éluder l'impôt, soit en raison du caractère illégal de telles activités. La rémunération des travailleurs domestiques non déclarés fait souvent partie de la première catégorie, le trafic de drogue de la seconde.

Tant le caractère souvent approximatif des imputations que l'exclusion de nombreux biens et services du calcul du PIB font de celui-ci une mesure imparfaite de l'activité économique. Ceci rend particulièrement difficile la comparaison des niveaux de vie d'un pays à l'autre. L'ampleur de l'économie souterraine, notamment, n'est pas identique dans tous les pays. Par contre, pourvu que l'importance de toutes ces approximations demeure relativement constante dans le temps, le PIB reste utile pour comparer l'évolution de l'activité économique d'un pays d'une année à l'autre.

2.1.3 Le PIB réel et le PIB nominal

En utilisant les règles décrites ci-dessus, les économistes calculent le PIB, qui évalue la quantité totale de biens et services produits par une économie. Mais le PIB est-il une bonne mesure du bien-être économique ? Reprenons le cas de l'économie ne produisant que des pommes et des oranges. Le PIB y est la somme de la valeur de toutes les pommes et de toutes les oranges produites, soit :

$$\text{PIB} = (\text{Prix des pommes} \times \text{Quantité de pommes}) + (\text{Prix des oranges} \times \text{Quantité d'oranges}) \tag{2.1}$$

Les économistes désignent sous le nom de **PIB nominal** la valeur des biens et services mesurée à prix courants. On peut noter que le PIB nominal peut augmenter aussi bien parce que les prix s'élèvent que parce que les quantités s'accroissent.

Il est facile de remarquer que, calculé de cette manière, le PIB n'est pas une bonne mesure du bien-être économique : il ne reflète pas de manière précise la mesure dans laquelle l'économie satisfait effectivement les besoins des ménages, des entreprises et des pouvoirs publics. Il suffit que tous les prix doublent sans que les quantités ne se modifient pour que le PIB soit multiplié par deux. Dans un tel cas, la capacité de l'économie à satisfaire la demande n'a nullement doublé, puisque la quantité de chacun des biens et services produits reste exactement la même.

Pour mesurer correctement le bien-être économique, il faut en fait apprécier la production de biens et services en neutralisant l'influence de la variation des prix. À cette fin, les économistes font appel au **PIB réel**, constitué par la valeur des biens et services mesurée à prix constants. En d'autres termes, le PIB réel reflète le volume de la production de la période courante, et non sa valeur, puisqu'il ne tient compte que de l'évolution, par rapport à l'année de référence, dite année de base des quantités produites, en supposant que les prix n'ont pas bougé.

Pour calculer ce PIB réel, on choisit donc une année de base, par exemple 2009. On additionne alors la valeur de tous les biens et services produits chaque année aux *prix de l'année de base* 2009. Dans notre économie de pommes et d'oranges, le PIB réel pour l'année 2009 serait :

$$\text{PIB} = (\text{Prix des pommes en 2009} \times \text{Quantité de pommes en 2009}) + (\text{Prix des oranges en 2009} \times \text{Quantité d'oranges en 2009}) \tag{2.2}$$

Le PIB réel pour l'année 2010 serait alors :

$$\text{PIB} = (\text{Prix des pommes en 2009} \times \text{Quantité de pommes en 2010}) + (\text{Prix des oranges en 2009} \times \text{Quantité d'oranges en 2010}) \tag{2.3}$$

et le PIB réel pour l'année 2011 serait :

$$\text{PIB} = (\text{Prix des pommes en 2009} \times \text{Quantité de pommes en 2011}) + (\text{Prix des oranges en 2009} \times \text{Quantité d'oranges en 2011}) \tag{2.4}$$

Les prix de 2009 sont utilisés pour calculer le PIB réel des trois années étudiées. Les prix étant ainsi maintenus constants, le PIB ne varie d'une année à l'autre que si les quantités se modifient. Dans la mesure où la capacité qu'a une société de satisfaire les besoins économiques de ses membres dépend en dernier ressort des quantités de biens et services produits, le PIB réel mesure plus correctement le bien-être économique que le PIB nominal.

2.1.4 Le déflateur du PIB

À partir du PIB réel et du PIB nominal, il est possible de calculer une troisième variable statistique : le **déflateur du PIB**. Le déflateur du PIB, également appelé *déflateur implicite des prix du PIB*, se définit comme suit :

$$\text{Déflateur du PIB} = \frac{\text{PIB nominal}}{\text{PIB réel}} \quad (2.5)$$

Le déflateur du PIB est donc le rapport du PIB nominal au PIB réel. Il reflète ce qui se passe au niveau général des prix dans une économie donnée.

Pour mieux comprendre le PIB nominal, le PIB réel et le déflateur du PIB, reprenons le cas de notre économie qui ne produit que du pain. Désignons par P le prix du pain et par Q la quantité vendue au cours d'une année. En toute année donnée, le PIB nominal est le nombre total de dollars dépensés pour acquérir du pain au cours de cette année, soit $P \times Q$. Le PIB réel est le nombre de pains produits au cours de la même année multiplié par le prix du pain au cours d'une année de base donnée. Si le prix du pain au cours d'une année de base est P_{base}, alors le PIB réel n'est autre que $P_{base} \times Q$. Le déflateur du PIB est le prix du pain pendant l'année courante par rapport au prix au cours de l'année de base, P/P_{base}.

Cette définition du déflateur du PIB nous permet de distinguer deux éléments au sein du PIB nominal : le premier mesure les quantités (PIB réel) et le second les prix (déflateur du PIB). On obtient donc :

$$\text{PIB nominal} = \text{PIB réel} \times \text{Déflateur du PIB} \quad (2.6)$$

Le PIB nominal mesure la valeur en monnaie courante (dollars, euros, etc.) de la production de l'économie. Le PIB réel mesure la quantité produite, soit la production évaluée aux prix constants de l'année de base. Le déflateur du PIB mesure le prix de l'unité caractéristique de production par rapport à son prix au cours de l'année de base. Cette équation peut également s'écrire de la manière suivante :

$$\text{PIB réel} = \frac{\text{PIB nominal}}{\text{Déflateur du PIB}} \quad (2.7)$$

Sous cette forme, on voit mieux d'où le déflateur tire son nom : on l'utilise pour extraire l'inflation du PIB nominal afin d'obtenir le PIB réel.

2.1.5 Les nouvelles mesures, à pondération en chaîne, du PIB réel

Nous avons jusqu'ici parlé du PIB réel comme si l'on conservait indéfiniment, pour le calculer, les prix tels qu'ils prévalaient au cours de l'année de base. S'il en était ainsi, ces prix vieilliraient considérablement d'année en année. Ainsi, on a assisté, aux États-

---

INFORMATION

Deux « astuces » arithmétiques permettant de travailler avec des variations en pourcentage

Pour manipuler un grand nombre de relations économiques, il existe une « astuce » arithmétique très utile : *la variation en pourcentage d'un produit de deux variables est approximativement égale à la somme des variations en pourcentage de chacune de ces variables.*

Pour voir comment cette « astuce » fonctionne, prenons un exemple. Appelons P le déflateur du PIB et Y le PIB réel. Le PIB nominal est alors $P \times Y$. Cette méthode nous dit que :

$$\text{Variation en pourcentage de } (P \times Y)$$
$$\approx \qquad (2.8)$$
$$(\text{Variation en pourcentage de } P) + (\text{Variation en pourcentage de } Y)$$

Supposons par exemple qu'au cours d'une année donnée, le PIB réel soit égal à 100 et le déflateur du PIB égal à 2, et qu'au cours de l'année suivante, le PIB réel s'élève à 103 et le déflateur du PIB à 2,1. On calcule les variations du PIB et du déflateur du PIB : le PIB réel a augmenté de 3 % et le déflateur du PIB de 5 %. Le PIB nominal est passé de 200 au cours de la première année à 216,3 au cours de la deuxième année, soit un accroissement de 8,15 %. Vous remarquez que la croissance du PIB nominal (8,15 %) est approximativement égale à la somme de la croissance du déflateur du PIB (5 %) et de la croissance du PIB réel (3 %) [1].

La deuxième astuce arithmétique annoncée est en fait un corollaire de la première : *la variation en pourcentage d'un rapport est approximativement égale à la variation en pourcentage du numérateur diminuée de la variation en pourcentage du dénominateur.* Prenons à nouveau un exemple, en appelant Y le PIB et L la population, de sorte que Y/L désigne le PIB par habitant. Notre deuxième astuce nous dit que :

$$\text{Variation en pourcentage de } (Y/L)$$
$$\approx \qquad (2.9)$$
$$(\text{Variation en pourcentage de } Y) - (\text{Variation en pourcentage de } L)$$

Supposons par exemple qu'au cours de la première année Y soit égal à 100 000 et L à 100, de sorte que Y/L est égal à 1 000 ; au cours de la deuxième année, Y s'élève à 110 000 et L à 103, et Y/L est alors égal à 1 068. Vous remarquez que la croissance du PIB par habitant (6,8 %) est approximativement égale à la croissance du revenu (10 %) diminuée de la croissance de la population (3 %).

---

[1] *Note mathématique.* La démonstration de l'efficacité de cette méthode commence par la règle de calcul infinitésimal :
$$d(PY) = YdP + PdY.$$
En divisant les deux membres de l'équation par PY, on obtient :
$$d(PY)/(PY) = dP/P + dY/Y.$$
Remarquons que les trois termes de cette équation sont des variations en pourcentage.

Unis, au cours des dernières années, à une baisse sensible des prix des ordinateurs et à une augmentation tout aussi sensible du coût des études. Il n'est donc pas possible, pour évaluer la production d'ordinateurs et d'éducation, d'utiliser encore les prix tels qu'ils prévalaient il y a une dizaine ou une vingtaine d'années.

Pour résoudre ce problème, les instituts de statistique - le Bureau d'Analyses Économiques aux États-Unis par exemple - révisent régulièrement les prix utilisés pour calculer le PIB réel. Tous les cinq ans à peu près, on adopte une nouvelle année de base. Sur cette base, les prix sont alors maintenus constants pendant la période intercalaire pour mesurer les variations d'année en année de la production de biens et services, et ceci jusqu'à un nouveau changement d'année de base.

En 1995, le Bureau a annoncé une nouvelle méthode de traitement des changements d'année de base qui, en particulier, privilégie les mesures dites à *pondération en chaîne* du PIB réel. À l'aide de ces nouvelles mesures, l'année de base se modifie en permanence dans le temps : les prix moyens de 2009 et 2010 sont utilisés pour mesurer la croissance réelle du PIB entre 2009 et 2010 ; ceux de 2010 et 2011 mesurent la croissance réelle de 2010 à 2011 ; etc. Ces divers taux de croissance annuelle sont alors associés en une « chaîne » qui peut être utilisée pour comparer la production de biens et services au cours de toute paire d'années.

Cette nouvelle mesure à pondération en chaîne du PIB réel est meilleure que la mesure plus traditionnelle, car elle fait en sorte que les prix utilisés pour calculer le PIB réel sont régulièrement mis à jour. À toutes fins utiles, cependant, les écarts ne sont pas vraiment importants. Les deux types de mesure du PIB réel s'avèrent hautement corrélés. La raison en est que la plupart des prix relatifs se modifient lentement dans le temps. En conséquence, les deux mesures du PIB réel reflètent la même chose : les variations dans toute l'économie de la production de biens et services.

2.1.6 Les composantes de la dépense

Les économistes et les décideurs politiques ne se préoccupent pas uniquement de la production totale de biens et services d'une économie, mais également de la manière dont cette production est allouée entre diverses utilisations. La comptabilité nationale répartit le PIB entre quatre grands groupes de dépenses :

- consommation (C)
- investissement (I)
- dépenses publiques (G)
- exportations nettes (NX).

En désignant le PIB par la lettre Y, on obtient :
$$Y = C + I + G + NX \qquad (2.10)$$

Le PIB est donc la somme de la consommation, de l'investissement, des dépenses publiques et des exportations nettes. Cette équation constitue ce que l'on appelle une *identité comptable,* c'est-à-dire une équation qui est toujours vraie du seul fait de la manière dont ses variables sont définies. On l'appelle l'**identité comptable du produit national**.

La **consommation** est constituée de tous les biens et services achetés par les ménages. On y recense trois sous-catégories : des biens non durables, des biens durables et des services. Les biens non durables ont une durée de vie relativement brève : c'est le cas notamment de la nourriture et des vêtements. Les biens durables perdurent plus longtemps, tels les voitures et les appareils de télévision. Les services désignent quant à eux des prestations directement effectuées au bénéfice de consommateurs par

---

INFORMATION
Qu'est-ce qu'un investissement ?

Le terme « investissement », comme d'autres termes utilisés par les macroéconomistes, suscite quelquefois un peu de confusion dans l'esprit des étudiants en macroéconomie. L'origine en est que ce qui paraît être un investissement du point de vue d'une personne donnée n'est pas nécessairement un investissement quand l'on considère l'ensemble de l'économie. La règle générale est que les achats qui réallouent des actifs existants entre acteurs différents ne constituent pas un investissement pour l'économie. Au sens des macroéconomistes, l'investissement doit créer un capital nouveau. Prenons comme exemple les deux événements suivants :

- Smith achète pour son propre usage une vieille maison victorienne.
- Jones construit pour son propre usage une maison contemporaine flambant neuve.

Comment calculer l'investissement total dans un tel cas ? Deux maisons, une seule maison ou pas de maison du tout ?

Face à ces deux transactions, le macroéconomiste ne retient comme investissement que la maison construite par Jones. En effet, la transaction effectuée par Smith ne crée aucun nouveau logement au niveau de l'ensemble de l'économie : elle ne fait que réallouer une capacité de logement existante. L'achat effectué par Smith est donc un investissement à ses propres yeux, mais celui-ci est compensé par un désinvestissement pour la personne qui lui a vendu la maison. Au contraire, Jones ajoute une nouvelle capacité de logement dans l'ensemble de l'économie : c'est pourquoi sa nouvelle maison est recensée au titre de l'investissement.

De même, considérons les deux événements suivants :

- Gates achète à Buffett $5 millions d'actions IBM à la bourse de New York.
- General Motors vend au grand public $10 millions de ses actions et en utilise la contrepartie pour construire une nouvelle usine automobile.

Dans les deux cas, on a un investissement de $10 millions. Dans le cadre de la première transaction, Gates investit en actions IBM et Buffett en désinvestit : il n'y a aucun investissement net pour l'économie dans son ensemble. Dans le cas de General Motors, au contraire, la société utilise une partie de la production de biens et services de l'économie pour accroître son stock de capital physique : on recense donc comme investissement sa nouvelle usine automobile.

des individus ou des entreprises, comme c'est le cas d'une coupe de cheveux ou d'une visite médicale.

L'**investissement** consiste à acheter des biens destinés à une utilisation future. On y recense également trois sous-catégories : l'investissement fixe des entreprises, l'investissement fixe résidentiel des ménages et l'investissement en stocks des entreprises. L'investissement fixe des entreprises consiste en achats d'usines et d'équipements nouveaux par les entreprises. L'investissement résidentiel désigne l'achat par les ménages de nouveaux logements. Enfin, l'investissement en stocks représente un accroissement des stocks de biens détenus par les entreprises (en cas de réduction de stocks, on parle d'investissement en stocks négatif).

Les **dépenses publiques** désignent des biens et services achetés par les pouvoirs publics tant fédéraux que régionaux ou locaux. On y trouve des éléments aussi disparates que des équipements militaires, des autoroutes ou les services rendus par les fonctionnaires. En sont cependant exclus les transferts vers les ménages au titre notamment de la sécurité sociale. En effet, ces transferts ne font rien d'autre que redistribuer un revenu existant, en dehors de tout échange de biens et services. Il est donc normal qu'ils ne soient pas inclus dans le PIB.

Quant aux **exportations nettes**, elles rendent compte des échanges avec les autres pays. Les exportations nettes recensent la valeur de tous les biens et services exportés vers d'autres pays, diminuée de la valeur de tous les biens et services achetés dans ces pays. Si les exportations dépassent les importations, les exportations nettes sont positives. On parle alors d'excédent commercial. En revanche, si ce sont les importations qui dépassent les exportations, les exportations nettes sont négatives et on parle de déficit commercial. Les exportations nettes représentent donc les dépenses nettes effectuées par le reste du monde pour acquérir les biens et services produits par toute économie donnée, dépenses qui constituent une source de revenus pour les producteurs de cette économie.

ÉTUDE DE CAS - Le PIB et ses composantes

En 2007, le PIB des États-Unis s'élevait à environ $13 800 milliards, chiffre si considérable qu'il semble dépasser tout entendement. Pour le comprendre quand même, nous allons le diviser par la population des États-Unis en 2007, qui était de 302 millions de personnes. Ceci nous donne le PIB par habitant, soit la capacité de dépense moyenne de tout citoyen américain : il s'élevait à $45 707 en 2007.

Comment les Américains ont-ils affecté ce PIB ? Le tableau 2.1 nous dit qu'ils en ont affecté à peu près les deux tiers, soit quelque $32 144 par personne à leur consommation. L'investissement s'est élevé à $7 052 par habitant et les dépenses publiques à $8 854 par tête, dont $2 192 ont été consacrés par l'État fédéral à des acquisitions au titre de la défense nationale.

Tableau 2.1
Le PIB et les composantes de la dépense : 2007

	Total (milliards de dollars)	Par habitant (dollars)
Produit intérieur brut	13 807	45 707
Consommation	9 710	32 143
Biens non durables	2 833	9 378
Biens durables	1 083	3 584
Services	5 794	19 181
Investissement	2 130	7 052
Investissement fixe non résidentiel	1 504	4 978
Investissement fixe résidentiel	630	2 086
Investissement en stocks	–4	–12
Dépenses publiques	2 675	8 855
Fédérales	979	3 242
Défense	662	2 192
Hors défense	317	1 050
États et pouvoirs locaux	1 696	5 613
Exportations nettes	–708	–2 343
Exportations	1 662	5 503
Importations	2 370	7 846

Source : U.S. Department of Commerce.

L'Américain moyen a acheté des biens importés de l'étranger pour une valeur de $7 846 et produit des biens valant $5 503 destinés à être exportés vers d'autres pays. Les exportations nettes des États-Unis ont donc été négatives. Percevant moins de recettes de l'étranger qu'ils n'y ont dépensé, les États-Unis ont dû financer la différence en empruntant à l'étranger (ou, en termes équivalents, en vendant à l'étranger une partie de leurs actifs). Ainsi, l'Américain moyen a emprunté $2 343 à l'étranger en 2007.

2.1.7 Les autres mesures du revenu

La comptabilité nationale utilise une série d'autres mesures du revenu qui diffèrent légèrement du PIB. Il est important de connaître toutes ces mesures, car tant les économistes que les journalistes les utilisent fréquemment.

Pour expliciter la relation entre les diverses mesures du revenu, nous partons du PIB et nous lui ajoutons ou en déduisons certaines valeurs. Pour obtenir le *produit national brut* (*PNB*), nous ajoutons au PIB les revenus des facteurs (salaires, dividendes, intérêts, loyers) reçus du reste du monde et nous en soustrayons les revenus de même nature versés au reste du monde.

$$\text{PNB} = \text{PIB} + \begin{pmatrix} \text{Revenus des facteurs} \\ \text{en provenance} \\ \text{du reste du monde} \end{pmatrix} - \begin{pmatrix} \text{Revenus des facteurs} \\ \text{versés} \\ \text{au reste du monde} \end{pmatrix} \quad (2.11)$$

Le PIB mesure le revenu total gagné *sur le territoire d'un pays*. Il comprend donc le revenu gagné sur ce territoire par des non-résidents, mais non celui que gagnent à l'étranger des résidents du pays considéré.

Le PNB mesure le revenu total gagné *par les résidents d'un pays*. Il comprend donc le revenu gagné à l'étranger par les résidents de ce pays, mais non celui que gagnent sur le territoire de celui-ci des non-résidents. En d'autres termes, le loyer que perçoit un résident japonais propriétaire d'un immeuble à New York est comptabilisé dans le produit intérieur brut américain (il est gagné sur le territoire des États-Unis). Mais comme ce loyer est un revenu versé au reste du monde, il n'est pas comptabilisé dans le produit national brut américain. Il le sera dans le produit national brut japonais (il est gagné par un résident japonais et donne lieu à un paiement au reste du monde, en l'occurrence le Japon).

Aux États-Unis, les revenus de facteurs provenant de l'étranger et les revenus de facteurs payés à l'étranger sont tous deux proches de 3 %. Il y a donc peu de différence entre PNB et PIB. L'écart peut cependant être plus important dans le cas de pays dont l'investissement net à l'étranger et/ou la part de la population résidant à l'étranger sont élevés, ou qui, au contraire accueillent sur leur territoire de nombreux résidents et/ou investissements étrangers.

Un troisième concept utilisé par la comptabilité nationale est le *produit national net (PNN)*. On l'obtient en déduisant du PNB l'amortissement, qui mesure la perte annuelle de valeur du stock de capital existant (usines, équipements, infrastructures, immeubles résidentiels, etc.) sous l'effet de l'usure ou de l'obsolescence.

$$\text{PNN} = \text{PNB} - \text{Amortissements} \quad (2.12)$$

Dans la terminologie de la comptabilité nationale les amortissements correspondent à la *consommation de capital fixe* : c'est la perte de valeur annuelle du stock de capital. Aux États-Unis, elle représente quelque 10 % du PNB et constitue un coût économique, puisque le maintien de la capacité de production exige que des ressources soient affectées au remplacement de la partie amortie du capital. Sa soustraction permet donc de mesurer le résultat net de l'activité économique.

Le produit national net est approximativement égal à une autre mesure appelée le *revenu national* qui mesure ce qu'ont conjointement gagné tous les membres d'une économie. La différence minime entre ces deux mesures statistiques s'appelle *divergence statistique* qui découle du fait que les différentes sources de données utilisées peuvent ne pas être entièrement cohérentes.

La comptabilité nationale distingue six composantes au sein du revenu national, en fonction de leur origine. On indique ci-dessous ces six composantes ainsi que la part du revenu national que chacune d'entre elles représente aux États-Unis :

- *les rémunérations des salariés* (63,7 %) : salaires, traitements et autres revenus professionnels des travailleurs salariés ;
- *les revenus des entrepreneurs individuels* (8,6 %) : revenus des indépendants et des professions libérales ;
- *les revenus de la propriété des particuliers et de l'État* (0,3 %) : loyers perçus par les propriétaires immobiliers, y compris les loyers imputés que « se paient » à eux-mêmes les propriétaires de leur propre maison, diminués des dépenses au titre notamment de l'amortissement ;
- *les bénéfices réservés aux entreprises* (13,4 %) : revenus des entreprises après paiement de leurs travailleurs et de leurs créanciers ;
- *les intérêts nets* (5,4 %) : intérêts payés moins intérêts perçus sur le territoire national, plus intérêts perçus du monde extérieur.
- *Les impôts indirects liés à la production* (8,6 %) : certaines taxes liées à la production comme la TVA. Ces prélèvements introduisent un écart entre ce que paye le consommateur pour obtenir un bien ou un service et le revenu effectif de l'entreprise vendeuse.

Une série d'autres ajustements nous font passer du revenu national au *revenu personnel*, qui désigne les revenus perçus par les ménages et les entrepreneurs individuels au sein de l'économie. Quatre de ces ajustements revêtent une importance particulière. Tout d'abord, nous devons soustraire les impôts indirects liés à la production car ceux-ci ne font pas partie des revenus des entreprises. Ensuite, nous soustrayons du revenu national ce que gagnent les entreprises, mais qu'elles ne dépensent pas, soit qu'elles le conservent au titre de bénéfices réservés, soit qu'elles le paient sous forme d'impôts et taxes à l'État. À cette fin, on soustrait les bénéfices des entreprises, égaux à la somme des taxes sur les entreprises, des dividendes et des bénéfices réservés, et on ajoute ensuite les dividendes. Troisièmement, nous augmentons le revenu national des transferts nets effectués par les pouvoirs publics. Ceci revient à ajouter les transferts publics vers les ménages et à soustraire les cotisations sociales payées par ceux-ci. Quatrièmement, nous ajoutons les intérêts perçus par les ménages plutôt que ceux que paient les entreprises. Pour ce faire, on ajoute les revenus d'intérêt personnels et on soustrait les intérêts nets. L'écart entre les intérêts personnels et les intérêts nets s'explique en partie par les intérêts sur la dette publique. Le revenu personnel se présente donc comme suit :

$$
\begin{aligned}
\text{Revenu personnel} = {} & \text{Revenu national} \\
& - \text{Impôts indirects liés à la production} \\
& - \text{Bénéfices des entreprises} \\
& - \text{Cotisations de sécurité sociale} \\
& - \text{Intérêts nets} \\
& + \text{Dividendes} \\
& + \text{Transferts publics aux ménages} \\
& + \text{Revenus d'intérêt personnels}
\end{aligned}
\quad (2.13)
$$

Enfin, si nous soustrayons l'impôt des personnes physiques et certains prélèvements non fiscaux (tels que tickets de parking), nous obtenons le *revenu personnel disponible* :

$$\begin{pmatrix} \text{Revenu personnel} \\ \text{disponible} \end{pmatrix} = \text{Revenu personnel} - \begin{pmatrix} \text{Impôts sur les personnes physiques} \\ \text{et prélèvements non fiscaux} \end{pmatrix} \quad (2.14)$$

Le revenu personnel disponible désigne donc les revenus dont disposent les ménages et les entrepreneurs individuels une fois qu'ils se sont acquittés de leurs obligations fiscales.

2.1.8 Ajustements saisonniers

Comme le PIB réel et les autres mesures du revenu représentent les performances d'une économie, les économistes sont intéressés par l'analyse trimestrielle des fluctuations de ces variables. L'évolution du PIB réel et des autres mesures du revenu en cours d'année suit en effet une évolution régulière que l'on qualifie de « saisonnière ». Ainsi, la production de l'économie augmente régulièrement en cours d'année pour atteindre un sommet au quatrième trimestre (octobre, novembre et décembre), et retomber ensuite au premier trimestre (janvier, février et mars) de l'année suivante. Ces variations dites « saisonnières » ne sont pas négligeables. Ainsi, du dernier trimestre d'une année donnée au premier trimestre de l'année suivante, le PIB réel baisse d'environ 8 %[2].

Il n'y a rien d'étonnant à ce que le PIB réel fluctue avec les saisons. Certaines variations sont attribuables à des changements dans nos capacités à produire : par exemple, il est plus difficile de construire des maisons en hiver qu'au printemps, ou encore, nous achetons plus de vêtements en vue des vacances et plus de cadeaux à l'époque de Noël.

Pour connaître les tendances fondamentales d'une variable économique telle que le PIB, les économistes doivent en éliminer la part des fluctuations attribuable aux variations saisonnières prévisibles. La plupart des statistiques économiques publiées dans les magazines ou journaux sérieux tiennent compte de ces *ajustements saisonniers*. Les statisticiens ont déjà ajusté les données pour en éliminer les variations saisonnières régulières. Par conséquent, lorsqu'on observe une hausse ou une baisse du PIB réel ou toutes autres séries de données, on doit regarder au-delà du cycle saisonnier pour expliquer ces variations.

---

[2] Robert B. Barsky et Jeffrey A. Miron, « The Seasonal Cycle and the Business Cycle », *Journal of Political Economy* 97 (juin 1989) :503-534.

2.2 LA MESURE DU COÛT DE LA VIE : L'INDICE DES PRIX À LA CONSOMMATION

Il n'est pas possible d'acheter aujourd'hui autant avec un dollar qu'il y a vingt ans : le coût de pratiquement toute chose a augmenté. Cette hausse du niveau général des prix s'appelle *inflation*. Ce phénomène constitue une des principales préoccupations des économistes et des décideurs politiques. Les chapitres qui suivent reviendront de manière approfondie sur les causes et les impacts de l'inflation. Nous nous contentons ici d'étudier comment les économistes mesurent les variations du coût de la vie.

2.2.1 Le prix d'un panier de biens et de services

La mesure la plus usuelle du niveau des prix est l'**indice des prix à la consommation** (**IPC**). Il est calculé par les instituts de statistique des divers pays. Aux États-Unis, c'est le Bureau of Labor Statistics (BLS), un des services du U.S. Department of Labor, qui s'en occupe. La première tâche consiste à collecter les prix de milliers de biens et de services. On a vu que le PIB traduit les quantités et les prix d'une multitude de biens et services en un seul chiffre qui mesure la valeur de la production. De même, l'IPC synthétise les prix de tous ces biens et services en une seule mesure du niveau général des prix.

On pourrait, à cette fin, calculer la moyenne de tous les prix. Ceci reviendrait, cependant, à mettre tous les biens et services sur le même pied. Or le consommateur moyen achète plus de poulets que de caviar et, en conséquence, le prix du poulet devrait avoir au sein de l'IPC une pondération supérieure à celle du caviar. Il est donc important que le prix de chaque bien ou service donné retenu dans l'indice des prix à la consommation soit pondéré par la quantité de ce bien ou service achetée par le consommateur moyen. Si cela est fait, l'indice des prix à la consommation mesure correctement le prix d'un panier donné de biens et de services en toute année courante par rapport au prix du même panier en année de base.

Si, par exemple, le consommateur représentatif achète 5 pommes et 2 oranges chaque mois, son panier de biens est donc de 5 pommes et de 2 oranges. L'indice des prix à la consommation se calcule alors comme suit :

$$\text{IPC} = \frac{(5 \times \text{Prix courant des pommes}) + (2 \times \text{Prix courant des oranges})}{(5 \times \text{Prix des pommes en 2009}) + (2 \times \text{Prix des oranges en 2009})} \qquad (2.15)$$

Dans notre exemple, l'année de base de l'IPC est 2009. L'indice nous dit donc combien il en coûte aujourd'hui d'acheter 5 pommes et 2 oranges par rapport à ce qu'il en coûtait en 2009 pour acheter le même panier de fruits.

S'il fait l'objet d'une attention particulière, l'indice des prix à la consommation n'est pas la seule mesure de l'évolution des prix. Ainsi, l'indice des prix à la production mesure également l'évolution des prix d'un panier caractéristique de biens, la seule différence étant que ce panier est acquis non plus par des consommateurs, mais par des entreprises. Il existe en outre des indices de prix plus spécialisés, qui suivent l'évolution des prix de biens particuliers tels que denrées alimentaires, logements ou produits énergétiques.

L'*inflation sous-jacente* (parfois appelée *core inflation*) est également une mesure de l'évolution des prix à la consommation d'un panier de biens dont on a retiré certains éléments extrêmement fluctuants comme les matières premières agricoles ou énergétiques. Elle est parfois considérée comme une meilleure mesure de l'inflation.

2.2.2 Indice des prix à la consommation et déflateur du PIB

Nous avons mentionné plus tôt dans ce chapitre une autre mesure des prix, le déflateur implicite des prix du PIB, que nous avons défini comme étant le rapport du PIB nominal sur le PIB réel. Ce déflateur du PIB donne quelquefois des informations un peu différentes sur le niveau général des prix par rapport à celles que nous tirons de l'indice des prix à la consommation. Ces écarts s'expliquent par trois différences fondamentales entre ces deux mesures.

Tout d'abord, le déflateur du PIB mesure les prix de tous les biens et services produits dans une économie, alors que l'indice des prix à la consommation ne mesure que les prix des seuls biens et services achetés par les consommateurs. Toute hausse des prix des biens et services achetés par les entreprises ou par les pouvoirs publics se reflète donc dans le déflateur du PIB, mais non dans l'indice des prix à la consommation.

En outre, le déflateur du PIB ne tient compte que des prix des biens et services produits sur le territoire national. Les biens importés ne sont pas intégrés dans le PIB, et leur prix n'apparaît donc pas dans le déflateur de ce PIB. Une hausse du prix d'une Toyota fabriquée au Japon et vendue aux États-Unis se répercute donc sur l'indice des prix à la consommation américain, puisque la Toyota est achetée par un Américain, mais elle n'affecte pas le déflateur du PIB américain.

Une troisième différence, plus subtile, est liée à la manière différente dont les deux mesures agrègent les nombreux prix présents dans l'économie. L'indice des prix à la consommation attribue des poids fixes aux prix des différents biens et services, alors que le déflateur du PIB utilise des pondérations évolutives. En d'autres termes, l'indice des prix à la consommation est calculé sur la base d'un panier constant de biens et services, tandis que le déflateur du PIB tient compte d'un panier de biens et services qui évolue au gré de la composition du PIB. Un exemple va nous aider à mieux comprendre les raisons des écarts entre les deux approches. Supposons qu'une vague de froid détruise la récolte nationale d'oranges. La quantité d'oranges produites tombe à zéro, et le prix des quelques oranges conservées sur les rayonnages des épiciers explose. La production d'oranges étant nulle, les oranges n'apparaissent plus dans le PIB, pas plus que le prix des quelques oranges survivantes, quelle qu'en soit la hausse, n'influence le déflateur du PIB. L'indice des prix à la consommation, par contre, calculé sur la base d'un panier constant de biens et services, continue à tenir compte des oranges : l'explosion du prix de celles-ci en provoque donc un accroissement substantiel.

Dans le jargon des économistes, un indice de prix calculé sur la base d'un panier constant de biens est un *indice de Laspeyres*, alors qu'un indice de prix calculé sur la base d'un panier évolutif est un *indice de Paasche*. Des nombreuses études menées sur les propriétés des deux indices en vue d'en déterminer les qualités relatives, il ressort qu'aucun des deux ne l'emporte clairement sur l'autre.

L'objet de tout indice des prix est de mesurer le coût de la vie : qu'en coûte-t-il de préserver un niveau de vie donné ? Quand les prix de divers biens et services varient dans des proportions différentes, l'indice de Laspeyres (panier constant) tend à surestimer la hausse du coût de la vie, et l'indice de Paasche (panier variable) à la sous-estimer. Basé sur un panier constant de biens, l'indice de Laspeyres n'intègre pas le fait que les consommateurs ont la possibilité de remplacer les biens et services plus chers par des biens et services moins chers. Par contre, l'indice de Paasche intègre bien cette possibilité de substitution, mais non la détérioration du bien-être des consommateurs qui peut en résulter.

L'exemple de la récolte anéantie d'oranges illustre bien les problèmes liés aux indices tant de Laspeyres que de Paasche. L'indice des prix à la consommation, s'inspirant de la technique Laspeyres, surestime l'impact d'une hausse du prix des oranges sur les consommateurs : basé sur un panier constant de biens et services, il ignore la possibilité pour les consommateurs de substituer des pommes aux oranges. Par contre, le déflateur du PIB, s'inspirant de la technique de Paasche, sous-estime l'impact sur les consommateurs : la hausse des prix n'y apparaît pas, alors même que le prix plus élevé des oranges affecte négativement le bien-être des consommateurs [3].

Heureusement, l'écart entre le déflateur du PIB et l'indice des prix à la consommation s'avère le plus souvent relativement modéré, comme on le constate à la figure 2.3. En tout cas, les deux mesures donnent la même idée de l'orientation générale des prix.

ÉTUDE DE CAS - L'indice des prix à la consommation surestime-t-il l'inflation ?

Tout le monde suit de près l'évolution de l'indice des prix à la consommation. Il détermine l'orientation de la politique monétaire. De nombreuses réglementations et contrats de droit privé adaptent les revenus sur la base de son évolution, afin d'éviter que la hausse de prix n'érode le niveau de vie des bénéficiaires de ces revenus (c'est le cas de la sécurité sociale aux États-Unis qui adaptent les revenus payés aux personnes âgées automatiquement à l'évolution annuelle de l'IPC).

---

[3] Comme l'indice de Laspeyres surestime l'inflation et celui de Paasche la sous-estime, nous pouvons trouver un compromis en calculant la moyenne des deux indices. Cette approche est connue sous le nom de *l'indice de Fisher.*

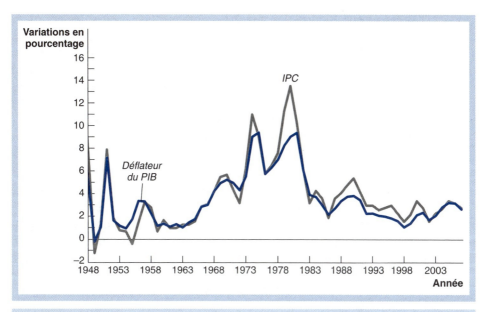

Figure 2.3
Déflateur du PIB et indice des prix à la consommation

La figure illustre la variation annuelle en pourcentage du déflateur du PIB et de l'IPC depuis 1948. En dépit d'écarts épisodiques entre elles, les deux mesures donnent la même idée de l'évolution des prix dans le temps : hausse modérée, pour l'essentiel, dans les années 1950 et 1960, accélération au cours des années 1970, pour culminer au début des années 1980 et revenir ensuite à des taux plus modérés depuis la fin des années 1980.
Sources : U.S. Department of Commerce, U.S. Department of Labor.

Tout ceci souligne l'importance d'une mesure précise de l'évolution des prix. Or beaucoup d'économistes considèrent que l'indice des prix à la consommation surestime l'inflation.

L'une des raisons en est le biais de substitution déjà mentionné. Basé sur un panier constant de biens et services, l'indice des prix à la consommation n'intègre pas la possibilité pour les consommateurs de remplacer des biens et services relativement plus chers par des biens et services relativement moins chers. Ceci biaise à la hausse l'évolution apparente du coût de la vie par rapport à ce qu'elle est en réalité.

L'apparition de biens et services nouveaux introduit un problème supplémentaire. En réalité, accroissant le choix offert aux consommateurs, tout bien ou service nouveau améliore le bien-être de ceux-ci en termes de pouvoir d'achat, au sens littéral du terme. L'indice des prix à la consommation devrait donc baisser, mais il ne le fait pas.

Troisièmement, l'indice des prix à la consommation, malgré les efforts de ceux et celles qui le construisent, ne tient qu'imparfaitement compte de l'impact de l'amélioration de la qualité des biens et services sur le bien-être des consommateurs. S'il est possible de calculer le différentiel de prix par rapport à l'augmentation de la cylindrée d'une voiture, comment apprécier, en termes de bien-être, les améliorations de qualité ou de sécurité de la même voiture ? Dans le cas où les statisticiens responsables de l'élaboration de l'indice des prix à la consommation renonceraient à intégrer ce type d'évolution, l'indice des prix à la consommation, tel qu'il est mesuré, croîtrait plus rapidement qu'il n'est justifié.

En raison de tous ces problèmes de mesure, certains économistes ont suggéré de réduire la norme légale d'indexation, par exemple, en déduisant 1 % de l'inflation annoncée par l'indice des prix à la consommation lors de tout ajustement sur celui-ci des indemnités de sécurité sociale. Il s'agit là, bien entendu, d'une manière approximative de tenir compte des problèmes de mesure de l'évolution des prix, mais elle aurait pour avantage, aux yeux de ses défenseurs, de réduire *de facto* la croissance des dépenses publiques.

En 1995, le Comité des finances du Sénat américain a nommé un groupe de cinq économistes connus, Michael Boskin, Ellen Dulberger, Robert Gordon, Zvi Griliches, et Dale Jorgenson, pour étudier l'ampleur de l'erreur dans la mesure de l'IPC. Le groupe a conclu que l'IPC était biaisé vers le haut de 0,8 à 1,6 % par an, leur « meilleure estimation » étant de 1,1 %. Leur rapport a mené à un changement dans la manière dont l'IPC est calculé, de sorte que le biais est maintenant estimé être inférieur à 1 %. L'IPC surestime toujours l'inflation, mais pas comme autrefois [4].

2.3 LA MESURE DU CHÔMAGE : LE TAUX DE CHÔMAGE

Toute économie se caractérise notamment par l'efficacité avec laquelle elle utilise ses ressources. L'une des principales ressources d'une économie est sa main-d'œuvre. L'utilisation optimale de celle-ci est donc l'une des préoccupations majeures de la politique économique. Le taux de chômage mesure la part des citoyens de la population active souhaitant travailler et ne trouvant pas d'emploi. Chaque mois, aux États-Unis, le U.S. Bureau of Labor Statistics (BLS) calcule le taux de chômage et de nombreuses autres variables statistiques que les économistes et les décideurs politiques utilisent pour suivre de près l'évolution du marché du travail.

---

4 Pour plus de détails sur ces problèmes, voir Matthew Shapiro et David Wilcox, « Mismeasurement in the Consumer Price Index : An Evaluation », *NBER Macroeconomics Annual*, 1996, et le symposium sur « Measuring the CPI », in *Journal of Economic Perspectives*, hiver 1998.

2.3.1 Les enquêtes auprès des ménages

Le taux de chômage aux États-Unis provient de larges enquêtes auprès des ménages sur la population active (environ 60 000 ménages) appelé le *Current Population Survey* (CPS). D'autres pays mènent le même genre d'enquêtes périodiquement comme l'INSEE en France (Enquête Emploi). Sur la base des réponses aux questions de l'enquête, chaque adulte en âge de travailler (16 ans et plus dans le cas américain) dans chaque ménage peut se trouver dans l'une des trois situations suivantes :

- *Ayant un emploi* : cette catégorie comprend tous ceux qui, au moment de l'enquête, travaillent comme salariés (y compris dans leur propre entreprise), ou comme travailleurs non rémunérés dans une entreprise familiale. Elle comprend également ceux qui ne travaillent pas mais qui ont un emploi dont ils sont temporairement absents pour diverses raisons, comme par exemple la maladie ou les vacances.
- *N'ayant pas d'emploi* : cette catégorie comprend ceux qui ne sont pas employés, sont disponibles pour travailler, et ont essayé de trouver un emploi pendant les quatre semaines précédant l'enquête. Elle comprend également ceux qui attendent d'être rappelés à un emploi dont ils ont été licenciés temporairement.
- *Ne faisant pas partie de la population active* : cette catégorie comprend tous ceux qui n'appartiennent pas aux deux catégories précédentes, comme par exemple les étudiants à plein temps, les retraités ou encore les mères de famille.

Notez qu'une personne qui veut travailler, mais a renoncé à chercher un emploi – un *travailleur découragé* –, est considéré comme n'étant pas dans la population active.

La **population active** est constituée par les personnes en âge de travailler et désirant travailler, qui ont un emploi et qui n'en ont pas. Le **taux de chômage** est le rapport entre ces derniers et la population active. En d'autres termes :

$$\text{Population active} = \begin{pmatrix} \text{Nombre de personnes} \\ \text{ayant un emploi} \end{pmatrix} + \begin{pmatrix} \text{Nombre de personnes} \\ \text{n'ayant pas un emploi} \end{pmatrix} \quad (2.16)$$

et

$$\text{Taux de chômage} = \frac{\text{Nombre de personnes n'ayant pas demploi}}{\text{Population active}} \times 100 \quad (2.17)$$

L'une des mesures statistiques associées aux précédentes est le **taux de participation** (ou taux d'activité), soit la part de la population en âge de travailler qui fait partie de la population active :

$$\text{Taux de participation} = \frac{\text{Population active}}{\text{Population en âge de travailler}} \times 100 \quad (2.18)$$

Ce type de mesures statistiques peut être calculé aussi bien pour l'ensemble de la population que pour des groupes particuliers en son sein : hommes et femmes, travailleurs qualifiés et non qualifiés, travailleurs jeunes et travailleurs âgés, etc.

La figure 2.4 répartit la population américaine entre les trois catégories mentionnées plus haut en octobre de l'année 2008. Il en ressort que :

$$\text{Population active} = 145 + 10,1 = 155,1 \text{ millions}$$
$$\text{Taux de chômage} = (10,1/155,1) \times 100 = 6,5 \ \%$$
$$\text{Taux de participation} = (155,1/234,6) \times 100 = 66,1 \ \%$$

Par conséquent, environ les deux tiers de la population adulte sont dans la population active et environ 6,5 % de cette population sont des chômeurs.

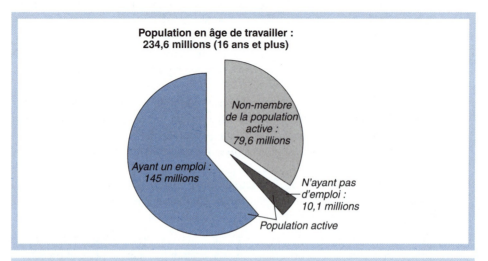

Figure 2.4
Les trois groupes de population

Les statistiques répartissent la population d'ensemble en trois catégories : ayant un emploi, n'ayant pas d'emploi ou n'étant pas membre de la population active. La figure donne la proportion de chacune de ces catégories dans la population totale américaine en octobre de l'année 2008.
Source : U.S. Department of Labor.

ÉTUDE DE CAS - Les tendances en matière de participation de la population active

Les données concernant le marché du travail recueillies par le BLS aux États-Unis reflètent non seulement les évolutions économiques, comme celles du cycle économique en forme de dents de scie, mais également une variété de changements sociaux. À titre d'exemple, les changements sociaux à long terme dans la répartition du rôle des hommes et des femmes dans la société sont remarquables dans les données relatives à la participation de la population active.

La figure 2.5 montre les taux de participation de la population active masculine et féminine aux États-Unis depuis 1950. Juste après la Deuxième Guerre

Les données qu'utilise la macroéconomie 69

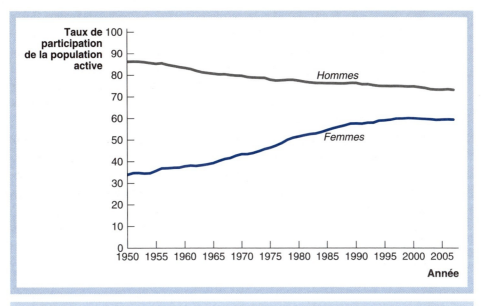

Figure 2.5
La participation de la population active

Depuis plusieurs décennies, le taux de participation des femmes a augmenté, tandis que celui des hommes a diminué.
Source : U.S. Department of Labor.

mondiale, les hommes et les femmes ont joué des rôles économiques très différents. Seulement 33 % des femmes travaillaient ou cherchaient du travail contre 87 % des hommes. Dès lors, l'écart dans les taux de participation des hommes et des femmes a diminué progressivement avec le nombre croissant de femmes entrant sur le marché de travail et le nombre d'hommes en sortant. Les données de 2007 ont montré que 59 % des femmes faisaient partie de la population active contre 73 % des hommes. De nos jours, les hommes et les femmes de la population active, jouent des rôles égaux dans l'économie.

Ce changement est dû à de nombreux facteurs. Nous trouvons, d'une part, les nouvelles technologies comme la machine à laver et le séchoir, le réfrigérateur et le lave-vaisselle qui ont réduit le temps consacré aux travaux ménagers routiniers. D'autre part, ce changement est dû à de meilleurs moyens de planning familial qui ont réduit le nombre d'enfants par famille typique. Enfin, il ne faut pas oublier les changements dans les mentalités et attitudes sociales et politiques. Tous ces développements ont eu un impact profond, comme le prouvent d'ailleurs ces données.

Même s'il est facile d'expliquer l'augmentation de la participation des femmes dans la population active, la diminution de celle des hommes nous laisse perplexe. De nombreux développements ont été enregistrés. En premier lieu, les jeunes hommes fréquentent de nos jours les écoles pour une durée qui dépasse de loin celle que leurs pères ou grands-pères ont passée à l'école. En second lieu, les hommes âgés vont actuellement à la retraite plus tôt et ont une moyenne de vie plus importante. En troisième lieu, avec un plus grand nombre de femmes au travail, plus de pères restent au foyer pour élever les enfants. À noter que les étudiants à plein temps, les retraités et les pères au foyer ne sont pas comptés dans la population active.

Nombreux sont les économistes qui croient que la participation des hommes et des femmes dans la population active peut diminuer progressivement durant les prochaines décennies pour des raisons démographiques. Les gens aujourd'hui ont une moyenne de vie plus longue et ont moins d'enfants que les précédentes générations. Par conséquent, les personnes âgées représentent une part croissante de la population. Et comme les retraités ne font pas partie de la population active, la tendance est vers la réduction du taux de participation dans l'économie.

2.3.2 L'enquête auprès des établissements ou « Establishment Survey »

Le BLS aux États-Unis présente un rapport mensuel sur le taux de chômage ainsi qu'une variété d'autres mesures statistiques décrivant les conditions du marché du travail. Certaines de ces mesures, comme le taux de participation de la population active, sont calculées à partir du *Current Population Survey*. Toutefois, d'autres statistiques proviennent de sources indépendantes d'environ 160 000 organismes économiques qui emploient plus de 40 millions de personnes. Quand vous lisez le grand titre d'un journal ou d'une revue annonçant la création d'emplois dans l'économie le mois passé, cette mesure statistique n'est rien d'autre que la variation du nombre de travailleurs déclarés sur les fichiers des salaires des entreprises.

Étant donné que le BLS mène deux enquêtes sur les conditions du marché du travail, il produit deux mesures de l'emploi total. De l'enquête sur les ménages, il obtient un nombre approximatif des personnes qui déclarent leur travail. De l'enquête sur les établissements, il obtient un nombre approximatif des travailleurs figurant sur les fichiers des salaires.

Il se peut que l'on s'attende à ce que ces deux mesures soient identiques mais ce n'est pas le cas. Bien qu'elles soient positivement corrélées, ces deux mesures peuvent diverger, notamment sur une période de temps courte. Une large divergence a eu particulièrement lieu au tout début des années 2000 alors que l'économie se redressait suite à la récession de 2001. De novembre 2001 jusqu'en août 2003, l'enquête sur les établissements a démontré une chute d'emploi de 1,0 million alors que l'enquête sur les ménages a montré une hausse de 1,4 million. Certains commentateurs ont déclaré que l'économie est en train de passer par une « convalescence de chômage » mais ce descriptif s'applique uniquement aux données des établissements et non à celles des ménages.

Pourquoi ces deux mesures d'emploi peuvent-elles diverger ? Une part de l'explication provient du fait qu'elles mesurent des choses différentes. Par exemple, une personne qui dirige sa propre entreprise travaille à son compte. L'enquête sur les ménages la considère comme travaillant alors que ce n'est pas le cas dans l'enquête sur les établissements car cette personne ne figure sur aucune fiche de salaires. Nous citons aussi un autre exemple. Prenons une personne qui a deux emplois, elle est considérée comme une seule personne employée dans l'enquête sur les ménages et comme deux personnes dans l'enquête sur les établissements puisqu'elle figure sur deux fiches de deux entreprises.

Une autre part de l'explication est que les enquêtes ne sont pas parfaites. Par exemple, lorsqu'une entreprise démarre, elle ne figure pas dans l'enquête sur les établissements. Le BLS essaie d'évaluer les créations d'emploi mais le modèle mis en place est une source éventuelle d'erreurs. Un autre problème se pose concernant la manière dont l'enquête sur les ménages généralise le niveau de l'emploi estimé à partir des ménages sondés à l'ensemble de la population. Si le BLS utilise des estimations incorrectes de la taille de la population, ces mêmes erreurs se reproduiront dans les estimations concernant l'emploi des ménages. Une source éventuelle d'estimations démographiques incorrectes est la variation du taux d'immigration légale ou illégale.

À la fin, la divergence entre l'enquête sur les ménages et celle sur les établissements de 2001 à 2003 reste un mystère. Certains économistes considèrent l'enquête sur les établissements comme plus pertinente car elle porte sur un échantillon plus important. Toutefois, une étude récente a montré que la meilleure mesure de l'emploi est obtenue par la moyenne des deux enquêtes [5].

Ce qui est plus important que les caractéristiques spécifiques de ces enquêtes et l'épisode en question, est la leçon plus générale qui suit : toutes les mesures statistiques économiques sont imparfaites. Et même si elles contiennent des informations précieuses concernant ce qui se passe dans l'économie, chaque information doit être interprétée avec un certain degré de prudence et un peu de scepticisme.

2.4 CONCLUSION : DES STATISTIQUES ÉCONOMIQUES AUX MODÈLES ÉCONOMIQUES

Les trois statistiques économiques introduites dans ce chapitre - produit intérieur brut, indice des prix à la consommation et taux de chômage - permettent d'exprimer en termes quantitatifs l'évolution de l'économie. Les acteurs tant publics que privés de

---

5 George Perry, « Gauging Employment : Is the Professional Wisdom Wrong ? », *Brooking Papers on Economic Activity* (2005) : 2.

cette économie utilisent ces chiffres pour suivre les évolutions économiques et élaborer en conséquence les politiques qu'ils jugent les plus adéquates. Quant aux économistes, ils utilisent les mêmes statistiques pour construire et vérifier leurs théories explicatives de la manière dont fonctionnent les systèmes économiques.

Les chapitres qui suivent vont exposer certaines de ces théories. Ils présentent les modèles qui nous aident à comprendre les déterminants de ces variables et les impacts de la politique économique sur notre vie quotidienne. Nous savons maintenant comment mesurer les évolutions économiques, il nous reste à apprendre comment les expliquer.

Synthèse

1. Le produit intérieur brut (PIB) mesure à la fois le revenu agrégé de tous les membres d'une économie et la dépense totale qu'ils affectent à l'acquisition de la production des biens et services de cette économie.
2. Le PIB nominal évalue les biens et services produits aux prix courants. Le PIB réel les évalue à prix constants. Le PIB réel ne croît que si les quantités produites de biens et services augmentent, alors que le PIB nominal peut augmenter également si ce sont les prix, et non les quantités, qui s'élèvent.
3. Le PIB est égal à la somme des valeurs de quatre catégories de dépenses : consommation, investissement, dépenses publiques et exportations nettes.
4. L'indice des prix à la consommation (IPC) mesure le prix d'un panier constant de biens et de services achetés par le consommateur moyen. Tout comme le déflateur du PIB, qui est obtenu en rapportant le PIB réel au PIB nominal, l'indice des prix à la consommation mesure le niveau général des prix.
5. Le taux d'activité est la fraction de la population adulte qui travaille ou souhaite travailler. Le taux de chômage indique quelle part de la population en âge de et désireuse de travailler ne trouve pas d'emploi.

Concepts de base

- Produit intérieur brut (PIB)
- Comptabilité nationale
- Stocks et flux
- Valeur ajoutée
- Valeur imputée
- PIB nominal versus PIB réel
- Déflateur du PIB
- Identité comptable
- Consommation
- Investissement
- Dépenses publiques
- Exportations nettes
- Indice des prix à la consommation (IPC)
- Population active
- Taux de chômage
- Taux de participation de la population active

ÉVALUATION DES CONNAISSANCES

1. Quelles sont les deux réalités que mesure le PIB ? Expliquez comment le PIB peut mesurer à la fois ces deux réalités.
2. Que mesure l'indice des prix à la consommation ?
3. Par rapport au marché du travail, tout citoyen appartient à l'une des trois catégories. Quelles sont-elles ? Comment se définit le taux de chômage ?
4. Expliquez les deux méthodes d'estimation de l'emploi dans une économie.

PROBLÈMES ET APPLICATIONS

1. Parcourez les journaux parus les derniers jours. De quelles statistiques économiques font-ils état ? Comment interprétez-vous ces statistiques ?
2. Un agriculteur vend du blé à un meunier pour $1,00. Le meunier transforme ce blé en farine et vend celle-ci à un boulanger au prix de $3,00. Le boulanger utilise la farine pour fabriquer du pain qu'il vend à un ingénieur au prix de $6,00. Quelle est la valeur ajoutée par chacun des intervenants à ces diverses transactions ? Quel est le PIB ?
3. Une propriétaire foncière épouse son intendant. Au lendemain du mariage, chacun des époux continue à vaquer à ses occupations coutumières. En quoi ce mariage affecte-t-il le PIB ? Comment devrait-il l'affecter ?
4. Situez chacune des transactions qui suivent dans l'une des quatre composantes de la dépense : consommation, investissement, dépenses publiques et exportations nettes.

    a) Boeing vend un avion à l'armée de l'air.
    b) Boeing vend un avion à American Airlines.
    c) Boeing vend un avion à Air France.
    d) Boeing vend un avion à Amelia Earhart.
    e) Boeing construit un avion qui doit être vendu l'année prochaine.

5. Trouvez des données disponibles sur le PIB et ses composantes sur la période allant de 1950 jusqu'à aujourd'hui et calculez la part de chacune des composantes du PIB dans celui-ci pour les années 1950, 1980 et les années les plus récentes.

    a) Dépenses personnelles de consommation
    b) Investissement intérieur brut des ménages
    c) Dépenses publiques
    d) Exportations nettes
    e) Dépenses au titre de la défense nationale
    f) Dépenses des pouvoirs régionaux et locaux
    g) Importations

    Pouvez-vous identifier des relations stables parmi ces données ? Y trouvez-vous des tendances ? (Une indication : pour chercher ces données, allez sur les sites web des différentes institutions de statistiques.)

6. Nous étudions une économie qui produit et consomme du pain et des voitures. Le tableau qui suit vous en donne les données relatives aux années 2000 et 2010.

	Année 2000	**Année 2010**
Prix d'une voiture	$50 000	$60 000
Prix d'un pain	$10	$20
Nombre de voitures produites	100	120
Nombre de pains produits	500 000	400 000

a) Si l'on prend l'an 2000 comme année de base, calculez les statistiques suivantes en l'an 2000 et en l'an 2010 : PIB nominal, PIB réel, déflateur implicite des prix du PIB, indice des prix à pondération constante tel que l'indice des prix à la consommation.

b) Quelle est la variation des prix entre l'an 2000 et l'an 2010 ? Pourquoi l'indice de Laspeyres et l'indice de Paasche vous donnent-ils des réponses différentes ?

c) Si vous étiez un député et si vous souhaitiez rédiger une proposition de loi en vue d'adapter les indemnités sociales à l'évolution du coût de la vie, utiliseriez-vous comme référentiel le déflateur du PIB ou l'indice des prix à la consommation ? Pourquoi ?

7. En l'année 1, le prix moyen des pommes rouges est de $1 et celui des pommes vertes de $2. Georges, qui ne mange que des pommes, achète 10 pommes rouges. En l'année 2, la pomme rouge coûte $2 et la pomme verte $1. Georges achète 10 pommes vertes.

a) En prenant comme année de base l'année 1, calculez l'indice des prix à la consommation de pommes pour chacune des deux années. Quelle est la variation de votre indice de l'année 1 à l'année 2 ?

b) Calculez la dépense nominale en pommes de Georges au cours de chacune des deux années. Comment évolue-t-elle de l'année 1 à l'année 2 ?

c) En prenant l'année 1 comme année de base, comparez la dépense réelle de Georges en pommes au cours de chacune des deux années. Comment évolue-t-elle de l'année 1 à l'année 2 ?

d) En définissant le déflateur implicite des prix par la dépense nominale divisée par la dépense réelle, calculez le déflateur au cours de chacune des deux années. De combien ce déflateur varie-t-il de l'année 1 à l'année 2 ?

e) La satisfaction que Georges retire de la consommation de pommes rouges ou de pommes vertes est équivalente. Quelle est, à ses yeux, la hausse réelle du coût de la vie ? Comparez votre réponse à cette question aux réponses que vous avez données sous (a) et (d). Quelle interprétation en tirez-vous quant aux indices de prix de Laspeyres et de Paasche ?

8. Comment chacun des événements qui suivent est-il susceptible d'affecter le PIB réel ? Pensez-vous que la variation de ce PIB réel traduit un changement équivalent du bien-être économique ?

a) Une tornade sur la Floride contraint Disneyland à fermer ses portes pendant un mois.
b) La découverte d'une espèce de blé à croissance rapide accroît les récoltes agricoles.
c) Un conflit entre patronat et syndicats déclenche une vague de grèves.
d) En raison d'une chute générale de la demande, les entreprises licencient leurs travailleurs.
e) Une nouvelle réglementation de protection de l'environnement exige des entreprises qu'elles limitent leurs émissions polluantes.
f) Un nombre accru d'étudiants abandonnent prématurément leurs études pour accepter « des petits emplois ».
g) Les parents qui travaillent exigent une réduction du temps de travail pour pouvoir mieux s'occuper de leurs enfants.

9. Dans un discours qu'il tint au cours de sa campagne électorale présidentielle de 1968, le sénateur Robert Kennedy dit ce qui suit du PIB :
« [Il] ne tient pas compte de la santé de nos enfants, de la qualité de leur éducation ou de la joie qu'ils tirent de leurs jeux. Il n'intègre pas la beauté de notre poésie ou la solidité de nos mariages, pas plus que l'intelligence de nos débats publics ou que l'intégrité de nos fonctionnaires. Il ne mesure ni notre courage, ni notre sagesse, ni l'amour que nous avons pour notre pays. Pour faire bref, le PIB mesure tout, sauf ce qui fait que la vie vaut d'être vécue. Il nous dit tout des États-Unis, sauf les raisons que nous avons d'être fiers des États-Unis. »
Robert Kennedy avait-il raison ? Si oui, pourquoi continuons-nous de tant nous préoccuper du PIB ?

PARTIE 2

LA THÉORIE CLASSIQUE : L'ÉCONOMIE DANS LE LONG TERME

Chapitre 3.	Le revenu national : sa production, sa répartition et son affectation	*79*
Chapitre 4.	La monnaie et l'inflation	*121*
Chapitre 5.	L'économie ouverte	*167*
Chapitre 6.	Le chômage	*219*

3

LE REVENU NATIONAL : SA PRODUCTION, SA RÉPARTITION ET SON AFFECTATION

La meilleure recette de bonheur que je connaisse est un revenu confortable.
Jane Austen

3.1	Les déterminants de la production totale de biens et de services	*82*
3.2	La répartition du revenu national entre facteurs de production	*84*
3.3	Les déterminants de la demande de biens et services	*98*
3.4	Les déterminants de l'équilibre entre offre et demande de biens et services	*103*
3.5	Conclusion	*114*

L'une des plus importantes variables macroéconomiques est le produit intérieur brut (PIB) qui mesure à la fois la production de biens et de services d'un pays et le revenu que cette production génère. Pour apprécier son importance, il suffit de jeter un coup d'œil sur les données internationales : par rapport aux pays les plus pauvres, les nations ayant un haut niveau de PIB par habitant disposent de tout, allant d'une meilleure nutrition infantile à plus de téléviseurs par foyer. Un niveau élevé du PIB ne permet pas d'assurer que tous les citoyens d'un pays soient heureux, mais il est peut-être la meilleure recette de bonheur que les macroéconomistes ont à offrir. Les variables macroéconomiques permettent aux économistes et aux décideurs politiques de mesurer et de comparer, d'une année à l'autre et d'un pays à l'autre, la manière dont les économies se comportent. Toutefois, il ne faut pas se limiter exclusivement à mesurer la qualité de ce comportement, mais également l'expliquer. En fait, nous voulons construire des modèles économiques qui nous aident à comprendre le comportement de l'économie, les relations entre variables économiques et les effets des politiques économiques.

Ce chapitre aborde quatre catégories de questions relatives aux sources et aux affectations du PIB :

- Combien produisent les entreprises constitutives de l'économie ? Qu'est-ce qui détermine le revenu total d'un pays ?
- À qui vont les revenus tirés de la production ? Quelle en est la répartition entre les travailleurs salariés et les propriétaires du capital ?
- Qui achète la production de l'économie ? Quelle partie de leurs revenus les ménages consacrent-ils à la consommation, quels sont les montants des investissements qu'ils effectuent conjointement avec les entreprises, et quelle est la hauteur de la consommation publique ?
- Qu'est-ce qui équilibre l'offre et la demande de biens et services ? Comment se fait-il que la somme de la consommation, de l'investissement et des dépenses publiques est égale au niveau de la production ?

Pour répondre à ces questions, nous devons nous pencher sur les interactions entre les divers secteurs de l'économie.

Il est commode, à cette fin, de repartir du circuit économique. Nous l'avons établi au chapitre 2 dans le cas d'une économie hypothétique qui ne produisait qu'un seul bien, du pain, et n'utilisait qu'un seul facteur de production, le travail. La figure 3.1 décrit de manière plus précise le fonctionnement des économies réelles. Elle montre les liaisons entre acteurs économiques - ménages, entreprises et pouvoirs publics - et trace les flux de dollars entre ces divers acteurs sur les divers marchés que comporte l'économie.

Considérons tout d'abord les flux de dollars du point de vue des acteurs économiques. Les ménages perçoivent des revenus et les utilisent pour payer des impôts à l'État, pour consommer des biens et services et pour épargner via les marchés financiers. Les entreprises perçoivent également des revenus grâce à la vente de leurs biens

Le revenu national : sa production, sa répartition et son affectation

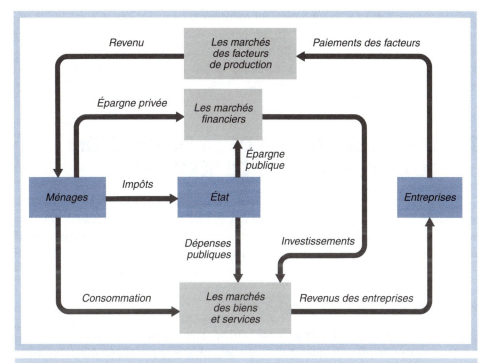

Figure 3.1
Flux circulaire des dollars au travers de l'économie

Cette figure propose une vision plus réaliste du circuit économique présenté au chapitre 2. Les encadrés situés sur l'axe horizontal au centre de la figure représentent les acteurs économiques : ménages, entreprises et pouvoirs publics. Les encadrés sur l'axe vertical au centre de la figure représentent les divers types de marchés : les marchés des biens et services, les marchés des facteurs de production et les marchés financiers. Les flèches indiquent les flux de dollars parmi les divers acteurs économiques au travers des trois types de marché.

et de leurs services et elles les utilisent pour payer les facteurs de production. Tant les ménages que les entreprises empruntent sur les marchés financiers pour acheter des biens d'investissement tels que logements, usines et équipements. L'État perçoit les recettes fiscales et les utilise à son tour pour payer les dépenses publiques. S'il dépense moins qu'il ne gagne, on parle d'*épargne publique* positive (*surplus budgétaire*). Et s'il dépense plus qu'il ne gagne, il emprunte lui aussi sur les marchés financiers pour couvrir son *déficit budgétaire*, l'épargne publique étant négative.

Dans ce chapitre, nous allons construire un modèle classique de base pour expliquer les interactions économiques illustrées à la figure 3.1. Nous commençons par les entreprises, en examinant les déterminants de leur niveau de production lequel, pour l'ensemble de l'économie, est égal au niveau du revenu national. Nous étudions ensuite comment les marchés des facteurs de production répartissent le revenu entre les ménages. L'étape suivante consiste à établir les parts respectives de ce revenu que les ménages consomment et qu'ils épargnent. Nous ajoutons à la demande de biens et services émanant de la consommation des ménages la demande suscitée par l'investissement et les dépenses publiques. Enfin, nous bouclons la boucle pour comprendre comment s'équilibrent la demande de biens et services (la somme de la consommation, de l'investissement et des dépenses publiques), d'une part, et l'offre de biens et services (le niveau de production), d'autre part.

3.1 LES DÉTERMINANTS DE LA PRODUCTION TOTALE DE BIENS ET DE SERVICES

La production de biens et de services de toute économie donnée, c'est-à-dire son PIB, est fonction : (1) de la quantité de facteurs de production dont elle dispose et (2) de sa capacité à transformer ces facteurs en production, dans le cadre d'une fonction de production. Nous passons successivement chacun de ces éléments en revue ci-dessous.

3.1.1 *Les facteurs de production*

Les **facteurs de production** sont les inputs utilisés pour produire des biens et des services. Les deux principaux de ces facteurs sont le capital et le travail. Le *capital* consiste en tous les équipements utilisés par les travailleurs : la grue des travailleurs de la construction, la calculatrice du comptable et l'ordinateur de l'auteur de ce livre. Le *travail* est le temps que consacrent les gens à travailler. Nous utiliserons dorénavant la lettre K pour désigner la quantité de capital et la lettre L pour désigner la quantité de travail.

Dans ce chapitre, nous considérons que la quantité de facteurs de production dont dispose une économie est constante, ce qui nous permet d'écrire :

$$\begin{aligned} K &= \overline{K} \\ L &= \overline{L} \end{aligned} \qquad (3.1)$$

Le trait placé au-dessus des termes de droite signifie que la variable en question est fixée à un niveau donné. Au chapitre 7, nous verrons ce qui se passe lorsque les quantités des facteurs de production varient dans le temps, comme c'est le cas dans le monde réel. Pour l'instant, pour des raisons de simplicité, nous retenons l'hypothèse de quantités fixes de capital et de travail.

Nous faisons en outre l'hypothèse que ces facteurs de production sont totalement utilisés, qu'aucune ressource n'est gaspillée. Là encore, dans le monde réel, une partie de la population active ne travaille pas et une partie du stock de capital n'est pas utilisée. Au chapitre 6, nous étudierons les raisons du chômage mais pour l'instant, à nouveau, nous faisons l'hypothèse que tant le stock de capital que la population active sont totalement utilisés.

3.1.2 La fonction de production

C'est la technologie de production disponible qui détermine la quantité de production qu'il est possible d'obtenir à partir de quantités données de capital et de travail. Les économistes expriment cette disponibilité technologique sous la forme d'une fonction de production qui nous montre comment les facteurs de production déterminent la quantité produite. En désignant cette quantité de production par la lettre Y, nous pouvons écrire cette **fonction de production** comme suit :

$$Y = F(K, L) \qquad (3.2)$$

Cette équation établit que la production est une fonction de la quantité de capital et de la quantité de travail.

La fonction de production reflète la technologie disponible. En d'autres termes, la technologie disponible est sous-jacente à la manière dont cette fonction transforme du capital et du travail en production. Que quelqu'un invente une manière plus efficace de produire un bien ou un service, il en résulte automatiquement une production accrue, alors que les quantités de capital et de travail utilisées n'ont pas changé. On voit donc que l'évolution technologique modifie la fonction de production.

De nombreuses fonctions de production sont dotées de **rendements d'échelle constants**. C'est le cas chaque fois qu'un accroissement proportionnel de tous les facteurs de production suscite une hausse équivalente de la production. Si la fonction de production est caractérisée par des rendements d'échelle constants, et si les quantités utilisées de capital et de travail augmentent toutes deux de 10 %, la production en fera autant. En termes mathématiques, une fonction de production est dite à rendements d'échelle constants si

$$zY = F(zK, zL) \qquad (3.3)$$

pour toute valeur positive de z. Cette équation nous dit que, si nous multiplions simultanément la quantité de capital et la quantité de travail par un facteur donné z, la production est également multipliée par ce même facteur z. Nous verrons à la section suivante que cette hypothèse des rendements d'échelle constants a une importante implication sur la manière dont est réparti le revenu tiré de la production.

Pour illustrer la fonction de production, examinons la production d'une boulangerie. Son facteur capital est représenté par son atelier et l'équipement qui s'y trouve, les travailleurs qui fabriquent le pain constituent son facteur travail et les pains eux-mêmes sont sa production. La fonction de production de cette boulangerie montre que le nombre de pains produits dépend de la quantité d'équipements et de travailleurs dont elle dispose. Si cette fonction de production a des rendements d'échelle constants, nous doublons automatiquement la quantité produite de pain lorsque nous multiplions par deux à la fois les équipements et le nombre de travailleurs.

3.1.3 L'offre de biens et services

Nous pouvons maintenant comprendre pourquoi les facteurs de production et la fonction de production déterminent conjointement l'offre de biens et services, qui est égale à la production de l'économie. En termes mathématiques, nous écrivons :

$$Y = F\left(\overline{K}, \overline{L}\right)$$
$$= \overline{Y} \qquad (3.4)$$

Dans ce chapitre, nous supposons fixes l'offre de travail et de capital ainsi que la technologie. La production est donc elle aussi constante au niveau $\overline{Y}$. Les chapitres 7 et 8 montreront comment le développement des facteurs travail et capital ainsi que l'amélioration des technologies de production accroissent la production de l'économie.

3.2 LA RÉPARTITION DU REVENU NATIONAL ENTRE FACTEURS DE PRODUCTION

Comme on l'a vu au chapitre 2, la production totale d'une économie est égale à son revenu total. Étant donné que les facteurs de production et la fonction de production déterminent conjointement la production totale de biens et de services, ils déterminent du même fait le revenu national. Le circuit économique de la figure 3.1 nous a montré que ce revenu national circule des entreprises vers les ménages via les marchés des facteurs de production.

Nous allons voir maintenant comment fonctionnent ces marchés. De tout temps, les économistes ont étudié le fonctionnement des marchés des facteurs de production dans le but de comprendre la répartition des revenus. Par exemple, Karl Marx, économiste très connu du dix-neuvième siècle, a passé beaucoup de temps à essayer d'expliquer les revenus du capital et du travail. La philosophie politique du communisme a été en partie fondée sur la théorie de Marx, désormais discréditée.

Nous n'étudierons ici que la théorie moderne de la répartition du revenu national entre facteurs de production. Cette théorie, appelée *théorie néoclassique de la répartition*, est désormais acceptée par la plupart des économistes. Elle est largement basée sur l'idée classique du dix-huitième siècle selon laquelle les prix s'ajustent afin d'équilibrer l'offre et la demande (appliquée ici aux marchés des facteurs de production) et sur l'idée développée au dix-neuvième siècle selon laquelle la demande de chaque facteur de production dépend de la productivité marginale de ce même facteur.

3.2.1 Les prix des facteurs

La répartition du revenu national est déterminée par les prix des facteurs. Les **prix des facteurs** sont les montants payés aux facteurs de production, les rémunérations des

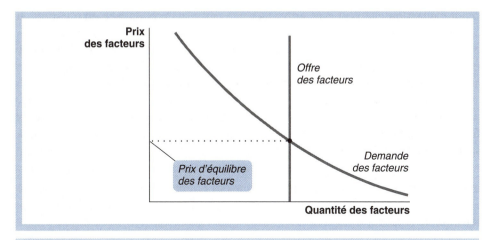

Figure 3.2
La rémunération des facteurs de production

Le prix payé à tout facteur de production dépend de l'offre et de la demande des services rendus par ce facteur. Comme nous avons supposé cette offre constante, la courbe d'offre est verticale. Par contre, la courbe de demande est décroissante. L'intersection de l'offre et de la demande de facteurs détermine le prix d'équilibre des facteurs.

travailleurs salariés et les dividendes et intérêts perçus par les propriétaires du capital. Comme l'illustre la figure 3.2, le prix perçu par chaque facteur de production pour les services qu'il rend est lui-même déterminé par l'offre et la demande de ce facteur. Comme nous avons provisoirement retenu l'hypothèse que les quantités de facteurs disponibles dans l'économie sont constantes, la courbe d'offre de facteurs de la figure 3.2 est verticale. L'intersection de la courbe de demande de facteurs décroissante et de la courbe d'offre de facteurs croissante détermine le prix d'équilibre des facteurs.

Pour comprendre les prix des facteurs et la répartition du revenu, nous devons étudier la demande de ces facteurs de production. Cette demande de facteurs de production émane d'une multitude d'entreprises qui utilisent du capital et du travail. Ceci nous amène donc à examiner les décisions que doit prendre l'une de ces entreprises, considérée comme représentative.

3.2.2 Le problème de l'entreprise en situation de concurrence

L'hypothèse la plus simple que l'on peut formuler à l'égard de l'entreprise représentative est qu'elle est en situation de **concurrence**. Ceci veut dire que sa taille est réduite par rapport aux marchés sur lesquels elle intervient et qu'en conséquence, elle n'a qu'une influence minime sur les prix du marché. Simplifions en supposant que notre entreprise représentative ne produise qu'un seul bien qu'elle vend au prix du marché. Comme de nombreuses autres entreprises produisent ce même bien, la nôtre peut vendre autant qu'elle veut sans provoquer une baisse de prix du bien en question ou, au contraire, elle peut arrêter de produire sans déclencher de hausse du prix de ce bien. Notre entreprise n'est pas davantage en mesure d'influencer significativement le montant de la rémunération qu'elle paie à ses travailleurs. En effet, de nombreuses autres entreprises locales emploient également des travailleurs. Notre entreprise n'a aucune raison de payer davantage que le salaire du marché, d'une part, et si elle tentait de les payer moins, ses travailleurs la quitteraient pour se faire embaucher ailleurs. L'entreprise en situation de concurrence est donc contrainte d'accepter les prix, tant de sa production que de ses facteurs de production, tels qu'ils sont donnés par le marché.

Pour fabriquer son produit, l'entreprise a besoin de deux facteurs de production : le capital et le travail. Comme nous l'avons fait pour l'ensemble de l'économie, nous représentons la technologie de production de l'entreprise sous la forme d'une fonction de production :

$$Y = F(K, L) \tag{3.2}$$

où Y désigne le nombre d'unités produites (la production de l'entreprise), K le nombre de machines utilisées (le volume du capital) et L le nombre d'heures travaillées par l'ensemble de ses travailleurs (le volume de travail). L'entreprise peut donc accroître sa production, soit en utilisant davantage de machines, soit en demandant à ses travailleurs de fournir davantage d'heures de travail.

L'entreprise vend sa production au prix P, elle paie à ses travailleurs un salaire W et elle rémunère son capital au taux R. L'entreprise doit rémunérer son capital parce que nous supposons que ce sont les ménages qui détiennent le stock de capital de l'économie considérée. En ces termes, les ménages louent leur capital aux entreprises et leur vendent leur travail. Ce sont donc les ménages, propriétaires des deux facteurs de production, qui les mettent à la disposition des entreprises contre rémunération [1].

L'objectif de l'entreprise est de maximiser son profit. Le **profit** est le revenu diminué des coûts : c'est ce qui reste à l'entreprise lorsque celle-ci s'est acquittée de ses coûts de production. Le revenu est égal à $P \times Y$ soit le prix de vente P du bien considéré multiplié par la quantité Y de ce bien produite par l'entreprise. Les coûts incluent aussi bien les coûts du travail que ceux du capital. Les coûts du travail sont égaux à $W \times L$, soit le salaire W multiplié par la quantité de travail L. Les coûts du capital sont égaux à $R \times K$, soit la rémunération du capital R multipliée par la quantité de capital K. Nous pouvons donc écrire :

$$\begin{aligned} \text{Profit} &= \text{Revenu} - \text{Coûts du Travail} - \text{Coûts du Capital} \\ &= P \times Y - W \times L - R \times K \end{aligned} \tag{3.5}$$

---

1 Ceci est une simplification. Dans le monde réel, la propriété du capital est indirecte, les entreprises détenant le capital et les ménages étant propriétaires des entreprises. En d'autres termes, les entreprises réelles ont deux fonctions : détenir du capital et produire des biens et services. C'est pour faciliter la compréhension de la manière dont sont rémunérés les facteurs de production que nous supposons que la seule fonction des entreprises est de produire des biens et services, et que les ménages détiennent directement le capital de ces entreprises.

Pour comprendre comment le profit dépend des facteurs de production, nous avons recours à la fonction de production $Y = F(K, L)$, que nous introduisons dans cette équation en lieu et place de Y, pour obtenir

$$\text{Profit} = P \times F(K, L) - W \times L - R \times K \tag{3.6}$$

Cette équation montre que le profit dépend du prix P du produit, des prix W et R des facteurs de production et des quantités de ces facteurs utilisées, L et K. En situation de concurrence, l'entreprise accepte tels quels tant le prix de son produit que les prix des facteurs, mais il lui incombe de choisir elle-même les quantités de capital et de travail qui maximisent son profit.

3.2.3 La demande de facteurs de l'entreprise

Nous savons maintenant qu'une entreprise choisit les quantités relatives de travail et de capital qu'elle va utiliser afin de maximiser ses profits. Mais à quoi correspondent ces quantités optimales ? Pour répondre à cette question nous allons déterminer la quantité de travail dans un premier temps et ensuite nous abordons la quantité de capital.

A. La productivité marginale du travail

Plus l'entreprise utilise de travail, plus elle produit. La **productivité marginale du travail (*PML*)** est la quantité supplémentaire de production réalisée par l'entreprise à l'aide d'une unité supplémentaire de travail. En d'autres termes, chaque fois que l'entreprise paie une heure supplémentaire de travail, sa production augmente de *PML* unités. La fonction de production nous aide à exprimer cette relation :

$$PML = F(K, L+1) - F(K, L) \tag{3.7}$$

Le premier terme du membre de droite de cette équation représente la quantité de production obtenue à l'aide de K unités de capital et de $L + 1$ unités de travail ; le second terme désigne la quantité de production réalisée à l'aide de K unités de capital et de L unités de travail. Il ressort de cette équation que la productivité marginale du travail correspond à la différence entre la quantité de production réalisée à l'aide de $L + 1$ unités de travail et la quantité produite à l'aide seulement de L unités de travail.

La plupart des fonctions de production sont caractérisées par **une productivité marginale décroissante** : pour toute quantité donnée de capital, la productivité marginale du travail diminue à mesure que la quantité de travail augmente. Revenons un instant à notre exemple de la boulangerie : si elle engage plus de personnel, elle peut produire plus de pain. La *PML* est le nombre de pains supplémentaires produits par chaque unité nouvelle de travail embauchée. Cependant, toute nouvelle unité de travail produit moins que la précédente : à mesure qu'ils s'accumulent dans un atelier de dimensions inchangées, les travailleurs se gênent les uns les autres, le dernier arrivé trouve difficilement ses marques et, en conséquence, il produit moins que ses prédécesseurs.

La figure 3.3 représente la fonction de production. Elle montre comment évolue la quantité produite lorsque le capital est maintenu constant et qu'au contraire la quantité de travail augmente. La pente de la courbe qui représente la fonction de production traduit la productivité marginale du travail. À mesure que ce dernier augmente, la courbe de la fonction de production tend à s'aplanir, ce qui traduit une productivité marginale décroissante.

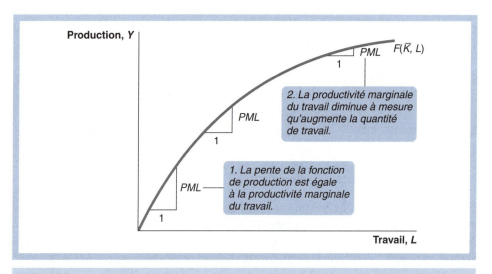

Figure 3.3
La fonction de production

Cette courbe illustre la relation entre la production et la quantité de travail, lorsque le capital est maintenu constant. La productivité marginale du travail *PML* correspond à la variation de la production induite par toute nouvelle unité de travail. À mesure que la quantité de travail augmente, la fonction de production s'aplanit, ce qui reflète une productivité marginale décroissante.

B. De la productivité marginale du travail à la demande de travail

L'entreprise en situation de concurrence désirant maximiser son profit calcule l'impact de toute nouvelle embauche sur celui-ci. À cette fin, elle compare la recette supplémentaire associée à la production accrue grâce aux nouveaux travailleurs engagés au coût salarial supplémentaire de ces derniers. Les revenus supplémentaires induits par toute nouvelle unité de travail sont fonction à la fois de la productivité marginale du travail et du prix unitaire de vente de la production. Toute nouvelle unité de travail produit PML unités de production, dont chacune se vend au prix de P dollars, et donc la recette supplémentaire est égale à $P \times PML$. Le coût additionnel associé à l'embauche d'une unité supplémentaire de travail est équivalent au salaire W. La variation du profit induite par toute embauche d'une unité additionnelle de travail est donc :

$$\begin{aligned}\Delta\text{Profit} &= \Delta\text{Revenu} - \Delta\text{Coût} \\ &= (P \times PML) - W\end{aligned} \quad (3.8)$$

Le symbole Δ (*delta*) désigne la variation de la variable considérée.

Nous pouvons maintenant répondre à la question posée au début de cette section : quel est le niveau d'embauche décidé par l'entreprise ? Les managers de l'entreprise en question savent que si leur revenu additionnel $P \times PML$ est supérieur au salaire W, l'unité supplémentaire de travail dont l'embauche est envisagée va accroître le profit de l'entreprise. Ils vont donc continuer à embaucher jusqu'au point où toute unité supplémentaire ne contribuerait plus à accroître le profit, soit le point où la PML devient tellement faible que le revenu additionnel est égal au salaire. L'équation (3.9) définit la demande de travail de l'entreprise :

$$P \times PML = W \quad (3.9)$$

qui peut être réécrite comme suit :

$$PML = \frac{W}{P} \quad (3.10)$$

où W/P représente le **salaire réel**, soit la rémunération du travail mesurée en unités de production plutôt qu'en dollars. Le salaire réel désigne le pouvoir d'achat, mesuré en quantité de biens et services que le salaire permet d'acquérir, que l'entreprise concède à chaque unité de travail. L'entreprise désireuse de maximiser son profit embauche jusqu'au moment où la productivité marginale du travail rejoint le salaire réel.

Supposons le prix du pain égal à \$2 et le salaire de l'ouvrier boulanger égal à \$20 par heure. Le salaire réel W/P est donc égal à 10 pains par heure. Dans un tel cas, la boulangerie embauchera des travailleurs jusqu'au moment où le dernier de ceux-ci ne fabriquera plus que 10 pains par heure. Si la PML est inférieure à 10 pains par heure, l'embauche d'un travailleur additionnel n'est plus rentable.

La figure 3.4 établit la relation entre la productivité marginale du travail et la quantité de travail utilisée, pour tout stock de capital maintenu constant. En d'autres termes, la figure illustre la productivité marginale décroissante. Celle-ci diminue à mesure que la quantité de travail augmente : la courbe est donc descendante. À tout salaire réel donné, l'entreprise embauche jusqu'au point où la PML est égale au salaire réel. La courbe de la PML représente donc la demande de travail de l'entreprise.

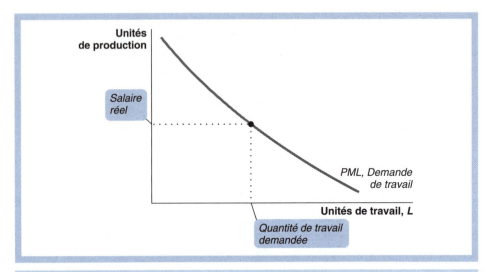

Figure 3.4
La productivité marginale du travail

La productivité marginale du travail *PML* est fonction de la quantité de travail utilisée. La courbe *PML* est décroissante, parce que la *PML* diminue à mesure que *L* augmente. L'entreprise embauche jusqu'au point où le salaire réel *W/P* est égal à la *PML*. La courbe représente donc en même temps la demande de travail de l'entreprise.

C. La productivité marginale du capital et la demande de capital

La décision d'acquérir davantage de capital procède de la même démarche que celle qui conduit à embaucher plus de travailleurs. La **productivité marginale du capital (PMK)** est la quantité de production supplémentaire que l'entreprise obtient grâce à toute unité additionnelle de capital :

$$PMK = F(K+1, L) - F(K, L) \qquad (3.11)$$

La productivité marginale du capital est donc la différence entre la quantité de production réalisée à l'aide de *K* + 1 unités de capital et la quantité produite à l'aide de seulement *K* unités de capital.

Tout comme le travail, le capital est soumis à la loi de la productivité marginale décroissante que l'on peut appliquer à notre exemple de production de pain. Les premiers fours installés sont très productifs. Toutefois, si la boulangerie installe de plus en plus de fours, tout en maintenant la quantité de travail constante, la productivité marginale des derniers fours est inférieure à celle des premiers installés car il n'y aura pas assez de travailleurs pour les faire fonctionner.

La hausse du profit attendue de toute unité additionnelle de capital correspond au revenu supplémentaire tiré de la production de cette unité de capital et diminué du prix d'acquisition ou de location de l'unité en question :

$$\begin{aligned}\Delta\text{Profit} &= \Delta\text{Revenu} - \Delta\text{Coût} \\ &= (P \times PMK) - R\end{aligned} \quad (3.12)$$

Pour maximiser ce profit, l'entreprise acquiert du capital supplémentaire jusqu'au point où la *PMK* rejoint le prix d'acquisition ou de location de l'unité de capital considérée :

$$PMK = \frac{R}{P} \quad (3.13)$$

Le **prix réel du capital** est le prix du capital mesuré en unités de biens ou de services plutôt qu'en dollars.

En synthèse, l'entreprise en situation de concurrence et désireuse de maximiser son profit n'a guère de problèmes pour décider des quantités relatives de travail et de capital qu'elle souhaite utiliser : *elle acquiert chacun des deux facteurs jusqu'au point où la productivité marginale de ces facteurs devient égale à leur prix réel.*

3.2.4 La répartition du revenu national

Nous savons maintenant comment l'entreprise individuelle établit sa demande de facteurs de production. Mais comment les marchés de ces facteurs de production répartissent-ils le revenu de l'ensemble de l'économie ? Si toutes les entreprises de l'économie considérée sont en situation de concurrence et désireuses de maximiser leurs profits, elles rémunèrent tous leurs facteurs de production à la hauteur de leur contribution marginale au processus de production. Le salaire réel qu'elles paient à chaque travailleur est égal à sa *PML* et le prix auquel elles paient chaque unité de capital est égal à la *PMK* de celle-ci. La masse salariale totale réelle est donc égale à $PML \times L$ et la rémunération globale des détenteurs du capital est égale à $PMK \times K$.

Le revenu que conserve l'entreprise après avoir rémunéré ses facteurs de production constitue le **profit économique** des propriétaires de ces entreprises. Le profit économique réel est égal à

$$\text{Profit économique} = Y - (PML \times L) - (PMK \times K) \quad (3.14)$$

Notre objet est ici d'étudier la répartition du revenu national : en réaménageant les termes de l'expression (3.14), nous obtenons :

$$Y = (PML \times L) + (PMK \times K) + \text{Profit économique} \quad (3.15)$$

Le revenu total se répartit donc entre rémunération du travail, rémunération du capital et profit économique.

En supposant constants les rendements d'échelle de notre fonction de production, le profit économique doit être nul : rien ne reste après paiement des facteurs de production. Telle est la surprenante conclusion du *théorème bien connu d'Euler* [2]. Ce théorème établit que la fonction de production a des rendements d'échelle constants :

$$F(K, L) = (PMK \times K) + (PML \times L) \tag{3.16}$$

Si chaque facteur de production est rémunéré à la hauteur de sa productivité marginale, la somme des rémunérations des facteurs est nécessairement égale à la production totale. En d'autres termes, les rendements d'échelle constants impliquent que la maximisation du profit, en situation de concurrence, annule le profit économique.

Comment, dès lors, expliquer l'existence de « bénéfices » dans l'économie ? La réponse est simple : dans leur acception courante, les « bénéfices » des entreprises n'ont rien à voir avec le « profit économique ». Dans tout l'exposé qui précède, nous avons distingué trois types d'agents : travailleurs, propriétaires du capital et propriétaires des entreprises. Le revenu total se répartit entre rémunération du travail, rémunération du capital et profit économique. Dans le monde réel, cependant, la plupart des entreprises sont propriétaires de leurs biens d'équipement. De ce fait, les propriétaires de ces entreprises détiennent également la propriété des équipements de celles-ci. Quand on parle de « bénéfices », on entend donc généralement à la fois profit économique et rendement du capital. En désignant cette dernière définition par l'expression **profit comptable**, nous obtenons

$$\text{Profit comptable} = \text{Profit économique} + (PMK \times K) \tag{3.17}$$

Dans le cadre de nos hypothèses - rendements d'échelle constants, maximisation du profit et concurrence -, le profit économique est nul. Et donc, les « bénéfices » des comptes nationaux correspondent grossièrement au rendement du capital.

Nous nous demandions, au début de ce chapitre, comment les entreprises transféraient aux ménages le revenu généré par l'économie. La réponse est simple : chaque facteur de production reçoit une rémunération égale à sa productivité marginale et le total des rémunérations ainsi distribuées est égal à la production totale. *En d'autres termes, la contre-valeur de la production totale est répartie entre les facteurs de production capital et travail à concurrence de leurs productivités marginales respectives.*

---

[2] *Note mathématique.* Pour démontrer le théorème d'Euler, on part de la définition des rendements d'échelle constants : $zY = F(zK, zL)$. Si on différentie cette relation par rapport à z on obtient : $Y = F_1(zK, zL)K + F_2(zK, zL)L$ où F_1 et F_2 sont les dérivées partielles par rapport aux deux arguments de la fonction. En évaluant cette relation pour $z = 1$ et sachant que les dérivées partielles sont égales aux productivités marginales des facteurs, nous obtenons la relation dans le texte.

> **ÉTUDE DE CAS - La peste noire et les prix des facteurs**
>
> Selon la théorie néoclassique de la répartition, les prix des facteurs de production sont égaux aux productivités marginales de ceux-ci. Ces productivités marginales étant fonction des quantités disponibles des facteurs, toute variation de celles-ci modifie les productivités marginales de tous les facteurs. De ce fait, toute variation de l'offre d'un seul facteur modifie les prix d'équilibre de la totalité des facteurs et la répartition du revenu au sein de l'économie.
>
> L'histoire européenne du quatorzième siècle nous fournit un exemple frappant de la manière dont les quantités disponibles des facteurs affectent les prix de ceux-ci. L'épidémie de peste bubonique, dite peste noire, en 1348, provoqua en quelques années une réduction de près d'un tiers de la population européenne. La productivité marginale du facteur travail augmentant à mesure que la quantité de travail disponible se réduit, la réduction massive de la force de travail due à l'épidémie entraîna une hausse de la productivité marginale du travail. (L'économie se déplaça vers la gauche sur les courbes des figures 3.3 et 3.4.) Il en résulta un accroissement sensible des salaires réels qui, selon certaines estimations, furent multipliés par deux. En d'autres termes, ce fut la prospérité pour les paysans qui eurent la chance de survivre à l'épidémie.
>
> La réduction de la force de travail induite par cette dernière affecta également le rendement de la terre, deuxième grand facteur de production dans l'Europe médiévale. Comme il y avait moins de travailleurs pour cultiver la terre, le produit marginal de celle-ci commença à fléchir. Il s'ensuivit une baisse parfois supérieure à 50 % des prix et loyers fonciers. À la prospérité des agriculteurs correspondit l'appauvrissement des propriétaires terriens [3].

3.2.5 *La fonction de production de Cobb-Douglas*

Quelle fonction de production décrit la manière dont les économies réelles transforment du capital et du travail en PIB ? La réponse à cette question est issue d'une collaboration historique entre un sénateur et un mathématicien américains.

Paul Douglas fut sénateur de l'Illinois de 1949 à 1966. En 1927, encore professeur d'économie, il remarqua un fait surprenant : la répartition du revenu national entre capital et travail était plus ou moins demeurée constante sur une longue période. En d'autres termes, à mesure que l'économie croissait, le revenu des travailleurs et des détenteurs du capital augmentait approximativement au même rythme. Cette observation amena Douglas à se demander pourquoi les parts distributives du capital et du travail dans le revenu national étaient plus ou moins constantes.

---

[3] Carlo M. Cipolla, *Before the Industrial Revolution : European Society and Economy, 1000-1700*, 2e édition, (New York : Norton, 1980), 200-202.

Pour répondre à cette question, Douglas s'adressa à Charles Cobb, mathématicien. Quelle fonction de production pouvait éventuellement conduire à des parts distributives constantes lorsque chacun des facteurs était rémunéré à hauteur de sa productivité marginale. Une telle fonction de production devait avoir les propriétés suivantes :

$$\text{Revenu du capital} = PMK \times K = \alpha Y \tag{3.18}$$

et

$$\text{Revenu du travail} = PML \times L = (1 - \alpha) Y \tag{3.19}$$

où α (alpha) est une constante de valeur comprise entre 0 et 1 qui détermine les parts relatives du revenu qui vont au capital et au travail. Cobb a démontré qu'une telle fonction avait la propriété suivante :

$$F(K, L) = A K^\alpha L^{(1-\alpha)} \tag{3.20}$$

où A est un paramètre supérieur à zéro qui mesure la productivité de la technologie disponible. Cette fonction a reçu le nom de **fonction de production de Cobb-Douglas**.

Examinons de plus près certaines des propriétés de cette fonction de production. Tout d'abord, la fonction de production de Cobb-Douglas a des rendements d'échelle constants. En d'autres termes, lorsque le capital et le travail croissent dans les mêmes proportions, la production augmente également dans les mêmes proportions [4].

Penchons-nous à présent sur les productivités marginales de cette fonction de production de Cobb-Douglas. La productivité marginale du travail est [5]

$$PML = (1 - \alpha) A K^\alpha L^{-\alpha} \tag{3.21}$$

---

4 *Note mathématique.* Pour démontrer que la fonction de production de Cobb-Douglas a des rendements d'échelle constants, examinons ce qui se passe lorsque nous multiplions le capital et le travail par une constante z :

$$F(zK, zL) = A(zK)^\alpha (zL)^{(1-\alpha)}$$

En développant les termes de droite, nous obtenons

$$F(zK, zL) = A z^\alpha (K)^\alpha z^{(1-\alpha)} (L)^{(1-\alpha)}$$

En réaménageant pour réunir les termes identiques, nous obtenons

$$F(zK, zL) = A z^\alpha z^{(1-\alpha)} (K)^\alpha (L)^{(1-\alpha)}$$

Comme $z^\alpha z^{(1-\alpha)} = z$, notre fonction devient

$$F(zK, zL) = Az (K)^\alpha (L)^{(1-\alpha)}$$

Mais $F(K, L) = A(K)^\alpha (L)^{(1-\alpha)}$. Donc,

$$F(zK, zL) = zF(K, L) = zY$$

En conséquence, la quantité produite Y est multipliée par le même facteur z, ce qui implique que cette fonction de production a des rendements d'échelle constants.

5 *Note mathématique.* L'obtention des formules relatives aux productivités marginales de la fonction de production exige quelques calculs différentiels. Pour trouver la *PML*, il faut différentier la fonction de production par rapport à L. Ceci se fait en multipliant par l'exposant $(1 - \alpha)$ et en soustrayant ensuite 1 de l'ancien exposant pour obtenir le nouvel exposant, $-\alpha$. De même pour obtenir la *PMK*, il faut différentier la fonction de production par rapport à K.

et la productivité marginale du capital est

$$PMK = \alpha A K^{\alpha-1} L^{1-\alpha} \qquad (3.22)$$

En nous souvenant que α est compris entre 0 et 1, ces équations nous montrent l'origine des variations des productivités marginales des deux facteurs. Une augmentation du volume de capital accroît la *PML* et réduit la *PMK*. De même, un accroissement de la quantité de travail réduit la *PML* et augmente la *PMK*. Une innovation technologique qui augmente le paramètre A accroît dans la même proportion les productivités marginales des deux facteurs.

Les productivités marginales tirées de la fonction de production de Cobb-Douglas peuvent également s'écrire comme suit [6] :

$$\begin{aligned} PML &= (1-\alpha)\,Y/L \\ PMK &= \alpha Y/K \end{aligned} \qquad (3.23)$$

La *PML* est proportionnelle à la production par travailleur et la *PMK* est proportionnelle à la production par unité de capital. On appelle Y/L la *productivité moyenne du travail* et Y/K la *productivité moyenne du capital*. Si la fonction de production est de la forme Cobb-Douglas, la productivité marginale d'un facteur est proportionnelle à sa productivité moyenne.

Nous pouvons à présent vérifier que, si les facteurs sont rémunérés à hauteur de leur productivité marginale, le paramètre α nous indique bien la part du revenu qui va au travail et la part qui va au capital. La masse salariale totale, égale, comme nous l'avons vu, à $PML \times L$, n'est autre que $(1-\alpha)\,Y$. Donc, $(1-\alpha)$ est la part distributive du travail. De même, la rémunération totale du capital $PMK \times K$, est égale à αY, et α est dans ce cas la part distributive du capital. Le rapport de la rémunération du travail et de la rémunération du capital est une constante, $(1-\alpha)/\alpha$, exactement comme Douglas l'avait observé. Les parts distributives des facteurs ne dépendent que du paramètre α et non des volumes de capital et de travail utilisés, et non plus de l'état des technologies tel que le mesure le paramètre A.

Des données plus récentes sont également compatibles avec la fonction de production de Cobb-Douglas. La figure 3.5 nous montre la part de la rémunération du travail dans le revenu total aux États-Unis de 1960 à 2007. En dépit des multiples changements intervenus dans l'économie au cours des quatre dernières décennies, ce rapport est resté égal à environ 0,7. Ce résultat s'explique aisément à l'aide d'une fonction de production de Cobb-Douglas dont le paramètre α est environ égal à 0,3. Ainsi, le capital reçoit 30 % du revenu et le travail en reçoit 70 %.

---

[6] *Note mathématique.* Pour vérifier ces expressions relatives aux productivités marginales, il faut substituer Y dans la fonction de production pour montrer que ces expressions sont équivalentes aux formulations antérieures des productivités marginales.

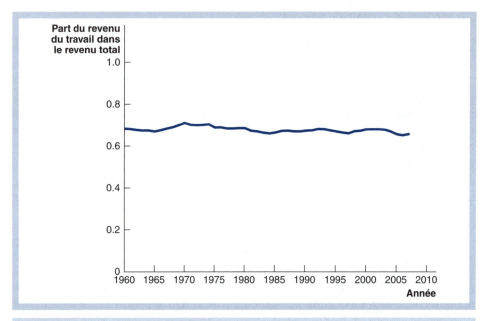

Figure 3.5
Part du revenu du travail dans le revenu total

La part du revenu du travail dans le revenu total reste approximativement égale à 0,7 sur une longue période. Cette régularité de la part distributive des revenus des facteurs confirme la validité de la fonction de production de Cobb-Douglas. Source : U.S. Department of Commerce. La figure est construite à partir des données des comptes nationaux américains. Le revenu du travail est la rémunération des travailleurs. Le revenu total est la somme de la rémunération des travailleurs, des profits des entreprises, de l'intérêt net, des revenus locatifs et de l'amortissement. Les revenus des propriétaires n'ont pas été inclus dans le calcul, dans la mesure où ils cumulent rémunération du travail et rémunération du capital.

Cependant, cette fonction n'est pas la seule à expliquer la production d'une économie de biens et de services ou encore la répartition des revenus entre le travail et le capital. Mais c'est un bon point de départ.

ÉTUDE DE CAS - La productivité du travail en tant que facteur déterminant des salaires réels

La théorie néoclassique de la répartition nous dit que le salaire réel W/P est égal à la productivité marginale du travail. La fonction de production de Cobb-Douglas nous indique que la productivité marginale du facteur travail est proportionnelle à sa productivité moyenne Y/L. Si ce lien est vérifié, alors les travailleurs doivent bénéficier d'une hausse rapide du niveau de vie quand la productivité du travail croît fortement. Qu'en est-il exactement ?

Le tableau 3.1 présente des données sur la croissance de la productivité et les salaires réels de l'économie américaine. De 1959 à 2007, la productivité mesurée par la production par heure de travail a été multipliée par 2,1 % par an. Les salaires réels ont augmenté de 2,0 %, presque exactement le même taux. Avec un taux de croissance de 2 % par an, la productivité et les salaires réels doublent environ tous les 35 ans.

Tableau 3.1
Croissance de la productivité du travail et des salaires réels : l'expérience américaine

Période	Taux de croissance de la productivité du travail (%)	Taux de croissance des salaires réels (%)
1959-2007	2,1	2,0
1959-1973	2,8	2,8
1973-1995	1,4	1,2
1995-2007	2,5	2,4

Source : *Economic Report of the President 2008*, Table B-49 et les mises à jour à partir du site web de l'U.S. Department of Commerce. La croissance de la productivité du travail est mesurée ici par le taux annualisé des variations de la production par heure dans les secteurs économiques non agricoles. La croissance des salaires réels est mesurée par les variations annualisées de la rémunération par heure dans les secteurs économiques non agricoles divisées par le déflateur implicite des prix pour ces secteurs.

Mais la croissance de la productivité varie au fil du temps. Le tableau 3.1 montre également les données pour trois périodes plus courtes que les économistes ont identifiées comme ayant différentes expériences de productivité. (Des études de cas dans le chapitre 8 examinent les raisons de ces changements dans la croissance de la productivité.) Vers 1973, l'économie américaine a connu un ralentissement notable de la croissance de la productivité qui a duré jusqu'en 1995. La cause de ce ralentissement n'est pas bien comprise, mais le lien entre la productivité et les salaires réels a été exactement comme prédit par la théorie économique. Le ralentissement de la croissance de la productivité de 2,8 à 1,4 % par an a coïncidé avec un ralentissement de la croissance des salaires réels de 2,8 à 1,2 % par an.

La croissance de la productivité a repris vers 1995. De nombreux observateurs ont salué l'arrivée de la « nouvelle économie ». Cette accélération de la productivité est souvent attribuée à la propagation des ordinateurs et des nouvelles technologies de l'information. Comme le prédit la théorie, la croissance des salaires réels a repris également. De 1995 à 2007, la productivité a augmenté de 2,5 % par an et les salaires réels ont augmenté de 2,4 % par an.

Théorie et histoire confirment le lien étroit qui existe entre la productivité du travail et les salaires réels. Cette leçon est la clé pour comprendre pourquoi les travailleurs d'aujourd'hui sont mieux lotis que les travailleurs des générations précédentes.

3.3 LES DÉTERMINANTS DE LA DEMANDE DE BIENS ET SERVICES

Nous savons maintenant ce qui détermine le niveau de production et la manière dont le revenu tiré de celui-ci se répartit entre travailleurs et propriétaires du capital. Nous poursuivons ci-dessous notre parcours du circuit économique de la figure 3.1, pour étudier l'affectation de la production.

Le chapitre 2 a permis d'identifier les quatre composantes du PIB :
- consommation (C)
- investissement (I)
- dépenses publiques (G)
- exportations nettes (NX).

Le circuit économique ne contient que les trois premières de ces composantes. Jusqu'ici, afin de ne pas trop compliquer l'analyse, nous avons fait l'hypothèse d'une *économie fermée*, soit une économie dépourvue de tout échange avec l'étranger. Les exportations nettes d'une telle économie sont, par définition, nulles. Nous étudierons la macroéconomie des *économies ouvertes* au chapitre 5.

Dans une économie fermée, il y a trois utilisations possibles des biens et services qu'elle produit. L'identité du revenu national exprime ces trois composantes du PIB :

$$Y = C + I + G \qquad (3.24)$$

Les ménages consomment une partie de la production de l'économie et utilisent, conjointement aux entreprises, une autre partie pour l'investissement, le solde étant acquis par l'État. Nous examinons successivement ci-dessous chacune de ces trois affectations du PIB.

3.3.1 *La consommation*

Chaque fois que nous achetons des aliments, des vêtements ou des billets de cinéma, nous consommons une partie de la production de l'économie. Globalement, tous les types de consommation représentent quelque deux tiers du PIB. En raison de cette importance relative de la consommation au sein du PIB, les macroéconomistes prêtent depuis toujours la plus grande attention à la manière dont les ménages prennent leurs décisions de consommation. Le chapitre 17 présente de manière détaillée les résultats de toutes ces recherches. Pour l'heure, nous nous contenterons de la version la plus simple du comportement du consommateur.

Les ménages perçoivent des revenus en contrepartie de leur travail et de leur détention de capitaux, ils paient des impôts à l'État et décident ensuite comment répartir ce revenu après impôts entre consommation et épargne. Nous avons vu à la section 3.2 que le revenu des ménages est égal à la production globale de l'économie Y. Sur ce revenu, l'État prélève sous forme d'impôts un montant donné T. (Nous rassemblons sous ce terme générique T les divers types de prélèvements fiscaux effectués par l'État, tels qu'impôts sur le revenu des personnes physiques ou impôts sur les bénéfices des entreprises.) Le revenu après impôts, $Y - T$, s'appelle **revenu disponible**. C'est ce revenu disponible que les ménages répartissent entre consommation et épargne.

Nous faisons l'hypothèse que le niveau de consommation dépend directement du niveau du revenu disponible. Plus ce revenu disponible est élevé, plus la consommation est importante :

$$C = C(Y - T) \qquad (3.25)$$

Cette équation établit que la consommation est une fonction du revenu disponible. La relation entre consommation et revenu disponible s'appelle **fonction de consommation**.

La **propension marginale à consommer** (*PMC*) désigne la variation de la consommation correspondant à un accroissement du revenu disponible de un dollar. La *PMC* est toujours comprise entre 0 et 1 : tout dollar supplémentaire de revenu conduit à accroître la consommation, mais dans une proportion inférieure à un dollar. Les ménages épargnent une fraction donnée de tout nouveau dollar de revenu qu'ils perçoivent. Ainsi, si la *PMC* est égale à 0,7, les ménages dépensent 70 cents de tout dollar supplémentaire de revenu disponible en biens et services et en épargnent 30 cents.

La figure 3.6 illustre cette fonction de consommation. La pente de cette fonction traduit la proportion dans laquelle la consommation augmente chaque fois que le

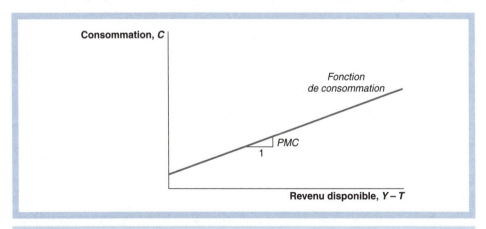

Figure 3.6
La fonction de consommation

La fonction de consommation relie la consommation C au revenu disponible Y – T. La propension marginale à consommer PMC désigne la proportion dans laquelle la consommation augmente chaque fois que le revenu disponible s'accroît de un dollar.

revenu disponible s'accroît de un dollar. En d'autres termes, la pente de la fonction de consommation n'est rien d'autre que la *PMC*.

3.3.2 L'investissement

Tant les entreprises que les ménages acquièrent des biens d'investissement. Les entreprises investissent pour accroître leur stock de capital et pour remplacer les éléments du capital existant devenus obsolètes. Les ménages acquièrent de nouveaux logements, lesquels sont également inclus dans l'investissement. Aux États-Unis, l'investissement représente globalement quelque 15 % du PIB.

La quantité demandée de biens d'investissement est fonction du **taux d'intérêt**. Pour qu'un projet d'investissement soit rentable, son rendement doit être supérieur à son coût. Comme le taux d'intérêt mesure le coût des capitaux susceptibles de financer l'investissement, toute hausse du taux d'intérêt pèse sur la rentabilité attendue des projets d'investissement et décourage donc de mener ces projets à bien.

Supposons, par exemple, qu'une entreprise envisage de construire une nouvelle usine qui coûterait un million de dollars et dont le rendement serait de $100 000 par an, soit 10 %. Notre entreprise va comparer ce rendement attendu de son usine au coût de l'emprunt du million de dollars nécessaire pour l'acquérir. Si le taux d'intérêt est inférieur à 10 %, l'entreprise emprunte l'argent nécessaire sur les marchés financiers et procède à l'investissement. Si le taux d'intérêt est supérieur à 10 %, l'entreprise renonce à son projet et ne construit pas l'usine.

La décision d'investir ou de ne pas investir de l'entreprise ne se modifie pas si elle est déjà propriétaire du million de dollars nécessaire. En effet, dans ce cas, l'entreprise a la possibilité de déposer cet argent dans une banque et de percevoir un taux d'intérêt sur son dépôt. Il est plus rentable de construire une usine que de déposer son argent dans une banque si et seulement si le taux d'intérêt payé par la banque est inférieur au rendement de 10 % attendu de l'usine.

Tout individu qui souhaite construire une maison est confronté au même choix. Plus le taux d'intérêt est élevé, plus le coût du prêt hypothécaire le sera. Un emprunt hypothécaire de 100 000 dollars coûte 8 000 dollars par an si le taux d'intérêt est de 8 % et 10 000 dollars par an si ce taux d'intérêt est de 10 %. On voit donc que le coût d'acquisition d'une maison augmente parallèlement au taux d'intérêt et que, plus celui-ci est élevé, plus la demande de constructions résidentielles fléchit.

Les économistes établissent une distinction entre taux d'intérêt nominal et taux d'intérêt réel. Cette distinction est surtout utile en périodes d'inflation ou de déflation, c'est-à-dire en périodes d'instabilité des prix. Le **taux d'intérêt nominal** est le taux d'intérêt dans son acception normale : il s'agit du taux que paient les investisseurs pour emprunter de l'argent. Le **taux d'intérêt réel** est le taux d'intérêt nominal corrigé des effets de l'inflation.

Pour mieux percevoir cette différenciation entre taux d'intérêt nominal et réel, reprenons l'exemple de l'entreprise qui souhaite construire une nouvelle usine et emprunte l'argent nécessaire auprès d'une banque au taux d'intérêt de 8 %. Le taux d'intérêt nominal est donc bien de 8 % : le montant dû par l'entreprise à la banque croît de 8 % par an. Mais si les prix augmentent, par exemple de 3 % par an, les dollars que rembourse l'entreprise perdent 3 % de leur valeur chaque année. L'entreprise doit donc bien 8 % de dollars en plus, mais chacun de ces dollars vaut 3 % en moins. Le taux d'intérêt réel est alors de 5 %, soit la différence entre le taux d'intérêt nominal et le taux d'inflation. Le chapitre 4 établit de manière plus détaillée cette relation entre taux d'intérêt nominal et réel. Contentons-nous ici de remarquer que le taux d'intérêt réel mesure le coût réel de l'emprunt et détermine donc la demande d'investissement : la décision d'investir dépend de ce taux d'intérêt réel et non du taux d'intérêt nominal.

La liaison entre le taux d'intérêt réel r et l'investissement I s'exprime comme suit :

$$I = I(r) \qquad (3.26)$$

Cette équation nous dit que l'investissement est fonction du taux d'intérêt. La figure 3.7 illustre cette fonction d'investissement. Sa pente est négative parce que la quantité d'investissement demandée diminue à mesure que le taux d'intérêt augmente.

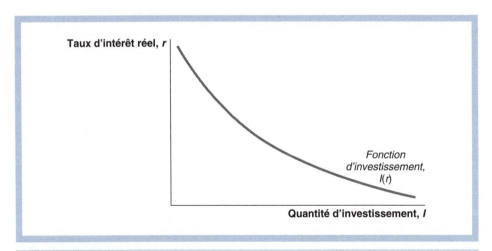

Figure 3.7
La fonction d'investissement

La fonction d'investissement relie la quantité d'investissement I désirée au taux d'intérêt réel r. L'investissement dépend du taux d'intérêt réel, qui représente le coût de l'emprunt. La pente de la fonction d'investissement est négative : plus le taux d'intérêt est élevé, moins nombreux sont les projets d'investissement rentables.

3.3.3 Les dépenses publiques

Les dépenses publiques constituent la troisième composante de la demande de biens et services. Les pouvoirs publics, tant centraux que locaux, construisent des routes, des écoles, achètent les fournitures nécessaires à leurs administrations et rémunèrent leurs fonctionnaires, leurs policiers, leurs pompiers, etc. Ce sont l'ensemble de ces transactions qui constituent les dépenses publiques en biens et services, qui représentent quelque 20 % du PIB aux États-Unis.

Outre leurs achats de biens et services, les pouvoirs publics procèdent à des transferts vers les ménages, dans le cadre notamment de leurs systèmes de sécurité sociale. Au contraire des achats de biens et services, les transferts n'utilisent pas directement les biens et services produits par l'économie : ils ne sont donc pas inclus dans la variable G qui désigne les dépenses publiques.

Les transferts affectent cependant la demande de biens et services, mais de manière indirecte. Les transferts sont la réciproque des impôts : ils accroissent le revenu disponible des ménages alors que les impôts réduisent celui-ci. Toute hausse des transferts financée par un accroissement des impôts laisse donc le revenu disponible inchangé. Ceci nous permet de revoir notre définition de T, qui représentera désormais les impôts diminués des transferts. Le revenu disponible, $Y - T$, incorpore donc tant l'impact négatif des impôts que l'impact positif des transferts.

Si les dépenses publiques sont égales aux impôts diminués des transferts, alors $G = T$, et le *budget* de l'État est *équilibré*. Si G est supérieur à T, l'État encourt un *déficit budgétaire* qu'il couvre en émettant des obligations d'État, qui constituent pour lui le moyen d'emprunter sur les marchés financiers. Si G est inférieur à T, l'État réalise un *excédent budgétaire* qu'il peut utiliser pour rembourser l'encours de sa dette et réduire celle-ci.

Notre objet n'est pas, pour l'heure, d'expliquer le processus politique qui conduit à telle ou telle politique budgétaire, laquelle définit les niveaux respectifs des dépenses et des recettes de l'État. Nous considérons provisoirement comme des variables exogènes tant les recettes que les dépenses publiques. Pour bien indiquer que ces variables sont établies en dehors de notre modèle, nous écrivons :

$$G = \overline{G}$$
$$T = \overline{T}$$
(3.27)

Nous souhaitons néanmoins étudier l'impact de la politique budgétaire sur les variables déterminées au sein du modèle, les variables endogènes. Pour rappel, nos variables endogènes sont la consommation, l'investissement et le taux d'intérêt.

Pour voir comment les variables exogènes affectent les variables endogènes, nous devons résoudre notre modèle : tel est l'objet de la section qui suit.

> **INFORMATION**
> *Les divers types de taux d'intérêt*
>
> Les pages financières de votre journal présentent de nombreux types de taux d'intérêt différents, alors que, dans ce manuel nous parlons « du » taux d'intérêt, comme s'il n'y avait qu'un seul taux d'intérêt dans l'ensemble de l'économie. Nous n'établissons qu'une seule distinction, entre le taux d'intérêt nominal (non corrigé de l'inflation) et le taux d'intérêt réel (corrigé de l'inflation). Tous les taux d'intérêt qui figurent dans votre journal sont quant à eux nominaux.
>
> Pourquoi le journal fait-il état d'autant de taux d'intérêt ? Parce qu'il existe trois éléments de différenciation des taux d'intérêt :
>
> - *L'échéance*. Certains prêts consentis dans l'économie se font à très court terme, parfois au jour le jour. D'autres emprunts peuvent couvrir des périodes allant jusqu'à 30 ans. Le taux d'intérêt dont est assorti l'emprunt est bien entendu fonction de l'échéance de celui-ci. Les taux d'intérêt à long terme sont généralement, mais pas toujours, supérieurs aux taux d'intérêt à court terme.
> - *Le risque*. Lorsqu'il envisage de consentir un prêt, le prêteur doit tenir compte de la probabilité que l'emprunteur rembourse ou non. Il est légalement permis de ne pas rembourser un emprunt en se déclarant failli. Plus grand est le risque perçu de non-remboursement, plus élevé est le taux d'intérêt. L'emprunteur le plus sûr, à cet égard, est l'État : c'est pourquoi les obligations d'État portent généralement un taux d'intérêt relativement faible. À l'autre extrême, les entreprises financièrement en difficulté ne peuvent mobiliser des capitaux sur les marchés financiers qu'en émettant des obligations dites à haut risque (*junk bonds*), dont le taux d'intérêt est sensiblement supérieur aux taux du marché afin de compenser le risque élevé.
> - *Le traitement fiscal*. Les divers types d'obligation font l'objet de traitements fiscaux différenciés. Ainsi, aux États-Unis, les emprunts effectués par les pouvoirs publics décentralisés échappent à l'impôt fédéral sur le taux d'intérêt et sont donc assortis d'un taux d'intérêt inférieur à celui des emprunts fédéraux.
>
> Conjointement l'échéance, le niveau de risque et le traitement fiscal permettent pratiquement toujours d'expliquer les niveaux différents des taux d'intérêt que vous découvrez dans votre journal.
>
> Par contre, les macroéconomistes ignorent généralement ces nuances, dans la mesure où tous les taux d'intérêt tendent à varier conjointement à la hausse ou à la baisse. C'est ce qui légitime l'utile simplification que nous effectuons en supposant l'existence d'un taux d'intérêt unique.

3.4 LES DÉTERMINANTS DE L'ÉQUILIBRE ENTRE OFFRE ET DEMANDE DE BIENS ET SERVICES

Nous avons maintenant bouclé la boucle de notre circuit économique de la figure 3.1 : après avoir examiné l'offre de biens et services, nous venons de clôturer l'analyse de la demande de ces biens et services. Comment pouvons-nous nous assurer que tous ces flux se compensent ? En d'autres termes, qu'est-ce qui garantit que la somme de la consommation, de l'investissement et des dépenses publiques est égale aux quantités produites de biens et de services ? Nous verrons ci-dessous que, dans le modèle classique, c'est au taux d'intérêt qu'incombe le rôle essentiel d'équilibrer offre et demande.

Le rôle du taux d'intérêt dans l'économie peut être envisagé de deux manières : sous l'angle de son impact sur l'offre et la demande, soit de biens et services, soit de fonds prêtables. Nous verrons plus loin qu'il s'agit des deux faces de la même pièce.

3.4.1 L'équilibre sur le marché des biens et services : l'offre et la demande de la production de l'économie

Les équations qui suivent synthétisent l'exposé de la section 3.3 relatif à la demande de biens et services :

$$
\begin{aligned}
Y &= C + I + G \\
C &= C\,(Y - T) \\
I &= I\,(r) \\
G &= \overline{G} \\
T &= \overline{T}
\end{aligned}
\tag{3.28}
$$

La demande des biens et services produits par l'économie émane de la consommation, de l'investissement et des dépenses publiques. La consommation est fonction du revenu disponible ; l'investissement dépend du taux d'intérêt réel ; les dépenses et recettes publiques sont les variables exogènes de la politique budgétaire.

À la demande de biens et services, ajoutons maintenant l'offre de ceux-ci. La section 3.1 a établi que les facteurs de production et la fonction de production déterminent conjointement la quantité produite :

$$
\begin{aligned}
Y &= F\left(\overline{K}, \overline{L}\right) \\
&= \overline{Y}
\end{aligned}
\tag{3.4}
$$

Il nous reste à combiner ces diverses équations pour décrire l'offre et la demande de la production. En substituant les fonctions de consommation et d'investissement dans l'identité comptable du revenu national, nous obtenons

$$Y = C\,(Y - T) + I\,(r) + G \tag{3.29}$$

Comme les variables G et T sont établies par la politique budgétaire et que le niveau de la production Y est déterminé par les facteurs de production et la fonction de production, nous pouvons écrire

$$\overline{Y} = C\left(\overline{Y} - \overline{T}\right) + I\,(r) + \overline{G} \tag{3.30}$$

Cette équation établit que l'offre de production est égale à la demande de celle-ci, laquelle n'est autre que la somme de la consommation, de l'investissement et des dépenses publiques.

C'est ici que nous découvrons pourquoi le taux d'intérêt r joue un rôle crucial : parce qu'il est la seule variable non déterminée dans la dernière équation, il doit s'ajuster pour faire en sorte que la demande de biens et services soit égale à l'offre de ceux-ci. Plus le taux d'intérêt est élevé, plus est faible l'investissement et donc moins importante la demande de biens et services, $(C + I + G)$. Si le taux d'intérêt est trop élevé, l'investissement est trop faible et la demande de biens et services est inférieure à leur offre. Si le taux d'intérêt est trop faible, l'investissement est trop élevé et la demande excède l'offre. *Au taux d'intérêt d'équilibre, la demande et l'offre de biens et services sont égales.*

Cette conclusion peut paraître quelque peu énigmatique : pourquoi, peut-on se demander, le taux d'intérêt atteindrait-il le niveau qui équilibre l'offre et la demande de biens et services ? Pour répondre à cette question, il est indispensable de faire intervenir les marchés financiers.

3.4.2 L'équilibre sur les marchés financiers : l'offre et la demande de fonds prêtables

Le taux d'intérêt est le coût de l'emprunt et le rendement du prêt sur les marchés financiers. Étudier ceux-ci nous permettra donc de mieux comprendre le rôle du taux d'intérêt. Pour ce faire, nous réécrivons l'identité comptable du revenu national comme suit :

$$Y - C - G = I \qquad (3.31)$$

Le terme $(Y - C - G)$ désigne la production qui subsiste après que les demandes des consommateurs et de l'État aient été satisfaites : on l'appelle **épargne nationale** ou **épargne** tout court (S). Ainsi reformulée, l'identité comptable du revenu national montre que l'épargne est égale à l'investissement.

Au sein de l'épargne nationale, il est possible de distinguer l'épargne des ménages et l'épargne de l'État :

$$S = (Y - T - C) + (T - G) = I \qquad (3.32)$$

Le terme $(Y - T - C)$ est le revenu disponible diminué de la consommation, soit l'**épargne privée**. Le terme $(T - G)$ désigne les recettes publiques diminuées des dépenses publiques, soit l'**épargne publique**. (Si l'État dépense plus qu'il ne perçoit, il a un déficit budgétaire et l'épargne publique est négative.) L'épargne nationale est la somme de l'épargne privée et de l'épargne publique. Le circuit économique de la figure 3.1 fournit une interprétation de cette équation : il établit que les flux entrants (l'épargne publique et privée) et sortants (l'investissement) sur les marchés financiers doivent être égaux.

Pour percevoir le rôle que joue le taux d'intérêt en matière d'équilibre des marchés financiers, nous substituons la fonction de consommation et la fonction d'investissement dans l'identité comptable du revenu national :

$$Y - C(Y - T) - G = I(r) \qquad (3.33)$$

Ensuite, nous indiquons que T et G sont fixés dans le cadre de la politique budgétaire et que Y est déterminé par les facteurs de production et par la fonction de production :

$$\overline{Y} - C(\overline{Y} - \overline{T}) - \overline{G} = I(r)$$
$$S = I(r) \qquad (3.34)$$

Le membre de gauche de cette équation nous dit que l'épargne nationale dépend du revenu Y et des variables G et T de la politique budgétaire. Pour toutes valeurs données de Y, G et T, l'épargne nationale S est également donnée. Le membre de droite de l'équation indique que l'investissement est fonction du taux d'intérêt.

La figure 3.8 représente épargne et investissement en tant que fonctions du taux d'intérêt. La fonction d'épargne est une droite verticale parce que, dans notre modèle actuel (nous relâcherons cette hypothèse plus loin), l'épargne ne dépend pas du taux d'intérêt. La pente de la fonction d'investissement est négative : plus le taux d'intérêt est élevé, moins nombreux sont les projets d'investissement rentables et inversement.

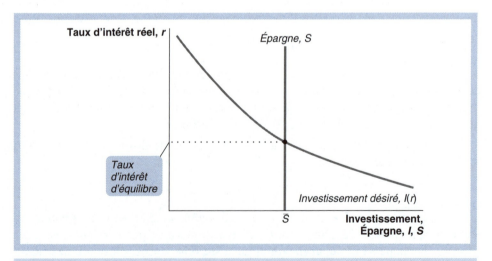

Figure 3.8
Épargne, investissement et taux d'intérêt

Le taux d'intérêt s'ajuste pour faire en sorte que l'épargne soit égale à l'investissement désiré. La droite verticale représente l'épargne, soit l'offre de fonds prêtables. La courbe décroissante représente l'investissement désiré, soit la demande de fonds prêtables. L'intersection de ces deux courbes détermine le taux d'intérêt d'équilibre.

Ainsi, un examen superficiel de la figure 3.8 conduit à penser qu'il s'agit des courbes d'offre et de demande d'un bien donné. C'est qu'il est également possible d'interpréter l'épargne et l'investissement en termes d'offre et de demande. Le « bien » est dans ce cas constitué par les **fonds prêtables**, dont le « prix » est le taux d'intérêt. L'épargne constitue l'offre de ces fonds : certains particuliers prêtent leur épargne aux investisseurs ou la déposent auprès d'une banque qui se charge de réaliser les prêts. L'investissement est la demande des fonds prêtables : les investisseurs empruntent directement auprès du public en vendant des obligations ou indirectement en empruntant auprès d'une banque. L'investissement étant fonction du taux d'intérêt, la demande des fonds destinés à financer cet investissement dépend elle aussi du taux d'intérêt.

Le taux d'intérêt s'ajuste jusqu'au moment où investissement et épargne s'égalisent. Si le taux d'intérêt est trop faible, les investisseurs souhaitent acquérir un volume de production supérieur à celui que peut financer l'épargne. En d'autres termes, la demande de fonds prêtables excède leur offre. Dans un tel cas, le taux d'intérêt augmente. À l'inverse, si le taux d'intérêt est trop élevé, l'épargne est supérieure à l'investissement : l'offre de fonds prêtables excédant leur demande, le taux d'intérêt baisse. L'intersection des deux courbes désigne le taux d'intérêt d'équilibre. *Au taux d'intérêt d'équilibre, les ménages souhaitent épargner ce que les entreprises désirent investir et l'offre de fonds prêtables est égale à leur demande.*

INFORMATION

Le systèmes financier : marchés, intermédiaires financiers et la crise de 2008-2009

Le modèle élaboré dans ce chapitre présente le système financier de l'économie avec un seul marché financier, celui des fonds prêtables. Ce marché permet la rencontre entre des épargnants qui ont des fonds à prêter ou à placer et des emprunteurs qui ont des projets d'investissement à financer. Le taux d'intérêt s'ajuste pour équilibrer la demande d'investissement et l'offre d'épargne.

Dans la réalité, le système financier est un peu plus complexe que cette description simpliste. Comme le décrit notre modèle, le but du système est de canaliser les capacités des épargnants vers les diverses formes d'investissement productif. Pour y parvenir, le système comprend une large variété de mécanismes facilitant ainsi le transfert des ressources financières.

Un système financier est un ensemble de plusieurs éléments. Le premier est constitué de l'ensemble des *marchés financiers* qui sont les lieux où les ménages placent directement leur épargne en achetant divers actifs financiers. Il existe un grand nombre de marchés financiers différents au sein d'un système financier, tels que le marché des *obligations* et le marché des *actions*, les deux marchés les plus importants du système. Une personne qui achète un actif financier, disons des obligations d'Apple Corporation, devient un créancier de cette société lui donnant ainsi un droit à un revenu futur de la part de son émetteur. Par contre, une personne qui achète des titres boursiers nouvellement émis par la société Apple devient propriétaire de cette dernière à hauteur des actions détenues. Toutefois, l'achat des actions d'Apple sur le marché boursier représente un transfert de propriété des actions d'une personne à l'autre sans création de nouveaux fonds pour financer des projets d'investissement. L'émission d'obligations qui sont des titres de créance constitue un *financement par endettement* (*debt finance*) et l'émission d'actions est un *financement par participation au capital* (*equity finance*).

Les *intermédiaires financiers* constituent la seconde catégorie d'éléments du système financier. En effet les marchés financiers permettent aux différents acteurs de se rencontrer de manière indirecte par l'entremise d'intermédiaires financiers qui aident à orienter les ressources financières vers leur meilleure utilisation. Ce sont donc des institutions qui transforment des fonds recueillis auprès de nombreux individus en actifs financiers. La catégorie d'intermédiaires financiers la plus connue est celle que constituent les *banques*. Elles transforment les dépôts des épargnants en prêts à ceux qui ont des besoins pour financer des projets d'investissement. Les autres catégories d'intermédiaires financiers sont les *fonds communs de placement*, les *fonds de pension* et les *compagnies d'assurance-vie*. Contrairement aux marchés financiers, lorsque l'intermédiaire financier est impliqué, l'épargnant ignore souvent la destination de ses économies.

En 2008 et 2009, le système financier mondial a connu une crise historique. De nombreuses banques et autres intermédiaires financiers avaient déjà accordé des prêts immobiliers à leurs clients, connus sous le nom de *crédits hypothécaires* (*mortgages*), et avaient acheté de nombreux *titres adossés à des prêts immobiliers* (*mortgage-backed securities*) qui sont des instruments financiers dont la valeur découle d'un portefeuille de crédits hypothécaires mutualisés. Cependant, suite à l'importante baisse des prix de l'immobilier aux États-Unis, de nombreux propriétaires se sont retrouvés dans une situation de défaut de paiement, mettant ainsi en danger les institutions financières qui ont subi des pertes considérables. De nombreuses banques et intermédiaires financiers se sont trouvés près de la faillite. Le système financier a commencé à avoir des difficultés à assumer ses fonctions clés. Pour y remédier, le Congrès américain a autorisé en octobre 2008 le Trésor à dépenser 700 milliards de dollars afin d'injecter davantage de ressources financières dans le système bancaire.

Au chapitre 11, nous allons examiner en détail la crise financière de 2008-2009. Pour nos besoins dans ce chapitre, nous avons limité le système financier au seul marché des fonds prêtables, ce qui constitue une simplification utile dans la construction des différents modèles analysés par la suite.

3.4.3 La variation de l'épargne ou l'impact de la politique budgétaire

Nous sommes maintenant en mesure d'utiliser notre modèle pour montrer comment la politique budgétaire, la variation des recettes et des dépenses publiques, affecte l'économie. La politique budgétaire a un impact direct sur la demande des biens et services produits par l'économie. Pour cette raison, elle modifie l'épargne nationale, l'investissement et le taux d'intérêt d'équilibre.

A. Une hausse des dépenses publiques

Nous considérons tout d'abord l'impact d'une hausse des dépenses publiques à concurrence de ΔG. Le premier effet en est une hausse de la demande de biens et services équivalente à ΔG. Mais, comme la production totale est déterminée par les facteurs de production, cet accroissement des dépenses publiques doit être compensé par une baisse dans un autre secteur de la demande. Le revenu disponible $Y - T$ ne variant pas, la consommation C reste inchangée. La hausse des dépenses publiques doit donc être compensée par une baisse équivalente de l'investissement.

Pour induire cette baisse de l'investissement, le taux d'intérêt doit augmenter. On voit donc que la hausse des dépenses publiques entraîne un relèvement du taux d'intérêt et une diminution de l'investissement. Dans un tel cas, on dit qu'il y a **éviction** de l'investissement par les dépenses publiques.

Pour mieux cerner les effets d'une hausse des dépenses publiques, examinons maintenant son impact sur le marché des fonds prêtables. Comme la hausse des dépenses publiques ne s'accompagne pas d'un relèvement des impôts, l'État finance ses dépenses supplémentaires par l'emprunt, ce qui a pour effet de réduire l'épargne publique. Comme l'épargne privée reste inchangée, l'emprunt de l'État pèse négativement sur l'épargne nationale. Comme le montre la figure 3.9, une réduction de l'épargne nationale se représente par un glissement vers la gauche de l'offre de fonds prêtables disponibles pour l'investissement. Au taux d'intérêt initial, la demande de fonds excède leur offre. Le taux d'intérêt d'équilibre augmente jusqu'au point où la fonction d'investissement croise la nouvelle fonction d'épargne. L'accroissement des dépenses publiques induit donc une hausse du taux d'intérêt, de r_1 en r_2.

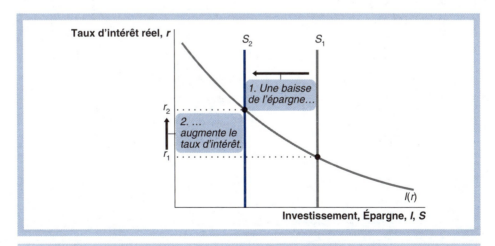

Figure 3.9
Une réduction de l'épargne

Une réduction de l'épargne, éventuellement induite par une modification de la politique budgétaire, déplace la droite verticale d'épargne vers la gauche. Le nouvel équilibre se trouve à l'intersection entre la nouvelle droite d'épargne et la fonction d'investissement. Une réduction de l'épargne diminue le volume de l'investissement et accroît le taux d'intérêt. Les mesures budgétaires qui réduisent l'épargne évincent l'investissement.

ÉTUDE DE CAS - Les guerres et les taux d'intérêt au Royaume-Uni, 1730-1920

Les guerres sont des traumatismes, autant pour les combattants que pour les économies. Dans la mesure où elles induisent généralement des modifications considérables des conditions économiques, elles offrent aux économistes un cadre privilégié de vérification de leurs théories. Il est ainsi possible d'en apprendre davantage sur l'économie en observant comment, en temps de guerre, les variables endogènes réagissent à des modifications majeures des variables exogènes.

Les dépenses publiques sont l'une des variables exogènes qui se modifient substantiellement en temps de guerre. La figure 3.10 montre les dépenses

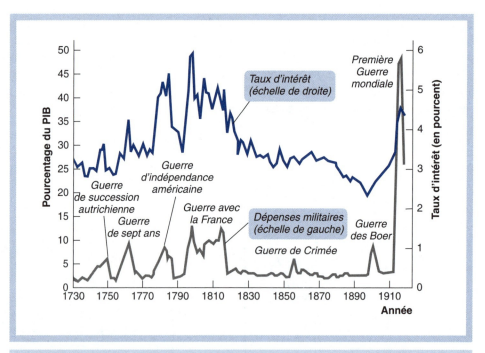

Figure 3.10
Les dépenses militaires et le taux d'intérêt au Royaume-Uni

Cette figure montre les dépenses militaires britanniques de 1730 à 1919 en pourcentage du PIB. Sans surprise, les dépenses militaires augmentent considérablement au cours de chacune des huit guerres recensées pendant cette période. La figure montre également que le taux d'intérêt (en l'occurrence, taux des obligations d'État dites à rente perpétuelle) tend à croître parallèlement aux dépenses militaires.
Source : Séries construites à partir de diverses sources décrites in Robert J. Barro, « Government Spending, Interest Rates, Prices, and Budget Deficits in the United Kingdom, 1701-1918 », *Journal of Monetary Economics* 20 (septembre 1987), 221-248.

militaires britanniques de 1730 à 1919, en pourcentage du PIB. On y voit, comme attendu, que les dépenses publiques ont brutalement et considérablement augmenté au cours de chacune des huit guerres qui se sont déroulées pendant cette période.

Selon notre modèle, cet accroissement des dépenses publiques en temps de guerre, et en conséquence, le recours accru de l'État à l'emprunt pour financer les guerres, devraient avoir augmenté la demande de biens et services, réduit l'offre de fonds prêtables et augmenté le taux d'intérêt. Pour vérifier cette prévision, la figure 3.10 montre également le taux d'intérêt sur les obligations d'État à long terme du type « *rente perpétuelle* ». Une association positive entre dépenses publiques et taux d'intérêt ressort nettement de cette figure. Les données qui y sont reprises confirment donc les prévisions du modèle : les taux d'intérêt tendent bel et bien à augmenter parallèlement à l'accroissement des dépenses publiques [7].

L'un des problèmes que pose l'observation des conditions économiques de guerre pour vérifier les théories économiques est la simultanéité de très nombreuses variations des conditions économiques. Ainsi, pendant la Deuxième Guerre mondiale, alors que les dépenses publiques augmentaient considérablement, le rationnement de la population pesait négativement sur la consommation de nombreux biens. En outre, le risque de perdre la guerre et de défaut de paiement de l'État contribue à accroître le taux d'intérêt sur la dette publique. Les modèles économiques permettent de prévoir ce qui se passe lorsqu'une seule variable exogène se modifie et que toutes les autres variables exogènes restent constantes. Dans le monde réel, par contre, nombreuses sont les variables exogènes qui varient en même temps. Au contraire des expérimentations contrôlées en laboratoire, les vérifications par observation des faits passés auxquelles sont contraints les économistes donnent souvent lieu à de grandes difficultés d'interprétation.

B. Une réduction des impôts

Examinons maintenant une réduction des impôts à concurrence de ΔT. Le premier effet en est d'accroître le revenu disponible et donc la consommation. Le revenu disponible augmente de ΔT et la consommation croît d'un montant équivalent à ΔT fois la propension marginale à consommer *PMC*. Plus la *PMC* est élevée, plus l'impact de la réduction d'impôts sur la consommation est important.

---

[7] Daniel K. Benjamin et Levis A. Kochin, « War, Prices, and Interest Rates : A Martial Solution to Gibson's Paradox », in M.D. Bordo et A.J. Schwartz, eds., *A Retrospective on the Classical Gold Standard*, 1821-1931 (Chicago : University of Chicago Press, 1984), 587-612 ; Robert J. Barro, « Government Spending, Interest Rates, Prices, and Budget Deficits in the United Kingdom, 1701-1918 », *Journal of Monetary Economics 20* (septembre 1987), 221-248.

Comme la production de l'économie est déterminée par les facteurs de production et que les dépenses publiques sont établies par la politique budgétaire, l'accroissement de la consommation doit être compensé par une réduction de l'investissement. Pour induire cette baisse de l'investissement, le taux d'intérêt doit croître. On voit donc qu'une réduction des impôts, tout comme une hausse des dépenses publiques, évince l'investissement et induit une hausse du taux d'intérêt.

Il est également possible d'analyser l'effet d'une réduction fiscale à partir de l'épargne et de l'investissement. Comme la réduction fiscale accroît le revenu disponible à concurrence de ΔT, la consommation augmente de $PMC \times \Delta T$. L'épargne nationale S, qui est égale à $Y - C - G$, diminue du même montant que la consommation augmente. Comme dans la figure 3.9, la réduction de l'épargne déplace l'offre de fonds prêtables vers la gauche, ce qui accroît le taux d'intérêt d'équilibre et produit une éviction de l'investissement.

3.4.4 Les variations de la demande d'investissement

Nous avons étudié jusqu'ici la manière dont la politique budgétaire peut modifier l'épargne nationale. Notre modèle peut également servir à examiner l'autre facette du marché, à savoir la demande d'investissement. Cette section, précisément, étudie les causes et les effets des variations de la demande d'investissement.

L'innovation technologique est l'une des origines possibles d'une hausse de la demande d'investissement. Pensons, par exemple, à des innovations technologiques telles que le transport par rail ou l'ordinateur. L'entreprise qui souhaite acquérir ces innovations doit d'abord acheter les biens d'investissement qui les incorporent. En soi, l'invention du rail n'eut aucune utilité jusqu'au moment où furent posées les voies ferrées et mis en circulation les convois ferroviaires. De même, l'idée de l'ordinateur n'est devenue vraiment productive qu'à partir du moment où l'on a fabriqué des ordinateurs. C'est par ce cheminement que l'innovation technologique induit un accroissement de la demande d'investissement.

L'État peut également encourager ou décourager la demande d'investissement à l'aide de mesures budgétaires. Si, par exemple, l'État accroît l'impôt sur le revenu des personnes physiques et utilise les recettes ainsi dégagées pour réduire l'imposition des entreprises qui investissent en capital neuf, il diminue *de facto* le coût de l'investissement, ce qui rend rentables un plus grand nombre de projets d'investissement et qui explique, tout comme l'innovation technologique, que la demande d'investissement augmente.

La figure 3.11 illustre les effets d'une hausse de la demande d'investissement. Pour tout taux d'intérêt donné, la demande de biens d'investissement (de même que la demande de fonds prêtables) est plus importante : la courbe d'investissement glisse vers la droite. L'économie se déplace de l'ancien équilibre, au point A, vers le nouvel équilibre, au point B.

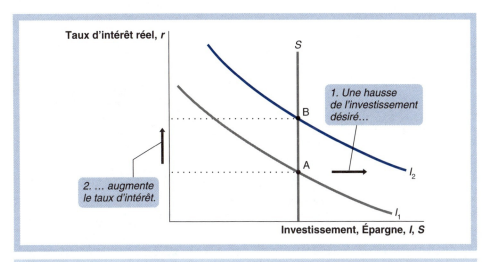

Figure 3.11
Une hausse de la demande d'investissement

Une hausse de la demande de biens d'investissement sous l'effet éventuel d'une innovation technologique ou d'incitants fiscaux, déplace la courbe d'investissement vers la droite. Pour tout taux d'intérêt donné, le montant désiré d'investissement est désormais plus important. Le nouvel équilibre se trouve au point B, auquel la nouvelle courbe d'investissement coupe la droite verticale d'épargne. Le montant de l'épargne étant fixe, l'accroissement de la demande d'investissement augmente le taux d'intérêt, mais laisse inchangé le volume d'équilibre de l'investissement.

Il est surprenant de constater, à la figure 3.11, que le volume d'équilibre de l'investissement reste inchangé. Dans le cadre de nos hypothèses, c'est le niveau constant de l'épargne qui détermine le volume de l'investissement. En d'autres termes, on suppose donnée l'offre de fonds prêtables. Dans ces conditions, une hausse de la demande d'investissement n'a d'autre effet que d'accroître le taux d'intérêt d'équilibre.

La conclusion serait cependant différente si, modifiant notre fonction de consommation simple, nous supposions que la consommation dépende elle aussi du taux d'intérêt. Ce dernier étant la rémunération de l'épargne (en même temps que le coût de l'emprunt), un taux d'intérêt plus élevé doit alors peser négativement sur la consommation et positivement sur l'épargne. Dans ce cas, la courbe d'épargne serait croissante, et non plus verticale.

En présence d'une courbe d'épargne croissante, une hausse de la demande d'investissement accroît à la fois le taux d'intérêt d'équilibre et le volume d'équilibre de l'investissement. C'est ce qu'illustre la figure 3.12. La hausse du taux d'intérêt incite les ménages à moins consommer et à épargner davantage. La baisse consécutive de la consommation libère des ressources maintenant disponibles pour l'investissement.

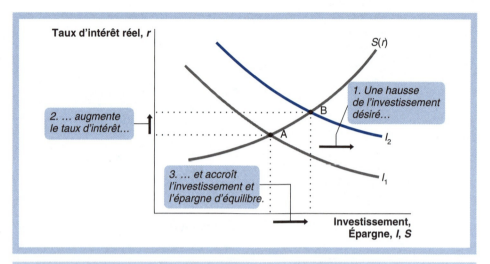

Figure 3.12
Une hausse de la demande d'investissement lorsque l'épargne est fonction du taux d'intérêt

Si l'épargne est fonction du taux d'intérêt, tout glissement vers la droite de la fonction d'investissement accroît le taux d'intérêt en même temps que le volume de l'investissement. Le taux d'intérêt accru incite les gens à épargner davantage, créant ainsi des ressources disponibles en vue de l'investissement.

3.5 CONCLUSION

Ce chapitre nous a permis de construire un modèle explicatif de la production, de la répartition et de l'affectation de la production de biens et services d'une économie. Ce modèle intègre toutes les interactions illustrées dans le circuit économique de la figure 3.1 : c'est pourquoi on l'appelle parfois *modèle d'équilibre général*. Ce modèle met en évidence la manière dont les prix s'ajustent pour équilibrer offre et demande. Les prix des facteurs équilibrent le marché des facteurs. Le taux d'intérêt équilibre l'offre et la demande de biens et services (ou, en d'autres termes, l'offre et la demande de fonds prêtables).

Tout au long du chapitre, nous avons étudié diverses applications de ce modèle. Il explique la répartition du revenu entre facteurs de production autant que la fixation des prix des facteurs par les quantités offertes de ces facteurs. Il nous a également permis de voir comment la politique budgétaire modifie l'affectation de la production à ses diverses utilisations, à savoir consommation, investissement et dépenses publiques, de même que le taux d'intérêt d'équilibre.

À ce stade, il est utile de rappeler certaines des hypothèses simplificatrices que nous avons formulées dans le cadre de ce chapitre. En effet, dans les chapitres suivants, nous y renoncerons pour aborder un éventail plus large d'aspects du fonctionnement de l'économie.

- Nous avons ignoré jusqu'ici le rôle de la monnaie, c'est-à-dire l'actif à l'aide duquel sont achetés les biens et services. Au chapitre 4, nous verrons comment la monnaie affecte l'économie et quelle est l'influence des politiques monétaires.
- Nous avons supposé l'absence d'échanges avec d'autres pays. Au chapitre 5, nous nous demanderons comment les interactions au niveau international affectent les conclusions tirées ici.
- Nous avons supposé totalement occupée la population active. Au chapitre 6, nous nous pencherons sur les causes du chômage et sur l'impact des politiques publiques sur le niveau de chômage.
- Nous avons supposé constants le stock de capital, la population active et la technologie de production. Aux chapitres 7 et 8, nous verrons comment la variation dans le temps de chacune de ces variables induit une croissance de la production de biens et services de l'économie.
- Nous avons ignoré le rôle de prix rigides à court terme. Les chapitres 9 à 14 nous permettront de construire un modèle des fluctuations de court terme qui intègre des prix rigides. Ceci fait, nous serons en mesure de mettre en relation ce deuxième modèle avec le modèle du revenu national construit dans le cadre du présent chapitre.

Avant de passer aux chapitres suivants, retournez au début de celui-ci et vérifiez que vous êtes en mesure de répondre aux quatre groupes de questions qui l'introduisent.

Synthèse

1. Les facteurs de production et la technologie de production déterminent la production de biens et services de l'économie. Toute hausse de l'un des facteurs de production ou toute avancée technologique augmente la production.

2. L'entreprise en situation de concurrence souhaitant maximiser son profit embauche des travailleurs jusqu'au moment où la productivité marginale de ce travail est égale au salaire réel. De même, les entreprises acquièrent du capital jusqu'au moment où la productivité marginale de celui-ci est égale à son coût réel. En conséquence, chaque facteur est rémunéré à hauteur de sa productivité marginale. Si la fonction de production a des rendements d'échelle constants, la totalité de la production est affectée à la rémunération des facteurs.

3. La production de l'économie est utilisée à des fins de consommation, d'investissement et de dépenses publiques. La consommation est une fonction positive du revenu disponible. L'investissement est une fonction négative du taux d'intérêt réel. Les dépenses et les recettes publiques sont des variables exogènes fixées dans le cadre de la politique budgétaire.

4. Le taux d'intérêt réel s'ajuste pour équilibrer l'offre et la demande des biens et services produits par l'économie, ou encore pour équilibrer l'offre (épargne) et la demande (investissement) de fonds prêtables. Toute baisse de l'épargne nationale, induite éventuellement par une hausse des dépenses publiques ou une réduction des impôts, diminue le volume d'équilibre de l'investissement et accroît le taux d'intérêt. Toute hausse de la demande d'investissement, sous l'effet possible d'une innovation technologique ou d'une incitation fiscale à l'investissement, accroît également le taux d'intérêt. Une hausse de la demande d'investissement n'accroît le volume de l'investissement qu'à la condition que des taux d'intérêt plus élevés incitent à épargner davantage.

Concepts de base

- Facteurs de production
- Fonction de production
- Rendements d'échelle constants
- Prix des facteurs
- Concurrence
- Profit
- Productivité marginale du travail (*PML*)
- Productivité marginale décroissante
- Salaire réel
- Productivité marginale du capital (*PMK*)
- Prix réel du capital
- Profit économique versus profit comptable
- Fonction de production de Cobb-Douglas
- Revenu disponible
- Fonction de consommation
- Propension marginale à consommer (*PMC*)
- Taux d'intérêt
- Taux d'intérêt nominal
- Taux d'intérêt réel
- Épargne (nationale)
- Épargne privée
- Épargne publique
- Fonds prêtables
- Éviction

Évaluation des connaissances

1. Comment se détermine la production d'une économie ?
2. Comment une entreprise en situation de concurrence qui souhaite maximiser son profit établit-elle les quantités respectives des facteurs de production qu'elle souhaite utiliser ?
3. Quel est le rôle des rendements d'échelle constants dans la répartition des revenus ?
4. Écrivez une fonction de production de Cobb-Douglas pour laquelle le capital reçoit un quart du revenu.
5. Quels sont les déterminants de la consommation et de l'investissement ?
6. Quelle est la différence entre les dépenses publiques et les transferts ? Donnez deux exemples de chaque catégorie.

7. Comment se détermine l'équilibre entre l'offre et la demande de biens et services ?

8. Qu'arrive-t-il à la consommation, à l'investissement et au taux d'intérêt lorsque l'État accroît les impôts ?

Problèmes et applications

1. À l'aide de la théorie néoclassique de la répartition des revenus, prévoyez l'impact sur le salaire réel et le prix réel d'acquisition du capital des éléments qui suivent :

   a) une vague d'immigration accroît la force de travail ;

   b) un tremblement de terre détruit une partie du stock de capital ;

   c) un progrès technologique améliore la fonction de production.

2. Si une hausse de 10 % des quantités utilisées de capital et de travail augmente la production de moins de 10 %, on dit que la fonction de production est dotée de *rendements d'échelle décroissants*. Si la production augmente de plus de 10 %, les *rendements d'échelle sont dits croissants*. Quels facteurs expliquent l'une et l'autre de ces deux possibilités ?

3. Prenons le cas d'une fonction de production de Cobb-Douglas dont le paramètre $\alpha = 0,3$.

   a) Quelles sont les parts distributives du revenu qui vont au capital et au travail, respectivement ?

   b) Supposons que l'immigration accroisse la force de travail de 10 %. Quelle est la variation en pourcentage de la production totale ? Du coût du capital ? Du salaire réel ?

   c) Supposons qu'un don en capital en provenance de l'étranger accroisse le stock de capital de 10 %. Quelle est la variation en pourcentage de la production totale ? Du coût du capital ? Du salaire réel ?

   d) Supposons qu'une innovation technologique accroisse la valeur du paramètre A de 10 %. Quelle est la variation en pourcentage de la production totale ? Du coût du capital ? Du salaire réel ?

4. La figure 3.5 montre que, d'après les données américaines, la part du revenu du travail dans le revenu total reste approximativement constante au fil du temps. Le tableau 3.1 montre que l'évolution du salaire réel suit de près celle de la productivité du travail. Comment ces deux faits sont-ils liés ? Est-il possible que le premier soit vérifié sans que le second le soit également ?

5. Selon la théorie néoclassique de la répartition des revenus, le salaire réel gagné par tout travailleur est égal à la productivité marginale de ce dernier. Examinons à cette aune les revenus de deux groupes de travailleurs, les agriculteurs et les coiffeurs.

   a) Au cours du siècle écoulé, la productivité des agriculteurs s'est considérablement accrue sous l'effet du progrès technologique. Que dit la théorie néoclassique de leur salaire réel ?

   b) En quelles unités se mesure le salaire réel du point (a) ?

c) Au cours de la même période, la productivité des coiffeurs est demeurée constante. Que dit la théorie néoclassique de leur salaire réel ?

d) En quelles unités se mesure le salaire réel du point (c) ?

e) En supposant la liberté de passage des travailleurs de la profession d'agriculteur à celle de coiffeur et réciproquement, qu'advient-il des salaires des uns et des autres ?

f) Quelles sont les implications de vos réponses aux questions précédentes pour les prix respectifs de la coupe de cheveux et des denrées alimentaires ?

g) Qui tire avantage du progrès technologique en agriculture : les agriculteurs ou les coiffeurs ?

6. (La résolution de ce problème fait appel au calcul différentiel.) Prenons une fonction de production de Cobb-Douglas à trois facteurs. K est le capital (le nombre de machines), L le travail (le nombre de travailleurs), et H est le capital humain (le nombre de diplômés universitaires parmi les travailleurs). La fonction de production se lit comme suit

$$Y = K^{1/3}L^{1/3}H^{1/3}$$

a) Dérivez une expression de la productivité marginale du travail. Comment une hausse du capital humain affecte-t-elle celle-ci ?

b) Dérivez une expression de la productivité marginale du capital humain. Comment une hausse du capital humain affecte-t-elle la productivité marginale de ce dernier ?

c) Quelle est la part du revenu qui ira au travail ? Quelle est la part du revenu qui ira au capital humain ? Selon vous, quelle part du revenu total les comptes nationaux affectent-ils aux travailleurs ? (Une indication : voyez où apparaît le rendement du capital humain.)

d) Un travailleur non qualifié perçoit la productivité marginale du travail et un travailleur qualifié perçoit la productivité marginale du travail plus la productivité marginale du capital humain. À l'aide de vos réponses aux questions (a) et (b), trouvez la part des travailleurs qualifiés dans le nombre total de travailleurs. Comment un accroissement du capital humain affecte-t-il ce rapport ? Expliquez votre réponse.

e) Certaines personnes préconisent que l'État encourage les études universitaires au moyen de bourses en vue de susciter une société plus égalitaire. D'autres affirment que ces bourses n'aident que ceux qui sont de toute manière capables de suivre des études universitaires. Vos réponses aux questions qui précèdent éclairent-elles ce débat ?

7. L'État accroît la perception fiscale de 100 milliards de dollars. Si la propension marginale à consommer est de 0,6, qu'advient-il des variables suivantes ?

a) L'épargne publique.

b) L'épargne privée.

c) L'épargne nationale.

d) L'investissement.

8. La confiance des consommateurs se redressant, ceux-ci s'attendent à gagner davantage à l'avenir. Ils sont donc prêts à consommer davantage aujourd'hui. Ceci s'interprète comme un glissement vertical de la fonction de production. En quoi ce glissement affecte-t-il l'investissement et le taux d'intérêt ?

9. Les équations suivantes décrivent une économie :

$$Y = C + I + G$$
$$Y = 5000$$
$$G = 1000$$
$$T = 1000$$
$$C = 250 + 0,75\,(Y - T)$$
$$I = 1000 - 50r$$

a) Calculez l'épargne privée, l'épargne publique, et l'épargne nationale pour cette économie.

b) Trouvez le taux d'intérêt d'équilibre.

c) Supposez maintenant que G augmente à 1 250. Calculez l'épargne privée, l'épargne publique et l'épargne nationale.

d) Trouvez le nouveau taux d'intérêt d'équilibre.

10. Supposons que l'État augmente dans une même proportion ses dépenses et ses recettes. Qu'advient-il du taux d'intérêt et de l'investissement en réaction à cette variation qui maintient l'équilibre budgétaire ? Votre réponse est-elle influencée par la propension marginale à consommer ?

11. Lorsque l'État subventionne l'investissement, par exemple par la voie d'une exonération fiscale, il le fait souvent de manière sélective en fonction du type d'investissement. Supposons qu'existent dans l'économie deux types d'investissement : l'investissement des entreprises et l'investissement résidentiel. Dans le cas où l'État ne subventionne que l'investissement des entreprises (sous forme de crédits d'impôt à l'investissement) :

a) Comment cette mesure budgétaire affecte-t-elle la courbe de demande de l'investissement des entreprises ? Et la courbe de demande de l'investissement résidentiel ?

b) Représentez graphiquement l'offre et la demande de fonds prêtables. Comment la mesure affecte-t-elle l'offre et la demande de ces fonds ? Qu'advient-il du taux d'intérêt d'équilibre ?

c) Comparez l'équilibre ancien et l'équilibre nouveau. Comment la mesure envisagée affecte-t-elle le volume total de l'investissement ? Le volume de l'investissement des entreprises ? Le volume de l'investissement résidentiel ?

12. Si la consommation est fonction du taux d'intérêt, comment celui-ci affecte-t-il les conclusions formulées dans le cadre de ce chapitre en ce qui concerne les impacts de la politique budgétaire ?

13. Les données macroéconomiques ne montrent pas une forte corrélation entre l'investissement et les taux d'intérêt. Nous allons examiner pourquoi ceci peut être vrai. Utilisez notre modèle dans lequel le taux d'intérêt s'ajuste afin d'équilibrer l'offre (qui a une pente croissante) et la demande (qui a une pente décroissante) des fonds prêtables.

a) Supposons que la demande des fonds prêtables soit stable, mais l'offre fluctue d'année en année. Qu'est-ce qui peut causer ces fluctuations ? Dans ce cas, quel type de corrélation existe-t-il entre l'investissement et les taux d'intérêt ?

b) Supposons que l'offre de fonds prêtables soit stable, mais la demande fluctue d'année en année. Qu'est-ce qui peut causer ces fluctuations ? Dans ce cas, quel type de corrélation existe-t-il entre l'investissement et les taux d'intérêt ?

c) Supposons que l'offre et la demande sur ce marché fluctuent au fil du temps. Si vous deviez construire un diagramme de dispersion de l'investissement et du taux d'intérêt, qu'auriez-vous trouvé ?

d) Lequel de ces trois cas empiriques semble être le plus réaliste pour vous ?

4

LA MONNAIE ET L'INFLATION

Lénine aurait déclaré que la meilleure manière de détruire le système capitaliste est de s'attaquer à sa monnaie... Il avait certainement raison. Il n'y a pas de manière plus subtile, plus sûre et plus discrète de renverser l'ordre existant de la société que de vicier sa monnaie. Le procédé range toutes les forces cachées des lois économiques du côté de la destruction, et cela de telle façon que personne ne peut prévoir.

John Maynard Keynes

4.1	Qu'est-ce que la monnaie ?	*123*
4.2	La théorie quantitative de la monnaie	*129*
4.3	Le seigneuriage, ou le revenu de l'émission de monnaie	*137*
4.4	L'inflation et les taux d'intérêt	*138*
4.5	Le taux d'intérêt nominal et la demande de monnaie	*143*
4.6	Les coûts sociaux de l'inflation	*145*
4.7	L'hyperinflation	*152*
4.8	Conclusion : la dichotomie classique	*159*

En 1970, votre quotidien coûtait 15 cents, le prix médian d'une maison familiale était de $23 400 et le salaire moyen dans l'industrie manufacturière s'élevait à $3,36 par heure. En 2008, ce même quotidien coûtait $1,50, le prix de la même maison était de $183 300 et le salaire moyen s'élevait à $19,85 par heure. On appelle **inflation** cette croissance générale des prix, qui fait l'objet du présent chapitre.

Le taux d'inflation, c'est-à-dire la variation en pourcentage du niveau général des prix, varie substantiellement dans le temps et d'un pays à l'autre. Aux États-Unis, les prix ont augmenté en moyenne de 2,4 % par an au cours des années 1960, de 7,1 % au cours des années 1970, de 5,5 % pendant les années 1980, de 3,0 % depuis 1990, et de 2,8 % entre 2000 et 2007. En comparaison internationale, cette inflation aux États-Unis peut être qualifiée de modérée malgré un taux d'inflation élevé dans les années 1970. Certains pays ont connu des épisodes d'inflation extraordinairement élevée que l'on qualifie d'**hyperinflation**. Un exemple classique est celui de l'Allemagne en 1923 où les prix ont augmenté en moyenne de 500 % *par mois*. En 2008, le Zimbabwe a connu une hyperinflation similaire.

Ce chapitre introduit la théorie classique des causes, des effets et des coûts sociaux de l'inflation. Cette théorie est « classique » au sens où elle part du postulat que les prix sont totalement flexibles. Le chapitre 1 nous a appris qu'il s'agit là d'une hypothèse généralement acceptée en longue période. Par contre, à court terme, la plupart des économistes pensent que les prix sont rigides. À partir du chapitre 9, nous tirerons les conclusions de cette hypothèse, que nous ignorons délibérément pour l'instant, pour permettre à la théorie classique de l'inflation, non seulement de décrire de manière correcte le long terme, mais aussi de fonder utilement l'analyse du court terme que nous proposons ultérieurement.

Les « forces cachées des lois économiques » ne sont pas aussi mystérieuses que le suggère la citation de Keynes qui ouvre ce chapitre. L'inflation est tout simplement une augmentation du niveau moyen des prix et un prix est le taux auquel la monnaie est échangée contre un bien ou un service. Pour comprendre l'inflation, donc, nous devons comprendre la monnaie, ce qu'elle est, ce qui affecte son offre et sa demande et quelle influence elle a sur l'économie. La section 4.1 entame notre analyse de l'inflation par l'exposé de l'approche économique de la « monnaie » et du contrôle, par les pouvoirs publics, de la quantité de monnaie que détiennent les citoyens. La section 4.2 montre que la quantité de monnaie détermine le niveau des prix et que le taux de croissance de la quantité de monnaie détermine le taux d'inflation.

À son tour, l'inflation a de nombreux effets qui lui sont propres sur l'économie. La section 4.3 est consacrée aux revenus qu'acquiert l'État en imprimant des billets, que l'on appelle parfois *taxe d'inflation*. La section 4.4 montre comment l'inflation affecte le taux d'intérêt nominal. La section 4.5 expose comment le taux d'intérêt nominal affecte à son tour la quantité de monnaie que les gens souhaitent détenir et, en conséquence, le niveau des prix.

Une fois terminée notre analyse des causes et des effets de l'inflation, la section 4.6 aborde ce qui constitue sans doute la question la plus importante en liaison avec l'inflation : l'inflation est-elle un problème social majeur ? L'inflation aboutit-elle réellement à « renverser l'ordre existant de la société », comme le suggère la citation ?

Enfin, la section 4.7 aborde le cas extrême de l'hyperinflation. Il est intéressant d'étudier les épisodes d'hyperinflation, car ils exposent au grand jour les forces de l'économie monétaire. Tout comme les tremblements de terre constituent des occasions privilégiées d'étude pour les sismologues, les économistes monétaires en apprennent beaucoup en étudiant comment commencent et se terminent les épisodes d'hyperinflation.

4.1 QU'EST-CE QUE LA MONNAIE ?

Quand nous disons qu'une personne a beaucoup d'argent, nous sous-entendons généralement qu'elle est riche. Les économistes utilisent le terme « monnaie » dans une acception plus spécialisée, qui ne désigne pas l'ensemble de la richesse, mais un seul type de richesse. La **monnaie** est le stock d'actifs aisément mobilisables pour procéder à des transactions. En grande approximation, les pièces et les billets que détient le public constituent le stock de monnaie d'un pays.

4.1.1 Les fonctions de la monnaie

La monnaie a trois fonctions : réserve de valeur, unité de compte et intermédiaire des échanges.

En tant que **réserve de valeur**, la monnaie est un moyen de transférer du pouvoir d'achat du présent vers l'avenir. Si je travaille aujourd'hui et que je gagne $100, je peux garder cet argent pour le dépenser demain, la semaine prochaine ou le mois prochain. La monnaie, cependant, est une réserve de valeur sujette à caution : si les prix augmentent, la valeur réelle de la monnaie diminue. Pourtant, les gens choisissent de détenir de la monnaie, parce qu'ils veulent pouvoir l'échanger contre des biens et services à un moment donné du futur.

En tant qu'**unité de compte**, la monnaie indique les conditions dans lesquelles les prix sont libellés et les dettes enregistrées. La microéconomie nous apprend que les ressources sont allouées en fonction des prix relatifs, c'est-à-dire le prix de tout bien donné par rapport aux prix de tous les autres biens. Cependant, les magasins aux États-Unis indiquent leurs prix en dollars et en cents. En Europe, ils les affichent en euros et en centimes. Le concessionnaire de voitures affiche que telle voiture coûte $20 000 et non 400 chemises (même si cela revient au même). De même, la plupart des dettes exigent de celui qui les a encourues qu'il restitue un nombre donné de dollars à une échéance donnée, et non une quantité donnée de l'un ou l'autre bien. La monnaie est donc la référence à l'aune de laquelle nous mesurons les transactions économiques.

En tant qu'**intermédiaire des échanges**, la monnaie est ce que nous utilisons pour acheter des biens et des services. « Ce billet est un instrument de paiement libératoire de toute dette, privée et publique », peut-on lire sur chaque billet de dollar américain. En entrant dans un magasin, nous savons que le vendeur acceptera notre argent en échange des produits qu'il vend. La facilité avec laquelle l'argent est converti en d'autres choses (des biens et des services) est parfois appelée la *liquidité* de l'argent.

Pour mieux comprendre les fonctions de la monnaie, tentons d'imaginer une économie sans monnaie : une économie de troc. Dans ce cadre, l'échange exige la *double coïncidence des besoins*, soit la rencontre peu probable de deux personnes dont l'une détient exactement le bien que souhaite acquérir l'autre et vice versa, et ceci au même moment et au même endroit. L'économie de troc ne permet que des transactions simples.

La monnaie rend possibles des transactions plus indirectes. Ainsi, le professeur utilise son salaire pour acheter des livres ; la maison d'édition utilise le revenu ainsi acquis pour acheter du papier ; le fabricant de papier utilise ce revenu pour payer l'entreprise forestière qui lui fournit son bois ; les ouvriers forestiers utilisent le salaire que leur verse cette entreprise pour payer les études de leurs enfants ; l'établissement d'enseignement utilise cet argent pour payer les salaires de ses professeurs. Dans les économies modernes, complexes, les échanges sont généralement indirects et exigent de ce fait le recours à l'argent.

4.1.2 *Les types de monnaie*

La monnaie revêt diverses formes. Chaque pays fabrique des billets de banque et des pièces de monnaie dont la seule fonction est de constituer de l'argent permettant de réaliser des transactions. Ce qui confère leur valeur à ces pièces et à ces billets, c'est qu'ils sont très généralement acceptés comme moyen de paiement. On appelle **monnaie fiduciaire** la monnaie dépourvue de toute valeur intrinsèque et qui, donc, ne doit son statut de monnaie qu'au seul fait que l'État lui a conféré un cours légal.

Pour être la norme dans la plupart des économies contemporaines, la monnaie fiduciaire est d'apparition relativement récente. Jadis, la plupart des sociétés utilisaient comme monnaie l'un ou l'autre bien doté d'une valeur intrinsèque, que l'on appelle **monnaie-marchandise**. L'exemple le plus répandu d'une monnaie-marchandise est l'or. On dit des économies où l'or (ou des billets de banque échangeables contre de l'or) sert de monnaie qu'elles fonctionnent par référence à un **étalon-or**. L'or est l'une des formes de monnaie-marchandise parce qu'on peut l'utiliser à diverses fins - bijouterie, prothèse dentaire, etc. - aussi bien que pour réaliser des transactions. Jusqu'à la fin du dix-neuvième siècle, l'étalon-or prévalait dans le monde entier.

> **ÉTUDE DE CAS - La monnaie dans les camps nazis de prisonniers de guerre**
>
> Une forme originale de monnaie-marchandise s'est développée dans les camps nazis de prisonniers de guerre, au cours de la Deuxième Guerre mondiale. La Croix-Rouge fournissait à ces prisonniers divers biens, tels que

nourriture, vêtements, cigarettes, etc. Les colis contenant ces produits étaient cependant répartis sans tenir compte des préférences personnelles, ce qui donnait lieu à un processus d'allocation souvent inefficace : tel prisonnier aurait préféré avoir plus de chocolat, tel autre plus de fromage et un troisième encore une nouvelle chemise. Ces écarts entre les goûts des prisonniers et ce qu'ils recevaient ont donné lieu à un processus d'échanges entre eux.

Au départ, les prisonniers échangeaient des objets dans un processus de troc. Or celui-ci exige la double coïncidence des besoins, et il était donc peu pratique. En d'autres termes, le troc ne constituait pas la manière la plus efficace, pour chaque prisonnier, d'obtenir ce qu'il souhaitait le plus. Même le cadre économique limité des camps de prisonniers avait besoin d'une forme ou l'autre de monnaie pour faciliter les échanges.

Ce sont finalement les cigarettes qui se sont imposées comme « numéraire » dans lequel les prix étaient libellés et par rapport auquel les échanges s'effectuaient. Ainsi, une chemise coûtait environ 80 cigarettes. Les services étaient également libellés en cigarettes. Certains prisonniers offraient à d'autres de laver leur linge au prix de 2 cigarettes par pièce. Même les non-fumeurs étaient heureux de recevoir des cigarettes en échange d'un bien ou d'un service, sachant qu'ils pourraient les ré-échanger à l'avenir contre un autre bien ou service. Dans les camps de prisonniers de la Deuxième Guerre mondiale, la cigarette est donc devenue réserve de valeur, unité de compte et intermédiaire des échanges [1].

4.1.3 L'évolution de la monnaie fiduciaire

Il n'est nullement surprenant qu'une forme ou l'autre de monnaie-marchandise se développe pour faciliter les échanges : les gens acceptent une monnaie-marchandise telle que l'or parce qu'elle est dotée d'une valeur intrinsèque. L'émergence de la monnaie fiduciaire est plus intrigante. Comment les gens ont-ils été amenés à reconnaître une valeur à quelque chose qui, intrinsèquement, n'en a aucune ?

Pour comprendre l'évolution de la monnaie-marchandise à la monnaie fiduciaire, imaginons une économie dans laquelle les gens se promènent avec des sacs remplis d'or. Lors de toute transaction, l'acheteur mesure la quantité correspondante d'or. Si le vendeur est convaincu que cette quantité est correcte et que l'or qui lui est proposé est suffisamment fin, la transaction peut se faire.

L'État intervient dans le processus, en tout premier lieu, pour réduire les coûts de transaction. L'utilisation d'or brut en tant que monnaie est coûteuse parce que cela demande du temps pour vérifier si la teneur en or et la quantité du métal proposées sont

---

[1] R.A. Radford, « The Economic Organisation of a P.O.W. Camp », *Economica* (novembre 1945), 189-201. Il y a d'autres cas d'utilisation des cigarettes comme monnaie. Ainsi, en Union Soviétique, à la fin des années 1980, les paquets de Marlboro étaient préférés aux roubles dans le large cadre de l'économie souterraine.

correctes. Pour contribuer à réduire ces coûts, les pouvoirs publics frappent des pièces en or dotées d'une teneur en or et d'un poids bien précis et connus. Il est plus facile d'utiliser ces pièces, dont la valeur est largement acceptée, que des lingots dont il faut vérifier tant le poids que la teneur en or.

La deuxième étape a consisté en l'émission publique de certificats, pièces ou billets, gagés sur l'or, et immédiatement convertibles en une certaine quantité d'or. Si les gens croient à la promesse de conversion faite par les pouvoirs publics, ces pièces et billets acquièrent automatiquement la même valeur que l'or lui-même. Étant d'usage plus aisé que ce dernier, ils seront en outre préférés pour régler les transactions. En fin de processus, plus personne n'emmène de lourdes charges d'or et les pièces et billets gagés sur l'or émis par les pouvoirs publics deviennent la norme monétaire.

À l'étape suivante, et finale, même la couverture or des pièces et billets devient superflue : si personne n'en demande la conversion en or, plus personne non plus ne se soucie que cette possibilité soit abandonnée. Aussi longtemps que tout le monde continue à accepter les pièces et billets en tant que moyen d'échange, ceux-ci conservent toute leur valeur et peuvent donc servir de monnaie. C'est ainsi qu'un système de monnaie-marchandise se transforme progressivement en un système de monnaie fiduciaire. Notez que, finalement, l'utilisation de l'argent dans les échanges est une convention sociale : chacun valorise la monnaie fiduciaire parce qu'il s'attend à ce que tous les autres fassent de même.

> ### ÉTUDE DE CAS - La monnaie et les conventions sociales sur l'île de Yap
>
> Il fut un temps où la petite île de Yap, dans le Pacifique, s'était dotée d'un type de monnaie intermédiaire entre la monnaie-marchandise et la monnaie fiduciaire. Le moyen d'échange traditionnel à Yap était le *fei*, cylindre de pierre plat pouvant atteindre quelque 3,5 mètres de diamètre. Ces pierres étaient percées en leur centre d'un trou permettant de les transporter sur des pieux et de les utiliser à des fins d'échanges.
>
> Ces espèces de meules étaient évidemment très lourdes, et posaient donc d'énormes problèmes de transport vers le lieu d'échange et à partir de celui-ci. Le système monétaire facilitait l'échange, mais à un coût extrêmement élevé.
>
> En fin de compte, les nouveaux propriétaires de *fei* s'habituèrent à ne plus en prendre physiquement possession : l'acquéreur du *fei* le laissait là où il était, mais repartait muni d'un papier indiquant qu'il en était propriétaire. Dans les transactions futures, c'est ce papier qu'il échangeait contre des biens ou services. L'acte de propriété du *fei* finit par prévaloir sur la possession physique de celui-ci.
>
> Cet état de choses faillit être remis en cause lorsqu'une pierre particulièrement précieuse sombra en mer au cours d'une tempête. Comme le propriétaire avait perdu son argent par accident plutôt que par négligence, tout le

monde convint que son acte de propriété du *fei* gardait toute sa valeur. Elle la conserva en tant que moyen d'échange pendant de nombreuses générations, jusque et au-delà du moment où plus aucun habitant de l'île n'avait vu de *fei* [2].

4.1.4 Comment contrôler la quantité de monnaie

On appelle **offre de monnaie** la quantité de monnaie disponible. Dans une économie où prévaut la monnaie-marchandise, l'offre de monnaie est égale à la quantité de cette marchandise. Dans une économie où prévaut la monnaie fiduciaire, telle que nos économies contemporaines, c'est l'État qui contrôle la quantité de monnaie : il s'est légalement réservé le monopole de l'émission des pièces de monnaie et des billets de banque. De ce fait, il a ajouté à la politique budgétaire la **politique monétaire**, via le contrôle de l'offre de monnaie.

Dans la plupart des pays, cependant, ce contrôle est délégué à une institution partiellement indépendante des pouvoirs publics, la **banque centrale**. Aux États-Unis celle-ci s'appelle la **Federal Reserve** souvent connue sous le nom de « la *Fed* ». Dans chaque pays, le nom de celle-ci figure sur les billets en circulation. Les membres de son organe de direction, dont la désignation appartient totalement ou partiellement au gouvernement et/ou au parlement, fixent conjointement l'offre de monnaie. On appelle politique monétaire cette régulation de l'offre de monnaie.

La vente et l'achat d'obligations d'État constituent la première manière dont la banque centrale régule l'offre de monnaie. On parle alors d'**interventions sur le marché monétaire** ou encore d'**opérations open-market**. Ainsi, la banque centrale procède à des achats ou à des ventes de titres du Trésor en vue de réguler la liquidité de l'économie. Pour accroître l'offre de monnaie, la banque centrale rachète à l'aide de la monnaie nationale les obligations d'État auprès de ceux et celles qui les détiennent. Pour réduire l'offre de monnaie, elle vend une partie des obligations d'État qu'elle détient elle-même. Ceci a pour effet de retirer du marché la quantité correspondante de monnaie nationale.

Le chapitre 19 présente de manière détaillée les procédures de contrôle de l'offre de monnaie. À ce stade, nous n'avons pas besoin de toutes ces précisions. Nous faisons l'hypothèse que la banque centrale contrôle directement l'offre de monnaie.

4.1.5 Comment mesurer la quantité de monnaie

L'un des objectifs de ce chapitre est de déterminer comment l'offre de monnaie affecte l'économie : nous y viendrons à la section suivante. Pour nous préparer à cette analyse, nous examinons ici comment les économistes mesurent la quantité de monnaie.

La monnaie étant le stock d'actifs utilisés à des fins de transaction, la quantité de monnaie est la quantité des actifs concernés. Dans les économies peu complexes,

---

2 Norman Angell, *The Story of Money* (New York : Frederick A. Stokes Company, 1929), 88-89.

cette quantité se mesure aisément : dans le camp de prisonniers de guerre de la première étude de cas de ce chapitre, la quantité de monnaie était la quantité de cigarettes présentes dans le camp. Mais comment se mesure la quantité de monnaie dans les économies plus complexes, telles que les économies contemporaines ? La réponse n'est pas évidente, en l'absence d'un actif unique qui serait utilisé dans toutes les transactions. En fait, nous disposons d'une série d'actifs susceptibles d'intervenir dans l'une ou l'autre de ces transactions, même si certains d'entre eux sont plus pratiques que d'autres. Il en résulte diverses mesures de la quantité de monnaie. L'actif le plus évident que l'on peut inclure dans la quantité de monnaie est constitué par les **pièces et billets de banque en circulation**. C'est ce que nous utilisons quotidiennement comme intermédiaire des échanges de la plupart de nos transactions.

Un deuxième type d'actif utilisable à des fins de transaction correspond aux **dépôts à vue**. Si la plupart des vendeurs acceptent les chèques personnels tirés sur ces dépôts à vue, ces derniers constituent un moyen de paiement presque aussi pratique que les pièces ou billets. Les uns et les autres peuvent être immédiatement mobilisés pour réaliser des transactions. On ajoutera donc les dépôts à vue aux pièces et billets en circulation pour mesurer la quantité de monnaie.

Si nous acceptons la logique qui consiste à inclure les dépôts à vue dans le stock monétaire mesuré, de nombreux autres actifs deviennent candidats à pareille inclusion. Ainsi, les fonds disponibles sur les comptes d'épargne peuvent être aisément transférés vers les comptes à vue ; on peut donc dire qu'ils ne posent pas non plus de problème de mobilisation à des fins de transaction. Les fonds mutuels de placement sur les marchés monétaires permettent à leurs membres de rédiger des chèques gagés par leurs comptes, mais en limitant, soit le montant maximum par chèque, soit le nombre de chèques émis. Dans ces limites, on peut considérer qu'il s'agit là aussi d'un moyen de paiement susceptible d'être inclus dans la quantité de monnaie.

En l'absence de règle unique déterminant ce qui doit être inclus ou non dans le stock monétaire, il existe plusieurs mesures de celui-ci. Le tableau 4.1 présente les trois

Tableau 4.1
Les mesures de la monnaie

Symbole	Actifs inclus	Quantité en octobre 2008 (Milliards de dollars)
C	Pièces et billets en circulation	794
M1	C, avec en plus les dépôts à vue, les chèques de voyage, et les autres dépôts permettant l'émission de chèques	1 465
M2	M1, avec en plus les accords de rachat au jour le jour, les comptes de dépôt sur le marché monétaire, les actions en fonds mutuels sur le marché monétaire, les comptes d'épargne et autres comptes à terme rapproché	7 855

Source : Federal Reserve.

> **INFORMATION**
>
> **Comment les cartes de crédit ou les cartes bancaires de paiement s'intègrent-elles dans le système monétaire ?**
>
> De nombreuses personnes utilisent les cartes de crédit ou de paiement pour effectuer des achats. Parce que l'argent est le moyen d'échange, on peut naturellement se demander comment ces cartes s'inscrivent dans la mesure et l'analyse de la monnaie.
>
> Tout d'abord les cartes de crédit. Bien que l'on puisse considérer que ces cartes font partie de la quantité de monnaie de l'économie, les mesures de celle-ci ne les prennent pas en compte. Les cartes de crédit ne sont pas vraiment un mode de paiement mais une méthode de *report* de paiement. Lorsque vous achetez un objet avec une carte de crédit, la banque qui a émis celle-ci paie le magasin de la somme due. Plus tard, vous devez rembourser la banque. Lorsque vous recevez la facture de la carte de crédit, vous allez probablement la payer en émettant un chèque qui sera débité sur votre compte-chèques. Le solde de ce compte-chèques fait partie de la quantité de monnaie de l'économie.
>
> Le processus est différent avec les cartes bancaires de paiement qui automatiquement débitent votre compte bancaire pour payer les articles achetés. Plutôt que de permettre aux utilisateurs de reporter le paiement de leurs achats, cette carte de paiement permet à ses utilisateurs un accès immédiat à leurs comptes bancaires. Utiliser une carte de paiement est comparable à l'émission d'un chèque. Ainsi, les soldes des comptes liés à ces cartes sont inclus dans les mesures de la quantité de monnaie.
>
> Même si les cartes de crédit ne sont pas une forme de monnaie, elles sont encore importantes dans l'analyse du système monétaire. Comme les gens détenant des cartes de crédit peuvent payer un grand nombre de leurs factures à la fin du mois, plutôt que de façon sporadique lors de leurs achats, alors ils peuvent détenir moins d'argent, en moyenne, que les personnes sans cartes de crédit. Ainsi, la popularité croissante des cartes de crédit peut réduire la quantité de monnaie dans l'économie. En d'autres termes, les cartes de crédit ne font pas partie de l'offre de monnaie, mais elles peuvent avoir une influence sur la demande de monnaie.

trois mesures utilisées par la Fed aux États-Unis, en précisant ce que chacune d'elles inclut. De la mesure la plus restreinte à la mesure la plus large, on les désigne par C, $M1$, et $M2$. La Fed utilisait aussi une quatrième mesure encore plus large, la $M3$, abandonnée depuis le premier mars 2006. Pour étudier les impacts de la monnaie sur l'économie, cependant, on utilise le plus souvent $M1$ et $M2$.

4.2 LA THÉORIE QUANTITATIVE DE LA MONNAIE

Nous savons maintenant ce qu'est la monnaie et comment on la contrôle et on la mesure. Nous pouvons donc nous tourner vers la manière dont la quantité de monnaie affecte l'économie. À cette fin, nous devons établir les liaisons entre la quantité de monnaie et les autres variables macroéconomiques comme les prix et le revenu. La théorie que nous allons développer ici, appelée « *théorie quantitative de la monnaie* » trouve ses racines dans les travaux des premiers théoriciens monétaristes, y compris le philosophe et économiste David Hume (1711-1776). Elle demeure la principale explication de la manière dont la monnaie affecte l'économie à long terme.

4.2.1 Les transactions et l'équation quantitative

Les gens détiennent de la monnaie pour acheter des biens et des services. Plus ils ont besoin d'argent à cette fin, plus ils détiennent de monnaie. La quantité de monnaie présente dans l'économie est donc étroitement liée au nombre d'unités monétaires échangées dans le cadre des transactions.

L'équation suivante, dite **équation quantitative de la monnaie**, exprime le lien entre les transactions et la masse monétaire :

$$\text{Monnaie} \times \text{Vitesse de circulation} = \text{Prix} \times \text{Transactions}$$
$$M \times V = P \times T \tag{4.1}$$

Examinons chacune des quatre variables de cette équation.

Le membre de droite de l'équation quantitative de la monnaie nous décrit les transactions. T représente le nombre total de transactions effectuées au cours d'une période donnée, par exemple une année. En d'autres termes, T est le nombre de fois, en un an, que l'on échange des biens et des services contre de la monnaie. P est le prix de la transaction moyenne, soit le nombre d'unités monétaires échangées en moyenne au cours de cette année. Le produit du prix de la transaction moyenne et du nombre de transactions, PT, est égal au nombre d'unités monétaires échangées en un an.

Le membre de gauche de l'équation quantitative de la monnaie décrit la monnaie utilisée dans les transactions. M est la quantité de monnaie. V est la **vitesse de circulation de la monnaie**. Elle mesure le nombre de fois par unité de temps qu'une unité de monnaie est utilisée dans une transaction.

Par exemple, supposons qu'au cours d'une année donnée, 60 pains soient vendus au prix unitaire de \$0,50. T est alors égal à 60 pains par année et P à \$0,50 par pain. Le nombre total de dollars échangés est donc :

$$PT = (\$0,5/\text{pain}) \times (60 \text{ pain/année}) = \$30/\text{année} \tag{4.2}$$

Le membre de droite de l'équation quantitative de la monnaie est égal à \$30 par an, qui désigne la valeur en dollars de toutes les transactions.

Supposons encore que la quantité de monnaie présente dans l'économie est de \$10. Il nous est alors possible de calculer la vitesse de circulation de cette monnaie comme suit :

$$V = PT/M = (\$30/\text{année})/(\$10) = 3 \text{ fois par an} \tag{4.3}$$

On voit donc, au cas où le stock monétaire est égal à \$10, qu'un volume annuel de transactions de \$30 ne peut se réaliser chaque année que si chaque dollar change trois fois de propriétaire par an.

L'équation quantitative de la monnaie est une *identité* : les définitions de ses quatre variables sont telles qu'elle est toujours vraie. Cette équation est utile, car elle nous montre que, si une des variables change, une ou plusieurs des autres variables doivent varier pour préserver l'égalité. Ainsi, si la quantité de monnaie augmente tandis que la vitesse de circulation de cette monnaie reste inchangée, alors soit le prix, soit le nombre de transactions doit augmenter.

4.2.2 Des transactions aux revenus

Les économistes utilisent habituellement une version légèrement différente de l'équation quantitative de la monnaie qui vient d'être présentée. Dans cette dernière, en effet, il n'est pas facile de calculer le nombre de transactions. Pour résoudre ce problème, on remplace le nombre de transactions T par la production totale de l'économie Y.

Les transactions et la production sont étroitement liées : plus l'économie produit, plus on y vend et on y achète des biens et des services. Elles ne sont pourtant pas identiques. Lorsque quelqu'un vend une voiture d'occasion, par exemple, il y a bien une transaction entre vendeur et acheteur impliquant un échange de monnaie, mais la voiture en question n'est pas répertoriée dans la production courante. Néanmoins, la valeur en dollars des transactions reste plus ou moins proportionnelle à la valeur en dollars de la production.

Si Y désigne la quantité produite, et P le prix de chaque unité produite, la valeur en dollars de la production est égale à PY. Nous avons vu comment mesurer ces deux variables dans le cadre de l'exposé de la comptabilité nationale du chapitre 2 : Y est le PIB réel, P le déflateur du PIB et PY le PIB nominal. L'équation quantitative de la monnaie devient donc :

$$\text{Monnaie} \times \text{Vitesse} = \text{Prix} \times \text{Production}$$
$$M \times V = P \times Y \tag{4.4}$$

Y étant également le revenu total et V dans cette nouvelle version de l'équation quantitative devenant la **vitesse de circulation de la monnaie en tant que revenu** : elle nous dit combien de fois, par période donnée de temps, une unité monétaire entre dans le revenu de quelqu'un. Cette version de l'équation quantitative est la plus commune, et celle que nous utiliserons désormais.

4.2.3 La fonction de demande de monnaie et l'équation quantitative

Lors de l'analyse des impacts de la monnaie sur l'économie, il est souvent commode d'exprimer la quantité de monnaie en termes de quantité des biens et services qu'elle permet d'acquérir. Cette quantité est égale à M/P et on l'appelle **encaisses monétaires réelles**.

Les encaisses monétaires réelles mesurent le pouvoir d'achat du stock de monnaie. Ainsi, dans une économie qui produit uniquement du pain, si la quantité de monnaie est $10 et le prix de chaque pain $0,50, les encaisses monétaires réelles sont égales à 20 pains. En d'autres termes, le stock de monnaie disponible dans l'économie permet d'acquérir 20 pains au prix courant.

La fonction de demande de monnaie est l'équation qui montre ce qui détermine la quantité d'encaisses monétaires réelles que les gens souhaitent détenir. Une version simple de cette fonction de demande de monnaie s'écrit comme suit :

$$(M/P)^d = k \times Y \tag{4.5}$$

où k est une constante qui représente la part de 1 dollar de revenu que les gens désirent détenir sous forme d'encaisses. Cette équation nous dit que la quantité des encaisses monétaires réelles demandées est proportionnelle au revenu réel.

La fonction de demande de monnaie ressemble fort à la fonction de demande de n'importe quel bien. Le « bien » en question est ici la commodité que permet la détention d'encaisses monétaires réelles. Tout comme être propriétaire d'une voiture permet de se déplacer plus aisément, détenir de la monnaie permet de réaliser plus facilement des transactions. C'est pourquoi, tout comme un revenu accru induit une plus grande demande de voitures, un revenu accru se traduit également par une plus grande demande d'encaisses monétaires réelles.

Cette fonction de demande de la monnaie nous permet de dériver l'équation quantitative de la monnaie. À cette fin, nous ajoutons simplement la condition selon laquelle la demande d'encaisses monétaires réelles $(M/P)^d$ doit être égale à l'offre (M/P). C'est pourquoi :

$$M/P = k \times Y \tag{4.6}$$

En réaménageant les termes de cette équation, nous obtenons

$$M(1/k) = P \times Y \tag{4.7}$$

que nous pouvons réécrire sous la forme suivante :

$$M \times V = P \times Y \tag{4.8}$$

où $V = 1/k$. Ces quelques calculs mathématiques simples montrent le lien entre la demande de la monnaie et la vitesse de circulation de la monnaie. Quand les gens souhaitent détenir sous forme d'encaisses une part importante de chaque dollar de revenu (k est grand) alors la monnaie change de mains peu fréquemment (V est petit). Inversement, si k est petit alors V est grand et la monnaie change de mains assez fréquemment. En d'autres termes, le paramètre k de la demande de monnaie et la vitesse de circulation de la monnaie V sont les deux faces d'une même médaille. On voit donc qu'en utilisant l'équation quantitative de la monnaie, nous faisons en fait l'hypothèse que l'offre d'encaisses monétaires réelles est égale à leur demande et que celle-ci est proportionnelle au revenu.

4.2.4 L'hypothèse de vitesse constante

L'équation quantitative peut être interprétée tout simplement comme définissant la vitesse de circulation de la monnaie V sous la forme du rapport du PIB nominal, $P \times Y$, sur la quantité de monnaie M. Mais en même temps, nous pouvons faire de cette équation la base d'une théorie utile - la **théorie quantitative de la monnaie** - à l'aide de l'hypothèse supplémentaire selon laquelle la vitesse de circulation de la monnaie est constante.

Comme nombre d'hypothèses en économie, nous pouvons justifier celle-ci, au mieux, comme une approximation. En effet, la vitesse se modifie au moindre changement de la fonction de demande de monnaie. Ainsi, la multiplication des guichets bancaires électroniques permet aux gens de réduire leur détention moyenne de monnaie, ce qui infléchit à la baisse le paramètre k de demande monétaire. Par ailleurs, cette innovation accroît le taux de circulation de la monnaie au sein de l'économie, et donc la vitesse V. Pourtant, l'hypothèse de vitesse constante est une bonne approximation de la plupart des situations rencontrées. Le fait de formuler cette hypothèse permet d'étudier les impacts de l'offre de monnaie sur l'économie.

L'hypothèse de vitesse constante transforme l'équation quantitative en théorie du PIB nominal. En effet, ainsi revue, l'équation quantitative s'écrit comme suit :

$$M \times \overline{V} = P \times Y \qquad (4.9)$$

où $\overline{V}$ signifie que la vitesse est donnée. Dès lors, toute variation de la quantité de monnaie M provoque nécessairement une variation proportionnelle du PIB, $P \times Y$. En d'autres termes, la quantité de monnaie détermine la valeur en unités monétaires de la production de l'économie en question.

4.2.5 La monnaie, les prix et l'inflation

Nous disposons désormais d'une théorie explicative des déterminants du niveau général des prix de notre économie. Cette théorie repose sur trois piliers :
1. Les facteurs de production et la fonction de production déterminent le niveau de la production Y. Nous tirons cette conclusion du chapitre 3.
2. L'offre de monnaie M détermine la valeur nominale de la production ($P \times Y$). Cette conclusion résulte de l'équation quantitative et de l'hypothèse de vitesse constante.
3. Dès lors, le niveau des prix P n'est autre que le rapport de la valeur nominale de la production ($P \times Y$) sur le niveau de la production Y.

En d'autres termes, la capacité productive d'une économie détermine le PIB réel. La quantité de monnaie détermine le PIB nominal et le déflateur du PIB est le rapport du PIB nominal sur le PIB réel.

Cette théorie explique ce qui survient lorsque la banque centrale modifie son offre de monnaie. La vitesse étant constante, toute variation de l'offre de monnaie induit une variation proportionnelle du PIB nominal. Comme les facteurs de production et la fonction de production ont déjà déterminé le PIB réel, la variation du PIB nominal représente nécessairement une modification du niveau des prix. En conséquence, la théorie quantitative implique que le niveau des prix est proportionnel à l'offre de monnaie.

Comme le taux d'inflation est la variation en pourcentage du niveau des prix, cette théorie du niveau des prix est également une théorie du taux d'inflation. L'équation quantitative, réécrite en variations en pourcentage, devient :

$$\text{(Variation en \% de } M) + \text{(Variation en \% de } V) = \text{(Variation en \% de } P) + \text{(Variation en \% de } Y) \tag{4.10}$$

Examinons chacun des quatre termes de l'équation. Tout d'abord, la variation en pourcentage de la quantité de monnaie M est contrôlée par la banque centrale. Deuxièmement, la variation en pourcentage de la vitesse V reflète les déplacements de la demande de monnaie ; nous avons fait l'hypothèse que la vitesse est constante ; sa variation en pourcentage est donc nulle. Troisièmement, la variation en pourcentage du niveau des prix P est le taux d'inflation ; c'est la variable de l'équation que nous souhaitons expliquer. Quatrièmement, la variation en pourcentage de la production Y dépend de la croissance des facteurs de production et du progrès technologique, que nous supposons donnés aux fins qui nous préoccupent ici. Cette analyse nous dit (hormis une constante qui dépend de la croissance exogène de la production) que la croissance de l'offre de monnaie détermine le taux d'inflation.

En conséquence, la théorie quantitative de la monnaie établit que la banque centrale, qui contrôle l'offre de monnaie, contrôle du même fait, en dernier ressort, le taux d'inflation. Si la banque centrale préserve la stabilité de l'offre de monnaie, le niveau des prix sera également stable. Si la banque centrale accroît rapidement le stock de monnaie, le niveau des prix augmentera lui aussi rapidement.

ÉTUDE DE CAS - L'inflation et la croissance monétaire

« L'inflation est toujours et partout un phénomène monétaire. » C'est ce qu'a écrit Milton Friedman, économiste monétaire qui a obtenu le prix Nobel d'économie en 1976. La théorie quantitative de la monnaie nous conduit à accepter le fait que la croissance de la quantité de monnaie est le premier déterminant du taux d'inflation. L'assertion de Friedman est cependant empirique et non théorique. Pour la vérifier, et ainsi évaluer l'utilité de notre théorie, nous devons examiner les chiffres de l'offre de monnaie et des prix.

Milton Friedman, en collaboration avec sa collègue économiste Anna Schwartz, a rédigé deux traités sur l'histoire monétaire qui ont éclairé les sources et les effets des variations de la quantité de monnaie au cours du siècle écoulé [3]. La figure 4.1 utilise certaines de leurs données pour mettre graphiquement en relation le taux moyen de croissance de l'offre de monnaie et le taux moyen d'inflation aux États-Unis, de décennie en décennie, de 1870 à 1990. Ces données confirment bien la liaison entre croissance de la quantité de monnaie et inflation. En général, pendant les décennies où la croissance de l'offre de monnaie a été élevée (comme les années 1970), on a enregistré également un taux d'inflation élevé et les décennies où la crois-

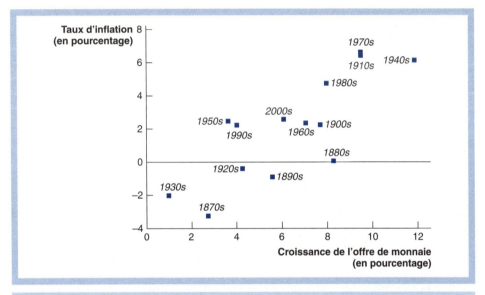

Figure 4.1
Données historiques sur l'inflation et la croissance monétaire aux États-Unis

Ce diagramme de dispersion de la croissance monétaire et de l'inflation représente chaque décennie par un point. L'axe horizontal montre la croissance moyenne de l'offre de monnaie (mesurée par M2) au cours de chaque décennie, tandis que l'axe vertical montre, pendant la même période, le taux moyen d'inflation (mesuré par le déflateur du PIB). La corrélation positive entre croissance monétaire et inflation confirme la prévision de la théorie quantitative de la monnaie selon laquelle une croissance monétaire élevée induit un taux d'inflation élevé.
Source : Pour les données jusqu'à la fin des années 1960 : Milton Friedman et Anna J. Schwartz, *Monetary Trends in the United States and the United Kingdom : Their Relation to Income, Prices, and Interest Rates 1867-1975* (Chicago : University of Chicago Press, 1982). Pour les données plus récentes : U.S. Department of Commerce, Federal Reserve Board. Pour les données des années 2000, elles concernent seulement la période 2000-2007.

---

3 Milton Friedman et Anna J. Schwartz, *A Monetary History of the United States, 1867-1960* (Princeton, N.J. : Princeton University Press, 1963) ; Milton Friedman et Anna J. Schwartz, *Monetary Trends in the United States and the United Kingdom : Their Relation to Income, Prices, and Interest Rates, 1867-1975* (Chicago : University of Chicago Press, 1982).

sance monétaire a été faible (comme les années 1930) ont eu un taux d'inflation faible.

La figure 4.2 étudie la même liaison sur la base de données internationales. Elle présente les taux d'inflation moyens et les taux moyens de croissance de l'offre de monnaie entre 1999 et 2007 dans 165 pays et la Zone Euro. La relation entre croissance monétaire et inflation en ressort clairement. Les pays où la croissance monétaire est élevée (comme la Turquie ou la Biélorussie) tendent à avoir un taux d'inflation élevé, et les pays à faible croissance monétaire (comme Singapour ou la Suisse) tendent à avoir un taux d'inflation réduit.

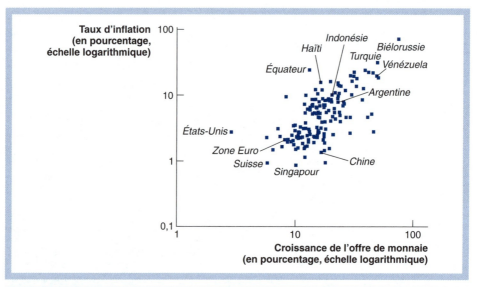

Figure 4.2
Données internationales sur l'inflation et la croissance monétaire

Ce diagramme de dispersion représente chaque pays par un point. L'axe horizontal présente le taux moyen de croissance de l'offre de monnaie (mesuré par les pièces et billets en circulation additionnés des dépôts à vue) entre 1999 et 2007, et l'axe vertical le taux moyen d'inflation (mesuré par le déflateur du PIB). À nouveau, la corrélation positive observée confirme la prévision de la théorie quantitative de la monnaie selon laquelle un taux de croissance élevé de l'offre de monnaie induit une inflation élevée.
Source : Statistiques financières internationales.

Si, au lieu de moyennes décennales, nous avions utilisé des chiffres mensuels pour mesurer la croissance monétaire et l'inflation, nous n'aurions pas trouvé une relation aussi claire entre ces deux variables. La théorie de l'inflation présentée ici se vérifie bien à long terme, mais non à court terme. Nous étudierons les effets à court terme des variations de la quantité de monnaie lorsque nous aborderons les fluctuations économiques de court terme, à la partie IV de ce livre.

4.3 LE SEIGNEURIAGE, OU LE REVENU DE L'ÉMISSION DE MONNAIE

Jusqu'à présent, nous avons vu comment la croissance de la masse monétaire est la cause de l'inflation. Avec l'inflation comme conséquence, pourquoi donc une banque centrale augmente-t-elle la masse monétaire ? Nous examinons ici une réponse à cette question.

Commençons par un fait indiscutable : tous les gouvernements dépensent de l'argent. Certaines de ces dépenses sont engagées pour financer des achats de biens et services (comme les routes, la police, etc.), et des transferts (pour les pauvres et les personnes âgées par exemple). L'État peut financer ses dépenses de trois manières : en se procurant des recettes par l'impôt, en empruntant auprès du public, en vendant des bonds du Trésor et en émettant de la monnaie.

On appelle **seigneuriage** les recettes acquises par émission d'argent. Ce terme vient de « *seigneur* », lequel avait, au Moyen Âge, le monopole de l'émission de monnaie sur ses terres. Ce même monopole est aujourd'hui dans les mains de l'État, pour lequel il constitue une source possible de revenus.

Lorsque l'État émet de la monnaie nouvelle pour financer ses dépenses, il accroît l'offre de monnaie. Ceci est source d'inflation. C'est pourquoi on parle dans ce cas de *taxe d'inflation*. Cette assimilation de l'inflation à une taxe n'est pas évidente à première vue : personne ne reçoit spécifiquement d'invitation à payer cet impôt. Mais alors, qui paie la taxe d'inflation ? Ce sont les détenteurs de monnaie : quand les prix augmentent, la valeur réelle des billets que vous avez dans votre portefeuille diminue. Quand l'État émet de la monnaie nouvelle à son propre usage, il réduit la valeur de la monnaie ancienne détenue par les gens. L'inflation est donc un impôt prélevé sur la détention de monnaie.

Le volume des revenus tirés de l'émission de monnaie varie considérablement d'un pays à l'autre. Aux États-Unis, il est resté modeste : le plus souvent, il est de l'ordre de 3 % des recettes publiques globales. En Italie et en Grèce, par contre, le seigneuriage a souvent dépassé 10 % des recettes publiques [4]. Dans les pays frappés d'hyperinflation, le seigneuriage est souvent la principale source de revenus de l'État, et la nécessité même dans laquelle se trouve celui-ci d'émettre de la monnaie pour financer ses dépenses constitue la première cause d'hyperinflation.

> **ÉTUDE DE CAS - Le prix de la Révolution américaine**
>
> Si, au cours de l'histoire récente, le seigneuriage n'a pas constitué, aux États-Unis, une source importante de recettes publiques, la situation était très diffé-

---

[4] Stanley Fischer, « Seigniorage and the Case for a National Money », *Journal of Political Economy* 90 (avril 1982), 295-313.

rente il y a deux siècles. Au début de l'année 1775, le Congrès continental devait trouver un moyen de financer la Révolution, mais ce qu'il pouvait obtenir via l'impôt restait modeste. Il eut donc un abondant recours à l'émission de monnaie fiduciaire pour contribuer à financer la guerre.

Ce recours du Congrès continental au seigneuriage devint de plus en plus important : en 1775, les émissions de monnaie continentale s'élevaient à quelque $6 millions. Elles passèrent successivement à $19 millions en 1776, $13 millions en 1777, $63 millions en 1778 et $125 millions en 1779.

Sans surprise, cette croissance rapide de l'offre de monnaie a provoqué une inflation massive. À la fin de la guerre d'indépendance, le prix de l'or en dollars continentaux était plus de 100 fois supérieur à son niveau de quelques années auparavant. Les énormes quantités disponibles de monnaie fiduciaire continentale firent perdre quasiment toute sa valeur au dollar continental. Cet épisode nous a légué l'expression « not worth a continental », ce qui signifie « ça ne vaut pas un sou ».

Lorsque la nouvelle nation a gagné son indépendance, il y avait un scepticisme naturel vis-à-vis de la monnaie fiduciaire. Sur recommandation du premier secrétaire du Trésor Alexander Hamilton, le Congrès américain a adopté la Loi sur la Monnaie de 1792 (The Mint Act of 1792) établissant l'étalon or et argent comme la base d'un nouveau système de monnaie.

4.4 L'INFLATION ET LES TAUX D'INTÉRÊT

Nous venons de voir au chapitre 3 que, parmi les variables macroéconomiques les plus importantes, figurent les taux d'intérêt. Ceux-ci constituent les prix reliant le présent au futur. Nous nous tournons à présent vers la relation entre inflation et taux d'intérêt.

4.4.1 Deux taux d'intérêt : le taux réel et le taux nominal

Votre compte de dépôt auprès d'une banque est rémunéré, par exemple, au taux de 8 % par an. L'année suivante, vous retirez votre argent et les intérêts cumulés qu'il a produits. Êtes-vous 8 % plus riche qu'il y a un an lorsque vous avez placé votre argent en banque ?

Tout dépend de ce que « plus riche » signifie. Incontestablement, vous possédez 8 % de dollars en plus qu'il y a un an. Mais, si les prix ont augmenté, la valeur de chacun de ces dollars a diminué et donc votre pouvoir d'achat n'a pas augmenté, quant à lui, de 8 %. Si le taux d'inflation est de 5 %, la quantité de biens que vous pouvez acheter n'a augmenté que de 3 %. Si le taux d'inflation est de 10 %, votre pouvoir d'achat a en fait baissé de 2 %.

Les économistes appellent **taux d'intérêt nominal** le taux que paient les banques, et **taux d'intérêt réel** l'accroissement du pouvoir d'achat induit par la possession d'un compte en banque. Si i dénote le taux d'intérêt nominal, r le taux d'intérêt réel et π le taux d'inflation, la relation entre les trois variables s'écrit comme suit :

$$r = i - \pi \tag{4.11}$$

Le taux d'intérêt réel est la différence entre le taux d'intérêt nominal et le taux d'inflation [5].

4.4.2 L'effet Fisher

En réaménageant les termes de notre équation du taux d'intérêt réel, nous pouvons montrer que le taux d'intérêt nominal est la somme du taux d'intérêt réel et du taux d'inflation :

$$i = r + \pi \tag{4.12}$$

Sous cette forme, l'équation est dite **équation de Fisher**, selon le nom de l'économiste Irving Fisher (1867-1947). Elle montre les deux causes de variations possibles du taux d'intérêt nominal : la variation du taux d'intérêt réel et la variation du taux d'inflation.

La distinction de ces deux éléments au sein du taux d'intérêt nominal permet d'utiliser l'équation pour élaborer une théorie du taux d'intérêt nominal. Le chapitre 3 a exposé que le taux d'intérêt réel s'ajuste en vue d'équilibrer l'épargne et l'investissement. La théorie quantitative de la monnaie montre que le taux de croissance monétaire détermine le taux d'inflation. L'équation de Fisher énonce en fait que le taux d'intérêt réel et le taux d'inflation déterminent conjointement le taux d'intérêt nominal.

Réunies, la théorie quantitative de la monnaie et l'équation de Fisher montrent comment la croissance monétaire affecte le taux d'intérêt nominal. *Selon la théorie quantitative, un accroissement de 1 % du taux de croissance monétaire provoque une hausse de 1 % du taux d'inflation. Selon l'équation de Fisher, cette hausse de 1 % du taux d'inflation provoque à son tour une augmentation de 1 % du taux d'intérêt nominal.* L'**effet Fisher** désigne cette relation proportionnelle entre taux d'inflation et taux d'intérêt nominal.

---

5 *Note mathématique.* Cette équation reliant taux d'intérêt réel, taux d'intérêt nominal et taux d'inflation n'est qu'une approximation. La formule exacte est $(1 + r) = (1 + i) / (1 + \pi)$. Cette approximation est acceptable pourvu que r, i et π soient relativement faibles, inférieurs, par exemple, à 20 % par an.

ÉTUDE DE CAS - L'inflation et les taux d'intérêt nominaux

En quoi l'effet Fisher nous aide-t-il à comprendre les taux d'intérêt ? Pour répondre à cette question, nous examinons ci-dessous deux types de données relatives à l'inflation et aux taux d'intérêt nominaux.

La figure 4.3 montre la variation dans le temps du taux d'intérêt nominal et de l'inflation aux États-Unis. Nous y voyons que, au cours des 50 dernières années, l'effet Fisher a relativement bien fonctionné. Quand l'inflation est élevée, les taux d'intérêt nominaux tendent à l'être également et inversement.

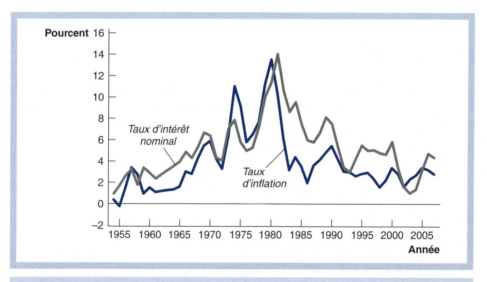

Figure 4.3
L'inflation et les taux d'intérêt nominaux dans le temps

La figure met en relation le taux d'intérêt nominal (obligations d'État à 3 mois) et le taux d'inflation (mesuré par l'IPC) aux États-Unis depuis 1954. Elle illustre l'effet Fisher : un taux d'inflation élevé génère des taux d'intérêt nominaux supérieurs.
Source : U.S. Department of Treasury et U.S. Department of Labor.

La figure 4.4 examine la variation d'un pays à l'autre du taux d'intérêt nominal et du taux d'inflation à un point donné du temps. De nouveau, le taux d'inflation et le taux d'intérêt nominal sont étroitement liés. Les pays où l'inflation est élevée tendent à avoir également des taux d'intérêt nominaux élevés et ceux où l'inflation est faible tendent à avoir des taux d'intérêt nominaux bas.

La liaison entre taux d'inflation et taux d'intérêt est bien connue des courtiers en Bourse. Comme le prix des obligations varie en sens contraire des taux d'intérêt, il est possible de devenir riche en prévoyant correctement l'évolu-

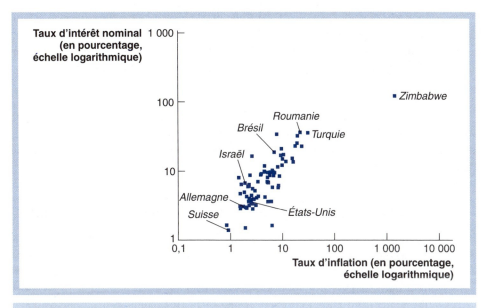

Figure 4.4
L'inflation et les taux d'intérêt nominaux d'un pays à l'autre

Le diagramme de dispersion montre le taux d'intérêt nominal à court terme et le taux d'inflation moyen dans 81 pays, de 1999 à 2007. La corrélation positive entre taux d'inflation et taux d'intérêt nominal confirme l'existence de l'effet Fisher.
Source : Fonds Monétaire International.

tion des taux d'intérêt. C'est pourquoi tous les *intervenants* en Bourse surveillent de très près la politique monétaire et l'inflation en vue d'anticiper les variations des taux d'intérêt.

4.4.3 Deux taux d'intérêt réels : ex ante et ex post

Quand un emprunteur et un prêteur conviennent d'un taux d'intérêt nominal, ils ignorent comment va évoluer le taux d'inflation entre le moment de leur transaction et l'échéance du prêt. Ceci nous amène à distinguer deux concepts du taux d'intérêt réel : le taux d'intérêt réel auquel s'attendent l'emprunteur et le prêteur au moment de la transaction, appelé **taux d'intérêt réel ex ante**, d'une part, et le taux d'intérêt réel qui se vérifie ultérieurement, appelé **taux d'intérêt réel ex post**.

Si emprunteurs et prêteurs ne sont pas en mesure de prévoir parfaitement l'inflation future, ils n'en ont pas moins des attentes quant à son évolution. Désignons par π l'inflation future réelle et par $E\pi$ l'inflation future anticipée. Le taux d'intérêt réel ex ante est alors $i - E\pi$, et le taux d'intérêt réel ex post $i - \pi$. Les deux taux d'intérêt réels s'écartent lorsque l'inflation réelle π n'est pas la même que l'inflation anticipée $E\pi$.

Comment cette distinction affecte-t-elle l'effet Fisher ? De toute évidence, le taux d'intérêt nominal ne peut s'ajuster à l'inflation réelle, car cette dernière n'est pas connue lorsque le premier est fixé. Le taux d'intérêt nominal ne peut s'ajuster qu'à l'inflation anticipée. Nous réécrivons donc, de manière plus précise, l'effet Fisher comme suit :

$$i = r + E\pi \tag{4.13}$$

Comme nous l'a indiqué le modèle développé au chapitre 3, c'est l'équilibre sur le marché des biens et services qui détermine le taux d'intérêt réel ex ante r. Quant au taux d'intérêt nominal i, ses variations sont exactement proportionnelles à celles de l'inflation anticipée $E\pi$.

ÉTUDE DE CAS - Les taux d'intérêt nominaux au dix-neuvième siècle

Bien que les données récentes montrent une liaison positive entre taux d'intérêt nominal et taux d'inflation, il n'en a pas toujours été ainsi. Les données relatives à la fin du dix-neuvième siècle et au début du vingtième siècle montrent que des taux d'intérêt nominaux élevés ne s'accompagnaient pas alors d'un taux d'inflation important. Irving Fisher lui-même a été étonné par cette apparente absence d'effet Fisher à l'époque. Pour l'expliquer, il a suggéré que l'inflation « *prenait les intervenants au dépourvu* ».

Comment expliquer cette absence d'un effet Fisher apparent dans les données relatives au dix-neuvième siècle ? N'y aurait-il pas eu, au cours de cette période, d'ajustements des taux d'intérêt nominaux à l'inflation ? Des recherches récentes suggèrent que cette période ne nous permet pas d'apprendre grand-chose quant à la validité de l'effet Fisher. La raison en est que cet effet relie le taux d'intérêt nominal au *taux d'inflation anticipé*, alors qu'à l'époque, l'inflation était largement non anticipée.

Si les anticipations ne sont pas directement observables, l'examen d'une inflation persistante nous permet d'en inférer l'existence ou l'absence. Dans l'histoire récente, l'inflation s'est avérée hautement persistante : si elle est élevée au cours d'une année donnée, elle tend à l'être également au cours de l'année suivante. Les gens qui observent un taux d'inflation élevé s'attendent donc logiquement à ce qu'il le demeure à l'avenir. Au contraire, au dix-neuvième siècle, dans le cadre du système dit de l'étalon-or, l'inflation était peu persistante. Une année d'inflation élevée pouvait tout aussi bien être suivie d'une année d'inflation faible que d'une année d'inflation élevée. Un taux d'inflation élevé n'impliquait donc pas nécessairement l'anticipation d'une inflation élevée, raison pour laquelle il n'en résultait pas nécessairement des taux d'intérêt nominaux élevés. En ce sens, Fisher avait raison de dire que l'inflation « prenait les intervenants au dépourvu » [6].

---

6 Robert B. Barsky, « The Fisher Effect and the Forecastability and Persistence of Inflation », *Journal of Monetary Economics* 19 (janvier 1987), 3-24.

4.5 LE TAUX D'INTÉRÊT NOMINAL ET LA DEMANDE DE MONNAIE

La théorie quantitative de la monnaie est basée sur une fonction simple de la demande de monnaie : cette fonction suppose que la demande d'encaisses monétaires réelles soit proportionnelle aux revenus. Excellent point de départ pour analyser le rôle de la monnaie, cette théorie est loin d'être complète. Nous allons maintenant lui ajouter un autre déterminant de la quantité demandée de monnaie, le taux d'intérêt nominal.

4.5.1 *Le coût de la détention de monnaie*

Les billets qui sont dans votre portefeuille ne sont rémunérés par aucun taux d'intérêt. Si vous les sortez de votre portefeuille et les utilisez pour acheter des obligations d'État ou pour les déposer sur un compte d'épargne, vous percevrez un taux d'intérêt nominal. En détenant de la monnaie plutôt que d'autres types d'actifs, vous renoncez donc au taux d'intérêt nominal : celui-ci est le coût d'opportunité de la détention de monnaie.

Pour vous convaincre du fait que le coût de la détention de monnaie est égal au taux d'intérêt nominal, il vous suffit de comparer les rendements réels de divers types d'actifs. Les actifs autres que la monnaie, tels les obligations d'État, génèrent un rendement réel égal à r. Par contre, la détention de monnaie ne génère qu'un rendement égal à $(-E\pi)$, puisque la valeur réelle de la monnaie est érodée par le taux d'inflation. En détenant de la monnaie, vous renoncez à l'écart entre ces deux rendements. Le coût de la détention de monnaie est donc $r - (-E\pi)$, dont l'équation de Fisher nous dit qu'il s'agit du taux d'intérêt nominal i.

Tout comme la quantité demandée de pain est fonction du prix du pain, la quantité demandée de monnaie dépend du prix de la détention de monnaie. La demande d'encaisses monétaires réelles est donc fonction à la fois du niveau de revenu et du taux d'intérêt nominal. Ceci nous permet d'écrire la fonction générale de demande de monnaie comme suit :

$$(M/P)^d = L(i, Y) \qquad (4.14)$$

La lettre L désigne la demande de monnaie, parce que celle-ci est l'actif liquide par excellence, celui qu'il est le plus aisé d'utiliser pour réaliser des transactions. L'équation 4.14 nous dit que la demande de la liquidité offerte par les encaisses monétaires réelles est fonction du revenu et du taux d'intérêt nominal. Plus est élevé le niveau de revenu Y, plus est importante la demande d'encaisses monétaires réelles. Plus est élevé le taux d'intérêt nominal i, plus est faible la demande d'encaisses monétaires réelles.

4.5.2 L'offre monétaire future et les prix courants

Nous connaissons maintenant les divers liens qui existent entre la monnaie, les prix et les taux d'intérêt. La figure 4.5 illustre ces liens. Comme nous l'apprend la théorie quantitative de la monnaie, l'offre et la demande de monnaie déterminent conjointement le niveau d'équilibre des prix. Par définition, la variation du niveau des prix est le taux d'inflation. À son tour, celui-ci influence le taux d'intérêt nominal via l'effet Fisher. Mais, comme nous venons de l'apprendre, le taux d'intérêt nominal est le coût de la détention de monnaie. En conséquence, le taux d'intérêt nominal a un effet de retour sur la demande de monnaie.

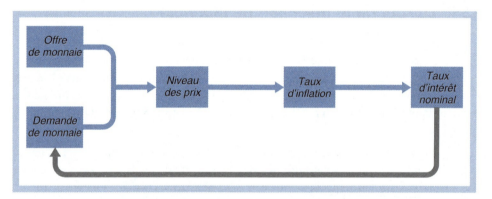

Figure 4.5
Les liaisons entre monnaie, prix et taux d'intérêt

La figure illustre de manière schématique les relations entre monnaies, prix et taux d'intérêt. L'offre et la demande de monnaie déterminent conjointement le niveau des prix. Les variations de ce niveau se traduisent par le taux d'inflation. Le taux d'inflation influence à son tour le taux d'intérêt nominal. Celui-ci étant le coût de détention de monnaie, il est susceptible d'affecter la demande de monnaie. Cette dernière liaison (représentée par le trait inférieur) n'apparaît pas dans la version de base de la théorie quantitative de la monnaie.

Comment l'introduction de cette dernière liaison affecte-t-elle notre théorie du niveau des prix ? Tout d'abord, égalisons l'offre M/P d'encaisses monétaires réelles et leur demande $L(i, Y)$:

$$(M/P) = L(i, Y) \qquad (4.15)$$

Utilisons ensuite l'équation de Fisher pour exprimer le taux d'intérêt nominal en tant que somme du taux d'intérêt réel et de l'inflation anticipée :

$$(M/P) = L(r + E\pi, Y) \qquad (4.16)$$

Cette équation établit que le niveau des encaisses monétaires réelles dépend du taux anticipé d'inflation.

La dernière équation va plus loin que la théorie quantitative de la monnaie quant à la détermination du niveau des prix. Selon la théorie quantitative de la monnaie, l'offre actuelle de monnaie détermine le niveau actuel des prix. Cela n'est vrai qu'en partie : si le taux d'intérêt nominal et le volume de production sont maintenus constants, le niveau des prix varie proportionnellement à l'offre de monnaie. En réalité, le taux d'intérêt nominal n'est pas constant : il est fonction de l'inflation anticipée, qui dépend elle-même de la croissance monétaire. La présence du taux d'intérêt nominal dans la fonction de demande de monnaie est un moyen supplémentaire par lequel l'offre de monnaie affecte le niveau des prix.

Selon cette version élargie de l'équation de demande de monnaie, le niveau des prix est fonction, non seulement de l'offre courante de monnaie, mais également de l'offre monétaire attendue à l'avenir. Supposons, pour mieux comprendre ceci, que la banque centrale annonce son intention d'accroître la masse monétaire à l'avenir, sans la modifier aujourd'hui. Suite à cette annonce, les gens s'attendent à une croissance monétaire et à un taux d'inflation accrus. L'effet Fisher nous dit que la hausse anticipée de l'inflation suscite un accroissement du taux d'intérêt nominal. Ce taux d'intérêt nominal accru a pour effet immédiat de réduire la demande d'encaisses monétaires réelles. Comme la quantité de monnaie ne s'est pas modifiée, cette demande réduite d'encaisses monétaires réelles entraîne un relèvement du niveau des prix. En conséquence, l'anticipation d'une croissance monétaire plus rapide à l'avenir se traduit par un niveau des prix plus élevé aujourd'hui.

On voit donc que l'impact de la monnaie sur les prix est relativement complexe. L'annexe à ce chapitre établit les développements mathématiques qui relient le niveau général des prix à l'offre monétaire courante et future (*le modèle Cagan*). La conclusion de cette analyse est que le niveau des prix dépend d'une moyenne pondérée de l'offre courante de monnaie et de l'offre de monnaie à laquelle on s'attend à l'avenir.

4.6 LES COÛTS SOCIAUX DE L'INFLATION

Ce que nous avons vu jusqu'ici des causes et des effets de l'inflation ne nous apprend pas grand-chose sur les problèmes sociaux que suscite celle-ci. Nous y venons.

4.6.1 L'opinion du profane et la réponse classique

Si vous demandez à votre voisin pourquoi l'inflation est un problème social, il vous répondra probablement que l'inflation l'appauvrit. « Mon salaire est augmenté chaque année, mais, en même temps, comme les prix augmentent, une partie de cette augmentation disparaît. » L'hypothèse implicite à cette déclaration est qu'en l'absence d'inflation, il obtiendrait la même augmentation et pourrait donc acheter davantage de biens.

Cette approche très courante de l'inflation est en fait erronée. Comme on le sait depuis le chapitre 3, le pouvoir d'achat de la rémunération du travail - le salaire réel - dépend de la productivité marginale du travail, et non de la quantité de monnaie que l'État décide d'émettre. Si les pouvoirs publics ralentissent le taux de création monétaire, il est vrai que les prix n'augmentent pas aussi rapidement, mais, en contrepartie, il en va de même des salaires réels perçus par les travailleurs. Moins l'inflation est élevée, moins l'augmentation annuelle des salaires l'est également.

La théorie monétaire classique assimile une variation du niveau général des prix à une variation des unités de mesure, tout comme si l'on passait du mètre au centimètre : les chiffres gonflent, mais en fait rien ne change. Imaginons qu'au réveil, demain, toutes les valeurs nominales de l'économie ont été multipliées par dix : le prix des biens et services, mais aussi votre salaire et votre épargne. Cela ajoute un zéro à toutes ces quantités, mais n'en modifie pas la valeur relative. Or votre bien-être économique dépend des prix relatifs, non du niveau général des prix.

Dès lors, pourquoi l'inflation suscite-t-elle un problème social ? La réponse à cette question est tellement complexe que les économistes évaluent très différemment le coût social de l'inflation. Pour certains d'entre eux, ces coûts sont modestes, du moins en présence des taux d'inflation réduits enregistrés au cours des dernières années par la plupart des pays [7].

Étude de cas - L'inflation selon vous et moi et selon les économistes

Comme nous venons de le voir, les économistes et les non-initiés ont des opinions très différentes sur les coûts de l'inflation. En 1996, l'économiste Robert J. Shiller a étudié les attitudes respectives de deux groupes - économistes et non-économistes - à l'égard de l'inflation. Les résultats de l'enquête menée sont frappants et montrent comment l'étude des sciences économiques change la perception et l'attitude des personnes.

Dans une question, Shiller interrogeait les sondés sur leur « principal reproche à l'inflation ». 77 % des personnes sondées, mais seulement 12 % des économistes, constatent que « l'inflation réduit mon pouvoir d'achat, elle me rend plus pauvre ». Shiller a également demandé aux sondés s'ils étaient d'accord avec la déclaration suivante : « Quand je vois les prévisions quant à la hausse des droits d'inscription à l'université, ou celles quant à la hausse du coût de la vie au cours des décennies à venir, j'ai une sensation de malaise ; ces prévisions m'inquiètent réellement car mon propre salaire n'augmentera pas autant que l'inflation. » 66 % des gens, mais seulement 5 % des économistes sont d'accord avec une telle déclaration.

---

7   Voir, par exemple, le chapitre 2 de Alan Blinder, *Hard Heads, Soft Hearts : Tough-Minded Economics for a Just Society* (Reading, MA : Addison Wesley, 1987).

Les sondés ont été également invités à juger de la gravité de l'inflation comme problème politique. Ainsi, 52 % des gens, mais seulement 18 % des économistes, jugent que le problème de l'inflation est aussi important que celui de la consommation de drogues ou celui de la détérioration de la qualité de l'éducation. C'est une priorité nationale. Apparemment, l'inflation inquiète le grand public beaucoup plus que les économistes. Par ailleurs, 49 % des gens, mais seulement 8 % des économistes, pensent qu'« une hausse de leur rémunération, même accompagnée d'une augmentation de même ampleur des prix, leur donnerait un sentiment de satisfaction ». Le rejet de l'inflation par le grand public peut être simplement psychologique, selon Shiller.

Peut-on conclure de ces résultats que le grand public a tort et les économistes ont raison au sujet du coût de l'inflation ? Pas nécessairement. Cependant, les économistes ont l'avantage d'avoir étudié de plus près la question. Voyons dès à présent quelques-uns des coûts liés à l'inflation [8].

4.6.2 Les coûts de l'inflation anticipée

Commençons par l'inflation anticipée. Supposons que le niveau des prix s'élève chaque mois de 1 %. Quels sont les coûts sociaux d'une telle inflation annuelle stable et prévisible de 12 % ?

L'un de ces coûts est la taxe d'inflation perçue sur la quantité de monnaie détenue par les gens. On l'a vu plus haut, l'accélération du taux d'inflation induit un relèvement du taux d'intérêt nominal, et donc une baisse de la demande d'encaisses monétaires réelles. Si les gens découragés par l'inflation détiennent moins de monnaie en moyenne, ils doivent se rendre plus fréquemment à la banque pour retirer de l'argent. Par exemple, ils pourraient retirer $50 deux fois par semaine au lieu de $100 en une fois. Cet inconvénient d'une moindre détention d'encaisses monétaires est métaphoriquement qualifié de **coût en chaussures de l'inflation** (*shoeleather cost*) puisque les visites plus fréquentes à la banque entraînent une usure plus rapide des semelles due aux déplacements supplémentaires. Ce coût désigne le coût en temps et en ressources.

Un deuxième coût de l'inflation, dit **coût de menu** (ou **catalogue**), s'explique par l'obligation dans laquelle se trouvent les entreprises de modifier plus souvent leurs listes de prix. Changer les prix implique des coûts tels que les coûts d'impression et de distribution d'une nouvelle liste de prix ou d'un nouveau catalogue. On appelle ces coûts « coûts de menu » parce que les restaurants doivent modifier leurs menus d'autant plus souvent que l'inflation est élevée.

Les entreprises confrontées à des coûts de menu hésitent à modifier leurs prix : il s'ensuit un troisième coût de l'inflation, dû à la variabilité des prix relatifs. Suppo-

---

8 Robert J. Shiller, « Why do People Dislike Inflation ? », in Christian D. Romer et David H. Romer, eds., *Reducing Inflation : Motivation and Strategy* (University of Chicago Press, 1997), 13-65.

sons qu'une entreprise distribue un nouveau catalogue le 1er janvier de chaque année. En l'absence d'inflation, les prix de cette entreprise restent constants par rapport au niveau général des prix pendant toute une année. Par contre, si l'inflation est de 1 % par mois, du début à la fin de chaque année, les prix relatifs de notre entreprise baissent de 12 %. Notre entreprise vendra peu en début d'année, car ses prix sont alors relativement élevés, mais beaucoup en fin d'année, quand ses prix auront baissé en termes relatifs. Ce sont de telles inefficacités microéconomiques dans l'allocation des ressources qu'induit la variabilité des prix provoquée par l'inflation.

Un quatrième coût de l'inflation est suscité par les législations fiscales. De nombreux articles du code fiscal ignorent les impacts de l'inflation. Souvent, sans le vouloir, le législateur modifie ainsi les prélèvements fiscaux effectifs qui pèsent sur le contribuable.

Le traitement fiscal des gains en capital est un exemple de défaillance de la législation fiscale en la matière. Vous revendez aujourd'hui, au même prix réel que vous les avez acquises, des actions achetées il y a un an. Il paraîtrait normal qu'aucun prélèvement fiscal ne frappe cette transaction, puisque vous n'avez tiré aucun revenu de la détention de vos actions. Ce serait effectivement le cas en l'absence d'inflation. Mais, en présence d'un taux d'inflation, par exemple, de 12 %, vous devez revendre aujourd'hui, au prix de $112 l'action que vous avez achetée il y a un an au prix de $100, pour ne réaliser ni gain ni perte. Ignorant l'impact de l'inflation, la législation fiscale considère, dans un tel cas, que vous avez gagné $12 par action, et vous devez payer un impôt sur ce que le fisc considère comme un gain en capital. Vous aurez compris que le fisc tient compte des gains en capital nominaux, plutôt que réels. Dans cet exemple, comme dans bien d'autres, l'inflation introduit un biais dans les prélèvements fiscaux.

Le cinquième coût de l'inflation provient du fait qu'il est plus inconfortable de vivre dans un monde où les prix fluctuent que dans un monde où les prix sont stables. La monnaie est l'étalon de mesure des transactions économiques. En présence d'inflation, la valeur de référence de cet étalon se modifie. Pour poursuivre l'analogie, imaginez qu'une loi prescrive qu'un mètre vaut, en 2010, 100 cm, en 2011, 90 cm, en 2012, 80 cm, et ainsi de suite. Une telle loi ne rendrait aucune confusion possible, mais elle créerait une situation peu commode. Le géomètre devrait préciser en quelle année ses relevés ont été effectués. Pour comparer les distances mesurées au cours d'années différentes, il faudrait les ajuster pour tenir compte de « l'inflation ». Une monnaie dont la valeur fluctue pose exactement le même problème.

Par exemple, l'inflation rend notamment plus difficile la planification financière individuelle. L'une des grandes décisions que doivent prendre les ménages est la répartition de leurs revenus entre consommation aujourd'hui et épargne en vue d'une consommation future. Tout dollar épargné aujourd'hui et investi à taux d'intérêt nominal fixe leur procure un revenu fixe en dollars demain. Mais la valeur réelle de l'épargne en dollars, qui détermine le niveau de vie futur, est fonction du niveau des prix qui prévaudra demain. Il serait beaucoup plus facile de choisir la part du revenu qui doit être épargnée si l'on savait que sa valeur ne se modifiera pas au cours des trente années à venir.

4.6.3 Les coûts de l'inflation non anticipée

L'impact de l'inflation non anticipée est plus pernicieux qu'aucun des coûts de l'inflation anticipée stable : elle redistribue de manière arbitraire la richesse entre les gens. Pour le comprendre, considérons les prêts à long terme. Les conventions de prêt stipulent normalement un taux d'intérêt nominal basé sur le taux d'inflation anticipé. Si l'inflation effective s'écarte de l'inflation anticipée, le rendement réel ex post du prêt est différent de celui dont avaient convenu les deux parties. Si l'inflation s'avère supérieure à l'inflation anticipée, l'emprunteur gagne et le prêteur perd, car le premier rembourse le second en dollars qui ont moins de valeur. Si, par contre, l'inflation s'avère plus faible que ce qui avait été anticipé, c'est le prêteur qui gagne et l'emprunteur qui perd, car ce que rembourse ce dernier a plus de valeur que ce dont les deux parties avaient convenu.

Supposons un emprunt hypothécaire effectué en 1960. À l'époque, le taux hypothécaire sur un emprunt à 30 ans était d'environ 6 % par an. Ce taux était basé sur une inflation anticipée modeste car, au cours de la décennie antérieure, le taux d'inflation moyen avait été de 2,5 %. Le prêteur s'attendait probablement à percevoir un rendement réel de quelque 3,5 %, que l'emprunteur était prêt à payer. En réalité, sur la durée de l'emprunt, le taux d'inflation moyen a été de 5 %, ce qui a réduit à 1 % seulement le rendement réel ex post. À l'époque, l'inflation non anticipée s'est avérée favorable à l'emprunteur et défavorable au prêteur.

L'inflation non anticipée pénalise également les personnes vivant de revenus fixes, tels que les pensions de retraite. Au moment du départ à la retraite, travailleurs et employeurs conviennent généralement d'une pension nominale fixe. Comme la pension de retraite est un revenu différé, le travailleur prête en fait de l'argent à son ex-entreprise : il fournit à celle-ci les services de son travail lorsqu'il est jeune, mais ne perçoit la totalité de sa rémunération qu'une fois parti à la retraite. Comme tout prêteur, ce travailleur est pénalisé lorsque l'inflation effective excède l'inflation anticipée. Comme tout emprunteur, l'entreprise est pénalisée lorsque l'inflation effective est inférieure à l'inflation anticipée.

Ces diverses situations conduisent clairement à lutter contre une inflation fortement variable. Plus le taux d'inflation est variable, plus grande est l'incertitude à laquelle sont confrontés tant les prêteurs que les emprunteurs. Comme la plupart des gens ont une *aversion pour le risque*, ce qui veut dire qu'ils n'aiment pas l'incertitude, l'absence de prévisibilité provoquée par une inflation fortement variable pénalise pratiquement tout le monde.

Eu égard à ces effets de l'incertitude quant à l'inflation, il est surprenant de constater que les contrats sont si fréquemment libellés en termes nominaux. On pourrait s'attendre à ce que créanciers et emprunteurs se protègent de cette incertitude en rédigeant leurs contrats en termes réels, c'est-à-dire en les indexant sur l'une ou l'autre mesure du niveau des prix. Cette pratique de l'indexation est très répandue dans les économies caractérisées par une inflation élevée et variable. On a quelquefois recours, pour ce faire, à l'indexation des contrats sur une monnaie étrangère plus stable que la monnaie nationale. Dans les économies à inflation modérée, telles que celle des États-Unis, l'indexation est moins répandue. Même aux États-Unis, cependant, certains engagements à long terme sont indexés : c'est le cas, notamment, des indemnités de sécurité sociale au bénéfice des personnes âgées, qui sont ajustées annuellement par rapport aux variations de l'indice des prix à la consommation. En 1997, pour la première fois, le gouvernement fédéral des États-Unis a émis des obligations indexées sur l'inflation.

Pour terminer notre réflexion sur les coûts de l'inflation, il nous faut mentionner un fait amplement documenté mais peu compris : l'inflation élevée est une inflation variable. Ceci veut dire que les pays qui connaissent, en moyenne, une inflation élevée tendent également à enregistrer une grande variation d'année en année de leurs taux d'inflation. Il semblerait donc que tout pays qui décide de mener une politique monétaire inflationniste doive s'attendre à connaître parallèlement une grande volatilité de son taux d'inflation. Celle-ci, nous venons de le voir, confronte tant les créanciers que les emprunteurs à une grande incertitude, en les soumettant à des redistributions arbitraires et potentiellement importantes de la richesse.

ÉTUDE DE CAS - Le Mouvement pour le bimétallisme, l'élection de 1896 et le Magicien d'Oz

Les redistributions de richesse provoquées par les variations non anticipées du niveau des prix sont souvent source de turbulences politiques, dont une illustration est le Mouvement pour le bimétallisme, apparu aux États-Unis à la fin du dix-neuvième siècle. De 1880 à 1896, le niveau des prix américain a chuté de 23 %. Cette déflation était bénéfique pour les créanciers, les banques du Nord-Est, et pénalisante pour les emprunteurs, les agriculteurs du Sud et de l'Ouest. Pour remédier à ce problème, l'une des solutions proposées a consisté à remplacer l'étalon-or par l'étalon bimétallique, qui aurait permis de donner cours légal à l'or aussi bien qu'à l'argent. Ce passage à l'étalon bimétallique aurait accru l'offre de monnaie et donc mis un terme à la déflation.

Ce débat domina l'élection présidentielle de 1896. William McKinley, le candidat républicain, basa sa campagne sur le maintien de l'étalon-or. William Jennings Bryan, le candidat démocrate, opta au contraire pour l'étalon bimétallique. Dans un discours célèbre, Bryan déclara : « N'enfoncez pas cette couronne d'épines sur la tête des travailleurs, ne crucifiez pas l'humanité sur cette croix en or. » Sans surprise, McKinley était le candidat des classes aisées conservatrices de l'Est et Bryan le candidat des classes populaires du Sud et de l'Ouest.

Ce débat sur le bimétallisme est parvenu jusqu'à nous grâce à un livre pour enfants, *Le Magicien d'Oz*. Rédigé par un journaliste du Midwest, L. Frank Baum, au lendemain de l'élection de 1896, cet ouvrage raconte l'histoire de Dorothy, une petite fille perdue dans un pays étrange éloigné de sa région natale, au Kansas. Dorothy (qui représente les valeurs américaines traditionnelles) trouve trois amis : un épouvantail (l'agriculteur), un trappeur fabricant d'étain (le travailleur industriel) et un lion dont le rugissement excède la puissance (William Jennings Bryan). Tous les quatre, ils suivent une route en briques rouges (étalon-or) semée d'embûches, dans l'espoir de trouver le Magicien qui aidera Dorothy à retourner chez elle. Au bout du chemin, ils arrivent à Oz (Washington) dont tous les habitants voient le monde au travers de lunettes vertes (le dollar). Le Magicien (William McKinley) se donne des airs d'homme providentiel, mais s'avère factice. Dorothy ne résout son problème que quand elle prend connaissance du pouvoir magique de ses sandales en argent [9].

Même si les Républicains ont gagné l'élection de 1896 et si les États-Unis ont conservé leur étalon-or, le Mouvement pour le bimétallisme a obtenu ce qu'il souhaitait en définitive, à savoir l'inflation. À peu près à l'époque de l'élection, on a découvert de l'or en Alaska, en Australie et en Afrique du Sud. En outre, les raffineurs d'or mettaient au point, au même moment, l'extraction de l'or par cyanuration, processus plus efficace. Il en est résulté un accroissement de l'offre de monnaie et des prix : de 1896 à 1910, le niveau des prix a crû de 35 %.

4.6.4 *Un impact bénéfique de l'inflation*

Nous avons jusqu'ici mis en avant les nombreux coûts de l'inflation, qui poussent de nombreux économistes à faire de l'inflation zéro l'objectif de la politique monétaire. Pour d'autres, à faible dose, de 2 à 3 %, l'inflation peut s'avérer bénéfique.

Le raisonnement en ce sens part du constat que les baisses de salaires nominaux sont rares : c'est une opération difficile pour les employeurs et inacceptable pour les travailleurs. Or une réduction de 2 % des salaires nominaux en l'absence d'infla-

---

9 Le film tiré de ce livre quarante ans après sa parution estompe une grande partie de l'allégorie en transformant les sandales de Dorothy d'argent en rubis. Pour plus de détails sur ce sujet, voir Henry M. Littlefield, « The Wizard of Oz : Parable on Populism », *American Quarterly* 16 (printemps 1964), 47-58 ; et Hugh Rockoff, « The Wizard of Oz as a Monetary Allegory », *Journal of Political Economy* 98 (août 1990), 739-760. Il convient de noter qu'il n'existe aucune preuve que le travail de Baum soit intentionnellement basé sur une allégorie monétaire. Certaines personnes croient que les parallèles sont l'œuvre de l'imagination débordante de certains économistes historiens.

tion équivaut à une hausse de 3 % des mêmes salaires nominaux assortie d'un taux d'inflation de 5 %. Il semble qu'autant une baisse de 2 % des salaires sans inflation est ressentie comme une insulte, une hausse de 3 % plus que compensée par l'inflation apparaisse malgré tout comme une hausse. En tout état de cause, les études empiriques montrent que les salaires nominaux baissent rarement.

Il n'est pas interdit d'en conclure qu'un peu d'inflation améliore le fonctionnement des marchés du travail. En effet, l'offre et la demande des différents types de main-d'œuvre varient sans cesse. La hausse de l'offre ou la réduction de la demande peut induire une baisse du salaire réel d'équilibre d'une catégorie donnée de travailleurs. S'il n'est pas possible de diminuer d'autorité leur salaire nominal, le salaire réel ne peut être réduit que par l'inflation. Sans elle, le salaire réel restera au-dessus de son niveau d'équilibre et le chômage augmentera.

C'est ce qui conduit certains économistes à la conclusion que l'inflation (modérée) « met de l'huile dans les rouages » des marchés du travail. Il suffit d'un tout petit peu d'inflation : un taux d'inflation de 2 % ampute les salaires réels de 2 % chaque année, et donc de 20 % par décennie, sans qu'il soit nécessaire de diminuer les salaires nominaux. Ce type de réduction automatique des salaires réels est bien entendu impossible en présence d'une inflation zéro [10].

4.7 L'HYPERINFLATION

On définit souvent l'hyperinflation comme une inflation excédant 50 % par mois, soit un peu plus de 1 % par jour. Cumulé sur plusieurs mois, ce taux d'inflation accroît considérablement le niveau des prix. Un taux d'inflation de 50 % par mois multiplie les prix plus de 100 fois par an et plus de 2 millions de fois en 3 ans. Cette section se penche sur les causes et les coûts de cette inflation extrême.

4.7.1 Les coûts de l'hyperinflation

Certains économistes continuent à se demander si les coûts de l'inflation modérée sont importants ou pas ; aucun ne doute de la pénalisation qu'impose l'hyperinflation à l'ensemble de la société. Qualitativement, les coûts sont identiques à ceux que nous avons exposés plus haut. Lorsque l'inflation atteint des niveaux extrêmes, cependant, ces coûts deviennent plus évidents, en raison de leur gravité.

C'est notamment le cas des coûts d'usure des chaussures associés à une détention réduite de monnaie. En période d'hyperinflation les dirigeants d'entreprise consacrent un temps et une énergie considérables à la gestion de la trésorerie, dès lors que la

---

10 Un article récent étudie cet impact positif de l'inflation : George A. Akerlof, William T. Dickens et George L. Perry, « The Macroeconomics of Low Inflation », *Brookings Papers on Economic Activity*, 1996 :1, pp. 1-76. Un autre argument en faveur d'une inflation positive est la possibilité d'avoir des taux d'intérêt réels négatifs. Cette question est analysée au chapitre 11 dans l'information « Trappe ou piège à liquidité ».

valeur des liquidités diminue rapidement. Ce temps et cette énergie n'étant pas alloués à d'autres activités cruciales, telles que les décisions de production et d'investissement, l'hyperinflation rend moins efficient le fonctionnement de l'économie.

L'hyperinflation accroît également les coûts de menu. Les entreprises sont contraintes de modifier leurs prix si souvent que les pratiques usuelles en affaires, telles que l'impression et la distribution de catalogues assortis de listes de prix, deviennent impossibles. Au cours de l'hyperinflation allemande des années 1920, un serveur de restaurant devait monter sur une table toutes les 30 minutes pour annoncer les nouveaux prix.

De même, les hyperinflations empêchent les prix relatifs de refléter la disponibilité réelle des biens et services. Lorsque les prix se modifient substantiellement à intervalles rapprochés, il devient difficile pour les consommateurs d'aller d'un magasin à l'autre à la recherche du meilleur prix. Des prix très volatiles en croissance rapide modifient les comportements de diverses manières. On raconte qu'au cours de l'hyperinflation allemande, les clients des cafés avaient pris l'habitude de commander deux verres de bière à la fois. La dépréciation du deuxième verre due à son réchauffement était inférieure à celle de l'argent resté dans le portefeuille des consommateurs.

L'hyperinflation biaise également l'impact des systèmes fiscaux, mais selon des modalités différentes de celles que l'on rencontre en présence d'une inflation modérée. La plupart des systèmes fiscaux ménagent un certain délai entre le moment où l'impôt est dû et celui auquel il est effectivement payé. Les versements anticipés trimestriels en sont un exemple. L'espace d'un trimestre n'est pas très long lorsque l'inflation est faible. En présence d'hyperinflation, au contraire, il réduit fortement les recettes fiscales réelles. L'argent qui entre dans les caisses de l'État a déjà perdu une grande partie de sa valeur.

Enfin, les inconvénients pratiques de l'hyperinflation sont tout à fait apparents : lorsqu'il est tout aussi encombrant d'amener son argent à l'épicerie que d'en ramener les produits achetés à la maison, on ne peut pas dire que le système monétaire facilite au mieux les échanges. L'État s'efforce de résoudre ce problème en ajoutant un nombre croissant de zéros aux billets de banque, mais il s'avère souvent incapable de suivre le rythme de l'explosion des prix.

Au bout du compte, les coûts de l'hyperinflation deviennent intolérables. Au fil du temps, la monnaie perd son rôle de réserve de valeur, d'unité de compte et d'intermédiaire des échanges. On voit réapparaître le troc. Des moyens d'échanges non officiels, mais plus stables, tels que les cigarettes, le dollar américain ou l'euro, se substituent tout naturellement à la monnaie officielle.

ÉTUDE DE CAS - Les conditions de vie pendant l'hyperinflation bolivienne

Nous reproduisons ci-dessous un article du *Wall Street Journal*, qui décrit les conditions de vie au cours de l'épisode bolivien d'hyperinflation de l'année 1985. Quels coûts de l'inflation cet article met-il en avant ?

Précarité du peso. Dans la tourmente de l'inflation sauvage, les Boliviens passent leur temps à changer de monnaie

LA PAZ, Bolivie – Quand Edgar Miranda touche son traitement mensuel d'enseignant de 25 millions de pesos, il n'a pas une minute à perdre. La valeur du peso diminue d'heure en heure. Pendant que sa femme se précipite au marché pour y acheter l'approvisionnement mensuel en riz et en pâtes, il se dépêche de changer le reste des pesos de son traitement en dollars sur le marché noir.

Ce faisant, M. Miranda applique la première règle de survie face à l'inflation contemporaine la plus démesurée au monde. La Bolivie nous fournit la meilleure étude de cas de la manière dont l'inflation déchaînée mine une société. Les hausses de prix sont si importantes que leur traduction en chiffres devient pratiquement incompréhensible. En six mois, par exemple, les prix ont augmenté au taux annuel de 38 000 %. Les estimations officielles établissent l'inflation à 2 000 % l'année passée et à 8 000 % cette année. D'autres estimations donnent des chiffres beaucoup plus élevés. En tout état de cause, la Bolivie dépasse de loin les 370 % d'inflation d'Israël et les 1 100 % d'inflation de l'Argentine, deux autres pays qui connaissent une explosion de l'inflation des prix.

Il est plus facile de comprendre ce qu'il advient du traitement mensuel de M. Miranda, âgé de 38 ans, s'il ne change pas rapidement ses pesos en dollars. Quand il a perçu son traitement de 25 millions de pesos, chaque dollar valait 500 000 pesos. Il a donc encaissé $50. Quelques jours plus tard à peine, le dollar valait 900 000 pesos : il n'aurait plus reçu que $27 pour ses 25 millions de pesos.

« Nous sommes devenus myopes : nous ne pensons qu'à aujourd'hui et à convertir chaque peso en dollar », nous déclare Ronald MacLean, directeur d'une mine d'or.

Toujours dans le souci de survivre, aucun fonctionnaire ne délivre plus de formulaire sans pot-de-vin. Avocats, comptables, coiffeurs et même prostituées préfèrent changer de l'argent dans la rue plutôt que travailler. Les travailleurs vont de grève en grève et détournent l'argent de leur entreprise. Les responsables de celles-ci écoulent en fraude, à l'étranger, une partie de leur production ou font des emprunts factices, se soustraient à l'impôt : n'importe quoi pour obtenir des dollars à des fins spéculatives.

Dans les mines d'État, par exemple, la production a chuté de 18 000 tonnes, il y a deux ans, à 12 000 tonnes l'année passée. Les mineurs se sont payé leur salaire en sortant frauduleusement les minerais les plus riches de la mine pour les livrer à un réseau de contrebande qui les achemine vers le Pérou voisin. Sans aucune mine notoire d'étain, le Pérou exporte désormais quelque 4 000 tonnes d'étain par an.

> « Nous ne produisons plus rien, nous sommes tous devenus des spéculateurs monétaires », nous déclare un distributeur d'équipement lourd de La Paz. « Les gens ne savent plus ce qui est bien et ce qui est mal, nous sommes devenus une société amorale... ».
>
> C'est un secret de polichinelle que la plupart des dollars du marché noir proviennent du trafic de cocaïne avec les États-Unis. On estime le revenu des trafiquants de cocaïne à quelque $1 milliard par an...
>
> Pendant ce temps, cependant, l'inflation frappe le pays, dans une large mesure parce que les recettes publiques ne couvrent qu'à peine 15 % des dépenses publiques et qu'en conséquence le déficit de l'État atteint désormais pratiquement 25 % de la production annuelle du pays. Les retards de paiement affectent les recettes fiscales, quand celles-ci peuvent être perçues, dans un contexte de vol et de corruption généralisés.
>
> Source : Reproduit avec la gracieuse permission du *Wall Street Journal*, © 13 août 1985, page 1, Dow Jones and Company, Inc. All Rights Reserved Worldwide.

4.7.2 Les causes de l'hyperinflation

Qu'est-ce qui provoque le déclenchement et la fin d'une hyperinflation ?

De toute évidence, toute croissance excessive de la masse monétaire est source d'inflation. Lorsque la banque centrale émet de la monnaie, les prix augmentent. Lorsqu'elle en émet à tout-va, l'hyperinflation apparaît. Dans ce cas, la solution est simple : pour mettre un terme à l'hyperinflation, la banque centrale doit réduire son taux d'émission de monnaie.

Encore faut-il savoir pourquoi les banques centrales émettent tellement de monnaie dans les économies affectées par l'hyperinflation. Pour répondre à cette question plus complexe, nous devons passer de la politique monétaire à la politique budgétaire. En effet, la plupart des hyperinflations démarrent quand l'État n'a plus assez de recettes pour payer ses dépenses. Dans un tel cas, le premier réflexe est d'emprunter. Parfois, cependant, la situation budgétaire de l'État s'est tellement dégradée que les prêteurs potentiels ne lui font plus confiance. Il ne lui reste plus alors qu'à émettre de la monnaie, suscitant de ce fait une croissance rapide de la masse monétaire et, en conséquence, une hyperinflation.

Celle-ci ne fait qu'aggraver les problèmes budgétaires de l'État. En raison des délais de paiement de l'impôt, les recettes fiscales réelles diminuent en fonction de l'inflation, obligeant l'État, pour payer ses dépenses, à émettre encore davantage de monnaie. On voit donc que l'hyperinflation aggrave le déficit budgétaire et, du même coup, l'inflation.

C'est donc de la réforme de la politique budgétaire que dépend, en dernier ressort, la possibilité de mettre un terme à l'hyperinflation : quand le problème est devenu tellement apparent, l'État est contraint de réduire ses dépenses et d'accroître ses recettes. Il peut, de ce fait, émettre moins de monnaie, et donc ralentir la croissance monétaire. On voit donc que, même si l'inflation est partout et toujours un phénomène d'ordre monétaire, la fin de l'hyperinflation est généralement d'ordre budgétaire [11].

ÉTUDE DE CAS - L'hyperinflation allemande entre les deux guerres mondiales

Après la Première Guerre mondiale, l'Allemagne a connu l'une des hyperinflations les plus spectaculaires de l'histoire économique. À la fin de cette guerre, les Alliés ont exigé de l'Allemagne d'énormes réparations de guerre. S'en acquittant, l'Allemagne a encouru des déficits fiscaux que l'État a finalement dû financer par émission d'importantes quantités de monnaie.

La figure 4.6a montre la quantité de monnaie et le niveau général des prix en Allemagne, de janvier 1922 à décembre 1924. Dans cet intervalle, tant la masse monétaire que les prix ont augmenté à des taux époustouflants. Ainsi, le prix du quotidien est passé de 0,30 mark en janvier 1921 à 1 mark en mai 1922, 8 marks en octobre 1922, 100 marks en février 1923, et 1 000 en septembre 1923. Une nouvelle accélération intervient à l'automne 1923 : le prix du même journal passe à 2 000 marks le 1er octobre, 20 000 marks le 15 octobre, 1 million de marks le 29 octobre, 15 millions de marks le 9 novembre, et 70 millions de marks le 17 novembre. En décembre 1923, l'offre de monnaie et les prix se stabilisent subitement [12].

Comme des problèmes d'ordre budgétaire sont à l'origine de l'hyperinflation allemande, une réforme budgétaire y a mis fin. À la fin de l'année 1923, le nombre d'agents de l'État allemand fut réduit d'un tiers, et le paiement des dommages de guerres provisoirement suspendu et finalement réduit. Parallèlement, une nouvelle banque centrale, la Rentenbank, a remplacé l'ancienne, la Reichsbank. La Rentenbank s'est engagée à renoncer à l'émission de monnaie pour financer l'État.

Si l'on en croit l'analyse théorique de la demande de monnaie, la fin de l'hyperinflation devrait induire une hausse des encaisses monétaires réelles, dans la mesure où elle suscite une baisse du coût de détention d'encaisses. La figure 4.6b montre que les encaisses monétaires réelles en Allemagne n'ont cessé de baisser à mesure que l'inflation s'accélérait, et se sont redressées

---

11 Pour plus de détails, voir Thomas J. Sargent, « The end of Four Big Inflations », in Robert Hall, ed., *Inflation* (Chicago : University of Chicago Press, 1983), 41-98 ; et Rudiger Dornbusch et Stanley Fischer, « Stopping Hyperinflations : Past and Present », *Weltwirtschaftliches Archiv* 122 (avril 1986), 1-47.

12 Les prix des journaux qui sont mentionnés ici sont empruntés à Michael Mussa, « Sticky Individual Prices and the Dynamics of the General Price Level », *Carnegie-Rochester Conference on Public Policy* 15 (automne 1981), 261-296.

La monnaie et l'inflation 157

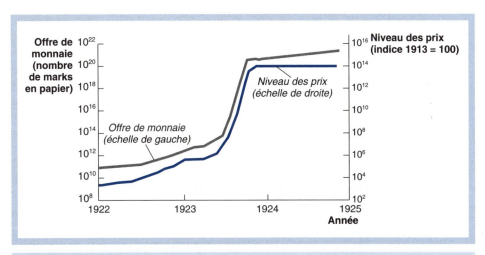

Figure 4.6a
La monnaie et les prix en Allemagne entre les deux guerres mondiales

La figure montre l'offre de monnaie et le niveau des prix en Allemagne de janvier 1922 à décembre 1924. Les hausses incommensurables de l'une et de l'autre illustrent avec éclat l'impact de l'émission de grandes quantités de monnaie.
Source : Adapté de Thomas J. Sargent, « The End of Four Big Inflations », in Robert Hall, ed., *Inflation* (Chicago : University of Chicago Press, 1983), 41-98.

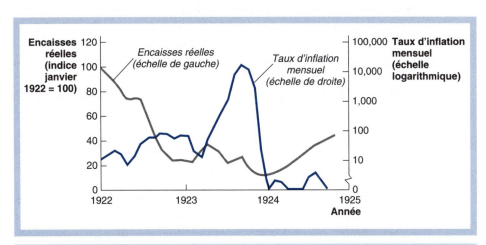

Figure 4.6b
L'inflation et les encaisses monétaires réelles en Allemagne entre les deux guerres mondiales

La figure représente l'inflation et les encaisses réelles en Allemagne de janvier 1922 à décembre 1924. Les encaisses monétaires réelles diminuaient à mesure que l'inflation augmentait, et elles se sont redressées lorsque l'inflation a cessé, à la fin de l'année 1923.
Source : Adapté de Thomas J. Sargent, « The End of Four Big Inflations », in Robert Hall, ed., *Inflation* (Chicago : University of Chicago Press, 1983), 41-98.

lorsque le taux d'inflation s'est réduit. Cette détention accrue d'encaisses monétaires réelles n'a pourtant pas été immédiate. On doit peut-être en conclure que l'adaptation de cette détention à son coût ne se fait que progressivement. Ou alors, les Allemands, prudents, ont attendu que l'inflation diminue suffisamment avant d'adapter leur comportement, ce qui voudrait dire que l'inflation anticipée s'est réduite de manière moins rapide que l'inflation réelle.

ÉTUDE DE CAS - L'hyperinflation au Zimbabwe

En 1980, après des années de domination coloniale, l'ancienne colonie britannique de Rhodésie du Sud devient la nouvelle nation africaine du Zimbabwe. Une nouvelle monnaie, le dollar du Zimbabwe, a été introduite pour remplacer le dollar rhodésien. Durant la première décennie, l'inflation au Zimbabwe a été modeste, environ 10 à 20 % par an. Cependant, cette situation allait bientôt changer.

Considéré comme le héros de l'indépendance de l'ancienne Rhodésie, Robert Mugabe devient le Premier ministre du nouvel État lors des élections générales de 1980. En décembre 1987, suite à un remaniement ministériel il devient le président de la République. À partir de cette date, le régime prend un tournant dictatorial car au fil des années Mugabe a pu se faire réélire. Cependant, en 2008, il gagne l'élection présidentielle lors d'un scrutin dont l'honnêteté est largement contestée. Ce scrutin s'est déroulé dans un contexte économique, politique et social très tendu et est marqué par des menaces contre les électeurs qui ont appuyé les candidats rivaux. À l'âge de 84 ans, Mugabe n'est plus aussi populaire qu'il a été, mais il ne donna aucun signe de volonté de céder le pouvoir.

Tout au long de son règne, Mugabe a été marqué par la philosophie économique marxiste. L'un de ses objectifs était de redistribuer les richesses du pays. Dans les années 1990, son gouvernement a entrepris une série de réformes agraires où les fermes appartenant à la minorité blanche qui dirigeait le Zimbabwe à l'époque coloniale, sont confisquées pour être redistribuées bien évidemment aux populations noires privées de leurs droits historiques. Ces réformes sont largement dominées par la corruption. Beaucoup de fermes abandonnées et confisquées à la minorité blanche ont été attribuées à des ministres et hauts fonctionnaires du gouvernement ou encore à des personnes proches du pouvoir incapables de les gérer correctement. Il en résulte une baisse importante de la production agricole alors que le pays était connu quelques années plus tôt comme le grenier à blé de la région. La productivité s'est effondrée car beaucoup d'agriculteurs blancs expérimentés ont fui le pays.

Or, dans la mesure où cette politique a perturbé la production de l'économie, le résultat est une chute des recettes fiscales du gouvernement. Afin de pouvoir payer ses employés et faire face à ses dépenses, le gouvernement a décidé d'émettre de la monnaie. Comme tous les manuels économiques le soulignent, la croissance de l'offre de monnaie a conduit à une inflation importante.

Mugabe a tenté de lutter contre cette inflation en imposant des contrôles des prix. Encore une fois, le résultat était prévisible : une pénurie de nombreux biens et un développement d'une économie souterraine où le contrôle des prix et la collecte des impôts étaient difficiles. Les recettes fiscales ont encore diminué, induisant ainsi une hausse de l'offre de monnaie et une inflation encore plus élevée. En juillet 2008, le taux d'inflation officiel était de 231 millions pourcent. Certains observateurs rapportent que l'inflation était beaucoup plus élevée que ce que disent les chiffres officiels.

Les répercussions de l'hyperinflation sont largement connues. Dans un article dans le *Washington Post*, un citoyen zimbabwéen décrit la situation comme suit : « Si une facture n'est pas payée en 48 heures, il faut l'oublier car elle sera sans valeur. Chaque fois que nous recevons une somme d'argent, nous devons la dépenser immédiatement en achetant ce qu'on peut. Notre retraite est partie en fumée il y a des siècles. Notre épargne l'est également. »

L'hyperinflation au Zimbabwe a finalement pris fin en mars 2009, lorsque le gouvernement a abandonné sa propre monnaie au profit du dollar américain qui est devenu la monnaie officielle du Zimbabwe.

4.8 CONCLUSION : LA DICHOTOMIE CLASSIQUE

Ici se termine notre exposé de la monnaie et de l'inflation. Revenons un instant en arrière, pour examiner une hypothèse centrale qui est jusqu'ici restée implicite.

Au chapitre 3, nous avons introduit de nombreuses variables macroéconomiques, telles que le PIB réel, le stock de capital, le salaire réel et le taux d'intérêt réel. Certaines de ces variables sont des *quantités*. Ainsi, le PIB réel décrit la quantité de biens et services produits dans un pays donné, au cours de toute année ; le stock de capital est le volume de capital disponible à tout moment donné. D'autres variables sont des *prix relatifs*. Ainsi, le salaire réel est la quantité de production gagnée par un travailleur pour chacune de ses heures de travail et le taux d'intérêt réel est la quantité de production qui sera gagnée à l'avenir grâce au prêt d'une unité de production aujourd'hui. Conjointement, ces deux groupes de variables - quantités et prix relatifs - sont des **variables réelles** en termes de quantités physiques et non monétaires.

Dans ce chapitre, nous n'avons examiné que des **variables nominales**, qui sont exprimées en termes monétaires. Figurent, notamment, parmi les variables nominales le niveau des prix, le taux d'inflation et le salaire payé.

Il peut, à première vue, paraître surprenant que nous puissions expliquer des variables réelles sans mentionner l'existence des variables nominales ou de la monnaie. Les chapitres mentionnés, cependant, étudiaient le niveau et l'affectation de la production d'une économie, sans référence au taux d'inflation. Ainsi, notre théorie du marché du travail a expliqué le salaire réel sans parler du salaire nominal.

Les économistes appellent cette distinction théorique entre variables réelles et nominales, **dichotomie classique**. Celle-ci est au centre de la théorie macroéconomique classique. Elle simplifie considérablement la théorie économique. Elle permet notamment d'étudier les variables réelles sans référence aux variables nominales. C'est ce que nous avons fait. La théorie classique, en effet, fait l'hypothèse que les variations de l'offre monétaire n'ont aucun impact sur les variables réelles. On appelle **neutralité de la monnaie**, cette incapacité de la monnaie à influencer les variables réelles. À de nombreux égards, et en particulier pour étudier les phénomènes de long terme, la neutralité monétaire est plus ou moins correcte.

Fondée en théorie, la neutralité monétaire ne décrit cependant qu'imparfaitement le monde dans lequel nous vivons. Nous montrerons en quoi et comment au début du chapitre 9 : sans cela, en effet, il est impossible de comprendre de nombreux phénomènes macroéconomiques, et notamment les fluctuations économiques de court terme.

Synthèse

1. La monnaie désigne le stock d'actifs utilisés à des fins de transaction. Elle a un triple rôle de réserve de valeur, d'unité de compte et d'intermédiaire des échanges. On utilise comme monnaie divers types d'actifs : cela va des monnaies-marchandises, qui ont une valeur intrinsèque, aux monnaies fiduciaires, dont la seule fonction est d'ordre monétaire. Dans les économies modernes, les banques centrales contrôlent l'offre de monnaie.

2. Selon la théorie quantitative de la monnaie, la vitesse de circulation de la monnaie est stable et le PIB nominal est proportionnel à la masse monétaire. Comme le PIB est déterminé par les facteurs de production et la fonction de production, ceci implique que le niveau des prix est proportionnel, lui aussi, à la quantité de monnaie en circulation. C'est pourquoi le taux de croissance de la masse monétaire détermine le taux d'inflation.

3. On appelle « seigneuriage » les recettes perçues par l'État en émettant de la monnaie. Ce faisant, l'État pénalise la détention d'encaisses monétaires. Faible dans la plupart des économies, le seigneuriage constitue une source essentielle de recettes publiques dans les économies frappées d'hyperinflation.

4. Le taux d'intérêt nominal est la somme du taux d'intérêt réel et du taux d'inflation. L'effet Fisher nous dit que le taux d'intérêt nominal suit pas à pas le taux d'inflation anticipé.

5. Le taux d'intérêt nominal est le coût d'opportunité de la détention de monnaie. La demande de monnaie devrait donc dépendre du taux d'intérêt nominal. Si

c'est le cas, le niveau des prix dépend à son tour, à la fois de la quantité de monnaie en circulation et des quantités de monnaie attendues à l'avenir.
6. On recense, parmi les coûts de l'inflation anticipée, les coûts de chaussures, les coûts de menu, le coût de variation des prix relatifs, les distorsions fiscales et l'inconfort des corrections pour l'inflation. Quant au coût de l'inflation non anticipée, il consiste en une redistribution arbitraire de la richesse entre les créanciers et les débiteurs. Un avantage possible de l'inflation est qu'elle améliore le fonctionnement du marché du travail en permettant aux salaires réels de parvenir aux niveaux d'équilibre sans réduction des salaires nominaux.
7. Tous les coûts de l'inflation augmentent considérablement en période d'hyperinflation. L'origine de celle-ci réside dans l'émission de monnaie qu'effectuent les États encourant d'importants déficits budgétaires. Pour mettre un terme à l'hyperinflation, des réformes budgétaires doivent éliminer le besoin de seigneuriage.
8. Pour la théorie économique classique, la monnaie est neutre : l'offre de monnaie n'affecte pas les variables réelles. Cette théorie classique nous permet donc d'étudier la détermination des variables réelles sans aucune référence à l'offre de monnaie. Dans ce cas, l'équilibre sur le marché monétaire détermine le niveau des prix et, en conséquence, toutes les autres variables nominales. On appelle « dichotomie classique » cette distinction théorique entre variables réelles et variables nominales.

CONCEPTS DE BASE

- Inflation
- Hyperinflation
- Monnaie
- Réserve de valeur
- Unité de compte
- Intermédiaire des échanges
- Monnaie fiduciaire
- Monnaie-marchandise
- Étalon-or
- Offre de monnaie
- Politique monétaire
- Banque centrale
- Réserve fédérale
- Intervention sur le marché libre ou opérations open-market
- Pièces et billets en circulation
- Dépôts à vue
- Équation quantitative
- Vitesse de circulation de la monnaie
- Vitesse de circulation de la monnaie en tant que revenu
- Encaisses monétaires réelles
- Fonction de demande de monnaie
- Théorie quantitative de la monnaie
- Seigneuriage
- Taux d'intérêt nominaux et réels
- Équation de Fisher et effet Fisher
- Taux d'intérêt réels ex ante et ex post
- Coûts de chaussures
- Coûts de menu
- Variables réelles et nominales
- Dichotomie classique
- Neutralité monétaire

ÉVALUATION DES CONNAISSANCES

1. Décrivez les fonctions de la monnaie.
2. Qu'entend-on par : monnaie fiduciaire ? monnaie-marchandise ?
3. Où et comment s'exerce le contrôle de la masse monétaire ?
4. Énoncez et expliquez l'équation quantitative.
5. Quelles sont les implications de l'hypothèse de vitesse constante ?
6. Qui paie la taxe d'inflation ?
7. Si l'inflation passe de 6 à 8 %, qu'advient-il des taux d'intérêt réels et nominaux selon l'effet Fisher ?
8. Recensez tous les coûts de l'inflation auxquels vous pensez, et classez-les dans l'ordre de leur importance, telle que vous la percevez.
9. Expliquez les rôles des politiques monétaire et budgétaire en tant que sources de début et de fin d'hyperinflation.
10. Définissez les termes « variable réelle » et « variable nominale », et donnez un exemple de chacune.

PROBLÈMES ET APPLICATIONS

1. Quelles sont les trois fonctions de la monnaie ? Lesquelles de ces fonctions peuvent remplir ou ne pas remplir les objets qui suivent ?
    a) Une carte de crédit.
    b) Une peinture de Rembrandt.
    c) Un ticket de métro.
2. Supposons une vitesse constante de circulation de la monnaie, une croissance annuelle de 5 % du PIB, de 14 % de la masse monétaire et de 11 % du taux d'intérêt nominal. Quel est le taux d'intérêt réel ?
3. Un article de journal indiquait un jour, parlant du faible taux d'inflation de l'économie américaine, que celui-ci a un désavantage : « Les 45 millions de bénéficiaires de la Sécurité sociale ne verront leurs revenus augmenter que de 2,8 % par an ».
    a) Pourquoi l'inflation affecte-t-elle la hausse des indemnités sociales ?
    b) Ceci est-il, comme le suggère l'article, un coût de l'inflation ? Expliquez votre réponse.
4. Soit un petit pays ayant la fonction de demande de monnaie suivante :

$$(M/P)^d = k \times Y$$

où k est un paramètre constant. L'offre de monnaie augmente de 12 % par an et le revenu réel croît de 4 % par an.
    a) Calculer le taux d'inflation moyen.
    b) Que serait ce taux si la croissance du revenu réel était plus importante ?
    c) Au lieu d'une fonction de demande de monnaie constante, supposons que la vitesse de circulation de la monnaie de cette économie augmente d'une façon

stable en raison des innovations financières. Quel serait l'impact sur le taux d'inflation ? Expliquer.

5. Un petit pays vous demande, en tant qu'économiste, s'il doit émettre sa propre monnaie ou utiliser celle d'un voisin plus important (par exemple, les États-Unis). Quels sont les coûts et avantages d'une monnaie nationale ? La stabilité politique relative des deux pays intervient-elle dans cette décision ?

6. Au cours de la Deuxième Guerre mondiale, l'Allemagne et l'Angleterre ont projeté d'imprimer et de parachuter sur le territoire ennemi de grandes quantités de billets de l'adversaire. En quoi ceci pouvait-il constituer une arme efficace ?

7. Supposons la fonction de demande de monnaie suivante :

$$(M/P)^d = L(i, Y) = Y/(5i)$$

a) Supposons que les taux d'intérêt nominaux soient constants. Quel est le taux de croissance de la demande des encaisses monétaires réelles si la production augmente à un taux g ?

b) Quelle est la vitesse de circulation de la monnaie dans cette économie ?

c) Quel est le taux de croissance de la vitesse de circulation de la monnaie, s'il en existe un, dans le cas où les taux d'intérêt nominal et de l'inflation sont constants.

d) Comment une augmentation permanente du niveau des taux d'intérêt (une et une seule fois) affecte-t-elle le niveau de la vitesse de circulation de la monnaie ? Comment peut-elle affecter le taux de croissance de cette même vitesse par la suite ?

8. Qu'entendait Calvin Coolidge lorsqu'il a dit que « l'inflation est une forme de répudiation » ? Êtes-vous d'accord ? Expliquez votre réponse. Celle-ci est-elle différente s'il s'agit d'inflation anticipée ou d'inflation non anticipée ?

9. Certains historiens de l'économie ont observé qu'à l'époque de l'étalon-or, les découvertes de gisements d'or suivaient généralement une longue période de déflation (par exemple, les découvertes de 1896.) Quelle pourrait en être la raison ?

10. Nous supposons que la consommation dépende du niveau des encaisses monétaires réelles, et donc que celles-ci font partie de la richesse. Montrez que si, en même temps, les encaisses monétaires réelles dépendent du taux d'intérêt nominal, toute hausse du taux de croissance monétaire affecte la consommation, l'investissement et le taux d'intérêt réel. Le taux d'intérêt nominal s'ajuste-t-il plus ou moins que proportionnellement à l'inflation anticipée ?

On appelle *effet Mundell-Tobin* cet écart par rapport à la dichotomie classique et à l'effet Fisher. Cet écart vous paraît-il pouvoir être substantiel dans le monde réel ?

11. Utilisez l'Internet pour identifier un pays où l'inflation a été élevée l'année dernière et un pays où elle a été modérée. (Voici un site utile : http://www.economist.com.) Trouvez le taux de croissance monétaire et le taux d'intérêt nominal de chacun de ces pays. Reliez ces données aux théories exposées dans ce chapitre.

ANNEXE

LE MODÈLE DE CAGAN : L'IMPACT DE LA MASSE MONÉTAIRE COURANTE ET FUTURE SUR LE NIVEAU DES PRIX

Ce chapitre a montré que, dans la mesure où la quantité demandée d'encaisses réelles dépend du coût de détention de ces encaisses, le niveau des prix est quant à lui fonction de l'offre de monnaie à la fois courante et future. Nous revoyons ici tout ceci de manière plus détaillée, dans le cadre du *modèle de Cagan* [13].

Pour éviter les complications mathématiques, nous posons que la fonction de demande de monnaie est linéaire dans les logarithmes naturels de toutes les variables. La fonction de demande de monnaie est

$$m_t - p_t = -\gamma (p_{t+1} - p_t) \tag{A4.1}$$

où m_t est le logarithme de la quantité de monnaie au temps t, p_t est le logarithme du niveau des prix au temps t, et γ est un paramètre qui régit la sensibilité de la demande de monnaie au taux d'inflation. Par la propriété des logarithmes, $(m_t - p_t)$ est le logarithme des encaisses monétaires réelles et $(p_{t+1} - p_t)$ est le taux d'inflation entre la période t et la période $t + 1$. Cette équation nous dit que, si l'inflation augmente d'un point de pourcentage, les encaisses monétaires diminuent de γ %.

L'expression présentée ci-dessus de la fonction de demande de monnaie est fondée sur une série d'hypothèses. Tout d'abord, nous avons exclu le niveau de production en tant que déterminant de la demande de monnaie, ce qui revient à le supposer constant. Deuxièmement, en incluant dans l'équation le taux d'inflation plutôt que le taux d'intérêt nominal, nous supposons le taux d'intérêt réel constant. Troisièmement, en incorporant l'inflation effective plutôt que l'inflation anticipée, nous supposons des anticipations parfaites. Nous faisons toutes ces hypothèses afin de nous simplifier la tâche.

Nous devons résoudre l'équation (A4.1) pour exprimer le niveau des prix en fonction de la masse monétaire courante et future. À cette fin, nous réécrirons l'équation (A4.1) comme suit :

$$p_t = \left(\frac{1}{1+\gamma}\right) m_t + \left(\frac{\gamma}{1+\gamma}\right) p_{t+1} \tag{A4.2}$$

Cette équation indique que le niveau courant des prix est une moyenne pondérée de l'offre courante de monnaie m_t et du niveau des prix de la période suivante p_{t+1}, lequel sera déterminé de la même manière que le niveau des prix courant :

$$p_{t+1} = \left(\frac{1}{1+\gamma}\right) m_{t+1} + \left(\frac{\gamma}{1+\gamma}\right) p_{t+2} \tag{A4.3}$$

En utilisant l'équation (A4.3) pour remplacer p_{t+1} dans l'équation (A4.2), nous obtenons

$$p_t = \left(\frac{1}{1+\gamma}\right) m_t + \frac{\gamma}{(1+\gamma)^2} m_{t+1} + \frac{\gamma^2}{(1+\gamma)^2} p_{t+2} \tag{A4.4}$$

---

[13] Ce modèle est tiré de Phillip Cagan, « The Monetary Dynamics of Hyperinflation », in Milton Friedman, Ed., *Studies in the Quantity Theory of Money* (Chicago : University of Chicago Press, 1956), 25-117.

L'équation (A4.4) indique que le niveau courant des prix est une moyenne pondérée de l'offre courante de monnaie, de l'offre de monnaie de la période suivante et du niveau des prix de cette même période suivante. À nouveau, on détermine le niveau des prix en $t + 2$ de la même manière que dans l'équation (A4.2) :

$$p_{t+2} = \left(\frac{1}{1+\gamma}\right) m_{t+2} + \frac{\gamma}{(1+\gamma)} p_{t+3} \qquad (A4.5)$$

Nous substituons à présent cette équation (A4.5) dans l'équation (A4.4) pour obtenir

$$p_t = \left(\frac{1}{1+\gamma}\right) m_t + \frac{\gamma}{(1+\gamma)^2} m_{t+1} + \frac{\gamma^2}{(1+\gamma)^3} m_{t+2} + \frac{\gamma^3}{(1+\gamma)^3} p_{t+3} \qquad (A4.6)$$

Vous avez maintenant compris le mécanisme. Nous pouvons continuer à utiliser l'équation (A4.2) en tant que substitut du niveau futur des prix. Si nous le faisons indéfiniment, nous obtenons

$$p_t = \left(\frac{1}{1+\gamma}\right) \left[m_t + \left(\frac{\gamma}{1+\gamma}\right) m_{t+1} + \left(\frac{\gamma}{1+\gamma}\right)^2 m_{t+2} + \left(\frac{\gamma}{1+\gamma}\right)^3 m_{t+3} + \cdots \right] \qquad (A4.7)$$

où (…) dénote un nombre infini de termes analogues. Selon l'équation (A4.7), le niveau courant des prix est une moyenne pondérée de l'offre courante de monnaie et de toutes les offres de monnaie à venir.

Vous remarquerez l'importance de γ, le paramètre qui régit la sensibilité des encaisses monétaires réelles à l'inflation. Les poids des offres monétaires futures suivent une régression géométrique au taux $\gamma/(1+\gamma)$. Si γ est petit, $\gamma/(1+\gamma)$ l'est également et les poids régressent rapidement. Dans ce cas, l'offre courante de monnaie est le premier déterminant du niveau des prix. (En effet, si γ est égal à zéro, nous obtenons la théorie quantitative de la monnaie : le niveau des prix est proportionnel à l'offre courante de monnaie et les offres futures de monnaie n'ont aucune importance.) Si, au contraire, γ est élevé, $\gamma/(1+\gamma)$ est proche de 1, et les poids ne régressent que lentement. Dans ce cas, les offres futures de monnaie jouent un rôle crucial dans la détermination du niveau actuel des prix.

Pour terminer, nous levons l'hypothèse de l'anticipation parfaite. Si l'on ne connaît pas avec certitude l'avenir, la fonction de demande de monnaie devient

$$m_t - p_t = -\gamma \left(E p_{t+1} - p_t \right) \qquad (A4.8)$$

où $E p_{t+1}$ est le niveau anticipé des prix. L'équation (A4.8) nous dit que les encaisses monétaires réelles dépendent de l'inflation anticipée. La démarche décrite ci-dessus nous permet d'écrire que :

$$p_t = \left(\frac{1}{1+\gamma}\right) \left[m_t + \left(\frac{\gamma}{1+\gamma}\right) E m_{t+1} + \left(\frac{\gamma}{1+\gamma}\right)^2 E m_{t+2} + \left(\frac{\gamma}{1+\gamma}\right)^3 E m_{t+3} + \cdots \right]$$

$$(A4.9)$$

L'équation (A4.9) indique que le niveau des prix dépend de l'offre courante de monnaie et des offres de monnaie anticipées pour l'avenir.

Certains économistes utilisent ce modèle pour montrer l'importance de la *crédibilité* si l'on veut mettre un terme à une hyperinflation. Le niveau contemporain des prix dépendant à la fois des masses monétaires courantes et futures, l'inflation est fonction à la fois de la croissance monétaire actuelle et future. On ne peut donc mettre terme à une hyperinflation qu'en réduisant la croissance monétaire, non seulement aujourd'hui, mais également à l'avenir. À leur tour, les anticipations sont fonction de la crédibilité, c'est-à-dire de la conviction qu'ont les gens du fait que la banque centrale désire vraiment mettre en œuvre une nouvelle politique monétaire, plus centrée sur la stabilité des prix.

Comment une banque centrale peut-elle asseoir sa crédibilité en période d'hyperinflation ? Le plus souvent en éliminant la cause sous-jacente de l'hyperinflation, à savoir le besoin de seigneuriage. C'est pourquoi on trouve souvent à la base d'une modification crédible de la politique monétaire une réforme tout aussi crédible de la politique budgétaire. Typiquement, celle-ci revêt la forme d'une réduction des dépenses publiques et d'un renforcement de l'indépendance politique de la banque centrale. La réduction des dépenses publiques diminue la nécessité de recourir au seigneuriage aujourd'hui et l'indépendance accrue de la banque centrale doit lui permettre, à l'avenir, de mieux résister aux demandes de seigneuriage que lui adresse l'État.

QUELQUES PROBLÈMES ET APPLICATIONS SUPPLÉMENTAIRES

1. Dans le modèle de Cagan, si l'on s'attend à une croissance de l'offre de monnaie à une vitesse constante γ (de sorte que $Em_{t+s} = m_t + s\mu$), on peut montrer que l'équation A4.9 implique que $p_t = m_t + \gamma\mu$.

   a) Interprétez ce résultat.

   b) Qu'advient-il du niveau des prix p_t si l'offre de monnaie m_t se modifie alors que le taux de croissance monétaire γ est maintenu constant ?

   c) Qu'advient-il du niveau des prix p_t si le taux de croissance monétaire μ se modifie alors que l'offre de monnaie m_t est maintenue constante ?

   d) Que doit faire de m_t la banque centrale qui souhaite réduire le taux de croissance monétaire γ tout en maintenant constant le niveau des prix p_t ? Pensez-vous à certains inconvénients pratiques d'une telle politique ?

   e) Vos réponses antérieures sont-elles modifiées, et comment, dans le cas particulier où la demande de monnaie ne dépend pas du taux d'inflation attendu ($\gamma = 0$) ?

5

L'ÉCONOMIE OUVERTE

Aucune nation n'a jamais été ruinée par le commerce.
Benjamin Franklin

5.1	Les flux internationaux de biens et de capitaux	**169**
5.2	L'épargne et l'investissement dans une petite économie ouverte	**175**
5.3	Les taux de change	**187**
5.4	Conclusion : les États-Unis en tant que grande économie ouverte	**203**

Même si vous n'avez jamais quitté votre ville natale, vous participez activement à l'économie mondiale. Quand vous allez à l'épicerie par exemple, vous pouvez choisir entre des pommes cultivées localement ou des raisins cultivés au Chili. Vous pouvez faire un dépôt à votre banque locale, qui peut à son tour prêter les fonds tant à votre voisin qu'à une entreprise japonaise en train de construire une usine près de Tokyo. Cette intégration des diverses économies offre au consommateur un plus large choix de biens et services et à l'épargnant plus d'opportunités à investir ses richesses.

Dans les chapitres précédents, pour simplifier l'exposé, nous avons supposé l'absence d'échanges internationaux, faisant implicitement l'hypothèse d'une économie fermée. En réalité, cependant, la plupart des économies sont ouvertes : les pays exportent des biens et services à l'étranger, importent des biens et services de l'étranger, et empruntent et prêtent sur les marchés financiers mondiaux. La figure 5.1 donne une idée de l'intensité de ces interactions internationales en montrant les parts dans les PIB respectifs des exportations et des importations de sept grands pays industrialisés. Comme nous pouvons le voir sur cette figure, la part des exportations dans le PIB atteint quelque 8 % dans le cas des États-Unis, et celle des importations 15 %. Les échanges internationaux peuvent être beaucoup plus importants encore dans beaucoup d'autres pays, comme le Canada ou l'Allemagne où les exportations et les importations avoisinent le tiers du PIB. Le commerce international joue dès lors un rôle central dans l'analyse des évolutions économiques et dans la définition des politiques économiques.

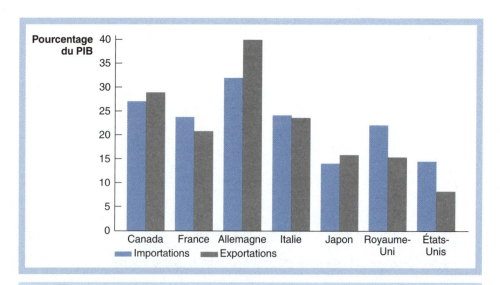

Figure 5.1
Importations et exportations en pourcentage du PIB, année 2007

Même si le commerce international revêt une grande importance pour les États-Unis, il est encore plus vital pour les autres économies de taille moins importante.
Source : Fonds Monétaire International.

L'économie ouverte 169

Ce chapitre ouvre l'étude de la macroéconomie en économie ouverte. La section 5.1 aborde le problème de la mesure. Pour comprendre le fonctionnement de l'économie ouverte, nous devons maîtriser les variables macroéconomiques essentielles qui mesurent les interactions entre pays. Les identités comptables nous en donnent le principe fondamental : les flux transfrontaliers de biens et services s'accompagnent toujours de flux financiers équivalents destinés à financer l'accumulation de capital.

La section 5.2 aborde les déterminants des flux internationaux. Nous y construisons à cette fin un modèle d'une petite économie ouverte, tout comme nous l'avons fait au chapitre 3 pour une économie fermée. Ce modèle montre ce qui fait qu'un pays est créancier ou débiteur sur les marchés mondiaux, d'une part, et comment les politiques nationales et étrangères affectent les flux de capitaux et de biens et services, d'autre part.

La section 5.3 étend le modèle pour faire apparaître les prix auxquels s'échangent les biens et services sur les marchés mondiaux. Comment s'établit le rapport entre les prix sur le territoire national et les prix sur les marchés étrangers ? D'où vient le taux auquel la monnaie nationale s'échange contre les monnaies étrangères ? Le modèle montre en outre l'impact des politiques commerciales protectionnistes, destinées à protéger les industries nationales de la concurrence internationale, sur le volume du commerce mondial et sur les taux de change.

5.1 LES FLUX INTERNATIONAUX DE BIENS ET DE CAPITAUX

La différence macroéconomique déterminante entre une économie ouverte et une économie fermée est que la première n'est pas contrainte de réaliser, au cours de toute année donnée, l'égalité entre ses dépenses et sa production de biens et services : elle peut dépenser plus qu'elle ne produit et emprunter à l'étranger, tout comme elle peut dépenser moins qu'elle ne produit et prêter le solde à l'étranger. Pour une compréhension plus complète de ces mécanismes, nous revenons à la comptabilité nationale déjà abordée au chapitre 2.

5.1.1 *Le rôle des exportations nettes*

En économie fermée, tous les biens et services produits par une économie sont vendus sur le territoire national. Il n'y a donc que trois types de dépenses : consommation, investissement et dépenses publiques. En économie ouverte, la production se vend tant sur le territoire national qu'à l'étranger. Il y a donc désormais quatre grandes catégories de dépenses :

- C^d, la consommation de biens et services produits sur le territoire national,
- I^d, l'investissement en biens et services produits sur le territoire national,

- G^d, les acquisitions par l'État de biens et services produits sur le territoire national,
- X, les exportations de biens et services produits sur le territoire national.

Ceci nous donne l'identité comptable suivante :

$$Y = C^d + I^d + G^d + X \tag{5.1}$$

La somme des trois premiers termes, $C^d + I^d + G^d$, représente l'acquisition, sur le territoire national, de biens et services produits sur le territoire national. Le quatrième terme, X, désigne l'acquisition par le reste du monde de biens et services produits sur le territoire national.

Comment rendre cette identité plus directement utilisable ? Remarquons tout d'abord que *tous* les biens et services acquis sur le territoire national sont à la fois *d'origine nationale* et *d'origine étrangère*. En conséquence, la consommation totale C est égale à la consommation C^d de biens et services produits sur le territoire national et de la consommation C^f de biens et services d'origine étrangère ; de même I est égale à $I^d + I^f$, et $G = G^d + G^f$. Nous obtenons donc :

$$\begin{aligned} C &= C^d + C^f \\ I &= I^d + I^f \\ G &= G^d + G^f \end{aligned} \tag{5.2}$$

En introduisant ces trois équations dans l'identité (5.1) :

$$Y = \left(C - C^f\right) + \left(I - I^f\right) + \left(G - G^f\right) + X \tag{5.3}$$

En réaménageant :

$$Y = C + I + G + X - \left(C^f + I^f + G^f\right) \tag{5.4}$$

La somme des acquisitions, sur le territoire national, de biens et services étrangers $\left(C^f + I^f + G^f\right)$ représente les dépenses en importations (IM). Nous pouvons donc maintenant réécrire comme suit l'identité comptable du revenu national :

$$Y = C + I + G + X - IM \tag{5.5}$$

Les acquisitions de biens et services importés faisant partie des dépenses sur le territoire national ($C + I + G$), mais non de la production effectuée sur le territoire national, l'équation (5.5) soustrait ces importations. En définissant les **exportations nettes** en tant qu'exportations diminuées des importations ($NX = X - IM$), l'identité devient

$$Y = C + I + G + NX \tag{5.6}$$

Selon cette équation, la dépense intérieure, c'est-à-dire la dépense effectuée sur le territoire national, est la somme de la consommation, de l'investissement, des dépenses publiques et des exportations nettes. Cette formulation, déjà rencontrée au chapitre 2, de l'identité comptable du revenu national, est la plus usuelle. Elle montre les liens entre la production, les dépenses sur le territoire national et les exportations nettes. En particulier :

$$NX = Y - (C + I + G) \tag{5.7}$$
Exportations nettes = Production − Dépenses intérieures

Cette équation montre que, dans une économie ouverte, les dépenses effectuées sur le territoire national n'ont pas à égaliser la production de biens et services. *Si la production est supérieure à la dépense intérieure, la différence est exportée : les exportations nettes sont positives. Si la production intérieure est inférieure à la dépense intérieure, la différence est importée : les exportations nettes sont négatives.*

5.1.2 Les flux internationaux de capitaux et la balance des biens et services

En économie ouverte, tout comme dans le cas de l'économie fermée du chapitre 3, les marchés financiers et les marchés des biens et services sont étroitement inter-reliés. Pour le voir, nous devons réécrire l'identité comptable du revenu national en termes d'épargne et d'investissement. Nous partons de l'identité suivante :

$$Y = C + I + G + NX \tag{5.6}$$

En soustrayant C et G des deux membres de la relation, nous obtenons :

$$Y - C - G = I + NX \tag{5.8}$$

Le chapitre 3 nous a montré que $(Y - C - G)$ n'est autre que l'épargne nationale S, la somme de l'épargne privée $(Y - T - C)$ et de l'épargne publique $(T - G)$. Ainsi :

$$S = I + NX \tag{5.9}$$

En soustrayant I des deux membres de l'équation, l'identité comptable du revenu national se réécrit comme suit :

$$S - I = NX \tag{5.10}$$

Cette présentation de l'identité comptable du revenu national montre que les exportations nettes d'une économie doivent toujours être égales à la différence entre son épargne et son investissement.

Étudions de plus près chacun des membres de l'identité. Le membre de droite *NX* est le plus simple : il désigne les exportations nettes de biens et services de l'économie considérée. On appelle également ces exportations nettes **balance des biens et services** [1] qui mesure l'écart des échanges effectifs de biens et services par rapport à l'égalité entre importations et exportations.

Le membre de gauche de l'identité, $(S - I)$, montre quant à lui la différence entre l'épargne et l'investissement de l'économie considérée, que l'on appelle également *investissement extérieur net* ou encore **sorties nettes de capitaux**. Il désigne le solde entre ce que prêtent les résidents de l'économie considérée à l'étranger et ce qu'ils y empruntent. Un solde positif traduit le fait qu'une épargne intérieure supérieure à l'investissement intérieur permet de prêter à l'étranger. En cas de solde négatif, un investissement supérieur à l'épargne oblige à emprunter à l'étranger pour financer l'excédent d'investissement. Les sorties nettes de capitaux reflètent donc les flux internationaux de capitaux destinés à financer l'accumulation du capital.

Il ressort de l'identité comptable du revenu national que le montant des sorties nettes de capitaux est toujours égal à la balance commerciale :

$$\text{Sorties nettes de capitaux} = \text{Balance commerciale}$$
$$S - I = NX \tag{5.11}$$

Si $(S - I)$ et *NX* sont positifs, il y a **excédent commercial** : le pays qui en bénéficie prête sur les marchés financiers internationaux et exporte davantage de biens et services qu'il n'en importe. Si $(S - I)$ et *NX* sont négatifs, le pays encourt un **déficit commercial** : il importe de l'étranger davantage de biens et services qu'il n'y exporte, et il doit emprunter, en termes nets, sur les marchés financiers internationaux. Si $(S - I)$ et *NX* sont nuls, le pays est en **équilibre commercial** car les exportations sont égales aux importations.

L'identité comptable du revenu national indique que les flux financiers internationaux destinés à financer l'accumulation du capital et les flux internationaux de biens et services sont les deux faces d'une même pièce. Si l'épargne nationale excède l'investissement national, le solde non investi sur le territoire national de cette épargne se retrouve sous la forme de prêts aux pays étrangers qui se trouvent dans la situation inverse. Ces derniers achètent à l'étranger davantage de biens et services qu'ils n'y exportent. Ils ont donc besoin de ces fonds pour financer leurs importations nettes. Si l'investissement excède l'épargne, cet investissement excédentaire doit être financé par des fonds empruntés à l'étranger. Ces fonds permettent d'importer davantage des biens et services que d'exporter. Le tableau 5.1 synthétise ces constats.

---

1 Bien que, en termes stricts, l'expression balance commerciale, *trade balance* en anglais, désigne le solde des échanges des seules marchandises, nous l'emploierons dans la suite du texte, pour des raisons de concision, pour désigner le solde des échanges de biens et de services.

Tableau 5.1
Flux internationaux de marchandises et de capitaux : synthèse

Ce tableau montre les trois possibilités offertes à une économie ouverte :

Excédent commercial	Équilibre commercial	Déficit commercial
Exportations > importations	Exportations = importations	Exportations < importations
Exportations nettes > 0	Exportations nettes = 0	Exportations nettes < 0
$Y > C + I + G$	$Y = C + I + G$	$Y < C + I + G$
Épargne > investissement	Épargne = investissement	Épargne < investissement
Sorties nettes de capitaux > 0	Sorties nettes de capitaux = 0	Sorties nettes de capitaux < 0

Les flux internationaux de capitaux revêtent de multiples formes. L'hypothèse simple, faite jusqu'ici, consiste à dire que le « reste du monde » prête aux pays qui encourent un déficit commercial. C'est le cas par exemple du Japon qui prête aux États-Unis. Concrètement, cependant, ce prêt revêt une forme privilégiée : le pays créancier acquiert des obligations émises (par les entreprises et/ou par l'État) dans le pays débiteur, ou il y achète des actifs financiers (actions des entreprises) ou immobiliers (par exemple, immeubles de bureaux). Dans les deux cas, le pays créancier devient propriétaire d'une partie du rendement futur du capital du pays débiteur car il détient une partie du stock de capital de ce dernier.

5.1.3 Les flux internationaux de marchandises et de capitaux : un exemple

L'égalité des exportations nettes et des sorties nettes de capitaux est une identité : elle doit se vérifier sous le seul effet du mode de calcul de ses deux membres. C'est pourquoi l'intuition qui sous-tend cette importante relation risque de passer inaperçue. Un exemple simple est le meilleur moyen de bien comprendre.

Imaginons que Bill Gates vende un exemplaire du système d'exploitation Windows à un Japonais pour 5 000 yens. Bill Gates étant résident américain, cette vente constitue une exportation pour les États-Unis. Toutes choses étant égales par ailleurs, les exportations nettes américaines augmentent. Sous quels autres effets l'identité se vérifie-t-elle ? Tout dépend de ce que Bill Gates fait de ses 5 000 yens.

S'il les place sous son matelas, Bill Gates a consacré une partie de son épargne à un investissement dans l'économie japonaise (il détient de la monnaie japonaise) plutôt que dans l'économie américaine : aux États-Unis, l'épargne est supérieure à l'investissement. À la hausse des exportations nettes américaines correspond une augmentation des sorties nettes de capitaux des États-Unis.

Si c'est vraiment le souhait de Bill Gates d'investir au Japon, il est plus qu'improbable que la monnaie japonaise sera son actif de prédilection. Il préférera, par exemple, acheter des actions de la Sony Corporation ou des obligations d'État japonaises pour un montant de 5 000 yens. Dans les deux cas, une partie de l'épargne américaine part au Japon. Ici aussi, les sorties nettes de capitaux américains sont exactement égales aux exportations nettes des États-Unis.

Au Japon, c'est l'inverse qui se passe. Quand le consommateur japonais achète le système d'exploitation Windows, les achats japonais de biens et services

---

INFORMATION

La non-pertinence de la balance commerciale bilatérale

Nous avons vu que la balance commerciale mesure la différence entre les exportations et les importations d'un pays avec le reste du monde. Parfois, vous pouvez entendre parler dans les médias d'un rapport sur la balance commerciale d'un pays avec un autre. C'est ce qu'on appelle une *balance commerciale bilatérale*. Par exemple, la balance commerciale bilatérale des États-Unis avec la Chine n'est autre que les exportations que les États-Unis vendent à la Chine moins les importations que les États-Unis achètent à la Chine.

La balance commerciale est, comme nous l'avons vu, inextricablement liée à l'épargne et à l'investissement d'un pays. Ce n'est pas le cas d'une balance commerciale bilatérale. En effet, une nation peut avoir de grands déficits et excédents commerciaux avec ses partenaires commerciaux, tandis que sa balance commerciale en général est équilibrée.

Supposons par exemple que le monde soit constitué de trois pays seulement : les États-Unis, la Chine et l'Australie. Les États-Unis vendent 100 milliards de dollars en machines-outils à l'Australie, l'Australie vend 100 milliards de dollars de blé à la Chine, et la Chine vend 100 milliards de dollars de jouets aux États-Unis. Dans ce cas, les États-Unis ont un déficit commercial bilatéral avec la Chine, la Chine a un déficit commercial bilatéral avec l'Australie et l'Australie a un déficit commercial bilatéral avec les États-Unis. Mais chacun des trois pays a une balance commerciale globale équilibrée, car les exportations comme les importations de chaque pays s'élèvent à 100 milliards de dollars de marchandises.

Les déficits commerciaux bilatéraux reçoivent plus d'attention dans l'arène politique que ce qu'ils méritent réellement. C'est en partie parce que les relations internationales sont menées pays par pays, et les hommes politiques et diplomates sont naturellement plus attirés par des mesures statistiques des transactions économiques de pays à pays. Toutefois, la plupart des économistes pensent que les soldes commerciaux bilatéraux ne sont pas très significatifs. D'un point de vue macroéconomique, c'est la balance commerciale avec tous les pays étrangers qui compte le plus.

Cette leçon s'applique également aux agents individuels. Votre propre balance commerciale est la différence entre vos revenus et vos dépenses, et peut-être allez-vous être très inquiet si ces deux variables sont en déséquilibre. Mais vous ne devriez pas être concerné par la différence entre votre revenu et vos dépenses avec une personne en particulier ou une entreprise. L'économiste Robert Solow a expliqué une fois la non-pertinence de la balance commerciale bilatérale comme suit : « J'ai un déficit chronique avec mon coiffeur, qui n'achète pas la moindre chose de moi. » Mais cela n'empêche pas M. Solow de vivre avec les moyens dont il dispose, ou d'obtenir une coupe de cheveux quand il en a besoin.

($C + I + G$) augmentent, sans que la production (Y) japonaise varie. La transaction réduit donc l'épargne du Japon ($S = Y - C - G$) pour un niveau donné d'investissement (I). Aux sorties nettes de capitaux américains, correspondent des entrées nettes de capitaux au Japon.

Modifions maintenant notre exemple. Si Bill Gates n'investit pas ses 5 000 yens en actions ou obligations japonaises, mais qu'il les utilise pour acheter un téléphone cellulaire fabriqué au Japon, ceci accroît les importations des États-Unis. L'exportation du système d'exploitation et l'importation d'un téléphone cellulaire, d'un montant équivalent, équilibrent la balance commerciale américaine. Les hausses des importations et des exportations étant identiques, les exportations nettes et les sorties nettes de capitaux restent inchangées.

Enfin, dernière possibilité, Bill Gates se rend à sa banque pour échanger ses 5 000 yens contre leur équivalent en dollars. La situation ne change pas. La seule différence est que c'est maintenant la banque qui doit faire quelque chose de ses 5 000 yens. Elle peut acheter des actifs japonais (sortie nette de capitaux pour les États-Unis), acheter un bien ou service japonais (importation américaine) ou revendre les yens à un Américain qui veut aller au Japon. En suivant la piste de cet argent, vous constaterez qu'en définitive, les exportations nettes des États-Unis doivent être égales à leurs sorties nettes de capitaux.

5.2 L'ÉPARGNE ET L'INVESTISSEMENT DANS UNE PETITE ÉCONOMIE OUVERTE

Notre exposé des flux internationaux de biens et services et de capital s'est jusqu'ici cantonné à réaménager les identités comptables. En d'autres termes, nous avons défini certaines des variables qui mesurent les transactions en économie ouverte et nous avons indiqué les liaisons entre ces variables qui découlent de leurs définitions. Il nous faut maintenant élaborer un modèle explicatif du comportement de ces variables. Ce modèle nous permettra ultérieurement, notamment, de déterminer les réactions de la balance des biens et services à des modifications des politiques économiques.

5.2.1 La mobilité des capitaux et le taux d'intérêt international

Nous allons dans un instant introduire un modèle des flux internationaux de capitaux et de biens et services. Étant donné que les sorties nettes de capitaux équivalent à l'épargne intérieure diminuée de l'investissement intérieur, le modèle explique les sorties nettes de capitaux par la voie de ces variables. Du même coup, il explique la balance commerciale, puisque celle-ci est nécessairement égale aux sorties nettes de capitaux. Notre nouveau modèle reprend certains des éléments du modèle du revenu national élaboré au chapitre 3, mais en levant l'hypothèse selon laquelle le taux d'intérêt réel équilibre épargne et investissement. L'économie peut désormais encourir un déficit commercial et emprunter à l'étranger, ou, au contraire, accumuler un excédent commercial et prêter à l'étranger.

Puisque, dans ce modèle, le taux d'intérêt réel n'égalise plus épargne et investissement, il doit être lui-même déterminé par quelque chose, mais par *quoi* ? Nous abordons cette question en étudiant le cas simple d'une **petite économie ouverte** dotée d'une mobilité parfaite des capitaux. Par « petite », nous entendons que l'économie en question ne représente qu'une faible fraction du marché mondial et qu'elle ne peut donc, par ses propres moyens, n'avoir qu'un impact négligeable sur le taux d'intérêt international. Par « mobilité parfaite des capitaux », nous entendons que les résidents du pays concerné n'ont aucune restriction d'accès aux marchés financiers internationaux. En particulier, l'État ne met aucun obstacle à l'emprunt ou au prêt sur les marchés internationaux.

Dans une petite économie ouverte, en conséquence, le taux d'intérêt r est égal au **taux d'intérêt international** r^*, soit le taux d'intérêt réel qui prévaut sur les marchés financiers internationaux. Ceci nous permet d'écrire :

$$r = r^* \tag{5.12}$$

Les résidents de la petite économie ouverte ne doivent jamais emprunter à un taux d'intérêt supérieur à r^*, parce qu'ils peuvent toujours obtenir à l'étranger un prêt à ce taux r^*. De même, ils ne sont jamais contraints de prêter à un taux inférieur à r^*, parce qu'ils peuvent toujours obtenir ce taux r^* sur l'argent qu'ils prêtent à l'étranger. C'est ainsi que le taux d'intérêt international détermine le taux d'intérêt de notre petite économie ouverte.

Pour la petite économie ouverte, le taux d'intérêt réel international est donc donné, mais d'où vient-il lui-même ? En économie fermée, c'est l'équilibre entre épargne et investissement qui détermine le taux d'intérêt. On ne peut nier, si l'on exclut le commerce interplanétaire, que l'économie mondiale constitue une économie fermée. C'est donc l'équilibre entre épargne mondiale et investissement mondial qui détermine le taux d'intérêt mondial. C'est précisément parce qu'elle ne représente qu'une infime partie de l'économie mondiale, et donc parce qu'elle a un effet négligeable sur l'épargne et l'investissement mondiaux, que notre petite économie ouverte n'influence que marginalement le taux d'intérêt réel international, et qu'elle peut donc le considérer comme donné de manière exogène.

5.2.2 *Pourquoi l'hypothèse d'une petite économie ouverte*

L'analyse dans le corps du présent chapitre suppose que le pays étudié soit une petite économie ouverte (la même approche sera adoptée dans le chapitre 12, qui examine les fluctuations dans le court terme dans une économie ouverte). Cette hypothèse soulève quelques questions.

Question : Est-ce que les États-Unis sont bien décrits par l'hypothèse de petite économie ouverte ?

Réponse : Non, du moins pas complètement. En effet, les États-Unis empruntent et prêtent sur les marchés financiers mondiaux qui exercent une forte influence sur le taux d'intérêt réel américain. Mais il serait exagéré de dire que le taux d'intérêt réel aux États-Unis est déterminé uniquement par les marchés financiers mondiaux.

Question : Pourquoi donc supposer une petite économie ouverte ?

Réponse : Certains pays, comme le Canada et les Pays-Bas, sont mieux décrits par cette hypothèse. Pourtant, la principale raison est de développer la compréhension et l'intuition macroéconomique des économies ouvertes. Rappelez-vous au chapitre 1 que les modèles économiques sont construits avec des hypothèses simplificatrices. Une hypothèse n'a pas besoin d'être réaliste pour être utile. Supposer une petite économie ouverte simplifie grandement l'analyse et donc aide à clarifier la pensée économique.

Question : Peut-on relâcher cette hypothèse pour que le modèle soit plus réaliste ?

Réponse : Oui, nous le pouvons et nous le ferons. L'annexe au présent chapitre (et celle du chapitre 12) traite le cas d'une grande économie ouverte qui est plus réaliste et plus compliqué. Certains enseignants préfèrent traiter directement le cas réaliste sans aborder le cas d'une petite économie ouverte. D'autres pensent que les étudiants doivent marcher avant de courir, et donc commencer par l'hypothèse simplificatrice d'une petite économie ouverte.

5.2.3 Le modèle

Pour construire notre modèle de petite économie ouverte, nous partons de trois hypothèses issues du chapitre 3 :

- Les facteurs de production et la fonction de production déterminent la production Y de l'économie :

$$Y = \overline{Y} = F\left(\overline{K}, \overline{L}\right) \tag{5.13}$$

- La consommation C est positivement corrélée au revenu disponible $(Y - T)$. La fonction de consommation s'écrit comme suit :

$$C = C\left(Y - T\right) \tag{5.14}$$

- L'investissement I est négativement corrélé au taux d'intérêt réel r. La fonction d'investissement s'écrit comme suit :

$$I = I\left(r\right) \tag{5.15}$$

Nous disposons désormais des trois éléments de base de notre modèle. Si vous ne les comprenez pas bien, retournez au chapitre 3 avant de poursuivre.

Nous réécrivons maintenant comme suit l'identité comptable :

$$NX = (Y - C - G) - I$$
$$NX = S - I \tag{5.16}$$

En y introduisant les trois hypothèses empruntées au chapitre 3, ainsi que la condition selon laquelle le taux d'intérêt est égal au taux d'intérêt mondial, nous obtenons :

$$NX = \left[\overline{Y} - C\left(\overline{Y} - T\right) - G\right] - I\left(r^*\right)$$
$$= \overline{S} - I\left(r^*\right) \tag{5.17}$$

Cette équation nous indique que la balance commerciale NX dépend des variables qui déterminent l'épargne S et l'investissement I. Souvenons-nous que l'épargne dépend de la politique budgétaire : si les dépenses publiques G diminuent ou si les impôts T augmentent, l'épargne nationale croît. L'investissement dépend, quant à lui, du taux d'intérêt réel international r^* : toute hausse de ce taux d'intérêt rend non rentables certains projets d'investissement. La balance commerciale est donc elle aussi fonction de ces variables.

Nous avons déjà, au chapitre 3, représenté graphiquement l'épargne et l'investissement, comme c'est le cas à la figure 5.2. Dans l'économie fermée étudiée alors, le

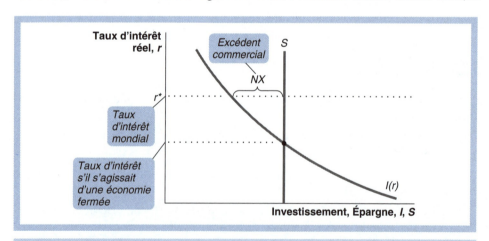

Figure 5.2
Épargne et investissement dans une petite économie ouverte

En économie fermée, le taux d'intérêt réel s'ajuste pour équilibrer épargne et investissement. Dans une petite économie ouverte, le taux d'intérêt se détermine sur les marchés financiers internationaux. L'écart entre épargne et investissement détermine la balance commerciale. Nous illustrons ici un excédent commercial résultant du fait qu'au taux d'intérêt mondial en vigueur, l'épargne excède l'investissement.

taux d'intérêt réel s'ajuste pour équilibrer épargne et investissement : en d'autres termes, le taux d'intérêt réel est donné par l'intersection des courbes d'épargne et d'investissement. En petite économie ouverte, cependant, le taux d'intérêt réel est égal au taux d'intérêt réel international. *La balance commerciale y est donc déterminée par l'écart entre épargne et investissement au taux d'intérêt international en vigueur.*

Vous vous interrogez peut-être, à ce stade, sur le mécanisme qui contraint la balance commerciale à être égale aux sorties nettes de capitaux. Il est aisé de comprendre les déterminants de ces dernières. Lorsque l'épargne intérieure est inférieure à l'investissement intérieur, les investisseurs empruntent à l'étranger ; inversement, quand l'épargne excède l'investissement, le solde non investi sur le territoire national est prêté à d'autres pays. Mais pourquoi les importateurs et exportateurs agissent-ils de telle manière que les flux internationaux de biens et services soient exactement égaux aux flux internationaux de capitaux ? Nous laisserons provisoirement cette question en suspens pour y revenir à la section 5.3, lorsque nous étudierons comment se déterminent les taux de change.

5.2.4 Comment les politiques influencent-elles la balance commerciale ?

Nous partons d'une économie dont les exportations sont exactement égales aux importations, de sorte que ses exportations nettes NX sont égales à zéro et que l'investissement I est égal à l'épargne S. Utilisons maintenant notre modèle pour prévoir l'impact des politiques économiques tant intérieures qu'étrangères.

A. La politique budgétaire nationale

Pour commencer, que se passe-t-il dans une petite économie ouverte lorsque l'État augmente la dépense intérieure en accroissant les dépenses publiques ? La hausse de G réduit l'épargne nationale, puisque $S = Y - C - G$. Si le taux d'intérêt réel mondial reste inchangé, l'investissement ne bouge pas. En conséquence, l'épargne est maintenant inférieure à l'investissement, dont une partie doit désormais être financée par emprunt à l'étranger. Comme $NX = S - I$, la baisse de S implique une baisse de NX. L'économie encourt un déficit commercial.

La même logique s'applique à une baisse des impôts. Celle-ci diminue T, augmente le revenu disponible $(Y - T)$, stimule la consommation et réduit l'épargne nationale. Même si une partie de la réduction fiscale permet d'accroître l'épargne privée, l'épargne publique diminue, quant à elle, proportionnellement à la réduction fiscale : au total, l'épargne nationale baisse. Comme $NX = S - I$, la baisse de l'épargne nationale réduit à son tour NX.

La figure 5.3 illustre ces deux impacts. Une modification de la politique budgétaire qui augmente la consommation privée C ou la consommation publique G réduit l'épargne nationale ($Y - C - G$) et déplace donc vers la gauche, de S_1 en S_2, la droite verticale qui représente l'épargne. Comme *NX* décrit la distance entre la courbe d'épargne et la courbe d'investissement, au taux d'intérêt mondial en vigueur, ceci diminue *NX*. En conséquence, en partant d'une balance commerciale équilibrée, une modification de la politique budgétaire qui diminue l'épargne nationale induit un déficit commercial.

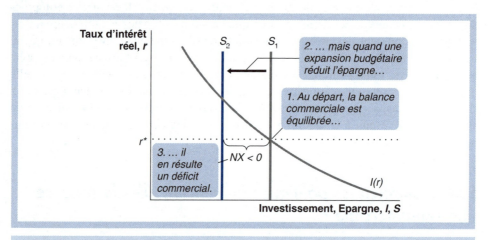

Figure 5.3
Expansion budgétaire intérieure en petite économie ouverte

Une hausse des dépenses publiques ou une baisse des impôts réduit l'épargne nationale et déplace donc la courbe d'épargne vers la gauche, de S_1 en S_2. Il en résulte un déficit commercial.

B. La politique budgétaire à l'étranger

Voyons maintenant ce qui se passe dans une petite économie ouverte lorsque ce sont les autres pays qui accroissent leurs dépenses publiques. S'ils sont eux-mêmes petits, par rapport à l'économie mondiale, cette modification de la politique budgétaire n'a qu'un impact négligeable sur les autres pays. Mais s'ils constituent une fraction importante de l'économie mondiale, la hausse des dépenses publiques réduit l'épargne mondiale et provoque une hausse du taux d'intérêt mondial comme dans le modèle d'une économie fermée (souvenez-vous que la terre est une économie fermée).

Cette hausse du taux d'intérêt mondial renchérit le coût de l'emprunt et réduit, du même fait, l'investissement dans notre petite économie ouverte. L'épargne intérieure n'y ayant pas changé, l'épargne S y excède désormais l'investissement I. Une partie de l'épargne excédentaire gagne le reste du monde. Comme $NX = S - I$, la baisse de I accroît nécessairement *NX*. En conséquence, la baisse de l'épargne à l'étranger entraîne un excédent commercial dans notre petite économie ouverte.

La figure 5.4 illustre comment, au départ d'une balance commerciale équilibrée, une petite économie ouverte réagit à une expansion budgétaire étrangère. Comme la modification de la politique budgétaire survient à l'étranger, les courbes d'épargne et d'investissement intérieurs ne bougent pas. La seule modification est la hausse du taux d'intérêt international de r_1^* à r_2^*. La balance commerciale décrivant l'écart entre ces deux courbes, la hausse du taux d'intérêt induit donc un excédent commercial en r_2^*. Ainsi, on voit qu'une hausse du taux d'intérêt mondial induite par une expansion budgétaire à l'étranger provoque un excédent commercial dans la petite économie ouverte.

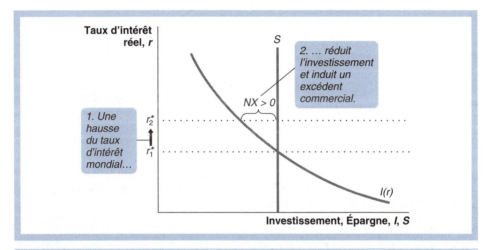

Figure 5.4
Impact d'une expansion budgétaire étrangère sur une petite économie ouverte

Une expansion budgétaire étrangère accroît le taux d'intérêt mondial de r_1^* en r_2^*, ce qui réduit l'investissement et provoque un excédent commercial.

C. Les déplacements de la demande d'investissement

Que se passe-t-il dans notre petite économie ouverte lorsque sa courbe d'investissement se déplace vers la droite ? C'est le cas où la demande de biens d'investissement augmente pour tout niveau de taux d'intérêt. C'est notamment le cas en présence d'une nouvelle loi destinée à encourager l'investissement intérieur en en permettant la déduction fiscale. La figure 5.5 illustre l'impact du déplacement de la courbe d'investissement. Au taux d'intérêt mondial en vigueur, l'investissement est maintenant plus important. L'épargne restant inchangée, une partie de cet investissement complémentaire doit être financée par l'emprunt à l'étranger. Ainsi, les flux de capitaux destinés à financer l'investissement complémentaire vont augmenter, ce qui se traduit par une sortie nette de capitaux négative. Bien entendu, $NX = S - I$, de sorte que la hausse de I implique une baisse de NX. *En conséquence, un déplacement vers la droite de la courbe d'investissement provoque un déficit commercial.*

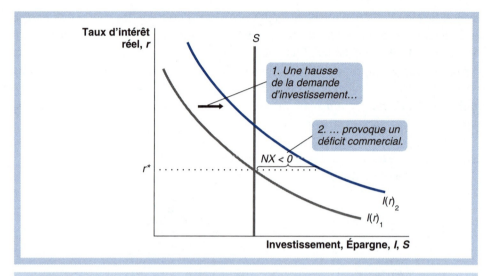

Figure 5.5
Déplacement de la courbe d'investissement en petite économie ouverte

Un déplacement vers l'extérieur de la courbe d'investissement de $I(r)_1$ en $I(r)_2$ accroît le volume de l'investissement au taux d'intérêt mondial donné r^*. Il en résulte un déficit commercial car les investissements dépassent l'épargne, ce qui signifie que l'économie emprunte des fonds à l'étranger.

5.2.5 L'évaluation des politiques économiques

Notre modèle de l'économie ouverte montre le lien incontournable entre les flux de biens et services exprimés par la balance commerciale et les flux internationaux de capitaux destinés à l'accumulation du capital. Les sorties nettes de capitaux sont égales à la différence entre l'épargne et l'investissement intérieurs. On peut donc toujours estimer l'impact des politiques économiques sur la balance commerciale en en étudiant les conséquences sur l'épargne et sur l'investissement. Les politiques qui accroissent l'investissement ou réduisent l'épargne tendent à provoquer un déficit commercial, tandis que les politiques qui diminuent l'investissement ou qui augmentent l'épargne tendent à entraîner un excédent commercial.

Nous avons jusqu'ici analysé l'économie ouverte en termes positifs, non normatifs. Nous avons étudié l'impact des politiques économiques sur les flux internationaux de capitaux et de biens et services sans porter de jugement de valeur sur ces politiques. Pourtant, l'évaluation des politiques économiques et de leur impact sur les économies ouvertes est fréquemment au centre des débats entre économistes et décideurs politiques.

En présence de déficits commerciaux, les décideurs politiques ne peuvent échapper à la question de savoir si ces déficits constituent un problème pour le pays. Pour la plupart des économistes, un déficit commercial n'est pas un problème en soi, mais peut être interprété comme le symptôme d'un autre problème : un déficit commercial peut refléter un faible taux d'épargne. En économie fermée, peu d'épargne signifie peu d'investissement, et donc stock de capital réduit à l'avenir. En économie ouverte, le défaut d'épargne induit un déficit commercial et une dette extérieure croissante, qui devra être remboursée un jour ou l'autre. Dans les deux cas, la consommation actuelle élevée implique une réduction de la consommation à l'avenir : ce sont les générations futures qui devront payer le prix de la faiblesse actuelle de l'épargne intérieure.

Les déficits commerciaux ne reflètent pourtant pas toujours un défaut de l'économie. À mesure que les économies rurales pauvres se transforment en économies industrielles modernes, elles doivent parfois financer des niveaux élevés d'investissement que cela implique, en empruntant à l'étranger. Les déficits commerciaux peuvent alors être le signe d'un développement économique. Ainsi, pendant toutes les années 1970, la Corée du Sud a fait face à d'importants déficits commerciaux, alors qu'elle est aujourd'hui considérée comme un exemple de croissance économique. Nous en retiendrons qu'il est impossible d'évaluer la performance d'une économie sur la seule base de sa balance commerciale : encore faut-il identifier les causes sous-jacentes des flux internationaux.

ÉTUDE DE CAS - Le déficit commercial des États-Unis

Au cours des années 1980, 1990, et 2000, les États-Unis ont enregistré d'importants déficits commerciaux, comme il ressort du graphique (a) de la figure 5.6, qui présente les exportations nettes en pourcentage du PIB. Malgré de fortes variations au fil des années, le déficit est constamment resté élevé pendant ces trois décennies. En 2007, il représentait $708 milliards, soit 5,1 % du PIB. Les identités comptables exigent que ce déficit soit financé par l'emprunt à l'étranger (ou par la vente d'actifs américains à l'étranger). Et en effet, au cours de cette période, les États-Unis sont passés du statut de plus grand prêteur net au reste du monde à celui de plus grand emprunteur net.

D'où vient ce déficit américain ? Les causes sont multiples, mais l'observation de l'épargne et de l'investissement intérieurs présentés au graphique (b) permet de comprendre certains des mécanismes à l'œuvre. N'oubliez pas que le déficit commercial correspond à la différence entre épargne et investissement.

Le déficit est apparu en même temps que la baisse de l'épargne nationale. On peut en situer l'origine dans la politique budgétaire expansionniste des années 1980. Avec le soutien du président Reagan, le Congrès américain a décidé en 1981 de fortement réduire les impôts sur le revenu des personnes physiques pendant les trois années suivantes. Comme il n'y a pas eu de réduction correspondante des dépenses publiques, le budget fédéral est entré dans le rouge. Les déficits successifs, qui ont atteint des proportions inédites dans l'histoire des États-Unis en période de paix et de prospérité, ont subsisté de nombreuses années après le départ de Reagan. Notre modèle nous dit qu'une

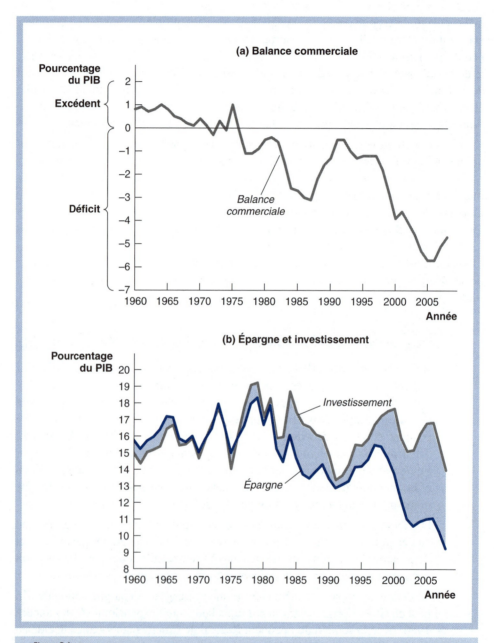

Figure 5.6
Épargne, investissement et balance commerciale : l'expérience des États-Unis

Le graphique (a) montre la balance commerciale et le solde du budget fédéral américain en pourcentage du PIB. Le graphique (b) présente l'épargne et l'investissement des États-Unis, en pourcentage de leur PIB depuis 1960. La balance commerciale est égale à l'épargne diminuée de l'investissement.
Source : U.S. Department of Commerce.

telle politique ne peut qu'entamer l'épargne nationale, et donc créer un déficit commercial. C'est exactement ce qui s'est passé. La quasi-simultanéité du déficit commercial et du déficit budgétaire, ont amené à parler du *double déficit* des États-Unis, l'expression anglaise de *twin deficits* (déficits jumeaux) étant encore plus parlante.

Les choses ont commencé à bouger dans les années 1990, lorsque le gouvernement décida de mettre de l'ordre dans son budget. Le premier président Bush et le président Clinton ont augmenté les impôts, pendant que le Congrès s'occupait de réduire les dépenses. Parallèlement, les hausses rapides de productivité qui ont été enregistrées pendant la seconde moitié des années 1990 contribuaient à accroître les revenus, et donc les recettes fiscales. Tout ceci restaura un excédent budgétaire, lui-même à la base d'une hausse de l'épargne nationale.

Contrairement, cette fois, à ce que nous dit notre modèle, cette dernière n'a pas suscité une résorption du déficit commercial, parce qu'en même temps l'investissement intérieur s'est développé. L'explication vraisemblable est que la vive expansion des technologies de l'information a provoqué un déplacement expansionniste de la fonction d'investissement américaine. Alors même que la politique budgétaire poussait la balance commerciale vers une position excédentaire, un investissement particulièrement dynamique l'entraînait vers le déficit.

Au début des années 2000, la politique budgétaire une fois de plus met la pression à la baisse sur l'épargne nationale. Avec le deuxième président Bush à la Maison-Blanche, des réductions d'impôt sont décidées en 2001 et 2003, alors que la guerre contre le terrorisme a entraîné des augmentations substantielles des dépenses publiques. Le gouvernement fédéral a de nouveau un déficit. L'épargne nationale est tombée à un creux historique, et le déficit commercial a atteint des sommets historiques.

Quelques années plus tard, le déficit commercial a commencé à diminuer légèrement à cause de la baisse importante des prix de l'immobilier dans l'économie (cette question sera examinée dans les chapitres 11 et 18). Cette baisse des prix de l'immobilier a entraîné un déclin de l'investissement résidentiel. Le déficit commercial est tombé de 5,8 % du PIB, son niveau le plus élevé atteint en 2006, à 4,7 % en 2008.

Cet historique du déficit commercial américain suffit à montrer qu'en elle-même, cette statistique ne dit pas grand-chose de ce qui se passe réellement au sein de l'économie. Pour comprendre, il faut aller au-delà et observer les comportements de l'épargne et de l'investissement, mais aussi les politiques et les événements qui modifient ces comportements dans le temps [2].

---

[2] Pour en savoir plus sur ce sujet, voir Catherine L. Mann, *Is the U.S. Trade Deficit Sustainable* ? Institute for International Economics, 1999.

ÉTUDE DE CAS - Pourquoi les flux de capitaux ne sont-ils pas destinés aux pays pauvres ?

Le déficit commercial américain présenté dans l'étude de cas précédente, s'est traduit par des flux de capitaux à destination des États-Unis et en provenance du reste du monde. Quels ont été les pays sources de ces flux de capitaux ? Vu que le monde est une économie fermée, ces flux de capitaux doivent provenir des pays qui connaissent des excédents commerciaux. En 2008, ce groupe de pays comprenait des pays beaucoup plus pauvres que les États-Unis comme la Russie, la Malaisie, le Venezuela et la Chine. Dans ces pays, l'épargne était supérieure à l'investissement intérieur en capital. Et ces mêmes pays envoyaient des fonds à l'étranger vers des pays comme les États-Unis où l'investissement intérieur en capital dépassait l'épargne.

D'un certain point de vue, la direction des flux internationaux de capitaux est paradoxale. Rappelons-nous la discussion sur les fonctions de production au chapitre 3 où nous avons conclu que la fonction de production empiriquement réaliste est celle de Cobb-Douglas :

$$F(K, L) = AK^{\alpha}L^{1-\alpha}$$

où K représentant le capital, L le travail, A est un paramètre supérieur à zéro qui mesure la productivité de la technologie disponible, et α (alpha) est une constante qui détermine la part du capital dans le revenu total. Pour une telle fonction de production, la productivité marginale du capital est :

$$PMK = \alpha A (K/L)^{\alpha-1}$$

La *PMK* est la quantité de production supplémentaire que l'entreprise obtient grâce à toute unité additionnelle de capital. Comme le paramètre α nous indique la part du revenu qui va au capital, sa valeur est inférieure à 1 et donc $(\alpha - 1) < 0$. Ceci veut dire que toute hausse de *K/L* signifie une baisse de *PMK*. En d'autres termes, si les autres variables restent inchangées, plus une nation possède du capital, moins l'unité supplémentaire du capital a de valeur. Ce phénomène de décroissance de la productivité marginale signifie que le capital a plus de valeur là où il est rare.

Toutefois, cette dernière interprétation semble ne pas être vérifiée avec les flux internationaux du capital dans le cas de déséquilibre des échanges commerciaux. Les flux de capital ne semblent pas être destinés aux pays où ils devraient être les plus valorisés. En effet, au lieu de voir les pays riches en capital comme les États-Unis prêter aux pays pauvres des capitaux, nous observons souvent le contraire. Pourquoi ?

Une des raisons s'avère être la présence d'importantes différences entre les pays, autres que le niveau d'accumulation de capitaux. Les pays pauvres disposent non seulement de bas niveaux d'accumulation de capitaux (représentés par K/L) mais aussi de faibles capacités de production (représentées par la variable A). Par exemple, les pays pauvres, comparés aux pays riches, ont moins accès aux technologies avancées, ont de faibles niveaux d'éducation (ou de *capital humain*) ou encore des politiques économiques moins efficaces. De telles différences signifient moins de rendement du capital et du travail. Dans la fonction de production de Cobb-Douglas, cela signifie une valeur moindre du paramètre A. Si tel est le cas, le capital n'est pas plus valorisé dans les pays pauvres, même si le capital est rare.

Une autre raison provient du fait que les droits de propriété ne sont souvent pas respectés. La corruption est typiquement plus importante ; les révolutions, les coups d'État, l'expropriation de richesse sont beaucoup plus répandus ; les gouvernements, quant à eux, ne règlent souvent pas leurs dettes. Alors, même si le capital a plus de valeur dans les pays pauvres, les pays étrangers évitent d'investir leurs richesses dans ces pays par crainte de les perdre. En outre, les investisseurs locaux sont confrontés à des motivations similaires. Prenons l'exemple de quelqu'un qui vit dans un pays pauvre et a la chance d'être assez riche pour investir ; il choisira sans doute d'investir dans un pays sûr comme les États-Unis même si le capital dans ce pays a moins de valeur que dans son pays natal.

Que l'une ou l'autre de ces raisons prévale, le défi que les pays pauvres doivent relever est de trouver des moyens pour inverser la situation. Si ces pays offrent la même efficacité de production et les mêmes mesures de protection juridique que celles qu'offre l'économie américaine, les flux internationaux de capitaux changeront probablement de direction. Le déficit commercial des États-Unis deviendra un excédent et les flux de capitaux auront pour destination ces pays émergents. Un tel changement aidera les pauvres du monde à surmonter la pauvreté [3].

5.3 LES TAUX DE CHANGE

Nous savons maintenant comment se déterminent les quantités de capitaux et de biens et services échangés internationalement. Nous allons à présent examiner les prix qui s'appliquent à ces transactions. Le *taux de change* entre deux pays est le prix auquel se font les échanges entre eux. Après avoir ci-dessous étudié de manière précise ce que mesure le taux de change, nous passons ensuite à la manière dont il se détermine.

---

[3] Pour en savoir plus sur ce sujet, voir Robert E. Lucas, « Why Doesn't Capital Flow from Rich to Poor Countries », *Amercican Economic Review* 80 (mai 1990), 92-96.

5.3.1 Le taux de change nominal et le taux de change réel

Les économistes définissent deux taux de change : le taux de change nominal et le taux de change réel. Nous les aborderons successivement, pour voir ensuite en quoi ils sont liés.

A. Le taux de change nominal

Le **taux de change nominal** est le prix relatif des monnaies de deux pays. Ainsi, lorsque l'on dit que le taux de change entre le dollar américain et le yen japonais est de 120 yens par dollar, ceci veut dire qu'il est possible de recevoir, sur les marchés internationaux des devises, 120 yens en échange d'un dollar. Un Japonais paie 120 yens pour chaque dollar qu'il achète et l'Américain obtient 120 yens pour chaque dollar qu'il vend. Lorsqu'on parle du « taux de change » entre deux pays, on pense généralement au taux de change nominal.

Un taux de change peut être exprimé de deux manières : si 1 dollar permet d'acquérir 120 yens, alors un yen s'échangera contre 0,00833 dollar. Ainsi, on peut dire que le taux de change est alternativement de 120 yens par dollar ou de 0,00833 dollar par yen. Comme 0,00833 est égal à 1/120, ces deux manières d'exprimer le taux de change sont strictement équivalentes.

Dans ce livre, nous exprimons systématiquement le taux de change en unités de devise étrangère par dollar. Dans ce cas, une hausse du taux de change, disons de 120 à 125 yens par dollar, s'appelle *appréciation* du dollar ; inversement, une baisse de celui-ci s'appelle *dépréciation*. Quand la monnaie nationale est appréciée, elle permet d'acheter plus de devises étrangères. Quand elle est dépréciée, elle permet d'en acheter moins.

B. Le taux de change réel

Le **taux de change réel** est le prix relatif des biens entre deux pays. Il nous dit à quel taux il est possible d'échanger des biens d'un pays contre les biens d'un autre. On appelle quelquefois *termes de l'échange* le taux de change réel.

Pour bien comprendre la relation entre taux de change nominal et réel, prenons le cas d'un bien unique que produisent beaucoup de pays : les voitures automobiles. Supposons qu'une voiture américaine coûte $10 000 et la voiture équivalente japonaise 2 400 000 yens. Pour comparer les prix de ces deux voitures, nous devons les convertir en une monnaie commune. Si un dollar vaut 120 yens, la voiture américaine coûte 1 200 000 yens, soit la moitié de ce que coûte la voiture japonaise. En d'autres termes, aux prix courants, il est possible d'échanger deux voitures américaines contre une seule voiture japonaise.

Le petit calcul qui précède peut se résumer comme suit :

$$\text{Taux de change réel} = \frac{(120 \text{ yens / dollar}) \times (10\,000 \text{ dollars / voiture américaine})}{(2\,400\,000 \text{ yens / voiture japonaise})}$$

$$= 0,5 \frac{\text{voiture japonaise}}{\text{voiture américaine}}$$

À ces prix et à ce taux de change, nous obtenons une demi-voiture japonaise par voiture américaine. Plus généralement, nous pouvons exprimer comme suit le calcul :

$$\text{Taux de change réel} = \frac{(\text{Taux de change nominal}) \times (\text{Prix du bien intérieur})}{(\text{Prix du bien étranger})} \quad (5.18)$$

Le taux auquel nous échangeons les biens intérieurs et étrangers dépend de deux facteurs : le prix de ces biens en monnaies nationales, d'une part, et le taux d'échange de ces monnaies, d'autre part.

Le calcul du taux de change réel d'un bien unique suggère la manière de le définir en présence de nombreux biens et services. Soit e le taux de change nominal (le nombre de yens par dollar), P le niveau des prix aux États-Unis (mesuré en dollars), et P^* le niveau des prix au Japon (mesuré en yens). Le taux de change réel ϵ est :

(Taux de change réel) = (Taux de change nominal) × (Rapport des niveaux des prix)
$$\epsilon = e \times \left(P/P^*\right)$$
(5.19)

Le taux de change réel entre deux pays se calcule à partir du taux de change nominal et des niveaux des prix dans chacun des pays concernés. *Si le taux de change réel est élevé, les biens étrangers sont relativement bon marché et les biens intérieurs relativement chers. Si le taux de change réel est faible, les biens étrangers sont relativement chers et les biens intérieurs relativement bon marché.*

5.3.2 Le taux de change réel et les exportations nettes

Quel est le rôle macroéconomique du taux de change réel ? Pour le savoir, il faut tout d'abord se rappeler que le taux de change réel n'est rien d'autre qu'un prix relatif. Tout comme le prix relatif des pizzas et des hamburgers détermine votre déjeuner, le prix relatif des biens intérieurs et étrangers affecte la demande de ces biens.

Si le taux de change d'un pays donné est faible et que, donc, les biens qu'il produit sont relativement bon marché, les résidents de ce pays achèteront peu de biens et services à l'étranger, au contraire des résidents des autres pays, pour la même raison. Les exportations nettes de ce pays seront donc élevées.

C'est l'inverse qui se passe lorsque le taux de change est élevé, rendant élevé aussi le prix des biens intérieurs par rapport à celui des biens étrangers. Dans ce cas, les résidents du pays concerné achètent de nombreux biens importés, alors que les autres pays ne lui achètent que peu de biens et services. Ses exportations nettes sont donc faibles.

Cette relation entre le taux de change réel et les exportations nettes s'écrit comme suit :
$$NX = NX(\epsilon) \tag{5.20}$$

Cette équation nous dit que les exportations nettes sont fonction du taux de change réel. La figure 5.7 illustre cette relation négative entre la balance commerciale et le taux de change réel.

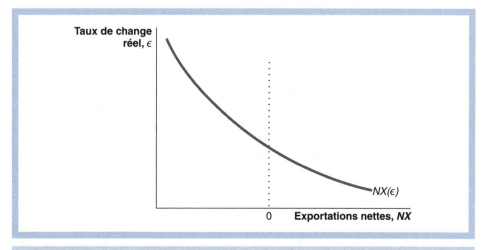

Figure 5.7
Exportations nettes et taux de change réel

La figure illustre la relation entre le taux de change réel et les exportations nettes : plus le taux de change réel est faible, moins chers sont les biens intérieurs par rapport aux biens étrangers et donc plus élevées sont les exportations nettes du pays concerné. Remarquez qu'une fraction de l'axe horizontal mesure des valeurs négatives de *NX* : comme les importations peuvent excéder les exportations, les exportations nettes peuvent être inférieures à zéro.

5.3.3 Les déterminants du taux de change réel

Pour construire notre modèle du taux de change réel, nous ajoutons à notre modèle de la balance commerciale la relation que nous venons d'établir entre les exportations nettes et le taux de change réel. Celui-ci dépend de deux éléments :
- Le taux de change réel est corrélé aux exportations nettes. Plus il est faible, moins sont chers les biens intérieurs par rapport aux biens étrangers et plus sont élevées les exportations nettes.
- La balance commerciale (exportations nettes) doit être égale aux sorties nettes de capitaux, ce qui implique que les exportations nettes soient égales à l'épar-

gne diminuée de l'investissement. La fonction de consommation et la politique budgétaire déterminent conjointement l'épargne ; la fonction d'investissement et le taux d'intérêt international en font autant pour l'investissement.

La figure 5.8 illustre ces deux conditions. La courbe illustrant la relation entre exportations nettes et taux de change réel est décroissante, car la baisse du taux de change réel rend relativement moins chers les biens intérieurs. La courbe représentant l'excédent de l'épargne sur l'investissement $(S - I)$ est verticale, car ni l'épargne, ni l'investissement ne dépendent du taux de change réel. L'intersection de ces deux courbes détermine le taux de change d'équilibre.

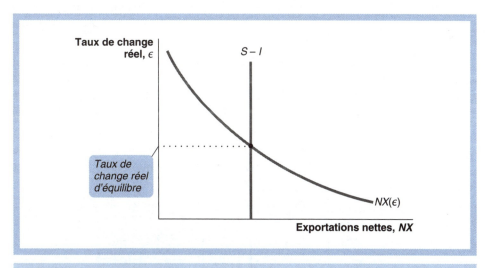

Figure 5.8
Détermination du taux de change réel

L'intersection entre la droite verticale représentant l'épargne diminuée de l'investissement et la courbe décroissante illustrant les exportations nettes détermine le taux de change réel. Au point d'intersection, la quantité de dollars offerte en vue des sorties nettes de capitaux est égale à la quantité de dollars demandée en vue de l'exportation nette de biens et services américains.

La figure 5.8 ressemble fort à un graphique tout à fait ordinaire d'offre et de demande. En fait, elle peut s'interpréter comme représentant l'offre et la demande de devises étrangères. La droite verticale $(S - I)$ représente l'excédent de l'épargne intérieure sur l'investissement intérieur, et donc l'offre de dollars susceptibles d'être échangés contre des devises étrangères pour être investis à l'étranger. La courbe décroissante $NX(\epsilon)$ représente la demande nette de dollars émanant d'étrangers souhaitant acquérir des dollars pour acheter des biens et services américains. *Au taux de change réel d'équilibre, l'offre de dollars disponibles en vue des sorties nettes de capitaux est égale à la demande de dollars émanant d'étrangers souhaitant acheter les exportations nettes américaines.*

5.3.4 L'impact des politiques économiques sur le taux de change réel

Nous pouvons maintenant utiliser notre modèle pour montrer comment les modifications des politiques économiques décrites plus haut affectent le taux de change réel.

A. La politique budgétaire intérieure

Qu'advient-il du taux de change réel si l'État réduit l'épargne nationale en accroissant les dépenses publiques ou en réduisant les impôts ? Comme nous l'avons déjà vu, cette réduction de l'épargne diminue $(S - I)$, et donc NX. En d'autres termes, la réduction de l'épargne provoque un déficit commercial.

La figure 5.9 montre comment le taux de change réel d'équilibre s'ajuste pour induire cette baisse de NX. La modification de la politique budgétaire déplace vers la gauche la droite verticale $(S - I)$, ce qui diminue l'offre de dollars susceptibles d'être investis à l'étranger. Suite à cette réduction de l'offre de dollars, le taux de change réel d'équilibre augmente de ϵ_1 en ϵ_2 : la valeur du dollar augmente. En conséquence, les biens intérieurs sont maintenant plus chers par rapport aux biens étrangers, ce qui provoque une baisse des exportations et une hausse des importations, ce qui réduit les exportations nettes.

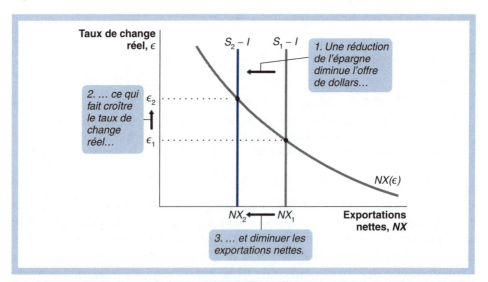

Figure 5.9
L'impact d'une politique budgétaire expansionniste intérieure sur le taux de change réel

Une hausse des dépenses publiques, ou une baisse des impôts, réduit l'épargne nationale. Ceci diminue l'offre de dollars susceptibles d'être échangés contre des devises étrangères de $S_1 - I$ en $S_2 - I$. Ce déplacement accroît le taux de change réel d'équilibre de ϵ_1 en ϵ_2.

B. La politique budgétaire à l'étranger

Comment réagit le taux de change réel à une augmentation des dépenses publiques ou à une baisse des impôts à l'étranger ? Cette modification de la politique budgétaire réduit l'épargne mondiale et accroît le taux d'intérêt mondial. Ce dernier pèse à son tour à la baisse sur l'investissement intérieur I, ce qui augmente $(S - I)$ et donc NX. En d'autres termes, la hausse du taux d'intérêt mondial entraîne un excédent commercial.

La figure 5.10 montre que cette modification de la politique budgétaire déplace vers la droite la courbe verticale $(S - I)$, ce qui accroît l'offre de dollars susceptibles d'être investis à l'étranger. Le taux de change réel d'équilibre diminue : la valeur du dollar baisse et les biens intérieurs deviennent plus chers par rapport aux biens étrangers.

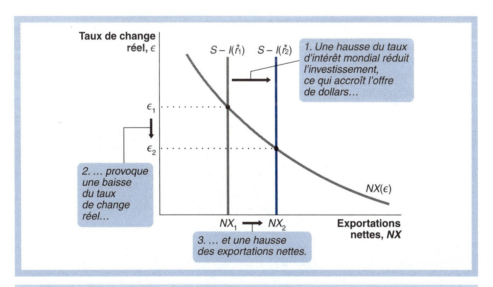

Figure 5.10
L'impact d'une politique budgétaire expansionniste à l'étranger sur le taux de change réel

La politique budgétaire expansionniste à l'étranger réduit l'épargne mondiale et accroît le taux d'intérêt mondial de r_1^* en r_2^*. La hausse du taux d'intérêt mondial réduit l'investissement intérieur, ce qui provoque un accroissement de l'offre de dollars susceptibles d'être échangés contre des devises étrangères. En conséquence, le taux de change réel d'équilibre baisse de ϵ_1 en ϵ_2.

C. Les déplacements de la demande d'investissement

Qu'advient-il du taux de change réel si la demande intérieure d'investissement augmente, éventuellement sous l'effet d'une législation nouvelle qui en permet la déductibilité fiscale ? Au taux d'intérêt mondial donné, la hausse de la demande d'investissement accroît l'investissement. Cette valeur plus élevée de I réduit $(S - I)$ et NX. En d'autres termes, la hausse de la demande d'investissement provoque un déficit commercial.

La figure 5.11 montre que la hausse de la demande d'investissement déplace vers la gauche la droite verticale $(S - I)$, ce qui réduit l'offre de dollars susceptibles d'être investis à l'étranger. Le taux de change réel d'équilibre augmente. En conséquence, la déductibilité fiscale de l'investissement rend plus attrayant l'investissement aux États-Unis, mais accroît en même temps la valeur des dollars américains nécessaires pour réaliser ces investissements. Ce renchérissement du dollar rend les biens intérieurs plus chers par rapport aux biens étrangers, et les exportations nettes diminuent.

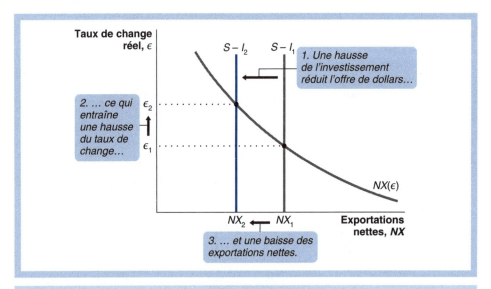

Figure 5.11
L'impact d'une hausse de la demande d'investissement sur le taux de change réel

Une hausse de la demande d'investissement accroît le volume de l'investissement intérieur de I_1 en I_2. En conséquence, l'offre de dollars susceptibles d'être échangés contre des monnaies étrangères diminue de $S - I_1$ en $S - I_2$. Cette baisse de l'offre de dollars entraîne une hausse du taux de change réel d'équilibre de ϵ_1 en ϵ_2.

5.3.5 *Les impacts des politiques commerciales*

Nous disposons désormais d'un modèle explicatif de la balance commerciale et du taux de change réel qui nous permet d'étudier les impacts macroéconomiques des politiques commerciales. Dans leur acception large, les politiques commerciales ont pour objet d'influencer directement les quantités de biens et services exportés ou importés. Elles revêtent le plus souvent la forme d'une protection des entreprises nationales contre la concurrence étrangère, soit en imposant une taxe sur les importations en provenance de l'étranger (tarifs douaniers), soit en limitant les quantités de biens et services étrangers qui peuvent être importés (contingentement ou quotas).

À titre d'exemple d'une politique commerciale protectionniste, voyons ce qui se passerait si les pouvoirs publics interdisaient les importations de voitures étrangères. Pour tout taux d'intérêt réel donné, les importations sont maintenant moins importantes et, en conséquence, les exportations nettes (exportations moins importations) plus élevées. La courbe représentant les exportations nettes se déplace donc vers la droite, comme à la figure 5.12. Pour voir l'impact de cette politique, nous comparons les points d'équilibre ancien et nouveau. Au nouveau point d'équilibre, le taux de change réel est plus élevé et les exportations nettes inchangées. On voit donc qu'en dépit du déplacement de la courbe des exportations nettes, le niveau d'équilibre des exportations nettes reste inchangé, parce que la politique protectionniste ne modifie ni l'épargne ni l'investissement.

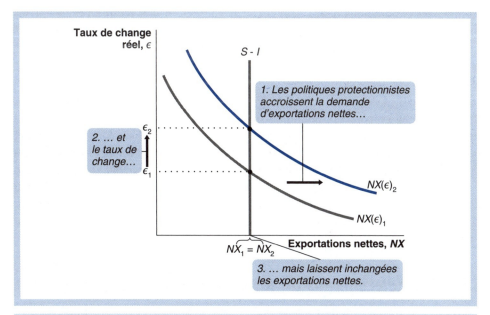

Figure 5.12
L'impact des politiques commerciales protectionnistes sur le taux de change réel

Une politique protectionniste telle que l'interdiction des importations de voitures augmente la demande d'exportations de $NX(\epsilon)_1$ en $NX(\epsilon)_2$. Cette hausse fait passer le taux de change réel de ϵ_1 en ϵ_2. En dépit du relèvement de la courbe des exportations nettes, le niveau d'équilibre de celles-ci reste inchangé.

L'analyse qui précède montre que les politiques commerciales protectionnistes n'affectent pas la balance commerciale. Le débat public sur les politiques commerciales ignore souvent cette surprenante conclusion. En effet, comme le déficit commercial traduit un excédent des importations sur les exportations, on devrait s'attendre à ce que la réduction des importations, obtenue par exemple par l'interdiction des importations de voitures étrangères, permette de diminuer le déficit commercial. Cependant, notre modèle montre que les politiques protectionnistes entraînent une appréciation du taux de change réel. La hausse des prix des biens et services intérieurs que celle-ci suscite par rapport aux prix des biens étrangers tend à diminuer les exportations nettes, en stimulant les importations et en décourageant les exportations, ce qui compense la hausse des exportations nettes directement induites par la réduction contrainte des importations. Dans la mesure où les politiques protectionnistes n'affectent pas, soit l'investissement, soit l'épargne, elles ne peuvent en aucune manière modifier la balance commerciale.

Par contre, les politiques protectionnistes ont bel et bien un effet sur le volume des échanges internationaux. Le relèvement du taux de change réel qu'elles provoquent renchérit les prix relatifs des biens et services du pays où elles sont mises en œuvre par rapport à ceux de l'étranger. Au nouvel équilibre, le pays concerné exporte moins. Comme ses exportations nettes demeurent inchangées, il doit réduire également ses importations. L'appréciation du taux de change stimule, dans une certaine mesure, les importations, mais ceci ne compense que partiellement la baisse des importations contrainte par la mesure restrictive. On voit donc que les politiques protectionnistes conduisent à une baisse des quantités tant importées qu'exportées.

C'est à cause de cette chute des quantités échangées que les économistes s'opposent presque toujours aux politiques protectionnistes. En effet, tous les pays tirent profit du commerce international, qui leur permet de se spécialiser dans ce qu'ils font de mieux tout en disposant d'un large éventail de biens et services. Les politiques protectionnistes diminuent ces gains de l'échange. Bien sûr, certains groupes, au sein des pays concernés, tels les fabricants de voitures dans notre exemple de l'interdiction des importations de voitures, en tirent avantage. Mais en moyenne, la réduction du volume des échanges internationaux pèse négativement sur le bien-être de l'ensemble de la société.

5.3.6 *Les déterminants du taux de change nominal*

Nous passons maintenant du taux de change réel au taux de change nominal, le taux auquel s'échangent les monnaies de deux pays. Souvenons-nous de la relation entre taux de change nominal et réel :

(Taux de change réel) = (Taux de change nominal) × (Rapport des niveaux des prix)

$$\epsilon = e \times (P/P^*) \qquad (5.19)$$

Nous pouvons écrire comme suit le taux de change nominal :

$$e = \epsilon \times (P^*/P) \qquad (5.21)$$

L'économie ouverte

Cette équation indique que le taux de change nominal dépend du taux de change réel et du niveau des prix dans les deux pays. Étant donnée la valeur du taux de change réel, si le niveau intérieur des prix P augmente, le taux de change nominal e diminue : en raison de sa valeur maintenant réduite, chaque dollar permet d'acheter moins de yens. Inversement, si le niveau des prix japonais P^* augmente, le taux de change nominal en fait autant : la perte de valeur du yen permet désormais à chaque dollar d'acheter plus de yens.

Il est intéressant de suivre l'évolution des taux de change dans le temps. L'équation du taux de change peut s'écrire comme suit :

$$\begin{pmatrix} \text{Variation} \\ \text{de } e \text{ en \%} \end{pmatrix} = \begin{pmatrix} \text{Variation} \\ \text{de } \epsilon \text{ en \%} \end{pmatrix} + \begin{pmatrix} \text{Variation} \\ \text{de } P^* \text{ en \%} \end{pmatrix} - \begin{pmatrix} \text{Variation} \\ \text{de } P \text{ en \%} \end{pmatrix} \quad (5.22)$$

La variation en pourcentage de ϵ est la variation du taux de change réel. La variation en pourcentage de P est celle du taux d'inflation intérieur π, et celle de P^* n'est autre que celle du taux d'inflation π^* à l'étranger. La variation en pourcentage du taux de change nominal est donc :

$$(\text{Variation en \% de } e) = (\text{Variation en \% de } \epsilon) + (\pi^* - \pi)$$
$$\begin{pmatrix} \text{Variation en \% du} \\ \text{taux de change nominal} \end{pmatrix} = \begin{pmatrix} \text{Variation en \% du} \\ \text{Taux de change réel} \end{pmatrix} + \begin{pmatrix} \text{Écart des} \\ \text{taux d'inflation} \end{pmatrix} \quad (5.23)$$

Cette équation nous dit que la variation en pourcentage du taux de change nominal entre les monnaies de deux pays est égale à la variation en pourcentage du taux de change réel augmenté de l'écart de leurs taux d'inflation. *Si un pays a un taux d'inflation élevé par rapport aux États-Unis, un dollar achète, dans le temps, une quantité croissante de monnaie étrangère. Si, au contraire, un pays a un taux d'inflation modeste par rapport à celui des États-Unis, un dollar permettra progressivement d'acheter de moins en moins d'unités de monnaie étrangère.*

L'analyse qui précède montre comment la politique monétaire affecte le taux de change nominal. Le chapitre 4 nous a appris qu'une croissance rapide de l'offre de monnaie induit une inflation élevée. L'une des conséquences de l'inflation élevée est la dépréciation de la monnaie : un π élevé implique une baisse de e. En d'autres termes, tout comme la croissance monétaire renchérit le prix des biens mesuré en termes monétaires, elle tend à accroître également le prix des devises étrangères mesuré en termes de monnaie nationale.

ÉTUDE DE CAS - L'inflation et les taux de change nominaux

L'examen des données relatives aux taux de change et aux niveaux des prix de divers pays permet rapidement de se rendre compte de l'importance de l'inflation dans l'explication des variations du taux de change nominal. On en trouve les exemples les plus spectaculaires dans les périodes de très forte inflation. Ainsi, entre 1983 et 1988, le niveau des prix mexicains a augmenté de 2 300 %. Sous l'effet de cette inflation, le nombre de pesos qu'il était possible d'acquérir en contre-valeur d'un seul dollar américain est passé de 144 en 1983 à 2 281 en 1988.

Cette relation se vérifie cependant également dans les pays à inflation modérée. La figure 5.13 présente un diagramme de dispersion illustrant la relation entre inflation et taux de change dans 15 pays. L'axe horizontal représente l'écart entre le taux moyen d'inflation de chacun de ces pays et le taux moyen d'inflation aux États-Unis ($\pi^* - \pi$). L'axe vertical mesure la variation moyenne en pourcentage du taux de change entre la monnaie de chacun de ces pays et le dollar américain (variation en % de e). Il en ressort clairement une relation positive entre ces deux variables. Les pays dotés d'un taux d'inflation relativement élevé tendent à voir leur monnaie se déprécier et les pays où le taux d'inflation reste modeste tendent à voir leur monnaie s'apprécier.

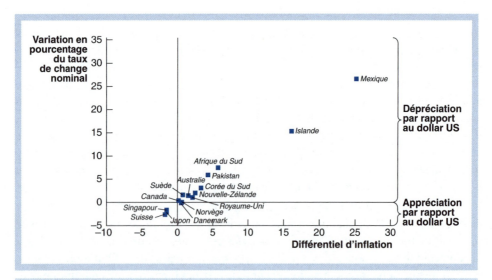

Figure 5.13
Les différentiels d'inflation et le taux de change

Ce diagramme de dispersion représente la relation entre l'inflation et le taux de change nominal. L'axe horizontal mesure l'inflation moyenne de chaque pays diminuée de l'inflation aux États-Unis entre 1972 et 2007. L'axe vertical mesure la variation moyenne en pourcentage du taux de change de chacun des pays par rapport au dollar américain sur la même période. Il ressort clairement de la figure que les pays dont l'inflation relative a été élevée tendent à voir leur monnaie se déprécier, au contraire des pays qui ont enregistré une inflation modeste, dont la monnaie tend à s'apprécier.

Source : Fonds Monétaire International.

> Prenez, par exemple, le taux de change entre le franc suisse et le dollar américain. La Suisse comme les États-Unis ont enregistré une certaine inflation au cours des trente dernières années, de sorte que tant le franc suisse que le dollar permettent d'acheter aujourd'hui moins de biens et services qu'auparavant. Cependant, comme le montre la figure 5.13, l'inflation suisse a été inférieure à celle des États-Unis. En d'autres termes, la valeur du franc suisse s'est moins réduite que celle du dollar. En conséquence, chaque dollar permet d'acheter aujourd'hui moins de francs suisses qu'il y a 30 ans.

5.3.7 Le cas particulier de la parité de pouvoir d'achat

Selon la *loi du prix unique*, principe de base en économie, un même bien ne peut être vendu à des prix différents en divers endroits au même moment. Si une tonne d'acier se vend moins cher à New York qu'à Chicago, il est intéressant d'aller l'acheter à New York pour la revendre à Chicago. À l'affût de telles occasions, d'astucieux arbitragistes, des spécialistes qui vendent et achètent simultanément les mêmes actifs sur des marchés différents afin de tirer profit de la différence des cotes, en se livrant à ce négoce accroîtraient automatiquement la demande d'acier à New York et l'offre d'acier à Chicago. Le prix de l'acier augmenterait à New York et diminuerait à Chicago, ce qui restaurerait l'égalité des prix entre les deux marchés.

On appelle **parité de pouvoir d'achat** cette loi du prix unique appliquée aux marchés internationaux. Elle signifie alors que, si l'arbitrage international est possible, toute monnaie doit avoir le même pouvoir d'achat dans tous les pays. En voici la logique. Si un dollar permettait d'acheter davantage d'acier dans le pays qu'à l'étranger, il serait possible de gagner de l'argent en achetant de l'acier sur le marché intérieur pour le vendre à l'étranger. Les arbitragistes en quête de profit pousseraient à la hausse le prix intérieur de l'acier par rapport à son prix à l'étranger. Inversement, s'il était possible d'acquérir avec un dollar plus d'acier à l'étranger que sur le marché intérieur, les mêmes arbitragistes iraient acheter l'acier à l'étranger pour le revendre sur le marché intérieur, poussant à la baisse le prix de l'acier sur le marché intérieur par rapport à son prix à l'étranger. On voit donc que les arbitragistes internationaux en quête de profits égalisent le prix de l'acier partout dans le monde.

Notre modèle du taux de change réel nous permet d'interpréter cette doctrine de la parité de pouvoir d'achat. L'action rapide des arbitragistes internationaux rend les exportations nettes extrêmement sensibles à de faibles variations du taux de change. Une baisse minime du prix des biens intérieurs par rapport à celui des biens étrangers, soit une baisse minime du taux de change réel, incite les arbitragistes à acheter des biens sur le marché intérieur pour les revendre à l'étranger. De même, toute hausse du prix relatif des biens intérieurs incite les arbitragistes à importer des biens de l'étranger. En conséquence, comme l'illustre la figure 5.14, la courbe des exportations nettes est extrêmement plane pour le taux de change réel qui égalise internationalement le pouvoir d'achat : toute variation, même minime, du taux de change réel, induit une importante variation des exportations nettes. Cette sensibilité extrême des exportations nettes assure que le taux de change d'équilibre est toujours proche du niveau correspondant à la parité de pouvoir d'achat.

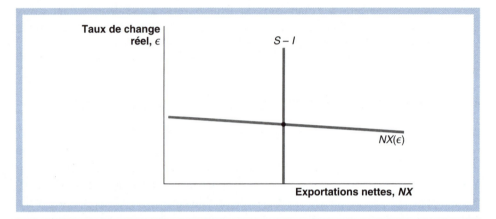

Figure 5.14
La parité de pouvoir d'achat

Appliquée aux marchés internationaux, la loi du prix unique suggère que les exportations nettes sont extrêmement sensibles à des variations minimes du taux de change réel, ce qui se traduit ici par une courbe d'exportations nettes très plane.

La parité de pouvoir d'achat a deux importantes implications. Tout d'abord, comme la pente de la courbe des exportations nettes est très faible, les variations de l'épargne ou de l'investissement n'affectent pas le taux d'intérêt nominal ou réel. Deuxièmement, comme le taux de change réel est fixe, toutes les variations du taux de change nominal provoquent des modifications des niveaux relatifs des prix.

Cette doctrine de la parité de pouvoir d'achat est-elle réaliste ? La plupart des économistes pensent qu'en dépit de sa séduisante logique, la parité de pouvoir d'achat ne décrit pas tout à fait correctement le monde réel. Tout d'abord, de nombreux biens ne se prêtent pas aisément à l'échange. Même s'il est plus cher de se faire couper les cheveux à Tokyo qu'à New York, l'arbitrage international est impuissant, car il est impossible de transporter des coupes de cheveux entre les deux villes. Deuxièmement, même les biens échangeables ne sont pas toujours des substituts parfaits. Certains automobilistes préfèrent les Toyota, d'autres les Ford. Le prix relatif des Toyota et des Ford peut donc varier dans une certaine mesure sans donner l'opportunité de gagner de l'argent par l'arbitrage. Pour ces diverses raisons, les taux de change réels varient bel et bien dans le temps.

Si elle ne décrit pas parfaitement le monde réel, la doctrine de la parité de pouvoir d'achat conduit à s'attendre à de faibles mouvements des taux de change réels.

Sa logique sous-jacente, en effet, est largement fondée : plus le taux de change réel s'écarte du niveau correspondant à la parité des pouvoirs d'achat, plus les arbitragistes ont des raisons d'intervenir. Si, donc, le principe de parité de pouvoir d'achat n'élimine pas toutes les variations du taux de change réel, il nous fournit toute raison de penser que ces variations seront normalement d'ampleur limitée et temporaire [4].

ÉTUDE DE CAS - Le Big Mac dans le monde

Selon la doctrine de la parité de pouvoir d'achat, compte tenu des taux de change, tous les biens devraient se vendre au même prix partout dans le monde. Dans l'autre sens, la même doctrine nous dit que le taux de change entre deux pays devrait dépendre des niveaux relatifs de prix dans ces deux pays.

Pour vérifier la validité de cette doctrine, *The Economist* publie régulièrement les prix dans de nombreux pays d'un bien qui y est vendu, à savoir le hamburger Big Mac de McDonald. Si l'on en croit la parité de pouvoir d'achat, le prix du Big Mac devrait être étroitement lié au taux de change nominal de chaque pays. Plus le prix en monnaie locale du Big Mac est élevé, plus le taux de change (mesuré en dollars américains) devrait l'être également.

Le tableau 5.2 nous montre les prix internationaux, en 2008, d'un Big Mac vendu à l'époque $3,57 aux États-Unis (c'est le prix moyen à New York, San Francisco, Chicago et Atlanta). Ces données nous permettent d'utiliser la doctrine de la parité de pouvoir d'achat pour prévoir les taux de change nominaux. En 2008, le Big Mac coûtait 32 pesos au Mexique : le taux de change entre le dollar et le peso devait donc être 32/3,57, soit 8,96 pesos par dollar. Ce taux de change aurait égalisé le prix, en monnaie locale, du Big Mac au Mexique et aux États-Unis.

Le tableau 5.2 confronte ce taux de change induit au taux de change effectif, pour 32 pays. Les résultats sont contrastés. Les deux dernières colonnes indiquent les taux de change effectifs et induits. Ces deux taux vont généralement dans le même sens. Cette théorie prédit, par exemple, qu'un dollar américain devrait acheter un plus grand nombre de roupies indonésiennes et moins de livres sterling, ce qui s'avère vrai. Dans le cas du Mexique, le taux de change de 8,96 pesos par dollar que nous avons induit au paragraphe précédent est proche du taux de change effectif de 10,2 pesos par dollar. Dans certains pays, l'écart entre taux de change induit et effectif est mince. Dans la plupart des pays, les écarts sont cependant plus prononcés, de l'ordre de 30 % ou plus. Donc, si la théorie de la parité des pouvoirs d'achat donne une indica-

---

[4] Pour plus de détails sur la parité de pouvoir d'achat, voir : Kenneth A. Froot et Kenneth Rogoff, « Perspectives on PPP and Long-Run Real Exchange Rates », in Gene M. Grossman et Kenneth Rogoff, eds., *Handbook of International Economics*, vol. 3 (Amsterdam, North-Holland, 1995).

Tableau 5.2
Les prix du Big Mac et les taux de change : une application de la parité de pouvoir d'achat

Pays	Devise	Prix du Big Mac	Taux de change (par dollar américain)	
			Induit	Effectif
Indonésie	Roupie	18 700,00	5 238,00	9 152,00
Corée du Sud	Won	3 200,00	896,00	1 018,00
Chili	Peso	1 550,00	434,00	494,00
Hongrie	Forint	670,00	188,00	144,00
Japon	Yen	280,00	78,40	106,80
Taiwan	Dollar	75,00	21,00	30,40
Rép. Tchèque	Couronne	66,10	18,50	14,50
Thaïlande	Baht	62,00	17,40	33,40
Russie	Rouble	59,00	16,50	23,20
Norvège	Couronne	40,00	11,20	5,08
Suède	Couronne	38,00	10,60	5,96
Mexique	Peso	32,00	8,96	10,20
Danemark	Couronne	28,00	7,84	4,70
Afrique du Sud	Rand	16,90	4,75	7,56
Hong Kong	Dollar	13,30	3,73	7,80
Égypte	Livre	13,00	3,64	5,31
Chine	Yuan	12,50	3,50	6,83
Argentine	Peso	11,00	3,08	3,02
Arabie Saoudite	Riyal	10,00	2,80	3,75
E.A.U.	Dirham	10,00	2,80	3,67
Brésil	Real	7,50	2,10	1,58
Pologne	Zloty	7,00	1,96	2,03
Suisse	Franc	6,50	1,82	1,02
Malaisie	Ringgit	5,50	1,54	3,20
Turquie	Livre	5,15	1,44	1,19
Nouvelle-Zélande	Dollar	4,90	1,37	1,32
Canada	Dollar	4,09	1,15	1,00
Singapour	Dollar	3,95	1,11	1,35
États-Unis	Dollar	3,57	1,00	1,00
Australie	Dollar	3,45	0,97	1,03
Zone Euro	Euro	3,37	0,94	0,63
Royaume-Uni	Livre	2,29	0,64	0,50

Note : Le taux de change induit est le taux de change qui égaliserait le prix du Big Mac dans chaque pays à son prix aux États-Unis.
Source : *The Economist*, 24 juillet 2008.

tion grossière des niveaux des taux de change, elle est loin d'expliquer totalement ceux-ci.

5.4 CONCLUSION : LES ÉTATS-UNIS EN TANT QUE GRANDE ÉCONOMIE OUVERTE

Dans ce chapitre a été exposé le fonctionnement d'une petite économie ouverte. Dans ce cadre, ont été explicités les déterminants des flux financiers internationaux destinés à l'accumulation du capital et des flux internationaux de biens et services, d'une part, et les déterminants des taux de change réels et nominaux, d'autre part. L'analyse a montré comment diverses politiques, monétaires, budgétaires ou commerciales, affectent la balance commerciale et le taux de change.

Le cadre de cette analyse était une économie de taille réduite, au sens où le taux d'intérêt qui y prévalait se détermine sur les marchés financiers internationaux. Une telle économie ne peut, par définition, pas affecter le taux d'intérêt international : à ce taux, elle peut donc emprunter et prêter tout ce qu'elle veut. Cette hypothèse s'écarte de celle que nous avons formulée, au chapitre 3, lors de l'étude de l'économie fermée. Dans le cadre de celle-ci, le taux d'intérêt intérieur égalise l'épargne et l'investissement intérieurs : en conséquence, toute politique affectant l'épargne ou l'investissement modifie le taux d'intérêt d'équilibre.

Laquelle de ces deux approches devons-nous appliquer à une économie telle que celle des États-Unis ? Un peu des deux. D'une part, les États-Unis ne sont pas suffisamment grands et isolés pour être totalement imperméables aux évolutions qui surviennent à l'étranger. Les importants déficits commerciaux qu'ils ont enregistrés dans les années 1980, 1990 et 2000 démontrent suffisamment qu'ils n'ont pu financer leurs investissements qu'en ayant recours aux marchés financiers internationaux. L'analyse en économie fermée du chapitre 3 ne peut donc expliquer totalement l'impact des politiques sur l'économie américaine.

Par ailleurs, cette économie des États-Unis n'est pas non plus si petite et si ouverte pour que les conclusions du présent chapitre lui soient totalement applicables. D'un côté, les États-Unis ont une économie suffisamment puissante pour influencer les marchés financiers internationaux. N'a-t-on pas imputé à la politique budgétaire américaine les taux d'intérêt réels élevés qui ont prévalu dans le monde pendant toutes les années 1980 ? D'autre part, la mobilité internationale des capitaux peut s'avérer imparfaite, notamment dans le cas où les gens préfèrent détenir leur richesse en actifs nationaux plutôt qu'étrangers. Dans ce cas, les capitaux ne se déplacent pas automatiquement pour égaliser les taux d'intérêt dans tous les pays. Pour ces deux raisons, le modèle de la petite économie ouverte ne s'applique pas non plus immédiatement aux États-Unis.

Pour évaluer les politiques économiques d'un pays tel que les États-Unis, il faut en fait combiner la logique de l'économie fermée du chapitre 3 et celle de la petite économie ouverte de ce chapitre. On trouvera en annexe à celui-ci un modèle d'économie située entre ces deux extrêmes. Ce cadre intermédiaire permet effectivement l'emprunt et le prêt internationaux, alors même que le taux d'intérêt n'est pas dicté par les marchés financiers internationaux. Au contraire, plus l'économie concernée emprunte à l'étranger, plus est élevé le taux d'intérêt qu'elle doit payer à ses créanciers étrangers. Ces résultats, sans la moindre surprise, sont un mélange des deux cas polaires que nous avons déjà étudiés.

Supposons que l'épargne américaine diminue en conséquence d'une expansion budgétaire. Tout comme dans une économie fermée, cette expansion provoque une hausse du taux d'intérêt susceptible d'évincer l'investissement. Par ailleurs, tout comme dans une petite économie ouverte, elle réduit les sorties nettes de capitaux, ce qui entraîne un déficit commercial et une appréciation du taux de change. Nous voyons donc que, si le modèle de la petite économie ouverte que nous venons de construire ne décrit pas tout à fait correctement le fonctionnement d'une économie telle que celle des États-Unis, il donne une bonne indication de la manière dont les politiques économiques affectent la balance commerciale et le taux de change.

SYNTHÈSE

1. Les exportations nettes sont la différence entre exportations et importations. Cette différence est égale à l'écart entre ce que produit un pays et la somme de ce que consomment et investissent ses secteurs privé et public.

2. Les sorties nettes de capitaux sont égales à l'excédent de l'épargne intérieure sur l'investissement intérieur. La balance commerciale enregistre les recettes au titre des exportations nettes de biens et services. L'identité du revenu national pose que les sorties nettes de capitaux sont toujours égales à la balance commerciale.

3. L'impact de toute politique sur la balance commerciale peut être déterminé via son impact sur l'épargne et sur l'investissement. Les politiques qui accroissent l'épargne ou qui diminuent l'investissement induisent un excédent commercial et celles qui diminuent l'épargne et accroissent l'investissement induisent un déficit commercial.

4. Le taux de change nominal est le taux auquel s'échangent les monnaies respectives de deux pays. Le taux de change réel est le taux auquel s'échangent les biens produits par ces deux pays. Le taux de change réel est égal au taux de change nominal multiplié par le rapport des niveaux de prix des deux pays concernés.

5. Comme le taux de change réel est le prix relatif des biens entre les pays, une appréciation du taux de change réel d'un pays tend à réduire la demande de ses exportations nettes. Le taux de change réel d'équilibre est le taux auquel la quantité demandée d'exportations nettes est égale aux sorties nettes de capitaux.

6. Le taux de change nominal est déterminé par le taux de change réel et les niveaux de prix des deux pays concernés. Toutes choses étant égales par ailleurs, un taux d'inflation élevé induit une dépréciation de la monnaie.

CONCEPTS DE BASE

- Exportations nettes
- Balance commerciale
- Sorties nettes de capitaux
- Excédent et déficit commerciaux
- Équilibre commercial
- Petite économie ouverte
- Taux d'intérêt international
- Taux de change nominal
- Taux de change réel
- Parité de pouvoir d'achat

ÉVALUATION DES CONNAISSANCES

1. Qu'entend-on par sorties nettes de capitaux et balance commerciale ? En quoi sont-elles liées ?
2. Définissez les taux de change nominal et réel.
3. Si une petite économie ouverte réduit ses dépenses au titre de la défense nationale, qu'advient-il de l'épargne, de l'investissement, de la balance commerciale, du taux d'intérêt et du taux de change ?
4. Si une petite économie ouverte interdit les importations des DVD japonais, qu'advient-il de l'épargne, de l'investissement, de la balance commerciale, du taux d'intérêt et du taux de change ?
5. Si le Japon a une inflation modérée et le Mexique une inflation élevée, qu'advient-il du taux de change entre le yen et le peso mexicain ?

PROBLÈMES ET APPLICATIONS

1. Utilisez le modèle de la petite économie ouverte pour prévoir ce qu'il adviendra de la balance commerciale, du taux de change réel et du taux de change nominal en réaction aux événements suivants :

    a) Un pessimisme accru des consommateurs quant aux perspectives économiques les incite à dépenser moins et à épargner davantage.

    b) Un nouveau modèle de voiture étrangère détourne certains consommateurs des voitures produites sur le territoire national.

    c) La généralisation des guichets bancaires automatiques réduit la demande d'encaisses monétaires.

2. Les équations qui suivent définissent une économie :
$$Y = C + I + G + NX$$
$$Y = 5000$$
$$G = 1000$$
$$T = 1000$$
$$C = 250 + 0,75\,(Y - T)$$
$$I = 1000 - 50r$$
$$NX = 500 - 500\epsilon$$
$$r = r^* = 5$$

a) Déterminez l'épargne nationale, l'investissement, la balance commerciale et le taux de change d'équilibre de cette économie.

b) Si G passe à 1 250, que deviennent l'épargne nationale, l'investissement, la balance commerciale et le taux de change d'équilibre ? Expliquez votre réponse.

c) G étant revenu à 1 000, le taux d'intérêt mondial passe de 5 à 10 %. Que deviennent l'épargne nationale, l'investissement, la balance commerciale et le taux de change d'équilibre. Expliquez votre réponse.

3. Suite à un changement des goûts internationaux (effet de mode), les exportations d'une petite économie ouverte diminuent.

a) Qu'advient-il de l'épargne, de l'investissement, des exportations nettes, du taux d'intérêt et du taux de change de ce pays ?

b) Les résidents de ce pays aiment voyager à l'étranger. En quoi sont-ils affectés par la modification du taux de change ?

c) Les responsables budgétaires du pays en question souhaitent adapter les impôts pour rétablir le taux de change antérieur. Que doivent-ils faire ? S'ils le font, quels en sont les impacts globaux sur l'épargne, l'investissement, les exportations nettes et le taux d'intérêt ?

4. En 2005, le gouverneur de la Fed, Ben Bernanke, a déclaré dans un discours : « Au cours de la dernière décennie, une combinaison de diverses forces a créé une augmentation significative de l'offre mondiale de l'épargne - surabondance de l'épargne mondiale -, ce qui contribue à expliquer l'augmentation du déficit du compte courant des États-Unis [une mesure importante du déficit commercial] et le niveau relativement faible à long terme des taux d'intérêt réels dans le monde d'aujourd'hui. » Cette déclaration est-elle cohérente avec les modèles que vous avez appris ? Expliquez votre réponse.

5. Qu'advient-il de la balance commerciale et du taux de change réel d'une petite économie ouverte lorsque, en cas de guerre, notamment, les dépenses publiques augmentent ? Votre réponse change-t-elle s'il s'agit d'un conflit local ou d'une guerre mondiale ?

6. Une étude de cas dans le présent chapitre conclut que si les pays pauvres offraient une meilleure efficacité productive et une meilleure protection juridique, la balance commerciale dans les pays riches comme les États-Unis pourrait se trouver en situation excédentaire. Nous allons examiner pourquoi cela pourrait être le cas.

a) Si les pays pauvres offrent une meilleure efficacité productive et une meilleure protection légale, qu'advient-il de la fonction de demande d'investissement dans ces pays ?

b) Comment le changement que vous décrivez en (a) affecte-t-il la demande de fonds prêtables sur les marchés financiers internationaux ?

c) Comment le changement que vous décrivez en (b) affecte-t-il les taux d'intérêt mondiaux ?

d) Comment le changement des taux d'intérêt mondiaux que vous décrivez en (c) affecte-t-il la balance commerciale dans les pays riches ?

7. Le Président du pays envisage de frapper les importations de voitures de luxe japonaises d'un tarif douanier. Que pensez-vous, en termes économiques et politiques, d'une telle mesure ? Plus précisément, comment cette mesure affecterait-elle le déficit commercial du pays ? Le taux de change ? Si une telle mesure était prise, quels en seraient les bénéficiaires et les victimes ?

8. Supposons que la Chine exporte des téléviseurs et utilise le yuan comme monnaie nationale, alors que la Russie exporte de la vodka et utilise le rouble. L'offre de monnaie chinoise est stable et la production des téléviseurs est caractérisée par un progrès technologique lent et constant. L'offre de monnaie en Russie croît très rapidement et le progrès technologique dans la production de la vodka est quasi absent. Sur la base de ces informations, comment devrait évoluer le taux de change réel (mesuré par le nombre de bouteilles de vodka par téléviseur) et le taux de change nominal (mesuré en roubles par yuan) ? Justifiez votre réponse. (Une indication : en ce qui concerne le taux de change réel, pensez au lien entre rareté et prix relatifs.)

9. Certains pays étrangers souhaitent encourager l'investissement en rendant celui-ci fiscalement déductible.

   a) Qu'advient-il de la demande internationale d'investissements en tant que fonction du taux d'intérêt ?
   b) Comment évolue le taux d'intérêt international ?
   c) Comment se comporte l'investissement dans notre petite économie ouverte ?
   d) Et sa balance commerciale ?
   e) Et son taux de change réel ?

10. Selon un ami, « cela coûte beaucoup moins de visiter le Mexique aujourd'hui qu'il y a 10 ans : un dollar vaut aujourd'hui 15 pesos, contre 10 seulement il y une décennie ». Cet ami a-t-il raison ou tort ?
Étant donné qu'au cours de ces dix ans les prix ont augmenté de 100 % au Mexique et de 25 % seulement aux États-Unis, le coût d'un voyage au Mexique a-t-il baissé ou augmenté ? Fondez votre réponse sur un exemple concret susceptible de convaincre votre ami : comparez, par exemple, le prix d'une tasse de café aux États-Unis et au Mexique.

11. La presse nous informe que le taux d'intérêt nominal est de 12 % par an au Canada et de 8 % aux États-Unis. Supposons égaux les taux d'intérêt réels dans les deux pays et respectée la parité de pouvoir d'achat.

   a) À l'aide de l'équation de Fisher présentée au chapitre 4, qu'en déduisez-vous quant à l'inflation anticipée au Canada et aux États-Unis ?
   b) Qu'en déduisez-vous quant à la variation anticipée du taux de change entre le dollar canadien et le dollar américain ?
   c) Pour vous aider à devenir riche rapidement, un ami vous conseille d'emprunter auprès d'une banque américaine au taux de 8 % et de déposer l'argent ainsi obtenu dans une banque canadienne au taux de 12 %, ce qui vous permettra de gagner 4 %. Où est son erreur ?

ANNEXE

LE CAS DE LA GRANDE ÉCONOMIE OUVERTE

L'analyse des politiques économiques d'un pays tel que les États-Unis passe par la jonction de la logique de l'économie fermée du chapitre 3 et de celle de la petite économie ouverte du présent chapitre. Cette annexe propose un modèle d'une économie située entre ces deux extrêmes, appelée *grande économie ouverte*.

Les sorties nettes de capitaux

La différence fondamentale entre la petite et la grande économie ouvertes est le comportement des sorties nettes de capitaux. Dans le modèle de la petite économie ouverte, les flux de capitaux entrent et sortent librement au taux donné r^* d'intérêt international. Le modèle de la grande économie ouverte oblige à changer d'hypothèse en ce qui concerne les flux internationaux de capitaux. Pour comprendre cette hypothèse, il faut se souvenir que les sorties nettes de capitaux sont égales à ce que les investisseurs intérieurs prêtent à l'étranger diminué de ce que les investisseurs étrangers prêtent au pays concerné.

Tout détenteur ou gestionnaire de capitaux peut investir ceux-ci sur le territoire national (par exemple en prêtant aux entreprises qui y travaillent) ou à l'étranger (par exemple, en prêtant à des entreprises non situées sur le territoire national). De nombreux facteurs affectent cette décision, mais l'un de ceux-ci est incontestablement le taux d'intérêt gagné dans l'un et l'autre cas. Plus le taux d'intérêt national est élevé, moins l'on est incité à investir à l'étranger.

La réciproque de cette décision s'applique aux investisseurs étrangers. Plus le taux d'intérêt est élevé ailleurs que chez eux, plus ils sont tentés d'y prêter de l'argent ou d'y acquérir des actifs.

Ce comportement des investisseurs tant intérieurs qu'étrangers induit une relation négative entre les sorties nettes de capitaux CF et le taux d'intérêt intérieur r. La hausse de celui-ci réduit les flux de capitaux sortant du pays et accroît le volume des capitaux étrangers qui y entrent. Ceci peut s'écrire comme suit :

$$CF = CF(r) \qquad (A5.1)$$

Cette équation nous dit que le montant des sorties nettes de capitaux est une fonction du taux d'intérêt intérieur. La figure 5.15 illustre cette relation. Vous remarquerez que CF peut être positif ou négatif selon que l'économie prête ou emprunte sur les marchés financiers internationaux.

La figure 5.16 nous aide à comprendre la relation entre la fonction CF et nos modèles antérieurs. Elle illustre deux cas particuliers : une fonction CF verticale et une fonction CF horizontale.

Le graphique (a) de la figure 5.16 illustre le cas de l'économie fermée. Dans celle-ci, $CF = 0$ quel que soit le taux d'intérêt. C'est le cas lorsque les investisseurs intérieurs et étrangers ne souhaitent pas détenir des actifs étrangers, quel qu'en soit le rendement. C'est le cas également lorsque l'État, comme cela arrive quelquefois, interdit à ses citoyens toute transaction sur les marchés financiers internationaux. En économie fermée, il n'y a ni emprunt ni prêt international et le taux d'intérêt s'ajuste pour égaliser l'épargne et l'investissement intérieurs.

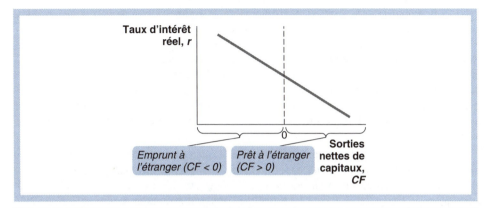

Figure 5.15
L'impact du taux d'intérêt sur les sorties nettes de capitaux

La hausse du taux d'intérêt intérieur détourne les investisseurs intérieurs du prêt à l'étranger et incite les investisseurs étrangers à prêter au pays concerné. Le montant des sorties nettes de capitaux d'un pays CF est donc négativement corrélé au taux d'intérêt en vigueur dans celui-ci.

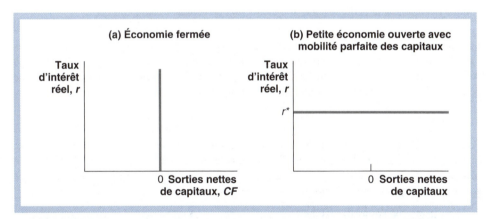

Figure 5.16
Deux cas particuliers

En économie fermée (graphique a), les sorties nettes de capitaux sont nulles quel que soit le taux d'intérêt. En petite économie ouverte avec mobilité parfaite des capitaux (graphique b), les sorties nettes de capitaux sont parfaitement élastiques par rapport au taux d'intérêt international r^*.

Le graphique (b) de la figure 5.16 illustre le cas particulier de la petite économie ouverte, avec mobilité parfaite des capitaux. Dans ce cas, au taux d'intérêt international donné r^*, les capitaux entrent dans le pays et en sortent librement. C'est le cas lorsque les investisseurs intérieurs et étrangers achètent tout actif assurant un rendement maximal et lorsque l'économie est trop petite pour affecter le taux d'intérêt international : le taux d'intérêt de cette économie s'aligne sur ce dernier.

Pourquoi le taux d'intérêt international ne détermine-t-il pas le taux d'intérêt d'une grande économie ouverte telle que celle des États-Unis ? Il y a à cela deux raisons. La première est que les États-Unis sont suffisamment importants pour influencer les marchés financiers internationaux. Plus ils prêtent à l'étranger, plus est grande la disponibilité des fonds dans l'économie mondiale et plus cela pèse à la baisse sur les taux d'intérêt internationaux. Plus un pays tel que les États-Unis emprunte à l'étranger (plus CF devient négatif), plus sont élevés les taux d'intérêt internationaux. Par « grande économie ouverte », nous entendons donc, dans le cadre de ce modèle, les économies de taille suffisamment importante pour affecter les taux d'intérêt internationaux.

La deuxième raison pour laquelle le taux d'intérêt international ne détermine pas le taux d'intérêt d'une économie donnée est l'imparfaite mobilité des capitaux. C'est le cas lorsque les investisseurs intérieurs et étrangers préfèrent détenir leur richesse en actifs intérieurs plutôt qu'étrangers. Cette préférence pour les actifs intérieurs peut avoir pour origine une information imparfaite sur les actifs étrangers ou des restrictions légales à l'emprunt et au prêt internationaux. Dans les deux cas, les fonds destinés à l'accumulation du capital ne se déplacent pas librement pour égaliser les taux d'intérêt dans tous les pays. Au contraire, les sorties nettes de capitaux dépendent alors des taux d'intérêt intérieurs par rapport aux taux étrangers. Les investisseurs américains ne prêtent à l'étranger que si les taux d'intérêt américains sont relativement faibles, et les investisseurs étrangers ne prêtent aux États-Unis que si les taux d'intérêt américains sont relativement élevés. Le modèle de la grande économie ouverte s'applique donc, *mutatis mutandis*, à la petite économie dont les flux de capitaux sont contraints.

On voit donc que la pente négative de la fonction CF trouve son origine, soit dans le fait que la grande économie ouverte peut affecter les taux d'intérêt internationaux, soit dans l'imparfaite mobilité des capitaux, ou encore dans une combinaison de ces deux raisons. En dehors de cette nouvelle fonction CF, le modèle de la grande économie ouverte est très proche de celui de la petite économie ouverte. La section suivante rassemble toutes les pièces du puzzle.

Le modèle

Pour comprendre le fonctionnement de la grande économie ouverte, nous devons étudier deux marchés fondamentaux : le marché des fonds prêtables (où se détermine le taux d'intérêt) et le marché des devises (où se détermine le taux de change). Le taux d'intérêt et le taux de change sont deux prix qui orientent l'allocation des ressources.

Le marché des fonds prêtables

L'épargne S d'une économie ouverte a deux affectations : le financement de l'investissement intérieur I et le financement des sorties nettes de capitaux CF. On a donc :

$$S = I + CF \qquad (A5.2)$$

Comment ces trois variables sont-elles déterminées ? Le niveau de production, la politique budgétaire et la fonction de consommation déterminent conjointement l'épargne nationale. Le taux d'intérêt en fait autant pour l'investissement intérieur et pour les sorties nettes de capitaux. Ainsi,

$$\overline{S} = I(r) + CF(r) \qquad (A5.3)$$

La figure 5.17 décrit le marché des fonds prêtables. L'offre de ces fonds provient de l'épargne nationale. Leur demande est la somme de la demande d'investissement intérieur et de la demande d'investissement extérieur (sorties nettes de capitaux). Le taux d'intérêt s'ajuste pour égaliser l'offre et la demande.

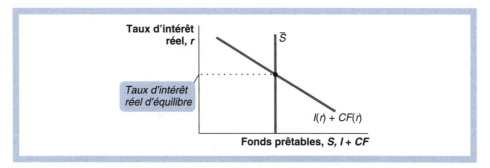

Figure 5.17
Le marché des fonds prêtables dans la grande économie ouverte

Au taux d'intérêt d'équilibre, l'offre de fonds prêtables, alimentée par l'excédent d'épargne S est égale à la demande de fonds prêtables suscitée par l'investissement intérieur I et les sorties nettes de capitaux CF.

Le marché des devises

Tournons-nous maintenant vers la relation entre les sorties nettes de capitaux et la balance commerciale. Selon l'identité comptable du revenu national :

$$NX = S - I \qquad (A5.4)$$

Comme *NX* est fonction du taux de change réel, et comme $CF = S - I$, nous pouvons écrire :

$$NX(\epsilon) = CF \qquad (A5.5)$$

La figure 5.18 décrit l'équilibre sur le marché des devises. Une nouvelle fois, le taux de change réel est le prix qui égalise la balance commerciale et les sorties nettes de capitaux.

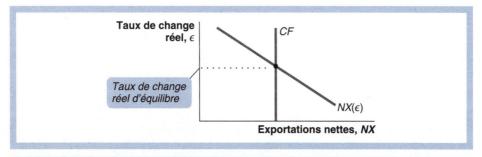

Figure 5.18
Le marché des devises dans la grande économie ouverte

Au taux de change d'équilibre, l'offre de dollars résultant des sorties nettes de capitaux CF est égale à la demande de dollars émanant des exportations nettes de biens et services NX.

Il nous reste une dernière variable à étudier, le taux de change nominal. Comme antérieurement, il est égal au taux de change réel multiplié par le rapport des niveaux de prix :

$$e = \epsilon \times \left(P^*/P\right) \tag{A5.6}$$

La figure 5.18 montre comment se détermine le taux de change réel, les niveaux de prix étant, quant à eux, déterminés par les politiques monétaires intérieures et étrangères décrites au chapitre 4. Les facteurs qui font varier le taux de change réel ou les niveaux de prix modifient également le taux de change nominal.

Les politiques économiques dans une grande économie ouverte

Nous sommes maintenant en mesure d'évaluer l'impact des politiques économiques dans le cadre d'une grande économie ouverte. La figure 5.19 présente les trois graphiques nécessaires à cette évaluation. Le graphique (a) décrit l'équilibre sur le marché des fonds prêtables ; le graphique (b) illustre la relation entre le taux d'intérêt d'équilibre et les sorties nettes de capitaux ; le graphique (c) décrit l'équilibre sur le marché des devises.

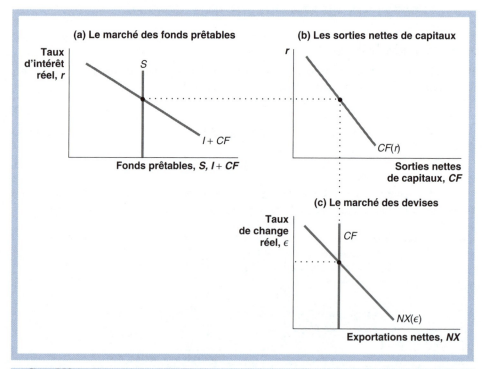

Figure 5.19
L'équilibre dans une grande économie ouverte

Le graphique (a) montre que le marché des fonds prêtables détermine le taux d'intérêt d'équilibre. Le graphique (b) montre que le taux d'intérêt détermine les sorties nettes de capitaux, qui déterminent à leur tour l'offre de dollars susceptibles d'être échangés en devises. Le graphique (c) montre que le taux de change réel s'ajuste pour égaliser cette offre de dollars et la demande émanant des exportations nettes.

La politique budgétaire intérieure

La figure 5.20 illustre les effets d'une politique budgétaire expansionniste, par accroissement des dépenses publiques ou par réduction des impôts. Cette politique diminue l'épargne nationale S, et donc l'offre de fonds prêtables : ceci accroît le taux d'intérêt d'équilibre r. À son tour, ce taux d'intérêt plus élevé réduit à la fois l'investissement intérieur I et les sorties nettes de capitaux CF. Cette réduction des sorties nettes de capitaux pèse négativement sur l'offre de dollars susceptibles d'être échangés contre des devises. Le taux de change s'apprécie et les exportations nettes diminuent.

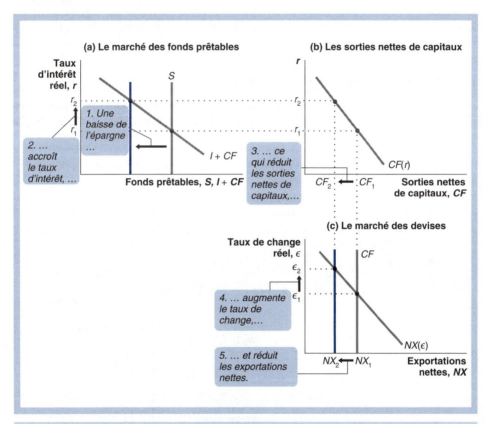

Figure 5.20
Une réduction de l'épargne nationale en grande économie ouverte

Le graphique (a) montre qu'une réduction de l'épargne nationale diminue l'offre de fonds prêtables. Le taux d'intérêt d'équilibre augmente. Le graphique (b) montre que ce taux d'intérêt plus élevé réduit les sorties nettes de capitaux. Le graphique (c) montre que ce niveau réduit des sorties nettes de capitaux se traduit par une offre elle aussi diminuée de dollars sur le marché des devises. Cette offre réduite de dollars entraîne une appréciation du taux de change et une baisse des exportations nettes.

Dans ce modèle, l'impact de la politique budgétaire combine les effets de celle-ci en petite économie ouverte et en économie fermée. Comme dans cette dernière, une expansion budgétaire accroît le taux d'intérêt et évince l'investissement. Comme dans la petite économie ouverte, une expansion budgétaire induit un déficit commercial et une appréciation du taux de change.

L'identité suivante permet de comprendre ce qu'ont en commun les trois types d'économie :

$$S = I + NX \qquad (A5.7)$$

Dans les trois cas, la politique budgétaire expansionniste réduit l'épargne nationale S. En économie fermée, cette baisse est compensée par une baisse équivalente de I, ce qui laisse NX constant et nul. En petite économie ouverte, la baisse de S entraîne une baisse équivalente de NX, ce qui permet à I de demeurer constant au niveau donné par le taux d'intérêt international. La grande économie ouverte se situe entre les deux : I et NX baissent, mais chacun moins que S.

Déplacements de la demande d'investissement

La figure 5.21 montre l'impact d'un déplacement vers la droite de la courbe de demande d'investissement éventuellement provoqué par l'introduction d'une déductibilité fiscale. La

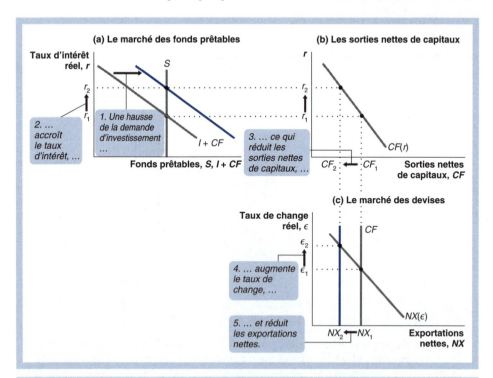

Figure 5.21
Une hausse de la demande d'investissement dans une grande économie ouverte

Le graphique (a) montre qu'une hausse de la demande d'investissement accroît le taux d'intérêt. Le graphique (b) montre que ce taux d'intérêt supérieur réduit les sorties nettes de capitaux. Le graphique (c) montre que cette réduction des sorties nettes de capitaux provoque une appréciation du taux de change réel et une baisse des exportations nettes.

demande de fonds prêtables augmente et, avec elle, le taux d'intérêt d'équilibre. Ce taux d'intérêt plus élevé réduit les sorties nettes de capitaux : les Américains prêtent moins à l'étranger et les étrangers prêtent davantage aux Américains. La baisse des sorties nettes de capitaux réduit l'offre de dollars sur le marché des devises. Le taux de change s'apprécie et les exportations nettes diminuent.

Les politiques commerciales

La figure 5.22 illustre l'impact d'une restriction des échanges qui peut revêtir la forme d'un contingentement des importations. La demande réduite d'importations déplace la courbe des exportations nettes vers la droite. Comme rien n'a changé sur le marché des fonds prêtables, le taux d'intérêt demeure inchangé, mais ceci implique à son tour la stabilité des sorties nettes de capitaux. En définitive, le déplacement de la courbe des exportations nettes se traduit par une appréciation du taux de change. Cette hausse rend plus chers les biens américains par rapport aux biens étrangers, ce qui déprime les exportations et stimule les importations. En définitive, la restriction des échanges n'a aucun impact sur la balance commerciale.

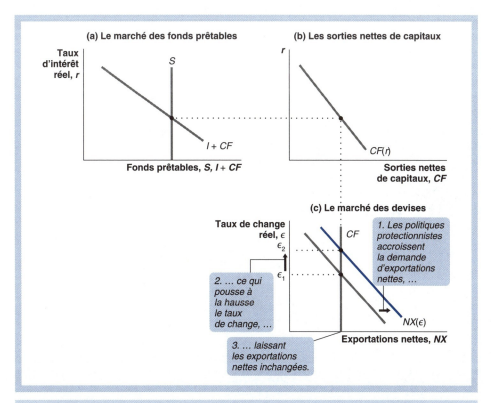

Figure 5.22
Une restriction des importations dans une grande économie ouverte

Une restriction des importations augmente la demande d'exportations nettes, comme le montre le graphique (c). Le taux de change réel s'apprécie, mais la balance commerciale d'équilibre demeure inchangée. Rien ne se passe sur le marché des fonds prêtables du graphique (a), ni en ce qui concerne les sorties nettes de capitaux du graphique (b).

Déplacements de la courbe des sorties nettes de capitaux

Divers facteurs peuvent déplacer la courbe *CF*. L'un de ceux-ci est la politique budgétaire étrangère. Ainsi, si l'Allemagne met en œuvre une politique budgétaire encourageant l'épargne allemande, le taux d'intérêt allemand baisse. Ce taux allemand plus faible décourage les investisseurs américains de prêter de l'argent aux Allemands, mais encourage les investisseurs allemands à prêter de l'argent aux Américains. Pour tout taux d'intérêt américain donné, les sorties nettes de capitaux des États-Unis diminuent.

Une autre cause de déplacement de la courbe *CF* est l'instabilité politique à l'étranger. Lorsqu'éclate un conflit dans un pays donné, les investisseurs de tous les pays du monde s'efforcent de retirer de ce pays ce qu'ils y possèdent pour l'investir dans un « refuge » où règne la stabilité. Les sorties nettes de capitaux de tous ces pays diminuent.

La figure 5.23 illustre l'impact d'un déplacement de la courbe *CF*. La demande réduite de fonds prêtables pèse à la baisse sur le taux d'intérêt d'équilibre. Le taux d'intérêt réduit tend à accroître les sorties nettes de capitaux, mais ceci ne fait qu'atténuer l'ampleur du déplacement de la courbe *CF*. Le niveau réduit des sorties nettes de capitaux diminue l'offre de dollars sur le marché des devises. Le taux de change s'apprécie et les exportations nettes diminuent.

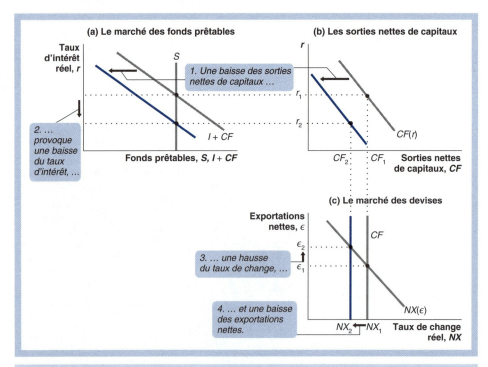

Figure 5.23
La baisse des sorties nettes de capitaux dans une grande économie ouverte

Le graphique (a) montre qu'un déplacement vers la gauche de la courbe *CF* réduit la demande de fonds prêtables, et donc le taux d'intérêt d'équilibre. Le graphique (b) montre la baisse du niveau des sorties nettes de capitaux. Le graphique (c) montre l'appréciation du taux de change réel et la baisse des exportations nettes.

L'économie ouverte

Conclusion

Les économies ouvertes, grandes ou petites, sont-elles fondamentalement différentes ? Il est incontestable que les politiques économiques affectent le taux d'intérêt dans les premières, et non dans les secondes. En dehors de cela, les deux modèles conduisent aux mêmes conclusions. Tant dans les grandes que dans les petites économies ouvertes, les politiques économiques qui accroissent l'épargne ou diminuent l'investissement induisent des excédents commerciaux. À l'inverse, les politiques économiques qui réduisent l'épargne ou qui accroissent l'investissement se traduisent par des déficits commerciaux. Dans les deux types d'économie, les politiques commerciales protectionnistes provoquent une appréciation du taux de change sans aucun impact sur la balance commerciale. Cette similarité des résultats nous autorise, dans la plupart des cas, à recourir au modèle plus simple de la petite économie ouverte, même si l'économie effectivement considérée n'est pas véritablement petite.

Quelques problèmes et applications supplémentaires

1. En quelque point du monde qu'il survienne, un conflit armé affecte les économies des autres pays. Quels en sont les impacts sur une grande économie ouverte en ce qui concerne l'épargne, l'investissement, la balance commerciale, le taux d'intérêt et le taux de change ? Pour ne pas trop compliquer les choses, étudiez de manière distincte l'impact de chacun des événements suivants :

    a) Craignant la généralisation de la guerre, les autres pays accroissent leurs achats d'équipement militaire.

    b) Les exportations d'armes de haute technologie, dont les États-Unis sont grands producteurs, augmentent.

    c) Les entreprises, devant l'incertitude provoquée par le conflit, ajournent leurs projets d'investissement.

    d) Devant la même incertitude, les consommateurs épargnent davantage.

    e) Craignant les voyages à l'étranger, les résidents de chaque pays passent leurs vacances dans le leur.

    f) Les détenteurs de fonds investissent dans les pays réputés « sûrs ».

2. Le 21 septembre 1995, « le Président de la Chambre, Newt Gingrich, menaça d'assigner les États-Unis en défaut de paiement pour la première fois dans l'histoire de la nation, pour contraindre l'administration Clinton à équilibrer le budget fédéral, comme le demandaient les républicains » (*New York Times*, 22 septembre 1995, p. A1). Ce même jour, le taux d'intérêt sur les obligations d'État américaines à 30 ans passa de 6,46 % à 6,55 %, et la valeur du dollar par rapport au yen diminua de 102,7 à 99,0. Utilisez le modèle de la grande économie ouverte pour expliquer cet événement.

6

LE CHÔMAGE

Un homme désireux de travailler, et qui ne trouve pas de travail, voilà sans doute la chose la plus triste que donne à voir sous le soleil l'inégalité de la fortune.
Thomas Carlyle

6.1	Perte d'emploi, acquisition d'emploi et taux de chômage naturel	221
6.2	Recherche d'emploi et chômage frictionnel	223
6.3	Rigidité du salaire réel et chômage structurel	226
6.4	L'expérience du marché du travail : le cas des États-Unis	234
6.5	L'expérience du marché du travail : le cas de l'Europe	239
6.6	Conclusion	246

Le chômage est le phénomène macroéconomique qui affecte le plus directement et le plus gravement les individus. Pour la plupart des gens, la perte d'un emploi signifie réduction du niveau de vie et détresse psychologique. On ne s'étonnera pas, dès lors, que le chômage soit fréquemment au centre des débats politiques et que les hommes politiques prétendent souvent que leurs propositions de politique économique contribueront à créer des emplois.

Les économistes étudient le chômage dans le but d'en identifier les causes et de contribuer à améliorer les politiques publiques du marché du travail. Certaines de ces politiques, telles que les programmes de formation, ont pour but d'aider les gens à retrouver un emploi. D'autres, telles que l'assurance-chômage, ont pour objet d'aider les chômeurs à survivre. Mais d'autres politiques encore affectent, sans le vouloir, le volume du chômage. Ainsi, nombreux sont les économistes qui croient que les législations sur le salaire minimum sont génératrices de chômage, plus particulièrement le chômage des personnes les moins qualifiées de la population active. En mettant au jour certains effets secondaires non désirés des politiques publiques, les économistes peuvent aider les décideurs politiques à mieux calibrer celles-ci.

Nous avons jusqu'ici ignoré le problème du chômage. En étudiant le revenu national au chapitre 3, nous avons supposé que l'économie était en plein emploi. Il est clair, pourtant, que, dans la vie réelle, tout membre de la population active n'a pas un emploi à tout moment : toutes les économies de marché ont un certain volume de chômage.

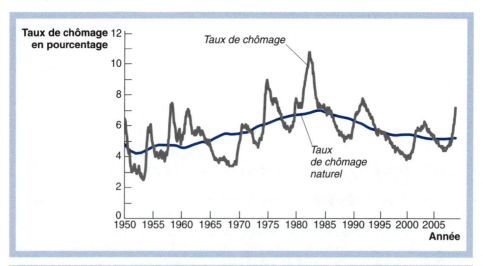

Figure 6.1
Le taux de chômage et le taux de chômage naturel aux États-Unis

Il y a toujours un certain niveau de chômage. Le taux de chômage naturel est le taux moyen autour duquel le taux de chômage fluctue. (Le taux de chômage naturel, en toute année donnée, est ici estimé par la moyenne des taux de chômage des 10 années précédentes et des 10 années à venir. Les taux de chômage futurs sont fixés à 5,5 %.)
Source : Bureau of Labor Statistics.

Le chômage

La figure 6.1 retrace l'évolution du taux de chômage - la fraction de la population active qui est inoccupée - aux États-Unis depuis 1950. S'il fluctue d'année en année, le chômage est toujours présent, avec un taux moyen de 5 à 6 % qui indique qu'environ une personne sur 18 à la recherche d'un emploi n'en trouve pas.

Dans le cadre de ce chapitre, nous entamons notre étude du chômage par l'analyse de ses causes et des déterminants de son niveau. Nous n'aborderons qu'à la partie IV de ce manuel les fluctuations du taux de chômage d'année en année, dans le cadre de l'étude plus générale des fluctuations économiques de court terme. Ici, nous nous centrons sur les déterminants du **taux de chômage naturel**, soit le taux de chômage moyen autour duquel l'économie fluctue. On peut le considérer comme le taux de chômage stationnaire, car c'est le taux vers lequel l'économie tend à long terme.

6.1 PERTE D'EMPLOI, ACQUISITION D'EMPLOI ET TAUX DE CHÔMAGE NATUREL

Chaque jour, certains travailleurs perdent ou abandonnent leur emploi et certains chômeurs en trouvent un. Ce va-et-vient continuel détermine la fraction de la population active qui est inoccupée. Dans cette section, nous construisons un modèle de la dynamique de la population active - l'ensemble des personnes ayant ou cherchant un emploi - qui détermine le taux de chômage naturel [1].

Nous désignons la population active par L, par E ceux de ses membres qui ont un emploi et par U ceux de ses membres qui n'en ont pas. Tout membre de la population active est nécessairement occupé ou inoccupé. Ainsi, la population active est donnée par la relation suivante :

$$L = E + U \qquad (6.1)$$

Le taux de chômage qui est défini comme la part de chômeurs dans la population active, est donné par U/L.

Pour nous centrer sur les déterminants du chômage, nous supposons donnée la taille de la population active L. La figure 6.2 illustre la transition des individus entre emploi et non-emploi : s désigne le *taux de perte d'emploi* (ou taux de séparation), soit la fraction des individus occupés qui perdent leur travail chaque mois ; f désigne le *taux d'acquisition d'emploi* (ou taux d'embauche), soit la fraction des individus non occupés qui trouvent un emploi chaque mois. Nous supposons constants ces deux taux, pour voir comment ils déterminent conjointement le taux de chômage.

---

[1] Robert E. Hall, « A Theory of the Natural Rate of Unemployment and the Duration of Unemployment », *Journal of Monetary Economics* 5 (avril 1979), 153-169.

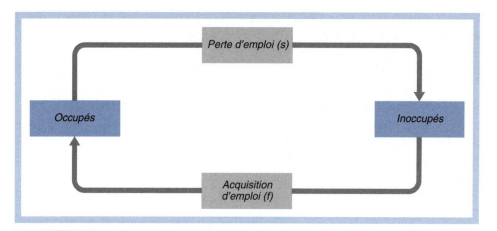

Figure 6.2
Les transitions entre emploi et chômage

À chaque période, une fraction *s* des individus occupés perdent leur travail et une fraction *f* des travailleurs inoccupés en trouvent un. Les taux de perte et d'acquisition d'emploi (ou embauche) déterminent conjointement le taux de chômage.

Si le taux de chômage ne varie pas, en d'autres termes si le marché du travail est en *état stationnaire*, le nombre de personnes trouvant un emploi doit nécessairement être égal à celui des personnes qui perdent le leur. Comme fU est le nombre de personnes qui trouvent un emploi et sE le nombre de personnes qui perdent leur emploi, ces deux valeurs doivent être égales ce qui définit la condition d'un état stationnaire :

$$f \times U = s \times E \qquad (6.2)$$

Nous pouvons réaménager cette équation pour trouver le taux de chômage stationnaire. De la définition d'une population active, nous savons que $E = L - U$: le nombre de personnes occupées est égal à la population active diminuée du nombre de personnes inoccupées. En substituant $(L - U)$ à E sous la condition d'état stationnaire, nous obtenons :

$$f \times U = s(L - U) \qquad (6.3)$$

En divisant les deux membres de l'équation par L, nous obtenons :

$$f \times \frac{U}{L} = s\left(1 - \frac{U}{L}\right) \qquad (6.4)$$

En résolvant U/L, nous obtenons :

$$\frac{U}{L} = \frac{s}{s+f} = \frac{1}{1+f/s} \qquad (6.5)$$

Le chômage

Cette équation montre que le taux de chômage stationnaire *U/L* est fonction des taux de perte d'emploi *s* et d'embauche *f*. Plus est élevé le taux de perte d'emploi, plus le taux de chômage l'est également. Plus est élevé le taux d'embauche, moins l'est le taux de chômage.

Voici un exemple numérique. Supposons que 1 % des personnes occupées perdent leur emploi chaque mois ($s = 0,01$). Ceci implique que chaque individu conserve en moyenne son emploi pendant 100 mois, soit environ 8 ans. Supposons encore qu'environ 20 % des personnes inoccupées trouvent un emploi chaque mois ($f = 0,20$). En d'autres termes, la durée moyenne de chômage est égale à 5 mois. Dans ce cas, le taux de chômage stationnaire est

$$\frac{U}{L} = \frac{0,01}{0,01 + 0,20} = 0,0476 \tag{6.6}$$

Dans cet exemple, le taux de chômage est d'environ 5 %.

Ce modèle du taux de chômage naturel a une implication évidente, mais importante, pour les politiques agissant sur le marché du travail. *Toute politique ayant pour objet de réduire le taux de chômage naturel doit, soit réduire le taux de perte d'emploi, soit accroître le taux d'embauche. De même, toute politique affectant le taux de perte d'emploi ou le taux d'embauche a un impact automatique sur le taux de chômage naturel.*

Pour utile qu'il soit, en vue de relier le taux de chômage aux taux de perte et d'acquisition d'emploi, ce modèle ne répond pas à une question essentielle : d'où vient le chômage ? Si chacun pouvait rapidement trouver un emploi, le taux d'acquisition d'emploi serait très élevé et le taux de chômage pratiquement nul. En fait, notre modèle du chômage fait l'hypothèse que l'acquisition d'un emploi n'est pas instantanée, mais il n'explique pas pourquoi. Les deux sections qui suivent examinent deux sources potentielles de chômage : la recherche d'emploi et la rigidité des salaires.

6.2 RECHERCHE D'EMPLOI ET CHÔMAGE FRICTIONNEL

L'une des raisons du chômage est que la rencontre entre travailleurs et emplois demande du temps. Le modèle d'équilibre du marché du travail agrégé exposé au chapitre 3 fait l'hypothèse que tous les travailleurs et tous les emplois sont identiques : tous les travailleurs, indistinctement, conviennent également pour occuper les postes disponibles. S'il en était vraiment ainsi, et si le marché du travail était en équilibre, la perte d'un emploi ne se traduirait pas par du chômage : tout travailleur licencié retrouverait immédiatement un nouvel emploi au salaire du marché.

En réalité, les travailleurs ont des préférences et des compétences différentes. De même, les emplois ont des exigences également différentes. De surcroît, les flux d'information sur les candidatures et les vacances de postes sont imparfaits, de même que la mobilité géographique des travailleurs. Pour toutes ces raisons, la recherche d'un emploi adéquat exige du temps et des efforts, ce qui réduit le taux d'embauche. Dans la mesure où les divers emplois disponibles exigent des compétences différentes, et sont assortis de rémunérations également différentes, les travailleurs n'acceptent pas nécessairement le premier emploi qui leur est proposé. On appelle **chômage frictionnel** la fraction du chômage total expliquée par le temps nécessaire à la recherche d'un emploi.

6.2.1 *Les causes du chômage frictionnel*

Dans une économie en constante évolution, un certain chômage frictionnel est inévitable. Pour toute une série de raisons, les différents biens que demandent les entreprises et les ménages évoluent dans le temps. La variation de la demande de biens entraîne celle de la demande des travailleurs qui les produisent. Ainsi, l'invention de l'ordinateur personnel a réduit la demande de machines à écrire et donc celle des travailleurs de l'industrie des machines à écrire. Parallèlement, ce déplacement de la demande des machines à écrire vers les ordinateurs a accru la demande de travail dans l'industrie électronique. De même, les diverses régions produisant des biens différents, la demande de travail peut croître dans une partie du pays, et diminuer ailleurs. La hausse du prix du pétrole induit une demande accrue des travailleurs de l'industrie pétrolière du Texas et une baisse des travailleurs de l'industrie automobile du Michigan. On parle alors de **glissement sectoriel ou régional** de la demande de travail. Ces glissements sectoriels ainsi que le temps nécessaire aux travailleurs pour changer de secteurs d'activité sont des sources permanentes du chômage frictionnel.

Les autres sources de perte d'emploi sont multiples : faillite de l'entreprise, rendement du travailleur jugé insuffisant, compétences du travailleur devenues obsolètes, choix du travailleur de changer de carrière ou de s'établir ailleurs dans le pays : tout ceci contribue également à expliquer le chômage frictionnel qui est de toute façon inévitable.

6.2.2 *Les politiques publiques et le chômage frictionnel*

De nombreuses politiques publiques s'efforcent de réduire le taux de chômage naturel en pesant sur le chômage frictionnel. Les agences publiques de l'emploi diffusent l'information sur les emplois disponibles pour faciliter l'accès des travailleurs à ceux-ci plus efficacement. Des programmes de formation sont mis en place pour faciliter le passage des travailleurs des branches d'activité en déclin vers les branches en expansion. Si ces programmes réussissent à accroître le taux d'acquisition d'emploi, ils réduisent du même fait le taux de chômage naturel.

Par contre, il est des programmes publics qui accroissent le chômage frictionnel par inadvertance. L'un de ceux-ci est l'**assurance-chômage**. Celle-ci a pour but de garantir aux travailleurs une fraction de leur salaire antérieur pendant une période donnée consécutive à la perte de leur emploi. Ces programmes diffèrent selon les pays et varient d'une année à une autre. Par exemple, aux États-Unis, un chômeur va toucher 50 % de son dernier salaire pendant 26 semaines. En Europe, ces programmes sont plus généreux.

Selon certains économistes, une législation souple d'assurance-chômage augmente le chômage frictionnel et le taux de chômage naturel. Le fait de percevoir une indemnité de chômage décourage les travailleurs de rechercher un nouvel emploi et les détourne probablement des emplois les moins attrayants. Ceci réduit le taux d'acquisition d'emploi. De surcroît, toujours selon la même thèse, sûrs de percevoir des indemnités de chômage, les travailleurs sont moins exigeants sur leur sécurité d'emploi lorsqu'ils négocient leur contrat de travail. Ceci accroît le taux de perte d'emploi.

Selon d'autres, ces régimes d'assurance-chômage ont toutefois pour avantage de garantir aux travailleurs qui perdent leur emploi un revenu minimum, ce qui a un impact bénéfique sur la consommation et qui, donc, joue un rôle de stabilisateur automatique de la demande. En outre, si l'assurance-chômage incite les travailleurs à être plus exigeants en termes de conditions et de nature de leur emploi, ceci peut conduire à un meilleur appariement entre travailleurs et emplois. L'évaluation des coûts et avantages des divers systèmes d'assurance-chômage n'est pas, on le voit, chose aisée. Sans surprise, de nombreuses recherches y sont consacrées.

Diverses propositions de réforme de l'assurance-chômage ont pour objet de réduire le chômage. L'une d'entre elles consiste à obliger l'employeur qui licencie un travailleur à prendre en charge la totalité des indemnités de chômage de celui-ci. On qualifie ce système de *couverture intégrale* parce que l'employeur verse à la caisse d'assurance-chômage un montant qui couvre intégralement les épisodes de chômage de ses travailleurs. Actuellement, la plupart des systèmes n'assurent qu'une *couverture partielle* : l'employeur n'assure qu'une partie des indemnités des travailleurs qu'il licencie, le solde étant pris en charge par l'État. Cette indemnisation partielle incite bien entendu les entreprises à licencier, même si elles n'ont que très provisoirement besoin de moins de travailleurs. L'obligation de couverture intégrale pourrait contribuer à les en dissuader.

Étude de cas - Assurance-chômage et recherche d'emploi

De nombreuses études se sont penchées sur l'impact de l'assurance-chômage sur la recherche d'emploi. Les plus convaincantes d'entre elles sont des études longitudinales retraçant des parcours professionnels individuels se prêtant, mieux que les taux de chômage macroéconomiques, à des interprétations précises.

L'une de ces études, consacrée au comportement des chômeurs à mesure que s'épuise la période pendant laquelle ils ont droit à des indemnités de chômage, conclut que la probabilité qu'ils retrouvent un emploi est multipliée par plus de deux au terme de cette période. Deux explications sont possibles : la perspective d'exclusion du droit aux indemnités de chômage conduit le demandeur d'emploi, soit à intensifier sa recherche d'un emploi, soit à accepter un emploi qu'il aurait spontanément refusé en raison d'un salaire médiocre ou de mauvaises conditions de travail [2].

Une expérience menée en 1985 dans l'État d'Illinois éclaire également l'impact des incitations économiques sur la recherche d'emploi. L'expérience consistait à offrir une prime de $500 à un groupe de demandeurs d'emploi sélectionnés de manière aléatoire pourvu qu'ils trouvent un emploi dans un délai de 11 semaines et à comparer le comportement des membres de ce groupe à celui d'un groupe de contrôle auquel la prime n'était pas proposée. Les durées de chômage moyennes des membres des deux groupes ont été respectivement de 17 et de 18,3 semaines. La prime a donc permis de réduire de 7 % la durée de chômage moyenne, peut-être parce qu'elle a incité à intensifier la recherche d'un emploi, démontrant a contrario l'impact négatif de l'assurance-chômage sur le taux d'acquisition d'emploi [3].

6.3 RIGIDITÉ DU SALAIRE RÉEL ET CHÔMAGE STRUCTUREL

La **rigidité des salaires** est une deuxième cause de chômage : contrairement à ce qui se passe dans le modèle d'équilibre du marché du travail du chapitre 3, les salaires ne s'ajustent pas en vue d'équilibrer l'offre et la demande de travail. En effet, les salaires ne sont pas toujours flexibles. Parfois, le salaire réel est bloqué à un niveau supérieur à celui de l'équilibre.

La figure 6.3 montre pourquoi cette rigidité des salaires induit du chômage. Quand le salaire réel est supérieur au niveau qui équilibre l'offre et la demande, la quantité offerte de travail excède la quantité demandée. Les entreprises répartissent parcimonieusement les emplois disponibles entre les travailleurs candidats, le taux d'acquisition d'emploi diminue et le taux de chômage augmente.

On appelle **chômage structurel** le chômage résultant de la rigidité des salaires et du rationnement des emplois : au salaire en vigueur, l'offre de travail excède la demande. Les travailleurs concernés attendent que de nouveaux emplois soient rendus disponibles au salaire en vigueur.

Pour comprendre la rigidité des salaires et le chômage structurel, nous devons examiner les raisons pour lesquelles le marché du travail ne s'équilibre pas. Quand le

---

[2] Lawrence F. Katz et Bruce D. Meyer, « Unemployment Insurance, Recall Expectations and Unemployment Outcomes », *Quarterly Journal of Economics*, 105, novembre 1990, pp. 973-1002.

[3] Stephen A. Woodbury et Robert G. Spiegelman, « Bonuses to Workers and Employers to Reduce Unemployment : Randomized Trials in Illinois », *American Economic Review*, 77, septembre 1987, pp. 513-530.

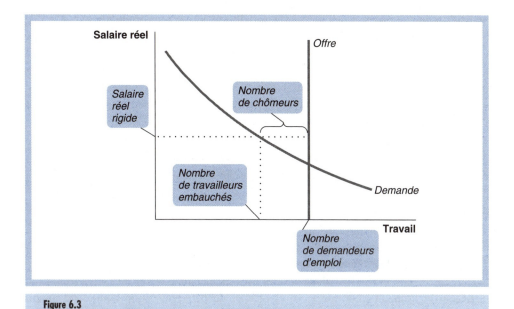

Figure 6.3
La rigidité du salaire réel induit un rationnement des emplois

Si le salaire réel se maintient au-dessus du niveau d'équilibre, l'offre de travail excède la demande, ce qui crée du chômage.

salaire réel est supérieur au salaire d'équilibre et quand l'offre est supérieure à la demande, on devrait s'attendre à ce que les entreprises réduisent les salaires qu'elles sont prêtes à payer. Le chômage structurel se produit car les entreprises n'arrivent pas à réduire les salaires malgré l'offre excédentaire de travail. Nous examinons, ci-dessous, successivement, trois raisons possibles pour lesquelles les salaires sont rigides : les législations sur le salaire minimum, le pouvoir de négociation des syndicats de travailleurs et les salaires d'efficience.

6.3.1 Les législations sur le salaire minimum

Les lois sur le salaire minimum obligent les entreprises à payer à leurs travailleurs un salaire minimum. Aux États-Unis, celui-ci est habituellement équivalent de 30 à 50 % du salaire moyen dans l'industrie manufacturière. La plupart des travailleurs gagnent davantage que ce plancher. Cependant, cette obligation légale permet aux travailleurs les moins qualifiés et les moins expérimentés de gagner un salaire supérieur à celui qui correspond à leur productivité marginale, soit à leur niveau d'équilibre. La conséquence en est une réduction de la demande des entreprises pour ce type de travailleurs.

Les économistes estiment que le salaire minimum a un plus grand impact sur le chômage des jeunes. En effet, le salaire d'équilibre des jeunes a tendance à être bas pour deux raisons. Tout d'abord, comme les jeunes sont parmi les travailleurs les moins qualifiés et les moins expérimentés de la population active, leur productivité marginale est faible. Deuxièmement, les jeunes travailleurs prennent souvent une partie de leur « traitement » sous forme de « formation en cours » sur les lieux du travail plutôt que des paiements directs. L'apprentissage en est un exemple classique. Pour ces deux raisons, le salaire pour lequel l'offre de travail chez les jeunes égalise la demande, est faible. Le salaire minimum est donc plus souvent obligatoire pour les jeunes que pour les autres catégories de la population active.

De nombreux économistes ont analysé l'impact du salaire minimum dans le temps sur l'emploi des jeunes. Ils ont étudié divers épisodes de variations du salaire minimum en vue d'en estimer les impacts sur le chômage des jeunes. Ils concluent qu'une augmentation de 10 % du salaire minimum réduit l'emploi des jeunes travailleurs de 1 à 3 %[4].

Le salaire minimum est une éternelle source de débat politique. Les partisans d'un salaire minimum plus élevé le considèrent comme un moyen d'améliorer les revenus des travailleurs pauvres. Certes, le salaire minimum ne fournit qu'un maigre niveau de vie : aux États-Unis, deux adultes travaillant à temps plein au salaire minimum gagneront légèrement plus que le seuil officiel de pauvreté d'une famille de quatre personnes. Bien que les partisans du salaire minimum admettent souvent qu'une telle politique constitue une cause de chômage pour une certaine catégorie de la population active, ils notent que c'est le prix à payer afin de sortir d'autres catégories de la pauvreté.

Les opposants d'un salaire minimum plus élevé affirment que ce n'est pas la meilleure façon d'agir pour aider les travailleurs pauvres. Ils affirment que, non seulement une telle politique est une source de chômage, mais aussi qu'elle est mal ciblée. En effet, de nombreux travailleurs au salaire minimum sont des jeunes des classes moyennes travaillant pour de l'argent de poche, plutôt que des chefs de famille.

Beaucoup d'économistes et de décideurs publics estiment que l'*Earned Income Tax Credit (EITC)* est une meilleure façon d'augmenter les revenus des travailleurs pauvres. En effet, c'est un mécanisme de crédit d'impôts bénéficiant aux foyers ayant des revenus du travail modestes. Il est déduit du montant d'impôt sur le revenu fédéral : s'il excède les impôts, la différence fait l'objet d'un versement direct, s'il est inférieur à l'impôt son montant diminue d'autant l'impôt dû. Contrairement au salaire minimum, l'*EITC* n'augmente pas le coût de la main-d'œuvre pour les entreprises et, par conséquent, ne réduit pas la quantité de travail que les entreprises demandent. Il présente l'inconvénient, toutefois, de réduire les recettes fiscales.

---

4 Charles Brown, « Minimum Wages Laws : Are They Overrated ? » *Journal of Economic Perspectives* 2 (été 1988), 133-146. Brown présente l'idée principale des effets du salaire minimum, mais il convient de noter que l'ampleur de ces effets sur l'emploi est controversée. Pour les recherches suggérant des effets négligeables sur l'emploi, voir David Card et Alan Krueger, *Myth and Measurement : The New Economics of the Minimum Wage* (Princeton, N.J. : Princeton University Press, 1995) ; et, Lawrence Katz et Alan Krueger, « The effect of the Minimum Wage on the Fast-Food Industry », *Industrial and Labor Relations Review* 46 (octobre 1992), 6-21. Pour les recherches présentant des conclusions différentes, voir David Neumark and William Washer, « Employment Effects of Minimum and Subminimum Wages : Panel Data on State Minimum Wage Law », *Industrial and Labor Relations Review* 46 (octobre 1992), 55-81.

ÉTUDE DE CAS - Les caractéristiques des travailleurs touchant le salaire minimum

Qui gagne le salaire minimum aux États-Unis ? La réponse peut se trouver dans l'enquête sur le marché du travail, *Current Population Survey*, qui calcule le taux de chômage et de nombreuses autres variables statistiques. En 2008, le Bureau of Labor Statistics a publié un rapport décrivant les travailleurs qui gagnaient tout juste (ou moins) le salaire minimum de 2007, lorsque, en juillet, celui-ci est passé de $5,15 à $5,85 l'heure. Voici un résumé.

- Environ 76 millions des travailleurs américains sont payés à l'heure, ce qui représente 59 % de tous les salaires et des salariés. Parmi ceux-ci, 267 000 déclarent gagner exactement le salaire minimum, soit $5,85 l'heure, et 1,5 million déclarent en gagner moins. Gagner moins que le salaire minimum est possible parce que certains travailleurs ne sont pas soumis à la loi car son application est imparfaite (les livreurs de journaux, par exemple), et parce que certains travailleurs arrondissent à la baisse le salaire horaire lorsqu'ils sont interrogés.

- Les travailleurs touchant le salaire minimum sont plus souvent des femmes que des hommes : près de 1 % des hommes et 3 % des femmes ont déclaré avoir touché le salaire minimum ou moins.

- Ils ont tendance à être plutôt jeunes. Environ la moitié de tous les travailleurs à l'heure gagnant le salaire minimum par heure ou moins avaient moins de 25 ans, et environ le quart avaient entre 16 et 19 ans. Parmi ces jeunes, environ 7 % gagnaient $5,85 ou moins en comparaison avec seulement 2 % des travailleurs de 25 ans et plus.

- Ils ont également tendance à être moins qualifiés. Parmi les salariés payés à l'heure et âgés de 16 ans et plus, environ 2 % seulement ont un diplôme d'études secondaires et gagnaient $5,85 ou moins, en comparaison avec environ 1 % ayant obtenu un diplôme d'études supérieures.

- Les travailleurs touchant le salaire minimum sont plus susceptibles de travailler à temps partiel. Parmi ceux-ci (ceux qui travaillent habituellement moins de 35 heures par semaine), 5 % étaient payés $5,85 ou moins l'heure en comparaison avec seulement 1 % des travailleurs à temps plein.

- L'industrie avec la plus forte proportion de travailleurs qui auraient touché le salaire horaire égal ou inférieur à $5,85 a été l'industrie des loisirs et d'accueil : environ 12 %. Parmi ceux-ci, environ les trois cinquièmes sont employés principalement dans la restauration et les débits de boissons. Pour beaucoup de ces travailleurs, les pourboires complétaient le salaire horaire.

Ces faits par eux-mêmes ne nous disent pas si le salaire minimum est une bonne ou une mauvaise politique, ou s'il est trop élevé ou trop faible. Mais lors de l'évaluation de toute politique publique, il est très utile de garder à l'esprit tous les individus qu'elle affecte [5].

6.3.2 Les syndicats de travailleurs et la négociation collective

Une deuxième source de rigidité des salaires est constituée par le pouvoir de négociation des syndicats de travailleurs. Le tableau 6.1 montre le taux d'affiliation syndicale dans plusieurs pays industrialisés. Ce taux est nettement plus important dans la plupart des pays européens qu'aux États-Unis, où il est de 18 % seulement.

Tableau 6.1
Pourcentage des travailleurs couverts par des négociations collectives

	%
États-Unis	18
Japon	23
Canada	38
Royaume-Uni	47
Suisse	53
Nouvelle-Zélande	67
Espagne	68
Pays-Bas	71
Norvège	75
Portugal	79
Australie	80
Suède	83
Belgique	90
Allemagne	90
France	92
Finlande	95
Autriche	98

Source : OCDE, Employment Outlook 2004 comme indiqué dans Alberto Alesina, Edward Glaeser, et Bruce Sacerdote, « Work and Leisure in the U.S. and Europe : Why So Different ? » *NBER Macroeconomics Annual* 2005.

En présence d'organisations représentatives des travailleurs et des employeurs, ce sont les négociations collectives entre les unes et les autres qui déterminent les salai-

---
5 Les résultats présentés ici proviennent du site Web du Bureau of Labor Statistics. Le lien est http://www.bls.gov/cps/minwage2007.htm.

res, plutôt que l'offre et la demande d'équilibre. Le résultat en est souvent un salaire supérieur au niveau d'équilibre, l'entreprise décidant sur cette base de la quantité de travailleurs qu'elle souhaite employer. Généralement, en conséquence, cette quantité diminue, le taux d'acquisition d'emploi baisse, alors que le chômage structurel augmente.

Les organisations syndicales peuvent également influencer la fixation des salaires dans les entreprises dont les salariés ne sont pas syndiqués. En effet, les entreprises anticipent la menace de syndicalisation en payant volontairement des salaires supérieurs aux salaires d'équilibre. Ce faisant, elles paient des salaires proches de ceux qu'elles auraient payés en présence d'un taux de syndicalisation important, mais elles évitent l'influence des syndicats en d'autres matières, telles que la durée ou les conditions de travail.

Le chômage résultant de la présence d'organisations syndicales et de la menace de syndicalisation est source de conflits entre deux groupes de travailleurs, les **insiders** (travailleurs occupés dans l'entreprise) et les **outsiders** (travailleurs souhaitant être employés par l'entreprise). Les premiers s'efforcent de maintenir élevés les salaires payés par leur entreprise. Les seconds pourraient entrer dans l'entreprise, mais à un salaire inférieur. Les intérêts des uns et des autres sont clairement divergents. L'impact de tout processus de négociation sur les salaires et sur le niveau d'emploi dépend de manière cruciale de l'influence relative de chacun de ces deux groupes.

Chaque pays traite de manière spécifique ce conflit d'intérêt entre insiders et outsiders. Aux États-Unis, par exemple, les négociations salariales se déroulent au niveau de l'entreprise, voire de l'unité locale d'exploitation. Ailleurs, comme en Suède, ces mêmes négociations se font au niveau national, souvent avec un rôle important des pouvoirs publics. Un taux de syndicalisation important n'a pas induit, dans l'histoire de la Suède, un niveau de chômage particulièrement élevé. Ceci peut s'expliquer par le fait que la centralisation de la négociation salariale et l'intervention de l'État dans celle-ci confèrent plus de poids aux outsiders, ce qui contribue à maintenir les salaires autour de leur niveau d'équilibre.

6.3.3 Les salaires d'efficience

Les **théories du salaire d'efficience** proposent une troisième source potentielle de rigidité des salaires, qui s'ajoute aux législations sur le salaire minimum et au taux de syndicalisation. Selon ces théories, les salaires élevés rendent les travailleurs plus productifs. En d'autres termes, la productivité ou l'efficience des travailleurs et leur salaire sont liés. C'est pourquoi les entreprises renoncent à réduire les salaires en présence d'une offre excédentaire de travail : cette réduction diminuerait certes leur masse salariale, mais elle pèserait également négativement sur la productivité des travailleurs et donc sur les profits des entreprises.

Des économistes ont proposé diverses théories explicatives de la manière dont les salaires affectent la productivité des travailleurs. Dans les pays les plus pauvres, un meilleur salaire permet aux travailleurs de mieux se nourrir, et donc d'être plus productifs. Une entreprise peut alors décider de verser un salaire au-dessus du niveau d'équilibre afin de maintenir une main-d'œuvre saine. De toute évidence, cette considération n'est pas importante pour les employeurs dans les pays riches, comme les États-Unis et la plupart des pays d'Europe, parce que le salaire d'équilibre est bien au-dessus du niveau nécessaire pour maintenir les travailleurs en bonne santé.

La seconde théorie des salaires d'efficience est mieux adaptée aux pays développés. En effet, selon cette théorie, des salaires élevés réduiraient la rotation des travailleurs. Ces derniers quittent leurs emplois pour de nombreuses raisons : une fonction plus intéressante ou mieux rémunérée ailleurs, un changement souhaité de carrière, ou encore un déménagement. Plus le salaire est élevé, plus le travailleur est incité à conserver son emploi. L'entreprise qui paie un salaire élevé réduit la fréquence des départs volontaires et donc le temps et l'argent que lui coûtent le recrutement et la formation de nouveaux travailleurs.

Selon une troisième théorie du salaire d'efficience, la qualité moyenne de la main-d'œuvre d'une entreprise est fonction du niveau de rémunération que celle-ci octroie à ses travailleurs. Si l'entreprise réduit ses salaires, les meilleurs de ses travailleurs seront incités à rechercher un emploi ailleurs, ne laissant dans l'entreprise que les travailleurs les moins efficaces, et donc les moins susceptibles de trouver un emploi ailleurs. Les économistes appellent ce phénomène *sélection adverse* ou *antisélection* - la tendance des détenteurs de l'information (dans ce cas les travailleurs, qui connaissent leurs possibilités d'emploi ailleurs) à prendre leurs décisions sans tenir compte de l'impact négatif de celles-ci sur ceux qui ne détiennent pas la même information (dans ce cas, les entreprises). Payer un salaire supérieur au niveau d'équilibre permet aux entreprises d'atténuer cette sélection adverse, d'améliorer la qualité moyenne de leur main-d'œuvre et donc d'accroître leur productivité.

Enfin, une quatrième théorie du salaire d'efficience affirme que des salaires élevés accroissent la motivation des travailleurs au travail. Selon cette théorie, les entreprises sont incapables de suivre parfaitement la motivation au travail de leurs travailleurs, auxquels il incombe donc de moduler l'intensité de leur effort au travail. Soit ils travaillent dur, soit ils tirent au flanc, au risque d'être repérés et licenciés. Les économistes qualifient ce comportement de *risque moral* - la tendance des gens à se conduire de manière inadéquate quand ils savent que leur comportement n'est pas correctement suivi. Payer un salaire élevé permet aux entreprises d'atténuer ce problème de risque moral. En effet, plus son salaire est élevé, plus il en coûte au travailleur d'être licencié. En payant des salaires élevés, l'entreprise incite un plus grand nombre de ses travailleurs à travailler sérieusement et accroît donc leur productivité.

Toutes ces théories du salaire d'efficience partagent la conviction que l'entreprise qui paie des salaires plus élevés est plus efficace. Elles impliquent toutes qu'il est parfois de l'intérêt de l'entreprise de maintenir les salaires au-delà du niveau d'équilibre. La contrepartie de cette rigidité salariale est le chômage structurel [6].

> ### ÉTUDE DE CAS - Henry Ford paye la journée de travail $5
>
> En 1914, la Ford Motor Company a décidé de payer à l'époque ses travailleurs $5 par journée de travail de 8 heures. Comme le salaire généralement en vigueur à l'époque était compris entre $2 et $3 par jour, le salaire payé par Ford était bien au-delà du niveau d'équilibre. Longues étaient donc les files de travailleurs attendant devant les grilles de l'usine Ford afin d'y être engagés pour gagner ce salaire élevé.
>
> Quelle était la motivation de Henry Ford ? Celui-ci l'a énoncée comme suit : « Nous souhaitions payer ce salaire pour que l'entreprise ait des bases solides. Nous travaillions pour le futur. Toute entreprise qui paie des bas salaires est précaire... Le paiement de $5 par jour pour une journée de 8 heures est l'une des meilleures mesures de réduction des coûts que nous ayons jamais prises ».
>
> Du point de vue de la théorie économique traditionnelle, l'explication de Ford est quelque peu singulière. Ne suggère-t-il pas que des *salaires élevés* sont synonymes de *coûts réduits*. Ford avait peut-être découvert avant l'heure la théorie du salaire d'efficience. Peut-être souhaitait-il utiliser le salaire élevé pour accroître la productivité de ses travailleurs.
>
> En tout état de cause, le paiement de ce salaire élevé semble être bénéfique pour l'entreprise. Selon un rapport technique rédigé à l'époque : « Le salaire élevé payé par Ford élimine toute inertie et toute résistance des travailleurs... Ceux-ci sont absolument dociles et on peut dire en toute sécurité que, depuis le dernier jour de 1913, chaque journée a donné lieu à une réduction des coûts salariaux dans les ateliers de Ford. » L'absentéisme s'est réduit de 75 % : ceci suggère un accroissement substantiel de la motivation des travailleurs. Alan Nevins, historien qui a étudié les débuts de la Ford Motor Company, a écrit : « Ford et ses associés ont déclaré spontanément en de nombreuses occasions que leur politique de salaires élevés s'était avérée extrêmement payante. Ils entendaient par là que ces salaires avaient permis d'accroître la discipline des travailleurs, de leur inspirer un intérêt loyal envers leur entreprise et d'accroître leur efficacité personnelle [7]. »

---

[6] Pour des exposés plus détaillés des salaires d'efficience, voir Janet Yellen, « Efficiency Wage Models of Unemployment », *American Economic Review Papers and Proceedings* (mai 1984), 200-205, et Lawrence Katz, « Efficiency Wages : A Partial Evaluation », *NBER Macroeconomics Annual* (1986), 235-276.

[7] Jeremy I. Bulow et Lawrence H. Summers, « A Theory of Dual Labor Markets with Application to Industrial Policy, Discrimination, and Keynesian Unemployment », *Journal of Labor Economics* 4 (juillet 1986), 376-414 ; Daniel M.G. Raff et Lawrence H. Summers, « Did Henry Ford Pay Efficiency Wages ? », *Journal of Labor Economics* 5 (octobre 1987, Part 2), 557-586.

6.4 L'EXPÉRIENCE DU MARCHÉ DU TRAVAIL : LE CAS DES ÉTATS-UNIS

Après avoir développé toutes ces théories, nous examinons ci-dessous quelques aspects supplémentaires du chômage en nous concentrant d'abord sur le cas du marché du travail américain. L'objectif en est d'évaluer nos théories du chômage ainsi que les politiques publiques qui s'efforcent de le réduire.

6.4.1 *La durée du chômage*

Combien de temps une personne qui perd son emploi doit-elle s'attendre à être au chômage ? La réponse à cette question revêt une importance particulière, car c'est d'elle que dépend l'interprétation que l'on donne au chômage, et donc la définition des politiques les plus adéquates pour y remédier. D'un côté, il existe un chômage de court terme, dit frictionnel, et sans doute inévitable : il faut un certain temps pour trouver un emploi correspondant aux compétences et aux capacités de chacun. Mais, par ailleurs, il existe un chômage de longue durée, qui n'est pas explicable par le temps nécessaire à la mise en correspondance des emplois offerts et des travailleurs susceptibles de les occuper. Ce chômage de longue durée est plus susceptible d'être un chômage structurel, ce qui représente un décalage entre le nombre d'emplois disponibles et le nombre de personnes qui veulent travailler. Ainsi, les données sur la durée du chômage peuvent améliorer notre compréhension des motifs du chômage.

La réponse à la question qui précède n'est pas aussi simple qu'il peut y paraître. Les données disponibles indiquent que la plupart des durées de chômage sont relativement courtes, mais que le chômage de longue durée explique la majeure partie de la durée totale du chômage. Par exemple, pour la période allant de 1990 à 2006, 38 % des chômeurs sont restés sans emploi durant moins de 4 semaines alors que seulement 31 % sont restés au chômage durant plus de 15 semaines. Cependant, en termes de semaines de chômage total, 71 % de celles-ci étaient caractérisées par des périodes longues de recherche d'emploi, deux mois ou plus, alors que seulement 7 % des durées de chômage étaient courtes, ne dépassant pas un mois.

Un exemple simple nous permettra de mieux comprendre ceci. Supposons que 10 personnes soient au chômage pendant une partie de l'année. Parmi celles-ci, 8 personnes n'ont pas de travail pendant 1 mois, et 2 pendant 12 mois : au total, 32 mois de chômage. Dans notre exemple, la plupart des durées de chômage sont relativement brèves : 8 sur 10 durées de chômage, soit 80 %, ne dépassent pas 1 mois. Pourtant, 24 des 32 mois du chômage total (ou 75 %) sont imputables aux deux seuls chômeurs restés inactifs pendant 12 mois. On voit donc l'importance de la distinction entre durées individuelles de chômage et durées globales de chômage pour comprendre la différence entre le chômage de courte durée et de longue durée.

Si nous traduisons ceci en termes de politique économique et si l'objectif est de réduire sensiblement le taux de chômage, les politiques doivent viser prioritairement le chômage de longue durée. Ces politiques doivent cependant être calibrées avec soin, car le chômage de longue durée est le fait d'une minorité de l'ensemble des personnes qui, un jour ou l'autre, insensiblement et involontairement, passent par une période de chômage.

6.4.2 Les taux de chômage et les groupes démographiques

Le taux de chômage varie substantiellement de groupe d'âge en groupe d'âge. Le tableau 6.2 donne les taux de chômage aux États-Unis, pour deux groupes d'âge, au cours de l'année 2007, alors que le taux de chômage global était de 4,6 %.

Tableau 6.2
Taux de chômage pour deux groupes d'âge, année 2007

Âge	Hommes blancs	Femmes blanches	Hommes noirs	Femmes noires
16-19	15,7	12,1	33,8	25,3
20 et plus	3,7	3,6	7,9	6,7

Source : Bureau of Labor Statistics.

Le tableau montre que les taux de chômage sont les plus élevés parmi les jeunes. Notre modèle du taux de chômage naturel nous aide à comprendre pourquoi. Il identifie deux causes possibles de taux de chômage élevés : la difficulté de trouver un emploi (ou faible taux d'embauche) d'une part, et le taux de séparation d'autre part. Les études économiques ont montré que le taux de perte d'emploi est corrélé au taux de chômage. Ainsi, il est quatre fois plus fréquent de perdre son emploi en dessous de 20 ans qu'au-delà. Par contre, le fait de retrouver un emploi est peu corrélé à l'âge.

Ces résultats nous permettent de mieux comprendre le taux de chômage élevé chez les jeunes travailleurs. Ceux-ci, faisant récemment leur entrée sur le marché de l'emploi, sont sans doute plus prompts à quitter un emploi que les personnes plus âgées. Ils sont souvent dans l'incertitude quant à leurs plans de carrière. Ils vont essayer plusieurs emplois avant de s'engager dans une carrière professionnelle donnée. Ceci explique le taux de séparation élevé et sans doute le taux de chômage frictionnel élevé chez les jeunes.

Dans le cas particulier des États-Unis illustré au tableau 6.2, on remarque aussi un taux de chômage plus élevé parmi les Noirs que parmi les Blancs. Les données disponibles indiquent que les Noirs surtout jeunes perdent plus facilement leur emploi et en retrouvent plus difficilement un autre que les Blancs, sans doute en raison d'un moindre accès aux réseaux informels d'acquisition d'emploi et d'une discrimination raciale de la part des employeurs.

6.4.3 Les tendances du chômage aux États-Unis

Au cours des cinquante dernières années, le taux de chômage aux États-Unis n'a cessé d'évoluer. Comme l'illustre la figure 6.1, il était nettement inférieur à 5 % dans les années 1950 et 1960. Il est ensuite passé au-delà de 6 % dans les années 1970 et 1980, pour revenir ensuite en dessous de 5 % dans les années 1990 et au début des années 2000. Pour expliquer ce phénomène, les économistes ne disposent à ce jour que de quelques hypothèses.

A. La démographie

L'une de ces interprétations privilégie la modification de la population active des États-Unis. Au lendemain de la Deuxième Guerre mondiale, les taux de natalité ont augmenté de manière sensible : de 2,9 millions en 1945, le nombre de naissances est passé à un maximum de 4,3 millions en 1957, pour revenir à 3,1 millions en 1973. De ce fait, un grand nombre de jeunes (les générations dites du *baby-boom*) ont rejoint la population active dans les années 1970. Le taux de chômage étant plus important parmi les jeunes, le niveau moyen de chômage s'en est trouvé augmenté. Ensuite, alors que la génération du baby-boom vieillissait, la moyenne d'âge de la population active a augmenté en abaissant ainsi le taux de chômage moyen dans les années 1990.

Cette évolution démographique qui précède n'explique pourtant pas la totalité de la tendance haussière du taux de chômage moyen, laquelle se vérifie pour chaque groupe d'âge, qu'il s'agisse d'hommes ou de femmes. Par exemple, le taux de chômage des hommes âgés de 25 à 54 ans est passé, en moyenne, de 3,0 % dans les années 1960 à 6,1 % dans les années 1980. Ainsi, bien que les changements démographiques puissent expliquer une partie de la montée du chômage au cours de cette période, il doit y avoir d'autres explications de l'évolution à long terme du chômage aux États-Unis.

B. La restructuration sectorielle du tissu productif

Une deuxième explication possible de ce relèvement du taux de chômage se réfère à la transformation structurelle du tissu productif. Plus celle-ci serait importante, plus les taux de perte d'emploi et donc de chômage frictionnel seraient élevés. L'une des sources de cette restructuration des activités économiques peut être identifiée dans la volatilité des prix des produits pétroliers qui a suivi la constitution du cartel international du pétrole, l'OPEP. Les prix relatifs du pétrole sont demeurés stables jusqu'au début des années 1970. Les fortes variations des prix pétroliers depuis 1972 pourraient avoir exigé un déplacement de la main-d'œuvre des secteurs intensifs en énergie vers les secteurs moins intensifs en énergie. Si c'est le cas, la volatilité des prix pétroliers pourrait être une des sources du relèvement du taux de chômage. Il s'avère difficile de vérifier cette interprétation. Les évolutions récentes semblent cependant ne pas la confirmer : depuis le début des années 2000, la hausse des prix des produits pétroliers n'a pas entraîné une augmentation du taux de chômage naturel mais ceci peut être expliqué par le fait que l'économie est à présent nettement moins consommatrice de pétrole (mesurée par la consommation de pétrole par unité de PIB) qu'elle ne l'était il y a trois décennies.

C. La productivité

Une troisième explication des tendances du chômage met en avant la liaison entre chômage et productivité. Le chapitre 8 aborde de manière plus détaillée le ralentissement des gains de productivité observé au cours des années 1970 et leur rebond dans les années 1990 et 2000. Ces variations de la productivité correspondent grosso modo à celles du chômage. Il n'est pas impossible que le ralentissement de la croissance de la productivité des années 1970 et son accélération dans les années 1990 aient respectivement provoqué une hausse et une baisse du taux de chômage naturel.

Cette causalité n'est cependant pas évidente. Dans les théories standards du marché du travail, une productivité accrue accroît la demande de travail, et donc le salaire réel, mais ne modifie en rien le chômage. Ceci est corroboré par les données de long terme, dont il ressort que productivité et salaire réel ont tendance à suivre la même évolution sans que le chômage ne soit modifié. Cependant, si les travailleurs ne réagissent qu'avec retard aux variations de la productivité, ils ne modifient que progressivement les salaires réels qu'ils attendent de leurs employeurs et ceux-ci sont constamment en retard par rapport à la demande de travail. Dans un tel cas, une accélération des gains de productivité telle que celle que l'on a connue dans les années 1990 accroît la demande de travail et, en l'absence d'adaptation rapide du salaire réel, diminue le chômage.

En définitive, le relèvement du taux de chômage demeure bien mystérieux. Certaines des explications suggérées apparaissent plausibles, mais aucune n'emporte une adhésion totale. Peut-être n'existe-t-il pas de réponse unique. La hausse du taux de chômage dans les années 1970 et 1980 et sa baisse dans les années 1990 et au début des années 2000 seraient le résultat d'une combinaison d'évolutions non liées les unes aux autres [8].

6.4.4 Les entrées dans et les sorties de la population active

Nous avons jusqu'ici négligé un aspect très important de la dynamique du marché du travail : les flux d'individus qui entrent dans la population active et qui en sortent.

---

[8] Sur le rôle de la démographie : Robert Shimer, « Why Is the U.S. Unemployment Rate So Much Lower ? », *NBER Macroeconomics Annual*, 13 (1998), 11-61. Sur le rôle des glissements sectoriels : David M. Lilien, « Sectoral Shifts and Cyclical Unemployment », *Journal of Political Economy*, 90 (août 1982), 777-793. Sur le rôle de la productivité : Laurence Ball et Robert Moffitt, « Productivity Growth and the Phillips Curve », dans Alan B. Krueger et Robert M. Solow, eds., *The Roaring Nineties : Can Full Employment Be Sustained ?* (New York : Russell Sage Foundation and Century Foundation Press, 2001).

Notre modèle du taux de chômage naturel fait l'hypothèse que la population active est donnée. En conséquence, la seule cause de chômage est la perte d'emploi et la seule source de départ du chômage est l'acquisition d'un emploi.

En réalité, le volume de la population active fluctue de manière importante. Un tiers environ des chômeurs n'ont que récemment rejoint la population active. Certains d'entre eux sont de jeunes travailleurs encore à la recherche d'un emploi ; d'autres ont déjà travaillé, mais ont temporairement quitté la population active. De surcroît, l'acquisition d'un emploi n'est pas la seule manière dont on quitte le chômage : la moitié environ des épisodes de chômage se termine par le retrait de la population active.

Ces personnes qui rejoignent et qui quittent la population active rendent plus difficile l'interprétation des statistiques de chômage. D'une part, certains de ceux qui se disent chômeurs ne recherchent pas vraiment un emploi et devraient donc, de manière plus adéquate, être considérés comme n'appartenant pas à la population

Tableau 6.3
Diverses mesures de la sous-utilisation de la main-d'œuvre

Variable	Définition	Part en % Novembre 2008
U1	Personnes qui ont connu 15 semaines ou plus de chômage, en % de la population active civile (chômeurs de longue durée seulement)	2,6
U2	Personnes ayant perdu leur emploi et personnes qui ont eu des emplois temporaires, en % de la population active civile (ne comportant pas les personnes qui ont délibérément quitté leur emploi)	3,9
U3	Total des personnes en chômage en % de la population active civile (taux de chômage officiel aux États-Unis)	6,7
U4	Total des personnes en chômage plus les travailleurs découragés en % de la population active civile + personnes découragées	7,0
U5	Total des personnes en chômage plus les personnes marginalisées par rapport au marché du travail, en % de la population active civile + personnes marginalisées	7,8
U6	Total des personnes en chômage plus les personnes marginalisées par rapport au marché du travail plus les personnes en emploi à temps partiel pour raisons économiques, en % de la population active civile + personnes marginalisées	12,5

Note : *Les personnes marginalisées par rapport au marché du travail* sont des personnes qui, à l'heure actuelle, ne travaillent pas et ne cherchent pas du travail, mais disent vouloir travailler, être disponibles pour travailler et ont cherché du travail à un moment ou l'autre au cours des années récentes. *Les travailleurs découragés* constituent un sous-ensemble des personnes marginalisées par rapport au marché du travail dont les membres mentionnent une raison liée au marché du travail pour laquelle ils ne sont pas actuellement à la recherche d'un emploi. *Les personnes en emploi à temps partiel pour raisons économiques* souhaitent un emploi à temps plein et sont disponibles pour l'occuper, mais ont dû se résigner à un emploi à temps partiel.
Source : U.S. Department of Labor.

active. Leur « chômage » ne constitue peut-être pas un problème social réel. Par ailleurs, certaines personnes souhaitant vraiment travailler se découragent au terme d'une recherche infructueuse. Ces **travailleurs découragés** ne sont plus considérés comme faisant partie de la population active et n'apparaissent donc pas dans les statistiques de chômage. Leur cas n'en constitue peut-être pas moins un véritable problème social.

En raison de ce qui a été évoqué plus haut et de beaucoup d'autres questions qui compliquent l'interprétation des données sur le chômage, le Bureau of Labor Statistics aux États-Unis calcule plusieurs mesures de la sous-utilisation de la main-d'œuvre. Le tableau 6.3 nous fournit les définitions et leurs valeurs en date de novembre 2008. Les mesures vont de 2,6 à 12,5 %, en fonction des caractéristiques données à un travailleur.

6.5 L'EXPÉRIENCE DU MARCHÉ DU TRAVAIL : LE CAS DE L'EUROPE

Bien que notre discussion dans les sections précédentes soit essentiellement centrée sur l'évolution du chômage aux États-Unis, de nombreux phénomènes fascinants et parfois curieux deviennent évidents quand les économistes comparent le marché du travail américain avec celui européen dont les évolutions ont été les plus surprenantes ces dernières années.

6.5.1 La hausse du chômage en Europe

La figure 6.4 présente le taux de chômage de 1960 à 2007 dans les quatre plus grands pays de l'Union européenne, la France, l'Allemagne, l'Italie et le Royaume-Uni. On y voit que le taux de chômage dans ces pays a considérablement crû au cours de cette période. En France et en Allemagne, l'évolution est particulièrement marquée : d'une moyenne de 2 % dans les années 1960, il est passé à environ 10 % ces dernières années.

Quelle en est la cause ? À nouveau, il n'y a pas de certitude à cet égard, mais il existe une interprétation théorique qui domine les autres. Nombreux sont les économistes qui en voient la source dans l'interaction entre une politique menée depuis de longues années dans ces pays et un choc récent. La politique en question est basée sur un système d'indemnisation du chômage que l'on peut qualifier de généreux. Le choc récent, quant à lui, est la baisse, induite par l'évolution technologique, de la demande de travailleurs peu qualifiés par rapport à la demande de travailleurs qualifiés.

Il est vrai, en effet, que la plupart des pays européens ont des systèmes d'indemnisation du chômage relativement généreux. Ils portent divers noms : assurance sociale, protection sociale ou, plus simplement, allocation de chômage. Dans beaucoup

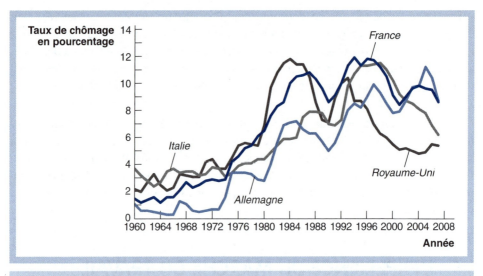

Figure 6.4
Le chômage en Europe

La figure présente le taux de chômage moyen des quatre plus grands pays européens. On y voit une hausse substantielle du taux de chômage au cours du temps, surtout en France et en Allemagne.
Source : Bureau of Labor Statistics

de pays, les chômeurs perçoivent leurs indemnités de chômage sans limite de temps, contrairement aux États-Unis où ce n'est le cas que pendant des périodes restreintes. Dans une certaine mesure, les gens qui bénéficient d'une indemnité de chômage ne font plus partie de la population active : étant donné les opportunités d'emploi disponibles, il est parfois moins attrayant d'accepter un emploi que de rester au chômage. Les statistiques officielles continuent souvent de recenser comme chômeurs les personnes qui sont dans ce cas.

Il est vrai également que la demande de travailleurs peu qualifiés a baissé par rapport à la demande de travailleurs qualifiés. L'origine en est sans doute l'évolution technologique : ainsi, les ordinateurs ont accru la demande de travailleurs capables de les utiliser par rapport à celle des travailleurs qui n'en sont pas capables. Aux États-Unis, cette modification de la demande s'est traduite dans les salaires plutôt que dans le chômage. Au cours des deux dernières décennies, les salaires des travailleurs peu qualifiés ont baissé par rapport à ceux des travailleurs qualifiés. En Europe, au contraire, la protection sociale évite aux travailleurs peu qualifiés de devoir travailler à un moindre salaire. À mesure que le salaire des travailleurs peu qualifiés baisse, un nombre accru de travailleurs considère l'indemnité de chômage comme la meilleure solution possible. Il en résulte un taux de chômage plus élevé.

Ce diagnostic de la situation en Europe n'offre point une solution facile. Réduire l'importance de l'indemnité de chômage encouragerait sans doute des travailleurs à quitter le chômage pour accepter des emplois moins rémunérés. Mais ceci exacerberait l'inégalité économique, alors que les politiques sociales ont précisément pour objet de réduire celle-ci [9].

6.5.2 Variation du chômage en Europe

L'Europe n'a pas de marché unique du travail mais une collection de marchés nationaux séparés non seulement par des frontières nationales mais également par des cultures et des langues différentes. Comme les politiques de l'emploi diffèrent d'un pays à l'autre, les variations en Europe offrent une perspective utile sur les causes du chômage. De nombreuses études empiriques ont par conséquent, mis l'accent sur ces différences internationales.

Le premier fait saisissant est que le taux de chômage varie énormément d'un pays à l'autre. Par exemple, en août 2008, lorsque le taux de chômage aux États-Unis était de 6,1 %, il était de 2,4 % en Suisse et de 11,3 % en Espagne. Bien que ces dernières années le chômage moyen soit plus élevé en Europe qu'aux États-Unis, environ un tiers des Européens vivaient dans des pays ayant un taux de chômage inférieur à celui des États-Unis.

Un second fait notable est que la majeure partie de la variation des taux de chômage est attribuable aux chômeurs de longue durée. En effet, le taux de chômage peut être divisé en deux parties : le pourcentage de la population active au chômage depuis moins d'un an et celui de la population active au chômage depuis plus d'un an. Le taux de chômage de longue durée manifeste une plus grande variabilité d'un pays à l'autre que celui de courte durée.

Au niveau national, le taux de chômage varie avec les différentes politiques de l'emploi mises en œuvre par les États. Nous avons vu que les indemnités de chômage ont pour but d'assister le chômeur à la recherche d'un emploi. Les régimes de prestations de chômage varient d'un pays à l'autre, tant en termes de critères d'octroi des indemnités qu'en ce qui concerne le niveau de celles-ci ou la durée de leur versement. Le taux de chômage est plus élevé dans les pays où les indemnités de chômage sont « généreuses ». Celles-ci sont mesurées par le taux de remplacement du revenu, c'est-à-dire un pourcentage du dernier revenu professionnel précédant la cessation d'activité qui est remplacé. En outre, les pays enregistrent un taux de chômage plus élevé et notamment un chômage de longue durée lorsque les allocations sont perçues pendant de longues périodes de temps.

Il est vrai aussi que les dépenses des gouvernements en matière d'allocations de chômage semblent augmenter les taux de chômage. Toutefois, les dépenses dans des politiques d'emploi « actives » semblent les réduire. Ces politiques comprennent la formation à l'emploi, l'aide fournie dans la quête d'un travail et les subventions à

---

9 Pour plus de détails, voir Paul Krugman, « Past and Prospective Causes of High Unemployment », in *Reducing Unemployment : Current Issues and Policy Options*, Federal Reserve Bank of Kansas City, août 1994.

l'embauche. L'Espagne, par exemple, a enregistré à une certaine époque un taux de chômage élevé, un fait qui pourrait être expliqué par une combinaison d'indemnités généreuses aux chômeurs avec un minimum d'aide dans la quête de nouveaux emplois.

Le rôle des syndicats varie également d'un pays à l'autre, comme le montre le tableau 6.1. Cet état de fait contribue également à expliquer les différences sur les marchés du travail. Les taux de chômage sont positivement corrélés avec le pourcentage de la population active dont les salaires sont fixés par des négociations collectives avec les syndicats. Cependant, l'impact négatif des syndicats sur le chômage est minime dans les pays où il existe une coordination substantielle entre les employeurs dans les négociations avec les syndicats, probablement parce que la coordination peut modérer la pression à la hausse sur les salaires.

Une mise en garde s'impose : la corrélation n'implique pas la causalité et, par conséquent, les résultats empiriques comme ceux présentés ici doivent être interprétés avec prudence. Toutefois, la corrélation laisse entendre qu'au lieu d'être immuable, le taux de chômage est fonction des choix opérés par le pays [10].

ÉTUDE DE CAS - Les secrets du bonheur

Pourquoi certains sont-ils plus heureux que d'autres de la manière dont ils vivent ? Profonde et difficile question, dont s'occupent généralement les philosophes et les psychologues. Et pourtant, une partie de la réponse est blottie au sein de la macroéconomie. Des recherches récentes ont montré que le fait de vivre dans un pays à faible inflation et faible taux de chômage rend les gens plus heureux.

De 1975 à 1991, l'enquête appelée Eurobaromètre a interrogé 264 710 personnes résidant dans 12 pays européens sur leur sentiment de bonheur et de satisfaction globale par rapport à leur vie. Une des questions était : « Dans l'ensemble, êtes-vous très/raisonnablement/peu/pas du tout satisfait(e) de la vie que vous menez ? ». Pour établir les déterminants du bonheur, les réponses à cette question étaient corrélées à des variables individuelles, d'une part et macroéconomiques, d'autre part.

Toutes choses étant égales par ailleurs, les gens sont plus satisfaits de leur vie s'ils sont riches, d'un bon niveau d'éducation, mariés, à l'école, indépendants, retraités, femmes, jeunes ou vieux (par rapport aux personnes dites d'âge moyen).

Ils sont moins heureux s'ils sont chômeurs, divorcés ou vivant avec des adolescents. (Notons que certaines de ces corrélations peuvent refléter les effets, plutôt que les causes, du bonheur. Ainsi, il est peut-être plus facile pour

---

10 Stephen Nickell, « Unemployment and Labor Market Rigidities : Europe versus North America », *Journal of Economic Perspectives* 1 (septembre 1997), 55-74.

quelqu'un d'heureux que pour quelqu'un de malheureux de trouver ou de conserver un emploi ou un(e) conjoint(e).)

Outre ces caractéristiques individuelles, les taux de chômage et d'inflation contribuent de manière significative à expliquer le sentiment relatif de bonheur des gens. Ainsi, une hausse du taux de chômage de quatre points de pourcentage est suffisante pour réduire d'un cran le niveau de satisfaction pour 11 % de la population interrogée, tous statuts professionnels confondus. En d'autres termes, celles et ceux qui ont un emploi dans un pays où le taux de chômage est élevé sont moins heureux que leurs équivalents dans un pays où le taux de chômage est faible. L'explication est double : ils craignent davantage de perdre leur emploi et/ou ils souffrent davantage à l'idée qu'une partie importante de leurs concitoyens souhaite un emploi, mais n'arrive pas à en trouver.

Il y a également une corrélation significative, mais moins élevée, entre taux d'inflation et sentiment de satisfaction : une hausse de 1,7 point de pourcentage de l'inflation réduit ce dernier dans à peu près la même proportion qu'une hausse de 1 point de pourcentage du taux de chômage. L'indicateur de malaise (somme des taux d'inflation et de chômage) auquel il est souvent fait référence donne donc apparemment un poids exagéré à l'inflation par rapport au chômage [11].

6.5.3 La montée des loisirs en Europe

Non seulement les Européens sont plus au chômage que les Américains mais ceux qui ont un emploi travaillent pour une durée de temps inférieure à la durée de leurs homologues américains. La figure 6.5 présente certaines données sur le nombre d'heures travaillées par un salarié type dans trois grands pays, les États-Unis, la France et l'Allemagne. Dans les années 1960, le nombre d'heures de travail était le même dans ces pays et a diminué progressivement des deux côtés de l'Atlantique. Cependant, aux alentours de 1980, les heures de travail aux États-Unis ont atteint un palier alors qu'elles continuaient à chuter en Europe. De nos jours, l'Américain type travaille plusieurs heures de plus que n'importe quel résident type de ces deux pays européens de l'Ouest.

La différence dans le nombre d'heures travaillées par habitant reflète deux faits. Premièrement, en moyenne, un actif occupé aux États-Unis travaille plus d'heures par an que l'actif occupé européen. En général, les Européens jouissent de semaines de travail plus courtes et de vacances plus fréquentes. Deuxièmement, les travailleurs potentiels sont davantage embauchés aux États-Unis. Autrement dit, le ratio emploi-population (ou taux d'emploi) aux États-Unis est supérieur à celui de l'Europe. Cette faiblesse du ratio emploi-population en Europe s'explique par un

---

[11] Rafael Di Tella, Robert J. MacCulloch, et Andrew J. Oswald, « Preferences Over Inflation and Unemployment : Evidence From Surveys of Happiness », *American Economic Review* 91 (mars 2001), 335-341.

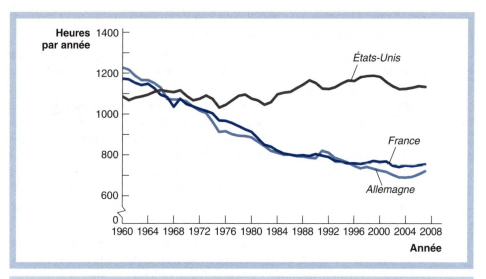

Figure 6.5
Nombre d'heures annuelles travaillées par actif occupé

Au fil du temps, les travailleurs européens ont réduit le nombre d'heures travaillées à la différence des Américains.
Source : OCDE Employment Database and Bureau of Labor Statistics. Le nombre d'heures annuelles travaillées est la moyenne des heures annuelles travaillées par actif occupé multipliée par le taux d'emploi.

chômage élevé et par l'âge de la retraite réduisant ainsi la participation des travailleurs âgés à la population active.

Les économistes, quant à eux, ont proposé plusieurs hypothèses pour expliquer cette différence.

Edward Prescott, le lauréat du prix Nobel en économie en 2004, a conclu que « la quasi-totalité des grandes différences entre les offres de travail aux États-Unis et celles en Allemagne et en France sont dues aux différences dans les systèmes fiscaux ». Cette hypothèse s'accorde avec deux faits :
1. les Européens paient des taxes beaucoup plus élevées que les Américains ;
2. les taux d'imposition européens ont considérablement augmenté durant les dernières décennies.

Certains économistes prennent ces faits comme éléments de preuve de l'impact des impôts sur l'effort déployé au travail. Toutefois, d'autres se montrent sceptiques, estimant qu'expliquer les différences dans les heures travaillées par les seuls taux d'imposition, suppose une élasticité de l'offre de travail très élevée, ce qui est peu vraisemblable.

Une hypothèse liée à la première est que la différence observée dans l'effort déployé au travail est attribuable à l'économie au noir. Quand les taux d'imposition sont élevés, les gens sont incités à travailler « sans être inscrits sur les registres des entreprises » en vue de fuir les taxes. Pour des raisons évidentes, les données sur le travail clandestin sont difficiles à trouver et collecter. Toutefois, les économistes qui travaillent sur ce sujet croient que le travail clandestin est plus répandu en Europe qu'aux États-Unis. Ce fait suppose que la différence dans le nombre effectif d'heures travaillées, y compris le travail au noir, soit inférieure à la différence mesurée en heures de travail.

En outre, nous trouvons une autre hypothèse qui met l'accent sur le rôle des syndicats. Comme nous l'avons remarqué, les négociations collectives sont plus importantes en Europe qu'aux États-Unis. Souvent, les syndicats cherchent à obtenir des semaines de travail plus courtes lors de ces négociations et exercent des pressions sur les pouvoirs publics en matière de réglementations du marché de travail comme par exemple pour les jours fériés. Les économistes Alberto Alesina, Edward Glaeser et Bruce Sacerdote ont conclu que « les congés autorisés peuvent expliquer 80 % de la différence dans le nombre de semaines de travail entre les États-Unis et l'Europe, et 30 % de la différence dans les offres totales de travail entre ces deux régions du monde ». Ils pensent que Prescott aurait exagéré dans l'évaluation du rôle des taxes puisque, si on examine la situation entre les pays, on constate que les taux d'imposition et les taux de syndicalisation sont positivement corrélés. Par conséquent, les effets des taxes élevées et les effets de la syndicalisation de grande envergure sont difficiles à démêler.

Une dernière hypothèse pourrait être la différence dans les préférences. Comme le progrès technique et le développement économique ont enrichi encore plus les pays développés, les personnes de par le monde doivent profiter de la plus grande prospérité soit sous forme d'une plus grande consommation de biens et de services, soit en augmentant leur consommation en biens « loisirs ». Selon l'économiste Olivier Blanchard, « la différence majeure [entre les deux continents] est que l'Europe a utilisé une partie de la hausse de productivité pour augmenter sa consommation de loisirs et non le revenu, alors que les États-Unis ont fait le contraire ». Blanchard croit fort que les Européens ont plus de préférences pour les loisirs que les Américains. Étant un économiste français vivant aux États-Unis, il aurait peut-être une idée plus claire sur ce phénomène. Si Blanchard a raison, cela mène à une question encore plus difficile : pourquoi les goûts varient-ils selon les pays ?

Les économistes ne cessent de débattre les mérites de ces hypothèses alternatives. À noter qu'une certaine vérité se trouve dans chacune d'elles [12].

---

12 Pour plus de détails sur ce sujet, voir Edward C. Prescott, « Why Do Americans Work So Much More Than Europeans ? » *Federal Reserve Bank of Minneapolis Quarterly Review*, Vol. 28, 1 (juillet 2004), 2-13 ; Alberto Alesina, Edward Glaeser et Bruce Sacerdote, « Work and Leisure in the U.S. and Europe : Why So Different ? » *NBER Macroeconomics Annual* 2005 ; Olivier Blanchard, « The Economic Future of Europe », *Journal of Economic Perspectives*, 18, 4 (Fall 2004), 3-26.

6.6 CONCLUSION

Le chômage constitue un gaspillage des ressources. Les travailleurs inoccupés pourraient potentiellement contribuer à constituer le revenu national, mais ne le font pas. Les travailleurs à la recherche d'un emploi correspondant à leurs compétences apprécient d'en trouver un, tout comme ceux qui ont la chance d'être engagés dans une entreprise qui paie des salaires supérieurs au salaire d'équilibre.

Malheureusement, il n'est possible de réduire aisément ni le chômage frictionnel, ni le chômage structurel. Les pouvoirs publics sont incapables de rendre instantanée l'acquisition d'un emploi, et il leur est difficile d'amener les salaires à proximité de leur niveau d'équilibre. Le chômage nul n'est pas un objectif plausible pour les économies de marché.

Toutefois, les politiques publiques peuvent contribuer à réduire le chômage. Les programmes de formation, les systèmes d'assurance-chômage, le salaire minimum et les législations relatives à la négociation collective des salaires et des conditions de travail sont autant de sujets du débat politique. En effet, les politiques adoptées ont d'importants impacts sur le taux de chômage naturel.

Synthèse

1. Le taux de chômage naturel est le taux de chômage dit stationnaire. Il est fonction du taux d'acquisition d'emploi et du taux de perte d'emploi.
2. Dans la mesure où il faut un certain temps aux travailleurs pour trouver l'emploi qui correspond le mieux à leurs compétences et goûts individuels, un certain chômage frictionnel est inévitable. Certaines politiques publiques, telles que l'assurance-chômage, modifient le volume du chômage frictionnel.
3. Il y a « chômage structurel » lorsque le salaire réel demeure supérieur au niveau qui équilibre l'offre et la demande de travail. Les législations sur le salaire minimum sont l'une des causes de la rigidité des salaires. Celle-ci n'est pas étrangère non plus à l'existence, ou à la menace d'existence, de syndicats. Enfin, les théories du salaire d'efficience suggèrent que, pour diverses raisons, les entreprises considèrent parfois qu'il est intéressant pour elles de maintenir élevés les niveaux des salaires qu'elles payent en dépit d'un excédent d'offre de travail.
4. La manière d'interpréter les données conduit à conclure à la prévalence, soit du chômage de courte durée, soit du chômage de longue durée. La plupart des durées de chômage sont brèves. Par contre, la majorité des semaines totales de chômage sont le fait du petit nombre des chômeurs de longue durée.
5. Les taux de chômage diffèrent sensiblement d'un groupe de population à l'autre. En particulier, le taux de chômage des jeunes est nettement plus élevé

que celui des travailleurs adultes. Ceci s'explique plus par une différence dans le taux de perte d'emploi que par la variation du taux d'acquisition d'emploi.
6. Le taux de chômage naturel aux États-Unis s'est progressivement relevé de 1950 à 1970, pour s'infléchir ensuite dans les années 1990 et au début des années 2000. On en a proposé plusieurs explications, parmi lesquelles la modification de la composition démographique de la population active, les restructurations sectorielles accrues et les changements dans la croissance du taux de productivité.
7. Les personnes entrées récemment dans la population active, y compris les premières entrées et les réentrées, représentent environ un tiers des chômeurs. Les personnes qui rejoignent la population active et qui la quittent rendent plus difficile l'interprétation des statistiques du chômage.
8. Les marchés du travail aux États-Unis et en Europe présentent des différences importantes. Ces dernières années, l'Europe a connu beaucoup plus de chômage que les États-Unis. En outre, le nombre d'heures travaillées en Europe est inférieur au nombre d'heures travaillées par les Américains. Cette différence est due à un chômage élevé, des semaines de travail plus courtes, des vacances assez fréquentes et un âge de la retraite avancé.

Concepts de base

- Taux de chômage naturel
- Chômage frictionnel
- Restructuration sectorielle
- Assurance-chômage
- Rigidité des salaires
- Chômage structurel
- « Insiders » et « outsiders »
- Salaires d'efficience
- Travailleurs découragés

Évaluation des connaissances

1. Qu'est-ce qui détermine le taux de chômage naturel ?
2. Décrivez la différence entre chômage frictionnel et chômage structurel.
3. Donnez trois explications d'un salaire réel supérieur au niveau qui équilibre l'offre et la demande de travail.
4. La majeure partie du chômage est-elle de longue ou de courte durée ? Expliquez votre réponse.
5. Comment les économistes expliquent-ils le taux de chômage élevé dans les années 1970 et 1980 ? Comment expliquent-ils la baisse de ce taux dans les années 1990 et début des années 2000 ?

Problèmes et applications

1. Répondez aux questions suivantes relatives à votre propre expérience de participation à la population active :

   a) Combien de temps faut-il pour trouver un emploi à temps partiel, et, une fois trouvé, quelle en est la durée ?

   b) Sur la base de vos estimations, calculez (en taux hebdomadaire) votre propre taux d'acquisition d'emploi f et votre taux de perte d'emploi s.
   (Une indication : si f est le taux d'acquisition d'emploi, la durée moyenne de chômage est $1/f$.)

   c) Quel est le taux de chômage naturel pour la population que vous représentez ?

2. Ce chapitre a montré que le taux de chômage stationnaire est $U/L = s/(s+f)$. Dans l'hypothèse où, au départ, le taux de chômage n'est pas à ce niveau, montrez que le chômage va évoluer dans le temps pour atteindre l'état stationnaire. (Une indication : exprimez la variation du nombre de chômeurs en fonction de s, f et U.) Montrez ensuite que, si le chômage est supérieur à son taux naturel, il diminue et que, s'il est inférieur au taux naturel, il augmente.

3. Les résidents d'un foyer d'étudiants ont rassemblé les données suivantes. Certain(e)s ont un(e) petit(e) ami(e), d'autres pas. Parmi les premiers, 10 % des relations se rompent chaque mois. Parmi les seconds, chaque mois, 5 % créent une relation nouvelle. Quelle est la fraction stationnaire des résidents qui n'ont pas de relations ?

4. Supposons qu'une nouvelle loi rende plus difficile pour les entreprises de licencier leurs travailleurs, par exemple en exigeant le versement d'une indemnité de licenciement. Si cette loi réduit le taux de perte d'emploi sans affecter le taux d'acquisition d'emploi, quelle variation induit-elle du taux naturel de chômage. Pensez-vous plausible qu'une telle loi n'affecte pas le taux d'acquisition d'emploi ? Justifiez votre réponse.

5. Considérez une économie dotée de la fonction de production de type Cobb-Douglas suivante :

$$Y = K^{1/3} L^{2/3}$$

Cette économie dispose de 1 000 unités de capital et de 1 000 travailleurs.

   a) Quelle équation décrit la demande de travail de cette économie en fonction du salaire réel et du stock de capital ? (Une indication : voir chapitre 3.)

   b) Si le salaire réel peut s'ajuster pour équilibrer l'offre et la demande de travail, quel est le salaire réel ? À cet équilibre, quels sont l'emploi, la production et la rémunération totale des travailleurs ?

   c) Supposons maintenant qu'une loi visant le bien-être des travailleurs exige des entreprises qu'elles paient comme salaire réel 1 unité de production. Comment se compare ce salaire au salaire d'équilibre ?

   d) Aucune loi ne peut imposer aux entreprises le nombre de travailleurs qu'elles engagent à tout salaire donné. En conséquence, quels seraient les effets d'une telle loi ? Plus précisément, qu'advient-il de l'emploi, de la production et de la rémunération totale des travailleurs ?

e) Cette loi contribue-t-elle effectivement au bien-être des travailleurs ? Expliquez votre réponse.

f) Pensez-vous que l'analyse qui précède est une bonne manière d'aborder les législations sur le salaire minimum ? Expliquez votre réponse.

6. Supposons que survienne dans un pays donné une réduction de la productivité, ce qui constitue un choc négatif sur la fonction de production.

a) Qu'advient-il de la courbe de demande de travail ?

b) Comment cette variation de la productivité affecte-t-elle le marché du travail - soit l'emploi, le chômage et les salaires réels - si ce marché du travail est en permanence à l'équilibre.

c) Comment cette variation de la productivité affecte-t-elle le marché du travail si les syndicats empêchent les salaires réels de baisser ?

7. Lorsque les salaires augmentent, la décision de travailler davantage dépend de deux effets (comme vous avez certainement appris en microéconomie) : *l'effet de revenu* et *l'effet de substitution*. L'effet de revenu est l'incitation à travailler moins, parce que des revenus élevés signifient que les travailleurs peuvent se permettre de consommer davantage de biens « loisirs ». Par contre, l'effet de substitution est l'incitation à travailler plus, parce que le gain d'une heure supplémentaire de travail a augmenté (d'une façon équivalente le coût d'opportunité du « loisir » a augmenté). Appliquez ces concepts à l'hypothèse émise par Blanchard sur les préférences des Américains et des Européens pour les biens « loisirs ». De quel côté de l'Atlantique l'effet de revenu apparaît-il plus grand que l'effet de substitution ? De quel côté les deux effets s'annulent-ils ? Pensez-vous que l'hypothèse selon laquelle les goûts pour le « loisir » varient en fonction de la géographie, soit raisonnable ? Expliquez votre réponse.

8. À tout moment donné et dans toute ville, une partie du stock de bureaux utilisables est disponible. Cet espace de bureaux non occupés représente du capital non utilisé. Comment expliquez-vous ce phénomène ? S'agit-il d'un problème social ?

PARTIE 3

LA THÉORIE DE LA CROISSANCE : L'ÉCONOMIE DANS LE TRÈS LONG TERME

Chapitre 7. La croissance économique (I) : accumulation du capital et croissance démographique — 253

Chapitre 8. La croissance économique (II) : technologie, faits empiriques et politique économique — 291

7

LA CROISSANCE ÉCONOMIQUE (I) : ACCUMULATION DU CAPITAL ET CROISSANCE DÉMOGRAPHIQUE

*Le problème de la croissance n'a rien de neuf :
les économistes ont toujours tenté de comparer présent et avenir.*
James Tobin

7.1	L'accumulation du capital	**255**
7.2	La « règle d'or » du stock de capital	**268**
7.3	La croissance démographique	**277**
7.4	Conclusion	**285**

Au cours du siècle écoulé, la plupart des pays du monde ont connu une croissance économique substantielle. Les revenus réels ont crû de génération en génération, permettant aux membres de chacune d'entre elles de consommer davantage que leurs prédécesseurs. Ces niveaux accrus de consommation ont progressivement amélioré le niveau de vie.

Pour mesurer la croissance économique, les économistes ont recours aux données relatives au produit intérieur brut, qui mesure le revenu total perçu par tous les membres d'une économie. Aujourd'hui le PIB réel des États-Unis est plus de cinq fois supérieur à celui de 1950 et le PIB réel par habitant plus de trois fois supérieur. En toute année donnée, nous observons de grands écarts entre les niveaux de vie qui prévalent dans divers pays. Le tableau 7.1 donne le revenu par habitant en 2007 des quatorze pays les plus peuplés du monde. Les États-Unis viennent en tête de liste avec un revenu de $45 790 par habitant. Le Bangladesh clôt la liste avec un revenu par habitant de $1 242, soit moins de 3 % du revenu par habitant des États-Unis.

Tableau 7.1
Différences internationales du niveau de vie, 2007

Pays	Revenu par habitant (en USD)	Pays	Revenu par habitant (en USD)
États-Unis	45 790	Indonésie	3 728
Japon	33 525	Philippines	3 410
Allemagne	33 154	Inde	2 753
Russie	14 743	Vietnam	2 600
Mexique	12 780	Pakistan	2 525
Brésil	9 570	Nigeria	1 977
Chine	5 345	Bangladesh	1 242

Source : Banque mondiale.

Notre objectif dans cette partie du livre est de comprendre les causes de ces différences de revenu dans le temps et entre pays. Le chapitre 3 a montré que les facteurs de production, capital et travail, et la technologie de production étaient les sources de la production économique et donc du revenu. Les différences de revenu trouvent donc leur origine dans des singularités relatives au capital, au travail et à la technologie.

Ainsi, dans ce chapitre et celui qui suit, nous allons tout d'abord développer une théorie de la croissance économique basée sur le **modèle de croissance de Solow**. Notre analyse du chapitre 3 nous a permis de décrire la production, la répartition du revenu et l'affectation de la production de l'économie en tout point donné du temps. Cette analyse était statique : elle nous donnait une vision instantanée de l'économie. Pour expliquer la hausse du revenu national et la différence de croissance entre pays, nous devons affiner notre analyse pour lui permettre de décrire l'évolution de l'économie dans le temps. En d'autres termes, notre analyse doit devenir dynamique, ressemblant davantage à un film qu'à une photographie. Le modèle de croissance de Solow montre comment l'épargne, la croissance démographique et le progrès technologique affectent le niveau de la production et sa croissance dans le temps. Ce chapitre étudie le rôle de l'épargne et de la croissance démographique. Le chapitre 8 introduit le progrès technologique [1].

7.1 L'ACCUMULATION DU CAPITAL

Le modèle de croissance de Solow met en avant les interactions entre croissances du stock du capital et de la force de travail, d'une part, et progrès technologique d'autre part. Il montre également comment ces trois facteurs affectent la production des biens et services. La première étape de la construction du modèle consiste à établir comment l'offre et la demande de biens et services déterminent l'accumulation du capital. À cette fin, nous maintenons constants le stock du travail et la technologie. Nous renoncerons ensuite à ces hypothèses, d'abord pour permettre au travail de varier en fin de chapitre, et ensuite pour introduire le progrès technologique au chapitre suivant.

7.1.1 L'offre et la demande de biens et services

L'offre et la demande de biens et services jouent dans le modèle de Solow le même rôle central que dans notre modèle statique antérieur. Tout comme au chapitre 3, l'offre de biens et services détermine le volume de la production à tout moment donné du temps et la demande de cette production régit la manière dont celle-ci est allouée à ses diverses utilisations possibles.

A. L'offre de biens et services et la fonction de production

L'offre de biens et services, dans le modèle de Solow, est basée sur la fonction de production que nous connaissons bien à présent :

$$Y = F(K, L) \tag{7.1}$$

La production est fonction du stock de capital et du travail. Le modèle de croissance de Solow suppose que la fonction de production ait des rendements d'échelle constants. Pour rappel, ceci est le cas lorsque

$$z \times Y = F(zK, zL) \tag{7.2}$$

pour toute valeur positive z. En d'autres termes, lorsque nous multiplions à la fois le capital et le travail par z, nous multiplions en même temps, par ce même z, la quantité

---
[1] Le modèle de croissance de Solow tire son nom de l'économiste Robert Solow, qui l'a élaboré au cours des années 1950 et 1960. En 1987, Robert Solow s'est vu décerner le prix Nobel d'économie pour ses travaux en matière de croissance économique. Il a présenté son modèle in Robert M. Solow, « A Contribution to the Theory of Economic Growth », *Quarterly Journal of Economics* (février 1956), 65-94.

produite. Cette hypothèse est souvent considérée comme réaliste et acceptable, et va nous permettre de simplifier l'analyse qui suit.

Pour simplifier l'exposé, nous exprimons toutes les quantités par rapport au volume de la force de travail. Les fonctions de production à rendements constants se prêtent bien à cet exercice, car la production par travailleur n'y dépend que de la quantité de capital par travailleur. Pour vérifier ceci, posons $z = 1/L$ dans l'équation qui précède, pour obtenir

$$Y/L = F(K/L, 1) \qquad (7.3)$$

Cette équation montre que la production par travailleur *Y/L* est fonction du capital par travailleur *K/L*. (Le chiffre 1 est bien entendu constant et peut donc être ignoré.) L'hypothèse des rendements d'échelle constants permet de ne pas tenir compte de la taille de l'économie, mesurée par son nombre de travailleurs, car elle n'affecte pas la relation entre production par travailleur et capital par travailleur. Il est dès lors commode de rapporter toutes les variables au nombre de travailleurs. Nous utilisons dans ce cas des minuscules : ainsi, $y = Y/L$ est la production par travailleur et $k = K/L$ est le capital par travailleur. La fonction de production s'écrit dès lors comme suit :

$$y = f(k) \qquad (7.4)$$

où nous posons $f(k) = F(k, 1)$. La figure 7.1 illustre cette fonction de production.

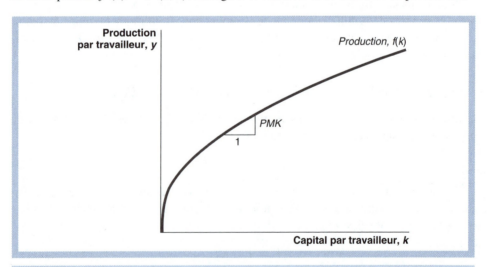

Figure 7.1
La fonction de production

La fonction de production montre comment la quantité de capital par travailleur *k* détermine la quantité produite par travailleur *y = f(k)*. La pente de la fonction de production est la productivité marginale du capital : si *k* augmente d'une unité, *y* augmente de *PMK* unités. Cette fonction de production s'aplanit à mesure que *k* augmente, ce qui traduit une productivité marginale décroissante.

La pente de la fonction de production montre la quantité produite par travailleur supplémentaire que permet toute unité additionnelle de capital par travailleur. Cette quantité s'appelle la productivité marginale du capital *PMK*. En notation mathématique, nous écrivons :

$$PMK = f(k+1) - f(k) \tag{7.5}$$

Remarquons qu'à la figure 7.1, la fonction de production tend à s'aplanir à mesure que la quantité de capital augmente, ce qui veut dire qu'elle est caractérisée par une productivité marginale décroissante du capital : chaque unité supplémentaire de capital produit moins que l'unité précédente. Lorsqu'il y a peu de capital (k faible), toute unité supplémentaire de celui-ci est extrêmement efficace et produit une grande quantité supplémentaire. En présence d'un capital abondant (k élevé), au contraire, chaque unité supplémentaire est moins efficace et produit moins que l'unité précédente.

B. La demande de biens et services et la fonction de consommation

La demande de biens et services du modèle de Solow émane de la consommation et de l'investissement. En d'autres termes, la production par travailleur y se répartit entre la consommation par travailleur c et l'investissement par travailleur i :

$$y = c + i \tag{7.6}$$

Cette équation n'est autre que l'identité comptable du revenu national de l'économie. On peut remarquer qu'elle omet les dépenses publiques (que nous pouvons pour l'instant ignorer) ainsi que les exportations nettes (car nous raisonnons en termes d'économie fermée) et qu'elle exprime y, c et i en termes de quantités par travailleur.

Le modèle de Solow fait l'hypothèse que la fonction de consommation a la forme simple suivante :

$$c = (1-s)y \tag{7.7}$$

où s, le taux d'épargne, a une valeur comprise entre 0 et 1. Cette fonction de consommation indique que la consommation est proportionnelle au revenu. Chaque année, une fraction $(1-s)$ du revenu est consommée et une fraction s épargnée. Notons dès à présent que cette fraction épargnée, le taux d'épargne, peut, au niveau d'un pays, être influencé par les différentes politiques économiques mises en œuvre. L'un de nos objectifs, dans la suite du texte, sera donc de trouver le meilleur taux d'épargne possible. Pour l'heure, cependant, nous supposons le taux d'épargne s donné.

Pour voir ce que cette fonction de consommation implique pour l'investissement, nous substituons $(1-s)y$ à c dans l'identité comptable du revenu national :

$$y = (1-s)y + i \tag{7.8}$$

En réaménageant les termes, nous obtenons

$$i = s \times y \tag{7.9}$$

Cette équation montre, comme nous l'avons vu au chapitre 3, que l'investissement est égal à l'épargne. Le taux d'épargne s est donc également la fraction de la production affectée à l'investissement.

Nous avons maintenant introduit les deux éléments principaux du modèle de Solow, la fonction de production et la fonction de consommation, qui décrivent l'économie à tout moment. Pour tout stock de capital k donné, la fonction de production $y = f(k)$ détermine les quantités que peut produire l'économie et le taux d'épargne s détermine la répartition de cette production entre la consommation et l'investissement.

7.1.2 L'évolution du capital et la croissance équilibrée

À tout moment, le stock de capital est un déterminant essentiel de la production de l'économie. Cependant, ce stock de capital est susceptible d'évoluer dans le temps, et ceci peut être source de croissance économique. Deux éléments provoquent la variation du stock de capital :
- *l'investissement* : le stock de capital augmente lorsque l'entreprise achète de nouvelles usines et de nouveaux équipements ;
- *l'amortissement* : le stock de capital diminue à mesure que le capital installé vieillit et doit être déclassé.

Nous étudions ci-dessous l'un et l'autre de plus près.

Nous avons vu antérieurement que l'investissement i par travailleur est une fraction de la production par travailleur sy. En substituant la fonction de production à y, nous pouvons exprimer l'investissement par travailleur en termes d'une fonction du stock de capital par travailleur :

$$i = sf(k) \tag{7.10}$$

Plus le volume du capital k est important, plus élevés sont les niveaux de la production $f(k)$ et de l'investissement i. Cette équation, qui intègre à la fois les fonctions de production et de consommation, relie le stock du capital existant k à l'accumulation du capital nouveau i. La figure 7.2 montre comment le taux d'épargne s détermine la répartition de la production entre la consommation et l'investissement pour toute valeur donnée de k.

Pour introduire l'amortissement dans le modèle, nous supposons qu'une fraction donnée δ du stock de capital devienne obsolète chaque année. δ désigne le taux d'amortissement. Par exemple, si la durée de vie du capital est de 25 ans, le taux d'amortissement est de 4 % par an ($\delta = 0{,}04$). La fraction de capital qui doit être amortie chaque année est égale à δk. La figure 7.3 établit la liaison entre l'amortissement et le stock de capital.

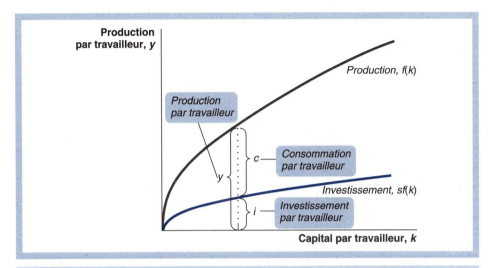

Figure 7.2
Production, consommation et investissement

Le taux d'épargne s détermine la répartition de la production entre consommation et investissement. Pour tout niveau de capital k, la production est $f(k)$, l'investissement $sf(k)$, et la consommation $f(k) - sf(k)$.

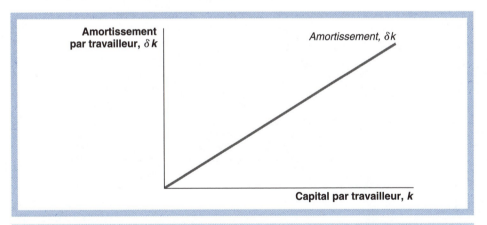

Figure 7.3
L'amortissement

Une fraction constante δ du stock de capital se déprécie chaque année. L'amortissement est donc proportionnel au stock de capital.

Il est possible d'exprimer l'impact de l'investissement et de l'amortissement sur le stock de capital à l'aide de l'équation suivante :

$$\text{Variation du stock de capital} = \text{Investissement} - \text{Amortissement}$$
$$\Delta k = i - \delta k \tag{7.11}$$

où Δk est la variation du stock de capital d'une année à l'autre. Comme l'investissement est égal à l'épargne, nous pouvons exprimer la variation du stock de capital comme suit :

$$\Delta k = sf(k) - \delta k \tag{7.12}$$

Cette équation établit que la variation du stock de capital est égale à l'investissement $sf(k)$ moins la dépréciation du capital existant δk.

La figure 7.4 représente graphiquement l'investissement et l'amortissement pour divers niveaux du stock de capital k. Plus le stock de capital est important, plus sont importants les volumes de la production et de l'investissement. Mais en même temps, plus le stock de capital est élevé, plus important est le volume de l'amortissement.

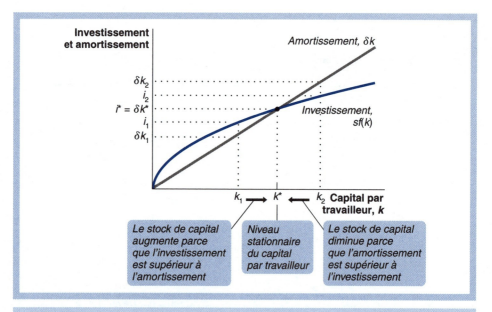

Figure 7.4
Investissement, amortissement et état stationnaire

Le stock de capital stationnaire k^* est le niveau du capital pour lequel l'investissement est égal à l'amortissement, ce qui veut dire que le stock de capital n'évoluera plus dans le temps. En dessous de k^*, l'investissement est supérieur à l'amortissement et le stock de capital augmente. Au-dessus de k^*, l'investissement est inférieur à l'amortissement et le stock de capital se réduit.

La figure 7.4 indique qu'il existe un seul stock de capital k^* pour lequel le volume de l'investissement est égal au volume de l'amortissement. Une économie dotée de ce stock de capital conserve inchangé celui-ci dans le temps parce que les deux déterminants de sa variation, l'investissement et l'amortissement, s'équilibrent exactement. En d'autres termes, pour ce niveau du stock de capital, $\Delta k = 0$ de telle sorte que le stock de capital k et la production $f(k)$ cessent de croître ou de se réduire et restent constants dans le temps. Ce niveau de capital est dit **stationnaire** et on le désigne par k^*.

L'état stationnaire est un phénomène important à deux égards. D'une part, comme nous venons de le voir, une économie qui l'a atteint ne bouge plus. Mais d'autre part, et ceci est tout aussi important, une économie qui ne l'a pas atteint tend vers lui. En d'autres termes, quel que soit son stock de capital de départ, toute économie atteint un jour son stock de capital stationnaire. C'est en ce sens que *l'état stationnaire représente l'équilibre de long terme de l'économie.*

Pour comprendre pourquoi toute économie atteint un jour son état stationnaire, supposons que l'économie ait démarré avec un stock de capital inférieur au niveau stationnaire, tel k_1 à la figure 7.4. Le volume de l'investissement est alors supérieur à celui de l'amortissement. Au cours du temps, le stock de capital augmente et continue d'augmenter, parallèlement à la production $f(k)$, jusqu'à s'approcher de l'état stationnaire k^*.

De même, si l'économie démarre avec un stock de capital supérieur au volume stationnaire, tel k_2, l'investissement est inférieur à l'amortissement et le capital se déprécie plus rapidement qu'il n'est renouvelé. Le stock de capital diminue et se rapproche à nouveau de l'état stationnaire. Une fois atteint ce dernier, l'investissement est égal à l'amortissement et il n'y a plus aucune pression pour faire augmenter ou diminuer le capital.

7.1.3 Vers l'état stationnaire : un exemple chiffré

Un exemple numérique va nous permettre de voir comment fonctionne le modèle de Solow et comment l'économie s'approche de l'état stationnaire. Nous supposons, dans cet exemple, que la fonction de production soit

$$Y = K^{1/2}L^{1/2} \tag{7.13}$$

Du chapitre 3 il est facile de savoir qu'il s'agit d'une fonction de type Cobb-Douglas dont le paramètre α est égal à $1/2$. Pour établir la fonction de production par travailleur $f(k)$, nous divisons les deux membres de la fonction de production par L, le travail :

$$\frac{Y}{L} = \frac{K^{1/2}L^{1/2}}{L} \tag{7.14}$$

En réaménageant, nous obtenons

$$\frac{Y}{L} = \left(\frac{K}{L}\right)^{1/2} \tag{7.15}$$

Comme $y = Y/L$ et $k = K/L$, cette équation devient

$$y = k^{1/2} \tag{7.16}$$

Cette équation peut être réécrite comme suit :

$$y = \sqrt{k} \tag{7.17}$$

La production par travailleur est égale à la racine carrée du volume de capital par travailleur.

Pour compléter cet exemple, nous supposons que 30 % de la production soient épargnés ($s = 0{,}3$), que 10 % du stock de capital se déprécient chaque année ($\delta = 0{,}1$) et que l'économie démarre avec 4 unités de capital par travailleur ($k = 4$). Nous pouvons maintenant voir comment l'économie évolue dans le temps.

Au départ, nous examinons la production et la répartition de celle-ci au cours de la première année, l'économie ayant 4 unités de capital par travailleur. Pour mieux comprendre le processus, nous allons décrire les étapes suivantes :

- La fonction de production nous dit que les 4 unités de capital par travailleur produisent 2 unités de production par travailleur ($y = \sqrt{k} = 2$).
- Comme 70 % de la production sont consommés et 30 % épargnés et investis, alors $c = 1{,}4$ et $i = 0{,}6$.
- En outre, 10 % du stock de capital se déprécient, et donc $\delta k = 0{,}4$.
- L'investissement étant 0,6 et l'amortissement 0,4, la variation du stock de capital est $\Delta k = 0{,}2$.

Ainsi, nous commençons la seconde année avec 4,2 unités de capital par travailleur.

Le tableau 7.2 nous montre comment l'économie évolue d'une année à l'autre. Chaque année, du capital nouveau s'ajoute et la production croît. Au terme d'un grand nombre d'années, l'économie approche de l'état stationnaire, avec 9 unités de capital par travailleur. À ce moment, l'investissement de 0,9 compense exactement l'amortissement également de 0,9, de sorte que le stock de capital et la production cessent d'augmenter.

Suivre l'évolution de l'économie d'année en année est l'une des manières d'identifier le stock de capital stationnaire, mais il est également possible de le calculer plus simplement. Souvenons-nous que

$$\Delta k = sf(k) - \delta k \tag{7.12}$$

Cette équation montre comment k évolue dans le temps. Comme $\Delta k = 0$ à l'état stationnaire, nous savons que

$$0 = sf(k^*) - \delta k^* \tag{7.18}$$

Tableau 7.2
Vers l'état stationnaire : un exemple numérique[a]

Année	K	y	c	i	δk	Δk
1	4,000	2,000	1,400	0,600	0,400	0,200
2	4,200	2,049	1,435	0,615	0,420	0,195
3	4,395	2,096	1,467	0,629	0,440	0,189
4	4,584	2,141	1,499	0,642	0,458	0,184
5	4,768	2,184	1,529	0,655	0,477	0,178
⋮	⋮	⋮	⋮	⋮	⋮	⋮
10	5,602	2,367	1,657	0,710	0,560	0,150
⋮	⋮	⋮	⋮	⋮	⋮	⋮
25	7,321	2,706	1,894	0,812	0,732	0,080
⋮	⋮	⋮	⋮	⋮	⋮	⋮
100	8,962	2,994	2,096	0,898	0,896	0,002
⋮	⋮	⋮	⋮	⋮	⋮	⋮
∞	9,000	3,000	2,100	0,900	0,900	0,000

[a] Hypothèses : $y = \sqrt{k}$, $s = 0,3$, $\delta = 0,1$, k initial $= 4,0$

ou, en termes équivalents

$$\frac{k^*}{f(k^*)} = \frac{s}{\delta} \qquad (7.19)$$

Cette équation nous fournit une manière de trouver le niveau stationnaire du capital par travailleur k^*. En introduisant dans la fonction de production les chiffres de notre exemple, nous obtenons

$$\frac{k^*}{\sqrt{k^*}} = \frac{0,3}{0,1} \qquad (7.20)$$

En portant au carré les deux membres de cette équation, nous obtenons

$$k^* = 9 \qquad (7.21)$$

L'état stationnaire du stock de capital est de 9 unités par travailleur. Ce résultat confirme les calculs de l'état stationnaire effectués au tableau 7.2.

> **ÉTUDE DE CAS - Le miracle de la croissance japonaise et allemande**
>
> L'Allemagne et le Japon nous offrent deux beaux exemples de croissance économique. À partir des ruines laissées par la Deuxième Guerre mondiale, ces deux pays se sont transformés en superpuissances économiques. La guerre avait détruit la majeure partie de leur stock de capital. Au cours des décennies qui ont suivi, les deux pays ont enregistré les taux de croissance les plus rapides connus à ce jour parmi les pays industrialisés. De 1948 à 1972, la production par habitant s'est accrue de 8,2 % par an au Japon et de 5,7 % en Allemagne, contre 2,2 % seulement aux États-Unis.
>
> Le modèle de croissance de Solow explique-t-il cette performance ? Prenons une économie à l'état stationnaire, dont une guerre détruit une partie du stock de capital : celui-ci tombe de k^* à k_1 à la figure 7.4. Sans surprise, le niveau de sa production baisse immédiatement. Mais si le taux d'épargne, c'est-à-dire la fraction de la production consacrée à l'épargne et à l'investissement, demeure inchangé, notre économie va connaître une période de croissance élevée. La production augmente parce que, étant donné le faible stock de capital dont elle dispose, les volumes de capital ajoutés à ce stock par l'investissement sont supérieurs à ceux que l'amortissement en retire. Cette croissance rapide se poursuit jusqu'au moment où l'économie approche de son état stationnaire antérieur. On voit donc que la destruction d'une partie du stock de capital a pour effet immédiat de réduire la production, mais induit ensuite une croissance plus rapide que la croissance normale. Le « miracle » de la croissance rapide du Japon et de l'Allemagne, souvent évoqué par la presse d'affaires, correspond donc bien à ce que prévoit le modèle de Solow dans le cas de pays dont le stock de capital a été considérablement réduit par la guerre.

7.1.4 Comment l'épargne affecte-t-elle la croissance

L'explication de la croissance japonaise et allemande n'est pas aussi simple que le suggère l'étude de cas précédente. Une autre différence importante entre ces deux pays et les États-Unis explique leurs performances économiques : tant le Japon que l'Allemagne épargnent et investissent une fraction de leur production supérieure à celle qu'épargnent les États-Unis. Ils s'approchent donc d'un état stationnaire différent. Pour mieux comprendre les taux de croissance différents entre pays, nous devons considérer l'impact de leurs taux d'épargne respectifs.

Examinons à cette fin ce qui se passe dans le cas d'une économie dont le taux d'épargne augmente, comme l'illustre la figure 7.5. Nous supposons que notre économie démarre en état stationnaire avec un taux d'épargne s_1 et un stock de capital k_1^*. Le taux d'épargne augmente ensuite de s_1 à s_2, ce qui induit un glissement vers le haut de la courbe $sf(k)$. Au taux d'épargne initial s_1, et pour le stock de capital initial k_1^*, le volume de l'investissement compense exactement celui de l'amortissement. Dès que le taux d'épargne augmente, l'investissement est supérieur, mais le stock de capital et l'amortissement demeurent inchangés. L'investissement est donc supérieur à l'amortissement. Le stock de capital augmente progressivement jusqu'au moment où l'économie atteint le nouvel état stationnaire k_2^*, où son stock de capital et le niveau de sa production sont supérieurs à ceux de l'ancien état stationnaire.

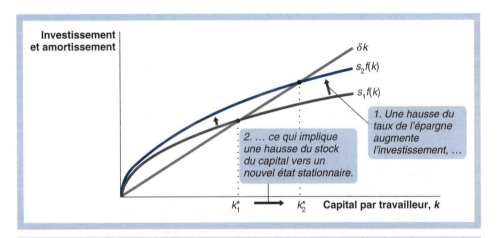

Figure 7.5
Une hausse du taux d'épargne

Une hausse du taux d'épargne s implique une augmentation du volume de l'investissement pour tout stock de capital donné, ce qui induit un glissement vers le haut de la fonction d'épargne. À l'ancien état stationnaire k_1^*, l'investissement est désormais supérieur à l'amortissement. Le stock de capital augmente jusqu'au moment où l'économie atteint un nouvel état stationnaire k_2^*, avec davantage de capital et de production.

Le modèle de Solow montre que le taux d'épargne est le déterminant clé du stock de capital d'état stationnaire. *Si le taux d'épargne est élevé, l'économie se dote d'un stock de capital important qui lui permet de produire un volume élevé de production. Si le taux d'épargne est faible, la modicité du stock de capital ne permet à l'économie que de produire un volume de production moins important.* Cette conclusion éclaire de nombreux débats en matière de politique budgétaire. Le chapitre 3 a montré que le déficit public peut avoir pour conséquence de réduire l'épargne nationale et d'évincer l'investissement. Nous comprenons maintenant qu'une baisse du taux d'épargne induit une réduction du stock de capital et du revenu national. C'est pour cette raison que beaucoup d'économistes dénoncent les déficits publics persistants.

Que nous dit le modèle de Solow de la relation entre épargne et croissance économique ? Une épargne élevée accélère la croissance, mais seulement pour un temps. La hausse du taux d'épargne accroît la croissance jusqu'au moment où l'économie atteint un nouvel état stationnaire. Si cette économie conserve un taux d'épargne élevé, elle gardera un stock de capital et un volume de production importants, mais elle ne pourra maintenir indéfiniment un taux de croissance élevé. Les politiques économiques qui modifient le taux de croissance du revenu par personne de l'état d'équilibre se caractérisent par un *effet de croissance*. Nous allons voir des exemples de ces politiques dans le prochain chapitre. En revanche, un taux d'épargne plus élevé aurait un *effet de niveau*, car seul le niveau de revenu par personne, et non son taux de croissance, est influencé par le taux d'épargne à l'état stationnaire.

La compréhension de la manière dont l'épargne affecte la croissance fournit une explication plus complète de l'impressionnante croissance économique de l'Allemagne et du Japon au lendemain de la Deuxième Guerre mondiale. Non seulement, à la suite de cette guerre, leurs stocks initiaux de capital étaient plus faibles, mais leurs taux d'épargne élevés leur ont permis de constituer d'importants stocks de capital stationnaires. Combinés, ces deux faits expliquent la croissance élevée de ces deux pays dans les années 1950 et 1960.

ÉTUDE DE CAS - L'épargne et l'investissement dans le monde

Une question importante nous a interpellé au début de ce chapitre : pourquoi certains pays sont-ils si riches et d'autres si misérables ? L'analyse qui précède constitue un pas supplémentaire vers la réponse.

Selon le modèle de Solow, un pays qui consacre une fraction importante de son revenu à l'épargne et à l'investissement se dote d'un stock de capital stationnaire et d'un niveau de revenu élevés. Inversement, si un pays épargne et investit une faible fraction de son revenu, il se dote d'un stock de capital stationnaire et d'un niveau de revenu faibles.

Cette conclusion théorique a d'importantes implications concrètes. Elle permet en effet d'expliquer la différence internationale des niveaux de vie. La figure 7.6 est un diagramme de dispersion de données relatives à 96 pays, soit la plupart des économies mondiales. (Elle exclut cependant les principaux pays producteurs de pétrole et les pays dotés d'une économie planifiée au cours de la période 1960-2003 dont les conditions particulières expliquent le comportement.) Les données révèlent une relation positive entre la fraction de la production consacrée à l'investissement et le niveau de revenu par habitant. En d'autres termes, les pays dont le taux d'investissement est élevé, tels que les États-Unis ou le Japon, ont normalement des revenus élevés, et les pays dont le taux d'investissement est faible, tels que l'Éthiopie ou le Burundi, ont des revenus faibles. Comme le suggère le modèle de Solow, le taux d'investissement est le déterminant essentiel de la richesse ou de la pauvreté d'un pays.

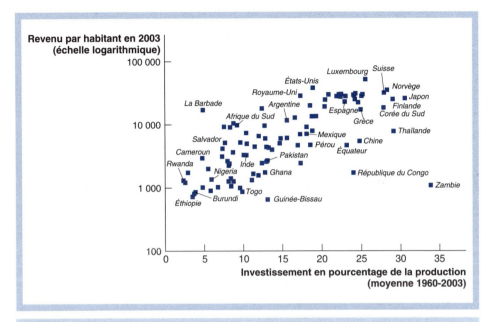

Figure 7.6
Données internationales sur les taux d'investissement et les revenus par habitant

Ce diagramme de dispersion caractérise par un point unique chacun des 96 pays étudiés. Il rapporte le taux d'investissement de chaque pays, sur l'axe horizontal, au revenu par habitant de celui-ci, sur l'axe vertical. Comme le prédit le modèle de Solow, un taux d'investissement important est associé à un revenu par habitant élevé.
Source : Alan Heston, Robert Summers et Bettina Aten, Penn World Table Version 6.2, Center for International Comparisons of Production, Income and Prices at the University of Pennsylvania, September 2006.

Pour importante qu'elle soit, la forte corrélation qui ressort de la figure 7.6 soulève autant de questions qu'elle n'apporte de réponses. La première question qui vient à l'esprit, bien entendu, porte sur l'origine des différences des taux d'épargne et d'investissement entre pays. On peut notamment penser aux politiques budgétaires, aux régimes de retraite, au degré de développement des marchés financiers, ou encore aux spécificités culturelles. La stabilité politique peut également jouer un rôle : les coups d'État, guerres et autres révolutions ne favorisent pas précisément les taux d'épargne et d'investissement. Pas plus que la déliquescence des institutions politiques, dont le degré de corruption fournit un indicateur. Enfin, un phénomène de causalité inverse éclaire peut-être aussi la corrélation de la figure 7.6 : le niveau élevé des revenus n'est-il pas lui-même source de taux élevés d'épargne et d'investissement ? Nous n'offrirons pas ici de réponse absolue, car il y a loin d'y avoir unanimité parmi les économistes quant à la principale explication de la différence internationale des taux d'épargne et d'investissement.

> Ce qui précède est d'autant plus vrai que la relation constatée entre taux d'investissement et revenu par habitant est certes étroite, mais non parfaite. Ainsi, avec un taux d'investissement équivalent à celui du Pérou, les États-Unis génèrent un revenu par habitant huit fois supérieur. Il doit donc y avoir d'autres déterminants des niveaux de vie que l'épargne et l'investissement. Nous reviendrons donc plus loin dans ce chapitre sur les différences internationales, en quête de ces autres déterminants.

7.2 LA « RÈGLE D'OR » DU STOCK DE CAPITAL

Jusqu'ici, nous avons utilisé le modèle de Solow pour examiner comment les taux d'épargne et d'investissement d'une économie déterminent les niveaux stationnaires de capital et de revenu de celle-ci. Cette analyse peut amener à penser qu'un taux d'épargne élevé est toujours une bonne chose. Pourtant, si le taux d'épargne d'un pays est de 100 %, ce qui induit le stock capital et le revenu les plus élevés possibles, à quoi tout cela sert-il si rien n'est consommé ?

Nous allons maintenant utiliser le modèle de Solow pour étudier le niveau d'accumulation du capital optimal en termes de bien-être économique. Le chapitre suivant évaluera l'impact des politiques publiques sur le taux d'épargne, après que cette section ait présenté les fondements théoriques de telles politiques.

7.2.1 La comparaison des états stationnaires

Pour simplifier notre analyse, nous supposons que les décideurs politiques puissent fixer le taux d'épargne à un niveau quelconque. Ce faisant, ils déterminent l'état stationnaire de l'économie. Quel état stationnaire doivent-ils choisir ?

En choisissant un état stationnaire donné, les décideurs politiques souhaitent maximiser le bien-être des membres de la société. Ces derniers se soucient peu du volume de capital dont est dotée l'économie, voire du niveau de sa production. Ce qui les intéresse est la quantité de biens et services qu'ils peuvent consommer. Le décideur politique attentif à cela choisira donc l'état stationnaire qui induit le niveau maximal de consommation possible. Ce niveau, appelé k_{or}^*, est régi par la **règle d'or du niveau d'accumulation du capital** [2].

Comment savoir si l'économie a atteint le niveau régi par la règle d'or ? Pour répondre à cette question, nous devons tout d'abord déterminer le niveau de consommation par travailleur correspondant à l'état stationnaire. Ceci nous permettra ensuite de voir quel état stationnaire permet la consommation maximale.

---

2 Edmund Phelps, « The Golden Rule of Accumulation : A Fable for Growthmen », *American Economic Review* 51(septembre 1961), 638-643.

Pour trouver la consommation stationnaire par travailleur, nous repartons de l'identité comptable du revenu national

$$y = c + i \tag{7.6}$$

que nous réaménageons comme suit :

$$c = y - i \tag{7.22}$$

La consommation n'est rien d'autre que la production diminuée de l'investissement. Pour trouver la consommation correspondant à l'état stationnaire, nous substituons à la production et à l'investissement les valeurs stationnaires correspondantes. La production stationnaire par travailleur est $f(k^*)$, où k^* est le stock stationnaire de capital par travailleur. En outre, comme le stock de capital ne se modifie pas à l'état stationnaire, l'investissement est égal à l'amortissement δk^*. En remplaçant y par $f(k^*)$ et i par δk^*, nous réécrivons comme suit la consommation stationnaire par travailleur :

$$c^* = f(k^*) - \delta k^* \tag{7.23}$$

Cette équation nous dit que la consommation stationnaire est la différence entre la production stationnaire et l'amortissement stationnaire. Elle montre que l'accroissement du capital a deux effets opposés sur la consommation stationnaire : une production accrue, mais une affectation également accrue de cette production au remplacement du capital amorti.

La figure 7.7 représente graphiquement la production et l'amortissement correspondant à l'état stationnaire sous la forme d'une fonction du stock de capital stationnaire. La consommation stationnaire est l'écart entre la production et l'amortissement. La figure montre qu'il existe un niveau donné du stock de capital - niveau correspondant à la règle d'or k^*_{or} - qui maximise la consommation.

En comparant divers états stationnaires, nous ne devons pas oublier que des niveaux accrus du capital affectent à la fois la production et l'amortissement. Si le stock de capital est inférieur au niveau correspondant à la règle d'or, l'accroissement du stock de capital augmente la production davantage que l'amortissement, et la consommation s'accroît. Dans ce cas, la fonction de production a une pente plus prononcée que celle de la droite δk^*, de sorte que l'écart entre les deux courbes, égal à la consommation, augmente à mesure que k^* s'accroît. Par contre, si le stock de capital est supérieur au niveau fixé par la règle d'or, toute hausse du stock de capital réduit la consommation, car l'accroissement de la production est inférieur à celui de l'amortissement. Dans ce cas, la fonction de production a une pente inférieure à celle de la droite δk^*, de sorte que l'écart entre les deux courbes, qui représente la consommation, diminue à mesure que k^* augmente. Au niveau de capital dicté par la règle d'or, la fonction de production et la droite δk^* ont la même pente, et la consommation atteint son niveau maximal.

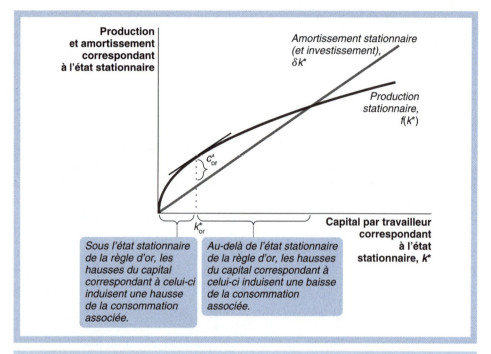

Figure 7.7
Consommation correspondant à l'état stationnaire

La production de l'économie est affectée à la consommation et à l'investissement. À l'état stationnaire, l'investissement est égal à l'amortissement. Par conséquent, la consommation correspondant à l'état stationnaire est la différence entre la production $f(k^*)$ et l'amortissement δk^*. La consommation correspondant à l'état stationnaire est maximale pour l'état stationnaire dicté par la règle d'or. Le stock de capital correspondant à celle-ci est désigné par k^*_{or} et la consommation par c^*_{or}.

Nous pouvons désormais établir une condition simple qui caractérise le stock de capital correspondant à la règle d'or. On se souviendra que la pente de la fonction de production représente la productivité marginale du capital *PMK*. La pente de la droite δk^* est δ. Ces deux pentes étant égales à k^*_{or}, l'équation suivante traduit la règle d'or :

$$PMK = \delta \tag{7.24}$$

Quand est atteint le stock de capital correspondant à la règle d'or, la productivité marginale du capital est égale au taux d'amortissement.

Le même cheminement peut être parcouru en des termes quelque peu différents. Supposons que l'économie démarre avec un stock de capital k^* donné et que le décideur politique souhaite augmenter ce stock à $k^* + 1$. Dans ce cas, la production supplémentaire est égale à $f(k^* + 1) - f(k^*)$, soit la productivité marginale du capital *PMK*. Le taux d'amortissement δ désigne l'amortissement supplémentaire induit par l'addition d'une unité de capital. L'effet net de cette unité de capital supplémentaire sur la consommation est $PMK - \delta$, soit la productivité marginale du capital diminuée du taux d'amortissement. Si $PMK - \delta > 0$, toute hausse du stock de capital accroît la consommation et k^* doit être inférieur au niveau que dicte la règle d'or. Si au contraire, $PMK - \delta < 0$, le capital nouveau fait baisser la consommation et k^* est supérieur au niveau correspondant à la règle d'or. C'est pourquoi la condition suivante décrit la règle d'or :

$$PMK - \delta = 0 \tag{7.25}$$

Au niveau de capital correspondant à la règle d'or, la productivité marginale du capital diminuée de l'amortissement, $(PMK - \delta)$, est égale à zéro. Nous verrons plus loin que le décideur politique peut utiliser cette condition pour calculer le stock de capital correspondant à la règle d'or pour toute économie donnée [3].

L'économie ne converge pas spontanément vers l'état stationnaire dicté par la règle d'or. Le choix d'un stock de capital correspondant à l'état stationnaire, tel que le veut la règle d'or, passe par la détermination d'un taux d'épargne précis. La figure 7.8 illustre l'état stationnaire lorsque le taux d'épargne est fixé au niveau qui permet d'ob-

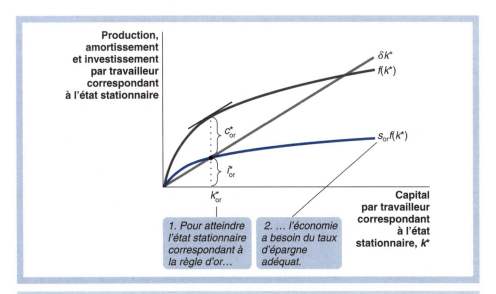

Figure 7.8
Le taux d'épargne et la règle d'or

Il existe un seul taux d'épargne qui permet d'obtenir le stock de capital k^*_{or} dicté par la règle d'or. Toute variation du taux d'épargne déplace la courbe $sf(k)$, et entraîne de ce fait l'économie vers un état stationnaire doté d'un niveau de consommation inférieur.

---

[3] *Note mathématique*. Pour établir la condition qui satisfait la règle d'or, il est également possible d'avoir recours au calcul infinitésimal, en se souvenant que $c^* = f(k^*) - \delta k^*$. Pour trouver le k^* qui maximise c^*, il suffit de différentier pour trouver $dc^*/dk^* = f'(k^*) - \delta$ et de poser cette dérivée égale à zéro. Comme $f'(k^*)$ est la productivité marginale du capital, nous obtenons la condition de la règle d'or décrite dans le texte.

tenir le volume de capital dicté par la règle d'or. Si le taux d'épargne est supérieur à celui qui est retenu dans la figure, le stock de capital correspondant à l'état stationnaire sera trop élevé. Si le taux d'épargne est inférieur, le stock de capital sera trop faible. Dans les deux cas, la consommation sera inférieure à son niveau correspondant à l'état stationnaire dicté par la règle d'or.

7.2.2 À la recherche de l'état stationnaire correspondant à la règle d'or : un exemple numérique

Dans cet exemple, nous étudions le choix d'un état stationnaire dans le cadre d'une économie caractérisée par la même fonction de production que dans notre exemple antérieur :

$$y = \sqrt{k} \tag{7.17}$$

La production par travailleur est égale à la racine carrée du capital par travailleur. Le taux d'amortissement (est à nouveau égal à 10 % du capital. Ici, cependant, le décideur choisit le taux d'épargne s et donc l'état stationnaire de l'économie.

Pour voir les divers résultats auxquels il peut s'attendre, souvenons-nous que l'équation suivante se vérifie en état stationnaire :

$$\frac{k^*}{f(k^*)} = \frac{s}{\delta} \tag{7.19}$$

Dans cette économie, l'équation devient :

$$\frac{k^*}{\sqrt{k^*}} = \frac{s}{0,1} \tag{7.26}$$

En portant au carré les deux membres de l'équation, nous obtenons la solution suivante, applicable au stock de capital correspondant à l'état stationnaire :

$$k^* = 100s^2 \tag{7.27}$$

Ce résultat nous permet de calculer le stock du capital correspondant à l'état stationnaire pour tout taux d'épargne donné.

Le tableau 7.3 nous montre les états stationnaires associés à divers taux d'épargne. Plus ceux-ci sont élevés, plus le stock de capital l'est également, et ceci, à son tour, induit une production et un amortissement plus importants. La consommation correspondant à l'état stationnaire, c'est-à-dire la différence entre la production et l'amortissement, commence par augmenter à mesure que le taux d'épargne croît, mais diminue ensuite. La consommation la plus élevée est obtenue pour un taux d'épargne égal à 0,5. C'est donc ce taux d'épargne de 0,5 qui génère l'état stationnaire dicté par la règle d'or.

Tableau 7.3
La comparaison des états stationnaires : un exemple numérique[a]

s	K*	y*	δk*	c*	PMK	PMK − δ
0,0	0,0	0,0	0,0	0,0	∞	∞
0,1	1,0	1,0	0,1	0,9	0,500	0,400
0,2	4,0	2,0	0,4	1,6	0,250	0,150
0,3	9,0	3,0	0,9	2,1	0,167	0,067
0,4	16,0	4,0	1,6	2,4	0,125	0,025
0,5	**25,0**	**5,0**	**2,5**	**2,5**	**0,100**	**0,000**
0,6	36,0	6,0	3,6	2,4	0,083	−0,017
0,7	49,0	7,0	4,9	2,1	0,071	−0,029
0,8	64,0	8,0	6,4	1,6	0,062	−0,038
0,9	81,0	9,0	8,1	0,9	0,056	−0,044
1,0	100,0	10,0	10,0	0,0	0,050	−0,050

[a] Hypothèses : $y = \sqrt{k}, \delta = 0,1$

La productivité marginale du capital permet également d'identifier l'état stationnaire dicté par la règle d'or. La productivité marginale du capital correspondant à cette fonction de production est [4]

$$PMK = \frac{1}{2\sqrt{k}} \qquad (7.28)$$

L'utilisation de cette formule donne, aux deux dernières colonnes du tableau 7.3, les valeurs de *PMK* et de $(PMK - \delta)$ correspondant à divers états stationnaires. On observe que la productivité marginale nette du capital est exactement égale à zéro lorsque le taux d'épargne atteint la valeur dictée par la règle d'or, soit 0,5. C'est le caractère décroissant de la productivité marginale qui explique que la productivité marginale nette du capital est positive dès que le taux d'épargne de l'économie considérée est inférieur à 0,5 et négative dans le cas contraire.

On voit donc, grâce à cet exemple chiffré, que les deux approches de la détermination de l'état stationnaire correspondant à la règle d'or - par la productivité marginale du capital ou par la consommation stationnaire - donnent le même résultat. Comme il est plus facile d'estimer la productivité marginale du capital que la consommation stationnaire, la première approche est généralement adoptée pour déterminer si une économie donnée a un stock de capital égal, inférieur ou supérieur au niveau que dicte la règle d'or.

---

[4] *Note mathématique.* Pour obtenir cette formule, tenez compte du fait que la productivité marginale du capital est la dérivée de la fonction de production par rapport à k.

7.2.3 La transition vers l'état stationnaire dicté par la règle d'or

Nous envisageons maintenant en termes plus réalistes les décisions des responsables politiques. Nous avons jusqu'ici supposé que ceux-ci aient le pouvoir de choisir et d'atteindre sans problème l'état stationnaire qu'ils souhaitent pour leur économie, soit celui que dicte la règle d'or, ou encore celui qui permet la consommation maximale. Supposons à présent que l'économie ait atteint un état stationnaire qui n'est pas celui que dicte la règle d'or. Qu'advient-il, dans ce cas, de la consommation, de l'investissement et du stock de capital pendant la phase de transition de l'économie vers l'état stationnaire ? L'impact de cette transition est-il susceptible de détourner le décideur politique de son objectif d'atteindre l'état stationnaire dicté par la règle d'or ?

Deux cas se présentent à nous : l'économie démarre avec un stock de capital supérieur ou inférieur à celui que dicte la règle d'or. Si le stock de capital est inférieur, les choses sont plus compliquées : le décideur doit comparer les avantages associés à la consommation courante à ceux qui pourront être tirés de la consommation future. Comme nous le verrons plus tard, cette situation décrit la plupart des économies réelles y compris celle des États-Unis.

A. Démarrer avec trop de capital

Nous étudions tout d'abord le cas dans lequel l'économie démarre avec un capital supérieur à celui que dicte la règle d'or de l'état stationnaire. Le décideur doit alors mettre en œuvre des politiques visant la réduction du taux d'épargne, afin d'amener le stock de capital au niveau correspondant à l'état stationnaire. Nous supposons qu'il y parvienne et qu'à un point donné du temps, t_0, le taux d'épargne rejoigne le niveau qui correspondra ultimement à l'état stationnaire dicté par la règle d'or.

La figure 7.9 montre ce qu'il advient de la production, de la consommation et de l'investissement lorsque le taux d'épargne diminue. Le premier effet de la réduction du taux d'épargne est d'accroître le niveau de consommation et de réduire le niveau de l'investissement. Ce dernier devient donc inférieur à l'amortissement et l'économie n'est plus en état stationnaire. Progressivement, cependant, à mesure que le stock de capital se réduit, production, consommation et investissement baissent vers leurs niveaux correspondant au nouvel état stationnaire. Celui-ci étant dicté par la règle d'or, nous savons que le niveau de la consommation est désormais supérieur à ce qu'il était avant la variation du taux d'épargne, même si production et investissement sont désormais inférieurs.

Vous avez remarqué que, par rapport à l'ancien état stationnaire, la consommation est désormais plus élevée, non seulement au nouvel état stationnaire, mais également pendant toute la transition vers celui-ci. Quand le stock de capital est supérieur au niveau dicté par la règle d'or, la réduction de l'épargne est de toute évidence une bonne politique, dans la mesure où elle accroît la consommation en tout point donné du temps.

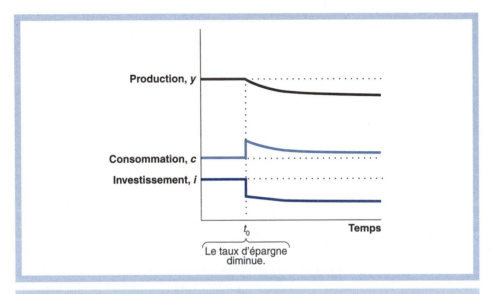

Figure 7.9
La réduction du taux d'épargne dans le cas où l'économie démarre avec un stock de capital supérieur à celui que dicte la règle d'or

La figure montre ce qu'il advient, dans le temps, de la production, de la consommation et de l'investissement lorsque l'économie démarre avec un stock de capital supérieur à celui que dicte la règle d'or et que le taux d'épargne baisse. Cette réduction du taux d'épargne (au temps t_0) induit une hausse immédiate de la consommation et une baisse correspondante de l'investissement. En conséquence, au cours du temps, le stock de capital se réduit et production, consommation et investissement baissent conjointement. Comme l'économie a démarré son parcours avec un stock de capital excessif, le nouvel état stationnaire est caractérisé par un niveau de consommation supérieur par rapport à l'état stationnaire antérieur.

B. Démarrer avec trop peu de capital

Lorsque l'économie démarre avec un capital inférieur à celui que dicte la règle d'or, le décideur doit tenter d'accroître le taux d'épargne pour obtenir le niveau correspondant à cette règle d'or. La figure 7.10 illustre le cheminement que suit alors l'économie. La hausse du taux d'épargne en t_0 induit immédiatement une baisse de la consommation et une hausse de l'investissement. Au cours du temps, cet investissement accru provoque une hausse du stock de capital. À mesure que le capital s'accumule, production, consommation et investissement augmentent progressivement pour approcher, ultimement, de leurs niveaux respectifs correspondant à l'état stationnaire. Les niveaux respectifs de départ étant inférieurs à ceux que dicte la règle d'or, la hausse du taux d'épargne induit en définitive un niveau de consommation supérieur à celui qui prévalait initialement.

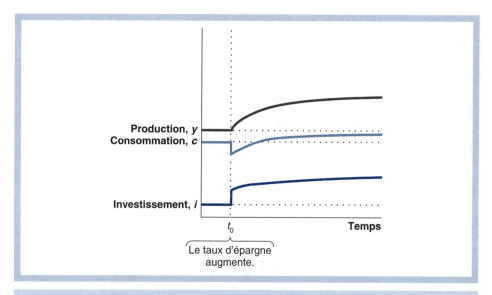

Figure 7.10
La hausse du taux d'épargne quand l'économie démarre avec un capital inférieur au niveau dicté par la règle d'or de l'état stationnaire

La figure illustre l'évolution dans le temps de la production, de la consommation et de l'investissement lorsque l'économie démarre avec un stock de capital inférieur à celui que dicte la règle d'or et que le taux d'épargne augmente. La hausse du taux d'épargne (au temps t_0) induit une chute immédiate de la consommation et une hausse équivalente de l'investissement. Au cours du temps, à mesure que le stock de capital augmente, production, consommation et investissement croissent parallèlement. L'économie ayant démarré avec un stock de capital inférieur à celui que dicte la règle d'or, le nouvel état stationnaire est caractérisé par un niveau de consommation supérieur à celui qui prévalait dans l'état stationnaire initial.

La hausse de l'épargne qui débouche sur l'état stationnaire dicté par la règle d'or accroît-elle le bien-être général ? La réponse est positive, car le niveau de consommation, à l'état stationnaire nouveau, est supérieur à celui qui prévalait à l'état antérieur. La transition vers le nouvel état stationnaire exige cependant de passer par une période où la consommation se réduit. Ceci constitue une différence fondamentale par rapport au cas où l'économie démarre avec un niveau de capital supérieur à celui que dicte la règle d'or. *Quand l'économie démarre au-dessus du niveau dicté par la règle d'or, l'état stationnaire correspondant à celle-ci est caractérisé par une consommation supérieure en tout point du temps. Quand l'économie démarre en dessous du niveau correspondant à la règle d'or, il faut passer par une période de consommation réduite pour atteindre une consommation accrue à l'avenir.*

La décision d'atteindre l'état stationnaire défini par la règle d'or se complique du fait que la population des consommateurs augmente dans le temps. Si cet état stationnaire est atteint, le niveau maximal de consommation en état stationnaire est obtenu, ce qui est bénéfique pour les générations futures. Cependant, si l'économie est dotée d'un stock de capital initial inférieur à celui qu'exige la règle d'or, l'état stationnaire correspondant à celle-ci ne pourra être atteint que si l'investissement augmente, au prix d'une réduction de la consommation des générations actuelles. En d'autres termes, le décideur politique qui décide d'accroître l'accumulation du capital est confronté à un choix entre le bien-être des générations actuelles et le bien-être des générations futures. S'il privilégie les générations actuelles, il renoncera à mettre en œuvre les politiques susceptibles de permettre d'atteindre l'état stationnaire dicté par la règle d'or. Si, au contraire, il est soucieux du bien-être de toutes les générations, actuelles et futures, il s'efforcera d'atteindre l'état stationnaire régi par la règle d'or. Dans ce cas, les générations actuelles devront réduire leur consommation, mais un nombre infini de générations futures tireront profit du passage à l'état stationnaire correspondant à la règle d'or.

On voit donc que l'accumulation optimale du capital est essentiellement fonction de l'importance que nous accordons au bien-être des générations actuelles et des générations futures. La règle d'or biblique nous dit : « Ne fais pas à autrui ce que tu n'aimerais pas que l'on te fasse ». Si nous suivons cette règle, nous devons accorder la même importance à toutes les générations. Dans ce cas, nous devons nous efforcer d'atteindre le niveau de capital que dicte la règle d'or. Nous comprenons mieux pourquoi elle est appelée « la règle d'or ».

7.3 LA CROISSANCE DÉMOGRAPHIQUE

Le modèle de base de Solow décrit l'accumulation du capital. Il n'explique pas, en soi, la croissance économique durable. Certes, des taux d'épargne élevés induisent des taux d'investissement correspondants, mais l'économie se rapproche en définitive d'un état stationnaire dans lequel le capital et la production sont constants. Pour expliquer la croissance économique persistante que nous observons en divers endroits du monde, nous devons introduire dans le modèle de Solow deux sources supplémentaires de croissance économique : la croissance démographique et le progrès technologique. Cette section se contente d'introduire la croissance démographique.

Nous ne faisons plus, ici, comme aux sections 7.1 et 7.2, l'hypothèse que la population et la force de travail sont constantes : au contraire, nous supposons qu'elles augmentent au taux de croissance constant n. Ainsi, aux États-Unis, où la population croît au taux annuel moyen de $n = 0,01$, si 150 millions de personnes travaillent aujourd'hui, 151,5 millions de personnes $(1,01 \times 150)$ travailleront l'année prochaine et 153,015 millions $(1,01 \times 151,5)$ l'année suivante, et ainsi de suite.

7.3.1 L'état stationnaire lorsque la population croît

Comment la croissance démographique affecte-t-elle l'état stationnaire ? Pour le savoir, nous devons étudier comment la croissance démographique, alliée à l'investissement et à l'amortissement, influence l'accumulation du capital par travailleur.

Comme nous l'avons vu, l'investissement accroît le stock de capital, tandis que l'amortissement le réduit. Mais il y a désormais un troisième facteur qui modifie le volume de capital par travailleur : l'augmentation du nombre de travailleurs induit une baisse du capital par travailleur.

Nous conservons les minuscules pour dénoter les quantités par travailleur : $k = K/L$ est donc le capital par travailleur et $y = Y/L$ les quantités produites par travailleur. N'oublions pas, cependant, que le nombre de travailleurs croît dans le temps.

La variation du stock de capital par travailleur est :

$$\Delta k = i - (\delta + n)k \qquad (7.29)$$

Cette équation montre comment l'investissement net et la croissance de la population affectent le stock de capital par travailleur. L'investissement net correspond à l'investissement nouveau diminué de l'amortissement : il accroît donc le stock de capital k, tandis que la croissance démographique le réduit. Nous avons déjà rencontré cette équation dans le cas particulier d'une croissance démographique nulle ($n = 0$).

Nous pouvons considérer le terme $(\delta + n)k$ comme l'*investissement stabilisateur*, le volume d'investissement tout juste nécessaire pour maintenir constant le stock de capital par travailleur. Il inclut l'amortissement du capital existant, égal à δk. Il inclut également le volume d'investissement permettant de pourvoir les travailleurs nouveaux des équipements nécessaires. Cette partie de l'investissement est dénotée par nk : il y a n nouveaux travailleurs par rapport à chaque travailleur existant, d'une part, et k dénote le volume de capital destiné à chaque travailleur, d'autre part. L'équation indique que la croissance démographique réduit l'accumulation du capital par travailleur, pratiquement de la même manière que l'amortissement. Ce dernier réduit k par obsolescence d'une partie du stock de capital ; la croissance démographique fait de même, mais en répartissant entre des travailleurs plus nombreux un stock de capital inchangé [5].

Pour rendre cette équation utilisable, il suffit de substituer $sf(k)$ à i. Ceci permet de réécrire l'équation comme suit :

$$\Delta k = sf(k) - (\delta + n)k \qquad (7.30)$$

Pour comprendre ce qui détermine le niveau stationnaire du capital par travailleur, nous nous référons à la figure 7.11, qui élargit l'analyse de la figure 7.4 aux impacts de la croissance démographique. L'économie est en état stationnaire si le capital par travailleur k ne se modifie pas. Nous noterons désormais la valeur stationnaire de k par k^*. Si k est inférieur à k^*, l'investissement est supérieur à l'investissement stabilisateur et k augmente. Si k est supérieur à k^*, l'investissement est inférieur à l'investissement stabilisateur et k diminue.

---

5 *Note mathématique.* La variation de k par unité de temps est $dk/dt = d(K/L)/dt$, qui peut s'écrire, par application des règles de dérivation, $dk/dt = (1/L)(dK/dt) - (K/L^2)(dL/dt)$. En utilisant les éléments décrits ensuite, on peut substituer dans l'équation : $dK/dt = I - \delta K$ et $(dL/dt)/L = n$. Quelques manipulations permettent alors d'obtenir l'équation (7.30).

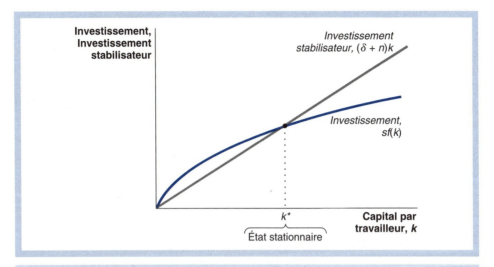

Figure 7.11
La croissance démographique dans le modèle de Solow

Tout comme l'amortissement, la croissance démographique est source de réduction du stock de capital par travailleur. Si n est le taux de cette croissance démographique et δ le taux d'amortissement, $(\delta + n)k$, *l'investissement stabilisateur*, est le volume d'investissement nécessaire pour maintenir constant le stock de capital par travailleur k. Pour que l'économie demeure en état stationnaire, l'investissement $sf(k)$ doit compenser l'impact de l'amortissement et de la croissance démographique $(\delta + n)k$, ce qui se passe exactement à l'intersection des deux courbes du graphique.

À l'état stationnaire, l'impact positif de l'investissement sur le stock de capital par travailleur compense exactement l'impact négatif sur celui-ci de l'amortissement et de la croissance démographique. En d'autres termes, pour k^*, $\Delta k = 0$ et $i^* = \delta k^* + nk^*$. Dès que l'économie atteint l'état stationnaire, l'investissement a deux objets : une partie δk^* remplace le capital amorti et ce qui reste, nk^*, fournit aux nouveaux travailleurs le volume de capital correspondant à l'état stationnaire.

7.3.2 Les impacts de la croissance démographique

La croissance démographique modifie le modèle de base de Solow de trois manières. Tout d'abord, elle nous rapproche de l'explication de la croissance économique soutenue. À l'état stationnaire, avec croissance démographique, le capital et la production par travailleur demeurent constants. En conséquence, comme le nombre de travailleurs croît au taux n, le *capital total* et la *production totale* augmentent également au même taux n. La croissance démographique n'explique donc pas la hausse soutenue des niveaux de vie, car la production par travailleur demeure constante à l'état stationnaire. Cependant, la croissance démographique peut expliquer la croissance soutenue de la production totale.

En deuxième lieu, la croissance démographique contribue à expliquer pourquoi certains pays sont plus riches que d'autres. Supposons que cette croissance démographique s'accélère. À la figure 7.12, le taux de croissance démographique passe de n_1 en n_2 : ceci réduit le niveau stationnaire du capital par travailleur de k_1^* à k_2^*. k^* étant maintenant inférieur, comme $y^* = f(k^*)$, le volume de production par travailleur y^* est également inférieur. Le modèle de Solow nous indique donc que les niveaux du PIB par habitant sont inversement proportionnels à la croissance démographique. Notons qu'un changement du taux de croissance démographique, tout comme une variation du taux d'épargne, a un effet de niveau sur le revenu par personne mais n'affecte pas le taux de croissance du revenu par personne correspondant à l'état stationnaire.

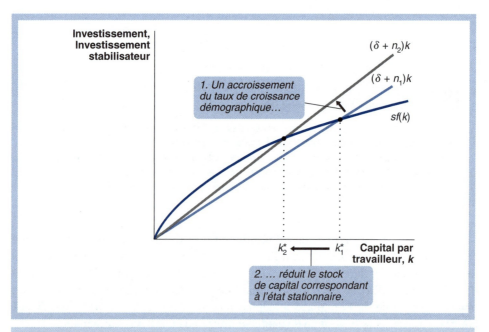

Figure 7.12
L'impact de la croissance démographique

Toute hausse du taux de croissance démographique n (de n_1 à n_2) déplace vers le haut la droite représentant la croissance démographique et l'amortissement. Au nouvel état stationnaire k_2^*, le volume de capital par travailleur est inférieur à celui de l'état stationnaire initial k_1^*. Le modèle de Solow prévoit donc que les économies caractérisées par des taux de croissance démographique plus élevés sont dotées de volumes de capital par travailleur inférieurs et bénéficient donc de revenus également inférieurs.

Enfin, la croissance démographique affecte notre critère de détermination du niveau d'accumulation du capital dicté par la règle d'or. Pour le constater, nous procédons comme nous l'avons fait précédemment. La consommation par travailleur est donnée par la relation

$$c = y - i \qquad (7.22)$$

Avec, à l'état stationnaire, une production de $f(k^*)$ et un investissement de $(\delta + n)k^*$, nous pouvons exprimer la consommation correspondante à l'état stationnaire de la manière suivante :

$$c^* = f(k^*) - (\delta + n)k^* \tag{7.31}$$

En nous inspirant des mêmes considérations que plus haut, nous concluons que le volume de capital k^* qui maximise la consommation est celui pour lequel

$$PMK = \delta + n \tag{7.32}$$

ou, en d'autres termes,

$$PMK - \delta = n \tag{7.33}$$

Dans l'état stationnaire dicté par la règle d'or, la productivité marginale du capital diminuée de l'amortissement est égale au taux de croissance démographique.

ÉTUDE DE CAS - La croissance démographique dans le monde

Revenons maintenant à notre question de départ : pourquoi les niveaux de vie varient-ils tellement d'une région du monde à une autre ? L'analyse qui précède suggère que la croissance démographique peut être l'un des éléments de réponse. Selon le modèle de Solow, un pays caractérisé par un taux de croissance démographique élevé est doté, à l'état stationnaire, d'un stock de capital par travailleur relativement faible, et donc d'un revenu par travailleur également faible. En d'autres termes, une croissance démographique élevée tend à appauvrir un pays, dans la mesure où il est difficile de préserver un volume de capital par travailleur important en présence d'une croissance rapide du nombre des travailleurs. Pour vérifier si les faits confirment cette conclusion, nous consultons à nouveau les données internationales pertinentes.

La figure 7.13 présente un diagramme de dispersion des données relatives aux mêmes 96 pays que nous avons étudiés dans l'étude de cas précédente (et à la figure 7.6). Cette figure montre que les pays caractérisés par des taux de croissance démographique élevés tendent à être dotés de faibles niveaux de revenu par habitant. Cette constatation, basée sur des données internationales, confirme la prévision du modèle de Solow selon laquelle le taux de croissance démographique est l'un des déterminants du niveau de vie.

Cette conclusion a été bien saisie par les décideurs publics. Ceux qui essaient d'aider les pays les plus pauvres à sortir de la pauvreté, tels que les conseillers envoyés par la Banque mondiale aux pays en voie de développement, préconisent souvent la réduction de la fécondité par une amélioration de l'éducation sur les méthodes de contrôle des naissances et un meilleur accès des

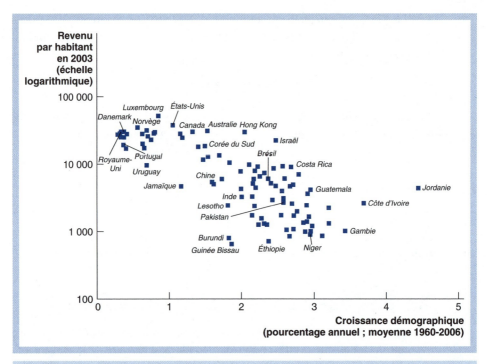

Figure 7.13
Données internationales sur la croissance démographique et le revenu par habitant

La figure présente un diagramme de dispersion basé sur les données de 96 pays. Elle montre que les pays dotés de taux de croissance démographique élevés tendent à connaître des niveaux de revenu par habitant relativement faibles, comme le prévoit le modèle de Solow.
Source : Alan Heston, Robert Summers et Bettina Aten, Penn World Table Version 6.2, Center for International Comparisons of Production, Income and Prices at the University of Pennsylvania, September 2006.

femmes au monde du travail. Dans une même optique, afin de réduire sa croissance démographique, la Chine a suivi une politique totalitaire de l'enfant unique par couple. Ces politiques visant à réduire cette croissance démographique devraient, si le modèle de Solow est vérifié, élever le revenu par personne dans le long terme.

Toutefois, comparaison n'est pas raison et corrélation n'est pas causalité. Dès lors, même si les données mettent en avant une association entre faible croissance démographique et niveau élevé de revenu par habitant, et même si le modèle de Solow offre une explication possible de cette association, d'autres interprétations doivent être envisagées. En effet, on peut penser qu'un niveau élevé de revenu encourage une croissance démographique faible peut-être parce que les différentes méthodes de contrôle des naissances sont plus facilement accessibles et disponibles dans les pays riches. Les données au niveau international peuvent nous aider à évaluer et à comprendre une théorie de la croissance, comme celle de Solow, car elles nous montrent si les prévisions théoriques sont confirmées dans le monde. Cependant, souvent les mêmes constatations peuvent être expliquées par des théories différentes.

7.3.3 Perspectives alternatives sur la croissance démographique

Le modèle de croissance de l'économiste Robert Solow met l'accent sur l'interaction entre la croissance démographique et l'accumulation du capital. Dans ce modèle, la croissance démographique élevée réduit le rendement par travailleur puisque la croissance rapide du nombre de travailleurs fait en sorte que le stock du capital soit réparti en faibles quantités et ainsi, à l'état stationnaire, chaque travailleur possédera moins de capital. Le modèle néglige d'autres effets possibles de la croissance démographique. Dans ce cadre, nous allons parler de deux autres modèles : l'un met l'accent sur l'interaction entre la population et les ressources naturelles et l'autre sur l'interaction entre la population et la technologie.

A. Le modèle de Malthus

Dans son livre *Essai sur le principe de population* (*An Essay on the Principle of Population as It Affects the Future Improvement of Society*), l'économiste Thomas Robert Malthus (1766-1834) a présenté la prévision la plus pessimiste de l'histoire. Il soutient qu'une croissance démographique continue empêchera la société de subvenir à ses propres besoins. Et alors, l'être humain ne cessera de vivre dans la pauvreté.

Malthus a commencé par signaler que « les aliments sont nécessaires pour l'existence d'un être humain » et que « la passion entre les sexes est nécessaire et restera toujours ainsi ». Il a conclu que « le pouvoir de la population est beaucoup plus grand que le pouvoir de la terre pour subvenir aux besoins de l'Homme ». Selon lui, les seuls résultats de la croissance démographique sont « la misère et la pauvreté ». Les tentatives des organisations de bienfaisance ou des gouvernements pour alléger la pauvreté seraient contre-productives, permettant aux pauvres d'avoir plus d'enfants et, par conséquent, augmentant encore plus la pression sur les capacités de production de la société.

Même si le modèle de Malthus n'a fait que décrire le monde dans lequel ce dernier vivait, sa prévision quant à la pauvreté continue des êtres humains se révéla tout à fait fausse. La population a augmenté de six fois durant les deux derniers siècles mais les niveaux moyens de vie sont beaucoup plus élevés. En raison de la croissance économique, la famine chronique et la malnutrition sont devenues moins répandues que du temps de Malthus. Les famines ont lieu de temps à autre mais elles sont plus souvent le résultat d'une distribution inégale de revenus ou d'une instabilité politique que d'une production inadéquate de produits alimentaires.

Malthus n'a pas vu que le développement du génie humain allait compenser les effets d'une plus grande population. Les pesticides, les engrais, les équipements agricoles mécanisés, les nouvelles variétés de récolte et les autres technologies imprévues par Malthus ont permis à chaque agriculteur de subvenir aux besoins alimentaires d'un plus grand nombre de personnes. Et même avec plus de bouches à nourrir, un nombre restreint d'agriculteurs est requis puisque chacun est devenu très productif. Aujourd'hui, moins de 2 % des Américains travaillent dans les fermes et ce pourcentage produit des aliments pour nourrir toute la nation avec des surplus destinés à l'exportation.

En plus, et même si « la passion entre les deux sexes » est aussi forte aujourd'hui que du temps de Malthus, le lien supposé par ce dernier entre la passion et la croissance démographique a été coupé par les moyens de contraception modernes. Plusieurs pays développés, comme les pays de l'Europe de l'Ouest, connaissent une fécondité qui passe sous les taux de remplacement. Au prochain siècle, les populations en baisse prévaudront sur les populations à croissance rapide. Et alors, il n'y a plus de raison pour croire que les populations en expansion vont s'accaparer de la production alimentaire et condamner les êtres humains à la pauvreté [6].

B. Le modèle Kremerian

Alors que Malthus considérait la croissance démographique comme une menace à l'amélioration des niveaux de vie, l'économiste Michael Kremer a supposé que la croissance démographique mondiale était un facteur principal de la prospérité économique. Selon lui, s'il y a plus de personnes, il y aura plus de scientifiques, d'inventeurs et d'ingénieurs qui contribueront à l'innovation et au progrès technologique.

Comme preuve à cette hypothèse, Kremer a commencé par noter que, tout au long de l'histoire des hommes, les taux de croissance mondiaux ont augmenté en parallèle avec la population du monde. Par exemple, la croissance mondiale était plus rapide lorsque la population mondiale était de 1 milliard (environ vers l'an 1800) que lorsqu'elle n'était que de 100 millions (aux alentours de 500 avant Jésus-Christ). Cela prouve l'hypothèse qui dit qu'avec plus de personnes, le progrès technologique est plus important.

La deuxième preuve présentée par Kremer vient de la comparaison entre les régions du monde. La fonte des calottes glaciaires polaires à la fin de la période glaciaire vers 10.000 avant Jésus-Christ a submergé les ponts terrestres et a divisé le monde en plusieurs régions distinctes qui n'ont pas pu inter-communiquer durant des

---

[6] Pour une analyse moderne du modèle malthusien, voir Oded Galor et David N. Weil, « Population, Technology, and Growth : From Malthusian Stagnation to Demographic Transition and Beyond », *American Economic Review* 90 (septembre 2000), 806-828 ; ainsi que Gary D. Hansen et Edward C. Prescott, « Malthus to Solow », *American Economic Review* 92 (septembre 2002), 1205-1217.

milliers d'années. Si le progrès technologique est plus rapide lorsqu'il y a plus de gens qui font des découvertes, alors les régions les plus condensées doivent connaître une croissance plus rapide.

Cela est vrai. La région la plus avancée du monde en 1500 (lorsque Colomb a rétabli le contact technologique) comprenait les civilisations de « l'ancien monde » de la région eurasienne-africaine. Ont suivi sur le chemin du développement technologique, les civilisations aztèque et maya dans les deux Amériques puis les collectionneurs de chasse en Australie et ensuite le peuple primitif en Tasmanie qui ne savait même pas comment allumer le feu et manquait d'outils de pierres et d'os. La région isolée la moins surpeuplée était Flinders Island, une petite île entre la Tasmanie et l'Australie. Avec peu de personnes pour contribuer aux innovations, Flinders Island connaissait un très faible progrès technologique et semblait régresser. Aux alentours de 3000 avant Jésus-Christ, la société humaine sur Flinders Island a complètement disparu. Kremer a conclu de cette observation qu'une large population est une condition pré-requise à tout développement technologique [7].

7.4 CONCLUSION

Dans ce chapitre, nous avons entamé la construction du modèle de croissance de Solow. À ce stade, ce modèle explique comment l'épargne et la croissance démographique déterminent le stock de capital et le revenu par habitant à l'état stationnaire de l'économie.

Ce modèle permet d'interpréter de nombreuses observations du monde réel, de la croissance économique rapide de l'Allemagne et du Japon au lendemain de leur dévastation pendant la Deuxième Guerre mondiale au niveau élevé de revenu par habitant des pays dont les taux d'épargne et d'investissement sont importants, en passant par l'impact négatif de la croissance démographique sur le revenu par habitant.

En son état actuel, cependant, ce modèle n'explique pas l'amélioration constante du bien-être constatée dans de nombreux pays : une fois atteint l'état stationnaire, la production par travailleur cesse de croître. Pour expliquer la croissance persistante, nous devons introduire le progrès technologique. Tel est le premier objet du chapitre suivant.

---

7 Michael Kremer, « Population Growth and Technological Change : One Million B.C. to 1900 », *Quarterly Journal of Economics* 108 (août 1993), 681-712.

Synthèse

1. Le modèle de croissance de Solow montre qu'à long terme, c'est le taux d'épargne de l'économie qui détermine le volume de son stock de capital, et donc son niveau de production. Plus est élevé le taux d'épargne, plus le stock de capital est important et plus est substantiel le volume de production.

2. Dans le modèle de Solow, la hausse du taux d'épargne induit une période de croissance rapide, mais cette croissance se ralentit à mesure que l'on se rapproche du nouvel état stationnaire. On voit donc que, même si un taux d'épargne élevé induit un niveau stationnaire de production élevé, l'épargne seule ne peut générer une croissance économique persistante.

3. Le volume du capital qui maximise la consommation est réputé dicté par la règle d'or. Lorsque ce volume est atteint, la productivité marginale nette du capital est égale au taux de croissance de la production. Dans une économie, si le stock de capital est supérieur à ce que dicte la règle d'or, alors la réduction de l'épargne augmente la consommation en tout point du temps. En revanche, si le stock de capital est nettement inférieur à ce que dicte la règle d'or, alors pour atteindre le volume correspondant à celle-ci, il faut investir davantage, et donc consommer moins aujourd'hui.

4. Dans le modèle de Solow, le taux de croissance démographique détermine également à long terme le niveau de vie. Plus la croissance démographique est élevée, plus est faible, à stock de capital inchangé, le volume de production par travailleur. D'autres théories mettent en évidence d'autres effets de la croissance démographique. Malthus a suggéré que la croissance de la population met à rude épreuve les ressources naturelles nécessaires pour produire de la nourriture ; Kremer a suggéré qu'une population plus importante permettrait plus de progrès technologique.

Concepts de base

- Modèle de croissance de Solow
- État stationnaire
- Niveau d'accumulation du capital dicté par la règle d'or

Évaluation des connaissances

1. Dans le modèle de Solow, comment le taux d'épargne affecte-t-il le niveau stationnaire du revenu ? Le taux de croissance stationnaire ?

2. Pourquoi la politique économique devrait-elle viser le volume de capital dicté par la règle d'or ?

3. Que penser d'une politique économique visant un état stationnaire comportant un stock de capital supérieur/inférieur à celui qui correspond à l'état stationnaire dicté par la règle d'or ? Justifier.

4. Dans le modèle de Solow, comment le taux de croissance démographique affecte-t-il le niveau stationnaire de revenu ? Le taux de croissance stationnaire ?

Problèmes et applications

1. Les pays A et B ont la même fonction de production :
$$Y = F(K, L) = K^{1/2}L^{1/2}$$

   a) Cette fonction de production a-t-elle des rendements d'échelle constants ? Expliquez.
   b) À quoi correspond la fonction de production par travailleur $y = f(k)$?
   c) Supposons nuls la croissance démographique et le progrès technologique dans les deux pays et égal à 5 % par an le taux d'amortissement. Supposons encore que le pays A épargne chaque année 10 % et le pays B 20 % de sa production. À l'aide de votre réponse au point (b) ci-dessus et de la condition d'égalité, à l'état stationnaire, entre investissement et amortissement, trouvez pour chaque pays, le volume stationnaire du capital. Trouvez ensuite les niveaux stationnaires de revenu et de consommation par travailleur.
   d) Supposons que chacun des deux pays démarre avec un stock de capital par travailleur égal à 2. Quels sont les niveaux du revenu et de la consommation par travailleur ?
   En vous souvenant que la variation du stock de capital est égale à l'investissement diminué de l'amortissement, montrez l'évolution dans le temps du stock de capital par travailleur. Pour chaque année, calculez le revenu et la consommation par travailleur. Après combien d'années la consommation du pays B sera-t-elle supérieure à celle du pays A ?

2. L'exposé du chapitre 7 fait référence à la destruction d'une partie du stock de capital par la guerre pour expliquer la croissance allemande et japonaise au cours de la deuxième moitié du vingtième siècle. Étudions maintenant le cas où une guerre n'affecte pas directement le stock de capital, mais réduit le nombre de travailleurs. Pour ceci on suppose que l'économie soit à son état stationnaire avant la guerre. En outre, on considère que le taux d'épargne est constant et que le taux de croissance démographique après la guerre est revenu à son niveau normal.

   a) Quel en est l'impact immédiat sur la production totale et sur la production par travailleur ?
   b) Si le taux d'épargne demeure constant et si l'économie était en état stationnaire avant la guerre, qu'advient-il du taux de croissance de la production par travailleur après celle-ci ? Est-il supérieur ou inférieur à la normale ?

3. Une économie est dotée de la fonction de production
$$Y = F(K, L) = K^{0,3}L^{0,7}$$

a) Quelle est la fonction de production par travailleur ?

b) Sans croissance démographique ou progrès technologique, quels sont, en fonction du taux d'épargne et du taux d'amortissement, le stock stationnaire de capital par travailleur, la production par travailleur et la consommation par travailleur ?

c) Sur la base d'un taux d'amortissement de 10 % par an, construisez un tableau indiquant le stock stationnaire de capital par travailleur, la production par travailleur et la consommation par travailleur correspondant à des taux d'épargne de 0 %, 10 %, 20 %, 30 %, etc. (Utilisez de préférence une calculatrice dotée d'une touche « exposant ».) Quel taux d'épargne maximise la production par travailleur ? Et la consommation par travailleur ?

d) (Plus difficile.) Utilisez le calcul infinitésimal pour trouver la productivité marginale du capital. Ajoutez à votre tableau cette productivité marginale du capital nette de l'amortissement correspondant à chaque taux d'épargne. Que ressort-il de votre tableau ?

4. « Consacrer une part accrue de la production nationale à l'investissement contribuerait à restaurer une croissance rapide de la productivité et à accroître les niveaux de vie ». Êtes-vous d'accord avec cette phrase ? Expliquez.

5. À propos de la fonction de consommation, certains pensent que les travailleurs ont une propension élevée à consommer et les détenteurs de capitaux une propension faible à consommer. Pour étudier les implications de cette opinion, nous supposons que, dans une économie donnée, tous les revenus salariaux soient consommés et tous les revenus du capital épargnés. Démontrez que, si les facteurs de production sont rémunérés à hauteur de leur productivité marginale, l'économie en question atteint le niveau d'accumulation du capital correspondant à la règle d'or. (Une indication : partez de l'identité selon laquelle l'épargne est égale à l'investissement. Utilisez ensuite la condition d'état stationnaire selon laquelle l'investissement compense exactement l'amortissement, la croissance démographique et le progrès technologique, d'une part et, d'autre part, le fait que, dans l'économie considérée, l'épargne est égale aux revenus du capital.)

6. De nombreux démographes s'attendent, aux États-Unis, à une croissance démographique nulle au cours du vingt et unième siècle, contre une croissance au taux annuel moyen de 1 % au vingtième siècle. Utilisez le modèle de Solow pour prévoir l'impact de cette stabilisation démographique sur la croissance de la production totale et de la production par habitant. Étudiez ces impacts à la fois à l'état stationnaire et dans la période transitoire entre deux états stationnaires.

7. Dans le modèle de Solow, la croissance démographique induit une croissance de la production totale, mais non de la production par travailleur. Ceci reste-t-il vrai si la fonction de production a des rendements d'échelle croissants ou décroissants ? Expliquez votre réponse. (Pour les définitions des rendements d'échelle croissants et décroissants, retournez au chapitre 3 « Problèmes et applications », problème 2.)

8. Nous examinons maintenant comment le chômage affecte le modèle de croissance de Solow. Nous supposons pour ce faire que la production est déterminée par la fonction suivante.

$$Y = K^{\alpha}\left[(1-u)L\right]^{(1-\alpha)}$$

où K est le capital, L est la population active et u est le taux de chômage naturel. Le taux national d'épargne est s, la population active croît au taux de n, et le capital se déprécie au taux δ. Il n'y a pas de progrès technologique.

a) Exprimez la production par travailleur ($y = Y/L$) sous la forme d'une fonction du capital par travailleur ($k = K/L$) et du taux de chômage naturel. Décrivez l'état stationnaire de cette économie.

b) Faisons l'hypothèse qu'une modification de la politique publique réduit le taux de chômage naturel. Décrivez comment cette modification affecte la production tant instantanément qu'au fil du temps. L'impact stationnaire sur la production est-il supérieur ou inférieur à l'impact instantané ? Expliquez votre réponse.

9. Choisissez deux pays qui vous intéressent, l'un pauvre, l'autre riche. Quel est le revenu par habitant de chacun ? Trouvez des caractéristiques de l'un et l'autre susceptibles d'expliquer cet écart de revenu : taux d'investissement, taux de croissance démographique, niveaux d'éducation, etc. (Indication : ce type de données se trouve notamment sur le site Web de la Banque mondiale http://www.worldbank.org.) Selon vous, quel est le facteur qui explique le mieux les différences de revenu observées ?

8

LA CROISSANCE ÉCONOMIQUE (II) : TECHNOLOGIE, FAITS EMPIRIQUES ET POLITIQUE ÉCONOMIQUE

L'État indien peut-il agir pour amener le taux de croissance de l'économie indienne à hauteur de ceux de l'Indonésie ou de l'Égypte ? Si oui, que peut-il faire exactement ? Si non, en raison de quel élément de la « nature de l'Inde » ? Les implications de ce type de débat pour le bien-être de l'humanité sont tout simplement époustouflantes : dès qu'on commence à les envisager, il est difficile de penser à autre chose.

Robert E. Lucas, Jr., 1988

8.1	Le progrès technologique dans le modèle de Solow	**292**
8.2	De la théorie de la croissance à son étude empirique	**296**
8.3	Les politiques de stimulation de la croissance économique	**301**
8.4	Au-delà du modèle de Solow : la théorie de la croissance endogène	**312**
8.5	Conclusion	**318**

Dans ce chapitre, nous poursuivons l'analyse des déterminants de la croissance de longue période. En repartant de la version de base du modèle de Solow, nous nous assignons quatre nouvelles tâches.

La première consiste à généraliser et à rendre plus réaliste le modèle de Solow. Au chapitre 3, nous avons vu que le capital, le travail et la technologie sont les trois déterminants essentiels de la production de biens et services. Au chapitre 7, nous avons élaboré le modèle de Solow pour montrer comment les variations du capital (épargne et investissement) et de l'offre de travail (croissance démographique) affectent la production de l'économie. Le modèle de Solow n'explique pas le progrès technologique mais, au contraire, il le prend comme une donnée exogène et montre comment il interagit avec d'autres variables dans le processus de la croissance économique.

Notre deuxième tâche sera de passer de la théorie aux études empiriques, afin de vérifier l'adéquation du modèle de Solow (et d'autres modèles de croissance économique) à la réalité des choses. Les deux dernières décennies ont donné lieu à une efflorescence de tentatives en ce sens, qui ont remis en évidence le dilemme de la bouteille à moitié vide et à moitié pleine : si le modèle de Solow explique une bonne partie des expériences différenciées de croissance des divers pays du monde, il est loin d'en livrer toutes les clés.

Notre troisième tâche sera d'étudier comment les politiques publiques influencent tant le niveau que l'évolution du niveau de vie des habitants d'un pays. À cet égard, nous nous posons cinq questions précises. Quel est le taux d'épargne idéal ? Comment les politiques économiques peuvent-elles influencer celui-ci ? Faut-il stimuler certains types d'investissement ? Qui doit veiller à ce que les ressources d'une économie soient utilisées d'une façon optimale ? Comment les politiques peuvent-elles accélérer le rythme d'évolution technologique ? Le modèle de croissance de Solow reste notre cadre de référence pour aborder ces questions.

Notre quatrième et dernière tâche, dans ce chapitre, consiste à nous interroger sur ce dont ne tient pas compte le modèle de Solow, qui, comme tout modèle, simplifie la réalité pour nous aider à la comprendre. Au terme de notre analyse, nous devons donc nous demander si nous n'avons pas caricaturé la réalité. C'est pourquoi la dernière section présente un nouvel ensemble de théories, dites les *théories de la croissance endogène*, dont l'objet est d'expliquer le progrès technologique, que le modèle de Solow postule exogène.

8.1 LE PROGRÈS TECHNOLOGIQUE DANS LE MODÈLE DE SOLOW

Nous allons maintenant tenir compte du progrès technologique, troisième source de croissance économique du modèle de Solow. Jusqu'ici, le modèle de Solow, tel que nous l'avons approché, a fait l'hypothèse d'une relation inchangée entre les apports en capital et en travail, d'une part, et la production de biens et de services, d'autre part. Il est cependant possible de modifier ce modèle pour y intégrer un progrès technologique exogène permettant ainsi d'augmenter les capacités de production de toute économie donnée au cours du temps.

8.1.1 L'efficience du travail

Pour intégrer le progrès technologique, nous devons revenir à la fonction de production qui relie le stock de capital total K et le nombre total de travailleurs L à la production totale Y. Nous réécrivons donc la fonction de production que nous avons utilisée jusqu'ici

$$Y = F(K, L) \tag{8.1}$$

comme suit :

$$Y = F(K, L \times E) \tag{8.2}$$

où E représente une nouvelle (en quelque sorte abstraite) variable dénommée **efficience du travail**. Celle-ci reflète l'état des connaissances de la société considérée sur les méthodes de production : l'efficience du travail augmente à mesure que les technologies disponibles deviennent plus performantes (mécanisation de la production au début du vingtième siècle puis automatisation et informatisation vers la fin du vingtième siècle, par exemple), mais aussi que l'état de santé, la formation ou le savoir-faire de la population active s'améliorent.

Le terme $(L \times E)$ mesure le *nombre de travailleurs efficients*. Il intègre le nombre de travailleurs L aussi bien que l'efficience de chacun des travailleurs E. En d'autres termes, L mesure le nombre de travailleurs dans la population active alors que $(L \times E)$ mesure à la fois le nombre de travailleurs dans une économie et la technologie qu'ils utilisent. Cette nouvelle fonction de production nous dit que la production totale Y dépend du nombre d'unités de capital K et du nombre de travailleurs efficients, $(L \times E)$.

La hausse de l'efficience du travail E a donc le même effet que celle du nombre de travailleurs L. Prenons l'exemple d'une avancée dans le processus de production permettant de doubler l'efficience du travail E entre 1980 et 2010. Cela signifie qu'un seul travailleur en 2010 est *effectivement* aussi productif que deux travailleurs en 1980. En d'autres termes, même si le nombre réel des travailleurs L reste le même de 1980 à 2010, le nombre de travailleurs efficients $(L \times E)$ double, et l'économie bénéficiera de l'augmentation de la production de biens et services.

L'hypothèse la plus simple que l'on puisse formuler à l'égard du progrès technologique est qu'il induit un accroissement de l'efficience du travail E à un taux constant donné g. Ainsi, si $g = 0{,}02$, chaque unité de travail accroît son efficience à concurrence de 2 % par an : en conséquence, la production croît exactement comme si le nombre de travailleurs avait augmenté de 2 %. Cette forme de progrès technologique, appelée **progrès technologique accroissant l'efficience du travail**, accroît donc l'apport du travail à la croissance de la production, dans la mesure où le travail L croît au taux n, et que l'efficience de chaque unité de travail E augmente au taux g : le nombre de travailleurs efficients ($L \times E$) augmente donc au taux ($n + g$).

8.1.2 L'état stationnaire en présence de progrès technologique

En exprimant le progrès technologique en termes *d'accroissement de l'apport du facteur travail à la production*, on l'assimile en fait, en ce qui concerne ses impacts, à la croissance démographique. Au chapitre 7, nous avons analysé l'économie en termes de quantité produite par travailleur, en acceptant que le nombre de travailleurs augmente dans le temps. Désormais, nous allons analyser l'économie en termes de quantité produite par travailleur efficient, en permettant au nombre de travailleurs efficients d'augmenter.

Pour ce faire, nous devons revoir notre notation. Désormais, $k = K/(L \times E)$ représente le capital par travailleur efficient et $y = Y/(L \times E)$ la production par travailleur efficient. Cette reformulation nous permet d'écrire à nouveau $y = f(k)$.

Notre analyse de l'économie suit exactement le schéma que nous avons appliqué lors de l'étude de la croissance démographique. L'équation reflétant l'évolution de k dans le temps devient :

$$\Delta k = sf(k) - (\delta + n + g)k \tag{8.3}$$

Comme auparavant, la variation du stock de capital Δk est égale à l'investissement $sf(k)$ diminué de l'investissement stabilisateur $(\delta + n + g)k$. Désormais, cependant, vu que $k = K/(L \times E)$, l'investissement stabilisateur comprend désormais trois termes : afin de garder k constant, δk doit remplacer l'investissement déprécié, nk doit fournir du capital aux nouveaux travailleurs et gk doit en faire autant pour les nouveaux « travailleurs efficients » générés par le progrès technologique [1].

Comme le montre la figure 8.1, l'introduction du progrès technologique ne modifie pas sensiblement notre analyse de l'état stationnaire. Il existe un niveau donné du capital k, exprimé par k^*, pour lequel le capital par travailleur efficient et la production par travailleur efficient sont constants. Cet état stationnaire représente donc l'équilibre de long terme de l'économie.

---

1 *Note mathématique.* Cette notation n'est pas réellement aussi nouvelle qu'elle paraît. En effet, le modèle présenté dans cette section est une généralisation du modèle analysé au chapitre 7. En particulier, si nous maintenons constante l'efficience du travail E à la valeur arbitraire de 1, alors g est égal à 0 et les nouvelles définitions qui en résultent de k et de y se réduisent aux précédentes. Cependant, si l'efficience du travail augmente, nous devons désormais tenir compte du fait que k et y désignent maintenant des quantités par travailleur efficient, et non plus par travailleur effectif.

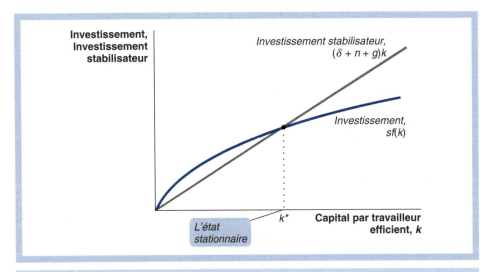

Figure 8.1
Le progrès technologique et le modèle de Solow

L'introduction du progrès technologique, accroissant l'apport du travail au taux g, affecte notre analyse d'une manière très proche de celle que nous avons étudiée pour la croissance démographique au taux n. k désignant maintenant le volume de capital par travailleur efficient, la hausse du nombre de travailleurs efficients induite par le progrès technologique tend à réduire k. À l'état stationnaire, l'investissement $sf(k)$ compense exactement les réductions de k induites par l'amortissement, la croissance démographique et le progrès technologique.

8.1.3 Les impacts du progrès technologique

Le tableau 8.1 nous montre comment quatre variables clés se comportent à l'état stationnaire en présence de progrès technologique. Comme nous venons de le voir, le capital par travailleur efficient k est constant à l'état stationnaire. Étant donné que $y = f(k)$, la production par travailleur efficient est également constante. Or la production par travailleur est $Y/L = y \times E$. Et comme y est constant à l'état stationnaire et l'efficience de chaque travailleur effectif E augmente au taux g, alors la production par

Tableau 8.1
Taux de croissance à l'état stationnaire dans le modèle de Solow, avec progrès technologique

Variable	Symbole	Taux de croissance à l'état stationnaire
Capital par travailleur efficient	$k = K/(E \times L)$	0
Production par travailleur efficient	$y = Y/(E \times L) = f(k)$	0
Production par travailleur	$Y/L = y \times E$	g
Production totale	$Y = y \times (E \times L)$	$(n + g)$

travailleur doit également augmenter au même taux g à l'état stationnaire. De la même façon, la production totale $Y = y \times (E \times L)$ croît également au taux $(n + g)$ à l'état stationnaire si on considère que L augmente à un taux n et E augmente à un taux g.

Moyennant l'addition du progrès technologique, notre modèle peut en définitive expliquer les hausses continues des niveaux de vie que nous observons. En effet, nous avons montré que le progrès technologique peut induire une croissance durable de la production par travailleur. Au contraire, un taux d'épargne élevé n'induit un taux de croissance élevé qu'une fois atteint l'état stationnaire. À ce moment, le taux de croissance de la production par travailleur dépend uniquement du taux de progrès technologique. *Le modèle de Solow montre que seul le progrès technologique peut expliquer la croissance soutenue d'une économie et la hausse persistante des niveaux de vie.*

L'introduction du progrès technologique modifie également le critère de la règle d'or. Le niveau d'accumulation du capital correspondant à la règle d'or se définit maintenant en tant qu'état stationnaire qui maximise la consommation par travailleur efficient. En reprenant les arguments utilisés ci-avant, nous pouvons maintenant démontrer que la consommation par travailleur efficient, à l'état stationnaire, est :

$$c^* = f\left(k^*\right) - (\delta + n + g)\, k^* \tag{8.4}$$

La consommation, à l'état stationnaire, est maximisée si

$$PMK = (\delta + n + g) \tag{8.5}$$

ou

$$PMK - \delta = (n + g) \tag{8.6}$$

En d'autres termes, au niveau de capital dicté par la règle d'or, la productivité marginale nette du capital, $PMK - \delta$, est égale au taux de croissance de la production totale $(n + g)$. Dans la mesure où, dans le monde réel, les économies connaissent à la fois une croissance démographique et un progrès technologique, c'est ce critère que nous devons désormais utiliser pour évaluer si elles disposent d'un stock de capital supérieur ou inférieur à ce qu'elles auraient à l'état stationnaire correspondant à la règle d'or.

8.2 DE LA THÉORIE DE LA CROISSANCE À SON ÉTUDE EMPIRIQUE

Jusqu'ici, ce chapitre a introduit le progrès technologique exogène dans le modèle de Solow pour expliquer la croissance durable des niveaux de vie. Nous allons observer maintenant ce qu'il advient lorsque la théorie est confrontée aux faits.

8.2.1 La croissance équilibrée

Selon le modèle de Solow, le progrès technologique a pour effet de faire croître de concert les valeurs d'un grand nombre de variables à l'état stationnaire. Cette propriété, qui caractérise la *croissance équilibrée*, décrit raisonnablement bien les données de long terme relatives aux États-Unis.

Penchons-nous, pour commencer, sur le produit par travailleur Y/L et sur le stock de capital par travailleur K/L. Le modèle de Solow nous dit qu'à l'état stationnaire, ces deux variables croissent au taux du progrès technologique g. Les données relatives à l'évolution de l'économie américaine au cours des cinquante dernières années confirment en effet que la production par travailleur et le stock de capital par travailleur ont crû au même taux d'environ 2 % par an. En d'autres termes, le rapport capital-production est resté plus ou moins constant pendant cette période.

Le progrès technologique affecte aussi les prix des facteurs. Le problème 3(d), en fin de ce chapitre, vous demande de démontrer qu'à l'état stationnaire, le salaire réel croît au même taux que le progrès technologique. Le loyer réel du capital, quant à lui, reste constant dans le temps. C'est effectivement ce que l'on constate aux États-Unis : au cours des cinquante dernières années, le salaire réel a augmenté d'environ 2 % par an, soit à peu près parallèlement au PIB réel par travailleur. En même temps, le loyer réel du capital (mesuré par le revenu réel du capital divisé par le stock de capital) est resté pratiquement inchangé.

La robustesse des prédictions du modèle de Solow relatives aux prix des facteurs est particulièrement remarquable à l'aune de la théorie de Karl Marx sur le développement des économies capitalistes. Selon celle-ci, en effet, le rendement du capital devait constamment diminuer dans le temps, provoquant des crises économiques et politiques. L'histoire économique a infirmé cette prédiction, ce qui contribue à expliquer pourquoi nous étudions aujourd'hui le modèle de Solow plutôt que celui de Marx.

8.2.2 La convergence

Toute personne qui voyage un peu découvre d'énormes différences de niveaux de vie d'un pays à l'autre. Les économies les plus pauvres du monde ont des revenus par habitant inférieurs à un dixième de ceux des pays riches. Ces différences de revenus se répercutent sur toutes les mesures de la qualité de la vie, du nombre de postes de télévision ou de téléphones par ménage à la mortalité infantile et à l'espérance de vie.

Nombreux sont les chercheurs qui tentent de savoir si les économies convergent dans le temps. En d'autres termes, les économies pauvres au départ croissent-elles à un taux plus élevé que les économies initialement riches ? Si la réponse est positive, les économies pauvres du monde devraient rattraper leur retard, en termes de bien-être, par rapport aux économies riches. C'est ce que l'on entend par *convergence*. Si ce n'est pas le cas, d'importantes disparités de revenu et de bien-être subsisteront.

En termes théoriques, d'après le modèle de Solow, la probabilité de convergence des économies est fonction des raisons de leurs divergences initiales. D'une part, si deux économies en état stationnaire (déterminé par les taux d'épargne et de croissance démographique, et l'efficience du travail) démarrent avec des stocks de capital différents, nous devons nous attendre à ce qu'elles convergent. L'économie dotée du stock de capital le plus faible croîtra naturellement à un taux supérieur pour atteindre son état stationnaire. Dans une étude de cas du chapitre 7, nous avons expliqué de cette manière la croissance rapide de l'Allemagne et du Japon après la Deuxième Guerre mondiale. Par ailleurs, si deux économies démarrent dans des états stationnaires différents, éventuellement expliqués par des taux d'épargne différents, il est inutile d'attendre une convergence : chacune de ces économies atteindra son propre état stationnaire.

Les faits confirment cette analyse. Des études portant sur des échantillons d'économies dotées de populations et de politiques comparables concluent que ces économies convergent l'une vers l'autre au taux d'environ 2 % par an : l'écart entre économies riches et pauvres se réduit d'environ 2 % par an. Un exemple en est donné par les économies des divers États constitutifs des États-Unis. Pour des raisons historiques, telles que la guerre civile des années 1860, les niveaux de revenu variaient considérablement d'un État à l'autre à la fin du dix-neuvième siècle. Ces différences se sont pourtant estompées progressivement dans le temps.

Les résultats des comparaisons internationales sont moins évidents. Sur la seule base du revenu par habitant, les chercheurs ne trouvent que peu d'indications d'une convergence : en moyenne, les pays pauvres au départ ne croissent pas plus rapidement que les pays initialement riches. On devrait en conclure que les états stationnaires sont spécifiques à chaque pays. Cependant, en utilisant des techniques statistiques pour neutraliser l'impact de certains déterminants à l'état stationnaire, tels que le taux d'épargne, la croissance démographique et l'accumulation de capital humain (le niveau d'éducation), on retrouve une convergence au taux de 2 % par an. En d'autres termes, les économies mondiales font preuve d'une *convergence conditionnelle* : elles semblent converger vers leur propre état stationnaire, lequel à son tour est déterminé par l'épargne, la croissance démographique et le capital humain [2].

8.2.3 L'accumulation des facteurs et l'efficience de la production

En termes comptables, les différences internationales de revenu par habitant peuvent être attribuées, soit (1) à des différences des facteurs de production, telles que les quantités de capital physique et humain, soit (2) à des différences dans l'efficience avec

---

[2] Robert Barro et Xavier Sala-i-Martin, « Convergence Across States and Regions », *Brookings Papers on Economic Activity* 1991, n° 1, 107-182 ; N. Gregory Mankiw, David Romer et David N. Weil, « A Contribution to the Empirics of Economic Growth », *Quarterly Journal of Economics* (mai 1992), 407-437.

laquelle les économies utilisent leurs facteurs de production. Dans un pays du tiers-monde, un travailleur peut être pauvre, soit parce qu'il ne dispose pas d'outils et de savoir-faire, soit parce les outils et savoir-faire dont il dispose ne sont pas utilisés de manière efficiente. Dans les termes du modèle de Solow : l'énorme écart entre pays riches et pauvres s'explique-t-il par des différences d'accumulation du capital (y compris humain), ou par des différences de la fonction de production ?

Un travail de recherche considérable a été consacré à estimer l'importance relative de ces deux sources de disparités de revenus. La réponse précise varie d'une étude à l'autre, mais toutes les études soulignent l'importance conjointe de l'accumulation des facteurs et de l'efficience de la production et, de surcroît, établissent une corrélation positive entre elles : les pays bien dotés en capital physique et en capital humain tendent à utiliser ces facteurs de manière efficiente [3].

Il existe diverses interprétations de cette corrélation positive. Selon une des hypothèses, une économie efficiente stimule l'accumulation du capital, notamment parce que les gens y ont davantage de ressources et d'incitations à se former et à accumuler du capital humain. Une autre hypothèse postule la relation inverse : c'est l'accumulation du capital qui favorise l'efficience. Si des externalités positives sont associées au capital physique et humain, comme cela a été évoqué plus haut dans ce chapitre, les pays qui épargnent et investissent davantage apparaîtront dotés d'une meilleure fonction de production (sauf si l'étude neutralise ces externalités, ce qui n'est pas aisé). En définitive, donc, l'efficience induit l'accumulation tout autant que l'accumulation génère l'efficience.

Reste une dernière hypothèse, celle d'une variable tierce qui déterminerait aussi bien l'efficience que l'accumulation. Ce pourrait être la qualité des institutions d'un pays, y compris les processus de prise de décision de l'État. Comme l'a indiqué un économiste, quand les pouvoirs publics se trompent, ils se trompent à grande échelle. Les mauvaises politiques, telles qu'inflation élevée, déficits budgétaires excessifs, interférences généralisées sur les marchés et corruption rampante, vont souvent de pair. Il n'est donc pas surprenant que ces économies accumulent moins de capital et utilisent de manière peu efficiente le capital dont elles disposent.

> ### ÉTUDE DE CAS - Le libre-échange est-il bénéfique à la croissance économique ?

Au moins depuis Adam Smith, les économistes plaident en faveur de l'adoption du libre-échange comme politique favorisant la prospérité nationale. Et c'est de cette façon que Smith a présenté son argument dans son livre bien

---

3 Robert E. Hall et Charles I. Jones, « Why Do Some Countries Produce So Much More Output per Worker Than Others ? », *Quarterly Journal of Economics* 114 (février 1999), 83-116 ; Peter J. Klenow et Andres Rodriguez-Clare, « The Neoclassical Revival in Growth Economics : Has It Gone Too Far ? », *NBER Macroeconomics Annual* (1997), 73-103.

connu *The Wealth of Nations* de 1776 (*Recherche sur la nature et les causes de la richesse des nations,* Livre IV, Chapitre II) :

> *« La maxime de tout chef de famille prudent est de ne jamais essayer de faire chez soi la chose qui lui coûtera moins à acheter qu'à faire. Le tailleur ne cherche pas à faire ses souliers, mais il les achète au cordonnier ; le cordonnier ne tâche pas de faire ses habits, mais il a recours au tailleur... Ce qui est prudence dans la conduite de chaque famille en particulier, ne peut guère être folie dans celle d'un grand empire. Si un pays étranger peut nous fournir une marchandise à meilleur marché que nous ne sommes en état de l'établir nous-mêmes, il vaut bien mieux que nous la lui achetions avec quelque partie du produit de notre propre industrie, employée dans le genre dans lequel nous avons quelque avantage. »*

De nos jours, les économistes traitent le sujet avec plus de rigueur et se basent sur la théorie de David Ricardo sur l'avantage comparatif et sur des théories beaucoup plus modernes du commerce international. Selon ces théories, une nation ouverte au commerce peut réaliser une plus grande efficacité de production et un niveau de vie plus élevé en se spécialisant dans la production de biens ayant un avantage comparatif.

Un sceptique pourrait faire remarquer que ce n'est qu'une théorie. Qu'en est-il de la preuve empirique ? Les nations qui autorisent le libre-échange jouissent-elles effectivement d'une plus grande prospérité ? Un vaste corpus de la littérature économique aborde précisément ces questions et tente d'y répondre.

Une première approche consiste en effet à examiner les données internationales pour voir si les pays ouverts au commerce international jouissent en général d'une meilleure prospérité. En effet, cela se vérifie. Les économistes Andrew Warner et Jeffrey Sachs ont étudié cette question pour la période de 1970 à 1989. Ils ont constaté que, dans les pays développés, la croissance des économies ouvertes était de 2,3 % par an alors que la croissance des économies fermées était de 0,7 % par an. Concernant les pays en voie de développement, la croissance des économies ouvertes était de 4,5 % par an contre 0,7 % par an pour les économies fermées. Ces résultats sont compatibles avec l'idée de Smith selon laquelle le commerce favorise la prospérité, mais ils ne sont toutefois pas concluants. La corrélation ne prouve pas la causalité. Il se peut qu'il y ait d'autres politiques restrictives qui font retarder la croissance.

Une seconde approche consiste à analyser ce qui se passe si les économies fermées éliminent les barrières sur le commerce international. Une fois encore, les hypothèses de Smith se tiennent bien. Tout au long de l'histoire, lorsque les nations s'ouvrent à l'économie mondiale, le résultat type est une augmentation importante de la croissance économique. C'est ce qui s'est passé au Japon dans les années 1950, en Corée du Sud dans les années 1960 et au Vietnam dans les années 1990. Mais là encore, la corrélation ne signifie pas la causalité. La libéralisation du commerce s'accompagne souvent d'autres réformes et il est difficile de démêler les effets du commerce des effets des autres réformes.

Une troisième approche pour mesurer l'impact du commerce sur la croissance, proposée par les économistes Jeffrey Frankel et David Romer, consiste à examiner l'impact de la zone géographique. Certains pays font moins de commerce simplement à cause de leur position géographique désavantageuse. À titre d'exemple, la Nouvelle-Zélande est dans une situation géographique désavantageuse comparée à la Belgique puisqu'elle est loin des autres pays peuplés. De même, les pays sans débouchés sur la mer sont défavorisés en comparaison avec les pays qui ont leurs propres ports maritimes. Puisque ces caractéristiques géographiques sont en relation avec le commerce mais non avec d'autres déterminants de la prospérité économique, elles pourront être utilisées pour identifier l'impact causal du commerce sur le revenu. (La technique statistique que vous avez peut-être étudiée en économétrie est connue par des *variables instrumentales*.) Après l'analyse des données, Frankel et Romer ont conclu que :

« *Une hausse de un point de pourcentage du ratio échanges internationaux-PIB augmente le revenu par personne d'au moins un demi-point de pourcentage. Il semble que les échanges commerciaux augmentent le revenu en stimulant l'accumulation du capital humain et physique et en augmentant la production pour un niveau donné du capital* ».

Ces travaux sont une preuve irréfutable qu'Adam Smith avait raison. L'ouverture au commerce international est utile pour la croissance économique [4].

8.3 LES POLITIQUES DE STIMULATION DE LA CROISSANCE ÉCONOMIQUE

Nous avons jusqu'ici utilisé le modèle de Solow pour identifier les relations entre les diverses sources de la croissance économique. Nous avons également confronté la théorie aux faits empiriques décrivant la croissance économique. Nous allons maintenant utiliser la théorie et les faits empiriques pour orienter notre réflexion sur la politique économique.

8.3.1 *L'évaluation du taux d'épargne*

Dans le modèle de croissance de Solow, ce qu'épargne et investit un pays influe de manière critique sur le niveau de vie de ses habitants. Pour entamer notre réflexion sur

---

4 Jeffrey D. Sachs et Andrew Warner, « Economic Reform and the Process of Global Integration. » *Brookings Papers on Economic Activity* (1995), 1-95. Jeffrey A. Frankel and David Romer, « Does Trade Cause Growth ? » *American Economic Review* 89 (juin 1999), 379-399.

les politiques économiques, comment, dès lors, ne pas nous demander si le taux d'épargne de notre pays est à peu près correct, ou bien s'il est insuffisant ou excessif ?

Comme nous l'avons vu, le taux d'épargne détermine les niveaux stationnaires du capital et de la production. Il existe un taux d'épargne spécifique qui produit l'état stationnaire correspondant à la règle d'or, c'est-à-dire celui qui maximise la consommation par travailleur et donc le bien-être économique. C'est donc par rapport à la règle d'or qu'il convient d'évaluer une économie.

Pour savoir si une économie fonctionne à un niveau supérieur, égal ou inférieur à son état stationnaire correspondant à la règle d'or, il faut comparer la productivité marginale nette du capital ($PMK - \delta$) au taux de croissance de la production totale ($n + g$). À l'état stationnaire correspondant à la règle d'or, nous avons vu que ($PMK - \delta) = (n + g)$. Si le stock de capital est inférieur au niveau qui prévaut dans cet état, alors en vertu de la productivité marginale décroissante, nous aurons ($PMK - \delta) > (n + g)$. Dans ce cas, la hausse du taux d'épargne entraîne une augmentation de l'accumulation du stock de capital et une hausse de la croissance économique, et finira par amener l'économie à un état stationnaire où la consommation est plus élevée. Si, au contraire, le stock de capital est supérieur à ce niveau, alors ($PMK - \delta) < (n + g)$. Dans ce cas, l'accumulation du capital est excessive : la réduction du taux d'épargne entraînera une hausse de la consommation à la fois immédiate et future.

Dans le cas d'une économie réelle, cette comparaison exige une estimation du taux de croissance ($n + g$) d'une part et de la productivité marginale nette du capital ($PMK - \delta$), d'autre part. Aux États-Unis, le PIB réel croît en moyenne à un taux annuel de 3 %, ($n + g$) = 0, 03. Les trois faits qui suivent nous permettent d'estimer la productivité marginale nette du capital :

1. le stock de capital est environ 2,5 fois supérieur à l'équivalent d'une année de PIB ;
2. l'amortissement du capital représente quelque 10 % du PIB ;
3. la part du capital dans le PIB est d'environ 30 %.

En reprenant la notation de notre modèle et en nous souvenant, comme nous l'avons établi au chapitre 3, que les propriétaires du capital perçoivent un revenu PMK sur chaque unité de capital, nous pouvons traduire comme suit ces trois faits :

1. $k = 2, 5y$
2. $\delta k = 0, 1y$
3. $PMK \times k = 0, 3y$

Nous trouvons le taux d'amortissement δ en divisant l'équation 2 par l'équation 1 :

$$\delta k / k = (0, 1y)/(2, 5y)$$
$$\delta = 0, 04 \tag{8.7}$$

Nous trouvons ensuite la productivité marginale du capital *PMK* en divisant l'équation 3 par l'équation 1 :
$$(PMK \times k)/k = (0,3y)/(2,5y)$$
$$PMK = 0,12 \qquad (8.8)$$

On voit que 4 % environ du capital sont amortis chaque année et que la productivité marginale du capital est de quelque 12 % par an. La productivité marginale nette du capital, $(PMK - \delta)$, est donc d'à peu près 8 % par an.

On constate ainsi que le rendement du capital, $(PMK - \delta) = 8\%$ par an, excède largement le taux de croissance annuel moyen de l'économie américaine, $(n + g) = 3\%$ par an. Joint à notre analyse antérieure, ce constat nous indique que le stock de capital des États-Unis est nettement inférieur au niveau dicté par la règle d'or. Ceci veut dire que, si les États-Unis épargnaient et investissaient une part plus élevée de leur revenu, l'économie américaine croîtrait plus rapidement et atteindrait en définitive un état stationnaire qui permettrait de consommer davantage.

Cette conclusion n'est pas exclusive à l'économie américaine. Quand on effectue un calcul similaire à celui mené ci-dessus pour les autres économies, les résultats sont presque identiques. La possibilité d'un excès d'épargne et d'accumulation de capital au-delà de la règle d'or est fascinante en tant que question théorique, mais elle ne semble pas être un problème que les économies vont devoir affronter. Dans la pratique, les économistes sont plus souvent concernés par l'insuffisance de l'épargne. C'est ce genre de calcul qui est à la base de leurs inquiétudes [5].

8.3.2 La modification du taux d'épargne

La conclusion logique des calculs précédents est que les politiques économiques, aux États-Unis comme dans d'autres pays, doivent stimuler l'épargne et l'investissement. Mais comment peuvent-ils le faire ? Nous avons vu dans le chapitre 3 que, comme une simple identité comptable, augmenter l'épargne nationale signifie stimuler soit l'épargne publique, soit l'épargne privée, ou encore une combinaison des deux. Une grande partie du débat sur les politiques économiques visant à stimuler la croissance est de savoir quelle option est susceptible d'être la plus efficace.

Les politiques des pouvoirs publics ont un double impact sur l'épargne nationale : un impact direct au travers de l'épargne de l'État lui-même, et un impact indirect qui transite par l'incitation à épargner qui émane de cet État. L'épargne de l'État est la différence entre les recettes et les dépenses publiques. Si ces dernières excèdent les premières, l'État encourt un *déficit budgétaire*, qui n'est rien d'autre qu'une

---

[5] Pour plus de détails sur ce sujet, y compris les preuves empiriques, voir Andrew B. Abel, N. Gregory Mankiw, Lawrence H. Summers et Richard J. Zechkauser, « Assessing Dynamic Efficiency : Theory and Evidence », *Review of Economic Studies* 56 (1989), 1-19.

épargne publique négative. Comme nous l'avons vu au chapitre 3, le déficit budgétaire pousse le taux d'intérêt à la hausse, ce qui évince l'investissement. La réduction du stock de capital que ceci induit alimente la dette nationale qui sera transférée aux générations à venir. À l'inverse, si l'État dépense moins que ses recettes, il se dote d'un *excédent budgétaire*. Ceci lui permet de résorber une partie de la dette nationale, et, du même fait, de stimuler l'investissement.

L'État influence également l'épargne privée de diverses manières. Bien que le modèle de Solow n'en tienne pas compte, les décisions d'épargne des ménages dépendent de la rémunération de l'épargne : plus celle-ci est élevée, plus il est attrayant d'épargner. On comprendra donc qu'une taxation élevée des revenus du capital décourage l'épargne privée en en réduisant le rendement. L'exemption fiscale de l'investissement en fonds de retraite est une des manières d'accroître ce rendement et d'encourager l'épargne privée. Les économistes ne sont cependant pas d'accord sur l'efficacité réelle de telles mesures. Certains ont proposé d'accroître l'incitation à épargner en remplaçant la taxation des revenus du capital par une taxation sur la consommation.

De nombreux désaccords sur ces politiques publiques sont enracinés dans les différents points de vue quant au montant de l'épargne privée répondant aux incitations. Par exemple, supposons que le gouvernement veuille augmenter le montant que les gens peuvent investir en fonds de retraite afin de bénéficier de l'exonération fiscale. Les gens vont-ils répondre à cette incitation en économisant plus ? Ou simplement, vont-ils transférer cette nouvelle épargne réalisée sur d'autres formes de comptes - la réduction des recettes fiscales et donc l'épargne publique ne stimulant pas l'épargne privée ? L'efficacité d'une telle politique dépend des réponses à ces questions. Malheureusement, malgré de nombreuses recherches sur cette question, aucun consensus ne s'est dégagé.

8.3.3 *L'affectation de l'investissement de l'économie*

Le modèle de Solow fait l'hypothèse simplificatrice qu'il n'existe qu'un seul type de capital. Dans le monde réel, il en existe, bien entendu, de multiples types. Les entreprises investissent tout autant en capital traditionnel, tel qu'engins de travaux publics ou usines sidérurgiques qu'en types plus récents de capital, tels qu'ordinateurs et robots. L'État procède également à des investissements diversifiés en capital public, appelés *infrastructures*, tels que routes, ponts ou installations d'épuration des eaux.

Mais en outre, on ne peut oublier le *capital humain*, qui désigne les connaissances et savoir-faire acquis grâce au système éducatif au sens large, de l'école primaire aux formations continues des adultes actifs. Même si le modèle de base de Solow n'inclut que le capital physique et ne tente pas d'expliquer l'efficience du travail, le capital humain offre de multiples similitudes avec le capital physique. Tout comme ce dernier, le capital humain accroît notre capacité de produire des biens et des services. L'amélioration de ce capital humain exige des investissements en professeurs, bibliothèques et temps d'études. Les recherches récentes sur la croissance économique concluent que le capital humain joue un rôle au moins aussi important que le capital physique dans l'explication des différences internationales des niveaux de vie. Une façon de modéliser ceci est de donner une définition plus large au « capital » qui comprendrait le capital physique et le capital humain [6].

Les responsables politiques qui s'efforcent de stimuler la croissance économique doivent impérativement déterminer les types de capital dont l'économie a le plus grand besoin. En d'autres termes, quels types de capital génèrent les productivités marginales les plus élevées ? Dans une large mesure, ils peuvent s'en remettre au marché pour allouer le stock d'épargne entre les divers types d'investissement. Les branches d'activité bénéficiant des productivités marginales les plus élevées du capital sont naturellement les plus susceptibles d'emprunter au taux d'intérêt du marché pour financer leurs investissements nouveaux. Nombreux sont les économistes qui recommandent que l'État se contente, en la matière, d'égaliser les conditions d'accès aux divers types de capital, par exemple en veillant à ce que le système fiscal réserve le même traitement aux diverses formes de capital. Si cette condition est vérifiée, le marché est parfaitement capable d'allouer efficacement le capital disponible.

D'autres économistes, cependant, suggèrent qu'il incombe à l'État de stimuler activement le recours à des types particuliers de capital. Selon eux, le progrès technologique est un sous-produit, appelé externalité technologique, bénéfique à certaines activités économiques. Ainsi, le processus d'accumulation du capital peut générer spontanément des processus de production nouveaux et plus performants, qui viennent enrichir le stock de connaissances de la société tout entière (ce phénomène est connu sous le nom de *learning by doing*). En présence de telles *externalités technologiques* (ou *knowledge spillover*), le rendement social du capital excède son rendement privé et l'avantage que tire la société de l'accumulation du capital pourrait aller au-delà de ce que suggère le modèle de Solow [7]. En outre, certaines modalités d'accumulation du capital peuvent générer des externalités plus importantes que d'autres. Si, par exemple, l'automatisation des chaînes de production produit plus d'externalités technologiques que la construction d'une nouvelle usine sidérurgique, l'État devrait peut-être utiliser son système fiscal pour stimuler l'investissement en automatisation. Pour qu'une telle *politique industrielle*, comme on l'appelle quelquefois, porte ses fruits, il faut cepen-

---

[6] Au début de ce chapitre, la variable K représente le seul capital physique, le capital humain étant inclus dans le paramètre E représentant l'efficience du travail. L'autre approche suggérée ici est de considérer le capital humain comme faisant partie de K, E dans ce cas représentant seulement la technologie. Ainsi, si K est défini au sens large pour inclure le capital humain, alors une grande partie de ce que nous appelons le revenu du travail est réellement le produit du capital humain. De ce fait, la vraie part du capital est beaucoup plus importante que celle donnée dans la traditionnelle fonction Cobb-Douglas qui fixe sa valeur à environ 1/3. Sur ce sujet, voir N. Gregory Mankiw, David Romer et David N. Weil, « A Contribution to the Empirics of Economic Growth », *Quarterly Journal of Economics* (mai 1992), 407-437.

[7] Paul Romer, « Crazy Explanations for the Productivity Slowdown », *NBER Macroeconomics Annual 2* (1987), 163-201.

dant que l'État soit capable de mesurer les externalités générées par diverses activités économiques afin de pouvoir stimuler chacune d'entre elles de manière adéquate.

La plupart des économistes restent cependant sceptiques quant à cette possibilité. Il leur paraît quasiment impossible de mesurer les externalités associées aux divers secteurs d'activité. La difficulté de cette mesure risque de rendre les résultats de la politique industrielle aléatoires, voire négatifs. Mais en outre, ces mêmes économistes pensent que le processus politique est loin d'être parfait. Si l'État encourage certaines activités par des subventions ou des réductions d'impôts, les biais subjectifs dans le choix des cibles risquent d'être aussi importants que l'ampleur des externalités attendues.

Il est pourtant un type de capital qui requiert l'intervention des puissances publiques, État et collectivités locales, à savoir les infrastructures publiques : routes, ponts, ports, etc. Les puissances publiques doivent toujours décider si et quand elles doivent emprunter pour financer les projets publics. En 2009, l'une des premières décisions de Barack Obama était d'augmenter les investissements en infrastructures. Cette politique était motivée en partie par le désir d'augmenter la demande agrégée à court terme (un objectif que nous allons examiner plus loin dans ce livre) et en partie pour augmenter le capital public afin d'améliorer la croissance économique à long terme. Cette politique partageait les économistes. Cependant, tous s'accordent à dire qu'il est difficile de mesurer la productivité marginale des infrastructures publiques. Autant le capital privé génère un taux de profit aisément mesurable au bénéfice de l'entreprise détentrice de ce capital, autant il est difficile de mesurer les avantages que les uns et les autres tirent des infrastructures publiques. En outre, alors que l'investissement privé est fait par des investisseurs dépensant leur propre argent, l'allocation des ressources publiques nécessite une intervention du processus politique et un financement par les contribuables. Cependant, il est trop fréquent de voir « un pont qui ne mène nulle part » en cours de construction simplement parce qu'un certain homme politique a le poids politique pour obtenir des fonds publics.

8.3.4 *La mise en place d'institutions adéquates*

Les économistes qui étudient les différences internationales dans les niveaux de vie entre les pays attribuent certaines de ces différences à l'apport du capital physique et humain et d'autres à la productivité avec laquelle ces inputs sont utilisés. L'une des causes qui font que certaines nations ont différents niveaux d'efficacité de production est la présence de différentes institutions qui supervisent l'allocation des ressources rares. Créer des institutions adéquates est donc important pour veiller à ce que ces ressources soient allouées à leur utilisation optimale.

La tradition juridique d'un pays constitue un exemple d'une telle institution. En effet, certains pays, comme les États-Unis, l'Australie, l'Inde et Singapour, sont d'anciennes colonies de la Grande-Bretagne et, par conséquent, possèdent des droits coutumiers à l'anglaise. D'autres pays, comme l'Italie, l'Espagne, et une grande partie de l'Amérique latine possèdent des traditions juridiques dérivées des codes français napoléoniens. Des études ont montré que la protection juridique des actionnaires et des créanciers est plus forte dans le système juridique anglais que dans le système français. En conséquence, les pays ayant adopté le droit anglais ont mieux développé les marchés des capitaux. Ces pays connaissent par la suite une croissance économique plus rapide parce qu'il est plus facile aux petites entreprises et aux *start-ups* de financer des projets d'investissement, ce qui entraîne une meilleure allocation du capital de la nation [8].

Nous remarquons également une autre différence institutionnelle importante entre les pays, à savoir la qualité de la gouvernance. L'idéal serait que les gouvernements « viennent en aide » au système du marché en protégeant les droits de propriété, en renforçant l'exécution des contrats, en promouvant la concurrence, en poursuivant en justice les fraudeurs, et ainsi de suite. Toutefois, les gouvernements parfois s'écartent de cet idéal et se comportent comme « une main accaparante », profitant de l'autorité de l'État pour enrichir une minorité puissante aux dépens de la plus grande communauté. Des études empiriques ont montré que le degré de corruption dans une nation donnée est en effet un facteur déterminant de la croissance économique [9].

Adam Smith, le grand économiste du dix-huitième siècle, était conscient du rôle des institutions dans la croissance économique. Il a écrit : « Pour élever un État du dernier degré de barbarie au plus haut degré d'opulence, il ne faut que trois choses : la paix, des taxes modérées et une administration tolérable de la justice. Tout le reste est amené par le cours naturel des choses ». Malheureusement, plusieurs pays ne jouissent pas de ces trois simples avantages.

> ### ÉTUDE DE CAS - Les origines coloniales des institutions modernes
>
> Les données internationales démontrent une remarquable corrélation entre la latitude et la prospérité économique : les nations qui sont proches de l'équateur ont typiquement des taux de revenu par personne plus bas que les nations qui sont loin de l'équateur. Ce fait s'avère être vrai dans les deux hémisphères, nord et sud.
>
> Comment expliquer cette corrélation ? Certains économistes ont estimé que le climat tropical, près de l'équateur, a un impact direct négatif sur la productivité. Dans la chaleur des tropiques, l'agriculture est plus difficile et la maladie est plus fréquente. Cela rend la production de biens et services encore plus difficile.
>
> Mais même si l'impact direct de la géographie est une raison qui rend les nations tropicales pauvres, l'histoire ne s'arrête pas là. Une recherche récente

---

8 Rafael La Porta, Florencio Lopez-de-Silanes, Andrei Shleifer et Robert Vishny, « Law and Finance », *Journal of Political Economy* 106 (1998), 1113-1155 ; Ross Levine et Robert G. King, « Finance and Growth : Schumpeter Might Be Right », *Quarterly Journal of Economics* 108 (1993), 717-737.
9 Paulo Mauro, « Corruption and Growth », *Quarterly Journal of Economics* 110 (1995), 681-712.

menée par Daron Acemoglu, Simon Johnson et James Robinson a avancé l'idée d'un mécanisme indirect : l'impact de la géographie sur les institutions. En voilà l'explication présentée en plusieurs étapes :

1. Dans les dix-septième, dix-huitième et dix-neuvième siècles, le climat tropical comportait pour les colons européens des risques de maladie, notamment la malaria et la fièvre jaune. Par conséquent, lorsque les Européens colonisaient le reste du monde, ils ont évité les régions tropicales comme la plus grande partie de l'Afrique et de l'Amérique centrale. Les colons européens préféraient les régions au climat modéré et là où les conditions de santé sont meilleures comme les États-Unis, le Canada et la Nouvelle-Zélande.

2. Dans ces régions où un grand nombre d'Européens se sont installés, des institutions à l'européenne ont été mises en place permettant ainsi de protéger les droits de propriété et de limiter le pouvoir du gouvernement. Par contre, dans les régions tropicales, les autorités coloniales ont mis en place des institutions « extractives », y compris des gouvernements autoritaires, dans le but d'exploiter les ressources naturelles de la région. Ces institutions ont enrichi les colons mais n'ont pas permis de promouvoir la croissance économique.

3. Même si la période du colonialisme a pris fin il y a bien longtemps, les premières institutions que les colons européens ont établies ont fortement influencé les institutions modernes de ces ex-colonies. Dans les régions tropicales, où les colons européens ont établi des institutions extractives, il y a moins de protection des droits de propriété, même de nos jours. Lorsque les colons sont partis, ces mêmes institutions sont restées et sont passées sous le contrôle d'une nouvelle élite dirigeante.

4. La qualité des institutions est un facteur déterminant dans la performance économique. Là où les droits de propriété sont bien protégés, les gens ont tout intérêt à faire des investissements qui mènent à la croissance économique. Par contre, là où les droits de propriété sont moins respectés, le cas typique étant celui des pays tropicaux, l'investissement et la croissance sont à la traîne.

Cette recherche estime que la variation internationale des niveaux de vie que nous observons aujourd'hui est le résultat d'une longue histoire [10].

8.3.5 La stimulation du progrès technologique

Selon le modèle de Solow, c'est le progrès technologique qui est à la base d'une croissance durable du revenu par travailleur. Il considère pourtant comme exogène ce

---

10 Daron Acemoglu, Simon Johnson et James A. Robinson, « The Colonial Origins of Comparative Development : An Empirical Investigation », *American Economic Review* 91 (décembre 2001), 1369-1401.

progrès technologique : il ne l'explique pas. Il est effectivement regrettable que les déterminants du progrès technologique ne soient pas mieux compris.

Malgré cette lacune, les pouvoirs publics s'efforcent de multiples manières de stimuler le progrès technologique en incitant le secteur privé à consacrer des ressources à l'innovation technologique. Ainsi, la législation sur les brevets octroie un monopole provisoire aux inventeurs de nouveaux produits ; ou encore, des dégrèvements fiscaux sont accordés aux entreprises à concurrence de leur investissement en recherche et développement ; des subventions financent la recherche universitaire. De surcroît, les défenseurs de la politique industrielle, comme nous l'avons vu plus haut, souhaitent que l'État soutienne davantage les branches d'activité réputées génératrices de progrès technologiques rapides.

Au cours des dernières années, la stimulation du progrès technologique a pris une dimension internationale. Des entreprises engagées dans l'innovation et la recherche technologique de pointe se sont localisées aux États-Unis et dans d'autres pays développés. Les pays en développement comme la Chine ont un intérêt à se comporter en « passager clandestin » afin de bénéficier de ces recherches scientifiques en ne respectant pas les droits de propriété intellectuelle. En d'autres termes, les entreprises chinoises utilisent souvent les idées développées à l'étranger sans payer les royalties ni indemniser les titulaires de brevets. Les États-Unis se sont vigoureusement opposés à de telles pratiques frauduleuses. La Chine a promis de respecter légalement les droits de propriété. En effet, si ceux-ci étaient mieux respectés dans le monde, les entreprises auraient davantage intérêt à s'engager dans la recherche scientifique, ce qui permettrait de promouvoir le progrès technologique dans le monde entier.

ÉTUDE DE CAS - Le ralentissement international de la croissance économique : 1972-1995

À partir des années 1970 et jusqu'au milieu des années 1990, les décideurs politiques ont été confrontés à un problème assez curieux : un ralentissement de la croissance économique à l'échelle mondiale. Le tableau 8.2 donne les taux de croissance du PIB réel par habitant des sept principales puissances économiques mondiales. On remarque que le taux de croissance des États-Unis est passé de 2,2 % avant 1972 à 1,5 % entre 1972 et 1995. Des baisses comparables, voire plus prononcées, s'observent dans les autres pays. Cumulée sur de nombreuses années, même une modeste variation de la croissance de la productivité, aussi minime soit-elle, a un impact important sur le bien-être économique. Le revenu réel aux États-Unis est aujourd'hui près de 20 % inférieur à ce qu'il aurait été si la croissance était demeurée à son niveau antérieur (1948-1972).

Diverses études ont montré que ce ralentissement généralisé de la croissance est imputable à la réduction du taux auquel la fonction de production s'améliore dans le temps. L'annexe de ce chapitre explique la manière dont les

Tableau 8.2
Le ralentissement généralisé de la croissance économique

Pays	Croissance de la production par habitant (variation annuelle moyenne en %)		
	1948-1972	1972-1995	1995-2007
Canada	2,9	1,8	2,2
France	4,3	1,6	1,7
Allemagne de l'Ouest	5,7	2,0	
Allemagne			1,5
Italie	4,9	2,3	1,2
Japon	8,2	2,6	1,2
Royaume-Uni	2,4	1,8	2,6
États-Unis	2,2	1,5	2,0

Note : on distingue les données relatives à la seule Allemagne de l'Ouest avant 1995, et à l'Allemagne réunifiée ensuite.
Source : Angus Maddison, *Phases of Capitalist Development* (Oxford : Oxford University Press, 1982) ; OCDE, *Comptes nationaux* ; et Banque Mondiale, *World Development Indicators*.

économistes mesurent les variations de cette fonction de production, à l'aide d'une variable appelée *productivité totale des facteurs*, laquelle est très proche de l'efficience du travail du modèle de Solow. Les économistes se sont beaucoup penchés sur les causes de cette évolution néfaste. On trouve ci-dessous quatre de leurs pistes de réflexion.

A. Problèmes de mesure

Peut-être le ralentissement des hausses de productivité n'existe-t-il que dans des chiffres biaisés ? Nous avons vu au chapitre 2 que la mesure de l'inflation est notamment rendue difficile par les changements de qualité des biens et des services. Le même phénomène affecte la mesure de la production et de la productivité. Si le progrès technologique permet de fabriquer *plus* d'ordinateurs, il est aisé de mesurer la hausse de la production et de la productivité. Cependant, si ce même progrès technologique permet de fabriquer un même nombre d'ordinateurs, mais que ceux-ci sont *plus rapides*, il est incontestable que la production et la productivité augmentent également, mais il est moins facile de mesurer cette hausse plus subtile. Malgré le soin que mettent les statisticiens à saisir les améliorations qualitatives dans leurs chiffres, ceux-ci restent loin d'être parfaits. Le niveau de vie a augmenté moins rapidement que ce qu'indiquent les statistiques officielles.

Cette imparfaite saisie des évolutions qualitatives a pour conséquence que notre niveau de vie a augmenté plus rapidement que ce qu'indiquent les statistiques officielles : celles-ci sous-estiment l'amélioration de notre bien-être. Si ce constat nous incite à interpréter les chiffres avec prudence, il n'en explique pas pour autant le *ralentissemen*t de la productivité : pour expliquer sur cette seule base ce dernier, il faudrait affirmer que les problèmes de mesure se sont *aggravés*. Dans une certaine mesure, ceci peut être le cas. Au fil des décennies, de moins en moins de gens travaillent dans des secteurs - tels l'agriculture - dont la production est tangible et aisément mesurable et de plus en plus de gens travaillent dans des secteurs - tels les services médicaux - dont la production, intangible, se prête moins bien à la mesure. Peu d'économistes, cependant, expliquent par ce seul argument le ralentissement de la productivité.

B. Les prix du pétrole

Il était tentant, en 1973, d'expliquer le ralentissement de la productivité, qui commençait alors, par la forte augmentation des prix des produits pétroliers obtenue, à la même époque, par le cartel des pays producteurs (OPEP). Cette explication n'a pas tenu la route. D'une part, le déficit cumulé de productivité est trop important pour qu'il puisse être imputé à la seule hausse des prix des produits pétroliers, qui ne constituent normalement qu'une part réduite des coûts de la plupart des entreprises. D'autre part, si l'on s'en tient à cette explication, la productivité aurait dû se redresser substantiellement à partir de 1986, lorsque les prix des produits pétroliers ont atteint leur niveau le plus faible à la suite de dissensions au sein de l'OPEP. Malheureusement, on n'a rien constaté de tel.

C. La qualité de la main-d'œuvre

Certains économistes pensent que le ralentissement de la productivité pourrait être dû aux changements dans la population active. Au début des années 1970, la génération dite du « baby-boom » a fait son entrée dans la population active. En même temps, les changements des normes sociales ont encouragé les femmes de plus en plus à faire partie de la population active. Ces deux phénomènes ont réduit le niveau moyen d'expérience entre les travailleurs, ce qui a réduit, à son tour, la productivité moyenne.

Pour d'autres, les changements de la qualité des travailleurs sont mesurés par le capital humain. Bien que le niveau d'éducation de la population active ait continué d'augmenter pendant toute cette période, il n'a pas augmenté aussi rapidement que dans le passé. S'y ajoute la baisse de qualité du système éducatif comme le montrent les résultats des tests standardisés d'aptitude. Si c'est le cas, on pourrait effectivement trouver là un élément d'explication du ralentissement de productivité.

D. L'épuisement des idées

D'autres économistes affirment qu'au début des années 1970, le monde trouvait de moins en moins d'idées nouvelles quant à la manière de produire et est entré de ce fait dans une ère de faible croissance de la productivité. Pour eux, ce sont les deux décennies antérieures aux années 1970 qui sont atypiques. En effet, à la fin des années 1940, existait un large stock d'idées que la Grande Dépression des années 1930, et ensuite la Deuxième Guerre mondiale, avaient empêché d'exploiter. Une fois terminée la mise en œuvre de ce stock d'idées, la croissance de la productivité ne pouvait que ralentir. Effectivement, pour décevants qu'ils soient à l'aune des années 1950 et 1960, les taux de croissance dans les années 1970, 1980 et au début des années 1990 n'ont rien à envier aux taux de croissance moyens des années 1870 à 1950.

Comme tout bon médecin vous le dira, une maladie peut disparaître d'elle-même, en l'absence de tout diagnostic ou remède convaincant. Tel semble être le cas du ralentissement de la productivité. Avant même que les économistes n'en aient établi les causes, ce phénomène a disparu au milieu des années 1990 et la croissance économique a repris, surtout dans les pays anglophones comme les États-Unis, le Canada et le Royaume-Uni. Il est aussi difficile d'expliquer péremptoirement cette accélération de la croissance à partir de 1995 que son ralentissement dans les années 1970. Toutefois, les technologies informatiques et de l'information, y compris l'Internet, y ont certainement contribué [11].

8.4 AU-DELÀ DU MODÈLE DE SOLOW : LA THÉORIE DE LA CROISSANCE ENDOGÈNE

Échoués sur une île déserte, un chimiste, un physicien et un économiste s'efforcent d'ouvrir une boîte de conserve.

« Chauffons la boîte sur le feu jusqu'à ce qu'elle explose », suggère le chimiste.

« Mais non », dit le physicien, « faisons-la tomber du sommet d'un arbre ».

« J'ai une idée », intervient l'économiste, « supposons tout d'abord que nous ayons un ouvre-boîte... ».

Cette bonne vieille blague raille le recours qu'ont les économistes aux hypothèses pour simplifier - parfois exagérément - les problèmes auxquels ils sont confrontés. Elle est particulièrement pertinente quant à la théorie de la croissance économique, dont l'un des objets est d'expliquer la hausse persistante des niveaux de vie observée dans de nombreux pays. Le modèle de Solow impute cette croissance au progrès technologique. Mais d'où vient ce dernier ? Dans le modèle de Solow, il est tout simplement présumé exister !

---

[11] Pour diverses interprétations de ce ralentissement de la croissance, voir « Symposium : The Slowdown in Productivity Growth », *The Journal of Economic Perspectives* 2 (automne 1988), 3-98. Pour une discussion sur la reprise de la croissance à partir de 1995 et le rôle des nouvelles technologies de l'information, voir à cet égard : « Symposium : Computers and Productivity », *The Journal of Economic Perspectives*, automne 2000.

Les deux études de cas précédentes sur le ralentissement de la productivité dans les années 1970 et son accélération dans les années 1990 montrent que les changements dans le rythme du progrès technologique sont extrêmement importants. Pour vraiment comprendre la croissance économique, nous devons donc dépasser le modèle de Solow et tenter d'expliquer le progrès technologique lui-même. Les modèles qui s'y attachent sont généralement regroupés sous l'étiquette de **théorie de la croissance endogène** parce qu'ils rejettent l'hypothèse de changement technologique exogène du modèle de Solow. Même si le champ couvert par la théorie de la croissance endogène est vaste et parfois complexe, nous proposons ci-dessous un aperçu rapide de ce domaine de recherche récent [12].

8.4.1 Le modèle de base

Pour illustrer le concept de croissance endogène, nous partons d'une fonction de production particulièrement simple :

$$Y = AK \qquad (8.9)$$

où Y est la production, K le stock de capital et A une constante mesurant la quantité produite par unité de capital. On notera que cette fonction de production n'a pas la propriété de rendement décroissant du capital. Toute unité additionnelle de capital génère A unités supplémentaires de production pour tout stock de capital donné. Cette absence de rendement décroissant du capital est la différence essentielle par rapport au modèle de Solow.

Que nous dit cette fonction de production de la croissance économique ? Comme auparavant, nous supposons qu'une fraction s du revenu soit épargnée et investie. Ceci nous permet de décrire l'accumulation du capital à l'aide d'une équation semblable à celle que nous avons utilisée jusqu'ici :

$$\Delta K = sY - \delta K \qquad (8.10)$$

Selon cette équation, la variation du stock de capital (ΔK) est égale à l'investissement (sY) diminué de l'amortissement (δK). En combinant les équations (8.9) et (8.10), on obtient, après quelques manipulations :

$$\Delta Y/Y = \Delta K/K = sA - \delta \qquad (8.11)$$

---

12 Cette section survole la vaste et souvent fascinante littérature sur la théorie de la croissance endogène. Parmi les contributions précoces et déterminantes à ces recherches, on citera : Paul M. Romer, « Increasing Returns and Long-Run Growth », *Journal of Political Economy* 94, octobre 1986, pp. 1002-1037 ; Robert E. Lucas, Jr, « On the Mechanics of Economic Development », *Journal of Monetary Economics* 22, 1988, pp. 3-42. Le lecteur peut en apprendre davantage sur ce sujet dans le manuel suivant : David N. Weil, *Economic Growth*, 2nd ed. (Pearson, 2008).

Cette équation montre ce qui détermine le taux de croissance de la production ($\Delta Y/Y$). On remarque que, aussi longtemps que $sA > \delta$, l'économie croît indéfiniment, même sans l'hypothèse de progrès technologique exogène.

On voit donc qu'une simple modification de la fonction de production peut fondamentalement changer les prévisions relatives à la croissance économique. Dans le modèle de Solow, l'épargne induit une croissance temporaire, qui cesse lorsque le rendement décroissant du capital amène l'économie à un état stationnaire dans lequel seul le progrès technologique exogène peut la faire croître encore. Dans notre nouveau modèle, au contraire, l'épargne et l'investissement génèrent à eux seuls une croissance persistante.

Mais est-il raisonnable d'abandonner l'hypothèse de rendement décroissant du capital ? La réponse dépend de l'interprétation que l'on donne de la variable K dans la fonction de production $Y = AK$. Dans l'approche traditionnelle, où K n'inclut que le stock d'usines et d'équipements du pays, il est normal de supposer les rendements décroissants. Mettre dix ordinateurs au lieu d'un à la disposition d'une seule personne ne la rend pas dix fois plus productive.

Les théoriciens de la croissance endogène, quant à eux, donnent à K une acception plus large, qui rend plus vraisemblable l'hypothèse de rendements constants, plutôt que décroissants, du capital. Peut-être le meilleur argument en ce sens est-il l'inclusion des connaissances dans K. Il est clair que le savoir est un apport important à la production de biens et de services, mais aussi de nouvelles connaissances. Par rapport à d'autres formes de capital, il est cependant moins évident de supposer ces connaissances dotées de la propriété de rendement décroissant. Au contraire, l'accélération du rythme d'innovation scientifique et technologique au cours des derniers siècles inspire à certains économistes l'hypothèse de rendement croissant des connaissances. Si, donc, on peut accepter l'idée que le savoir est une forme de capital, le modèle de croissance endogène avec l'hypothèse de rendement constant du capital devient une description plus plausible de la croissance économique de longue période.

8.4.2 Un modèle à deux secteurs

La théorie de la croissance endogène n'en est bien entendu pas restée au modèle ultra-simplifié $Y = AK$. L'une des voies de recherche s'est efforcée de construire des modèles à plus d'un secteur de production afin de mieux rendre compte des déterminants du progrès technologique. Un exemple nous donnera une idée de ce que peuvent nous apprendre ces modèles.

L'économie a deux secteurs, disons l'industrie manufacturière, d'une part, et la recherche universitaire, de l'autre. Les entreprises fabriquent des biens et des services, dont une partie est consommée et l'autre investie en capital physique. Les universités fabriquent un facteur de production appelé « connaissances », librement utilisé dans les deux secteurs. Cette économie se décrit par la fonction de production des entreprises, la fonction de production des universités et l'équation d'accumulation du capital :

$Y = F[K, (1-u)EL]$ (Fonction de production du secteur manufacturier)
$\Delta E = g(u) E$ (Fonction de production de la recherche universitaire) (8.12)
$\Delta K = sY - \delta k$ (Accumulation du Capital)

où u est la part de la population active travaillant dans les universités, $(1-u)$ celle qui travaille dans les entreprises manufacturières, E le stock de connaissances, qui détermine l'efficience du travail, et g une fonction selon laquelle la croissance des connaissances dépend des travailleurs à l'œuvre dans les universités. Les autres notations sont usuelles. On suppose que la fonction de production des entreprises manufacturières ait des rendements constants : si l'on multiplie par deux à la fois le capital (K) et le nombre de travailleurs effectifs du secteur manufacturier $[(1-u)EL]$, on multiplie par deux également la production de biens et de services (Y).

Ce modèle est proche du modèle $Y = AK$. Sa caractéristique la plus importante est que l'économie qu'il décrit est dotée de rendements constants, plutôt que décroissants, du capital, celui-ci étant défini dans son acception large, qui inclut les connaissances. En particulier, si nous multiplions par deux à la fois le stock de capital (K) et le stock de connaissances (E), nous multiplions par deux également la production des deux secteurs de l'économie. En conséquence, tout comme le modèle $Y = AK$, ce modèle génère une croissance persistante sans faire appel à l'hypothèse de glissements exogènes de la fonction de production : la croissance persistante survient de manière endogène parce que la production de connaissances par les universités ne se ralentit jamais.

En même temps, ce modèle est également proche de celui de Solow. Si u, la part des travailleurs présente dans les universités, est maintenue constante, l'efficience du travail E croît au taux $g(u)$. Ce résultat, soit une croissance constante au taux g de l'efficience du travail, est précisément l'hypothèse que le modèle de Solow fait pour le progrès technologique. De surcroît, le reste du modèle, soit la fonction de production du secteur manufacturier et l'équation d'accumulation du capital, est très proche des autres éléments du modèle de Solow. En conséquence, pour toute valeur donnée de u, le modèle de croissance endogène fonctionne exactement comme le modèle de Solow.

Le modèle de croissance endogène comporte deux variables décisionnelles clés. Comme dans le modèle de Solow, la fraction s de la production qui est épargnée et investie détermine le stock stationnaire de capital physique. Par ailleurs, la part u des travailleurs présente dans les universités détermine la croissance du stock de connaissances. s et u affectent toutes deux le niveau de revenu, mais u seule affecte le taux de croissance stationnaire de celui-ci. Ce modèle progresse donc insensiblement sur la voie qui tente d'identifier, au sein d'une société, les décisions qui déterminent le rythme du progrès technologique.

8.4.3 La microéconomie de la recherche et développement

S'il nous permet de mieux comprendre le progrès technologique, le modèle de croissance endogène à deux secteurs que nous venons de voir ne nous dit que peu de choses sur la création de connaissances. Une réflexion rapide sur la recherche et développement suffit pour mettre trois faits en évidence. Premièrement, si le savoir est dans une large mesure un bien public (c'est-à-dire librement accessible à tous), une grande partie de la recherche se fait au sein d'entreprises mues par la quête du profit. Deuxièmement, la recherche est rentable parce que l'innovation confère aux entreprises un monopole temporaire garanti par le système des brevets ou tiré du seul avantage d'être le premier à commercialiser un nouveau produit. Troisièmement, lorsqu'une entreprise innove, d'autres entreprises partent de cette innovation pour préparer la génération suivante d'innovations. Il n'est pas aisé de relier ces trois faits, d'ordre essentiellement microéconomique, aux modèles (essentiellement macroéconomiques) de croissance que nous venons d'étudier jusqu'ici.

Pourtant, certains modèles de croissance endogènes tentent d'intégrer de tels faits relatifs à la recherche et développement. Ceci implique la modélisation des décisions des entreprises en matière de recherche ainsi que des interactions entre entreprises dotées d'un certain pouvoir de monopole sur leurs innovations. La présentation détaillée de tels modèles excède l'ambition de ce manuel. Ce qui précède doit suffire pour convaincre que l'une des qualités des modèles de croissance endogène est d'offrir une description plus complète du processus d'innovation technologique.

L'un des objets de ces modèles est de déterminer si, du point de vue de l'ensemble de la société, les entreprises privées en quête de profit font trop ou trop peu de recherche. En d'autres termes, le rendement social de la recherche - dont se préoccupe la société - est-il supérieur ou inférieur à son rendement privé - qui motive l'entreprise privée ? En termes théoriques, la réponse est double. D'une part, lorsqu'une entreprise produit une nouvelle technologie, elle améliore la situation des autres entreprises en leur offrant des connaissances nouvelles qu'elles pourront elles-mêmes développer à l'avenir. Ceci rappelle la remarque bien connue d'Isaac Newton : « Si j'ai vu plus loin que d'autres, c'est parce que j'étais juché sur les épaules de géants. » D'autre part, quand une entreprise investit en recherche, cela peut également avoir des effets négatifs sur les autres entreprises, par le simple fait de devancer celles-ci dans la production d'une technologie qu'elles allaient inventer. On appelle ces doubles emplois dans l'effort de recherche « se marcher sur les pieds ». Déterminer si les entreprises font spontanément trop ou trop peu de recherche dépend donc de la prévalence relative de l'effet positif d'être « juché sur les épaules » ou de l'effet négatif de « se marcher sur les pieds ».

Les résultats des recherches empiriques sur l'optimalité de l'effort de recherche sont généralement moins ambigus que la théorie qui vient d'être rappelée. Beaucoup de ces résultats mettent en évidence une importante externalité de type « se jucher sur les épaules » qui induit un rendement social de la recherche très significatif, fréquemment de plus de 40 % par an. Ce chiffre élevé prend plus de sens encore quand on le rapproche du rendement du capital physique, que nous avons précédemment estimé à 8 % par an. Certains économistes voient là un argument décisif en faveur d'aides publiques substantielles à la recherche [13].

8.4.4 Le processus de destruction créatrice

Dans son livre paru en 1942, *Capitalisme, socialisme et démocratie*, l'économiste Joseph Schumpeter a suggéré que le progrès économique provient d'un processus de « destruction créatrice ». Dans la vision de Schumpeter, la force motrice du progrès est l'innovation portée par l'entrepreneur muni d'une idée pour la fabrication de produits nouveaux, l'adoption de procédés et de techniques inédits pour fabriquer un produit ancien ou quelques autres innovations. Lorsque la firme d'un entrepreneur s'établit sur le marché, elle jouit d'une certaine position dominante, voire d'un monopole sur cette innovation. En effet, l'entrepreneur est motivé par la réalisation de profits. L'entrée de nouvelles firmes est certes importante pour les consommateurs qui auront un plus grand éventail de choix mais elle est souvent mauvaise pour les producteurs sur place qui pourront avoir des difficultés à faire face à la concurrence d'un nouvel entrant innovant. Le profit de l'entrant est d'autant plus important et immédiat que l'entrepreneur est capable d'éliminer toute forme de concurrence directe et immédiate. En fait, l'innovation lorsqu'elle est couronnée de succès conduit à une puissance de marché temporaire, en diminuant les profits et la puissance des entreprises établies, et à terme elle peut les faire disparaître face à la concurrence des nouveaux produits commercialisés par le nouvel entrant. Avec le temps, ce même processus ne cesse de se renouveler. La firme de l'entrepreneur innovant devient une entreprise installée et jouissant d'une grande profitabilité jusqu'au moment où son produit est remplacé par celui d'un autre entrepreneur innovant.

L'histoire a confirmé l'hypothèse de Schumpeter sur la présence de gagnants et de perdants à cause du progrès technologique. Par exemple, en Angleterre, au tout début du dix-neuvième siècle, l'innovation la plus importante était l'invention et la généralisation des machines qui fabriquaient du textile à faibles coûts et qui étaient manipulées par des travailleurs non qualifiés. Ce progrès technologique était bénéfique pour les consommateurs qui ont pu se vêtir eux-mêmes à bon marché. Cependant, les tricoteurs qualifiés en Angleterre ont vu leurs métiers menacés par la nouvelle technologie et se sont révoltés violemment. Les travailleurs en émeute, appelés « Luddites » ou réactionnaires, ont fracassé les machines de tissage utilisées dans les fabriques de laine et de coton et ont mis le feu aux maisons des propriétaires de ces fabriques (une forme de destruction moins que créatrice). Aujourd'hui, le terme « Luddite » signifie quelqu'un qui s'oppose au progrès technologique.

---

13 Zvi Griliches, « The Search for R&D Spillovers », *Scandinavian Journal of Economics*, 94, 1991, pp. 29-47, offre un aperçu de la littérature empirique sur les effets de la recherche.

Un exemple plus récent de la destruction créatrice est illustré par la grande distribution aux États-Unis : le cas du géant de la distribution Wal-Mart. Même si la grande distribution pouvait apparaître comme une activité relativement statique, elle constitue en effet un secteur qui a connu des taux de progrès technologiques assez importants tout au long des dernières décennies. Wal-Mart a dominé progressivement le commerce de détail en utilisant de nouvelles techniques de gestion des stocks, de marketing et de gestion des ressources humaines en faisant disparaître de nombreuses entreprises plus anciennes ou plus petites. Certes, ces changements étaient bénéfiques aux consommateurs qui ont pu acheter les produits à des prix plus bas et aux actionnaires de Wal-Mart qui jouissaient d'une part importante des profits. Cependant, ils ont affecté négativement les petits commerces familiaux qui ne pouvaient plus faire jouer la concurrence face à ce géant installé tout près d'eux.

Face à la perspective de tomber victime de la destruction créatrice, les firmes sur place ont souvent recours au processus politique pour empêcher ou limiter de nouvelles entrées plus efficaces. Les Luddites voulaient que le gouvernement britannique protège leurs métiers en interdisant l'extension de la nouvelle technologie de textiles ; toutefois, le parlement a envoyé des troupes pour réprimer leurs émeutes. De façon similaire, dernièrement, les distributeurs locaux ont parfois tenté d'avoir recours à la réglementation locale en matière d'occupation des sols pour empêcher Wal-Mart d'entrer sur le marché. Le coût de telles restrictions à l'entrée se traduit par un ralentissement du progrès technologique. En Europe, où la réglementation de l'entrée est plus stricte qu'aux États-Unis, les économies n'ont pas vu l'émergence de géants de la distribution comme Wal-Mart ; par conséquent, la croissance de la productivité dans la distribution était très inférieure [14].

La vision schumpetérienne sur le fonctionnement de l'économie capitaliste est reconnue à son juste mérite dans l'histoire économique. Elle a permis d'expliquer les dynamiques du changement industriel et est à l'origine de certains travaux récents sur la théorie de la croissance. La théorie de la croissance endogène développée par les économistes Philippe Aghion et Peter Howitt, se base sur les intuitions schumpetériennes en modélisant le progrès technologique comme un processus d'innovation entrepreneuriale et de destruction créatrice [15].

8.5 CONCLUSION

La croissance économique de longue période est de loin le plus important déterminant du bien-être des citoyens de tous pays. Tous les autres phénomènes qu'étudient les macroéconomistes - inflation, chômage, déficit commercial, etc. - font comparativement piètre figure à cet égard.

---

14 Robert J. Gordon, « Why was Europe Left at the Station When America's Productivity Locomotive Departed » *NBER Working Paper* No. 10661, 2004.
15 Philippe Aghion et Peter Howitt, « A Model of Growth Through Creative Destruction », *Econometrica* 60 (1992), 323-351.

Fort heureusement, les économistes savent beaucoup de choses sur les facteurs qui régissent la croissance économique. Le modèle de croissance de Solow et les modèles plus récents de croissance endogène montrent comment l'épargne, la croissance démographique et le progrès technologique interagissent pour déterminer le niveau et la croissance du niveau de vie d'un pays. Si ces théories ne constituent pas une potion magique garantissant une croissance économique rapide, elles en offrent de multiples éléments explicatifs et fournissent de ce fait un cadre intellectuel dans lequel peut s'insérer une large part des débats sur les politiques économiques de croissance de long terme.

Synthèse

1. À l'état stationnaire du modèle de croissance de Solow, c'est le taux de progrès technologique exogène et lui seul qui détermine le taux de croissance du revenu par habitant.

2. De nombreuses études empiriques ont tenté d'établir la mesure dans laquelle le modèle de Solow explique la croissance économique de long terme. Le modèle explique une grande partie de ce que révèlent les données, et notamment la croissance de long terme et la convergence conditionnelle. Des recherches récentes ont également montré que la différenciation internationale des niveaux de vie est attribuable à la fois à l'accumulation du capital et à l'efficience de l'utilisation du capital.

3. Dans le modèle de Solow avec croissance démographique et progrès technologique, l'état stationnaire dicté par la règle d'or (c'est-à-dire celui qui maximise la consommation) a pour caractéristique l'égalité entre la productivité marginale nette du capital $(PMK - \delta)$ et le taux de croissance stationnaire $(n + g)$. Dans l'économie des États-Unis, au contraire, la productivité marginale nette du capital est de loin supérieure au taux de croissance, ce qui reflète un faible taux d'épargne et un stock de capital nettement inférieur à celui qui prévaudrait dans un état stationnaire correspondant à la règle d'or.

4. Les responsables politiques, aux États-Unis comme ailleurs, affirment souvent que leurs pays devraient consacrer une part plus élevée de leur production à l'épargne et à l'investissement. La hausse de l'épargne publique et la stimulation fiscale de l'épargne privée sont deux manières d'encourager l'accumulation du capital. Les responsables politiques peuvent également favoriser la croissance économique par la mise en place d'un cadre juridique approprié et les institutions financières adéquates afin d'assurer une allocation efficace des ressources de l'économie et de garantir des incitations adéquates pour encourager la recherche et le progrès technologique.

5. Au début des années 1970, le taux de croissance s'est nettement ralenti dans la plupart des pays industrialisés y compris les États-Unis, sans qu'on en

comprenne bien les raisons. Au milieu des années 1990, le taux de croissance américain a augmenté, probablement grâce aux avancées dans les nouvelles technologies de l'information.
6. Au contraire du modèle de Solow, qui le tient pour exogène, les théories modernes de la croissance endogène tentent d'expliquer le taux de progrès technologique. Ils ont pour ambition de comprendre les décisions qui sont à la base de la création de connaissances par la voie de la recherche et développement.

Concepts de base

- Efficience du travail
- Progrès technologique accroissant l'efficience du travail
- Théorie de la croissance endogène

Évaluation des connaissances

1. Dans le modèle de Solow, quel est le déterminant du taux de croissance stationnaire du revenu par travailleur ?
2. Dans le modèle de Solow, à l'état stationnaire, à quel taux croît le PIB par habitant ? Et le capital par habitant ? Comparez avec la réalité américaine.
3. Quelles données vous permettraient d'établir si le stock de capital d'un pays est supérieur ou inférieur à celui qui prévaudrait à l'état stationnaire dicté par la règle d'or ?
4. Comment les responsables politiques peuvent-ils influer sur le taux d'épargne de leur pays ?
5. Comment a évolué au cours des quarante dernières années, le taux de croissance de la productivité. Comment expliquez-vous cette évolution ?
6. Par quels éléments la théorie de la croissance endogène explique-t-elle la croissance persistante sans faire appel à l'hypothèse de progrès technologique exogène ? En quoi ceci est-il différent du modèle de Solow ?

Problèmes et applications

1. Pour la fonction de production suivante :

$$y = \sqrt{k}$$

a) Déterminez la valeur stationnaire de y en fonction de s, n, g et δ.
b) Supposons un pays développé caractérisé par un taux d'épargne de 28 % et un taux de croissance démographique de 1 % par an ; un pays en voie de développement avec un taux d'épargne de 10 % et un taux de croissance démogra-

phique de 4 % par an. Dans les deux pays, $g = 0{,}02$ et $\delta = 0{,}04$. Trouvez la valeur stationnaire de y dans les deux pays.

c) Quelles politiques pourrait mettre en œuvre le pays en voie de développement pour accroître son niveau de revenu ?

2. Aux États-Unis, la part du capital dans le PIB est d'environ 30 %, la croissance annuelle moyenne du PIB de 3 %, le taux d'amortissement de 4 %, et le rapport capital-production de 2,5. Si la fonction de production est de la forme Cobb-Douglas (fonction dont les propriétés sont décrites au chapitre 3), de sorte que la part du capital dans la production est constante, et si les États-Unis sont en état stationnaire :

a) Quel doit être le taux d'épargne à l'état stationnaire initial ? [Une indication : utilisez la relation de l'état stationnaire : $sy = (\delta + n + g)k$.]

b) Quelle est la productivité marginale du capital à l'état stationnaire initial ?

c) Supposons une politique induisant un accroissement du taux d'épargne permettant à l'économie d'atteindre le volume de capital dicté par la règle d'or. Que devient la productivité marginale du capital ? Comparez cette productivité à celle qui prévalait à l'état initial. Expliquez.

d) Quel est le rapport capital-production correspondant à l'état stationnaire dicté par la règle d'or ? [Une indication : dans le cas de la fonction de production de Cobb-Douglas, ce rapport est lié de manière simple à la productivité marginale du capital.]

e) Quel est le taux d'épargne permettant d'atteindre l'état stationnaire dicté par la règle d'or ?

3. Démontrez chacune des affirmations suivantes, relatives à l'état stationnaire avec croissance démographique et progrès technologique dans le modèle de Solow.

a) Le rapport capital-production est constant.

b) Capital et travail se partagent dans un rapport constant le revenu national. [Une indication : souvenez-vous de la définition $PMK = f(k+1) - f(k)$.]

c) Le revenu total du capital et le revenu total du travail croissent tous deux au taux $(n+g)$ équivalent à la somme du taux de croissance démographique et du taux de progrès technologique.

d) Le coût réel d'acquisition du capital est constant et le salaire réel augmente au taux g de progrès technologique. [Une indication : le coût réel d'acquisition du capital est égal au revenu total du capital divisé par le stock de capital et le salaire réel est égal au revenu total du travail divisé par le nombre de travailleurs.]

4. Deux pays, Richland et Poorland, sont décrits par le modèle de croissance de Solow. Ils ont la même fonction de production de la forme Cobb-Douglas, $F(K, L) = AK^\alpha L^{1-\alpha}$, mais avec différentes quantités de capital et de travail. Richland épargne 32 % de son revenu, tandis que Poorland en épargne 10 %. Richland a une croissance démographique de 1 % par an, alors que Poorland enregistre une croissance démographique de 3 % par an. (Les chiffres de ce problème correspondent à une description plus ou moins réaliste des pays riches et pauvres.) Les deux pays ont le même taux de progrès technologique de 2 % par an et le même taux d'amortissement de 5 % par an.

a) Déterminez la fonction de production par travailleur $f(k)$.

b) Déterminez le rapport du revenu par travailleur à l'état stationnaire entre Richland et Poorland. [Une indication : le paramètre α va jouer un rôle dans votre réponse.]

c) Si le paramètre α de la fonction Cobb-Douglas prend une valeur conventionnelle d'environ 1/3, de combien le revenu par travailleur de Richland devrait-il dépasser celui de Poorland ?

d) Le revenu par travailleur de Richland est effectivement 16 fois plus important que celui de Poorland. Pouvez-vous expliquer ce fait par un changement de la valeur du paramètre α ? Combien devrait-il être ? Pouvez-vous justifier une telle valeur pour ce paramètre ? Sinon, comment pourriez-vous expliquer la grande différence de revenu entre Richland et Poorland ?

5. Le niveau d'éducation moyen de la population varie fortement d'un pays à l'autre. Pour comparer un pays dont le niveau d'éducation de la population active est élevé et un pays où il l'est moins, on fait la double hypothèse que le niveau d'éducation n'affecte que l'efficience du travail, d'une part et, d'autre part, que les deux pays sont par ailleurs en tous points comparables : taux d'épargne, taux d'amortissement, taux de croissance démographique et taux de progrès technologique identiques. Le modèle de Solow décrit les deux pays et ceux-ci sont tous deux à l'état stationnaire. Comment vont se comporter les variables suivantes ?

a) le taux de croissance du revenu total ;

b) le revenu par travailleur ;

c) le coût réel d'acquisition du capital ;

d) le salaire réel.

6. Vous êtes invité ici à analyser de plus près le modèle de croissance endogène à deux secteurs décrit plus haut.

a) Réécrivez la fonction de production du secteur manufacturier en termes de production par travailleur efficient et de capital par travailleur efficient.

b) Dans cette économie, quel est l'investissement stabilisateur, c'est-à-dire celui qui maintient constant le stock de capital par travailleur efficient ?

c) Écrivez l'équation de mouvement de k, dans laquelle Δk est l'épargne diminuée de l'investissement stabilisateur. Utilisez cette équation pour tracer le graphe illustrant la détermination du k stationnaire. [Une indication : ce graphe est très proche de ceux que nous avons utilisés pour analyser le modèle de Solow.]

d) Dans cette économie, quel est le taux de croissance stationnaire de la production par travailleur Y/L ? Comment le taux d'épargne s et la part des travailleurs œuvrant dans les universités u affectent-ils ce taux de croissance stationnaire ?

e) À l'aide de votre graphe, montrez l'impact d'une augmentation de u. [Une indication : cette modification affecte les deux courbes.] Décrivez les effets de court terme et à l'état stationnaire.

f) Votre analyse vous permet-elle de dire que la hausse de u est incontestablement bonne pour l'économie ? Expliquez.

ANNEXE

Les sources de la croissance économique

Le PIB réel des États-Unis a augmenté en moyenne de 3 % par an au cours des cinquante dernières années. Comment s'explique cette croissance ? Au chapitre 3, nous avons relié la production de l'économie aux facteurs de production, capital et travail, et à la technologie productive. Ici, nous allons développer le cadre théorique de la *comptabilité de la croissance* (*growth accounting*) qui distingue trois sources de croissance de la production : accroissement du capital, accroissement de la force de travail et progrès technologique. Cette approche permet de mesurer le taux de progrès technologique.

Accroissements des facteurs de production

Nous étudions tout d'abord comment des accroissements des volumes disponibles des facteurs de production contribuent à accroître la production. Nous supposons l'absence de progrès technologique. En conséquence, la fonction de production liant la production Y au capital K et au travail L ne se modifie pas dans le temps :

$$Y = F(K, L) \tag{A8.1}$$

Dans ce cas, le volume de production ne se modifie que sous l'effet de variations des volumes de capital ou de travail.

Accroissements du capital

Examinons tout d'abord la variation du capital. Si le volume du capital croît de ΔK unités, de combien va croître le volume de production ? Pour répondre à cette question, nous devons rappeler la définition de la productivité marginale du capital, le PMK :

$$PMK = F(K+1, L) - F(K, L) \tag{A8.2}$$

La productivité marginale du capital indique la mesure dans laquelle la production augmente lorsque le volume du capital augmente de 1 unité. Ainsi, lorsque le capital croît de ΔK unités, la production augmente environ de $PMK \times \Delta K$ [16].

Par exemple, supposons une productivité marginale du capital égale à 1/5 : toute unité supplémentaire de capital accroît la quantité produite de 1/5 d'unité. Si le volume de capital augmente de 10 unités, la quantité supplémentaire produite se calcule comme suit :

$$\begin{aligned}\Delta Y &= PMK \times \Delta K \\ &= (1/5) \frac{\text{Unités de production}}{\text{Unité de capital}} \times 10 \text{ Unités de capital} \\ &= 2 \text{ Unités de production}\end{aligned} \tag{A8.3}$$

---

16 Vous aurez remarqué le terme « environ ». Il ne s'agit en effet que d'une approximation, car la productivité marginale du capital varie : elle baisse lorsque le capital augmente. Une réponse précise doit tenir compte du fait que chaque unité de capital est dotée d'une productivité marginale différente. Si la variation de K n'est pas trop importante, néanmoins, l'approximation d'une productivité marginale constante est tout à fait acceptable.

L'accroissement de 10 unités du volume de capital accroît la production de 2 unités. La productivité marginale du capital permet donc de convertir des variations du volume de capital en variations de la production.

Accroissements du travail

Si le volume de travail augmente de ΔL unités, de combien augmente la production ? La réponse s'inspire du même raisonnement que dans le cas du capital. La productivité marginale du travail PML indique la variation de la production induite par une hausse de 1 unité de travail, soit :

$$PML = F(K, L+1) - F(K, L) \tag{A8.4}$$

La hausse de ΔL unités induit un accroissement de la production d'environ $PML \times \Delta L$.

Si la productivité marginale du travail est égale à 2, toute unité supplémentaire de travail accroît la quantité produite de 2 unités. Si la quantité de travail augmente de 10 unités, la production supplémentaire qui en résulte se calcule comme suit :

$$\begin{aligned}\Delta Y &= PML \times \Delta L \\ &= 2 \frac{\text{Unités de production}}{\text{Unité de travail}} \times 10 \text{ Unités de travail} \\ &= 20 \text{ Unités de production}\end{aligned} \tag{A8.5}$$

La hausse de 10 unités du travail entraîne donc un accroissement de 20 unités de la quantité produite. La productivité marginale du travail permet donc de convertir les variations du volume de travail en variations de la production.

Accroissements du capital et du travail

Nous envisageons maintenant le cas plus réaliste d'une variation des deux facteurs de production : les volumes de capital et de travail varient respectivement de ΔK et de ΔL. Il y a maintenant deux sources de croissance de la production : plus de capital et plus de travail. Il est possible de répartir cette hausse de la production entre les deux sources à l'aide des productivités marginales respectives de l'une et de l'autre :

$$\Delta Y = (PMK \times \Delta K) + (PML \times \Delta L) \tag{A8.6}$$

Le premier terme entre parenthèses désigne l'accroissement de la production résultant de la hausse du capital, et le second terme entre parenthèses l'accroissement de la production résultant de la hausse du travail. Cette équation nous montre donc comment répartir la croissance entre les deux facteurs de production.

Nous souhaitons maintenant convertir cette dernière équation en une forme plus aisément interprétable et l'appliquer aux données disponibles. Tout d'abord, un réaménagement algébrique de la fonction donne [17] :

$$\frac{\Delta Y}{Y} = \left(\frac{PMK \times K}{Y}\right)\frac{\Delta K}{K} + \left(\frac{PML \times L}{Y}\right)\frac{\Delta L}{L} \tag{A8.7}$$

---

[17] *Note mathématique.* Pour voir que cette forme est équivalente à celle de l'équation précédente, remarquez que nous pouvons multiplier les deux termes de l'équation par Y et, de ce fait, supprimer Y de trois endroits. Nous pouvons supprimer K au numérateur et au dénominateur du premier terme de droite, et L au numérateur et au dénominateur du second terme de droite. Ces manipulations restituent la forme antérieure de l'équation.

Cette forme de l'équation relie le taux de croissance de la production $\Delta Y/Y$ au taux de croissance du capital $\Delta K/K$, et au taux de croissance du travail $\Delta L/L$.

Nous devons maintenant trouver une manière de mesurer les termes entre parenthèses de la dernière équation. Au chapitre 3, nous avons montré que la productivité marginale du capital est égale au prix réel d'acquisition du capital. En conséquence, $(PMK \times K)$ est le rendement total du capital et $(PMK \times K)/Y$ est la part distributive du capital dans la production. De même, la productivité marginale du travail est égale au salaire réel et donc, $(PML \times L)$ est la rémunération totale du travail, alors que $(PML \times L)/Y$ est la part distributive du travail dans la production. Si la fonction de production a des rendements d'échelle constants, le théorème d'Euler (que nous avons découvert au chapitre 3) nous dit que la somme de ces deux parts contributives est égale à 1. Ceci nous permet d'écrire :

$$\frac{\Delta Y}{Y} = \alpha \frac{\Delta K}{K} + (1-\alpha) \frac{\Delta L}{L} \tag{A8.8}$$

où α est la part distributive du capital et $(1-\alpha)$ la part distributive du travail.

Cette dernière équation nous donne une formule simple permettant de montrer comment les variations des facteurs induisent des variations de la production. En particulier, nous devons pondérer les taux de croissance des facteurs par les parts distributives. Comme nous l'avons vu à l'annexe du chapitre 3, la part distributive du capital aux États-Unis est d'environ 30 % : $\alpha = 0{,}30$. En conséquence, une hausse de 10 % du volume du capital ($\Delta K/K = 0{,}10$) induit un accroissement de 3 % du volume produit ($\Delta Y/Y = 0{,}03$). De même, une hausse de 10 % du volume de travail ($\Delta L/L = 0{,}10$) induit un accroissement de 7 % du volume de production ($\Delta Y/Y = 0{,}07$).

Le progrès technologique

Jusqu'ici, dans notre analyse des sources de la croissance, nous avons supposé que la fonction de production ne se modifiait pas dans le temps. Dans le monde réel, bien entendu, les progrès technologiques modifient la fonction de production. En conséquence, à quantités données de chacun des deux facteurs de production, il est possible de produire davantage aujourd'hui qu'hier. Nous intégrons ci-dessous les impacts du progrès technologique dans l'analyse, grâce à la fonction de production suivante :

$$Y = AF(K, L) \tag{A8.9}$$

où A mesure le niveau actuel de la technologie en termes de *productivité totale des facteurs*. Désormais, la production n'augmente plus seulement sous l'effet d'accroissements du capital et du travail, mais également en raison de l'amélioration de la productivité totale des facteurs. Si celle-ci augmente de 1 %, à facteurs de production inchangés, la production augmente également de 1 %.

L'intégration de l'impact du progrès technologique nous amène à ajouter un terme à l'équation qui rend compte de la croissance économique :

$$\frac{\Delta Y}{Y} = \alpha \frac{\Delta K}{K} + (1-\alpha) \frac{\Delta L}{L} + \frac{\Delta A}{A}$$

$$\begin{pmatrix} \text{Croissance de} \\ \text{la production} \end{pmatrix} = \begin{pmatrix} \text{Contribution} \\ \text{du capital} \end{pmatrix} + \begin{pmatrix} \text{Contribution} \\ \text{du travail} \end{pmatrix} + \begin{pmatrix} \text{Croissance de} \\ \text{la productivité} \\ \text{totale des facteurs} \end{pmatrix} \tag{A8.10}$$

Cette équation joue un rôle central dans l'explication de la croissance. En effet, elle identifie trois sources de croissance, qu'elle nous permet de mesurer : variation du volume du capital, variation du volume de travail et variation de la productivité totale des facteurs.

On ne peut mesurer qu'indirectement la productivité totale des facteurs, qui n'est pas directement observable. Nous disposons de données sur la croissance de la production, du capital et du travail, ainsi que sur la part distributive du capital dans la production. Jointes à l'équation de comptabilité de la croissance, ces données permettent de calculer la croissance de la productivité totale des facteurs pour vérifier que les divers éléments explicatifs sont complémentaires :

$$\frac{\Delta A}{A} = \frac{\Delta Y}{Y} - \alpha \frac{\Delta K}{K} - (1 - \alpha) \frac{\Delta L}{L} \tag{A8.11}$$

$\Delta A/A$ est la variation de la production non expliquée par les variations des facteurs de production. On calcule donc la croissance de la productivité totale des facteurs sous la forme d'un résidu constitué par la fraction de croissance de la production non expliquée par les déterminants de la croissance mesurable. Et de fait, on appelle quelquefois *résidu de Solow*, le terme $\Delta A/A$. C'est en effet Robert Solow qui a le premier montré comment le calculer [18].

De nombreux facteurs peuvent affecter la productivité totale des facteurs. L'un des principaux est une meilleure connaissance des processus de production. On utilise souvent le résidu de Solow pour mesurer le progrès technologique. Ceci ne peut permettre d'oublier que d'autres facteurs, tels que l'éducation et les réglementations publiques, peuvent également affecter cette productivité totale des facteurs. Ainsi, si des dépenses publiques accrues augmentent la qualité de l'éducation, les travailleurs s'en trouveront plus productifs, rendant possible une hausse de la production, ce qui implique une productivité totale des facteurs accrue. Ou encore, si les réglementations publiques imposent aux entreprises d'acquérir des biens d'équipement permettant de réduire leur pollution ou d'accroître la sécurité de leurs travailleurs, le stock de capital peut s'en trouver accru sans hausse correspondante de la production, ce qui traduit un fléchissement de la productivité totale des facteurs. *La productivité totale des facteurs intègre tout élément qui modifie la relation entre facteurs mesurés et production mesurée.*

Les sources de la croissance aux États-Unis

Nous savons maintenant comment mesurer les sources de la croissance économique. Nous pouvons donc nous tourner vers les données. Le tableau 8.3 utilise les données relatives aux États-Unis pour mesurer les contributions des trois sources de la croissance entre 1948 et 2007.

Il ressort du tableau que le PIB réel des États-Unis a augmenté en moyenne de 3,6 % par an durant cette période. De ces 3,6 %, 1,2 % peuvent être attribués à l'accroissement du stock de capital, 1,2 % à la hausse du nombre d'heures travaillées et 1,2 % à l'amélioration de la productivité totale des facteurs. La contribution des trois sources de la croissance, capital, travail et productivité, à la croissance économique globale des États-Unis s'avère donc équilibrée.

---

18 Robert M. Solow, « Technical Change and the Aggregate Production Function », *Review of Economics and Statistics* 39 (1957), 312-320. On ne peut que se demander comment la croissance de l'efficience du travail E est reliée à la croissance de la productivité totale des facteurs. On peut démontrer que $\Delta A/A = (1 - \alpha) \Delta E/E$, où α est la part distributive du capital. En conséquence, le progrès technologique, mesuré par la croissance de l'efficience du travail, est proportionnel au progrès technologique mesuré par le résidu de Solow.

Tableau 8.3
Explication de la croissance économique aux États-Unis

Années	Croissance de la production $\Delta Y/Y$	=	Sources de croissance				
			Capital $\alpha \Delta K/K$	+	Travail $(1-\alpha)\Delta L/L$	+	Productivité totale des facteurs $\Delta A/A$
			Variations annuelles moyennes en %				
1948-2007	3,6		1,2		1,2		1,2
1948-1972	4,0		1,2		0,9		1,9
1972-1995	3,4		1,3		1,5		0,6
1995-2007	3,5		1,3		1,0		1,3

Source : U.S. Department of Labor. Ces données ne concernent pas le secteur agricole. Le paramètre α est fixé à 1/3.

On voit également au tableau 8.3 que la croissance de la productivité totale des facteurs s'est sensiblement ralentie de 1972 à 1995. Une étude de cas dans ce chapitre a avancé quelques hypothèses explicatives de ce ralentissement de la productivité.

ÉTUDE DE CAS - La croissance des Tigres d'Asie de l'Est

L'une des meilleures performances en termes de croissance économique au cours de l'histoire récente a été le fait de ce qu'il est convenu d'appeler les « tigres » d'Asie de l'Est : Hong Kong, Singapour, Corée de Sud et Taïwan. De 1966 à 1990, le revenu réel par habitant y a augmenté de plus de 7 % par an, contre 2 % par an aux États-Unis. En 25 ans, le revenu réel par habitant a ainsi été multiplié par cinq, permettant à ces pays de passer du groupe des pays les plus pauvres au groupe des pays les plus riches du monde. (Même si, à la fin des années 1990, d'importants remous financiers sont venus ternir l'image de certains des pays concernés, ce problème de court terme, auquel nous consacrons une étude de cas au chapitre 12, est cependant loin de remettre en cause la spectaculaire croissance de longue période de cette région d'Asie.)

Comment expliquer celle-ci ? Pour certains économistes, elle est peu compatible avec les théories élémentaires de la croissance économique, et notamment le modèle de Solow, dans lequel le progrès technologique se fait à un taux constant donné de manière exogène. Selon ces économistes, les pays concernés doivent leur croissance rapide à leur capacité d'imitation des technologies étrangères. En adoptant des technologies mises au point à l'étranger, ces pays seraient parvenus à améliorer sensiblement et rapidement leurs fonctions de production. Si cette opinion est correcte, les pays en question devraient avoir enregistré des croissances anormalement rapides de leur productivité totale des facteurs.

Une étude récente a passé au crible les données disponibles relatives aux quatre pays mentionnés. Elle conclut que leur croissance exceptionnelle s'explique par de fortes augmentations des volumes mesurés des facteurs de production mis en œuvre : hausse du taux d'activité de la population active, hausse du stock du capital et amélioration du système éducatif. En Corée du Sud, par exemple, le rapport investissement / PIB est passé de quelque 5 % à 1950 à environ 30 % en 1980, tandis que la part de la population active ayant terminé avec succès au moins l'école secondaire croissait de 26 % en 1966 à 75 % en 1991.

Une fois dûment tenu compte de la croissance du travail, du capital et du capital humain, la fraction inexpliquée de la croissance de la production est minime. Aucun des quatre pays n'a connu de croissance anormalement rapide de sa productivité totale des facteurs. En fait, en moyenne, celle-ci s'avère très proche de celle qu'ont connue les États-Unis. On voit donc que les outils fournis par la théorie élémentaire de la croissance permettent de comprendre sans difficulté la croissance économique rapide de cette région du monde, pour impressionnante que celle-ci demeure [19].

Le résidu de Solow dans le court terme

Quand Robert Solow a introduit son fameux résidu, son objectif était de jeter la lumière sur les forces qui déterminent le progrès technologique et la croissance économique dans le long terme. Cependant l'économiste Edward Prescott interprète le résidu de Solow comme une mesure du taux de progrès technologique sur une période de temps plus courte. Il conclut que les changements de la technologie sont la principale source de variation de la production de biens et services à court terme.

La figure 8.2 met en relation le résidu de Solow et la croissance de la production entre 1970 et 2007 aux États-Unis. Les variations du résidu de Solow sont tout à fait importantes. Si l'interprétation de Prescott est la bonne, alors ces fluctuations de court terme nous apprennent, par exemple, que la technologie s'est détériorée en 1982 et s'est améliorée en 1984. Notons que le résidu de Solow évolue parallèlement à la production : lorsque celle-ci baisse, la technologie se détériore. Selon Prescott, les grandes fluctuations du résidu de Solow montrent l'importance des chocs technologiques en tant que source de récessions. L'hypothèse selon laquelle les chocs technologiques sont source de fluctuations économiques de court terme et celle énonçant que la politique monétaire ne peut pas être à l'origine de ces fluctuations constituent les bases de la *théorie des cycles réels*.

L'interprétation que fait Prescott de ces données est cependant contestée. Pour de nombreux économistes, en effet, le résidu de Solow ne traduit pas correctement l'évolution technologique à court terme. Ils préfèrent expliquer le comportement cyclique du résidu de Solow par deux problèmes de mesures.

Tout d'abord, au cours des récessions, les entreprises tendent à conserver plus de travailleurs qu'elles n'en ont besoin pour s'assurer qu'elles disposeront de ceux-ci lorsque surviendra la reprise, suivant en cela une politique dite de *rétention de la main-d'œuvre*. Ceci conduit à surestimer le volume du facteur travail en période de récession, puisque les travailleurs concernés ne travaillent probablement pas alors aussi intensément et efficacement qu'en d'autres périodes. En conséquence, le résidu de Solow est plus cyclique que la technologie disponible. Pendant une récession, la productivité, telle que la mesure le résidu de Solow, diminue, même à technologie inchangée, simplement parce que les travailleurs excédentaires se croisent les bras en attendant la fin de la récession.

---

19 Alwyn Young, « The Tyranny of Numbers : Confronting the Statistical Realities of the East Asian Growth Experience », *Quarterly Journal of Economics* 101 (août 1995), 641-680.

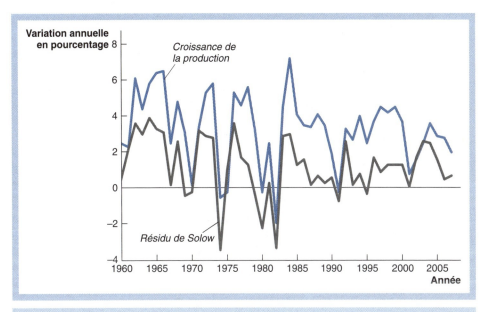

Figure 8.2
Croissance de la production et résidu de Solow

Le résidu de Solow, dans lequel certains économistes voient une mesure des chocs technologiques, fluctue parallèlement à la production de biens et services.
Source : U.S. Department of Commerce, U.S. Department of Labor et calculs de l'auteur.

Deuxièmement, en phase de faible demande, les entreprises demandent à leurs travailleurs des « productions » qu'il n'est pas aisé de mesurer, telles que nettoyage de l'usine, organisation des stocks, formation et autres tâches utiles que les mesures conventionnelles de la production n'enregistrent pas. Si tel est le cas, ces mesures sous-estiment la production au cours des récessions, ce qui contribue également à rendre le résidu de Solow plus cyclique que les technologies.

Ceci résume les diverses interprétations du comportement conjoncturel du résidu de Solow ouvertes aux économistes. Les théoriciens du cycle réel voient dans la faible productivité pendant les récessions une manifestation des chocs technologiques adverses. D'autres économistes interprètent cette même productivité réduite à l'aune de la moindre intensité du travail demandée alors aux travailleurs et à l'imperfection de la mesure de la production. Malheureusement, on ne dispose pas de mesures incontestables de l'importance du phénomène de rétention de main-d'œuvre ou de l'erreur de calcul de la production en périodes de récession. Ceci permet aux diverses interprétations de la figure 8.2 de continuer de coexister [20].

---
20 Les deux positions qui se confrontent dans ce débat sont exposées in Edward C. Prescott, « Theory Ahead of Business Cycle Measurement », d'une part, et Lawrence H. Summers, « Some Skeptical Observations on Real Business Cycle Theory », d'autre part, toutes deux publiées in *Quarterly Review*, Federal Reserve Bank of Minneapolis (automne 1986). Voir également N. Gregory Mankiw, « Real Business Cycles : A New Keynesian Perspective », *Journal of Economic Perspectives*, 3, (été 1989), 79-90 ; Bennett T. McCallum, « Real Business Cycle Models », in R. Barro, ed., *Modern Business Cycle Theory*, Cambridge, MA, Harvard University Press, 1989, 15-50 ; et Charles I. Plosser, « Understanding Real Business Cycles », *Journal of Economic Perspectives*, 3, (été 1989), 51-77.

QUELQUES PROBLÈMES ET APPLICATIONS SUPPLÉMENTAIRES

1. Imaginons une économie dans laquelle les détenteurs du capital perçoivent deux tiers du revenu national et les travailleurs un tiers :

   a) Comment évolue la production mesurée de cette économie si la population active augmente de 5 % ? La productivité du travail, en termes de production par travailleur, augmente-t-elle, diminue-t-elle ou reste-t-elle inchangée ? Même question pour la productivité totale des facteurs.

   b) En année 1, le stock de capital était égal à 6, le volume de travail égal à 3, et la production égale à 12. En année 2, ces chiffres devenaient respectivement 7, 4 et 14. Comment a évolué la productivité totale des facteurs d'une année à l'autre ?

2. On définit par Y/L la productivité du travail, soit le volume de production divisé par le volume de travail. À partir de l'équation comptable de la croissance, montrez que la hausse de la productivité du travail est fonction de la croissance de la productivité totale des facteurs et du relèvement du rapport capital-travail. Démontrez, en particulier, que :

$$\frac{\Delta(Y/L)}{(Y/L)} = \frac{\Delta A}{A} + \alpha \frac{\Delta(K/L)}{(K/L)}$$

Une indication : l'astuce mathématique suivante peut s'avérer utile. Si $z = wx$, le taux de croissance de z est environ égal au taux de croissance de w augmenté du taux de croissance de x. En d'autres termes,

$$\frac{\Delta z}{z} \approx \frac{\Delta w}{w} + \frac{\Delta x}{x}$$

3. Supposons qu'une économie décrite par le modèle de Solow soit en état stationnaire avec une croissance démographique n de 1,8 % par an et un progrès technologique g de 1,8 % par an. La production totale et le capital total augmentent chacun de 3,6 % par an. Supposons encore que la part distributive du capital soit égale à 1/3. Quelle fraction de la croissance de la production l'équation comptable explicative de la croissance permet-elle d'attribuer respectivement au capital, au travail et à la productivité totale des facteurs ? Comparez vos résultats aux chiffres du tableau 8.3 relatifs aux États-Unis.

PARTIE 4

LA THÉORIE DES FLUCTUATIONS ÉCONOMIQUES : L'ÉCONOMIE DANS LE COURT TERME

Chapitre 9.	Introduction aux fluctuations économiques	*333*
Chapitre 10.	La demande agrégée I : la construction du modèle *IS-LM*	*367*
Chapitre 11.	La demande agrégée II : l'application du modèle *IS-LM*	*395*
Chapitre 12.	L'économie ouverte revisitée : le modèle de Mundell-Fleming et les régimes de taux de change	*431*
Chapitre 13.	L'offre agrégée et l'arbitrage à court terme entre inflation et chômage	*477*
Chapitre 14.	Un modèle dynamique de l'offre et de la demande agrégées	*511*

INTRODUCTION AUX FLUCTUATIONS ÉCONOMIQUES

Le monde moderne considère les cycles conjoncturels un peu comme les Égyptiens observaient jadis les crues du Nil : il s'agit d'un phénomène récurrent qui affecte tout le monde et dont les causes naturelles ne sont pas perceptibles.

John Bates Clark, 1898

9.1	Les faits concernant les cycles conjoncturels	**335**
9.2	Les horizons temporels en macroéconomie	**342**
9.3	La demande agrégée	**347**
9.4	L'offre agrégée	**350**
9.5	Les politiques de stabilisation	**358**
9.6	Conclusion	**364**

Les fluctuations économiques sont un problème récurrent pour les économistes et les responsables politiques. En moyenne, le PIB réel des États-Unis croît entre 3 à 3,5 % par an. Mais cette moyenne de long terme cache le fait que la croissance n'a rien de régulier et que la production de biens et services n'augmente pas sans heurts. Elle est plus élevée à certaines périodes qu'à d'autres. Parfois, nous assistons à un ralentissement de l'économie et la croissance est négative. Ces fluctuations dans la production sont étroitement liées aux fluctuations de l'emploi. Lorsque l'économie enregistre une période de baisse de la production et de hausse du chômage, alors l'économie est dite en *récession*. Ainsi, la croissance est fréquemment interrompue par des épisodes de récession, pendant lesquelles revenu et emploi diminuent.

Une récession récente a eu lieu vers la fin de 2007. Du troisième trimestre de cette année-là au troisième trimestre de 2008, la production de biens et services dans l'économie a augmenté de 0,7 % seulement, une très maigre croissance bien inférieure au taux de croissance normal. Le PIB réel a ensuite chuté brutalement au quatrième trimestre de 2008 et au premier trimestre de 2009. Le taux de chômage est passé de 4,7 % en novembre 2007 à 8,5 % en mars 2009. Au début de l'année 2009, au moment où ce livre était mis sous presse, la fin de la récession n'était pas perceptible. Beaucoup de gens craignaient que le ralentissement économique s'aggrave, avant que les choses ne se rétablissent. Il n'est pas étonnant que cette récession et ses conséquences aient dominé les débats économiques de cette période et qu'elles soient la priorité de Barack Obama, nouvellement élu Président des États-Unis.

Les économistes appellent ces fluctuations de la production et de l'emploi, *cycles conjoncturels*. Bien que le terme « cycle » suggère régularité et prévisibilité des fluctuations économiques, ni l'une ni l'autre ne se vérifient. Les récessions sont aussi irrégulières que répandues. Parfois, elles sont successives et d'autres fois séparées. Aux États-Unis, deux récessions se sont succédé en 1980 et en 1982. À la fin de cette année, le taux de chômage a atteint 10,8 %, le taux le plus élevé depuis la Grande Dépression des années 1930. Après cette récession de 1982, huit ans se sont écoulés avant qu'une troisième ne survienne en 1990.

Ces événements historiques font naître une série de questions pertinentes : quelles sont les causes des fluctuations de court terme ? Quel modèle devons-nous utiliser pour les expliquer ? Les responsables politiques peuvent-ils prévenir les récessions ? Et si c'est le cas, quels types de politiques économiques doivent-ils mettre en place ?

Les parties II et III de ce livre ont exposé les théories qui expliquent le comportement de l'économie dans le long terme. Cette partie IV propose les interprétations des fluctuations de court terme proposées par les économistes. Le présent chapitre entame l'analyse en abordant trois tâches. En premier lieu, nous examinons les données qui décrivent les fluctuations économiques de court terme. En second lieu, nous examinons les différences essentielles entre le comportement de l'économie à long terme et celui à court terme. En troisième lieu, nous introduisons le modèle de l'offre et de la demande agrégées que la plupart des économistes utilisent pour expliquer les fluctuations de court terme. Développer ce modèle en détail sera notre objectif principal dans les prochains chapitres.

Tout comme l'Égypte s'est efforcée de contenir les inondations de la vallée du Nil en construisant le barrage d'Assouan, les sociétés modernes tentent de contrôler le cycle conjoncturel à l'aide de politiques économiques adéquates. Le modèle que nous allons élaborer dans les quelques chapitres qui suivent met en avant l'impact des politiques monétaire et budgétaire sur le cycle conjoncturel. Nous verrons que ces politiques peuvent tout aussi bien stabiliser qu'exacerber les fluctuations économiques.

9.1 LES FAITS CONCERNANT LES CYCLES CONJONCTURELS

Avant d'étudier la théorie des cycles conjoncturels, jetons un coup d'œil sur certains faits qui décrivent les fluctuations de court terme de l'activité économique.

9.1.1 Le PIB et ses composantes

Le Produit Intérieur Brut d'une économie mesure le revenu total et les dépenses totales en économie. Puisque le PIB est la mesure la plus utilisée des conditions économiques globales, il est tout à fait naturel de commencer par examiner le PIB pour analyser les cycles conjoncturels. La figure 9.1 montre la croissance du PIB réel américain depuis 1970. La ligne horizontale montre le taux de croissance moyen qui est de 3 % par an sur toute la période. Vous remarquez que la croissance économique n'a rien de régulier et que parfois elle est négative.

Les parties bleues indiquent les périodes de récession. L'institution officielle aux États-Unis qui détermine le début et la fin de la récession est le National Bureau of Economic Research (NBER), un centre de recherche économique à but non lucratif. Au sein de cette institution, un comité de conjoncturalistes indépendants est chargé de fixer les dates du début et de la fin des récessions en analysant les points de retournement [1]. Ainsi, une récession commence juste après que l'économie ait atteint un *pic* d'activité et d'emploi et se termine quand l'économie atteint un *creux*.

Comment peut-on qualifier un ralentissement de l'activité économique de récession ? La réponse n'est pas simple. Selon une ancienne règle générale couramment utilisée et pour éviter d'appeler un simple trimestre de baisse du PIB une récession, les macroéconomistes n'emploient le mot que si l'économie d'un pays connaît au moins deux semestres consécutifs de recul du PIB. Cependant, cette règle n'est pas le critère officiel et n'est pas toujours respectée. Les données récentes concernant les États-Unis montrent par exemple que la récession de 2001 est passée par deux trimes-

---

1 Business Cycle Dating Committee auquel a appartenu l'auteur de ce livre.

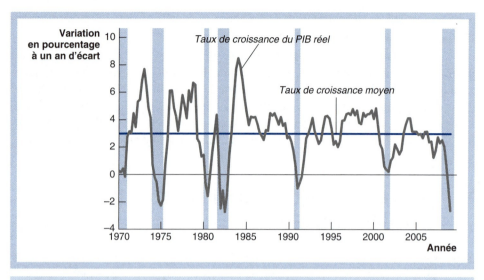

Figure 9.1
Croissance du PIB réel aux États-Unis

La croissance moyenne du PIB réel aux États-Unis est d'environ 3 % par an, mais les fluctuations autour de cette croissance moyenne sont importantes. Les parties bleues représentent des périodes de récession.
Source : U.S. Department of Commerce.

tres de recul du PIB sans que ceux-ci soient consécutifs. En fait, le comité de datation des récessions du NBER ne suit pas une règle fixe. En revanche, il analyse une variété de séries chronologiques économiques et fait appel à son bon jugement lors de la fixation des dates de début (les pics) et de fin des récessions (les creux). Alors que ce livre était mis sous presse en 2009, l'économie était au milieu d'une récession, la date de fin n'étant pas encore déterminée [2].

La figure 9.2 montre la croissance des deux composantes principales du PIB, la consommation (figure 9.2 a) et l'investissement (figure 9.2 b). La croissance de ces deux variables a chuté durant les récessions. Il est à noter toutefois que les échelles des axes verticaux ne sont pas les mêmes car l'investissement est beaucoup plus volatile que la consommation dans le cycle conjoncturel. Lorsque l'économie se dirige vers une récession, la réaction des ménages face à cette chute des revenus se traduit par une moindre consommation, mais la baisse des dépenses d'équipement, de structures, de nouveaux logements et d'inventaires est encore plus importante.

---

[2] Il faut noter que la figure 9.1 utilise les données des quatre derniers trimestres dans le calcul de la croissance du PIB réel au lieu des données du trimestre qui précède immédiatement. Au cours de la récession de 2001, cette mesure a baissé mais n'est jamais devenue négative.

Introduction aux fluctuations économiques   **337**

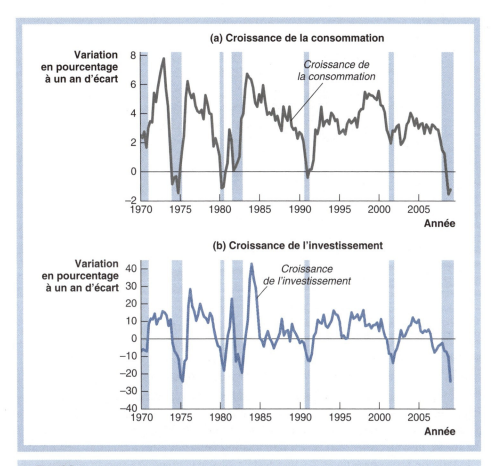

Figure 9.2
Croissance de la consommation et de l'investissement aux États-Unis

Lorsque l'économie se dirige vers une récession, la croissance de la consommation et des dépenses d'investissement diminue. La figure 9.2 (b) montre les dépenses d'investissement qui sont beaucoup plus volatiles que les dépenses de consommation représentées dans la figure 9.2 (a). Les parties bleues représentent des périodes de récession.
Source : U.S. Department of Commerce.

9.1.2 Le chômage et la loi d'Okun

Outre les données de la comptabilité nationale, celles décrivant les conditions sur le marché du travail permettent d'analyser le cycle conjoncturel. La figure 9.3 montre le taux de chômage depuis 1970. Les zones bleues représentent toujours les périodes de récession. Vous pouvez voir que le chômage augmente lors de chaque récession. D'autres mesures du marché du travail donnent les mêmes indications. Par exemple, les offres d'emploi, mesurées par le nombre d'annonces dans les journaux, baissent

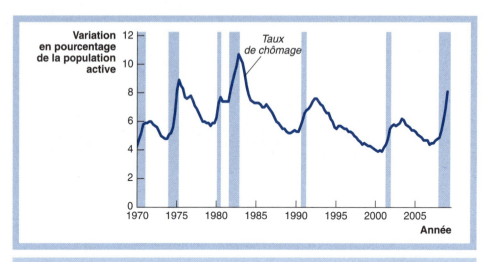

Figure 9.3
Le chômage aux États-Unis

Le taux de chômage augmente considérablement durant les périodes de récession représentées ici par les zones bleues.
Source : U.S. Department of Commerce.

pendant les périodes de récession. En d'autres termes, lorsque l'économie se dirige vers un ralentissement économique, les emplois sont plus difficiles à trouver.

Quelle relation pouvons-nous attendre entre chômage et PIB réel ? Les travailleurs ayant un emploi produisent des biens et des services, au contraire de ceux qui n'ont pas d'emploi. Tout accroissement du taux de chômage devrait donc induire une baisse du PIB réel. Ainsi, il y a une relation nette entre les variations de l'emploi et le taux de croissance du PIB : une forte croissance conduit à une forte hausse de l'emploi, parce que les entreprises embauchent pour produire plus. Arthur Okun, le premier économiste qui l'a énoncée et interprétée, a donné son nom, sous la forme de **loi d'Okun**, à cette relation négative entre chômage et PIB [3].

La figure 9.4 illustre cette loi sur les bases de données annuelles allant de 1970 à 2009 et relatives aux États-Unis. Dans le diagramme de dispersion présenté à la figure 9.4, chaque point représente une observation (données d'une année). Dans notre cas, celle-ci associe la variation du taux de chômage par rapport à l'année antérieure, sur l'axe horizontal, à la variation en pourcentage du PIB, sur l'axe vertical. Il en ressort clairement que les variations d'année en année du taux de chômage sont étroitement associées à des variations équivalentes, mais en sens contraire, d'année en année, du PIB réel.

---

[3] Arthur M. Okun, « Potential GNP : Its Measurement and Significance », *in Proceedings of the Business and Economics Statistics Section, American Statistical Association* (Washington, D.C. : American Statistical Association, 1962), 98-103 ; réédité in Arthur M. Okun, *Economics for Policymaking* (Cambridge, Mass. : MIT Press, 1983), 145-158.

Introduction aux fluctuations économiques

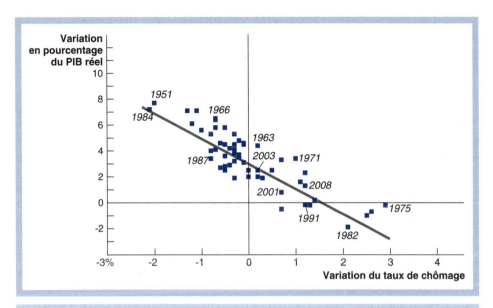

Figure 9.4
La loi d'Okun

Le diagramme de dispersion met en rapport la variation du taux de chômage sur l'axe horizontal et celle du PIB réel sur l'axe vertical (en pourcentage). Les données concernent l'économie américaine. Chaque point représente une année. Il ressort de la corrélation négative entre les deux variables que les accroissements du taux de chômage tendent à être associés avec des taux de croissance du PIB réel inférieurs à la normale.
Source : U.S. Department of Commerce et U.S. Department of Labor.

Il est possible de quantifier cette relation prédite par la loi d'Okun. La droite qui traverse les points du diagramme de dispersion nous dit que :

$$\begin{pmatrix} \text{Variation en pourcentage} \\ \text{du PIB réel} \end{pmatrix} = 3\ \% - 2 \times \begin{pmatrix} \text{Variation du taux} \\ \text{de chômage} \end{pmatrix}$$

Ceci veut dire que, si le taux de chômage demeure inchangé, le PIB réel croît de quelques 3 % ; cette croissance normale de la production des biens et services est due à la croissance démographique de la population active, l'accumulation du capital et le progrès technologique. Par ailleurs, chaque hausse d'un point de pourcentage du taux de chômage ralentit de 2 % la croissance du PIB. Il est donc permis de conclure que, si le taux de chômage s'élève de 5 à 7 %, le taux de croissance du PIB se calcule comme suit :

$$\begin{pmatrix} \text{Variation en pourcentage} \\ \text{du PIB réel} \end{pmatrix} = 3\ \% - 2 \times (7\ \% - 5\ \%) = -1\ \%$$

Ce résultat négatif de la loi d'Okun, une baisse de 1 % du PIB, traduit une récession économique.

La loi d'Okun rappelle que les forces qui régissent le cycle conjoncturel à court terme sont très différentes de celles qui façonnent la croissance économique à long terme. Comme nous l'avons vu dans les chapitres 7 et 8, la croissance du PIB à long terme est déterminée principalement par le progrès technologique. Cette tendance de long terme conduisant à des niveaux de vie plus élevés de génération en génération n'est associée à aucune tendance du taux de chômage à long terme. En revanche, les variations à court terme du PIB sont fortement corrélées avec l'utilisation de la force active de l'économie. Les baisses dans la production de biens et de services qui surviennent pendant les périodes de récession sont toujours associées à l'augmentation du chômage.

9.1.3 Les principaux indicateurs économiques avancés

De nombreux économistes et particulièrement ceux qui travaillent dans les entreprises privées et les organismes publics se lancent dans les prévisions des fluctuations de court terme de l'économie. Les économistes du secteur privé s'intéressent à ces prévisions dans le but d'aider leurs entreprises à anticiper et planifier les changements de l'environnement économique. Les économistes du secteur public, quant à eux, s'intéressent à ces prévisions pour deux raisons. Premièrement, l'environnement économique affecte les puissances publiques : par exemple, la santé économique du pays détermine les recettes fiscales de l'État. Deuxièmement, l'État peut affecter l'économie à travers son choix de politique monétaire et budgétaire. Toutefois, dans les deux cas, les prévisions économiques constituent une base importante à la planification des politiques publiques.

Un moyen permettant aux économistes de parvenir à effectuer de telles prévisions consiste à définir un certain nombre d'**indicateurs économiques avancés** (ou *indicateurs précurseurs*), qui sont des variables ayant une tendance à fluctuer bien avant que l'ensemble de l'économie ne soit touchée. De même, les prévisions peuvent différer en partie parce que les économistes ont des opinions divergentes et variées quant aux indicateurs principaux les plus fiables.

Chaque mois, le « Conference Board », un groupe privé de recherche économique, annonce l'*Index of leading economic indicators (ILEI)*, un indice regroupant les indicateurs dits avancés de l'activité économique ou de la conjoncture. Cet indice comprend dix séries de données souvent employées pour prévoir les fluctuations de l'activité économique dans les six à neuf mois à venir. Voici une liste des séries d'indicateurs les plus avancés.

- *Durée (en heures) hebdomadaire moyenne du temps de travail : production industrielle manufacturière.* Comme les entreprises ajustent souvent les heures de travail des salariés en poste avant de procéder à de nouvelles embauches ou à des licenciements, la durée hebdomadaire moyenne du temps de travail constitue un indicateur avancé des variations de l'emploi. Une longue semaine de travail montre que les entreprises demandent à leurs employés de travailler plus longtemps afin de répondre à une forte demande de leurs produits ; cela indique que les entreprises sont susceptibles d'accroître l'embauche et la production dans l'avenir. Par contre, le raccourcissement de la durée hebdomadaire du temps de travail indique une faiblesse de la demande, ce qui signifie que les entreprises sont plus susceptibles de procéder à des licenciements et de réduire la production.

- *Demandes hebdomadaires moyennes des allocations chômage (initial claims).* Le nombre des personnes nouvelles demandant les allocations chômage est l'un des indicateurs le plus rapidement disponible des conditions du marché de travail. Cette série est inversée dans le calcul des indicateurs avancés de sorte qu'une augmentation de la série réduit l'indice *ILEI*. En effet, une augmentation du nombre de personnes déposant de nouvelles demandes d'indemnisation signifie que les entreprises ont déjà procédé à des licenciements et donc à une réduction de la production. Ceci va apparaître ensuite dans les données sur l'emploi et la production.
- *Nouvelles commandes en biens de consommation et matériels, ajustées par l'inflation.* Il s'agit d'une mesure très directe de la demande à laquelle les entreprises doivent répondre. Parce que l'augmentation des commandes épuise les stocks, cette mesure prévoit généralement l'augmentation de la production et l'emploi.
- *Nouvelles commandes en biens d'équipement hors secteur de la défense.* Ce cas est identique au cas précédent mais il concerne les biens d'investissement et non les biens de consommation.
- *Performance de vente.* C'est une mesure du nombre de firmes qui subissent des retards de livraison de leurs fournisseurs. La performance du vendeur est un indicateur avancé parce que ce ralentissement se produit lorsque les entreprises connaissent une demande croissante de leurs produits. Par conséquent, un ralentissement des livraisons signifie une croissance future de l'activité économique.
- *Émission de nouveaux permis de construction.* La construction de nouveaux bâtiments fait partie de l'investissement qui est un facteur particulièrement volatile du PIB. Une augmentation du nombre des permis de construction signifie que les entreprises du bâtiment envisagent d'accroître la construction, ce qui indique un accroissement de l'activité économique globale.
- *Indices boursiers.* Le marché boursier reflète les anticipations futures des conditions économiques car les investisseurs sur ce type de marché enchérissent sur les prix lorsqu'ils s'attendent à ce que les entreprises soient rentables. Une hausse des cours boursiers indique que les investisseurs prévoient une croissance économique rapide et une baisse des cours boursiers signifie que les investisseurs s'attendent à un ralentissement de l'activité économique.
- *Offre de monnaie, la masse M2 ajustée par l'inflation.* Comme l'offre monétaire est étroitement liée aux dépenses totales, alors toute hausse de *M2* est équivalente à une hausse des dépenses, ce qui signifie une augmentation de la production et de l'emploi.

- *Taux d'intérêt spread : l'écart entre le taux d'intérêt à 10 ans des bons du Trésor et celui à 3 mois.* Cet écart, parfois appelé la pente de la courbe des taux, reflète les anticipations sur le marché quant aux taux d'intérêt futurs, qui à leur tour reflètent l'état de l'économie. Ainsi, un spread important signifie que les taux d'intérêt devraient augmenter, ce qui se produit généralement lorsque l'activité économique est en phase de croissance.
- *Indice de confiance des consommateurs.* Il s'agit d'une mesure directe des anticipations, sur la base d'une enquête menée par « The University of Michigan's Survey Research Center », un centre de recherche dépendant de l'université de Michigan. L'optimisme croissant des consommateurs quant aux conditions économiques futures suppose une hausse de la demande en biens et services qui, à son tour, incite les entreprises à augmenter leur production et l'emploi afin de satisfaire la demande.

L'indice des indicateurs économiques avancés est loin d'être précis dans la prévision de l'avenir mais il constitue un élément important dans la planification par les entreprises et les puissances publiques.

Qu'a prédit cette boule de cristal récemment ? En décembre 2007, le communiqué de presse du Conference Board précisait :

> « *L'indice des indicateurs économiques a chuté fortement pour le deuxième mois consécutif en novembre et il a été en baisse dans quatre des six derniers mois. La plupart des indicateurs ont contribué négativement en novembre : l'indice boursier, les demandes hebdomadaires moyennes des allocations chômage, l'indice de confiance des consommateurs, l'offre de monnaie (M2)... Entre mai et novembre, l'indice économique a chuté de 1,2 % (taux annuel de -2,3 %), la plus importante baisse semestrielle enregistrée les six dernières années.* »

Ainsi, comme anticipé, l'économie s'est dirigée vers une récession en 2008 et 2009.

9.2 LES HORIZONS TEMPORELS EN MACROÉCONOMIE

Maintenant que nous avons développé ces différents faits décrivant les fluctuations économiques de court terme, nous pouvons nous concentrer sur notre tâche principale dans cette partie du livre : la construction d'une théorie pour expliquer ces fluctuations. Il s'avère que ce travail n'est pas simple. Il nous faudra non seulement le reste de ce chapitre, mais aussi les cinq chapitres suivants pour élaborer le modèle des fluctuations de court terme dans son intégralité.

Avant d'entamer la construction d'un modèle des fluctuations économiques de court terme, prenons un peu de recul pour nous poser une question fondamentale : pourquoi les économistes ont-ils besoin de modèles différents pour divers horizons temporels ? Pourquoi ne pouvons-nous clôturer le cours ici et nous contenter des modèles construits aux chapitres 3 à 8 ? Comme il a constamment été rappelé jusqu'ici, la réponse est que la théorie macroéconomique classique vaut pour le long terme, mais pas pour le court terme. Mais pourquoi cela ?

9.2.1 Les différences entre court et long termes

Pour la plupart des économistes, la différence fondamentale entre le court et le long terme réside dans le comportement des prix. *À long terme, les prix sont flexibles et réagissent aux variations de l'offre et de la demande. À court terme, de nombreux prix restent « fixés » à un niveau prédéterminé.* C'est parce que les prix se comportent différemment à court et à long terme que les politiques économiques ont des impacts différents à des horizons temporels différents.

Pour comprendre la différence entre court et long terme, étudions les effets d'une modification de la politique monétaire. Supposons que la banque centrale réduise brutalement de 5 % la masse monétaire. Selon le modèle classique, dont la plupart des économistes conviennent qu'il décrit correctement l'économie à long terme, l'offre de monnaie affecte les variables nominales, soit les variables mesurées en termes monétaires, mais non les variables réelles. Comme nous l'avons vu au chapitre 4, cette distinction entre variables réelles et nominales est appelée la *dichotomie classique* et l'incapacité de l'offre de monnaie à influencer les variables réelles est appelée le principe de *neutralité de la monnaie*. À long terme, une réduction de 5 % de l'offre de monnaie induit une baisse de 5 % de tous les prix (y compris les salaires nominaux), toutes les variables réelles restant quant à elles inchangées. À long terme, donc, les variations de l'offre de monnaie n'induisent aucune fluctuation de la production ou de l'emploi.

À court terme cependant, de nombreux prix ne réagissent nullement aux modifications de la politique monétaire. Suite à une réduction de l'offre de monnaie, toutes les entreprises ne réduisent pas automatiquement les salaires qu'elles paient, tous les magasins ne modifient pas automatiquement les prix qu'ils affichent, toutes les entreprises de vente par correspondance ne publient pas de nouvelles listes de prix et tous les restaurants ne modifient pas leurs menus. Au contraire, on observe peu de modifications immédiates des prix : ceux-ci sont alors dits rigides. Cette rigidité à court terme des prix implique que l'impact à court terme d'une variation de l'offre de monnaie n'est pas identique à son impact à long terme.

Dès lors, notre modèle des fluctuations économiques doit tenir compte de cette rigidité à court terme des prix. Comme nous le verrons, cette absence d'ajustement rapide et intégral des prix aux variations de l'offre de monnaie (et aux changements des autres variables exogènes) signifie que, dans le court terme, la production et l'emploi doivent assurer une partie de cet ajustement à leur place. En d'autres termes, pendant la période où prévaut la rigidité des prix, la dichotomie classique ne se vérifie plus : les variables nominales peuvent avoir un impact sur les variables réelles et l'économie peut s'écarter de l'équilibre annoncé par le modèle classique.

ÉTUDE DE CAS - Si vous voulez savoir pourquoi les entreprises ont des prix rigides, demandez-leur

Dans quelle mesure et pourquoi les prix sont-ils rigides ? Pour y répondre, dans une étude aux résultats interpellants, l'économiste Alan Blinder a directement interrogé les entreprises sur leurs décisions d'ajustement des prix.

La première question portait sur la fréquence avec laquelle les prix sont révisés. Les résultats, que synthétise le tableau 9.1, conduisent à deux conclusions. Premièrement, la rigidité des prix est plutôt la norme. Une entreprise type de l'économie ne modifie ses prix qu'une ou deux fois par an. Deuxièmement, la fréquence d'ajustement des prix varie fortement : 10 % environ des entreprises interrogées modifient leurs prix plus d'une fois par semaine et à peu près 10 % également ne le font même pas une fois par an.

Tableau 9.1
La fréquence d'ajustement des prix

Fréquence	% des entreprises interrogées
Moins d'une fois	10,2 %
Une fois	39,3
1,01 à 2	15,6
2,01 à 4	12,9
4,01 à 12	7,5
12,01 à 52	4,3
52,01 à 365	8,6
Plus de 365 fois	1,6

Source : Tableau 4.1, Alan S. Blinder, « On Sticky Prices : Academic Theories Meet the Real World », in N. G. Mankiw, ed., *Monetary Policy* (Chicago, University of Chicago Press, 1994), 117-154.

Blinder a ensuite demandé aux managers des entreprises interrogées pourquoi ils ne changent pas leurs prix plus fréquemment. Plus précisément, il leur a présenté plusieurs théories économiques sur la rigidité des prix et leur a demandé de préciser dans quelle mesure chacune de ces théories décrivait leurs firmes. Le tableau 9.2 synthétise ces différentes théories et les classe par ordre décroissant du pourcentage des entreprises interrogées qui s'y sont reconnues. Notez que chaque théorie a été acceptée par certains dirigeants, mais rejetée par un grand nombre de leurs collègues. L'une des explications est que les diverses motivations décrivent le comportement de groupes précis d'entreprises, en fonction de la branche d'activité notamment, et que la rigidité des prix est un phénomène macroéconomique que ne peut expliquer un comportement microéconomique unique.

Le défaut de coordination vient en tête des douze théories évoquées. Selon Blinder, il s'agit là d'un résultat important, car le défaut de coordination

Tableau 9.2
Théories de rigidité des prix

Théorie et brève description	% des entreprises interrogées
Défauts de coordination : les entreprises diffèrent la modification de leurs prix jusqu'au moment où d'autres le font	60,6
Fixation des prix sur la base des coûts avec retards : les prix ne sont relevés que quand les coûts augmentent	55,5
Délais de livraison, services annexes, etc. : les entreprises préfèrent modifier d'autres caractéristiques du produit, telles que la qualité de celui-ci ou du service qui l'entoure, les délais de livraison, etc.	54,8
Contrats implicites : accords tacites de stabilité des prix, peut-être par « honnêteté » envers le client	50,4
Contrats nominaux explicites : les prix sont fixés par des contrats explicites	35,7
Coûts de l'ajustement de prix ou coûts de catalogue : changer ses prix implique des coûts pour l'entreprise	30,0
Procyclicité de l'élasticité de la demande : les courbes de demande se font moins élastiques quand elles se déplacent vers la gauche	29,7
Seuils psychologiques : certains prix ($9,99, par exemple) ont une résonance psychologique particulière	24,0
Ajustements par les stocks : les entreprises préfèrent adapter leurs stocks plutôt que leurs prix	20,9
Coût marginal constant : le coût marginal et les marges sont constants	19,7
Rigidités hiérarchiques : les délais administratifs retardent les décisions	13,6
Appréciation de la qualité à l'aune du prix : les entreprises craignent que les clients assimilent une baisse de prix à une moindre qualité	10,0

Source : Tableaux 4.3 et 4.4, Alan S. Blinder, « On Sticky Prices : Academic Theories Meet the Real World », in N.G. Mankiw, ed., *Monetary Policy* (Chicago, University of Chicago Press, 1994), 117-154.

semble mieux expliquer la rigidité des prix, et donc les fluctuations économiques de court terme. Il écrit : « L'implication du modèle la plus évidente en termes de politique économique est que, si elle peut être atteinte, une meilleure coordination des procédures de fixation des prix et des salaires pourrait accroître le bien-être. Bien que cela s'avère difficile ou impossible, ca serait la porte ouverte à l'activation de la politique monétaire pour combattre les récessions [4]. »

---

[4] Pour plus de détails sur cette étude : Alan S. Blinder, « On Sticky Prices : Academic Theories Meet the Real World », in N.G. Mankiw, ed., *Monetary Policy*, (Chicago : University of Chicago Press, 1994), 117-154 ; ou Alan S. Blinder, Elie R. D. Canetti, David E. Lebow et Jeremy E. Rudd, *Asking About Prices : A New Approach to Understanding Price Stickiness*, (New York, Russel Sage Foundation, 1998).

9.2.2 Le modèle de l'offre et de la demande agrégées

Comment l'introduction de prix rigides modifie-t-elle notre compréhension du fonctionnement de l'économie ? Pour répondre à cette question, nous repartons des deux concepts favoris de l'économiste, l'offre et la demande.

Dans la théorie macroéconomique classique, la quantité produite est fonction de la capacité de l'économie à *offrir* des biens et services, et cette capacité dépend à son tour des quantités disponibles de capital et de travail, d'une part, et de la technologie, d'autre part. C'est l'essence même du modèle classique de base du chapitre 3 ainsi que du modèle de croissance de Solow développé aux chapitres 7 et 8. La flexibilité des prix est au centre du modèle classique : celui-ci fait l'hypothèse que les prix s'ajustent instantanément pour égaliser les quantités offertes et demandées.

En présence de prix rigides, la production dépend également de la *demande* de biens et services. Cette demande dépend à son tour de plusieurs facteurs : la confiance des consommateurs au sujet de leurs perspectives économiques, les perceptions des entreprises quant à la rentabilité des nouveaux investissements, la politique monétaire et la politique budgétaire et de divers autres facteurs. En d'autres termes, la rigidité des prix justifie l'utilisation des politiques monétaire et budgétaire pour stabiliser l'économie à court terme car ces politiques influencent la demande qui à son tour influence la production de l'économie durant une période de temps donnée où les prix sont rigides.

Dans la suite de ce chapitre, nous allons construire un modèle explicatif des fluctuations économiques de court terme. Le modèle de l'offre et de la demande, utilisé au chapitre 1 pour expliquer le marché de la pizza, nous a fourni certains des éléments de base permettant de comprendre l'économie. Ce modèle montre comment l'offre et la demande de tout bien déterminent conjointement le prix de ce bien ainsi que la quantité qui en est vendue, et comment les déplacements de l'offre et de la demande affectent autant le prix que la quantité de ce bien. Nous allons ici généraliser à l'*ensemble de l'économie* ce même modèle, désormais appelé *modèle de l'offre et de la demande agrégées*. Ce modèle macroéconomique doit nous permettre d'étudier comment sont déterminés les niveaux agrégés des prix et de la production à court terme. Ce faisant, nous verrons ce qui caractérise les comportements de l'économie à court et à long terme.

L'analogie entre le modèle de l'offre et de la demande agrégées et le modèle de l'offre et de la demande d'un bien unique n'est pas parfaite. Ce dernier modèle n'envisage qu'un seul bien au sein de la totalité de l'économie. Au contraire, le modèle de l'offre et de la demande agrégées est un modèle complexe qui intègre les interactions entre de nombreux marchés. Dans le reste de ce chapitre, nous allons présenter une version simplifiée du modèle. Notre objectif est d'introduire ces éléments clés et de montrer comment ce modèle nous permet de comprendre les fluctuations économiques de court terme.

9.3 LA DEMANDE AGRÉGÉE

La **demande agrégée** (*DA*) est la relation entre la quantité de production demandée et le niveau agrégé des prix. En d'autres termes, la courbe de demande agrégée décrit la quantité de biens et services que les gens sont prêts à acheter à tout niveau donné des prix. Les chapitres 10 à 12 exposent de manière détaillée la théorie de la demande agrégée. Ici, nous avons recours à la théorie quantitative de la monnaie pour dériver de manière très simple, mais incomplète, la courbe de demande agrégée.

9.3.1 *L'équation quantitative en tant que demande agrégée*

Reprenons du chapitre 4 l'équation quantitative suivante :

$$M \times V = P \times Y \tag{9.1}$$

où M est l'offre de monnaie, V la vitesse de circulation de la monnaie (supposée constante à ce stade), P le niveau des prix et Y le volume de la production. Selon cette équation, l'offre de monnaie détermine la valeur nominale de la production, laquelle est équivalente au produit du niveau des prix et de la quantité produite.

Vous vous souviendrez peut-être que cette équation quantitative peut être réécrite en termes d'offre et de demande d'encaisses monétaires réelles :

$$M/P = (M/P)^d = k \times Y \tag{9.2}$$

où $k = 1/V$ est un paramètre qui détermine la quantité d'encaisses que veulent détenir les gens par unité de leur revenu. Sous cette forme, l'équation quantitative nous dit que l'offre d'encaisses monétaires réelles M/P est égale à sa demande $(M/P)^d$ et que cette demande est proportionnelle à la quantité produite Y. La vitesse de circulation de la monnaie est « l'autre face » du paramètre de demande de monnaie k. L'hypothèse d'une vitesse constante de circulation de la monnaie est équivalente à l'hypothèse d'une demande constante d'encaisses monétaires réelles par unité de production.

Pour une vitesse de circulation constante donnée et en supposant que l'offre de monnaie M est fixée par la banque centrale, alors l'équation quantitative traduit une relation négative entre le niveau des prix P et la production Y. La figure 9.5 établit graphiquement les combinaisons de P et de Y qui satisfont cette équation quantitative lorsque M et V sont constants. Cette courbe décroissante est la courbe de demande agrégée.

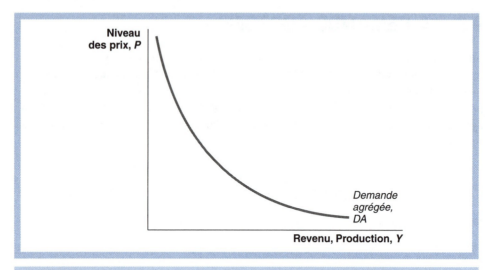

Figure 9.5
La courbe de demande agrégée

DA illustre la relation entre le niveau des prix P et la quantité Y de biens et services demandée. Elle est établie pour une valeur donnée de l'offre de monnaie M. La courbe de demande agrégée est décroissante : plus est élevé le niveau des prix P, plus est réduit le niveau des encaisses réelles M/P, et, en conséquence, plus est faible la quantité demandée Y de biens et services.

9.3.2 Pourquoi la courbe de demande agrégée est décroissante

En termes strictement mathématiques, l'équation quantitative explique très simplement la pente négative de la courbe de demande agrégée. L'offre de monnaie M et sa vitesse de circulation V déterminent la valeur nominale de la production PY. Une fois stabilisée celle-ci, si P augmente, Y doit baisser.

Il faudra attendre quelques chapitres pour comprendre pleinement la logique économique qui sous-tend cette relation mathématique. Pour l'heure, rappelons-nous que nous supposons constante la vitesse de circulation de la monnaie. C'est donc l'offre de monnaie qui détermine la valeur nominale de toutes les transactions de l'économie, conclusion qui devrait être tirée sans problème du chapitre 4. Si le niveau des prix augmente, ceci veut dire que toute transaction exige davantage de dollars et que, donc, le nombre de transactions et, parallèlement, la quantité de biens et services achetés, doivent diminuer.

Le même résultat peut être obtenu en étudiant l'offre et la demande d'encaisses monétaires réelles. Si la production augmente, il y a davantage de transactions et il faut donc plus d'encaisses monétaires réelles M/P. Pour toute offre de monnaie M donnée, des encaisses monétaires réelles plus élevées impliquent un niveau des prix inférieur. À l'inverse, la réduction du niveau des prix accroît les encaisses monétaires réelles, ce qui permet un plus grand nombre de transactions et, donc, un niveau accru de production.

9.3.3 Les déplacements de la courbe de demande agrégée

La courbe de demande agrégée est établie pour une valeur donnée de l'offre de monnaie. En d'autres termes, elle représente toutes les combinaisons possibles de P et de Y pour toute valeur donnée de M. Si l'offre de monnaie se modifie, il en va de même des combinaisons possibles de P et de Y : la courbe de demande agrégée se déplace. Nous étudions ci-dessous certaines des situations qui rendent possible ce déplacement.

Étudions tout d'abord ce qui se passe quand la banque centrale réduit l'offre de monnaie. L'équation quantitative $M \times V = P \times Y$ nous dit que cette mesure entraîne une réduction proportionnelle de la valeur nominale de la production PY. Pour tout niveau donné des prix, la quantité produite est désormais inférieure ou, réciproquement, pour toute quantité produite donnée, le niveau des prix est inférieur. À la figure 9.6 (a), la courbe de demande reliant P à Y se déplace vers la gauche.

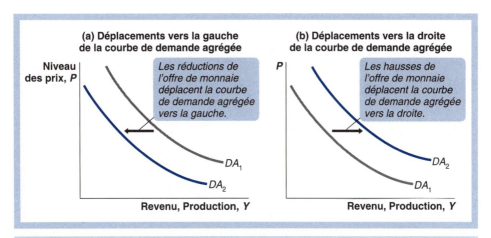

Figure 9.6
Déplacements de la courbe de demande agrégée

Toute variation de l'offre de monnaie déplace la courbe de demande agrégée. La figure 9.6 (a) représente les déplacements vers la gauche de la courbe de demande agrégée. Pour tout niveau de prix donné P, une réduction de l'offre de monnaie M implique une réduction des encaisses réelles M/P, et donc de la valeur nominale de la production PY. En conséquence, la baisse de l'offre de monnaie déplace vers la gauche la courbe de demande agrégée de DA_1 en DA_2 : la production Y baisse. La figure 9.6 (b) présente le cas d'un déplacement vers la droite de la courbe de demande agrégée. Une hausse de l'offre de monnaie M implique des encaisses réelles M/P plus élevées et donc de la valeur nominale de la production PY. C'est pourquoi les hausses de l'offre monétaire déplacent la courbe de demande agrégée vers la droite de DA_1 en DA_2.

Considérons maintenant ce qui se passe si la banque centrale accroît l'offre de monnaie. Selon l'équation quantitative, ceci induit une hausse de $P \times Y$. À tout niveau de prix donné, la quantité produite est plus importante, et pour toute quantité produite, le niveau des prix est plus élevé. La figure 9.6 (b) montre que la courbe de demande agrégée se déplace vers la droite.

Bien que la théorie quantitative de la monnaie donne une base très simple pour comprendre la courbe de demande agrégée, il faut toujours se rappeler que la réalité économique est très compliquée. Les fluctuations de l'offre de monnaie ne sont pas la seule source des fluctuations de la demande agrégée. Même si l'offre de monnaie reste constante, la courbe de demande agrégée se déplace sous l'effet des variations de la vitesse de circulation de la monnaie. Les chapitres suivants étudient de plus près les nombreuses causes possibles de ces dernières variations. En particulier, dans les deux prochains chapitres nous développons un modèle plus général de la demande agrégée, appelé *modèle IS-LM*, qui nous permet d'envisager de nombreuses raisons possibles de ces déplacements.

9.4 L'OFFRE AGRÉGÉE

Par elle-même, la courbe de demande agrégée ne nous dit rien du niveau des prix ou de la quantité produite : elle ne fait qu'établir une relation entre ces deux variables. Nous avons besoin d'une autre relation entre P et Y, susceptible de rejoindre cette courbe de demande agrégée, soit une courbe d'offre agrégée. Les courbes d'offre et de demande agrégées peuvent alors, conjointement, déterminer le niveau des prix et les quantités produites.

L'**offre agrégée** (*OA*) établit une relation entre la quantité de biens et services produite et le niveau des prix. Comme les prix sont flexibles à long terme et rigides à court terme, cette relation dépend de l'horizon temporel considéré. Nous devons donc étudier deux courbes d'offre agrégée différentes : la courbe d'offre agrégée à long terme *OALT* et la courbe d'offre agrégée à court terme *OACT*. Nous devons également étudier la transition du court terme vers le long terme.

9.4.1 *Le long terme : la courbe d'offre agrégée verticale*

Décrivant le comportement de l'économie à long terme, le modèle classique nous permet de construire la courbe d'offre agrégée à long terme. Le chapitre 3 nous a montré que la quantité produite dépend des quantités constantes de capital et de travail et de la technologie disponible. En d'autres termes,

$$Y = F\left(\overline{K}, \overline{L}\right) \tag{9.3}$$
$$= \overline{Y}$$

Selon le modèle classique, la production n'est pas fonction du niveau des prix. Pour montrer l'insensibilité de la production au niveau des prix, nous représentons, à la figure 9.7, l'offre agrégée par une droite verticale. L'intersection de cette courbe d'offre verticale avec la courbe de demande agrégée détermine le niveau des prix.

Si la courbe d'offre agrégée est verticale, les variations de la demande agrégée affectent les prix, mais non la production. Ainsi, si l'offre monétaire baisse, la courbe de demande agrégée se déplace vers le bas, comme à la figure 9.8. L'économie se déplace de l'ancien point d'intersection entre offre agrégée et demande agrégée A, vers le nouveau point d'intersection B. Ce déplacement de la demande agrégée n'affecte que les prix.

La courbe d'offre agrégée verticale est conforme à la dichotomie classique, puisque celle-ci implique que le niveau de la production est indépendant de l'offre de monnaie. Ce niveau de la production à long terme $\overline{Y}$ est appelé *niveau de production de plein emploi*, ou *niveau naturel de production*. Il s'agit du niveau de production pour lequel les ressources de l'économie sont totalement utilisées ou, de manière plus réaliste, pour lequel le chômage se situe à son taux naturel.

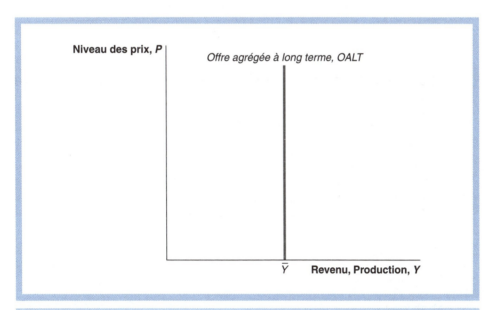

Figure 9.7
La courbe d'offre agrégée à long terme

Dans le long terme, le niveau de la production est déterminé par les quantités disponibles de capital et de travail et par la technologie disponible. Il ne dépend donc pas du niveau des prix. La courbe d'offre agrégée de long terme *OALT* est donc verticale.

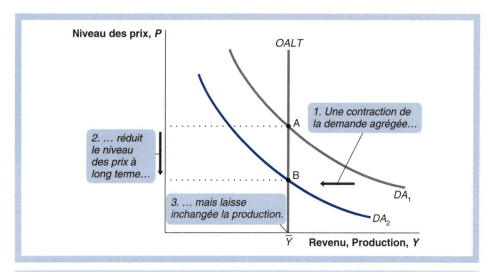

Figure 9.8
Déplacements de la demande agrégée à long terme

Une réduction de l'offre monétaire déplace la courbe de demande agrégée vers le bas, de DA_1 en DA_2. L'équilibre de l'économie passe du point A au point B. La courbe d'offre agrégée étant verticale à long terme, la réduction de la demande agrégée affecte le niveau des prix, mais non le niveau de production.

9.4.2 Le court terme : la courbe d'offre agrégée horizontale

Le modèle classique et la courbe d'offre agrégée verticale ne se vérifient qu'à long terme. À court terme, certains prix sont rigides et ne s'ajustent donc pas instantanément aux variations de la demande. Cette rigidité à court terme des prix empêche la courbe d'offre agrégée de court terme d'être verticale.

En tant qu'exemple extrême, supposons que toutes les entreprises viennent de diffuser leur liste de prix et qu'il serait coûteux pour elles d'en publier une deuxième. Tous les prix sont donc figés à des niveaux prédéterminés. À ces prix, les entreprises sont prêtes à vendre les quantités demandées par les clients et à embaucher le nombre de travailleurs tout juste nécessaire pour produire cette quantité demandée. Le niveau des prix étant fixé, nous représentons cette situation par la courbe d'offre agrégée horizontale de la figure 9.9.

L'équilibre de court terme de l'économie se situe à l'intersection de la courbe de demande agrégée et de cette courbe d'offre agrégée horizontale de court terme. Dans cette configuration, les variations de la demande agrégée affectent le niveau de production. Ainsi, si la banque centrale réduit soudainement l'offre de monnaie, la courbe de demande agrégée se déplace vers la gauche, comme à la figure 9.10. L'économie passe de l'ancien point d'intersection A de la demande et de l'offre agrégées à leur nouveau point d'intersection B. Le niveau des prix étant fixé, ce déplacement de la demande agrégée induit une chute de la production.

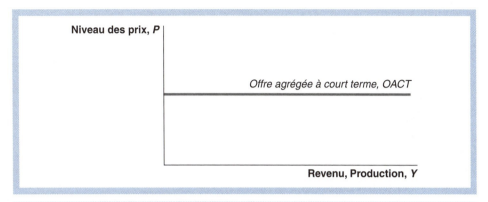

Figure 9.9
Courbe d'offre agrégée à court terme

Dans cet exemple extrême, tous les prix sont rigides à court terme. En conséquence, la courbe d'offre agrégée de court terme *OACT* est horizontale.

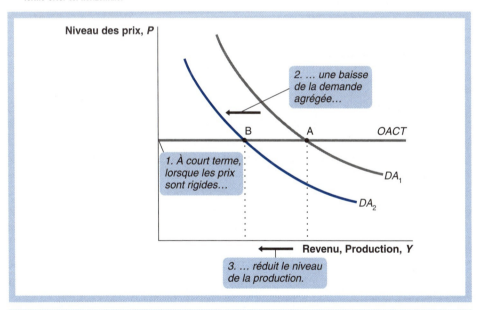

Figure 9.10
Déplacements à court terme de la demande agrégée

Une réduction de l'offre de monnaie déplace la courbe de demande agrégée vers le bas, de DA_1 en DA_2. L'équilibre de l'économie passe de A en B. Comme la courbe d'offre agrégée de court terme est horizontale, la réduction de la demande agrégée entraîne une baisse du volume de production.

C'est parce que les prix ne s'ajustent pas instantanément que la baisse de la demande agrégée réduit à court terme le volume de production. Après une chute soudaine de la demande agrégée, les entreprises se retrouvent avec un niveau trop élevé de leurs prix. Faible demande et prix élevés se combinent pour réduire les ventes de leurs produits, ce qui les contraint à réduire leur emploi et leur production. L'économie entre en récession.

Une fois de plus, il faut garder à l'esprit que la réalité économique est un peu plus compliquée que le cas présenté ici. Bien que de nombreux prix soient rigides dans le court terme, d'autres sont en mesure de répondre rapidement à l'évolution des circonstances. Ainsi, nous verrons dans le chapitre 13, dans le cas d'une économie où certains prix sont rigides et d'autres sont flexibles, que la courbe d'offre agrégée à court terme a une pente croissante au lieu d'être horizontale. La figure 9.10 illustre le cas extrême où tous les prix sont rigides. Parce que ce cas est plus simple, il constitue un point de départ très utile pour analyser la courbe d'offre agrégée à court terme.

9.4.3 Du court au long terme

Nous pouvons synthétiser comme suit l'analyse qui précède : *à long terme, les prix sont flexibles, la courbe d'offre agrégée est verticale et les variations de la demande agrégée n'affectent que le niveau des prix. À court terme, les prix sont rigides, la courbe d'offre agrégée est plane et les variations de la demande agrégée affectent la production de l'économie en biens et services.* Nous voyons donc que les variations de la demande agrégée ont des impacts différents en fonction de l'horizon temporel.

Pour comprendre comment l'économie passe du court au long terme, retraçons maintenant les impacts dans le temps d'une baisse de la demande agrégée. Supposons que l'économie parte de l'équilibre de long terme illustré à la figure 9.11. Cette figure comporte trois courbes : la courbe de demande agrégée, la courbe d'offre agrégée de long terme et la courbe d'offre agrégée de court terme. L'équilibre de long terme se situe au point d'intersection entre la courbe de demande agrégée et la courbe d'offre agrégée de long terme. Les prix se sont ajustés pour atteindre cet équilibre. Pour cette raison, lorsque l'économie est en équilibre de long terme, la courbe d'offre agrégée de court terme passe également par ce point.

Supposons maintenant que la banque centrale réduise l'offre de monnaie et que la courbe de demande agrégée se déplace vers le bas, comme à la figure 9.12. À court terme, les prix sont rigides et l'économie se déplace du point A vers le point B. Production et emploi baissent en deçà de leurs niveaux naturels, ce qui signifie que l'économie est en récession. Au fil du temps, en réaction à la faiblesse de la demande, les salaires et les prix diminuent. La réduction progressive du niveau des prix pousse l'économie vers le bas, le long de la courbe de demande agrégée, jusqu'au point C, où se situe le nouvel équilibre de long terme. En ce point C de nouvel équilibre de long terme, production et emploi ont rejoint leurs niveaux naturels, mais les prix sont inférieurs à leurs niveaux correspondant à l'ancien équilibre de long terme, au point A. Un déplacement de la demande agrégée affecte donc la production à court terme, mais cet effet s'atténue à mesure que les entreprises ajustent leurs prix.

Introduction aux fluctuations économiques

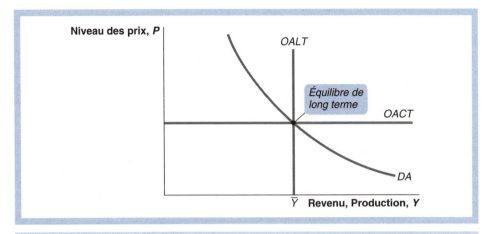

Figure 9.11
L'équilibre de long terme

À long terme, l'économie rejoint le point d'intersection de la courbe d'offre agrégée de long terme et de la courbe de demande agrégée. Les prix s'étant ajustés à ce niveau, la courbe d'offre agrégée de court terme passe également par ce point.

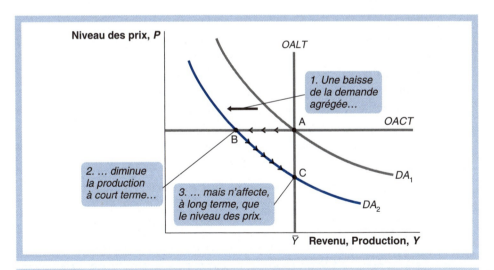

Figure 9.12
Une réduction de la demande agrégée

L'économie part de son point d'équilibre de long terme A. Une réduction de la demande agrégée, suite, éventuellement, à une baisse de l'offre de monnaie, déplace cette économie du point A vers le point B, où la production n'atteint pas son niveau naturel. À mesure que les prix baissent, l'économie sort progressivement de la récession, pour passer du point B au point C.

ÉTUDE DE CAS - Une leçon monétaire de l'histoire française

Trouver des exemples dans l'histoire moderne qui illustrent bien les enseignements tirés de la figure 9.12 n'est pas facile. Aujourd'hui, les banques centrales sont assez intelligentes pour permettre une réduction substantielle de l'offre de monnaie sans raison valable. Il est bien connu qu'une récession en découle, ce que les banques centrales essayent d'éviter généralement. Heureusement, l'histoire des faits économiques est riche d'exemples réels permettant d'illustrer les leçons théoriques.

Un bel exemple des effets d'une réduction de l'offre de monnaie nous parvient de l'histoire économique de France au dix-huitième siècle, rapportée par François Velde, économiste à la Federal Reserve Bank of Chicago.

D'abord, l'histoire est liée à la nature inhabituelle du système monétaire français à l'époque. En effet, la masse monétaire était constituée d'une variété de pièces de monnaie en or et en argent qui, contrairement aux systèmes monétaires modernes, n'indiquaient pas la valeur monétaire marchande spécifique. Au lieu de cela, cette valeur monétaire était fixée par un décret du gouvernement royal qui pouvait facilement la changer et donc faire varier l'offre de monnaie. Parfois, de telles variations pouvaient se produire du jour au lendemain. C'est presque comme si, pendant votre sommeil, chaque billet de 1 dollar dans votre porte-monnaie est remplacé par un autre valant 80 centimes.

Le 22 septembre 1724, le gouvernement royal a décidé de réduire cette valeur de 20 %. Ainsi, chaque Français s'est réveillé avec 20 % d'argent en moins que ce qu'il avait la veille. Au cours de sept mois de cette même année, la valeur nominale de la masse monétaire a baissé d'environ 45 %. L'objectif de ces différentes variations était de réduire les prix dans l'économie à un niveau jugé approprié par le gouvernement.

Quelles étaient les conséquences d'une telle politique déflationniste mise en œuvre ? François Velde les présente comme suit :

> *« Bien que les prix et les salaires aient diminué, cette baisse était loin des objectifs de 45 % voulus par le gouvernement ; en plus, il a fallu des mois voire des années pour les atteindre. En fait, les salaires réels ont augmenté, au moins initialement. Les taux d'intérêt ont augmenté également. Le seul marché qui s'est ajusté complètement et instantanément était celui des taux de change. Même les marchés proches de la concurrence parfaite, tel que le marché des céréales comme nous pouvons l'imaginer, n'ont pas eu suffisamment le temps pour s'ajuster au départ...*
>
> *Parallèlement, les secteurs industriels (ou tout au moins l'industrie textile) étaient touchés par une récession entraînant une baisse de l'activité économique d'environ 30 %. Il semblerait que cette récession ait débuté avant même la mise en œuvre de la politique déflationniste. Cependant, il était largement admis à l'époque qu'elle était véhiculée par une baisse brutale de l'offre de crédit bancaire ou*

> *rationnement du crédit (credit crunch) car les détenteurs des fonds, anticipant de nouvelles baisses des prix, ont cessé d'octroyer des prêts (la « rareté de la monnaie » est souvent blâmée par les observateurs). De même, il était largement admis, sur la base des expériences antérieures, qu'une politique inflationniste pourrait bien stopper la récession. Par coïncidence ou non, l'économie a rebondi quand le gouvernement a augmenté de 20 % la masse de monnaie nominale en mai 1726 ».*

Cette étude de cas sur l'histoire économique française s'accorde bien avec les leçons de la théorie macroéconomique moderne. Elle montre bien l'influence spécifique qu'on peut attribuer aux faits monétaires sur la conjoncture économique à court terme [5].

INFORMATION
David Hume et les effets réels de la monnaie

Comme nous l'avons noté au chapitre 4, plusieurs idées sur lesquelles est basée la théorie monétaire trouvent leurs origines dans l'histoire économique. Ainsi, la théorie classique de la monnaie exposée dans ce même chapitre date de l'époque du philosophe et économiste du dix-huitième siècle David Hume. Il a bien formulé le lien étroit entre l'inflation et les variations de l'offre de monnaie. Il a également constaté que la monnaie avait des effets réels à court terme. Voici comment Hume a présenté les conséquences d'une hausse de l'offre de monnaie dans son *Essai sur la monnaie* de 1752.

> *« Pour expliquer ce phénomène, nous devons donc considérer que, bien que la hausse des prix des biens soit une conséquence nécessaire de l'accroissement de la quantité d'or et d'argent, elle ne se met pas en place immédiatement avec cet accroissement ; il faut un certain temps avant que la monnaie circule à travers tout le pays et fasse sentir ses effets sur toutes les classes de la population. Aucun changement n'est d'abord perçu. La hausse des prix se fait par étapes, d'abord pour un bien puis pour un autre, jusqu'à ce que l'ensemble des prix se soit élevé en juste proportion avec la nouvelle quantité d'espèces dans le Royaume. À mon avis, l'accroissement des quantités disponibles d'or et d'argent n'a un effet favorable sur l'industrie que pendant ce laps de temps, ou pendant la situation intermédiaire, qui sépare l'afflux de cette monnaie et la hausse des prix. Quand une quantité d'argent est importée dans une nation, elle n'est pas d'abord répandue entre de nombreuses mains mais elle est confinée dans les coffres-forts d'un petit nombre d'individus qui cherchent aussitôt à l'employer fructueusement. Nous supposerons par exemple qu'un groupe de manufacturiers ou de commerçants aient reçu de l'or et de l'argent en échange de biens envoyés à Cadix. Ils se trouvent par là capables d'employer plus d'ouvriers que précédemment, ouvriers qui ne songent jamais à demander de plus hauts salaires mais qui sont contents d'être employés par de si bons*

---

[5] François R. Velde, « Chronicles of a Deflation Unforetold », Federal Reserve Bank of Chicago, November 2006.

> *payeurs. Si les ouvriers se font rares, le manufacturier donne de plus hauts salaires mais exige d'abord plus de travail, exigence à laquelle se soumet volontiers l'ouvrier qui peut maintenant mieux manger et boire pour compenser sa peine et sa fatigue supplémentaires. Il apporte sa monnaie au marché où il trouve toute chose au même prix qu'auparavant, mais il en revient avec davantage de marchandises, et de meilleure qualité, pour le bénéfice de sa famille. Le fermier et le maraîcher, voyant qu'ils ont vendu toutes leurs marchandises, s'emploient avec diligence à produire davantage et, en même temps, ils ont les moyens d'acheter plus de vêtements et de meilleure qualité chez leurs fournisseurs qui ont conservé le même prix qu'auparavant et dont seule l'activité est stimulée par les nouveaux gains aussi importants. Il est facile de suivre la monnaie dans sa progression à travers toute la communauté, où nous voyons qu'elle a nécessairement pour effet d'abord de stimuler l'activité de chaque individu avant d'accroître le prix du travail. »*
>
> Il est possible que, lorsqu'il a écrit ces mots, Hume ait été au courant de l'expérience française décrite dans l'étude de cas présentée précédemment.

9.5 LES POLITIQUES DE STABILISATION

Ce sont les variations de la demande ou de l'offre agrégée qui suscitent les fluctuations de l'ensemble de l'économie. Les économistes appellent **chocs** sur l'économie ces variations exogènes de l'offre et de la demande. Ces chocs perturbent le bien-être économique en écartant la production et l'emploi d'équilibre de leurs taux naturels. Le modèle de l'offre et de la demande agrégées explique comment ces chocs provoquent les fluctuations du système économique.

Le modèle en question permet également d'évaluer les réactions de la politique macroéconomique à de tels chocs dans le but d'en tempérer l'ampleur des fluctuations. On appelle **politique de stabilisation**, les mesures économiques visant à amortir les chocs et à maintenir la production et l'emploi le plus près possible de leurs taux naturels.

Les chapitres qui suivent précisent la manière dont les politiques de stabilisation agissent ainsi que les problèmes suscités par leur mise en œuvre. Nous entamons ici l'analyse de ces politiques de stabilisation en examinant comment la politique monétaire peut réagir à des chocs. La politique monétaire est une importante composante des politiques de stabilisation en raison de son puissant impact sur la demande agrégée.

9.5.1 *Les chocs sur la demande agrégée*

Prenons l'exemple d'un **choc sur la demande agrégée** : l'introduction et la généralisation des cartes de crédits. Comme elles constituent très souvent un moyen plus pratique de paiement que l'utilisation de l'argent liquide, ces cartes de crédits nous permettent de détenir moins de dollars dans nos portefeuilles, mais ceux que nous détenons circulent plus rapidement. Elles réduisent donc la quantité de monnaie détenue par les gens. Cette réduction de la demande de monnaie est équivalente à une hausse de la vitesse de circulation de la monnaie. En effet, quand chaque personne détient moins de monnaie, le paramètre k de la demande diminue. Cela signifie que chaque dollar passe de main en main plus rapidement de telle sorte que la vitesse de circulation de la monnaie V ($V = 1/k$) augmente.

Si l'on maintient constante l'offre de monnaie, l'accroissement de la vitesse de circulation entraîne une hausse de la dépense nominale et un déplacement vers le haut de la courbe de demande agrégée, comme l'illustre la figure 9.13. À court terme, la hausse de la demande augmente la production, et ceci peut revêtir la forme d'une expansion économique. Aux anciens prix, les entreprises vendent désormais une production accrue. À cette fin, elles demandent à leurs travailleurs de faire des heures supplémentaires, elles embauchent de nouveaux travailleurs et, de manière générale, elles utilisent plus intensément les capacités existantes de leurs usines et de leurs équipements.

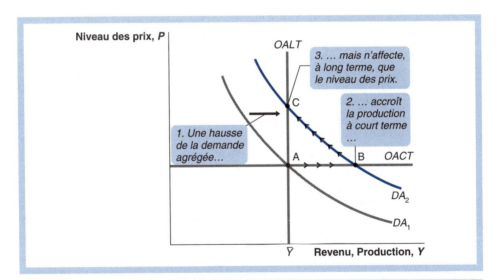

Figure 9.13
Une hausse de la demande agrégée

Au départ de l'équilibre à long terme de l'économie, au point A, une hausse de la demande agrégée, faisant suite à une accélération de la vitesse de circulation de la monnaie, déplace l'économie du point A vers le point B, où la production excède son niveau naturel. À mesure que les prix augmentent, la production revient progressivement à son taux naturel et l'économie se déplace du point B au point C.

À terme, le niveau élevé de la demande agrégée pousse les salaires et les prix à la hausse. Cette hausse des prix réduit la quantité demandée de production et l'économie se rapproche progressivement de son taux naturel de production. Pendant la transition vers le niveau de prix accru, cependant, la production de l'économie excède ce taux naturel.

Que peut faire la banque centrale pour atténuer l'ampleur de cette expansion et maintenir la production à un niveau plus proche de son taux naturel ? L'une des possibilités pour elle est de réduire l'offre de monnaie, de telle sorte que ceci compense l'accélération de la vitesse de circulation de la monnaie. Il en résulterait une stabilisation de la demande agrégée. Ceci permettrait à la banque centrale de réduire, voire d'éliminer, l'impact des chocs de demande sur la production et l'emploi, à la condition de bien contrôler l'offre de monnaie. Nous reviendrons au chapitre 15 sur la capacité réelle des banques centrales à contrôler efficacement l'offre de monnaie.

9.5.2 Les chocs sur l'offre agrégée

Les **chocs sur l'offre agrégée**, tout comme ceux qui affectent la demande agrégée, sont à l'origine de fluctuations économiques. Un choc d'offre est un choc sur l'économie qui modifie le coût de production des biens et services et, en conséquence, les prix qu'en demandent les entreprises. C'est en raison de cet impact direct qu'ils ont sur le niveau des prix qu'on les appelle également quelquefois *chocs de prix*. Des exemples en sont :

- une sécheresse qui détruit les récoltes : la réduction de l'offre de produits alimentaires pousse à la hausse les prix de ceux-ci ;
- une nouvelle législation de protection de l'environnement qui exige des entreprises qu'elles réduisent leurs émissions polluantes : ces entreprises répercutent les coûts additionnels sur leurs clients sous la forme de prix plus élevés ;
- une hausse des exigences salariales des syndicats qui se traduit par un relèvement des salaires et des prix des biens et services ;
- la mise sur pied d'un cartel international des producteurs pétroliers : en restreignant la concurrence, les producteurs les plus importants sont à même de pousser les prix pétroliers à la hausse.

Tous ces événements constituent des *chocs d'offre négatifs* : le résultat en est des coûts et des prix accrus. Au contraire, des *chocs d'offre positifs*, tels que la dissolution d'un cartel pétrolier international, réduisent ces coûts et ces prix.

La figure 9.14 illustre l'impact sur l'économie d'un choc d'offre négatif. La courbe d'offre agrégée de court terme se déplace vers le haut. Notons que, dans le cas où un choc d'offre réduit le niveau naturel de production, il déplace la courbe agrégée de long terme vers la gauche ; nous ignorons provisoirement cet effet. Si la demande agrégée est maintenue constante, l'économie se déplace du point A vers le point B : le niveau des prix augmente et la quantité produite diminue en dessous de son taux naturel. On parle alors de *stagflation*, phénomène qui combine la stagnation (baisse de la production) et l'inflation (hausse des prix).

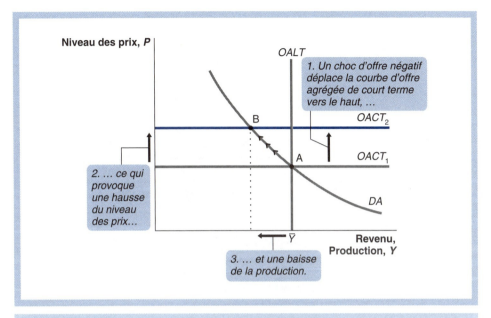

Figure 9.14
Un choc d'offre négatif

Les chocs d'offre négatifs relèvent les coûts et donc les prix. Si l'on maintient constante la demande agrégée, l'économie passe du point A au point B, ce qui induit une stagflation, c'est-à-dire une combinaison de hausse des prix et de baisse de la production. En fin de processus, lorsque les prix commencent à baisser, l'économie revient à son taux naturel, au point A.

Face à un choc d'offre négatif, les pouvoirs publics responsables de l'évolution de la demande agrégée, tels que la banque centrale, sont confrontés à un choix difficile entre deux possibilités. La première de celles-ci, implicite à la figure 9.14, consiste à maintenir constante la demande agrégée : si c'est le cas, la production et l'emploi se retrouvent à un niveau inférieur à leurs taux naturels. À la longue, les prix vont baisser pour restaurer le plein emploi à l'ancien niveau de prix (point A). Ce résultat ne peut être obtenu qu'au prix d'une pénible récession.

La deuxième possibilité, illustrée à la figure 9.15, consiste à accroître la demande agrégée pour rapprocher plus rapidement l'économie de son taux naturel. Si cet accroissement de la demande agrégée coïncide avec le choc sur l'offre agrégée, l'économie rejoint immédiatement le point C à partir du point A. On dit alors que la banque centrale *accompagne* le choc d'offre. Cette possibilité a elle aussi un revers, non négligeable, le relèvement permanent du niveau des prix. Il n'est pas possible d'ajuster la demande agrégée pour préserver à la fois le plein emploi et la stabilité des prix.

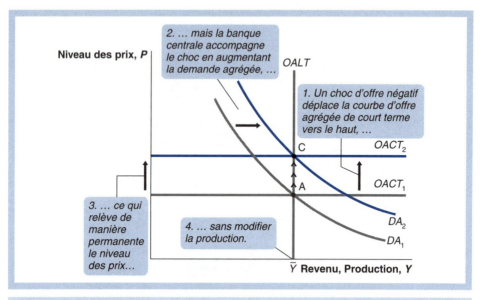

Figure 9.15
L'accompagnement d'un choc d'offre négatif

En réaction à un choc d'offre négatif, la banque centrale peut accroître la demande agrégée pour éviter une chute de la production. L'économie se déplace alors du point A au point C. Le coût de cette politique est le relèvement permanent du niveau des prix.

ÉTUDE DE CAS - Comment l'OPEP a contribué à la stagflation des années 1970 et à l'euphorie des années 1980

Au cours de l'histoire récente, l'OPEP, Organisation des Pays Exportateurs de Pétrole, fut à l'origine des chocs d'offre les plus perturbateurs qu'aient connus les économies occidentales. Au début des années 1970, l'OPEP convint d'une réduction conjointe de l'offre de pétrole en en doublant pratiquement les prix. Cette hausse des prix pétroliers entraîna une stagflation dans la plupart des pays industrialisés. Les chiffres qui suivent décrivent les conséquences aux États-Unis :

Année	Variations des prix des produits pétroliers	Taux d'inflation (IPC)	Taux de chômage
1973	11,0 %	6,2 %	4,9 %
1974	68,0	11,0	5,6
1975	16,0	9,1	8,5
1976	3,3	5,8	7,7
1977	8,1	6,5	7,1

La hausse de 68 % du prix du pétrole en 1974 constitue un choc d'offre négatif de grande ampleur. Comme on pouvait s'y attendre, il s'est traduit à la fois par une inflation et par un chômage plus élevés.

Quelques années plus tard, alors que l'économie mondiale s'était pratiquement remise de la première récession induite par l'OPEP, l'histoire recommença pratiquement dans les mêmes termes. L'OPEP augmenta les prix du pétrole, suscitant une nouvelle stagflation. En voici les chiffres pour les États-Unis :

Année	Variations des prix des produits pétroliers	Taux d'inflation (IPC)	Taux de chômage
1978	9,4 %	7,7 %	6,1 %
1979	25,4	11,3	5,8
1980	47,8	13,5	7,0
1981	44,4	10,3	7,5
1982	−8,7	6,1	9,5

Les hausses des prix du pétrole de 1979, 1980 et 1981 provoquèrent à nouveau une inflation à deux chiffres et un relèvement du chômage.

Au milieu des années 1980, les désaccords entre pays producteurs de pétrole affaiblirent la capacité de l'OPEP à limiter l'offre de pétrole. Les prix pétroliers baissèrent, suscitant une situation inverse de la stagflation des années 1970 et du début des années 1980. En voici les chiffres pour les États-Unis :

Année	Variations des prix des produits pétroliers	Taux d'inflation (IPC)	Taux de chômage
1983	−7,1 %	3,2 %	9,5 %
1984	−1,7	4,3	7,4
1985	−7,5	3,6	7,1
1986	−44,5	1,9	6,9
1987	18,3	3,6	6,1

En 1986, les prix pétroliers s'étaient réduits pratiquement de moitié. Ce choc d'offre positif a donné lieu à un des taux d'inflation les plus faibles de l'histoire récente des États-Unis et à une baisse du chômage.

Plus récemment, l'OPEP n'a plus été à l'origine de fluctuations économiques. Les efforts de conservation et les changements technologiques ont rendu l'économie américaine moins sensible aux chocs pétroliers. L'économie est aujourd'hui plus fondée sur les services et moins axée sur la production manufacturière. Or les services utilisent généralement moins d'énergie que la production industrielle. Comme la consommation de pétrole par unité du PIB réel a chuté plus que de moitié au cours des trois dernières décennies, alors il faudrait une plus grande variation des prix du pétrole pour observer le même impact sur l'économie que celui observé dans les années 1970 et 1980. Ainsi, même si les prix pétroliers ont augmenté en flèche en 2007 et début 2008 (avant de se replier au second semestre de 2008), cette augmentation a eu un impact macroéconomique plus faible que celui qu'elle aurait pu avoir dans le passé [6].

9.6 CONCLUSION

Ce chapitre a présenté un cadre d'étude des fluctuations économiques : le modèle de l'offre et de la demande agrégées. Il est fondé sur l'hypothèse que les prix sont rigides à court terme et flexibles à long terme. Il démontre comment les chocs sur l'économie écartent provisoirement la production du niveau qu'implique le modèle classique.

Ce modèle de l'offre et de la demande agrégées illustre également le rôle de la politique monétaire : si elle n'est pas bien menée, celle-ci peut être elle-même source de chocs sur l'économie. Bien conduite, elle permet de réagir aux chocs venus d'ailleurs et de stabiliser l'économie.

Les chapitres qui suivent nous permettront d'affiner notre compréhension de ce modèle, ainsi que notre analyse des politiques de stabilisation. Les chapitres 10 à 12 dépassent le cadre de l'équation quantitative pour approfondir l'analyse de la demande agrégée et montrer que la demande agrégée dépend non seulement de la politique monétaire, mais également de la politique budgétaire. Le chapitre 13 étudie de manière plus précise l'offre agrégée. Le chapitre 14 réunit tous ces éléments dans un modèle dynamique de l'offre et de la demande agrégées. Le chapitre 15, enfin, rend compte du débat sur les vertus et les limites des politiques de stabilisation.

SYNTHÈSE

1. Toute économie subit des fluctuations économiques de court terme mesurées généralement par le PIB réel. Ces fluctuations sont associées à des changements dans de nombreuses variables macroéconomiques. En particulier, lorsque la croissance du PIB diminue, celle de la consommation baisse aussi mais généralement d'une façon moindre, celle des investissements diminue également mais en général d'un montant plus important, et le chômage augmente. Bien que les économistes utilisent différents indicateurs avancés afin de prévoir ces fluctuations, elles restent largement imprévisibles.

---

6 Les chiffres utilisés dans cette étude proviennent du Bureau of Labor Statistics. Certains économistes ont suggéré que les variations des prix des produits pétroliers ont déjà joué un rôle important dans les fluctuations économiques avant 1970. Voir à cet égard James D. Hamilton, « Oil and Macroeconomy Since World War II », *Journal of Political Economy* 91 (avril 1983), 228-248.

2. La grande différence entre court terme et long terme est que les prix sont rigides à court terme et flexibles à long terme. Le modèle de l'offre et de la demande agrégées fournit un cadre d'analyse des fluctuations économiques qui met notamment en évidence les impacts différenciés des politiques économiques en fonction de leur horizon temporel.
3. La courbe de demande agrégée est décroissante : plus le niveau des prix est faible, plus est importante la demande agrégée de biens et services.
4. À long terme, la courbe d'offre agrégée est verticale : la production est déterminée par les quantités constantes de capital et de travail, ainsi que par la technologie disponible. C'est pourquoi les déplacements de la demande agrégée affectent le niveau des prix, mais non la production ou l'emploi.
5. À court terme, la courbe d'offre agrégée est horizontale, car les salaires et les prix sont prédéterminés. C'est pourquoi les déplacements de la demande agrégée affectent la production et l'emploi.
6. Les chocs sur la demande et sur l'offre agrégées suscitent les fluctuations économiques. Comme la banque centrale est en mesure de déplacer la courbe de demande agrégée, elle peut s'efforcer de compenser ces chocs pour maintenir la production et l'emploi à leurs taux naturels.

CONCEPTS DE BASE

- Loi d'Okun
- Indicateurs économiques avancés
- Demande agrégée
- Offre agrégée
- Chocs
- Chocs d'offre
- Chocs de demande
- Politiques de stabilisation

ÉVALUATION DES CONNAISSANCES

1. En général, quelles sont les incidences d'une baisse du PIB réel pendant une récession sur la consommation, l'investissement et le taux de chômage ?
2. Donnez un exemple de prix rigide à court terme et flexible à long terme.
3. Pourquoi la pente de la courbe de demande agrégée est-elle négative ?
4. Décrivez l'impact d'une hausse de l'offre monétaire à court terme et à long terme.
5. Pourquoi la tâche de la banque centrale est-elle plus aisée face aux chocs de demande que face aux chocs d'offre ?

PROBLÈMES ET APPLICATIONS

1. On considère que l'économie est en équilibre de long terme. Supposons que les banques se mettent à payer des intérêts sur les comptes à vue suite à un changement de la réglementation. En vous souvenant que le stock de monnaie est la somme des billets et pièces en circulation, d'une part, et des dépôts à vue, d'autre part, cette innovation incite à détenir de l'argent.

   a) Qu'advient-il de la demande de monnaie ?
   b) De la vitesse de circulation de la monnaie ?
   c) Si la banque centrale maintient constante l'offre de monnaie, qu'advient-il de la production et des prix, à court terme et à long terme ?
   d) Suite à cette nouvelle réglementation, la banque centrale doit-elle maintenir constante l'offre de monnaie ? Expliquez votre réponse.
   e) Si l'objectif de la banque centrale est de maintenir stable le niveau de la production, votre réponse au point (d) changera-t-elle ?

2. La banque centrale réduit l'offre de monnaie de 5 %.

   a) Qu'advient-il de la courbe de demande agrégée ?
   b) Du niveau de production et des prix, à court terme et à long terme ?
   c) Selon la loi d'Okun, qu'advient-il du chômage, à court terme et à long terme ?
   d) Qu'advient-il du taux d'intérêt réel, à court terme et à long terme ? (Une indication : utilisez le modèle du taux d'intérêt réel du chapitre 3 pour voir ce qui se passe quand la production se modifie.)

3. Comment les objectifs de la banque centrale influencent-ils sa réaction aux chocs d'offre et de demande ? Supposons que le seul souci de la banque centrale A soit la stabilité des prix et celui de la banque centrale B le maintien de la production et de l'emploi à leurs taux naturels. Expliquez comment l'une et l'autre de ces banques centrales vont réagir à :

   a) une baisse exogène de la vitesse de circulation de la monnaie ;
   b) une hausse exogène du prix des produits pétroliers.

4. Aux États-Unis, l'arbitre officiel qui décide quand une récession commence et se termine est le National Bureau of Economic Research, association de recherche sans but lucratif. Rendez-vous sur le site du NBER (http://www.nber.org) et trouvez-y le dernier point de retournement conjoncturel. Quand se situe-t-il ? S'agit-il d'un passage d'une phase d'expansion à une phase récessive, ou de l'inverse ? Recensez toutes les récessions (contractions) survenues au cours de votre vie, ainsi que leurs dates de début et de fin.

10

LA DEMANDE AGRÉGÉE I : LA CONSTRUCTION DU MODÈLE *IS-LM*

Je dis que les postulats de la théorie classique ne s'appliquent qu'à un cas particulier et non au cas général... En outre, les caractéristiques de ce cas particulier, dont la théorie classique fait l'hypothèse, s'avèrent différentes de celles de la société économique dans laquelle nous vivons effectivement, avec, pour résultat, que ses enseignements sont trompeurs et désastreux lorsque nous tentons de les appliquer aux faits d'expérience.

John Maynard Keynes, La Théorie générale

10.1 Le marché des biens et la courbe IS 370

10.2 Le marché monétaire et la courbe LM 382

10.3 Conclusion : l'équilibre à court terme 390

De toutes les fluctuations économiques de notre histoire, celle qui ressort comme particulièrement importante, pénible et scientifiquement riche est la Grande Dépression. Dans les années 1930, les États-Unis et bien d'autres pays ont connu un chômage massif et une chute substantielle des revenus. Au cours de l'année la plus noire de la dépression, en 1933, un quart de la population active américaine était au chômage et le PIB était inférieur de 30 % à son niveau de 1929.

Cet épisode dévastateur a amené de nombreux économistes à mettre en cause la validité de la théorie économique classique, celle que nous avons étudiée du chapitre 3 au chapitre 6. En effet, cette théorie classique semble incapable d'expliquer la dépression. Selon cette dernière, le revenu national dépend des offres de facteurs et des technologies disponibles, et ni les unes ni les autres ne se sont sensiblement modifiées entre 1929 et 1933. Beaucoup d'économistes étaient donc convaincus de la nécessité d'un nouveau modèle pour expliquer une dépression aussi profonde et inattendue et pour suggérer des politiques économiques susceptibles d'atténuer le tort qui en est résulté pour une multitude de personnes.

En 1936, l'économiste britannique John Maynard Keynes révolutionna littéralement la théorie économique avec son ouvrage *La Théorie générale de l'emploi, de l'intérêt et de la monnaie*. Keynes y proposait une nouvelle approche de l'analyse économique qu'il présentait comme devant se substituer à la théorie classique. Sa vision du fonctionnement des systèmes économiques fut rapidement à la base d'une controverse. Au fil de celle-ci, on vit émerger progressivement une nouvelle interprétation des fluctuations économiques.

Selon Keynes, c'est la faiblesse de la demande agrégée qui est à la base de la dépression des revenus et de la hausse du chômage qui caractérisent les récessions économiques. Il reproche donc à la théorie classique de faire l'hypothèse que l'offre agrégée - capital, travail et technologie - est le seul déterminant du revenu national. Les économistes contemporains réconcilient ces deux approches dans le cadre du modèle de l'offre et de la demande agrégées introduit au chapitre 9. À long terme, les prix sont flexibles et l'offre agrégée détermine le revenu. À court terme, les prix sont rigides et ce sont les variations de la demande agrégée qui affectent le revenu. En 2008 et 2009, alors que les États-Unis et l'Europe entraient en récession, la *Théorie générale* de Keynes sur les fluctuations économiques dominait souvent l'actualité. La relance de la demande agrégée était au centre des débats entre les décideurs politiques du monde entier afin de mettre leurs économies sur la voie de la reprise.

Dans ce chapitre et le suivant, nous poursuivons notre étude des fluctuations économiques, en nous penchant de plus près sur la demande agrégée. Notre objectif est d'identifier les variables qui suscitent un déplacement de la courbe de demande agrégée, et, ce faisant, les fluctuations du revenu national. Nous y étudierons également de manière plus complète les outils à la disposition des décideurs politiques pour influencer la demande agrégée. Au chapitre 9, nous avons déduit la courbe de demande agrégée de la théorie quantitative de la monnaie et nous avons montré que la politique monétaire peut déplacer cette courbe de demande agrégée. Dans le présent chapitre, nous découvrirons que les pouvoirs publics peuvent affecter la demande agrégée à l'aide tant de la politique monétaire que de la politique budgétaire.

Le modèle de la demande agrégée mis au point dans ce chapitre, que l'on appelle **modèle IS-LM**, constitue l'interprétation privilégiée de la théorie keynésienne. Son objet est de montrer ce qui détermine le revenu national à tout niveau donné des prix. Ce modèle peut être interprété comme montrant les déterminants de la variation du revenu à court terme, lorsque le niveau des prix est fixe, aussi bien que comme identifiant les sources de déplacements de la courbe de demande agrégée. Ces deux interprétations du modèle sont équivalentes : la figure 10.1 montre bien qu'à court terme, lorsque le niveau des prix est donné, les variations du revenu résultent des déplacements de la courbe de demande agrégée.

On ne s'étonnera pas que la **courbe IS** et la **courbe LM** constituent conjointement le modèle IS-LM. IS désigne l'« investissement » et l'« épargne » (*saving*, en anglais). La courbe IS représente le marché des biens et services que nous avons étudié au chapitre 3. LM désigne la « liquidité » et la « monnaie ». La courbe LM représente l'offre et la demande de monnaie présentées au chapitre 4. Comme il influence à la fois la demande d'investissement et la demande de monnaie, le taux d'intérêt relie les deux moitiés du modèle IS-LM. Ce modèle montre comment les interactions entre ces deux

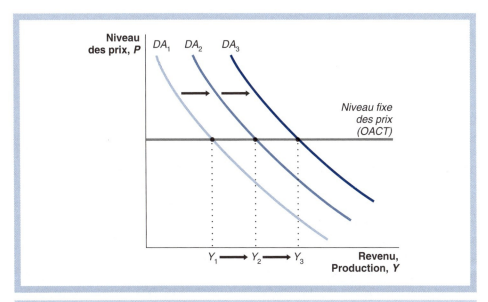

Figure 10.1
Les déplacements de la demande agrégée

À tout niveau donné des prix, le revenu national fluctue sous l'effet des déplacements de la courbe de demande agrégée. Le modèle *IS-LM* considère le niveau des prix comme donné et montre les déterminants de la variation du revenu, et donc des déplacements de la demande agrégée.

marchés déterminent la demande agrégée et, de ce fait, le niveau à court terme du revenu national [1].

10.1 LE MARCHÉ DES BIENS ET LA COURBE *IS*

La courbe *IS* représente la relation entre le taux d'intérêt et le niveau de revenu qui prévaut sur le marché des biens et services. Pour construire cette relation, nous partons d'une théorie simple de la demande de biens et services, **l'équilibre keynésien**.

10.1.1 *L'équilibre keynésien*

L'équilibre keynésien est l'interprétation la plus simple de la théorie keynésienne du revenu national, interprétation qui est à la base du modèle *IS-LM*, plus complexe et plus réaliste. Le chapitre 3, dans sa description du marché des biens et services, a introduit la plupart des éléments nécessaires à la compréhension de cette approche.

Dans sa *Théorie générale*, Keynes suggère que c'est ce que les ménages, les entreprises et les pouvoirs publics souhaitent dépenser, qui, à court terme, détermine pour une large part le revenu total d'une économie. Plus les gens veulent dépenser, plus les entreprises peuvent vendre leurs biens et services. Plus elles peuvent vendre, plus elles produisent et plus de travailleurs elles peuvent embaucher. Selon Keynes, donc, les dépressions et récessions trouvent leurs origines dans un niveau de dépenses insuffisant. L'équilibre keynésien est une tentative de modéliser cette intuition.

A. La dépense prévue

Pour établir l'équilibre keynésien, nous distinguons les *dépenses prévues* des *dépenses effectives*. Une dépense prévue est les montants que les ménages, les entreprises et l'État prévoient de dépenser en biens et services. Une dépense effective est les montants que les ménages, les entreprises et l'État dépensent réellement en biens et services. Comme nous l'avons vu au chapitre 2, celle-ci est égale au PIB.

L'écart entre la dépense effective et la dépense prévue est l'investissement non voulu en stocks. Quand les entreprises vendent moins qu'elles n'ont prévu, leurs stocks augmentent. À l'inverse, quand elles vendent plus que prévu, ces mêmes stocks diminuent. On a vu que ces variations imprévues des stocks sont enregistrées en comptabilité nationale au titre des dépenses des entreprises. En conséquence, la dépense effective peut être inférieure ou supérieure à la dépense prévue.

En économie fermée, où les exportations nettes sont nulles, la dépense prévue *PE* est la somme de la consommation *C*, de l'investissement prévu *I* et des dépenses

---

[1] C'est l'économiste John R. Hicks, prix Nobel d'économie, qui a proposé la première formulation du modèle *IS-LM*, dans un article séminal : « Mr. Keynes and the Classics : A Suggested Interpretation », *Econometrica* 5(1937), 147-159.

publiques G :
$$PE = C + I + G \tag{10.1}$$

Nous ajoutons à cette équation la fonction de consommation
$$C = C\,(Y - T) \tag{10.2}$$

qui indique que la consommation dépend du revenu disponible $(Y - T)$. Le revenu disponible est le revenu total Y moins les impôts T. Nous supposons en outre que l'investissement prévu soit fixe et déterminé de manière exogène :
$$I = \overline{I} \tag{10.3}$$

et que la politique budgétaire - le niveau des dépenses publiques et des impôts - demeure également inchangée :
$$\begin{aligned} G &= \overline{G} \\ T &= \overline{T} \end{aligned} \tag{10.4}$$

En combinant ces cinq relations, nous obtenons :
$$PE = C\left(Y - \overline{T}\right) + \overline{I} + \overline{G} \tag{10.5}$$

Cette équation montre que la dépense prévue est fonction du revenu Y, du niveau exogène de l'investissement programmé $\overline{I}$ et des variables exogènes $\overline{G}$ et $\overline{T}$ de la politique budgétaire.

La figure 10.2 représente graphiquement la dépense prévue sous la forme d'une fonction du niveau de revenu. La droite est croissante, car la consommation, et

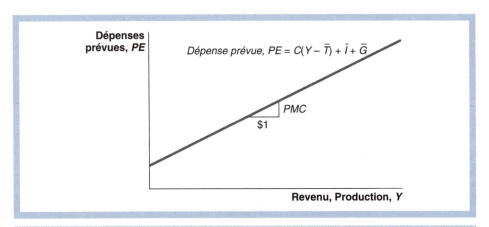

Figure 10.2
La dépense prévue en fonction du revenu

La dépense prévue *PE* dépend du revenu, car un revenu accru augmente la consommation qui est un élément de la dépense prévue. La pente de cette fonction de dépense prévue est la propension marginale à consommer, *PMC*.

donc la dépense prévue, sont d'autant plus élevées que l'est le revenu. La pente de cette droite est la propension marginale à consommer *PMC* : elle montre de combien augmente la dépense prévue quand le revenu croît de $1. Cette fonction de dépense prévue est le premier élément du modèle dit d'équilibre keynésien.

B. L'économie à l'équilibre

Nous supposons maintenant que l'économie est à l'équilibre lorsque la dépense effective est égale à la dépense prévue. Cette hypothèse est basée sur l'idée que, quand les gens ont réalisé ce qu'ils avaient prévu, ils n'ont plus de raison de modifier ce qu'ils font. En nous souvenant que Y comme PIB est égal, non seulement au revenu total, mais également à la dépense effective en biens et services, nous pouvons écrire la condition d'équilibre comme suit :

$$\text{Dépense effective} = \text{Dépense prévue}$$
$$Y = PE \tag{10.6}$$

La droite à 45° (la première bissectrice) de la figure 10.3 représente tous les points pour lesquels cette condition est vérifiée. Lorsqu'on y ajoute la fonction de dépense prévue, ce diagramme représente l'équilibre keynésien, qui se situe au point A, l'intersection entre la fonction de dépense prévue et la droite à 45°.

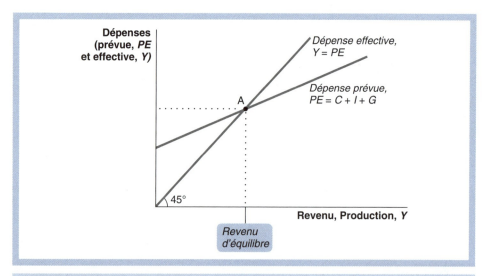

Figure 10.3
L'équilibre keynésien

L'équilibre keynésien se situe au point A, où le revenu (dépense effective) est égal à la dépense prévue.

Comment l'économie en question arrive-t-elle à l'équilibre ? Dans ce modèle, les stocks jouent un rôle important dans le processus d'ajustement. Les variations non prévues des stocks qui surviennent quand l'économie n'est pas en équilibre incitent les entreprises à modifier leur niveau de production et ceci, par effets en chaîne, modifie le revenu et la dépense, poussant à nouveau l'économie vers l'équilibre.

Supposons, par exemple, que le niveau du PIB soit supérieur à son niveau d'équilibre, soit le niveau Y_1 de la figure 10.4. La dépense prévue est alors PE_1, inférieure à Y_1. La dépense prévue étant inférieure à la production, les entreprises vendent moins qu'elles ne produisent. Les biens non vendus s'accumulent dans leurs stocks. Cet accroissement non programmé des stocks incite les entreprises à licencier des travailleurs et à réduire leur production, ce qui se traduit par une baisse du PIB. Ce processus d'accumulation non voulue des stocks et de baisse du revenu se poursuit jusqu'au moment où le revenu Y rejoint son niveau d'équilibre, lorsqu'il est égal à la dépense prévue.

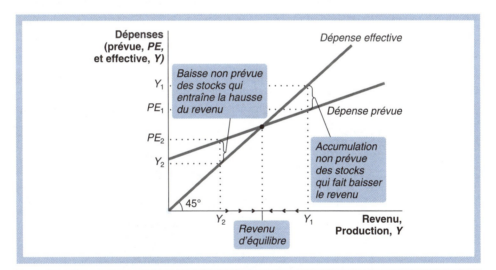

Figure 10.4
L'ajustement vers l'équilibre keynésien

Si les entreprises produisent Y_1, la dépense prévue PE_1 est inférieure à la production et les stocks s'accumulent. En conséquence, les entreprises réduisent leur production. À l'inverse, si les entreprises produisent Y_2, la dépense prévue PE_2 excède la production et les entreprises puisent dans leurs stocks. Cette baisse des stocks incite les entreprises à accroître leur production. Dans les deux cas, les décisions des entreprises poussent l'économie vers l'équilibre.

À l'inverse, si le PIB est inférieur à son niveau d'équilibre, tel qu'en Y_2, à la figure 10.4, la dépense prévue PE_2 est supérieure à Y_2. Les entreprises vendent alors plus qu'elles ne produisent. Devant la baisse de leurs stocks, elles embauchent des travailleurs et accroissent leur production, ce qui se traduit par une hausse de PIB. Ce processus se poursuit jusqu'au moment où le revenu est égal à la dépense prévue.

En résumé, l'équilibre keynésien montre comment le revenu Y se détermine pour tout niveau donné de l'investissement prévu I et pour toute politique budgétaire G et T donnée. Nous pouvons à présent utiliser ce modèle pour étudier la variation du revenu en fonction de ces variables exogènes.

C. La politique budgétaire et le multiplicateur : les dépenses publiques

Les dépenses publiques sont l'une des composantes de la dépense globale. Si elles augmentent, la dépense prévue croît pour tout niveau donné de revenu. Une hausse ΔG des dépenses publiques induit un glissement proportionnel vers le haut de la droite de dépense prévue, comme on le voit à la figure 10.5. L'équilibre de l'économie se déplace du point A vers le point B.

Le graphique montre qu'une hausse des dépenses publiques induit un accroissement plus que proportionnel du revenu : ΔY est plus élevé que ΔG. Le rapport $\Delta Y/\Delta G$ s'appelle **multiplicateur des dépenses publiques** : il nous indique de combien augmente le revenu en réaction à une hausse de \$1 des dépenses publiques. L'équilibre keynésien implique que le multiplicateur des dépenses publiques est supérieur à 1.

Pourquoi une politique budgétaire a-t-elle un effet multiplicateur sur le revenu ? La raison en est que, selon la fonction de consommation $C = C(Y - T)$,

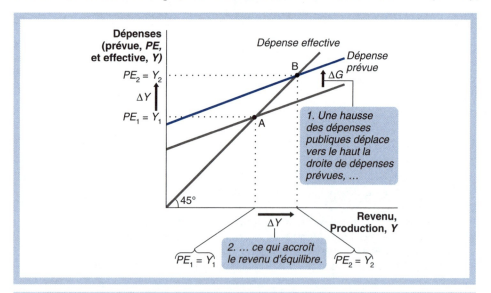

Figure 10.5
Une hausse des dépenses publiques à l'équilibre keynésien

Toute hausse ΔG des dépenses publiques induit un accroissement proportionnel de la dépense prévue pour tout niveau donné de revenu. L'équilibre passe du point A au point B et le revenu augmente de Y_1 en Y_2. La hausse ΔY du revenu est supérieure à celle des dépenses publiques ΔG. La politique budgétaire a donc un effet multiplicateur sur le revenu.

toute hausse du revenu induit une consommation accrue. L'accroissement des dépenses publiques augmente le revenu, et donc la consommation et ceci, à son tour, accroît le revenu, et donc la consommation, et ainsi de suite. Dans ce modèle donc, la hausse du revenu induite par un accroissement des dépenses publiques est supérieure à celui-ci.

Quelle est la valeur de ce multiplicateur ? Pour répondre à cette question, nous retraçons chacune des étapes de la variation du revenu. Au départ, une hausse ΔG des dépenses publiques induit une hausse équivalente du revenu. Cet accroissement du revenu se traduit à son tour par une hausse de la consommation égale à $PMC \times \Delta G$, où PMC est la propension marginale à consommer. Cette hausse de la consommation augmente à son tour la dépense et le revenu. Cette deuxième hausse du revenu, égale à $PMC \times \Delta G$, entraîne un nouvel accroissement de la consommation, cette fois à concurrence de $PMC \times (PMC \times \Delta G)$, ce qui accroît une nouvelle fois la dépense et le revenu, et ainsi de suite. Cette boucle « consommation-revenu-consommation » se poursuit indéfiniment. L'impact total sur le revenu est :

$$
\begin{aligned}
&\text{Variation initiale des dépenses publiques} &&= \Delta G \\
&\text{Première variation de la consommation} &&= PMC \times \Delta G \\
&\text{Deuxième variation de la consommation} &&= (PMC)^2 \times \Delta G \\
&\text{Troisième variation de la consommation} &&= (PMC)^3 \times \Delta G \\
&\qquad\qquad \vdots &&\qquad \vdots
\end{aligned}
$$

$$\Delta Y = \left(1 + PMC + PMC^2 + PMC^3 + \cdots\right) \times \Delta G \qquad (10.7)$$

Le multiplicateur des dépenses publiques est donc

$$\Delta Y / \Delta G = \left(1 + PMC + PMC^2 + PMC^3 + \cdots\right) \qquad (10.8)$$

Cette expression du multiplicateur est un exemple des *séries géométriques infinies*. Algébriquement, nous pouvons également écrire ce multiplicateur comme suit [2] :

$$\Delta Y / \Delta G = 1/(1 - PMC) \qquad (10.9)$$

---

[2] *Note mathématique.* Nous démontrons ce résultat algébrique comme suit. Pour $|x| < 1$,

Posons	$z = 1 + x + x^2 + \cdots$
Multiplions les deux membres de cette équation par x :	$xz = x + x^2 + x^3 + \cdots$
Soustrayons la deuxième équation de la première :	$z - xz = 1$
Réaménageons cette dernière équation pour obtenir	$z(1 - x) = 1$
Ce qui implique	$z = 1/(1 - x)$ C.Q.F.D.

Par exemple, si la propension marginale à consommer est égale à 0,6, le multiplicateur est

$$\Delta Y/\Delta G = \left(1 + 0,6 + (0,6)^2 + (0,6)^3 + \cdots\right) = \frac{1}{1-0,6} = 2,5 \quad (10.10)$$

Dans ce cas, une hausse de \$1 des dépenses publiques accroît le revenu d'équilibre de \$2,5 [3].

D. La politique budgétaire et le multiplicateur : les impôts

Voyons maintenant comment les modifications des impôts affectent le revenu d'équilibre. Une baisse des impôts de ΔT accroît tout de suite le revenu disponible $(Y - T)$ de ΔT et, donc, la consommation de $PMC \times \Delta T$. Pour tout niveau donné de revenu Y, les dépenses prévues sont désormais plus élevées. Comme le montre la figure 10.6, la droite de dépense prévue se déplace vers le haut à concurrence de $PMC \times \Delta T$. L'équilibre de l'économie passe du point A au point B.

La réduction des impôts a le même impact multiplicateur sur le revenu que la hausse des dépenses publiques. Dans les deux cas, la variation initiale des dépenses est multipliée par $1/(1 - PMC)$. L'impact global sur le revenu de cette variation des impôts est :

$$dY/dT = -PMC/(1 - PMC) \quad (10.11)$$

On appelle cette expression le **multiplicateur fiscal**, qui indique de combien se modifie le revenu en réaction à une variation de \$1 des impôts. (Le signe négatif indique que le revenu se déplace dans le sens opposé de l'impôt.) Par exemple, si la propension marginale à consommer est 0,6, le multiplicateur fiscal est :

$$dY/dT = -0,6/(1 - 0,6) = -1,5 \quad (10.12)$$

Dans cet exemple, une baisse de \$1 des impôts accroît le revenu d'équilibre de \$1,50 [4].

---

[3] *Note mathématique.* Le multiplicateur des dépenses publiques s'établit le plus facilement à l'aide d'un peu de calcul différentiel. Partons de l'équation

$$Y = C(Y - T) + I + G.$$

En maintenant constants T et I, différentions pour obtenir

$$dY = C'dY + dG.$$

et réaménageons pour obtenir :

$$dY/dG = 1/(1 - C').$$

Ceci équivaut à l'équation du texte.

[4] *Note mathématique.* Comme ci-avant, le calcul différentiel nous permet d'établir aisément le multiplicateur. Partons de l'équation

$$Y = C(Y - T) + I + G.$$

En maintenant constants G et I, différentions pour obtenir

$$dY = C'(dY - dT).$$

Réaménageons pour obtenir

$$dY/dT = -C'/(1 - C').$$

Cette équation est équivalente à celle du texte.

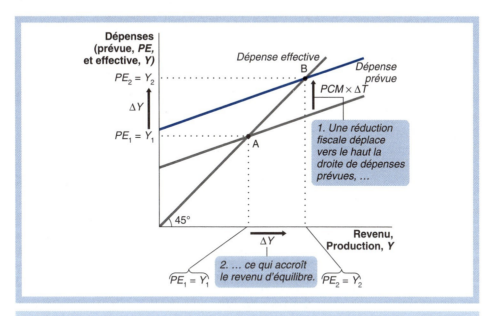

Figure 10.6
Une baisse des impôts à l'équilibre keynésien

Une baisse ΔT des impôts accroît les dépenses prévues de $PMC \times T$ pour tout niveau donné de revenu. L'équilibre passe du point A au point B, et le revenu augmente de Y_1 en Y_2. À nouveau, la politique budgétaire a un effet multiplicateur sur le revenu.

ÉTUDE DE CAS - Réduire les impôts pour stimuler l'économie : les plans de Kennedy et de Bush

Lorsque John F. Kennedy est devenu président des États-Unis en 1961, il a amené avec lui à Washington, dans le Comité des conseillers économiques du Président (Council of Economic Advisors), certains des jeunes économistes les plus brillants de l'époque. Formés à l'école keynésienne, ceux-ci introduisirent dans les débats de politique économique au plus haut niveau les enseignements de Keynes.

L'une des premières propositions du Conseil consistait à accroître le revenu national par la voie d'une réduction des prélèvements fiscaux. Cette proposition fut concrétisée en 1964 par une réduction substantielle de l'impôt sur le revenu des personnes physiques et des entreprises. L'objet en était d'encourager les dépenses de consommation et d'investissement, pour accroître en définitive le revenu et l'emploi. Lors d'une conférence de presse, à la question d'un journaliste qui lui demanda « pourquoi une réduction des prélèvements fiscaux », Kennedy a répondu : pour stimuler l'économie. Vous ne vous souvenez plus de vos cours de macroéconomie ?

Comme l'avaient prévu les conseillers économiques de Kennedy, la réduction fiscale donna lieu à un véritable boom économique : la croissance du PIB réel fut de 5,3 % en 1964 et de 6,0 % en 1965. Le taux de chômage baissa de 5,7 % en 1963 à 5,2 % en 1964 et à 4,5 % en 1965.

Les économistes n'ont pas fini de débattre de la véritable cause de cette expansion économique rapide du début des années 1960. Ceux qui se revendiquent de *l'économie de l'offre* mettent en avant l'effet incitateur de la réduction fiscale : conservant désormais une partie plus élevée de leurs revenus, les travailleurs sont prêts à travailler davantage, ce qui se traduit par une hausse de l'offre agrégée de biens et services. Au contraire, les économistes keynésiens privilégient l'impact de la réduction fiscale sur la demande agrégée : pour eux, la baisse des impôts de 1964 est un exemple heureux de politique budgétaire expansionniste, qui confirme l'approche keynésienne de l'économie. Il est probable que les deux approches détiennent une part de vérité : *les réductions fiscales stimulent l'offre agrégée en améliorant les incitations offertes aux travailleurs et alimentent la demande agrégée en accroissant le revenu disponible des ménages.*

Avant l'élection à la présidence de George W. Bush, en 2000, la réduction des impôts sur le revenu était au centre de son programme électoral. Bush et ses conseillers ont mobilisé les arguments tant de type keynésien que relevant de l'économie de l'offre pour faire passer leur message aux électeurs. Au cours de la campagne, l'économie se portant alors bien, ils allaient répétant que la réduction des taux marginaux d'imposition améliorerait les incitations offertes aux travailleurs. Mais à partir du moment où l'économie a commencé à ralentir et le taux de chômage a commencé à augmenter, la réduction fiscale a été invoquée en tant qu'instrument de stimulation de la dépense et de réduction du risque de récession.

Le Congrès américain a approuvé les réductions fiscales en 2001 et 2003. Après la deuxième réduction d'impôt, le faible recouvrement de l'économie suite à la récession de 2001 s'est transformé en une solide reprise. La croissance du PIB réel était de 4,4 % en 2004. Le taux de chômage est tombé de son niveau record de 6,3 % en juin 2003 à 5,4 % en décembre 2004.

Lorsque le président Bush a signé le projet de loi d'imposition de 2003, il a expliqué la mesure en utilisant la logique de la demande agrégée dans le droit fil de la théorie keynésienne : « Lorsque les gens ont plus d'argent, ils peuvent le dépenser en achat de biens et services. Et dans notre société, quand les gens exigent des biens et services supplémentaires, quelqu'un va les produire. Cela signifie que quelqu'un est en mesure de trouver un emploi. » L'explication pourrait provenir d'un examen d'un cours de macroéconomie !

> **ÉTUDE DE CAS - Augmenter les dépenses publiques pour stimuler l'économie : le plan de relance d'Obama**

Le président Barack Obama a pris ses fonctions à la Maison Blanche en janvier 2009 au moment où l'économie américaine traversait la pire crise depuis la Grande Dépression (nous reviendrons sur les causes de cette crise au chapitre 11). Avant même son investiture, Obama et son équipe ont proposé un gigantesque plan de relance pour redresser la demande agrégée. Le coût de la relance supportée par le gouvernement fédéral était d'environ 800 milliards de dollars, soit environ 5 % du PIB annuel. Le plan était composé de quelques réductions et transferts fiscaux mais principalement d'un fort accroissement des dépenses publiques en biens et services.

Les économistes ont largement débattu des mérites de ce plan de relance. Ainsi, les partisans du plan d'Obama ont signalé que la hausse accrue des dépenses publiques était meilleure que les allégements fiscaux : selon la théorie keynésienne standard, l'effet multiplicateur des dépenses publiques accrues est plus élevé que celui des baisses d'impôts. La raison est simple : lorsque l'État dépense un dollar, celui-ci sera dépensé en totalité alors que, par crainte du lendemain, la réduction d'impôts de 1 dollar accordée aux ménages génère une épargne privée positive. Les conseillers économiques de l'administration d'Obama estiment qu'un dollar de dépenses publiques génère environ $1,57 de PIB supplémentaire alors que le multiplicateur fiscal est de 0,99 seulement. Ainsi, une hausse des dépenses publiques en infrastructure, santé, éducation et autres projets publics est le meilleur chemin pour relancer la demande agrégée et créer des emplois.

Cependant, d'autres économistes étaient sceptiques quant aux retombées de ce plan. En effet, il y a seulement un nombre limité de projets d'investissement publics prêts pour un démarrage immédiat - de projets qui peuvent être lancés assez rapidement pour venir en aide à l'économie à court terme. Par contre, les réductions d'impôts pourraient avoir des effets sur l'économie très rapidement. Les dépenses publiques d'infrastructure nécessitent la mise en œuvre de mécanismes d'appels d'offre et la signature de contrats, ce qui peut prendre des années, même après le démarrage des travaux. Le Congressional Budget Office (CBO) a estimé qu'environ 10 % seulement des dépenses pourraient produire des effets sur l'économie dans les neuf premiers mois de 2009 et une fraction importante de celles-ci aurait des effets des années plus tard. Entre-temps, le plan aurait perdu de ses effets sur la relance et la récession devrait être passée.

En outre, certains économistes pensent que les dépenses publiques liées à des projets d'infrastructure pour promouvoir l'emploi ne répondent pas forcément aux objectifs de développement dans les régions où ces travaux en tant que tels sont jugés comme prioritaires. Gary Becker, prix Nobel d'économie, a expliqué ce point sur son blog comme suit :

> *« Augmenter les dépenses publiques dans des régions en dépression comme Detroit pourrait avoir des effets de relance importants car ces projets de travaux de construction favorisent largement l'emploi. Cependant, la plupart de ces régions sont en récession car on y produisait des biens et services qui n'étaient pas fortement demandés et ne le seront pas dans l'avenir : la demande effective est insuffisante pour absorber la production. Ainsi, il y a un écart entre production et vente. Par conséquent, la valeur ajoutée globale de tels projets de construction de routes et autres infrastructures dans ces régions serait inférieure à celle qui pourrait être obtenue si ces nouveaux investissements sont entrepris dans des régions en croissance, avec un faible taux de chômage mais qui ont besoin urgent de plus de routes, d'écoles et d'autres infrastructures de long terme. »*

Avant que les débats au Congrès sur ces questions ne soient terminés, le président Obama répondait aux critiques comme suit : « J'entends bien votre argument. Ainsi, ce n'est pas une loi de relance, c'est juste une loi portant sur l'accroissement des dépenses de l'État. Eh bien, d'après vous, qu'est-ce qu'une relance si ce n'est un vaste effort budgétaire ? C'est la vraie question. Non, sérieusement. C'est la question la plus importante. » La logique est fondamentalement keynésienne : comme l'économie s'enfonce dans une récession, l'État est l'acteur en dernier ressort pour relancer la demande.

Finalement, le Congrès américain a approuvé le plan de relance de l'économie américaine avec de légères modifications : il est composé de deux tiers de dépenses publiques et d'un tiers d'allègements fiscaux. Barack Obama a signé le projet de loi de 787 milliards de dollars le 17 février 2009.

10.1.2 *Le taux d'intérêt, l'investissement et la courbe IS*

L'équilibre keynésien n'est que la première étape de notre construction du modèle *IS-LM* qui explique la courbe de la demande agrégée d'une économie. Il montre ce qui détermine le revenu de l'économie pour tout niveau donné de l'investissement prévu. Cependant, il fait l'hypothèse irréaliste selon laquelle ce niveau d'investissement prévu est fixe. Le chapitre 3 nous a appris, au contraire, que ce niveau dépend du taux d'intérêt r.

Pour ajouter à notre modèle cette relation entre le taux d'intérêt et l'investissement, nous écrivons comme suit le niveau de l'investissement prévu :

$$I = I(r) \tag{10.13}$$

Le graphique (*a*) de la figure 10.7 représente cette fonction d'investissement. Le taux d'intérêt étant le coût de l'emprunt destiné à financer les projets d'investissement, toute hausse de ce taux d'intérêt réduit l'investissement prévu. C'est pourquoi la pente de la fonction d'investissement est négative.

En combinant la fonction d'investissement et l'équilibre keynésien, nous déterminons comment le revenu varie en fonction du taux d'intérêt. L'investissement étant inversement proportionnel au taux d'intérêt, une hausse de ce dernier de r_1 en r_2 réduit le volume de l'investissement de $I(r_1)$ en $I(r_2)$. À son tour, cette réduction de l'investissement prévu déplace vers le bas la fonction de dépense prévue, comme le montre le graphique (b) de la figure 10.7. En conséquence, le niveau de revenu baisse de Y_1 en Y_2. On voit donc que la hausse du taux d'intérêt diminue le revenu.

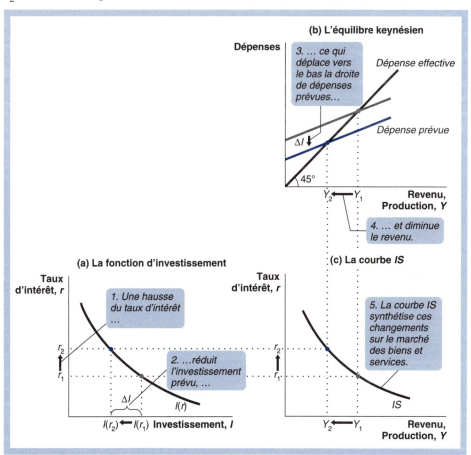

Figure 10.7
La courbe IS

La fonction d'investissement apparaît au graphique (a) : la hausse du taux d'intérêt de r_1 en r_2 réduit l'investissement prévu de $I(r_1)$ en $I(r_2)$. L'équilibre keynésien figure au graphique (b) : la baisse de l'investissement prévu de $I(r_1)$ en $I(r_2)$ réduit le revenu de Y_1 en Y_2. Enfin, le graphique (c) montre la courbe IS, qui synthétise la relation entre le taux d'intérêt et le revenu : plus le premier est élevé, plus le second est faible.

La courbe IS synthétise la relation entre le taux d'intérêt et le niveau de revenu déterminé par la fonction d'investissement (relation entre r et I) et par l'équilibre keynésien (relation entre I et Y). Chaque point sur la courbe IS représente l'équilibre sur le marché des biens et services. Cette courbe montre comment, à l'équilibre, le niveau de revenu dépend du taux d'intérêt. Plus le taux d'intérêt est élevé, plus faible est le niveau de l'investissement prévu et donc celui du revenu. C'est pourquoi la courbe IS a une pente négative, que l'on voit au graphique (c) de la figure 10.7.

10.1.3 Comment la politique budgétaire déplace la courbe IS

La courbe IS représente pour tout taux d'intérêt donné le niveau de revenu qui amène le marché des biens et services à l'équilibre. Comme nous l'apprend l'équilibre keynésien, le niveau de revenu dépend également de la politique budgétaire. La courbe IS se trace à politique budgétaire donnée : G et T sont supposés constants. Lorsque la politique budgétaire se modifie, la courbe IS se déplace.

La figure 10.8 utilise cet équilibre keynésien pour montrer comment une hausse des dépenses publiques de G_1 en G_2, (ΔG), déplace la courbe IS, le taux d'intérêt $\bar{r}$, et donc le niveau de l'investissement prévu, restant constants. L'équilibre keynésien montre que cette modification de la politique budgétaire accroît la dépense prévue et donc le revenu d'équilibre de Y_1 en Y_2. On voit donc que la hausse des dépenses publiques déplace la courbe IS vers la droite.

Nous pouvons à présent utiliser l'équilibre keynésien pour voir comment d'autres modifications de la politique budgétaire déplacent la courbe IS. Une baisse des impôts induisant une hausse de la dépense et du revenu, entraîne également un déplacement vers la droite de la courbe IS. Toute réduction des dépenses publiques ou hausse des impôts réduit le revenu et déplace donc vers la gauche la courbe IS.

En synthèse, la courbe IS montre les combinaisons du taux d'intérêt et du niveau de revenu qui sont compatibles avec l'équilibre sur le marché des biens et services. On la trace pour une politique budgétaire donnée. Les modifications de la politique budgétaire qui accroissent la demande de biens et services déplacent la courbe IS vers la droite. Les modifications de la politique budgétaire qui réduisent la demande de biens et services déplacent la courbe IS vers la gauche.

10.2 LE MARCHÉ MONÉTAIRE ET LA COURBE *LM*

La courbe *LM* trace la relation entre le taux d'intérêt et le niveau de revenu issue du marché des encaisses monétaires. Pour comprendre cette relation, nous partons d'une théorie simple du taux d'intérêt, appelée **théorie de la préférence pour la liquidité**.

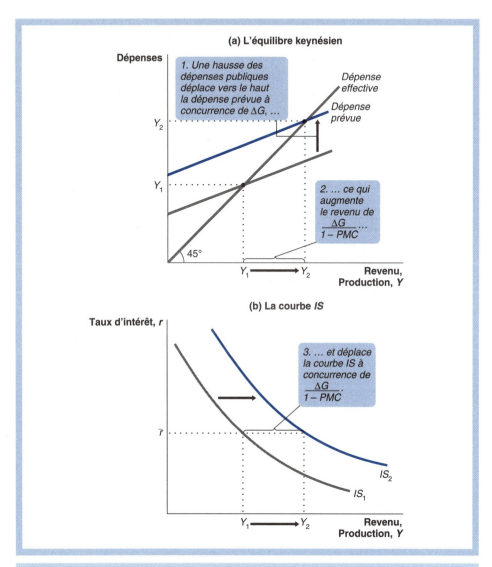

Figure 10.8
Une hausse des dépenses publiques déplace vers le haut la courbe IS

Le graphique (a) montre qu'une hausse des dépenses publiques accroît la dépense prévue. Pour tout taux d'intérêt donné, le déplacement vers le haut de la dépense prévue, à concurrence de ΔG, induit une hausse du revenu Y de $\Delta G/(1 - PMC)$. Ceci induit, au graphique (b), un déplacement proportionnel vers la droite de la courbe *IS*.

10.2.1 *La théorie de la préférence pour la liquidité*

Dans son ouvrage classique *La Théorie générale*, Keynes nous présente sa vision de la détermination à court terme du taux d'intérêt. Cette explication s'appelle théorie de la préférence pour la liquidité parce qu'elle postule que le taux d'intérêt s'ajuste pour égaliser l'offre et la demande de l'actif le plus liquide de l'économie, la monnaie. Tout comme l'équilibre keynésien nous a aidés à construire la courbe *IS*, la théorie de la préférence pour la liquidité va nous aider à élaborer la courbe *LM*.

Nous partons de l'offre d'encaisses monétaires réelles. Si *M* désigne l'offre de monnaie et *P* le niveau des prix, M/P est l'offre d'encaisses monétaires réelles. La théorie de la préférence pour la liquidité fait l'hypothèse d'une offre donnée d'encaisses monétaires. En d'autres termes :

$$(M/P)^s = \overline{M}/\overline{P} \qquad (10.14)$$

L'offre de monnaie *M* est une variable exogène de politique économique choisie par la banque centrale. Le niveau des prix *P* est également une variable exogène dans ce modèle. (Nous supposons comme donné le niveau des prix parce que le modèle *IS-LM* - notre objectif ultime dans ce chapitre - explique le court terme, dans lequel les prix sont rigides.) Ces hypothèses impliquent que l'offre d'encaisses monétaires réelles est elle aussi donnée et, en particulier, ne dépend pas du taux d'intérêt. C'est pourquoi la relation entre encaisses monétaires réelles et taux d'intérêt, à la figure 10.9, revêt la forme d'une courbe d'offre verticale.

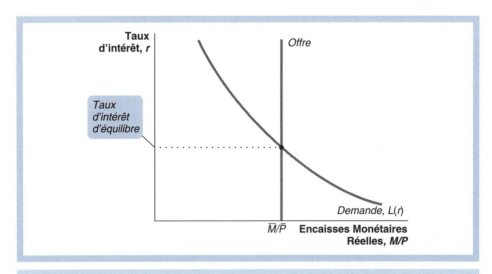

Figure 10.9
La théorie de la préférence pour la liquidité

L'offre et la demande d'encaisses monétaires réelles déterminent le taux d'intérêt. L'offre d'encaisses monétaires réelles est verticale car elle ne dépend pas du taux d'intérêt. La courbe de demande est décroissante car un taux d'intérêt élevé augmente le coût de détention de la monnaie et donc réduit la quantité demandée. Au taux d'intérêt d'équilibre, la quantité demandée d'encaisses monétaires réelles est égale à la quantité offerte.

Tournons-nous maintenant vers la demande d'encaisses monétaires réelles. Les gens détiennent de la monnaie parce qu'elle constitue un actif « liquide » : elle permet des transactions immédiates. La théorie de la préférence pour la liquidité fait l'hypothèse que la quantité d'encaisses monétaires réelles demandées dépend du taux d'intérêt. Ce dernier n'est autre que le coût d'opportunité de la détention de monnaie : c'est ce à quoi on renonce en détenant de la monnaie, laquelle n'est rémunérée par aucun taux d'intérêt, au contraire des dépôts bancaires ou des obligations. Quand le taux d'intérêt augmente, les gens souhaitent détenir une fraction moindre de leur richesse sous forme de monnaie. Nous écrivons donc la demande d'encaisses monétaires réelles comme suit :

$$(M/P)^d = L(r) \qquad (10.15)$$

où la fonction $L(\cdot)$ indique que la quantité demandée de monnaie est fonction du taux d'intérêt. Dans la figure 10.9, la courbe de demande qui en résulte est décroissante, parce que toute hausse du taux d'intérêt réduit la quantité demandée d'encaisses réelles [5].

Pour expliquer comment s'établit le taux d'intérêt qui prévaut dans une économie donnée, nous combinons, à la figure 10.9, l'offre et la demande d'encaisses monétaires réelles. Selon la théorie de la préférence pour la liquidité, le taux d'intérêt s'ajuste pour réaliser l'équilibre sur le marché monétaire. Au taux d'intérêt d'équilibre, la quantité demandée d'encaisses réelles est égale à la quantité de celles-ci qui est offerte.

C'est parce que les gens s'efforcent d'adapter leurs portefeuilles d'actifs dès que le taux d'intérêt n'est pas à son niveau d'équilibre que ce dernier est contraint de s'ajuster pour égaliser l'offre et la demande de monnaie. Si le taux d'intérêt est supérieur à son niveau d'équilibre, la quantité offerte d'encaisses réelles est supérieure à la quantité demandée. Les personnes qui détiennent cette offre excédentaire de monnaie vont tout faire pour convertir une partie de celle-ci en dépôts bancaires ou obligations rémunérés par un taux d'intérêt. Les banques et les émetteurs d'obligations préfèrent bien entendu payer un taux d'intérêt aussi faible que possible : ils vont réagir à cette offre excédentaire de monnaie en réduisant les taux d'intérêt qu'ils offrent. À l'inverse, si le taux d'intérêt est inférieur à son niveau d'équilibre, la quantité demandée de monnaie est supérieure à la quantité offerte, et les gens vont acquérir davantage de monnaie en vendant leurs obligations ou en procédant à des retraits bancaires, le tout poussant le taux d'intérêt à la hausse. Au taux d'intérêt d'équilibre, tout le monde est satisfait de la répartition des portefeuilles d'actifs entre actifs monétaires et non monétaires.

---

5 On remarquera que r désigne ici le taux d'intérêt, comme dans notre exposé de la courbe *IS*. Plus précisément, c'est le taux d'intérêt nominal qui détermine la demande de monnaie, tandis que le taux d'intérêt réel détermine l'investissement. Pour des raisons de simplicité d'exposé, nous ignorons ici l'inflation anticipée, qui provoque un écart entre taux d'intérêt réel et nominal. Pour analyser le court terme, il est souvent plus réaliste de supposer que l'inflation anticipée est constante. Le chapitre 11 aborde le rôle de cette inflation anticipée dans le modèle *IS-LM*.

Selon la théorie de la préférence pour la liquidité, une baisse de l'offre de monnaie accroît le taux d'intérêt et une hausse de l'offre de monnaie diminue celui-ci. Il suffit, pour s'en rendre compte, de supposer que la banque centrale réduit l'offre de monnaie. Cette baisse de M réduit M/P, puisque, dans le modèle, P est donné. L'offre d'encaisses réelles se déplace vers la gauche, comme à la figure 10.10. Le taux d'intérêt d'équilibre augmente de r_1 en r_2. Ce taux d'intérêt accru incite les gens à réduire les quantités d'encaisses monétaires réelles qu'ils détiennent. L'inverse est vrai en cas d'accroissement de l'offre de monnaie. On voit donc que, dans la théorie de la préférence pour la liquidité, la réduction de l'offre de monnaie augmente le taux d'intérêt, et une hausse de l'offre le fait baisser.

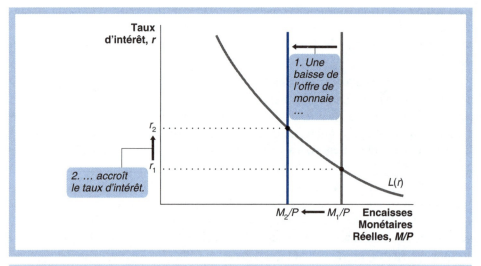

Figure 10.10
Une réduction de l'offre de monnaie dans la théorie de la préférence pour la liquidité

Le niveau des prix étant donné, une baisse de l'offre de monnaie de M_1 en M_2 réduit l'offre d'encaisses réelles. Le taux d'intérêt d'équilibre croît en conséquence de r_1 en r_2.

ÉTUDE DE CAS - Le resserrement de la politique monétaire entraîne-t-il une hausse ou une baisse du taux d'intérêt ?

Comment un resserrement de la politique monétaire agit-il sur les taux d'intérêt nominaux ? D'après les théories développées jusqu'à présent, la réponse varie en fonction de l'horizon temporel. Selon l'analyse de l'effet Fisher que nous avons faite au chapitre 4, à long terme et quand les prix sont flexibles, un resserrement de la politique monétaire devrait réduire l'inflation, ce qui, à son tour, devrait pousser à la baisse les taux d'intérêt nominaux. Par ailleurs, la théorie de la préférence pour la liquidité dit exactement le contraire : à court terme, quand les prix varient peu, les politiques monétaires anti-inflationnistes induisent une baisse des encaisses réelles et une hausse des taux d'intérêt nominaux.

Ces deux conclusions sont parfaitement conformes à ce qui a pu être observé. Au début des années 1980, on a assisté à la réduction la plus importante et la plus rapide de l'inflation de l'histoire des États-Unis. En fait, à la fin des années 1970, l'économie américaine connaissait une inflation à deux chiffres, ce qui posait un problème considérable : en 1979, les prix à la consommation augmentaient au taux de 11,3 % par an. En octobre 1979, deux mois seulement après avoir pris la présidence de la Federal Reserve, Paul Volcker a annoncé un resserrement de la politique monétaire destiné à réduire le taux d'inflation. La réduction de l'offre de monnaie qui s'ensuivit permit de ramener à 3 % seulement le taux d'inflation dès 1983.

Voyons ce qui est arrivé aux taux d'intérêt nominaux. Après l'annonce en octobre 1979 du resserrement de la politique monétaire, on a constaté une baisse des encaisses réelles (*M1* divisé par l'*IPC*) et une hausse des taux d'intérêt comme le prédit la théorie de la préférence pour la liquidité. Les taux d'intérêt nominaux ont augmenté (sur les traites commerciales à trois mois) de 10 %, juste avant l'annonce à 12 % en 1980 et à 14 % en 1981. Ces taux d'intérêt élevés étaient temporaires. Comme Volcker a changé la politique monétaire, les taux d'intérêt nominaux ont effectivement baissé parallèlement à l'inflation, et se sont stabilisés autour de 6 % en 1986.

Ainsi, pour bien comprendre le lien entre politique monétaire et taux d'intérêt nominaux, il est important de garder à l'esprit la théorie de la préférence pour la liquidité et l'effet Fisher. On voit donc que le resserrement de la politique monétaire induit une baisse des taux d'intérêt nominaux à long terme, mais une hausse de ceux-ci à court terme.

10.2.2 Le revenu, la demande de monnaie et la courbe LM

Nous allons maintenant appliquer la théorie de la préférence pour la liquidité pour construire la courbe *LM*. Le taux d'intérêt d'équilibre, celui qui égalise l'offre et la demande de monnaie, dépend du niveau de revenu *Y*. La courbe *LM* exprime cette relation entre niveau de revenu et taux d'intérêt.

Nous avons supposé jusqu'ici que seul le taux d'intérêt influence la quantité demandée d'encaisses réelles. De manière plus réaliste, celle-ci dépend également du niveau de revenu *Y*. Un revenu élevé induit une dépense elle aussi élevée, ce qui signifie que les gens réalisent davantage de transactions impliquant l'utilisation de monnaie : la demande de monnaie croît avec le revenu. Nous pouvons donc écrire la fonction de demande de monnaie comme suit :

$$(M/P)^d = L(r, Y) \qquad (10.16)$$

La quantité demandée d'encaisses monétaires réelles est inversement proportionnelle (relation négative) au taux d'intérêt et proportionnelle (relation positive) au revenu.

À l'aide de la théorie de la préférence pour la liquidité, nous pouvons maintenant voir ce qu'il advient du taux d'intérêt lorsque se modifie le niveau de revenu. La figure 10.11 montre ce qui se passe quand le niveau de revenu croît de Y_1 en Y_2. On voit, au graphique (a), que cette hausse du revenu déplace vers la droite la courbe de demande de monnaie. Pour équilibrer le marché des encaisses monétaires réelles, le taux d'intérêt doit augmenter de r_1 à r_2 : la hausse du revenu provoque une hausse du taux d'intérêt comme l'offre d'encaisses réelles est inchangée.

Chaque point de la courbe *LM* représente un point d'équilibre sur le marché monétaire, et la courbe *LM* représente la relation entre le niveau de revenu et le taux d'intérêt. Plus le revenu est élevé, plus la demande d'encaisses monétaires réelles l'est également et donc plus le taux d'intérêt d'équilibre est lui-même élevé. Pour cette raison, la courbe *LM* est croissante, comme on peut le voir au graphique (b) de la figure 10.11.

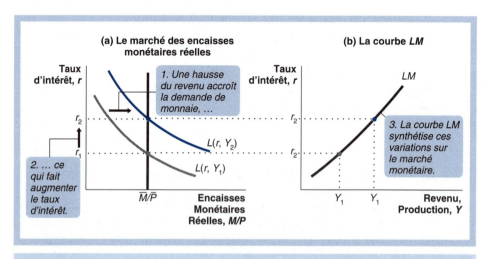

Figure 10.11
La courbe LM

Le graphique (a) représente le marché des encaisses réelles : une hausse du revenu de Y_1 en Y_2 accroît la demande de monnaie, ce qui relève le taux d'intérêt de r_1 en r_2. Le graphique (b) représente la courbe *LM*, qui synthétise cette relation entre taux d'intérêt et revenu : plus le revenu est élevé, plus l'est également le taux d'intérêt.

10.2.3 Comment la politique monétaire déplace-t-elle la courbe LM ?

La courbe *LM* traduit le taux d'intérêt qui équilibre le marché monétaire pour tout niveau donné de revenu. La théorie de la préférence pour la liquidité nous a appris que le taux d'intérêt d'équilibre dépend également de l'offre d'encaisses réelles M/P. La courbe *LM* se trace donc pour une *offre donnée* d'encaisses monétaires réelles. Si les encaisses réelles varient, sous l'effet par exemple d'une modification de l'offre de la monnaie décidée par la banque centrale, la courbe *LM* se déplace.

Nous pouvons maintenant utiliser la théorie de la préférence pour la liquidité pour comprendre comment la politique monétaire déplace la courbe *LM*. Supposons que la banque centrale diminue l'offre de monnaie de M_1 en M_2, ce qui induit une baisse de l'offre d'encaisses réelles de M_1/P en M_2/P. La figure 10.12 illustre ce qui se passe. Le niveau de revenu et donc la courbe de demande d'encaisses réelles étant maintenus constants, nous voyons qu'une réduction de l'offre d'encaisses réelles accroît le taux d'intérêt qui équilibre le marché monétaire. La réduction des encaisses réelles déplace donc la courbe *LM* vers le haut.

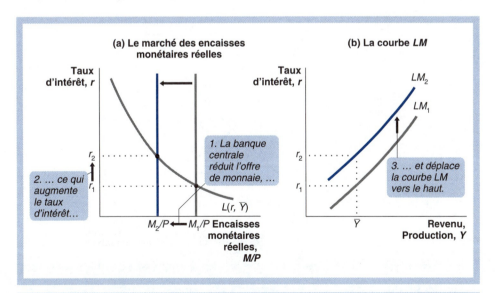

Figure 10.12
Une réduction de l'offre de monnaie déplace vers le haut la courbe LM

Le graphique (a) montre que, pour tout niveau de revenu donné $\overline{Y}$, une réduction de l'offre de monnaie accroît le taux d'intérêt qui équilibre le marché monétaire. En conséquence, la courbe *LM* du graphique (b) se déplace vers le haut.

En synthèse, la courbe LM représente les combinaisons de taux d'intérêt et de niveau de revenu compatibles avec l'équilibre sur le marché des encaisses monétaires réelles. La courbe LM se trace pour une offre donnée d'encaisses monétaires réelles. Toute baisse de l'offre d'encaisses monétaires réelles déplace la courbe LM vers le haut, et toute hausse de l'offre d'encaisses monétaires réelles la déplace vers le bas.

10.3 CONCLUSION : L'ÉQUILIBRE À COURT TERME

Nous disposons à présent de tous les éléments du modèle *IS-LM*, dont les deux équations sont :

$$IS : Y = C(Y - T) + I(r) + G$$
$$LM : M/P = L(r, Y)$$
(10.17)

Le modèle considère comme exogènes la politique budgétaire, G et T, la politique monétaire M et le niveau des prix P. Étant données ces variables exogènes, la courbe *IS* représente les combinaisons de r et de Y qui satisfont l'équation représentant le marché des biens, tandis que la courbe *LM* traduit les combinaisons de r et Y qui satisfont l'équation représentant le marché monétaire. La figure 10.13 présente conjointement ces deux courbes.

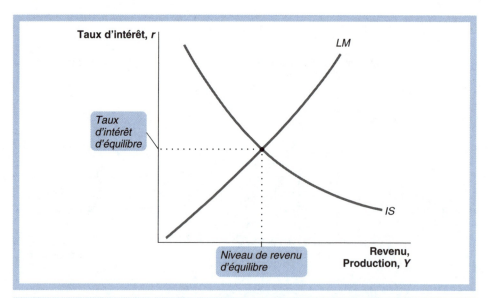

Figure 10.13
L'équilibre dans le modèle IS-LM

L'intersection des courbes *IS* et *LM* représente l'équilibre simultané sur le marché des biens et des services et sur le marché des encaisses monétaires réelles pour toutes valeurs données des dépenses et des recettes publiques, de l'offre de monnaie et du niveau des prix.

L'équilibre de l'économie se situe au point d'intersection entre les courbes *IS* et *LM*. Ce point indique le taux d'intérêt r et le niveau de revenu Y qui satisfont les conditions d'équilibre à la fois sur le marché des biens et sur le marché monétaire. En d'autres termes, en ce point d'intersection, la dépense effective est égale à la dépense prévue et la demande d'encaisses monétaires réelles est égale à l'offre de celles-ci.

En concluant ce chapitre, n'oublions pas que l'objectif ultime de l'élaboration du modèle *IS-LM* à laquelle nous venons de procéder est d'analyser les fluctuations de court terme de l'activité économique. La figure 10.14 montre l'imbrication des divers éléments de notre théorie. Ce chapitre nous a permis de construire l'équilibre keynésien et la théorie de la préférence pour la liquidité en tant que composantes du modèle *IS-LM*. Le chapitre suivant nous permettra d'utiliser ce modèle pour expliquer, tant la position que la pente de la courbe de demande agrégée. Celle-ci, à son tour, est un des éléments du modèle d'offre et de demande agrégées qu'utilisent les économistes pour expliquer les impacts à court terme sur le revenu national de modifications des politiques économiques et d'autres événements.

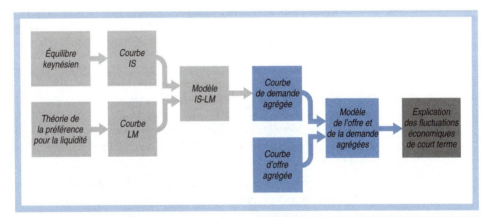

Figure 10.14
La théorie des fluctuations de court terme

Ce schéma montre l'imbrication des divers éléments de la théorie des fluctuations de court terme. L'équilibre keynésien permet d'expliquer la courbe *IS* et la théorie de la préférence pour la liquidité fait de même pour la courbe *LM*. Les courbes *IS* et *LM*, à leur tour, constituent conjointement le modèle *IS-LM*, qui éclaire la courbe de demande agrégée. Cette dernière est un des éléments du modèle de l'offre et de la demande agrégées que les économistes utilisent pour expliquer les fluctuations de court terme de l'activité économique.

Synthèse

1. L'équilibre keynésien est un modèle simple de la détermination du revenu. Il considère comme exogènes la politique budgétaire et l'investissement prévu. Ceci lui permet de montrer qu'il existe un niveau donné du revenu national pour lequel la dépense effective est égale à la dépense prévue. Il montre alors que les variations de la politique budgétaire ont un impact multiplicateur sur le revenu.

2. Si nous permettons à l'investissement prévu de dépendre du taux d'intérêt, l'équilibre keynésien induit une relation entre taux d'intérêt et revenu national. La hausse du taux d'intérêt réduit l'investissement prévu, ce qui, à son tour, diminue le revenu national. La courbe décroissante *IS* synthétise cette relation négative entre taux d'intérêt et revenu.

3. La théorie de la préférence pour la liquidité est un modèle simple de la détermination du taux d'intérêt. Elle considère comme exogènes l'offre de monnaie et le niveau des prix. Elle suppose en outre que le taux d'intérêt s'ajuste pour égaliser l'offre et la demande d'encaisses monétaires réelles. Cette théorie implique que les hausses de l'offre de monnaie réduisent le taux d'intérêt.

4. Si nous permettons à la demande d'encaisses monétaires réelles de dépendre du revenu national, la théorie de la préférence pour la liquidité induit une relation entre revenu et taux d'intérêt. Toute hausse du revenu accroît la demande d'encaisses monétaires réelles, ce qui, à son tour, augmente le taux d'intérêt. La courbe croissante *LM* synthétise cette relation positive entre revenu et taux d'intérêt.

5. Le modèle *IS-LM* combine les éléments de l'équilibre keynésien et de la théorie de la préférence pour la liquidité. La courbe *IS* représente les points d'équilibre sur le marché des biens. La courbe *LM* n'est autre que les points d'équilibre sur le marché monétaire. L'intersection des courbes *IS* et *LM* désigne le taux d'intérêt et le revenu qui assurent l'équilibre simultané du marché des biens et du marché monétaire.

Concepts de base

- Modèle *IS-LM*
- Courbe *IS*
- Courbe *LM*
- Équilibre keynésien
- Multiplicateur des dépenses publiques
- Multiplicateur fiscal
- Théorie de la préférence pour la liquidité

ÉVALUATION DES CONNAISSANCES

1. Utilisez l'équilibre keynésien pour expliquer pourquoi la politique budgétaire a un effet multiplicateur sur le revenu national.
2. Utilisez la théorie de la préférence pour la liquidité pour expliquer pourquoi une hausse de l'offre de monnaie réduit le taux d'intérêt. Quelle hypothèse cette explication fait-elle quant au niveau des prix ?
3. Pourquoi la courbe *IS* est-elle décroissante ?
4. Pourquoi la courbe *LM* est-elle croissante ?

PROBLÈMES ET APPLICATIONS

1. Utilisez l'équilibre keynésien pour prévoir les effets :
   a) d'une hausse des dépenses publiques ;
   b) d'une hausse des impôts ;
   c) d'une hausse équivalente des dépenses publiques et des impôts.

2. À l'équilibre keynésien, faites l'hypothèse que la fonction de consommation est donnée par
$$C = 200 + 0,75\,(Y - T)$$
   L'investissement prévu est égal à 100 ; tout comme les dépenses publiques et les impôts.
   a) Représentez graphiquement la dépense prévue en fonction du revenu.
   b) Quel est le niveau d'équilibre du revenu ?
   c) Si les dépenses publiques augmentent à 125, quel est le nouveau revenu d'équilibre ?
   d) Quel niveau des dépenses publiques faut-il pour obtenir un revenu de 1 600 ?

3. Même si, dans ce chapitre, nous avons supposé les impôts donnés, dans le cadre de l'équilibre keynésien, la fiscalité est, dans de nombreux pays, proportionnelle au revenu. Représentons le régime fiscal en écrivant les recettes fiscales comme suit :
$$T = \overline{T} + tY$$
   où $\overline{T}$ et t sont les paramètres du code fiscal. Le paramètre t est le taux marginal de taxation : si le revenu augmente de \$1, les impôts augmentent de $t \times \$1$.
   a) Comment ce régime fiscal modifie-t-il la manière dont la consommation réagit aux variations du PIB ?
   b) À l'équilibre keynésien, comment ce régime fiscal modifie-t-il la réaction de l'économie à une variation des dépenses publiques ?
   c) Dans le modèle *IS-LM*, comment ce régime fiscal modifie-t-il la pente de la courbe *IS* ?

4. Considérez l'impact d'une hausse de la propension à épargner dans le cadre du modèle d'équilibre keynésien. Prenons comme fonction de consommation :

$$C = \overline{C} + c\,(Y - T)$$

où $\overline{C}$ est un paramètre appelé *consommation autonome* et c est la propension marginale à consommer.

a) Qu'advient-il du revenu d'équilibre à la suite de cette hausse de la propension à épargner, représentée par une baisse de $\overline{C}$?
b) Qu'advient-il de l'épargne d'équilibre ?
c) Selon vous, pourquoi ce résultat est-il appelé *paradoxe de l'épargne* ?
d) Trouve-t-on également ce paradoxe dans le modèle classique du chapitre 3 ? Pourquoi ou pourquoi pas ?

5. Supposons que la fonction de demande de monnaie soit

$$(M/P)^d = 1000 - 100r$$

où r est le taux d'intérêt en pourcentage. L'offre de monnaie M est égale à 1 000 et le niveau des prix P à 2.

a) Représentez graphiquement l'offre et la demande d'encaisses monétaires réelles.
b) Quel est le taux d'intérêt d'équilibre ?
c) Supposons donné le niveau des prix. Qu'advient-il du taux d'intérêt d'équilibre si l'offre de monnaie croît de 1 000 à 1 200 ?
d) Si la banque centrale souhaite accroître le taux d'intérêt à 7 %, quelle offre de monnaie doit-elle adopter ?

LA DEMANDE AGRÉGÉE II : L'APPLICATION DU MODÈLE *IS-LM*

La science est un véritable parasite : plus le nombre de patients est élevé, plus la physiologie et la pathologie progressent, et donc meilleurs sont les résultats thérapeutiques obtenus. L'année 1932 marque le moment le plus noir de la Grande Dépression et c'est de son cadre honni qu'a progressivement émergé la nouvelle discipline que nous appelons aujourd'hui macroéconomie.

Paul Samuelson

11.1 L'explication des fluctuations à l'aide du modèle *IS-LM*   **396**

11.2 Le cadre *IS-LM* en tant que théorie de la demande agrégée   **408**

11.3 La Grande Dépression   **413**

11.4 Conclusion   **425**

Le chapitre 10 nous a permis d'assembler les éléments constitutifs du modèle *IS-LM*. Nous y avons vu que la courbe *IS* représente l'équilibre sur le marché des biens et services, tandis que la courbe *LM* représente l'équilibre sur le marché des encaisses monétaires réelles, et que, conjointement, les courbes *IS* et *LM* déterminent le taux d'intérêt et le revenu national à court terme lorsque le niveau des prix est constant. Nous allons à présent utiliser le modèle *IS-LM* pour analyser trois grands thèmes.

Le premier de ceux-ci consiste à rechercher les causes potentielles des fluctuations du revenu national. Plus précisément, nous allons utiliser le modèle *IS-LM* pour voir comment des modifications des variables exogènes (recettes et dépenses publiques, offre de monnaie) se répercutent sur les variables endogènes (taux d'intérêt et revenu national) lorsque le niveau des prix est fixe. Nous étudierons également comment divers chocs sur le marché des biens et services (courbe *IS*) et sur le marché monétaire (courbe *LM*) affectent à court terme le taux d'intérêt et le revenu national.

Nous nous tournerons ensuite vers l'intégration du modèle *IS-LM* au modèle plus large de l'offre et de la demande agrégées que nous avons élaboré au chapitre 9. En particulier, nous tirerons du modèle *IS-LM* une théorie expliquant la pente et le niveau de la courbe de demande agrégée. Pour ce faire, nous lèverons l'hypothèse selon laquelle le niveau des prix est fixe : ceci nous permettra de voir que le modèle *IS-LM* implique une relation négative entre niveau des prix et revenu national. Le modèle peut encore nous dire quels événements déplacent la courbe de demande agrégée et dans quelle direction.

Enfin, nous étudierons la Grande Dépression des années 1930, qui a incité Keynes et ses disciples à présenter la demande agrégée comme l'un des déterminants essentiels du revenu national et ses fluctuations. Comme l'indique la citation en tête de ce chapitre, c'est de la Grande Dépression qu'est issue la théorie macroéconomique de court terme. Le modèle *IS-LM* nous permet d'aborder les diverses explications de cette dramatique récession mais aussi des récessions plus récentes comme celles de 2001 et 2008.

11.1 L'EXPLICATION DES FLUCTUATIONS À L'AIDE DU MODÈLE *IS-LM*

L'intersection des courbes *IS* et *LM* détermine le niveau du revenu national. Celui-ci fluctue dès que l'une de ces deux courbes se déplace, modifiant l'équilibre à court terme de l'économie. Cette section montre comment les modifications des politiques économiques autant que les chocs exogènes affectant l'économie sont susceptibles de déplacer les courbes *IS* et *LM*.

11.1.1 Comment la politique budgétaire déplace la courbe IS et modifie l'équilibre de court terme

Nous examinons tout d'abord l'impact des modifications de la politique budgétaire sur l'économie, en nous souvenant que de telles modifications influencent la dépense prévue et déplacent donc la courbe *IS*. Le modèle *IS-LM* nous montre comment ces déplacements de la courbe *IS* affectent le revenu et le taux d'intérêt.

A. Les modifications des dépenses publiques

Nous commençons par l'impact d'une hausse des dépenses publiques ΔG. Selon le multiplicateur des dépenses publiques de l'équilibre keynésien, pour tout taux d'intérêt donné, cette modification de la politique budgétaire accroît le niveau de revenu de $\Delta G/(1 - PMC)$. C'est pourquoi, comme le montre la figure 11.1, la courbe *IS* se déplace proportionnellement vers la droite. L'équilibre de l'économie passe du point *A* au point *B*. La hausse des dépenses publiques accroît tant le revenu que le taux d'intérêt.

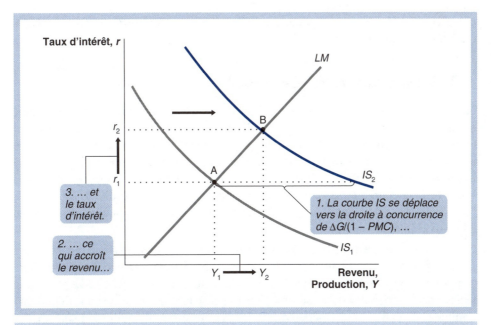

Figure 11.1
Une hausse des dépenses publiques dans le modèle IS-LM

Une hausse de dépenses publiques déplace la courbe *IS* vers la droite. L'équilibre passe de A en B. Le revenu augmente de Y_1 en Y_2 et le taux d'intérêt de r_1 en r_2.

Pour bien comprendre ce qui se passe à la figure 11.1, il est utile de se souvenir des éléments du modèle *IS-LM* fournis au chapitre précédent par les théories keynésiennes de l'équilibre et de la préférence pour la liquidité, dont nous tirons l'enchaînement de faits suivant. La hausse des achats publics de biens et services augmente la dépense prévue de l'économie, ce qui stimule la production de biens et services et pousse à la hausse le revenu total Y. On reconnaît là les effets maintenant familiers issus de l'équilibre keynésien.

Nous nous tournons maintenant vers le marché monétaire que décrit la théorie de la préférence pour la liquidité. La demande de monnaie de l'économie étant fonction du revenu, la hausse de ce dernier en suscite une augmentation pour tout taux d'intérêt donné. Mais l'offre de monnaie ne s'étant pas modifiée, ceci relève le taux d'intérêt d'équilibre r.

Loin de rester sans impact sur le marché des biens et services, cette hausse du taux d'intérêt sur le marché monétaire incite les entreprises à revoir à la baisse leurs projets d'investissement, ce qui compense partiellement l'effet expansionniste de la hausse des dépenses publiques. En bout de course, la hausse du revenu induite par l'expansion budgétaire dans le modèle *IS-LM* s'avère inférieure à ce que prévoit le modèle d'équilibre keynésien, où l'investissement est supposé constant. C'est ce que montre la figure 11.1, où le déplacement vers la droite de la courbe *IS* est égal à la hausse du revenu d'équilibre dans le modèle keynésien et supérieur à son ampleur dans le modèle *IS-LM*. L'écart s'explique par l'effet d'éviction de l'investissement privé dû à la hausse du taux d'intérêt.

B. Les modifications des recettes fiscales

Dans le modèle *IS-LM*, un changement des recettes fiscales affecte l'économie comme le fait une modification des dépenses publiques mais les impôts affectent les dépenses à travers la consommation. De même, le multiplicateur fiscal de l'équilibre keynésien nous dit que, pour tout taux d'intérêt donné, une baisse des impôts ΔT accroît le niveau de revenu de $\Delta T \times PMC/(1 - PMC)$. En conséquence, comme l'illustre la figure 11.2, la courbe *IS* se déplace proportionnellement vers la droite. L'équilibre de l'économie passe du point A au point B : la réduction fiscale accroît à la fois le revenu et le taux d'intérêt.

Vous aurez remarqué que la hausse du revenu faisant suite à une réduction des impôts est également moins importante dans le modèle *IS-LM* que dans l'équilibre keynésien. Cela ressort de la figure 11.2. Dans le modèle de l'équilibre keynésien, le déplacement horizontal de la courbe *IS* est égal à la hausse du revenu d'équilibre. L'ampleur de celle-ci est supérieure à la hausse du revenu d'équilibre donnée par le modèle *IS-LM*. La raison en est que l'équilibre keynésien suppose donné le niveau d'investissement, tandis que le modèle *IS-LM* tient compte du fait que l'investissement baisse lorsque le taux d'intérêt augmente. Dans le modèle *IS-LM*, une réduction fiscale accroît le taux d'intérêt et évince l'investissement.

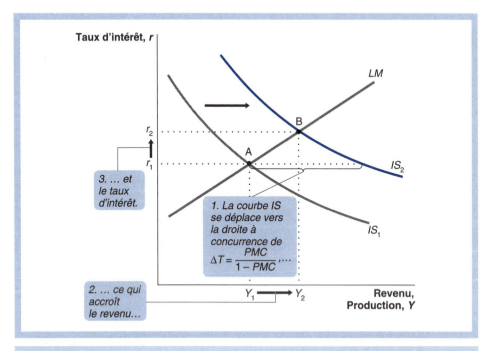

Figure 11.2
Une baisse des impôts dans le modèle IS-LM

Une baisse des impôts déplace la courbe *IS-LM* vers la droite. L'équilibre passe de A en B. Le revenu augmente de Y_1 en Y_2 et le taux d'intérêt de r_1 en r_2.

11.1.2 Comment la politique monétaire déplace la courbe LM et modifie l'équilibre de court terme

Les modifications de la politique monétaire modifient le taux d'intérêt qui équilibre le marché monétaire pour tout niveau de revenu donné et déplacent donc la courbe *LM* : le modèle *IS-LM* nous montre comment un déplacement de la courbe *LM* affecte le revenu et le taux d'intérêt.

Une hausse de l'offre de monnaie M induit un accroissement de M/P, puisque P est donné à court terme. Selon la théorie de la préférence pour la liquidité, pour tout niveau donné de revenu, un accroissement des encaisses monétaires réelles induit une baisse du taux d'intérêt. En conséquence, la courbe *LM* se déplace vers le bas, comme l'illustre la figure 11.3. L'équilibre passe du point *A* au point *B*. La hausse de l'offre de monnaie diminue le taux d'intérêt et accroît le niveau de revenu.

À nouveau, les éléments de base du modèle *IS-LM*, l'équilibre keynésien et la préférence pour la liquidité, nous aident à comprendre la transition de l'économie de l'équilibre *A* vers l'équilibre *B*. Nous partons cette fois du marché monétaire, objet de

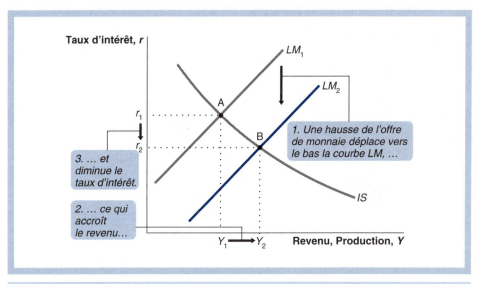

Figure 11.3
Une hausse de l'offre de monnaie dans le modèle IS-LM

Une hausse de l'offre de monnaie déplace vers le bas la courbe *LM*. L'équilibre passe de A en B. Le revenu augmente de Y_1 en Y_2 et le taux d'intérêt baisse de r_1 en r_2.

la mesure initiale d'accroissement de l'offre de monnaie. Cette mesure a pour conséquence que les gens détiennent plus de monnaie qu'ils souhaitent au taux d'intérêt en vigueur. Ils constituent donc des dépôts bancaires et/ou achètent des obligations, ce qui a pour effet de faire baisser le taux d'intérêt r jusqu'au point où les gens détiennent à nouveau toutes les encaisses créées par la banque centrale, point où s'établit le nouvel équilibre du marché monétaire. Cette baisse du taux d'intérêt a des effets sur le marché des biens et services, où elle stimule l'investissement prévu, ce qui accroît la dépense prévue, la production et le revenu Y.

Le modèle *IS-LM* nous montre donc comment la politique monétaire influence le revenu en modifiant le taux d'intérêt. Cette conclusion éclaire notre analyse de la politique monétaire du chapitre 9. Nous y avons vu qu'à court terme, lorsque les prix sont rigides, toute expansion de l'offre de monnaie accroît le revenu. Mais nous n'avons pas abordé le **mécanisme de transmission monétaire**, par lequel une expansion monétaire induit des dépenses accrues en biens et services. Le modèle *IS-LM* indique qu'*une hausse de l'offre de monnaie réduit le taux d'intérêt, ce qui, à son tour, stimule l'investissement et induit une expansion de la demande de biens et services*. Le chapitre suivant montre que, dans des économies ouvertes, le taux de change joue également un rôle dans le mécanisme de transmission monétaire. Cependant, dans des pays comme les États-Unis, le taux d'intérêt est le paramètre déterminant.

11.1.3 *L'interaction entre les politiques monétaire et budgétaire*

On ne peut oublier, dans l'analyse de toute modification de la politique monétaire ou de la politique budgétaire, que ces deux politiques ne sont pas nécessairement indépendantes l'une de l'autre. Si une modification de l'une des deux politiques affecte l'autre, cela peut avoir un impact sur le résultat qui en est attendu.

Par exemple, si le Congrès américain propose, en vue de réduire le déficit budgétaire, une hausse des impôts, quel effet peut-on attendre d'une telle politique sur l'économie ? Selon le modèle *IS-LM*, la réponse dépend de la réaction de la banque centrale, la Fed, à la hausse des impôts.

La figure 11.4 illustre trois des nombreux résultats possibles. Au graphique (*a*), la banque centrale maintient constante l'offre de monnaie. La hausse des impôts déplace la courbe *IS* vers la gauche, ce qui réduit à la fois le revenu (les impôts accrus réduisent les dépenses de consommation) et le taux d'intérêt (la baisse du revenu réduit la demande de monnaie). La chute du revenu indique que la hausse fiscale provoque une récession.

Au graphique (*b*), la banque centrale s'efforce de maintenir constant le taux d'intérêt. Dans ce cas, comme la hausse des impôts déplace la courbe *IS* vers la gauche, la banque centrale doit réduire l'offre de monnaie pour maintenir le taux d'intérêt à son niveau initial. Il s'ensuit un déplacement de la courbe *LM* vers le haut. Le taux d'intérêt ne baisse pas, mais le revenu diminue davantage que si la banque centrale avait maintenu constante l'offre de monnaie. Nous pouvons facilement remarquer qu'au graphique (a), la baisse du taux d'intérêt stimule les investissements et compense partiellement le ralentissement de l'activité suite à la hausse des impôts. Au contraire, au graphique (b), la politique menée par la banque centrale en maintenant le taux d'intérêt à son niveau initial accentue la récession.

Au graphique (*c*), la banque centrale s'efforce d'empêcher que la hausse des impôts réduise le revenu. À cette fin, elle doit accroître l'offre de monnaie, ce qui déplace la courbe *LM* vers le bas afin de compenser le déplacement de la courbe *IS*. Dans ce cas, la hausse des impôts n'induit pas de récession, mais provoque une forte baisse des taux d'intérêt. Bien que le revenu demeure inchangé, la combinaison de la hausse des impôts et de l'expansion monétaire modifie l'allocation des ressources de l'économie. Les impôts accrus dépriment la consommation, alors que la baisse des taux d'intérêt stimule l'investissement. Le revenu ne varie pas car ces deux effets se compensent exactement.

Cet exemple montre que l'impact d'une modification de la politique budgétaire dépend de l'objectif poursuivi par la banque centrale : veut-elle maintenir fixe l'offre de monnaie, le taux d'intérêt ou le niveau de revenu ? Plus généralement, chaque fois que nous souhaitons étudier les effets d'une modification de la politique budgétaire ou de la politique monétaire, nous devons tenir compte des interactions entre les deux

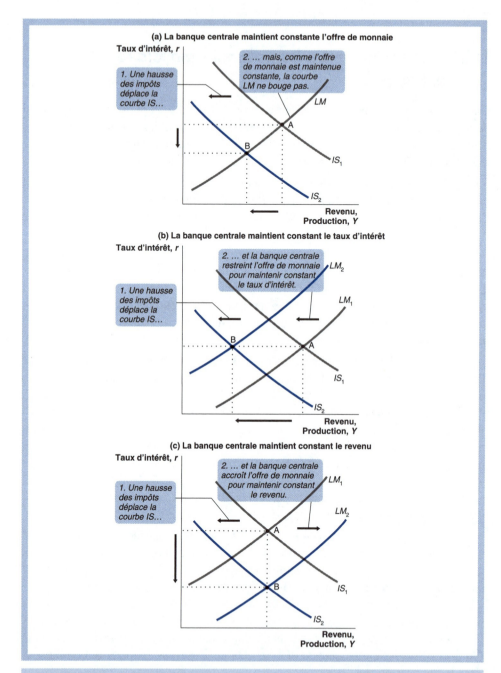

Figure 11.4
La réaction de l'économie à une hausse des impôts

La manière dont l'économie réagit à une hausse des impôts dépend de la réaction de la banque centrale. Au graphique (a), celle-ci maintient constante l'offre de monnaie. Au graphique (b), elle maintient constant le taux d'intérêt en réduisant l'offre de monnaie. Au graphique (c), elle maintient constant le niveau de revenu en accroissant l'offre de monnaie. Dans chaque cas l'économie passe du point A au point B.

types de politique. Ces interactions sont propres à chaque cas d'espèce et dépendent des nombreuses considérations d'ordre politique qui sous-tendent l'élaboration des politiques économiques.

> **ÉTUDE DE CAS - L'analyse des politiques économiques à l'aide des modèles macroéconomiques**
>
> Le modèle *IS-LM* montre comment les politiques monétaire et budgétaire influencent le niveau de revenu d'équilibre. Les prévisions de ce modèle, cependant, sont qualitatives et non quantitatives. Le modèle *IS-LM* nous dit que les hausses des dépenses publiques accroissent le PIB et que les relèvements d'impôts réduisent le PIB. Cependant, lorsqu'ils étudient des propositions précises de politique économique, les économistes ne doivent pas seulement connaître la direction de leurs impacts, mais également leur ampleur. Par exemple, si le parlement accroît les impôts de $100 milliards, et si la politique monétaire reste inchangée, de combien va baisser le PIB ? Pour répondre à cette question, les économistes doivent dépasser la seule représentation graphique du modèle *IS-LM*.
>
> Les modèles macroéconomiques sont l'un des instruments permettant d'évaluer les propositions de politique économique. Un *modèle macroéconomique* décrit l'économie en termes quantitatifs plutôt que qualitatifs. Beaucoup de ces modèles sont, en substance, des versions plus complexes et plus réalistes de notre modèle simple *IS-LM*. Pour construire leurs modèles macroéconomiques, les économistes utilisent des données historiques, à l'aide desquelles ils estiment des paramètres tels que la propension marginale à consommer, ou encore la sensibilité de l'investissement ou de la demande de monnaie au taux d'intérêt. Grâce à ces modèles, les économistes simulent alors, à l'aide d'ordinateurs, les effets de diverses politiques économiques possibles.
>
> Le tableau 11.1 présente les multiplicateurs de la politique budgétaire issus d'un modèle macroéconomique très largement utilisé, le modèle DRI, qui tire

Tableau 11.1
Les multiplicateurs de la politique budgétaire du modèle DRI

Scénario de politique monétaire	Valeur des multiplicateurs	
	$\Delta Y/\Delta G$	$\Delta Y/\Delta T$
Taux d'intérêt nominal inchangé	1,93	−1,19
Offre de monnaie inchangée	0,60	−0,26

Note : Le tableau donne les multiplicateurs de la politique budgétaire correspondant à une modification durable des dépenses publiques ou des impôts sur le revenu des personnes physiques. Les multiplicateurs sont calculés un an après l'introduction de la modification de la politique budgétaire.

Source : Otto Eckstein, *The DRI Model of the U.S. Economy* (New York : McGraw-Hill, 1983), 169.

son nom de la société de prévisions économiques qui en a construit la première version, *Data Resources Incorporated*. On y trouve les multiplicateurs induits par deux réactions possibles de la banque centrale à des modifications de la politique budgétaire.

Dans un des deux scénarios de la politique monétaire présentés au tableau 11.1, la banque centrale maintient constant le taux d'intérêt nominal. Cela veut dire qu'au moment où la politique budgétaire déplace vers la droite ou vers la gauche la courbe *IS*, la banque centrale ajuste l'offre de monnaie pour déplacer la courbe *LM* dans le même sens. En l'absence d'effet d'éviction de l'investissement induit par une variation du taux d'intérêt, les multiplicateurs de la politique budgétaire sont semblables à ceux de l'équilibre keynésien. Le modèle DRI nous dit que, dans ce cas, le multiplicateur des dépenses publiques est égal à 1,93 et le multiplicateur fiscal à -1,19. En d'autres termes, une hausse de $100 milliards des dépenses publiques accroît le PIB de $193 milliards, et une hausse de $100 milliards des impôts diminue le PIB de $119 milliards.

Le deuxième scénario relatif à la politique monétaire est celui d'une banque centrale qui maintient constante l'offre de monnaie pour empêcher tout déplacement de la courbe *LM*. L'éviction est alors substantielle. Le multiplicateur des dépenses publiques n'atteint que 0,60 et le multiplicateur fiscal - 0,26. Ceci veut dire qu'une hausse de $100 milliards des dépenses publiques accroît le PIB de $60 milliards, et une hausse de $100 milliards des impôts le diminue de $26 milliards.

Il ressort donc clairement du tableau 11.1 que les multiplicateurs de la politique budgétaire peuvent être très différents en fonction des hypothèses retenues quant à la politique monétaire : ceci confirme que l'impact d'une modification de la politique budgétaire dépend crucialement de la réaction qu'adopte l'autorité monétaire face à ce changement.

11.1.4 *Les chocs dans le modèle IS-LM*

Le modèle *IS-LM* éclaire la détermination à court terme du revenu national. Nous pouvons donc l'utiliser pour étudier comment diverses perturbations économiques affectent le revenu. Jusqu'ici, nous avons étudié les déplacements de la courbe *IS* et de la courbe *LM*, respectivement sous l'impact de variations de la politique budgétaire et de la politique monétaire. Nous pouvons, de même, classer d'autres types de perturbations en deux catégories : les chocs sur la courbe *IS* et les chocs sur la courbe *LM*.

Les chocs sur la courbe *IS* sont des variations exogènes de la demande de biens et services. Certains économistes, et d'abord Keynes, ont insisté sur le fait que les variations de la demande peuvent avoir pour origine les *esprits animaux* des investisseurs, soit des vagues exogènes, éventuellement autoréalisatrices, d'optimisme et de pessimisme quant à leurs perspectives de vente. Supposons, par exemple, que les entreprises deviennent pessimistes quant au contexte économique futur et qu'elles suspendent leurs plans d'investissement. Cette réduction de la demande de biens d'investissement provoque un déplacement négatif de la fonction d'investissement : à tout taux d'intérêt donné, les entreprises investissent moins. Cette baisse de l'investissement déplace vers la gauche la courbe *IS*, ce qui réduit l'emploi et le revenu. Cette baisse du revenu d'équilibre vient partiellement confirmer le bien-fondé du pessimisme initial des entreprises.

Des chocs similaires sur la courbe *IS* peuvent tout aussi bien avoir pour origine des variations de la demande des biens de consommation. Supposons que les consommateurs deviennent plus confiants dans leurs perspectives économiques suite à l'élection d'un président très populaire et qu'en conséquence, ils réduisent leur épargne et consomment davantage aujourd'hui. Cette modification peut s'interpréter comme un glissement vers le haut de la fonction de consommation, qui déplace la courbe *IS* vers la droite et accroît donc le revenu.

Les chocs sur la courbe *LM* ont, quant à eux, pour origine des variations exogènes de la demande de monnaie. Supposons par exemple que la demande de monnaie croisse substantiellement suite à une restriction des disponibilités des cartes de crédit. La théorie de la préférence pour la liquidité nous dit que, pour tout niveau donné du revenu et de l'offre de monnaie, quand la demande augmente, le taux d'intérêt qui doit équilibrer le marché monétaire est nécessairement élevé. Ainsi, la hausse de la demande de monnaie déplace la courbe *LM* vers le haut, ce qui tend à accroître le taux d'intérêt et à diminuer le revenu.

En synthèse, divers types d'événements suscitent des fluctuations économiques en déplaçant les courbes *IS* et *LM*. Ces fluctuations ne sont pourtant pas inévitables. Les politiques monétaire et budgétaire peuvent s'efforcer de compenser ces chocs exogènes. Si les politiques économiques sont modifiées en temps opportun (ce qui suppose que les décideurs publics soient assez compétents et réagissent rapidement dans leur prise de décision), les chocs affectant les courbes *IS* et *LM* n'induisent de fluctuations, ni du revenu ni de l'emploi.

ÉTUDE DE CAS - Le ralentissement de l'économie américaine en 2001

En 2001, l'activité économique aux États-Unis s'est fortement ralentie. Le taux de chômage est passé de 3,9 % en octobre 2000 à 4,9 % en août 2001 et à 6,3 % en juin 2003. Ce ralentissement revêtait de nombreux traits d'une récession provoquée par une chute de la demande agrégée.

Trois chocs substantiels permettent d'expliquer cette évolution. Le premier est un fort recul de la valorisation boursière. Au cours des années 1990, les marchés boursiers, dynamisés par l'optimisme des investisseurs quant aux perspectives des technologies de l'information, ont été extrêmement florissants. Les faits ultérieurs ont donné raison aux économistes qui, à l'époque, jugeaient excessif cet optimisme. Quand celui-ci s'est atténué, les cours moyens des actions ont baissé de quelque 25 % entre les mois d'août 2000 et 2001. Cette baisse a bien entendu réduit d'autant la richesse des ménages détenteurs d'actions qui, à leur tour, ont diminué leurs dépenses de consommation. Par ailleurs, les perceptions moins favorables de la rentabilité des nouvelles technologies ont entraîné une chute de l'investissement. Au regard du modèle *IS-LM*, la courbe *IS* s'est déplacée vers la gauche.

Le deuxième choc a bien entendu été l'attaque terroriste sur New York et Washington du 11 septembre 2001. Au cours de la semaine suivante, la Bourse a encore perdu 12 %, enregistrant l'évolution hebdomadaire la plus négative depuis la Grande Dépression des années 1930. De surcroît, l'attaque a sapé plus encore la confiance des Américains dans l'avenir. En conséquence, ménages et entreprises ont remis leurs projets à plus tard, lorsqu'ils y verraient plus clair, réduisant d'autant leurs dépenses, induisant un nouveau glissement vers la gauche de la courbe *IS*.

Le troisième choc a été déclenché par une série de scandales comptables impliquant certaines sociétés américaines les plus en vue, notamment Enron et Worldcom. Le résultat de ces scandales a été la faillite de certaines entreprises qui se sont affichées frauduleusement plus rentables qu'elles ne l'étaient réellement. Des condamnations pénales ont été prononcées à l'encontre des cadres qui ont été responsables des fraudes et de nouvelles lois visant à réglementer les normes comptables des entreprises ont été votées. Ces événements ont secoué les cours boursiers et ont découragé les investissements induisant un troisième déplacement de la courbe *IS* vers la gauche.

Les politiques budgétaire et monétaire ont promptement réagi à ces événements. En 2001, le Congrès a adopté une réduction fiscale comportant un volet « abattement » à effet immédiat suivie d'une autre réduction fiscale importante en 2003, l'objectif étant une stimulation instantanée de la demande agrégée (voir l'étude de cas sur la relance de la demande au chapitre 10). En outre, au lendemain de l'attaque terroriste, le Congrès a autorisé une hausse des dépenses publiques en affectant des fonds à la reconstruction du Manhattan Center et au soutien financier des compagnies aériennes, déjà en difficulté et durement affectées par les événements. Ces deux mesures budgétaires ont repoussé la courbe *IS* vers la droite.

Parallèlement, la Banque centrale américaine, familièrement appelé la Fed, a poursuivi sa politique monétaire expansionniste, déplaçant la courbe *LM* vers la droite. La croissance monétaire s'est accélérée et les taux d'intérêt ont baissé. Le taux d'intérêt sur les bons du Trésor à trois mois sont passés de 6,4 % en novembre 2000 à 3,3 % en août 2001. Après les attaques terroristes et les scandales comptables, la Fed poursuivit sa politique monétaire expansionniste entraînant le même taux à 0,9 % en juillet 2003, le plus bas taux depuis des décennies.

> Les politiques monétaire et budgétaire ont permis de contrecarrer les chocs subis par l'économie américaine. La croissance économique a repris dans la seconde moitié de l'année 2003 et s'est poursuivie fortement en 2004. En juillet 2005, le taux de chômage a été ramené à environ 5,0 % pour y rester jusqu'en 2008, date de la dernière récession. Les causes de celle-ci seront examinées dans une autre étude de cas plus loin dans ce chapitre.

11.1.5 Quel est l'instrument de la politique de la Fed : l'offre de monnaie ou le taux d'intérêt ?

Nous avons basé notre analyse de la politique monétaire sur l'hypothèse que la Fed influence l'économie en contrôlant l'offre de monnaie. Vous aurez par contre remarqué que les médias, lorsqu'ils relatent les modifications de la politique de la Fed, se contentent le plus souvent de dire que celle-ci a augmenté ou diminué les taux d'intérêt. Où est la vérité ? Pour divergentes qu'elles puissent paraître, ces deux descriptions sont exactes et il est important de comprendre pourquoi.

Au cours des dernières années, la Fed a utilisé le *taux des fonds fédéraux* (Federal funds rate) - le taux qu'appliquent les banques à leurs emprunts réciproques au jour le jour - comme instrument de sa politique à court terme. Lorsque, toutes les six semaines, le Federal Open Market Committee se réunit pour fixer la politique monétaire, ses membres adoptent par vote la valeur cible de ce taux qui sera en vigueur pendant les six semaines suivantes. Au terme de ces réunions, l'instruction est donnée aux opérateurs de la Fed à New York d'intervenir sur l'« open market », le marché libre, pour que le taux choisi soit atteint et maintenu. Ces interventions modifient l'offre de monnaie et déplacent la courbe *LM* vers la gauche ou vers la droite de telle sorte que le taux d'intérêt d'équilibre (situé à l'intersection des courbes *IS* et *LM*) corresponde au taux choisi.

Ce sont ces interventions qui expliquent l'habitude de décrire la politique de la Fed en termes de variations des taux d'intérêt. Ceci ne doit cependant pas faire oublier les modifications sous-jacentes de la masse monétaire. Prenons l'exemple d'un journal rapportant le fait que « la Fed a diminué les taux d'intérêt ». De manière plus précise, nous dirions : « Le Federal Open Market Committee a donné instruction aux opérateurs en obligations de la Fed d'acheter des bons du Trésor sur l'open market pour augmenter l'offre de monnaie, déplacer la courbe *LM* et réduire le taux d'intérêt d'équilibre pour qu'il corresponde à la nouvelle valeur cible inférieure retenue par le Comité lors de sa dernière réunion. »

Pourquoi la Fed a-t-elle choisi le taux d'intérêt, plutôt que la masse monétaire, en tant qu'instrument de sa politique à court terme ? L'une des réponses possibles est que les chocs sur la courbe *LM* sont plus répandus que les chocs sur la courbe *IS*. Quand la Fed fixe les valeurs cibles de taux d'intérêt, elle compense automatiquement les chocs sur *LM* en modifiant l'offre de monnaie, mais cette politique exacerbe les chocs sur *IS*. Si les chocs sur *LM* sont prépondérants, une politique de taux d'intérêt cibles induit une plus grande stabilité économique qu'une politique utilisant la masse monétaire comme instrument (l'exercice 7 en fin de ce chapitre vous invite à une analyse plus complète de ce dilemme). Une autre raison qui peut expliquer le choix du taux d'intérêt comme instrument de politique de court terme est qu'il est plus aisé de mesurer les taux d'intérêt que la masse monétaire. Comme on l'a vu au chapitre 4, les diverses mesures de l'offre de monnaie - $M1$, $M2$, etc. - peuvent quelquefois varier en sens divergent. Renonçant à en choisir une, qui serait la meilleure, la Fed préfère utiliser le taux des fonds fédéraux comme instrument de sa politique.

Au chapitre 14, nous revenons sur la théorie des fluctuations économiques de court terme afin d'analyser explicitement les politiques monétaires visant à atteindre des valeurs cibles de taux d'intérêt. Nous étudions comment une politique de taux d'intérêt cibles permet de répondre aux variations des conditions économiques. En utilisant le modèle *IS-LM*, nous verrons que, par son choix de l'offre de monnaie, la banque centrale détermine le taux d'intérêt d'équilibre. Ainsi, offre monétaire et taux d'intérêt constituent en quelque sorte les deux faces d'une même médaille.

11.2 LE CADRE *IS-LM* EN TANT QUE THÉORIE DE LA DEMANDE AGRÉGÉE

Jusqu'ici, nous avons utilisé le modèle *IS-LM* pour expliquer le revenu national à court terme, quand le niveau des prix est constant. Pour intégrer le modèle *IS-LM* au modèle de l'offre et de la demande agrégées élaboré au chapitre 9, nous devons voir ce qu'il advient de ce modèle quand le niveau des prix se modifie. En effet, notre intention, annoncée au début de l'étude de ce modèle, est de montrer qu'il constitue une théorie explicative de la position et de la pente de la courbe de demande agrégée.

11.2.1 *Du modèle IS-LM à la courbe de demande agrégée*

Le chapitre 9 nous a montré que la courbe de demande agrégée traduit une relation, tirée de la théorie quantitative de la monnaie, entre le niveau des prix et le niveau du revenu national. Pour toute offre de monnaie donnée, la hausse du niveau des prix implique une baisse du revenu. L'accroissement de l'offre de monnaie déplace la courbe de demande agrégée vers la droite, et sa réduction vers la gauche.

Dans ce chapitre, nous utilisons le modèle *IS-LM*, plutôt que la théorie quantitative, pour tracer la courbe de demande agrégée. À l'aide de ce modèle, nous montrons tout d'abord que le revenu national diminue lorsque les prix augmentent. C'est cette relation qu'exprime la pente négative de la courbe de demande agrégée. Ensuite, nous nous interrogeons sur les causes de ce déplacement de la courbe de demande agrégée.

Pourquoi la pente de la courbe de demande agrégée est-elle négative ? Pour répondre à cette question, regardons ce qui se passe dans le modèle *IS-LM* quand le niveau des prix change. La figure 11.5 illustre l'impact d'une telle variation du niveau des prix. Pour toute offre de monnaie donnée M, la hausse du niveau des prix P réduit l'offre d'encaisses monétaires réelles M/P. Ceci déplace vers le haut la courbe *LM*, ce qui accroît le taux d'intérêt et réduit le niveau d'équilibre du revenu, comme l'illustre le graphique (a). On y voit que le niveau des prix passe de P_1 en P_2 et que le revenu national baisse de Y_1 à Y_2. La courbe de demande agrégée du graphique (b) représente cette relation négative, produite par le modèle *IS-LM*, entre revenu national et niveau des prix. En d'autres termes, la courbe de demande agrégée trace l'ensemble des points d'équilibre qui émergent, dans le modèle *IS-LM*, lorsque nous faisons varier le niveau des prix et que nous observons ce qu'il advient du revenu.

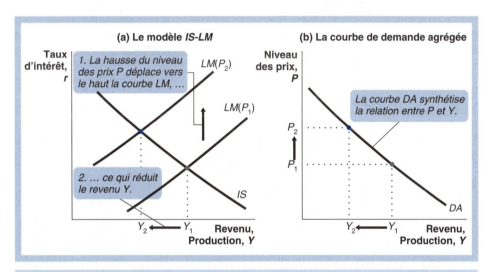

Figure 11.5
La construction de la courbe de demande agrégée à l'aide du modèle IS-LM

Le graphique (a) décrit le modèle *IS-LM* : la hausse du niveau de prix de P_1 en P_2 réduit les encaisses monétaires réelles et déplace donc vers le haut la courbe *LM*. Ce glissement de la courbe *LM* diminue le revenu de Y_1 en Y_2. Le graphique (b) représente la courbe de demande agrégée, qui synthétise cette relation entre niveau des prix et revenu : plus le niveau des prix est élevé, plus est faible le niveau du revenu.

Pourquoi la courbe de demande agrégée se déplace-t-elle ? Comme elle synthétise les résultats du modèle *IS-LM* pour tout niveau donné des prix, tout événement affectant la courbe *IS* ou la courbe *LM* déplace la courbe de demande agrégée. Par exemple, une hausse de l'offre de monnaie dans le modèle *IS-LM* se traduit par un accroissement du revenu pour un niveau de prix donné. Il en résulte donc un déplacement de la courbe de demande agrégée vers la droite, comme nous pouvons le constater à la figure 11.6 (a). De la même manière, nous pouvons montrer qu'une hausse des dépenses publiques ou une baisse des impôts accroissent le revenu dans le modèle *IS-LM* pour un niveau de prix donné et déplacent la courbe de demande agrégée vers la droite, comme le montre le graphique (b) de la figure 11.6. Inversement, des politiques monétaires et budgétaires restrictives ou déflationnistes, dans le même modèle, réduisent le revenu et déplacent la courbe de demande agrégée vers la gauche. Ainsi, tout changement du revenu dans le modèle *IS-LM*, autre que le niveau des prix, se traduit par un déplacement de la courbe de demande agrégée.

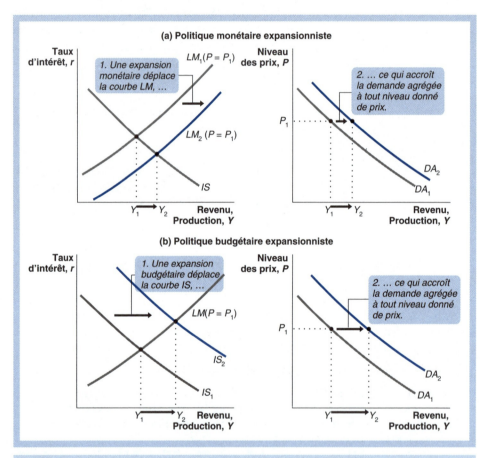

Figure 11.6
Comment les politiques monétaire et budgétaire déplacent-elles la courbe de demande agrégée

Le graphique (a) illustre une expansion monétaire. À tout niveau donné des prix, une hausse de l'offre de monnaie accroît les encaisses monétaires réelles, déplace la courbe *LM* vers le bas et augmente le revenu. En conséquence, la hausse de l'offre de monnaie déplace vers la droite la courbe de demande agrégée. Le graphique (b) illustre une expansion budgétaire provoquée par une hausse des dépenses publiques ou une réduction des impôts. L'expansion budgétaire déplace vers la droite la courbe *IS* et, à tout niveau donné des prix, augmente le revenu. On voit donc que l'expansion budgétaire déplace vers la droite la courbe de demande agrégée.

La demande agrégée II : l'application du modèle IS-LM

Nous pouvons synthétiser comme suit ces résultats. *Dans le modèle IS-LM, toute variation du revenu induite par une modification du niveau des prix représente un mouvement le long de la courbe de demande agrégée. Dans le même modèle, mais à niveau de prix constant, toute variation du revenu représente un déplacement de la courbe de demande agrégée.*

11.2.2 *Le modèle IS-LM à court et à long terme*

Le modèle *IS-LM* a été conçu pour expliquer l'économie à court terme, lorsque le niveau des prix demeure constant. Pourtant, maintenant que nous avons compris la manière dont une variation du niveau des prix influence l'équilibre, nous pouvons également utiliser ce modèle *IS-LM* pour décrire l'économie à long terme, lorsque le niveau des prix s'ajuste pour assurer le taux naturel de production de l'économie. Cette utilisation du modèle *IS-LM* pour décrire le long terme éclaire de manière déterminante les différences entre le modèle keynésien du revenu national et le modèle classique présenté au chapitre 3.

Le graphique (a) de la figure 11.7 présente les trois courbes nécessaires pour comprendre les équilibres de court terme et de long terme : la courbe *IS*, la courbe *LM* et la droite verticale représentant le taux naturel de production $\overline{Y}$. La courbe *LM*, comme toujours, se trace pour un niveau des prix donné P_1. L'équilibre de court terme de l'économie se situe au point *K*, à l'intersection des courbes *IS* et *LM*. Vous remar-

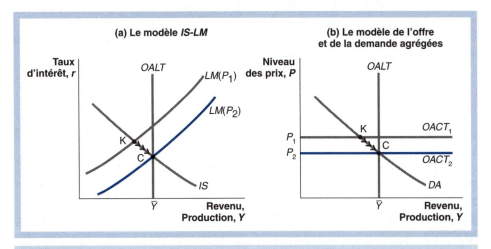

Figure 11.7
Les équilibres de court et de long terme

Nous pouvons comparer les équilibres de court et de long terme à l'aide, soit du diagramme *IS-LM* présenté au graphique (a), soit du diagramme de la demande et de l'offre agrégées du graphique (b). À court terme, le niveau des prix est fixé en P_1. L'équilibre de court terme de l'économie se trouve donc au point K. À long terme, le niveau des prix s'ajuste pour amener l'économie à son taux naturel. L'équilibre de long terme se situe donc au point C.

quez qu'à l'équilibre de court terme, le revenu de l'économie est inférieur à son taux naturel.

Le graphique (b) de la figure 11.7 illustre la même situation dans le modèle de l'offre et de la demande agrégées. Au niveau P_1 des prix, la quantité de production demandée est inférieure à son taux naturel. En d'autres termes, au niveau des prix en vigueur, la demande de biens et services est insuffisante pour maintenir l'économie à son taux naturel.

Les deux graphiques montrent le point d'équilibre de court terme auquel se trouve l'économie et l'équilibre de long terme vers lequel elle tend. Le point K décrit l'équilibre de court terme, car il implique que le niveau des prix est fixé en P_1. Cependant, la faible demande de biens et services provoque une baisse progressive des prix qui amène l'économie à son taux naturel. Quand le niveau des prix est tombé en P_2, l'économie est au point C, soit son point d'équilibre de long terme. Le graphique de l'offre et de la demande agrégées montre qu'au point C, la quantité demandée de biens et de services est égale au taux naturel de production. Dans le modèle *IS-LM*, c'est le déplacement de la courbe *LM* qui permet d'atteindre l'équilibre de long terme : la baisse du niveau des prix accroît les encaisses monétaires réelles et déplace donc vers la droite la courbe *LM*.

Nous pouvons maintenant voir quelle est la différence fondamentale entre les approches keynésienne et classique de la détermination du revenu national. L'hypothèse keynésienne (représentée par le point K) est que le niveau des prix est fixe : la production peut s'écarter de son taux naturel sous l'effet des politiques monétaire ou budgétaire, ainsi que des autres déterminants de la demande agrégée. L'hypothèse classique (représentée par le point C) est que le niveau des prix s'ajuste pour maintenir en permanence à son taux naturel le revenu national.

En d'autres termes, l'économie peut se décrire par trois équations, dont les deux premières sont les équations *IS* et *LM* :

$$\begin{aligned} IS : Y &= C(Y-T) + I(r) + G \\ LM : M/P &= L(r, Y) \end{aligned} \quad (11.1)$$

L'équation *IS* décrit le marché des biens et l'équation *LM* le marché monétaire. Ces *deux* équations contiennent conjointement *trois* variables endogènes : Y, P et r. Pour compléter le système, il faudrait une troisième équation. L'approche keynésienne complète ce modèle à l'aide de l'hypothèse des prix rigides, ce qui donne la troisième équation :

$$P = P_1 \quad (11.2)$$

Cette hypothèse implique que r et Y doivent s'ajuster pour satisfaire les équations *IS* et *LM*. L'approche classique, au contraire, complète le modèle par l'hypothèse que la production atteint son taux naturel, ce qui donne la troisième équation :

$$Y = \overline{Y} \quad (11.3)$$

Cette hypothèse implique que r et P doivent s'ajuster pour satisfaire les équations *IS* et *LM*. Ainsi, l'approche classique fixe la production et le niveau des prix s'ajuste pour équilibrer les marchés des biens et monétaires.

Laquelle de ces deux hypothèses est la plus adéquate ? La réponse dépend de l'horizon temporel. L'hypothèse classique décrit mieux le long terme : c'est pourquoi notre analyse de long terme du revenu national, au chapitre 3, et des prix, au chapitre 4, fait l'hypothèse que la production est équivalente à son taux naturel. L'hypothèse keynésienne décrit mieux le court terme : c'est pourquoi notre analyse des fluctuations économiques retient l'hypothèse de la rigidité des prix.

11.3 LA GRANDE DÉPRESSION

Disposant maintenant du modèle complet de la demande agrégée, nous pouvons l'utiliser pour chercher la réponse à la question qui a interpellé Keynes : quelles sont les causes de la Grande Dépression ? Même aujourd'hui, plus de soixante-dix ans plus tard, les économistes continuent de débattre de ce problème. La Grande Dépression constitue une vaste étude de cas illustrant la manière dont les économistes utilisent le modèle *IS-LM* pour analyser les fluctuations économiques [1].

Avant d'examiner les explications proposées par les économistes, jetons un coup d'œil au tableau 11.2, où l'on trouve une série de chiffres relatant l'histoire de celle-ci : ils constituent la matière qui alimente les débats sur l'origine de la Grande Dépression. Selon vous, celle-ci réside-t-elle dans un déplacement de la courbe *IS* ? De la courbe *LM* ? Ou d'autre chose ?

11.3.1 *L'hypothèse de la dépense : chocs sur la courbe IS*

Le tableau 11.2 montre que la baisse du revenu du début des années 1930 a coïncidé avec une chute des taux d'intérêt : en conséquence, certains économistes suggèrent que c'est le déplacement restrictif de la courbe *IS* qui en est l'origine. On appelle quelquefois *l'hypothèse de la dépense* cette interprétation, dans la mesure où elle considère que la baisse exogène de la dépense en biens et services est la cause première de la Grande Dépression. Les économistes en ont donné plusieurs explications.

D'après une première interprétation, le déplacement vers le bas de la fonction de consommation a induit un glissement négatif de la courbe *IS*. Elle impute une

---

[1] Pour avoir une idée de ce débat, voir Milton Friedman et Anna J. Schwartz, *A Monetary History of the United States, 1867-1960* (Princeton, N.J. : Princeton University Press, 1963) ; Peter Temin, *Did Monetary Forces Cause the Great Depression ?* (New York : W.W. Norton, 1976) ; les contributions reprises in Karl Brunner, ed., *The Great Depression Revisited* (Boston : Martinus Nijhoff Publishing, 1981) ; et le symposium sur la Grande Dépression, dont les Actes ont été publiés dans l'édition du printemps 1993 du *Journal of Economic Perspectives*.

Tableau 11.2.
Que s'est-il vraiment passé pendant la Grande Dépression ?

Année	Taux de chômage (1)	PIB réel (2)	Consommation (2)	Investissement (2)	Dépenses Publiques (2)
1929	3,2	203,6	139,6	40,4	22,0
1930	8,9	183,5	130,4	27,4	24,3
1931	16,3	169,5	126,1	16,8	25,4
1932	24,1	144,2	114,8	4,7	24,2
1933	25,2	141,5	112,8	5,3	23,3
1934	22,0	154,3	118,1	9,4	26,6
1935	20,3	169,5	125,5	18,0	27,0
1936	17,0	193,2	138,4	24,0	31,8
1937	14,3	203,2	143,1	29,9	30,85
1938	19,1	192,9	140,2	17,0	33,9
1939	17,2	209,4	148,2	24,7	35,2
1940	14,6	227,2	155,7	33,0	36,4

Année	Taux d'intérêt nominal (3)	Offre de monnaie (4)	Niveau des prix (5)	Inflation (6)	Encaisses monétaires réelles (7)
1929	5,9	26,6	50,6	–	52,6
1930	3,6	25,8	49,3	–2,6	52,3
1931	2,6	24,1	44,8	–10,1	54,5
1932	2,7	21,1	40,2	–9,3	52,5
1933	1,7	19,9	39,3	–2,2	50,7
1934	1,0	21,9	42,2	7,4	51,8
1935	0,8	25,9	42,6	0,9	60,8
1936	0,8	29,6	42,7	0,2	62,9
1937	0,9	30,9	44,5	4,2	69,5
1938	0,8	30,5	43,9	–1,3	69,5
1939	0,6	34,2	43,2	–1,6	79,1
1940	0,6	39,7	43,9	1,6	90,3

Note : (1) Le taux de chômage correspond à la série D9. (2) Le PIB réel, la consommation, l'investissement et les dépenses publiques sont tirés des séries F3, F48, F52 et F66, et sont mesurés en milliards de dollars de 1958. (3) Le taux d'intérêt est le taux sur les traites commerciales de premier rang, 4 à 6 mois, séries x445. (4) L'offre de monnaie est reprise de la série x414, pièces et monnaie en circulation plus dépôts à vue, mesurés en milliards de dollars. (5) Le niveau des prix est le déflateur du PIB (1958 = 100), séries E1. (6) Le taux d'inflation est la variation en pourcentage de la série des niveaux de prix. (7) Les encaisses monétaires réelles, calculées en divisant l'offre de monnaie par le niveau des prix et en multipliant le résultat par 100, sont exprimées en milliards de dollars de 1958.
Source : *Historical Statistics of the United States, Colonial Times to 1970, Parts I and II* (Washington, D.C. : U.S. Department of Commerce, Bureau of Census, 1975).

responsabilité partielle de cette baisse de la consommation à la chute des cours boursiers de 1929. En réduisant la richesse et en accroissant l'incertitude quant aux perspectives économiques, ce krach boursier aurait incité les consommateurs à épargner une fraction accrue de leur revenu.

Une autre interprétation voit dans la chute radicale de l'investissement en logements, l'origine de la baisse des dépenses. Selon certains économistes, l'expansion de l'investissement résidentiel, au cours des années 1920, avait été excessive : une fois devenu apparent le « stock excédentaire » de logements, la demande d'investissement résidentiel aurait brutalement baissé. Une autre explication possible de cette chute de l'investissement résidentiel pourrait être le fléchissement de l'immigration au cours des années 1930. À une moindre croissance de la population correspondrait une demande de logements en baisse.

Une fois déclenchée la dépression, divers événements pourraient avoir contribué à réduire davantage encore la dépense. Tout d'abord, les banqueroutes de certaines institutions bancaires généralisées pourraient être à la base d'une réduction de l'investissement. Les banques, en effet, jouent le rôle essentiel qui consiste à mettre à la disposition des ménages et des entreprises susceptibles de les utiliser au mieux, les fonds nécessaires à l'investissement. La fermeture de nombreuses banques au début des années 1930 pourrait avoir empêché certaines entreprises d'accéder aux capitaux dont elles avaient besoin pour investir, ce qui aurait provoqué un nouveau recul de la fonction d'investissement [2].

En outre, la politique budgétaire des années 1930 était résolument déflationniste, ce qui a déplacé la courbe *IS*. La priorité des hommes politiques de l'époque était d'équilibrer le budget plutôt que de l'utiliser pour stimuler la croissance économique et garder ainsi la production et l'emploi à leurs niveaux naturels. Un peu partout, on assista à une hausse des impôts (par exemple le « Revenue Act of 1932 » aux États-Unis), et particulièrement de ceux qui frappaient les classes aux revenus inférieurs et moyens [3]. En présence d'un des taux de chômage les plus élevés de l'histoire économique, les politiques économiques retenues visaient à accroître les impôts et à réduire les dépenses publiques.

On voit donc qu'une multiplicité d'explications du déplacement négatif de la courbe *IS* est envisageable. Elles ne sont pas nécessairement exclusives les unes des autres. La chute de la dépense agrégée ne s'explique sans doute pas par une seule cause. Au contraire, il est vraisemblable que plusieurs facteurs ont contribué à cette contraction majeure de la dépense.

11.3.2 *L'hypothèse monétaire : chocs sur la courbe LM*

Le tableau 11.2 montre que l'offre de monnaie s'est réduite de 25 % entre 1929 et 1933, en même temps que le taux de chômage augmentait de 3,2 % à 25,2 %. Cette constatation fonde ce qu'il est convenu d'appeler *l'hypothèse monétaire*, qui attribue la

---

[2] Ben Bernanke, « Non-Monetary Effects of the Financial Crisis in the Propagation of the Great Depression », *American Economic Review* 73 (juin 1983), 257-276.
[3] E. Cary Brown, « Fiscal Policy in the Thirties : A Reappraisal », *American Economic Review* 46 (décembre 1956), 857-879.

principale cause de la Grande Dépression à cette énorme réduction de l'offre de monnaie [4], blâmant ainsi la Fed d'avoir permis une telle chute de l'offre de monnaie. Les défenseurs les plus connus de cette interprétation sont Milton Friedman et Anna Schwartz, qui la proposent dans leur traité sur l'histoire monétaire des États-Unis. Selon eux, les contractions de l'offre de monnaie sont à la base de la plupart des récessions économiques, dont la Grande Dépression n'est que l'un des exemples les plus frappants.

À l'aide du modèle *IS-LM*, nous pourrions interpréter l'hypothèse monétaire en expliquant la dépression par un déplacement négatif de la courbe *LM*. Sous cette forme, cependant, l'hypothèse monétaire se heurte à deux problèmes.

Le premier de ceux-ci est le comportement des encaisses monétaires réelles. La politique monétaire, en effet, n'induit de déplacement négatif de la courbe *LM* que si les encaisses monétaires réelles baissent. Au contraire, en 1929 et 1931, elles ont légèrement augmenté, dans la mesure où la baisse de l'offre de monnaie s'est accompagnée d'une baisse plus que proportionnelle du niveau des prix. Même si la contraction monétaire peut être à la base de la hausse du chômage constatée entre 1931 et 1933, période pendant laquelle les encaisses monétaires réelles ont effectivement baissé, elle ne peut expliquer le début de la récession, de 1929 à 1931.

Le deuxième problème auquel se heurte l'hypothèse monétaire est le comportement des taux d'intérêt. Si c'est un déplacement négatif de la courbe *LM* qui a déclenché la dépression, nous devrions observer une hausse des taux d'intérêt. Or les taux d'intérêt nominaux n'ont cessé de baisser entre 1929 et 1933.

Ces deux raisons semblent suffisantes pour rejeter l'hypothèse selon laquelle la grande dépression a été déclenchée par un déplacement négatif de la courbe *LM*. Pour autant, la baisse du stock monétaire n'a-t-elle joué aucun rôle ? Cette question nous amène à un autre mécanisme qui pourrait permettre d'imputer à la politique monétaire la responsabilité de la gravité de la dépression, la déflation des années 1930.

11.3.3 *En prolongeant l'hypothèse monétaire : les impacts de la baisse des prix*

De 1929 à 1933, le niveau des prix a chuté de 25 %. Nombreux sont les économistes qui y voient la cause de la gravité de la Grande Dépression. Selon eux, cette déflation aurait transformé ce qui n'était, en 1931, qu'une période de faible croissance économique tout à fait normale, en un épisode sans précédent de hausse du chômage et de chute du revenu. Si cette interprétation est correcte, elle remet au devant de la scène l'hypothèse monétaire. Il est raisonnable de penser que la réduction de l'offre de monnaie est à l'origine de la baisse des prix, ce qui contribue à expliquer l'ampleur de

---

4 Nous revenons à l'origine de cette baisse importante de l'offre monétaire au chapitre 19, où nous examinons plus en détail le processus de l'offre monétaire. Voir, en particulier, l'étude de cas intitulée « Les banqueroutes des institutions bancaires et l'offre de monnaie dans les années 1930 ».

la dépression. Pour vérifier cette hypothèse, nous devons toutefois examiner l'impact de la variation du niveau des prix sur le revenu dans le modèle *IS-LM*.

A. Les effets stabilisateurs de la déflation

Dans le modèle *IS-LM* que nous avons élaboré jusqu'ici, la baisse des prix accroît le revenu. Pour toute offre donnée de monnaie M, une baisse du niveau des prix implique des encaisses monétaires réelles M/P accrues. La hausse de ces encaisses monétaires réelles induit un déplacement expansionniste de la courbe *LM*, qui, à son tour, accroît le revenu.

Une autre voie par laquelle la baisse des prix accroît le revenu s'appelle l'**effet Pigou**. Arthur Pigou, économiste classique très écouté dans les années 1930, a fait remarquer que les encaisses monétaires réelles font partie de la richesse des ménages. Lorsque les prix baissent et que, donc, les encaisses monétaires réelles augmentent, les consommateurs ont le sentiment d'être plus riches et, en conséquence, dépensent davantage. Cette hausse des dépenses des ménages induit un glissement expansionniste de la courbe *IS* qui, à son tour, accroît le revenu.

Pour ces deux raisons, certains économistes des années 1930 ont pensé que la baisse des prix pouvait contribuer à stabiliser l'économie et la ramener automatiquement à son niveau de plein emploi. D'autres économistes étaient cependant moins confiants dans cette capacité de l'économie à s'auto-ajuster. Ils se référaient à d'autres effets de la baisse des prix que nous examinons ci-dessous.

B. Les effets déstabilisateurs de la déflation

Des économistes proposent deux théories explicatives de l'impact dépressif, plutôt qu'expansionniste, de la baisse des prix sur le revenu. La première s'appelle **théorie de la déflation due à l'endettement**. Elle décrit les effets d'une baisse non anticipée du niveau des prix. La seconde interprétation explique les effets de la déflation anticipée.

La théorie de la déflation due à l'endettement part d'une observation déjà faite au chapitre 4 : les variations non anticipées du niveau des prix redistribuent la richesse entre créanciers et débiteurs. Si un débiteur doit $1 000 à un créancier, le montant réel de sa dette est de $1 000/$P$, où P est le niveau des prix. Toute baisse de ce niveau augmente le montant réel de la dette, soit la quantité de pouvoir d'achat que le débiteur doit rembourser à son créancier. Pour cette raison, la déflation non anticipée enrichit les créanciers et appauvrit les débiteurs.

L'étape suivante de la théorie de la déflation due à l'endettement consiste à poser que cette redistribution de la richesse affecte la dépense en biens et en services. En réaction à la réallocation de la richesse entre créanciers et débiteurs, ces derniers dépensent moins et les premiers davantage. Si les propensions à dépenser des uns et des autres sont équivalentes, on n'observe aucun impact agrégé. Il est cependant plausible que les débiteurs aient des propensions à dépenser supérieures à celles des créanciers – on peut d'ailleurs voir là, peut-être, l'origine de la dette des premiers. Si c'est le cas, les débiteurs réduisent leurs dépenses davantage que les créanciers n'augmentent les leurs. L'effet net en est une réduction de la dépense, un déplacement négatif de la courbe *IS* et un revenu national moindre.

Pour comprendre comment les variations *anticipées* des prix peuvent affecter le revenu, nous devons ajouter une nouvelle variable à notre modèle *IS-LM*. Jusqu'ici, celui-ci n'a fait aucune distinction entre taux d'intérêt réel et nominal. Les chapitres précédents nous ont pourtant appris que l'investissement dépend du taux d'intérêt réel et que la demande de monnaie dépend du taux d'intérêt nominal. En désignant ce dernier par i et l'inflation anticipée par $E\pi$, le taux d'intérêt réel ex ante devient $i - E\pi$. Nous pouvons maintenant écrire le modèle *IS-LM* comme suit :

$$IS : Y = C(Y - T) + I(i - E\pi) + G \\ LM : M/P = L(i, Y) \tag{11.4}$$

Cette expression intègre l'inflation anticipée en tant qu'une des variables de la courbe *IS*. En conséquence, toute variation de l'inflation anticipée déplace désormais la courbe *IS*.

Utilisons maintenant cette version élargie du modèle *IS-LM* pour étudier l'impact des variations de l'inflation anticipée sur le niveau de revenu. Au départ, nous supposons que chacun s'attend à ce que le niveau des prix demeure inchangé. Il n'y a donc pas d'inflation anticipée ($E\pi = 0$), et les deux équations produisent le modèle *IS-LM* que nous connaissons bien. La figure 11.8 décrit cette situation initiale à l'aide de la courbe *LM* et d'une courbe *IS* appelée IS_1. L'intersection de ces deux courbes détermine les taux d'intérêt nominal et réel, lesquels, à ce stade, sont identiques.

Supposons maintenant que, tout à coup, tout le monde s'attend à une baisse future du niveau des prix qui rend $E\pi$ négatif. Ceci accroît le taux d'intérêt réel pour tout taux d'intérêt nominal donné. Cette hausse du taux d'intérêt réel pèse négativement sur l'investissement prévu, ce qui déplace la courbe *IS* de IS_1 en IS_2 (la distance entre les deux courbe n'est autre que $E\pi$). On voit donc qu'une déflation anticipée induit une réduction du revenu national de Y_1 en Y_2. Parallèlement, le taux d'intérêt nominal baisse de i_1 en i_2 et le taux d'intérêt réel augmente de r_1 en r_2.

L'explication en est la suivante. Quand une entreprise s'attend à une déflation, elle hésite, pour financer ses investissements, à contracter des emprunts qu'elle craint de devoir rembourser plus tard en monnaie revalorisée. La chute subséquente de l'investissement réduit la dépense prévue, ce qui pèse négativement sur le revenu. La baisse de celui-ci diminue la demande de monnaie et donc le taux d'intérêt d'équilibre sur le marché monétaire. La baisse du taux d'intérêt nominal est inférieure à la baisse anticipée des prix, ce qui relève le taux d'intérêt réel.

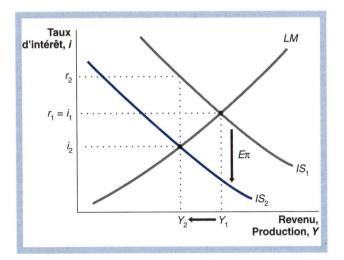

Figure 11.8
Une déflation anticipée dans le modèle IS-LM

Une déflation anticipée (une valeur négative de $E\pi$) accroît le taux d'intérêt réel pour tout niveau donné du taux d'intérêt nominal, ce qui réduit l'investissement prévu. Cette réduction de l'investissement déplace vers le bas la courbe IS. Le niveau de revenu passe de Y_1 en Y_2. Le taux d'intérêt nominal baisse de i_1 en i_2 et le taux d'intérêt réel augmente de r_1 en r_2.

Vous aurez remarqué que les deux approches qui viennent d'être présentées de la déflation déstabilisatrice comportent un point commun : la baisse des prix déprime le revenu national en provoquant un déplacement négatif de la courbe IS. Comme une déflation de l'ampleur observée entre 1929 et 1933 est peu probable en l'absence d'une contraction majeure de l'offre de monnaie, ces deux explications imputent à la banque nationale une partie de la responsabilité de la dépression et, en tout cas, de la gravité de celle-ci. En d'autres termes, si la baisse des prix est déstabilisatrice, une contraction de l'offre de monnaie peut induire une baisse du revenu, même sans réduction des encaisses monétaires réelles ou sans augmentation des taux d'intérêt nominaux.

11.3.4 La Grande Dépression pourrait-elle se reproduire ?

Les économistes étudient la Grande Dépression par intérêt intrinsèque pour cet épisode économique majeur, mais également en vue d'éviter qu'elle se reproduise en fournissant aux responsables politiques les orientations adéquates. Pour ce faire, il faudrait en connaître incontestablement les causes. L'exposé qui précède montre suffisamment que celles-ci continuent de faire l'objet de débats. On ne peut donc exclure la réapparition d'une dépression d'ampleur comparable.

Toutefois, la plupart des économistes pensent que les erreurs qui ont suscité la Grande Dépression ne seront pas commises à nouveau. Ainsi, il est peu probable qu'aucune banque centrale n'accepte aujourd'hui une chute d'un quart de la masse monétaire. Or beaucoup d'économistes imputent la profondeur et la durée inhabituelle de la dépression à la politique monétaire déflationniste du début des années 1930. Il est vraisemblable que seule la chute de l'offre de monnaie a rendu possible une déflation aussi prolongée.

De même, il est peu probable que soient répétées les erreurs de politique budgétaire auxquelles on a assisté au cours de la Grande Dépression. Pendant les années 1930, la politique budgétaire, non seulement n'a pas tenté de compenser la chute de la demande agrégée, mais, au contraire, a accentué celle-ci. Peu d'économistes contemporains sont prêts à défendre une telle adhésion au budget équilibré face à un chômage massif.

Enfin, au contraire des années 1930, nous disposons aujourd'hui de nombreux mécanismes de prévention d'événements tels que ceux auxquels on a assisté au cours des années 1930 : les réserves bancaires obligatoires préviennent toute banqueroute généralisée des banques ; l'impôt progressif sur le revenu induit une baisse automatique des prélèvements fiscaux lorsque le revenu diminue, ce qui a un effet stabilisateur sur l'économie. Oserions-nous dire, pour terminer, que les économistes en connaissent aujourd'hui davantage que dans les années 1930 ? Pour limitée qu'elle demeure, notre connaissance du fonctionnement de l'économie devrait aider les décideurs politiques à élaborer des politiques plus susceptibles de combattre le chômage généralisé.

Étude de cas - La crise financière et le ralentissement économique de 2008-2009 aux États-Unis

En 2008, l'économie américaine a connu une grave crise financière. La dégradation extrêmement rapide que va connaître l'économie américaine durant cette période n'est pas sans rappeler les événements douloureux survenus à l'époque de la Grande Dépression dans les années 1930, poussant ainsi de nombreux observateurs et analystes à craindre une dépression et une hausse considérable du chômage. Comme nous allons le voir dans cette étude de cas, on est passé d'un problème de marché lié aux *subprimes* à une crise financière puis à une crise bancaire, laquelle va avoir à son tour des répercussions macroéconomiques graves.

L'histoire de cette crise financière de 2008 commence au cours des années 2000 avec l'explosion du marché du logement en partie alimentée par la baisse des taux d'intérêt. Dans une précédente étude de cas dans ce chapitre nous avons vu que la Fed, pour relancer l'économie suite à la récession de 2001, a entrepris une politique monétaire trop accommodante, entraînant ainsi une baisse des taux d'intérêt à des niveaux historiquement bas, les plus bas depuis des décennies. Cette baisse des taux a permis de contrecarrer les chocs subis par l'économie américaine et la croissance a repris en 2003. En même temps, ces faibles taux d'intérêt ont entraîné une baisse des coûts liés aux prêts hypothécaires mais ont également contribué à la hausse des prix des logements.

En outre, les années précédant la crise ont été marquées par la création et le développement de produits financiers dits structurés dont les crédits immobiliers à long terme, les *subprimes,* par opposition aux crédits *primes* (c'est-à-dire de première qualité) qui sont souscrits par des emprunteurs qui offrent d'excellentes garanties de remboursement. Ces innovations financières sur le marché des crédits ont facilité ainsi l'accès de certains clients considérés comme trop risqués et dont la solvabilité est faible, aux crédits immobiliers. Parmi les autres innovations financières, nous trouvons la *titrisation* de nouveaux produits de crédits (produits dérivés), assortis de garanties elles-mêmes nouvelles. La titrisation est une technique financière qui permet de convertir des créances traditionnellement illiquides, inscrites à l'actif des établissements de crédit comme les crédits hypothécaires, en titres aisément négociables sur le marché. Ces créances sont rassemblées en blocs homogènes sur le plan de la durée et du risque qui sont cédés à un fonds commun de créances dont on vend ensuite les parts à des investisseurs sous la forme d'obligations. Parmi ces blocs nous trouvons les « mortgage-backed securities » ou les titres adossés à des hypothèques. Ce sont des titres représentatifs d'un portefeuille de prêts hypothécaires liés au financement des biens immobiliers. Ces titres sont ensuite vendus à d'autres institutions (banques et compagnies d'assurance) qui pourraient ne pas apprécier totalement les risques qu'elles prennent. Cette technique permet donc de refinancer aisément des prêts accordés par une institution financière. Elle peut servir à financer à très court terme des produits complexes et structurés difficilement cessibles lorsque le marché est mal orienté et dont la valeur est très incertaine.

Certains économistes considèrent que le manque de réglementation est à l'origine du développement de ces prêts à haut risque. En outre, une part significative des opérations de titrisation échappe à la réglementation. D'autre part, plus les produits financiers sont complexes, plus les risques de fraudes ou tout simplement d'erreurs sont potentiellement importants. Il semble donc nécessaire d'intégrer dans le dispositif réglementaire l'ensemble de la titrisation. D'autres pensent que le problème n'était pas le manque de réglementation en soi mais plutôt une réglementation mal adaptée à ce type de crédits : certaines politiques publiques ont encouragé l'attribution de ces prêts hypothécaires à haut risque pour que les ménages à revenus modestes (et potentiellement insolvables) puissent accéder plus facilement à la propriété privée. Dans ces contextes, la demande de logements et les prix de l'immobilier n'ont cessé d'augmenter. De 1995 à 2006, le prix moyen des logements a plus que doublé aux États-Unis.

Mais cette hausse de prix des logements ne pouvait pas durer. De 2006 à 2008, les prix des logements ont chuté d'environ 20 %. De telles fluctuations des prix ne devraient pas nécessairement poser un problème en économie de marché. Après tout, ces variations traduisent les ajustements entre l'offre et la demande sur le marché. Cependant, dans le contexte de cette période, les conséquences de cette chute des prix sont nombreuses et problématiques.

La première conséquence est la hausse importante des défauts de paiement des emprunteurs et des saisies immobilières. Durant la période du boom immobilier, pour l'achat de leurs maisons, beaucoup de propriétaires avaient contracté des prêts immobiliers avec un apport personnel minimum. Lorsque les prix des logements ont chuté, un grand nombre d'entre eux vont se retrouver avec un *patrimoine négatif* (*underwater*) : la valeur de l'emprunt hypothécaire était largement supérieure à celle des maisons qu'ils ont achetées. Nombreux sont les ménages qui vont cesser de payer leurs emprunts. Les banques qui géraient ces hypothèques vont saisir les biens en question (procédure d'expropriation) puis les vendre, l'objectif étant de récupérer ce qu'elles pouvaient en tirer. Ces procédures de remise en vente sur le marché vont aggraver la situation. Un cercle vicieux de baisse des prix des propriétés s'engage.

Une deuxième conséquence de cette chute est la crise qui va toucher le système bancaire qui ne peut plus assumer correctement son activité d'intermédiation. Il y a arrêt des financements nouveaux c'est-à-dire une baisse brutale de l'offre de crédit bancaire. En effet, les institutions financières détenant des titres adossés à des prêts hypothécaires vont subir des pertes importantes. En empruntant des sommes considérables essentiellement pour acheter des actifs risqués, ces institutions étaient très optimistes et ont parié que les prix des logements ne vont pas cesser d'augmenter. Ce pari étant perdu, elles se sont retrouvées en faillite ou quasi-faillite. En outre, une crise de confiance s'est installée parmi les différents acteurs financiers et banques. Même les institutions dont la situation était saine vont stocker les actifs liquides de crainte de ne pouvoir faire appel au crédit interbancaire en cas de besoin et cesser de se faire mutuellement confiance car le système bancaire manquait de transparence : il était difficile de vérifier la solvabilité des institutions financières détentrices d'actifs dits toxiques et prévoir ainsi quelle institution serait la prochaine à déclarer sa faillite. De ce fait, ces conditions exceptionnelles de crise de confiance vont paralyser les marchés interbancaires. Ainsi, en raison de ces pertes importantes subies par les institutions financières, la méfiance entre les banques et la crainte du lendemain, le système financier ne pouvait plus assumer son activité d'intermédiation même si les clients étaient solvables.

Une troisième conséquence de cette baisse des prix des logements est la forte volatilité du marché boursier. De nombreuses entreprises comptent sur le système financier pour obtenir les ressources nécessaires dont elles ont besoin pour financer leurs activités ou gérer le manque de liquidité à court terme. Le marché financier étant dans l'incapacité d'assumer ses fonctions habituelles, la rentabilité des entreprises va être remise en cause. Ainsi, comme il était difficile de prévoir à quel point les choses tourneraient mal, la volatilité du marché boursier va atteindre des niveaux jamais vus depuis les années 1930.

Cette forte volatilité a conduit à son tour à une quatrième conséquence : une baisse de la confiance des ménages déprimant ainsi la consommation privée. Au milieu de toutes ces incertitudes, les ménages ne pouvaient que différer leurs plans de dépenses. En particulier, les dépenses en biens durables vont chuter. En raison de tous ces événements, la courbe *IS* a connu un fort déplacement vers la gauche.

Face au déroulement de la crise, le gouvernement américain a réagi vigoureusement. Ainsi, la Fed est massivement intervenue pour accorder des liquidités, espérant ainsi réduire les tensions sur le marché monétaire et restaurer la confiance. Tout d'abord, la Fed a abaissé ses taux directeurs de 5,25 % en septembre 2007 à 0,00-0,25 % en décembre 2008. Deuxièmement, en octobre 2008, dans un geste inhabituel, le Congrès a alloué 700 milliards de dollars au Trésor américain pour sauver le système financier en rachetant les actifs risqués et débloquer la crise de liquidités. Ainsi, la majorité de ces fonds a été injectée dans le système bancaire afin de permettre aux établissements de refinancer leur activité et d'éviter le déclenchement d'une crise systémique. En contrepartie, le gouvernement américain devient en partie propriétaire de ces institutions, au moins temporairement (nationalisation *de facto* de certaines institutions financières). L'objectif du sauvetage (appelé « bailout » parfois) était d'enrayer la crise financière à Wall Street et d'empêcher la dépression de se propager à l'économie réelle et donc à chaque rue aux États-Unis. Enfin, comme nous l'avons vu au chapitre 10, quand Barack Obama a pris ses fonctions en janvier 2009, l'une de ses premières propositions a été une augmentation des dépenses publiques pour relancer la demande agrégée.

À l'heure d'écrire ce livre, la fin de l'histoire n'était pas claire. Ces différentes mesures s'avèrent être insuffisantes pour empêcher un ralentissement sensible de l'activité économique. Cependant, seraient-elles suffisantes pour empêcher la récession d'évoluer en dépression ? Les décideurs politiques espéraient en tout cas que cela ne soit pas le cas. Au moment où vous lisez ces lignes, vous saurez peut-être s'ils ont réussi.

> **INFORMATION**
>
> *Trappe à liquidité*
>
> Aux États-Unis, dans les années 1930, les taux d'intérêt ont atteint des niveaux très faibles. Comme il ressort du tableau 11.2, les taux d'intérêt américains sont restés bien inférieurs à 1 % au cours de la seconde moitié des années 1930. Une situation similaire s'est produite en 2008. En décembre de cette année, la Fed a réduit son taux d'intérêt cible des fonds fédéraux (taux directeurs des Fed Funds) dans une fourchette de 0,00 % à 0,25 %.
>
> Certains économistes qualifient une telle situation de *trappe à liquidité*. Le modèle *IS-LM* nous dit que l'on obtient une expansion monétaire en réduisant les taux d'intérêt et en stimulant les dépenses d'investissement. Mais si les taux d'intérêt sont déjà pratiquement nuls, la politique monétaire peut s'avérer impuissante. Les taux d'intérêt nominaux ne peuvent être inférieurs à zéro : plutôt que de prêter à un taux nominal négatif, toute personne sensée préfère détenir des espèces. Dans un tel contexte, une politique monétaire expansionniste accroît l'offre de monnaie, et donc la liquidité de l'économie. Or comme les taux d'intérêt ne peuvent plus baisser, cette liquidité ne produit aucun effet : demande agrégée, production et emploi sont « piégés » à de faibles niveaux.
>
> Tous les économistes n'acceptent pas cette argumentation et pensent que les banques centrales disposent toujours de moyens pour relancer l'économie. Il est, en effet, possible que l'expansion monétaire menée par les banques centrales relance les attentes inflationnistes. Même si les taux d'intérêt nominaux ne peuvent plus baisser, les attentes d'une inflation accrue peuvent faire baisser les taux d'intérêt réels en les rendant négatifs, ce qui va stimuler l'investissement. Il est également envisageable que l'expansion monétaire provoque une perte de valeur de la monnaie nationale (dépréciation de la monnaie) sur les marchés des changes, rendant moins chère à l'étranger la production du pays concerné et accroissant la demande de ses exportations. Cette deuxième explication dépasse le cadre *IS-LM* utilisé dans ce chapitre, mais a toute sa place dans la version en économie ouverte du modèle qui sera introduit dans le chapitre suivant. Enfin, on peut envisager que les banques centrales augmentent le volume de leurs opérations d'open market en incluant une large variété d'instruments financiers. Par exemple, elles peuvent acheter exceptionnellement des prêts immobiliers et des dettes d'entreprises ou encore abaisser les taux d'intérêt sur ce genre de prêts. La Fed a poursuivi activement cette dernière option durant la récession de 2008.
>
> Les responsables de la politique monétaire doivent-ils se préoccuper de cette trappe à liquidité ? Peut-il arriver que les instruments de la politique monétaire perdent tout pouvoir d'influencer l'économie ? Il n'y a pas de consensus sur la réponse. Si, pour les sceptiques, il n'y a aucune raison de s'en faire à propos de la trappe à liquidité, les autres, pour l'éviter, appellent de leurs vœux un taux d'inflation cible supérieur à zéro. En effet, en l'absence totale d'inflation, les taux d'intérêt réels, tout comme les taux d'intérêt nominaux, ne peuvent jamais être inférieurs à zéro. Par contre, avec un taux d'inflation de 3 %, par exemple, la banque centrale peut facilement faire baisser les taux d'inflation réels à 3 % en s'arrangeant pour que les taux d'intérêt nominaux soient nuls. Selon les tenants de cette approche, une inflation modérée offre aux responsables de la politique monétaire plus de marges de manœuvre pour stimuler l'économie en cas de besoin, en réduisant le risque d'apparition de trappe à liquidité [5].

---

5 Pour prolonger vos réflexions sur la trappe à liquidité, voir Paul R. Krugman, « It's Baaack : Japan's Slump and the Return of the Liquidity Trap », *Brooking Panel on Economic Activity* (1998), 137-205.

11.4 CONCLUSION

L'objet de ce chapitre, ainsi que de celui qui l'a précédé, était d'approfondir nos connaissances de la demande agrégée. Nous disposons désormais des outils nous permettant d'analyser les politiques monétaire et budgétaire à long et à court terme. À long terme, les prix sont flexibles, ce qui nous permet d'utiliser l'analyse classique présentée dans la partie II et III de ce manuel. À court terme, les prix sont rigides, et nous avons recours au modèle *IS-LM* pour étudier l'impact des variations des politiques économiques sur l'économie.

Dans son état actuel d'élaboration, le modèle *IS-LM* constitue le cadre de référence de l'analyse de la demande agrégée. Il est loin, cependant, de nous permettre de comprendre toutes les subtilités de celle-ci. C'est pourquoi les chapitres suivants vont approfondir les divers éléments constitutifs de celle-ci. Ainsi, au chapitre 12, nous examinons comment les interactions internationales affectent le modèle de la demande agrégée. Et au chapitre 13, nous étudions de plus près la théorie de l'offre agrégée. Au chapitre 14, nous combinons tous ces éléments afin d'étudier précisément l'évolution dynamique de l'économie. Le chapitre 15 est consacré aux bases théoriques des politiques de stabilisation et de leur mise en place. En outre, dans le chapitre qui suit, nous examinerons plus en détail les éléments du modèle *IS-LM*, pour ainsi affiner notre compréhension de la demande agrégée. Enfin, au chapitre 17, nous nous pencherons sur les diverses théories de la consommation. La fonction de consommation est un des éléments centraux du modèle *IS-LM* : si nous modifions notre approche de la consommation, nous devrons revoir notre appréciation des impacts des politiques monétaire et budgétaire sur l'économie. Nous nous référerons, pour ce faire, au modèle *IS-LM* simple des chapitres 10 et 11.

Synthèse

1. Le modèle *IS-LM* est une théorie générale de la demande agrégée des biens et services. Les variables exogènes du modèle sont la politique monétaire, la politique budgétaire et le niveau des prix. Le modèle explique deux variables endogènes : le taux d'intérêt et le niveau du revenu national.

2. La courbe *IS* représente la relation négative entre taux d'intérêt et niveau du revenu issu de l'équilibre sur le marché des biens et services. La courbe *LM* représente la relation positive entre taux d'intérêt et niveau du revenu issue de l'équilibre sur le marché des encaisses monétaires réelles. L'équilibre dans le modèle *IS-LM* - l'intersection des courbes *IS* et *LM* - représente l'équilibre simultané sur le marché des biens et services et sur le marché des encaisses monétaires réelles.

3. La courbe de demande agrégée synthétise les résultats du modèle *IS-LM* en montrant le revenu d'équilibre pour tout niveau donné des prix. La courbe de

demande agrégée est décroissante parce que toute baisse des prix accroît les encaisses monétaires réelles, réduit le taux d'intérêt, stimule l'investissement et relève de ce fait le revenu d'équilibre.
4. Une politique budgétaire expansionniste revêtant la forme, soit d'une hausse des dépenses publiques, soit d'une baisse des impôts, déplace vers la droite la courbe *IS*, ce qui provoque une hausse du taux d'intérêt et du revenu. Il suit un déplacement vers la droite de la courbe de demande agrégée. De même, une politique budgétaire restrictive déplace vers la gauche la courbe *IS*, ce qui diminue le taux d'intérêt et le revenu et déplace vers la gauche la courbe de demande agrégée.
5. Une politique monétaire expansionniste déplace vers le bas la courbe *LM*, ce qui réduit le taux d'intérêt et accroît le revenu. Il en résulte un déplacement vers la droite de la courbe de demande agrégée. De même, une politique monétaire restrictive déplace vers le haut la courbe *LM*, ce qui accroît le taux d'intérêt, réduit le revenu et déplace vers la gauche la courbe de demande agrégée.

Concepts de base

- Mécanisme de transmission monétaire
- Effet Pigou
- Théorie de la déflation due à l'endettement

Évaluation des connaissances

1. Expliquez pourquoi la courbe de demande agrégée a une pente négative.
2. Quel est l'impact d'une hausse des impôts sur le taux d'intérêt, le revenu, la consommation et l'investissement ?
3. Quel est l'impact d'une baisse de l'offre de monnaie sur le taux d'intérêt, le revenu, la consommation et l'investissement ?
4. Décrivez les effets potentiels d'une baisse des prix sur le revenu d'équilibre.

Problèmes et applications

1. Selon le modèle *IS-LM*, qu'advient-il du taux d'intérêt, du revenu, de la consommation et de l'investissement dans les circonstances suivantes :
   a) la banque centrale augmente l'offre de monnaie ;
   b) l'État accroît les dépenses publiques ;

c) l'État accroît les impôts ;

d) l'État accroît proportionnellement les dépenses publiques et les impôts.

2. Utilisez le modèle *IS-LM* pour prévoir les impacts des divers chocs qui suivent sur le revenu, le taux d'intérêt, la consommation et l'investissement. Pour chacun d'entre eux, indiquez ce que devrait faire la banque centrale pour stabiliser le revenu.

a) À la suite de la mise au point d'une puce électronique à vitesse rapide, de nombreuses entreprises décident de l'intégrer dans leurs systèmes informatiques.

b) Une vague de fraudes à la carte de crédit accroît la fréquence avec laquelle les gens procèdent à des transactions en espèces.

c) Un ouvrage à grand tirage intitulé *Pensionné et riche* convainc les gens d'accroître la fraction de leur revenu qu'ils consacrent à l'épargne.

3. Dans l'économie de Hicksonia :

a) La fonction de consommation est

$$C = 200 + 0,75(Y - T)$$

La fonction d'investissement est

$$I = 200 - 25r$$

Les dépenses publiques et les impôts sont égaux tous deux à 100. Représentez graphiquement la courbe *IS* de cette économie pour un taux d'intérêt *r* situé entre 0 et 8.

b) La fonction de demande de l'économie hicksonienne est :

$$(M/P)^d = Y - 100r$$

L'offre de monnaie *M* est égale à 1 000 et le niveau des prix *P* à 2. Dans cette économie, représentez graphiquement la courbe *LM* pour un taux d'intérêt *r* situé entre 0 et 8.

c) Trouvez le taux d'intérêt d'équilibre *r* et le niveau de revenu *Y*.

d) Supposez que les dépenses publiques croissent de 100 à 150. De combien se déplace la courbe *IS* ? Quel est le nouveau taux d'intérêt d'équilibre et quel est le niveau de revenu d'équilibre ?

e) Supposez maintenant que la masse monétaire augmente de 1 000 à 1 200. De combien se déplace la courbe *LM* ? Quel est le nouveau taux d'intérêt d'équilibre et quel est le niveau de revenu d'équilibre ?

f) En conservant les valeurs initiales des politiques monétaire et budgétaire, supposez que le niveau des prix passe de 2 à 4. Que se passe-t-il ? Quels sont les nouveaux taux d'intérêt et niveau de revenu d'équilibre ?

g) Construisez et représentez graphiquement une équation de la demande agrégée. Qu'advient-il de la courbe de demande agrégée si la politique budgétaire ou monétaire se modifie comme en (d) et (e) ?

4. Expliquez pourquoi chacune des assertions suivantes est exacte. Détaillez l'impact des politiques monétaire et budgétaire dans chacun de ces cas particuliers :

  a) si l'investissement ne dépend pas du taux d'intérêt, la courbe *IS* est verticale ;

  b) si la demande de monnaie ne dépend pas du taux d'intérêt, la courbe *LM* est verticale ;

  c) si la demande de monnaie ne dépend pas du revenu, la courbe *LM* est horizontale ;

  d) si la demande de monnaie est extrêmement sensible au taux d'intérêt, la courbe *LM* est horizontale.

5. Supposez que l'État souhaite accroître l'investissement tout en maintenant constante la production. Dans le modèle *IS-LM*, quelle combinaison des politiques monétaire et budgétaire pourrait permettre d'atteindre cet objectif ? Au début des années 1980, le gouvernement américain a réduit les impôts et encouru un déficit budgétaire, alors que la banque centrale américaine, la Fed, menait une politique monétaire restrictive. Quel effet attendez-vous d'une telle combinaison des politiques ?

6. Utilisez le graphique *IS-LM* pour décrire les impacts à court et à long terme des variations suivantes sur le revenu national, le niveau des prix, le taux d'intérêt, la consommation, l'investissement et les encaissements monétaires réelles :

  a) une hausse de l'offre de monnaie ;

  b) une hausse des dépenses publiques ;

  c) une hausse des impôts.

7. La banque centrale étudie deux politiques monétaires possibles :

  – maintenir constante l'offre de monnaie et laisser le taux d'intérêt s'ajuster,

  – ou ajuster l'offre de monnaie pour maintenir constant le taux d'intérêt.

Dans le modèle *IS-LM*, laquelle de ces deux politiques est la plus susceptible de stabiliser la production dans les conditions suivantes :

  a) les variations exogènes de la demande de biens et services sont la source exclusive de chocs sur l'économie ;

  b) les variations exogènes de la demande de monnaie sont la source exclusive de chocs sur l'économie.

8. Supposez que la demande d'encaisses monétaires réelles dépende du revenu disponible. En d'autres termes, la fonction de demande de monnaie est

$$M/P = L(r, Y - T)$$

À l'aide du modèle *IS-LM*, déterminez si cette modification de la fonction de demande de monnaie modifie ce qui suit :

  a) l'analyse des variations des dépenses publiques ;

  b) l'analyse des variations des impôts.

9. Ce problème vous demande d'analyser algébriquement le modèle *IS-LM*. Supposez que la consommation soit une fonction linéaire du revenu disponible :

$$C(Y-T) = a + b(Y-T)$$

où $a > 0$ et $0 < b < 1$. Supposez également que l'investissement soit une fonction linéaire du taux d'intérêt :

$$I(r) = c - dr$$

où c et d sont des nombres supérieurs à 0.

a) Déterminez Y en fonction de r, les variables exogènes G et T et les paramètres a, b, c, et d.

b) Calculez la pente de la courbe IS. Comment varie-t-elle en fonction du paramètre d qui représente la sensibilité de l'investissement au taux d'intérêt ? Utilisez votre réponse à la première question (a). Expliquez l'intuition économique.

c) Qu'est ce qui entraîne un déplacement horizontal plus important de la courbe IS, une réduction fiscale de $100 ou une hausse des dépenses publiques de $100 ? Utilisez votre réponse en (a) et justifiez votre réponse.

On suppose maintenant que la demande des encaisses monétaires réelles soit une fonction linéaire de Y et r :

$$L(r, Y) = eY - fr$$

où e et f sont des nombres supérieurs à 0.

d) Déterminez r en fonction de Y, M, P et les paramètres e et f.

e) En utilisant votre réponse en (d), calculez la pente de la courbe LM. Comment varie-t-elle en fonction de f ? Expliquez économiquement votre réponse.

f) Comment se déplace LM si M augmente de $100 ? Expliquez l'ampleur de ce déplacement en fonction : (i) des valeurs prises par e, la sensibilité de la demande de monnaie au revenu ; et (ii) des valeurs de f, la sensibilité de la demande de monnaie au taux d'intérêt.

g) En utilisant vos réponses en (a) et (d), calculez la fonction de demande agrégée. Cette équation finale pour Y doit être fonction de P, des variables exogènes M, G et T, et des autres paramètres du modèle. Cette expression ne doit pas contenir r.

h) En vous basant sur votre réponse en (g), montrez que la pente de la demande agrégée est négative.

i) Montrez, en utilisant votre réponse en (g), que les hausses de G et M, et les baisses de T déplacent la demande agrégée vers la droite. Ce résultat change-t-il si $f = 0$?

12

L'ÉCONOMIE OUVERTE REVISITÉE : LE MODÈLE DE MUNDELL-FLEMING ET LES RÉGIMES DE TAUX DE CHANGE

Le monde reste une économie fermée, mais ses régions et pays sont de plus en plus ouverts…
Le climat économique international a changé dans le sens de l'intégration financière,
ce qui a d'importantes implications en matière de politique économique.
Robert Mundell, 1963

12.1 Le modèle de Mundell-Fleming — 433

12.2 La petite économie ouverte en régime de taux de change flottants — 438

12.3 La petite économie ouverte en régime de taux de change fixes — 443

12.4 Les différentiels de taux d'intérêt — 450

12.5 Taux de change fixes ou taux de change flottants ? — 457

12.6 Du court terme au long terme : le modèle de Mundell-Fleming avec variation du niveau des prix — 463

12.7 Pour conclure, un rappel — 466

En élaborant leurs politiques monétaires et budgétaires, même si la prospérité nationale est leur seul objectif, les responsables politiques ne peuvent ignorer le reste du monde. Les flux internationaux de biens et services mesurés par les exportations nettes et les flux internationaux de capitaux mesurés par les sorties nettes de capitaux peuvent en effet avoir d'importants impacts sur l'économie nationale. Les décideurs ignorent ces effets à leurs risques et périls.

Ce chapitre étend l'analyse de la demande agrégée aux flux commerciaux et financiers internationaux. La plupart des économies mondiales sont des économies ouvertes, ce qui veut dire qu'elles exportent une partie des biens et services qu'elles produisent et qu'elles importent certains biens et services qu'elles consomment. En outre, les économies ouvertes empruntent et prêtent sur les marchés financiers internationaux. Ainsi, ce chapitre étudie le comportement à court terme des économies ouvertes. Le premier objectif en est de comprendre comment les politiques monétaire et budgétaire influencent le revenu agrégé en économie ouverte. À cette fin, nous élaborons le **modèle de Mundell-Fleming**. Ce modèle a été décrit comme étant « le paradigme dominant pour étudier les politiques monétaires et budgétaires en économie ouverte ». En 1999, Robert Mundell a reçu le prix Nobel pour ses travaux en macroéconomie internationale moderne y compris ce modèle [1].

Le modèle de Mundell-Fleming est la version du modèle *IS-LM* applicable en économie ouverte. Les deux modèles font l'hypothèse que le niveau des prix est donné pour étudier les sources de fluctuations dans le court terme du revenu agrégé (ou de façon équivalente les déplacements de la demande agrégée). De même, tous deux mettent en avant l'interaction entre marché des biens et services et marché monétaire. La seule différence entre les deux est que le modèle *IS-LM* représente une économie fermée alors que le modèle de Mundell-Fleming décrit une petite économie ouverte. Ce dernier modèle étend donc le modèle du revenu national de court terme des chapitres 10 et 11 aux effets des flux internationaux de biens et services et de capitaux étudiés au chapitre 5.

Le modèle de Mundell-Fleming est basé sur une hypothèse cruciale, extrême : l'économie qu'il étudie est une petite économie ouverte où la mobilité des capitaux est parfaite. Cette économie pouvant donc emprunter et prêter sans restriction sur les marchés financiers internationaux, son taux d'intérêt est déterminé par le taux d'intérêt international. Voici comment Mundell lui-même a expliqué dans son article de 1963, pourquoi il a fait cette hypothèse :

> « Afin de présenter mes conclusions le plus simplement possible et apporter les interprétations claires et solides pour la politique économique, je suppose une parfaite mobilité des

---

[1] Cette citation est de Maurice Obstfeld et Kenneth Rogoff, *Foundations of International Macroeconomics* (Cambridge, MA : MIT Press, 1996), un livre de référence en macroéconomie internationale avancée. Le modèle de Mundell-Fleming a été élaboré au début des années 1960. On trouvera les apports de Mundell in Robert A. Mundell, *International Economics* (New York : Macmillan, 1968), et ceux de Fleming in J. Marcus Fleming, « Domestic Financial Policies under Fixed and under Floating Exchange Rates », *IMF Staff Papers* 9 (novembre 1962), 369-379. Fleming était directeur de la recherche au Fonds Monétaire International. Il est décédé en 1976 et ne pouvait donc être nommé pour le prix Nobel.

capitaux qui prévaut quand un pays ne peut pas maintenir un taux d'intérêt différent du taux d'intérêt au niveau international. Cette hypothèse est certes forte mais elle mérite d'être posée car elle permet de présenter le modèle type (un stéréotype) vers lequel les relations financières internationales semblent converger. En même temps, on pourrait dire qu'elle n'est pas loin de la vérité dans certains centres financiers, comme par exemple Zurich, Amsterdam ou Bruxelles où les autorités financières reconnaissent leur incapacité à contrôler les conditions du marché monétaire et à isoler les influences étrangères. C'est également et pertinemment le cas du Canada dont les marchés financiers sont dominés, dans une large mesure, par le vaste marché financier de New York. »

Comme nous allons le voir, l'hypothèse de Mundell d'une petite économie ouverte avec une parfaite mobilité des capitaux s'avère très utile pour mettre en place un modèle souple et concret [2].

L'une des grandes leçons du modèle de Mundell-Fleming est que le comportement d'une économie est fonction du système de taux de change qu'elle adopte. En effet, dans une large mesure, le modèle a été initialement développé pour comprendre le fonctionnement des différents régimes de taux de change et analyser l'influence du choix du régime de taux de change sur les politiques monétaire et budgétaire. Nous partons de l'hypothèse d'un régime de taux de change flottants : la banque centrale laisse le taux de change s'ajuster librement aux variations des conditions économiques. Nous verrons ensuite comment l'économie fonctionne en régime de taux de change fixes, avant d'évaluer les mérites respectifs des deux régimes.

12.1 LE MODÈLE DE MUNDELL-FLEMING

Cette section est consacrée à l'élaboration du modèle de Mundell-Fleming. Dans les sections suivantes, nous appliquerons ce modèle à l'étude de l'impact des diverses politiques. Les chapitres précédents nous ont déjà fourni les principaux éléments du modèle de Mundell-Fleming mais ces éléments sont ici agencés de manière différente afin de répondre à un nouvel ensemble de questions.

12.1.1 *L'hypothèse centrale : une petite économie ouverte avec parfaite mobilité des capitaux*

Nous partons de l'hypothèse d'une petite économie ouverte avec parfaite mobilité des capitaux. Le chapitre 5 a montré que cette hypothèse signifie que le taux d'intérêt r de

---

[2] Cette hypothèse, et donc le modèle de Mundell-Fleming, ne s'applique pas dans le cas d'une grande économie ouverte comme celle des États-Unis. La conclusion de ce chapitre, et plus encore son annexe, se penchent sur le cas plus complexe des pays où la mobilité internationale des capitaux n'est pas parfaite et/ou dont la grande taille leur permet de peser sur les marchés financiers internationaux.

cette économie est déterminé par le taux d'intérêt mondial r^*, ce qui, mathématiquement, s'écrit comme suit :

$$r = r^* \tag{12.1}$$

On suppose ce taux d'intérêt donné de manière exogène parce que le pays concerné est suffisamment petit par rapport à l'économie mondiale pour emprunter et prêter sans limite sur les marchés financiers internationaux sans affecter le taux d'intérêt mondial.

La simplicité de cette équation qui traduit en termes mathématiques l'idée de parfaite mobilité des capitaux ne peut faire perdre de vue la complexité du processus ainsi décrit. Supposons un événement, par exemple la baisse de l'épargne intérieure, qui pousse normalement le taux d'intérêt à la hausse. En petite économie ouverte, même si cette hausse est modeste et temporaire, elle attire immédiatement l'attention des étrangers, qui s'empressent de prêter au pays concerné, en y achetant des obligations, par exemple. La conséquence est immédiate : les entrées de capitaux ramènent le taux d'intérêt à son niveau r^*. En sens inverse, la moindre baisse du taux d'intérêt induit des sorties de capitaux qui ramènent également le taux d'intérêt à ce même niveau r^*. On voit donc que l'équation $r = r^*$ traduit l'hypothèse d'une rapidité des flux internationaux de capitaux suffisante pour maintenir le taux d'intérêt intérieur au même niveau que le taux mondial.

12.1.2 Le marché des biens et services et la courbe IS*

Le modèle de Mundell-Fleming décrit le marché des biens et services en termes très proches de ceux du modèle *IS-LM*, mais en ajoutant les exportations nettes, ce qui donne l'équation suivante :

$$Y = C(Y - T) + I(r) + G + NX(e) \tag{12.2}$$

Selon cette équation, la production agrégée Y est la somme de la consommation C, de l'investissement I, des dépenses publiques G et des exportations nettes NX. La consommation C est une fonction croissante du revenu disponible $(Y - T)$. L'investissement est une fonction décroissante du taux d'intérêt r. Les exportations nettes sont une fonction décroissante du taux de change e, défini, comme vu antérieurement, comme la quantité de devises étrangères par unité de monnaie nationale, soit, par exemple $e = 100$ yens par dollar.

Au chapitre 5, nous avons lié les exportations nettes au taux de change réel (le prix relatif des biens et services dans le pays et à l'étranger) plutôt qu'au taux de change nominal (le prix relatif de la devise nationale et des devises étrangères). Si e est le taux de change nominal, le taux de change réel ϵ est égal à eP/P^*, où P est le niveau des prix intérieurs et P^* le niveau des prix étrangers. Comme le modèle de Mundell-Fleming suppose constants les niveaux de prix intérieur et étranger, le taux de change réel est proportionnel au taux de change nominal. Donc, quand le taux de change nominal s'apprécie (de 100 à 120 yens par dollar, par exemple), les biens étrangers deviennent moins chers par rapport aux biens intérieurs et ceci entraîne une chute des exportations et une hausse des importations.

La condition de l'équilibre sur le marché des biens et services représentée par la relation 12.2 admet deux variables financières affectant les dépenses en biens et services : le taux d'intérêt et le taux de change. En supposant une parfaite mobilité des capitaux $r = r^*$, cette relation peut se simplifier et nous aurons :

$$Y = C\left(Y - T\right) + I\left(r^*\right) + G + NX\left(e\right) \tag{12.3}$$

Cette équation de l'équilibre sur le marché des biens et services peut s'illustrer à l'aide d'une courbe reliant le revenu en abscisse et le taux de change en ordonnée : elle apparaît au graphique (c) de la figure 12.1 sous le nom *IS**. L'astérisque doit nous rappeler que cette courbe se trace en maintenant le taux d'intérêt constant au niveau du taux d'intérêt mondial r^*.

La courbe *IS** est décroissante parce que toute hausse du taux d'intérêt réduit les exportations, et donc le revenu agrégé. Pour montrer cette mécanique, les deux autres graphiques de la figure 12.1 combinent les courbes d'exportations nettes et de l'équilibre keynésien pour construire la courbe *IS**. Au graphique (a), une hausse du taux de change de e_1 en e_2 réduit les exportations nettes de $NX(e_1)$ en $NX(e_2)$. Au graphique (b), cette baisse des exportations nettes déplace vers le bas la courbe de dépense prévue et réduit donc le revenu de Y_1 en Y_2. La courbe *IS** synthétise cette relation entre le taux de change e et le revenu Y.

12.1.3 *Le marché monétaire et la courbe LM**

Le modèle de Mundell-Fleming représente le marché monétaire à l'aide d'une équation maintenant familière tirée du modèle *IS-LM* :

$$(M/P) = L\left(r, Y\right) \tag{12.4}$$

Selon cette équation, l'offre d'encaisses monétaires réelles *M/P* est égale à leur demande $L\left(r, Y\right)$. Celle-ci est une fonction décroissante du taux d'intérêt r, et une fonction croissante du revenu Y. L'offre de monnaie *M* est une variable exogène contrôlée par la banque centrale. Enfin, comme le modèle de Mundell-Fleming a été conçu pour étudier les fluctuations de court terme, il suppose également le niveau des prix *P* fixé de manière exogène.

De la même manière que précédemment, nous ajoutons l'hypothèse selon laquelle le taux d'intérêt intérieur est maintenu égal au taux d'intérêt mondial, $r = r^*$:

$$(M/P) = L\left(r^*, Y\right) \tag{12.5}$$

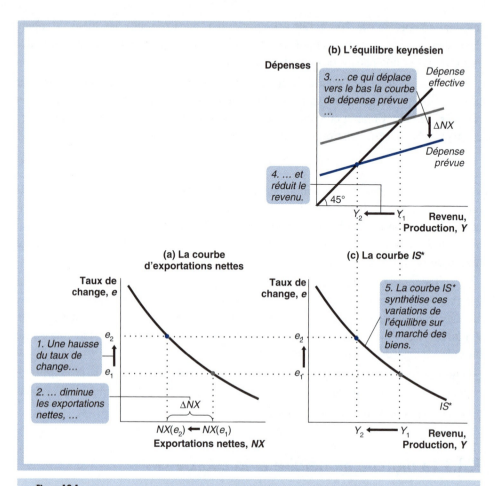

Figure 12.1
*La courbe IS**

La courbe *IS** se déduit de la courbe des exportations nettes et du diagramme à 45° de l'équilibre keynésien. Le graphique (a) représente la courbe des exportations nettes : la hausse du taux de change de e_1 en e_2 réduit les exportations nettes de $NX(e_1)$ en $NX(e_2)$. Le graphique (b) montre l'équilibre keynésien : la baisse des exportations nettes de $NX(e_1)$ en $NX(e_2)$ déplace vers le bas la courbe de dépense prévue et réduit le revenu de Y_1 en Y_2. Le graphique (c) illustre la courbe *IS** qui synthétise cette relation entre taux de change et revenu : plus le taux de change est élevé, plus est faible le niveau du revenu.

Cette équation est représentée par la courbe verticale *LM** du graphique (b) de la figure 12.2. La courbe *LM** est verticale parce que l'équation *LM** ne comporte pas le taux d'intérêt. Pour tout taux d'intérêt mondial donné, l'équation *LM** détermine le revenu agrégé indépendamment du taux de change. On voit à la figure 12.2 comment déduire la courbe *LM** du taux d'intérêt mondial et de la courbe *LM*, qui lie taux d'intérêt et revenu.

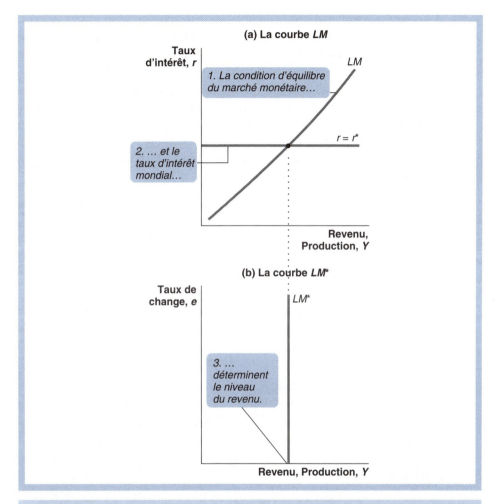

Figure 12.2
La courbe LM*

Le graphique (a) combine la courbe *LM* conventionnelle [représentant l'équation (M/P) = L (r, Y)] et une droite horizontale représentant le taux d'intérêt mondial r*. L'intersection des deux courbes détermine le niveau du revenu indépendamment du taux de change : comme le montre le graphique (b) la courbe *LM** est en conséquence verticale.

12.1.4 En assemblant les pièces du puzzle

Selon le modèle de Mundell-Fleming, deux équations décrivent une petite économie ouverte avec parfaite mobilité des capitaux :

$$\begin{array}{rll} Y &= C(Y-T) + I(r^*) + G + NX(e) & IS^*, \\ M/P &= L(r^*, Y) & LM^*. \end{array} \quad (12.6)$$

La première équation décrit l'équilibre sur le marché des biens et services et la seconde l'équilibre sur le marché monétaire. Les variables exogènes sont la politique budgétaire G et T, la politique monétaire M, le niveau des prix P et le taux d'intérêt mondial r^*. Les variables endogènes sont le revenu Y et le taux de change e.

La figure 12.3 synthétise l'ensemble de ces relations : l'équilibre de l'économie se situe au point d'intersection des courbes IS^* et LM^*. À ce point correspondent le taux de change et le niveau de revenu pour lesquels le marché des biens et services et le marché monétaire sont simultanément en équilibre. Cette représentation graphique va maintenant nous permettre d'étudier l'impact des politiques économiques sur le revenu agrégé Y et sur le taux de change e.

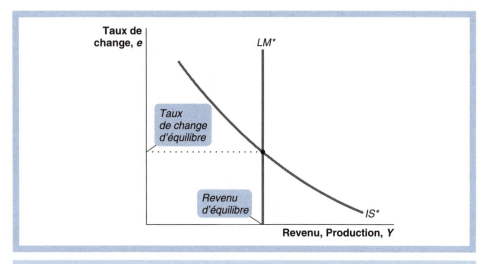

Figure 12.3
Le modèle de Mundell-Fleming

Cette représentation graphique du modèle de Mundell-Fleming présente la condition d'équilibre sur le marché des biens et services IS^* et la condition d'équilibre sur le marché monétaire LM^*, le taux d'intérêt étant maintenu constant au niveau du taux mondial. L'intersection des deux courbes donne le niveau de revenu et le taux d'intérêt d'équilibre simultané sur le marché des biens et services et sur le marché monétaire.

12.2 LA PETITE ÉCONOMIE OUVERTE EN RÉGIME DE TAUX DE CHANGE FLOTTANTS

Avant d'analyser l'impact des politiques sur une économie ouverte, nous devons préciser le système monétaire international dans lequel le pays concerné choisit de fonctionner. Autrement dit, nous devons examiner comment un pays engagé dans les échanges internationaux des biens et services ou de capitaux peut convertir sa monnaie en devises étrangères.

Nous partons du système le plus répandu parmi les grandes économies modernes : les **taux de change flottants**. En régime de taux de change flottants, le taux de change peut librement, par les forces du marché, s'ajuster en réaction aux variations des conditions économiques. Dans ce cas, l'ajustement du taux de change e permet de réaliser simultanément l'équilibre sur le marché des biens et services et sur le marché monétaire. De la même manière, aux moindres variations qui changent cet équilibre, le taux de change retrouve une autre valeur d'équilibre.

Nous allons considérer trois politiques économiques qui peuvent influencer cet équilibre : la politique budgétaire, la politique monétaire et la politique commerciale. Notre objectif est d'utiliser le modèle de Mundell-Fleming pour montrer l'impact des changements dans la politique économique et de mieux comprendre les forces économiques permettant à une économie de se déplacer d'un équilibre à un autre.

12.2.1 *La politique budgétaire*

Supposons qu'un gouvernement encourage la dépense intérieure en accroissant les dépenses publiques ou en réduisant les impôts. Comme cette politique budgétaire expansionniste accroît la dépense prévue, la courbe IS^* se déplace vers la droite comme on le voit à la figure 12.4. En conséquence, le taux de change augmente, le niveau de revenu demeurant, quant à lui, inchangé.

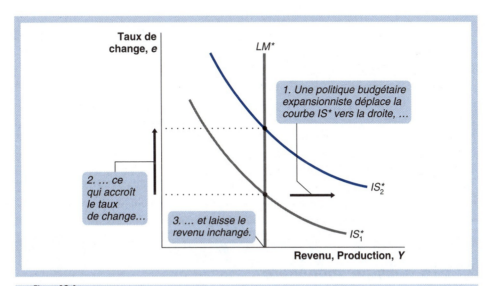

Figure 12.4
Une expansion budgétaire en régime de taux de change flottants

Une hausse des dépenses publiques ou une baisse des impôts déplace vers la droite la courbe IS^*. Ceci accroît le taux de change, mais laisse inchangé le niveau du revenu.

On voit donc que la politique budgétaire a des effets très différents en petite économie ouverte et en économie fermée. Dans l'économie fermée du modèle *IS-LM*, en effet, l'expansion budgétaire accroît le revenu, alors qu'en petite économie ouverte en régime de taux de change flottants, elle n'a aucun impact sur le revenu. La différence réside dans le fait que la courbe *LM** est verticale alors que cette même courbe utilisée dans l'analyse d'une économie fermée est croissante. Quelles sont donc les forces de marché permettant d'expliquer ces différences ? Pour répondre à cette question, nous devons analyser les flux internationaux de capitaux et leurs incidences sur l'économie nationale.

Les taux d'intérêt et de change sont la clé de la réponse. En économie fermée, l'accroissement du revenu entraîne la hausse du taux d'intérêt parce que le revenu plus élevé accroît la demande de monnaie. Au contraire, en petite économie ouverte, dès que le taux d'intérêt tend à excéder le taux d'intérêt mondial r^*, les capitaux étrangers affluent dans le pays afin de bénéficier d'un taux de rendement élevé. Ces entrées de capitaux accroissent également la demande de monnaie nationale sur le marché des changes et en provoquent donc une appréciation. Ce renchérissement du taux de change augmente le prix des biens et services intérieurs par rapport aux prix à l'étranger, ce qui provoque une diminution des exportations nettes qui compense l'impact sur le revenu de l'expansion budgétaire initiale.

Mais pourquoi la chute des exportations nettes est-elle si substantielle qu'elle empêche totalement la politique budgétaire d'affecter le revenu ? La réponse à cette question passe par l'équation qui décrit le marché monétaire :

$$(M/P) = L(r, Y) \qquad (12.4)$$

Dans les économies tant ouvertes que fermées, l'offre d'encaisses monétaires réelles *M/P* est fixée par la banque centrale (qui détermine *M*) et l'hypothèse de rigidité des prix (qui fixe *P*). La quantité demandée (qui dépend de *r* et de *Y*) doit être égale à cette offre constante. En économie fermée, l'expansion budgétaire fait augmenter le taux d'intérêt d'équilibre. Cette hausse du taux d'intérêt, qui pèse négativement sur la demande de monnaie, permet le relèvement du revenu d'équilibre, ce qui accroît la demande de monnaie. Au contraire, en petite économie ouverte, *r* est maintenu constant au niveau r^* et ceci n'est compatible qu'avec un seul niveau de revenu, qui ne se modifie pas sous l'effet de la politique budgétaire. On voit donc qu'en présence de hausses des dépenses publiques ou de réductions fiscales, l'appréciation du taux de change et la baisse des exportations nettes doivent exactement avoir l'ampleur qui leur permet de compenser totalement l'impact de la politique budgétaire sur le revenu.

12.2.2 La politique monétaire

Supposons maintenant que la banque centrale accroisse l'offre de monnaie. Le niveau des prix étant supposé donné, cette hausse de l'offre monétaire se traduit par un accroissement des encaisses réelles. Ce dernier déplace vers la droite la courbe *LM**, comme on le voit à la figure 12.5. En conséquence, la hausse de l'offre de monnaie accroît le revenu et diminue le taux de change.

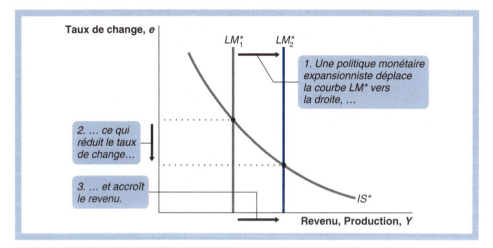

Figure 12.5
Une expansion monétaire en régime de taux de change flottants

Une hausse de l'offre de monnaie déplace la courbe LM* vers la droite, ce qui réduit le taux de change et accroît le revenu.

La politique monétaire affecte donc le revenu en économie ouverte tout comme en économie fermée, mais le mécanisme de transmission monétaire y est différent. Vous vous souviendrez qu'en économie fermée, la hausse de l'offre de monnaie réduit le taux d'intérêt, ce qui stimule l'investissement et donc la dépense totale. En petite économie ouverte, le taux d'intérêt est fixé au niveau du taux d'intérêt mondial. Dès que la hausse de l'offre de monnaie pèse à la baisse sur le taux d'intérêt intérieur, les capitaux quittent l'économie, les investisseurs cherchant ailleurs un rendement plus élevé. Cette sortie de capitaux empêche le taux d'intérêt intérieur de baisser en dessous du taux d'intérêt mondial r^*. De surcroît, comme les sorties de capitaux alimentent l'offre de monnaie nationale sur le marché des devises étrangères, le taux de change se déprécie. Ceci réduit le prix des biens intérieurs par rapport à celui des biens étrangers, ce qui stimule les exportations nettes. On voit donc qu'en petite économie ouverte, la politique monétaire influence le revenu en modifiant le taux de change plutôt que le taux d'intérêt.

12.2.3 *La politique commerciale*

Supposons que le gouvernement réduise la demande des biens importés en imposant sur ceux-ci un droit de douane ou en les soumettant à un contingentement. Qu'advient-il du revenu agrégé et du taux de change ? Comment l'économie atteint-elle son équilibre ?

Les exportations nettes étant égales aux exportations moins les importations, une réduction des importations se traduit par un accroissement des exportations nettes : la courbe des exportations nettes de la figure 12.6 se déplace vers la droite, ce qui implique une hausse des dépenses prévues et entraîne dans le même mouvement la courbe IS^*. Comme la courbe LM^* est verticale, la restriction aux échanges accroît le taux de change, sans impact sur le revenu.

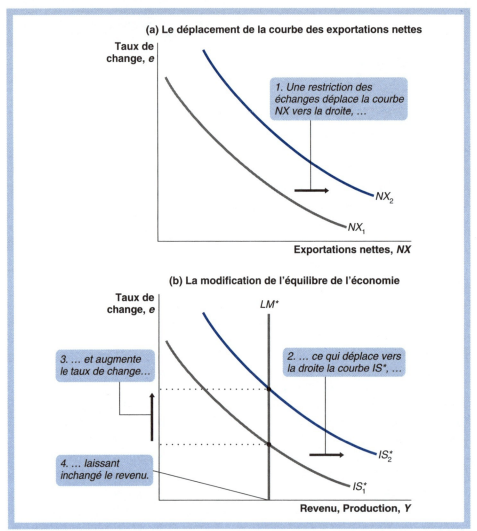

Figure 12.6
Une restriction des échanges en régime de taux de change flottants

Un droit douanier ou un contingentement à l'importation déplace la courbe des exportations nettes du graphique (a) vers la droite. La courbe IS^* du graphique (b) glisse donc vers la droite, ce qui accroît le taux de change, mais laisse le revenu inchangé.

Les mécanismes économiques à l'origine de cette transition sont similaires à ceux d'une politique budgétaire expansionniste. Comme les exportations nettes sont une composante du PIB, un déplacement vers la droite de celles-ci, toutes choses égales par ailleurs, pousse le revenu Y à la hausse. À son tour, la hausse du revenu implique une augmentation de la demande de monnaie entraînant un accroissement du taux d'intérêt r. La réaction rapide à cette variation du taux d'intérêt est une entrée importante des capitaux étrangers, ce qui ramène celui-ci au niveau du taux d'intérêt mondial r^* et provoque une appréciation de la monnaie nationale. Enfin, ce renchérissement du taux de change augmente le prix des biens et services intérieurs par rapport aux prix à l'étranger, ce qui provoque une diminution des exportations nettes NX et ramène le revenu Y à son niveau initial.

Les politiques commerciales déclarées ont souvent pour objectif de modifier la balance commerciale NX. Comme nous l'avons vu au chapitre 5, elles n'y parviennent pas toujours. Il en va de même dans le cadre du modèle de Mundell-Fleming en régime de taux de change flottants. Souvenons-nous que

$$NX(e) = Y - C(Y-T) - I(r^*) - G \qquad (12.7)$$

Une restriction des échanges n'affectant pas le revenu, la consommation, l'investissement ou les dépenses publiques, elle est sans effet sur la balance commerciale. Le déplacement de la courbe des exportations nettes tend à accroître NX, mais la hausse du taux de change réduit proportionnellement NX. L'effet total est simplement *moins d'échanges*. L'économie nationale importe et exporte moins qu'elle ne le faisait avant les restrictions imposées par la nouvelle politique commerciale.

12.3 LA PETITE ÉCONOMIE OUVERTE EN RÉGIME DE TAUX DE CHANGE FIXES

Nous nous tournons à présent vers le deuxième grand régime de taux de change : les **taux de change fixes**. Sous un tel régime de change, la banque centrale fixe le taux de change et se tient en permanence prête à acheter et à vendre la devise nationale contre des devises étrangères afin de maintenir le taux de change au prix préfixé. Dans les années 1950 et 1960, la plupart des grandes économies mondiales, y compris celle des États-Unis, fonctionnaient dans le cadre du *système dit de Bretton Woods*, système monétaire international dans lequel la plupart des gouvernements avaient accepté de fixer leurs taux de change. C'est au début des années 1970 que ce système fut abandonné pour laisser place aux taux de change flottants. Récemment, la Chine a fixé la valeur de sa monnaie par rapport au dollar américain. Cette politique est, comme nous allons le voir, une source de conflits et de tensions entre les deux pays.

Cette section décrit le fonctionnement d'un tel système ainsi que l'impact des politiques économiques sur les économies où il est mis en vigueur.

12.3.1 Le fonctionnement du système des taux de change fixes

Lorsque les taux de change sont fixes, la banque centrale se tient en permanence prête à acheter ou à vendre la devise nationale contre des devises étrangères à un prix préétabli. Supposons, par exemple, que la banque centrale annonce qu'elle va fixer son taux de change à 100 yens par dollar. Elle est donc prête à vendre $1 contre 100 yens et, inversement, à vendre 100 yens en échange de $1. Pour mener à bien cette politique, la banque centrale a besoin d'une réserve de dollars (qu'elle peut imprimer) et d'une réserve de yens (qu'elle doit avoir accumulé au travers des transactions passées).

Le simple fait de fixer le taux de change veut dire que le seul objectif qui reste à la politique monétaire est de maintenir le taux de change au niveau annoncé. En d'autres termes, fondamentalement, un système de taux de change fixes exige de la banque centrale qu'elle s'engage à permettre à l'offre de monnaie de s'ajuster à tout niveau susceptible d'assurer l'égalité entre le taux de change d'équilibre et le taux de change annoncé. De surcroît, aussi longtemps que la banque centrale est prête à acheter ou à vendre des devises étrangères au taux de change fixé, l'offre de monnaie s'ajuste automatiquement au niveau correspondant.

Pour voir comment la fixation du taux de change détermine l'offre de monnaie, prenons un exemple simple. Supposons que la banque centrale annonce qu'elle va fixer le taux de change du dollar à 100 yens mais que, dans les conditions d'équilibre du moment, données par l'offre monétaire existante, le taux de change est égal à 150 yens par dollar, soit 50 yens de plus que le taux annoncé. Le graphique (a) de la figure 12.7 illustre cette situation. Vous remarquez qu'il existe là une possibilité de profit : un arbitragiste pourrait acheter 300 yens sur le marché en contrepartie de $2, et revendre ensuite ces yens à la banque centrale pour $3, réalisant ainsi un profit de $1. Lorsque la banque centrale achète ces yens à l'arbitragiste, les dollars qu'elle lui remet en contrepartie accroissent automatiquement l'offre de monnaie. La courbe LM^* se déplace vers la droite, ce qui réduit le taux de change d'équilibre. L'offre de monnaie continue de croître jusqu'au moment où le taux de change d'équilibre est revenu au niveau annoncé.

À l'inverse, supposons maintenant que la banque centrale annonce qu'elle va fixer le taux de change à 100 yens par dollar, alors que le taux de change d'équilibre du moment est de 50 yens par dollar. Le graphique (b) de la figure 12.7 illustre cette situation. Dans ce cas, un arbitragiste peut réaliser un profit en achetant 100 yens à la banque centrale au prix de $1, et en revendant ensuite ses yens sur le marché au prix de $2. Lorsque la banque centrale vend ces yens, chaque $1 qu'elle encaisse réduit automatiquement l'offre de monnaie. Cette baisse de l'offre de monnaie déplace vers la gauche la courbe LM^*, ce qui accroît le taux de change d'équilibre. L'offre de monnaie continue de baisser jusqu'au moment où le taux de change d'équilibre s'est déplacé jusqu'au niveau annoncé.

Il est important de comprendre que ce système de taux de change détermine le taux de change *nominal*. C'est l'horizon temporel considéré qui nous dit s'il détermine

L'économie ouverte revisitée 445

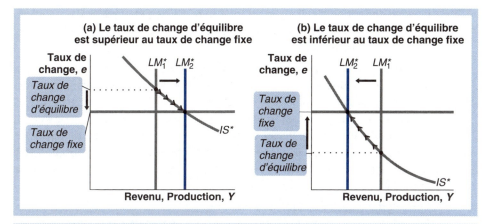

Figure 12.7
Comment le taux de change fixe régit l'offre de monnaie

Au graphique (a), le taux de change d'équilibre est supérieur au taux de change fixe. Les arbitragistes achètent des devises étrangères sur le marché des devises et les revendent à la banque centrale en réalisant un profit. Ce processus accroît automatiquement l'offre de monnaie, ce qui déplace vers la droite la courbe LM^* et réduit le taux de change. Au graphique (b), le taux de change d'équilibre est inférieur au taux de change fixe. Les arbitragistes achètent des dollars sur le marché des changes et les utilisent pour acheter des devises étrangères à la banque centrale. Ce processus réduit automatiquement l'offre de monnaie, en déplaçant la courbe LM^* vers la gauche, ce qui accroît le taux de change.

également le taux de change réel. Si les prix sont flexibles, comme c'est le cas à long terme, le taux de change réel peut se modifier alors même que le taux de change nominal reste inchangé. C'est pourquoi, dans le long terme décrit au chapitre 5, la politique de fixation du taux de change nominal n'influence aucune variable réelle, et notamment le taux de change réel. Le taux de change nominal fixe n'influence que l'offre de monnaie et le niveau des prix. Par contre, dans le court terme décrit par le modèle de Mundell-Fleming, les prix sont constants, raison pour laquelle le taux de change nominal fixe implique également la fixité du taux de change réel.

ÉTUDE DE CAS - L'étalon-or international

À la fin du dix-neuvième siècle et au début du vingtième siècle, la plupart des grandes économies du monde fonctionnaient dans le cadre de l'étalon-or. Chaque pays conservait une réserve d'or et convenait d'échanger une unité de sa monnaie contre une quantité donnée d'or. L'étalon-or imposait donc de fait aux économies du monde un système de taux de change fixes.

Pour voir comment l'étalon-or fixe le taux de change, supposons que la banque centrale américaine soit prête à vendre ou à acheter une once d'or au prix de $100 et que la banque centrale anglaise est, quant à elle, prête à vendre ou à acheter une once d'or au prix de 100£. Ces deux politiques fixent conjointement le taux de change entre dollar américain et livre anglaise.

Chaque dollar doit s'échanger contre 1 livre. Si ce n'était pas le cas, la loi du prix unique serait violée et il serait rentable d'acheter de l'or dans un pays pour le revendre dans l'autre.

Supposons, par exemple, un taux de change de £2 par dollar. Dans ce cas, les arbitragistes pourraient acheter £200 au prix de $100, utiliser les livres ainsi achetées pour acheter deux onces d'or auprès de la banque d'Angleterre, les ramener aux États-Unis, et les revendre à la banque centrale américaine en contrepartie de $200, réalisant un profit de $100. En outre, en ramenant de l'or aux États-Unis à partir de la Grande-Bretagne, ces mêmes arbitragistes réduiraient l'offre de monnaie britannique et accroîtraient l'offre de monnaie américaine.

On voit donc qu'à l'époque de l'étalon-or, le transport international d'or par les arbitragistes constituait un mécanisme automatique d'ajustement de l'offre de monnaie et de stabilisation des changes. Seul le coût du transport d'or empêchait les taux de change d'être totalement fixes : les taux de change fluctuaient à l'intérieur d'une marge dictée par les coûts de transport. Les variations importantes et persistantes des taux de change n'en étaient pas moins exclues [3].

12.3.2 La politique budgétaire

Nous allons maintenant étudier comment les politiques économiques affectent une petite économie ouverte en régime de taux de change fixes. Supposons que les pouvoirs publics encouragent la dépense intérieure en accroissant les dépenses publiques ou en réduisant les impôts. Cette politique déplace la courbe IS* vers la droite, comme à la figure 12.8, ce qui pousse à la hausse le taux de change. Mais comme la banque centrale est prête à échanger les devises intérieures et étrangères au taux de change fixe, les arbitragistes réagissent promptement à la hausse du taux de change en vendant des devises étrangères à la banque centrale, ce qui induit automatiquement une expansion monétaire : la hausse de l'offre de monnaie déplace la courbe LM* vers la droite. À l'inverse de la situation constatée en régime de taux de change flottants, l'expansion budgétaire en régime de taux de change fixes accroît le revenu agrégé.

12.3.3 La politique monétaire

Que se passe-t-il si la banque centrale, sous un régime de taux de change fixes, s'efforce d'accroître l'offre de monnaie, par exemple en achetant des obligations sur le marché ? L'impact initial de cette politique est de déplacer la courbe LM* vers la droite, ce qui réduit le taux de change, comme l'illustre la figure 12.9. Mais, comme la

---

[3] Pour plus de détails sur l'étalon-or, voir les contributions in Barry Eichengreen, ed., *The Gold Standard in Theory and History* (New York : Methuen, 1985).

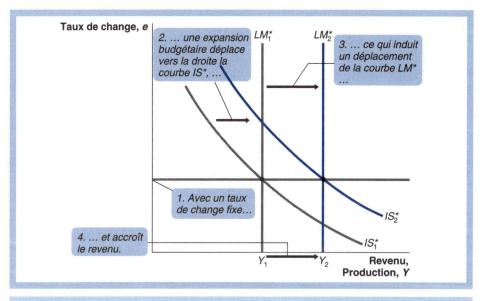

Figure 12.8
Une expansion budgétaire en régime de taux de change fixes

Une expansion budgétaire déplace vers la droite la courbe IS^*. Pour maintenir inchangé le taux de change, la banque centrale doit accroître l'offre de monnaie, ce qui déplace vers la droite la courbe LM^*. En conséquence, au contraire de ce qui se passe en régime de taux de change flottants, en taux de change fixes, l'expansion budgétaire accroît le revenu.

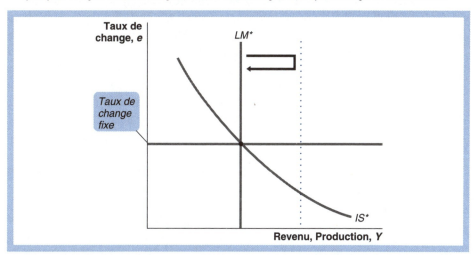

Figure 12.9
Une expansion monétaire en régime de taux de change fixes

Si la banque centrale s'efforce d'accroître l'offre de monnaie, par exemple en achetant des obligations sur le marché, elle pousse à la baisse le taux de change. Pour maintenir celui-ci inchangé, l'offre de monnaie et la courbe LM^* doivent revenir à leurs positions initiales. En conséquence, en régime de taux de change fixes, la politique monétaire conventionnelle n'a pas d'effet.

banque centrale s'est engagée à vendre et à acheter des devises étrangères à un taux de change fixe, les arbitragistes ne tardent pas à lui vendre des devises intérieures, ce qui ramène l'offre de monnaie et la courbe LM^* à leurs positions initiales. En conséquence, la politique monétaire conventionnelle n'a aucun impact en régime de taux de change fixes. En acceptant de fixer le taux de change, la banque centrale renonce à tout contrôle sur l'offre de monnaie.

Toutefois, sous un régime de taux de change fixes, un pays peut mener une politique monétaire en modifiant le niveau du taux de change. On appelle **dévaluation** la réduction de la valeur de la monnaie, et **réévaluation** l'accroissement de celle-ci. Dans le modèle de Mundell-Fleming, une dévaluation déplace la courbe LM^* vers la droite, tout comme une hausse de l'offre de monnaie en régime de taux de change flottants. De ce fait, la dévaluation accroît les exportations nettes et augmente le revenu agrégé. À l'inverse, une réévaluation déplace vers la gauche la courbe LM^*, ce qui réduit les exportations nettes et le revenu agrégé.

ÉTUDE DE CAS - La dévaluation et la sortie de la Grande Dépression

Même si elle a sans doute trouvé son origine aux États-Unis, la Grande Dépression des années 1930 a frappé toutes les économies du monde, qui ont enregistré de ce fait d'importantes baisses de leur production et de leur emploi. Les réactions à cette calamité ont cependant varié d'un pays à l'autre.

Le degré d'engagement des banques centrales à défendre le taux de change fixe établi par l'étalon-or international explique une partie de ces réactions différentes. Certains pays, tels la France, l'Allemagne, l'Italie et les Pays-Bas ont maintenu l'ancien taux de change entre l'or et leur monnaie. D'autres pays, parmi lesquels le Danemark, la Finlande, la Norvège, la Suède et le Royaume-Uni, ont réduit d'environ 50 % la quantité d'or qu'ils étaient prêts à payer pour chaque unité de leur monnaie, procédant de ce fait à une dévaluation de leurs monnaies par rapport aux devises étrangères.

Ce qu'il est ensuite advenu dans ces deux groupes de pays confirme la prévision du modèle de Mundell-Fleming : les pays qui avaient dévalué sont rapidement sortis de la dépression. La réduction de la valeur de leur monnaie a permis d'accroître la masse monétaire, de stimuler les exportations et, ainsi, de relancer la production. À l'inverse, les pays qui ont maintenu l'ancien taux de change ont enregistré plus longtemps un niveau déprimé de leur activité économique [4].

---

4 Barry Eichengreen et Jeffrey Sachs, « Exchange Rates and Economic Recovery in the 1930s », *Journal of Economic History* 45 (décembre 1985), 925-946.

12.3.4 La politique commerciale

Supposons qu'un gouvernement réduise les importations en soumettant celles-ci à un contingentement ou à un tarif douanier. Cette politique déplace vers la droite la courbe des exportations nettes et donc également la courbe IS^*, comme on le voit à la figure 12.10. Le déplacement de la courbe IS^* tend à accroître le taux de change. Pour maintenir celui-ci inchangé, l'offre de monnaie doit augmenter, ce qui déplace la courbe LM^* vers la droite.

Le résultat des politiques commerciales restrictives en régime de taux de change fixes est différent de celui que l'on a constaté en régime de taux de change flottants. Dans les deux cas, les restrictions aux échanges déplacent la courbe des exportations nettes vers la droite, mais, seulement en régime de taux de change fixes, cette restriction des échanges accroît les exportations nettes NX. La raison en est qu'en régime de taux de change fixes, la restriction des échanges provoque une expansion monétaire plutôt qu'une hausse du taux de change. À son tour, l'expansion monétaire accroît le revenu agrégé. L'identité comptable

$$NX = S - I \tag{12.8}$$

montre que, lorsque le revenu augmente, l'épargne fait de même, ce qui se traduit par une hausse des exportations nettes.

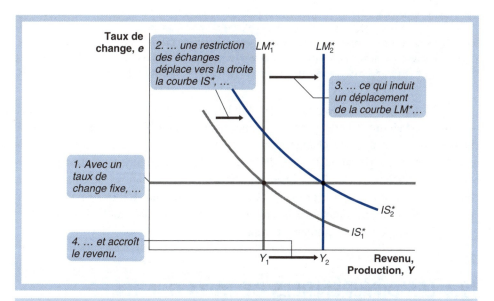

Figure 12.10
Une restriction des échanges en régime de taux de change fixes

Un droit de douane ou un contingentement des importations déplace vers la droite la courbe IS^*. La hausse de l'offre de monnaie est alors nécessaire pour maintenir inchangé le taux de change. La conséquence en est une hausse du revenu agrégé.

12.3.5 Les politiques économiques dans le modèle de Mundell-Fleming : une synthèse

Le modèle de Mundell-Fleming montre que l'impact de pratiquement toutes les politiques économiques sur une petite économie ouverte est fonction du régime de taux de change, fixes ou flottants. Le tableau 12.1 synthétise notre analyse des impacts des politiques budgétaire, monétaire et commerciale sur le revenu, le taux de change et la balance commerciale. Il en ressort des résultats très différents dans les deux régimes de change.

Tableau 12.1
Le modèle de Mundell-Fleming : synthèse de l'impact des politiques économiques

	Régime de taux de change					
	Flottants			Fixes		
	Impact sur :					
Politique	Y	e	NX	Y	e	NX
Expansion budgétaire	0	↑	↓	↑	0	0
Expansion monétaire	↑	↓	↑	0	0	0
Restriction des importations	0	↑	0	↑	0	↑

Note : Ce tableau montre le sens des impacts des diverses politiques économiques sur le revenu Y, le taux de change e, et la balance commerciale NX. Une « ↑ » indique que la variable augmente ; une « ↓ » indique qu'elle diminue ; un « 0 » traduit l'absence de tout effet. N'oublions pas que le taux de change se définit en fonction de la quantité de monnaie étrangère par unité de monnaie nationale (par exemple, 100 yens par dollar).

Plus précisément, le modèle de Mundell-Fleming montre que la capacité des politiques monétaires et budgétaires à influencer le revenu agrégé dépend du régime de change. Avec des taux de change flottants, seule la politique monétaire affecte le revenu. L'impact expansionniste attendu de la politique budgétaire est compensé par la hausse de la valeur de la monnaie et une baisse des exportations nettes. Avec des changes fixes, seule la politique budgétaire affecte le revenu. L'impact normalement attendu de la politique monétaire disparaît car l'offre de monnaie est fixée dans le seul but de préserver le niveau annoncé du taux de change.

12.4 LES DIFFÉRENTIELS DE TAUX D'INTÉRÊT

Nous avons jusqu'ici fait l'hypothèse qu'en petite économie ouverte, le taux d'intérêt est égal au taux d'intérêt mondial : $r = r^*$. Les taux d'intérêt varient cependant quelque peu d'un pays à l'autre. Nous étudions ci-dessous les causes et les effets des différentiels internationaux des taux d'intérêt.

12.4.1 Le risque-pays et les anticipations de change

En supposant ci-dessus, dans le cas de la petite économie ouverte, le taux d'intérêt déterminé par le taux d'intérêt mondial, nous nous référions à la loi du prix unique. Selon celle-ci, si le taux d'intérêt national était supérieur au taux d'intérêt mondial, les pays étrangers prêteraient au pays concerné, poussant son taux d'intérêt à la baisse. À l'inverse, si le taux d'intérêt national était inférieur au taux d'intérêt mondial, les résidents du pays concerné prêteraient à l'étranger pour y obtenir un rendement plus élevé, et ceci pousserait à la hausse le taux d'intérêt national. En définitive, le taux d'intérêt national reviendrait au niveau du taux d'intérêt mondial.

Deux raisons expliquent que cette logique ne s'applique pas toujours.

L'une d'entre elles est le risque-pays. Celui-ci est fonction du degré de stabilité politique et économique que les investisseurs attendent des pays où ils placent leur argent. Plus ces conditions sont favorables, plus ils sont sûrs de récupérer leur mise et les intérêts que celle-ci produit, et, en conséquence, moins est élevée la prime de risque qu'ils demandent. Celle-ci étant incorporée dans le taux d'intérêt, moins celui-ci est élevé. Inversement, dans les pays en développement, l'instabilité politique peut se traduire, par exemple, par des défauts de paiement. Ainsi, les emprunteurs dans ces pays doivent souvent payer des taux d'intérêts élevés aux investisseurs étrangers pour compenser le risque-pays.

La deuxième cause de différenciation des taux d'intérêt d'un pays à l'autre réside dans les variations anticipées des taux de change. Supposons, par exemple, que les investisseurs anticipent une dépréciation du peso mexicain par rapport au dollar américain. Ceci signifierait que les emprunts libellés en pesos seraient remboursés dans une devise de moindre valeur que les emprunts libellés en dollars. Dans un tel cas, le taux d'intérêt mexicain s'établit à un niveau supérieur au taux d'intérêt américain, en guise de compensation à cette baisse attendue de la valeur du peso.

On voit donc que le risque-pays et les anticipations des taux de change futurs peuvent écarter le taux d'intérêt d'une petite économie ouverte de celui qui prévaut dans les autres économies du monde. Examinons à présent quels peuvent en être les impacts sur notre analyse.

12.4.2 Les différentiels de taux d'intérêt dans le modèle de Mundell-Fleming

Pour incorporer dans le modèle de Mundell-Fleming les différentiels d'intérêt, nous faisons l'hypothèse que le taux d'intérêt d'une petite économie ouverte se détermine en ajoutant au taux d'intérêt mondial une prime de risque θ :

$$r = r^* + \theta \qquad (12.9)$$

Le niveau de cette prime de risque dépend conjointement de la perception du risque politique qui affecte le prêt à un pays donné et de l'anticipation de la variation de son taux de change réel. Aux fins qui nous occupent ici, nous pouvons tenir la prime de risque pour exogène, afin de mieux voir comment les variations de celle-ci affectent l'économie que nous étudions.

Le modèle qui en résulte est très proche de ce que nous avons vu auparavant. Les deux équations en sont :

$$\begin{array}{rll} Y & = & C\,(Y-T) + I\,(r^* + \theta) + G + NX\,(e) \quad IS^*, \\ M/P & = & L\,(r^* + \theta, Y) \quad\quad\quad\quad\quad\quad\quad\quad\quad\; LM^*. \end{array} \quad (12.10)$$

Pour toutes politiques budgétaire et monétaire données, pour tout niveau des prix et de la prime de risque, ces deux équations déterminent le niveau de la production et du taux de change qui équilibrent le marché des biens et services et le marché monétaire. Pour toute prime de risque donnée, la politique monétaire, la politique budgétaire et la politique commerciale ont les mêmes effets qu'auparavant.

Supposons maintenant que l'instabilité politique provoque une hausse de la prime de risque θ d'un pays. Comme $r = r^* + \theta$, l'impact le plus direct en est la hausse du taux d'intérêt national r. Celle-ci, à son tour, a deux effets : tout d'abord, la courbe IS^* se déplace vers la gauche, le taux d'intérêt plus élevé réduisant l'investissement. Deuxièmement, la courbe LM^* se déplace vers la droite, car le taux d'intérêt accru réduit la demande de monnaie, ce qui permet une production accrue à tout niveau donné de l'offre de monnaie. [Souvenez-vous que Y doit satisfaire l'équation $M/P = L\,(r^* + \theta, Y)$.] Comme le montre la figure 12.11, ces deux déplacements provoquent une hausse du revenu et une dépréciation de la monnaie.

Cette analyse a une importante implication : les anticipations quant au taux de change sont partiellement autoréalisatrices. Ainsi, supposons que les gens s'attendent à une dépréciation du peso mexicain. Les investisseurs demandent une prime de risque accrue sur les actifs mexicains : θ augmente au Mexique. Cette anticipation pousse à la hausse les taux d'intérêt mexicains et, comme nous venons de le voir, tend à déprécier la valeur du peso. On voit que *l'anticipation d'une perte future de valeur d'une devise donnée en provoque la dépréciation aujourd'hui.*

De manière surprenante - et peut-être incorrecte -, il semble ressortir de cette analyse que la hausse du risque θ associé à un pays y induit un accroissement du revenu. C'est en tout cas ce qu'implique le déplacement vers la droite de la courbe LM^* à la figure 12.11. Certes, un taux d'intérêt plus élevé pèse négativement sur l'investissement, mais la dépréciation de la monnaie stimule plus que proportionnellement les exportations nettes, induisant en définitive une hausse du revenu agrégé.

Dans les faits, trois raisons expliquent que l'on n'assiste pas à cette expansion du revenu. Tout d'abord, la banque centrale, dans le souci d'éviter une aussi importante dépréciation de la monnaie nationale, peut décider de restreindre l'offre de monnaie M. Ensuite, la dépréciation de la monnaie nationale peut entraîner une hausse soudaine des prix des biens importés, qui se répercute alors dans le niveau des prix intérieurs P.

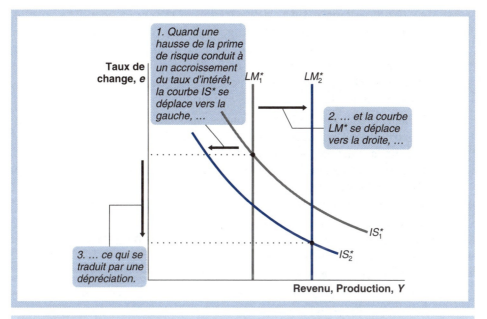

Figure 12.11
Une hausse de la prime de risque

Une hausse de la prime de risque associée à un pays accroît le taux d'intérêt dans celui-ci. Cette hausse du taux d'intérêt réduit l'investissement, ce qui déplace vers la gauche la courbe *IS**. Comme il suit également une réduction de la demande de monnaie, la courbe *LM** se déplace vers la droite. Le revenu augmente et le taux de change se déprécie.

Enfin, lorsque l'un ou l'autre événement conduit à relever la prime de risque θ d'un pays, il est possible que les résidents de ce pays réagissent à ce même événement en accroissant leur demande de monnaie (pour tout niveau de revenu et taux d'intérêt donnés), car la monnaie s'avère souvent l'actif le plus sûr. Ces trois réactions déplacent toutes la courbe LM^* vers la gauche, compensant d'autant la baisse du taux de change, mais aussi la hausse du revenu.

Les hausses du risque-pays doivent donc être évitées. À court terme, en effet, elles induisent normalement une dépréciation de la monnaie et, via les trois réactions décrites ci-dessus, une baisse du revenu agrégé. En outre, la hausse du taux d'intérêt déprime l'investissement, ce qui, à plus long terme, freine l'accumulation du capital et donc la croissance économique.

ÉTUDE DE CAS - Crise financière internationale : le Mexique, 1994-1995

En août 1994, un peso mexicain valait 30 cents. Une année après, il ne valait plus que 16 cents. Qu'est-ce qui explique cette chute massive de la valeur de la monnaie mexicaine ? Dans une large mesure, il s'agit du risque-pays.

Au début de l'année 1994, le Mexique avait le vent en poupe. La création récente de l'Accord de Libre Échange Nord-Américain (ALENA), qui réduisait les barrières commerciales entre les États-Unis, le Canada et le Mexique, déclencha une vague généralisée de confiance dans l'avenir de l'économie mexicaine. Des investisseurs du monde entier se pressaient pour prêter aux pouvoirs publics et aux entreprises mexicains.

Certains événements politiques vinrent rapidement ébranler cet optimisme. La contestation politique dans la région du Chiapas fit apparaître comme précaire la situation politique du Mexique. Peu après, Luis Donaldo Colosio, candidat le mieux placé à l'élection à la présidence du Mexique, fut assassiné. L'incertitude politique s'en trouva accrue, incitant de nombreux investisseurs à demander une prime de risque plus élevée sur leurs actifs mexicains.

Au début, cette hausse de la prime de risque n'affecta pas la valeur du peso, car le Mexique avait un régime de taux de change fixes. Dans ce cadre, la banque centrale accepte d'échanger la monnaie nationale (le peso) contre les monnaies étrangères à un taux préétabli (par exemple le dollar). Quand une hausse de la prime de risque pousse à la baisse la valeur de la monnaie nationale, la banque centrale continue à acheter des pesos et à vendre les monnaies étrangères au taux préétabli. Cette intervention automatique sur le marché des changes réduit l'offre de monnaie (déplaçant vers la gauche LM^*), chaque fois qu'il y a menace de dépréciation de cette monnaie.

En l'occurrence, les réserves en devises étrangères de la banque centrale du Mexique se sont avérées trop réduites pour maintenir le taux de change fixe. Lorsqu'elles se sont épuisées, à la fin de l'année 1994, le gouvernement mexicain a annoncé une dévaluation du peso, alors qu'il avait toujours affirmé qu'il refuserait celle-ci. Cette annonce ébranla davantage encore la confiance des investisseurs dans les responsables politiques mexicains, et ils se mirent à craindre de nouvelles dévaluations.

En conséquence, les investisseurs (y compris les investisseurs mexicains) cessèrent d'acheter des actifs mexicains. Ceci provoqua une nouvelle hausse de la prime de risque, laquelle s'ajouta à la pression à la hausse sur les taux d'intérêt et à la baisse sur le peso. Le marché des valeurs mexicain s'effondra. Quand le gouvernement mexicain eut besoin de renouveler la partie de sa dette qui venait à échéance, les investisseurs refusèrent de souscrire au nouvel emprunt. L'État mexicain se retrouva en défaut de paiement. En quelques mois seulement, le Mexique était passé du statut d'économie émergente pleine de promesses, à celui d'économie à risque au bord de la banqueroute.

C'est alors que les États-Unis entrèrent en scène. Pour ce faire, le gouvernement des États-Unis avait trois raisons : aider son voisin du Sud, empêcher l'immigration illégale massive qu'aurait pu entraîner la banqueroute mexicaine et empêcher la vague de pessimisme frappant les investisseurs par rapport au Mexique de s'étendre à d'autres pays en développement. Le gouvernement américain et le Fonds Monétaire International (FMI) prirent la tête d'un effort international conjoint de cautionnement de l'État mexicain. En particulier, le gouvernement américain se porta garant du remboursement de la dette mexicaine, ce qui permit au gouvernement du Mexique de refinancer sa dette venue à échéance. Ceci contribua à restaurer la confiance dans l'économie mexicaine, et donc à atténuer la prime de risque qui frappait ce pays.

Même si, dans le cas du Mexique, le pire a ainsi pu être évité, l'effondrement financier du pays en 1994-1995 n'en a pas moins constitué pour les Mexicains une douloureuse expérience : non seulement le peso a perdu beaucoup de sa valeur, mais l'économie est durablement entrée en récession profonde. Heureusement, à la fin des années 1990, le revenu agrégé a recommencé à croître, permettant d'espérer une sortie de crise. Il convient cependant de tirer de cet épisode une leçon claire, qui devrait être retenue pour l'avenir : les modifications du risque-pays perçu, souvent attribuables à l'instabilité politique, constituent un puissant déterminant des taux d'intérêt et des taux de change dans les petites économies ouvertes.

ÉTUDE DE CAS - Crise financière internationale : l'Asie, 1997-1998

Vers la fin de l'année 1997, alors que l'économie mexicaine émergeait de la crise financière qui venait de la frapper, l'histoire se répétait dans divers pays d'Asie, parmi lesquels la Thaïlande, la Corée du Sud et, singulièrement, l'Indonésie. Les symptômes sont maintenant bien connus : hausse des taux d'intérêt, perte de valeur des actifs et dépréciation de la monnaie. Ainsi, en Indonésie, les taux d'intérêt nominaux à court terme ont grimpé au-delà de 50 %, la capitalisation boursière a perdu près de 90 % de sa valeur (libellée en dollars américains) et la roupie s'est dépréciée de plus de 80 % par rapport au dollar. Dans tous les pays concernés, la dépréciation de la monnaie a provoqué une hausse des prix des importations qui a elle-même induit une accélération de l'inflation, alors même que le PIB fléchissait sous l'effet de la réduction des dépenses consécutive à la hausse des taux d'intérêt et à la perte généralisée de confiance. En Indonésie, le PIB réel a reculé d'environ 13 % en 1998, soit davantage que pendant toute récession aux États-Unis depuis la Grande Dépression des années 1930.

Qu'est-ce qui a pu déclencher une telle catastrophe ? Le problème a commencé au sein du système bancaire asiatique. Depuis de longues années, dans les pays concernés, les pouvoirs publics étaient davantage impliqués dans la gestion de l'allocation des ressources, particulièrement financières, alors que cela n'a jamais été le cas dans la plupart des pays industrialisés. Malgré les éloges de ce « partenariat entre secteurs privé et public » que l'on entendait et lisait régulièrement jusque-là, il est apparu à la longue que de nombreuses banques asiatiques avaient consenti leurs prêts, plus en fonction de critères d'ordre politique que de la rentabilité intrinsèque des projets d'investissement. Dès que la multiplication des défauts de paiement commença à dévoiler ce « capitalisme des copains », comme on l'appelait alors, les investisseurs internationaux perdirent confiance en l'avenir de ces économies. On vit alors croître la prime de risque sur les actifs asiatiques, provoquant l'explosion des taux d'intérêt et l'effondrement des monnaies.

Les crises de confiance internationales déclenchent souvent un cercle vicieux qui ne fait qu'aggraver les problèmes. Voici l'une des interprétations de ce type d'enchaînement fatal dans le cas des économies asiatiques :

1. les problèmes affectant le système bancaire sapent la confiance internationale dans ces économies ;
2. la perte de confiance provoque la hausse des primes de risque et des taux d'intérêt ;
3. jointe à la perte de confiance, la hausse des taux d'intérêt déprime les prix des actifs financiers et autres ;
4. la faiblesse des prix des actifs réduit la valeur du cautionnement des prêts bancaires ;
5. l'affaiblissement du cautionnement multiplie les défauts de service et de remboursement des prêts bancaires ;
6. la multiplication des défauts de paiement aggrave la crise bancaire. Vous pouvez maintenant retourner au point 1 et poursuivre le cercle vicieux.

Certains économistes ont évoqué ce cercle vicieux pour faire de la crise asiatique une « prophétie autoréalisatrice » : le malheur arrive parce qu'il est attendu. La plupart des économistes, cependant, imputent l'origine du problème à la corruption du système bancaire, et ne font intervenir le cercle vicieux de la perte de confiance qu'ensuite, comme facteur d'aggravation de la crise.

À mesure que celle-ci s'approfondissait, le Fonds Monétaire International (FMI) et les États-Unis s'efforçaient pourtant de restaurer la confiance, comme ils y avaient réussi quelques années auparavant dans le cas du Mexique. En particulier, le FMI a consenti des prêts aux pays concernés pour les aider à sortir de la crise, en échange de promesses de réforme du système bancaire et d'élimination du « capitalisme des copains ». L'espoir du FMI était que les prêts à court terme et les réformes à long terme finiraient par restaurer la confiance, permettant la réduction de la prime de risque et des taux d'intérêt et transformant de la sorte en cercle vertueux le cercle vicieux. Ce résultat semble être atteint : les économies asiatiques sont vite sorties de cette crise.

12.5 TAUX DE CHANGE FIXES OU TAUX DE CHANGE FLOTTANTS ?

Maintenant que nous savons comment l'économie fonctionne en régime de taux de change flottants et fixes, nous pouvons nous demander lequel des deux, éventuellement, doit être préféré.

12.5.1 *Avantages et inconvénients des divers systèmes de taux de change*

Le premier argument en faveur des taux de change flottants est qu'ils permettent d'utiliser la politique monétaire à d'autres fins. En régime de taux de change fixes, la politique monétaire poursuit le seul objectif de maintenir le taux de change à son niveau annoncé. Le taux de change n'est pourtant que l'une des nombreuses variables macroéconomiques que la politique monétaire peut influencer. Un régime de taux de change flottants permet donc aux autorités monétaires de poursuivre d'autres objectifs, tels que la stabilisation de l'emploi ou des prix.

Les tenants des taux de change fixes avancent que l'incertitude quant aux taux de change rend plus difficile le commerce international. Après l'abandon du système de taux de change fixes dans le cadre des accords de Bretton Woods, au début des années 1970, les taux de change tant réels que nominaux se sont avérés plus volatiles que quiconque ne s'y attendait. Certains économistes attribuent cette volatilité à la spéculation irrationnelle et déstabilisante des investisseurs internationaux. De nombreux dirigeants d'entreprises redoutent cette volatilité qui, selon eux, accroît l'incertitude entourant les transactions internationales. La volatilité des taux de change n'a pourtant pas empêché la hausse continue des échanges internationaux depuis l'introduction des taux de change flottants.

Certains défenseurs des taux de change fixes voient dans l'engagement à défendre ceux-ci, l'une des manières d'obliger les autorités monétaires à éviter une croissance excessive de l'offre de monnaie. Il existe, cependant, de nombreuses autres règles de politique monétaire qui peuvent constituer la base de l'engagement des banques centrales. Ainsi, le chapitre 15 proposera comme objectif de la politique monétaire le niveau du PIB nominal ou des prix. La fixation du taux de change a pour avantage une mise en œuvre plus simple que celles de ces autres règles de politique économique, dans la mesure où l'offre de monnaie s'ajuste automatiquement, mais cette politique induit probablement une variabilité plus grande du revenu et de l'emploi.

En définitive, le choix entre taux de change fixes et flottants n'est pas aussi déterminant qu'il n'y paraît. Dans un régime de taux de change fixes, les pays peuvent modifier la valeur de leur monnaie lorsque le maintien du taux de change se heurte trop violemment à d'autres objectifs de la politique économique. En régime de taux de change flottants, les pays ont fréquemment recours à des objectifs formels ou informels de taux de change, lorsqu'ils choisissent d'accroître ou de réduire leur offre de monnaie. En conséquence, les taux de change sont rarement complètement fixes ou complètement flottants. Dans les deux régimes de change, la stabilité du taux de change ne constitue généralement que l'un des nombreux objectifs poursuivis par la banque centrale.

> **ÉTUDE DE CAS - L'Union monétaire aux États-Unis et en Europe**
>
> Si vous avez parcouru les 4 600 kilomètres qui séparent New York de San Francisco, vous vous êtes rendu compte que vous ne deviez jamais changer d'argent d'une devise en une autre. Dans les cinquante États que comptent les États-Unis, les habitants sont prêts à vous vendre tout ce que vous souhaitez en échange de dollars. Une telle *union monétaire* constitue la forme la plus avancée d'un régime de taux de change fixes. Le taux de change entre le dollar de New York et le dollar de San Francisco est si irréversiblement fixe qu'il estompe toute différence entre les deux. Quelle différence ? En fait, chaque dollar est émis par l'une des douze banques locales de la Fed qui constituent le « Système de Réserve Fédéral », ou Federal Reserve System. Le nom de la banque émettrice figure sur le billet, mais personne ne s'en préoccupe, parce que tout le monde, y compris la Fed, est prêt à échanger tout dollar, quelle que soit son origine, contre un dollar de la même ou d'une autre origine.
>
> Si vous avez parcouru la même distance en Europe dans les années 1990, vous avez dû à plusieurs reprises interrompre votre voyage pour échanger des francs français contre des marks allemands, des florins hollandais, des pesetas espagnoles ou des lires italiennes. La multiplicité des devises en Europe rendait jusqu'ici les voyages à la fois moins confortables (à chaque frontière, vous deviez faire la queue dans une agence bancaire pour échanger votre argent) et plus coûteux (à chaque changement de devises, la banque prélevait une commission).
>
> Cet état de choses a cependant changé et la situation en Europe est devenue identique à celle des États-Unis. De nombreux pays européens ont décidé de créer eux aussi une union monétaire et d'utiliser en son sein une monnaie unique, l'euro. Ainsi, les taux de change entre la France et l'Allemagne sont aussi fixes qu'entre New York et la Californie.
>
> L'introduction d'une monnaie unique ne va pas sans coûts, dont le plus important est sans doute qu'elle prive chacun des pays concernés de la capacité de conduire sa propre politique monétaire. Au sein de l'Union européenne, c'est désormais la Banque Centrale Européenne (la BCE), où siège chacun des pays membres, qui édicte la politique monétaire applicable à tous. Les actuelles banques centrales de chacun des pays membres joueront un rôle semblable à celui des douze banques régionales de la Fed : elles suivront l'évolution des conditions locales, mais n'auront aucun contrôle de l'offre de

monnaie ou du taux d'intérêt. Les opposants à la monnaie unique jugent ce coût trop élevé : si une récession frappe de manière isolée l'un des pays de l'Union, le contrôle national de la politique monétaire peut s'avérer utile pour y réagir. C'est pour cette raison que certains pays européens, comme la Grande-Bretagne, ont décidé de ne pas adhérer à l'euro.

Pourquoi cette critique est-elle exprimée dans le cas de l'Union européenne et non dans celui des États-Unis. Parce que, argumentent ceux qui la formulent, il y a deux grandes différences entre l'Union européenne et les États-Unis. La première est que la mobilité du travail est plus grande entre les États américains qu'entre les pays européens, en raison de l'unicité de langue dans le premier cas, et aussi parce que tous les Américains descendent d'immigrés, qui ont prouvé leur capacité de mobilité. En cas de récession, donc, les travailleurs américains sont plus prompts à déménager d'un État où le taux de chômage est élevé vers un État où il l'est moins. Deuxièmement, les États-Unis ont un gouvernement fédéral fort, capable d'utiliser la politique budgétaire - et notamment l'impôt sur le revenu - pour redistribuer les ressources entre régions. En l'absence de ces deux atouts, la politique monétaire unique devrait être plus douloureuse pour les pays de l'Union européenne.

De l'autre côté, les défenseurs de la monnaie unique sont convaincus que ses avantages feront plus que compenser ses inconvénients. La monnaie unique, en effet, peut favoriser les échanges internationaux en délivrant tant les individus que les entreprises de la préoccupation des taux de change. La monnaie unique peut également contribuer à rapprocher psychologiquement les citoyens européens, ce qui constitue une avancée politique. Le vingtième siècle a été marqué par deux guerres mondiales déclenchées par des frictions entre nations européennes. Si la monnaie unique rend plus harmonieuses les relations entre celles-ci, c'est le monde entier qui devrait en bénéficier.

12.5.2 Attaques spéculatives, « Currency Boards » et dollarisation

La banque centrale d'un petit pays décide de fixer la parité de sa monnaie - appelons-la « peso » - par rapport au dollar US. Désormais, un peso s'échange contre un dollar.

Comme on l'a vu plus haut, cette banque centrale doit à tout moment être prête à acheter et vendre des pesos à la valeur d'un dollar chacun. L'offre de monnaie s'ajustera automatiquement pour amener le taux d'intérêt de change d'équilibre à la valeur fixée. Ce beau projet peut néanmoins se heurter à un écueil non négligeable : la banque centrale peut se vider de tous ses dollars, sous l'effet d'une forte demande de dollars achetés en pesos. La banque centrale qui se trouverait dans une telle situation n'aurait d'autre choix que de renoncer à la parité et de laisser le peso se déprécier.

L'énoncé qui précède évoque en fait l'éventualité d'une *attaque spéculative* - modification brutale des perceptions des spéculateurs qui rend intenable le taux de change fixé. Si, sans raison valable, la rumeur se répand que la banque centrale s'apprête à abandonner la parité, les gens réagissent en se précipitant à la banque centrale pour convertir leurs pesos en dollars avant que le peso ne se déprécie. Cette ruée épuise les réserves de dollars de la banque centrale et contraint effectivement celle-ci à renoncer à la parité. La rumeur s'est avérée autoréalisatrice.

Pour éviter cette éventualité, certains économistes affirment qu'un taux de change fixe doit être adossé à un *currency board* du type de celui adopté par l'Argentine dans les années 1990. Un currency board est un dispositif dans lequel la banque centrale détient suffisamment de devises étrangères pour couvrir chaque unité de la monnaie nationale. Autrement dit, c'est un système de caisse d'émission de monnaie adossée à des réserves en devises. Dans notre exemple, la banque centrale détiendrait un dollar US (ou un dollar investi en bons du Trésor américain) en contrepartie de chaque peso mis en circulation. Il est dès lors impossible que s'épuisent les réserves de dollars de la banque centrale, quelle que soit la quantité de pesos présentés à la banque pour être convertis.

Au-delà du *currency board*, l'étape naturelle suivante est la *dollarisation*, soit l'abandon pur et simple de la monnaie nationale (le peso, dans notre cas) au profit du dollar américain ou l'euro. C'est ce qui se passe de fait au cours des épisodes d'hyperinflation, qui font des devises étrangères des réserves de valeur plus sûres que la monnaie nationale. Mais il peut également s'agir d'une décision explicite de l'État, comme en atteste le cas du Panama. Si un pays désire vraiment que sa monnaie soit irrévocablement liée au dollar, la méthode la plus fiable est d'adopter le dollar comme monnaie nationale. La seule perte encourue de ce fait est le modeste revenu de seigneuriage, qui revient aux États-Unis [5].

12.5.3 Le triangle d'incompatibilité (Impossible Trinity)

L'analyse des régimes des taux de change mène à une simple conclusion : nous ne pouvons pas tout avoir. Pour être plus précis, il est impossible qu'un pays ait une mobilité parfaite des flux de capitaux, un taux de change fixe et une politique monétaire indépendante : ces trois objectifs pris ensemble, sont incompatibles. Nous appelons souvent ce fait *le triangle d'incompatibilité (impossible trinity)* représenté par la figure 12.12. Un pays doit choisir un côté de ce triangle et abandonner la fonction institutionnelle du sommet opposé : si l'un des objectifs est abandonné, les deux autres peuvent coexister et deviennent réalisables.

---

[5] La dollarisation peut également entraîner une perte de fierté nationale devant les portraits d'Américains figurant sur la monnaie. Si cela était souhaité, rien n'empêcherait que l'État américain laisse vierge le médaillon central représentant actuellement George Washington, Abraham Lincoln et d'autres, afin que chaque pays y insère son propre héros national.

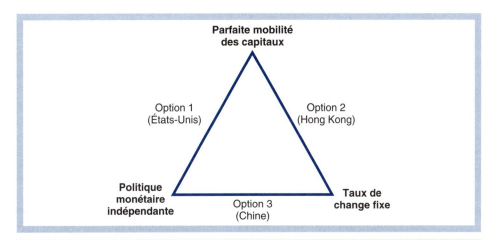

Figure 12.12
Le triangle d'incompatibilité

Il est impossible qu'un pays ait une mobilité parfaite des flux de capitaux, un taux de change fixe et une politique monétaire indépendante. Un pays doit choisir un côté de ce triangle et abandonner le sommet opposé.

La première option consiste à permettre une parfaite mobilité des capitaux et à mener une politique monétaire indépendante, comme les États-Unis l'ont fait ces dernières années. Dans ce cas-là, il est impossible d'avoir un taux de change fixe. Bien au contraire, le taux de change doit être flottant pour assurer l'équilibre sur le marché de change des devises étrangères.

La seconde option consiste à permettre une mobilité parfaite des flux de capitaux et à fixer les taux de changes, comme l'a fait Hong Kong récemment. Dans ce cas, le pays ne peut pas conserver son autonomie monétaire. L'offre de monnaie doit s'ajuster afin de garder le taux de change à son niveau prédéterminé. En effet, quand un pays choisit un taux de change fixe en liant sa monnaie à une devise étrangère donnée, il adopte la politique monétaire de l'autre pays.

La troisième option consiste à limiter la mobilité des flux internationaux de capitaux, comme par exemple en Chine ces dernières années. Dans ce cas-là, le taux d'intérêt n'est plus fixé par les taux d'intérêt mondiaux mais par des considérations internes, comme c'est le cas dans une économie complètement fermée. Il est alors possible de fixer le taux de change et de conduire une politique monétaire indépendante.

On a pu observer au cours de l'histoire que les pays peuvent choisir et choisissent effectivement deux à deux les différents côtés du triangle. Chaque pays doit en effet se poser les questions suivantes : voudrait-il avoir un taux de change volatile (option 1) ? Voudrait-il renoncer à l'utilisation des politiques monétaires pour des raisons de stabilité interne (option 2) ? Ou voudrait-il interdire à ses citoyens de participer aux marchés financiers mondiaux (option 3) ? Le triangle d'incompatibilité montre qu'aucun pays ne peut éviter de choisir l'une de ces trois options.

ÉTUDE DE CAS - **La controverse de la monnaie chinoise**

De 1995 à 2005, la monnaie chinoise, le yuan, a été ancrée au dollar pour un taux de change de 8,28 yuans par dollar américain. En d'autres termes, la banque centrale chinoise était prête à acheter et à vendre le yuan à ce prix. Cette politique de fixation du taux de change s'est accompagnée d'une politique de restriction des flux internationaux de capitaux. Les citoyens chinois ne pouvaient pas convertir leur épargne en dollars ou en euros ni investir à l'étranger.

Au début des années 2000, plusieurs observateurs croyaient que le yuan était considérablement sous-évalué. Ils estimaient que, si le yuan pouvait flotter, il prendrait de la valeur par rapport au dollar. Pour justifier cette hypothèse, ils évoquaient le fait que, pour que la Chine maintienne un taux de change fixe, elle devrait constituer des réserves importantes en dollar. Dans ce but, la banque centrale chinoise devait offrir le yuan et demander des dollars sur les marchés de devises étrangères afin de respecter la parité choisie. Si ses interventions sur le marché de change s'arrêtaient, la monnaie chinoise prendrait de la valeur par rapport au dollar.

Cet ancrage est devenu une question politique très controversée aux États-Unis. Les producteurs américains en concurrence avec les importateurs chinois se plaignaient du yuan sous-évalué qui rendait les produits chinois moins chers, ce qui pénalisait les producteurs américains. (Bien entendu, les consommateurs américains ont profité des prix avantageux des produits chinois importés, mais en matière de politiques de commerce international, la voix des producteurs s'élève plus haut que celle des consommateurs.) En réponse à ces inquiétudes, le président Bush a demandé à la Chine de passer à un régime de taux de change flottants. Charles Schumer, un sénateur de New York, a proposé un plan encore plus draconien - un tarif douanier de 27,5 % sur les importations chinoises en attendant que la Chine change son régime de change.

En juillet 2005, la Chine a annoncé qu'elle allait prendre le chemin d'un taux de change flottant. En vertu de cette nouvelle politique, elle allait toujours intervenir sur les marchés des devises pour empêcher les grandes et brusques fluctuations dans les taux de change, mais elle allait mettre en place les changements nécessaires progressivement. En outre, elle déterminerait la valeur du yuan non seulement par rapport au dollar mais également par rapport à un panier de devises étrangères. Vers le mois de janvier 2009, le taux de change est passé à 6,84 yuans pour un dollar - soit une appréciation de la monnaie chinoise de 21 %.

Malgré ces changements du régime de taux de change, les critiques envers la Chine n'ont pas cessé. La Chine continue d'être accusée d'interventionnisme sur le marché des changes. En janvier 2009, le nouveau secrétaire au Trésor américain, Timothy Geithner, s'est fait le porte-parole du président Obama en annonçant que : « Le Président Obama, soutenu par les conclusions d'un grand nombre d'économistes, estime que la Chine manipule sa monnaie… Il s'engage en tant que nouveau président des États-Unis à utiliser activement toutes les voies diplomatiques possibles afin de faire changer les pratiques de la Chine sur le marché des changes. »

Au moment de l'impression de ce livre, il n'apparaissait pas clairement si ces efforts allaient aboutir.

12.6 DU COURT TERME AU LONG TERME : LE MODÈLE DE MUNDELL-FLEMING AVEC VARIATION DU NIVEAU DES PRIX

Nous avons jusqu'ici utilisé le modèle de Mundell-Fleming pour étudier le comportement de la petite économie ouverte à court terme, lorsque le niveau des prix demeure constant. Nous allons maintenant étudier ce qui se passe lorsque le niveau des prix varie. Ainsi, nous montrerons comment le modèle de Mundell-Fleming fournit une théorie de la demande agrégée en petite économie ouverte. Nous verrons également comment ce modèle de court terme est lié à celui de long terme en économie ouverte que nous avons analysé au chapitre 5.

Pour étudier l'ajustement des prix en économie ouverte, nous devons distinguer le taux de change nominal e et le taux de change réel ϵ, lequel est égal à eP/P^*. Le modèle de Mundell-Fleming s'écrit alors comme suit :

$$\begin{aligned} Y &= C(Y-T) + I(r^*) + G + NX(\epsilon) & IS^*, \\ M/P &= L(r^*, Y) & LM^*. \end{aligned} \quad (12.11)$$

Vous connaissez bien ces équations. La première décrit la courbe IS^* et la seconde la courbe LM^*. Remarquez toutefois que les exportations nettes sont fonction du taux de change réel.

La figure 12.13 montre ce qui se passe lorsque le niveau des prix diminue. Comme cette baisse du niveau des prix accroît le niveau des encaisses réelles, la courbe LM^* se déplace vers la droite, comme l'illustre le graphique (a) de la figure 12.13. Le taux de change réel se déprécie et le niveau d'équilibre du revenu augmente. La courbe de demande agrégée synthétise cette relation négative entre niveau des prix et niveau du revenu, comme on le voit au graphique (b) de la figure 12.13.

Tout comme le modèle IS-LM décrit la courbe de demande agrégée en économie fermée, le modèle de Mundell-Fleming l'explique en petite économie ouverte. Dans les deux cas, la courbe de demande agrégée représente l'ensemble des équilibres (sur les marchés monétaire et des biens et services) qui apparaissent lorsque le niveau

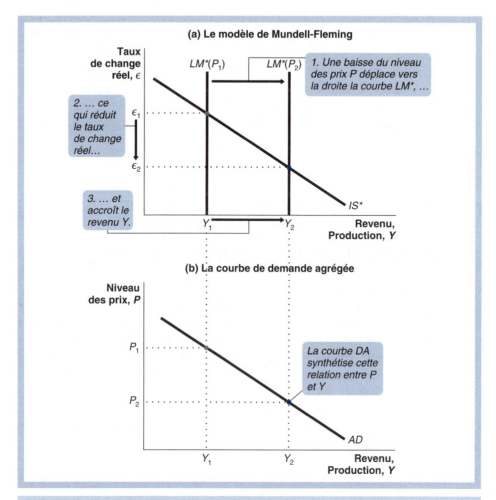

Figure 12.13
Le modèle de Mundell-Fleming en tant que théorie de la demande agrégée

Le graphique (a) montre que, lorsque le niveau des prix baisse, la courbe LM^* se déplace vers la droite. Le niveau d'équilibre du revenu augmente. Le graphique (b) montre que la courbe de demande agrégée synthétise cette relation négative entre P et Y.

des prix varie. Dans les deux cas également, tout ce qui modifie l'équilibre à niveau de prix donné déplace la courbe de demande agrégée. Les politiques économiques qui accroissent le revenu dans le modèle de Mundell-Fleming déplacent la courbe de demande agrégée vers la droite, tandis que les politiques qui réduisent le revenu y déplacent la courbe de demande agrégée vers la gauche.

Nous pouvons à présent utiliser ce graphique pour montrer comment le modèle de court terme de ce chapitre se connecte au modèle de long terme du chapitre 5. La figure 12.14 montre les équilibres de court et de long terme. Dans les deux graphiques présentés par la figure, le point K décrit l'équilibre de court terme, qui suppose donné le niveau des prix. Dans cette situation d'équilibre, la demande de biens et services est insuffisante pour que l'économie continue à produire à son taux naturel. Au fil du temps, cette faiblesse de la demande entraîne une baisse des prix. Celle-ci accroît les encaisses monétaires réelles, en déplaçant la courbe LM^* vers la droite. Le taux de change réel se déprécie et les exportations nettes augmentent. Au terme du processus,

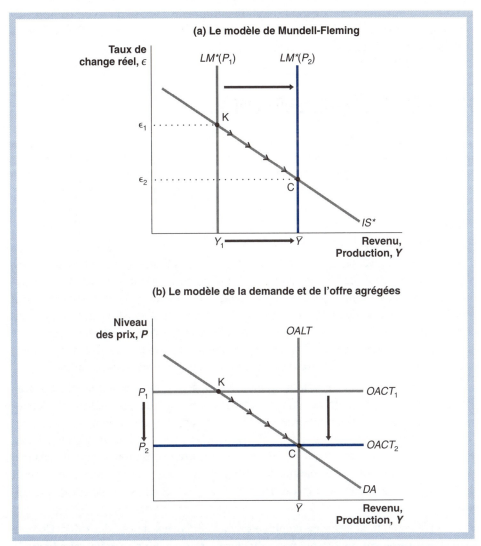

Figure 12.14
Les équilibres de court et de long terme en petite économie ouverte

Le point K des deux graphiques identifie l'équilibre dans l'hypothèse keynésienne où le niveau des prix est fixé en P_1.
Le point C des deux graphiques correspond à l'équilibre dans l'hypothèse classique selon laquelle le niveau des prix s'ajuste pour maintenir le revenu à son niveau naturel $\bar{Y}$.

l'économie atteint le point C d'équilibre de long terme. La rapidité relative de la transition de l'équilibre de court terme vers l'équilibre de long terme dépend de celle avec laquelle le niveau des prix s'ajuste pour rétablir l'économie à son taux naturel.

Les niveaux du revenu aux points K et C nous intéressent tous deux. L'objet central de ce chapitre est de découvrir comment les politiques économiques pèsent sur le point K, l'équilibre de court terme. Au chapitre 5, nous avons étudié les déterminants du point C, l'équilibre de long terme. Tant l'équilibre de court terme que l'équilibre de long terme doivent retenir l'attention des décideurs politiques lorsqu'ils songent à modifier leurs politiques économiques.

12.7 POUR CONCLURE, UN RAPPEL

Ce chapitre nous a permis d'étudier le fonctionnement d'une petite économie ouverte dans le court terme, lorsque les prix sont rigides. Nous y avons vu comment les politiques monétaire et budgétaire influencent le revenu et le taux de change, et combien le comportement de l'économie est fonction du régime de change, fixe ou flottant. Avant de conclure, il n'est pas inutile de nous souvenir d'un des enseignements du chapitre 5. De nombreux pays, dont les États-Unis, ne peuvent être qualifiés ni d'économie fermée ni de petite économie ouverte : ils se situent quelque part entre les deux.

Une grande économie ouverte telle que celle des États-Unis combine en fait les comportements d'une économie fermée et d'une petite économie ouverte. Pour analyser l'impact des politiques économiques dans une grande économie ouverte, nous avons besoin de la logique, tant de l'économie fermée du chapitre 11 que de l'économie ouverte de ce chapitre. L'annexe à ce dernier présente le modèle intermédiaire de la grande économie ouverte. Comme on s'y attend, ce modèle génère des résultats intermédiaires à ceux des deux cas extrêmes que nous avons étudiés jusqu'ici.

Pour comprendre ce résultat, étudions l'impact à court terme d'une contraction monétaire sur une grande économie ouverte telle que celle des États-Unis. En économie fermée, toute politique monétaire restrictive accroît le taux d'intérêt, réduit l'investissement et donc le revenu agrégé. En petite économie ouverte, en régime de taux de change flottants, la même politique monétaire restrictive accroît le taux de change, réduit les exportations nettes, et donc le revenu agrégé. Il n'y a toutefois aucun impact sur le taux d'intérêt car celui-ci est déterminé par les marchés financiers internationaux.

L'économie américaine combine certains éléments de ces deux cas. Comme elle est suffisamment importante pour affecter le taux d'intérêt mondial, et comme la mobilité internationale des capitaux n'est pas parfaite, la politique monétaire restrictive se traduit effectivement par une hausse du taux d'intérêt et une baisse de l'investissement. Simultanément, elle tend à accroître la valeur du dollar, ce qui pèse négativement sur les exportations nettes. On voit donc que, même si le modèle de Mundell-Fleming ne décrit pas précisément une économie telle que celle des États-Unis, il prévoit correctement ce qu'il advient de variables internationales telles que les taux de change, en même temps qu'il montre comment les interactions internationales modifient les impacts des politiques monétaire et budgétaire.

> **Synthèse**
>
> 1. Le modèle de Mundell-Fleming applique le modèle *IS-LM* au cas d'une petite économie ouverte. Il considère comme donné le niveau des prix et montre ainsi les causes des fluctuations du revenu et du taux de change.
> 2. Il ressort du modèle de Mundell-Fleming que la politique budgétaire n'influence pas le revenu agrégé en régime de taux de change flottants. Suite à une expansion budgétaire, la monnaie s'apprécie, ce qui réduit les exportations nettes et compense l'impact expansionniste habituel sur le revenu agrégé. La politique budgétaire, par contre, a un impact sur le revenu agrégé dans le cadre des régimes de taux de change fixes.
> 3. Le modèle de Mundell-Fleming nous montre que la politique monétaire n'influence pas le revenu agrégé en régime de taux de change fixes. Toute tentative d'accroître l'offre de monnaie est vaine, car l'offre de monnaie doit s'ajuster pour assurer le maintien du taux de change à son niveau annoncé. Par contre, la politique monétaire influence le revenu agrégé en régime de taux de change flottants.
> 4. Si les investisseurs ont des craintes quant aux actifs qu'ils détiennent dans un pays donné, le taux d'intérêt en vigueur dans ce pays peut incorporer, outre le taux d'intérêt mondial, une prime de risque. Selon le modèle de Mundell-Fleming, toute hausse de la prime de risque provoque un relèvement du taux d'intérêt et une dépréciation de la devise du pays concerné.
> 5. Les taux de change flottants et fixes ont chacun leurs avantages. Les premiers permettent aux autorités monétaires de poursuivre d'autres objectifs que la stabilité du taux de change. Les taux de change fixes réduisent l'incertitude entourant les transactions internationales. Lors du choix d'un régime de taux de change, les décideurs publics doivent prendre en considération le fait qu'il est incompatible d'avoir simultanément une mobilité parfaite des capitaux, un taux de change fixe et une politique monétaire indépendante.

> **Concepts de base**
>
> - Modèle de Mundell-Fleming
> - Taux de change flottants
> - Taux de change fixes
> - Dévaluation
> - Réévaluation

ÉVALUATION DES CONNAISSANCES

1. Dans le modèle de Mundell-Fleming, avec taux de change flottants, expliquez ce qu'il advient du revenu agrégé, du taux de change et de la balance commerciale en cas d'accroissement des impôts. Qu'en serait-il si les taux de change étaient fixes plutôt que flottants ?

2. Dans le modèle de Mundell-Fleming, avec taux de change flottants, expliquez ce qu'il advient du revenu agrégé, du taux de change et de la balance commerciale, quand l'offre de monnaie se réduit. Qu'en serait-il en régime de taux de change fixes ?

3. Dans le modèle de Mundell-Fleming, avec taux de change flottants, expliquez ce qu'il advient du revenu agrégé, du taux de change et de la balance commerciale, quand on introduit un contingentement des importations de voitures. Qu'en serait-il en régime de taux de change fixes ?

4. Quels sont les avantages respectifs du régime de taux de change fixes et du régime de taux de change flottants ?

5. Décrivez le triangle d'incompatibilité.

PROBLÈMES ET APPLICATIONS

1. Utilisez le modèle de Mundell-Fleming pour prévoir ce qu'il adviendra du revenu agrégé, du taux de change et de la balance commerciale, en régime de taux de change flottants aussi bien que fixes, en réaction à chacun des chocs qui suivent :

   a) une baisse de la confiance des consommateurs dans les perspectives de l'économie les incite à consommer moins et à épargner davantage ;

   b) la mise sur le marché d'un modèle de voiture d'origine étrangère particulièrement séduisant attire vers celui-ci un nombre accru de consommateurs, au détriment des producteurs nationaux ;

   c) le recours aux nouveaux guichets bancaires électroniques réduit la demande de monnaie.

2. Une petite économie ouverte avec un taux de change flottant est en récession avec un équilibre commercial. Si les décideurs publics veulent atteindre le plein emploi tout en maintenant l'équilibre commercial, quelle combinaison de politiques monétaire et budgétaire doivent-ils mettre en œuvre ?

3. Le modèle de Mundell-Fleming considère comme variable exogène le taux d'intérêt mondial r^*. Qu'advient-il quand cette variable se modifie ?

   a) Quelle peut être la cause d'une hausse du taux d'intérêt mondial ?

   b) Dans le modèle de Mundell-Fleming avec taux de change flottants, qu'advient-il du revenu agrégé, du taux de change et de la balance commerciale quand le taux d'intérêt mondial augmente ?

   c) Dans le modèle de Mundell-Fleming avec taux de change fixes, qu'advient-il du revenu agrégé, du taux de change et de la balance commerciale quand le taux d'intérêt mondial augmente ?

4. Le monde patronal et politique s'inquiète souvent de la « compétitivité » des entreprises nationales (soit de la capacité de celles-ci à vendre leurs produits de manière rentable sur les marchés internationaux).
  a) En quoi la variation du taux de change affecte-t-elle cette compétitivité ?
  b) Si vous souhaitez accroître la compétitivité des entreprises nationales sans modifier le revenu agrégé, quelle combinaison des politiques monétaire et budgétaire allez-vous adopter ?

5. Supposons qu'une hausse du revenu se traduise par des importations accrues et des exportations nettes en baisse, selon la fonction d'exportations nettes suivante :

$$NX = NX(e, Y)$$

Dans ce cadre, quels sont, en petite économie ouverte, les impacts sur le revenu et sur la balance commerciale d'une expansion budgétaire, en présence :
  a) d'un régime de taux de change flottants ;
  b) d'un régime de taux de change fixes.

Comment se compare votre réponse aux résultats du tableau 12.1 ?

6. Supposez que la demande de monnaie soit fonction du revenu disponible, ce qui donne la forme suivante à l'équation du marché monétaire :

$$M/P = L(r, Y - T)$$

Analysez l'impact, en petite économie ouverte, d'une réduction des impôts sur le taux de change et sur le revenu, en présence de taux de change respectivement fixes et flottants.

7. Supposez que le niveau des prix susceptible d'influencer la demande de monnaie inclue le prix des biens importés, lequel est fonction du taux de change. En d'autres termes, le marché monétaire peut être décrit comme suit :

$$M/P = L(r, Y)$$

où

$$P = \lambda P_d + (1 - \lambda) P_f / e$$

Le paramètre λ dénote l'influence relative des biens intérieurs sur l'indice des prix P. Supposons donnés tant le prix des biens intérieurs P_d que le prix P_f des biens étrangers mesuré en devises étrangères.
  a) Nous traçons la courbe LM^* pour des valeurs données de P_d et de P_f (plutôt que pour le P habituel). Expliquez pourquoi, dans ce modèle, la courbe LM^* est croissante plutôt que verticale.
  b) Dans ce modèle, quel est l'impact d'une politique budgétaire expansionniste en régime de taux de change flottants ? Comparez votre réponse aux résultats du modèle de Mundell-Fleming conventionnel.
  c) L'instabilité politique accroît la prime de risque du pays et, donc, son taux d'intérêt. Quel en est l'impact sur le taux de change, le niveau des prix et le revenu agrégé, dans ce modèle ? Comparez vos résultats avec ceux du modèle standard de Mundell-Fleming.

8. Utilisez le modèle de Mundell-Fleming pour répondre aux questions suivantes, relatives à une petite économie ouverte.

a) En cas de récession, les pouvoirs publics doivent-ils utiliser la politique monétaire ou la politique budgétaire pour accroître l'emploi ? Expliquez votre réponse. (*Note* : pour répondre à cette question, faites l'hypothèse que les pouvoirs publics peuvent imprimer des billets.)

b) Si les autorités nationales en question interdisent l'importation de vin à partir d'un autre pays, qu'advient-il de la production, du taux de change et de la balance commerciale ? Envisagez les impacts tant à court qu'à long terme.

ANNEXE

UN MODÈLE DE COURT TERME D'UNE GRANDE ÉCONOMIE OUVERTE

L'analyse des impacts des politiques économiques sur les grandes économies ouvertes, telles que celle des États-Unis, fait conjointement appel aux résultats du modèle *IS-LM* de l'économie fermée et à ceux du modèle de Mundell-Fleming de la petite économie ouverte. Cette annexe propose un modèle applicable au cas intermédiaire de la grande économie ouverte.

Comme nous l'avons vu à l'annexe du chapitre 5, une grande économie ouverte diffère d'une petite économie ouverte en ce que le taux d'intérêt n'y est pas fixé par les marchés financiers internationaux. Dans une grande économie ouverte, nous devons envisager la relation entre le taux d'intérêt et les sorties nettes de capitaux. Celles-ci représentent la différence entre l'investissement réalisé à l'étranger par des résidents et les investissements réalisés sur le territoire national par des non-résidents. Si le taux d'intérêt intérieur diminue, les résidents sont davantage tentés par l'investissement à l'étranger, alors même que les investisseurs étrangers se détournent de l'investissement sur le territoire national. Les sorties nettes de capitaux sont donc inversement proportionnelles au taux d'intérêt. Nous ajoutons ici cette relation à notre modèle de court terme du revenu national.

Les trois équations de ce modèle sont :

$$\begin{aligned} Y &= C(Y-T) + I(r) + G + NX(e) \\ M/P &= L(r, Y) \\ NX(e) &= CF(r) \end{aligned} \quad \text{(A12.1)}$$

Les deux premières équations sont identiques à celles du modèle de Mundell-Fleming présenté dans ce chapitre. La troisième équation, reprise de l'annexe du chapitre 5, nous dit que la balance commerciale *NX* est égale aux sorties nettes de capitaux *CF* et que celles-ci dépendent du taux d'intérêt intérieur.

Pour découvrir les implications de ce modèle, substituons la troisième équation dans la première, pour obtenir le modèle suivant :

$$\begin{aligned} Y &= C(Y-T) + I(r) + G + CF(r) & IS, \\ M/P &= L(r, Y) & LM. \end{aligned} \quad \text{(A12.2)}$$

Ces deux équations ressemblent fort aux deux équations du modèle *IS-LM* de l'économie fermée. La seule différence est que la dépense dépend maintenant du taux d'intérêt et ceci pour deux raisons : comme auparavant, la hausse du taux d'intérêt réduit l'investissement, mais désormais, la hausse de ce même taux d'intérêt réduit également les sorties nettes de capitaux et donc il diminue les exportations nettes.

Pour analyser ce modèle, nous pouvons utiliser les trois graphiques de la figure 12.15. Le graphique (a) reprend les courbes *IS-LM*. Tout comme dans le modèle de l'économie fermée des chapitres 10 et 11, le taux d'intérêt *r* est en ordonnée et le revenu *Y* en abscisse. Les courbes *IS* et *LM* déterminent conjointement le niveau d'équilibre du revenu et du taux d'intérêt.

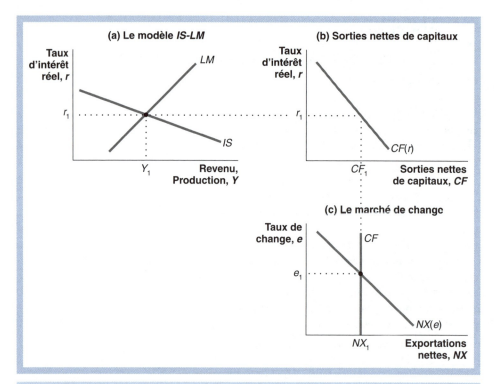

Figure 12.15
Un modèle de court terme d'une grande économie ouverte

Le graphique (a) montre que les courbes *IS* et *LM* déterminent le taux d'intérêt r_1 et le revenu Y_1. Le graphique (b) montre que r_1 détermine les sorties nettes de capitaux CF_1, lesquelles, comme le montre le graphique (c), conjointement aux exportations nettes, déterminent le taux de change e_1.

Le nouveau terme désignant les sorties nettes de capitaux dans l'équation *IS*, *CF(r)*, explique que la pente de cette courbe *IS* n'est pas aussi prononcée qu'en économie fermée. Plus les sorties nettes de capitaux sont sensibles au taux d'intérêt, moins la pente de la courbe *IS* est prononcée. Vous vous souvenez peut-être que l'annexe du chapitre 5 nous a appris qu'en petite économie ouverte, les sorties nettes de capitaux sont infiniment élastiques au taux d'intérêt mondial donné, ce qui représente un cas extrême dans lequel la courbe *IS* est totalement plane. Donc, une petite économie ouverte devrait être représentée par une droite *IS* horizontale.

Les graphiques (b) et (c) montrent comment l'équilibre du modèle *IS-LM* détermine les sorties nettes de capitaux, la balance commerciale et le taux de change. Le graphique (b) nous dit que le taux d'intérêt détermine les sorties nettes de capitaux. La courbe *CF* qui y figure est décroissante : la hausse du taux d'intérêt détourne les investisseurs nationaux du prêt à l'étranger et attire les investissements étrangers. Au graphique (c), le taux de change s'ajuste pour égaliser les exportations nettes de biens et services et les sorties nettes de capitaux.

Nous allons ci-dessous utiliser ce modèle pour étudier l'impact de diverses politiques. Nous le faisons dans le cadre d'un régime de taux de change flottants, qui est celui de la plupart des grandes économies ouvertes telles que celle des États-Unis.

La politique budgétaire

La figure 12.16 décrit l'impact d'une expansion budgétaire. Toute hausse des dépenses publiques ou baisse des impôts déplace vers la droite la courbe *IS*. Le graphique (a) montre que le déplacement de la courbe *IS* induit une hausse du niveau de revenu et du taux d'intérêt. Nous avions déjà déduit ces deux effets dans le cadre de l'économie fermée.

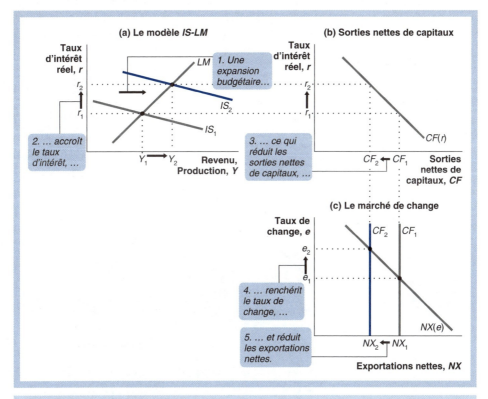

Figure 12.16
Une expansion budgétaire dans une grande économie ouverte

Le graphique (a) nous montre qu'une expansion budgétaire déplace la courbe *IS* vers la droite. Le revenu augmente de Y_1 en Y_2 et le taux d'intérêt de r_1 en r_2. Le graphique (b) montre que la hausse du taux d'intérêt induit une baisse des sorties nettes de capitaux de CF_1 en CF_2. Le graphique (c) montre que la baisse des sorties nettes de capitaux réduit l'offre nette de dollars, ce qui provoque une appréciation du taux de change de e_1 en e_2.

Cependant, dans une grande économie ouverte, la hausse du taux d'intérêt réduit les sorties nettes de capitaux, comme le montre le graphique (b). Cette baisse des sorties nettes de capitaux réduit l'offre de dollars sur le marché des changes. Le taux de change du dollar s'apprécie, comme on le voit au graphique (c). Le renchérissement des biens intérieurs par rapport aux biens étrangers induit une baisse des exportations nettes.

La figure 12.16 montre qu'une expansion budgétaire, dans une grande économie ouverte, accroît le revenu, au contraire de ce qui se passe dans une petite économie ouverte en régime de taux de change flottants. Par contre, l'impact sur le revenu y est inférieur à ce que l'on observe dans une économie fermée. Dans celle-ci, en effet, l'impact expansionniste de la politique budgétaire est partiellement compensé par l'éviction de l'investissement : à mesure qu'augmentent les taux d'intérêt, l'investissement diminue, ce qui pèse à la baisse sur le multiplicateur de la politique budgétaire. S'y ajoute, dans une grande économie ouverte, un autre facteur de compensation : à mesure que le taux d'intérêt augmente, les sorties nettes de capitaux diminuent, le taux de change s'apprécie et les exportations nettes se réduisent. Ces phénomènes en chaîne ne suffisent pourtant pas à priver la politique budgétaire de tout impact, comme c'est le cas dans une petite économie ouverte, mais ils en réduisent l'ampleur.

La politique monétaire

La figure 12.17 étudie l'impact d'une expansion monétaire. La hausse de l'offre de monnaie déplace vers la droite la courbe *LM*, comme le montre le graphique (a). Ceci augmente le revenu et fait baisser le taux d'intérêt. Les résultats sont à nouveau semblables à ceux que l'on a trouvés dans le cas d'une économie fermée.

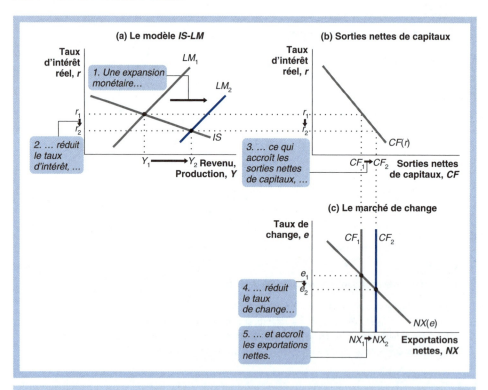

Figure 12.17
Une expansion monétaire dans une grande économie ouverte

Le graphique (a) montre qu'une expansion monétaire déplace vers la droite la courbe *LM*. Le revenu augmente de Y_1 en Y_2 et le taux d'intérêt baisse de r_1 en r_2. Le graphique (b) montre que la baisse du taux d'intérêt induit une augmentation des sorties nettes de capitaux de CF_1 en CF_2. Le graphique (c) montre que la hausse des sorties nettes de capitaux accroît l'offre nette de dollars, ce qui induit une dépréciation du taux de change de e_1 en e_2.

Pourtant, comme le montre le graphique (b), la baisse du taux d'intérêt induit une hausse des sorties nettes de capitaux, *CF*. Celle-ci accroît l'offre de dollars sur le marché des changes. Le taux de change se déprécie, comme le montre le graphique (c). Les biens intérieurs étant maintenant moins chers que les biens étrangers, les exportations nettes augmentent.

Nous sommes maintenant en mesure de voir que, dans une grande économie ouverte, le mécanisme de transmission monétaire est double. Comme dans une économie fermée, l'expansion monétaire réduit le taux d'intérêt. Comme dans une petite économie ouverte, l'expansion monétaire provoque une dépréciation de la monnaie sur le marché des changes. La baisse du taux d'intérêt provoque une hausse de l'investissement et celle du taux de change une hausse des exportations nettes. Les deux effets entraînent une hausse du revenu agrégé.

Une règle pratique

Le modèle de la grande économie ouverte, s'il décrit bien les grandes économies contemporaines, est notoirement plus compliqué et plus lourd que le modèle de l'économie fermée des chapitres 10 et 11, ou que le modèle de la petite économie ouverte de ce chapitre. Fort heureusement, une règle simple nous aide à déterminer comment les politiques économiques influencent les grandes économies ouvertes, sans devoir tenir compte de tous les détails de ce modèle : *la grande économie ouverte constitue une moyenne entre l'économie fermée et la petite économie ouverte. En conséquence, l'impact de toute politique économique sur la grande économie ouverte peut être approché par la moyenne de son impact sur la petite économie ouverte et sur l'économie fermée.*

Ainsi, quel est l'impact à court terme d'une politique monétaire restrictive sur le taux d'intérêt et sur l'investissement ? En économie fermée, le taux d'intérêt augmente et l'investissement baisse. En petite économie ouverte, ni le taux d'intérêt ni l'investissement ne se modifient. La moyenne de ces deux résultats, appliquée à la grande économie ouverte, peut s'exprimer comme suit : la politique monétaire restrictive accroît le taux d'intérêt et réduit l'investissement, mais dans une certaine mesure seulement. La diminution des sorties nettes de capitaux compense une partie de la hausse du taux d'intérêt et de la baisse de l'investissement auxquelles on assisterait dans une économie fermée. Par contre, au contraire du cas de la petite économie ouverte, les flux internationaux de capitaux qui en résultent ne sont pas suffisants pour compenser complètement ces effets.

Cette règle pratique ne fait que souligner le mérite des modèles simples. Tout en ne décrivant pas parfaitement le monde réel, ils nous indiquent utilement les impacts des politiques économiques.

QUELQUES PROBLÈMES ET APPLICATIONS SUPPLÉMENTAIRES

1. La banque centrale d'une grande économie ouverte veut stabiliser le revenu. Quelles sont les implications de cette politique sur l'offre de monnaie, le taux d'intérêt, le taux de change et la balance commerciale, en réaction à chacun des chocs suivants ?

   a) Une hausse des impôts destinée à réduire le déficit budgétaire ?

   b) Une restriction des importations de voitures étrangères ?

2. Au cours des dernières décennies, les investisseurs ont progressivement internationalisé leur champ d'intervention. Le degré d'ouverture des économies s'en est trouvé accru. Comment cette évolution affecte-t-elle la capacité de la politique monétaire à influencer l'économie ?

   a) Si des investisseurs sont davantage prêts à remplacer des actifs domestiques par des actifs étrangers, qu'advient-il de la pente de la fonction CF ?
   b) Qu'implique cette modification de la fonction CF pour la pente de la courbe IS ?
   c) Comment cette modification de la courbe IS affecte-t-elle la capacité de la banque centrale à contrôler le taux d'intérêt ?
   d) Comment cette modification de la courbe IS affecte-t-elle la capacité de la banque centrale à contrôler le revenu national ?

3. Les pouvoirs publics d'une grande économie ouverte souhaitent accroître le niveau d'investissement sans modifier la production globale ou le taux de change.

   a) Existe-t-il une combinaison des politiques monétaire et budgétaire permettant d'atteindre cet objectif des politiques économiques ?
   b) Qu'en est-il si l'on y ajoute la politique commerciale ?
   c) Et si l'on combine les politiques monétaire et budgétaire intérieures et étrangères ?

4. Dans le cas d'une grande économie ouverte, en régime de taux de change fixes,

   a) décrivez la réaction à une contraction budgétaire induite, par exemple, par une hausse des impôts. Comparez votre réponse au cas d'une petite économie ouverte ;
   b) décrivez ce qu'il advient si la banque centrale accroît l'offre de monnaie en achetant des obligations sur le marché. Comparez votre réponse au cas d'une petite économie ouverte.

13

L'OFFRE AGRÉGÉE ET L'ARBITRAGE À COURT TERME ENTRE INFLATION ET CHÔMAGE

Probablement, la plus importante relation macroéconomique est-elle la courbe de Phillips.
George Akerlof

Il y a toujours un arbitrage temporaire entre inflation et chômage, mais cet arbitrage n'est jamais permanent. Ce n'est pas l'inflation en tant que telle qui le provoque, mais l'inflation non anticipée, qui survient généralement en cas de taux d'inflation croissants.
Milton Friedman

13.1 La théorie de base de l'offre agrégée — **478**

13.2 Inflation, chômage et courbe de Phillips — **487**

13.3 Conclusion — **502**

La plupart des économistes analysent les fluctuations économiques de court terme en utilisant le modèle de l'offre et de la demande agrégées. Les trois chapitres antérieurs ont analysé la demande agrégée en détail. Le modèle *IS-LM*, comme d'ailleurs le modèle de Mundell-Fleming en économie ouverte, montre comment les variations des politiques monétaire et budgétaire et les chocs sur la monnaie autant que sur le marché des biens et services déplacent la courbe de demande agrégée. Pour comprendre comment ces déplacements de la demande agrégée affectent la quantité produite et le niveau des prix, nous devons ajouter à l'analyse l'offre agrégée. Plus précisément, nous devons comprendre ce qui détermine la position et la pente de la courbe d'offre agrégée. Tel est l'objectif du présent chapitre.

Lorsque nous avons introduit la courbe d'offre agrégée, au chapitre 9, nous en avons distingué les comportements à court et à long termes. Dans le long terme, les prix sont flexibles et la courbe d'offre agrégée est verticale. Dans ce cas, les déplacements de la courbe de demande agrégée affectent le niveau des prix, la production de l'économie demeurant à son taux naturel. Dans le court terme, au contraire, les prix sont rigides et la courbe d'offre agrégée n'est pas verticale : les déplacements de la courbe de demande agrégée modifient la production. Au chapitre 9, pour simplifier, nous avons représenté la rigidité des prix sous la forme d'une courbe d'offre agrégée horizontale, représentant en fait la situation extrême dans laquelle tous les prix sont constants. Il s'agit maintenant d'aller plus loin dans notre réflexion sur l'offre agrégée afin de mieux comprendre le monde réel dans lequel certains prix sont rigides et d'autres ne le sont pas.

L'examen de la théorie de base de la courbe d'offre agrégée de court terme nous amène à la conclusion suivante : la courbe d'offre agrégée de court terme implique un arbitrage entre deux mesures de la performance économique : l'inflation et le chômage. Cet arbitrage est aussi connu sous le nom de la *Courbe de Phillips*. Pour réduire le taux d'inflation, les décideurs politiques doivent accepter une hausse temporaire du taux de chômage et, inversement, pour diminuer le chômage, ils doivent accepter une accélération du taux d'inflation. Comme le montre la citation de Milton Friedman en tête de ce chapitre, cet arbitrage entre inflation et chômage est temporaire et ne vaut que dans le court terme. Ainsi, l'un des objectifs de ce chapitre est d'expliquer pourquoi les décideurs politiques sont confrontés à un tel compromis dans le court terme, et plus important encore, pourquoi ils ne le sont pas dans le long terme.

13.1 LA THÉORIE DE BASE DE L'OFFRE AGRÉGÉE

Au début des cours de physique, on fait souvent l'hypothèse d'absence de friction. Cette hypothèse simplifie beaucoup la problématique analysée et est parfois très utile dans certains cas. Cependant, aucun ingénieur n'a jamais prétendu que cette hypothèse décrit correctement la manière dont fonctionne l'univers. De même, ce manuel a d'abord présenté la théorie macroéconomique classique, mais il serait faux de faire l'hypothèse que ce modèle s'applique partout et toujours. Nous allons donc, à partir de maintenant, nous pencher sur les « frictions » en macroéconomie.

Pour ce faire, nous abordons ci-dessous deux grands modèles de l'offre agrégée. Dans les deux modèles, des imperfections du marché (que l'on peut assimiler à des « frictions », précisément) empêchent la production d'atteindre son taux naturel. En conséquence, la courbe d'offre agrégée de court terme est croissante plutôt que verticale et les déplacements de la courbe de demande agrégée écartent provisoirement la production de son taux naturel. Ces écarts temporaires constituent les expansions et dépressions qui caractérisent le cycle conjoncturel.

Bien que chaque modèle emprunte un itinéraire théorique différent, les deux aboutissent au même endroit, à savoir une équation d'offre agrégée de court terme de la forme :

$$Y = \overline{Y} + \alpha (P - EP), \quad \alpha > 0 \qquad (13.1)$$

avec Y la production, $\overline{Y}$ le taux naturel de production, P le niveau courant des prix et EP le niveau anticipé des prix. Cette équation nous dit que la production s'écarte de son taux naturel dès que le niveau des prix s'éloigne du niveau anticipé des prix. Le paramètre α désigne l'ampleur de la réaction de la production à des variations inattendues du niveau des prix ; $1/\alpha$ est donc la pente de la courbe d'offre agrégée.

Chaque modèle propose toutefois une explication différente des fondements de cette équation. En d'autres termes, chacun met en avant une raison précise pour laquelle les variations non anticipées sont associées à des fluctuations de la production.

13.1.1 Le modèle avec prix rigides

Une première explication de la courbe d'offre agrégée croissante à court terme est donnée par le **modèle avec prix rigides**, basé sur le fait que les entreprises n'ajustent pas instantanément leurs prix aux variations de la demande. Ces prix, en effet, sont quelquefois fixés dans le cadre de contrats à long terme entre producteurs et consommateurs. Même en l'absence de tels contrats, les entreprises évitent de modifier leurs prix, dans le souci de ne pas ennuyer leurs clients habituels par de constantes modifications des prix. D'autres prix sont rigides en raison de l'organisation des marchés : une fois imprimés et distribués les catalogues ou les listes de prix, il est coûteux de modifier les prix. Enfin, la rigidité des prix reflète dans certains cas celle des salaires. En effet, les firmes fixent leurs prix en fonction des coûts de production. Or les salaires dépendent parfois de normes sociales et de notions d'équité qui n'évoluent que très lentement dans le temps. Ainsi, la rigidité des salaires est également à l'origine de celle des prix.

Il existe plusieurs façons permettant de comprendre comment la rigidité des prix explique la pente positive de la courbe d'offre agrégée. Dans cette section, nous allons présenter un modèle simple. En premier lieu, nous devons revenir sur les décisions individuelles des entreprises quand à la fixation de leurs prix. Ensuite, en additionnant ces décisions prises individuellement par de nombreuses entreprises, nous obtiendrons la courbe d'offre agrégée, ce qui va nous permettre de mieux comprendre le fonctionnement de l'économie. Il est intéressant de noter que ce modèle nous invite à sortir du cadre de la concurrence parfaite utilisé depuis le chapitre 3. En effet, l'hypothèse de concurrence parfaite implique que les entreprises n'ont aucun pouvoir de fixer leurs prix qui leur sont donnés par le marché. Or nous voulons précisément étudier ici comment les entreprises fixent leur prix : nous devons donc leur reconnaître au moins un certain pouvoir de marché qui leur permet de faire varier les prix de leurs propres produits.

Prenons donc la décision tarifaire d'une entreprise individuelle type qui contrôle plus ou moins les variations de prix des produits qu'elle fabrique. Le prix désiré p de cette entreprise est fonction de deux variables macroéconomiques :
- le niveau général des prix P. Une hausse de celui-ci accroît les coûts de notre entreprise. En conséquence, plus le niveau général des prix est élevé, plus cette entreprise est tentée d'augmenter le prix de son propre produit ;
- le niveau du revenu agrégé Y. Toute hausse de celui-ci accroît la demande du produit de notre entreprise. Comme le coût marginal augmente avec le niveau de production, plus la demande est grande et plus l'entreprise souhaite obtenir un prix élevé.

Le prix désiré par notre entreprise s'écrit comme suit :

$$p = P + a\left(Y - \overline{Y}\right) \tag{13.2}$$

Cette équation nous dit que le prix désiré p est fonction du niveau général des prix P et de l'écart entre la production agrégée et le taux naturel (ou potentiel) de celle-ci $\left(Y - \overline{Y}\right)$. Le paramètre a, de valeur toujours supérieure à zéro, mesure l'ampleur de la réaction du prix désiré par l'entreprise par rapport au niveau de la production agrégée [1].

Supposons maintenant qu'il y ait deux types d'entreprises. Les prix des premières sont flexibles : elles fixent toujours leurs prix en fonction de cette équation. Les prix des secondes sont rigides : elles annoncent leurs prix à l'avance en fonction des conditions économiques auxquelles elles s'attendent. Les entreprises avec prix rigides fixent leurs prix selon l'équation qui suit :

$$p = EP + a\left(EY - E\overline{Y}\right) \tag{13.3}$$

où, comme auparavant, E représente l'espérance mathématique permettant de calculer la valeur anticipée de la variable. Pour simplifier, nous supposons que ces entreprises s'attendent à ce que la production atteigne son taux naturel, de sorte que le dernier

---

[1] *Note mathématique.* Le premier souci de l'entreprise est son prix relatif, donné par le rapport de son prix nominal au niveau général des prix. Si nous considérons p et P comme les logarithmes respectifs des prix de l'entreprise et du niveau général des prix, cette équation nous dit que le prix relatif désiré est fonction de l'écart de la production par rapport à son taux naturel.

terme de l'équation, $a\left(EY - E\overline{Y}\right)$, est nul. Dès lors, ces entreprises fixent leurs prix de la manière suivante :
$$p = EP \tag{13.4}$$

En d'autres termes, les entreprises avec prix rigides fixent leurs prix sur la base des prix auxquels elles s'attendent de la part des autres entreprises.

Le principe de fixation des prix de ces deux types d'entreprises, nous permet de construire l'équation de l'offre agrégée. Pour ce faire, nous identifions le niveau général des prix de l'économie, qui n'est autre que la moyenne pondérée des prix établis par ces deux groupes d'entreprises. Si s est la proportion des entreprises avec prix rigides et $(1-s)$ la fraction de celles-ci dont les prix sont flexibles, le niveau général des prix devient :
$$P = sEP + (1-s)\left[P + a\left(Y - \overline{Y}\right)\right] \tag{13.5}$$

Le premier terme désigne le prix des entreprises avec prix rigides pondéré par leur part dans l'économie, et le deuxième terme le prix des entreprises avec prix flexibles pondéré de la même manière. En soustrayant $(1-s)P$ des deux membres de l'équation, nous obtenons :
$$sP = sEP + (1-s)\left[a\left(Y - \overline{Y}\right)\right] \tag{13.6}$$

En divisant les deux membres de l'équation par s, nous obtenons le niveau général des prix :
$$P = EP + \left[(1-s)a/s\right]\left(Y - \overline{Y}\right) \tag{13.7}$$

Les deux termes de cette équation s'expliquent comme suit :
- Lorsque les entreprises s'attendent à un niveau de prix élevé, elles en concluent à une hausse de leurs coûts. Si c'est le cas, les entreprises qui fixent leurs prix à l'avance relèvent ceux-ci. Ceci incite les autres entreprises à augmenter également leurs propres prix. On voit donc que l'anticipation de prix élevés EP induit un niveau élevé des prix courants P.
- Une production élevée induit une demande également forte des biens produits. Dans ce cas, les entreprises avec prix flexibles établissent leurs prix à un niveau élevé, ce qui induit une hausse du niveau général des prix. L'impact du niveau de la production sur celui des prix est fonction de la proportion des entreprises dont les prix sont flexibles.

En définitive, le niveau général des prix dépend du niveau des prix anticipé et du niveau de la production.

En réaménageant les termes de l'équation précédente, nous obtenons une forme plus familière de cette équation agrégée de fixation des prix :
$$Y = \overline{Y} + \alpha\left(P - EP\right), \ \alpha > 0 \tag{13.1}$$

où $\alpha = s/[(1-s)a]$. Le modèle avec prix rigides nous dit que l'écart de la production par rapport à son taux naturel est positivement corrélé à l'écart du niveau effectif des prix par rapport au niveau anticipé de ceux-ci [2].

13.1.2 Une théorie alternative : le modèle avec information imparfaite

Une autre explication de la courbe d'offre agrégée croissante à court terme est le **modèle avec information imparfaite**. Au contraire du modèle précédent, ce modèle fait l'hypothèse que chaque marché s'équilibre. En d'autres termes, tous les prix s'ajustent librement pour égaliser l'offre et la demande. Dans ce modèle, les écarts entre les courbes d'offre agrégées de court et long termes sont dus à des perceptions temporairement erronées des prix.

Le modèle avec information imparfaite fait l'hypothèse que chaque producteur ne produit qu'un seul bien, mais en consomme un grand nombre, dont il ne peut, en conséquence, observer les prix à tout moment. Les producteurs suivent donc de près le prix des biens qu'ils produisent, mais non ceux des biens qu'ils consomment. Cette information imparfaite les amène quelquefois à confondre les variations du niveau général des prix avec celles des prix relatifs. Cette confusion affecte leurs décisions quant aux quantités qu'ils produisent et est à la base d'une relation positive de court terme entre niveau des prix et production.

Prenons, par exemple, la décision que doit prendre un producteur de blé. Le blé qu'il vend lui fournit le revenu grâce auquel il achète d'autres biens et services : la quantité de blé qu'il décide de produire est donc fonction du prix relatif du blé par rapport à ceux des autres biens et services présents dans l'économie. Si le prix relatif du blé est élevé, notre producteur est incité à produire davantage de blé, dont il tirera un revenu élevé. Si le prix relatif du blé est faible, il pourrait choisir de travailler moins, produire moins de blé, et goûter davantage aux loisirs.

Malheureusement, au moment où il prend sa décision, ce producteur ignore le prix relatif du blé. Il suit de près le marché du blé, dont il connaît toujours le prix nominal. Mais il ignore le prix des autres biens et services présents dans l'économie. Il estime donc le prix relatif du blé sur la base de son prix nominal et de ses anticipations quant au niveau général des prix.

Supposons que tous les prix de l'économie augmentent, y compris celui du blé. Il est possible que notre producteur de blé ait anticipé cette variation des prix. Lorsqu'il observe la hausse du prix du blé, son estimation du prix relatif du blé ne se modifie pas : il ne travaille pas davantage.

Mais notre producteur de blé peut ne pas avoir anticipé la hausse du niveau général des prix, ou du moins son ampleur. Lorsqu'il observe la hausse du prix du blé,

---

[2] Pour plus de détails sur le modèle avec prix rigides, voir Julio Rotemberg, « Monopolistic Price Adjustment and Aggregate Output », *Review of Economic Studies*, 49 (1982), 517-531 ; Guillermo Calvo, « Staggered Prices and in a Utility-Maximizing Framework », *Journal of Monetary Economics*, 12, 3 (1983), 383-398.

il ne sait pas si les prix des autres biens et services ont également augmenté (auquel cas le prix relatif du blé qu'il perçoit reste inchangé) ou si seul le prix du blé a augmenté (auquel cas le prix relatif du blé s'est accru). L'inférence rationnelle consiste à dire qu'il s'est probablement passé un peu de l'un et un peu de l'autre. En d'autres termes, le producteur de blé déduit de la hausse du prix nominal du blé que son prix relatif s'est quelque peu accru. En conséquence, il produit davantage.

Notre producteur de blé n'est pas un spécimen unique. En présence d'une hausse non anticipée des prix, tous les producteurs de l'économie observent la hausse du prix des biens qu'ils produisent. Ils en concluent tous, rationnellement, mais de manière erronée, que les prix relatifs des biens qu'ils produisent ont augmenté : ils travaillent et produisent davantage.

En synthèse, le modèle avec information imparfaite nous dit que lorsque les prix effectifs excèdent leurs niveaux anticipés, les producteurs accroissent leur production. Le modèle implique une courbe d'offre agrégée qui nous est désormais familière :

$$Y = \overline{Y} + \alpha (P - EP), \ \alpha > 0 \qquad (13.1)$$

La production s'écarte de son taux naturel dès que le niveau effectif des prix est différent de leur niveau anticipé.

Cette version du modèle avec information imparfaite présenté dans cette section a été développée dans les années 1970 par le Prix Nobel en économie Robert Lucas. Des travaux récents portant sur les modèles avec information imparfaite ont adopté une approche un peu différente. En effet, au lieu d'insister sur les perceptions temporairement erronées des prix comme l'a fait Lucas, ces travaux mettent l'accent sur la capacité limitée des agents économiques d'assimiler et d'intégrer dans leurs décisions les informations économiques dont ils disposent. Dans ce cas, les « frictions » qui sont à l'origine d'une offre agrégée croissante à court terme ne sont plus liées à la disponibilité de l'information limitée mais sont plutôt dues à l'incapacité des agents à collecter et traiter l'information très largement disponible. Ainsi, dans leur processus de fixation des prix, les agents économiques réagissent très lentement aux informations disponibles. L'équation qui en résulte est similaire à celle développée dans les deux modèles que nous avons traités, même si les fondements microéconomiques sont différents [3].

---

3 Pour plus de détails sur le modèle de Lucas, voir Robert E. Lucas, Jr., « Understanding Business Cycles », *Stabilization of the Domestic and International Economy*, vol. 5 of Carnegie-Rochester Conference on Public Policy (Amsterdam : North-Holland Publishing Company, 1977), 7-29. Lucas a développé son modèle en utilisant les travaux d'un autre Prix Nobel en économie, Milton Friedman, « The Role of Monetary Policy », *American Economic Review* 58 (mars 1969), 1-17. Pour plus de détails sur les modèles portant sur les contraintes liées aux traitements de l'information, voir Michael Woodford, « Imperfect Common Knowledge and the Effects of Monetary Policy », in P. Aghion, R. Frydman, J. Stiglitz, and M. Woodford, eds. *Knowledge, Information, and Expectations in Modern Macroeconomics : In Honor of Edmund S. Phelps* (Princeton, N. J. : Princeton University press, 2002) ; et N. Gregory Mankiw and Ricardo Reis, « Sticky Information Versus Sticky Prices : A Proposal to Replace the New Keynesian Phillips Curve », *Quarterly Journal of Economics*, 117 (novembre 2002), 1295-1328.

ÉTUDE DE CAS - Les différences internationales entre courbes d'offre agrégée

Bien qu'elles soient présentes dans tous les pays, les fluctuations économiques ne sont pas partout les mêmes. Ces différences au niveau international, intrigantes en elles-mêmes, constituent souvent une manière commode de mettre à l'épreuve des théories économiques concurrentes. C'est particulièrement le cas en ce qui concerne la recherche portant sur l'offre agrégée.

En proposant le modèle avec information imparfaite, l'économiste Robert Lucas a mis l'accent sur l'interaction assez surprenante entre l'offre agrégée et la demande agrégée : la pente de la courbe d'offre agrégée dépend de la volatilité de la demande agrégée. Dans les pays où les fluctuations de celle-ci sont importantes, le niveau agrégé des prix varie également fortement. Dans ces pays, la plupart des variations des prix ne veulent pas dire que les prix relatifs se modifient : les producteurs, dès lors, devraient avoir appris à ne pas réagir aux variations non anticipées du niveau général des prix. En conséquence, on doit s'attendre à une pente relativement prononcée (α de faible valeur) de la courbe d'offre agrégée. À l'inverse, dans les pays où la demande agrégée est relativement stable, les producteurs devraient avoir appris que la plupart des variations du niveau général des prix traduisent des modifications des prix relatifs. Ils devraient donc réagir plus fortement à des variations non anticipées des prix, et la pente de la courbe d'offre agrégée devrait y être plus plane (α de valeur élevée).

Lucas a vérifié cette hypothèse sur la base des données internationales disponibles sur les productions et les prix. Sa conclusion est que les variations de la demande agrégée ont l'impact le plus important sur la production dans les pays où tant demande agrégée que niveau des prix sont les plus stables. Il en a conclu à la validité de son modèle avec information imparfaite [4].

Le modèle avec prix rigides permet également d'expliquer la pente de la courbe d'offre agrégée de court terme en fonction de l'inflation. En particulier, il prévoit que le taux moyen d'inflation devrait influencer la pente de cette courbe. Lorsque le taux moyen d'inflation est élevé, il est très coûteux pour les entreprises de maintenir constants très longtemps leurs prix. Ceux-ci changent donc plus souvent. Ces variations plus fréquentes des prix, à leur tour, permettent au niveau général des prix de réagir plus rapidement aux chocs qui s'exercent sur la demande agrégée. En conséquence, un taux d'inflation élevé devrait accroître la pente de la courbe d'offre agrégée de court terme.

Les données internationales viennent confirmer cette prévision du modèle avec prix rigides. Dans les pays où le taux d'inflation est faible, la courbe

---

[4] Robert E. Lucas, Jr., « Some International Evidence on Output-Inflation Tradeoffs », *American Economic Review* 63 (juin 1973), 326-334.

d'offre agrégée de court terme est relativement plate : les fluctuations de la demande agrégée ont des impacts importants sur la production, mais ne se répercutent que lentement sur les prix. À l'opposé, les pays à inflation élevée ont des courbes d'offre agrégée de court terme à pente prononcée. En d'autres termes, l'inflation élevée semble éroder les frictions qui provoquent la rigidité des prix [5].

Vous aurez remarqué que le modèle avec prix rigides explique également l'observation de Lucas selon laquelle les pays à forte variabilité de la demande agrégée ont des courbes d'offre de pente prononcée. En effet, si le niveau des prix varie beaucoup, les entreprises hésitent à annoncer leurs prix à l'avance (s est faible). En conséquence, la pente de la courbe d'offre agrégée est prononcée (α est faible).

13.1.3 Synthèse et implications

Nous venons d'étudier deux modèles de l'offre agrégée et les imperfections du marché que chacun identifie pour expliquer que la pente de la courbe d'offre agrégée de court terme est croissante. Le premier modèle suppose que les prix de certains biens sont rigides ; le deuxième considère que l'information sur les prix est imparfaite. Ces deux modèles de l'offre agrégée ne sont pas nécessairement exclusifs les uns des autres. Il n'est pas question d'accepter l'un et de rejeter l'autre. Dans le monde réel, les deux imperfections de marché qu'ils identifient peuvent parfaitement coexister, et donc contribuer chacune pour leur part, au comportement de l'offre agrégée de court terme.

En tout état de cause, même si les deux modèles de l'offre agrégée diffèrent dans leurs hypothèses et leurs spécificités, leurs implications pour l'économie sont identiques. L'équation suivante les résume tous les deux :

$$Y = \overline{Y} + \alpha\,(P - EP),\ \alpha > 0 \qquad (13.1)$$

Cette équation relie les écarts de la production par rapport à son taux naturel aux écarts des niveaux effectifs des prix par rapport à leur niveau anticipé. *Si le niveau effectif des prix est supérieur à leur niveau anticipé, la production excède son taux naturel. Si le niveau effectif des prix est inférieur à leur niveau anticipé, la production est inférieure à son taux naturel.* La figure 13.1 représente graphiquement cette relation. Vous noterez que la courbe d'offre agrégée de court terme se trace pour un niveau anticipé des prix EP donné : une modification de ce niveau provoque le déplacement de la courbe.

Maintenant, nous comprenons mieux l'offre agrégée : le moment est donc venu de la rapprocher de la demande agrégée. La figure 13.2 utilise l'équation d'offre

---

5 Laurence Ball, N. Gregory Mankiw et David Romer, « The New Keynesian Economics and the Output-Inflation Tradeoff », *Brookings Papers on Economic Activity* 1 (1988), 1-65.

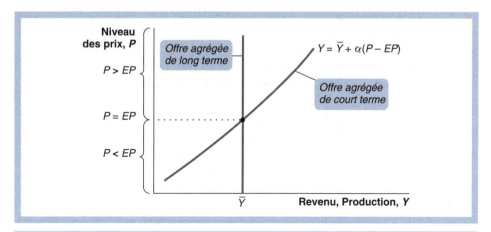

Figure 13.1
La courbe d'offre agrégée de court terme

La production s'écarte de son taux naturel $\bar{Y}$ dès que le niveau général des prix P est différent de leur niveau anticipé EP.

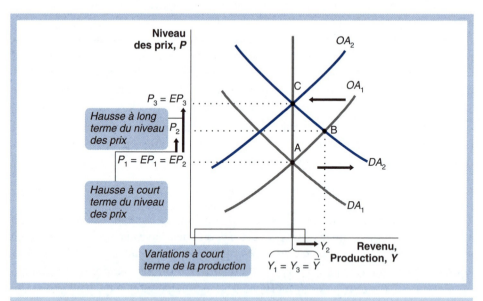

Figure 13.2
L'impact des déplacements de la demande agrégée sur les fluctuations de court terme

Ici, l'économie démarre dans une situation d'équilibre de long terme, au point A. L'augmentation non anticipée de la demande agrégée provoque une hausse du niveau des prix de P_1 en P_2. Comme le niveau des prix P_2 est supérieur au niveau attendu EP_2, la production croît temporairement au-delà de son taux naturel et l'économie se déplace le long de la courbe d'offre agrégée de A vers B. Dans le long terme, le niveau anticipé des prix augmente en EP_3, ce qui provoque un glissement vers le haut de la courbe d'offre agrégée de court terme. L'économie revient alors à un nouvel équilibre de long terme, en C, où la production retrouve son taux naturel.

agrégée pour montrer comment les économies réagissent à une hausse non anticipée de la demande agrégée provoquée, par exemple, par une expansion monétaire non anticipée. À court terme, l'équilibre se déplace du point A vers le point B. La hausse de la demande agrégée relève le niveau effectif des prix de P_1 en P_2. Comme les gens n'ont pas anticipé cette hausse des prix, le niveau attendu des prix EP_2 ne change pas et la production augmente de Y_1 en Y_2, soit au-delà de son taux naturel $\overline{Y}$. La hausse non anticipée de la demande agrégée déclenche donc une expansion de l'économie.

Cette expansion n'est cependant pas indéfinie. Dans le long terme, le niveau anticipé des prix augmente pour s'ajuster aux nouvelles conditions, ce qui provoque un glissement vers le haut de la courbe d'offre agrégée de court terme. À mesure que le niveau anticipé des prix augmente de EP_2 en EP_3, l'équilibre de l'économie se déplace de B vers C, le niveau effectif des prix s'élève de P_2 en P_3 et la production baisse de Y_2 en Y_3. En d'autres termes, l'économie revient à son niveau de production d'équilibre de long terme, mais à un niveau des prix beaucoup plus élevé.

Cette analyse met en lumière un important principe, qui est valable pour chacun des deux modèles de l'offre agrégée : la neutralité monétaire à long terme et la non-neutralité monétaire à court terme sont parfaitement compatibles. L'*absence de neutralité* à court terme est ici représentée par le déplacement de A en B et la neutralité à long terme par le passage de A en C. Les effets à court et à long termes de la monnaie peuvent donc être réconciliés en mettant en avant l'ajustement des anticipations relatives au niveau des prix.

13.2 INFLATION, CHÔMAGE ET COURBE DE PHILLIPS

Deux des objectifs essentiels des politiques économiques sont un faible niveau d'inflation et un chômage réduit, mais ces deux objectifs sont souvent conflictuels. Prenons le cas d'une utilisation de la politique budgétaire ou monétaire en vue de susciter une expansion de la demande agrégée. Ceci déplace l'économie le long de la courbe d'offre agrégée de court terme vers un point où production et prix sont plus élevés : c'est le passage du point A au point B de la figure 13.2. Production accrue signifie baisse du chômage, puisque les entreprises ont besoin de plus de travailleurs pour la fabriquer. Mais hausse du niveau des prix, par rapport à celui de l'année antérieure, signifie accélération de l'inflation. On voit donc que les politiques d'expansion qui consistent à déplacer l'économie le long de la courbe d'offre agrégée de court terme conduisent à réduire le taux de chômage et à accroître le taux d'inflation. En sens inverse, les politiques de contraction de la demande agrégée se traduisent par plus de chômage et moins d'inflation.

Cette section est précisément consacrée à ce véritable arbitrage qu'ont à faire les politiques économiques entre inflation et chômage. Cet arbitrage est représenté par la *courbe de Phillips*. Comme nous venons de le voir et comme nous allons tout de suite l'étudier de manière plus formalisée, la courbe de Phillips est le reflet de la courbe d'offre agrégée de court terme : quand les politiques économiques déplacent l'économie le long de cette dernière, chômage et inflation évoluent en sens opposés. L'expression de la courbe d'offre agrégée de court terme sous la forme de la courbe de Phillips prend tout son sens en raison de l'importance du chômage et de l'inflation en tant que mesures des performances économiques.

13.2.1 *De la courbe d'offre agrégée à la courbe de Phillips*

La **courbe de Phillips**, sous sa forme moderne, identifie trois sources d'inflation :
- l'inflation anticipée ;
- l'écart du chômage par rapport à son taux naturel, appelé *chômage conjoncturel* ;
- les chocs d'offre.

L'équation suivante exprime ces trois facteurs :

$$\pi = E\pi - \beta\left(u - u^n\right) + \nu$$
$$\text{Inflation} = \begin{pmatrix}\text{Inflation}\\\text{anticipée}\end{pmatrix} - \beta \times \begin{pmatrix}\text{Chômage}\\\text{conjoncturel}\end{pmatrix} + \begin{pmatrix}\text{Choc}\\\text{d'offre}\end{pmatrix} \quad (13.8)$$

où β est un paramètre de valeur supérieure à 0. Il mesure la réaction de l'inflation au chômage conjoncturel. Vous remarquerez le signe négatif dont est affecté le terme représentant le chômage conjoncturel : toutes choses égales par ailleurs, un chômage élevé tend à réduire l'inflation. Cette équation synthétise donc la relation entre inflation et chômage.

Pour montrer que la courbe de Phillips et la courbe d'offre agrégée expriment, pour l'essentiel, la même relation, nous écrivons comme suit l'équation d'offre agrégée :

$$P = EP + (1/\alpha)\left(Y - \overline{Y}\right) \quad (13.9)$$

Une addition, une soustraction et une substitution nous permettent de transformer l'équation (13.9) pour y faire apparaître, en trois étapes, une relation entre inflation et chômage.

Tout d'abord, nous ajoutons au membre de droite un choc d'offre ν représentant des événements exogènes, tels une variation des prix des produits pétroliers, qui modifient le niveau des prix et déplacent la courbe d'offre agrégée de court terme :

$$P = EP + (1/\alpha)\left(Y - \overline{Y}\right) + \nu \quad (13.10)$$

Ensuite, pour passer du niveau des prix au taux d'inflation, nous soustrayons le niveau des prix de l'année précédente (P_{-1}) des deux membres de l'équation, pour obtenir :

$$(P - P_{-1}) = (EP - P_{-1}) + (1/\alpha)\left(Y - \overline{Y}\right) + \nu \qquad (13.11)$$

Le membre de gauche ($P - P_{-1}$) représente la différence entre le niveau des prix courant et le niveau de l'année précédente, soit l'inflation π [6]. Le premier terme du membre de droite ($EP - P_{-1}$) est la différence entre le niveau anticipé des prix et le niveau effectif des prix de l'année précédente, soit l'inflation anticipée ($E\pi$). Nous pouvons donc remplacer ($P - P_{-1}$) par π et ($EP - P_{-1}$) par ($E\pi$) :

$$\pi = E\pi + (1/\alpha)\left(Y - \overline{Y}\right) + \nu \qquad (13.12)$$

Enfin, pour passer de la production au chômage, nous faisons appel à la loi d'Okun, vue au chapitre 9, qui établit une relation entre ces deux variables. Dans l'une des formulations de cette loi, l'écart de la production par rapport à son taux naturel est en relation inverse avec l'écart du chômage par rapport à son taux naturel : quand la production excède son taux naturel, le taux de chômage est inférieur au sien. Ceci peut s'écrire comme suit :

$$(1/\alpha)\left(Y - \overline{Y}\right) = -\beta\left(u - u^n\right) \qquad (13.13)$$

Fort de cette égalité, il ne nous reste plus qu'à remplacer le terme $(1/\alpha)\left(Y - \overline{Y}\right)$ de l'équation (13.12) par le membre de droite de l'équation (13.13), $-\beta\left(u - u^n\right)$, déduisant ainsi la courbe de Phillips de la courbe d'offre agrégée :

$$\pi = E\pi - \beta\left(u - u^n\right) + \nu \qquad (13.8)$$

Oublions maintenant un instant toute cette formalisation, pour remarquer que la courbe de Phillips incorpore l'un des éléments fondamentaux de la courbe d'offre agrégée de court terme : une relation entre variables réelles et nominales qui cause à court terme la dichotomie classique (étanchéité théorique entre variables nominales et variables réelles). L'équation de l'offre agrégée de court terme établit une relation entre la production et les variations non anticipées du niveau des prix. L'équation de Phillips établit une relation entre le chômage et les variations non anticipées du taux d'inflation. L'équation de l'offre agrégée se prête bien à l'analyse de la production et du niveau des prix, alors que l'équation de Phillips est plus commode pour étudier le chômage et l'inflation, mais, fondamentalement il s'agit des deux faces d'une même réalité.

---

6 *Note mathématique.* Cet énoncé manque de précision, l'inflation étant en fait la variation en pourcentage du niveau des prix. En termes plus précis, P est le logarithme du niveau des prix. En raison des propriétés des logarithmes, la variation de P équivaut *grosso modo* au taux d'inflation. La raison en est que $dP = d(\log$ niveau des prix$) = d($niveau des prix$)/$niveau des prix.

> **INFORMATION**
>
> **L'histoire de la nouvelle courbe de Phillips**
>
> La courbe de Phillips tire son nom de l'économiste d'origine néo-zélandaise, A. W. Phillips. En 1958, Phillips a observé une relation négative entre le taux de chômage et le taux d'inflation [7]. La courbe de Phillips utilisée aujourd'hui par les économistes comporte trois différences par rapport à la relation observée à l'époque par Phillips.
>
> Tout d'abord, la nouvelle courbe de Phillips substitue la hausse des prix à la hausse des salaires. Cette différence n'est cependant pas essentielle, en raison de la corrélation étroite entre l'une et l'autre.
>
> Deuxièmement, la nouvelle courbe de Phillips tient compte de l'inflation anticipée grâce aux premiers modèles avec information imparfaite. En élaborant ceux-ci, Milton Friedman et Edmund Phelps ont en effet mis en avant, au cours des années 1960, l'impact important des anticipations sur l'offre agrégée.
>
> Troisièmement, la nouvelle courbe de Phillips inclut les chocs sur l'offre. C'est l'OPEP, l'Organisation des Pays Producteurs de Pétrole, qui est à la base de cette innovation : au cours des années 1970, l'OPEP a provoqué d'importantes hausses des prix mondiaux du pétrole, ce qui a contribué à sensibiliser les économistes à l'importance des chocs sur l'offre agrégée.

13.2.2 Les anticipations adaptatives et l'inertie de l'inflation

Pour que la courbe de Phillips nous aide à analyser les décisions de politique économique, nous devons connaître les déterminants de l'inflation anticipée. L'hypothèse la plus simple quant à ceux-ci, qui est d'ailleurs souvent plausible, est que les gens construisent leurs anticipations de l'inflation future sur la base de l'inflation qu'ils ont récemment observée. Cette hypothèse est appelée **anticipations adaptatives**. Supposons, par exemple, que les gens s'attendent à ce que les prix augmentent, cette année, au même rythme que l'année dernière. Alors l'inflation anticipée $E\pi$ est égale à l'inflation de l'année dernière π_{-1} :

$$E\pi = \pi_{-1} \qquad (13.14)$$

Ceci permet d'écrire, comme suit, la courbe de Phillips :

$$\pi = \pi_{-1} - \beta\left(u - u^n\right) + v \qquad (13.15)$$

qui nous dit que l'inflation est fonction de l'inflation passée, du chômage conjoncturel et d'un choc d'offre. Lorsque la courbe de Phillips est écrite sous cette forme, le taux de chômage naturel est quelquefois appelé NAIRU - *Non-Accelerating Inflation Rate of Unemployment* - taux de chômage n'accélérant pas l'inflation.

---

7 A.W. Phillips, « The Relationship between Unemployment and the Rate of Change of Money Wages in the United Kingdom, 1861-1957 », *Economica* 25 (novembre 1958), 283-299.

Dans cette formulation de la courbe de Phillips, le premier terme du membre de droite, π_{-1}, traduit une inertie de l'inflation. Si le chômage est à son taux naturel (NAIRU), et en l'absence de chocs d'offre, les prix vont continuer à croître au taux d'inflation courant, sans accélération ni décélération. L'origine de cette inertie de l'inflation réside dans le fait que, fondées sur l'inflation passée, les anticipations de l'inflation future influencent les prix et les salaires que fixent les agents économiques. Robert Solow synthétisa fort subtilement le concept de l'inertie de l'inflation quand il écrivit, à propos de l'inflation élevée des années 1970 : « Pourquoi notre monnaie perd-elle sans cesse de sa valeur ? Peut-être simplement parce que, anticipant l'inflation, nous la créons, et l'ayant créée, nous l'anticipons. »

Le modèle de l'offre et de la demande agrégées interprète l'inertie de l'inflation sous la forme de déplacements persistants vers le haut des courbes tant de demande que d'offre agrégées. Prenons tout d'abord le cas de l'offre agrégée. Après une rapide hausse des prix, les gens s'attendent à ce qu'elle se poursuive. Comme la position de la courbe d'offre agrégée de court terme dépend du niveau anticipé des prix, elle se déplace vers le haut au fil du temps, jusqu'à ce qu'un événement donné, tel une récession ou un choc d'offre, vienne interrompre cette croissance et donc modifier les anticipations quant à l'inflation.

De même, la courbe de demande agrégée doit également se déplacer vers le haut pour confirmer les anticipations d'inflation. Le plus souvent, une hausse persistante de la demande agrégée fait suite à une hausse tout aussi persistante de l'offre de monnaie. Si la banque centrale décide soudainement d'interrompre la croissance monétaire, la demande agrégée se stabilise et, si la courbe d'offre demeure à son niveau élevé, on assiste à une récession. Le chômage important que ceci provoque réduit l'inflation de même que l'inflation anticipée, mettant de la sorte un terme à l'inertie de l'inflation.

13.2.3 Les deux causes de l'accélération et de la décélération de l'inflation

Les seconds et troisièmes termes de la courbe de Phillips expriment les deux facteurs susceptibles de modifier le taux d'inflation.

Le deuxième terme, $\beta(u - u^n)$, exprime le chômage conjoncturel, c'est-à-dire l'écart du chômage par rapport à son taux naturel : c'est lui qui pousse l'inflation à la hausse ou à la baisse. En présence d'un faible taux de chômage, le taux d'inflation tend à croître : on parle alors d'**inflation induite par la demande**. C'est en effet l'importance de la demande agrégée qui explique ce type d'inflation. Par contre, un taux de chômage élevé tend à faire baisser le taux d'inflation. Le paramètre β mesure la sensibilité de l'inflation au chômage conjoncturel.

Le troisième terme, v, exprime l'influence des chocs d'offre sur les variations du taux d'inflation. Ainsi, un choc d'offre négatif tel qu'une hausse du prix mondial des produits pétroliers, comme il en est survenu au cours des années 1970, confère une valeur positive à v et induit une hausse de l'inflation. On parle alors d'**inflation induite par les coûts** : les chocs d'offre négatifs ont généralement pour effet de renchérir les coûts de production. Par contre, un choc d'offre positif, tel que l'excédent d'offre de produits pétroliers qui a entraîné la baisse des prix de ceux-ci dans les années 1980, confère un signe négatif à v et induit une baisse de l'inflation.

> ### ÉTUDE DE CAS - L'inflation et le chômage aux États-Unis
>
> En raison de l'importance de l'inflation et du chômage en tant que mesure de l'activité économique, on fait souvent appel à la courbe de Phillips pour les interpréter. La figure 13.3 retrace l'histoire de l'inflation et du chômage aux États-Unis depuis 1960. Elle nous montre les hausses et les baisses de l'inflation au cours de presque un demi-siècle, de 1960 à 2008.
>
> Au cours des années 1960, les politiques expansionnistes ont réduit le chômage et accru le taux d'inflation. La réduction fiscale de 1964, jointe à une politique monétaire expansionniste, a ramené le taux de chômage en dessous de 5 %. L'expansion continue de l'économie américaine au cours des dernières années 1960 s'explique essentiellement par les dépenses publiques

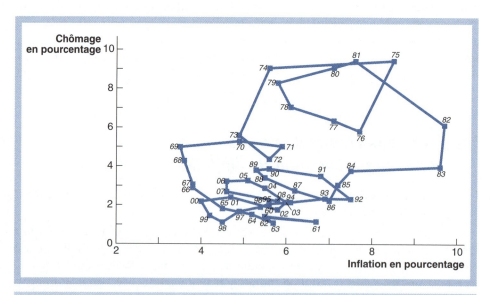

Figure 13.3
L'inflation et le chômage aux États-Unis, 1960-2008

La figure utilise les données annuelles du taux de chômage et du taux d'inflation (variations en pourcentage du déflateur du PIB) pour illustrer les évolutions économiques au cours des 50 dernières années.
Source : U.S. Department of Commerce et U.S. Department of Labor.

au titre de la guerre du Vietnam. Cependant, le chômage a atteint un niveau inférieur et l'inflation un niveau supérieur à ce que les décideurs politiques souhaitaient.

Les années 1970 étaient une période de turbulences économiques. Aussi, dès le début des années 1970, s'efforça-t-on de réduire l'inflation héritée des années 1960. Les contrôles temporaires des prix et des salaires imposés par le président Nixon et la politique monétaire restrictive élaborée et mise en œuvre par la Fed ne parvinrent qu'à peser très légèrement sur le taux d'inflation. En effet, les effets des contrôles disparurent dès que ceux-ci furent levés et la récession avait une ampleur insuffisante pour compenser l'impact inflationniste du boom qui l'avait précédée. En 1972, le taux de chômage était identique à ce qu'il était dix ans auparavant, mais l'inflation était supérieure de 3 % à son niveau de la même période.

S'ajoutèrent à cela, en 1973, les importants chocs d'offre provoqués par l'Organisation des Pays Producteurs de Pétrole (OPEP). À cette époque, en effet, l'OPEP augmenta le prix des produits pétroliers, ce qui poussa le taux d'inflation jusqu'à quelque 10 %. Le choc d'offre et une politique monétaire restrictive temporaire sont à l'origine de la récession en 1975. Celle-ci atténua quelque peu le taux d'inflation, mais les hausses substantielles des prix pétroliers la ramenèrent à son niveau élevé dès la fin des années 1970.

Les années 1980 débutèrent donc avec un taux d'inflation effectif et anticipé élevé. Sous la présidence de Paul Volcker, la banque centrale américaine s'obstina à mener des politiques monétaires visant à réduire l'inflation. En conséquence, en 1982 et 1983, le taux de chômage atteignit son niveau le plus élevé des quarante dernières années. Pourtant, le taux de chômage croissant, joint à la baisse des produits pétroliers de 1986, ramena le taux d'inflation de quelques 10 % à environ 3 %. Dès 1987, le taux de chômage d'environ 6 % était proche de la plupart des estimations de son taux naturel. Il ne s'arrêta pas là, cependant, et baissa jusqu'au minimum de 5,2 % en 1989, année où commença un nouveau cycle d'inflation induite par la demande.

Comparées aux trente dernières années, les années 1990 et le début des années 2000 étaient relativement calmes. Les années 1990 commencèrent par une récession, induite par divers chocs récessifs sur la demande agrégée : une politique monétaire restrictive, une crise sur les prêts et l'épargne, et une baisse de la confiance des consommateurs qui a coïncidé avec la guerre du Golfe. Le taux de chômage passa à 7,3 % dès 1992. L'inflation baissa, mais légèrement seulement. Au contraire de ce qui s'était passé au cours de la récession antérieure de 1982, au cours des années 1990, le chômage ne s'écarta jamais beaucoup de son taux naturel, ce qui en explique le faible impact sur l'inflation. De même, une récession en 2001 (voir le chapitre 11) a fait augmenter le chômage, mais une fois de plus, l'impact sur l'inflation de la baisse du chômage était minime. Une grave récession a commencé en 2008 (voir également le chapitre 11) et semble avoir des effets déflationnistes importants. Toutefois, il était difficile de connaître l'ampleur de cette récession car ce livre était mis sous presse.

Ce survol rapide de l'histoire macroéconomique des États-Unis met en avant deux causes de l'inflation qu'on a vues avec la courbe de Phillips. Les années 1960 et 1980 montrent les impacts de l'inflation induite par la demande : au cours des années 1960, c'est la faiblesse du chômage qui est à l'origine de l'inflation élevée, alors que dans les années 1980, le chômage élevé entraîna une réduction substantielle de l'inflation. Quant aux années 1970, elles nous montrent les impacts de l'inflation induite par les coûts (la crise pétrolière).

13.2.4 L'arbitrage à court terme entre inflation et chômage

Quelles possibilités offre la courbe de Phillips aux pouvoirs publics qui contrôlent la demande agrégée à l'aide des politiques monétaire et budgétaire ? À tout moment, l'inflation anticipée et les chocs d'offre leur échappent. En modifiant la demande agrégée, ils peuvent pourtant influer sur la production, le chômage et l'inflation. S'ils accroissent la demande agrégée, ceci réduit le chômage, mais accroît l'inflation. S'ils réduisent la demande agrégée, le chômage augmente et l'inflation diminue.

La figure 13.4 représente graphiquement l'équation de la courbe de Phillips pour illustrer l'arbitrage à court terme entre inflation et chômage. Quand le chômage est à son taux naturel, $(u = u^n)$, l'inflation dépend de l'inflation anticipée et des chocs d'offre, $(\pi = E\pi + v)$. Le paramètre β détermine la pente de cet arbitrage entre l'inflation et le chômage. À court terme, pour un niveau donné d'inflation anticipée, les pouvoirs publics peuvent s'efforcer d'agir sur la demande agrégée pour obtenir toute combinaison donnée d'inflation et de chômage située sur cette courbe, appelée *courbe de Phillips de court terme*.

La position de cette courbe de Phillips de court terme dépend de l'inflation anticipée. Si celle-ci augmente, la courbe se déplace vers le haut, et l'arbitrage des politiques économiques devient moins favorable : à tout niveau de chômage correspond une inflation plus élevée. La figure 13.5 illustre la dépendance de cet arbitrage par rapport à l'inflation anticipée.

Comme les gens ajustent leurs anticipations de l'inflation au cours du temps, cet arbitrage entre inflation et chômage ne se vérifie qu'à court terme. Il n'est pas possible de maintenir indéfiniment l'inflation effective au-dessus de l'inflation anticipée (et donc le chômage en dessous de son taux naturel). Les anticipations finissent par s'adapter à tout taux d'inflation choisi par les autorités. À long terme, c'est la dichotomie classique qui se vérifie : le chômage revient à son taux naturel et il n'y a plus d'arbitrage entre inflation et chômage.

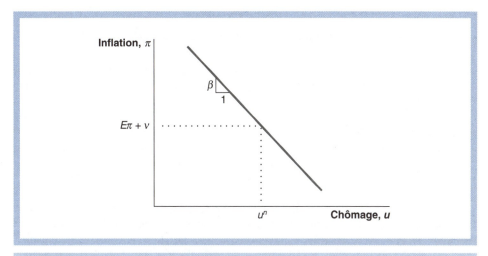

Figure 13.4
L'arbitrage à court terme entre inflation et chômage

À court terme, on observe une relation négative entre inflation et chômage. À tout moment donné, les autorités qui contrôlent la demande agrégée peuvent choisir une combinaison donnée d'inflation et de chômage située sur cette courbe de Phillips de court terme.

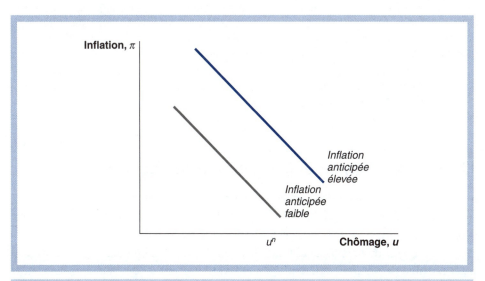

Figure 13.5
Déplacements de l'arbitrage de court terme

L'arbitrage de court terme entre inflation et chômage est fonction de l'inflation anticipée. La courbe qui l'illustre est d'autant plus élevée que l'inflation anticipée l'est.

> **INFORMATION**
> *Quelle est la précision des estimations du taux de chômage naturel ?*
>
> Si vous demandez à un astronome quelle est la distance entre la terre et le soleil, il vous donnera un chiffre, mais celui-ci ne sera pas précis. La capacité de l'homme à mesurer les distances astronomiques reste limitée, la marge d'erreur pouvant aller du simple au double, dans les deux sens.
>
> Il en va de même de la mesure du taux de chômage naturel, ou NAIRU. L'un des problèmes vient des chocs d'offre. Les chocs sur les fournitures de pétrole, les récoltes ou le progrès technologique peuvent entraîner des variations de l'inflation dans le court terme. L'accélération de l'inflation ne peut donc être interprétée avec certitude comme le résultat d'un taux de chômage inférieur au taux naturel ou comme la conséquence d'un choc négatif sur l'économie.
>
> La variation dans le temps du taux naturel crée un deuxième problème. Les évolutions démographiques (telles que le vieillissement des générations du baby-boom), les modifications des politiques (telles que l'introduction d'une législation sur le salaire minimum) et les changements institutionnels (tels que la perte d'influence des syndicats) sont autant d'éléments qui influencent le niveau de chômage « normal » d'une économie. L'estimation du taux de chômage naturel ressemble donc fort à un tir sur une cible mouvante.
>
> Les économistes traitent ce genre de problème en faisant appel à des techniques statistiques qui donnent la « meilleure estimation » du chômage naturel, assortie de la marge d'incertitude qui l'entoure. Dans une étude de ce type, Douglas Staiger, James Stock et Mark Watson ont estimé le taux de chômage naturel aux États-Unis à 6,2 % en 1990, avec un intervalle de confiance à 95 % allant de 5,1 % à 7,7 %. Un intervalle de confiance au seuil de 95 % donne 95 % de probabilité que la valeur réelle soit située dans l'intervalle. Le degré d'imprécision des estimations du taux de chômage naturel ressort clairement de l'intervalle de 2,6 points de pourcentage qui résulte de cette étude.
>
> Cette conclusion a des implications lourdes de conséquences : les responsables politiques qui souhaitent maintenir le chômage à un niveau proche de son taux naturel se heurtent à l'incapacité des économistes à leur dire exactement quel est ce taux naturel [8].

13.2.5 *La désinflation et le coefficient de sacrifice*

Supposons une économie dont le chômage est à son taux naturel et dont le taux d'inflation est égal à 6 %. Qu'advient-il du chômage et de la production si la banque centrale a pour objectif de réduire le taux d'inflation de 6 à 2 % ?

Il ressort de la courbe de Phillips qu'en l'absence d'un choc d'offre positif, il n'est possible de réduire l'inflation qu'au prix d'une période de chômage élevé et de production en recul. Mais de combien et pendant combien de temps le chômage doit-il excéder son taux naturel ? Avant de décider de lutter contre l'inflation, les responsa-

---

[8] Douglas Staiger, James H. Stock, et Mark W. Watson, « How Precise Are Estimates of the Natural Rate of Unemployment ? », in Christina D. Romer et David H. Romer, Eds., *Reducing Inflation : Motivation and Strategy*. Chicago : University of Chicago Press, 1997.

bles politiques souhaitent connaître le volume de production que cette politique fera perdre au cours de la période de transition vers l'inflation réduite. Il est alors possible de comparer ce coût aux avantages d'une inflation plus faible.

De nombreux chercheurs ont utilisé les données disponibles pour tenter de quantifier la courbe de Phillips. On synthétise souvent les résultats de ces recherches par un chiffre appelé le **coefficient de sacrifice**, qui représente la part en pourcentage du PIB réel annuel à laquelle il faut renoncer pour réduire l'inflation d'un point de pourcentage. En dépit d'une extrême variance de ce coefficient de sacrifice, les estimations tendent à le situer aux alentours de cinq : il faut renoncer à 5 % du PIB d'une année pour faire baisser l'inflation d'un seul point de pourcentage [9].

Il est également possible d'exprimer le coefficient de sacrifice en termes de chômage. Selon la loi d'Okun, la variation d'un point de pourcentage du taux de chômage correspond à une variation de deux points de pourcentage du PIB. En combinant ces deux conclusions, il résulte qu'une réduction de 1 % de l'inflation coûte environ 2,5 points de pourcentage de chômage conjoncturel.

Il est désormais possible d'utiliser le coefficient de sacrifice pour estimer de combien et pendant combien de temps le chômage doit croître pour réduire l'inflation. Si réduire l'inflation d'un point de pourcentage exige le sacrifice de 5 % du PIB annuel, faire baisser l'inflation de 4 points de pourcentage demande un sacrifice de 20 % du PIB annuel. La même réduction de l'inflation exige 10 points de pourcentage de chômage conjoncturel.

Si, donc, la désinflation peut revêtir diverses formes, le sacrifice qu'elle implique revient dans tous les cas à 20 % du PIB annuel. Pour réduire l'inflation de 4 %, on peut soit opter pour la solution « dure » et renoncer à 10 % de PIB pendant deux ans (solution appelée *cold-turkey*), soit choisir la solution plus « douce » qui consiste à réduire le PIB de 5 % pendant quatre ans, soit une solution plus « molle » encore, qui consisterait à réduire le PIB de 2 % pendant une décennie entière.

13.2.6 Les anticipations rationnelles et la désinflation sans douleur

On a vu que les anticipations de l'inflation déterminent l'arbitrage à court terme entre inflation et chômage. Mais comment les anticipations se constituent-elles ? Nous avons jusqu'ici supposé que l'inflation anticipée était fonction de l'inflation observée au cours de la période récente. Cette hypothèse des anticipations adaptatives est certes plausible, mais elle est sans doute trop simple pour pouvoir s'appliquer dans toutes les circonstances.

---

[9] Arthur M. Okun, « Efficient Disinflationary Policies », *American Economic Review* 68 (mai 1978), 348-352 ; Robert J. Gordon et Stephen R. King, « The Output Cost of Disinflation in Traditional and Vector Autoregressive Models », *Brookings Papers on Economic Activity* 1 (1982), 205-245.

Il est également possible de supposer que les gens aient des **anticipations rationnelles**. Ceci veut dire qu'ils utilisent de manière optimale toute l'information disponible, y compris l'information sur les politiques en vigueur actuellement, pour prévoir l'avenir. Comme les politiques monétaire et budgétaire influencent l'inflation, l'inflation anticipée ne peut que dépendre elle aussi des politiques monétaire et budgétaire en vigueur. Selon la théorie des anticipations rationnelles, toute variation des politiques monétaire et budgétaire modifie les anticipations et, en conséquence, l'appréciation des nouvelles orientations des politiques monétaire et budgétaire doit tenir compte de cet impact sur les anticipations. Si les gens constituent rationnellement leurs anticipations, l'inflation est peut-être moins inerte qu'il n'y apparaît à première vue.

Voici comme Thomas Sargent, l'un des plus ardents défenseurs des anticipations rationnelles, décrit les implications de la courbe de Phillips :

> Une autre approche des « anticipations rationnelles » nie toute dynamique intrinsèque dans le présent processus d'inflation. Dans ces termes, les entreprises et les travailleurs s'attendent désormais à des taux d'inflation futurs élevés et ils passent des conventions sur cette base. Selon cette approche, cependant, ce sont les politiques monétaire et budgétaire actuelles et prévisibles qui amènent les gens à attendre des taux d'inflation plus élevés à l'avenir… On voit donc que la dynamique de l'inflation n'est qu'apparente : en fait, c'est la politique persistante de déficits budgétaires élevés et de rapide création monétaire qui confère sa dynamique au taux d'inflation. Si cela est vrai, l'inflation peut être interrompue beaucoup plus rapidement que ce que prétendent les tenants de la « dynamique inflationniste », et leurs estimations du temps qu'il faut pour mettre un terme à l'inflation et du coût que ceci représente en termes de renonciation à une partie du PIB sont erronées… [Arrêter l'inflation] exigerait en fait une modification du régime de politique économique : ce qu'il faut, c'est un retournement radical de la politique économique qui consisterait pour le gouvernement à s'engager sur des niveaux actuels et futurs de déficit de manière suffisamment précise et contraignante pour que les gens aient confiance dans le respect de ces engagements… La clarté et la fermeté de ces derniers détermineraient alors en partie le temps et l'ampleur du sacrifice nécessaires pour réaliser ces objectifs [10].

Pour ceux qui croient aux anticipations rationnelles, la courbe de Phillips de court terme ne représente donc pas de manière correcte les choix possibles. Ils sont convaincus qu'un engagement crédible à réduire l'inflation doit amener les acteurs économiques rationnels à réviser rapidement leurs anticipations de l'inflation. La théorie des anticipations rationnelles rejette donc les estimations traditionnelles du coefficient de sacrifice, au motif qu'elles ne permettent pas d'évaluer l'impact de politiques différentes. Une politique crédible devrait, selon eux, réduire les coûts de la lutte contre l'inflation bien en dessous de ce qu'indique le coefficient de sacrifice.

À l'extrême, on peut imaginer réduire le taux d'inflation sans aucun sacrifice du tout. La désinflation sans douleur a cependant deux exigences : tout d'abord, le programme de réduction de l'inflation doit être annoncé avant que travailleurs et entreprises, qui déterminent les salaires et les prix, constituent leurs anticipations ; deuxiè-

---

10 Thomas J. Sargent, « The Ends of Four Big Inflations », in Robert E. Hall, ed., *Inflation : Causes and Effects* (Chicago : University of Chicago Press, 1982).

mement, travailleurs et entreprises doivent croire dans cette annonce : c'est la condition *sine qua non* pour qu'ils révisent à la baisse leurs anticipations de l'inflation. Si ces deux conditions sont satisfaites, l'annonce déplace immédiatement l'arbitrage de court terme entre inflation et chômage vers le bas, permettant un taux d'inflation inférieur sans hausse du chômage.

Si l'approche des anticipations rationnelles reste controversée, pratiquement tous les économistes conviennent que les anticipations de l'inflation ont une certaine influence sur l'arbitrage de court terme entre inflation et chômage. À ce titre, la crédibilité d'une politique de réduction de l'inflation est l'un des déterminants du coût de cette politique. Malheureusement, il est souvent difficile de prévoir la mesure dans laquelle les gens vont percevoir la crédibilité de la nouvelle politique. Le rôle essentiel des anticipations complique singulièrement la prévision des résultats de politiques différentes.

ÉTUDE DE CAS - Le coefficient de sacrifice en pratique

La courbe de Phillips avec anticipation adaptative implique que la réduction de l'inflation exige une période de chômage élevé et de production faible. Au contraire, l'approche des anticipations rationnelles suggère que réduire l'inflation peut être beaucoup moins coûteux. Que nous apprennent à cet égard les désinflations observées ?

Prenons, par exemple, la désinflation américaine du début des années 1980. Cette décennie a commencé avec l'un des taux d'inflation les plus élevés de l'histoire américaine. Au cours des années qui suivent, les politiques monétaires extrêmement restrictives de la banque centrale américaine, présidée par Paul Volcker, ont ramené l'inflation à un taux nettement plus faible. Il s'agit là d'une expérimentation en grandeur réelle qui permet d'estimer le coût en production perdue d'un processus de désinflation.

Tout d'abord, de combien a baissé l'inflation ? Mesurée par le déflateur du PIB, l'inflation a atteint un sommet de 9,7 % en 1981. Il est évident de limiter l'analyse jusqu'en 1985 car les prix du pétrole ont chuté en 1986, ce qui constitue un grand choc d'offre positif non lié à la politique de la Fed. En 1985, l'inflation n'était plus que de 3 % : la banque centrale a donc réussi à réduire l'inflation de 6,7 points de pourcentage en quatre ans.

De l'autre côté, de combien la production s'est-elle réduite au cours de cette période ? Le tableau 13.1 montre les taux de chômage de 1982 à 1985. En supposant un taux de chômage naturel de 6 %, nous pouvons calculer le volume du chômage conjoncturel pour chacune des années concernées. En les cumulant, nous obtenons 9,5 points de pourcentage de chômage conjoncturel. Selon la loi d'Okun, 1 point de pourcentage de chômage équivaut à 2 points de pourcentage de PIB. En conséquence, la désinflation a coûté 19 points de pourcentage de PIB annuel.

Tableau 13.1
Le chômage au cours de la désinflation de la première moitié des années 1980 aux États-Unis

Année	Taux de chômage u	Taux naturel u^n	Chômage cyclique $u - u^n$
1982	9,5 %	6,0 %	3,5 %
1983	9,5	6,0	3,5
1984	7,4	6,0	1,4
1985	7,1	6,0	1,1
		Total	9,5 %

Nous sommes maintenant en mesure de calculer le coefficient de sacrifice correspondant à cette période. Sachant que 19 points de pourcentage de PIB ont été perdus et que l'inflation a diminué de 6,7 points de pourcentage, 19/6,7 = 2,8 points de pourcentage de PIB perdus pour chaque point de pourcentage de réduction de l'inflation. Le coefficient de sacrifice dû à la désinflation en question peut donc être estimé à 2,8.

Cette valeur de 2,8 est inférieure aux estimations réalisées avant l'entrée en fonction de Paul Volcker en tant que président de la banque centrale américaine. En d'autres termes, Volcker a réduit l'inflation davantage que ne l'avaient prévu de nombreux économistes. L'une des interprétations est que l'attitude résolue du président de la banque centrale américaine est apparue suffisamment crédible pour influencer directement les anticipations de l'inflation. Cette modification des anticipations n'a pas cependant eu l'ampleur suffisante pour rendre la désinflation totalement sans douleur : en 1982, le chômage a atteint son volume le plus élevé depuis la Grande Dépression.

Le même type d'analyse peut être appliqué à d'autres épisodes de désinflation. Une étude récente porte sur 65 désinflations survenues dans 19 pays. Dans pratiquement tous les cas, la réduction de l'inflation a impliqué une baisse temporaire de la production. L'ampleur de cette baisse varie cependant considérablement. Selon cette étude, les désinflations rapides coûtent généralement moins cher que les désinflations progressives. En d'autres termes, et contrairement à ce que dit la courbe de Phillips avec anticipations adaptatives, l'approche « dure » apparaît moins coûteuse que l'approche « douce ». Par ailleurs, le coefficient de sacrifice est généralement d'autant plus faible que le processus des négociations salariales collectives est souple. En tout état de cause, selon la même étude toujours, la réduction de l'inflation a toujours un coût, mais celui-ci varie en fonction des politiques et des institutions [11].

---

11 Laurence Ball, « What Determines the Sacrifice Ratio ? », in *Monetary Policy*, édité par N. Gregory Mankiw (Chicago : University of Chicago Press, 1994).

13.2.7 L'hystérésis et la mise en question de l'hypothèse du taux naturel

Dans les quatre derniers chapitres, nous avons basé notre exposé des coûts de la désinflation, et donc des fluctuations économiques, sur l'**hypothèse du taux naturel**, que l'on peut synthétiser comme suit :

> *Les fluctuations de la demande agrégée n'affectent la production et l'emploi qu'à court terme. À long terme, l'économie retourne à ses niveaux de production, d'emploi et de chômage décrits par le modèle classique.*

L'hypothèse du taux naturel permet aux macroéconomistes d'étudier de manière distincte les évolutions économiques à court et à long termes. C'est l'une des expressions de la dichotomie classique.

Récemment, certains économistes ont remis en question cette hypothèse du taux naturel en suggérant que la demande agrégée pourrait très bien affecter la production et l'emploi à long terme également. Ils ont mis en évidence une série de mécanismes par lesquels les récessions pourraient laisser des cicatrices permanentes sur l'économie, en modifiant le taux de chômage naturel. Cet effet est appelé **hystérésis** (ou **hystérèse**).

Une récession peut avoir des effets permanents par son impact sur les gens qu'elle contraint au chômage. Ceux-ci, notamment, pourraient perdre une partie de leurs compétences, de leur savoir-faire, de leur capacité à retrouver un emploi, et ceci même après le terme de la récession. De même, une longue période de chômage peut modifier l'attitude d'une personne envers le travail, de telle sorte qu'elle souhaite moins travailler. Dans les deux cas, la récession inhibe de manière permanente le processus de la recherche d'un emploi et accroît le volume du chômage frictionnel.

La récession peut également affecter de manière permanente l'économie en modifiant le processus de détermination des salaires. Ceux qui perdent leur emploi ont désormais moins d'influence sur le processus de détermination des salaires, notamment parce qu'ils ne sont plus aussi proches des syndicats. On dit, dans ce cas, que celui qui était un *insider* du processus de fixation des salaires en devient un *outsider* : il n'est plus *dans* le processus, mais *en dehors* de celui-ci. Si le petit groupe des *insiders* est plus préoccupé de salaires élevés que d'emploi, la récession pourrait pousser de manière permanente le niveau des salaires réels au-delà de leur niveau d'équilibre et accroître ainsi le volume du chômage structurel.

L'hystérésis constitue un sujet très controversé en économie. Certains économistes pensent qu'elle éclaire la persistance d'un taux de chômage élevé en Europe, dans la mesure où, si la hausse du chômage européen, entamée au début des années 1980, coïncide avec la désinflation, elle s'est poursuivie bien après la stabilisation des prix. De surcroît, la hausse du chômage semble relativement plus importante dans les pays, tels l'Espagne, l'Irlande ou l'Italie, qui ont réalisé le plus gros effort de désinflation (voir au chapitre 6 les autres explications concernant le chômage en Europe).

Toutefois, les économistes ne s'accordent pas encore, ni sur la réalité, ni sur l'ampleur, éventuellement différente d'un pays à l'autre, de l'impact de l'hystérésis. Ce débat est extrêmement important, cependant, car, si elle existe, l'hystérésis accroît considérablement le coût des récessions, soit le coefficient de sacrifice, car les économies qui en sont affectées continuent de perdre une partie de leur production au-delà de la période de désinflation [12].

13.3 CONCLUSION

Ce chapitre a présenté deux modèles de l'offre agrégée ainsi que l'arbitrage associé entre inflation et chômage. Les prévisions de ces modèles sont semblables mais les raisons évoquées dans chaque modèle sont différentes : à court terme, la production augmente au-delà de son niveau naturel quand le niveau des prix excède son niveau anticipé. Les deux modèles expliquent pourquoi la courbe d'offre agrégée à court terme est croissante. La courbe de Phillips, selon laquelle l'inflation est fonction de l'inflation anticipée, du chômage conjoncturel et des chocs d'offre, constitue un moyen commode d'exprimer et d'analyser l'offre agrégée et l'arbitrage à court terme entre inflation et chômage.

Tous les économistes, cependant, ne partagent pas les idées présentées dans ce chapitre. La controverse est vive, par exemple, quant à l'importance effective des anticipations rationnelles et la pertinence de l'hypothèse d'hystérésis. Si vous êtes un peu frustrés devant ce paysage un peu disparate, rassurez-vous, vous n'êtes pas les seuls. L'étude de l'offre agrégée demeure l'un des domaines de recherche macroéconomique les moins stabilisés, et donc l'un des plus intéressants.

> ### SYNTHÈSE
>
> 1. Les deux théories de l'offre agrégée - prix rigides et information imparfaite - imputent chacune à une imperfection bien précise du marché les écarts de la production et de l'emploi par rapport à leurs taux naturels respectifs. Les deux théories ont pourtant la même conclusion : lorsque le niveau effectif des prix excède son niveau anticipé, la production augmente au-delà de son taux naturel ; lorsque le niveau effectif des prix est inférieur à son niveau anticipé, la production baisse en deçà de son taux naturel.
> 2. Les économistes expriment souvent l'offre agrégée sous la forme d'une relation appelée courbe de Phillips. Selon celle-ci, l'inflation dépend de l'infla-

---

12 Olivier J. Blanchard et Lawrence H. Summers, « Beyond the Natural Rate Hypothesis », *American Economic Review* 78 (mai 1988), 182-187. Voir aussi Laurence Ball, « Disinflation and the NAIRU, » in Christina D. Romer et David H. Romer, Eds., *Reducing Inflation : Motivation and Strategy* (Chicago : University of Chicago Press, 1997), 167-185.

tion anticipée, de l'écart du chômage par rapport à son taux naturel et des chocs d'offre. Les responsables politiques sont, de ce fait, confrontés à un arbitrage à court terme entre inflation et chômage.

3. Si l'inflation anticipée est fonction de l'inflation effective observée au cours de la période récente, elle fait preuve d'une certaine inertie : la réduction de l'inflation exige soit un choc d'offre positif, soit une période de chômage élevé et de faible production. Si, au contraire, les gens ont des anticipations rationnelles, l'annonce crédible d'une modification de la politique pourrait influencer directement les anticipations et, de ce fait, permettre une réduction de l'inflation sans récession.

4. La plupart des économistes acceptent l'hypothèse du taux naturel, selon laquelle les fluctuations de la demande agrégée n'ont que des effets à court terme sur la production et le chômage. Certains économistes, pourtant, suggèrent que les récessions peuvent laisser des cicatrices permanentes sur l'économie en accroissant le taux de chômage naturel.

CONCEPTS DE BASE

- Modèle avec prix rigides
- Modèle avec information imparfaite
- Courbe de Phillips
- Anticipations adaptatives
- Inflation induite par la demande
- Inflation induite par les coûts
- Coefficient de sacrifice
- Anticipations rationnelles
- Hypothèse du taux naturel
- Hystérésis

ÉVALUATION DES CONNAISSANCES

1. Expliquez les deux théories de l'offre agrégée. Quelle imperfection du marché chacune d'entre elles met-elle en avant ? Qu'ont-elles en commun ?
2. Quelle est la liaison entre la courbe de Phillips et l'offre agrégée ?
3. Pourquoi l'inflation pourrait-elle faire preuve d'inertie ?
4. Expliquez les différences entre l'inflation induite par la demande et l'inflation induite par les coûts.
5. Dans quelles conditions serait-il possible de réduire l'inflation sans provoquer une récession ?
6. Expliquez deux manières dont une récession pourrait accroître le taux de chômage naturel.

PROBLÈMES ET APPLICATIONS

1. Dans le modèle avec prix rigides, décrivez la courbe d'offre agrégée correspondant aux divers cas particuliers qui suivent. Comparez vos résultats avec la courbe d'offre agrégée de court terme exposée au chapitre 9.

   a) Aucune entreprise n'a des prix flexibles ($s = 1$)
   b) Le prix désiré n'est pas fonction de la production agrégée ($a = 0$).

2. Supposons que l'économie est caractérisée par la courbe de Phillips suivante :

$$\pi = \pi_{-1} - 0,5\,(u - 0,06)$$

   a) Quel est le taux de chômage naturel ?
   b) Représentez graphiquement les relations de court et de long termes entre l'inflation et le chômage.
   c) Quel volume de chômage conjoncturel faut-il pour réduire l'inflation de cinq points de pourcentage ? Utilisez la loi d'Okun et calculez le coefficient de sacrifice.
   d) Le taux d'inflation est de 10 %. La banque centrale veut le réduire à 5 %. Présentez deux scénarios susceptibles de permettre d'atteindre cet objectif.

3. Selon l'approche des anticipations rationnelles, si tout le monde est convaincu que les responsables politiques sont désireux de réduire l'inflation, le coût de cette dernière, que l'on appelle coefficient de sacrifice, n'est pas aussi élevé que dans le cas où les citoyens sont sceptiques quant aux intentions réelles des décideurs politiques. Pourquoi ? Comment asseoir sa crédibilité ?

4. On suppose que l'économie se trouve initialement à son équilibre de long terme. La banque centrale augmente l'offre de monnaie.

   a) Supposons qu'aucune inflation qui en résulte ne soit anticipée. Une telle expansion monétaire affecte-t-elle le PIB, le chômage, l'inflation ? Justifiez votre réponse en vous appuyant sur trois graphiques qui représentent respectivement : le modèle *IS-LM*, le modèle de l'offre et de la demande agrégées et la courbe de Phillips.
   b) Supposons maintenant que l'inflation qui en résulte soit anticipée. Une telle expansion monétaire affecte-t-elle le PIB, le chômage, l'inflation ? De la même manière, justifiez votre réponse en utilisant trois graphiques qui représentent respectivement : le modèle *IS-LM*, le modèle de l'offre et de la demande agrégées et la courbe de Phillips.

5. Supposons que les gens aient des anticipations rationnelles et que le modèle avec prix rigides décrive l'économie. Expliquez pourquoi chacune des propositions qui suivent est vraie :

   a) Seules les variations non anticipées de l'offre de monnaie affectent le PIB réel. Les variations de l'offre de monnaie anticipées lors de la fixation des prix n'ont aucun impact réel.
   b) Si la banque centrale décide du volume de l'offre de monnaie pendant le processus de fixation des prix, et si, donc, tout le monde a la même information

sur l'état de l'économie, il est impossible d'utiliser systématiquement la politique monétaire pour stabiliser la production. La politique consistant à maintenir constante l'offre de monnaie a donc le même impact réel que la politique qui vise à ajuster l'offre de monnaie en fonction de l'état de l'économie. (C'est *la proposition de non-pertinence des politiques*.)

c) Si la banque centrale fixe l'offre de monnaie bien après qu'aient été fixés les prix, elle dispose alors d'informations nouvelles sur l'état de l'économie : elle est en mesure d'utiliser systématiquement la politique monétaire pour stabiliser la production.

6. Supposons une économie caractérisée par la courbe de Phillips suivante :

$$\pi = \pi_{-1} - 0,5\left(u - u^n\right)$$

dans laquelle le taux de chômage naturel est donné par la moyenne du chômage des deux dernières années :

$$u^n = 0,5\left(u_{-1} + u_{-2}\right)$$

a) Pourquoi le taux de chômage naturel pourrait-il dépendre du chômage récent (comme le suppose l'équation qui précède) ?

b) Supposons que la banque centrale maintienne une politique permanente de réduction du taux d'inflation de 1 point de pourcentage. Quel impact cette politique a-t-elle sur le chômage au fil du temps ?

c) Quel est le coefficient de sacrifice de cette économie ? Expliquez.

d) Qu'impliquent ces équations quant aux arbitrages de court et de long termes entre inflation et chômage ?

7. Certains économistes pensent que les impôts ont un important effet sur l'offre de travail. Selon eux, la hausse des impôts détourne les gens du travail et leur baisse les incite au contraire à travailler davantage. Comment cette hypothèse modifie-t-elle l'analyse macroéconomique des variations fiscales ?

a) Si cette hypothèse est correcte, comment une réduction fiscale affecte-t-elle le taux naturel de production ?

b) Comment une réduction fiscale affecte-t-elle la courbe de demande agrégée ? La courbe d'offre agrégée de long terme ? La courbe d'offre agrégée de court terme ?

c) Quel est l'impact à court terme d'une réduction fiscale sur la production et sur le niveau des prix ? En quoi votre réponse est-elle différente en l'absence de tout impact sur l'offre de travail ?

d) Quel est l'impact à long terme d'une réduction fiscale sur la production et sur le niveau des prix ? En quoi votre réponse est-elle différente en l'absence de tout impact sur l'offre de travail ?

8. L'économiste Alan Blinder, nommé vice-président de la Réserve fédérale par Bill Clinton, a écrit ce qui suit :

« *Les coûts induits par les taux d'inflation faibles et modérés que connaissent les États-Unis et d'autres pays industrialisés apparaissent tout à fait modestes, de l'ordre d'un mauvais rhume plutôt que d'un cancer pour la société... En tant qu'individus rationnels, nous ne demandons pas une lobotomie pour guérir notre rhume, et pourtant collectivement nous prescrivons régulièrement l'équivalent d'une lobotomie (chômage élevé) pour guérir l'équivalent d'un rhume en termes d'inflation* [13]. »

Que voulait dire exactement Blinder ? Quelles sont les implications en termes de politique économique de son point de vue ? Êtes-vous d'accord ? Pourquoi ou pourquoi pas ?

9. Rendez-vous sur le site web du Bureau of Labor Statistics [http://www.bls.gov]. Pour chacune des cinq dernières années, trouvez le taux d'inflation mesuré par : (*i*) l'indice des prix à la consommation exhaustif (*headline inflation*) ; et (*ii*) par l'indice des prix à la consommation à l'exclusion des plus volatiles, c'est-à-dire les biens alimentaires frais et l'énergie (*inflation sous-jacente*). Comparez ces deux mesures de l'inflation. Que déduisez-vous de l'écart quant aux déplacements de la courbe d'offre agrégée et de la courbe de Phillips de court terme ?

---

13 Alan Blinder, *Hard Heads, Soft Hearts : Tough-Minded Economics for a Just Society* (Reading, MA : Addison-Wesley, 1987), 5.

ANNEXE

Un grand modèle complet

Les chapitres précédents ont introduit une série de modèles décrivant le fonctionnement de l'économie. En les étudiant individuellement, les interrelations entre eux n'apparaissent pas clairement. Au terme de l'examen du modèle de l'offre et de la demande agrégées, il est important de faire le point de l'ensemble de nos connaissances. Cette annexe esquisse un grand modèle qui intègre une large part de celles-ci, y compris la théorie classique de la partie II et la théorie des fluctuations conjoncturelles de la partie IV. Les symboles et équations, issus des chapitres précédents, ne devraient pas poser de problèmes. Notre objectif est de rassembler en un seul grand modèle nos analyses précédentes.

Le modèle comporte sept équations :

$Y = C(Y - T) + I(r) + G + NX(\epsilon)$ IS : équilibre sur les marchés des biens et services

$M/P = L(i, Y)$ LM : équilibre sur les marchés financiers

$NX(\epsilon) = CF(r - r^*)$ Équilibre sur les marchés des changes

$i = r + E\pi$ Relation entre taux d'intérêt nominaux et réels

$\epsilon = e(P/P^*)$ Relation entre taux de change nominaux et réels

$Y = \overline{Y} + \alpha(P - EP)$ Offre agrégée

$\overline{Y} = F(\overline{K}, \overline{L})$ Taux de production naturel

Ces sept équations déterminent les valeurs d'équilibre de sept variables endogènes : la production Y, le taux naturel de production $\overline{Y}$, le taux d'intérêt réel r, le taux d'intérêt nominal i, le taux de change réel ϵ, le taux de change nominal e et le niveau des prix P.

De nombreuses variables exogènes influencent ces variables endogènes : l'offre de monnaie M, les dépenses publiques G, les recettes fiscales T, le stock de capital K, la population active L, le niveau international des prix P^* et le taux d'intérêt réel international r^*. S'y ajoutent deux variables relatives, respectivement aux anticipations courantes de l'inflation future $E\pi$ et aux anticipations passées du niveau actuel des prix EP. Nous considérons ici ces anticipations comme exogènes, mais l'addition de quelques équations permettrait de les rendre endogènes.

Les méthodes mathématiques permettant d'analyser ce modèle à sept équations dépassent l'objet de cet ouvrage. Nous nous contenterons d'utiliser ce grand modèle pour établir les liaisons entre les divers petits modèles qui nous sont désormais familiers, et *dont beaucoup sont en fait des cas particuliers de ce grand modèle*. Nous aborderons six de ces cas particuliers. Le problème à la fin de cette section en examine d'autres.

Cas particulier 1 : l'économie fermée classique

On a $EP = P$, $L(i, Y) = (1/V)Y$, et $CF(r - r^*) = 0$. Ceci veut dire que les anticipations du niveau des prix s'ajustent pour être correctes, pour que la demande de monnaie soit proportionnelle au revenu et pour qu'il n'y ait pas de flux internationaux de capitaux. La production est alors toujours à son taux naturel, le taux d'intérêt réel s'ajuste pour équilibrer le marché des biens et services, le niveau des prix évolue parallèlement à l'offre de monnaie et le taux d'intérêt nominal suit pas à pas l'inflation anticipée. C'est l'économie des chapitres 3 et 4.

Cas particulier 2 : la petite économie ouverte classique

On a $EP = P$ et $L(i, Y) = (1/V) Y$, et $CF(r - r^*)$ est parfaitement élastique. Ici, les flux internationaux de capitaux réagissent avec force à tout écart entre les taux d'intérêt intérieurs et internationaux. En conséquence, $r = r^*$ et la balance commerciale NX est égale à l'écart entre épargne et investissement au taux d'intérêt international en vigueur. C'est l'économie du chapitre 5.

Cas particulier 3 : le modèle de base de l'offre et de la demande agrégées

On a $L(i, Y) = (1/V) Y$ et α est infini. La courbe d'offre agrégée de court terme est donc horizontale et l'équation quantitative détermine intégralement la courbe de demande agrégée. C'est l'économie du chapitre 9.

Cas particulier 4 : le modèle IS-LM

On a α infini et $CF(r - r^*) = 0$. La courbe d'offre agrégée de court terme est donc horizontale et il n'y a pas de flux internationaux de capitaux. Pour tout niveau anticipé d'inflation $E\pi$, le niveau de revenu et le taux d'intérêt doivent s'ajuster pour équilibrer les marchés des biens et services et les marchés financiers. C'est l'économie exposée aux chapitres 10 et 11.

Cas particulier 5 : le modèle de Mundell-Fleming avec taux de change flexibles

On a α infini et $CF(r - r^*)$ infiniment élastique. La courbe d'offre agrégée de court terme est donc horizontale et les flux internationaux de capitaux sont suffisants pour que $r = r^*$. Le taux de change flotte librement pour atteindre son niveau d'équilibre. C'est la première économie étudiée au chapitre 12.

Cas particulier 6 : le modèle de Mundell-Fleming avec taux de change fixes

On a α infini, $CF(r - r^*)$ infiniment élastique, et e est fixé. La courbe d'offre agrégée de court terme est donc horizontale et les flux internationaux de capitaux sont suffisants pour que $r = r^*$, mais le taux de change est fixé par la banque centrale. Le taux de change est donc maintenant une variable exogène de politique, mais l'offre de monnaie M est une variable endogène qui doit s'ajuster pour permettre au taux de change d'atteindre le niveau fixé. C'est la seconde économie du chapitre 12.

Ce modèle intégré est trop complexe pour susciter une compréhension intuitive du fonctionnement de l'économie, mais il a le mérite de montrer comment les divers petits modèles que nous avons développés s'articulent les uns aux autres. Chacun de ces petits modèles traduit une facette différente du modèle intégré et plus réaliste présenté ici.

La figure 13.6 présente ce grand modèle intégré et montre comment les divers petits modèles s'articulent les uns aux autres. En particulier, elle nous permet, en commençant par le grand modèle, d'atteindre les différentes économies que nous avons développées. Voici les étapes :

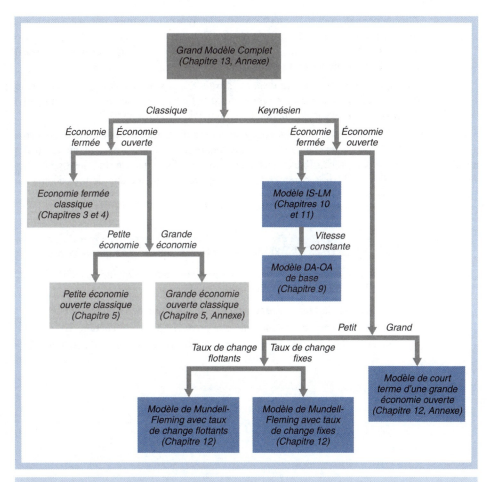

Figure 13.6
Comment les différents modèles sont-ils liés les uns aux autres ?

Cette figure montre comment vous passez d'un modèle complet et complexe présenté en annexe aux modèles simples et particuliers développés dans les chapitres précédents.

1. *Classique ou keynésienne* ? Vous pouvez choisir entre une économie classique ($EP = P$ où α est égal à zéro, ce qui veut dire que la production est à son taux naturel) et une économie keynésienne (α est infini et le niveau des prix est complètement fixe).

2. *Fermée ou ouverte* ? Vous décidez si vous voulez une économie fermée ($CF = 0$) ou une économie ouverte ($CF \neq 0$).

3. *Petite ou grande* ? Si vous désirez une économie ouverte, vous choisissez entre une petite économie (CF est infiniment élastique au taux d'intérêt réel international r^*) et une grande économie (le taux d'intérêt intérieur ne s'ajuste pas au taux d'intérêt international).

4. *Taux de change fixes ou flottants* ? Si vous analysez une petite économie, vous choisissez entre un régime de taux de change flottants (la banque centrale fixe l'offre de monnaie) et un régime de taux de change fixes (la banque centrale permet à l'offre de monnaie de s'ajuster).

5. *Vitesse de circulation de la monnaie constante* ? Si vous considérez une économie fermée avec l'hypothèse keynésienne des prix fixes, vous pouvez traiter le cas particulier où la vitesse de circulation de la monnaie est constante.

Ainsi, la figure 13.6 montre comment vous passez d'un modèle complet et complexe à un modèle simple et particulier, plus facile à comprendre et à utiliser. Pour obtenir ces petits modèles et les rendre compréhensibles, nous avons, dans chaque chapitre, fait des hypothèses simplificatrices. Celles-ci aident à comprendre le monde réel en permettant de tirer de chaque chapitre des enseignements directement utiles.

Quelques problèmes et applications supplémentaires

1. En partant du modèle intégré décrit ci-dessus, de quelles hypothèses additionnelles avez-vous besoin pour obtenir chacun des modèles suivants ?

   a) Le modèle de la grande économie ouverte classique de l'annexe du chapitre 5.
   b) Le modèle d'équilibre keynésien de la première partie du chapitre 10.
   c) Le modèle *IS-LM* de la grande économie ouverte de l'annexe du chapitre 12.

UN MODÈLE DYNAMIQUE DE L'OFFRE ET DE LA DEMANDE AGRÉGÉES

L'important en science n'est pas tellement d'obtenir des faits nouveaux mais de découvrir de nouvelles manières d'y penser.
William Bragg

14.1 Les éléments du modèle		**513**
14.2 La résolution du modèle		**521**
14.3 L'utilisation du modèle		**529**
14.4 Deux applications : leçons de politique monétaire		**540**
14.5 Conclusion : vers les modèles d'équilibre général dynamiques et stochastiques (DSGE)		**548**

Ce chapitre prolonge notre analyse des fluctuations économiques de court terme. Il présente un *modèle dynamique de l'offre et de la demande agrégées* qui nous permet d'avoir un autre regard sur les cycles conjoncturels et les effets des politiques monétaires et budgétaires.

Comme son nom l'indique, le modèle met l'accent sur la nature dynamique des fluctuations économiques. Le dictionnaire définit « dynamique » comme le terme « qui considère les phénomènes dans leur évolution » et « qui étudie les relations entre les forces et les mouvements qu'elles produisent ». Cette définition au sens strict du terme reste valable en économie. En effet, l'activité économique est continuellement soumise à des chocs variés qui affectent immédiatement l'équilibre de court terme et dont les effets se prolongeront sur plusieurs périodes. Ils ont donc des incidences considérables sur la trajectoire de nombreuses grandeurs économiques comme la production ou l'inflation. Le modèle *OA-DA* dynamique permet d'expliquer la dynamique globale de l'économie. Il montre comment la production et l'inflation se comportent dans le temps suite à des changements exogènes de l'environnement économique et rend compte des mouvements intertemporels de ces variables.

En plus de mettre l'accent sur ces aspects dynamiques, le modèle diffère significativement de ceux présentés dans les chapitres précédents : il intègre explicitement la réaction des autorités monétaires aux fluctuations économiques. Dans les chapitres précédents, nous avons simplifié l'analyse en supposant que la banque centrale fixe l'offre de monnaie qui constitue un déterminant du taux d'intérêt d'équilibre. Cependant, dans la pratique, de nombreuses banques centrales visent une valeur cible du taux d'intérêt et laissent l'offre de monnaie s'ajuster en conséquence afin que la cible souhaitée soit atteinte. En outre, le choix de la cible par les autorités monétaires dépend de l'environnement économique y compris l'inflation et la production. L'analyse dynamique de l'offre et de la demande agrégées intègre ces aspects pratiques de la politique monétaire.

Bien que ce modèle dynamique de l'offre et de la demande agrégées soit nouveau pour le lecteur, ses composantes ne le sont pas : plusieurs pièces de l'édifice ont été construites aux chapitres précédents même si, parfois, elles prennent des formes légèrement différentes. Plus important encore, ces composantes sont assemblées différemment. Vous pouvez considérer ce modèle comme une nouvelle recette qui mélange des ingrédients qui vous sont familiers pour préparer un plat étonnamment original. Ainsi, nous allons « mélanger » d'une nouvelle manière des relations économiques connues pour mieux comprendre la nature dynamique des fluctuations économiques de court terme.

Ces dernières années, l'usage des modèles macroéconomiques dynamiques et stochastiques s'est largement répandu aussi bien dans le milieu universitaire qu'au sein des banques centrales. Ils apparaissent comme un cadre théorique privilégié pour l'étude des fluctuations économiques de court terme. Par rapport aux modèles développés précédemment, le modèle dynamique de l'offre et de la demande agrégées est proche de ceux étudiés par les économistes théoriciens. En outre, les économistes praticiens de la politique économique, y compris ceux travaillant pour le compte des banques centrales dans le monde entier, utilisent souvent des variantes de ce modèle pour analyser l'impact des fluctuations économiques sur la production et l'inflation et apprécier les relations dynamiques entre ces variables.

14.1 LES ÉLÉMENTS DU MODÈLE

Avant de présenter les différents éléments du modèle dynamique de l'offre et de la demande agrégées, un point de notation est nécessaire : l'indice t d'une variable représente le temps. Dans les chapitres précédents, on a utilisé Y pour désigner la production totale ou le revenu national. Vous remarquez que la variable n'est pas indiquée par l'indice t, donc elle est indépendante du temps. Dans le présent chapitre, la variable Y_t, dépendante du temps, dénote le revenu national à la période t. De même, Y_{t-1} est le revenu national à la période précédente $t-1$ et Y_{t+1} est le revenu national en $t+1$. Cette nouvelle notation nous permet de suivre de près les mouvements des variables dans le temps et d'expliquer la dynamique interne du système économique.

Voyons dès à présent les cinq équations qui définissent le modèle d'offre et de demande agrégées dans sa version dynamique.

14.1.1 La production : la demande de biens et services

La demande de biens et services est donnée par l'équation suivante :

$$Y_t = \overline{Y_t} - \alpha\,(r_t - \rho) + \epsilon_t \tag{1}$$

avec Y_t la production totale de biens et services, $\overline{Y_t}$ le niveau naturel de production, r_t le taux d'intérêt réel et ϵ_t un choc de demande aléatoire (de nature monétaire ou budgétaire, par exemple). α et ρ sont des paramètres strictement positifs. Cette équation est similaire à celle de la demande de biens et services présentée au chapitre 3 et à celle définissant la courbe *IS* au chapitre 10. Étant donné que cette équation joue un rôle clé dans la dynamique du modèle, nous allons examiner de près chacune de ses composantes.

L'équation (1) montre que la demande de biens et services Y_t est une fonction négative du taux d'intérêt réel r_t. L'emprunt devient très coûteux à mesure que le taux d'intérêt réel augmente et il est donc plus rentable d'épargner. Ainsi, les firmes investissent de moins en moins et les consommateurs épargnent de plus en plus en réduisant leur consommation. Ces deux effets réduisent la demande de biens et services [1]. Le paramètre α représente la sensibilité de la demande à des variations du taux d'intérêt réel : pour des valeurs élevées de α, la demande de biens et services réagit plus fortement à des variations du taux d'intérêt réel.

---
1 En outre, l'appréciation de la monnaie nationale peut réduire les exportations nettes. Cependant, pour nos besoins dans ce chapitre, ces effets en économie ouverte ne doivent pas jouer un rôle important et peuvent être ignorés.

Le premier membre de droite de l'équation (1), $\overline{Y_t}$, montre que la demande de biens et services est une fonction croissante du niveau naturel de production de l'économie. Dans la plupart des cas, nous pouvons simplifier l'analyse en considérant que cette variable est une constante, c'est-à-dire qu'elle est la même en toute période de temps t. Toutefois, nous allons examiner comment ce modèle intègre la croissance économique à long terme représentée par une augmentation exogène de $\overline{Y_t}$ dans le temps. À l'évidence, comme la croissance économique à long terme se traduit par une hausse des richesses, la demande de biens et services doit croître proportionnellement.

Le dernier membre de l'équation de la demande, ϵ_t, représente le facteur exogène susceptible de déplacer la demande. ϵ_t est une *variable aléatoire*, c'est-à-dire une variable dont les valeurs sont déterminées par la chance. Sa moyenne est nulle mais elle fluctue avec le temps. Par exemple, si, comme l'a suggéré Keynes, les investissements reflètent les « esprits animaux » des entrepreneurs, c'est-à-dire des vagues irrationnelles d'optimisme ou de pessimisme, alors ϵ_t traduit ces changements dans les sentiments des investisseurs. Quand les investisseurs sont optimistes, ils augmentent leur demande de biens et services. Dans ce cas, ϵ_t est positif. Par contre, quand ils sont pessimistes, ils réduisent leurs dépenses et ϵ_t est négatif.

La variable ϵ_t représente également les chocs budgétaires qui affectent la demande de biens et services : ce sont des changements majeurs de la politique économique comme des ajustements budgétaires ou des réformes fiscales de grande ampleur. Une hausse des dépenses publiques ou une réduction fiscale qui stimule la consommation impliquent que ϵ_t est positif. Inversement, une baisse des dépenses publiques ou une hausse de la fiscalité signifient que ϵ_t est négatif. Ainsi, cette variable représente l'ensemble des phénomènes exogènes qui affectent la demande de biens et services.

Enfin, du point de vue purement mathématique, ρ est juste une constante. Cependant, elle est très utile en économie. Elle représente le taux d'intérêt réel pour lequel, en l'absence de choc ($\epsilon_t = 0$), la demande de biens et services est égale au niveau naturel de production. Nous l'appelons le *taux d'intérêt naturel*. Dans ce chapitre, nous considérons que ρ est une constante (l'exercice 7 à la fin de ce chapitre analyse les effets d'une variation de ce paramètre). Comme nous allons le voir ultérieurement, ρ joue un rôle important dans la détermination de la politique monétaire.

14.1.2 *Le taux d'intérêt réel : l'équation de Fisher*

Dans ce modèle, la définition du taux d'intérêt réel r_t est celle retenue dans les chapitres précédents. Ainsi, r_t est la différence entre le taux d'intérêt nominal i_t et le taux d'inflation future anticipé $E_t\pi_{t+1}$. Il s'écrit comme suit :

$$r_t = i_t - E_t\pi_{t+1} \qquad (2)$$

où E_t désigne l'espérance mathématique à la période t. Cette équation de Fisher est similaire à celle développée au chapitre 4. $E_t\pi_{t+1}$ représente la prévision du taux d'inflation en $t+1$ formée à la période t. Ainsi, la variable r_t est le taux d'intérêt réel *ex ante* : c'est le taux d'intérêt réel que les agents économiques anticipent sur la base de leurs attentes de l'inflation future.

Un point de notation est nécessaire afin de mieux comprendre la signification de ces variables. Les variables r_t et i_t sont les taux d'intérêt qui prévalent à la date t et représentent donc un taux de rendement entre la période t et $t+1$. π_t dénote le taux d'inflation courant qui est la variation en pourcentage du niveau des prix entre $t-1$ et t. De même, π_{t+1} est la variation en pourcentage du niveau des prix qui aura lieu entre t et $t+1$. Ainsi, à la période t, π_{t+1} est le taux d'inflation future qui n'est pas encore connu.

Notons que l'indice t d'une variable indique la date de réalisation de celle-ci. Par exemple, les taux d'intérêt nominal et réel entre t et $t+1$ sont connus à la date t, d'où la notation i_t et r_t. En revanche, le taux d'inflation entre t et $t+1$, π_{t+1}, ne sera connu qu'en $t+1$ après sa réalisation.

Cette remarque concernant l'indice t s'applique également à l'opérateur de l'espérance mathématique E qui précède une variable. Comme dans les chapitres précédents, E dénote l'espérance de la variable avant sa réalisation. Toutefois, il faut être très prudent dans ce chapitre car les anticipations sont cruciales dans l'analyse des aspects dynamiques des fluctuations économiques de court terme. L'indice t de E nous indique la date de formation des anticipations. Ainsi, $E_t\pi_{t+1}$ est l'anticipation de l'inflation future effectuée à la date t sur la base de l'utilisation d'un ensemble d'informations disponible à cette date. Bien que le taux d'inflation π_{t+1} ne soit connu qu'en $t+1$, l'anticipation de l'inflation future, $E_t\pi_{t+1}$, est connue à la date t. Ainsi, le taux d'intérêt réel *ex post*, $i_t - \pi_{t+1}$, calculé à l'aide de l'inflation observée sur la période qui s'achève, ne sera connu qu'en $t+1$ après la réalisation de l'inflation. Quant au taux d'intérêt réel *ex ante*, $r_t = i_t - E_t\pi_{t+1}$, il est connu en t.

14.1.3 L'inflation : la courbe de Phillips

Dans cette économie, l'inflation est déterminée par la courbe de Phillips originelle augmentée des anticipations d'inflation et des chocs d'offre exogènes. L'équation de l'inflation est donnée par la relation suivante :

$$\pi_t = E_{t-1}\pi_t + \phi\left(Y_t - \overline{Y_t}\right) + v_t \tag{3}$$

Cette relation est similaire à la courbe de Phillips et à l'équation de la courbe d'offre agrégée de court terme développées au chapitre 13. L'équation (3) nous indique que l'inflation π_t dépend des anticipations passées de l'inflation, $E_{t-1}\pi_t$, de l'écart de la production par rapport à son niveau naturel, $\left(Y_t - \overline{Y_t}\right)$, et des chocs d'offre exogènes, v_t.

L'inflation courante dépend des anticipations d'inflation car certaines entreprises fixent leurs prix à l'avance en fonction des conditions économiques auxquelles elles s'attendent. Si elles anticipent une inflation élevée, elles en concluent une hausse rapide de leurs coûts et une augmentation substantielle des prix pratiqués par les concurrents. Ceci les incite à annoncer des prix élevés de leurs produits, ce qui induit une hausse de l'inflation effective dans l'économie. Ainsi, l'inflation est d'autant plus forte que l'inflation anticipée est élevée. À l'inverse, si elles anticipent une faible inflation, elles prévoient une hausse modeste de leurs coûts et des prix pratiqués par les concurrents. Dans ce cas, elles annoncent une faible augmentation des prix de leurs produits, ce qui induit une inflation courante faible. En bref, le taux d'inflation est positivement corrélé à l'inflation anticipée.

ϕ est un paramètre supérieur à zéro et qui mesure l'ampleur de la réaction de l'inflation quand la production gravite autour de son taux naturel. Toutes choses étant égales par ailleurs, quand la conjoncture est bonne, la production est supérieure à son niveau naturel et il y a tension sur les facteurs de production. Les coûts marginaux augmentent, ce qui induit une hausse des prix. Quand la conjoncture est mauvaise, l'activité est peu soutenue et l'économie entre en récession. La production est inférieure à son niveau naturel et les coûts marginaux baissent, ce qui induit une diminution des prix. Ainsi, ϕ traduit conjointement les ajustements des coûts marginaux à la conjoncture économique et ceux des prix pratiqués par les firmes aux changements des coûts.

Dans ce modèle, la conjoncture économique est mesurée par l'écart de la production par rapport à son niveau naturel, $(Y_t - \overline{Y_t})$. La courbe de Phillips que vous avez rencontrée au chapitre 13 met parfois l'accent sur l'écart du chômage par rapport à son taux naturel, appelé chômage conjoncturel. La différence entre les deux écarts n'est pas significative et ne pose pas de problèmes spécifiques. Rappelons-nous de la loi d'Okun présentée au chapitre 9. Celle-ci établit une relation directe entre production et chômage. Les variations à court terme de la production sont fortement corrélées à l'utilisation de la population active de l'économie : les baisses dans la production sont toujours associées à l'augmentation du chômage et inversement. Ainsi, quand la production excède son niveau naturel, le chômage est inférieur à son taux naturel et inversement. Gardons donc cette relation à l'esprit dans la construction du modèle.

Un choc d'offre v_t est une variable aléatoire avec une moyenne nulle, mais elle peut être positive ou négative durant certaines périodes. Cette variable exprime l'influence des chocs d'offre sur l'inflation, sauf les effets dus aux anticipations d'inflation capturées par le premier terme, $E_{t-1}\pi_t$, et ceux liés aux fluctuations des conditions économiques dans le court terme capturées par $\phi(Y_t - \overline{Y_t})$. Un choc d'offre tel qu'une hausse du prix mondial des produits pétroliers confère une valeur positive à v_t et induit une hausse de l'inflation. Par contre, un excédent d'offre des produits pétroliers dû à une mauvaise coordination entre les membres du cartel entraîne la baisse des prix du pétrole, ce qui confère un signe négatif à v_t. En bref, v_t reflète tous les événements exogènes qui affectent l'inflation.

14.1.4 L'inflation anticipée : l'hypothèse des anticipations adaptatives

Nous avons vu que l'inflation anticipée joue un rôle clé dans les équations de Phillips et de Fisher. Afin de garder le modèle simple, nous supposons que les agents économiques forment leurs anticipations d'inflation à partir de leurs expériences passées exclusivement. Ceci signifie qu'ils incorporent progressivement l'information apportée par les réalisations : à chaque période, ils révisent leurs prévisions en fonction des erreurs de prévision qu'ils ont commises à la période précédente. Par exemple, les agents s'attendent à ce que les prix continuent d'augmenter au même rythme constaté dans le passé. C'est l'hypothèse des *anticipations adaptatives*. Elle peut être écrite comme suit :

$$E_t \pi_{t+1} = \pi_t \qquad (4)$$

Cette équation postule que les anticipations de l'inflation future (l'inflation en $t+1$) s'effectuent sur la base de l'utilisation de l'information disponible sur l'inflation en t. En $t+1$, les agents économiques ajustent leurs anticipations. Cette relation reste valable pour les autres périodes. D'où, à la période $t-1$, les anticipations de l'inflation future étaient données par $E_{t-1} \pi_t = \pi_{t-1}$.

L'hypothèse des anticipations adaptatives est certes une hypothèse de bon sens, mais elle est sans doute trop simple pour pouvoir s'appliquer dans toutes les circonstances. En effet, il est possible de supposer que beaucoup d'agents économiques ont un comportement plus sophistiqué dans la formation de leurs anticipations. Nous avons présenté au chapitre 13 l'hypothèse des *anticipations rationnelles*. Certains économistes avancent que les agents utilisent d'une façon optimale toute l'information disponible connue afin d'enrichir leurs anticipations sur les variables futures. Ainsi, l'hypothèse des anticipations rationnelles élimine la possibilité d'erreur systématique de prévision : les agents économiques forment des prévisions cohérentes avec leur connaissance du fonctionnement de l'économie et avec toute l'information dont ils disposent.

Cependant, nous n'allons pas présenter le modèle avec anticipations rationnelles car il fait appel à des outils qui dépassent largement le cadre de ce livre. En outre, la validité empirique de l'hypothèse des anticipations rationnelles est un sujet de débat. L'hypothèse des anticipations adaptatives simplifie certes l'exposition théorique du modèle dynamique sans pour autant remettre en question sa portée économique ni dénier sa validité.

14.1.5 Le taux d'intérêt nominal : l'instrument de la politique monétaire

La dernière pièce maîtresse du modèle est l'équation de la politique monétaire. Nous supposons que la banque centrale fixe une valeur cible du taux d'intérêt nominal i_t

basée sur l'inflation et la production. Cette valeur cible est donnée par la règle monétaire suivante :

$$i_t = \pi_t + \rho + \theta_\pi \left(\pi_t - \pi_t^*\right) + \theta_Y \left(Y_t - \overline{Y_t}\right) \qquad (5)$$

où π_t^* est le taux d'inflation cible. Dans la plupart des cas, nous considérons que le taux d'inflation cible est constant. Cependant, nous gardons l'indice de temps afin d'analyser plus tard les variations de la cible. θ_π et θ_Y, tous deux positifs, sont les paramètres clés reflétant les objectifs de la banque centrale en matière de politique monétaire. Ils indiquent respectivement la sensibilité de la banque centrale à l'inflation et sa sensibilité à l'écart de production. Ils reflètent l'importance relative attribuée aux écarts de l'inflation et de la production par rapport à leurs cibles. Une valeur élevée de θ_π signifie que les autorités monétaires réagissent agressivement à toute inflation dépassant sa cible. De la même manière, une valeur élevée de θ_Y signifie que la banque centrale réagit vigoureusement aux écarts de la production par rapport à son niveau naturel. ρ, une constante dans l'équation, est le *taux d'intérêt naturel* pour lequel, en l'absence de chocs, la demande de biens et services est égale à la production naturelle. Cette équation montre comment la banque centrale utilise la politique monétaire pour faire face aux fluctuations économiques. En d'autres termes, elle montre comment le taux d'intérêt nominal cible s'ajuste aux conditions macroéconomiques.

Toutefois, afin de mieux comprendre cette relation, nous devons nous intéresser aux deux taux d'intérêt, réel r_t et nominal i_t. Nous savons que c'est plutôt le taux d'intérêt réel qui affecte la demande de biens et services. Bien que la banque centrale fixe un taux d'intérêt nominal cible, ses décisions affectent l'économie par le biais du taux d'intérêt réel r_t. En effet, nous savons par définition que $r_t = i_t - E_t \pi_{t+1}$ et $E_t \pi_{t+1} = \pi_t$. On peut donc écrire :

$$r_t = i_t - \pi_t \qquad (6)$$

Ainsi, d'après la règle monétaire, si $\pi_t = \pi_t^*$ et $Y_t = \overline{Y_t}$, la relation (5) se simplifie car les deux derniers termes de l'équation s'annulent et elle devient :

$$i_t = \pi_t + \rho \qquad (7)$$

En prenant en considération la relation (6), nous obtenons :

$$r_t = \rho \qquad (8)$$

Cette dernière relation implique que le taux d'intérêt réel n'est autre que le taux d'intérêt naturel.

Si la production est au-dessus de son niveau naturel $\left(Y_t > \overline{Y_t}\right)$ ou si l'inflation dépasse sa cible fixée par la banque centrale $\left(\pi_t > \pi_t^*\right)$, le taux d'intérêt réel augmente. Et si $\left(Y_t < \overline{Y_t}\right)$ ou si $\left(\pi_t < \pi_t^*\right)$ le taux d'intérêt réel baisse.

À ce stade, vous vous êtes certainement posé la question : qu'en est-il de l'offre de monnaie ? Dans les chapitres précédents, comme les chapitres 10 et 11, nous avons considéré l'offre de monnaie comme l'instrument de la politique monétaire. Le taux d'intérêt s'ajuste pour équilibrer l'offre et la demande de monnaie. Dans ce chapitre, nous inversons toute la logique. En premier lieu, la banque centrale fixe un taux d'intérêt nominal cible. Ensuite, elle ajuste l'offre monétaire de telle sorte que le taux d'intérêt d'équilibre (celui qui égalise l'offre et la demande de monnaie) atteigne sa cible.

Aujourd'hui, la Fed, comme la plupart des banques centrales, fixe des valeurs cibles du taux d'intérêt nominal en tant qu'instrument de politique de court terme pour des raisons essentiellement pratiques. Toutefois, il faut garder à l'esprit que, pour atteindre ces cibles, des ajustements de l'offre de monnaie sont nécessaires. Dans le cadre du modèle dynamique présenté dans ce chapitre, nous n'avons pas à spécifier les conditions de l'équilibre sur le marché monétaire. Ceci ne doit cependant pas vous faire oublier les modifications sous-jacentes de la masse monétaire : quand une banque centrale décide de changer le taux d'intérêt, elle s'engage à ajuster l'offre de monnaie en conséquence.

ÉTUDE DE CAS - La règle monétaire de John Taylor

Comment faire pour fixer les taux d'intérêt de manière à assurer la stabilité des prix tout en évitant les fluctuations majeures de la production et de l'emploi ? Telle est la question que se posent chaque jour les gouverneurs des banques centrales. Ceux de la Fed utilisent désormais comme instrument de politique monétaire à court terme le *taux des fonds fédéraux*, soit le taux du marché interbancaire au jour le jour. Lors de chacune de ses réunions, le Comité fédéral d'open market chargé du contrôle de toutes les opérations d'open market aux États-Unis, fixe une cible pour ce taux. Les interventions de la banque centrale sur le marché monétaire sont alors modulées pour que le taux s'approche autant que possible de cette cible.

Le principal problème pour la banque centrale est de choisir la cible correcte pour les fonds du marché interbancaire. Pour ce faire, elle peut clairement s'inspirer de deux principes : d'une part, quand l'inflation s'accélère, le taux du marché interbancaire doit augmenter pour réduire l'offre de monnaie et ainsi faire baisser l'investissement, la production, l'emploi et, finalement l'inflation. D'autre part, quand l'activité économique réelle se ralentit, et que des signes en sont donnés par l'évolution du PIB réel ou du chômage, le taux du marché interbancaire doit diminuer pour accroître l'offre de monnaie, et ainsi stimuler l'investissement et la production et réduire le chômage. La règle de la politique monétaire du modèle dynamique de l'offre et de la demande agrégées traduit ces deux principes.

La banque centrale ne peut cependant se contenter de ces deux principes généraux : elle doit encore décider de l'ampleur de sa réaction aux variations de l'inflation et de l'activité économique réelle. Pour l'aider à prendre cette décision, John Taylor, économiste à l'Université de Stanford, a proposé une règle simple qui décrit bien la dynamique des taux des fonds fédéraux [2] :

$$\begin{pmatrix} \text{Taux nominal} \\ \text{des fonds fédéraux} \end{pmatrix} = \text{Inflation} + 2,0 + 0,5\,(\text{Inflation} - 2,0)$$
$$+ 0,5\,(\textit{Écart du PIB})$$

L'écart du PIB mesure la différence en pourcentage du PIB réel par rapport à une estimation de son taux naturel ou potentiel. Par souci de cohérence avec les notations de notre modèle dynamique de l'offre et la demande agrégées, l'écart de PIB est positif (négatif) si le PIB réel est supérieur (inférieur) à son niveau naturel.

L'objet de la **règle de Taylor** est de permettre au taux d'intérêt réel - taux nominal moins inflation - sur le marché interbancaire de réagir à l'inflation et à l'écart du PIB. Selon cette règle, quand l'inflation est égale à sa valeur cible de 2 % et lorsque le PIB réel atteint son taux naturel, le taux d'intérêt réel sur le marché interbancaire est égal à 2 %. La première constante de 2 % dans cette équation peut être considérée comme le taux d'intérêt naturel ρ. La seconde constante de 2 % soustraite à l'inflation peut s'interpréter comme étant la cible de l'inflation fixée par les autorités monétaires, π_t^*. Pour tout point de pourcentage dont l'inflation dépasse 2 %, le taux d'intérêt réel sur le marché interbancaire doit croître de 0,5 %. Pour tout point de pourcentage dont le PIB réel dépasse son taux naturel, le taux d'intérêt réel sur le marché interbancaire doit également croître de 0,5 %. Si l'inflation est inférieure à 2 % ou si le PIB est inférieur à son taux naturel suscitant un écart négatif sur le PIB, le taux des fonds fédéraux doit baisser proportionnellement.

Cette règle de politique monétaire de Taylor n'est pas seulement simple et raisonnable, mais elle décrit en outre relativement bien le comportement de la banque centrale américaine au cours des dernières années. La figure 14.1 montre le taux nominal effectif sur le marché interbancaire et le taux cible déterminé sur la base de la règle proposée par Taylor. Le parallélisme entre les deux séries est frappant. Loin d'être seulement une proposition académique, la règle monétaire de John Taylor semble bien être celle que les gouverneurs de la Fed appliquaient inconsciemment.

---

[2] John B. Taylor, « Discretion versus Policy Rules in Practice », *Carnegie-Rochester Conference Series on Public Policy* 39 (1993), 195-214.

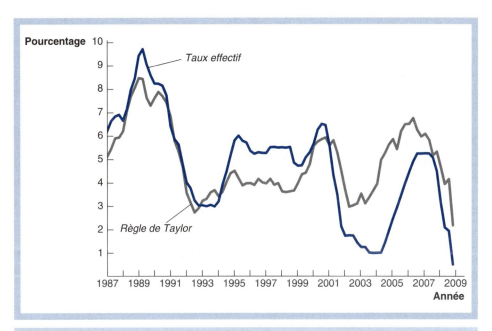

Figure 14.1
Le taux d'intérêt sur le marché interbancaire : objectif et réalisation

La figure montre le taux d'intérêt sur le marché interbancaire américain, le taux des fonds fédéraux, d'une part, et le taux cible dérivé de la règle monétaire de John Taylor, d'autre part. Les deux séries sont remarquablement parallèles.
Source : Federal Reserve Board, U.S. Department of Commerce, U.S. Department of Labor et calculs de l'auteur. Pour appliquer la règle de Taylor, le taux d'inflation se mesure par la variation en pourcentage à un an d'écart du déflateur du PIB, et l'écart du PIB par le double de l'écart négatif du chômage par rapport à son taux naturel (voir figure 6.1).

14.2 LA RÉSOLUTION DU MODÈLE

Nous avons présenté les différentes pièces du modèle dynamique de l'offre et de la demande agrégées. Ce modèle repose sur cinq équations :

(1) $Y_t = \overline{Y_t} - \alpha (r_t - \rho) + \epsilon_t$ \qquad La demande de biens et services

(2) $r_t = i_t - E_t \pi_{t+1}$ \qquad L'équation de Fisher

(3) $\pi_t = E_{t-1}\pi_t + \phi \left(Y_t - \overline{Y_t}\right) + \nu_t$ \qquad La courbe de Phillips

(4) $E_t \pi_{t+1} = \pi_t$ \qquad Les anticipations adaptatives

(5) $i_t = \pi_t + \rho + \theta_\pi \left(\pi_t - \pi_t^*\right) + \theta_Y \left(Y_t - \overline{Y_t}\right)$ \qquad La règle de la politique monétaire

La résolution de ces cinq équations détermine le sentier temporel des cinq variables endogènes : la production Y_t, le taux d'intérêt réel r_t, l'inflation π_t, l'inflation anticipée $E_t\pi_{t+1}$, et le taux d'intérêt nominal i_t.

Le tableau 14.1 reprend les variables et paramètres du modèle. En toute période, les cinq variables endogènes sont affectées par les quatre variables exogènes et par l'inflation passée. L'*inflation retardée* π_{t-1} est une variable prédéterminée : c'est une variable dont la valeur a été déterminée à une période antérieure. Elle ne peut pas s'ajuster au cours d'une période t mais peut évoluer de période en période. Elle est donc exogène en t.

Nous disposons dès à présent de toutes les pièces du modèle. Il nous reste à le résoudre pour déterminer l'équilibre à chaque période. Ensuite, nous étudions comment les chocs exogènes ou les changements de politiques économiques affectent le sentier temporel des variables. En d'autres termes, nous examinons les propriétés dynamiques des différents agrégats du modèle. Mais avant, nous devons fixer un point de repère pour mener à bien cette analyse : l'équilibre de long terme de l'économie.

Tableau 14.1
Les variables et paramètres du modèle OA-DA dynamique

Variables endogènes	
Y_t	Production ou revenu national
π_t	Inflation à la date t
r_t	Taux d'intérêt réel
i_t	Taux d'intérêt nominal
$E_t \pi_{t+1}$	Inflation future anticipée
Variables exogènes	
$\overline{Y}_t$	Niveau de production naturel
π_t^*	Cible d'inflation fixée par la banque centrale
ϵ_t	Choc sur le marché des biens et services (choc de demande)
ν_t	Choc sur la courbe de Phillips (choc d'offre)
Variable prédéterminée	
π_{t-1}	Inflation déterminée à une période antérieure
Paramètres	
α	La sensibilité de la demande de biens et services à des variations du taux d'intérêt réel
ρ	Le taux d'intérêt naturel
ϕ	La réaction de l'inflation à la production dans la courbe de Phillips
θ_π	L'ampleur de la réaction du taux d'intérêt nominal à l'inflation dans la règle monétaire
θ_Y	L'ampleur de la réaction du taux d'intérêt nominal à l'écart de production dans la règle monétaire

14.2.1 L'équilibre de long terme

L'équilibre de long terme est celui vers lequel tend l'économie. Il correspond à l'état stationnaire autour duquel l'économie gravite. Il est atteint lorsque l'économie ne subit pas de chocs ($\epsilon_t = \nu_t = 0$) et l'inflation est stabilisée ($\pi_t = \pi_{t-1}$).

Un simple calcul nous permet d'obtenir les valeurs de l'équilibre de long terme :

$$\begin{aligned} Y_t &= \overline{Y_t} \\ r_t &= \rho \\ \pi_t &= \pi_t^* \\ E_t \pi_{t+1} &= \pi_t^* \\ i_t &= \rho + \pi_t^* \end{aligned} \qquad (9)$$

Ainsi, à l'équilibre de long terme, la production et le taux d'intérêt réel sont égaux à leur niveau naturel, l'inflation effective et l'inflation anticipée rejoignent la cible d'inflation, et le taux d'intérêt nominal est la somme du taux d'intérêt naturel et de la cible d'inflation.

Cet équilibre de long terme traduit deux principes liés : la dichotomie classique et la neutralité de la monnaie. On appelle dichotomie classique la distinction théorique entre variables réelles et variables nominales. La neutralité de la monnaie est l'hypothèse selon laquelle la politique monétaire est capable à long terme de contrôler le niveau des variables nominales sans affecter les variables réelles. L'équation (9) montre que la cible d'inflation fixée par la banque centrale, π_t^*, affecte seulement l'inflation π_t, l'inflation anticipée $E_t \pi_{t+1}$ et le taux d'intérêt nominal i_t. Si la banque centrale relève sa cible d'inflation π_t^*, ces trois variables augmentent proportionnellement et la politique monétaire n'a aucun impact sur les variables réelles c'est-à-dire la production Y_t et le taux d'intérêt réel r_t. Ainsi, l'équilibre de long terme du modèle de l'offre et de la demande agrégées dynamique reflète bien les propriétés des modèles classiques analysées dans les chapitres 3 à 8.

14.2.2 La courbe d'offre agrégée dynamique

Afin d'examiner le comportement de l'économie dans le court terme, il est utile de procéder graphiquement dans le plan (Y_t, π_t). Nous privilégions les variables Y_t et π_t car elles sont au centre de l'analyse. Comme dans le modèle de l'offre et de la demande agrégées présenté dans les chapitres précédents, la production va être en abscisse. Cependant, le taux d'inflation remplace le niveau des prix et va être en ordonnée, le niveau des prix étant désormais relégué au second plan.

Afin de tracer ce graphique, nous avons besoin de deux équations qui synthétisent les relations entre la production et le taux d'inflation. Nous pouvons les dériver en combinant les cinq relations qui définissent le modèle. Un simple calcul mathématique nous permet d'isoler ces relations en éliminant les trois autres variables endogènes (r_t, i_t et $E_{t-1}\pi_t$).

La première équation qui lie la production à l'inflation est obtenue à partir de la courbe de Phillips. En utilisant $(E_{t-1}\pi_t = \pi_{t-1})$, nous pouvons substituer l'inflation anticipée $E_{t-1}\pi_t$ par l'inflation passée π_{t-1}. Ainsi, l'équation de la courbe de Phillips s'écrit comme suit :

$$OAD : \pi_t = \pi_{t-1} + \phi\left(Y_t - \overline{Y_t}\right) + \nu_t \qquad (10)$$

Il s'agit d'une relation croissante entre la production et l'inflation. C'est la *courbe d'offre agrégée dynamique (OAD)* qui représente les combinaisons de Y_t et π_t qui satisfont l'équation (10) pour des valeurs données des deux variables exogènes $\left(\overline{Y_t} \text{ et } \nu_t\right)$ et de la variable prédéterminée (π_{t-1}). La figure 14.2 synthétise la relation entre inflation π_t et production Y_t dans le court terme. La courbe *OAD* ressemble à la courbe d'offre agrégée que nous avons développée au chapitre 13 avec en ordonnée l'inflation à la place du niveau des prix. Sa pente croissante reflète la courbe de Phillips : toutes choses égales par ailleurs, une activité économique soutenue est associée à une inflation élevée.

En résumé, la courbe *OAD* est tracée pour des valeurs données de l'inflation passée, du niveau naturel de production et du choc d'offre. Toute modification de ces variables déplace la courbe *OAD*. Nous tâche est de comprendre les implications de ces déplacements. Mais avant, nous avons besoin d'établir la seconde courbe.

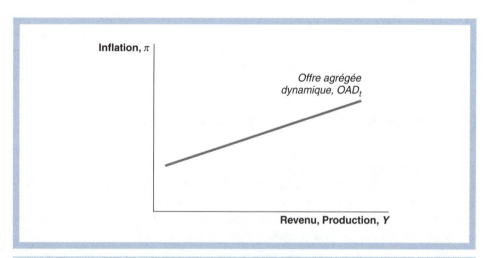

Figure 14.2
La courbe d'offre agrégée dynamique

La courbe OAD_t illustre la relation positive entre l'inflation π_t et la production Y_t. Sa pente croissante reflète la courbe de Phillips : toutes choses égales par ailleurs, une activité économique soutenue est associée à une inflation élevée. Cette version dynamique de la courbe d'offre agrégée est tracée pour des valeurs données de l'inflation passée $\pi_t - 1$, du niveau naturel de production $\overline{Y}_t$, et du choc d'offre ν_t. Une modification de ces variables déplace la courbe d'offre agrégée dynamique.

14.2.3 La courbe de demande agrégée dynamique

La courbe d'offre agrégée dynamique est l'une des deux relations entre l'inflation et la production qui déterminent l'équilibre dans le court terme. La seconde relation qui lie l'inflation à la production est (sans surprise) la demande agrégée dans sa version dynamique. Nous pouvons la dériver en combinant les quatre équations du modèle qui restent et en éliminant les autres variables endogènes.

De point de vue formel, nous commençons par la courbe de demande de biens et services :

$$Y_t = \overline{Y_t} - \alpha (r_t - \rho) + \epsilon_t \tag{1}$$

Afin d'éliminer la variable endogène r_t, le taux d'intérêt réel, on utilise l'équation de Fisher en substituant r_t par $i_t - E_t\pi_{t+1}$. Ceci nous donne la relation suivante :

$$Y_t = \overline{Y_t} - \alpha (i_t - E_t\pi_{t+1} - \rho) + \epsilon_t \tag{11}$$

Ensuite, pour éliminer le taux d'intérêt nominal, une autre variable endogène, nous remplaçons i_t par son expression donnée par la règle de la politique monétaire. La relation (11) s'écrit comme suit :

$$Y_t = \overline{Y_t} - \alpha \left[\pi_t + \rho + \theta_\pi \left(\pi_t - \pi_t^* \right) + \theta_Y \left(Y_t - \overline{Y_t} \right) - E_t\pi_{t+1} - \rho \right] + \epsilon_t \tag{12}$$

Enfin, pour éliminer la variable endogène représentant l'inflation anticipée $E_t\pi_{t+1}$, on utilise la relation (4) définissant π_t. Ainsi, la relation (12) devient :

$$Y_t = \overline{Y_t} - \alpha \left[\pi_t + \rho + \theta_\pi \left(\pi_t - \pi_t^* \right) + \theta_Y \left(Y_t - \overline{Y_t} \right) - \pi_t - \rho \right] + \epsilon_t \tag{13}$$

L'équation (13) se simplifie car π_t et ρ entre les crochets s'annulent. On obtient ainsi la relation qui suit :

$$Y_t = \overline{Y_t} - \alpha \left[\theta_\pi \left(\pi_t - \pi_t^* \right) + \theta_Y \left(Y_t - \overline{Y_t} \right) \right] + \epsilon_t \tag{14}$$

Pour exprimer la production en fonction du taux d'inflation, il suffit de regrouper les termes identiques et de résoudre l'équation (14) pour Y_t. On obtient :

$$DAD : Y_t = \overline{Y_t} - \frac{\alpha\theta_\pi}{(1 + \alpha\theta_Y)} \left(\pi_t - \pi_t^* \right) + \frac{1}{(1 + \alpha\theta_Y)} \epsilon_t \tag{15}$$

Il s'agit bien d'une relation négative entre Y_t et π_t. L'équation (15) traduit le lien entre la production Y_t et l'inflation π_t pour un niveau donné des variables exogènes $\overline{Y_t}$, π_t^* et ϵ_t.

Nous appelons cette courbe décroissante la *courbe de demande agrégée dynamique*, *DAD*. Elle montre que, dans le court terme, la production demandée est une fonction décroissante du taux d'inflation comme le montre le graphique 14.3. Une modification des variables exogènes entraîne des déplacements de la courbe DAD sur lesquels nous reviendrons plus tard.

Il est tentant de considérer cette courbe de demande agrégée dans sa version dynamique comme étant la courbe de demande agrégée présentée au chapitre 11 avec l'inflation en ordonnée au lieu du niveau des prix. D'une certaine manière elles sont similaires : les deux incarnent le lien entre le taux d'intérêt et la demande de biens et services. Toutefois, il y a une différence importante entre les deux courbes. En effet, la courbe de demande agrégée développée au chapitre 11 traduit une relation tirée de la théorie quantitative de la monnaie, entre le niveau des prix et le niveau du revenu national. Elle est établie pour une offre de monnaie donnée. En revanche, la courbe de la demande agrégée dynamique est établie pour une règle monétaire donnée qui est utilisée pour calculer l'équation (15). D'après cette règle, la banque centrale définit le taux d'intérêt en fonction de la conjoncture économique et laisse l'offre de monnaie s'ajuster en conséquence.

La décroissance de la courbe de demande agrégée dynamique s'explique par le mécanisme qui suit : face à une inflation élevée, la banque centrale suit la règle qu'elle s'est fixée selon laquelle sa réplique à l'inflation doit se traduire par un durcissement de la politique monétaire c'est-à-dire une hausse plus que proportionnelle du taux d'intérêt nominal. Il en résulte une hausse du taux d'intérêt réel, ce qui induit une baisse des quantités de biens et services demandées. Ainsi, pour une politique monétaire donnée, la demande de biens et services diminue lorsque l'inflation augmente : la pente de la courbe est bien négative.

La courbe de demande agrégée dynamique se déplace suite à des changements majeurs de la politique économique. Nous avons vu que ϵ_t traduit des chocs budgétaires (dépenses publiques ou fiscalité par exemple). Tout changement de la politique budgétaire qui stimule la demande de biens et services signifie que ϵ_t est positif et la courbe DAD se déplace vers la droite. Inversement, les changements de la politique budgétaire qui dépriment la demande de biens et services impliquent que ϵ_t est négatif et la courbe DAD se déplace vers la gauche.

La politique monétaire entre en scène dans la dynamique d'ajustement par le biais du ciblage de l'inflation, π_t^*. Elle établit le lien entre le taux d'intérêt nominal et les autres agrégats macroéconomiques du modèle. Toutes choses étant égales par ailleurs, l'équation (15) montre qu'une hausse du taux d'inflation cible stimule la production demandée (vous remarquez que π_t^* est précédé de deux signes négatifs, d'où un effet positif). En effet, quand la banque centrale relève la cible d'inflation, elle poursuit une politique monétaire expansionniste en réduisant le taux d'intérêt nominal, ce qui induit une baisse du taux d'intérêt réel et donc une relance des dépenses en biens et services. Ainsi, pour un taux d'inflation donné, la production est plus importante et la courbe de demande agrégée dynamique se déplace vers la droite. En revanche, quand la banque centrale réduit la cible d'inflation, elle relève les taux d'intérêt nominal et réel, ce qui déprime la demande de biens et services et la courbe de demande agrégée dynamique se déplace vers la gauche.

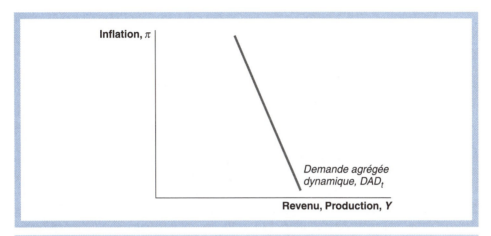

Figure 14.3
La courbe de demande agrégée dynamique

DAD_t illustre la relation entre la production et l'inflation. Sa pente négative synthétise la politique monétaire et la demande de biens et services : une inflation élevée pousse la banque centrale à accroître les taux d'intérêt réel et nominal, ce qui réduit la demande de biens et services. La courbe de demande agrégée dynamique est tracée pour des valeurs données du niveau naturel de production $\overline{Y}_t$, de la cible d'inflation π_t^*, et du choc de demande ϵ_t. Une variation de ces variables exogènes entraîne un déplacement de la courbe.

14.2.4 L'équilibre dans le court terme

Afin d'analyser les fluctuations économiques dans le court terme, il convient d'abord de caractériser l'équilibre pour une période t quelconque, ensuite de déterminer l'évolution de cet équilibre dans le temps suite à des chocs exogènes. La confrontation de l'offre agrégée dynamique et de la demande agrégée dynamique permet d'identifier l'équilibre de l'économie dans le court terme.

Formellement, notre économie est représentée par les deux équations suivantes qui caractérisent l'équilibre dans le court terme :

$$OAD : \pi_t = \pi_{t-1} + \phi\left(Y_t - \overline{Y}_t\right) + \nu_t \qquad (10)$$

$$DAD : Y_t = \overline{Y}_t - \frac{\alpha\theta_\pi}{(1+\alpha\theta_Y)}\left(\pi_t - \pi_t^*\right) + \frac{1}{(1+\alpha\theta_Y)}\epsilon_t \qquad (15)$$

En toute période t, ces deux équations déterminent conjointement deux variables endogènes : l'inflation π_t et la production Y_t. La solution de ce programme dépend des cinq variables exogènes (ou tout au moins déterminées avant t). Ces variables exogènes (et prédéterminées) sont : le niveau naturel de production $\overline{Y}_t$, la cible d'inflation π_t^*, le choc de demande ϵ_t, le choc d'offre ν_t et le taux d'inflation passé, π_{t-1}.

Pour des valeurs données de ces variables exogènes, l'équilibre de court terme de l'économie est le point d'intersection entre la courbe *OAD* et la courbe *DAD*, comme le montre la figure 14.4. On en déduit les valeurs de nos variables. À court terme, la production à l'équilibre peut être inférieure (comme c'est le cas sur le graphique 14.4), supérieure ou égale à son niveau naturel, alors qu'à l'équilibre de long terme, nous avons vu que la production ne peut être qu'à son niveau naturel, $Y_t = \overline{Y_t}$.

Le taux d'inflation d'équilibre en t, π_t, devient l'inflation retardée en $t+1$ et affecte la position de la courbe d'offre agrégée dynamique en $t+1$. Cette interdépendance entre les périodes génère la dynamique du modèle. Une période est liée à celle qui la suit par le biais des anticipations d'inflation. En effet, comme les anticipations d'inflation et l'inflation elle-même sont étroitement liées, un choc en t qui affecte l'inflation à la même période, modifie les anticipations : l'inflation observée affecte la manière dont les agents économiques forment leurs anticipations d'inflation en t pour $t+1$. De la même manière, l'inflation anticipée à la période $t+1$ affecte à son tour la position de la courbe d'offre agrégée dynamique à cette date, ce qui induit une modification de la production et de l'inflation en $t+1$ et donc un changement des anticipations d'inflation en $t+2$ et ainsi de suite.

On peut mieux comprendre la dynamique de ces grandeurs macroéconomiques retenues dans le modèle en prenant quelques exemples.

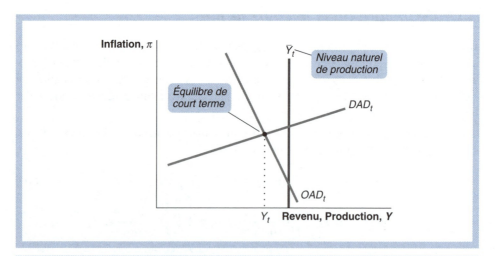

Figure 14.4
L'équilibre de court terme

L'équilibre de court terme est l'intersection entre la courbe d'offre agrégée dynamique et la courbe de demande agrégée dynamique. Le point d'intersection définit le taux d'inflation et la production à la période t. Le graphique montre un équilibre de court terme où la production de l'économie $\overline{Y_t}$ est inférieure à son niveau naturel Y_t.

14.3 L'UTILISATION DU MODÈLE

Nous pouvons maintenant utiliser le modèle pour analyser les effets d'une modification des variables exogènes sur l'économie. Le modèle dynamique de l'offre et de la demande agrégées comporte quatre variables exogènes : le niveau naturel de production $\overline{Y}_t$, le choc de demande ϵ_t, le choc d'offre ν_t et la cible d'inflation π_t^*. Comment donc réagit l'économie suite à une modification des variables exogènes ? Pour y répondre, et dans une optique de simplicité, nous supposons que l'économie démarre toujours à l'équilibre de long terme et qu'ensuite, elle fluctue suite à des variations d'une de ces variables exogènes, les autres étant maintenues constantes.

14.3.1 La croissance économique à long terme

Nous examinons d'abord les effets d'une hausse du niveau naturel de production sur les grandeurs macroéconomiques retenues. Nous avons vu aux chapitres 7 et 8 que la croissance démographique, l'accumulation du capital et le progrès technique sont sources de variations dans le temps du niveau naturel de production de l'économie. Étant donné que $\overline{Y}_t$ affecte OAD et DAD, toute hausse de ce paramètre se traduit par un déplacement des deux courbes vers la droite, la courbe d'offre de OAD_t à OAD_{t+1} et la courbe de demande de DAD_t à DAD_{t+1}. La figure 14.5 synthétise les effets d'une

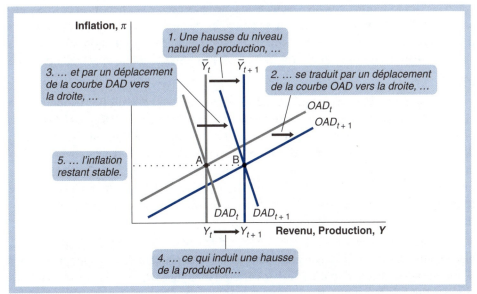

Figure 14.5
Une hausse du niveau naturel de production

Si le niveau naturel de production $\overline{Y}_t$ augmente, les deux courbes d'offre et de demande agrégées dynamiques se déplacent vers la droite. La production de l'économie Y_t augmente proportionnellement mais l'inflation π_t reste stable.

hausse de $\overline{Y_t}$. Elle montre que l'équilibre se déplace du point A au point B, de sorte que la production Y_t augmente autant que $\overline{Y_t}$, l'inflation restant inchangée.

L'explication économique est la suivante : suite à une hausse de $\overline{Y_t}$, l'économie peut produire plus de quantités de biens et services, ce qui explique le déplacement vers la droite de la courbe d'offre agrégée dynamique. De la même manière, la hausse de $\overline{Y_t}$ se traduit par une hausse des richesses dans l'économie. Toutes choses égales par ailleurs, les gens veulent acheter plus de biens et services. La courbe de demande agrégée dynamique se déplace donc vers la droite. Ces déplacements simultanés des deux courbes entraînent un accroissement de la production sans pour autant affecter l'inflation. De cette manière, une économie peut connaître une croissance à long terme et un taux d'inflation stable.

14.3.2 Un choc sur l'offre agrégée

Nous examinons maintenant un choc d'offre temporaire sur un an. Au cours d'une période t, v_t augmente de 1 % et retourne à sa valeur initiale (zéro) à la fin de la période. Ce choc ponctuel sur la courbe de Phillips qui dure seulement quatre trimestres pourrait se produire, par exemple, lorsqu'un cartel international des producteurs pétroliers, en restreignant la concurrence, pousse les prix du pétrole à la hausse, ou parce que les salaires augmentent suite à de nouveaux accords collectifs avec les syndicats. De tels chocs induisent une hausse des coûts de production. En général, les chocs d'offre v_t reflètent tous les événements exogènes qui affectent l'inflation sauf ceux dus aux anticipations d'inflation $E_{t-1}\pi_t$ et à la conjoncture économique actuelle mesurée par $(Y_t - \overline{Y_t})$.

La figure 14.6 révèle qu'à la période t, suite à un choc d'offre temporaire, la courbe d'offre agrégée dynamique se déplace vers le haut de OAD_{t-1} à OAD_t. Plus précisément, ce déplacement est proportionnel à la variation du choc qui est d'un point de pourcentage. Comme le choc d'offre v_t n'est pas une variable dans l'équation de la demande agrégée dynamique, celle-ci ne change pas. Ainsi, l'économie se déplace le long de la courbe de demande agrégée dynamique du point A vers le point B : le choc se traduit par une hausse de l'inflation de π_{t-1} en π_t et par une réduction de la production de Y_{t-1} en Y_t dans le diagramme (Y, π).

Même si la courbe de demande reste inchangée, il faut garder à l'esprit que les mécanismes de transmission du choc dans le temps dépendent des comportements des différents agents économiques. Ainsi, les effets dynamiques du choc sont fortement liés aux réactions de la banque centrale et des mécanismes d'ajustement mis en œuvre. En présence d'un choc d'offre inflationniste, la banque centrale suit la règle monétaire qu'elle s'est fixée et réagit en relevant les taux d'intérêt nominal et réel. Cette hausse du taux d'intérêt réel exerce des pressions à la baisse sur les quantités de biens et services demandées, ce qui induit une réduction de la production par rapport à son niveau

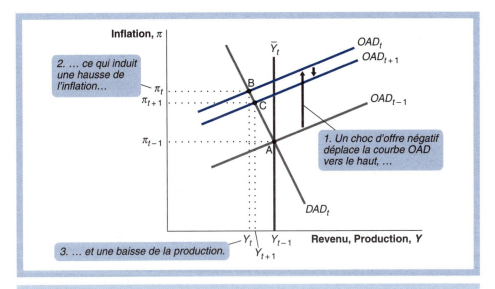

Figure 14.6
Un choc d'offre

Un choc d'offre à la période t déplace la courbe d'offre agrégée dynamique vers le haut de OAD_{t-1} à OAD_t, la courbe de demande agrégée dynamique restant inchangée. L'équilibre de l'économie dans le court terme se déplace du point A au point B, ce qui induit une hausse de l'inflation et une baisse de la production. En $t+1$, la révision des anticipations implique que la courbe d'offre se déplace vers le bas de OAD_t à OAD_{t+1}, de sorte que l'équilibre de l'économie est au point C. Le choc d'offre retourne à sa valeur de départ (zéro) mais les anticipations d'inflation restent élevées. Ainsi, l'économie ne retrouve son équilibre initial au point A que graduellement.

naturel $\overline{Y_t}$ (le déplacement le long de la courbe DAD de A vers B traduit la dynamique engendrée par ce type de choc). Dans une certaine mesure, la baisse de la production atténue les pressions inflationnistes et la hausse de l'inflation est donc moins importante que le point de pourcentage du choc initial.

Bien que le choc soit temporaire, il peut y avoir des répercussions sur les anticipations inflationnistes qui écartent l'inflation de sa trajectoire cible. Ainsi, les périodes suivant le choc sont caractérisées par une inflation anticipée élevée du moment où les anticipations dépendent de l'inflation passée. Par exemple, en $t+1$, l'économie est au point C, (Y_{t+1}, π_{t+1}). Même si la variable v_t retourne à sa valeur de départ (zéro), la courbe d'offre agrégée dynamique ne retrouve pas sa position initiale immédiatement. Elle glisse partiellement vers le bas et se déplace lentement vers sa position initiale OAD_{t-1} car le ralentissement de l'activité économique réduit conjointement l'inflation et les anticipations d'inflation. Tout au long de ce processus d'ajustement, la production reste inférieure à son niveau naturel mais l'écart de production se referme graduellement.

Afin de mieux comprendre la dynamique engendrée par ce choc, nous avons effectué des simulations qui sont basées sur des valeurs réelles attribuées aux paramètres : en général, elles sont estimées par des études économétriques et donc calées sur les faits (voir l'Information portant sur la calibration du modèle). La figure 14.7 présente les fonctions impulsion-propagation (ou fonction de réaction) de la production, de l'inflation, du taux d'intérêt nominal et du taux d'intérêt réel suite à un choc d'offre temporaire sur quatre trimestres. Elle montre le sentier temporel des variables clés du modèle sur douze ans. Le graphique (a) montre la hausse temporaire entre $t-1$ et t d'un point de pourcentage de v_t qui retourne ensuite à sa valeur initiale à la fin de la période t. Le graphique (d) illustre la fonction impulsion-propagation de l'inflation. Le choc d'offre provoque une augmentation de l'inflation de 0,9 point de pourcentage

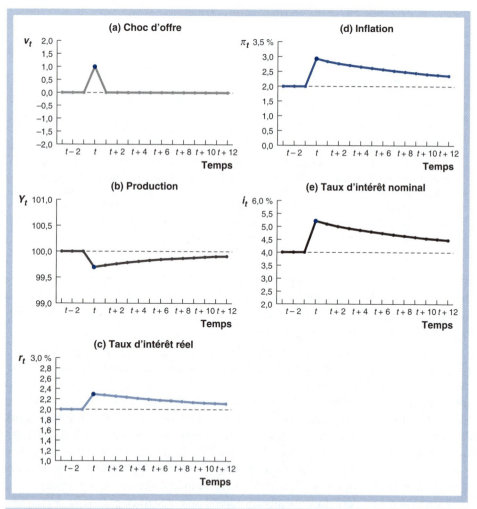

Figure 14.7
La dynamique d'un choc d'offre

Cette figure montre les réactions dans le temps des variables clés du modèle suite à un choc d'offre temporaire.

qui retourne graduellement vers sa valeur cible de 2 %. Le graphique (b) présente la dynamique de la production qui diminue en réponse à ce choc d'offre temporaire sur un an et qui converge finalement vers sa valeur naturelle de référence.

Cette figure montre également la trajectoire des taux d'intérêt nominal et réel. Comme le montre le graphique (e), le taux d'intérêt nominal augmente de 1,2 point de pourcentage en t. Quant au taux d'intérêt réel, il augmente de 0,3 point de pourcentage comme nous pouvons le constater sur le graphique (c). Les deux taux retournent graduellement à leurs valeurs de long terme à mesure que l'écart d'inflation et l'écart de production se referment.

Ces différents graphiques illustrent une situation de *stagflation* dans la version dynamique du modèle *OA-DA*. Un choc d'offre temporaire implique une hausse de l'inflation, ce qui induit une hausse des anticipations. Or celles-ci jouent un rôle clé dans la transmission de la politique monétaire. La banque centrale réagit en appliquant la règle monétaire qu'elle s'est fixée. Elle augmente les taux d'intérêt, ce qui permet de contenir l'inflation mais au prix d'un ralentissement prolongé de l'activité économique, voire une récession.

INFORMATION

Calibration et simulations numériques

Le principe de la calibration consiste à fixer des valeurs aux paramètres sur la base d'informations *a priori* et à les ajuster pour reproduire numériquement une situation initiale donnée et dériver les implications empiriques du modèle. Ceci impose une certaine discipline et prudence dans le sens où le modèle ne peut expliquer les fluctuations s'il n'est pas calé sur les faits.

Dans le texte, nous avons examiné les propriétés dynamiques du modèle en le soumettant à plusieurs chocs. Nous avons effectué des simulations numériques afin d'évaluer le comportement dans le temps de certains agrégats macroéconomiques. Il est plus facile d'interpréter les résultats en considérant la période comme étant une année. Imaginons que l'économie est en équilibre de long terme et supposons qu'entre $t-1$ et t, il y ait eu des chocs exogènes. Quels sont donc les effets dynamiques de ces chocs sur l'économie entre t et $t+12$? Pour y répondre, nous avons retenu les valeurs suivantes dans nos simulations pour l'horizon $t+12$:

$$\overline{Y_t} = 100 \qquad \phi = 0,25$$
$$\pi_t^* = 2,0 \qquad \theta_\pi = 0,5$$
$$\alpha = 1,0 \qquad \theta_Y = 0,5$$
$$\rho = 2,0$$

Comment interpréter ces différentes valeurs ? Le niveau naturel de production $\overline{Y_t}$ est égal à 100. En raison de ce choix très pratique, les fluctuations de $\left(Y_t - \overline{Y_t}\right)$ s'interprètent comme l'écart en pourcentage entre la production et son niveau naturel ou potentiel. La valeur cible de l'inflation π_t^* fixée par la banque centrale est égale à 2 %. Le paramètre

$\alpha = 1,0$ implique qu'une hausse d'un point de pourcentage du taux d'intérêt réel réduit la production demandée de 1, ce qui correspond à 1 % de son taux naturel. $\phi = 0,25$ représente le paramètre de la courbe de Phillips. Il signifie qu'une baisse de 1 % de la production par rapport à son niveau naturel se traduit par une hausse de l'inflation de 0,25 point de pourcentage. $\theta_\pi = 0,5$ et $\theta_Y = 0,5$ sont les paramètres de la politique monétaire de la Fed proposés par John Taylor. Ils décrivent bien le comportement des autorités monétaires américaines lorsque l'inflation s'écarte de sa cible et que la production s'éloigne de la production potentielle. Les valeurs retenues de ces deux paramètres constituent une bonne approximation de la dynamique des taux des fonds fédéraux de la banque centrale américaine.

Dans tous les cas, les simulations présentées dans le texte correspondent à une variation d'un point de pourcentage de la variable exogène qui nous intéresse. Des chocs plus importants auraient des effets qualitatifs similaires mais leur ampleur serait plus que proportionnelle. Par exemple, un choc de 3 points de pourcentage affecterait toutes les variables de la même manière qu'un choc d'un point de pourcentage mais les mouvements seraient trois fois plus importants que ceux des simulations présentées dans le texte.

Les figures 14.7, 14.9 et 14.11 montrent les trajectoires temporelles des variables. Elles représentent des *fonctions impulsion-propagation* (ou *fonctions de réaction*). Le terme « impulsion » représente le choc qui est gardé en mémoire durant t périodes plus tard. Le terme « propagation » désigne la réaction des variables endogènes à ce choc dans le temps. Dans l'analyse des fluctuations conjoncturelles, les chocs exogènes (les impulsions) sont à l'origine de cycles et de leur développement (le mécanisme de propagation). Ainsi, la dynamique des variables est une combinaison du choc et de sa propagation dans le temps et dans l'espace du système économique. Les simulations dans le texte sont basées sur des fonctions impulsion-propagation. Elles illustrent le fonctionnement du modèle et la dynamique interne du système économique. Elles montrent la dynamique des variables endogènes retenues suite à un choc exogène, ce qui nous permet de mieux comprendre les mécanismes d'ajustement qui régissent ces variables et d'apprécier la corrélation entre elles dans le temps.

14.3.3 Un choc sur la demande agrégée

Nous considérons maintenant un choc temporaire de demande sur cinq ans. Nous supposons que $\epsilon_t = 1$ durant ces cinq périodes consécutives et retrouve sa valeur initiale à la fin de la cinquième année, ($\epsilon_t = 0$). Un choc de demande positif tel qu'une guerre qui génère une hausse des dépenses publiques ou une bulle boursière, accroît les richesses et stimule les dépenses de consommation. En général, un choc de demande représente l'ensemble des événements qui affectent la demande de biens et services pour des valeurs données de $\overline{Y_t}$ et r_t.

La figure 14.8 montre que, quand l'économie subit un choc de demande positif, la courbe de demande agrégée dans sa version dynamique se déplace vers la droite, de DAD_{t-1} à DAD_t. Le paramètre ϵ_t n'étant pas un élément de l'équation de l'offre agrégée dynamique, le choc n'affecte pas cette dernière de $t-1$ à t. L'économie se déplace le long de la courbe d'offre agrégée et passe du point A, (Y_{t-1}, π_{t-1}), au point B, (Y_t, π_t), ce qui induit une hausse de la production et de l'inflation.

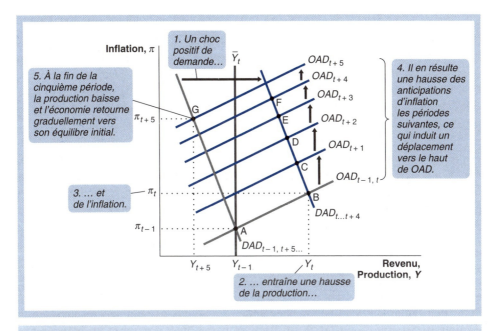

Figure 14.8
Un choc de demande

Cette figure illustre les effets dynamiques d'un choc positif de demande sur cinq périodes consécutives. Il en résulte un déplacement de la courbe de demande agrégée dynamique vers la droite, de DAD_{t-1} à DAD_t. L'économie se déplace du point A au point B, ce qui induit une hausse de la production et de l'inflation. En $t+1$, les agents économiques révisent leurs anticipations d'inflation, ce qui implique un déplacement de la courbe d'offre agrégée dynamique de $OAD_{t-1,t}$ à OAD_{t+1}. L'économie passe du point B au point C, puis en D, E, et F les périodes suivantes. La courbe de demande agrégée dynamique retourne à sa position initiale à la fin de la cinquième période. L'économie se déplace de F en G. La production est inférieure à son niveau naturel et l'inflation commence à baisser. Par conséquent, la courbe d'offre agrégée dynamique se déplace vers le bas et l'économie entreprend graduellement sa convergence vers sa valeur de référence de long terme.

Encore une fois, les effets dynamiques du choc dépendent des réactions de la politique monétaire mise en œuvre par la banque centrale et des mécanismes d'ajustement. Un choc de demande positif provoque une augmentation de l'inflation et de la production. À mesure que l'inflation s'élève au-dessus de sa cible et que la production excède son niveau naturel, les autorités monétaires réagissent en relevant les taux d'intérêt nominal et réel. Or une hausse du taux d'intérêt réel réduit la quantité demandée de biens et service, ce qui compense partiellement les effets expansionnistes du choc.

Durant toutes les périodes qui suivent les chocs, les agents économiques révisent leurs anticipations en fonction de l'inflation passée, ce qui implique une hausse de l'inflation anticipée. Ces ajustements des anticipations d'une période à l'autre entraînent un déplacement continu de la courbe d'offre agrégée dynamique vers le haut, de $OAD_{t-1,t}$ en OAD_{t+1}, en OAD_{t+2}, ..., etc. Il en résulte une baisse continue de la production et une hausse continue de l'inflation. La figure montre que l'économie passe du point B vers les points C, D, E, et F successivement.

La sixième période $(t+5)$ est marquée par la fin de cette série de chocs et le retour de la courbe de demande agrégée à sa position initiale, $DAD_{t-1,t+5,...}$. Cependant, l'économie ne revient pas immédiatement à son équilibre de départ (point A) à cause de la hausse de l'inflation et des anticipations dues à l'augmentation de la demande durant les périodes du choc. La courbe d'offre agrégée dynamique reste à un niveau plus élevé que son niveau initial à cause des anticipations inflationnistes. Il en résulte, même après le retour de la demande à sa position de départ, un équilibre au point G (Y_{t+5}, π_{t+5}). La production, Y_{t+5}, est bien inférieure à son niveau naturel et l'inflation π_{t+5} est supérieure à son niveau initial. Finalement, l'économie retrouve graduellement son équilibre de départ à mesure que l'écart d'inflation se referme.

La figure 14.9 montre les fonctions impulsion-propagation de la production, de l'inflation et des taux d'intérêt après un choc de demande temporaire sur 5 ans. Nous pouvons remarquer qu'un choc positif de demande se traduit par une hausse des taux d'intérêt nominal et réel. À partir de $(t+5)$, les taux d'intérêt entreprennent graduellement leur convergence vers leur valeur de départ à mesure que l'inflation et la production retournent vers leur sentier initial. Ces effets dynamiques résultent de la réaction des autorités monétaires qui fixent le taux d'intérêt nominal en fonction des taux d'inflation et des écarts de production.

14.3.4 *Un changement de la politique monétaire*

Nous introduisons maintenant un changement dans la politique monétaire. Supposons que la banque centrale décide de réduire la cible d'inflation, π_t^*, de 2 % à 1 % à la période t d'une façon permanente (une baisse de 1 point de pourcentage). Quels sont donc les effets dynamiques de ce changement de la politique monétaire sur l'économie ?

Dans notre modèle dynamique, seule la demande agrégée est fonction de π_t^*. Ainsi, une baisse permanente de la cible d'inflation décale la courbe DAD vers la gauche, de DAD_{t-1} en $DAD_{t,t+1,...}$ comme le montre la figure 14.10 (précisément, ce déplacement est d'un point de pourcentage). En $t-1$, la courbe $OAD_{t-1,t}$ reste inchangée car la cible d'inflation n'est pas un paramètre de l'équation de OAD. Ainsi, l'économie se déplace du point A au point B. Il en résulte un baisse de la production et de l'inflation : la production est inférieure à son niveau naturel $Y_t < Y_{t-1} = \overline{Y_t}$, et l'inflation est en $\pi_t < \pi_{t-1} = 2\%$.

Sans la moindre surprise, la politique monétaire est à l'origine des effets dynamiques de cette baisse de la cible. Quand les autorités monétaires abaissent la cible d'inflation, l'inflation courante reste supérieure à sa cible. La banque centrale réagit en suivant la règle qu'elle s'est fixée et relève les taux d'intérêt nominal et réel, ce qui induit une réduction de la demande de biens et services, de DAD_{t-1} en $DAD_{t,t+1,...}$.

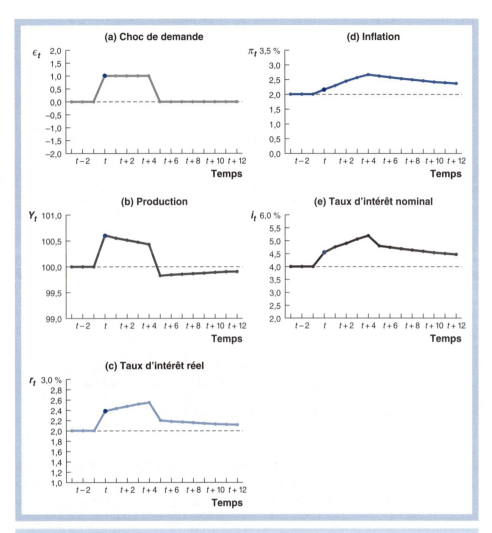

Figure 14.9
La dynamique d'un choc de demande

Cette figure montre les réactions dans le temps des variables clés du modèle suite à un choc de demande positif de 1 % qui dure cinq périodes.

Comme l'indique la courbe de Phillips, la baisse de la production entraîne une diminution de l'inflation.

Durant les périodes qui suivent, la baisse de l'inflation pousse les agents économiques à réviser leurs anticipations. En $t+1$, en réponse à une inflation anticipée future moins importante, la courbe OAD se déplace vers le bas, de $OAD_{t-1,t}$ en OAD_{t+1} (dans des proportions égales à la baisse de l'inflation anticipée). L'équilibre passe du point B au point C : la production augmente et l'inflation diminue. Au cours

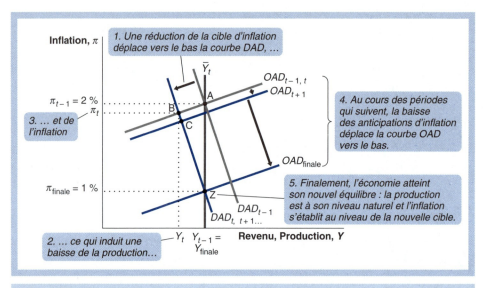

Figure 14.10
Une réduction de la cible d'inflation

Une réduction permanente de la cible d'inflation à la période t déplace la courbe DAD vers la gauche, de DAD_{t-1} en $DAD_{t,t-1,...}$. Dans un premier temps, l'économie passe du point A au point B, ce qui induit une baisse de la production et de l'inflation. Ensuite, en $t+1$, comme les anticipations d'inflation diminuent, la courbe OAD se déplace vers le bas. L'économie passe du point B au point C. Au cours des périodes qui suivent, la baisse des anticipations d'inflation et de la courbe d'offre agrégée dynamique continue. L'économie converge vers son nouvel équilibre de long terme au point Z. La production retourne graduellement à son niveau naturel $\overline{Y}_t$, et l'inflation s'établit au niveau de sa nouvelle cible ($\pi^*_{t,t+1,...} = 1\ \%$).

des années qui suivent, la courbe OAD se déplace vers OAD_{Finale} à mesure que l'inflation et la production convergent vers le nouvel équilibre de long terme, Z. En ce point, la production retourne à son équilibre initial $Y_{Finale} = \overline{Y}_t$, et l'inflation atteint sa nouvelle cible, $\pi^*_{t,t+1,...} = 1\ \%$.

La figure 14.11 présente sur l'horizon de la simulation les fonctions impulsion-propagation des variables clés du modèle suite à une réduction permanente de la cible d'inflation. Le graphique (e) montre le sentier temporel du taux d'intérêt nominal i_t. Avant le changement de la politique monétaire, il était égal à sa valeur de long terme de 4 % (qui est la somme de $\rho = 2\ \%$ et de $\pi^*_{t-1} = 2\ \%$). Bien qu'en t la cible d'inflation est de 1 %, le taux d'intérêt nominal se trouve à 4,2 %. Cependant, la convergence graduelle de l'inflation et des anticipations vers la nouvelle cible pousse le taux d'intérêt nominal à rejoindre éventuellement sa valeur de long terme de 3 %. Ainsi, une baisse de la cible d'inflation exerce une pression à la hausse sur le taux d'intérêt nominal de court terme mais, à long terme, ce taux baisse et rejoint sa trajectoire cible.

Nous terminons cette section par une mise en garde. Tout au long de cette analyse, nous avons maintenu l'hypothèse des anticipations adaptatives : les agents

Un modèle dynamique de l'offre et de la demande agrégées

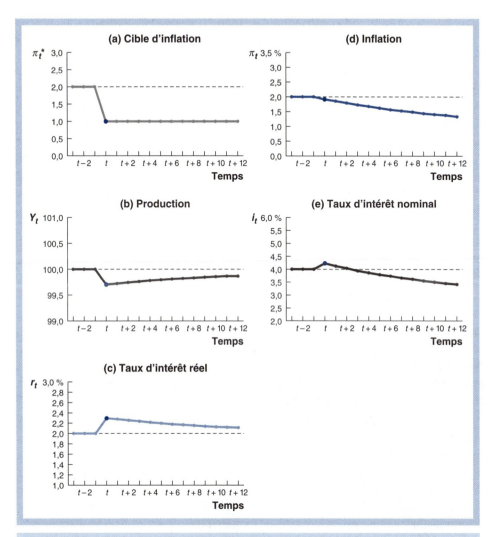

Figure 14.11
La dynamique d'une réduction de la cible d'inflation

Cette figure illustre les réactions dans le temps des variables clés du modèle suite à une baisse permanente du taux d'inflation cible.

économiques forment leurs anticipations sur les variables futures en tenant compte de l'information disponible. En d'autres termes, les anticipations d'inflation future dépendent seulement de l'inflation observée par les agents. Cependant, il est possible que la banque centrale soit crédible, c'est-à-dire qu'elle respecte ses propres annonces de politique économique et donc de réduction de la cible d'inflation. Dans ce cas, les agents économiques vont réagir immédiatement en ajustant leurs attentes d'inflation en fonction de l'annonce. Autrement dit, les anticipations sont rationnelles : les agents économiques utilisent de manière optimale toute l'information disponible, y compris l'annonce de la nouvelle cible, pour former leurs anticipations d'inflation (nous avons discuté cette possibilité au chapitre 13). Si c'est le cas, l'annonce déplace immédiatement la courbe d'offre agrégée dynamique vers le bas, juste après la baisse de la courbe DAD. De cette façon, l'économie atteint immédiatement son équilibre de long terme. En revanche, si les autorités monétaires ne parviennent pas à convaincre les agents économiques du fait qu'elles se comportent de la manière qu'elles annoncent, alors la politique de réduction de l'inflation n'est plus crédible et l'hypothèse des anticipations adaptatives représente mieux le comportement des agents. L'économie revient très lentement vers son équilibre de long terme et le processus dynamique d'ajustement s'accompagne toujours d'une période de perte de production, comme le montre la figure 14.11.

14.4 DEUX APPLICATIONS : LEÇONS DE POLITIQUE MONÉTAIRE

Dans ce chapitre, nous avons construit un modèle dynamique de l'inflation et de la production. Ensuite, nous avons calculé l'équilibre à une période donnée et effectué des simulations dynamiques afin d'évaluer les effets de divers chocs sur l'inflation, la production et les taux d'intérêt. Dans cette section, nous allons mettre l'accent sur la conception de la politique monétaire.

Il est important à ce stade de notre analyse d'expliquer ce que nous entendons par l'expression « conception de la politique monétaire ». Jusqu'à présent, nous avons supposé que la banque centrale avait un rôle simple : elle devait ajuster l'offre de monnaie afin de s'assurer que le taux d'intérêt nominal atteignait sa cible définie par la règle monétaire. Les deux paramètres clés de la règle monétaire sont θ_π (la réaction du taux d'intérêt cible à l'inflation) et θ_Y (la réaction du taux d'intérêt cible à l'écart de production). Nous avons considéré ces paramètres comme des constantes sans discuter la façon dont ils sont choisis. Maintenant que nous maîtrisons le fonctionnement du modèle, nous allons aborder le choix de ces paramètres qui doit être fait par les autorités monétaires en fonction des objectifs affichés.

14.4.1 L'arbitrage entre variabilité de la production et variabilité de l'inflation

Considérons l'impact d'un choc d'offre sur la production et l'inflation. Selon le modèle *OA-DA* dynamique, l'impact de ce choc et plus particulièrement son ampleur sur la production et l'inflation, dépendent essentiellement de la pente de la courbe de demande agrégée dynamique.

La figure 14.12 illustre l'ampleur de l'impact du choc sur la production et l'inflation en fonction de la pente de la courbe DAD. Dans les deux graphiques, l'écono-

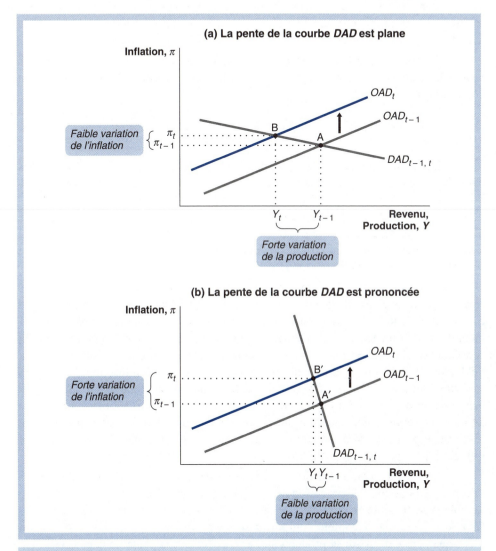

Figure 14.12
Deux réactions possibles à un choc d'offre

Lorsque la courbe de demande agrégée dynamique est relativement plate, comme le montre le graphique (a), un choc d'offre a un effet limité sur l'inflation mais important sur la production. En revanche, le graphique (b) montre que, si la pente de la courbe DAD est relativement prononcée, un choc d'offre positif a un effet important sur l'inflation mais très limité sur la production. La pente de la courbe DAD dépend en partie des paramètres de la règle monétaire, θ_π et θ_Y, qui décrivent comment réagissent les taux d'intérêt aux variations de l'inflation et de la production. Lors du choix de ces paramètres, la banque centrale est confrontée à un arbitrage entre la variabilité de la production et la variabilité de l'inflation.

mie subit le même choc d'offre. Le graphique (a) montre que le choc a un effet limité sur l'inflation mais important sur la production dans le cas où la courbe de demande agrégée dynamique est relativement plate. En revanche, si la pente de la courbe DAD est relativement prononcée, un choc d'offre positif a un effet important sur l'inflation mais très limité sur la production.

Pourquoi ceci est si important en matière de politique monétaire ? Parce que la banque centrale peut agir sur la pente de la courbe DAD. En effet, la courbe DAD est donnée par l'équation suivante :

$$Y_t = \overline{Y_t} - \frac{\alpha \theta_\pi}{(1+\alpha \theta_Y)}\left(\pi_t - \pi_t^*\right) + \frac{1}{(1+\alpha \theta_Y)}\epsilon_t \tag{15}$$

Les deux paramètres clés qui nous concernent ici sont θ_π et θ_Y. Ce sont les paramètres de réaction aux écarts d'inflation et de production : ils déterminent la réaction de la cible de taux d'intérêt fixée par la banque centrale aux variations de l'inflation et de la production. Lorsqu'une banque centrale fixe ces paramètres, elle détermine la pente de la courbe DAD et donc la réaction de l'économie dans le court terme aux chocs d'offre. En bref, ces paramètres reflètent les objectifs de la banque centrale en matière de politique monétaire.

Supposons que la banque centrale est très sensible à l'inflation (valeur de θ_π élevée) et peu soucieuse de la réduction de la production (valeur de θ_Y faible). Dans ce cas, le coefficient de l'inflation dans l'équation (15), $(\alpha \theta_\pi / 1 + \alpha \theta_Y)$, est élevé. Autrement dit, une faible variation de l'inflation a un impact important sur la production. En conséquence, la courbe DAD est relativement plate et les chocs d'offre affectent faiblement l'inflation et fortement la production. L'intuition économique est la suivante : suite à un choc d'offre inflationniste, la banque centrale réagit vigoureusement en relevant les taux d'intérêt, ce qui induit une baisse considérable des quantités de biens et services demandées et un ralentissement de l'activité économique. Il en résulte une profonde récession qui atténue l'impact inflationniste du choc (qui était l'objectif de la politique monétaire).

Supposons maintenant que la banque centrale est plus soucieuse de réduire l'écart de production (valeur élevée de θ_Y) que de contenir l'inflation au voisinage de sa cible (valeur faible de θ_π). Dans ce cas, le coefficient de l'inflation dans l'équation (15), $(\alpha \theta_\pi / 1 + \alpha \theta_Y)$, est faible. Autrement dit, même de fortes variations de l'inflation n'ont que peu d'effets sur la production. Par conséquent, la pente de la courbe DAD est relativement prononcée. Ainsi, des chocs d'offre affectent peu la production mais exercent de fortes pressions inflationnistes sur l'économie. C'est la situation opposée à celle présentée plus haut : lorsque l'économie subit un choc d'offre inflationniste, la banque centrale doit réagir moins agressivement en relevant peu le taux d'intérêt. En réagissant ainsi, les autorités monétaires évitent une récession économique tout en acceptant la pression inflationniste : la politique monétaire est accommodante.

En fixant sa règle monétaire, la banque centrale doit donc choisir entre ces deux cas de figure. Autrement dit, en fixant les valeurs de θ_π et de θ_Y, les autorités monétaires décident si l'économie doit ressembler à celle représentée par le graphique (a) ou à celle représentée par le graphique (b). Ce choix impose donc à la banque centrale un arbitrage entre variabilité de la production et variabilité de l'inflation. Si son aversion vis-à-vis de l'inflation est forte, comme au graphique (a), elle réagit très agressivement en stabilisant l'inflation et dépriment l'économie en éloignant la production de son niveau naturel. En revanche, elle peut être accommodante, comme au graphique (b), en consentant à dévier l'inflation de sa cible, ce qui implique une inflation très volatile, et une production stable proche de son niveau naturel. Toutefois, les choix de la banque centrale ne se limitent pas à ces deux cas extrêmes car elle peut choisir une position intermédiaire.

L'une des priorités de la banque centrale est de promouvoir la stabilité économique. Or cette tâche est multidimensionnelle. Face à un arbitrage entre inflation et production, les autorités monétaires doivent déterminer l'objectif de stabilité à atteindre. Le modèle dynamique de l'offre et de la demande agrégées montre que la stabilité économique implique un arbitrage fondamental entre la variabilité de l'inflation et la variabilité de la production. Les autorités monétaires peuvent choisir entre réduire la variance de l'inflation au détriment de celle de la production ou l'inverse.

Il faut remarquer que cet arbitrage est loin d'être une tâche facile. Comme le montre le modèle, dans le long terme, l'inflation est à sa cible et la production est à son niveau naturel. Conformément à la théorie classique, les décideurs publics ne sont pas confrontés à des arbitrages dans le long terme entre ces deux agrégats, mais ils doivent choisir la grandeur macroéconomique à stabiliser. En fixant les coefficients de la règle monétaire, ils déterminent si les chocs d'offre entraînent une variabilité de l'inflation, une variabilité de la production ou une combinaison des deux.

ÉTUDE DE CAS - La Fed versus la Banque centrale européenne

Selon le modèle dynamique OA-DA, toute banque centrale est confrontée à un choix crucial concernant les paramètres de sa règle monétaire. Les paramètres θ_π et θ_Y déterminent en effet dans quelle mesure le taux d'intérêt réagit aux conditions macroéconomiques. Comme nous venons de le voir, ces réactions déterminent à leur tour la volatilité de l'inflation et de la production.

La Banque fédérale américaine (la Fed) et la Banque centrale européenne (BCE) ont, semble-t-il, des approches différentes dans le choix de ces paramètres. En général, elles poursuivent des objectifs qui correspondent à leurs mandats déterminés par la législation nationale ou les traités internationaux. La loi américaine qui a créé la Fed fixe clairement son objectif : « maintenir la croissance à long terme des agrégats de monnaie et de crédit en proportion du potentiel de croissance à long terme de l'économie afin d'accroître la production, et ainsi de promouvoir efficacement les objectifs d'emploi maximum, de stabilité des prix et de taux d'intérêt à long terme modérés ». Comme la Fed est censée maîtriser la hausse des prix et favoriser la croissance économique et l'emploi, on dit qu'elle a un *double mandat* (le troisième qui est de maintenir les taux d'intérêt à long terme modérés, découle naturellement de la stabilité des prix). En revanche, la BCE déclare sur son site web : « L'objectif principal du Système Européen de Banques Centrales (S.E.B.C.) est de maintenir la stabilité des prix » et « sans préjudice de l'objectif de stabilité des prix, le S.E.B.C. apporte son soutien aux politiques économiques générales dans la Communauté, en vue de contribuer à la réalisation des objectifs de la Communauté tels que définis dans l'article 2 [du Traité sur l'Union européenne] [3]. » Bien qu'il stipule clairement que le maintien de la stabilité des prix est l'objectif principal de la BCE, le traité ne donne aucune définition de cette « stabilité ». Pour cette raison, le conseil des gouverneurs de la BCE a précisé que « la BCE vise des taux d'inflation inférieurs, mais proches de 2 % à moyen terme ». Tous les autres objectifs macroéconomiques, y compris la stabilité de la production et de l'emploi, apparaissent comme secondaires.

Nous pouvons interpréter ces différences de mandats à la lumière de notre modèle. Comparée à la Fed, la BCE semble accorder plus de poids à la stabilité de l'inflation et moins d'importance à la stabilité de la production. Cette différence dans les objectifs devrait être reflétée dans les paramètres de la règle monétaire. Pour son double mandat, la Fed devrait réagir plus à la variation de la production et moins à celle de l'inflation que ne le ferait la BCE.

À titre d'exemple, en 2008, alors que le prix du pétrole connaissait une hausse importante, l'économie mondiale subissait une crise financière grave et entrait en récession. La Fed a réagi agressivement à ces événements en abaissant les taux d'intérêt de 5 % environ à une fourchette de 0,00-0,25 % par an. Confrontée à la même situation, la BCE a également réduit ses taux d'intérêt, mais plus lentement et surtout de manière beaucoup moins agressive. La BCE était moins inquiète par la récession que par l'inflation qu'elle voulait continuer de maîtriser.

Le modèle dynamique de l'offre et de la demande agrégées prévoit que, toutes choses égales par ailleurs, la politique de la BCE devrait mener à une production plus variable et une inflation plus stable dans le temps. Cependant, il est difficile de tester cette hypothèse et cela pour deux raisons. Premièrement, comme la BCE a été créée en 1998, il n'y a pas assez de données pour déterminer les effets à long terme de sa politique. Deuxièmement, et c'est peut-être très important, toutes les choses ne sont pas toujours égales par ailleurs. L'Europe et les États-Unis diffèrent en de nombreux points au-delà de la politique monétaire mise en œuvre par leurs banques centrales. Ce sont ces différences qui peuvent aussi affecter aussi bien la production que l'inflation sans qu'il n'y ait un rapport avec les différences des priorités des politiques monétaires.

---

3 Article 105 du traité de Maastricht, paragraphe 1.

14.4.2 Le principe de Taylor

De combien le taux d'intérêt nominal fixé par la banque centrale devrait-il s'ajuster à des variations de l'inflation ? Le modèle dynamique de l'offre et de la demande agrégées ne nous donne pas une réponse définitive à cette question, mais nous offre quelques indications importantes. La réaction de la banque centrale dépend de l'importance accordée d'une part à l'inflation et d'autre part à l'activité économique.

Rappelez-vous, l'équation de la politique monétaire s'écrit comme suit :

$$i_t = \pi_t + \rho + \theta_\pi \left(\pi_t - \pi_t^*\right) + \theta_Y \left(Y_t - \overline{Y_t}\right) \tag{5}$$

Cette équation précise que, suite à une hausse de l'inflation π_t d'un point de pourcentage, la banque centrale doit augmenter le taux d'intérêt nominal i_t de $(1 + \theta_\pi)$ points de pourcentage. Comme nous avons considéré que le paramètre θ_π est supérieur à zéro, alors la réplique de la banque centrale doit se traduire par un durcissement de la politique monétaire, c'est-à-dire par une hausse du taux d'intérêt nominal plus que proportionnelle.

Imaginons toutefois que la banque centrale se comporte différemment. Au lieu d'augmenter le taux d'intérêt nominal plus que proportionnellement, elle réagit en augmentant le taux d'intérêt moins que proportionnellement. Le paramètre de la politique monétaire θ_π serait dans ce cas inférieur à zéro. Ce changement modifierait profondément notre modèle. Souvenez-vous, l'équation de la demande agrégée dynamique s'écrit comme suit :

$$Y_t = \overline{Y_t} - \frac{\alpha \theta_\pi}{(1 + \alpha \theta_Y)} \left(\pi_t - \pi_t^*\right) + \frac{1}{(1 + \alpha \theta_Y)} \epsilon_t \tag{15}$$

Si θ_π est négatif, alors une hausse de l'inflation augmenterait la production demandée, et la courbe dynamique DAD serait croissante (sa pente est positive).

Une courbe DAD croissante implique une inflation instable, comme le montre la figure 14.13. Supposons qu'en t, il y ait un choc temporaire de demande sur une seule période. Si le choc de demande est positif, la courbe de demande se déplace vers la droite, de DAD_{t-1} en DAD_t et revient ensuite à sa position initiale à la période suivante. En t, l'économie se déplace du point A au point B, ce qui induit une hausse de la production et de l'inflation. La période suivante est caractérisée par un déplacement vers le haut de la courbe d'offre agrégée dynamique de $OAD_{t-1,t}$ en OAD_{t+1} car la hausse de l'inflation s'accompagne d'une augmentation des anticipations d'inflation. L'économie passe du point B au point C. Mais, comme nous avons supposé que la courbe DAD est croissante, la production reste supérieure à son niveau naturel bien que le choc ait disparu. Ainsi, l'inflation va augmenter encore une fois, déplaçant la courbe OAD vers le haut à la période suivante, faisant passer l'économie au point D. Et ainsi de suite. L'inflation continue d'augmenter sans que rien ne permette d'en présager la fin.

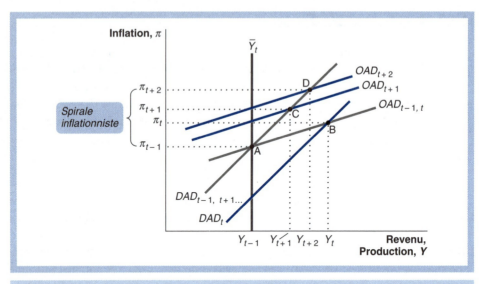

Figure 14.13
L'importance du principe de Taylor

Cette figure synthétise les effets d'un choc de demande sur une économie qui ne respecte pas le principe de Taylor. La courbe *DAD* est alors croissante. Un choc de demande déplace la courbe *DAD* vers la droite pour une seule période, de DAD_{t-1} en DAD_t. L'économie passe du point A au point B. Il en résulte une hausse simultanée de la production et de l'inflation. Comme l'inflation et l'inflation anticipée sont étroitement liées, la hausse de l'inflation entraîne une hausse des anticipations d'inflation, ce qui induit, la période suivante, un déplacement vers le haut de la courbe d'offre agrégée dynamique, de OAD_{t-1} en OAD_{t+1}. En $t+1$, l'économie passe du point B au point C. Comme la courbe *DAD* est croissante, la production est toujours au-dessus de son niveau naturel, ce qui implique une hausse de l'inflation. En $t+2$, l'économie est en D, où la production et l'inflation sont encore plus élevées. La spirale inflationniste échappe alors à tout contrôle.

L'intuition économique est peut-être plus facile à comprendre que la géométrie. Un choc positif de demande augmente la production et l'inflation. En réponse à une inflation future anticipée, la banque centrale augmente le taux d'intérêt nominal. Toutefois, cette hausse est inférieure à l'augmentation des anticipations. Il en résulte une baisse du taux d'intérêt réel, ce qui stimule l'économie et augmente encore plus l'inflation. La pression inflationniste réduit encore plus le taux d'intérêt réel. Le résultat est une spirale inflationniste que l'on ne peut plus contrôler.

Le modèle mène à la conclusion suivante : *pour que l'inflation soit stable, la banque centrale doit réagir à toute hausse de l'inflation par une augmentation du taux d'intérêt nominal plus que proportionnelle*. Cette condition est parfois appelée le **principe de Taylor**, nom emprunté à l'économiste John Taylor qui a souligné son importance dans la conception de la politique monétaire. C'est une règle de comportement de la banque centrale fondée sur l'instrument qu'est le taux d'intérêt nominal. Nous avons supposé tout au long de ce chapitre que cette condition est respectée (nous avons supposé que $\theta_\pi > 0$). Nous pouvons maintenant constater qu'il y a de bonnes raisons pour qu'une banque centrale se tienne à ce principe.

ÉTUDE DE CAS - Qu'est-ce qui a provoqué la Grande Inflation ?

Dans les années 1970, l'inflation aux États-Unis a échappé à tout contrôle. Comme nous l'avons vu dans les chapitres précédents, le taux d'inflation durant cette décennie était à deux chiffres. La hausse des prix était largement considérée comme le problème économique majeur. En 1979, Paul Volcker qui venait d'être nommé à la tête de la Fed a annoncé un changement de la politique monétaire qui a permis finalement de maîtriser l'inflation. La présidence de Volcker et de son successeur Alan Greenspan fut alors marquée par un taux d'inflation faible et stable pendant vingt-cinq ans.

Le modèle OA-DA dynamique offre une nouvelle perspective sur ces événements. D'après les recherches menées par les économistes Richard Clarida, Jordi Gali et Mark Gertler, la clé en est le principe de Taylor. Clarida et ses collègues ont examiné les données sur les taux d'intérêt, la production et l'inflation et ont évalué les paramètres de la règle monétaire. Ils ont trouvé que la politique monétaire de Volcker et de Greenspan respectait le principe de Taylor, tandis que la politique monétaire antérieure ne l'avait pas fait. En particulier, durant la période Volcker-Greenspan après 1979, le paramètre θ_π a été évalué à 0,72, une valeur proche de celle proposée par Taylor, qui est de 0,5. Entre 1960 et 1978, la période précédant la présidence de Volcker, la valeur estimée de θ_π était de -0,14 [4]. Cette valeur négative de θ_π durant cette période signifie que la politique monétaire ne respectait pas le principe de Taylor.

Cette découverte donne une autre explication des causes possibles de la grande inflation des années 1970. Lorsque l'économie américaine a été touchée par des chocs de demande (tels que la hausse des dépenses publiques suite à la guerre de Vietnam) et des chocs d'offre (tels que la hausse du prix du pétrole), la Fed a relevé les taux d'intérêt nominaux en réponse à la hausse de l'inflation, mais pas suffisamment. En dépit de cette hausse des taux d'intérêt nominaux, les taux d'intérêt réels ont baissé. La faible réaction des autorités monétaires non seulement n'a pas permis de contenir l'inflation, mais au contraire a exacerbé les pressions inflationnistes. Seule une réaction agressive de la banque centrale, en changeant les paramètres de sa règle monétaire, a permis de résoudre le problème de la spirale inflationniste. Selon les auteurs, l'inflation était élevée et persistante aux États-Unis avant 1979 parce que la politique monétaire n'était pas assez agressive.

La question de savoir pourquoi les autorités monétaires étaient si passives durant cette période reste ouverte. Clarida, Gali et Gertler l'expliquent comme suit :

« Pourquoi, avant 1979, la Fed a-t-elle suivi une règle qui était clairement moins agressive ? Une autre manière de répondre à la question est de se demander pour-

---

4 Ces estimations sont calculées à partir du tableau VI de Richard Clarida, Jordi Gali et Mark Gertler, « Monetary Policy Rules and Macroeconomic Stability : evidence and Some Theory », *Quarterly Journal of Economics*, 115, 1 (février 2000), 147-180.

quoi la banque centrale a maintenu de façon persistante de faibles taux d'intérêt réels à court terme face une inflation galopante. Une possibilité... est que la Fed a pensé que le taux de chômage naturel à cette époque était plus bas qu'il ne l'était vraiment (autrement dit, que l'écart de production était faible)...

L'autre possibilité, très liée à la précédente, est que, à cette époque, ni la Fed, ni les économistes ne comprenaient très bien la dynamique de l'inflation. En effet, ce n'est que dans la seconde moitié des années 1970 que les manuels de macroéconomie intermédiaire ont mis l'accent sur l'absence d'arbitrage dans le long terme entre inflation et production. L'idée que les anticipations puissent générer des situations inflationnistes et que la crédibilité [5] des autorités monétaires soit un élément important en politique économique, n'était pas vraiment posée durant cette période.

La conclusion est que, pour bien comprendre l'histoire des faits économiques, il est important de prendre en compte la connaissance de l'économie qu'en ont les décideurs publics et comment celle-ci a pu évoluer au cours du temps. »

14.5 CONCLUSION : VERS LES MODÈLES D'ÉQUILIBRE GÉNÉRAL DYNAMIQUES ET STOCHASTIQUES (DSGE)

Si, dans votre cursus universitaire, vous êtes amené(e) à suivre des cours avancés en macroéconomie, vous allez certainement rencontrer les modèles d'équilibre général dynamiques et stochastiques (DSGE). Ces modèles sont *dynamiques* parce qu'ils décrivent le sentier temporel des grandeurs macroéconomiques. Ils sont *stochastiques* car ils intègrent les aléas inhérents à la vie économique. Enfin, ce sont des modèles d'*équilibre général* dans le sens où ils prennent en compte le fait que tout dépend de tout. À bien des égards, ils sont des modèles récents et très sophistiqués permettant de mieux analyser les fluctuations économiques de court terme.

Le modèle dynamique *OA-DA* que nous avons présenté dans ce chapitre n'est qu'une version simplifiée des modèles DSGE. À la différence des économistes praticiens et théoriciens qui utilisent des versions très développées des modèles DSGE, nous n'avons pas commencé par les décisions d'optimisation des ménages et des entreprises qui sont à la base des relations macroéconomiques. Cependant, les relations que nous présentons dans ce chapitre sont similaires à celles développées dans des modèles DSGE plus sophistiqués. Le modèle dynamique *OA-DA* fait bien le lien entre le modèle *OA-DA* statique que nous avons vu dans les chapitres précédents et les modèles DSGE complexes que vous pourrez voir dans des cours avancés en macroéconomie.

D'importantes leçons peuvent être tirées du modèle dynamique *OA-DA*. Ce modèle explique d'abord comment différentes variables macroéconomiques (produc-

---

[5] La crédibilité se définit comme le degré de confiance des agents privés dans la détermination et la capacité de la banque centrale à suivre la politique monétaire et à atteindre les objectifs qu'elle a annoncés.

tion, inflation et les taux d'intérêt nominal et réel) réagissent aux chocs et interagissent les unes avec les autres dans le temps. Ensuite, il montre que, dans la conception de la politique monétaire, les banques centrales sont confrontées à un arbitrage fondamental entre la variabilité de l'inflation et la variabilité de la production. Il suggère finalement que les autorités monétaires doivent réagir vigoureusement à l'inflation pour empêcher que celle-ci n'échappe à tout contrôle. Les modèles DSGE sont des modèles largement appliqués. Ils proposent une explication satisfaisante des fluctuations observées et pas seulement une explication théorique élégante. Si un jour, vous vous trouvez aux commandes d'une banque centrale, ce sont les bonnes leçons dont il faudra vous souvenir.

SYNTHÈSE

1. Le modèle dynamique de l'offre et de la demande agrégées comporte cinq relations économiques : une équation qui reflète le marché des biens et services et qui établit le lien entre les quantités demandées et le taux d'intérêt ; l'équation de Fisher qui définit le rapport entre les taux d'intérêt réels et nominaux ; l'équation de la courbe de Phillips qui détermine l'inflation ; une équation définissant les anticipations d'inflation ; et une règle monétaire selon laquelle la banque centrale fixe le taux d'intérêt nominal comme une fonction de la cible d'inflation et de la production.

2. L'équilibre de long terme du modèle est l'équilibre stationnaire des modèles classiques. La production et le taux d'intérêt réel sont à leur niveau naturel, indépendants de la politique monétaire. La cible d'inflation fixée par la banque centrale détermine l'inflation, les anticipations d'inflation et le taux d'intérêt nominal.

3. Le modèle de l'offre et de la demande agrégées dans sa version dynamique peut être utilisé afin de déterminer l'impact des chocs sur l'économie et d'analyser leurs effets dynamiques.

4. Les paramètres de la règle monétaire influencent la pente de la courbe de demande agrégée dynamique. Ils déterminent donc si un choc d'offre a un effet plus important sur la production ou sur l'inflation. Lorsqu'elle choisit les paramètres de sa politique monétaire, une banque centrale prend en compte l'existence d'un arbitrage entre la variabilité de la production et la variabilité de l'inflation.

5. Dans le modèle dynamique *OA-DA*, la banque centrale doit réagir à toute hausse de l'inflation d'un point de pourcentage par une augmentation du taux d'intérêt nominal plus que proportionnelle. Il en résulte alors une hausse du taux d'intérêt réel. Si la banque centrale réagit passivement à l'inflation, l'économie devient instable. Un choc se traduit par une spirale inflationniste incontrôlable.

CONCEPTS DE BASE

- Règle de Taylor
- Principe de Taylor

ÉVALUATION DES CONNAISSANCES

1. Représentez graphiquement la courbe d'offre agrégée dynamique après avoir soigneusement défini les axes. Expliquez pourquoi elle a une telle pente.
2. Représentez graphiquement la courbe de demande agrégée dynamique après avoir soigneusement défini les axes. Expliquez pourquoi elle a une telle pente.
3. Une banque centrale a un nouveau directeur qui décide de relever la cible d'inflation de 2 à 3 %. Montrez les effets d'un tel changement en utilisant un graphique qui représente le modèle dynamique *OA-DA*. Qu'arrive-t-il au taux d'intérêt nominal dans le court et le long terme ? Justifiez votre réponse.
4. Le nouveau directeur d'une banque centrale décide de changer la règle monétaire en augmentant la réaction du taux d'intérêt à l'inflation. Comment ce changement de politique monétaire affecte-t-il la réaction de l'économie à un choc d'offre ? Représentez sur deux graphiques le changement de la règle monétaire et la réaction de l'économie au choc. Quelle est l'intuition économique derrière ces changements ?

PROBLÈMES ET APPLICATIONS

1. Calculez l'équilibre dans le long terme du modèle dynamique *OA-DA*. Supposez qu'il n'y ait aucun choc d'offre et de demande ($\epsilon_t = \nu_t = 0$) et que l'inflation se soit stabilisée ($\pi_t = \pi_{t-1}$), puis utilisez les cinq équations pour calculer la valeur de chaque variable du modèle. Assurez-vous de bien préciser toutes les étapes que vous suivez.
2. Supposons que le taux d'intérêt naturel dans la règle de politique monétaire ne soit pas le bon. En d'autres termes, la banque centrale suit la règle suivante :

$$i_t = \pi_t + \rho' + \theta_\pi \left(\pi_t - \pi_t^* \right) + \theta_Y \left(Y_t - \overline{Y_t} \right)$$

avec $\rho' \neq \rho$, ρ étant le taux d'intérêt naturel de l'équation de la demande de biens et services. Les autres paramètres et variables du modèle ne changent pas. Calculez l'équilibre dans le long terme sous cette règle monétaire. Expliquez.
3. « Si une banque centrale veut parvenir à de faibles taux d'intérêt nominaux, elle doit relever le taux d'intérêt nominal. » Expliquez en quoi cette phrase est justifiée.
4. Le *coefficient de sacrifice* représente la perte accumulée de production qui résulte d'une baisse de la cible d'inflation d'un point de pourcentage décidée par la banque centrale. En fonction des paramètres utilisés dans les simulations, calculez le coefficient de sacrifice. Expliquez.

5. Dans ce chapitre, nous avons analysé le cas d'un choc de demande temporaire sur un an. Supposons, cependant, que ϵ_t doive augmenter de façon permanente. Comment réagit l'économie dans le temps ? Plus particulièrement, le taux d'inflation retournerait-il à sa cible dans le long terme ? Pourquoi ou pourquoi pas ? (Une indication : il est utile de calculer l'équilibre dans le long terme sans supposer que $\epsilon_t = 0$.) Comment la banque centrale devrait-elle modifier sa règle monétaire pour gérer ce problème ?

6. Supposons qu'une banque centrale ne satisfasse pas le principe de Taylor, c'est-à-dire θ_π est inférieur à zéro. Représentez graphiquement les effets d'un choc d'offre sur l'économie. Expliquez. Cette analyse s'oppose-t-elle ou renforce-t-elle le principe de Taylor comme guide pour la politique monétaire ?

7. Nous avons supposé dans ce chapitre que ρ est un paramètre constant. Supposons maintenant qu'il varie dans le temps. On le note maintenant ρ_t.

   a) Comment ce changement modifierait-il les équations dynamiques de l'offre et de la demande agrégées ?

   b) Comment un choc sur ρ_t affecte-t-il la production, l'inflation, le taux d'intérêt nominal et le taux d'intérêt réel ?

   c) Pouvez-vous envisager des difficultés pratiques qui pourraient se poser à une banque centrale si ρ_t évolue dans le temps ?

8. Supposons que les anticipations d'inflation des agents économiques subissent des chocs aléatoires. En d'autres termes, au lieu de supposer que les anticipations soient adaptatives, nous considérons que l'inflation anticipée en $t-1$ pour la période t est donnée par :

$$E_{t-1}\pi_t = \pi_{t-1} + \eta_{t-1}$$

avec η_{t-1} un choc aléatoire de moyenne zéro mais qui peut varier lorsqu'un événement, autre que l'inflation passée, affecte les anticipations d'inflation. D'une façon similaire, nous pouvons écrire : $E_t\pi_{t+1} = \pi_t + \eta_t$.

   a) Calculer les deux équations dynamiques de l'offre et de la demande agrégées de ce nouveau modèle.

   b) Supposons que l'économie connaisse une *crainte de l'inflation*. En d'autres termes, pour une quelconque raison, les agents économiques sont amenés à croire à la période t que l'inflation en $t+1$ va être plus élevée. Ainsi, η_t est supérieur à zéro (seulement durant cette période). Comment les courbes DAD et OAD sont-elles affectées à la période t par cette crainte de l'inflation ? Qu'advient-il de la production, de l'inflation et des taux d'intérêt nominal et réel durant cette période ? Expliquez.

   c) Quels sont les effets sur les deux courbes en $t+1$? Qu'advient-il de la production, de l'inflation et des taux d'intérêt nominal et réel durant cette période ? Expliquez.

   d) Comment l'économie s'ajuste-t-elle durant les périodes qui suivent ?

   e) Dans quel sens la crainte de l'inflation est-elle autoréalisatrice ?

9. Utilisez le modèle dynamique *OA-DA* pour calculer l'inflation en fonction de l'inflation retardée et des chocs d'offre et de demande (nous supposons que la cible d'inflation est constante).

   a) D'après la relation que vous avez obtenue, l'inflation revient-elle à sa cible après un choc ? Expliquez. (Une indication : regardez le coefficient de l'inflation retardée.)

   b) Nous supposons que la banque centrale ne réagit pas aux variations de la production mais seulement à celles de l'inflation ($\theta_Y = 0$). Comment, dans ce cas, cette règle affecte-t-elle votre réponse en (a) ?

   c) Nous supposons que la banque centrale ne réagit pas aux variations de l'inflation mais seulement à celles de la production ($\theta_\pi = 0$). Comment, dans ce cas, cette règle affecte-t-elle votre réponse en (a) ?

   d) Supposons que la banque centrale ne suive pas le principe de Taylor : à toute hausse de l'inflation d'un point de pourcentage, elle relève le taux d'intérêt nominal de 0,8 point de pourcentage. Déterminer θ_π dans ce cas. Comment la trajectoire de l'inflation est-elle affectée par un choc d'offre ou de demande ?

PARTIE 5

LES DÉBATS DE POLITIQUE ÉCONOMIQUE

Chapitre 15. Les politiques de stabilisation — *555*
Chapitre 16. Dette publique et déficit budgétaire — *581*

LES POLITIQUES DE STABILISATION

Le rôle de la Réserve fédérale est d'emmener le bol de punch quand la fête bat son plein.
William McChesney Martin

Ce dont nous avons besoin, ce n'est pas d'un brillant chauffeur monétaire du véhicule économique manipulant sans cesse son volant en fonction des irrégularités inattendues de la route, mais d'un moyen d'empêcher le passager monétaire occupant le siège arrière en tant que lest de se pencher de temps à autre, provoquant un écart du volant, menaçant de faire sortir la voiture de la route.
Milton Friedman

15.1 Les politiques économiques doivent-elles être actives ou passives ?   556

15.2 La politique économique : règles ou discrétion ?   565

15.3 Conclusion : décider dans un univers dominé par l'incertitude   574

Comment les responsables politiques devraient-ils réagir face aux fluctuations économiques ? Les deux citations qui précèdent - la première est due à un ancien président de la Réserve fédérale et la seconde est celle d'un économiste très critique de cette dernière - illustrent bien les divergences d'opinion quant à la manière dont devrait être conduite la politique macroéconomique pour faire face à ces fluctuations.

Pour certains économistes, tels que William McChesney Martin, l'économie est fondamentalement instable. Selon eux, l'économie enregistre fréquemment des chocs d'offre ou de demande. À moins que les responsables politiques n'utilisent la politique monétaire et budgétaire pour stabiliser l'économie, ces chocs induisent d'inutiles et inefficaces fluctuations de la production, de l'emploi et de l'inflation. Selon l'expression populaire, la politique macroéconomique devrait « aller contre le vent », stimulant l'économie lorsqu'elle est déprimée et la ralentissant lorsque menace la surchauffe.

D'autres économistes, tels Milton Friedman, considèrent que l'économie est naturellement stable. Ils imputent à de mauvaises politiques économiques les fluctuations importantes et inefficaces auxquelles on assiste parfois. Selon eux, l'objet de la politique économique n'est pas le « réglage fin » de l'économie. Au contraire, les auteurs des politiques économiques devraient reconnaître leurs facultés limitées et se contenter de ne pas « faire du mal ».

Ce débat reste vif et se poursuit depuis des décennies, de multiples défenseurs de l'une ou de l'autre thèse avançant sans cesse de nouveaux arguments pour défendre leurs positions. Il est devenu particulièrement pertinent récemment à cause de la grave récession de 2008 qui a touché la plupart des pays. La principale question est de savoir comment les responsables politiques doivent utiliser la théorie des fluctuations économiques de court terme élaborée dans les précédents chapitres.

Ce chapitre pose deux questions présentes dans ce débat. Tout d'abord, les politiques monétaire et budgétaire doivent-elles activement rechercher la stabilisation de l'économie ou, au contraire, demeurer passives ? Deuxièmement, les responsables politiques peuvent-ils réagir à leur discrétion aux variations des conditions économiques ou doivent-ils, au contraire, s'engager à suivre une règle politique prédéterminée ?

15.1 LES POLITIQUES ÉCONOMIQUES DOIVENT-ELLES ÊTRE ACTIVES OU PASSIVES ?

Les responsables politiques considèrent la stabilisation économique comme l'une de leurs responsabilités majeures. Dans tous les pays, une série d'organismes publics, tels que les Comités du budget de la Chambre et du Sénat aux États-Unis (CBO), les groupes d'experts en tout genre, la banque centrale, les organes de concertation entre partenaires sociaux et gouvernement, étudient en permanence les conséquences des politiques macroéconomiques mises en œuvre et les modifications qu'il faudrait y apporter pour améliorer les choses. Chaque fois qu'est envisagée une modification de la politique monétaire ou de la politique budgétaire, se pose la question essentielle de savoir si cette modification aura un impact sur l'inflation et le chômage, d'une part, et si la demande agrégée doit être stimulée ou affaiblie, d'autre part.

S'il y a longtemps que les gouvernements mettent en œuvre des politiques monétaires et budgétaires, l'approche selon laquelle ils devraient s'efforcer de stabiliser l'économie est bien plus récente. Dans la plupart des pays industrialisés, elle date de l'immédiat après-guerre. Aux États-Unis, la législation de 1946 sur l'emploi précise que « la politique et la responsabilité constantes du gouvernement fédéral consistent à promouvoir le plein emploi et la production ». Des législations semblables existent dans tous les autres pays industrialisés. Elles s'inspirent toutes du souvenir douloureux de la Grande Dépression, dont de nombreux économistes pensaient à l'époque qu'en l'absence d'interventions actives des pouvoirs publics dans la vie économique, elle pourrait se répéter à intervalles réguliers.

Il ne fait aucun doute, aux yeux de nombreux économistes, que des politiques économiques actives sont indispensables. Les récessions sont des épisodes de chômage élevé, de faibles revenus et donc de moindre bien-être économique. Le modèle de l'offre et de la demande agrégées nous a montré que certains chocs affectant l'économie génèrent des récessions, mais aussi que les politiques monétaire et budgétaire peuvent éviter ces dernières (ou atténuer leur gravité) en réagissant à ces chocs. Pour ces économistes, ne pas utiliser les instruments des politiques économiques pour stabiliser l'économie serait un véritable gaspillage.

D'autres économistes, cependant, critiquent ces tentatives des pouvoirs publics de stabiliser l'économie. Ils recommandent, au contraire, de s'abstenir de toute politique macroéconomique. À première vue, cette approche surprend. Puisque notre modèle nous indique comment empêcher des récessions, ou du moins en atténuer la gravité, pourquoi ces économistes critiques souhaitent-ils que les pouvoirs publics s'abstiennent d'utiliser les politiques monétaire et budgétaire pour stabiliser l'économie ? Pour tenter de répondre à cette question, nous allons examiner ci-dessous quelques-uns de leurs arguments.

15.1.1 *Les retards dans la mise en œuvre et les impacts différés des politiques économiques*

Il serait facile de stabiliser l'économie si les impacts des politiques étaient immédiats. Mener une politique économique se comparerait alors à conduire une voiture : les responsables politiques n'auraient d'autre chose à faire que d'ajuster leurs instruments pour maintenir l'économie sur la voie souhaitée.

Malheureusement, mener une politique économique ressemble davantage à piloter un grand navire qu'à conduire une voiture. Conduire une voiture semble facile à la plupart des gens, parce que la voiture change presque immédiatement de direction lorsque le moindre mouvement est imprimé au volant. Au contraire, piloter un navire est difficile parce que ce dernier ne change de cap que longtemps après que le marin ait ajusté le gouvernail. Et une fois qu'il commence à virer, le navire continue son mouvement longtemps après que le gouvernail soit revenu en position initiale. Un marin débutant modifie le cap de son navire de manière imparfaitement prévisible en donnant soit trop, soit pas assez d'impulsion. Il a tendance à exagérer le virage et, lorsqu'il se rend compte de son erreur, à sur-réagir en tournant exagérément la barre en direction opposée. Le résultat est d'autant plus instable que notre pilote débutant va probablement réagir à ses erreurs précédentes en imprimant des corrections de plus en plus importantes.

Tout comme le pilote du navire, ceux qui mettent en œuvre les politiques économiques sont confrontés au problème des longs délais de réaction. Ce problème est d'autant plus complexe qu'il est impossible de prévoir exactement l'importance de ces délais, ce qui complique singulièrement la conduite des politiques monétaire et budgétaire.

Les économistes distinguent deux types de délais dans la mise en œuvre des politiques de stabilisation : le délai interne et le délai externe. Le **délai interne** est le temps qui sépare un choc sur l'économie et la mesure de politique économique qui y réagit. Il s'explique, d'une part, par le temps qu'il faut pour se rendre compte qu'un choc a eu lieu et, d'autre part, par le temps supplémentaire qu'il faut pour élaborer et mettre en œuvre la mesure adéquate. Le **délai externe** est le temps qui s'écoule entre le moment où la mesure de politique économique est prise et celui où elle génère ses effets. Il s'explique par le fait que les politiques économiques n'influencent pas instantanément la dépense, le revenu et l'emploi.

Le délai interne de la politique budgétaire est particulièrement long. Tout projet de loi aux États-Unis visant à modifier les recettes fiscales ou les dépenses publiques doit être approuvé par le président et les deux Chambres du Parlement. Ceci prend nécessairement du temps et fait de la politique budgétaire un piètre instrument de stabilisation économique. Dans certains pays comme la Grande-Bretagne, les délais sont plus courts à cause du système parlementaire en place.

Dans le cas de la politique monétaire, le délai interne est plus court car la banque centrale peut décider en un jour de la politique à mettre en œuvre. Cependant, le délai externe est particulièrement long. La mise en œuvre de la politique monétaire passe par l'offre de monnaie et les taux d'intérêt qui, à leur tour, ont un impact sur l'investissement et la demande agrégée. Or de nombreuses entreprises ont des plans d'investissement à moyen ou à long terme. On considère donc généralement qu'une modification de la politique monétaire n'affecte, au mieux, l'activité économique que quelques six mois après qu'elle ait été décidée.

On voit donc que les délais longs et variables associés aux politiques monétaire et budgétaire rendent difficile la stabilisation de l'économie. Les protagonistes des politiques passives disent même qu'il s'agit là d'une tâche tout simplement impossible.

Au contraire, poursuivent-ils, les tentatives de stabilisation de l'économie s'avèrent fréquemment en fait déstabilisantes. Supposons, par exemple, que les conditions économiques se modifient entre le moment où une mesure politique est prise et le moment où elle génère ses effets sur l'économie. Dans un tel cas, une politique active peut très bien avoir pour effet de stimuler l'économie lorsque celle-ci est en surchauffe ou de la déprimer alors que l'activité économique se ralentit déjà. Ceux qui sont en faveur des politiques actives reconnaissent d'ailleurs que tous ces délais appellent une grande prudence de la part des responsables politiques. Ils n'en concluent pourtant pas à la nécessaire passivité complète des politiques économiques, surtout en période de dépression grave et durable de l'activité économique comme la récession qui a débuté en 2008.

Les **stabilisateurs automatiques** devraient en fait réduire les délais associés aux politiques de stabilisation. Comme leur nom l'indique, les stabilisateurs automatiques sont des mécanismes qui stimulent ou ralentissent l'économie en cas de besoin et sans modification délibérée des politiques économiques. Ainsi, l'impôt proportionnel sur le revenu réduit automatiquement les impôts lorsque l'économie se ralentit, sans qu'il soit nécessaire de modifier la législation fiscale, du simple fait que tant les personnes physiques que les entreprises paient moins d'impôts lorsque leurs revenus sont plus faibles. De même, le système d'assurance-chômage, et plus généralement, de sécurité sociale, accroît les transferts lorsque l'économie se retourne à la baisse, du simple fait que plus de gens se trouvent en situation d'en bénéficier. Ces stabilisateurs automatiques peuvent être considérés comme des instruments de politique budgétaire dénués de tout délai interne.

15.1.2 La difficulté de prévoir l'évolution économique

En raison des délais avec lesquels la politique économique influence l'activité économique, mener à bien une politique de stabilisation implique une prévision correcte des conditions économiques à venir. Il est, en effet, tout à fait impossible de savoir si telle ou telle politique monétaire ou budgétaire, décidée aujourd'hui, doit stimuler ou, au contraire, déprimer la demande agrégée, sans savoir si l'économie sera en expansion ou en récession dans les six à douze mois à venir. Malheureusement, les évolutions économiques sont souvent imprévisibles, du moins dans l'état actuel de nos connaissances économiques.

Pour anticiper l'avenir, les prévisionnistes font notamment appel aux *indicateurs économiques avancés ou précurseurs* (*leading indicators*). Comme nous l'avons vu au chapitre 9, un indicateur avancé ou précurseur est une série de données dont on a observé que les variations précèdent fréquemment celles de l'ensemble de l'économie. Si un tel indicateur enregistre une forte baisse, on peut supposer qu'une récession se prépare.

Les modèles macroéconométriques sont un autre instrument de prévision économique. Les organismes publics et les sociétés privées qui font des prévisions économiques construisent et mettent à jour de grands modèles économiques informatisés. Ces modèles comprennent un grand nombre d'équations, dont chacune représente un secteur de l'économie (voir chapitre 11). Sur la base d'hypothèses relatives à l'orientation de variables exogènes, telles que la politique monétaire, la politique budgétaire ou les prix des produits pétroliers, ces modèles génèrent des prévisions de l'emploi, de l'inflation et d'autres variables endogènes. N'oublions pas, cependant, que la validité de ces prévisions est à la mesure exacte de celle des hypothèses faites sur les variables exogènes, d'une part, et de la qualité du modèle utilisé lui-même, d'autre part.

ÉTUDE DE CAS - Erreurs dans la prévision économique

« Quelques averses, intervalles ensoleillés, et des vents modérés ». C'étaient les prévisions météorologiques offertes par le célèbre British National Weather Service concernant le 14 octobre 1987. Le lendemain, la Grande-Bretagne a été frappée par la pire tempête de plus de deux siècles.

Comme les prévisions météorologiques, la prévision économique joue un rôle essentiel dans les prises de décision des acteurs publics autant que privés. Les dirigeants d'entreprises ont besoin de prévisions pour décider combien produire et combien investir en usines et équipements. Les responsables publics les utilisent pour élaborer leurs politiques économiques. Malheureusement, comme les prévisions météorologiques, les prévisions économiques sont loin d'être précises et restent un exercice périlleux.

Quelle est la précision des prévisions économiques ? Pour répondre à cette question, nous pouvons comparer ce qui avait été prévu et ce qui s'est effectivement réalisé dans le passé.

La récession économique la plus grave de l'histoire des pays industrialisés, la Grande Dépression des années 1930, n'avait pas été prévue du tout. Même après l'effondrement du marché boursier de 1929, les prévisionnistes écartaient l'hypothèse d'un déclin substantiel de l'activité économique. À la fin de l'année 1931, quand tout le monde se rendit enfin compte du mauvais état de l'économie, l'éminent économiste Irving Fisher prévoyait une reprise rapide. Ce qui s'est passé ensuite démontre à l'évidence l'optimisme exagéré de cette prévision : le taux de chômage a continué d'augmenter jusqu'en 1933 et est resté à un niveau élevé toute la décennie [1].

La figure 15.1 illustre la qualité des prévisions économiques au cours de la récession de 1982, la plus grave qu'aient connue les États-Unis depuis la

---

[1] Kathryn M. Dominguez, Ray C. Fair et Matthew D. Shapiro, « Forecasting the Depression : Harvard versus Yale », *American Economic Review* 78 (septembre 1988), 595-612. Cet article démontre à suffisance la piètre qualité des prévisions économiques au cours de la Grande Dépression, et il défend la thèse qu'elles n'auraient pas été bien meilleures même si elles avaient été effectuées avec les techniques de prévision modernes dont nous disposons aujourd'hui.

Grande Dépression. On y voit le taux de chômage effectif (en trait continu) et six tentatives de le prévoir au cours des cinq trimestres suivants (en trait discontinu). Pour le premier trimestre, la prévision est bonne. Ensuite, et à mesure que l'horizon temporel s'éloigne, elle s'écarte de la réalisation. Ainsi, au deuxième trimestre de 1981, les prévisionnistes ne s'attendaient qu'à une faible variation du taux de chômage au cours des cinq trimestres suivants ; cependant, seulement après deux trimestres, on a assisté à une forte hausse du chômage. Le passage du taux de chômage à 11 % au quatrième trimestre de 1982 n'avait pas été prévu du tout et a pris les prévisionnistes par surprise. Et, même après que le creux de la récession soit devenu apparent, les prévisionnistes n'ont pas anticipé la baisse subséquente rapide du taux de chômage.

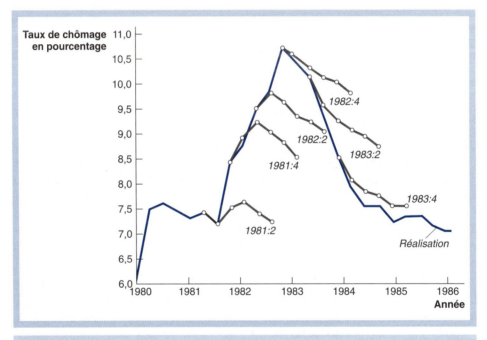

Figure 15.1
La prévision de la récession de 1982

La courbe en trait continu retrace l'évolution du taux de chômage effectif entre le premier trimestre 1980 et le premier trimestre de 1986. La courbe en trait discontinu montre, quant à elle, le taux de chômage prévu, en six points successifs du temps : deuxième trimestre de 1981, quatrième trimestre de 1981, deuxième trimestre de 1982, etc. Pour chaque prévision, les petits cercles identifient le taux de chômage courant et le taux de chômage prévu pour les cinq trimestres suivants. Vous remarquez que les prévisionnistes sont passés à côté de la hausse rapide du taux du chômage autant que de son repli subséquent, tout aussi rapide.

Source : Le taux de chômage effectif est celui de la statistique de l'U.S. Department of Labor. Le taux de chômage prévu est la médiane d'environ vingt prévisions suivies en permanence par l'American Statistical Association et par le National Bureau of Economic Research.

L'histoire est sensiblement la même avec la récession de 2008. L'enquête effectuée en novembre 2007 auprès des prévisionnistes institutionnels et professionnels américains (*Survey of Professional Forecasters*, SPE) prévoyait un ralentissement de l'activité économique modeste : le taux de chômage devait augmenter de 4,7 % au quatrième trimestre de 2007 à 5,0 % au quatrième trimestre de 2008. Dans l'enquête effectuée en mai 2008, les prévisionnistes ont revu leurs prévisions de chômage à la hausse pour la fin de l'année en annonçant un taux de 5,5 % seulement. En fait, le taux de chômage était de 6,9 % au quatrième trimestre de 2008.

Ces différents épisodes, la Grande Dépression, la récession et la reprise de 1982 et la récente récession illustrent le caractère imprévisible de la plupart des événements économiques les plus marquants. Mais si les décideurs privés et publics n'ont d'autre choix que d'utiliser les prévisions économiques, ils ne peuvent jamais perdre de vue la grande marge d'erreur dont celles-ci sont affectées.

15.1.3 *Ignorance, anticipations et critique de Lucas*

L'éminent économiste Robert Lucas a écrit une fois : « Notre ambition, à nous économistes, de prodiguer des conseils, est d'une incroyable prétention. » Même parmi ceux et celles qui font office de conseils des décideurs politiques, ce sentiment est largement partagé. L'économie est une science jeune, à laquelle il reste beaucoup à apprendre. Aucun économiste ne peut être totalement convaincu qu'il évalue correctement les effets des diverses politiques économiques possibles. Ceci devrait amener les économistes à la plus grande prudence lorsqu'ils sont amenés à offrir leurs conseils en matière de politique économique.

Parmi tous les sujets mal connus des économistes, Lucas a souligné la manière dont les gens forment leurs anticipations. Celles-ci sont au centre de l'économie, parce qu'elles influencent le comportement de tous les agents économiques. Par exemple, la consommation courante des ménages est fonction de ce que ceux-ci anticipent de gagner dans le futur. Les décisions d'investissement des entreprises sont fonction de leurs anticipations quant à leur rentabilité future. Ces anticipations dépendent de nombreux facteurs parmi lesquels il y a un facteur qui joue un rôle particulièrement important selon Lucas : la politique économique mise en œuvre par les pouvoirs publics. Ainsi, pour estimer l'impact d'une modification d'une politique donnée, les responsables politiques doivent savoir comment les agents économiques forment leurs anticipations et comment celles-ci réagissent à cette modification de la politique économique. Selon Lucas, les méthodes traditionnelles d'évaluation des politiques économiques, comme celles basées sur les modèles économétriques standards, ne tiennent pas adéquatement compte de l'impact des politiques elles-mêmes sur les anticipations. C'est cette critique de l'évaluation conventionnelle des politiques économiques que l'on appelle **critique de Lucas** [2].

Nous avons déjà vu un exemple de cette critique de Lucas au chapitre 13, lorsque nous avons étudié la manière dont les anticipations rationnelles affectent le coût de la réduction de l'inflation. Celui-ci est souvent mesuré par le coefficient de sacrifice qui désigne le nombre de points de pourcentage du PIB auxquels il faut renoncer pour réduire l'inflation d'un point de pourcentage. Comme les estimations de ce coefficient sont assez larges, certains économistes maintenaient que les décideurs publics devraient vivre avec l'inflation plutôt que d'engager les coûts élevés de sa réduction.

Toutefois, selon les adeptes de l'approche des anticipations rationnelles, ces estimations ne sont pas fiables car elles sont sujettes à la critique de Lucas. Les estimations conventionnelles du coefficient de sacrifice font l'hypothèse que les anticipations sont adaptatives. En d'autres termes, l'inflation anticipée dépendrait de l'inflation passée. Ces anticipations adaptatives peuvent constituer un début raisonnable dans certains cas. Si les responsables politiques s'engagent d'une façon crédible à modifier leur politique, les agents économiques, convaincus que les décideurs publics tiendront leurs engagements, vont réagir rationnellement à ces changements en ajustant leurs anticipations d'une façon appropriée. En d'autres termes, seule une crédibilité forte incite les agents à réellement modifier leurs anticipations de l'inflation. Ainsi, les modifications des anticipations de l'inflation vont influencer rapidement l'arbitrage de court terme entre inflation et chômage. Il peut donc s'avérer bien moins coûteux de réduire l'inflation qu'on ne le pense généralement, dans la mesure où les anticipations réagissent à une modification crédible de la politique économique.

La critique de Lucas nous laisse deux enseignements. La première leçon est que les économistes doivent examiner comment la politique économique influe sur les anticipations et, par conséquent, sur le comportement. La seconde leçon, qui est plus générale, est que l'évaluation des politiques économiques est difficile. Ainsi, pour les économistes engagés dans une telle tâche, ils devraient faire preuve de plus d'humilité.

15.1.4 L'enseignement de l'histoire

L'histoire peut nous aider à déterminer si la politique économique doit jouer un rôle actif ou passif dans l'économie. Si celle-ci a subi d'importants chocs sur l'offre agrégée ou sur la demande agrégée, et si la politique économique a réussi à la mettre à l'abri de ces chocs, il est clair que la politique économique doit jouer un rôle actif. À l'inverse, si l'économie n'a enregistré que peu de chocs importants et si les fluctuations observées peuvent être imputées à l'inadéquation des politiques économiques, les arguments en faveur de la politique passive s'en trouvent renforcés. L'impact historique

---

[2] Robert E. Lucas, Jr., « Econometric Policy Evaluation : A Critique », *Carnegie Rochester Conference on Public Policy* 1 (Amsterdam : North-Holland Publishing Company, 1976), 19-46. Lucas a reçu le prix Nobel pour ce travail et d'autres contributions en 1995.

stabilisateur ou non des politiques économiques doit donc nous aider à décider si celles-ci doivent être actives ou passives. C'est pourquoi le débat sur les politiques macroéconomiques se transforme souvent en un débat sur l'histoire macroéconomique.

Et pourtant, l'histoire ne permet pas de conclure unilatéralement le débat sur la politique de stabilisation. La raison en est qu'il n'est pas facile du tout d'identifier les sources des fluctuations économiques : l'interprétation des événements historiques est rarement univoque.

Un bon exemple en est fourni par la Grande Dépression, dont l'interprétation des causes influence souvent l'opinion des économistes en matière de politique macro-économique. Certains économistes voient dans la chute substantielle de la dépense privée la principale cause de la Grande Dépression : les responsables politiques devraient y avoir réagi en stimulant la demande agrégée par des politiques budgétaire et monétaire. Pour d'autres économistes, c'est la contraction substantielle de l'offre de monnaie qui est à l'origine de la dépression. Il aurait été possible d'éviter celle-ci en menant une politique monétaire passive consistant à accroître l'offre de monnaie à un taux constant. On voit donc qu'en fonction de l'imputation retenue de ces causes, la Grande Dépression peut être considérée comme appelant une politique monétaire et budgétaire active aussi bien que comme montrant le danger d'une telle politique.

> **ÉTUDE DE CAS - La stabilisation de l'économie : fiction des chiffres ?**
>
> Keynes a rédigé *La Théorie générale* dans les années 1930 et, dans la foulée de la révolution keynésienne, les gouvernements dans le monde entier ont commencé à considérer comme l'une de leurs charges majeures la stabilisation économique. Certains économistes sont convaincus que cette mise en œuvre de la théorie keynésienne a profondément imprégné le comportement de l'économie. En comparant les données relatives à la période antérieure à la Première Guerre mondiale et à la période qui a suivi la Deuxième Guerre mondiale, ils constatent que le PIB réel et le chômage sont devenus beaucoup plus stables. Pour les keynésiens, ceci démontre la nécessité des politiques actives de stabilisation : elles ont fonctionné.
>
> Dans une série d'articles contestataires qui ont eu un large écho, Christina Romer remet en cause cette apparente démonstration tirée de l'histoire. Elle affirme que la réduction mesurée de la volatilité des variables économiques reflète l'amélioration des données économiques plutôt que celle de la politique et du comportement économiques. Selon elle, les données anciennes seraient tout simplement moins précises que les données plus récentes. À ses yeux donc, la prétendue plus grande volatilité du chômage et du PIB réel « observée » avant la Première Guerre mondiale serait dans une large mesure une illusion d'optique.
>
> Pour asseoir sa démonstration, Romer utilise diverses techniques. L'une d'entre elles consiste à construire des séries de chiffres plus précises pour la

période précédant la Première Guerre mondiale. Cette tâche est rendue difficile par la rareté des sources de données. C'est pourquoi Romer construit alors des données *moins* précises relatives à la période récente, pour les rendre comparables aux chiffres anciens, et donc entachés des mêmes imperfections. Sur la base de ces nouveaux chiffres « mauvais », Romer constate au cours de la période récente une volatilité nettement accrue, en fait presque aussi grande que celle qui caractérise la période antérieure. Elle en conclut que la volatilité apparente de cette dernière période pourrait n'être qu'une illusion d'optique due à la mauvaise qualité des chiffres.

Même si son travail fait l'objet de vives critiques, Romer a contribué de manière importante à alimenter le débat permanent sur les politiques macroéconomiques en convainquant un grand nombre d'économistes que l'économie contemporaine n'est qu'un peu plus stable qu'avant la Première Guerre mondiale [3].

15.2 LA POLITIQUE ÉCONOMIQUE : RÈGLES OU DISCRÉTION ?

Un deuxième grand thème de débat entre économistes est alimenté par le choix entre « règles » et « discrétion ». On parle de politiques économiques régies par des « règles » lorsque les responsables politiques annoncent à l'avance la manière dont leurs politiques réagiront à diverses situations et s'engagent à respecter, quoi qu'il advienne, la teneur de cette annonce. Au contraire, les politiques dites « discrétionnaires » laissent les responsables politiques libres d'évaluer les situations au cas par cas et de leur appliquer, sur cette base, les politiques économiques qui leur semblent les plus adéquates.

Il ne faut pas confondre ce dilemme « règles-discrétion » avec le choix entre politiques actives et passives. L'une et l'autre de ces dernières peuvent être conduites par règles ou par discrétion. Ainsi, la règle de politique passive annoncera une croissance de l'offre monétaire au taux constant de 3 % par an, et la règle de politique active précisera à l'avance que

$$\text{Croissance monétaire} = 3\,\% + (\text{Taux de chômage} - 6\,\%)$$

Selon cette règle, l'offre de monnaie croît au rythme de 3 % si le taux de chômage est de 6 %. Mais pour tout point de pourcentage du taux de chômage dépassant 6 %, l'offre monétaire augmentera d'un point de pourcentage supplémentaire.

---

[3] Pour plus de détails sur ce sujet, voir Christina D. Romer, « Spurious Volatility in Historical Unemployment Data », *Journal of Political Economy* 94 (février 1986), 1-37 ; Christina D. Romer, « Is the Stabilization of the Postwar Economy a Figment of the Data ? », *American Economic Review* 76 (juin 1986), 314-334. Depuis 2009, Christina D. Romer préside le Council of Economic Advisers de l'administration Obama.

Cette règle a donc pour objet de stabiliser l'économie en accélérant la croissance monétaire lorsque le rythme d'activité économique se ralentit.

Pour entamer cette section, nous examinons en quoi l'engagement de respecter une règle fixe de politique économique est susceptible d'améliorer les choses. Nous examinerons ensuite diverses règles possibles de politique économique.

15.2.1 *La méfiance envers les responsables politiques et le processus politique*

Certains économistes sont convaincus que la politique économique est un instrument trop important pour le laisser à la discrétion des responsables politiques. Bien qu'il s'agisse d'une opinion davantage politique qu'économique, son évaluation doit nous aider à forger notre propre sentiment quant au rôle de la politique économique. Si les hommes politiques sont incompétents ou opportunistes, nous hésiterons à leur confier le pouvoir discrétionnaire d'utiliser les puissants instruments de la politique monétaire et budgétaire.

Diverses raisons peuvent expliquer l'incompétence en matière d'élaboration des politiques économiques. Pour certains économistes, le processus politique est erratique, peut-être parce qu'il est soumis au pouvoir et au jeu fluctuant des groupes d'intérêts. De surcroît, la macroéconomie est une chose complexe, dont les hommes politiques n'ont fréquemment pas une connaissance suffisante pour se forger des sentiments éclairés à son égard. Ils constituent donc une proie facile pour des conseillers indélicats qui leur proposent des solutions incorrectes, mais superficiellement attrayantes, à des problèmes complexes, et ceci sans que le processus politique offre le moyen de séparer l'ivraie de ces charlatans de l'orge des économistes compétents.

Quant à l'opportunisme, il apparaît en matière de politique économique lorsque les objectifs des responsables politiques vont à l'encontre du bien-être des citoyens. Certains économistes redoutent que les hommes politiques utilisent les politiques macroéconomiques pour poursuivre leurs propres objectifs électoraux. Si les citoyens votent sur la base des conditions économiques qui prévalent au moment des élections, les hommes politiques sont tentés de mener des politiques susceptibles de générer des conditions économiques favorables à l'approche des élections. On pourrait, par exemple, imaginer un président suscitant une récession immédiatement après avoir pris sa charge pour réduire l'inflation et pouvoir ensuite stimuler l'économie à l'approche des élections suivantes pour réduire le chômage : de cette manière, le jour de l'élection, il pourrait présenter un bilan positif, puisque tant le taux d'inflation que le taux de chômage seraient faibles. Les chercheurs en économie autant qu'en science politique se sont abondamment penchés sur cette manipulation de l'économie en vue de gains électoraux que l'on appelle **cycle électoral** [4].

---

4 William Nordhaus, « The Political Business Cycle », *Review of Economic Studies* 42 (1975), 169-190 ; Edward Tufte, *Political Control of the Economy* (Princeton, NJ : Princeton University Press, 1978).

C'est donc leur méfiance envers le processus politique qui pousse certains économistes à transférer la politique économique en dehors de la sphère politique. Certains ont été jusqu'à proposer des amendements constitutionnels, portant notamment sur le budget équilibré, susceptibles d'empêcher toute action du législateur et de mettre l'économie à l'abri tant de l'incompétence que de l'opportunisme.

15.2.2 L'incohérence dans le temps des politiques discrétionnaires

Si nous avons confiance dans nos décideurs politiques, la discrétion doit, à première vue, être préférée à la règle. Par nature, en effet, la politique discrétionnaire est souple : si les décideurs politiques sont à la fois intelligents et désireux du bien public, il y a peu de raisons de leur refuser cette souplesse d'adaptation à la modification des conditions économiques.

L'**incohérence dans le temps** des politiques économiques milite cependant en faveur de la règle, au détriment de la discrétion. Il peut en effet arriver que les responsables politiques souhaitent annoncer à l'avance la politique qu'ils ont l'intention de mettre en œuvre, en vue d'influencer les anticipations des décideurs privés. Une fois que ces derniers ont agi en fonction de leurs anticipations, les mêmes responsables politiques peuvent être tentés de renier leur engagement. Comprenant alors que les décideurs politiques les ont trompés, qu'en termes plus diplomatiques ils sont incohérents dans le temps, les décideurs privés se méfient dorénavant de toute annonce préalable d'une politique économique. Pour rendre leurs annonces plus crédibles, les responsables politiques choisiraient alors de se lier à une règle prédéterminée de politique économique.

L'incohérence dans le temps est plus simplement illustrée dans un contexte politique plutôt que dans un exemple économique, en particulier, les politiques publiques sur les négociations avec les terroristes pour la libération des otages. La règle annoncée par certains pays a pour objectif de dissuader les terroristes : s'il n'y a rien à gagner de l'enlèvement des otages, les terroristes rationnels ne le feront pas. En d'autres mots, l'objectif de l'annonce est d'influer sur les anticipations des terroristes et leur comportement.

Mais, en fait, à moins que les décideurs se soient engagés d'une façon crédible à respecter la politique, l'annonce a peu d'effet. Les terroristes savent très bien qu'une fois les otages pris, les hommes politiques sont assez tentés de faire quelques concessions afin d'obtenir leur libération. La seule façon rationnelle pour dissuader les terroristes est de remplacer la discrétion par une règle stricte de ne jamais négocier. Si les hommes politiques ne sont véritablement pas en mesure de faire des concessions, les terroristes seraient moins incités de prendre des otages.

Le même problème se pose mais de façon moins spectaculaire et dramatique dans la conduite de la politique monétaire. Penchons-nous sur le dilemme auquel est confrontée une banque centrale se préoccupant autant de l'inflation que du chômage. La courbe de Phillips nous dit que l'arbitrage entre inflation et chômage est fonction de l'inflation anticipée. La banque centrale souhaite que chacun s'attende à un taux faible d'inflation, ce qui atténuerait la rigueur de son arbitrage : pour réduire l'inflation anticipée, la banque centrale répète fréquemment que le premier objectif de sa politique monétaire est de contenir l'inflation.

Mais, en soi, cette annonce d'une politique de contention de l'inflation n'est pas crédible. Une fois que les ménages et les entreprises ont constitué leurs anticipations de l'inflation et pris les décisions correspondant à celles-ci, la banque centrale est tentée de déroger à son annonce et de mener une politique monétaire expansionniste en vue de réduire le chômage. Comprenant cette incitation de la banque centrale à changer de politique, les acteurs économiques ne croient pas à l'annonce initiale. Tout comme il est difficile de résister à la tentation de négocier la libération des otages, la banque centrale dotée de pouvoirs discrétionnaires peut difficilement s'empêcher de mener une politique monétaire expansionniste destinée à réduire le chômage. C'est pourquoi les ménages et les entreprises n'intègrent pas dans leurs décisions les politiques annoncées de lutte contre l'inflation.

De manière surprenante, il ressort de cette analyse qu'il est possible de mieux atteindre les objectifs annoncés des politiques économiques en privant les décideurs politiques de toute marge discrétionnaire de décision. Dans le cas de la politique monétaire, inflation et chômage sont moindres lorsque la banque centrale n'a aucun moyen de s'écarter de l'objectif d'inflation zéro. (On trouvera dans l'annexe de ce chapitre une modélisation de cette conclusion.)

L'incohérence dans le temps des politiques économiques apparaît dans de nombreux contextes, dont voici quelques exemples :

- pour stimuler l'investissement, le gouvernement annonce l'exemption d'impôt des revenus du capital. Toutefois, une fois l'investissement réalisé, il est tenté de renier sa promesse, dans la mesure où l'imposition du capital existant ne va pas à l'encontre de l'encouragement de l'investissement ;
- pour encourager la recherche, le gouvernement annonce qu'il conférera un monopole provisoire aux entreprises qui mettent au point de nouveaux médicaments. Une fois ceux-ci sur le marché, le gouvernement est tenté de révoquer la licence ou de réglementer les prix pour assurer que les nouveaux médicaments soient accessibles à tous ;
- pour encourager un comportement correct, les parents annoncent qu'ils puniront l'enfant qui s'écarte des règles de bonne conduite. Quand un de leurs enfants enfreint celles-ci, les parents sont tentés de lui pardonner sa transgression, tant il leur est aussi désagréable de punir qu'à l'enfant d'être puni ;
- pour vous inciter à travailler davantage, votre professeur vous annonce que son cours sera sanctionné par un examen. Une fois que vous avez étudié avec ardeur et que vous maîtrisez la matière, le professeur est tenté de supprimer l'examen pour éviter de devoir corriger vos copies.

Dans chacun de ces cas, les agents rationnels comprennent que celui qui prend la décision est tenté de ne pas respecter celle-ci, et cette anticipation affecte leur comportement. Dans chaque cas également, la solution consiste à obliger celui qui prend la décision à respecter la règle qu'il a annoncée.

ÉTUDE DE CAS - Alexander Hamilton et l'incohérence dans le temps

De tout temps, l'incohérence dans le temps va de pair avec les politiques discrétionnaires. C'est l'un des premiers problèmes auxquels a été confronté Alexander Hamilton lorsque le président George Washington l'a nommé premier secrétaire américain au Trésor, en 1789.

De ce fait, c'est à Hamilton qu'incomba la décision du traitement à réserver à l'endettement accumulé par la jeune nation américaine au cours de sa guerre d'indépendance contre la Grande-Bretagne. Pendant qu'il encourait cette dette, le gouvernement révolutionnaire promettait de la rembourser au terme de la guerre. Celle-ci terminée, nombreux furent les Américains partisans du défaut de paiement, au motif que le remboursement des créanciers exigerait un prélèvement fiscal, toujours coûteux et impopulaire.

Hamilton s'opposa à la politique incohérente dans le temps qui eût consisté à répudier la dette. Il savait que la nouvelle nation serait probablement contrainte à l'avenir d'avoir à nouveau recours à l'emprunt. Dans son « Premier rapport sur la dette publique » qu'il présenta au Congrès en 1790, il écrivait :

> « S'il est réellement aussi important de préserver la crédibilité du secteur public, il est primordial de répondre à la question suivante : comment assurer celle-ci ? La première réponse qui vient à l'esprit est : en démontrant la bonne foi des pouvoirs publics par le respect scrupuleux de leurs engagements. Tout comme les individus, les États qui honorent leurs engagements inspirent le respect et la confiance, à l'opposé de ceux qui ne le font pas. »

En conséquence, Hamilton a proposé que la nation s'engage à honorer ses dettes.

La règle de politique économique proposée au départ par Hamilton a été respectée pendant plus de deux siècles. Aujourd'hui, contrairement à ce qui se passait à l'époque d'Hamilton, lorsque le Parlement discute des priorités en matière de dépenses, aucun élu ne présente la répudiation de la dette publique comme moyen de réduire l'impôt. En matière de dette publique, tout le monde est d'accord pour dire que l'État est irrémédiablement contraint par la règle permanente de politique économique qui consiste à rembourser ses dettes.

15.2.3 Les règles et la politique monétaire

Même si nous sommes convaincus qu'en matière de politique économique la règle vaut mieux que la discrétion, le débat sur la politique macroéconomique n'en est pas clos pour autant. En effet, si la banque centrale opte, en matière de politique monétaire, pour la règle, quelle doit être celle-ci ? Nous passons brièvement en revue, ci-dessous, trois règles de politique monétaire préconisées par divers économistes.

Les économistes dits **monétaristes** veulent contraindre la banque centrale à accroître la masse monétaire à un taux constant. La citation figurant en début de ce chapitre, due à Milton Friedman, le père de la pensée monétariste moderne, ne dit rien d'autre. Les monétaristes, en effet, attribuent aux variations de l'offre de monnaie l'essentiel des fluctuations importantes de l'économie. Selon eux, une croissance modeste et stable de l'offre de monnaie doit assurer la stabilité de la production, de l'emploi et des prix.

Même si cette règle de la politique monétariste aurait peut-être permis d'éviter un grand nombre des fluctuations économiques observées au cours de l'histoire, la plupart des économistes n'y voient pas la meilleure règle de politique monétaire possible. En effet, une croissance stable de la masse monétaire ne stabilise la demande agrégée que si la vitesse de circulation de la monnaie est, elle aussi, constante. Aussi la plupart des économistes considèrent-ils que la règle monétaire doit permettre à l'offre de monnaie de s'ajuster à divers chocs qui peuvent affecter l'économie.

D'autres économistes préconisent la règle de **ciblage du PIB nominal**, selon laquelle la banque centrale devrait annoncer l'évolution attendue du PIB nominal. Si celui-ci dépasse l'objectif de croissance ou la cible, la banque centrale réduit la croissance monétaire pour déprimer la demande agrégée. Si le PIB nominal n'atteint pas l'objectif, la banque centrale accélère la croissance monétaire pour stimuler la demande agrégée. La plupart des économistes croient que l'ajustement de la politique monétaire aux variations de la vitesse de circulation de la monnaie stabilise plus efficacement la production et les prix que la règle de la politique monétariste.

La troisième règle de politique monétaire qui est souvent préconisée est le **ciblage de l'inflation**. Dans ce cadre, la banque centrale fixe un taux d'inflation cible (normalement faible) et adapte l'offre de monnaie chaque fois que le taux d'inflation observé s'écarte de la cible annoncée. Comme dans le cas de ciblage du PIB nominal, les variations de la vitesse de circulation de la monnaie n'affectent pas l'économie. Ainsi, pour les tenants de cette règle, le premier objectif de la politique monétaire doit être la stabilité des prix. En outre, le ciblage de l'inflation est politiquement plus facile à expliquer au public.

Vous aurez remarqué que toutes ces règles sont exprimées en termes de l'une ou l'autre variable nominale - l'offre de monnaie, le PIB nominal, ou encore le niveau des prix. On peut également penser à des règles en termes de variables réelles. Ainsi, la banque centrale pourrait opter pour un objectif de taux de chômage égal à 5 %. Malheureusement, personne ne sait exactement quel est le taux de chômage naturel. Si la banque centrale choisit un objectif de chômage inférieur à ce taux naturel, ceci provoque l'accélération de l'inflation. Si, au contraire, l'objectif de taux de chômage est supérieur au taux naturel, il en résulte une déflation. C'est pourquoi les économistes ne défendent que rarement des règles de politique monétaire exprimées exclusivement en termes de variables réelles, même si ces variables réelles, telles que le chômage ou le PIB réel, rendent mieux compte de l'évolution économique.

Étude de cas - Le ciblage de l'inflation : règle ou discrétion sous contrainte ?

Depuis la fin des années 1980, la plupart des banques centrales, notamment en Australie, au Canada, en Finlande, en Israël, en Nouvelle-Zélande, en Espagne, en Suède, et au Royaume-Uni, ont adopté une modalité du ciblage de l'inflation. Quelquefois, cette cible est informellement annoncée par la banque centrale. Parfois, elle peut être officialisée par une loi. Ainsi, la loi néo-zélandaise en cette matière édictait, en 1989, que la banque centrale devait « formuler et mettre en œuvre une politique monétaire visant l'objectif économique d'obtention et de sauvegarde d'un niveau stable des prix ». De toute évidence, la loi ignorait tout autre objectif éventuellement concurrent, tel que stabilité de la production, de l'emploi, du taux d'intérêt ou du taux de change.

Faut-il, donc, faire de l'inflation la seule cible de la politique économique ? La réponse est négative.

Dans tous les pays où cette politique a été adoptée, les banques centrales ont conservé une certaine marge de manœuvre quel que soit le degré de coercition de cet engagement. En effet, les cibles d'inflation sont définies dans une fourchette, généralement de 1 à 3 %. Ainsi, les banques centrales gardent une certaine liberté en choisissant la cible souhaitée parmi les valeurs définies par les deux bornes de l'intervalle. Elles peuvent stimuler l'économie en choisissant une cible proche de la borne supérieure ou la freiner en retenant une cible proche de la borne inférieure. En outre, si des facteurs exogènes (des chocs d'offre bien identifiés) font sortir l'inflation de cette fourchette cible, celle-ci peut être adaptée.

À la lumière de cette flexibilité, quel est le but de ce ciblage de l'inflation ? Bien que le ciblage de l'inflation laisse la banque centrale avec une certaine discrétion, le pouvoir politique limite toutefois l'exercice de ce pouvoir discrétionnaire. En effet, lorsque le pouvoir politique demande tout simplement à la banque centrale de faire le « nécessaire », celle-ci ne peut pas être rendue comptable et responsable de ses actes car les gens peuvent toujours argumenter sur ce qui est « nécessaire » dans des circonstances particulières. En revanche, quand la banque centrale annonce une cible d'inflation ou même une fourchette cible, le public peut juger plus facilement si la banque centrale a atteint ses objectifs ou non. Ainsi, malgré cette inévitable marge de manœuvre, les banques centrales qui annoncent leurs objectifs d'inflation accroissent la transparence de la politique monétaire et, de ce fait, rendent celle-ci plus crédible.

La Fed n'a pas adopté une politique explicite de ciblage de l'inflation (bien que certains commentateurs aient suggéré qu'il y a, implicitement, une inflation cible dans une fourchette d'environ 2 %). Un éminent défenseur des cibles d'inflation est Ben Bernanke, un ancien professeur d'économie nommé par le président Bush pour succéder à Alan Greenspan à la présidence de la Fed. Bernanke a pris ses fonctions en 2006. Dans l'avenir, la Fed pourrait choisir une modalité du ciblage de l'inflation comme cadre explicite de la politique monétaire [5].

ÉTUDE DE CAS - L'indépendance de la banque centrale

Se pose maintenant la question centrale : si la politique monétaire est laissée à la discrétion de ses responsables plutôt qu'à la règle, qui doit être investi de ce pouvoir discrétionnaire ? Le gouvernement ou les responsables de la banque centrale ?

La réponse à cette question varie énormément d'un pays à l'autre : elle va d'une banque centrale « bras séculier » de la politique gouvernementale, à une banque centrale totalement indépendante du pouvoir politique. Aux États-Unis, les gouverneurs de la Fed sont nommés par le président et ne peuvent être révoqués si celui-ci est mécontent de leurs décisions. Leur mandat est de quatorze ans non renouvelables. Malgré ce processus de désignation, la Fed est, en pratique, quasiment indépendante du pouvoir politique comme la Cour Suprême.

De nombreux chercheurs ont étudié l'impact sur l'économie de la configuration institutionnelle des relations entre banque centrale et gouvernement. Ceci leur a permis de construire un indice d'indépendance de la banque centrale, indice basé notamment sur la durée et la reconductibilité des mandats des responsables de celle-ci, sur la présence de représentants du gouvernement dans ses organes de décision et sur la fréquence et l'intensité des contacts entre le gouvernement et les organes directeurs de la banque centrale. Ils ont ensuite étudié la corrélation entre l'indépendance de la banque centrale et les performances macroéconomiques des pays concernés.

L'un des résultats de ces études est que, plus est important le degré d'indépendance des banques centrales, plus est faible et stable le taux d'inflation. La figure 15.2 présente un diagramme de dispersion reliant l'indépendance

---

[5] Voir Ben S. Bernanke et Frederic S. Mishkin, « Inflation Targeting : A New Framework for Monetary Policy ? », *Journal of Economic Perspectives* 11 (printemps 1997), 97-116.

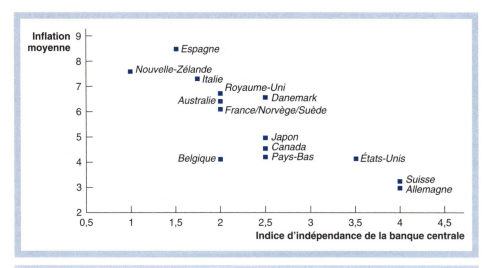

Figure 15.2
L'inflation et l'indépendance de la banque centrale

Ce diagramme de dispersion illustre l'expérience internationale en matière d'indépendance des banques centrales. Plus celle-ci est élevée, plus les taux d'inflation tendent à être faibles.
Source : Figure 1a, p. 155, in Alberto Alesina et Lawrence H. Summers, « Central Bank Independence and Macroeconomic Performance : Some Comparative Evidence », *Journal of Money, Credit, and Banking* 25 (mai 1993), 151-162. L'inflation moyenne est calculée sur la période 1955-1988.

de la banque centrale à l'inflation moyenne de 1955 à 1988. Les pays où les banques centrales sont indépendantes, tels que l'Allemagne, la Suisse ou les États-Unis, tendent à avoir un taux d'inflation moyen modeste. Les pays où les banques centrales ne le sont pas, tels que la Nouvelle-Zélande ou l'Espagne, tendent à avoir un taux d'inflation moyen élevé.

Par contre, les chercheurs n'ont trouvé aucune relation significative entre le degré d'indépendance des banques centrales et l'activité économique réelle. En particulier, l'indépendance de la banque centrale n'est pas corrélée au niveau ou à la volatilité du taux de chômage moyen, pas plus qu'au niveau et à la volatilité du taux de croissance moyen du PIB réel. L'indépendance de la banque centrale semble être un « cadeau » aux pays : elle a l'avantage de baisser l'inflation sans coût apparent. Cette constatation a conduit certains pays, comme la Nouvelle-Zélande, à réécrire leurs lois pour donner à leurs banques centrales une plus grande indépendance [6].

---

6 Pour un aperçu de l'abondante littérature sur l'indépendance de la banque centrale, voir notamment Alberto Alesina et Lawrence H. Summers, « Central Bank Independence and Macroeconomic Performance : Some Comparative Evidence », *Journal of Money, Credit, and Banking* 25 (mai 1993), 151-162. À propos du lien entre l'inflation et l'indépendance de la banque centrale, voir Marta Campillo et Jeffrey A. Miron, « Why Does Inflation Differ Across Countries ? » in Christina D. Romer et David H. Romer, eds., *Reducing Inflation : Motivation and Strategy* (Chicago : University of Chicago Press, 1997), 335-362.

15.3 CONCLUSION : DÉCIDER DANS UN UNIVERS DOMINÉ PAR L'INCERTITUDE

Dans ce chapitre, nous avons étudié l'opportunité des politiques économiques actives ou passives face aux chocs économiques, d'une part et l'arbitrage entre politiques discrétionnaires et politiques régies par des règles, d'autre part. Nous avons vu qu'en aucun cas, le choix n'est simple. En définitive, il incombe à chacun et chacune d'entre nous de pondérer les divers arguments, en termes tant économiques que politiques, pour se faire sa propre opinion sur la nature du rôle de l'État dans la stabilisation de l'économie.

Pour le meilleur ou pour le pire, les économistes sont appelés à jouer un rôle important dans la formulation des politiques économiques. Pour difficile qu'il soit rendu par la complexité de la macroéconomie, ce rôle est inévitable : les économistes ne peuvent se contenter d'attendre passivement l'amélioration de leurs connaissances de l'univers économique pour aider les responsables politiques à prendre leurs décisions.

Même lorsqu'ils ne conseillent pas directement les hommes politiques, les économistes, par leurs recherches et leurs écrits, exercent une influence sur le processus politique de décision en matière économique, comme l'a écrit John Maynard Keynes en conclusion de sa *Théorie générale* :

> [Q]u'elles soient correctes ou non, les idées des économistes et des politologues sont plus puissantes qu'on le croit généralement. En fait, on peut pratiquement considérer qu'elles régentent le monde. Les hommes pragmatiques, qui se croient libres de toute influence intellectuelle, sont généralement les esclaves de quelque économiste défunt. Les irresponsables au pouvoir, prompts à sentir l'air du temps, distillent leurs obsessions inconsciemment inspirées de ce qu'a écrit, il y a quelques années, tel académique fumeux.

Ceci reste aussi vrai aujourd'hui que lorsque Keynes l'écrivait en 1936, sauf qu'aujourd'hui Keynes lui-même apparaît à certains comme l'économiste « fumeux » dont il parle.

Synthèse

1. Pour les tenants des politiques économiques actives, l'économie est soumise à des chocs fréquents provoquant des fluctuations inefficaces de la production et de l'emploi en l'absence de réaction des politiques monétaire et budgétaire. Ils croient que la politique économique a réussi à stabiliser l'économie.

2. Les tenants des politiques économiques passives mettent l'accent sur les délais longs et variables des politiques monétaire et budgétaire, en raison desquels les tentatives de stabiliser l'économie s'avèrent souvent déstabilisa-

trices. Ils croient en outre que l'état actuel de nos connaissances de l'économie est insuffisant pour permettre de concevoir des politiques de stabilisation efficaces et qu'en conséquence ces dernières sont des sources fréquentes de fluctuations économiques.
3. Les tenants des politiques discrétionnaires insistent sur la souplesse de réaction que celles-ci offrent aux responsables politiques face à une série de situations imprévues.
4. Les tenants des politiques régies par la règle se méfient du processus politique. Ils sont convaincus que les hommes politiques commettent de fréquentes erreurs dans la conduite des politiques économiques et que, de surcroît, ils utilisent souvent celles-ci pour poursuivre leurs propres fins politiques. Selon eux, la règle annoncée de politique économique est seule capable de résoudre le problème de l'incohérence dans le temps.

Concepts de base

- Délais internes et externes
- Stabilisateurs automatiques
- Critique de Lucas
- Cycle électoral
- Incohérence dans le temps
- Monétaristes
- Ciblage de l'inflation

Évaluation des connaissances

1. Qu'entend-on par délai « interne » et par délai « externe » ? Lequel de ces délais est le plus long pour la politique monétaire et pour la politique budgétaire, respectivement ? Pourquoi ?
2. En quoi des prévisions économiques plus correctes aideraient-elles les décideurs politiques à stabiliser l'économie ? Quelles sont deux des manières dont les économistes s'efforcent de prévoir les évolutions économiques ?
3. En quoi consiste la critique de Lucas ?
4. L'histoire macroéconomique éclaire-t-elle la politique macroéconomique ?
5. Qu'entend-on par « incohérence dans le temps » des politiques économiques ? Pourquoi les décideurs politiques peuvent-ils être tentés de s'écarter de ce qu'ils ont annoncé ? Qu'apporte à ce débat la règle de politique économique ?
6. Recensez trois règles de politique monétaire susceptibles d'être adoptées par la banque centrale. Laquelle de ces règles recommandez-vous ? Pourquoi ?

PROBLÈMES ET APPLICATIONS

1. Dans le cas où l'arbitrage entre emploi et inflation correspond à la courbe de Phillips qui suit :

$$u = u^n - \alpha (\pi - E\pi)$$

où u représente le taux de chômage, u^n le taux naturel, π le taux d'inflation et $E\pi$ le taux d'inflation anticipé, et où le parti démocrate mène toujours une politique d'expansion monétaire et le parti républicain une politique de contraction monétaire. Quel « cycle électoral » de l'inflation et de l'emploi prévoyez-vous dans les conditions suivantes :

a) tous les quatre ans, l'un des deux partis accède aléatoirement au pouvoir (Indication : que devrait être l'inflation anticipée avant les élections ?) ;

b) les deux partis accèdent tour à tour au pouvoir.

2. Le contrôle des loyers porte généralement sur les logements disponibles, mais n'affecte en rien ceux qui ne sont pas encore construits. Selon les tenants du contrôle des loyers, ceci permet d'éviter de décourager la construction de nouveaux logements. Évaluez cet argument à la lumière du problème de l'incohérence dans le temps.

3. Rendez-vous sur le site Internet du Federal Reserve System [http://www.federalreserve.gov.] Trouvez-y un communiqué de presse, un exposé devant le Congrès ou un rapport sur la politique monétaire récente. Qu'y lisez-vous ? Que fait la Fed ? Que pensez-vous de sa politique monétaire récente ?

ANNEXE

L'INCOHÉRENCE DANS LE TEMPS ET L'ARBITRAGE ENTRE INFLATION ET CHÔMAGE

Cette annexe propose une présentation plus analytique de l'argument privilégiant la règle par rapport à la discrétion en raison de l'incohérence dans le temps. Cet exposé figure en annexe parce qu'il fait appel au calcul infinitésimal [7].

En acceptant que la courbe de Phillips décrit la relation entre inflation et chômage et en dénotant par u le taux de chômage, par u^n le taux de chômage naturel, par π le taux d'inflation, et par $E\pi$ le taux anticipé d'inflation, le chômage est déterminé comme suit :

$$u = u^n - \alpha (\pi - E\pi) \tag{A15.1}$$

Le chômage est faible quand l'inflation effective dépasse l'inflation anticipée et élevé quand elle lui est inférieure. α mesure combien le chômage varie en fonction de l'inflation.

Pour simplifier, nous supposons que la banque centrale choisit le taux d'inflation. Dans les faits, elle ne contrôle qu'imparfaitement l'inflation, via la croissance de la masse monétaire. L'hypothèse de contrôle parfait de l'inflation par la banque centrale nous permet de simplifier notre exposé.

La banque centrale est particulièrement heureuse lorsqu'à la fois le taux d'inflation et le taux de chômage sont faibles. Représentons comme suit les coûts de l'inflation et du chômage perçus par la banque centrale :

$$L(u, \pi) = u + \gamma \pi^2 \tag{A15.2}$$

où le paramètre γ représente l'aversion de la banque centrale pour l'inflation par rapport à son aversion pour le chômage. $L(u, \pi)$ est la *fonction de perte*. L'objectif de la banque centrale est de minimiser cette perte.

Une fois précisés l'objectif de la banque centrale et le mode de fonctionnement de l'économie, comparons les politiques monétaires correspondant respectivement à la règle et à la discrétion.

Commençons par la règle. La banque centrale annonce un objectif d'inflation. Si les agents privés sont convaincus de son engagement à assurer celui-ci, le niveau anticipé d'inflation est celui que la banque centrale a annoncé. Comme l'inflation anticipée est égale à l'inflation effective ($E\pi = \pi$), le chômage est à son taux naturel ($u = u^n$).

Quelle est la règle optimale ? Comme le chômage est à son taux naturel quel que soit le niveau d'inflation imposé par la règle, il n'y a aucun avantage à tirer de quelque taux d'inflation que ce soit, et la règle impose à la banque centrale un taux d'inflation zéro.

---

[7] L'exposé de cette annexe s'inspire de Finn E. Kydland et Edward C. Prescott, « Rules Rather Than Discretion : the Inconsistency of Optimal Plans », *Journal of Political Economy* 85 (juin 1977), 473-492 ; et Robert J. Barro et David Gordon, « A Positive Theory of Monetary Policy in a Natural Rate Model », *Journal of Political Economy* 91 (août 1983), 589-610. Kydland et Prescott ont reçu le prix Nobel pour leurs travaux sur cette question en 2004.

Tournons-nous maintenant vers une politique monétaire discrétionnaire dont les conditions de fonctionnement sont les suivantes :

1. les agents privés constituent leurs anticipations de l'inflation $E\pi$
2. la banque centrale opte pour un taux d'inflation effectif π ;
3. l'inflation anticipée et l'inflation effective déterminent conjointement le chômage.

Dans ce dispositif, la banque centrale minimise sa perte $L(u, \pi)$ sous la contrainte imposée par la courbe de Phillips. En fixant son objectif de taux d'inflation, la banque centrale considère l'inflation anticipée comme préalablement déterminée.

La détermination du résultat de cette politique discrétionnaire passe par l'examen du taux d'inflation retenu par la banque centrale. En substituant l'équation de la courbe de Phillips dans la fonction de perte de la banque centrale, nous obtenons :

$$L(u, \pi) = u^n - \alpha(\pi - E\pi) + \gamma\pi^2 \qquad (A15.3)$$

On remarque la relation négative entre la perte de la banque centrale et l'inflation anticipée (deuxième terme du membre de droite de l'équation) et sa relation positive avec l'inflation effective (troisième terme). Pour trouver le niveau d'inflation qui minimise cette perte, nous devons différentier par rapport à π, pour obtenir :

$$dL/d\pi = -\alpha + 2\gamma\pi \qquad (A15.4)$$

La perte est minimisée quand la dérivée est égale à 0 [8]. En résolvant pour π, nous obtenons :

$$\pi = \alpha/2\gamma \qquad (A15.5)$$

Quel que soit le niveau d'inflation anticipé par les agents privés, cette équation donne le niveau « optimal » d'inflation que la banque centrale doit choisir. Les agents privés rationnels comprennent, bien entendu, l'objectif de la banque centrale aussi bien que la contrainte imposée par la courbe de Phillips. Ils s'attendent donc à ce que la banque centrale choisisse ce niveau d'inflation. L'inflation anticipée est égale à l'inflation effective [$E\pi = \pi = \alpha/2\gamma$], et le taux de chômage est égal à son taux naturel ($u = u^n$).

Comparons à présent les résultats déduits de la discrétion optimale et de la règle optimale. Dans les deux cas, le chômage est à son taux naturel. Par contre, la politique discrétionnaire génère une inflation plus élevée que la règle. *La règle optimale s'avère donc supérieure à la discrétion optimale*, alors même que, dans le cas de cette dernière, la banque centrale s'efforçait de minimiser sa perte $L(u, \pi)$.

Il peut paraître, à première vue, surprenant que la banque centrale obtienne un meilleur résultat en s'en tenant à la règle fixée d'inflation zéro. Qu'est-ce qui l'empêche d'en faire autant à l'aide d'une politique discrétionnaire ? La raison en est que la banque centrale joue contre des décideurs privés qui ont des anticipations rationnelles. La seule manière pour elle de convaincre ces agents d'anticiper une inflation zéro est de s'engager à respecter son objectif annoncé d'inflation zéro.

---

8 *Note mathématique*. La condition de second ordre est satisfaite pour un minimum car $d^2L/d\pi^2 = 2\gamma$ est positive.

Les politiques de stabilisation

La simple annonce par la banque centrale d'un objectif d'inflation zéro n'est pas crédible. En effet, lorsque les agents auront constitué leurs anticipations sur la base de cette annonce, la banque centrale peut parfaitement choisir une autre politique, destinée à lutter contre le chômage (comme nous venons de le voir, une fois les anticipations données, la politique optimale de la banque centrale est de fixer l'inflation à $\pi = \alpha/(2\gamma)$, indépendamment de $E\pi$). Les agents privés sont parfaitement conscients de cette possibilité et ne croient donc pas en l'annonce initiale.

Cette théorie de la politique monétaire a un important corollaire : dans les conditions précises qui suivent, la banque centrale investie de pouvoirs discrétionnaires obtient le même résultat que la banque centrale liée par une règle impérative d'inflation zéro. Si son aversion pour l'inflation est nettement supérieure à son aversion pour le chômage (ce qui donne une valeur élevée de γ), la banque centrale est peu incitée à stimuler l'économie, et l'inflation est proche de zéro, même dans le cadre discrétionnaire. Ce résultat peut aider ceux et celles qui ont la charge de nommer les responsables de la banque centrale. En choisissant des personnes dont l'aversion pour l'inflation est forte, ils peuvent faire l'économie du régime de la règle. C'est pourquoi les hommes politiques progressistes (Jimmy Carter, Bill Clinton), plus préoccupés par le chômage que par l'inflation, placent parfois à la tête de la banque centrale des personnalités plus « conservatrices » (comme Alan Greenspan ou encore Paul Volcker), dont l'objectif premier est de lutter contre l'inflation.

Quelques problèmes et applications supplémentaires

1. Au cours des années 1970, aux États-Unis, le taux d'inflation et le taux naturel de chômage ont augmenté de concert. Nous allons utiliser le modèle de l'incohérence dans le temps pour étudier ce phénomène dans le cadre d'une politique discrétionnaire.

  a) Dans le modèle que nous avons élaboré jusqu'ici, qu'advient-il du taux d'inflation lorsque le taux de chômage naturel augmente ?

  b) Modifions légèrement notre modèle, en supposant que la fonction de perte de la banque centrale est quadratique à la fois pour l'inflation et le chômage :

  $$L(u, \pi) = u^2 + \gamma \pi^2$$

  Suivez le raisonnement du texte pour résoudre cette équation pour le taux d'inflation en présence d'une politique discrétionnaire ?

  c) Qu'advient-il maintenant du taux d'inflation en présence d'une hausse du taux de chômage naturel ?

  d) En 1979, le président Jimmy Carter a placé Paul Volcker, personnalité conservatrice, à la tête de la Réserve fédérale. Dans les termes du modèle modifié en (b), qu'aurait-il dû advenir de l'inflation et du chômage ?

16

DETTE PUBLIQUE ET DÉFICIT BUDGÉTAIRE

Heureux sont les jeunes, car ils hériteront de la dette nationale.
Herbert Hoover

Je pense que nous devrions aller de l'avant et faire de « zillion » et « gazillion » des nombres réels. Un zillion pourrait être dix millions de milliards et un gazillion pourrait être un milliard de zillions. Il est temps de le faire.
George Carlin

16.1 La taille de la dette publique	*582*
16.2 Problèmes de mesure	*587*
16.3 L'approche traditionnelle de la dette publique	*593*
16.4 L'approche ricardienne de la dette publique	*596*
16.5 Autres considérations relatives à la dette publique	*604*
16.6 Conclusion	*610*

Lorsque l'État dépense plus qu'il ne perçoit de recettes fiscales, il emprunte auprès du secteur privé pour financer le déficit budgétaire. On appelle dette publique l'accumulation d'emprunts passés. Tous les États ont une certaine dette, mais l'importance de celle-ci varie considérablement d'un pays à l'autre.

Le débat sur le montant approprié de la dette publique aux États-Unis est vieux comme le pays lui-même. Alexander Hamilton a estimé qu'« une dette publique, si elle n'est pas excessive, est pour nous une bénédiction nationale », tandis que James Madison a fait valoir qu'« une dette publique est une malédiction nationale ». En effet, à une époque donnée, la localisation géographique de la capitale nationale a été choisie dans le cadre d'un accord dans lequel le gouvernement fédéral prenait en charge la dette des différents États durant la guerre révolutionnaire : parce que les États du Nord avaient des dettes importantes, la capitale était située dans le Sud.

Ce chapitre aborde les diverses approches de la dette publique et analyse les conséquences de celle-ci sur l'économie. Tout d'abord, à la section 16.1, nous examinons les chiffres, en comparant l'ampleur de la dette actuelle des États-Unis à celle d'autres pays et en la plaçant en perspective historique. Nous faisons également un bref aperçu sur ce que l'avenir pourrait être. La section 16.2 aborde le problème de la mesure de l'endettement de l'État, qui est loin d'être simple, à tel point que certains économistes affirment que les mesures conventionnelles de la dette publique sont si trompeuses qu'on ferait mieux de les ignorer.

Nous étudions ensuite l'impact de la dette publique sur l'économie. La section 16.3 rend compte de l'interprétation traditionnelle de celle-ci, selon laquelle l'emprunt public réduit l'épargne nationale et évince l'accumulation du capital. La plupart des économistes continuent de la défendre, et c'est elle qui est sous-jacente à l'exposé de la politique budgétaire développé dans tout ce manuel. La section 16.4 présente l'approche dite de *l'équivalence ricardienne*, avancée par certains économistes, peu nombreux, mais très influents. Pour eux, la dette publique n'a aucun impact sur l'épargne et sur l'accumulation du capital. Nous verrons que ces interprétations différentes de la dette publique ont pour origine les désaccords relatifs à la théorie de la consommation.

La section 16.5, enfin, aborde d'autres aspects du débat sur la dette publique. Nous commençons par une discussion pour déterminer si le gouvernement doit toujours essayer d'équilibrer son budget et, sinon, quand un déficit ou un excédent est souhaitable. Nous examinons également une série d'autres effets potentiels de la dette publique, notamment sur la politique monétaire, sur le processus politique et sur le rôle d'un pays au sein de l'économie mondiale.

16.1 LA TAILLE DE LA DETTE PUBLIQUE

Commençons par mettre la dette publique en perspective géographique et historique. En 2008, la dette du gouvernement fédéral des États-Unis s'élevait à $5 800 milliards, soit $19 000 pour chacun des 305 millions de citoyens américains. On saisit l'ampleur du problème quand on se demande combien de gens peuvent se permettre d'ignorer une somme de $19 000. Pourtant, quand on rapporte cette somme à ce que gagne, en moyenne, un Américain pendant sa vie active, soit environ 1,5 million de dollars, on est loin de la catastrophe que font certains de la dette de l'État.

La comparaison internationale est une autre manière d'évaluer l'ampleur de la dette. Le tableau 16.1 exprime en pourcentage du PIB la dette de 28 pays industrialisés. Viennent en tête le Japon et l'Italie dont la dette excède le PIB annuel, et en fin de classement le Luxembourg et l'Australie dont la dette est minime en pourcentage du PIB. Les États-Unis occupent une position intermédiaire. En comparaison internationale, ils ne sont donc ni particulièrement prodigues, ni particulièrement frugaux.

Tableau 16.1
Quel est le niveau d'endettement des États ?

Pays	Dette publique en pourcentage du PIB en 2008	Pays	Dette publique en pourcentage du PIB en 2008
Japon	173,0	Suisse	48,1
Italie	113,0	Norvège	45,4
Grèce	100,8	Suède	44,6
Belgique	92,2	Espagne	44,2
États-Unis	73,2	Finlande	39,6
France	72,5	République slovaque	38,0
Hongrie	71,8	République tchèque	36,1
Portugal	70,9	Irlande	32,8
Allemagne	64,8	Corée	32,6
Canada	63,0	Danemark	28,4
Autriche	62,6	Nouvelle-Zélande	25,3
Royaume-Uni	58,7	Islande	24,8
Pays-Bas	54,5	Luxembourg	18,1
Pologne	52,8	Australie	14,2

Source : Perspectives économiques de l'OCDE. Les chiffres sont basés sur des estimations de l'endettement brut de l'ensemble des pouvoirs publics et du PIB nominal pour 2008.

En perspective historique, maintenant, la figure 16.1 montre que le niveau d'endettement des États-Unis a fortement fluctué au fil du temps. Cette figure présente l'évolution de la part (en pourcentage) de la dette fédérale dans le PIB depuis 1791 : on voit que cette part, proche de zéro dans les années 1830, a atteint son maximum de 107 % du PIB en 1945, à l'issue de la Deuxième Guerre mondiale.

Historiquement, ce sont les guerres qui sont les premières sources d'endettement public, celui-ci refluant lentement en temps de paix. Beaucoup d'économistes pensent que ce schéma historique est la bonne manière de conduire la politique budgétaire. Comme le montrera la suite de ce chapitre, encourir un déficit pour financer une

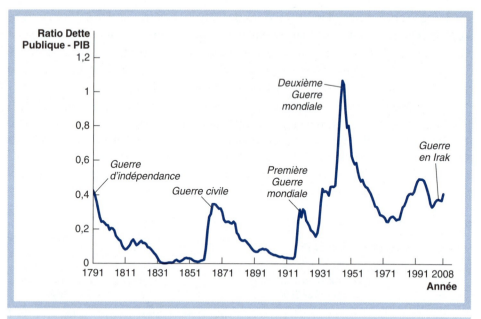

Figure 16.1
Le ratio dette publique / PIB aux États-Unis depuis 1790

Historiquement, la part de la dette de l'État fédéral américain détenue par le public par rapport au PIB croît nettement pendant les guerres et diminue lentement en temps de paix. Ce schéma n'est plus vrai de 1980 à 1995, où l'on assiste à une hausse du ratio dette publique / PIB en l'absence de tout conflit militaire significatif.
Source : U.S. Department of Treasury, U.S. Department of Commerce et T.S. Berry, « Production and Population since 1789 », Bostwick Paper N° 6, Richmond, 1988.

guerre apparaît optimal, en termes tant de lissage fiscal que d'équité intergénérationnelle.

Le seul cas de hausse importante de la dette publique en temps de paix se situe au début des années 1980. Quand Ronald Reagan a été élu président des États-Unis en 1980, il s'est engagé à réduire les impôts et à augmenter les dépenses militaires. Or mener une telle politique économique basée sur une hausse des dépenses et sur une baisse des recettes, durant une période de profonde récession due à un resserrement de la politique monétaire, ne pouvait qu'entraîner de substantiels déficits budgétaires. Dépensant plus qu'il ne gagnait, l'État américain a vu sa dette passer de 26 % du PIB en 1980 à 50 % en 1995 : les États-Unis n'ont jamais connu un déficit public aussi important en temps de paix. Nombreux sont les économistes qui y ont vu un alourdissement injustifié de l'effort financier que devront fournir les générations futures.

Ainsi, la hausse de la dette publique au cours des années 1980 inquiétait de nombreux hommes politiques. Le premier président Bush a augmenté les impôts pour réduire le déficit, brisant son fameux engagement durant sa deuxième campagne électorale : « lisez sur mes lèvres, pas de nouvelles taxes ». Selon certains commentateurs politiques, ceci lui a coûté sa réélection. En 1993, quand le président Clinton fut élu, il a également augmenté les impôts. Conjointement aux hausses fiscales, des réductions des dépenses et une croissance économique rapide due à l'essor des nouvelles technologies ont permis de maîtriser le déficit budgétaire qui avait même fait place à un excédent. La dette publique s'est réduite de 50 % du PIB en 1995 à 33 % en 2001.

Quand Georges W. Bush a pris ses fonctions en 2001, le marché boursier des nouvelles technologies était en baisse et l'économie se dirigeait vers une récession. Le ralentissement économique a automatiquement entraîné une baisse des recettes fiscales et induit un déficit budgétaire. En outre, les réductions fiscales pour lutter contre la récession et la hausse des dépenses de sécurité nationale et de guerre en Afghanistan et en Irak, ont creusé encore plus ce déficit. De 2001 à 2008, la dette publique est passée de 33 à 41 % du PIB.

Lorsque le président Obama a pris ses fonctions à la Maison Blanche en 2009, l'économie était au milieu d'une grave récession. Les recettes fiscales étaient en forte baisse à cause du ralentissement de l'économie. En outre, l'une des premières actions du nouveau président a été de signer un plan de relance budgétaire de grande envergure pour contrer l'affaiblissement de la demande agrégée de biens et services (une étude de cas au chapitre 10 analyse cette politique budgétaire de relance). Le déficit budgétaire fédéral devait atteindre 12 % du PIB en 2009 et 8 % en 2010, des niveaux records jamais atteints depuis la Seconde Guerre mondiale. Le taux d'endettement (ratio dette/PIB) devait poursuivre sa hausse, du moins dans le court terme.

Dans son premier projet de budget, le président Obama a proposé de réduire le déficit budgétaire graduellement pour le ramener à 3 % du PIB en 2013. Il est encore trop tôt pour tirer un premier bilan de ces mesures au moment où ce livre était mis sous presse. Quoi qu'il en soit, ces événements montrent, une fois de plus, que les effets de long terme de la dette publique restent une préoccupation politique majeure dans les années à venir.

ÉTUDE DE CAS - Les troublantes perspectives à long terme des politiques budgétaires

À quoi doivent s'attendre les responsables du budget de l'État dans l'avenir ? Face à l'imprécision des prévisions économiques, tout porte à s'inquiéter. Mais une politique économique ne peut être bonne si elle est uniquement basée sur des faits historiques. Par conséquent, beaucoup d'économistes, y compris ceux du Bureau du Budget du Congrès (*Congressional Budget Office*, CBO) aux États-Unis et de toutes les autres agences gouvernementales, pensent que les politiques actuelles ne sont pas soutenables à terme et essaient toujours d'anticiper les problèmes et de saisir les opportunités qui pourraient surgir dans l'avenir. Lorsque les économistes effectuent des prévisions à long terme de la politique budgétaire américaine, ils décrivent une image compliquée et troublante.

L'une de ces raisons est d'ordre démographique. Des conditions de vie plus saines, jointes au progrès technologique en médecine, ont permis l'allongement de la durée de vie moyenne des gens. Parallèlement, l'amélioration des techniques de contrôle des naissances et l'évolution des normes sociales ont réduit le nombre d'enfants par famille. Par conséquent, en raison de cette double évolution - allongement de la durée de vie et diminution du taux de naissance -, les personnes âgées constituent désormais une part croissante de la population. Aux États-Unis, en 1950, les personnes âgées (65 ans et plus) représentaient 14 % de la population en âge de travailler (de 20 à 64 ans). Aujourd'hui, elles représentent 21 % de la population en âge de travailler, et ce nombre passera à 40 % dans les cinquante prochaines années. Ce vieillissement de la population pèsera lourdement sur les finances publiques. Dans la plupart des pays, le système de sécurité sociale verse aux personnes âgées des pensions de retraite et finance leurs soins de santé. Aux États-Unis, ces dépenses représentent déjà un tiers du budget de l'État fédéral et ne pourront que croître de manière automatique à mesure que plus de gens atteindront l'âge d'en bénéficier.

Une autre raison liée à la première est la hausse des coûts des soins de santé. Le gouvernement américain fournit par exemple les soins de santé aux personnes âgées à travers le système *Medicare* et aux personnes pauvres à travers *Medicaid*. Et comme le coût des soins de santé augmente, les dépenses des gouvernements sur ces programmes augmentent également. Les décideurs publics ont proposé de multiples méthodes pour enrayer la hausse des coûts des soins de santé : alléger le fardeau des poursuites en justice, introduire plus de concurrence entre les fournisseurs de soins de santé et promouvoir une plus grande utilisation de la technologie de l'information. Cependant, la plupart des économistes de la santé croient que de telles mesures n'auront qu'un impact limité. La principale cause de l'augmentation des coûts de soins de santé est le progrès médical qui fournit de nouveaux et meilleurs moyens mais souvent très chers pour allonger et améliorer les conditions de la vie.

Cette combinaison, le vieillissement de la population et la hausse des coûts des soins de santé, va avoir un impact majeur sur le budget fédéral. Les dépenses publiques de sécurité sociale, Medicare et Medicaid sont déjà passées de moins de 1 % du PIB en 1950 à environ 9 % aujourd'hui. Cette trajectoire ascendante n'est pas sur le point de s'arrêter. Le CBO aux États-Unis estime que, si aucun changement n'est réalisé, les dépenses sur ces programmes atteindront 20 % du PIB durant les cinquante prochaines années.

La manière de traiter ces dépenses croissantes aux États-Unis est une question à débattre. Augmenter tout simplement le déficit budgétaire ne constitue pas une solution réalisable. Résoudre le problème budgétaire que suscite le coût des dépenses publiques constitue l'un des défis majeurs pour les prochaines générations de contribuables. À long terme, le gouvernement aura besoin d'augmenter les revenus fiscaux afin de financer les dépenses liées aux droits offerts.

La question la plus importante est de savoir comment l'ajustement budgétaire requis serait partagé entre la hausse des recettes fiscales et la baisse des dépenses publiques. Certains économistes pensent que, pour faire face à ces engagements, il est indispensable d'augmenter considérablement les recettes fiscales (en pourcentage du PIB). Compte tenu des prévisions à la hausse des dépenses publiques en sécurité sociale, Medicare et Medicaid, le financement de ces droits nécessiterait une hausse d'un tiers environ des recettes fiscales. D'autres économistes considèrent que de tels taux d'imposition élevés entraîneraient des coûts considérables sur les futures générations de jeunes travailleurs. Ils pensent que les décideurs publics doivent réduire leurs promesses faites aux personnes âgées concernant l'avenir et, à leur tour, les gens doivent être encouragés à jouer un plus grand rôle pour se prendre en charge avec l'âge. Cela pourrait retarder l'âge de la retraite et donner aux gens plus d'incitation à épargner durant leurs années en tant qu'actif afin de préparer leur retraite et financer les coûts de santé. Résoudre ce problème constituera, sans doute, l'un des défis majeurs de politique économique dans les décennies à venir.

16.2 PROBLÈMES DE MESURE

Le déficit budgétaire de l'État est égal aux recettes publiques diminuées des dépenses publiques, et égal aussi au nouveau montant que devra emprunter l'État pour financer ses politiques. Pour simple que paraisse cette définition de la mesure du déficit public, une telle mesure n'en pose pas moins de nombreux problèmes. Certains économistes sont convaincus que les mesures actuelles du déficit public ne permettent pas d'évaluer correctement la portée de la politique budgétaire, soit parce qu'elles ne rendent pas correctement compte de l'impact de celle-ci sur l'économie d'aujourd'hui, soit parce qu'elles évaluent mal la charge fiscale qui sera reportée sur les générations futures. Cette section aborde quatre des problèmes associés à la mesure habituelle du déficit budgétaire.

16.2.1 Problème de mesure n° 1 : l'inflation

Le problème de mesure le moins controversé est la correction de l'inflation. Pratiquement tous les économistes sont d'accord pour dire que l'endettement de l'État doit être mesuré en termes réels, et non nominaux. Le déficit mesuré devrait donc être égal à la variation de la dette réelle de l'État et non à celle de sa dette nominale.

Le déficit budgétaire, tel qu'il est couramment mesuré, n'est pourtant pas corrigé de l'inflation. Pour comprendre l'ampleur de l'erreur que ceci induit, prenons l'exemple suivant. Supposons que la dette publique réelle ne varie pas : en d'autres termes, en termes réels, le budget est équilibré. Dans ce cas, la dette nominale doit augmenter au même taux que l'inflation :

$$\Delta D/D = \pi \qquad (16.1)$$

où π est le taux d'inflation et D le stock de la dette publique. Ceci implique :

$$\Delta D = \pi D \qquad (16.2)$$

L'État constate la variation de sa dette nominale ΔD et fait état d'un déficit budgétaire de πD. C'est pourquoi la plupart des économistes pensent que le déficit budgétaire avancé est surévalué à concurrence de πD.

L'argument peut être présenté d'une deuxième manière. Le déficit est égal aux recettes de l'État diminuées des dépenses publiques. Une partie de ces dernières est constituée par les intérêts qu'il faut payer sur la dette publique. Les dépenses publiques ne devraient donc inclure que le taux d'intérêt réel sur la dette rD et non le taux d'intérêt nominal iD. Étant donné que l'écart entre le taux d'intérêt nominal i et le taux d'intérêt réel r est en fait le taux d'inflation π, le déficit budgétaire est surévalué de πD.

Surtout quand l'inflation est élevée, cette correction, qui peut être importante, peut nous conduire à modifier notre évaluation de la politique budgétaire. Ainsi, en 1979, le déficit annoncé de l'État fédéral était égal à $28 milliards, l'inflation était de 8,6 % et la dette publique détenue en début d'année par le public (à l'exclusion de la Réserve fédérale) s'élevait à $495 milliards. On peut donc dire que le déficit était surévalué à concurrence de

$$\begin{aligned}\pi D &= 0,086 \times \$495 \text{ milliards} \\ &= \$43 \text{ milliards}\end{aligned} \qquad (16.3)$$

Une fois éliminé l'impact de l'inflation, le déficit budgétaire annoncé de $28 milliards se transforme en un excédent budgétaire de $15 milliards ! En d'autres termes, la dette publique nominale augmentait bel et bien, mais la dette publique réelle se réduisait.

16.2.2 Problème de mesure n° 2 : les actifs immobilisés de l'État

Nombreux sont les économistes qui pensent qu'une évaluation correcte du déficit budgétaire de l'État doit tenir compte des actifs immobilisés de celui-ci aussi bien que de son endettement : en termes nets, celui-ci doit être mesuré sous déduction des actifs immobilisés. C'est donc la variation de la dette diminuée de celle des actifs immobilisés qui mesure correctement le déficit budgétaire.

Il est incontestable que les particuliers et les entreprises traitent de manière symétrique leurs avoirs et leurs engagements. Quand quelqu'un emprunte pour acheter une maison, personne ne considère qu'il encourt un déficit budgétaire. Nous compensons automatiquement dans notre esprit l'accroissement des actifs (la maison) par l'accroissement de la dette (l'emprunt hypothécaire) pour conclure à une richesse nette inchangée. Pourquoi ne pas faire de même en matière de finance publique ?

On appelle **budgétisation avec compte de capital** la procédure budgétaire qui consiste à tenir compte des immobilisations autant que des engagements de l'État. Supposons, par exemple, que celui-ci vende l'un des bâtiments ou terrains dont il est propriétaire et qu'il en utilise la contrepartie pour réduire sa dette. Dans les procédures budgétaires usuelles, ceci réduit le déficit annoncé. Avec un compte de capital, les recettes tirées de la vente ne réduisent pas le déficit, puisque la réduction de la dette a pour contrepartie une diminution des actifs. De même, avec un compte de capital, l'emprunt réalisé par l'État pour financer l'achat d'un bien d'investissement n'accroît pas le déficit.

Le problème majeur posé par cette procédure d'incorporation dans le budget d'un compte de capital est qu'il n'est pas aisé de discerner celles des dépenses publiques qui doivent être considérées comme dépenses en capital. Est-ce le cas des autoroutes, par exemple ? Et si oui, quelle en est la valeur ? Quid du stock d'armes nucléaires ? Les dépenses au titre de l'éducation nationale doivent-elles être traitées comme des investissements en capital humain ? C'est à toutes ces épineuses questions qu'il faut répondre si l'on veut introduire un compte de capital dans le budget de l'État.

Les économistes et les décideurs publics n'ont pas les mêmes avis sur l'usage du principe de budgétisation avec compte de capital par l'État (certains États l'ont déjà appliqué). Les opposants de celui-ci, sans nier la supériorité de principe de ce système par rapport au système usuel, lui reprochent une mise en œuvre extrêmement complexe. Ceux qui le défendent rétorquent qu'il vaut mieux, en tout état de cause, traiter de manière imparfaite les actifs immobilisés plutôt que de les ignorer purement et simplement.

16.2.3 Problème de mesure n° 3 : les engagements non pris en compte

Pour certains économistes, le déficit budgétaire, tel qu'il est mesuré, induit en erreur dans la mesure où il exclut certains engagements importants de l'État. Ainsi, penchons-nous sur les pensions de retraite des fonctionnaires. Ceux-ci fournissent aujourd'hui à l'État le facteur travail dont une partie de la rémunération est reportée à une date future. Fondamentalement, ces fonctionnaires prêtent de l'argent à l'État. Les prestations de retraite qu'ils toucheront demain représentent pour ce dernier un engagement au même titre que le reste de sa dette. Cependant, l'accumulation de cette dette particulière là n'apparaît pas ni dans le déficit budgétaire, ni dans la dette publique. Selon certaines estimations, cet engagement de l'État est aussi important que la dette publique officielle.

Il en va de même du système de sécurité sociale : les gens paient des cotisations aujourd'hui en contrepartie d'indemnités qu'ils percevront en cas de maladie, d'accident du travail, de chômage, ou encore au moment de leur retraite. L'ensemble de ces indemnités futures devrait peut-être apparaître au titre des engagements de l'État. On estime qu'elles pourraient être plus de trois fois la dette publique officiellement mesurée.

On pourrait répondre à cela que les engagements au titre de la sécurité sociale sont de nature différente du reste de la dette publique, dans la mesure où l'État peut modifier la législation régissant le système de sécurité sociale. Cet argument est généralisable : l'État pourrait parfaitement décider de ne pas rembourser l'ensemble de sa dette : il n'honore celle-ci que parce qu'il le veut bien. Y a-t-il une différence fondamentale entre les promesses de remboursement faites aux détenteurs d'obligations de l'État et celles qui s'adressent aux bénéficiaires futurs des indemnités de sécurité sociale ?

Le problème est particulièrement complexe en présence d'*engagements contingents*, qui ne devront être honorés que si survient tel ou tel événement précis. Ainsi, l'État octroie sa garantie à de nombreuses formes de crédit privé, telles que les emprunts effectués par les étudiants, les emprunts hypothécaires des familles à revenus modestes et moyens, ou encore les dépôts bancaires. Lorsque l'emprunteur rembourse son emprunt, l'État ne paie rien du tout. Par contre, si l'emprunteur fait défaut, c'est l'État qui rembourse. En octroyant ce type de garantie, l'État prend un engagement contingent au défaut de paiement de l'emprunteur. Ce type d'engagement contingent n'apparaît pas non plus dans le déficit budgétaire, notamment parce qu'il est très difficile de lui affecter une valeur précise.

> **ÉTUDE DE CAS - Le traitement comptable du TARP (Troubled Assets Relief Program)**
>
> En 2008, de nombreuses banques américaines ont été confrontées à de sérieuses difficultés de paiement. Les finances publiques ont été lourdement sollicitées pour faire face à cette crise : l'État fédéral a utilisé une partie substantielle de ses recettes fiscales pour sauver le système financier. Une étude de cas au chapitre 11 analyse les causes et les conséquences de cette crise financière et examine les politiques de relance pour contrer la récession. Nous allons examiner ici un cas particulier des « effets secondaires » de cette crise : le traitement comptable des opérations spéciales et l'impact sur les finances publiques des mesures prises face à la crise. Comme nous allons le voir, la comptabilisation de ces mesures est un exercice délicat.
>
> Le *Troubled Assets Relief Program* (TARP) est l'une des mesures de sauvetage mises en place par les États-Unis pour faire face à la crise financière de

2008. C'est un plan public de reprise par le Trésor américain des actifs « toxiques » non liquides, principalement des *mortgage-backed securities*. Globalement, le plan suit le schéma suivant : le Trésor emprunte de l'argent pour le donner aux banques et en échange il devient propriétaire d'une partie de ces banques et recevra à l'avenir des dividendes. Lorsque les banques rembourseront ces dettes, le Trésor renoncera à ses droits. Ainsi les fonds destinés aux achats d'actifs toxiques sont alloués à des recapitalisations de certaines banques américaines. Le but de cette manœuvre est d'augmenter la liquidité du marché financier et de réduire les pertes potentielles que pourraient subir les institutions financières possédant ces titres.

Une question s'est posée alors : comment l'État doit-il comptabiliser ces différentes transactions ?

Sous l'administration Bush, le Trésor a précisé que le coût du TARP devrait être traité du point de vue comptable comme une dépense courante, à l'instar des autres dépenses budgétaires. De même, les sommes remboursées par les banques seraient comptabilisées comme des recettes. Or la comptabilisation du TARP de cette manière provoquerait une forte augmentation du déficit budgétaire lorsque les fonds sont alloués aux banques, et conduirait à une réduction du déficit, voire même à un excédent, lorsque le remboursement est effectué par les emprunteurs.

Cependant, le CBO (*Congressional Budget Office*) a retenu une méthode de comptabilisation différente. Il estime que, comme ces dépenses vont être remboursées, il ne faut pas les comptabiliser comme toutes les autres dépenses budgétaires. S'agissant du TARP, le CBO précise que « la prise de participation devrait être comptabilisée en valeur actualisée nette (*net present value*) ajustée du risque de marché au lieu de la traiter en compte caisse (*cash basis*) comme l'a considérée le Trésor ». Autrement dit, pour ce plan particulier, le CBO a adopté une forme de budgétisation avec compte de capital. Toutefois, il a pris en compte le fait que ces investissements en immobilisation peuvent ne pas être rentables : le coût net actualisé dépendra de la valeur intrinsèque de ces actifs. Il estime que le coût net supporté par le contribuable (valeur d'achat moins valeur actualisée des revenus futurs) de chaque dollar dépensé dans le cadre de ce programme est d'environ 25 centimes. S'il s'avère que le coût effectif est supérieur aux prévisions, le CBO enregistrera le coût supplémentaire plus tard. Si le coût effectif est moins élevé que les 25 centimes prévus, un gain sera comptabilisé ultérieurement dans le budget de l'État. En raison de ces différences de comptabilisation, tandis que les fonds du TARP sont distribués, le déficit budgétaire estimé par le CBO était beaucoup moins important que celui estimé par le Trésor.

Quand Obama a pris ses fonctions en tant que Président des États-Unis, son administration a retenu un traitement comptable en prêt subventionné proche de celui proposé par le CBO. Cependant, les estimations du coût net supporté par le contribuable étaient plus importantes que celles effectuées par le CBO. Dans son projet de budget, Obama a précisé que : « À ce jour, les estimations montrent que le taux de recouvrement des actifs financiers acquis par le gouvernement est de deux tiers environ. Ainsi, le coût net, après recouvrement, de chaque dollar dépensé par l'État est de 33 cents. Ces transactions sont comptabilisées dans le budget à ce coût net car ce traitement budgétaire retenu traduit le mieux l'impact sur les finances publiques des mesures prises face à la crise ».

16.2.4 Problème de mesure n° 4 : le cycle conjoncturel

Les fluctuations de l'activité économique expliquent un grand nombre des variations du déficit budgétaire de l'État. Lorsque le rythme d'activité se ralentit, les revenus baissent et les gens paient moins d'impôts sur les revenus. De même, les profits diminuent et les entreprises paient moins d'impôts sur les bénéfices. Davantage de gens perçoivent des indemnités de chômage ou sont pris en charge par d'autres formes d'assistance sociale. Les dépenses publiques augmentent. Même sans une révision radicale de la législation régissant les dépenses et les recettes publiques, le déficit budgétaire augmente.

Ces variations automatiques du déficit ne sont pas, à proprement parler, des erreurs de mesure : l'État emprunte effectivement plus lorsqu'une récession diminue ses recettes fiscales, alors même qu'il doit, pour la même raison, dépenser davantage. Mais ces variations rendent difficile l'utilisation du déficit pour suivre les modifications de la politique budgétaire. En effet, le déficit peut augmenter ou diminuer, aussi bien parce que l'État a modifié sa politique que parce que l'économie est orientée à la hausse ou à la baisse. Dans certains cas, il serait extrêmement utile de connaître l'origine exacte des variations du déficit budgétaire.

Pour résoudre ce problème, l'État calcule un **déficit budgétaire corrigé des variations conjoncturelles** (parfois appelé également *déficit budgétaire de plein emploi*). Pour ce faire, on estime les dépenses et les recettes publiques que donnerait une économie fonctionnant à son taux naturel de production et d'emploi. Aux yeux de nombreux économistes, ce déficit corrigé des variations conjoncturelles rend mieux compte des intentions exactes de la politique budgétaire que la mesure usuelle du déficit.

16.2.5 En synthèse

Les problèmes de mesure du déficit budgétaire revêtent une importance variable d'un économiste à l'autre. D'aucuns vont jusqu'à penser qu'ils invalident pratiquement toute mesure du déficit budgétaire. La plupart, tout en ne niant pas l'existence de problèmes de mesure, continuent à penser que le déficit budgétaire mesuré demeure un indicateur utile de la politique budgétaire.

Ce que personne ne conteste, c'est que, pour évaluer correctement l'orientation de la politique budgétaire, on ne peut se contenter de la seule mesure du déficit budgétaire. C'est pourquoi, d'ailleurs, les documents budgétaires comprennent habituellement, au-delà du seul budget, d'autres informations détaillées sur les finances publiques, y compris les dépenses en capital et les programmes de crédit de l'État.

Aucune statistique économique n'est parfaite. Pour interpréter les chiffres que diffusent les médias, nous devons savoir ce qu'ils mesurent exactement et ce dont ils ne tiennent pas compte. C'est particulièrement vrai dans le cas du déficit budgétaire de l'État.

16.3 L'APPROCHE TRADITIONNELLE DE LA DETTE PUBLIQUE

En tant qu'économiste travaillant au Service du Budget du Congrès, vous recevez une lettre du président de la Commission :

> Cher économiste,
>
> Le Parlement va se pencher sur la demande du Président que tous les impôts soient réduits de 20 %. Avant de décider d'accepter ou non cette demande, ma Commission souhaite votre avis. Elle n'attend, en effet, aucune réduction sérieuse des dépenses publiques, et toute baisse des impôts se traduirait donc par une aggravation du déficit budgétaire. Quels effets peut-on, selon vous, attendre de cette réduction d'impôts et du déficit budgétaire qui y est associé sur l'économie et le bien-être économique de notre pays ?
>
> Bien à vous,
> Le Président de la Commission.

Avant de répondre à ce parlementaire, vous consultez votre manuel d'économie préféré - celui-ci bien entendu - pour vérifier ce que les modèles prévoient dans le cas d'une telle modification de la politique budgétaire.

Pour analyser les effets à long terme de celle-ci, vous reprenez les modèles des chapitres 3 à 8. Le modèle du chapitre 3 montre qu'une réduction fiscale stimule les dépenses de consommation et réduit l'épargne nationale. Cette baisse de l'épargne accroît le taux d'intérêt, ce qui tend à évincer l'investissement. Le modèle de croissance de Solow du chapitre 7 indique, quant à lui, que le niveau réduit de l'investissement provoque, en dernier ressort, un stock de capital stationnaire moins élevé et donc une baisse des quantités produites. L'économie démarrant dorénavant avec un capital moindre que le capital stationnaire correspondant à la règle d'or, nous avons vu au chapitre 8 que la consommation doit nécessairement diminuer, entraînant une perte de bien-être économique.

Pour analyser les effets à court terme de cette nouvelle politique budgétaire, vous faites appel au modèle *IS-LM* des chapitres 10 et 11. Ce modèle vous indique qu'une réduction fiscale stimule les dépenses de consommation et provoque donc un déplacement expansionniste de la courbe *IS*. En l'absence de modification de la politique monétaire, ce déplacement de la courbe *IS* provoque à son tour un déplacement expansionniste de la courbe de demande agrégée. À court terme, lorsque les prix sont rigides, l'expansion de la demande agrégée accroît la production et réduit le chômage. À mesure que le temps passe, et que donc, les prix s'ajustent, l'économie revient à son taux de production naturel et la demande agrégée plus élevée suscite une hausse du niveau des prix.

Pour comprendre comment le commerce international affecte votre analyse, vous reprenez les modèles en économie ouverte des chapitres 5 et 12. Le modèle du chapitre 5 vous dit que la baisse de l'épargne nationale pousse les gens à financer leurs investissements en empruntant à l'étranger, ce qui provoque un déficit commercial. Même si l'entrée de capitaux étrangers réduit l'impact de la nouvelle politique budgétaire sur l'accumulation du capital, les États-Unis doivent davantage emprunter à l'étranger. La réduction fiscale provoque, par ailleurs, une appréciation du dollar qui rend les biens étrangers moins chers aux États-Unis et les biens américains plus chers à l'étranger. Le modèle de Mundell-Fleming présenté au chapitre 12 montre que l'appréciation du dollar et la baisse des exportations nettes réduisent l'impact expansionniste à court terme de la nouvelle politique sur la production et sur l'emploi.

Ayant maintenant bien tous ces modèles à l'esprit, vous rédigez votre réponse :

Monsieur le Président,

Une réduction fiscale financée par l'emprunt public a de nombreux impacts sur l'économie. Le plus immédiat de ceux-ci est de stimuler les dépenses de consommation, ce qui affecte l'économie tant à court qu'à long terme.

À court terme, des dépenses accrues de consommation accroissent la demande de biens et services et donc la production et l'emploi. Les taux d'intérêt tendent également à augmenter, à mesure que les investisseurs sont confrontés à un flux réduit d'épargne. Cette hausse des taux d'intérêt décourage l'investissement et attire les capitaux étrangers. Tout ceci tend à renchérir le dollar par rapport aux devises étrangères, ce qui affecte négativement la compétitivité des entreprises américaines sur les marchés internationaux.

À long terme, la baisse de l'épargne nationale provoquée par les réductions fiscales pèse négativement sur le stock du capital et positivement sur l'emprunt à l'étranger. Il en résulte une production nationale moins élevée et une emprise de l'étranger sur une plus large part de cette production.

Il est difficile d'estimer l'impact global de la réduction fiscale sur le bien-être économique général. Les générations actuelles bénéficieraient d'une consommation et d'un emploi accrus, mais au prix d'une inflation plus élevée elle aussi. Les générations futures devraient supporter de larges parts des déficits budgétaires actuels, dans la mesure où elles seraient nées dans une nation dotée d'un stock de capital moindre et d'un endettement accru envers l'étranger.

Respectueusement vôtre,
L'économiste du Service du Budget.

Le parlementaire répond :

Cher économiste,

Merci pour votre lettre, qui répond bien à mes questions. Cependant, hier, ma Commission a entendu une éminente économiste se qualifiant de « ricardienne », dont les conclusions sont totalement différentes. Elle nous a dit que la réduction fiscale, en soi, ne stimule pas les dépenses de consommation, et qu'en conséquence le déficit budgétaire n'aurait aucun des impacts que vous mentionnez. Qu'est-ce que tout cela veut dire ?

Bien à vous,
Le Président de la Commission.

Après avoir étudié la section suivante, vous pourrez écrire à nouveau au parlementaire pour lui expliquer en détail le débat que suscite l'équivalence ricardienne.

INFORMATION
Impôts et incitations

À travers ce livre, nous avons représenté le système fiscal avec une seule variable T. Dans nos modèles, l'instrument de politique économique est le niveau d'imposition choisi par l'État. Nous avons ignoré délibérément les mécanismes mis en place par les puissances publique pour augmenter les recettes fiscales. Dans la pratique, toutefois, les taxes ne sont pas forfaitaires mais elles sont perçues sur un certain type d'activités économiques. Les recettes fiscales du gouvernement fédéral américain proviennent de l'impôt sur le revenu des personnes physiques (45 % des recettes fiscales), sur les salaires et la main-d'œuvre (36 %), sur les bénéfices des sociétés (10 %) et sur d'autres sources (7 %).

Les cours en finances publiques traitent la plupart du temps des avantages et inconvénients des différents types d'impôts. L'une des leçons qu'on peut tirer de ces cours est que le système d'imposition a un effet incitatif. En effet, lorsque les gens sont imposés sur leurs revenus du travail, les incitations au travail sont faibles. Lorsqu'ils sont imposés sur le revenu du capital, ils sont moins enclins à épargner et à investir. Par conséquent, lorsque le système d'imposition change, les mesures incitatives changent également, et cela peut avoir des incidences macroéconomiques importantes. Ainsi, si de faibles taux d'imposition incitent à plus travailler et investir, alors l'offre agrégée de biens et services augmente.

Certains économistes, appelés les *économistes de l'offre* (*supply-siders*), pensent que les effets incitatifs des mesures fiscales sont importants. Certains d'entre eux avancent que les réductions du niveau des impôts peuvent s'autofinancer : la baisse des taux d'imposition inciterait les gens et les entreprises à travailler plus et à augmenter la productivité, ce qui entraîne une hausse importante de l'offre agrégée malgré la baisse des taux, et par conséquent, les recettes fiscales augmenteraient au lieu de diminuer. Bien que tous les économistes s'accordent à dire que le système fiscal influe sur les incitations, et que celles-ci affectent l'offre agrégée dans une certaine mesure, la plupart pensent que les effets incitatifs ne sont pas assez importants pour que la réduction des taux d'imposition s'autofinance dans la plupart des cas.

Ces dernières années, on a beaucoup débattu de la réforme du système fiscal américain afin de réduire les effets négatifs qui empêchent l'économie d'atteindre son niveau de plein-emploi. L'une des propositions appuyée par de nombreux économistes est de passer de l'actuel impôt sur le revenu à un système de taxe à la consommation. Par rapport à un impôt sur le revenu, la taxe à la consommation devrait fournir davantage d'incitations à l'épargne, l'investissement et l'accumulation du capital. Une façon d'y parvenir serait d'élargir la gamme des comptes d'épargne disponibles fiscalement avantageux tels que les comptes individuels de retraite ou encore les plans d'épargne-retraite 401(k) qui ne sont imposables que lorsque l'épargne et les intérêts perçus sont retirés et dépensés. Une autre façon de taxer la consommation serait d'adopter une taxe sur la valeur ajoutée payée par les producteurs plutôt que les consommateurs, un système qui est maintenant largement utilisé par de nombreux pays européens pour augmenter les recettes fiscales [1].

16.4 L'APPROCHE RICARDIENNE DE LA DETTE PUBLIQUE

L'approche traditionnelle de la dette publique est basée sur l'hypothèse selon laquelle, lorsque l'État réduit les impôts et encourt un déficit budgétaire, les consommateurs réagissent à l'augmentation de leurs revenus après impôts en dépensant davantage. Une autre approche, appelée **équivalence ricardienne**, remet en cause cette hypothèse, en considérant que les consommateurs sont tournés vers l'avenir et fondent donc leurs dépenses, non seulement sur leurs revenus courants, mais aussi sur leurs revenus futurs attendus. Comme nous le verrons en détail au chapitre 17, le consommateur tourné vers l'avenir est au centre de nombreuses théories modernes de la consommation. L'approche ricardienne de la dette publique applique la logique du consommateur tourné vers l'avenir à l'analyse de l'impact des politiques budgétaires.

16.4.1 *La logique de base de l'équivalence ricardienne*

Examinons la réaction du consommateur tourné vers l'avenir à la réduction fiscale envisagée. Ce consommateur pourrait se dire ce qui suit :

> *L'État réduit les impôts sans aucun projet de réduction des dépenses publiques. Cette politique modifie-t-elle les diverses possibilités qui s'offrent à moi ? Cette baisse des impôts m'enrichit-elle ? Dois-je consommer davantage ?*

---

1. Pour avoir plus de détails sur la façon dont les incitations fiscales affectent l'économie, le mieux est de commencer par un manuel de premier cycle en finances publiques, comme celui de Harvey Rosen, *Public Finance*, huitième édition (New York : McGraw-Hill, 2007). Pour une analyse plus développée du lien entre les finances publiques et la macroéconomie, voir Christophe Chamley, « Optimal Taxation of Capital Income in a General Equilibrium Model with Infinite Lives », *Econometrica* 54 (mai 1986), 607-622. Chamley définit les conditions pour lesquelles un système fiscal n'impliquerait pas des distorsions à épargner (c'est-à-dire les conditions pour lesquelles une fiscalité basée sur une taxe à la consommation dominerait une imposition sur les revenus). La robustesse de ces conclusions est analysée dans Andrew Atkeson, V. V. Chari, and Patrick J. Kehoe, « Taxing Capital Income : A Bad Idea », *Federal Reserve Bank of Minneapolis Quarterly Review* 23 (été 1999), 3-17.

> *Peut-être pas. L'État finance la réduction fiscale par le déficit budgétaire. À un moment donné, à l'avenir, il devra donc lever des impôts pour rembourser sa dette et l'intérêt accumulé sur celle-ci. La politique envisagée signifie donc une réduction fiscale aujourd'hui, associée à un relèvement fiscal à l'avenir. Elle ne me procure qu'un revenu transitoire qui me sera repris au bout du compte. Cela n'améliore en rien ma situation et je laisse donc inchangée ma consommation.*

Le consommateur tourné vers l'avenir comprend que l'État qui emprunte aujourd'hui devra lever des impôts demain pour rembourser ses dettes. Une réduction fiscale financée par la dette publique ne réduit pas le prélèvement fiscal : elle ne fait que le réaménager dans le temps. Ceci n'incite donc en rien à consommer davantage.

L'argument peut être présenté d'une autre manière. Supposons que l'État emprunte $1 000 au citoyen représentatif pour accorder à celui-ci une réduction d'impôts de $1 000. Fondamentalement, cette politique revient à offrir à ce citoyen des obligations d'État pour une valeur de $1 000. D'un côté de ces obligations, on lit : « L'État doit au détenteur de ces obligations $1 000 augmentés des intérêts ». De l'autre côté, on lit : « Le détenteur de ces obligations, en tant que contribuable, doit à l'État $1 000 augmentés des intérêts ». On voit donc que les obligations offertes par l'État au citoyen représentatif ne rendent celui-ci ni plus riche ni plus pauvre, la valeur de l'obligation étant compensée par la valeur de l'impôt qui devra être payé à l'avenir.

Le principe général est que la dette publique équivaut à des impôts futurs et que, si les consommateurs sont suffisamment tournés vers l'avenir, les impôts futurs équivalent à des impôts actuels. Financer l'État par l'endettement revient donc au même que le financer par des impôts. On appelle cette interprétation *équivalence ricardienne*, d'après le nom du célèbre économiste du dix-neuvième siècle, David Ricardo, qui en a le premier développé l'argumentation théorique.

L'implication de l'équivalence ricardienne est qu'une réduction fiscale financée par l'emprunt laisse inchangée la consommation. Les ménages épargnent une part accrue de leur revenu disponible pour payer l'impôt qui leur sera demandé demain. Cet accroissement de l'épargne privée compense exactement la réduction de l'épargne publique. L'épargne nationale, soit la somme des épargnes privée et publique, reste inchangée. La réduction fiscale n'a donc aucun des effets que les analyses inspirées par les interprétations traditionnelles prévoient.

La logique de l'équivalence ricardienne ne signifie pas que toutes les modifications des politiques budgétaires sont non pertinentes. Les modifications des politiques budgétaires influencent l'épargne du consommateur si elles ont un impact sur les dépenses actuelles et futures. Ainsi, supposons que l'État réduit les impôts aujourd'hui parce qu'il projette de réduire les dépenses publiques à l'avenir. Si le consommateur comprend que cette réduction fiscale n'exigera aucune hausse des impôts demain, il aura le sentiment d'être plus riche et il accroîtra sa consommation. Remarquons cependant que c'est la réduction des dépenses publiques plutôt que celle des impôts qui stimule la consommation ; l'annonce d'une réduction future des dépenses publiques accroît la consommation aujourd'hui, même si les impôts actuels restent inchangés, car elle implique des impôts moins élevés dans un avenir plus ou moins proche.

16.4.2 Les consommateurs et les impôts futurs

Fondamentalement, l'interprétation ricardienne considère que, pour fixer leur niveau de consommation, les consommateurs anticipent rationnellement les impôts qu'implique la dette publique. Cette hypothèse est-elle correcte ? Les tenants de l'approche traditionnelle de la dette publique sont convaincus que les impôts futurs n'influencent pas la consommation courante dans la mesure où l'affirme l'interprétation ricardienne. Voici quelques-uns de leurs arguments [2].

A. La myopie

L'équivalence ricardienne fait l'hypothèse que les gens décident rationnellement de répartir leurs revenus entre consommation et épargne. Si l'État emprunte pour payer ses dépenses courantes, les consommateurs rationnels anticipent les impôts qui seront nécessaires à l'avenir pour rembourser cette dette. Ceci suppose de leur part une grande connaissance des faits, autant qu'une solide capacité de prévoir l'avenir.

À l'inverse, l'approche traditionnelle des réductions fiscales est que les gens sont myopes. Ceci s'explique notamment par le fait qu'ils ne comprennent pas totalement les implications des déficits budgétaires publics. Il est donc possible que certaines personnes fixent leur consommation et leur épargne en fonction de règles très simples, qui ne sont pas nécessairement totalement rationnelles. Ils peuvent, par exemple, imaginer que les impôts futurs resteront inchangés par rapport à leur niveau actuel. Si c'est le cas, ils ne tiendront pas compte des modifications futures des impôts rendues nécessaires par les politiques publiques actuelles. Dans ce cas, une réduction fiscale financée par l'emprunt donne l'impression que le revenu cumulé sur l'ensemble de la vie a augmenté, alors que ce n'est pas le cas. Dans cette situation, la réduction fiscale entraîne bel et bien une consommation accrue et une réduction de l'épargne nationale.

B. Les restrictions de crédit

L'approche ricardienne de la dette publique est fondée sur l'hypothèse du revenu permanent, hypothèse selon laquelle la consommation ne dépend pas exclusivement du revenu courant, mais bien du revenu permanent, composé conjointement du revenu courant et du revenu futur anticipé. L'hypothèse ricardienne suppose que les réductions

---

[2] Pour une synthèse du débat sur l'équivalence ricardienne, voir Douglas Bernheim, « Ricardian Equivalence : An Evaluation of Theory and Evidence », *NBER Macroeconomics Annual* (1987), 263-303. Voir également les Actes du symposium sur les déficits budgétaires publiés dans le numéro de printemps 1989 du *Journal of Economic Perspectives*.

fiscales financées par l'emprunt accroissent le revenu courant, mais laissent inchangés le revenu permanent et la consommation. Au contraire, les tenants de l'approche traditionnelle de la dette publique affirment qu'il faut se méfier de l'hypothèse de la perception du revenu sur l'ensemble de la vie, dans la mesure où certains consommateurs sont confrontés à *une contrainte de rationnement du crédit*. Dans ce cas, il n'est possible de consommer que son revenu courant. C'est donc ce dernier, et non le revenu sur l'ensemble de la vie, qui détermine la consommation : une réduction fiscale financée par l'emprunt accroît le revenu courant, et donc la consommation, alors même que le revenu futur sera plus faible. Fondamentalement, en réduisant les impôts actuels et en accroissant les impôts futurs, l'État prête de l'argent aux contribuables, permettant ainsi à ceux d'entre eux qui n'ont pu obtenir un prêt d'accroître néanmoins leur consommation actuelle.

ÉTUDE DE CAS - George Bush et la retenue à la source

Au début de l'année 1992, le président George Bush a entamé une nouvelle politique de lutte contre la récession persistante aux États-Unis, en réduisant la proportion de l'impôt sur le revenu des personnes physiques retenue à la source sur les rémunérations des travailleurs. Cette mesure ne diminuait en rien le montant d'impôts dû par ceux-ci : elle ne faisait qu'en retarder le paiement. Le salaire net plus élevé des travailleurs au cours de l'année 1992 devait être compensé par un relèvement des impôts, ou par de plus faibles remboursements d'impôts non dus, une fois l'échéance de ceux-ci arrivée, en avril 1993.

Quel impact peut-on attendre d'une telle politique ? Selon la logique de l'équivalence ricardienne, les consommateurs sont supposés se rendre compte que ceci ne change rien à leurs revenus sur l'ensemble de leur vie et donc épargner le supplément de salaire net pour payer l'impôt plus élevé dû à l'échéance. Le président Bush affirmait que cette politique procurerait aux gens « l'argent nécessaire pour les aider à payer leurs vêtements, les études de leurs enfants, ou encore pour acheter une nouvelle voiture ». Il était donc convaincu que les consommateurs allaient dépenser leur apparent complément de revenu, et donc accroître la demande agrégée, ce qui permettrait à l'économie de sortir de la récession. Ce faisant, le président faisait l'hypothèse implicite d'une myopie ou d'un rationnement du crédit des consommateurs.

Il est difficile d'évaluer les effets d'une telle politique à partir des données agrégées, car beaucoup d'autres choses se passaient au même moment. Deux économistes se sont cependant livrés à un petit sondage peu après l'annonce de cette politique. Ils ont simplement demandé aux gens ce qu'ils avaient l'intention de faire avec leur revenu supplémentaire. 57 % des personnes interrogées ont répondu qu'elles allaient l'épargner, l'utiliser pour rembourser leurs dettes, ou encore ajuster leur retenue à la source pour neutraliser l'impact de la mesure. 43 % répondirent qu'ils avaient l'intention de dépenser le revenu supplémentaire. Dans le cas précis de cette modification de la politique budgétaire, donc, une majorité des citoyens se rangeaient du côté de l'équivalence ricardienne. Le président Bush n'avait pourtant pas tout à fait tort : beaucoup des gens ont déclaré vouloir dépenser leur supplément de revenu, tout en sachant pertinemment bien que leur feuille d'impôts serait plus lourde l'année suivante [3].

C. Les générations futures

Outre la myopie et le rationnement du crédit, un troisième argument est avancé par les tenants de l'approche traditionnelle de la dette publique, qui affirment que les consommateurs sont convaincus que le relèvement fiscal ne les affectera pas eux-mêmes, mais bien les générations futures. Supposons, par exemple, que l'État réduise les impôts aujourd'hui, émette des obligations à trente ans pour financer son déficit budgétaire et relève les impôts dans trente ans pour rembourser l'emprunt. La dette publique constitue alors un transfert de richesse des générations futures de contribuables (qui devront payer l'impôt accru) vers la génération actuelle (qui bénéficie de la réduction fiscale). Ce transfert accroît bien les ressources sur l'ensemble de la vie de la génération actuelle, ce qui incite celle-ci à accroître sa consommation. Fondamentalement, une réduction fiscale financée par l'emprunt stimule la consommation en offrant à la génération actuelle la possibilité de consommer aux dépens des générations futures.

L'économiste Robert Barro a astucieusement contré cet argument en le retournant en faveur de l'approche ricardienne. Selon lui, comme les générations futures sont les enfants et les petits-enfants de la génération actuelle, elles ne peuvent être considérées comme des acteurs économiques indépendants. Tout au contraire, affirme-t-il, l'hypothèse correcte est que les générations actuelles se préoccupent des générations futures. Cet altruisme intergénérationnel peut être observé dans les cadeaux que de nombreuses personnes font à leurs enfants, souvent sous la forme d'héritage au moment de leur décès. L'existence d'héritages suggère que nombreux sont ceux et celles qui ne souhaitent nullement tirer parti de la possibilité que la réduction fiscale leur donne de consommer davantage au détriment de leurs propres enfants.

Selon l'analyse de Barro, l'unité décisionnelle pertinente n'est pas l'individu, qui ne vit qu'un nombre fini d'années, mais bien la famille, qui se perpétue indéfiniment. En d'autres termes, les gens décident de leur niveau de consommation en se fondant non seulement sur leurs propres revenus, mais également sur le revenu des membres futurs de leur famille. Une réduction fiscale financée par l'emprunt, même si elle accroît le revenu auquel toute personne donnée peut s'attendre sur l'ensemble de

---

[3] Matthew D. Shapiro et Joel Slemrod, « Consumer Response to the Timing of Income : Evidence from a Change in Tax Withholding », *American Economic Review* 85 (mars 1995), 274-283.

sa vie, n'accroît pas les ressources globales de sa famille. Au lieu de consommer le supplément de revenu issu de la réduction fiscale, les gens l'économisent et le laissent en héritage à leurs enfants, qui seront ainsi en mesure de payer l'impôt accru attendu à l'avenir.

Une nouvelle fois, nous constatons que le débat sur la dette publique est en fait un débat sur le comportement de consommation. L'approche ricardienne fait l'hypothèse que les consommateurs ont un horizon temporel long. L'analyse de la famille produite par Barro implique que l'horizon temporel du consommateur, tout comme celui de l'État, est effectivement infini. Il reste, cependant, que certaines personnes peuvent ne pas anticiper les impôts accrus des générations futures, et donc ne pas se soucier de laisser en héritage à leurs enfants de quoi les payer. Dans ce dernier cas, une réduction fiscale financée par l'emprunt peut bel et bien modifier la consommation en redistribuant la richesse entre les générations. [4]

ÉTUDE DE CAS - Pourquoi les parents laissent-ils des héritages ?

Le débat sur l'équivalence ricardienne soulève notamment le problème des liens entre générations. Robert Barro fonde son argumentation en faveur de l'approche ricardienne sur l'hypothèse que les parents qui se soucient de leurs enfants leur laissent des héritages. Mais cet altruisme est-il la véritable raison pour laquelle les parents laissent des héritages ?

Un groupe d'économistes a suggéré que les parents utilisent en fait les héritages pour garder un contrôle sur leurs enfants. Les parents souhaitent souvent que leurs enfants fassent des choses pour eux, par exemple leur téléphoner régulièrement et venir les voir le plus souvent possible. Ce faisant, ils pourraient utiliser la menace implicite de l'absence d'héritage pour, en quelque sorte, contraindre leurs enfants à s'occuper d'eux.

Pour tester ce « motif stratégique d'héritage », les économistes ont étudié les données sur la fréquence des visites des enfants à leurs parents. Ils ont constaté que cette fréquence est directement proportionnelle à la richesse des parents, mais aussi, de manière plus surprenante encore, que ce n'est le cas qu'en présence d'une richesse qui peut être laissée en héritage. La richesse non héritable, telle que les revenus de pension non payés par les sociétés d'assurance en cas de décès de leurs bénéficiaires directs, n'encourage nullement les enfants à rendre visite à leurs parents. Ces résultats suggèrent que l'altruisme n'est peut-être pas la seule explication des relations intergénérationnelles [5].

---

4 Robert J. Barro, « Are Government Bonds Net Wealth ? », *Journal of Political Economy* 81 (1974), 1095-1117.
5 B. Douglas Bernheim, Andrei Shleifer, et Lawrence H. Summers, « The Strategic Bequest Motive », *Journal of Political Economy* 93 (1985), 1045-1076.

16.4.3 Un choix difficile

Deux séries de questions se posent au terme de cet exposé des approches traditionnelle et ricardienne de la dette publique.

Tout d'abord, quelle interprétation retenir ? Si l'État réduit les impôts aujourd'hui au prix d'un déficit budgétaire et accroît les impôts demain, comment cette politique affecte-t-elle l'économie ? Stimule-t-elle la consommation, comme l'affirme l'approche traditionnelle ? Ou les consommateurs comprennent-ils que leur revenu sur l'ensemble de leur vie demeure inchangé et compensent-ils, en conséquence, le déficit budgétaire par une épargne privée plus élevée ?

Deuxièmement, pourquoi adopter telle ou telle interprétation ? Quelles raisons avons-nous d'accepter l'approche traditionnelle de la dette publique ? Les consommateurs ne comprennent-ils pas que l'emprunt accru de l'État aujourd'hui signifie automatiquement des impôts plus élevés demain ? Ou ne tiennent-ils pas compte de ces impôts futurs, soit parce qu'ils sont soumis à des restrictions de crédit, ou parce qu'ils pensent que les impôts futurs frapperont les générations futures avec lesquelles ils ne se sentent aucun lien économique ? Si, au contraire, vous adoptez l'approche ricardienne, êtes-vous convaincu que les consommateurs ont une capacité d'anticipation suffisante pour comprendre que l'emprunt de l'État aujourd'hui les contraindra demain à prélever une partie accrue de leur revenu ou de celui de leurs descendants ? Pensez-vous que les consommateurs épargnent alors le supplément de revenu pour compenser le prélèvement fiscal attendu à l'avenir ?

On pourrait espérer que les faits nous aident à départager ces deux approches différentes de la dette publique. Pourtant, l'examen des épisodes historiques de grands déficits budgétaires ne donne aucun résultat incontestable : il existe diverses manières d'interpréter l'histoire.

Prenons, par exemple, l'expérience des années 1980. Les importants déficits budgétaires provoqués alors partiellement par la réduction fiscale de Reagan en 1981 semblent nous offrir un champ d'expérimentation idéal pour vérifier les deux approches de la dette publique. À première vue, cet épisode semble incontestablement appuyer l'interprétation traditionnelle. Les déficits budgétaires importants sont allés de pair avec une faible épargne nationale, des taux d'intérêt élevés et de grands déficits commerciaux. On ne s'étonnera donc pas que les tenants de l'approche traditionnelle de la dette publique fassent fréquemment référence à cette expérience des années 1980 pour asseoir leur position.

Les partisans de l'hypothèse ricardienne de la dette publique interprètent pourtant ces mêmes événements de manière totalement différente. Ils suggèrent que la faiblesse de l'épargne au cours des années 1980 peut être imputée à l'optimisme des gens quant à la croissance économique future, comme semble le confirmer la forte expansion contemporaine du marché boursier. Une autre raison de la faiblesse de l'épargne peut être trouvée dans la conviction des gens que, comme l'affirmait le président Reagan, la réduction fiscale n'entraînerait aucune hausse future des impôts, mais bien une réduction des dépenses publiques. La difficulté d'écarter l'une ou l'autre de ces interprétations permet à chacune d'entre elles de survivre.

INFORMATION
Ricardo à propos de l'équivalence ricardienne

Riche financier, David Ricardo s'est avéré l'un des grands économistes de l'histoire. Sa principale contribution à la pensée économique est constituée d'un ouvrage publié en 1817 et intitulé *Des principes de l'économie politique et de l'impôt*. Il y développe notamment sa théorie des avantages comparatifs, qui est toujours au centre de la théorie contemporaine des gains de l'échange international. En tant que parlementaire anglais, il a d'ailleurs pu appliquer cette théorie, en s'opposant à une législation (« corn laws ») dont l'objet était de limiter le commerce international des céréales.

Ricardo s'est intéressé aux diverses manières dont l'État peut financer ses dépenses. Dans un article de 1820 intitulé « Essai sur le système de financement », il prend l'exemple d'une guerre dont le coût s'élève à £20 millions. Au taux d'intérêt de 5 %, indique-t-il, cette dépense peut être financée par un prélèvement fiscal unique de même montant, un prélèvement à durée indéterminée de £1 million par an ou un prélèvement de £1,2 million pendant 45 ans. Il écrit :

> En termes économiques, il n'y a pas vraiment de différence entre ces trois modalités : un prélèvement fiscal unique de £20 millions, un prélèvement à durée indéterminée de £1 million par an ou un prélèvement de £1,2 million par an pendant 45 ans ont exactement la même valeur.

Ricardo était bien conscient du fait que ce problème touche aux liens entre générations :

> Certes, il est difficile de convaincre le détenteur de £20 000, ou de tout autre montant, que le prélèvement indéfini de £50 par an représente exactement la même charge qu'un prélèvement unique de £1 000. Il aurait vaguement l'impression que les 50 livres par an seraient payées par la postérité plutôt que par lui ; pourtant, s'il laisse sa fortune en héritage à son fils, à charge pour celui-ci de payer les 50 livres, quelle différence cela fait-il s'il lui lègue £20 000 avec la taxe ou £19 000 sans celle-ci ?

Persuadé lui-même de l'équivalence de ces trois modalités de financement de l'État, Ricardo craignait qu'il n'en aille pas de même des autres :

> Les gens qui payent des impôts… ne gèrent pas en conséquence leurs affaires privées. Nous évaluons la charge que représente une guerre à l'aune exclusive de ce qu'elle nous coûte en impôts contemporains, sans nous poser la question de la durée probable de ce prélèvement.

Ricardo doutait donc que les gens soient rationnels et voient assez loin pour anticiper totalement leurs charges fiscales futures.

En tant que législateur, Ricardo prenait la dette publique très au sérieux. Il déclara un jour devant le Parlement britannique :

> Notre pays serait le plus heureux du monde et sa prospérité dépasserait tout ce que l'on peut imaginer si nous nous débarrassions de deux grands maux : la dette publique et les lois sur les céréales.

L'une des plus grandes ironies dans l'histoire de la pensée économique est que Ricardo rejetait la théorie qui porte aujourd'hui son nom, l'équivalence ricardienne.

16.5 AUTRES CONSIDÉRATIONS RELATIVES À LA DETTE PUBLIQUE

Les débats de politique économique liés à la dette publique portent sur de multiples éléments. Nous venons de confronter l'approche traditionnelle et la vision ricardienne de la dette publique. Pour la première, le déficit budgétaire de l'État accroît la demande agrégée et stimule la production à court terme, mais elle évince l'investissement en capital et freine la croissance dans le long terme. Selon l'équivalence ricardienne, le déficit budgétaire n'a aucun de ces effets, parce que les consommateurs savent qu'il ne représente qu'un ajournement de la charge fiscale. Nous introduisons ci-dessous une série d'éléments nouveaux susceptibles de nuancer l'une et l'autre de ces deux approches.

16.5.1 *Budgets équilibrés et politique budgétaire optimale*

Si le débat relatif aux règles de politique macroéconomique privilégie la politique monétaire, il n'en néglige pas pour autant la politique budgétaire. En ce domaine, la règle la plus discutée est celle du budget équilibré. Comme son nom l'indique, elle voudrait interdire aux gouvernements de dépenser plus qu'ils ne gagnent. Aux États-Unis, cette règle a été adoptée par de nombreux États. La question est donc de savoir si le gouvernement fédéral devrait l'adopter lui aussi. La plupart des économistes ne le pensent pas, et ceci pour trois raisons.

A. Stabilisation

Tout d'abord, un déficit ou un excédent budgétaire peut contribuer à stabiliser l'économie. Fondamentalement, la règle du budget équilibré inhibe l'effet de stabilisation automatique du système fiscal et des transferts : tout ralentissement de l'activité économique pèse négativement sur les prélèvements fiscaux et positivement sur les transferts. Ces réactions automatiques contribuent, certes, à stabiliser l'économie, mais aussi à accroître le déficit public. Le respect strict d'une règle de budget équilibré exigerait du gouvernement qu'il augmente les impôts ou qu'il réduise ses dépenses en période de récession, ce qui aggraverait la dépression de la demande agrégée. Une politique budgétaire discrétionnaire est plus susceptible de contrer les fluctuations économiques. Par exemple, en 2009, le président Obama a signé une loi de relance consistant à augmenter fortement les dépenses publiques afin d'atténuer les effets de la récession au prix d'un déficit budgétaire, le plus important depuis cinquante ans.

B. Lissage fiscal

Deuxièmement, il est possible d'utiliser un déficit ou un excédent budgétaire pour atténuer les biais introduits par le système fiscal. Les impôts élevés constituent un coût pour la société, dans la mesure où ils découragent l'activité économique. Plus les impôts sont élevés, plus l'est également le coût social du prélèvement fiscal. Il est possible de minimiser le coût social total des impôts en maintenant relativement constants les taux de prélèvement plutôt qu'en leur permettant de fluctuer au gré de l'activité économique. Les économistes appellent *lissage fiscal* une telle politique. Pour lisser les taux de prélèvement, il faut accepter un déficit lorsque les revenus sont exceptionnellement faibles (récessions) et lorsque les dépenses sont exceptionnellement élevées (guerres).

C. Redistribution intergénérationnelle

Troisièmement, on peut utiliser le déficit budgétaire pour transférer la charge fiscale des générations actuelles vers les générations futures. Ceci amène certains économistes à défendre la thèse selon laquelle, si les générations actuelles mènent une guerre au nom de la liberté, les générations futures en bénéficieront également et doivent, pour cette raison, partager la charge budgétaire de cette guerre. Ce transfert intergénérationnel peut se réaliser en finançant la guerre par un déficit budgétaire : l'État résorbera ultérieurement cette dette en prélevant des impôts sur les générations futures.

Pour toutes ces raisons, la plupart des économistes rejettent la règle stricte de l'équilibre budgétaire. Pour le moins, toute règle de politique budgétaire doit tenir compte des épisodes récurrents de récessions et de guerres, pendant lesquels le déficit budgétaire se justifie.

16.5.2 Les effets sur la politique monétaire

En 1985, Paul Volcker, président de la banque centrale américaine, le Federal Reserve System, a déclaré devant le Congrès que « la taille actuelle et prévisible du déficit budgétaire... alimente le scepticisme quant à notre capacité à contrôler l'offre de monnaie et contenir l'inflation ». Dix ans plus tard, son successeur, Alan Greenspan, affirmait qu'« une réduction substantielle du déficit prévisible à long terme des États-Unis est de nature à réduire de manière significative les anticipations à très long terme de l'inflation ». Ces deux présidents de la Fed percevaient de toute évidence un lien entre politique budgétaire et politique monétaire.

Cette possibilité est effectivement apparue au chapitre 4, où nous avons vu que l'une des manières de financer le déficit public est de faire fonctionner la « planche à billets », mais que cette politique alimente l'inflation. L'hyperinflation, en effet, apparaît surtout dans les pays dont les responsables budgétaires ont recours à la taxe d'inflation pour payer une partie des dépenses de l'État. La fin des épisodes d'hyperinflation coïncide presque toujours avec des réformes budgétaires comportant d'importantes réductions des dépenses publiques et réduisant donc le besoin de seigneuriage de l'État.

Outre ce premier lien entre déficit budgétaire et inflation, certains économistes suggèrent qu'un État fortement endetté serait tenté de susciter délibérément l'inflation. La plupart des dettes publiques étant libellées en termes nominaux, la hausse des prix en réduit la valeur réelle. C'est là le phénomène usuel de redistribution entre créanciers (ici le secteur privé) et débiteurs (l'État) suscité par l'inflation non anticipée. Au contraire des autres débiteurs, cependant, l'État, qui a le pouvoir d'émettre de la monnaie, pourrait souhaiter le faire dans le but de provoquer une hausse des prix susceptible de réduire la valeur de sa dette.

Malgré ces préoccupations, dans la plupart des pays industrialisés, on observe en fait peu de liaisons entre dette publique et politique monétaire. Ainsi, aux États-Unis, dans les années 1970, l'inflation était élevée alors que la part de la dette publique dans le PIB était réduite. En sens inverse, cette inflation a été maîtrisée au début des années 1980, au moment précis où apparaissaient de grands déficits publics qui ont singulièrement accru la dette de l'État. Si donc, dans certaines situations, d'hyperinflation, par exemple, la politique budgétaire peut inspirer la politique monétaire, ceci est loin d'être la norme aujourd'hui dans la plupart des pays. Plusieurs raisons l'expliquent. Premièrement, l'État est en mesure de financer ses déficits en vendant des titres et n'a donc pas besoin du seigneuriage. Deuxièmement, les banques centrales jouissent d'une indépendance suffisante pour résister aux pressions politiques visant une politique monétaire plus expansionniste. Troisièmement, de manière plus importante encore, les responsables politiques ont maintenant appris que l'inflation est un médiocre remède contre les problèmes budgétaires.

16.5.3 La dette et les processus politiques

Ce ne sont pas des anges, mais des processus politiques imparfaits, qui formulent la politique budgétaire. Pour certains économistes, la possibilité de financer par l'emprunt les dépenses publiques est loin d'améliorer la situation.

Cette crainte remonte loin : c'est au dix-neuvième siècle que l'économiste Knut Wicksell a suggéré qu'une dépense publique dont les avantages seraient plus grands que les désavantages devrait pouvoir recueillir l'accord unanime des électeurs. En conséquence, selon lui, une dépense publique ne doit être effectuée que si elle bénéficie d'un soutien quasi unanime. Si cette dépense elle-même devait être financée par l'emprunt, cependant, Wicksell regrettait le fait que « les intérêts [des futurs contribuables] seraient peu ou pas représentés au sein de l'assemblée appelée à approuver la dépense ».

De nombreux économistes ont récemment repris cette ligne de pensée. Dans leur livre *Democracy in Deficit*, publié en 1977, James Buchanan et Richard Wagner se font les avocats d'une politique d'équilibre budgétaire qui aurait le mérite « de rendre les décideurs politiques conscients du coût réel des dépenses publiques et d'évacuer ainsi des choix budgétaires l'illusion que ceux-ci ne coûtent rien ». De même,

Martin Feldstein, qui fut conseiller économique de Ronald Reagan et reste un farouche adversaire des déficits publics, affirme que « seule la dure contrainte de l'équilibre budgétaire peut contraindre les hommes politiques à évaluer si les avantages tirés des dépenses publiques en justifient vraiment les coûts ».

Dans la foulée, un certain nombre d'économistes appellent de leurs vœux un amendement de la Constitution faisant obligation au Congrès de n'approuver qu'un budget en équilibre, sauf dans des circonstances exceptionnelles telles que guerres ou récessions, dans lesquelles un déficit budgétaire peut constituer une réaction politique responsable. Pour certains, même avec ces exceptions, un tel amendement imposerait aux responsables politiques des conditions excessivement contraignantes. D'autres encore soupçonnent à l'avance le Congrès de vouloir échapper à ces contraintes en utilisant des artifices comptables. On voit donc que le débat sur l'opportunité de l'équilibre budgétaire constitutionnellement obligatoire est aussi politique qu'économique.

16.5.4 *La dimension internationale*

La dette publique peut également affecter la place d'un pays au sein de l'économie mondiale. Le chapitre 5 nous a appris qu'un déficit public qui réduit l'épargne nationale entraîne souvent aussi un déficit commercial qu'il faut à son tour financer par l'emprunt à l'étranger. On reproche ainsi souvent aux États-Unis d'être récemment passés du statut de plus grand créancier de l'économie mondiale à celui de plus grand débiteur. Cette liaison entre déficit budgétaire et déficit commercial induit deux effets supplémentaires de la dette publique.

Tout d'abord, un degré élevé d'endettement public accroît le risque de fuite des capitaux, qui traduit une forte et soudaine réduction de la demande de la monnaie du pays concerné sur les marchés financiers internationaux. Certes, les investisseurs internationaux savent qu'un État endetté peut toujours, en dernier ressort, avoir recours au défaut de paiement. En 1335, le roi d'Angleterre Édouard III a ainsi refusé de rembourser la dette qu'il avait contractée auprès des banquiers italiens. Plus récemment, des défauts de paiement ont été observés de la part de plusieurs pays d'Amérique latine, dans les années 1980, et de la Russie en 1998. Plus est élevé le degré d'endettement, plus est grande la tentation de ne pas rembourser. En conséquence, à mesure que croît l'endettement des États, les investisseurs internationaux, craignant le défaut de paiement, sont incités à réduire leurs prêts. Si cette perte de confiance survient de manière soudaine, on observe les symptômes classiques de la fuite des capitaux : effondrement de la valeur de la monnaie et hausse des taux d'intérêt. Nous avons vu au chapitre 12 que c'est exactement ce qui est arrivé au Mexique au début des années 1990, dès que le défaut de paiement y est devenu vraisemblable.

Deuxièmement, une importante dette publique financée par l'emprunt à l'étranger peut affecter le poids du pays concerné dans la concertation internationale. C'est la crainte qu'exprime l'économiste Ben Friedman dans son livre *Day of Recko-*

ning - que l'on pourrait traduire par « Le jour où il faudra rendre des comptes » -, publié en 1988 : « Historiquement, les pays créanciers détiennent pouvoir et influence à l'échelle mondiale. Ce n'est pas pure coïncidence si les États-Unis ont accédé au statut de puissance mondiale au moment où, de nation débitrice, ils se transformaient en créancier fournissant au reste du monde les capitaux nécessaires à l'investissement. » Pour Friedman, si les États-Unis ne mettent pas un terme à leurs importants déficits commerciaux, ils finiront par perdre leur influence internationale. À ce jour, cette hypothèse est loin de s'être vérifiée : en dépit de trois décennies de déficits commerciaux (1980, 1990 et 2000), les États-Unis demeurent une superpuissance mondiale. Peut-être cela est-il dû à des événements extérieurs, tels que la disparition de l'Union soviétique, qui auraient compensé la perte d'ascendant politique liée à l'endettement croissant des États-Unis.

ÉTUDE DE CAS - Les avantages des obligations indexées

En 1997, le Trésor américain a émis pour la première fois des obligations dont le rendement est lié à l'indice des prix à la consommation. Leur taux d'intérêt n'est que de 2 % : une coupure de $1 000 ne permet de percevoir que $20 par an en intérêts. Mais ceux-ci, de même que le principal de $1 000, augmentent avec le niveau général des prix tel que le mesure l'indice des prix à la consommation. Les 2 % sont donc un taux d'intérêt réel. Les professeurs de macroéconomie n'ont plus besoin de définir d'une manière abstraite le taux d'intérêt réel. Ils peuvent ouvrir un quotidien connu, par exemple le *New York Times*, lire la page économie et finance, et dire : « Regardez ici, il s'agit d'un taux d'intérêt nominal, et celui-ci est un taux d'intérêt réel. » (Les professeurs au Royaume-Uni et dans plusieurs autres pays ont depuis longtemps bénéficié de ce luxe parce que les obligations indexées sont négociées dans d'autres pays depuis longtemps.)

Bien sûr, rendre plus facile l'enseignement de la macroéconomie n'était pas la raison pour laquelle le Trésor a choisi d'indexer une partie de la dette publique. C'était juste une externalité positive. Cette innovation devrait satisfaire tant les acquéreurs de ces obligations préoccupés des intérêts réels qu'ils vont percevoir, que les contribuables soucieux des intérêts réels que leurs impôts devront contribuer à payer : les deux groupes sont désormais à l'abri des risques liés à l'inflation que comportent les titres publics libellés en termes nominaux. Or ces risques sont à la fois inutiles et stériles.

Les titres indexés offrent trois autres avantages.

Premièrement, leur apparition encouragera peut-être le secteur privé à émettre lui aussi des titres indexés. L'innovation financière est, dans une certaine mesure, un bien public ou collectif. Une fois introduite sur le marché, on ne peut empêcher personne de l'utiliser (absence d'exclusion) et son utilisation par certains ne diminue en rien l'usage que peuvent en faire les autres (absence de rivalité). Un marché concurrentiel ne peut pas plus assurer correctement l'offre d'innovations financières qu'il ne le fait pour des biens publics tels que la défense nationale ou la recherche fondamentale. On peut considérer que les nouvelles obligations du Trésor pallient cette défaillance du marché.

Deuxièmement, les nouvelles obligations réduisent la tentation de seigneuriage et donc permettent d'éviter l'inflation. Les déficits budgétaires cumulés des années 1980, 1990 et 2000 ont fait de l'État américain un énorme débiteur, dont la dette est presque totalement libellée en dollar. Ce qui distingue ce débiteur particulier des autres, c'est qu'il peut tout simplement créer les fonds dont il a besoin pour rembourser sa dette. Cette tentation croît avec son endettement, ce qui implique une inflation plus importante. L'introduction d'obligations indexées par le Trésor devrait le détourner de cette solution risquée.

Troisièmement, les obligations indexées fournissent des données qui peuvent s'avérer utiles pour la conduite de la politique monétaire. Dans de nombreuses théories macroéconomiques, les anticipations de l'inflation jouent un rôle essentiel dans l'explication de la relation entre inflation et emploi. Mais quelle est l'inflation anticipée ? L'une des manières de le savoir est de suivre les prévisions économiques. Une autre consiste à étudier l'écart entre le rendement des obligations non indexées et celui des obligations indexées.

On a vu au chapitre précédent que les économistes ont suggéré une série de règles de conduite de la politique monétaire. Les obligations indexées ouvrent des voies nouvelles. En voici une : la banque centrale annonce son taux d'inflation cible. Ensuite, elle mesure de jour en jour le taux d'inflation par l'écart entre le rendement de la dette nominale et celui de la dette indexée. Si l'inflation anticipée excède le niveau visé, la banque centrale réduit l'offre de monnaie. Si elle est inférieure, la banque accroît l'offre de monnaie. La banque centrale utilise ainsi la prévision d'inflation du marché des obligations pour s'assurer que l'offre de monnaie croît au rythme qui permet de maintenir le taux d'inflation à proximité du niveau qu'elle a fixé.

On voit donc que les obligations indexées émises par le Trésor américain comportent de nombreux avantages : moins de risque d'inflation, plus d'innovations financières, meilleure orientation des politiques publiques, plus d'information pour conduire la politique monétaire, et enfin plus de facilités pour les étudiants et les enseignants de la macroéconomie [6].

---

6 Pour en savoir plus sur les obligations indexées, voir John Y. Campbell et Robert J. Shiller, « A Scorecard for Indexed Government Debt », *NBER Macroeconomics Annual* (1996), 155-197 ; et David W. Wilcox, « Policy Watch : The Introduction of Indexed Government Debt in the United States », *The Journal of Economic Perspectives* 12 (hiver 1998), 219-227.

16.6 CONCLUSION

La politique budgétaire et la dette publique ont été au centre des débats de politique économique aux États-Unis. Ce chapitre a été consacré à certaines questions d'ordre économique qui se cachent derrière les décisions politiques. Incontestablement, les économistes ne sont pas d'accord sur la manière dont la dette publique affecte l'économie et dont on devrait idéalement mesurer cette dette. Ils ne sont pas non plus d'accord sur le choix de la meilleure politique budgétaire à mettre en œuvre. Il s'agit là d'un des défis majeurs auxquels sont actuellement confrontés tant les économistes que les responsables politiques. Eu égard aux prévisions de détérioration inexorable, à politique inchangée, des finances publiques que nous avons évoquées, il y a peu de doute que ce défi ne cesse de nous hanter au cours des prochaines années.

> **Synthèse**
>
> 1. La dette actuelle de l'État fédéral américain est de taille moyenne par rapport tant à ce qu'elle a été dans le passé qu'à la dette des autres pays. Fait nouveau, cependant, pendant les années 1980 et 1990, la part de la dette dans le PIB s'est, pour la première fois dans l'histoire des États-Unis, fortement accrue en temps de paix. De 1995 à 2001, la part de la dette publique (en pourcentage) dans le PIB a baissé d'une façon significative, mais à partir de 2001, elle a commencé à augmenter.
> 2. Les mesures conventionnelles du déficit budgétaire évaluent de manière imparfaite la politique budgétaire, parce qu'elles ne tiennent pas compte de l'inflation et de ses effets, ne compensent pas les variations des engagements par celles des actifs, ignorent tout simplement certains engagements et n'intègrent pas les effets du cycle conjoncturel.
> 3. Selon l'approche traditionnelle de la dette publique, une réduction fiscale financée par l'emprunt stimule la dépense de consommation et réduit l'épargne nationale. Il en résulte à court terme une hausse de la demande agrégée et du revenu mais, à long terme, une moindre accumulation de capital et un revenu plus faible.
> 4. Selon l'approche ricardienne de la dette publique, une réduction fiscale financée par l'emprunt ne stimule en rien la dépense de consommation, car, loin d'accroître le revenu sur l'ensemble de la vie, elle ne fait que transférer les impôts d'aujourd'hui vers demain. Au fond, le débat entre approches traditionnelle et ricardienne de la dette publique est un débat sur le comportement des consommateurs. Ceux-ci sont-ils rationnels ou myopes ? Sont-ils confrontés à un rationnement du crédit ? Des héritages altruistes les lient-ils économiquement aux générations futures ? L'interprétation qu'ont les économistes de la dette publique est fonction de leurs réponses à ces diverses questions.

5. La plupart des économistes s'opposent à une règle stricte imposant un budget en équilibre. Un déficit budgétaire se justifie parfois à des fins de stabilisation à court terme, de lissage fiscal et de redistribution intergénérationnelle de la charge budgétaire.

6. Les effets potentiels de la dette publique sont multiples. Un endettement ou un déficit public élevé peut être à la base d'une expansion monétaire excessive, elle-même génératrice d'inflation. La possibilité d'encourir un déficit budgétaire peut inciter les responsables politiques à reporter sur les générations futures une charge fiscale injustifiée. Enfin, un niveau élevé d'endettement public fait courir le risque de fuite des capitaux et de perte d'influence dans la concertation internationale. Les économistes n'ont pas tous la même perception de l'importance relative de chacun de ces facteurs.

CONCEPTS DE BASE

- Budgétisation avec compte de capital
- Déficit budgétaire corrigé des variations conjoncturelles
- Équivalence ricardienne

ÉVALUATION DES CONNAISSANCES

1. Qu'y a-t-il d'inhabituel dans la politique budgétaire menée aux États-Unis entre 1980 et 1995 ?
2. Pourquoi la plupart des économistes entrevoient-ils une hausse des déficits budgétaires et de la dette publique au cours des prochaines décennies ?
3. Décrivez quatre problèmes associés à la mesure du déficit budgétaire de l'État.
4. Selon l'approche traditionnelle du déficit public, comment une réduction fiscale financée par l'emprunt affecte-t-elle l'épargne publique, l'épargne privée et l'épargne nationale ?
5. Selon l'approche ricardienne du déficit public, comment une réduction fiscale financée par l'emprunt affecte-t-elle l'épargne publique, l'épargne privée et l'épargne nationale ?
6. Adhérez-vous à l'approche traditionnelle ou à l'approche ricardienne de la dette publique ? Pourquoi ?
7. Donnez trois raisons pour lesquelles un déficit budgétaire pourrait être un bon choix politique.
8. Pourquoi le degré d'endettement de l'État pourrait-il affecter la propension des responsables politiques à créer de la monnaie ?

PROBLÈMES ET APPLICATIONS

1. Le 1er avril 1996, Taco Bell, la chaîne de restauration rapide, a acheté une pleine page du *New York Times* pour annoncer ce qui suit : « Souhaitant contribuer à résoudre le problème de la dette nationale, Taco Bell est heureuse d'annoncer que nous avons décidé d'acheter la statue de la Liberté, l'un des plus grands trésors historiques de notre pays. Elle s'appellera désormais *Taco Liberty Bell* et restera accessible au public américain. Nous espérons que cette décision incitera d'autres sociétés à contribuer de manière analogue à réduire la dette de notre pays ». Si les sociétés américaines se conformaient à ce souhait, ceci réduirait-il effectivement la dette nationale telle qu'elle est actuellement mesurée ? En quoi l'adoption de la budgétisation avec comptes de capital modifie-t-elle éventuellement votre réponse ? Selon vous, de telles actions induisent-elles véritablement une réduction de l'endettement de l'État ? Pensez-vous que l'annonce de Taco Bell était sérieuse ? [Une indication : regardez la date de l'annonce.]

2. Écrivez au parlementaire de la section 16.3, pour lui expliquer et lui permettre d'évaluer l'approche ricardienne de la dette publique.

3. Le système de sécurité sociale effectue des prélèvements sur les travailleurs et transfère des revenus aux personnes âgées. Supposons que le Congrès américain augmente tant les prélèvements que les indemnités. Pour simplifier, supposons que le Congrès annonce que cette hausse ne durera qu'une seule année.

   a) Comment cette modification affecte-t-elle l'économie ? [Une indication : Pensez aux propensions marginales à consommer respectives des jeunes et des personnes âgées.]

   b) Votre réponse dépend-elle de l'existence d'un lien altruiste intergénérationnel ?

4. Le déficit budgétaire corrigé des fluctuations conjoncturelles élimine l'impact du cycle conjoncturel sur le déficit budgétaire. Il s'agit donc du déficit budgétaire qui serait encouru si le chômage était à son taux naturel. On l'appelle également déficit budgétaire de plein emploi. Certains économistes recommandent que, dans ces termes, le budget soit toujours équilibré. Vaut-il mieux appliquer la règle stricte du budget équilibré en toutes circonstances ou en fonction des fluctuations conjoncturelles ?

5. Dans les références disponibles sur l'Internet, trouvez des projections récentes de l'évolution attendue de la dette publique fédérale en % du PIB. Quelles sont les hypothèses relatives aux dépenses publiques, aux recettes fiscales et à la croissance économique ? Ces hypothèses vous paraissent-elles raisonnables ? Comment un éventuel ralentissement de la productivité américaine modifierait-il ces hypothèses ? [Une indication : http://www.cbo.gov.]

PARTIE 6

LES FONDEMENTS MICROÉCONOMIQUES DE LA MACROÉCONOMIE

Chapitre 17.	La consommation	615
Chapitre 18.	L'investissement	651
Chapitre 19.	L'offre de monnaie, la demande de monnaie et le système bancaire	679

LA CONSOMMATION

La consommation est l'unique fin et but de toute production.
Adam Smith

17.1 John Maynard Keynes et la fonction de consommation	**616**
17.2 Irving Fisher et le choix intertemporel	**621**
17.3 Franco Modigliani et l'hypothèse du cycle de vie	**633**
17.4 Milton Friedman et l'hypothèse du revenu permanent	**638**
17.5 Robert Hall et l'hypothèse de la marche au hasard	**641**
17.6 David Laibson et la pression de la gratification immédiate	**644**
17.7 Conclusion	**647**

Comment les ménages décident-ils d'affecter leur revenu à la consommation actuelle et à l'épargne en vue de la consommation future ? Il s'agit là d'une question d'ordre microéconomique, car elle concerne le comportement individuel des consommateurs. Pourtant, la réponse qu'on lui apporte a des implications macroéconomiques. Comme nous l'avons dit dans les chapitres précédents, les décisions de consommation des ménages affectent le comportement d'ensemble de l'économie tant à court qu'à long terme.

C'est en raison de son rôle en matière de croissance économique que la décision de consommation affecte de manière cruciale l'analyse de l'évolution économique à long terme. Le modèle de croissance de Solow présenté aux chapitres 7 et 8 fait du taux d'épargne un déterminant essentiel du stock de capital stationnaire et donc du niveau de bien-être économique. Le taux d'épargne mesure la part de son revenu épargnée par la génération actuelle pour assurer son propre avenir autant que celui des générations futures.

La décision de consommation affecte également l'analyse des évolutions économiques à court terme en raison de son rôle dans la détermination de la demande agrégée. Comme la consommation des ménages représente deux tiers du PIB, ses fluctuations jouent un rôle crucial dans la succession des phases d'expansion et de récession. Le modèle *IS-LM* des chapitres 10 et 11 nous a montré que la modification des plans de dépense des consommateurs peut être à l'origine de chocs s'exerçant sur l'économie et que la propension marginale à consommer est l'un des déterminants des multiplicateurs de la politique budgétaire.

Dans les chapitres précédents, nous avons expliqué la consommation à l'aide d'une fonction qui la relie au revenu disponible : $C = C(Y - T)$. Cette approximation nous a permis d'élaborer des modèles simples d'analyse du court et du long terme. Néanmoins, cette simplicité même empêche d'expliquer totalement le comportement de consommation. Le présent chapitre revient de manière plus détaillée sur la fonction de consommation et s'efforce d'expliquer plus précisément ce qui détermine la consommation agrégée.

Depuis l'origine des recherches en macroéconomie, nombreux sont les économistes qui ont étudié la théorie du comportement des consommateurs et suggéré diverses manières d'interpréter les données relatives à la consommation et au revenu. Ce chapitre présente les interprétations qu'en ont proposées six éminents économistes afin de montrer les diverses approches qui expliquent la consommation.

17.1 JOHN MAYNARD KEYNES ET LA FONCTION DE CONSOMMATION

Nous abordons notre étude de la consommation avec la *Théorie générale* de John Maynard Keynes, publiée en 1936. Keynes place la fonction de consommation au centre de sa théorie des fluctuations économiques. Elle y est restée depuis lors. Qu'a donc dit Keynes de la fonction de consommation et dans quel état sa théorie à cet égard ressort-elle de la confrontation avec les faits ?

17.1.1 Les hypothèses de Keynes quant à la fonction de consommation

Aujourd'hui, les économistes qui étudient la fonction de consommation font appel à des techniques sophistiquées d'analyse des données. À l'aide de l'informatique, ils analysent les données agrégées des comptes nationaux décrivant le comportement d'ensemble de l'économie ainsi que les données relatives aux comportements individuels des ménages que fournissent les enquêtes par sondage auprès de ceux-ci. Dans les années 1930, Keynes ne disposait ni de telles données détaillées, ni des ordinateurs permettant de les analyser. Faute de pouvoir s'appuyer sur l'analyse statistique, il choisit donc de formuler un ensemble d'hypothèses relatives à la fonction de consommation basées sur l'introspection et l'observation de causalité.

La première et la plus importante de ces hypothèses est que la **propension marginale à consommer** (PMC), soit la part consommée de chaque dollar supplémentaire de revenu, est comprise entre 0 et 1. Keynes écrit qu'« une loi psychologique de base que nous pouvons raisonnablement accepter nous dit que... les gens sont prêts, en principe et en moyenne, à accroître leur consommation à mesure que leur revenu augmente, mais moins que proportionnellement à la croissance de celui-ci ». En d'autres termes, quand un consommateur gagne un dollar supplémentaire, il en dépense en général une partie, la somme restante étant épargnée. Comme nous l'a montré l'analyse de l'équilibre keynésien, au chapitre 10, la propension marginale à consommer joue un rôle essentiel dans les politiques proposées par Keynes en vue de réduire le chômage généralisé. Le pouvoir qu'il reconnaît à la politique budgétaire d'influencer l'économie, exprimé dans les multiplicateurs de la politique budgétaire, provient précisément de l'interaction entre revenu et consommation.

Deuxièmement, Keynes pose que la part consommée du revenu, appelée **propension moyenne à consommer** (pmc), diminue à mesure que le revenu augmente. Pour lui, l'épargne est un luxe et, en conséquence, les riches épargnent une part plus grande de leur revenu que les pauvres. Bien qu'il n'ait pas joué un rôle essentiel dans la propre analyse de Keynes, ce postulat d'une propension moyenne à consommer inversement proportionnelle à la hausse du revenu est progressivement devenu un élément essentiel des premières versions de l'économie keynésienne.

Troisièmement, Keynes est convaincu que le revenu est le principal déterminant de la consommation et que le taux d'intérêt n'influence que marginalement celle-ci. Cette conjecture remet radicalement en cause les théories des économistes classiques antérieurs à Keynes, pour lesquels un taux d'intérêt élevé encourage l'épargne et décourage la consommation. Keynes admet, en théorie, que le taux d'intérêt peut influencer la consommation. Ceci ne l'a pas empêché d'écrire que « la principale conclusion suggérée par l'expérience est, selon moi, que l'influence à court terme du taux d'intérêt sur la partie individuellement dépensée de tout revenu donné est secondaire et relativement peu importante ».

Ces trois hypothèses fondent la formulation suivante, fréquemment proposée, de la fonction de consommation keynésienne :

$$C = \overline{C} + cY, \ \overline{C} > 0, \ 0 < c < 1 \qquad (17.1)$$

où C est la consommation, Y le revenu disponible, $\overline{C}$ une constante parfois appelée consommation autonome et c la propension marginale à consommer. La figure 17.1 représente graphiquement sous la forme d'une droite cette fonction de consommation. $\overline{C}$ est l'ordonnée à l'origine et c représente la pente de la courbe.

Cette fonction de consommation est dotée des trois propriétés posées par Keynes. Elle satisfait la première propriété keynésienne selon laquelle la propension marginale à consommer c est comprise entre 0 et 1, de sorte que toute hausse du revenu induit une consommation et une épargne accrues. Cette fonction de consommation satisfait également la deuxième propriété keynésienne d'une propension moyenne à consommer pmc de la forme suivante :

$$pmc = C/Y = \overline{C}/Y + c \qquad (17.2)$$

À mesure que Y augmente, $\overline{C}/Y$ diminue, et donc la propension moyenne à consommer C/Y se réduit. Enfin, cette fonction de consommation est conforme à la

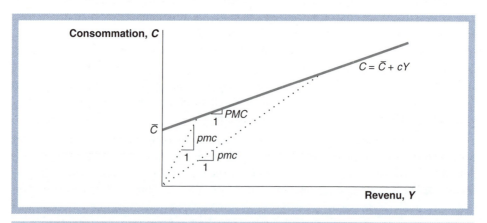

Figure 17.1
La fonction de consommation keynésienne

La figure représente graphiquement une fonction de consommation dotée des trois propriétés posées par Keynes. Tout d'abord, la propension marginale à consommer c est comprise entre 0 et 1. Deuxièmement, la propension moyenne à consommer diminue à mesure que le revenu augmente. Troisièmement, la consommation est déterminée par le revenu courant.

Note : La propension marginale à consommer, PMC, est donnée par la pente de la fonction de consommation. La propension moyenne à consommer, $pmc = C/Y$, est égale à la pente d'une droite reliant l'origine des axes à tout point de la fonction de consommation.

troisième propriété keynésienne, selon laquelle le taux d'intérêt n'apparaît pas dans l'équation en tant que déterminant de la consommation.

17.1.2 *Les premiers succès empiriques*

Peu après que Keynes ait proposé cette formulation de la fonction de consommation, les économistes se mirent à rassembler des données permettant de la confronter à la réalité des faits. Les premières études conclurent que la fonction de consommation keynésienne constitue une bonne approximation du comportement des consommateurs.

Certaines de ces études étaient basées sur des données de consommation et de revenu recueillies à l'aide d'enquêtes auprès des consommateurs. Ces données montraient que les ménages bénéficiant de revenus élevés consommaient plus que les autres, confirmant une valeur supérieure à zéro de la propension marginale à consommer. Les ménages dotés de revenus élevés épargnaient également davantage que les autres, confirmant la valeur inférieure à 1 de la propension marginale à consommer. En outre, il est apparu que les ménages bénéficiant de revenus élevés épargnaient également une part de leurs revenus supérieure à celle des ménages à revenus moindres, confirmant la relation négative entre la propension moyenne à consommer et le revenu. L'ensemble de ces données confirmait donc les hypothèses de Keynes relatives aux propensions marginale et moyenne à consommer.

D'autres chercheurs se sont alors penchés sur les données agrégées de consommation et de revenu, relatives à la période de l'entre-deux-guerres. Ces données ont également confirmé la fonction de consommation keynésienne. Au cours des années d'exceptionnelle faiblesse du revenu, et notamment dans le creux de la Grande Dépression, on observe une consommation et une épargne réduites, ce qui confirme que la propension marginale à consommer est comprise entre 0 et 1. De surcroît, au cours des mêmes années caractérisées par de faibles revenus, la part de la consommation dans le revenu est élevée, ce qui confirme la deuxième hypothèse de Keynes. Enfin, l'intensité observée de la corrélation entre revenu et consommation était si forte qu'aucune autre variable n'apparaissait expliquer significativement la consommation. Les données confirmaient donc également la troisième hypothèse de Keynes, selon laquelle les gens déterminent en tout premier lieu la part qu'ils souhaitent consommer de leur revenu en fonction de la hauteur de ce dernier.

17.1.3 *La stagnation séculaire, Simon Kuznets, et l'énigme de la consommation*

En dépit de ses succès précoces, la fonction de consommation keynésienne se heurta bientôt à deux anomalies, toutes deux relatives à l'hypothèse keynésienne d'une relation inverse entre la propension moyenne à consommer et le revenu.

La première anomalie fut mise en évidence après que certains économistes aient formulé, pendant la Deuxième Guerre mondiale, une prévision tragique, qui s'avéra fort heureusement erronée. Sur la base de la fonction de consommation keynésienne, ces économistes annoncèrent qu'à mesure que les revenus allaient croître au fil du temps, les ménages consommeraient une fraction de plus en plus réduite de ce revenu. Ils redoutaient qu'il n'y ait jamais assez de projets d'investissement rentables pour absorber toute cette épargne. Si cela se vérifiait, la faiblesse de la consommation provoquerait une demande insuffisante de biens et services qui induirait à son tour une dépression dès que la fin de la guerre aurait mis un terme aux dépenses publiques élevées. En d'autres termes, ces économistes s'inspiraient de la fonction de consommation keynésienne pour prévoir ce qu'ils ont appelé une *stagnation séculaire*, en d'autres termes, une longue dépression de durée indéterminée, dans le cas où la politique budgétaire ne viendrait pas stimuler la demande agrégée.

Fort heureusement pour l'économie, mais malheureusement pour la fonction de consommation keynésienne, la fin de la Deuxième Guerre mondiale n'a nullement entraîné une nouvelle dépression. Même si les revenus étaient beaucoup plus élevés à la fin de la guerre qu'au début de celle-ci, il n'en est pas résulté d'accroissements substantiels des taux d'épargne. L'hypothèse keynésienne de baisse de la propension moyenne à consommer en fonction de la hausse du revenu s'en est trouvée invalidée.

C'est en reconstituant des séries de données relatives à la consommation et au revenu remontant à l'année 1869, que l'économiste Simon Kuznets a fait apparaître la deuxième anomalie. Ce travail, réalisé pendant les années 1940, a ensuite été couronné par le prix Nobel d'économie. Il a permis à Kuznets de découvrir que la part de la consommation dans le revenu est en fait remarquablement stable de décennie en décennie, en dépit de l'accroissement substantiel des revenus survenu au cours de la période étudiée. Cette nouvelle observation est venue à son tour invalider la relation keynésienne inverse entre propension moyenne à consommer et hausse du revenu.

Tant la non-vérification de l'hypothèse de stagnation séculaire que l'observation de Kuznets mettent en évidence une propension moyenne à consommer relativement constante sur de longues périodes de temps. L'énigme issue de cette constatation est à la base d'une grande partie des recherches importantes sur la consommation. Les économistes devaient absolument savoir pourquoi certaines études confirmaient les hypothèses keynésiennes et d'autres pas. Plus concrètement, pourquoi les hypothèses de Keynes étaient-elles validées par les études basées sur les données individuelles d'enquête sur les ménages et par les études portant sur de courtes périodes de temps et invalidées par des séries chronologiques plus longues ?

La figure 17.2 illustre cette énigme. Les faits relatés plus haut suggèrent l'existence de deux fonctions de consommation. La fonction de consommation keynésienne semble confirmée par les données individuelles sur les ménages et par les séries chronologiques courtes. Par contre, les séries chronologiques longues font apparaître une fonction de consommation dotée d'une propension moyenne à consommer relativement constante. À la figure 17.2, la première de ces relations est appelée fonction de

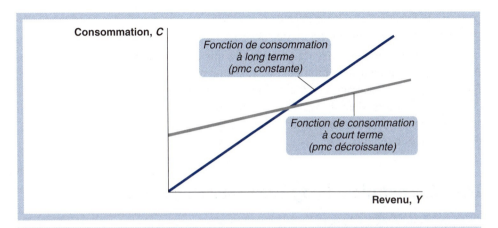

Figure 17.2
L'énigme de la consommation

Les études basées sur les données individuelles d'enquête auprès des ménages et sur des séries chronologiques de court terme vérifient l'hypothèse keynésienne de relation inverse entre consommation et revenu. Sur la figure, cette relation s'appelle fonction de consommation à court terme. Par contre, les études portant sur des séries chronologiques plus longues montrent que la propension moyenne à consommer ne varie pas systématiquement en fonction du revenu. Le graphique présente cette relation en tant que fonction de consommation à long terme. On remarquera que la fonction de consommation à court terme a une propension moyenne à consommer décroissante et la fonction de consommation à long terme une propension moyenne à consommation pratiquement constante.

consommation à court terme et la deuxième, fonction de consommation à long terme. Il restait aux économistes à vérifier la compatibilité de ces deux fonctions de consommation différentes.

Dans les années 1950, Franco Modigliani et Milton Friedman ont, chacun de leur côté, proposé leur explication de ces observations apparemment contradictoires. Tous deux ont ensuite reçu le prix Nobel d'économie, notamment pour leurs travaux dans le domaine de la consommation. Mais avant d'aborder leur interprétation de l'énigme de la consommation, nous devons étudier la contribution d'Irving Fisher à la théorie de la consommation. En effet, tant l'hypothèse du cycle de vie de Modigliani que celle du revenu permanent de Friedman font appel à la théorie du comportement du consommateur proposée bien avant par Irving Fisher.

17.2 IRVING FISHER ET LE CHOIX INTERTEMPOREL

La fonction de consommation proposée par Keynes relie la consommation courante au revenu courant. Cependant, cette relation est incomplète. Elle ne tient pas compte du fait que les consommateurs fondent leurs décisions de consommer, non seulement sur le présent, mais aussi sur l'avenir. En effet, plus ils consomment aujourd'hui, moins ils pourront le faire demain. Pour faire ce choix, les consommateurs doivent donc anticiper leurs revenus et leurs désirs de dépenses futures.

C'est l'économiste Irving Fisher qui a mis au point le modèle qu'utilisent les économistes pour analyser comment des consommateurs rationnels anticipant l'avenir font leurs choix intertemporels, c'est-à-dire des choix qui concernent plusieurs périodes de temps. Le modèle de Fisher met en avant les contraintes qui s'imposent aux consommateurs, les préférences qu'ils ont, et comment ces contraintes et préférences déterminent conjointement leurs choix de consommation et d'épargne.

17.2.1 *La contrainte budgétaire intertemporelle*

La plupart des gens souhaitent accroître la quantité ou la qualité des biens et services qu'ils consomment : porter des vêtements plus raffinés, fréquenter de meilleurs restaurants ou voir davantage de films. La seule raison qui pousse les gens à consommer moins qu'ils ne le souhaitent est que leur consommation est contrainte par leur revenu. En d'autres termes, les consommateurs sont confrontés à une limite, appelée *contrainte budgétaire*, quant à ce qu'ils peuvent dépenser. Leur décision relative à la partie de leur revenu qu'ils consomment aujourd'hui et à celle qu'ils épargnent en vue de l'avenir est dictée par leur **contrainte budgétaire intertemporelle**. Celle-ci mesure les ressources totales qui peuvent être consacrées à la consommation aujourd'hui et demain. La première étape de la construction du modèle de Fisher consiste donc à étudier de plus près cette contrainte intertemporelle.

Pour rester simple, nous envisageons la décision que doit prendre un consommateur dont la vie se déroule en deux périodes : l'adolescence et l'âge adulte. Notre consommateur gagne un revenu Y_1 et consomme C_1 à la période 1 et gagne un revenu Y_2 et consomme C_2 à la période 2. Toutes les variables sont des variables réelles, corrigées de l'inflation. Notre consommateur pouvant à la fois épargner et emprunter, la consommation en l'une et l'autre des deux périodes de sa vie peut être soit supérieure, soit inférieure à ce qu'il gagne au cours de cette période.

Voyons comment le revenu du consommateur au cours des deux périodes de sa vie contraint sa consommation à chacune d'entre elles. Au cours de la première période, l'épargne est égale au revenu diminué de la consommation :

$$S = Y_1 - C_1 \qquad (17.3)$$

où S représente l'épargne. À la deuxième période, la consommation est égale à l'épargne accumulée, y compris l'intérêt produit par cette épargne, augmentée du revenu de la deuxième période :

$$C_2 = (1 + r)S + Y_2 \qquad (17.4)$$

où r est le taux d'intérêt réel. Ainsi, si le taux d'intérêt est égal à 5 %, tout dollar épargné à la période 1 permet une consommation supplémentaire à $1,05 à la période 2. Comme nous avons limité notre exemple à deux périodes, il n'y a pas d'épargne à la deuxième période.

Vous aurez remarqué que ces deux équations se vérifient également si le consommateur emprunte à la première période au lieu d'épargner. La variable S représente à la fois l'épargne et l'emprunt. Si, en période 1, la consommation est inférieure au revenu, il y a épargne : S est supérieur à 0. Si, au contraire, en période 1, la consommation excède le revenu, le consommateur emprunte et S est inférieur à 0. Toujours pour simplifier, nous faisons l'hypothèse que le taux d'intérêt de l'emprunt est identique au taux d'intérêt de l'épargne.

Pour définir la contrainte budgétaire du consommateur, nous joignons les deux équations qui précèdent. En substituant la première de ces équations à S dans la seconde, nous obtenons :

$$C_2 = (1+r)(Y_1 - C_1) + Y_2 \qquad (17.5)$$

Pour rendre plus facile l'interprétation de cette équation, nous en réaménageons les termes. Nous réunissons tous les termes relatifs à la consommation en ramenant $(1+r)C_1$ du membre de droite de l'équation vers le membre de gauche de celle-ci, pour obtenir :

$$C_1(1+r) + C_2 = (1+r)Y_1 + Y_2 \qquad (17.6)$$

En divisant à présent les deux membres de l'équation par $(1+r)$, nous obtenons

$$C_1 + \frac{C_2}{(1+r)} = Y_1 + \frac{Y_2}{(1+r)} \qquad (17.7)$$

Cette équation lie la consommation au cours des deux périodes au revenu correspondant à chacune d'elles. C'est la manière habituelle d'exprimer la contrainte budgétaire intertemporelle du consommateur.

L'interprétation de celle-ci est aisée. En présence d'un taux d'intérêt nul, la contrainte budgétaire montre que la consommation totale au cours des deux périodes est égale au revenu des deux périodes. Dans le cas plus fréquent où le taux d'intérêt est supérieur à 0, tant la consommation que le revenu futurs sont actualisés à l'aide du facteur $(1+r)$. C'est le taux d'intérêt qui rémunère l'épargne qui rend nécessaire cette **actualisation**. On comprend aisément que, si notre consommateur gagne un intérêt sur la partie de son revenu courant qu'il épargne, la valeur de son revenu futur est inférieure à celle de son revenu courant. De même, comme il finance sa consommation future au moyen d'une épargne rémunérée par un taux d'intérêt, la consommation future lui coûte moins que la consommation courante. En d'autres termes, le facteur $1/(1+r)$ est le prix de la consommation en période 2 en termes de la consommation de la période 1 : il exprime la fraction de la consommation en période 1 à laquelle le consommateur doit renoncer pour obtenir une unité de consommation en période 2.

La figure 17.3 représente graphiquement la contrainte budgétaire du consommateur. On y distingue trois points : en A, la consommation en période 1 est égale à Y_1 ($C_1 = Y_1$) et la consommation en période 2 égale à Y_2 ($C_2 = Y_2$) : il n'y a ni épargne ni emprunt entre les deux périodes. Au point B, le consommateur ne consomme rien en période 1 ($C_1 = 0$), pour épargner la totalité de son revenu, de sorte que la consommation en période 2 est $C_2 = (1+r)Y_1 + Y_2$. Au point C, le consommateur ne souhaite rien consommer en période 2 : il emprunte autant qu'il peut en période 1 en gageant son revenu futur, de sorte que sa consommation en période 1 est $C_1 = Y_1 + Y_2/(1+r)$. Bien entendu, il ne s'agit là que de trois des multiples combinaisons envisageables des consommations en périodes 1 et 2 : tous les points situés sur la droite BC sont possibles.

INFORMATION

La valeur actuelle ou pourquoi un prix de $1 000 000 ne vaut que $623 000

Le recours que fait la contrainte budgétaire du consommateur à l'actualisation illustre une importante réalité économique : un dollar obtenu dans le futur a moins de valeur qu'un dollar gagné aujourd'hui. La raison en est que le dollar gagné aujourd'hui peut être placé sur un compte bancaire porteur d'intérêts pour obtenir plus qu'un dollar à l'avenir. Au taux d'intérêt de 5 %, par exemple, le dollar d'aujourd'hui peut devenir $1,05 dans 1 an, $1,1025 dans 2 ans, $1,1576 dans 3 ans... ou $2,65 dans 20 ans.

Les économistes utilisent un concept appelé *valeur actuelle* (ou valeur présente) pour comparer des montants nominaux à différentes époques. La valeur actuelle de tout montant futur est le montant dont il faudrait disposer aujourd'hui, au taux d'intérêt en vigueur, pour obtenir ce montant futur. Ainsi, si vous devez recevoir X dollars dans T années et si le taux d'intérêt est r, la valeur actuelle de ce paiement est

$$\text{Valeur actuelle} = X/(1+r)^T$$

Cette définition fait apparaître une nouvelle interprétation de la contrainte budgétaire de notre problème de consommation à deux périodes. La contrainte budgétaire intertemporelle établit que la valeur actuelle de la consommation doit être égale à la valeur actuelle du revenu.

Ce concept de valeur actuelle a de multiples applications. Si, par exemple, vous gagnez un prix de $1 000 000 dont le paiement se fait de manière échelonnée à raison de $50 000 par an pendant 20 ans, quelle en est la valeur actuelle ? En appliquant la formule qui précède, avec un taux d'actualisation de 5 %, à chacun des paiements et en additionnant les résultats, vous constaterez que la valeur actuelle est nettement moindre, soit $623 000. (Si les paiements se faisaient par tranches de $1 pendant un million d'années, la valeur actuelle ne serait que de $20 !). Un million de dollars n'est donc pas toujours ce qu'on en dit.

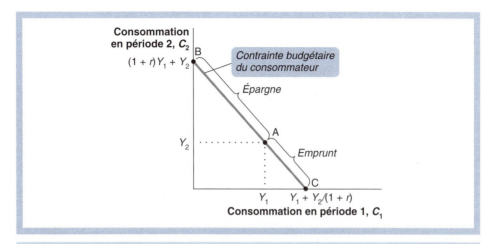

Figure 17.3
La contrainte budgétaire du consommateur

Cette figure illustre les combinaisons possibles de consommation en périodes 1 et 2 entre lesquelles le consommateur peut choisir. Pour tous les points situés entre A et B, il consomme moins que son revenu le lui permet en période 1 et épargne le solde en vue de la période 2. Pour tous les points situés entre A et C, il consomme plus que son revenu le lui permet en période 1 et emprunte pour financer la différence.

17.2.2 Les préférences du consommateur

Les **courbes d'indifférence** peuvent représenter les préférences des consommateurs quant à leur consommation au cours des deux périodes. Toute courbe d'indifférence illustre les diverses combinaisons possibles de consommation à la période 1 et à la période 2, assurant aux consommateurs le même niveau de satisfaction ou d'utilité.

La figure 17.4 illustre deux courbes d'indifférence possibles. Le consommateur est indifférent entre les combinaisons W, X et Y, qui se situent toutes sur la même courbe d'utilité. Sans surprise, si la consommation en période 1 est réduite, par exemple de W en X, la consommation en deuxième période doit augmenter pour assurer au consommateur le même degré de satisfaction. Si on réduit davantage encore sa consommation en période 1, de X en Y, par exemple, il exige un accroissement proportionnellement accru de sa consommation en période 2.

La pente de la courbe d'indifférence en chacun de ses points indique le niveau de consommation future nécessaire pour compenser chaque unité de réduction de la consommation en période 1. On appelle cette pente **taux marginal de substitution** entre la consommation en période 1 et la consommation en période 2. Elle nous indique le taux auquel le consommateur est prêt à substituer une consommation en période 2 à une consommation en période 1.

Comme les courbes d'indifférence de la figure 17.4 ne sont pas des droites, ce taux marginal de substitution est fonction des niveaux relatifs de consommation au

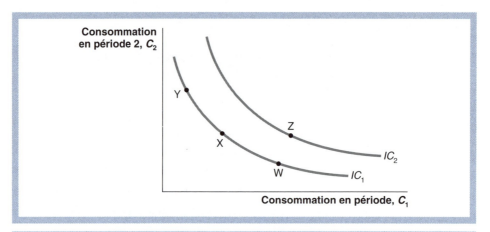

Figure 17.4
Les préférences du consommateur

Les courbes d'indifférence représentent les préférences du consommateur quant à sa consommation en périodes 1 et 2. Chacune de ces courbes d'indifférence représente les diverses combinaisons possibles de consommation en périodes 1 et 2 qui assurent une satisfaction équivalente de notre consommateur. La figure montre deux des multiples courbes d'indifférence possibles. Le consommateur préfère bien entendu les courbes d'indifférence plus élevées, telles que IC_2, aux courbes d'indifférence inférieures, telles que IC_1. Les points W, X et Y le satisfont également, mais il préfère le point Z à chacun des points W, X ou Y.

cours des deux périodes. Lorsque la consommation en période 1 est élevée et la consommation en période 2 faible, comme au point W, le taux marginal de substitution est faible : le consommateur n'exige qu'un faible accroissement de sa consommation en période 2 pour renoncer à une unité de consommation en période 1. Si, au contraire, la consommation en période 1 est faible et la consommation en période 2 élevée, comme au point Y, le taux marginal de substitution est lui aussi élevé : le consommateur exige un substantiel accroissement de sa consommation en période 2 pour renoncer à une unité de consommation en période 1.

Si la satisfaction du consommateur est équivalente en tout point de toute courbe d'indifférence donnée, il préfère pourtant certaines courbes d'indifférence à d'autres. Comme il souhaite consommer plutôt plus que moins, les courbes d'indifférence ont d'autant plus sa faveur qu'elles sont élevées : à la figure 17.4, il préfère tout point situé sur la courbe IC_2 à tout point situé sur la courbe IC_1.

L'ensemble des courbes d'indifférence ordonne totalement les préférences du consommateur. Il préfère Z à W, dans la mesure où Z lui procure une consommation accrue aux deux périodes. Il est plus difficile de comparer Z et Y : en Z, la consommation est plus élevée en période 1, mais inférieure en période 2. Faut-il préférer Z ou Y ? Z étant situé sur une courbe d'indifférence supérieure à Y, le consommateur préférera Z à Y. L'ensemble des courbes d'indifférence nous permet donc de classer toutes les combinaisons des consommations en période 1 et en période 2.

17.2.3 L'optimisation

Connaissant désormais la contrainte budgétaire et les préférences du consommateur, nous pouvons nous pencher sur la répartition du revenu entre consommation aujourd'hui et épargne pour demain. Le but du consommateur est d'obtenir la combinaison optimale de sa consommation en périodes 1 et 2. En d'autres termes, il souhaite se situer sur la courbe d'indifférence la plus élevée possible. Toutefois, sa contrainte budgétaire lui impose de se situer sur ou en dessous de la droite de budget : celle-ci mesure en effet les ressources totales dont il dispose.

La figure 17.5 montre que de nombreuses courbes d'indifférence traversent la droite de budget. La courbe d'indifférence la plus élevée accessible au consommateur sans violer sa contrainte budgétaire est celle qui affleure tout juste la droite de budget, soit à la figure 17.5, la courbe IC_3. Il s'agit, en d'autres termes, de la tangente à la courbe d'indifférence. Le point de tangence entre la courbe d'indifférence et la droite de budget, dénotée par O, pour « optimum », représente la meilleure combinaison possible de consommation au cours des deux périodes accessibles à notre consommateur.

Vous aurez remarqué qu'à l'optimum, la pente de la courbe d'indifférence est égale à celle de la droite de budget. La courbe d'indifférence y est *tangente* à cette dernière. La pente de la courbe d'indifférence traduit le taux marginal de substitution

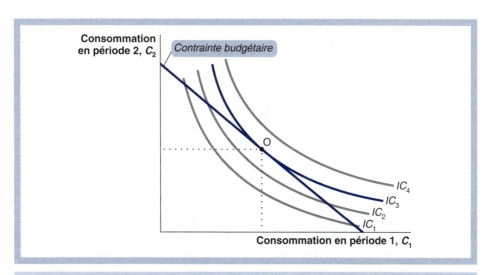

Figure 17.5
L'optimum du consommateur

Le consommateur réalise son niveau optimal de satisfaction en choisissant le point de tangence entre la courbe d'indifférence la plus élevée et la contrainte budgétaire.

TMS, et celle de la droite de budget est égale à 1 plus le taux d'intérêt réel. En conclusion, au point O,

$$TMS = 1 + r \qquad (17.8)$$

Le consommateur fixe sa consommation à chacune des deux périodes de telle sorte que son taux marginal de substitution soit égal à 1 plus le taux d'intérêt réel.

17.2.4 L'impact des variations du revenu sur la consommation

Connaissant désormais la manière dont le consommateur répartit son revenu entre la consommation et l'épargne, nous pouvons examiner la réaction de la consommation à la hausse du revenu. La figure 17.6 nous montre que la hausse de Y_1 autant que de Y_2 déplace la contrainte budgétaire vers la droite. Le relèvement de la contrainte budgétaire permet au consommateur d'opter pour une combinaison plus satisfaisante de consommation en périodes 1 et 2 : il peut désormais atteindre une courbe d'indifférence plus élevée.

À la figure 17.6, en réaction à la hausse de son revenu, le consommateur accroît sa consommation aux deux périodes. Bien que la logique du modèle ne l'implique pas, c'est le comportement le plus usuel en ce qui concerne les biens que les économistes qualifient de **biens normaux**. La configuration des courbes d'indifférence

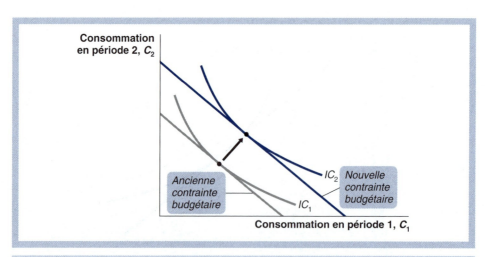

Figure 17.6
Une hausse du revenu

Une hausse du revenu en période 1 ou en période 2 déplace vers la droite la contrainte budgétaire. Si la consommation en périodes 1 et 2 porte sur des biens normaux, la hausse du revenu accroît la consommation au cours des deux périodes.

de la figure 17.6 est basée sur l'hypothèse d'une consommation de biens normaux en périodes 1 et 2.

L'enseignement essentiel de la figure 17.6 est que le consommateur répercute sur sa consommation au cours des deux périodes tout accroissement de son revenu, qu'il survienne en période 1 ou en période 2. On appelle parfois ce comportement *lissage de la consommation*. Comme il peut aussi bien emprunter qu'épargner entre ces deux périodes, le moment auquel survient la hausse du revenu n'affecte pas sa consommation courante, sauf, bien entendu, s'il actualise sa consommation future en fonction du taux d'intérêt. Cette analyse montre donc que la consommation est fonction de la valeur actuelle des revenus courants et futurs. En d'autres termes :

$$\text{Valeur actuelle du revenu} = Y_1 + \frac{Y_2}{1+r} \qquad (17.9)$$

Cette conclusion est tout différente de celle obtenue par Keynes. *Contrairement à la fonction de consommation keynésienne, le modèle de Fisher ne fait pas dépendre la consommation du revenu courant, mais bien du revenu anticipé tout au long de la vie.*

17.2.5 L'impact des variations du taux d'intérêt réel sur la consommation

Nous allons utiliser le modèle de Fisher pour étudier l'impact des variations du taux d'intérêt réel sur les choix du consommateur. Deux cas doivent être examinés : celui d'une épargne initiale et celui d'un emprunt initial. Le texte qui suit expose le premier de ces cas, et le problème 1 en fin de ce chapitre vous invitera à analyser le cas de l'emprunt.

La figure 17.7 montre qu'une hausse du taux d'intérêt réel induit une rotation de la droite budgétaire du consommateur autour du point (Y_1, Y_2). Ceci amène le consommateur à modifier sa consommation au cours des deux périodes : il se déplace du point A vers le point B. En présence des courbes d'indifférence de la figure, la consommation en période 1 diminue et la consommation en période 2 augmente.

En économie, la hausse du taux d'intérêt réel sur la consommation a deux effets : l'**effet revenu** et l'**effet substitution**. Les manuels de microéconomie détaillent chacun de ces effets. Nous nous contentons ici de les décrire brièvement.

L'effet revenu désigne la variation de la consommation induite par le déplacement vers une courbe d'indifférence supérieure. Le consommateur tendant à épargner plutôt qu'à emprunter, comme l'indique le fait qu'en période 1, le revenu excède la consommation, la hausse du taux d'intérêt améliore sa position relative (il passe à une courbe d'indifférence plus élevée). S'il consomme des biens normaux en période 1 aussi bien qu'en période 2, notre consommateur souhaite répartir cette amélioration de

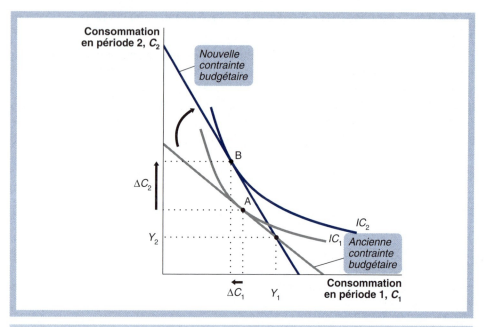

Figure 17.7
Une hausse du taux d'intérêt

La hausse du taux d'intérêt provoque une rotation de la contrainte budgétaire autour du point (Y_1, Y_2). Sur cette figure, la hausse du taux d'intérêt réduit la consommation en période 1 de ΔC_1 et l'augmente en période 2 de ΔC_2.

son bien-être sur les deux périodes. L'effet revenu l'incite donc à consommer davantage au cours des deux périodes.

L'effet substitution décrit la variation de la consommation induite par la modification des prix relatifs de la consommation entre les deux périodes. Plus précisément, la hausse du taux d'intérêt diminue le coût de la consommation en période 2 par rapport au coût de la même consommation en période 1. La rémunération réelle de l'épargne étant désormais plus importante, le consommateur doit renoncer à une fraction plus grande de sa consommation contemporaine pour obtenir une unité supplémentaire de consommation en période 2. L'effet substitution incite notre consommateur à consommer davantage en période 2 et moins en période 1.

Le choix du consommateur est conjointement déterminé par l'effet revenu et l'effet substitution. Ces deux effets tendant à accroître la consommation en période 2, nous pouvons raisonnablement conclure que la hausse du taux d'intérêt réel se traduit par une consommation accrue en période 2. Par contre, les deux effets ont des impacts en sens contraire sur la consommation en période 1 au cours de laquelle, en conséquence, la consommation peut aussi bien augmenter que baisser. *Ainsi, en fonction de l'ampleur relative des effets de substitution et de revenu, une hausse du taux d'intérêt pourrait stimuler ou déprimer l'épargne.*

17.2.6 Les contraintes affectant l'emprunt

Le modèle de Fisher fait l'hypothèse que le consommateur est libre d'emprunter autant que d'épargner. Cette faculté permet à la consommation courante d'excéder le revenu courant. En réfléchissant bien, le consommateur qui emprunte consomme aujourd'hui une partie de son revenu futur. Cela n'est cependant pas possible pour tout le monde. Par exemple, un étudiant voulant prendre des vacances ne pourrait probablement pas les financer par un prêt bancaire. Dans le modèle de Fisher, si le consommateur n'est pas en mesure d'emprunter, sa consommation courante ne peut excéder son revenu courant. En d'autres termes,

$$C_1 \leq Y_1 \qquad (17.10)$$

Cette inégalité exprime que la consommation en période 1 doit nécessairement être égale ou inférieure au revenu de cette période. Cette contrainte supplémentaire imposée au consommateur est quelquefois appelée **contrainte de rationnement du crédit**, ou encore *contrainte de liquidité*.

La figure 17.8 illustre la limitation des choix du consommateur qui découle de cette contrainte. Le consommateur concerné par celle-ci doit la satisfaire en même temps que sa contrainte budgétaire intertemporelle. La zone ombrée représente les diverses combinaisons des consommations en période 1 et en période 2 qui rencontrent les deux contraintes.

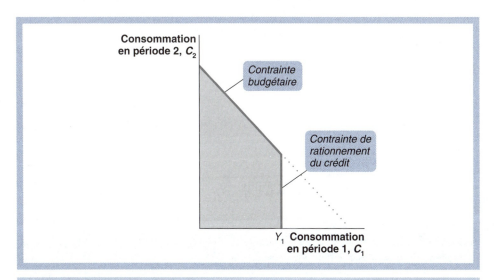

Figure 17.8
Un rationnement du crédit

Si le consommateur ne peut emprunter, en période 1, sa consommation ne peut excéder son revenu. La zone ombrée représente les choix qui lui sont offerts entre consommation en périodes 1 et 2.

La figure 17.9 illustre l'impact de la contrainte de rationnement du crédit sur la décision de consommation. Il existe deux possibilités. Au graphique (a), le consommateur consomme moins en période 1 qu'il ne gagne. Dans ce cas, le rationnement du crédit n'affecte pas sa consommation. Au graphique (b), le consommateur souhaite consommer en période 1 davantage qu'il ne gagne, par exemple il voudrait choisir le point D. Le mieux qu'il puisse faire est de consommer la totalité de son revenu de la période 1, ce qui est représenté par le point E car le rationnement du crédit qui l'affecte, l'empêche de consommer davantage.

La contrainte de rationnement du crédit fait apparaître deux fonctions de consommation. Pour certains consommateurs, lorsque le rationnement du crédit n'est pas contraignant, la consommation en période 1 et 2 est fonction du revenu actualisé sur l'ensemble de la vie du consommateur : $Y_1 + [Y_2/(1+r)]$. Par contre, pour les consommateurs contraints par le rationnement du crédit, la fonction de consommation est $(C_1 = Y_1)$ et $(C_2 = Y_2)$. *En conséquence, pour les consommateurs souhaitant emprunter mais ne le pouvant, la consommation est exclusivement fonction du revenu courant.*

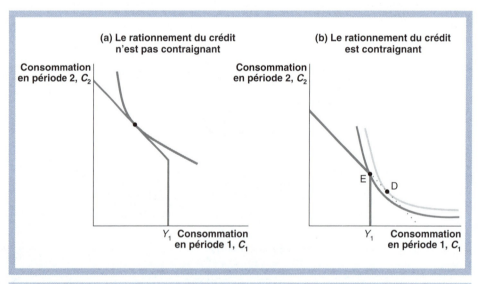

Figure 17.9
L'optimum du consommateur en présence d'un rationnement du crédit

En présence d'un rationnement du crédit, deux situations sont possibles pour le consommateur. Au graphique (a), celui-ci situe sa consommation en deçà de son revenu : le rationnement du crédit n'affecte pas sa consommation. Au graphique (b), le rationnement du crédit est contraignant : le consommateur souhaiterait emprunter et se situer au point D. Privé de toute possibilité d'emprunt, il doit se contenter du point E. Sous la contrainte du rationnement du crédit, la consommation en période 1 est contrainte par le revenu gagné en cette même période.

17.3 FRANCO MODIGLIANI ET L'HYPOTHÈSE DU CYCLE DE VIE

Dans une série d'articles rédigés dans les années 1950, Franco Modigliani et ses collaborateurs Albert Ando et Richard Brumberg ont utilisé le modèle de Fisher analysant le comportement du consommateur pour étudier la fonction de consommation. L'un de leurs objectifs était de résoudre l'énigme de la consommation en tentant d'expliquer l'effet apparemment contradictoire issu de la confrontation de la fonction de consommation keynésienne avec les données observées. Selon le modèle de Fisher, la consommation est fonction du revenu calculé sur toute la durée de vie des gens. Ce que Modigliani a mis en avant, c'est que ce revenu varie systématiquement au cours de la vie et que l'épargne permet aux consommateurs de transférer une partie de leur revenu des périodes de leur vie où le revenu est élevé vers celles où il est faible. C'est cette interprétation du comportement des consommateurs qui fonde l'**hypothèse du cycle de vie** [1].

17.3.1 *L'hypothèse du cycle de vie*

L'une des principales raisons qui font varier le revenu en cours d'existence est la retraite. La plupart des gens cessent de travailler vers l'âge de 65 ans, et ils s'attendent donc à voir leurs revenus diminuer à cette époque. Ils ne souhaitent pourtant pas voir se réduire substantiellement leur niveau de vie, mesuré par leur consommation. Pour préserver plus ou moins leur niveau de consommation après l'âge de la retraite, les gens doivent épargner pendant toute leur carrière professionnelle. Qu'implique cette motivation à épargner pour la fonction de consommation ?

Prenons le cas d'un consommateur qui s'attend à vivre encore T années, dispose d'une richesse W et s'attend à gagner un revenu Y lorsqu'il prendra sa retraite dans R années. Quel niveau de consommation doit-il choisir s'il souhaite garder un niveau confortable de consommation pendant toute sa vie ?

Les ressources dont dispose notre consommateur pendant toute sa vie sont faites de sa richesse initiale W et des revenus gagnés pendant sa carrière professionnelle $R \times Y$. Pour simplifier, nous supposons que le taux d'intérêt est nul : s'il était supérieur à zéro, nous devrions tenir compte également des intérêts gagnés sur l'épargne. Le consommateur peut alors diviser les ressources auxquelles il s'attend pendant toute sa vie par le nombre T d'années qu'il s'attend à vivre encore. Nous supposons qu'il désire lisser au maximum son niveau de consommation pendant toute sa vie. Il va

---

[1] Pour en savoir plus sur l'important ensemble de recherches consacrées à cette hypothèse du cycle de vie, un bon point de départ est le discours prononcé par Modigliani lorsque lui fut remis son prix Nobel. Franco Modigliani, « Life Cycle, Individual Thrift, and the Wealth of Nations », *American Economic Review* 76 (juin 1986), 297-313. Pour un exemple de recherches récentes sur le sujet, voir Pierre-Olivier Gourinchas et Jonathan A. Parker, « Consumption Over the Life Cycle », *Econometrica* 70 (janvier 2002), 47-89.

donc répartir ses ressources totales attendues $W + RY$ en parts égales entre chacune des années T et va consommer chaque année :

$$C = (W + RY)/T \tag{17.11}$$

La fonction de consommation de ce consommateur s'écrit donc :

$$C = (1/T)\,W + (R/T)\,Y \tag{17.12}$$

Par exemple, si le consommateur s'attend à vivre encore 50 ans, et à travailler pendant 30 de ces 50 années, $T = 50$ et $R = 30$, et sa fonction de consommation est :

$$C = 0,02W + 0,6Y \tag{17.13}$$

Cette équation nous dit que la consommation est fonction à la fois du revenu et de la richesse. Chaque \$1 de revenu supplémentaire par année accroît la consommation de \$0,60 par an, et tout \$1 supplémentaire de richesse accroît la consommation de \$0,02 par an.

Si tous les membres d'une économie planifient de la sorte leur consommation, la fonction de consommation agrégée ressemble à celle de chacun d'entre eux. En particulier, elle est fonction à la fois de la richesse et du revenu. En d'autres termes, la fonction de consommation de l'ensemble de l'économie s'écrit :

$$C = \alpha W + \beta Y \tag{17.14}$$

où le paramètre α est la propension marginale à consommer une partie de la richesse et le paramètre β la propension marginale à consommer une partie du revenu.

17.3.2 Les implications de l'hypothèse du cycle de vie

La figure 17.10 représente graphiquement la relation entre consommation et revenu annoncée par le modèle du cycle de vie. Pour tout niveau de richesse donné W, le modèle génère la fonction de consommation bien connue de la figure 17.1. On remarque, en effet, que l'intersection à l'origine de la fonction de consommation qui nous montre comment réagit la consommation si jamais le revenu tend vers zéro, n'est pas prédéterminé comme dans la figure 17.1. Au contraire, l'ordonnée à l'origine ici est αW et dépend en effet du niveau de richesse.

Le modèle du comportement du consommateur sur l'ensemble du cycle de vie peut résoudre l'énigme de la consommation. Selon la fonction de consommation qu'il génère, la propension moyenne à consommer est

$$C/Y = \alpha\,(W/Y) + \beta \tag{17.15}$$

Comme la richesse ne varie pas proportionnellement au revenu dans le cas de chaque personne et de chaque année, on doit s'attendre, en étudiant des données individuelles ou des données portant sur de brèves périodes, à ce qu'un revenu élevé corresponde à une modeste propension moyenne à consommer. Pour des périodes plus longues, cependant, richesse et revenu croissent de pair, ce qui donne un rapport W/Y constant et donc une propension moyenne à consommer elle aussi constante.

La consommation

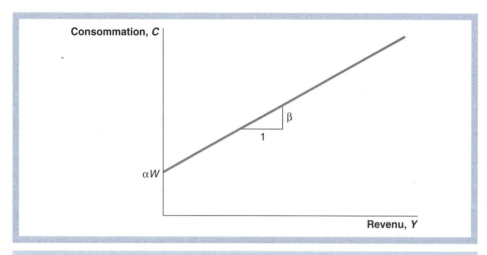

Figure 17.10
La fonction de consommation du cycle de vie

Le modèle du cycle de vie nous apprend que la fonction de consommation est fonction à la fois de la richesse et du revenu. En d'autres termes, l'intersection à l'origine de cette fonction de consommation αW dépend de la richesse.

Examinons maintenant le même phénomène sous l'angle de la modification de la fonction de consommation dans le temps. Comme l'illustre la figure 17.10, pour tout niveau de richesse, la fonction de consommation du cycle de vie ressemble à ce que Keynes avait suggéré. Cependant, cette fonction ne se vérifie qu'à court terme, lorsque la richesse est constante. À long terme, à mesure que la richesse augmente, la fonction de consommation se déplace vers le haut, comme le montre la figure 17.11. Ce déplacement vers le haut empêche la propension moyenne à consommer de se réduire à mesure que le revenu augmente. C'est ainsi que Modigliani a résolu l'énigme de la consommation issue des données de Simon Kuznets.

Le modèle de cycle de vie permet de faire beaucoup d'autres prévisions. L'une des plus importantes est que l'épargne varie au cours de la vie des gens. Si quelqu'un entre dans l'âge adulte sans richesse, il va accumuler celle-ci au cours de sa vie professionnelle et l'utiliser pour consommer après l'âge de sa retraite. La figure 17.12 illustre le revenu, la consommation et la richesse au cours de la vie adulte d'un consommateur. Selon l'hypothèse du cycle de vie et afin de garder un niveau de consommation confortable durant leur vie, les jeunes qui travaillent épargnent et les personnes retraitées désépargnent.

ÉTUDE DE CAS - La consommation et l'épargne des personnes âgées

De nombreux économistes ont étudié la consommation et l'épargne des personnes âgées. Leurs résultats ne sont pas tout à fait conformes au modèle du cycle de vie : les personnes âgées ne désépargnent pas autant que le

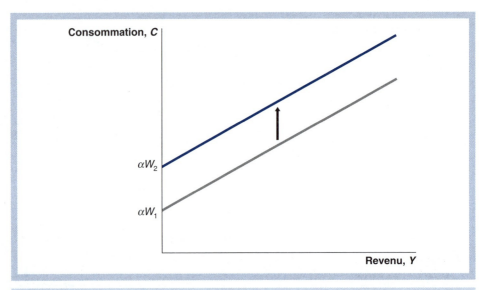

Figure 17.11
Les variations de la richesse déplacent la fonction de consommation

Si la consommation est fonction de la richesse, tout accroissement de cette richesse déplace vers le haut la fonction de consommation. La fonction de consommation de court terme (où la richesse est constante) ne se vérifie donc pas à long terme (quand la richesse augmente).

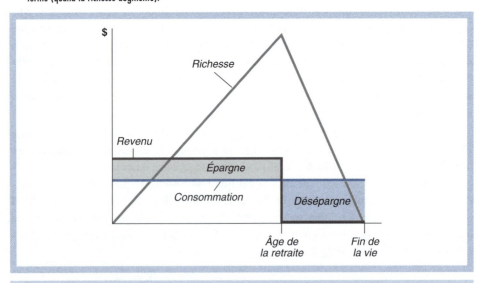

Figure 17.12
Consommation, revenu et richesse au cours du cycle de vie

Si le consommateur lisse sa consommation pendant toute sa vie (comme l'indique la droite de consommation horizontale), il épargne et accumule de la richesse pendant sa vie professionnelle et désépargne, réduisant sa richesse, après l'âge de la retraite.

modèle le prédit. En d'autres termes, elles ne réduisent pas leur richesse aussi rapidement que l'on pourrait s'y attendre même s'il est vrai qu'elles lissent leur consommation sur les années qu'il leur reste à vivre.

Les deux voies d'explication possibles de ce comportement non prévu par le modèle constituent toutes deux des pistes de recherche future sur le comportement de consommation.

La première de ces explications est que les personnes âgées se préoccupent des dépenses non prévues. On appelle **épargne de précaution** l'épargne supplémentaire suscitée par l'incertitude. L'une des raisons de cette épargne de précaution est que les personnes concernées peuvent s'attendre à vivre plus longtemps que prévu, et donc devoir puiser dans leur richesse pendant une période plus longue. Une autre raison est la possibilité de maladie et de frais médicaux élevés. Il est possible que les personnes âgées réagissent à cette double incertitude en épargnant davantage afin d'être mieux préparées pour faire face à ces contingences.

Cette explication basée sur l'épargne de précaution n'est pourtant pas totalement convaincante : les personnes âgées peuvent contracter des assurances pour couvrir ce type de risques. Pour se prémunir contre le « risque » de vie longue, ils peuvent souscrire une *assurance de revenu constant* aux termes de laquelle la compagnie d'assurance leur verse annuellement un revenu fixe aussi longtemps qu'ils vivent. Par ailleurs, le système de sécurité sociale et les régimes d'assurance-santé pour les personnes âgées que propose souvent l'État réduisent largement le risque de dépenses médicales excessives, et il est possible en outre de le compléter par des assurances privées.

La deuxième explication de la « sur-épargne » des personnes âgées est peut-être leur souhait de laisser un héritage à leurs enfants. Les économistes ont proposé diverses théories de la relation parents-enfants et du motif d'héritage. Le chapitre 16 a évoqué certaines de ces théories ainsi que leurs implications sur la consommation et les politiques budgétaires.

En définitive, les recherches sur le comportement de consommation et d'épargne des personnes âgées suggèrent que, dans sa version la plus simple, le modèle du cycle de vie n'explique pas totalement ce comportement. Certes, financer la consommation au-delà de l'âge de la retraite reste un important motif d'épargne, mais s'y ajoutent d'autres préoccupations, telles que l'épargne de précaution et le souci de laisser un héritage [2].

---

[2] Pour en savoir davantage sur la consommation et l'épargne des personnes âgées, voir Albert Ando et Arthur Kennickell, « How Much (or Little) Life Cycle Saving Is There in Micro Data ? », in Rudiger Dornbusch, Stanley Fischer et John Bossons, eds., *Macroeconomics and Finance* : *Essays in honor of Franco Modigliani* (Cambridge, Mass. : MIT Press, 1986), 159-223 ; et Michael Hurd, « Research on the Elderly : Economic Status, Retirement, and Consumption and Saving », *Journal of Economic Literature* 28 (juin 1990), 565-589.

17.4 MILTON FRIEDMAN ET L'HYPOTHÈSE DU REVENU PERMANENT

Dans un ouvrage publié en 1957, Milton Friedman a proposé son **hypothèse du revenu permanent** pour expliquer le comportement de consommation. Elle complète l'hypothèse du cycle de vie de Modigliani : les deux se réfèrent à la théorie d'Irving Fisher pour affirmer que la consommation ne dépend pas exclusivement du revenu courant. Mais, à l'inverse de l'hypothèse du cycle de vie, selon laquelle le revenu suit un sentier régulier pendant toute la vie des gens, l'hypothèse du revenu permanent postule que les revenus subissent d'année en année des chocs aléatoires et temporaires [3].

17.4.1 L'hypothèse du revenu permanent

Friedman suggère que les gens considèrent le revenu courant Y comme la somme de deux composantes, le **revenu permanent** Y^P et le **revenu transitoire** Y^T. En d'autres termes :

$$Y = Y^P + Y^T \tag{17.16}$$

Le revenu permanent est la partie du revenu que les gens s'attendent à conserver à l'avenir et le revenu transitoire celle dont ils ne prévoient pas le maintien. Le revenu permanent apparaît donc comme le revenu moyen, et le revenu transitoire comme l'écart aléatoire par rapport à cette moyenne.

Pour comprendre la répartition du revenu entre ces deux composantes, basons-nous sur deux exemples :

- Marie, docteur en droit, a gagné davantage d'argent cette année que John, qui a abandonné ses études à la fin du cycle secondaire. Le revenu plus élevé de Marie s'explique par son revenu permanent, dont le niveau supérieur dû à des études plus poussées devrait subsister tout au long de sa vie professionnelle.
- Sue, qui cultive des oranges en Floride, a gagné moins cette année, en raison des gelées qui ont détruit une partie de sa récolte. Bill, qui fait de même en Californie, a gagné davantage que d'habitude, parce que les gelées qui ont affecté les récoltes en Floride ont également fait augmenter le prix des oranges californiennes. C'est à son revenu transitoire que Bill doit ses revenus accrus cette année, car rien n'indique qu'il pourra davantage que Sue bénéficier d'un temps clément l'année prochaine.

On voit donc que les deux types de revenus diffèrent quant à leur degré de persistance. Des études supérieures sont à la base de revenus en permanence plus élevés, tandis que les conditions météorologiques n'ont qu'un impact temporaire sur le

---

[3] Milton Friedman, *A Theory of the Consumption Function* (Princeton, N.J. : Princeton University Press, 1957).

La consommation

revenu. Au-delà des nombreux cas intermédiaires imaginables, cette distinction entre revenu permanent et revenu transitoire est une simplification utile.

Selon Friedman la consommation devrait dépendre essentiellement du revenu permanent, dans la mesure où les consommateurs ont recours à l'épargne et à l'emprunt pour lisser leur consommation en réaction à des variations temporaires de leurs revenus. Ainsi, en présence d'une hausse permanente du salaire de $10 000 par an, la consommation devrait croître pratiquement proportionnellement. Par contre, celui ou celle qui gagne $10 000 à la loterie évite normalement d'en dépenser l'intégralité en une seule année. Il est plus probable qu'il ou elle répartisse son gain sur l'ensemble des années qui lui restent à vivre. En supposant encore un taux d'intérêt nul et qu'il reste à cette personne 50 ans à vivre, sa consommation ne devrait croître que de $200 par an en réaction aux $10 000 gagnés à la loterie. On voit donc que les consommateurs dépensent leurs revenus permanents, mais qu'ils tendent à épargner plutôt qu'à dépenser l'essentiel de leurs revenus transitoires.

Pour Friedman, ceci donne à la fonction de consommation la forme suivante :

$$C = \alpha Y^P \tag{17.17}$$

où α est une constante qui mesure la fraction consommée du revenu permanent. L'hypothèse du revenu permanent, qu'exprime cette équation, nous dit que la consommation est proportionnelle au revenu permanent.

17.4.2 Les implications de l'hypothèse du revenu permanent

L'hypothèse du revenu permanent résout l'énigme de la consommation en suggérant que la fonction de consommation keynésienne fait appel à une variable explicative erronée. C'est le revenu permanent Y^P, et non le revenu courant Y, qui explique la fonction de consommation. Selon Friedman, donc, c'est ce *problème de l'erreur de variables* qui explique les résultats apparemment contradictoires des recherches menées sur la fonction de consommation.

Qu'implique l'hypothèse de Friedman pour la propension moyenne à consommer ? Divisons les deux membres de sa fonction de consommation par Y pour obtenir

$$pmc = C/Y = \alpha Y^P/Y \tag{17.18}$$

Selon l'hypothèse du revenu permanent, la propension moyenne à consommer est fonction du rapport entre revenu permanent et revenu courant. Lorsque ce dernier augmente temporairement au-delà du revenu permanent, la propension moyenne à consommer baisse provisoirement. Lorsque le revenu courant baisse temporairement en deçà du revenu permanent, la propension moyenne à consommer augmente provisoirement.

Retournons à présent aux études sur les données de consommation et d'épargne des ménages. Selon Friedman, ces dernières reflètent une combinaison de revenu permanent et de revenu transitoire. Les ménages dont le revenu permanent est élevé consomment proportionnellement plus. Si l'intégralité de la variation du revenu courant avait pour origine le revenu permanent, la propension moyenne à consommer de tous les ménages serait identique. Mais il se trouve qu'une partie de la variation du revenu courant est attribuable à la composante transitoire de ce revenu et que, donc, les ménages dont le revenu transitoire est élevé n'accroissent pas nécessairement leur consommation. C'est pour cette raison que les chercheurs constatent que les ménages à revenu élevé ont, en moyenne, des propensions moyennes à consommer inférieures.

De même, en ce qui concerne les séries chronologiques, Friedman avance que les variations d'année en année du revenu sont dominées par le revenu transitoire. On doit donc s'attendre à de faibles propensions moyennes à consommer pendant les années de revenu élevé. Par contre, sur des périodes plus longues, par exemple de décennie en décennie, c'est la composante permanente du revenu qui influence essentiellement la variation de celui-ci. En conséquence, sur séries chronologiques longues, on doit normalement observer une propension moyenne à consommer constante, comme l'indiquent effectivement les données de Simon Kuznets.

ÉTUDE DE CAS - La réduction fiscale de 1964 et la surtaxe de 1968

Cette hypothèse du revenu permanent peut nous aider à comprendre comment l'économie réagit à des modifications de la politique budgétaire. Selon le modèle *IS-LM* des chapitres 10 et 11, les réductions fiscales stimulent la consommation et accroissent la demande agrégée, et, au contraire, les hausses des prélèvements fiscaux dépriment la consommation et réduisent la demande agrégée. Pourtant, l'hypothèse du revenu permanent nous avertit que la consommation ne réagit qu'à des variations du revenu permanent. En conséquence, des variations temporaires de la pression fiscale ne doivent avoir qu'un effet négligeable sur la consommation et sur la demande agrégée. Pour avoir un effet substantiel sur la demande agrégée, les modifications des politiques budgétaires doivent être permanentes.

Deux modifications de la politique budgétaire américaine - la réduction fiscale de 1964 et la surtaxe de 1968 - illustrent ce principe. La réduction fiscale de 1964 s'est avérée très populaire. Elle a été présentée comme une réduction majeure et permanente des prélèvements fiscaux. Comme nous l'avons vu, au chapitre 10, cette politique avait pour objet de stimuler l'économie.

La surtaxe de 1968 est née dans un climat politique très différent. Elle fut décidée parce que les conseillers économiques du président Lyndon Johnson étaient convaincus que la hausse des dépenses publiques provoquée par la guerre du Vietnam avait exagérément stimulé la demande agrégée. C'est pour compenser cet effet qu'ils ont suggéré cette surtaxe. Le président Johnson, cependant, conscient de l'impopularité de la guerre du Vietnam, craignait l'impact politique d'un tel relèvement fiscal. C'est pourquoi il ne donna finalement son accord qu'à une taxe temporaire, qui ne devait en principe rester en vigueur qu'une seule année. Ce relèvement fiscal n'eut pas l'effet désiré de tempérer la demande agrégée. Le chômage continua à baisser et l'inflation à augmenter. C'est précisément ce que l'hypothèse du revenu permanent nous mènerait à prévoir : une hausse des taxes a seulement affecté le revenu transitoire, ce qui n'a pas trop affecté le comportement de consommation ni la demande agrégée.

Ces deux épisodes de la politique budgétaire des États-Unis nous apprennent que l'analyse correcte de celle-ci doit dépasser la version simple de la fonction de consommation keynésienne, pour tenir compte de la distinction entre revenu permanent et revenu transitoire. Les consommateurs avertis du caractère provisoire d'une variation du prélèvement fiscal ne modifient que marginalement leur consommation et leur demande agrégée.

17.5 ROBERT HALL ET L'HYPOTHÈSE DE LA MARCHE AU HASARD

L'hypothèse du revenu permanent est fondée sur le modèle du choix intertemporel de Fisher. Elle part de l'idée que les consommateurs tournés vers l'avenir basent leurs décisions de consommation, non seulement sur leur revenu courant, mais également sur les revenus qu'ils s'attendent à gagner à l'avenir. En d'autres termes, l'hypothèse du revenu permanent montre que la consommation est fonction également des anticipations des gens.

Des recherches récentes en matière de consommation ont relié cette approche à l'hypothèse des anticipations rationnelles, selon laquelle les gens utilisent toute l'information disponible pour formuler les prévisions optimales quant à l'avenir. Le chapitre 13, vous vous en souvenez, a montré les implications potentiellement importantes de cette hypothèse sur les coûts de la lutte contre l'inflation. Ses conséquences sur le comportement du consommateur sont tout aussi sérieuses.

17.5.1 L'hypothèse de la marche au hasard

C'est l'économiste Robert Hall qui a, le premier, mis en avant celle-ci. Selon lui, si l'hypothèse du revenu permanent se vérifie, et si les consommateurs ont des anticipations rationnelles, il est impossible de prévoir les variations de la consommation dans le temps. On parle alors de la **marche au hasard** (ou aléatoire) de la consommation. Quand les changements d'une variable sont imprévisibles, on dit que cette variable suit un processus aléatoire. C'est ce qu'on obtient, toujours selon Hall, lorsque l'on joint l'hypothèse du revenu permanent à celle des anticipations rationnelles.

Si l'on accepte l'hypothèse du revenu permanent, les consommateurs confrontés à des variations de leurs revenus, s'efforcent de lisser au maximum leur consommation dans le temps. À chaque moment, ils basent leur consommation sur les anticipations qu'ils ont actuellement quant à leurs revenus tout au long de leur vie. Les événements nouveaux qui modifient ces anticipations les amènent à faire varier leur consommation. Ainsi, toute personne qui bénéficie d'une promotion inattendue accroît sa consommation : les variations de la consommation reflètent des « surprises » qui affectent le revenu calculé sur l'ensemble de la vie. Si les consommateurs utilisent de manière optimale toute l'information disponible, de telles « surprises » sont nécessairement imprévisibles. Les variations de leur consommation doivent donc l'être également [4].

17.5.2 Les implications de l'hypothèse de la marche au hasard

L'approche des anticipations rationnelles de la consommation a des implications, non seulement pour la prévision, mais également pour l'analyse des politiques économiques. *Si les consommateurs suivent l'hypothèse du revenu permanent et si leurs anticipations sont rationnelles, seules des variations non anticipées des politiques influencent leur consommation. Les modifications des politiques ne portent leurs effets que si elles transforment les anticipations.* Ainsi, supposons que le Parlement décide un relèvement fiscal qui n'entrera en vigueur que l'année prochaine. Ceci amène les consommateurs à réviser à la baisse leurs anticipations quant à leurs revenus futurs, et donc à réduire, dès à présent, leur consommation. Lorsque le relèvement fiscal entre effectivement en vigueur, l'année suivante, la consommation ne se modifie plus, puisqu'il ne s'est passé rien de neuf depuis que la modification fiscale a été annoncée et/ou décidée.

On voit donc que, si les consommateurs ont des anticipations rationnelles, les responsables politiques influencent l'économie, non seulement au travers de leurs propres actions, mais également par le biais de l'anticipation de ces actions par les gens. Comme il n'est pas possible d'observer directement les anticipations, il est souvent difficile de savoir comment et quand les variations des politiques budgétaires modifient la demande agrégée.

> **ÉTUDE DE CAS - Les variations prévisibles du revenu induisent-elles des variations prévisibles de la consommation ?**
>
> Il est au moins une observation du comportement de consommation qui est incontestable : revenu et consommation évoluent de concert dans le cycle conjoncturel. Quand l'économie entre en récession, revenu et consommation baissent tous deux. Quand l'économie se redresse, revenu et consommation en font autant.

---

[4] Robert E. Hall, « Stochastic Implications of the Life Cycle-Permanent Income Hypothesis : Theory and Evidence », *Journal of Political Economy* 86 (décembre 1978), 971-987.

En soi, cette observation ne nous dit pas grand-chose de l'interprétation en termes d'anticipations rationnelles de l'hypothèse du revenu permanent. La plupart des fluctuations de court terme sont imprévisibles. Aussi, quand l'économie entre en récession, le consommateur représentatif interprète ceci comme une fâcheuse nouvelle pour son revenu sur l'ensemble de sa vie et réduit en conséquence sa consommation. Quand l'économie se redresse, les perspectives de revenu sur l'ensemble de la vie s'améliorent et la consommation augmente. Ce comportement n'invalide pas nécessairement la théorie de la marche aléatoire, selon laquelle il est impossible de prévoir les variations de la consommation.

Qu'en est-il si nous pouvons identifier des variations *prévisibles* du revenu ? Selon la théorie de la marche aléatoire, les consommateurs ne devraient pas revoir leurs plans de dépenses en fonction de celles-ci. En effet, s'ils avaient des raisons de s'attendre à une hausse ou une baisse de leur revenu, ils auraient dû adapter en conséquence leur consommation dès qu'ils en ont eu connaissance. Les variations prévisibles du revenu ne devraient donc pas induire des variations prévisibles de la consommation.

Les données disponibles sur le revenu et la consommation ne semblent cependant pas confirmer cette conclusion de la théorie de la marche aléatoire. Quand on s'attend à une baisse de $1 du revenu, la consommation baisse, au même moment, de $0,5. On voit donc que les variations prévisibles du revenu induisent des variations prévisibles de la consommation d'une ampleur environ inférieure de moitié.

Pourquoi ? L'une des explications possibles de ce comportement est que tous les consommateurs n'ont pas des anticipations rationnelles, mais que certains d'entre eux fondent exagérément leurs anticipations de revenus futurs sur leurs revenus courants. En conséquence, quand ce dernier augmente ou diminue, ou quand la perspective s'en dessine, ils agissent comme s'ils venaient de recevoir une information nouvelle relative à leur revenu sur l'ensemble de leur vie et ajustent leur consommation en conséquence. Une autre explication possible est que, soumis à un rationnement du crédit, les consommateurs règlent exclusivement leur consommation sur leur revenu courant. Quelle que soit l'explication la plus plausible, la fonction de consommation initiale de Keynes en sort confortée : le revenu courant semble jouer un plus grand rôle dans la détermination de la dépense de consommation que ne le suggère la théorie de la marche aléatoire [5].

---

[5] John Y. Campbell et N. Gregory Mankiw, « Consumption, Income, and Interest Rates : Reinterpreting the Time-Series Evidence », *NBER Macroeconomics Annual* (1989), 185-216 ; Jonathan Parker, « The Response of Household Consumption to Predictable Changes in Social Security Taxes », *American Economic Review* 89 (septembre 1999), 959-973 ; et Nicholas S. Souleles, « The Response of Household Consumption to Income Tax Refunds », *American Economic Review* 89 (septembre 1999), 947-958.

17.6 DAVID LAIBSON ET LA PRESSION DE LA GRATIFICATION IMMÉDIATE

Pour Keynes, la fonction de consommation était une « loi psychologique fondamentale ». Nous avons cependant vu que la psychologie est peu intervenue dans l'étude subséquente de la consommation. La plupart des économistes font l'hypothèse que les consommateurs sont rationnels et maximisent leur utilité. Ils évaluent en permanence les possibilités et projets qui s'offrent à eux pour obtenir la satisfaction maximale sur l'ensemble de leur vie. Ce modèle de comportement humain a inspiré tous les travaux effectués sur la théorie de la consommation, d'Irving Fisher à Robert Hall.

Récemment, les économistes sont cependant retournés à la psychologie. Ils ont suggéré que les décisions de consommation n'étaient pas le fait de l'*homo economicus* rationnel, mais d'êtres humains à part entière dont le comportement peut s'avérer loin d'être rationnel. Ce nouveau champ de la science économique s'appelle l'*économie comportementale*. L'éminent économiste comportementale qui a analysé la consommation est David Laibson, professeur à Harvard.

Laibson observe que de nombreux consommateurs jugent qu'ils prennent de mauvaises décisions. Dans un sondage aux États-Unis, 76 % des personnes interrogées ont déclaré ne pas épargner en vue de leur retraite. Un autre sondage, portant sur la génération du baby-boom, demandait quel pourcentage de leur revenu les gens épargnaient effectivement et quel pourcentage ils pensaient devoir épargner. Le défaut d'épargne s'élevait en moyenne à 11 points de pourcentage.

Selon Laibson, l'insuffisance d'épargne est liée à un autre phénomène : la pression de la gratification immédiate. Considérons les deux questions suivantes :

- Question 1 : préférez-vous (A) une sucrerie aujourd'hui ou (B) deux sucreries demain ?
- Question 2 : préférez-vous (A) une sucrerie dans 100 jours ou (B) deux sucreries dans 101 jours ?

Beaucoup de gens répondraient (A) à la première question et (B) à la deuxième, faisant preuve de plus de patience à long terme qu'à court terme.

Il en résulte que les préférences des consommateurs peuvent être *incohérentes dans le temps* : les décisions peuvent changer au fil du temps. La personne qui répond (B) à la deuxième question est prête à attendre, dans 100 jours, un jour de plus pour déguster sa sucrerie. Mais au bout des 100 jours, confrontée à la première question, la pression de la gratification instantanée peut l'amener à modifier son choix.

Ce type de comportement est fréquent dans la vie quotidienne. Celles et ceux qui suivent un régime se resservent aujourd'hui en se disant qu'elles/ils feront attention demain. Ceux et celles qui ont décidé d'arrêter de fumer allument une nouvelle cigarette en se promettant que c'est la dernière. Monsieur ou madame dépense sans compter dans la grande surface tout en décidant de réduire sa consommation dès le lendemain pour épargner en vue de la retraite. Mais, dans tous ces cas, quand le lendemain arrive, les promesses appartiennent au passé et un nouveau « moi » prend le contrôle du processus de décision, animé par son propre désir de gratification immédiate.

Ces observations soulèvent autant de questions que de réponses. L'attention accrue des économistes pour la psychologie va-t-elle contribuer à une meilleure compréhension du comportement du consommateur ? Pourra-t-on en tirer de nouvelles leçons, par exemple, en ce qui concerne les politiques fiscales à l'égard de l'épargne ? Il est trop tôt pour répondre, mais il est sûr que ces questions sont désormais au centre des programmes de recherche [6].

Étude de cas - Comment amener les gens à épargner davantage

Plusieurs économistes croient qu'il serait mieux pour les Américains d'accroître la fraction de revenu qu'ils épargnent. Plusieurs raisons mènent à cette conclusion. Selon une perspective microéconomique, une épargne importante signifierait que les gens seraient mieux préparés à la retraite. Ce but est particulièrement important parce que la sécurité sociale, l'organisme public finançant les revenus de la retraite aux États-Unis, serait en difficulté de paiement dans les années à venir alors que la population vieillit. Selon une perspective macroéconomique, une épargne plus importante pourrait accroître l'offre des fonds prêtables disponible pour financer l'investissement. Le modèle de croissance de Solow montre que l'accumulation croissante du capital implique des revenus plus élevés. Selon la perspective d'une économie ouverte, une épargne importante voudrait dire qu'une faible part des investissements intérieurs serait financée par des entrées de capitaux. La baisse des entrées de capitaux transformerait le déficit commercial en excédent. Enfin, le fait que les Américains disent qu'ils n'épargnent pas assez peut être une raison suffisante pour penser qu'une épargne plus élevée constituerait un objectif national.

Mais le plus difficile serait de savoir comment amener les Américains à épargner davantage. L'économie comportementale en plein développement offre quelques réponses.

L'une des approches consiste à mettre l'épargne sur le chemin de la moindre résistance. Prenons l'exemple des plans fiscalement avantageux d'épargne-retraite 401(k) qui sont à la portée de beaucoup de salariés via leurs employeurs. Beaucoup d'entreprises offrent la possibilité à leurs salariés de participer à ces plans en remplissant un simple formulaire. Cependant, dans

---

[6] Pour en savoir plus à cet égard : David Laibson, « Golden Eggs and Hyperbolic Discounting », *Quarterly Journal of Economics* 62 (mai 1997), 443-477 ; George-Marios Angeletos, David Laibson, Andrea Repetto, Jeremy Tobacman, et Stephen Weinberg, « The Hyperbolic Buffer Stock Model : Calibration, Simulation, and Empirical Evidence », *Journal of Economic Perspectives* 15 (été 2001), 47-68.

d'autres firmes, les employés y sont automatiquement inscrits mais peuvent remplir un formulaire au cas où ils ne désirent pas s'y inscrire. Des études ont montré que les salariés sont beaucoup plus susceptibles d'y participer dans le second cas que dans le premier. S'ils étaient des agents rationnels et optimisateurs, comme le postule souvent la théorie économique, alors ils auraient choisi l'épargne-retraite optimale indépendamment de la méthode de participation. En fait, le comportement des employés démontre une inertie importante. Les décideurs publics qui veulent augmenter l'épargne, peuvent exploiter cette inertie en rendant plus courante l'inscription automatique à ces plans d'épargne-retraite.

En 2009, le président américain Barak Obama a essayé de généraliser ce système automatique d'inscription aux plans fiscalement avantageux d'épargne-retraite. Dans son premier projet de budget, il proposait que les employeurs qui n'ont pas de plans épargne-retraite spécifiques doivent inscrire automatiquement leurs salariés à ces plans. Ces derniers peuvent ensuite demander de se désinscrire s'ils le souhaitent. L'avenir de cette proposition de loi était incertain au moment où ce livre était mis sous presse.

Une seconde approche pour accroître l'épargne consiste à donner aux gens l'opportunité de contrôler leurs désirs de gratification immédiate. L'économiste Richard Thaler propose un programme assez étrange, « Épargnez davantage demain ». Ce programme consiste à s'engager à l'avance à mettre une partie des augmentations futures de salaires sur un compte d'épargne-retraite. Quand un salarié s'y inscrit, il ne fera aucun sacrifice en consommant moins aujourd'hui, mais, à la place, il s'engagera à réduire la croissance de sa consommation dans l'avenir. Quand ce plan a été proposé dans plusieurs entreprises, il a eu un grand impact : 78 % des salariés des entreprises proposant ce plan se sont inscrits. En outre, parmi ceux-ci, une grande majorité (80 %) a suivi le programme au moins jusqu'à la quatrième augmentation de salaire. La moyenne des taux d'épargne pour ceux inscrits au programme a augmenté de 3,5 % à 13,6 % durant ces 40 mois.

Dans quelle mesure des programmes largement répandus basés sur de telles idées pourraient-ils accroître le taux d'épargne aux États-Unis ? Il est impossible de se prononcer avec certitude. Mais, étant donné que l'épargne constitue un élément important pour la prospérité personnelle et nationale, de nombreux économistes pensent que ces propositions méritent d'être essayées [7].

---

7   James J. Choi, David I. Laibson, Brigitte Madrian et Andrew Metrick, « Defined Contribution Pensions : Plan Rules, Participant Decisions, and the Path of least Resistance », *Tax Policy and the Economy* 16 (2002), 67-113 ; Richard H. Thaler and Shlomo Benartzi, « Save More Tomorrow : Using Behavioral Economics to Increase Employee Saving », *Journal of Political Economy* 112 (2004), S164-S187.

17.7 CONCLUSION

Nous venons de voir comment l'interprétation du comportement du consommateur s'est progressivement modifiée en passant en revue les travaux de six grands économistes. Selon Keynes, la consommation est dans une large mesure fonction du revenu courant. Depuis lors, les économistes ont avancé que les consommateurs sont parfaitement conscients du caractère intertemporel de leurs décisions de consommation : ils anticipent leurs ressources et leurs besoins futurs, en se fondant implicitement sur une fonction de consommation plus complexe que celle que Keynes avait proposée. Pour rappel, celle-ci avait la forme suivante :

$$\text{Consommation} = f \text{ (Revenu courant)} \tag{17.19}$$

Les travaux récents suggèrent au contraire que :

$$\text{Consommation} = f \begin{pmatrix} \text{Revenu courant, Richesse,} \\ \text{Revenu futur anticipé, Taux dintérêt} \end{pmatrix} \tag{17.20}$$

En d'autres termes, le revenu courant ne serait qu'un des déterminants de la consommation agrégée.

Les économistes continuent à débattre de l'importance relative des divers déterminants de la consommation. Ainsi, ils n'ont à ce jour pas réussi à se mettre d'accord sur l'impact des taux d'intérêt et des restrictions d'accès au crédit ou encore sur l'importance des effets psychologiques. Or cette approche différente de la fonction de consommation n'est pas sans impacts sur leur interprétation des incidences des politiques économiques. Ainsi, comme nous l'avons vu au chapitre 16, le débat sur les effets de la dette publique n'est pas étranger au problème des déterminants de la dépense de consommation. Le rôle central que joue la consommation dans l'évaluation des politiques économiques devrait retenir l'attention des économistes pendant de nombreuses années encore.

Synthèse

1. Keynes a fait l'hypothèse que la propension marginale à consommer est comprise entre 0 et 1, que la propension moyenne à consommer diminue à mesure que le revenu augmente et que le revenu courant est le premier déterminant de la consommation. L'étude des données d'enquêtes auprès des ménages et des séries chronologiques courtes confirme cette hypothèse. Par contre, l'étude des séries chronologiques longues ne permet pas de déceler aucune tendance inverse entre propension moyenne à consommer et revenu au fil du temps.

2. Les recherches récentes en matière de consommation s'inspirent du modèle du comportement du consommateur dû à Irving Fisher. Dans ce modèle, le consommateur est confronté à une contrainte budgétaire intertemporelle et s'efforce que sa consommation actuelle et future lui assure la satisfaction optimale tout au long de sa vie. Pour autant qu'il soit en mesure d'épargner et d'emprunter, sa consommation dépend des ressources dont il bénéficiera tout au long de cette vie.
3. L'hypothèse du cycle de vie de Modigliani souligne que le revenu varie de manière relativement prévisible au cours de la vie et que les consommateurs ont recours à l'épargne et au crédit pour lisser leur consommation tout au long de celle-ci. Selon cette hypothèse, la consommation est fonction à la fois du revenu et de la richesse.
4. L'hypothèse du revenu permanent de Friedman souligne que les revenus sont affectés par des variations tant permanentes que transitoires. Dans la mesure où les consommateurs peuvent épargner et emprunter, et où ils souhaitent lisser leur consommation, celle-ci ne réagit guère à des variations transitoires du revenu, car elle dépend essentiellement du revenu permanent.
5. L'hypothèse de marche au hasard de Hall combine l'hypothèse de revenu permanent et l'hypothèse des anticipations rationnelles des consommateurs quant à leur revenu futur. Elle implique que les variations de la consommation sont imprévisibles, dans la mesure où les consommateurs ne modifient leur consommation que quand ils ont des informations nouvelles sur leur revenu tout au long de la vie.
6. Laibson suggère que les effets psychologiques sont importants pour comprendre le comportement des consommateurs. En particulier, eu égard au puissant besoin de gratification immédiate, les consommateurs peuvent avoir un comportement incohérent dans le temps, et épargner moins qu'ils ne le souhaitent.

Concepts de base

- Propension marginale à consommer
- Propension moyenne à consommer
- Contrainte budgétaire intertemporelle
- Actualisation
- Courbes d'indifférence
- Taux marginal de substitution
- Bien normal
- Effet revenu
- Effet substitution
- Contrainte de rationnement du crédit
- Hypothèse du cycle de vie
- Épargne de précaution
- Hypothèse du revenu permanent
- Revenu permanent
- Revenu transitoire
- Marche au hasard

ÉVALUATION DES CONNAISSANCES

1. Quelles sont les trois hypothèses que fait Keynes quant à la fonction de consommation ?
2. Décrivez les faits qui confirment ces hypothèses et ceux qui ne les confirment pas.
3. Comment les hypothèses du cycle de vie et du revenu permanent résolvent-elles la contradiction apparente qui ressort de l'étude des données relatives aux comportements de consommation ?
4. Utilisez le modèle de consommation de Fisher pour analyser une hausse du revenu au cours de la seconde période. Comparez le cas où le consommateur est confronté à un rationnement du crédit au cas où il ne l'est pas.
5. Expliquez pourquoi les variations de la consommation ne sont pas prévisibles si les consommateurs se comportent dans les termes de l'hypothèse du revenu permanent et si leurs anticipations sont authentiquement rationnelles.
6. Donnez un exemple d'incohérence dans le temps.

PROBLÈMES ET APPLICATIONS

1. Ce chapitre a recours au modèle de Fisher pour étudier une variation du taux d'intérêt dans le cas d'un consommateur qui épargne une partie de son revenu de la première période. Supposons ici, au contraire, que notre consommateur emprunte. En quoi ceci modifie-t-il l'analyse ? Expliquez les effets de revenu et de substitution sur la consommation au cours des deux périodes.

2. Jack et Jill se comportent tous deux de manière conforme au modèle de consommation de Fisher sur deux périodes. Jack gagne $100 au cours de la première période et $100 au cours de la seconde. Jill ne gagne rien au cours de la première période, mais gagne $210 à la deuxième période. Tous deux peuvent emprunter ou prêter au taux d'intérêt r.

   a) Vous constatez que Jack et Jill consomment tous deux $100 au cours de la première période et $100 au cours de la seconde. Quel est le taux d'intérêt r ?

   b) Supposons que le taux d'intérêt augmente. Qu'advient-il de la consommation de Jack au cours de la première période ? La situation de Jack s'améliore-t-elle ou se détériore-t-elle sous l'effet de la hausse du taux d'intérêt ?

   c) Comment la hausse du taux d'intérêt affecte-t-elle la consommation de Jill en période 1 ? Positivement ou négativement ?

3. Ce chapitre analyse le modèle de Fisher dans le cas où le consommateur peut épargner ou emprunter au taux d'intérêt r, d'une part, et dans le cas où il peut parfaitement épargner à ce taux, mais ne peut rien emprunter. Examinons maintenant le cas intermédiaire dans lequel le consommateur peut épargner au taux r_s et emprunter au taux r_b, où $r_s < r_b$.

   a) Quelle est la contrainte budgétaire du consommateur dans le cas où il consomme moins que son revenu de la première période ?

   b) Dans le cas où il consomme plus que son revenu de la première période ?

c) Représentez graphiquement les deux contraintes budgétaires et ombrez la zone qui représente la combinaison choisie par le consommateur entre la consommation en période 1 et la consommation en période 2.

d) Ajoutez maintenant à votre graphique les courbes d'indifférence du consommateur. Montrez trois résultats possibles : l'un dans lequel le consommateur épargne, l'un dans lequel il emprunte et l'un enfin dans lequel il n'emprunte ni n'épargne.

e) Qu'est-ce qui détermine la consommation en première période dans chacun de ces trois cas ?

4. Expliquez si le rationnement du crédit accroît ou réduit la capacité de la politique budgétaire à influencer la demande agrégée dans chacun des deux cas suivants :

a) une réduction fiscale temporaire ;

b) une réduction fiscale annoncée pour l'avenir.

5. Dans l'exposé de l'hypothèse du cycle de vie, il a été supposé que le revenu demeure constant au cours de la période qui suit l'âge de la retraite. Pourtant, le revenu de la plupart des gens augmente tout au long de leur vie. Comment cette hausse du revenu influence-t-elle le comportement de consommation et l'accumulation de richesse tout au long de la vie que décrit la figure 17.12, et ceci dans les deux cas qui suivent :

a) les consommateurs peuvent emprunter, et leur richesse peut donc être négative ;

b) les consommateurs sont confrontés à un rationnement du crédit qui empêche leur richesse de tomber en dessous de zéro.

Selon vous, lequel des cas (a) ou (b) est le plus réaliste ? Pourquoi ?

6. Les démographes prévoient une hausse de la part des personnes âgées dans la population au cours des vingt prochaines années. Que nous dit le modèle du cycle de vie quant à l'impact de cette évolution démographique sur le taux d'épargne national ?

7. Une recherche a montré que les personnes âgées sans enfant désépargnent à peu près au même rythme que celles qui ont des enfants. Quelles peuvent être les implications de cette observation dans la tentative d'expliquer pourquoi les gens âgés ne désépargnent pas autant que le prédit le modèle du cycle de vie ?

8. Deux comptes d'épargne offrent le même taux d'intérêt. L'un permet les retraits sans préavis, l'autre exige une notification préalable de 30 jours. Lequel préférez-vous ? Pourquoi ? L'autre choix est-il envisageable ? Que disent ces choix de la théorie de la fonction de consommation ?

18

L'INVESTISSEMENT

L'utilité sociale des investissements habiles devrait être de vaincre les forces obscures du temps et de percer le mystère qui entoure notre avenir.
John Maynard Keynes

18.1 L'investissement fixe des entreprises	**653**
18.2 L'investissement résidentiel	**669**
18.3 L'investissement en stocks	**673**
18.4 Conclusion	**674**

Alors que les dépenses en biens de consommation sont utiles pour les ménages aujourd'hui, les dépenses en biens d'investissement visent à fournir un niveau de vie plus élevé à une date ultérieure. L'investissement est la composante du PIB qui relie le présent et le futur.

Les dépenses en biens d'investissement jouent ainsi un rôle essentiel non seulement dans la croissance de long terme mais également dans l'activité économique à court terme car l'investissement est la composante la plus volatile du PIB. Lorsqu'on constate une baisse des dépenses en biens et services au cours d'une récession, une large part de celles-ci peut généralement être imputée aux dépenses d'investissement. Ainsi, aux États-Unis, pendant la grave récession de 1982, le PIB réel a diminué de $105 milliards entre le sommet qu'il avait atteint au troisième trimestre de 1981 et le creux du quatrième trimestre de 1982. Pendant la même période, l'investissement a, quant à lui, baissé de $152 milliards, soit plus que la chute de la dépense totale.

Pour mieux comprendre les fluctuations de la production de biens et services, les économistes étudient donc l'investissement. Les modèles du PIB présentés dans les chapitres antérieurs, tels que le modèle *IS-LM* des chapitres 10 et 11, avaient recours à une fonction d'investissement simple reliant l'investissement au taux d'intérêt réel : $I = I(r)$. Selon cette fonction, une hausse du taux d'intérêt réel réduit l'investissement. Ce chapitre nous permet de revenir, pour l'approfondir, à la théorie sous-jacente à la fonction d'investissement.

On distingue trois types de dépenses d'investissement. L'**investissement fixe des entreprises** comprend les terrains, bâtiments et équipements que les entreprises acquièrent pour réaliser leur production. L'**investissement résidentiel** recense les nouveaux logements achetés par les particuliers pour y vivre et par les propriétaires immobiliers pour les louer. L'**investissement en stocks** recense les biens que les entreprises placent dans leurs stocks, qu'il s'agisse de matières premières et fournitures, de produits finis ou d'encours de production. La figure 18.1 représente graphiquement l'investissement total et chacune de ses composantes, aux États-Unis entre 1970 et 2008. On y voit que les trois types d'investissement baissent substantiellement pendant les récessions identifiées par les zones ombrées de la figure.

Dans ce chapitre, nous allons construire des modèles explicatifs de chacun des types d'investissement en vue d'en expliquer les fluctuations. Ces modèles nous aideront à répondre aux questions suivantes :

- Pourquoi la relation entre investissements et taux d'intérêt est-elle négative ?
- Quelles sont les sources de déplacement de la fonction d'investissement ?
- Pourquoi l'investissement augmente-t-il pendant les phases d'expansion et diminue-t-il pendant les récessions ?

À la fin de ce chapitre, nous reviendrons à ces questions pour synthétiser les réponses que nous aurons suggérées nos modèles.

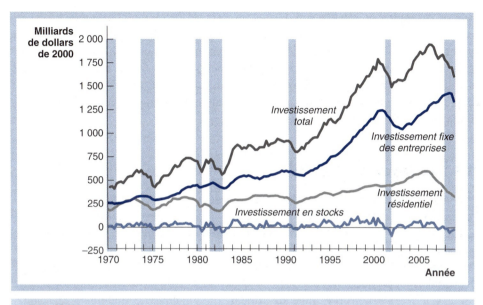

Figure 18.1
Les trois composantes de l'investissement

La figure représente l'investissement total, l'investissement fixe des entreprises, l'investissement résidentiel et l'investissement en stocks aux États-Unis, de 1970 à 2008. Tous ces types d'investissement baissent substantiellement pendant les récessions identifiées par les zones bleues du graphique.
Source : U.S. Department of Commerce et Global Financial Data.

18.1 L'INVESTISSEMENT FIXE DES ENTREPRISES

La majeure partie, pratiquement les trois quarts, de la dépense d'investissement est consacrée à l'investissement fixe des entreprises, celui que réalisent celles-ci pour assurer leur production future. On dit qu'il est « fixe » parce que le capital ainsi constitué reste en place pendant un certain temps, au contraire de l'investissement en stocks, dont les éléments sont utilisés ou vendus peu après avoir été placés en stocks. L'investissement fixe des entreprises va des fournitures de bureaux à l'usine complète, de l'ordinateur à la voiture de société.

Le modèle normalement utilisé pour étudier l'investissement fixe des entreprises est le **modèle néo-classique de l'investissement**. Il étudie les coûts et bénéfices que représente pour les entreprises la détention de biens de capital. Il met en avant la liaison entre le niveau de l'investissement, c'est-à-dire l'accroissement du stock de capital, et la productivité marginale du capital, le taux d'intérêt et la fiscalité des entreprises.

Pour élaborer notre modèle, nous imaginons que l'économie comporte deux types d'entreprises. Les *entreprises de production* produisent des biens et services en utilisant du capital qu'elles louent. Les *entreprises de location* réalisent tous les investissements de l'économie : ce sont elles qui achètent les biens de capital et qui les louent aux entreprises de production. Dans l'économie réelle, la plupart des entreprises assument les deux fonctions : elles produisent des biens et services au moyen des investissements en capital qu'elles ont réalisés en vue de leur production future. Le fait de placer chacune des deux fonctions dans une catégorie spécifique d'entreprises simplifie considérablement l'analyse.

18.1.1 *Le loyer du capital*

Envisageons tout d'abord l'entreprise de production représentative. Comme nous l'avons vu au chapitre 3, elle fixe le volume de capital qu'elle souhaite louer en comparant les coûts et bénéfices associés à chaque unité de ce capital. L'entreprise loue le capital au taux R et vend sa production au prix P : le coût réel d'une unité de capital pour cette entreprise de production est (R/P). Le bénéfice réel associé à chaque unité de capital est la productivité marginale de celui-ci PMK, la production supplémentaire associée à chaque nouvelle unité de capital. La productivité marginale du capital décroît à mesure que le capital augmente : plus le stock de capital de l'entreprise est élevé, moins chaque nouvelle unité de capital contribue à la production. La conclusion du chapitre 3 était que, pour maximiser son profit, l'entreprise loue du capital jusqu'au moment où la productivité marginale de celui-ci est égale à son loyer réel.

La figure 18.2 montre l'équilibre sur le marché de location du capital. Pour les raisons qui viennent d'être évoquées, la productivité marginale du capital détermine la courbe de demande. La pente de celle-ci est négative parce que la productivité marginale du capital est décroissante. À tout moment donné, la quantité de capital présente dans l'économie est constante, ce qui explique que la courbe d'offre est verticale. Le loyer réel du capital s'ajuste pour égaliser l'offre et la demande.

Pour déterminer les variables qui influencent le loyer d'équilibre, examinons une fonction de production particulière. Comme nous l'avons vu au chapitre 3, de nombreux économistes considèrent que la fonction de production de Cobb-Douglas est une bonne approximation de la manière dont l'économie transforme effectivement du capital et du travail en biens et services. La fonction de production de Cobb-Douglas a la forme suivante :

$$Y = AK^\alpha L^{1-\alpha} \tag{18.1}$$

où Y est la production, K le capital, L le travail, A un paramètre mesurant le niveau de la technologie et α un paramètre compris entre 0 et 1 mesurant la part distributive du capital dans la production. Dans le cas de la fonction de production de Cobb-Douglas, la productivité marginale du capital s'écrit comme suit :

$$PMK = \alpha A \left(\frac{L}{K}\right)^{1-\alpha} \tag{18.2}$$

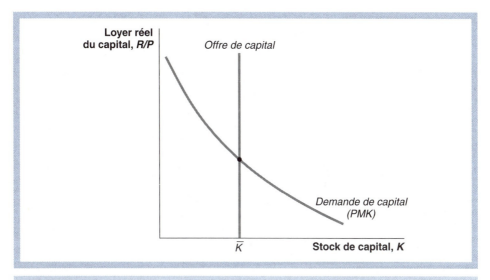

Figure 18.2
Le loyer du capital

Le loyer réel du capital s'ajuste pour équilibrer la demande de capital (déterminée par la productivité marginale du capital) et son offre fixe.

Comme, à l'équilibre, le loyer réel (R/P) est égal à la productivité marginale du capital, nous pouvons écrire :

$$\frac{R}{P} = \alpha A \left(\frac{L}{K}\right)^{1-\alpha} \tag{18.3}$$

Cette expression identifie les variables qui déterminent le loyer réel du capital, en montrant que :
- plus le stock de capital est faible, plus son loyer réel est élevé ;
- plus est élevée la quantité de travail utilisée, plus l'est également le loyer du capital ;
- plus est performante la technologie, plus est élevé le loyer réel du capital.

Tout ce qui réduit le stock de capital (un tremblement de terre), ou accroît l'emploi (une expansion de la demande agrégée), ou améliore la technologie (une découverte scientifique) augmente le loyer réel d'équilibre du capital.

18.1.2 *Le coût du capital*

Tournons-nous maintenant vers les entreprises de location. Ces entreprises, tout comme les entreprises de location de voitures, ont pour activité essentielle d'acheter des biens de capital et de les louer. Notre objectif étant d'expliquer l'investissement réalisé par les entreprises de location, nous considérons tout d'abord les coûts et bénéfices associés à la détention de capital.

Les bénéfices de la détention de capital sont constitués par les recettes de location de celui-ci aux entreprises de production. L'entreprise de location perçoit le loyer réel du capital (R/P) sur chaque unité de capital dont elle est propriétaire et qu'elle loue.

Le coût de détention de capital est plus complexe. Pour chaque période de temps pendant laquelle elle loue une unité de capital, l'entreprise de location encourt trois coûts :

1. L'entreprise qui achète une unité de capital et qui la loue renonce au taux d'intérêt qu'elle pourrait percevoir en déposant l'équivalent du prix d'achat du bien de capital dans une banque. De manière équivalente, si l'entreprise emprunte pour acheter le capital qu'elle va louer, elle doit payer un intérêt sur cet emprunt. Si P_K est le prix d'achat d'une unité de capital et i le taux d'intérêt nominal, le coût en intérêt est égal à iP_K.
2. Pendant la période de location du capital, le prix d'acquisition de celui-ci peut se modifier. S'il diminue, l'entreprise perd, car la valeur de son actif est maintenant moindre. Si le prix du capital augmente, l'entreprise gagne, car la valeur de son actif s'est accrue. Le coût de cette perte ou de ce gain est $-\Delta P_K$ (avec un signe négatif, car c'est la perte que nous mesurons ici, pas le gain).
3. Pendant le temps de location, le capital s'use et se déprécie, suscitant un besoin d'amortissement. Si δ est le taux d'amortissement - la fraction de la valeur du capital perdue par période sous l'effet de l'usure et de la **dépréciation** - le coût en dollars de l'amortissement est δP_K.

Le coût total de location d'une unité de capital pendant toute période donnée est donc :

$$\text{Coût du capital} = iP_K - \Delta P_K + \delta P_K$$
$$= P_K \left(i - \frac{\Delta P_K}{P_K} + \delta\right) \quad (18.4)$$

Le coût du capital est fonction du prix du capital, du taux d'intérêt, du taux de variation des prix du capital et du taux d'amortissement.

Par exemple, une entreprise achète des voitures au prix de $10 000 pièce et les loue à d'autres entreprises. L'entreprise de location doit payer un taux d'intérêt i de 10 % par an, de sorte que le coût en intérêt iP_K est $1 000 par an pour chacune des voitures dont l'entreprise est propriétaire. Le prix des voitures augmente de 6 % par an : en ignorant l'obsolescence, l'entreprise obtient un gain en capital de ΔP_K de $600 par an. Les voitures s'amortissant au taux de 20 % par an, le coût d'amortissement δP_K est de $2 000 par an. Le coût total du capital de notre entreprise est donc :

$$\text{Coût du capital} = \$1000 - \$600 + \$2000$$
$$= \$2400 \quad (18.5)$$

Il en coûte $2 400 par an à notre entreprise de location de voitures pour conserver une voiture dans son stock de capital.

Pour simplifier l'expression du coût du capital et en rendre plus aisée l'interprétation, nous supposons que le prix des biens de capital augmente parallèlement à celui des autres biens. Dans ce cas, $\Delta P_K/P_K$ est alors égal au taux d'inflation π. Comme $(i - \pi)$ est égal au taux d'intérêt réel r, nous pouvons écrire comme suit le coût du capital :

$$\text{Coût du capital} = P_K (r + \delta) \tag{18.6}$$

Cette équation nous dit que le coût du capital est fonction du prix du capital, du taux d'intérêt réel et du taux d'amortissement.

Enfin, nous souhaitons exprimer le coût du capital par rapport à celui des autres biens présents dans l'économie. Le **coût réel du capital**, ce qu'il en coûte pour acheter et louer une unité de capital mesurée en unité de production de l'économie, est :

$$\text{Coût réel du capital} = \frac{P_K}{P} (r + \delta) \tag{18.7}$$

Cette équation indique que le coût réel du capital est fonction du prix relatif d'un bien de capital P_K/P, du taux d'intérêt réel r et du taux d'amortissement δ.

18.1.3 Les déterminants de l'investissement

Examinons maintenant comment l'entreprise de location décide d'accroître ou de réduire son stock de capital. Pour chaque unité de capital, notre entreprise perçoit un revenu réel (R/P) et encourt un coût réel $(P_K/P)(r + \delta)$. Son profit réel par unité de capital est donc :

$$\begin{aligned}\text{Profit} &= \text{Recette} - \text{Coût} \\ &= \frac{R}{P} - \frac{P_K}{P} (r + \delta)\end{aligned} \tag{18.8}$$

Le loyer réel à l'équilibre étant égal à la productivité marginale de capital, nous pouvons exprimer comme suit l'équation de profit :

$$\text{Profit} = PMK - \frac{P_K}{P} (r + \delta) \tag{18.9}$$

L'entreprise de location réalise un profit si la productivité marginale du capital est supérieure au coût du capital et elle encourt une perte si cette productivité marginale est inférieure au coût du capital.

Étant donné tout ce qui précède, quelles sont les incitations économiques sous-jacentes à la décision d'investissement de l'entreprise de location ? Cette entreprise va décider d'accroître son stock de capital, ou au contraire, de le laisser se déprécier, selon qu'elle tire profit ou non de son activité d'acquisition et de location de biens de capital. La variation du stock de capital, appelée **investissement net**, est fonction de l'écart entre la productivité marginale du capital et le coût de celui-ci. *Si la productivité marginale du capital excède le coût de celui-ci, il est rentable pour les entreprises d'accroître leur stock de capital. Au contraire, si la productivité marginale de capital est inférieure à son coût, les entreprises laissent leur stock de capital se déprécier.*

Pour utile qu'elle soit en termes de clarté de l'exposé, la distinction de l'activité économique entre entreprises de production et de location est étrangère à la conclusion qui précède quant à la manière dont les entreprises fixent leur investissement. Dans le cas d'une entreprise à la fois propriétaire et utilisatrice de son capital, la productivité marginale du capital constitue l'avantage associé à toute unité supplémentaire du capital et le coût est le coût du capital, le coût associé à cette même unité de capital supplémentaire. Tout comme l'entreprise de location, l'entreprise de production propriétaire de son capital accroît le stock de celui-ci lorsque la productivité marginale en excède le coût. Nous pouvons donc écrire :

$$\Delta K = I_n \left[PMK - \frac{P_K}{P}(r+\delta) \right] \tag{18.10}$$

où $I_n(\cdot)$ est la fonction qui indique la mesure dans laquelle l'investissement net réagit à une incitation à investir.

Nous sommes maintenant en mesure de définir la fonction d'investissement. La dépense totale en investissement fixe des entreprises est la somme de l'investissement net et du coût de remplacement du capital amorti. Ceci donne la fonction d'investissement suivante :

$$I = I_n \left[PMK - \frac{P_K}{P}(r+\delta) \right] + \delta K \tag{18.11}$$

L'investissement fixe des entreprises est fonction de la productivité marginale du capital, du coût du capital et du taux d'amortissement.

Ce modèle nous montre pourquoi l'investissement est fonction du taux d'intérêt. Toute hausse du taux d'intérêt réel accroît le coût du capital et réduit donc le profit tiré de la détention du capital, ce qui décourage l'accumulation de capital et donc l'investissement. De même, toute baisse du taux d'intérêt réel réduit le coût du capital, accroît le profit et stimule de ce fait l'investissement. C'est la raison pour laquelle, comme on le voit au graphique (a) de la figure 18.3, la pente de la courbe reliant l'investissement au taux d'intérêt est négative.

Le modèle montre également ce qui provoque le déplacement de la courbe d'investissement. Tout événement qui accroît la productivité marginale du capital augmente la rentabilité de l'investissement et provoque un déplacement vers l'extérieur de la courbe d'investissement, comme on le voit au graphique (b) de la figure 18.3. Ainsi, une innovation technologique qui augmente le paramètre A de la fonction de

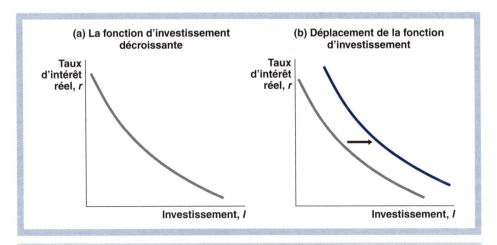

Figure 18.3
La fonction d'investissement

Le graphique (a) montre que les investissements fixes des entreprises augmentent lorsque le taux d'intérêt baisse, car celui-ci réduit le coût du capital et rend donc plus rentable la détention de capital. Le graphique (b) illustre un déplacement vers la droite de la fonction d'investissement, peut-être sous l'effet d'une hausse de la productivité marginale du capital.

production accroît la productivité marginale du capital et, pour tout taux d'intérêt donné, accroît le volume de capital que les entreprises de location souhaitent acheter.

Enfin, que se passe-t-il lorsque cet ajustement du stock de capital se perpétue dans le temps ? Si, au départ, la productivité marginale est supérieure au coût du capital, le stock de capital augmente et la productivité marginale baisse. Si, au contraire, la productivité marginale est, au départ, inférieure au coût du capital, le stock de capital diminue et la productivité marginale augmente. En fin de compte, à mesure que le stock de capital s'ajuste, la productivité marginale du capital se rapproche du coût du capital. Lorsque le stock de capital atteint un niveau stationnaire, nous pouvons écrire

$$PMK = \frac{P_K}{P}(r + \delta) \qquad (18.12)$$

On voit donc qu'à long terme, la productivité marginale du capital est égale au coût réel du capital. La vitesse de l'ajustement à l'état stationnaire est fonction de la rapidité avec laquelle les entreprises ajustent leur stock de capital, et celle-ci dépend elle-même du coût de fabrication, de livraison et d'installation du capital nouveau [1].

---

[1] Les économistes mesurent souvent les biens de capital dans des unités choisies pour que le prix d'une unité de capital soit égal au prix d'une unité des autres biens et services ($P_K = P$). Telle était l'approche implicitement retenue aux chapitres 7 et 8, par exemple. Dans ce cas, la condition d'état stationnaire exige que la productivité marginale du capital nette de l'amortissement, $PMK - \delta$, soit égale au taux d'intérêt réel r.

18.1.4 Les impôts et l'investissement

La fiscalité influence bien sûr les incitations des entreprises à accumuler du capital, et ceci de diverses manières. Les responsables politiques modifient parfois la législation fiscale dans le but de déplacer la fonction d'investissement et ainsi d'influencer la demande agrégée. Nous examinons ci-dessous deux des principales modalités de la fiscalité des entreprises : l'impôt sur les bénéfices des sociétés et la déductibilité fiscale de l'investissement.

L'**impôt sur les (bénéfices des) sociétés** frappe, comme son nom l'indique, les bénéfices des entreprises. Pendant la majeure partie des quarante dernières années, son taux est demeuré, aux États-Unis, de 46 %. Il a été réduit à 34 % en 1986 et ensuite relevé à 35 % en 1993. En 2009, ce taux était toujours de 35 % quand ce livre était mis sous presse.

L'impact de l'impôt des sociétés sur l'investissement dépend de la définition fiscale du concept de « bénéfice ». Si cette définition correspond à celle que nous avons utilisée plus haut, soit le loyer du capital diminué du coût du capital, le prélèvement par l'État d'une fraction des bénéfices des entreprises n'empêche pas celles-ci de demeurer rationnelles en investissant aussi longtemps que le loyer du capital excède le coût du capital et en désinvestissant dans le cas inverse. Mesuré de cette manière, l'impôt sur les bénéfices n'affecte en rien les incitations à investir.

Il y a cependant de nombreuses différences entre la définition fiscale des bénéfices et la nôtre. Ainsi, l'impôt sur les sociétés affecte la décision d'investissement. L'une des principales sources en est le traitement de l'amortissement. Dans notre définition, l'amortissement se calcule en valeur *courante*, il désigne ce qu'il en coûte aujourd'hui pour remplacer le capital obsolète. La fiscalité oblige, par contre, les entreprises à déduire l'amortissement sur la base du *coût historique*, c'est-à-dire ce qu'il en a coûté pour acquérir le capital au moment où cela a été fait. En période d'inflation rapide, le coût de remplacement du capital est supérieur à son coût historique, et l'impôt des sociétés tend à sous-évaluer le coût d'amortissement et à surévaluer le profit. En conséquence, les services fiscaux prélèvent un impôt sur ce qu'ils considèrent fictivement comme un profit, alors que le profit économique est nul, et ceci décourage d'acquérir des biens de capital. Ce n'est là que l'une des nombreuses raisons pour lesquelles certains économistes voient dans l'impôt des sociétés un frein à l'investissement.

Souvent les décideurs politiques changent la fiscalité sur les sociétés afin d'encourager l'investissement, ou, au moins atténuer l'impact négatif que crée l'impôt sur les sociétés. Par exemple, les **crédits d'impôt en faveur des investissements** est une mesure destinée à encourager l'accumulation du capital. Elle permet aux entreprises de déduire de leur base d'imposition une fraction de tout dollar dépensé en biens de capital. Cette déduction compensant une partie du coût d'acquisition de capital nouveau, elle réduit le coût effectif d'acquisition de toute unité de capital P_K. Réduisant le coût d'acquisition du capital, la déductibilité fiscale de l'investissement encourage l'investissement.

En 1985, le taux de déductibilité fiscale de l'investissement était de 10 %. La réforme fiscale de 1986 (Tax Reform Act, 1986) a, d'une part, réduit le taux de l'impôt des sociétés, mais d'autre part supprimé cette déductibilité fiscale de l'investissement. Au cours de sa campagne électorale de 1992, Bill Clinton a promis de la restaurer mais n'a pas réussi car le Congrès américain n'a pas approuvé cette proposition. De nombreux économistes étaient convaincus qu'il s'agissait là d'une manière efficace de stimuler l'investissement et l'idée de réintroduire les crédits d'impôt en faveur des investissements revient de temps à autre.

Les règles fiscales régissant l'amortissement constituent un autre exemple montrant comment les décideurs politiques peuvent stimuler l'investissement. Quand Georges W. Bush a été élu président des États-Unis, l'économie américaine entrait dans une récession due, en grande partie, à une baisse importante de l'investissement des entreprises. La réduction fiscale que Bush a fait voter durant son premier mandat incluait des provisions pour « prime d'amortissement » temporaire. Ceci voulait dire que, dans le but de calculer le montant assujetti à l'impôt sur les sociétés, les entreprises pourraient déduire le coût de l'amortissement les premières années de la durée de vie d'un projet d'investissement. Cependant, cette prime concernait seulement les investissements effectués avant la fin de 2004. Le but de cette politique était d'encourager l'investissement à une période où l'économie avait particulièrement besoin de stimuler la demande agrégée. D'après une nouvelle étude effectuée par les économistes Christopher House et Matthew Shapiro, le but était atteint dans une certaine mesure. Ils écrivent : « Alors que leurs effets agrégés étaient probablement modestes, les politiques des primes d'amortissement de 2002 et 2003 ont eu des effets remarquables sur l'économie. Pour l'économie américaine prise dans sa totalité, ces politiques pourraient avoir augmenté le PIB de $10 à $20 milliards et pourraient être responsables de la création de 100 000 à 200 000 emplois. » [2]

18.1.5 Le marché boursier et le q de Tobin

Nombreux sont les économistes qui lient les fluctuations de l'investissement à celles de la Bourse. Le terme **action** signifie un titre de propriété représentant une fraction du capital d'une entreprise et donnant à son porteur le droit de vote aux assemblées, le droit à l'information et aux bénéfices (dividendes). Le **marché boursier** est le marché sur lequel se négocient les actions des entreprises. Le cours des actions tend à être élevé lorsque les entreprises ont de nombreuses possibilités de réaliser des investissements rentables, dans la mesure où ceci promet des revenus accrus aux actionnaires. C'est par ce biais que les cours des actions reflètent les incitations à investir.

---

[2] Pour en savoir plus sur les impacts de l'impôt sur l'investissement, voir Robert E. Hall et Dale W. Jorgenson, « Tax Policy and Investment Behavior », *American Economic Review* 57 (juin 1967), 391-414. Pour une analyse des récents changements des taxes sur les sociétés, voir Christopher L. House et Matthew D. Shapiro, « Temporary Investment Tax Incentives : Theory With Evidence From Bonus Depreciation », NBER Working Paper No. 12514, 2006.

L'économiste James Tobin, lauréat du prix Nobel d'économie, a suggéré que les entreprises fondent leurs décisions d'investissement sur le rapport suivant, que l'on appelle le **q de Tobin** :

$$q = \frac{\text{Valeur en bourse du capital existant}}{\text{Coût de remplacement du capital existant}} \qquad (18.13)$$

Le numérateur du q de Tobin est la valeur du stock de capital de l'économie telle que la détermine le marché boursier. Le dénominateur est le coût de ce capital s'il devait être acheté aujourd'hui.

Tobin postule que l'investissement net devrait normalement dépendre de la valeur, supérieure ou non à 1, du q. Si q est supérieur à 1, la Bourse évalue le stock de capital installé à une valeur supérieure à son coût de remplacement. Dans ce cas, toute addition au stock de capital accroît la valeur de l'entreprise qui en est propriétaire. À l'inverse, si le q est inférieur à 1, la Bourse pense que le coût de remplacement du capital installé est supérieur à sa valeur courante. Dans une telle situation, les entreprises ne devraient pas remplacer leur capital à mesure qu'il se déprécie.

La théorie q de l'investissement peut apparaître à première vue très différente du modèle néo-classique élaboré plus haut. En fait, les deux théories sont intimement liées. Pour le comprendre, il suffit de se rappeler que le q de Tobin est fonction des bénéfices actuels et futurs attendus du stock de capital installé. Si la productivité marginale du capital est supérieure au coût de celui-ci, les entreprises tirent un profit du capital installé. Ces profits rendent les entreprises plus attractives financièrement, ce qui accroît la valeur boursière et donc ceci implique une valeur élevée du q. À l'inverse, si la productivité marginale du capital est inférieure au coût de celui-ci, les entreprises encourent des pertes sur leur stock de capital installé, ce qui implique une faible valeur marchande de celui-ci en même temps qu'une faible valeur du q.

L'intérêt du q de Tobin en tant que mesure de l'incitation à investir est qu'il reflète la rentabilité future attendue du capital autant que sa rentabilité courante. Supposons que l'État envisage de réduire l'impôt des sociétés à partir du début de l'année prochaine. Cette baisse attendue de l'impôt des sociétés signifie des bénéfices accrus pour les détenteurs du capital. Ceci accroît la valeur courante du stock de capital autant que le q de Tobin, et encourage donc à investir aujourd'hui. La théorie du q de Tobin de l'investissement montre que les décisions d'investissement dépendent non seulement des politiques économiques actuelles, mais aussi des politiques attendues à l'avenir [3].

---

3   Pour en savoir plus sur la relation entre le modèle néo-classique de l'investissement et la théorie du q de Tobin, voir Fumio Hayashi, « Tobin's Marginal q and Average q : A Neoclassical Approach », *Econometrica* 50 (janvier 1982), 213-224 ; et Laurence H. Summers, « Taxation and Corporate Investment : A q-Theory Approach », *Brookings Papers on Economic Activity*, 1 (1981), 67-140.

Étude de cas - Le marché boursier en tant qu'indicateur économique

C'est Paul Samuelson qui, dans une affirmation célèbre quant à la fiabilité du marché boursier en tant qu'indicateur économique, a déclaré : « Le marché boursier a prévu neuf des cinq dernières récessions. » Or le marché boursier est en fait très volatile et il peut donc émettre des signaux erronés sur l'avenir de l'économie. On ne peut pour autant nier toute liaison entre le marché boursier et l'économie. La figure 18.4 montre que les variations du marché boursier reflètent fréquemment celles du PIB réel. Quand les cours boursiers fléchissent de manière significative, on est en droit de craindre une récession prochaine.

Pourquoi les cours boursiers et l'activité économique tendent-ils à évoluer de concert ? Conjointement au modèle de l'offre et de la demande agrégées, le q de Tobin en donne une des raisons. Prenons le cas d'une chute du cours des actions. Comme le coût de remplacement du capital est relativement stable, ce fléchissement de la Bourse est généralement associé à une baisse du q de Tobin. Cette baisse reflète en fait le pessimisme des investisseurs quant à la rentabilité actuelle ou future du capital. Cela veut dire que la fonction d'investissement s'est déplacée vers la gauche : pour tout taux d'intérêt donné, l'in-

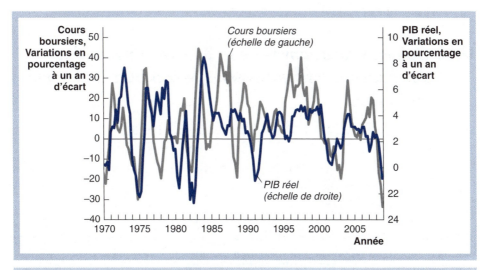

Figure 18.4
Le marché boursier et l'activité économique réelle

Cette figure montre l'association entre le marché boursier et l'activité économique réelle. Sur la base de données trimestrielles pour la période allant de 1970 à 2008, elle présente les variations en pourcentage à 1 an d'écart du Dow Jones (indice du cours des actions des principales entreprises industrielles cotées aux États-Unis) d'une part et celles du PIB réel, d'autre part. On voit que cours des actions et PIB tendent à évoluer de concert, mais que l'association est loin d'être parfaite.
Source : U.S. Department of Commerce et Global Financial Data.

vestissement est plus faible. En conséquence, la demande agrégée de biens et services se contracte et on assiste à une baisse de la production et de l'emploi.

Deux autres raisons expliquent l'association entre cours boursiers et activité économique. La première est que les valeurs boursières font partie de la richesse des ménages. La baisse des cours appauvrit donc ceux-ci, les incitant à consommer moins, et diminue aussi la demande agrégée. La deuxième raison est que la chute des cours boursiers peut être due à de mauvaises nouvelles en matière de progrès technologique ou de croissance économique à long terme. Si c'est le cas, cela veut dire que le taux naturel de production - et donc l'offre agrégée - croîtront à l'avenir moins rapidement qu'attendu jusque-là.

Les pouvoirs publics, et notamment ceux qui ont en charge la politique monétaire comme la banque centrale, sont tout à fait conscients des liens entre marché boursier et activité économique. Effectivement, dans la mesure où le marché boursier anticipe souvent les variations du PIB réel, et en raison également du fait que les données boursières sont disponibles beaucoup plus rapidement que celles du PIB, la Bourse est un indicateur très suivi de l'activité économique. La récession de 2008 et 2009 confirme ce constat : la baisse importante de la production et de l'emploi ont été précédées par une forte chute des valeurs boursières.

18.1.6 Opinions alternatives de la Bourse : l'hypothèse des marchés efficients versus le concours de beauté de Keynes

Les économistes sont en débat continu au sujet de la rationalité des fluctuations du marché boursier.

Certains économistes adhèrent à l'**hypothèse des marchés efficients** selon laquelle le prix réel des titres d'une firme cotée en bourse est une estimation rationnelle parfaite de sa valeur intrinsèque, étant donné l'ensemble des informations disponibles et pertinentes sur les perspectives économiques. En effet, selon cette hypothèse, le marché est jugé être totalement efficient d'un point de vue informationnel, ce qui implique que, toute recherche d'information est une perte de temps, toute l'information disponible étant, par définition, déjà contenue dans le cours des titres. Cette hypothèse se base sur deux fondements :

1. Toute entreprise cotée en bourse est suivie de près par des gestionnaires de portefeuille professionnels, comme par exemple ceux qui gèrent des fonds communs de placement. Chaque jour, ces gestionnaires contrôlent les nouvelles informations pour essayer de déterminer la valeur de l'entreprise. Leur travail consiste à acheter une action quand son prix baisse au-dessous de sa valeur et la vendre quand le prix dépasse sa valeur.

2. Le prix de chaque action est déterminé par l'équilibre entre l'offre et la demande. À ce prix, le nombre d'actions offertes à la vente est exactement égal au nombre d'actions que les gens souhaitent acheter. Ainsi, au prix d'équilibre, le nombre de personnes qui croient que la valeur de l'action est surestimée est égal au nombre de personnes qui croient que cette même valeur est sous-estimée. Telle que jugée par une personne type sur le marché, l'action devrait être correctement évaluée.

Selon cette théorie, on parle de l'*efficience informationnelle* du marché boursier : celui-ci fonctionne de manière parfaite, c'est-à-dire qu'à tout moment, il prend en compte l'ensemble des informations disponibles des actifs pour former des cours qui, à ce moment, en forment donc une synthèse parfaite. Les prix des actions changent quand l'information elle-même change. Quand les bonnes nouvelles concernant les perspectives d'une compagnie deviennent publiques, la valeur ainsi que le prix de l'action augmentent. Dans le cas contraire, la valeur et le prix de l'action baisseront. Cependant, à tout moment, toute information étant disponible, le prix du marché constitue la meilleure estimation rationnelle de la valeur fondamentale de l'entreprise.

Cette hypothèse de marchés efficients implique que le cours d'une action devrait suivre une *marche aléatoire* (*random walk*) qui repose sur l'idée selon laquelle les mouvements des prix ne peuvent être prédits d'aucune façon sur la base des informations disponibles. En particulier, les mouvements de prix passés ne peuvent servir à prédire l'avenir car toute l'information disponible est par définition déjà contenue dans le cours des titres. Si une personne, en se basant sur des informations publiques disponibles, pouvait prédire que le cours d'une action va augmenter de 10 % le lendemain, alors le marché boursier doit sans doute être incapable d'introduire cette information le jour même. Selon cette théorie, la seule chose qui peut changer le cours d'une action, ce sont les nouvelles informations qui permettent de changer la perception du marché quant à la valeur de la compagnie. Or ces informations doivent être imprévisibles, sinon elles ne peuvent être considérées comme nouvelles. D'où, pour les mêmes raisons, les mouvements des prix des actions devront, eux-aussi, être imprévisibles.

Quelle est la preuve de cette hypothèse de marchés efficients ? Ses partisans soulignent qu'il est difficile de battre le marché en achetant des actions soi-disant sous-estimées et vendre des actions soi-disant surestimées. Les tests statistiques montrent que les cours des actions sont aléatoires, ou, disons, approximativement aléatoires. En outre, les fonds indiciels gérés passivement et regroupant les titres de toutes les entreprises d'un indice boursier donné sont plus performants que les fonds mutuels gérés par des gestionnaires professionnels de fonds ayant un comportement actif.

Il est vrai que cette hypothèse de marchés efficients a beaucoup de partisans mais certains économistes sont moins convaincus par la rationalité du marché boursier. Ils mettent l'accent sur le fait que plusieurs mouvements des cours des actions peuvent difficilement être attribués aux nouvelles informations. Ils considèrent de même que, lors de l'achat et de la vente, les investisseurs boursiers adoptent des comportements

« moutonniers » : ils sont plus préoccupés par ce que les autres investisseurs vont payer plus tard que par les valeurs fondamentales des entreprises.

L'image des « concours de beauté » est une métaphore utilisée par l'économiste John Maynard Keynes pour illustrer le fonctionnement du marché boursier. En son temps, certains journaux organisaient des concours de beauté consistant à élire les cinq plus belles jeunes femmes parmi une centaine de photographies publiées. Le gagnant est le lecteur dont la sélection se rapproche au mieux des cinq photographies les plus choisies. En d'autres termes, le gagnant est celui s'approchant au mieux du consensus général. Un candidat naïf aurait simplement choisi les cinq plus belles femmes à ses yeux. Mais Keynes fait remarquer que, pour remporter ce jeu, il n'est pas logique de raisonner uniquement selon ses goûts personnels. Il faut en effet déterminer le consensus de tous les autres lecteurs : en déroulant le raisonnement, on comprend que le choix des lecteurs se porte uniquement sur les candidates qu'un joueur pense que les autres éliront, ceux-là même choisissant celles qu'ils pensent que les autres éliront, et ce à l'infini. Ainsi, juger une vraie beauté serait, pour gagner le jeu, moins important que deviner l'opinion des autres participants sur l'opinion des autres.

Par analogie, Keynes fait remarquer que sur les marchés boursiers, les prix des titres ne sont pas déterminés par leur valeur intrinsèque mais plutôt par la perception qu'en ont les acteurs du marché. Le prix d'un titre est ainsi déterminé par un mécanisme fondé sur ce que chacun pense que les autres pensent que les autres pensent et ainsi de suite. De ce fait, la meilleure stratégie pour un investisseur consiste à deviner le mieux la psychologie de la masse. Keynes pensait que les mouvements des prix des titres reflétaient souvent des vagues irrationnelles d'optimisme ou de pessimisme qu'il appela « les esprits animaux » des investisseurs.

Ces deux opinions sur le marché boursier sont toujours d'actualité. Certains économistes considèrent le marché boursier à travers l'hypothèse de marchés efficients. Ils estiment que les fluctuations des cours des titres constituent une réflexion rationnelle de l'évolution des paramètres fondamentaux de l'économie. Cependant, d'autres économistes admettent la métaphore du concours de beauté de Keynes pour illustrer le fonctionnement du marché boursier. Ils pensent que, souvent, il n'existe pas de raisons valables à l'origine des mouvements du marché boursier. Et comme celui-ci affecte la demande agrégée des biens et services, ces mouvements constituent une source de fluctuations économiques de court terme [4].

18.1.7 *Les contraintes de financement*

Lorsqu'une entreprise souhaite investir en capital nouveau, par exemple en construisant une nouvelle usine, elle s'adresse souvent aux marchés financiers pour trouver les

---

[4] Une référence classique sur l'hypothèse des marchés efficients est Eugene Fama, « Efficient Capital Markets : A Review of Theory and Empirical Work », *Journal of Finance* 25 (1970), 383-417. Pour l'opinion alternative, voir Robert J. Shiller, « From Eficient Markets Theory to Behavioral Finance », *Journal of Economic Perspectives*, 17 (hiver 2003), 83-104.

fonds nécessaires. Ce financement peut revêtir diverses formes, des prêts bancaires à l'émission d'obligations ou d'actions. Le modèle néo-classique fait l'hypothèse qu'aussi longtemps qu'une entreprise est prête à payer le coût de ce capital, les marchés financiers mettent les fonds correspondants à sa disposition.

Il arrive pourtant quelquefois que les entreprises soient confrontées à des **contraintes de financement** qui limitent les quantités d'argent qu'elles peuvent trouver sur les marchés financiers. Ces contraintes sont de nature à empêcher les entreprises concernées de procéder à des investissements rentables. L'entreprise qui ne parvient pas à trouver les fonds qu'elle souhaite sur les marchés financiers doit limiter ses dépenses en nouveaux biens de capital à ses recettes courantes. Les contraintes de financement influencent donc le comportement d'investissement des entreprises exactement de la même manière que les restrictions du crédit influencent le comportement de consommation des ménages. Les restrictions de crédit contraignent ces derniers à déterminer leur consommation sur la base de leur revenu courant plutôt que de leur revenu permanent ; les contraintes de financement obligent les entreprises à déterminer leurs investissements sur la base de leur propre marge brute d'autofinancement plutôt que sur leur rentabilité anticipée.

Pour comprendre l'impact des contraintes de financement, voyons comment une récession de brève durée influence les dépenses d'investissement. La récession réduit l'emploi, le loyer du capital autant que les profits. Si les entreprises s'attendent à une récession de brève durée, cependant, elles n'interrompent pas pour autant leurs investissements, convaincues qu'elles sont de la rentabilité future de ces derniers. Une récession de brève durée a donc un impact limité sur le q de Tobin, et, en conséquence, les entreprises non rationnées sur les marchés financiers ne modifient que modestement leur comportement d'investissement sous l'effet d'une brève récession.

C'est tout le contraire qui se vérifie dans le cas des entreprises rationnées. La baisse de leurs bénéfices courants pèse négativement sur les montants qu'elles peuvent consacrer à l'acquisition de biens de capital nouveaux et les empêche de réaliser des investissements pourtant rentables. On voit donc que les contraintes de financement rendent l'investissement plus sensible aux conditions économiques présentes [5].

18.1.8 Les crises bancaires et le rationnement du crédit

Au fil de l'histoire économique, les crises bancaires ont souvent coïncidé avec des ralentissements de l'activité économique. Ce fut notamment le cas lors de la Grande Dépression des années 1930 que nous avons étudiée au chapitre 11. Peu après le début de la crise, de nombreuses banques se sont retrouvées insolvables, la valeur de leurs actifs ayant baissé en dessous de celle de leurs engagements. Ces banques se sont donc

---

[5] Vous trouverez des résultats empiriques confirmant l'importance de ces contraintes de financement in Steven M. Fazzari, R. Glenn Hubbard et Bruce C. Pertersen, « Financing Constraints and Corporate Investment », *Brookings Papers on Economic Activity* 1 (1988), 141-195.

vues contraintes de suspendre leur activité. Beaucoup d'économistes pensent que la multiplication de ces faillites bancaires contribue à expliquer la durée et la profondeur de la crise.

L'histoire s'est répétée, encore qu'avec moins de gravité, plus récemment dans divers pays. Aux États-Unis, la récession de 2008-2009 a suivi de près la crise financière qui a commencé avec la chute du marché du logement (comme nous l'avons vu au chapitre 11). Les problèmes affectant le système bancaire ne sont pas non plus étrangers à la récession japonaise dans les années 1990, pas plus qu'à la crise financière en Indonésie en 1997-1998 et dans d'autres pays d'Asie (chapitre 12).

Pourquoi les crises bancaires sont-elles si fréquemment au centre des fluctuations économiques de court terme ? Une partie de la réponse tient au rôle essentiel que jouent les banques dans le processus d'allocation des ressources financières. En particulier, les banques assurent l'*intermédiation financière* entre les gens qui consacrent une partie de leurs revenus à l'épargne et ceux qui ont des projets d'investissement rentables mais doivent emprunter pour les réaliser. À mesure qu'elles approchent de l'insolvabilité, les banques ne sont plus en mesure de jouer ce rôle correctement. Les contraintes de financement se multiplient, contraignant certains investisseurs à renoncer à des projets potentiellement rentables. On appelle quelquefois *rationnement* (*credit crunch*), voire *blocage du crédit* cette prévalence des contraintes de financement.

Le modèle *IS-LM* permet d'interpréter aisément les effets macroéconomiques du rationnement du crédit. Le refus de crédit aux investisseurs potentiels entraîne une baisse de la demande de biens d'investissement pour tout taux d'intérêt donné. Ceci induit un déplacement vers la gauche de la courbe *IS* qui, à son tour, suscite une baisse de la demande agrégée, de la production et de l'emploi.

La théorie de la croissance, qui met l'accent sur l'accumulation du capital en tant que source de croissance, permet de bien comprendre les effets à long terme du rationnement du crédit. En empêchant les entreprises d'investir, celles-ci entravent l'allocation optimale de l'épargne nationale par les marchés financiers. Il peut en résulter que des projets d'investissement moins productifs sont privilégiés, et ceci réduit le potentiel de production de l'économie.

C'est en raison de ces effets en chaîne que tous les pays suivent de près la santé de leur secteur bancaire, dans le but d'éviter les crises bancaires et, si l'une d'elles survient néanmoins, d'y réagir aussi promptement que possible pour en réduire au minimum les effets perturbateurs sur l'économie.

Cependant, cette tâche est loin d'être facile, comme le montrent la crise financière et la récession de 2008-2009 analysées au chapitre 11. Dans ce cas, beaucoup d'institutions financières étaient optimistes : elles ont acheté des titres adossés à des prêts hypothécaires en pariant que les prix des logements n'allaient pas cesser d'augmenter. Ce pari étant perdu, elles se sont retrouvées en faillite ou quasi-faillite et les prêts bancaires se sont faits très rares. Dans ces conditions exceptionnelles, la banque centrale et les autorités de régulation, comme la plupart des banques elles-mêmes, ont été prises au dépourvu par l'ampleur des pertes et la précarité du système bancaire. Quelles sont donc les réformes de la régulation bancaire et financière nécessaires à mettre en place afin d'éviter les prochaines crises ? Cette redoutable question sur le nouveau dispositif de régulation bancaire et financière fait aujourd'hui l'objet de débats très nourris.

18.2 L'INVESTISSEMENT RÉSIDENTIEL

Cette section aborde les déterminants de l'investissement résidentiel. Elle s'ouvre par un modèle simple du marché immobilier. L'investissement résidentiel est le fait des gens qui acquièrent un bien immobilier, tant pour y vivre que pour le louer à d'autres. Pour simplifier, nous n'étudierons que le premier cas.

18.2.1 *L'équilibre du stock et l'offre de flux*

Le modèle comporte, d'une part,
- le stock existant de logements, qui détermine le prix d'équilibre de ces derniers, et, d'autre part
- le prix du logement, qui détermine le flux d'investissements résidentiels.

Le graphique (a) de la figure 18.5 montre comment le prix relatif du logement P_H/P est déterminé par l'offre et la demande du stock existant de logements. À tout

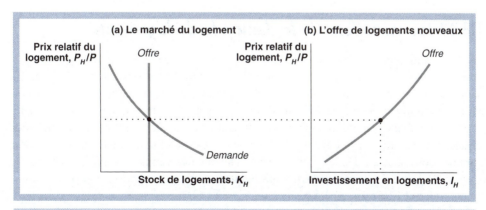

Figure 18.5
La détermination de l'investissement résidentiel

Le prix relatif du logement s'ajuste pour équilibrer l'offre et la demande sur le marché immobilier résidentiel. C'est donc lui qui détermine l'investissement résidentiel et ensuite le flux de logements nouveaux offerts par les entreprises de construction.

moment donné, l'offre de ceux-ci est constante : la courbe qui la représente est verticale. Par contre, la courbe de demande de logement a une pente négative : plus les prix sont élevés, plus les gens se contentent de petites maisons, partagent des logements, ou même parfois, n'ont plus de logis du tout. C'est le prix des logements qui doit alors s'ajuster pour équilibrer offre et demande.

Le graphique (b) de la même figure 18.5 montre comment le prix relatif du logement détermine l'offre de logements nouveaux. Les entreprises de construction achètent des matériaux et engagent des maçons pour construire les nouveaux logements, qu'elles vendent ensuite au prix du marché. Leurs coûts dépendent du niveau général des prix P et leurs revenus du prix des logements P_H. Plus le prix relatif de ceux-ci est élevé, plus ces entreprises sont incitées à en construire de nouveaux. Le flux de nouveaux logements, en d'autres termes l'investissement résidentiel, est donc fonction du prix d'équilibre qui s'établit sur le marché des logements existants.

Ce modèle de l'investissement résidentiel est très proche de la théorie q de l'investissement fixe des entreprises. Celle-ci nous indique, en effet, que l'investissement fixe des entreprises dépend du prix auquel le marché évalue le stock existant de capital par rapport au coût de remplacement de celui-ci. À son tour, ce prix relatif est fonction des profits attendus de la détention du capital installé. Selon ce modèle du marché immobilier, l'investissement résidentiel est fonction du prix relatif du logement. Le prix relatif de ce dernier, à son tour, dépend de la demande de logements, laquelle est déterminée par le loyer imputé que les particuliers attendent du fait d'être propriétaire de leur logement. On voit donc que le prix relatif du logement joue, pour l'investissement résidentiel, un rôle très proche de celui du q de Tobin dans le cas de l'investissement fixe des entreprises.

18.2.2 Les variations de la demande de logements

Toute variation de la demande de logements provoque une modification du prix d'équilibre de ceux-ci, et cette modification affecte à son tour l'investissement résidentiel. La courbe de demande de logements peut se déplacer pour diverses raisons. Une expansion économique accroît le revenu national et donc la demande de logements. Une croissance démographique rapide, notamment sous l'effet de l'immigration, peut également accroître la demande de logements. Le graphique (a) de la figure 18.6 montre comment un déplacement expansionniste de la demande accroît, ici aussi, le prix d'équilibre. Le graphique (b) montre, quant à lui, que la hausse du prix des logements accroît l'investissement résidentiel.

Le taux d'intérêt réel est l'un des principaux déterminants de la demande de logements. Pour acheter ceux-ci, la plupart des gens font des emprunts hypothécaires rémunérés par un taux d'intérêt. Même ceux qui ne sont pas contraints d'emprunter pour acheter leur logement tiennent compte du taux d'intérêt, car celui-ci est le coût d'opportunité du placement de leur richesse en acquisition d'un logement plutôt qu'en

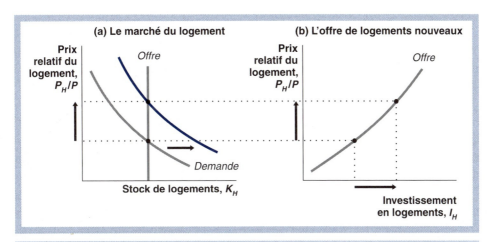

Figure 18.6
Une hausse de la demande de logements

Une hausse de la demande de logements, éventuellement provoquée par une baisse du taux d'intérêt, accroît le prix du logement autant que l'investissement résidentiel.

dépôts bancaires rémunérés par un taux d'intérêt. Dans tous les cas, une baisse du taux d'intérêt accroît la demande de logements, les prix des logements et l'investissement résidentiel.

Un autre déterminant important de la demande de logements est la disponibilité du crédit. En effet, les facilités d'accès au crédit pour les emprunteurs incitent les ménages à acheter leur propre logement. Même ceux qui disposent d'un logement prennent en considération ces facilités d'accès au crédit pour acheter un logement plus grand. Dans tous les cas, la demande de logements est une fonction croissante de ces facilités d'accès au crédit. Par contre, un resserrement du crédit déprime la demande de logements et l'investissement résidentiel.

Les débuts des années 2000 étaient marqués par l'explosion du marché du logement alimentée par la baisse des taux d'intérêt et la facilité d'accès aux crédits immobiliers. Beaucoup de ménages à risque qui n'offrent pas d'excellentes garanties de remboursement, appelés emprunteurs *subprimes*, ont pu contracter des prêts immobiliers avec un apport personnel minimum. Sans la moindre surprise, les prix de l'immobilier et l'investissement résidentiel ont augmenté fortement dans ces conditions. Cependant, quelques années plus tard, la situation va être bouleversée par la hausse importante des défauts de paiement des emprunteurs *subprimes* et des saisies immobilières. Suite à la hausse des taux d'intérêt et au resserrement du crédit, la demande de logements va baisser et les prix de l'immobilier vont chuter. La figure 18.7 montre l'évolution de l'indice des prix des logements et les variations des mises en chantier de logements résidentiels entre 2000 et 2009. La baisse du marché du logement en 2007-2008 a été suivie d'un ralentissement significatif de l'activité économique, comme nous l'avons vu dans une étude de cas au chapitre 11.

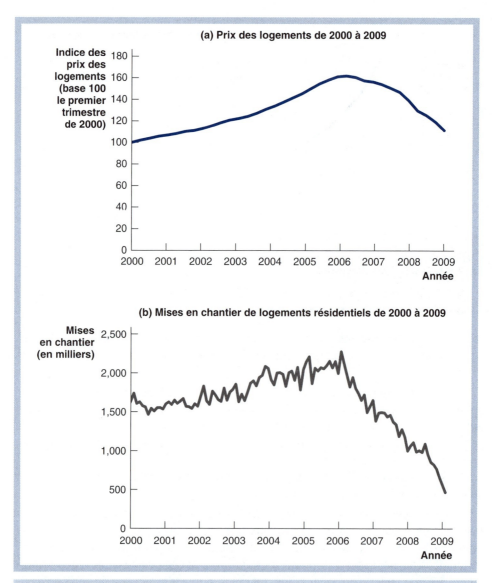

Figure 18.7
Le marché du logement de 2000 à 2009

Cette première décennie du siècle a commencé par une forte expansion du marché du logement suivie d'une grave récession. Le graphique (a) montre l'évolution de l'indice des prix des logements. Le graphique (b) montre les variations des mises en chantier de logements résidentiels. Celles-ci désignent le début des travaux de construction après la mise en place de la semelle en béton.

Source : Les prix réels des logements sont donnés par l'indice S&P/Case-Shiller ajusté par les variations saisonnières. L'indicateur retenu ici du taux d'inflation est le déflateur du PIB. Les sources concernant les mises en chantier de logements résidentiels sont celle de l'U.S. Department of Commerce.

position des sociétés, influent sur l'incitation à investir et peuvent donc déplacer la fonction d'investissement.

Troisièmement, l'investissement dépendant du taux d'intérêt et du niveau de production, on s'attend naturellement à ce qu'il fluctue avec le rythme de l'activité économique. Dans le modèle néo-classique de l'investissement fixe des entreprises, la hausse de l'emploi accroît la productivité marginale du capital et, donc, l'incitation à investir. La production accrue accroît également les profits des entreprises, ce qui relâche la contrainte de financement à laquelle se heurtent certaines d'entre elles. En outre, le revenu accru augmente la demande de logements et induit en conséquence une hausse des prix de ceux-ci, mais aussi une augmentation de l'investissement résidentiel. Enfin, la hausse de la production incite les entreprises à détenir plus de stocks. Nos modèles prévoient que l'expansion économique stimule l'investissement et que la récession le déprime : c'est exactement ce que nous observons.

Synthèse

1. La productivité marginale du capital détermine le loyer réel du capital. Le taux d'intérêt réel, le taux d'amortissement et le prix relatif du capital déterminent conjointement le coût de ce dernier. Le modèle néo-classique nous dit que les entreprises investissent lorsque le loyer du capital est supérieur à son coût et désinvestissent lorsqu'il lui est inférieur.

2. Plusieurs dispositions fiscales influencent les incitations à investir. L'impôt des sociétés pèse négativement sur l'investissement alors que la déductibilité fiscale de celui-ci, supprimée depuis peu aux États-Unis, l'encourage.

3. Le modèle néo-classique de l'investissement peut être réinterprété en termes d'une fonction qui fait dépendre celui-ci du q de Tobin, le rapport entre la valeur en Bourse du capital installé et son coût de remplacement. Ce rapport traduit à la fois la rentabilité courante et la rentabilité attendue du capital. Plus le q est élevé, plus est grande la valeur en Bourse du capital installé par rapport à son coût de remplacement et plus est forte l'incitation à investir.

4. Les économistes se demandent toujours si les fluctuations du marché boursier sont une réflexion rationnelle de la vraie valeur intrinsèque des entreprises ou sont simplement animées par des vagues irrationnelles d'optimisme et de pessimisme.

5. Contrairement à ce que suppose le modèle néo-classique, les entreprises ne sont pas toujours en mesure de trouver les fonds nécessaires au financement de leurs investissements. Les contraintes financières font que ces investissements sont déterminés par leurs marges brutes d'autofinancement.

6. L'investissement résidentiel dépend du prix relatif des logements, qui sont eux-mêmes fonction de la demande de ceux-ci et de leur offre, qui est constante à court terme. Dans ces conditions, toute hausse de la demande de loge-

ments attribuée par exemple à une baisse des taux d'intérêt, en accroît le prix, et donc l'investissement résidentiel augmente.
7. Les entreprises détiennent des stocks pour lisser leur production, s'en servir comme facteurs de production, éviter les ruptures de stocks et ranger leurs encours de production. Le volume des stocks détenu par les entreprises dépend du taux d'intérêt réel et des conditions d'accès aux crédits.

Concepts de base

- Investissement fixe des entreprises
- Investissement résidentiel
- Investissement en stocks
- Modèle néo-classique de l'investissement
- Amortissement
- Coût réel du capital
- Investissement net
- Impôt sur les sociétés
- Crédits d'impôt en faveur des investissements
- Action
- Marché boursier
- q de Tobin
- Hypothèse des marchés efficients
- Contraintes de financement
- Lissage de la production
- Les stocks en tant que facteur de production
- Stock de sécurité
- Encours de production

Évaluation des connaissances

1. Dans le modèle néo-classique de l'investissement fixe des entreprises, dans quelles conditions est-il rentable pour les entreprises d'accroître leur stock de capital ?
2. Que représente le q de Tobin et qu'a-t-il à voir avec l'investissement ?
3. Expliquez pourquoi une hausse du taux d'intérêt réduit le volume de l'investissement résidentiel.
4. Donnez quatre raisons pour les entreprises de détenir des stocks.

Problèmes et applications

1. Utilisez le modèle néo-classique de l'investissement pour expliquer l'impact de chacun des éléments qui suivent sur le loyer du capital, le coût du capital et l'investissement :
   a) une politique monétaire anti-inflationniste accroît le taux d'intérêt réel ;
   b) un tremblement de terre détruit une partie du stock du capital ;
   c) un afflux de travailleurs immigrés accroît la population active.
2. Un État annonce qu'il va provisoirement prélever par l'impôt une fraction de la valeur des réserves des sociétés pétrolières. Que nous dit le modèle néo-classique de l'impact de cette mesure sur l'investissement fixe de ces entreprises ? Qu'en est-il si ces dernières sont confrontées à des contraintes de financement ?

3. Le modèle *IS-LM* élaboré aux chapitres 10 et 11 ne fait dépendre l'investissement que du taux d'intérêt. Les théories de l'investissement que nous venons d'étudier suggèrent au contraire que l'investissement pourrait aussi dépendre du revenu national : la hausse de celui-ci peut inciter les entreprises à investir davantage.

   a) Expliquez pourquoi l'investissement pourrait dépendre du revenu national ?

   b) Supposons que l'investissement est déterminé par

   $$I = \overline{I} + aY$$

   où *a* est une constante de valeur comprise entre 0 et 1 mesurant l'impact du revenu national sur l'investissement. L'investissement étant fixé de la sorte, quels sont les multiplicateurs de la politique budgétaire dans le modèle d'équilibre keynésien ? Expliquez.

   c) Si l'investissement dépend à la fois du revenu et du taux d'intérêt, la fonction d'investissement s'écrit comme suit :

   $$I = \overline{I} + aY - br$$

   où *a* est une constante de valeur comprise entre 0 et 1, qui mesure l'influence du revenu national sur l'investissement, et *b* une constante supérieure à 0, qui mesure l'influence du taux d'intérêt sur l'investissement. Utilisez le modèle *IS-LM* pour étudier l'impact à court terme d'une hausse des dépenses publiques sur le revenu national *Y*, le taux d'intérêt *r*, la consommation *C* et l'investissement *I*. Comment cette fonction d'investissement pourrait-elle modifier les conclusions tirées du modèle *IS-LM* de base ?

4. Comment l'investissement, la consommation et la demande agrégée sont-ils affectés par un effondrement des marchés financiers, comme ceux d'octobre 1929 et 1987 ? Pourquoi ? Comment doit réagir la banque centrale ? Pourquoi ?

5. Nous sommes en année électorale, et l'économie est en récession. Le candidat de l'opposition préconise l'institution d'un crédit d'impôt en faveur des investissements dès qu'il accèdera à la présidence. Quel est l'impact de cette promesse électorale sur les conditions économiques de l'année en cours ?

6. Dans la plupart des pays industrialisés, la natalité s'est fortement accrue au cours des années 1950. Les membres de ces générations dites du « baby-boom » ont atteint l'âge adulte et constitué leur propre famille dans les années 1970.

   a) Utilisez le modèle de l'investissement résidentiel pour prévoir l'impact de cette évolution sur les prix du logement et sur l'investissement résidentiel.

   b) Calculez le prix réel du logement, mesuré en termes du déflateur de l'investissement résidentiel divisé par le déflateur du PIB, pour les années 1970 et 1980. Le résultat que vous obtenez est-il conforme au modèle ? (*Une indication* : vous trouverez une excellente source de données dans le Rapport économique du Président, publié annuellement.)

7. La fiscalité encourage l'investissement résidentiel et décourage l'investissement fixe des entreprises. Quels sont les effets à long terme de cette politique ? (*Une indication* : pensez au marché du travail.)

19

L'OFFRE DE MONNAIE, LA DEMANDE DE MONNAIE ET LE SYSTÈME BANCAIRE

*On recense, depuis l'origine des temps, trois grandes inventions :
le feu, la roue et la banque centrale.*
Will Rogers

19.1 L'offre de monnaie	**680**
19.2 La demande de monnaie	**691**
19.3 Conclusion	**700**

L'offre et la demande de monnaie jouent un rôle essentiel dans de nombreuses sphères de l'économie. Au chapitre 4, nous avons vu ce que le terme « monnaie » signifie pour l'économiste, comment la banque centrale contrôle la quantité de monnaie et comment la politique monétaire affecte les prix et les taux d'intérêt à long terme, lorsque les prix sont flexibles. Les chapitres 10 et 11 ont montré le rôle central que joue le marché monétaire dans le modèle *IS-LM*, qui décrit l'économie à court terme, quand les prix sont rigides. Ce chapitre revient à l'offre et à la demande de monnaie, pour en approfondir l'analyse.

La section 19.1 montre le rôle essentiel que joue le système bancaire dans la détermination de l'offre de monnaie. Nous présentons divers instruments que peut utiliser la banque centrale pour modifier l'offre de monnaie. En outre, nous analysons certains problèmes de régulation que rencontrent régulièrement les banques centrales durant les crises. La récession de 2008-2009 a mis en évidence la nécessité de repenser les fondements des dispositifs de réglementation des systèmes financiers.

La section 19.2 établit les déterminants de la demande de monnaie et analyse la décision des ménages relative à la quantité de monnaie qu'ils souhaitent détenir. Cette section montre aussi comment les modifications récentes du système financier estompent la distinction entre la monnaie et d'autres actifs et en quoi ceci complique la conduite de la politique monétaire.

19.1 L'OFFRE DE MONNAIE

Le chapitre 4 a exposé, de manière extrêmement simplifiée, le concept d'« offre de monnaie ». Nous y avons défini la quantité de monnaie comme étant la quantité d'unités monétaires détenue par les gens, et nous y avons supposé que la banque centrale contrôle l'offre de monnaie en accroissant ou en réduisant la quantité d'unités monétaires en circulation par des opérations d'achat et de vente sur le marché libre appelées opérations d'*open market*. Pour n'être pas fausse en première analyse, cette définition est loin d'être complète. Elle omet en effet le rôle du système bancaire dans la détermination de l'offre de monnaie. Nous complétons donc ci-dessous notre explication.

Cette section va montrer que l'offre de monnaie est déterminée non seulement par la politique de la banque centrale, mais également par le comportement des ménages qui détiennent de la monnaie, d'une part, et des banques dans lesquelles cette monnaie est déposée, d'autre part. Rappelons, pour commencer, que l'offre de monnaie inclut à la fois les pièces de monnaie et les billets de banque détenus par le public et les dépôts que celui-ci constitue auprès des banques pour en avoir un usage immédiat à des fins de transaction, telle que des dépôts à vue. En appelant M l'offre de monnaie, C les pièces et billets en circulation et D les dépôts à vue, nous pouvons écrire

$$\text{Offre de monnaie} = \text{Pièces et billets} + \text{Dépôts à vue}$$
$$M = C + D \tag{19.1}$$

Pour comprendre l'offre de monnaie, nous devons bien voir l'interaction entre pièces et billets en circulation et dépôts à vue, d'une part, et la manière dont la banque centrale influence ces deux composantes de l'offre de monnaie, d'autre part.

19.1.1 *Le système bancaire avec réserves intégrales*

Dans un monde sans banques, les pièces et billets en circulation, soit l'argent liquide, constituent la totalité de la monnaie. Supposons qu'elle soit égale à $1 000.

Introduisons maintenant les banques, mais des banques dont le seul rôle est de conserver en toute sécurité l'argent que les gens déposent auprès d'elles : elles ne prêtent pas cet argent.

On appelle **réserves bancaires**, la partie des dépôts constitués auprès des banques que celles-ci ne prêtent pas. Une fraction de ces réserves se trouve dans les coffres-forts de chaque banque, mais la majeure partie en est détenue par la banque centrale. Dans notre économie hypothétique, tous les dépôts constituent des réserves : les banques reçoivent les dépôts, les placent en réserve et les y laissent jusqu'au moment où un retrait est effectué ou un chèque émis. Un tel système bancaire fonctionne avec **réserves intégrales**.

Supposons maintenant que l'ensemble de la population dépose la totalité des $1 000 en circulation dans l'économie auprès de la Primobanque. Le tableau suivant présente le **bilan** de la Primobanque, c'est-à-dire le relevé comptable de tout ce qu'elle possède (son actif) et de tout ce qu'elle doit (son passif ou encore ses engagements).

Bilan de la Primobanque			
Actif		Passif	
Réserves	$1000	Dépôts	$1000

L'actif de la banque est constitué des $1 000 qu'elle détient sous forme de réserves ; à son passif figurent les $1 000 qu'elle doit aux déposants. Au contraire des banques de l'économie réelle, la Primobanque ne consent pas de prêt et ne tire donc aucun revenu de son actif. Tout au plus prélève-t-elle sur chaque dépôt une modeste commission pour couvrir ses frais.

Quelle est l'offre de monnaie dans une telle économie ? Avant la création de la Primobanque, l'offre de monnaie était faite des $1 000 en circulation. Après la création de la Primobanque, ce sont maintenant les $1 000 de dépôts à vue qui constituent l'offre de monnaie. Chaque dollar déposé dans une banque réduit la monnaie en circulation de 1 dollar et accroît les dépôts du même dollar : l'offre de monnaie reste inchangée. *Si les banques détiennent 100 % des dépôts sous forme de réserves, le système bancaire n'affecte pas l'offre de monnaie.*

19.1.2 Le système bancaire avec réserves fractionnaires

Imaginons maintenant que les banques se mettent à utiliser une partie de leurs dépôts pour consentir des prêts, par exemple aux familles qui veulent acheter une maison ou aux entreprises qui souhaitent investir en usines et équipements nouveaux. Ceci intéresse les banques, car elles peuvent prélever un taux d'intérêt sur les prêts qu'elles consentent. Elles doivent pourtant conserver une partie des dépôts, pour permettre à leurs clients de continuer à effectuer des retraits lorsqu'ils le souhaitent. Cependant, si de nouveaux dépôts viennent régulièrement compenser à peu près les quantités d'argent retirées par les clients, la banque peut ne conserver en réserves qu'une partie de la totalité des dépôts et a donc intérêt à octroyer des prêts. On parle alors d'un système bancaire avec **réserves fractionnaires**.

Le tableau suivant montre le bilan de la Primobanque après octroi d'un prêt.

Bilan de la Primobanque			
Actif		Passif	
Réserves	$200	Dépôts	$1000
Prêts	$800		

Dans ce bilan, on suppose que le *coefficient de réserves*, la partie des dépôts conservée par la banque à titre de réserves, est de 20 %. La Primobanque conserve donc $200, sur les $1 000 de dépôts, en réserves et prête les $800 restants.

En prêtant $800, la Primobanque accroît l'offre de monnaie d'un même montant. Avant ce prêt, l'offre de monnaie était égale à $1 000, équivalents aux dépôts détenus par la Primobanque. Après le prêt, l'offre de monnaie est de $1 800 : le déposant a toujours son dépôt à vue de $1 000, mais l'emprunteur détient lui aussi maintenant $800 en espèces. *On voit donc que, dans un système bancaire avec réserves fractionnaires, les banques créent de la monnaie.*

Cette création de monnaie ne s'arrête pas à la Primobanque. Si l'emprunteur dépose les $800 qu'il y a obtenus dans une autre banque, ou s'il les utilise pour payer un tiers qui les dépose à son tour, le processus de création monétaire se poursuit. Le tableau suivant montre le bilan de la Duobanque. Celle-ci reçoit les $800 en dépôt, en conserve 20 %, soit $160, en réserves et prête à son tour $640. La Duobanque crée donc $640 de monnaie.

Bilan de la Duobanque			
Actif		Passif	
Réserves	$160	Dépôts	$800
Prêts	$640		

Lorsque ces $640 seront à leur tour déposés auprès de la Triobanque, celle-ci en conservera 20 % en réserves, soit $128, et pourra en prêter $512, accroissant d'autant, à son tour, l'offre de monnaie. Chaque dépôt ou prêt successif crée donc de la monnaie.

Bilan de la Triobanque			
Actif		Passif	
Réserves	$128	Dépôts	$640
Prêts	$512		

Tout en pouvant se poursuivre indéfiniment, ce processus ne crée pourtant pas une quantité infinie de monnaie. En dénotant le coefficient de réserves par rr, on peut calculer comme suit la quantité totale de monnaie qui sera créée au départ du dépôt initial de $1 000 :

$$\begin{aligned}
\text{Dépôt initial} &= \$1000 \\
\text{Prêt de la Primobanque} &= (1-rr) \times \$1000 \\
\text{Prêt de la Duobanque} &= (1-rr)^2 \times \$1000 \\
\text{Prêt de la Triobanque} &= (1-rr)^3 \times \$1000 \\
&\vdots
\end{aligned}$$

$$\begin{aligned}
\text{Offre totale de monnaie} &= \left[1 + (1-rr) + (1-rr)^2 \right. \\
&\left. + (1-rr)^3 + \cdots \right] \times \$1000 \\
&= (1/rr) \times \$1000
\end{aligned}$$

(19.2)

Chaque $1 de réserve génère $(1/rr)$ de monnaie. Dans notre exemple, $rr = 0,2$, et les $1 000 initiaux génèrent donc $5 000 de monnaie [1].

La capacité qu'a le système bancaire de créer de la monnaie constitue la première différence entre les banques et les autres institutions financières. Comme nous l'avons vu au chapitre 3, les marchés financiers assurent l'important mécanisme du transfert des ressources de l'économie, des ménages souhaitant épargner une partie de leur revenu courant en vue de leur consommation future vers les ménages et entreprises désireux d'emprunter pour acheter des biens d'investissement en vue de leur

---

[1] *Note mathématique.* La dernière étape de calcul de l'offre de monnaie totale utilise le résultat algébrique de la somme d'une série géométrique infinie (auquel nous avons déjà eu recours pour calculer le multiplicateur du chapitre 10). Selon ce résultat, si x est un nombre tel que $|x| < 1$ alors

$$1 + x + x^2 + \cdots = 1/(1-x).$$

Dans notre cas, $x = (1 - rr)$.

production future. Ce processus de transfert de fonds des épargnants vers les emprunteurs s'appelle **intermédiation financière**. Le marché boursier, le marché obligataire et le système bancaire figurent parmi les principales institutions qui réalisent cette fonction d'intermédiation financière. Parmi toutes les institutions financières qui interviennent en ce sens, seules les banques ont le pouvoir légal de créer des actifs constitutifs de l'offre de monnaie, tels que les comptes à vue. C'est pourquoi les banques sont les seules institutions financières qui ont un impact direct sur l'offre de monnaie.

Il est important de noter que le système bancaire avec réserves fractionnaires crée de la monnaie, mais non de la richesse. La banque qui prête une partie de ses réserves permet aux emprunteurs de réaliser des transactions et accroît donc l'offre de monnaie. Cependant, dans ce processus, l'argent obtenu en prêt est en fait une dette envers la banque : les emprunteurs ne s'en trouvent donc pas plus riches. En d'autres termes, la création de monnaie par le système bancaire accroît la liquidité de l'économie, non sa richesse.

19.1.3 *Un modèle de l'offre de monnaie*

Sachant maintenant comment les banques créent de la monnaie, nous pouvons étudier de manière plus détaillée les déterminants de l'offre de monnaie. À cette fin, nous construisons ci-dessous un modèle de l'offre de monnaie avec réserves fractionnaires. Le modèle comporte trois variables exogènes :

- La **base monétaire** B est la somme des pièces et billets en circulation C, et des réserves bancaires R. La banque centrale la contrôle directement.
- Le **coefficient de réserves** rr est la fraction des dépôts que les banques conservent sous forme de réserves. Elle dépend des pratiques commerciales des banques et de la réglementation bancaire.
- Le **coefficient d'encaisses** cr est la part de leurs dépôts à vue D que les gens souhaitent détenir en espèces C. Il traduit les préférences des gens quant aux formes de détention de la monnaie.

Notre modèle montre la manière dont l'offre de monnaie dépend de la base monétaire, du coefficient de réserves et du coefficient d'encaisses. Il nous permet d'étudier comment la politique de la banque centrale, d'une part, et les choix des banques et des ménages d'autre part, affectent l'offre de monnaie. Commençons par définir l'offre de monnaie et la base monétaire :

$$M = C + D$$
$$B = C + R$$
(19.3)

La première équation nous dit que l'offre de monnaie est la somme des pièces et billets en circulation et des dépôts à vue. La deuxième équation indique que la base monétaire est la somme des pièces et billets en circulation et des réserves bancaires.

Pour trouver l'offre de monnaie en fonction des trois variables exogènes (B, rr et cr), nous divisons tout d'abord la première équation par la seconde pour obtenir :

$$\frac{M}{B} = \frac{C + D}{C + R} \tag{19.4}$$

Divisons encore le numérateur et le dénominateur du membre de droite par D :

$$\frac{M}{B} = \frac{C/D + 1}{C/D + R/D} \tag{19.5}$$

Vous aurez remarqué que C/D est le coefficient d'encaisses cr, et R/D le coefficient de réserves rr. En substituant ces deux termes et en déplaçant B du membre de gauche vers le membre de droite de l'équation, nous obtenons :

$$M = \frac{cr + 1}{cr + rr} \times B \tag{19.6}$$

Cette équation nous montre comment l'offre de monnaie dépend des trois variables exogènes.

Nous voyons maintenant que l'offre de monnaie est proportionnelle à la base monétaire. On désigne par m et on appelle **multiplicateur monétaire**, le facteur de proportionnalité $(cr + 1)/(cr + rr)$. Ceci nous permet d'écrire

$$M = m \times B \tag{19.7}$$

Chaque dollar de la base monétaire produit m dollars de monnaie. C'est parce que la base monétaire a cet effet multiplicateur sur l'offre de monnaie qu'on l'appelle quelquefois **monnaie centrale** ou **monnaie à haute puissance** (*high-powered money*).

Voici un exemple numérique inspiré de la situation actuelle aux États-Unis. La base monétaire B est égale à \$800 milliards, le coefficient de réserves rr à 0,1, et le coefficient d'encaisses cr à 0,8. Le multiplicateur monétaire est donc

$$m = \frac{0,8 + 1}{0,8 + 0,1} = 2,0 \tag{19.8}$$

et l'offre de monnaie

$$M = 2,0 \times \$800 \text{ milliards} = \$1600 \text{ milliards} \tag{19.9}$$

Chaque dollar de la base monétaire produit deux dollars de monnaie, pour constituer une offre totale de monnaie de \$1 600 milliards.

Tournons-nous maintenant vers la manière dont les variations des trois variables exogènes, B, rr et cr, modifient l'offre de monnaie.

1. L'offre de monnaie est proportionnelle à la base monétaire. En conséquence, toute hausse de cette dernière accroît dans la même mesure l'offre de monnaie.

2. Plus est faible le coefficient de réserves, plus les banques consentent de prêts et plus elles créent donc de monnaie à partir de leurs réserves. En conséquence, toute baisse du coefficient de réserves accroît le multiplicateur monétaire et donc l'offre de monnaie.
3. Plus est faible le coefficient d'encaisses, plus l'est également la part de la base monétaire que les gens souhaitent détenir en espèces, plus est élevée la part de la base monétaire détenue en réserves par les banques et plus celles-ci peuvent créer de la monnaie. En conséquence, toute baisse du coefficient d'encaisses accroît le multiplicateur monétaire et donc l'offre de monnaie.

En gardant ce modèle présent à l'esprit, nous étudions ci-dessous la manière dont la banque centrale influence l'offre de monnaie.

19.1.4 *Les trois instruments de la politique monétaire*

Les chapitres précédents ont fait l'hypothèse simplificatrice que la banque centrale contrôle directement l'offre de monnaie. En fait, elle ne le fait qu'indirectement en modifiant soit la base monétaire, soit le coefficient de réserves. Pour ce faire, la banque centrale dispose de trois instruments de la politique monétaire : les interventions sur le marché monétaire, les réserves obligatoires et le taux d'escompte.

On appelle **interventions sur le marché monétaire** ou **opérations d'open-market**, les achats et les ventes d'obligations d'État par la banque centrale. L'argent avec lequel la banque centrale achète ces obligations accroît la base monétaire et donc l'offre de monnaie. L'argent qu'elle reçoit lorsqu'elle vend ces obligations réduit la base monétaire et donc l'offre de monnaie. Aux États-Unis, ces interventions sur le marché monétaire sont l'instrument monétaire le plus utilisé. En fait, la banque centrale américaine intervient pratiquement quotidiennement sur le marché obligataire new-yorkais.

Les **réserves obligatoires** désignent les réglementations par lesquelles les banques centrales obligent les banques commerciales à respecter un coefficient de réserves minimal. Toute hausse du coefficient de réserves obligatoires réduit le multiplicateur monétaire et donc l'offre de monnaie. De nos jours, la modification du coefficient de réserves obligatoires est le moins utilisé des instruments monétaires par la banque centrale.

Le **taux d'escompte** est le taux d'intérêt que prélève la banque centrale lorsqu'elle consent des prêts aux banques commerciales. Celles-ci empruntent auprès de la banque centrale lorsque leurs réserves sont insuffisantes pour respecter le coefficient de réserves obligatoires. Plus le taux d'escompte est faible, moins il est coûteux d'emprunter auprès de la banque centrale et plus les banques commerciales ont recours à cette modalité de financement. En conséquence, toute réduction du taux d'escompte accroît la base monétaire et donc l'offre de monnaie.

En dépit de ces trois instruments de contrôle de l'offre de monnaie, ce contrôle reste imparfait. La liberté qu'ont les banques de fixer leurs pratiques commerciales suscite des variations de l'offre de monnaie non anticipée par la banque centrale. Ainsi, les banques peuvent décider de détenir des **réserves excédentaires**, soit des réserves qui dépassent le niveau des réserves obligatoires. Plus les réserves excédentaires sont élevées, plus l'est également le coefficient de réserves, ce qui pèse négativement sur l'offre de monnaie. Par ailleurs, la banque centrale ne contrôle pas avec précision les quantités d'argent empruntées par les banques commerciales au guichet de l'escompte. Moins ces emprunts sont importants, plus est faible la base monétaire, et donc l'offre de monnaie. Pour toutes ces raisons, l'offre de monnaie se modifie quelquefois à l'encontre de la volonté de la banque centrale.

ÉTUDE DE CAS - Les faillites des institutions bancaires et l'offre de monnaie dans les années 1930

Entre août 1929 et mars 1933, l'offre de monnaie a baissé de 28 % aux États-Unis. Comme nous l'avons vu au chapitre 11, certains économistes croient que cette forte chute de l'offre de monnaie est la première cause de la Grande Dépression. Mais nous ne nous sommes pas demandés, jusqu'ici, ce qui était à la base de cette réduction dramatique de l'offre de monnaie.

Le tableau 19.1 montre, de 1929 à 1933, le comportement des trois déterminants de l'offre de monnaie : la base monétaire, le coefficient de réserves et le coefficient d'encaisses. On y voit que ce n'est en tout cas pas la contraction de la base monétaire qui est à l'origine de celle de l'offre de monnaie. En fait, pendant la période étudiée, la base monétaire s'est accrue de 18 %. Par contre, le multiplicateur monétaire s'est, quant à lui, réduit de 38 %, sous l'effet de la forte hausse des coefficients de réserves et d'encaisses : c'est là qu'il faut voir l'origine de la contraction de l'offre de monnaie.

Tableau 19.1
L'offre de monnaie et ses déterminants : 1929 et 1933

	Août 1929	Mars 1933
Offre de monnaie	26,5	19,0
Espèces	3,9	5,5
Dépôts à vue	22,6	13,5
Base monétaire	7,1	8,4
Espèces	3,9	5,5
Réserves	3,2	2,9
Multiplicateur monétaire	3,7	2,3
Coefficient de réserves	0,14	0,21
Coefficient d'encaisses	0,17	0,41

Source : Adapté de Milton Friedman et Anna Schwartz, *A Monetary History of the United States, 1867-1960* (Princeton, N.J. : Princeton University Press, 1963), Annexe A.

La plupart des économistes expliquent la forte chute enregistrée par le multiplicateur monétaire par le grand nombre de faillites bancaires survenues au début des années 1930. Entre 1930 et 1933, seulement aux États-Unis, plus de 9 000 banques ont suspendu leurs opérations, souvent dans l'incapacité de rembourser leurs dépôts. En modifiant le comportement tant des déposants que des banquiers, ces faillites bancaires ont provoqué la contraction de l'offre de monnaie.

Quant au comportement des déposants, les faillites bancaires ont ébranlé la confiance du public et donc provoqué une hausse du coefficient d'encaisses. Dans la crainte de voir se poursuivre l'effondrement du système bancaire, les gens ont souhaité détenir leur argent en espèces plutôt qu'en dépôts bancaires. En se ruant sur les banques pour y retirer leurs dépôts, ils ont asséché les réserves des banques. Le processus de création monétaire s'est alors inversé, les banques réagissant à la contraction de leurs réserves en réduisant l'encours de leurs prêts.

À cela s'ajoute le fait que les faillites bancaires ont accru le coefficient de réserves en incitant les banquiers à plus de prudence. Les récentes ruées sur les banques leur faisaient craindre de fonctionner avec des réserves insuffisantes. Ils sur-réagirent en portant le niveau de leurs réserves bien au-delà du minimum légal, comportement parallèle à celui des ménages souhaitant détenir davantage d'encaisses monétaires. Ces deux comportements sont à la base de la forte chute du multiplicateur monétaire.

La responsabilité de la banque centrale est-elle engagée dans cet enchaînement d'événements ? On ne peut, nous l'avons vu, lui reprocher d'avoir contracté la base monétaire. Restent deux critiques qui peuvent lui être adressées. Tout d'abord, elle aurait dû intervenir plus fermement pour éviter les faillites bancaires en assumant son rôle de *prêteur en dernier ressort*, pour fournir aux banques les liquidités dont elles avaient besoin pour faire face aux ruées bancaires. Ceci eût contribué à préserver la confiance dans le système bancaire et à éviter la forte chute du multiplicateur monétaire. Deuxièmement, elle aurait dû réagir à celle-ci en accroissant la base monétaire plus encore qu'elle ne l'a fait. Il est probable que ces deux actions auraient, pour le moins, tempéré la contraction de l'offre de monnaie et, du même coup, atténué la gravité de la Grande Dépression.

Depuis les années 1930, toute une série de mesures ont été prises pour éviter désormais toute réduction brutale et violente du multiplicateur monétaire. Ainsi, tous les pays ont mis en place des systèmes de garantie des dépôts bancaires par l'État susceptibles de préserver la confiance des gens dans le système bancaire et ainsi d'empêcher les retournements substantiels du coefficient d'encaisses. Ce système de garantie bancaire peut cependant s'avérer coûteux : à la fin des années 1980 et au début des années 1990, l'État fédéral américain a dû consentir de lourdes dépenses pour prendre la relève d'un grand nombre d'institutions d'épargne-logement défaillantes. Par contre, le système de garantie des dépôts contribue effectivement à stabiliser le système bancaire et donc l'offre de monnaie. C'est pour cette raison que, au cours de la crise financière de 2008-2009, la Federal Deposit Insurance Corporation, l'organisme chargé des garanties des dépôts bancaires aux États-Unis, a porté le montant garanti de $100 000 à $250 000 par déposant.

19.1.5 Capitaux propres, effet de levier et fonds propres réglementaires

Nous présentons dans ce chapitre une version simplifiée du système bancaire. Ceci n'est finalement pas un problème car, après tout, tous les modèles sont simplifiés. Toutefois, il est important de clarifier une hypothèse simplificatrice retenue jusqu'à présent.

Dans les bilans bancaires que nous avons présentés jusqu'ici, une banque collecte les fonds des déposants, en conserve une partie sous forme de réserves et utilise le reste pour consentir des prêts. En partant de cette hypothèse simplificatrice, on pourrait penser que l'ouverture d'une banque ne nécessite pas de ressources financières propres. Or ceci n'est pas vrai car les propriétaires (souvent les actionnaires) d'une institution bancaire doivent financer le démarrage de leur entreprise. Ainsi, l'ouverture d'une banque nécessite des fonds propres en capital qui comprennent essentiellement les **capitaux propres de la banque**.

Le tableau suivant montre un bilan plus réaliste d'une banque. C'est un état succinct de ce qu'elle possède, son actif (à gauche), et de ce qu'elle doit, son passif (à droite). Un bilan doit être équilibré.

Bilan simplifié d'une banque			
Actif		Passif (engagements et fonds propres)	
Réserves	$200	Dépôts	$750
Prêts	$500	Dettes	$200
Titres financiers	$300	Fonds propres	$50

Ainsi, les ressources financières d'une banque sont : les fonds propres en capital, les dépôts à vue et les capitaux empruntés. Une banque utilise ses ressources pour garder une partie en réserve et utilise le reste pour faire des prêts bancaires et acheter des obligations publiques ou privées négociables sur les marchés financiers. Elle alloue ses ressources entre ces différents actifs compte tenu du risque encouru et de la rentabilité de chaque actif. Elle doit également prendre en considération les contraintes réglementaires qui limitent ses choix.

Les institutions financières poursuivent des stratégies qui reposent essentiellement sur le **levier d'endettement** : celui-ci mesure le degré d'endettement d'une institution financière à des fins d'investissement. L'*effet de levier* (ou ratio de levier) s'obtient en divisant l'actif total de la banque (la partie gauche du bilan) par les fonds propres (que l'on trouve dans la partie droite du bilan et représentant les capitaux propres). Dans notre exemple, l'effet de levier est de $1 000/$50, soit 20. Cela signifie que, pour chaque dollar de fonds propres, la banque dispose de $20 d'actifs, et, par conséquent, de $19 de dépôts et dettes.

L'une des conséquences du levier d'endettement est que, durant les périodes difficiles, une banque peut perdre rapidement une partie importante de son capital. Pour voir comment, reprenons notre exemple numérique. Une simple baisse de la valeur de l'actif bancaire de 5 % implique que celui-ci vaut maintenant $950 au lieu de $1 000. Or, comme les déposants et les créanciers de la banque sont légalement protégés, ils sont les premiers à être remboursés. Ceci signifie que la banque ne dispose plus de fonds propres. Autrement dit, si l'effet de levier est de 20, une baisse de 5 % de l'actif bancaire entraîne une chute de 100 % des fonds propres. Ainsi, cette amplification des pertes implique que, pour les intermédiaires financiers incapables de lever des fonds propres, l'accumulation de dépréciations et de pertes détruit leur capital au point de les conduire à la faillite en l'absence de garantie des dépôts. Les déposants craignent souvent ces situations car ils ne seront pas remboursés entièrement.

Parmi les restrictions possibles, le régulateur du système bancaire impose aux banques de se doter de fonds propres suffisants pour faire face aux risques qu'elles prennent. Il fixe des exigences minimales en besoins de fonds propres pour les banques garantissant aux déposants, en cas de défaillance d'une banque, de recevoir le remboursement de leurs dépôts. Le montant de ces **fonds propres réglementaires** est souvent fixé par un ratio d'adéquation aux fonds propres. Il dépend de la nature des actifs détenus par une banque. Si celle-ci détient des actifs sûrs comme les obligations d'État, le régulateur exige moins de capitaux réglementaires que si elle détient des actifs risqués comme ceux adossés à des prêts immobiliers.

En 2008 et 2009, de nombreuses banques se sont retrouvées avec des besoins en capital accrus après avoir subi des pertes importantes sur les prêts hypothécaires et les titres adossés à des prêts immobiliers. Cette pénurie de capitaux a réduit le volume des prêts bancaires et était en partie à l'origine d'une crise de liquidité bancaire. Une crise économique grave a suivi (voir l'étude de cas au chapitre 11 portant sur cette récession économique). Pour faire face à ce problème, la Fed et le département du Trésor aux États-Unis ont injecté des fonds publics dans le système bancaire, ce qui a augmenté les fonds propres des banques, le contribuable américain devenant ainsi propriétaire d'une partie de nombreuses banques. L'objectif de ces interventions était de recapitaliser le système bancaire à l'aide de ressources budgétaires favorisant ainsi le retour à la normalité des prêts bancaires.

19.2 LA DEMANDE DE MONNAIE

Nous nous tournons à présent de l'autre côté du marché monétaire, pour étudier les déterminants de la demande de monnaie. Dans les chapitres précédents, nous avons utilisé des fonctions de demande de monnaie relativement simples. Nous sommes partis de la théorie quantitative, qui fait l'hypothèse que la demande d'encaisses monétaires réelles est proportionnelle au revenu. En d'autres termes, cette théorie quantitative suppose que

$$(M/P)^d = kY \qquad (19.10)$$

où k est une constante qui mesure la part de leur revenu que les gens veulent détenir sous forme d'encaisses. Nous avons ensuite envisagé une fonction de demande de monnaie plus générale et plus réaliste, dont l'hypothèse est que la demande d'encaisses réelles est fonction à la fois du taux d'intérêt et du revenu :

$$(M/P)^d = L(i, Y) \qquad (19.11)$$

C'est cette fonction de demande de monnaie que nous avons utilisée pour comprendre la liaison entre monnaie et prix au chapitre 4, et pour construire le modèle *IS-LM*, aux chapitres 10 et 11.

Nous allons à présent affiner notre fonction de demande de monnaie. Tout comme l'étude de la fonction de consommation passe par des modèles microéconomiques de la décision de consommation, celle de la fonction de demande de monnaie fait appel à des modèles microéconomiques de la décision de demande de monnaie. Cette section passe rapidement en revue les diverses modélisations possibles de la demande de monnaie. Nous élaborons ensuite l'un des modèles les plus utilisés.

Souvenons-nous des trois fonctions de la monnaie : unité de compte, réserve de valeur et moyen d'échange. En tant qu'unité de compte, la monnaie, par elle-même, ne fait l'objet d'aucune demande : il est parfaitement possible de libeller les prix dans toute monnaie donnée sans pourtant en détenir une seule unité. Par contre, la monnaie ne peut jouer ses deux autres rôles que si les gens en détiennent. C'est pourquoi les théories de la demande de monnaie sont construites sur la monnaie en tant que réserve de valeur ou en tant que moyen d'échange.

19.2.1 *Les théories de la demande de monnaie basées sur la gestion du portefeuille*

On appelle **théories de la gestion de portefeuille**, les théories de la demande de monnaie qui mettent en avant le rôle de celle-ci en tant que réserve de valeur. Dans ce cadre, la monnaie est l'une des composantes du portefeuille d'actifs financiers. À ce titre, et c'est ce qu'il faut bien comprendre, elle offre une combinaison de risques et de rendements qui la différencie des autres actifs financiers. En particulier, elle assure un rendement (nominal) garanti, au contraire des actions et des obligations, dont les cours peuvent augmenter ou diminuer. C'est pour cette raison que certains économistes suggèrent que les ménages décident de placer de la monnaie dans leur portefeuille optimal [2].

Selon les théories de la gestion du portefeuille, la demande de monnaie est fonction des risques et rendements qui lui sont propres, d'une part, et de ceux qui sont associés aux autres types d'actifs financiers disponibles, d'autre part. La demande de monnaie dépend également de la richesse totale, qui détermine le volume total du portefeuille à répartir entre monnaie et autres actifs. Ceci nous permet d'écrire la fonction de demande de monnaie comme suit :

$$(M/P)^d = L(r_s, r_b, E\pi, W) \tag{19.12}$$

où r_s est le rendement réel attendu des actions, r_b le rendement réel attendu des obligations, $E\pi$ le taux d'inflation anticipé et W la richesse réelle. Toute hausse de r_s ou de r_b réduit la demande de monnaie en rendant plus attrayants les autres types d'actifs financiers. Une hausse de $E\pi$ réduit également la demande de monnaie, en rendant la détention de celle-ci moins attrayante. (Souvenons-nous que $-E\pi$ est le rendement réel attendu de la détention de monnaie). Enfin, une hausse de W accroît la demande de monnaie, en augmentant le volume global du portefeuille.

Les théories de la gestion du portefeuille font donc apparaître notre fonction de demande de monnaie, $L(i, Y)$ comme une simplification utile. Tout d'abord, elle utilise le revenu réel Y comme approximation de la richesse réelle W. Deuxièmement, la seule variable de rendement qu'elle inclut est le taux d'intérêt nominal, qui est la somme du rendement réel des obligations et de l'inflation attendue : $i = r_b + E\pi$. Par contre, les théories de la gestion du portefeuille ajoutent à la fonction de demande de monnaie les rendements attendus des autres types d'actifs.

Les théories de la gestion de portefeuille nous aident-elles à mieux comprendre la demande de monnaie ? Tout dépend de la mesure de la monnaie que nous utilisons. Les mesures restreintes, telles que $M1$, n'incluent que les pièces et billets en circulation et les comptes à vue. Ces formes de monnaie ne sont rémunérées que par un taux d'intérêt nul ou très faible. Mais il existe d'autres types d'actifs, tels que les comptes d'épargne, les bons du Trésor, les certificats de dépôts et les participations aux fonds mutuels de placement, qui, à la fois, produisent un taux d'intérêt plus élevé et ont les mêmes caractéristiques de risques que les encaisses et les comptes à vue. Les économistes qualifient la monnaie $M1$ d'**actif dominé** : en tant que réserve de valeur, elle coexiste avec d'autres actifs qui lui sont tous supérieurs. Il n'est donc pas optimal de détenir de la monnaie dans son portefeuille, et les théories de la gestion du portefeuille n'expliquent pas la demande de ces formes dominées de monnaie.

---

2 James Tobin, « Liquidity Preference as Behavior Toward Risk », *Review of Economic Studies* 25 (février 1958), 65-86.

Les théories de la gestion du portefeuille deviennent plus plausibles en tant que théories de la demande de monnaie à mesure que nous élargissons la définition de la monnaie aux actifs qui dominent les pièces et billets en circulation et les comptes à vue. $M2$, par exemple, inclut les comptes d'épargne et les participations aux fonds mutuels de placement. Les considérations de risques et de rendements qui sont à la base des théories de la gestion du portefeuille jouent sans doute un rôle essentiel dans la décision de détenir de la monnaie sous forme de $M2$ plutôt que d'obligations ou d'actions. Nous retiendrons donc que ces théories de la gestion du portefeuille n'expliquent pas bien la demande de monnaie $M1$, mais beaucoup mieux les demandes de monnaie $M2$.

ÉTUDE DE CAS - Les pièces et billets en circulation et l'économie souterraine

Combien de billets avez-vous en ce moment dans votre portefeuille ? Combien de billets de $100 ?

Aux États-Unis, à l'heure actuelle, la quantité de pièces et billets en circulation par habitant est d'environ $3 000, dont à peu près la moitié en billets de $100. Lorsqu'on leur dit cela, la plupart des gens sont surpris, car eux-mêmes ont beaucoup moins dans leur portefeuille, et dans des coupures plus petites.

L'explication de ce phénomène vient en partie de l'économie souterraine, qui désigne les transactions illégales, telles que le trafic de drogue, et les diverses manières dont les gens s'efforcent de soustraire leurs revenus au fisc. Dans les deux cas, il est dangereux de détenir l'argent illégal ou dissimulé sous forme de comptes bancaires, d'obligations ou d'actions, car ceci les ferait apparaître au grand jour. Dans de tels cas, loin d'être un actif dominé, la monnaie détenue sous forme de billets de banque est sans doute la meilleure réserve de valeurs disponible.

Certains économistes voient dans la grande quantité de pièces et de billets en circulation au sein de l'économie souterraine l'une des raisons qui rendent une certaine inflation souhaitable. La raison en est, vous vous en souviendrez, que l'inflation est une forme de taxe sur la détention de monnaie, puisqu'elle érode la valeur réelle de celle-ci. Avec un taux d'inflation de 10 %, le trafiquant de drogue qui détient $20 000 en billets chez lui paie une taxe d'inflation de $2 000 par an. La taxe d'inflation est sans doute la seule à laquelle ne peuvent échapper les participants à l'économie souterraine [3].

---

[3] Pour en savoir plus sur la masse de pièces et billets en circulation, voir Case M. Sprenkle, « The Case of the Missing Currency », *Journal of Economic Perspectives* 7 (printemps 1993), 175-184.

19.2.2 Les théories de la demande de monnaie basées sur la gestion des transactions

Les théories de la **gestion des transactions** mettent en avant le rôle de la monnaie en tant que moyen d'échange. Elles prennent acte du fait que la monnaie est un actif dominé, mais soulignent que les gens souhaitent surtout détenir de la monnaie pour réaliser leurs transactions. Ce sont ces théories qui expliquent le mieux pourquoi les gens détiennent de la monnaie dans ses définitions étroites, telles que pièces et billets ou compte à vue, plutôt que des actifs qui dominent ces définitions étroites de la monnaie, tels que les comptes d'épargne ou les bons du Trésor.

Les théories de la demande de monnaie basées sur la gestion des transactions revêtent de multiples formes, selon la manière dont elles modélisent le processus d'obtention de monnaie et de réalisation des transactions. Leur point commun est qu'elles font toutes l'hypothèse que le coût de la détention de monnaie est le faible rendement que cela procure, et son avantage l'aisance avec laquelle elle permet de réaliser des transactions. C'est l'arbitrage entre ce coût et cet avantage qui détermine la quantité de monnaie que l'on souhaite détenir.

L'une des plus célèbres théories explicatives de la fonction de demande de monnaie par la gestion des transactions a été élaborée dans les années 1950 par les économistes William Baumol et James Tobin, qui lui ont laissé leurs noms, sous la forme du **modèle de Baumol-Tobin** [4].

19.2.3 Le modèle de la gestion des liquidités de Baumol-Tobin

Le modèle de Baumol-Tobin analyse les coûts et avantages de la détention de monnaie. L'avantage en est l'aisance : la détention de monnaie évite de devoir se rendre à la banque chaque fois que l'on veut procéder à un achat. Le coût associé à cette commodité est l'intérêt auquel on renonce en gardant son argent par devers soi au lieu de le déposer sur un compte d'épargne.

Pour comprendre l'arbitrage auquel procèdent les gens entre ces coûts et avantages, considérons quelqu'un qui a l'intention de dépenser petit à petit Y dollars au cours d'une année. Pour simplifier, nous supposons constant le niveau des prix, et donc également la dépense réelle tout au long de l'année. Quelle quantité d'argent doit détenir cette personne à mesure que l'année s'écoule ? En d'autres termes, quel est le volume optimal de son encaisse moyenne ?

Considérons deux possibilités. L'une d'entre elles consiste à retirer Y dollars en début d'année et à dépenser progressivement ce montant. C'est ce qu'illustre le graphique (a) de la figure 19.1 : l'année commence avec des encaisses égales à Y et se termine avec des encaisses nulles, soit une moyenne de $Y/2$ sur toute l'année.

---

[4] William Baumol, « The Transactions Demand for Cash : An Inventory Theoretic Approach », *Quarterly Journal of Economics* 66 (novembre 1952), 545-556 ; James Tobin, « The Interest Elasticity of the Transactions Demand for Cash », *Review of Economics and Statistics* (août 1956), 241-247.

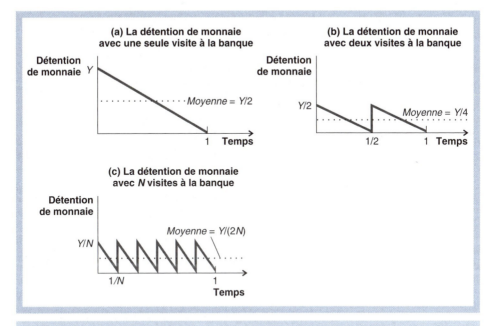

Figure 19.1
La détention de monnaie en cours d'année

La détention de monnaie est fonction du nombre de visites que l'on est prêt à faire à la banque chaque année.

Il est également possible de rendre deux visites à la banque. On retire alors $Y/2$ dollars en début d'année, que l'on dépense au cours du premier semestre avant de se rendre une nouvelle fois pour y retirer $Y/2$, que l'on dépensera au deuxième semestre. On voit au graphique (b) de la figure 19.1 que les encaisses monétaires varient alors entre $Y/2$ et zéro, soit une moyenne de $Y/4$ sur toute l'année. Cette deuxième approche a l'avantage de permettre en moyenne une détention moindre de monnaie, et donc de perdre moins d'intérêts, mais elle a comme inconvénient d'obliger à se rendre deux fois plutôt qu'une à la banque.

En généralisant, supposons maintenant N visites à la banque en cours d'année. Chacune de ces visites donne lieu au retrait de Y/N dollars, qui sont ensuite progressivement dépensés au cours de la période suivante de $1/N^{\text{ème}}$ d'année. Le graphique (c) de la figure 19.1 montre qu'alors les encaisses monétaires varient entre Y/N et zéro, soit $Y/(2N)$ en moyenne.

Mais quel est le choix optimal pour N ? Plus il est élevé, moins l'est la détention moyenne d'encaisses monétaires et moins l'on renonce à des intérêts. En contrepartie, à mesure que N augmente, il faut se rendre de plus en plus souvent à la banque.

Supposons qu'il en coûte un montant donné constant F de se rendre à la banque. F représente la valeur du temps perdu pour effectuer cette visite, soit le temps de déplacement et d'attente au guichet. S'il faut quinze minutes pour se rendre à la banque et que la personne concernée gagne $12 par heure, F est égal à $3. Désignons en outre par i le taux d'intérêt qui, la détention de monnaie obligeant à renoncer à tout taux d'intérêt, mesure le coût d'opportunité de cette détention de monnaie.

Analysons maintenant la détermination optimale de N, puisque c'est elle qui fixera la demande de monnaie. Pour tout N donné, la quantité moyenne de monnaie détenue est $Y/(2N)$, et l'intérêt perdu est donc $iY/(2N)$. Comme F représente le coût des visites à la banque, le coût total des diverses visites est FN. En ajoutant à ce coût des visites le coût d'opportunité des intérêts perdus, nous obtenons :

$$\text{Coût total} = \text{Intérêts perdus} + \text{Coût des visites} \\ = iY/(2N) + FN \tag{19.13}$$

Plus est élevé le nombre N des visites, plus est faible l'intérêt perdu, mais plus est élevé le coût des visites à la banque.

La figure 19.2 illustre la relation entre le coût total et N. Il existe une et une seule valeur de N qui minimise le coût total. Cette valeur optimale de N, dénotée N^*, est [5]

$$N^* = \sqrt{\frac{iY}{2F}} \tag{19.14}$$

La détention moyenne de monnaie est

$$\text{Détention moyenne de monnaie} = \frac{Y}{2N^*} = \sqrt{\frac{YF}{2i}} \tag{19.15}$$

Cette expression montre qu'on est amené à détenir d'autant plus de monnaie que le coût fixe F de la visite à la banque est élevé, que la dépense annuelle globale Y est élevée, ou que le taux d'intérêt i est faible.

Nous avons jusqu'ici interprété le modèle de Baumol-Tobin en tant que modèle de la demande d'encaisses monétaires. En effet, nous ne l'avons utilisé que pour expliquer la quantité de monnaie détenue en dehors des banques. Il se prête cependant à une interprétation plus large. Prenons le cas du détenteur d'un portefeuille d'actifs monétaires (espèces et comptes à vue) et d'actifs non monétaires (actions et obligations). Les actifs monétaires permettent des transactions aisées, mais au prix d'un rendement faible. Appelons i la différence entre le rendement des actifs monétaires et des actifs non monétaires et F le coût de transformation des actifs non monétaires en actifs monétaires, représenté notamment par la commission prélevée par l'intermédiaire sollicité. La fixation du nombre de fois que l'on est prêt à payer cette commission est exactement identique à la décision relative au nombre de fois qu'on est prêt à se rendre à la banque. On voit donc que le modèle de Baumol-Tobin décrit la

---

[5] *Note mathématique.* Un calcul différentiel simple permet de formuler cette expression du choix optimal de N. En différentiant le coût total C par rapport à N, nous obtenons

$$dC/dN = -iYN^{-2}/2 + F$$

À l'optimum, $dC/dN = 0$, ce qui donne la formule pour N^*.

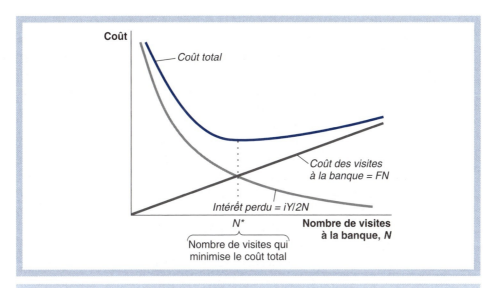

Figure 19.2
Le coût de la détention de monnaie

Intérêt perdu, coût des visites à la banque et coût total dépendent du nombre de visites N. Une seule valeur de N, dénotée N^*, minimise le coût total.

demande d'actifs monétaires de la personne concernée. En montrant que la demande de monnaie dépend positivement de la dépense globale Y et négativement du taux d'intérêt i, ce modèle nous donne le fondement microéconomique de la fonction de la demande de monnaie $L(i,Y)$, que nous avons utilisée dans tout ce manuel.

L'une des implications du modèle de Baumol-Tobin est que toute variation du coût fixe des visites à la banque F modifie la fonction de demande de monnaie, c'est-à-dire la quantité de monnaie demandée pour tout taux d'intérêt et tout revenu donné. On imagine aisément ce qui pourrait modifier ce coût fixe. La multiplication des guichets bancaires automatiques, par exemple, réduit F parce qu'elle diminue le temps qu'il faut pour retirer de l'argent. De même, les opérations bancaires via Internet rendent plus commodes et rapides les transferts entre comptes et réduisent donc F. En sens inverse, la hausse du salaire réel, en accroissant la valeur du temps, augmente F. Le relèvement des commissions bancaires en fait autant, mais cette fois de manière directe. Si, donc, le modèle de Baumol-Tobin nous propose une fonction de demande de monnaie bien spécifique, il ne nous donne aucune raison de croire que cette fonction est stable dans le temps.

ÉTUDE DE CAS - Les études empiriques de la demande de monnaie

De nombreux économistes étudient les données relatives à la monnaie, au revenu et aux taux d'intérêt pour éclairer davantage la fonction de demande de monnaie. L'un des objets de ces études est d'estimer la réaction de la demande de monnaie aux variations du revenu et du taux d'intérêt. C'est la sensibilité de la demande de monnaie à ces deux variables qui détermine la pente de la courbe *LM*, et donc aussi la mesure dans laquelle les politiques monétaire et budgétaire affectent l'économie.

Les études empiriques s'efforcent en outre de vérifier les théories de la demande de monnaie. Le modèle de Baumol-Tobin, par exemple, prévoit avec précision l'impact du revenu et des taux d'intérêt sur la demande de monnaie. La racine carrée de sa formule implique une élasticité de la demande de monnaie au revenu égale à 1/2 : une hausse de 10 % du revenu augmente de 5 % la demande d'encaisses monétaires réelles. Il en va de même de l'élasticité de la demande de monnaie au taux d'intérêt : une hausse de 10 % du taux d'intérêt (par exemple, de 10 % à 11 %) provoque une baisse de 5 % de la demande d'encaisses monétaires réelles.

La plupart des études empiriques de la demande de monnaie ne confirment pas ces prévisions. Elles concluent à une élasticité de la demande de monnaie au revenu supérieur à 1/2, et une élasticité de la même demande au taux d'intérêt inférieure à 1/2. S'il permet d'expliquer partiellement la fonction de demande de monnaie, le modèle de Baumol-Tobin n'est donc pas tout à fait correct.

L'une des explications possibles est que, contrairement à ce que présume le modèle, tout le monde ne peut pas décider librement de la quantité de monnaie qu'il détient. Prenons le cas de quelqu'un qui est obligé de se rendre une fois pas semaine à la banque pour y déposer son salaire et qui profite de cette occasion pour retirer l'argent dont il a besoin au cours de la semaine à venir. Le nombre N de visites que cette personne effectue à la banque n'est fonction ni de sa dépense globale, ni du taux d'intérêt : pour elle, N est donné, et sa détention monétaire moyenne ($Y/2N$) est proportionnelle à sa dépense et insensible au taux d'intérêt.

Si les deux cas coexistent, certaines personnes, se conformant au modèle de Baumol-Tobin, ont des élasticités au revenu et au taux d'intérêt égales à 1/2. Pour les autres, N est donné et l'élasticité de leur détention de monnaie est égale à 1 par rapport au revenu et nulle par rapport au taux d'intérêt. La demande globale de monnaie apparaît alors comme une moyenne pondérée entre les demandes des deux groupes de personnes : l'élasticité au revenu se situe entre 1/2 et 1, et l'élasticité au taux d'intérêt entre 1/2 et zéro : c'est ce que montrent les études empiriques [6].

---

6 Pour en savoir plus sur les résultats des études empiriques relatives à la demande de monnaie, voir Stephen M. Goldfeld et Daniel E. Sichet, « The Demand for Money », *Handbook of Monetary Economics*, volume 1 (Amsterdam : North-Holland, 1990), 299-356 ; et David Laidler, *The Demand for Money : Theories and Evidence*, 3ᵉ éd. (New York : Harper & Row, 1985).

19.2.4 L'innovation financière, la quasi-monnaie et les agrégats monétaires

L'analyse macroéconomique conventionnelle distingue deux catégories d'actifs : ceux qui sont utilisés en tant que moyen d'échange autant que de réserve de valeur (espèces, comptes à vue) et ceux qui ne sont utilisés qu'au titre de réserve de valeur (actions, obligations, comptes d'épargne). Seuls les actifs du premier type sont appelés « monnaie », dont ce chapitre a étudié l'offre et la demande.

Tout en demeurant un outil théorique fort utile, la distinction entre actifs monétaires et non monétaires a récemment perdu beaucoup de sa pertinence empirique, en raison d'une innovation financière rapide, impulsée en partie par la déréglementation du système bancaire et des autres institutions financières et en partie également par la généralisation et l'amélioration des technologies informatiques. Le temps où les actifs monétaires, tels que les comptes à vue, n'étaient rémunérés par aucun taux d'intérêt est révolu. Désormais, ils offrent le taux d'intérêt du marché et se rapprochent donc des actifs non monétaires en tant que réserve de valeur. Si les actions et les obligations étaient jadis un moyen peu commode de réaliser des transactions, les fonds communs de placement permettent désormais à leurs contributeurs de détenir des actions et des obligations tout en procédant à des retraits en émettant des chèques gagés par leurs comptes. On appelle **quasi-monnaie**, les actifs monétaires qui ont progressivement acquis une partie de la liquidité de la monnaie.

Cette apparition de la quasi-monnaie complique singulièrement la politique monétaire en déstabilisant la demande de monnaie. Monnaie et quasi-monnaie étant de proches substituts, il est facile de faire passer ses avoirs de l'une à l'autre. Cette facilité explique que les raisons de cette substitution peuvent être minimes, sans aucunement exprimer des variations de la demande. La vitesse de la circulation de la monnaie est donc devenue instable et la quantité de monnaie peut donner des signaux erronés sur la demande agrégée.

L'une des solutions à ce problème est le recours à une définition large de la monnaie, incluant la quasi-monnaie. Cependant, en présence d'une gamme discontinue d'actifs dotés de caractéristiques qui peuvent varier, comment sélectionner un sous-ensemble que l'on pourrait encore appeler « monnaie » ? De surcroît, l'adoption d'une définition large de la monnaie réduit la capacité de la banque centrale à contrôler l'offre de monnaie, car de multiples formes de quasi-monnaies ne sont soumises à aucune réserve obligatoire.

L'instabilité de la demande de monnaie suscitée par la quasi-monnaie pose donc de sérieux problèmes aux banques centrales. Au début des années 1990, aux États-Unis, les diverses mesures de la quantité de monnaie en circulation donnaient des signaux contradictoires : selon certaines, l'offre de monnaie croissait rapidement, et selon d'autres, elle ne progressait que lentement. En février 1993, le président de la banque centrale américaine, Alan Greenspan, a annoncé que celle-ci se préoccuperait désormais moins des fluctuations de court terme des agrégats monétaires. Selon Greenspan, les agrégats « ne semblent pas donner des indications fiables de l'évolution économique et des pressions sur les prix ». On peut facilement voir comment il est arrivé à cette conclusion. Au cours des 12 mois précédents, $M1$ a augmenté à un très haut taux de 12 %, tandis que $M2$ a augmenté à un très faible taux de 0,5 %. En fonction du poids donné à chacune de ces deux mesures, la politique monétaire était soit très large, très serrée, ou quelque part entre les deux.

Depuis lors, la Fed a mis en place une politique en fixant un objectif pour le *taux des fonds fédéraux*, c'est-à-dire le taux d'intérêt à court terme auquel les banques consentent des prêts à une autre. Ceci permet d'ajuster le taux d'intérêt cible en réponse à l'évolution des conditions économiques. Grâce à cette politique, la masse monétaire devient endogène : il est permis de s'adapter à n'importe quel niveau nécessaire afin de maintenir le taux d'intérêt sur la cible. Au chapitre 14, nous avons présenté un modèle dynamique de l'offre et la demande agrégées dans lequel la règle fixant le taux d'intérêt et définie par la banque centrale est explicitement intégrée afin d'analyser les fluctuations économiques de court terme.

19.3 CONCLUSION

La monnaie est au cœur de l'analyse macroéconomique. Les modèles de l'offre et de la demande de monnaie contribuent à éclairer les déterminants à long terme du niveau des prix et les sources à court terme des fluctuations économiques. L'émergence de la quasi-monnaie au cours des dernières années vient nous rappeler qu'il reste beaucoup de choses à apprendre. La construction de modèles microéconomiques fiables de la monnaie et de la quasi-monnaie demeure un défi essentiel pour les macroéconomistes.

Synthèse

1. Le système bancaire avec réserves fractionnaires crée de la monnaie, chacun des dollars de ces réserves produisant de nombreux dollars en dépôts à vue.

2. L'offre de monnaie est fonction de la base monétaire, du coefficient de réserves et du coefficient d'encaisses. Toute hausse de la base monétaire provoque un accroissement proportionnel de l'offre de monnaie. Toute réduction du coefficient d'encaisses ou du coefficient de réserves augmente le multiplicateur monétaire, et donc l'offre de monnaie.

3. La banque centrale modifie l'offre de monnaie à l'aide des trois instruments de la politique monétaire. Pour accroître la base monétaire, elle procède à des achats d'obligations sur le marché monétaire ou elle diminue le taux d'escompte. Pour réduire le coefficient de réserves, elle peut exiger des réserves obligatoires moins importantes.

4. L'ouverture d'une banque nécessite des ressources financières appelées les fonds propres en capital. Ce sont les capitaux propres de la banque. Or un fort effet de levier implique une baisse importante de l'actif bancaire et une banque risque potentiellement de perdre une partie importante de son capital. Le régulateur monétaire fixe des exigences minimales en besoins de fonds propres (capital réglementaire) garantissant aux déposants de recevoir le remboursement de leurs dépôts.
5. Les théories de la demande de monnaie basées sur la gestion du portefeuille mettent en avant le rôle de la monnaie en tant que réserve de valeur. Elles font de la demande de monnaie une fonction des risques et rendements associés, respectivement à la monnaie et aux autres types d'actifs financiers.
6. Les théories de la demande de monnaie basées sur la gestion des transactions, telles que celles qu'incorpore le modèle de Baumol-Tobin, soulignent le rôle de la monnaie en tant que moyen d'échange. Elles font de la demande de monnaie une fonction positive de la dépense et négative du taux d'intérêt.
7. L'innovation financière a suscité la création d'actifs dotés de beaucoup des attributs de la monnaie. Il en est résulté une quasi-monnaie qui déstabilise la demande de monnaie et complique la conduite de la politique monétaire.

Concepts de base

- Réserves
- Système bancaire avec réserves intégrales
- Bilan
- Système bancaire avec réserves fractionnaires
- Intermédiation financière
- Base monétaire
- Coefficient de réserves
- Coefficient d'encaisses
- Multiplicateur monétaire
- Monnaie centrale ou Monnaie à haute puissance
- Intervention sur le marché monétaire ou opérations d'open-market
- Réserves obligatoires
- Taux d'escompte
- Réserves excédentaires
- Capitaux propres de la banque
- Levier d'endettement
- Fonds propres réglementaires
- Théories basées sur la gestion du portefeuille
- Actif dominé
- Théories basées sur la gestion des transactions
- Modèle de Baumol-Tobin
- Quasi-monnaie

ÉVALUATION DES CONNAISSANCES

1. Expliquez comment les banques créent de la monnaie.
2. Quels sont les trois outils dont disposent les banques centrales pour influencer l'offre de monnaie ?
3. Pourquoi une crise bancaire peut-elle provoquer une réduction de l'offre de monnaie ?
4. Expliquez la différence entre les théories de la demande de monnaie respectivement basées sur la gestion du portefeuille et sur la gestion des transactions.
5. Selon le modèle de Baumol-Tobin, comment se détermine la fréquence avec laquelle les gens doivent se rendre à la banque ? Quelles relations cette décision a-t-elle avec la demande de monnaie ?
6. En quoi l'existence d'une quasi-monnaie complique-t-elle la conduite de la politique monétaire ? Comment une banque centrale pourrait-elle répondre à ces complications ?

PROBLÈMES ET APPLICATIONS

1. Pendant les années 1929 à 1933, l'offre de monnaie a baissé suite à une hausse conjointe du coefficient d'encaisses et du coefficient de réserves. Utilisez le modèle de l'offre de monnaie et les données du tableau 19.1 pour répondre aux questions hypothétiques suivantes relatives à cet épisode.
   a) Que serait-il advenu de l'offre de monnaie si le coefficient d'encaisses avait augmenté, mais non le coefficient de réserves ?
   b) Que serait-il advenu de l'offre de monnaie si le coefficient de réserves avait augmenté, mais non le coefficient d'encaisses ?
   c) Quel est celui de ces deux coefficients dont la hausse a le plus entraîné à la baisse l'offre de monnaie ?

2. Pour accroître ses recettes fiscales, l'État américain a introduit en 1932 une taxe de 2 centimes - 25 centimes en dollars d'aujourd'hui - sur les chèques émis sur les dépôts en comptes bancaires.
   a) À votre avis, comment cette taxe sur les chèques a-t-elle affecté le coefficient d'encaisses ? Expliquez.
   b) Utilisez le modèle de l'offre de monnaie avec réserves fractionnaires pour expliquer comment cette taxe a affecté l'offre de monnaie.
   c) Utilisez maintenant le modèle *IS-LM* pour expliquer l'impact de cette taxe sur l'économie. Était-ce une bonne idée d'introduire cette taxe sur les chèques au beau milieu de la Grande Dépression ?

3. Donnez un exemple d'un bilan d'une banque avec un effet de levier de 10. Quelles sont les conséquences d'une hausse de 5 % de la valeur de son actif sur la valeur des capitaux propres ? De combien doit baisser la valeur de son actif pour que la banque perde la totalité de ses capitaux ?

4. Supposons une explosion de la petite criminalité de rue qui rend plus probable le vol de votre portefeuille. À l'aide du modèle de Baumol-Tobin, expliquez (en mots et non en équations) comment cette vague de criminalité va affecter la fréquence optimale des visites à la banque et la demande de monnaie.

5. Voyons ce que nous dit le modèle de Baumol-Tobin de la fréquence avec laquelle vous devez vous rendre à la banque pour y retirer des fonds.

a) Quel montant global payez-vous chaque année à l'aide de pièces et de billets, par comparaison aux chèques ou aux cartes de crédit ? Votre réponse constitue la valeur de Y.

b) Combien de temps vous faut-il pour vous rendre à la banque ? Quel est votre salaire horaire ? Utilisez ces deux chiffres pour calculer la valeur de F.

c) Quel taux d'intérêt percevez-vous sur l'argent que vous avez déposé sur un compte bancaire ? C'est votre valeur de i. (Veillez bien à écrire ce i en forme décimale : 6 % égale 0,06.)

d) Selon le modèle de Baumol-Tobin, combien de fois devez-vous vous rendre à la banque chaque année et combien d'argent devez-vous retirer lors de chaque visite ?

e) En réalité, combien de fois allez-vous à votre banque et combien retirez-vous ?

f) Comparez les prévisions du modèle de Baumol-Tobin à votre propre comportement. Ce modèle explique-t-il bien la manière dont vous vous comportez ? Sinon, pourquoi ? Comment suggérez-vous de modifier ce modèle pour lui permettre de mieux décrire votre comportement ?

6. Au chapitre 4, nous avons défini la vitesse de circulation de la monnaie en tant que rapport entre dépenses nominales et quantité de monnaie. Utilisons maintenant le modèle de Baumol-Tobin pour étudier les déterminants de cette vitesse de circulation.

a) En vous souvenant que les encaisses monétaires moyennes sont égales à $Y/(2N)$, exprimez la vitesse de circulation sous la forme d'une fonction du nombre N de visites à la banque. Expliquez votre résultat.

b) Utilisez la formule du nombre optimal de visites pour exprimer la vitesse de circulation de la monnaie en termes d'une fonction de dépenses Y, du taux d'intérêt i et du coût de F de chaque visite à la banque.

c) Qu'advient-il de la vitesse de circulation quand le taux d'intérêt augmente ? Expliquez.

d) Qu'advient-il de la vitesse de circulation quand le niveau des prix augmente ? Expliquez.

e) À mesure que l'économie croît, que devrait-il advenir de la vitesse de circulation de monnaie ? (Une indication : pensez à la manière dont la croissance économique influence Y et F.)

f) Supposez maintenant que le nombre de visites à la banque est fixé plutôt que discrétionnaire. Quelles sont les implications de cette hypothèse pour la vitesse de circulation de la monnaie ?

ÉPILOGUE

CE QUE NOUS SAVONS, CE QUE NOUS NE SAVONS PAS ENCORE

> *Tous les économistes réunis ne parviendraient pas à une conclusion.*
> George Bernard Shaw

> *La théorie économique ne fournit aucun ensemble constitué de conclusions immédiatement utilisables pour définir les politiques. Il s'agit d'une méthode plutôt que d'une doctrine, d'une série d'outils intellectuels qui aident leurs détenteurs à tirer des conclusions correctes.*
> John Maynard Keynes

Le premier chapitre de ce manuel affirme que l'objet de la macroéconomie est de comprendre les événements économiques et d'améliorer les politiques économiques. Ayant élaboré et utilisé les principaux modèles de la boîte à outils du macroéconomiste, nous pouvons maintenant évaluer si les économistes ont atteint ces objectifs.

Toute évaluation honnête de l'état actuel de la macroéconomie doit reconnaître que cette science reste incomplète. Elle comporte des principes que pratiquement tous les macroéconomistes acceptent et dont ils se servent pour tenter d'analyser les événements ou de formuler les politiques économiques. Mais elle continue de poser de multiples questions restées à ce jour sans réponse. Cet épilogue passe rapidement en revue les principaux enseignements de la macroéconomie, mais aussi les plus pressantes des questions non résolues.

1 LES QUATRE PRINCIPAUX ENSEIGNEMENTS DE LA MACROÉCONOMIE

Commençons par les quatre enseignements qui parcourent ce livre et auxquels adhèrent la plupart des économistes contemporains. Chacun d'entre eux nous dit comment une politique économique peut influer sur une variable économique clé - production, inflation ou chômage -, soit à long terme, soit à court terme.

1.1 Enseignement n° 1 : à long terme, la capacité d'un pays à produire des biens et des services détermine le niveau de vie de ses citoyens

De toutes les mesures du comportement de l'économie présentées au chapitre 2 et utilisées dans ce livre, celle qui rend le mieux compte du bien-être économique est le PIB. Le PIB réel mesure la production totale de biens et services de l'économie et donc la capacité du pays à satisfaire les besoins et souhaits de ses citoyens. Les États ayant un PIB par habitant élevé disposent de presque tout : de grandes maisons, plusieurs voitures, un niveau d'alphabétisation élevé, un meilleur système de soins, une espérance de vie élevée, et une connexion internet rapide. Peut-être l'une des principales questions qui se posent en macroéconomie est-elle celle des déterminants du niveau et de la croissance du PIB.

Les modèles des chapitres 3, 7 et 8 identifient les déterminants à long terme du PIB. À long terme, le PIB dépend des facteurs de production - capital et travail - et de la technologie utilisée pour transformer ces facteurs en production. Le PIB croît lorsque les facteurs de production augmentent ou lorsque la technologie disponible s'améliore.

Cet enseignement a un corollaire évident, mais non moins important : les politiques économiques ne peuvent conduire à une hausse du PIB à long terme qu'en améliorant la capacité productive de l'économie. Ceci peut être obtenu de diverses manières. Les politiques qui accroissent l'épargne nationale - en augmentant l'épargne publique ou l'épargne privée - génèrent en dernier ressort un stock de capital plus important. Les politiques qui améliorent l'efficacité du travail - notamment grâce à une meilleure formation ou aux progrès technologiques - se traduisent par une utilisation plus productive du capital et du travail. Les politiques qui améliorent les institutions du pays, comme la lutte contre la corruption, entraînent une accumulation importante du capital et une meilleure utilisation des ressources de l'économie. Dans tous les cas, de telles politiques accroissent la production de biens et services de l'économie, et donc le niveau de vie de la population. Par contre, on est moins sûr de la meilleure manière d'accroître la capacité productive de l'économie.

1.2 Enseignement n° 2 : à court terme, la demande agrégée influence la quantité de biens et services que produit un pays

Même si la capacité qu'a l'économie d'*offrir* des biens et services est le seul déterminant du PIB à long terme, à court terme le PIB dépend également de la *demande* agrégée de biens et services. La demande agrégée joue ce rôle crucial parce que les prix sont rigides à court terme. Le modèle *IS-LM* élaboré aux chapitres 10 et 11 identifie les causes des variations de la demande agrégée, et donc des fluctuations de court terme du PIB.

Dans la mesure où la demande agrégée influence la production à court terme, toutes les variables susceptibles d'affecter cette demande agrégée peuvent avoir un impact sur les fluctuations économiques. La politique monétaire, la politique budgétaire et les chocs qui s'exercent sur le marché de la monnaie ou sur le marché des biens et services sont fréquemment à la source de variations d'année en année de la production et de l'emploi. Ce rôle essentiel de la demande agrégée dans les fluctuations à court terme oblige les responsables politiques à suivre de près les évolutions économiques. Avant de modifier quoi que ce soit à leurs politiques monétaire ou budgétaire, ils doivent en effet savoir si l'économie est en expansion ou en récession.

1.3 Enseignement n° 3 : à long terme, le taux de croissance monétaire détermine le taux d'inflation, mais n'affecte en rien le taux de chômage

Outre le PIB, l'inflation et le chômage sont deux autres indicateurs fort suivis de l'évolution économique. Le chapitre 2 a montré comment on mesure ces deux variables, et les chapitres suivants ont élaboré des modèles explicatifs de leur détermination.

L'analyse de long terme du chapitre 4 souligne que la croissance de l'offre de monnaie est le déterminant ultime de l'inflation. À long terme, en effet, la valeur réelle d'une monnaie ne se déprécie que si la banque centrale en émet toujours plus. Cet enseignement peut expliquer la variation de décennie en décennie du taux d'inflation observé aux États-Unis autant que les épisodes beaucoup plus spectaculaires d'hyperinflation que connaissent de temps à autre certains pays.

Nous avons également examiné de nombreux effets à long terme d'une croissance monétaire et d'une inflation élevées. Le chapitre 4 nous a montré que, selon l'effet Fisher, l'inflation élevée pousse à la hausse le taux d'intérêt nominal, en laissant inchangé le taux d'intérêt réel. Le chapitre 5 a, quant à lui, exposé comment l'inflation élevée induit une dépréciation de la monnaie sur le marché des changes.

Les déterminants à long terme du chômage sont très différents. Selon la dichotomie classique, qui désigne l'absence de pertinence des variables nominales dans la détermination des variables réelles, la croissance de l'offre de monnaie n'a aucun impact sur le chômage à long terme. Comme l'a montré le chapitre 6, le taux de chômage naturel est déterminé par les taux de perte et d'acquisition d'emplois, qui dépendent à leur tour du processus de recherche d'emplois et de la rigidité du salaire réel.

Nous avons donc conclu qu'inflation et chômage persistants sont deux problèmes distincts. Pour lutter contre l'inflation à long terme, les responsables politiques doivent réduire la croissance de l'offre de monnaie. Pour lutter contre le chômage, ils doivent modifier la structure des marchés du travail. À long terme, il n'y a aucun arbitrage entre inflation et chômage.

1.4 Enseignement n° 4 : à court terme, les responsables des politiques monétaire et budgétaire sont confrontés à un arbitrage entre inflation et chômage

Si inflation et chômage sont indépendants à long terme, il existe bien un arbitrage nécessaire à court terme entre ces deux variables, comme l'illustre la courbe de Phillips à court terme. Comme nous l'avons vu au chapitre 13, les politiques monétaire et budgétaire peuvent être utilisées pour stimuler la demande agrégée, ce qui réduit le chômage et accroît l'inflation. De même, on peut les utiliser pour restreindre la demande agrégée, ce qui accroît le chômage et réduit l'inflation.

À court terme, il y a donc bel et bien un arbitrage à faire entre inflation et chômage. Au fil du temps, la courbe de Phillips de court terme se déplace pour deux raisons. D'une part, les chocs d'offre, telles les variations des prix des produits pétroliers, modifient les conditions de l'arbitrage à court terme ; un choc d'offre négatif contraint les responsables politiques au choix difficile entre inflation accrue ou chômage moindre. Par ailleurs, toute modification des anticipations de l'inflation affecte également l'arbitrage entre inflation et chômage. L'ajustement des anticipations assure toutefois que cet arbitrage ne persiste pas au-delà du court terme. Ce n'est que dans le court terme que le chômage peut s'écarter de son taux naturel et que la politique monétaire peut avoir des effets réels. À long terme, c'est le modèle classique des chapitres 3 à 8 qui décrit le monde.

2 LES QUATRE PRINCIPALES QUESTIONS NON RÉSOLUES DE LA MACROÉCONOMIE

Nous venons de voir les quatre grands enseignements macroéconomiques auxquels peuvent adhérer la plupart des économistes. Nous passons ci-dessous à quatre questions qui restent source de controverses entre eux. Ces controverses portent tantôt sur la validité relative de plusieurs théories économiques, tantôt sur la manière dont il convient d'appliquer la théorie économique à la définition des politiques économiques.

2.1 Question n° 1 : comment les responsables politiques doivent-ils s'efforcer d'accroître le taux naturel de production de l'économie ?

Le taux naturel de production de l'économie est fonction des quantités relatives de capital et de travail dont elle dispose et de l'état de la technologie qui lui est accessible. Toute politique visant l'accroissement à long terme de la production doit donc augmenter le volume du capital, accroître la qualité du travail ou améliorer la technologie disponible. Il n'existe cependant pas de moyen simple et sans coût d'atteindre ces objectifs.

Le modèle de croissance de Solow présenté aux chapitres 7 et 8 montre que, pour augmenter le volume du capital existant, il faut accroître l'épargne et l'investissement. Nombreux sont donc les économistes qui recommandent des politiques permettant d'accroître l'épargne nationale. Cependant, le modèle de Solow montre également que l'extension du stock de capital exige une période de consommation réduite des générations actuelles. Selon certains, il n'est pas nécessaire que les responsables politiques incitent les générations actuelles à faire ce sacrifice, dans la mesure où le progrès technologique améliorera de toute manière le sort des générations futures par rapport à celui des générations actuelles. (Un économiste blagueur s'est demandé : « qu'est-ce que la postérité a pu jamais faire pour moi ? ») De surcroît, même ceux qui sont en faveur d'une hausse de l'épargne et de l'investissement ne sont d'accord ni sur la meilleure manière d'obtenir cette épargne accrue, ni sur le fait de situer l'effort d'investissement dans le secteur privé (usines et équipements) ou dans le secteur public (infrastructures telles que routes et écoles).

Pour améliorer le recours au facteur travail, la plupart des responsables politiques aimeraient bien faire baisser le taux de chômage naturel. Comme l'a montré le chapitre 6, les grandes différences du chômage que nous observons entre les pays et les grandes variations du taux de chômage qu'un pays rencontre au fil du temps, confirment que le taux de chômage n'est nullement une constante immuable mais dépend des politiques et institutions d'un pays. Néanmoins, la réduction du chômage n'est pas tâche aisée. La baisse des allocations de chômage (en augmentant les efforts de recherche d'un emploi) et du salaire minimum (en ramenant les salaires au niveau d'équilibre) diminuerait le taux de chômage naturel. De telles politiques ne rallient cependant pas les suffrages de tous les économistes, dans la mesure où elles frappent les membres les plus défavorisés de la société.

Dans de nombreux pays, le marasme de la production est dû au manque d'institutions adéquates. Aujourd'hui, les Occidentaux ne craignent plus les révolutions, les coups d'État ou encore les guerres civiles. La plupart ont confiance en leurs institutions telles que la police, le système juridique pour faire respecter les lois, maintenir l'ordre public, protéger les droits de propriété et appliquer les contrats privés. Cependant, les gens vivant dans les pays en développement où ce type d'institutions fait défaut, reçoivent de mauvaises incitations : une économie a peu de chances de prospérer si voler son voisin est le chemin le plus sûr d'accéder à la richesse plutôt que créer quelque chose ayant une valeur économique. Tous les économistes s'accordent à dire que la mise en place d'institutions fiables et adéquates est la condition préalable pour relancer la croissance économique des pays en développement. Mais changer les institutions demande en priorité de surmonter certaines difficultés politiques.

Certains économistes voient dans l'accélération du progrès technologique le principal objectif des politiques économiques. Selon le modèle de croissance de Solow, une hausse soutenue et durable des niveaux de vie exige en dernier ressort un progrès technologique continu. En dépit d'un gros effort de recherche sur la croissance endogène, qui éclaire certains des choix de société qui déterminent le progrès technologique, les économistes ne peuvent à ce jour offrir une recette fiable permettant d'assurer un progrès technologique rapide. Le ralentissement mondial de la croissance de la productivité entamé au début des années 1970 s'est arrêté vers 1995 et la croissance de la productivité américaine s'est accélérée. Reste à savoir combien de temps elle va durer, si elle va toucher le reste du monde et comment elle va être affectée par la récession de 2008-2009.

2.2 Question n° 2 : les responsables politiques doivent-ils s'efforcer de stabiliser l'économie ?

Le modèle de l'offre et de la demande agrégées élaboré aux chapitres 9 à 14 indique comment divers chocs qui s'exercent sur l'économie provoquent des fluctuations économiques et comment les politiques monétaire et budgétaire peuvent avoir un impact sur ces fluctuations. Pour certains économistes, les responsables politiques doivent utiliser cette analyse pour tenter de stabiliser l'économie. Ils sont convaincus que l'un des objets des politiques monétaire et budgétaire est de compenser les chocs pour maintenir production et emploi à des niveaux proches de leurs niveaux naturels.

Cependant, le chapitre 15 nous a montré que d'autres économistes sont sceptiques quant à la possibilité de stabiliser l'économie. Pour justifier leur position, ils se réfèrent aux délais longs et variables associés à la définition et à la mise en œuvre des politiques économiques, à la mauvaise qualité historiquement vérifiée des prévisions économiques et aux limites dont restent affectées les connaissances économiques. Ils en concluent que la meilleure chose à faire est de ne rien faire. Certains renchérissent en insistant sur l'opportunisme de nombreux responsables politiques et sur l'incohérence dans le temps de nombreuses politiques économiques. Pour ces raisons, ils préfèrent priver ceux-ci de toute utilisation discrétionnaire des politiques monétaire et budgétaire en les obligeant à respecter une règle annoncée de politique économique. Ou, et ce serait vraiment la moindre des choses, limiter leur pouvoir discrétionnaire comme le font les banques centrales en adoptant des politiques de ciblage de l'inflation.

Une autre question est au centre des débats entre les économistes : quels sont les instruments macroéconomiques les mieux adaptés pour stabiliser l'économie ? En règle générale, la politique monétaire constitue la première ligne de défense contre les fluctuations économiques. Durant la récession de 2008-2009, la Fed a abaissé les taux d'intérêt pour atteindre des niveaux proches de zéro. Durant cette période, les discussions macroéconomiques se sont focalisées principalement sur la politique budgétaire. Il y avait un désaccord entre les économistes sur les mesures budgétaires qui devaient être mises en œuvre pour stimuler l'économie. Un autre sujet de discorde entre économistes était le choix entre les allégements fiscaux et la hausse des dépenses publiques comme instrument privilégié de relance de l'économie.

En corollaire, se pose la question de l'ampleur des avantages associés à la stabilisation économique, pour autant que celle-ci puisse être atteinte. Sans modification du taux de chômage naturel, les politiques de stabilisation ne peuvent qu'atténuer les fluctuations autour du taux naturel, pour, en cas de succès, prévenir les surchauffes autant que les récessions. Aux yeux de certains économistes, l'amélioration induite par de telles politiques serait, en moyenne, modeste.

Enfin, tous les économistes n'adhèrent pas au modèle des fluctuations économiques élaboré aux chapitres 9 à 14, fondé sur la double hypothèse des prix rigides et de l'absence de neutralité de la monnaie. Dans les termes de la théorie du cycle réel présentée brièvement en annexe du chapitre 8, les fluctuations économiques constituent en effet la réaction optimale de l'économie à l'évolution technologique. Les tenants de cette approche estiment donc que, même si cela était possible, il faut s'abstenir de stabiliser l'économie.

2.3 Question n° 3 : quels sont les coûts respectifs de l'inflation et de la désinflation ?

La hausse des prix interpelle les responsables politiques : doivent-ils mener des politiques de lutte contre l'inflation ? Ils doivent fonder leur décision sur le coût comparé d'une poursuite de l'inflation et de la lutte contre celle-ci. Cependant, les économistes sont incapables de leur proposer des estimations précises de ces deux types de coûts.

Le coût de l'inflation sépare souvent les économistes et les non-économistes. Quand l'inflation a atteint de l'ordre de 10 % par an, à la fin des années 1970, les sondages d'opinion ont montré que la population considérait cette évolution comme un problème économique majeur. Cependant, comme on l'a vu au chapitre 4, quand les économistes tentent d'identifier les coûts sociaux de l'inflation, ils sont réduits à mettre en avant les coûts de chaussures, les coûts de menu, les coûts associés à la non-indexation des systèmes fiscaux, etc. Substantiels en période d'hyperinflation, ces divers coûts apparaissent relativement modestes en présence des taux d'inflation modérés que connaissent la plupart des grandes économies. Certains économistes pensent donc que les citoyens préoccupés par l'inflation confondent en fait celle-ci avec d'autres problèmes économiques coïncidents. Ainsi, au cours des années 1970, la croissance de la productivité et celle des salaires réels se sont ralenties simultanément : il est donc possible de voir dans l'inflation la cause du ralentissement de la croissance des salaires réels. Mais il est parfaitement imaginable également que ce sont les économistes qui se trompent : l'inflation est peut-être réellement très coûteuse, mais nous ne savons pas encore pourquoi.

Le coût de la désinflation est un autre sujet de discorde entre économistes. Le chapitre 13 a exposé l'approche conventionnelle, décrite par la courbe de Phillips de court terme, selon laquelle il faut une longue période de faible production et de chômage élevé pour réduire l'inflation. Cette approche mesure le coût de la réduction de l'inflation par le coefficient de sacrifice, qui exprime le nombre de points de pourcentage du PIB annuel auxquels il faut renoncer pour faire baisser l'inflation d'un point de pourcentage. Il est cependant des économistes qui pensent que le coût de réduction de l'inflation est nettement inférieur à ce qu'indique le coefficient de sacrifice. L'approche basée sur les anticipations rationnelles présentée au chapitre 13 montre que, si une politique anti-inflationniste est annoncée à l'avance et paraît crédible, les gens ajustent rapidement leurs anticipations, et la désinflation ne passe pas nécessairement par une récession.

D'autres économistes encore pensent, au contraire, que le coût de la réduction de l'inflation est beaucoup plus élevé que ce qu'indiquent les estimations conventionnelles du coefficient de sacrifice. Les théories de l'hystérésis présentées au chapitre 13 suggèrent en effet la possibilité qu'une récession induite par une politique anti-inflationniste accroisse le taux de chômage naturel. Si tel est le cas, le coût de la réduction de l'inflation ne s'arrête pas à une récession temporaire, mais doit également incorporer un niveau durablement supérieur de chômage.

Les désaccords sur les coûts de l'inflation et de la désinflation expliquent les recommandations contradictoires quelquefois proposées par les économistes aux responsables politiques. La poursuite des recherches dans ce domaine leur permettra peut-être un jour de se rejoindre sur l'intérêt d'une inflation modeste autant que sur la meilleure manière d'atteindre cet objectif.

2.4 Question n° 4 : dans quelle mesure les déficits budgétaires de l'État font-ils problème ?

La dette publique est un éternel sujet de débat entre les décideurs politiques. Dans les années 1980 et au début des années 1990, la plupart des pays industrialisés ont encouru d'importants déficits budgétaires et ont donc accumulé une dette publique substantielle. Aux États-Unis, pour la première fois en temps de paix, la part de la dette publique dans le PIB a été multipliée par deux entre 1980 et 1995. Même si la situation des finances publiques s'est ensuite améliorée vers la fin des années 1990 et est même devenue positive, elle s'est détériorée au début des années 2000 sous l'effet de la récession, la guerre et les changements des politiques fiscales. Cependant, le plus inquiétant et problématique reste la situation fiscale à long terme. Beaucoup d'économistes estiment que le déficit budgétaire sera encore plus important quand l'immense génération dite du baby-boom atteindra l'âge de la retraite et commencera à toucher ses droits et à bénéficier de la sécurité sociale et des prestations de soins de santé que le gouvernement fournit aux personnes âgées.

La plupart des modèles élaborés dans ce livre, comme la plupart des économistes, du reste, adoptent l'approche traditionnelle de la dette publique, selon laquelle le déficit budgétaire réduit l'épargne et l'investissement en même temps qu'il entraîne un déficit commercial. À long terme, le stock de capital stationnaire s'en trouve réduit et l'endettement envers l'étranger accru. Les tenants de l'approche traditionnelle concluent donc que les déficits budgétaires constituent une charge pour les générations futures.

Or, comme nous l'avons vu au chapitre 16, certains économistes sont sceptiques quant à ces conclusions. Ils se réclament de l'approche ricardienne de la dette publique et ne sont pas convaincus par cette analyse. Pour eux, un déficit budgétaire est une simple substitution d'un prélèvement fiscal futur à un prélèvement fiscal actuel. Pour autant que les consommateurs soient tournés vers l'avenir, ce que supposent les théories de la consommation présentées au chapitre 17, ils épargnent aujourd'hui ce dont auront besoin leurs enfants et petits-enfants pour payer l'impôt futur. Aux yeux de ces économistes, les déficits budgétaires n'ont donc qu'un impact mineur sur l'économie.

D'autres économistes encore considèrent que le déficit budgétaire mesure imparfaitement la politique budgétaire. Tout en acceptant l'impact des recettes et des dépenses publiques sur le bien-être des diverses générations, ils affirment que le déficit budgétaire ne rend pas correctement compte des impacts intergénérationnels des décisions budgétaires. Certes, les niveaux des dépenses de la sécurité sociale et de l'impôt ont un impact sur le bien-être des personnes âgées et des contribuables mais les mesures du déficit budgétaire ne tiennent pas compte de ce choix de politique. Pour certains économistes, on devrait cesser de se concentrer sur le déficit budgétaire actuel et se concentrer plutôt sur les impacts intergénérationnels à long terme des politiques budgétaires.

3 CONCLUSION

Les lignes qui précèdent montrent bien le monde incertain dans lequel doivent vivre les économistes autant que les responsables politiques. L'état actuel des connaissances macroéconomiques offre certes beaucoup d'explications, mais il laisse aussi de nombreuses questions sans réponse. Pour les économistes, le défi consiste à trouver les réponses à ces questions et à étendre le champ des connaissances. Pour les responsables politiques, le défi est d'utiliser au mieux l'état actuel des connaissances pour améliorer les résultats économiques. Relever ces deux défis est certes ambitieux, mais pas impossible.

GLOSSAIRE

Actif dominé

Actif qui offre un rendement inférieur à celui d'un autre actif dans toutes les conjectures face à un avenir incertain.

Action

Titre de propriété qui correspond à une part de capital de société.

Actualisation

Réduction de la valeur des dépenses et des recettes futures par rapport à leur valeur actuelle, sous l'effet d'un taux d'intérêt positif.

Acyclique

Qui se meut sans direction cohérente dans le cycle conjoncturel. Voir aussi contracyclique, procyclique.

Agrégé(e)

Total(e) pour l'ensemble de l'économie.

Amortissement

Réduction du stock de capital sous le double effet de l'obsolescence technique et de l'usure.

Anticipations adaptatives

Hypothèse selon laquelle les gens constituent leurs anticipations relatives à une variable en se fondant sur les valeurs récemment observées de cette variable. Voir aussi anticipations rationnelles.

Anticipations des entrepreneurs

Vagues exogènes et peut-être autoréalisatrices d'optimisme et de pessimisme quant à l'état de l'économie qui, selon certains économistes, influencent le niveau de l'investissement. Voir esprits animaux.

Anticipations rationnelles

Approche qui fait l'hypothèse que les gens utilisent de manière optimale toute l'information disponible, y compris l'information sur les politiques actuelles et prospectives, pour prévoir l'avenir. Voir aussi anticipations adaptatives.

Antisélection, ou sélection adverse

Tri défavorable à certains en conséquence de leurs propres décisions ; par exemple, dans le cadre de la théorie du salaire d'efficience, quand une réduction salariale pousse les bons travailleurs à quitter une entreprise et les mauvais travailleurs à y rester.

Appréciation
Hausse de la valeur d'une monnaie par rapport aux autres devises sur le marché des changes. Voir aussi dépréciation.

Arbitrage
Achat d'un bien ou d'un actif sur un marché pour le revendre à un prix plus élevé sur un autre marché afin de tirer parti du différentiel de prix entre les deux marchés.

Assurance-chômage
Secteur du système de sécurité sociale qui permet aux travailleurs de bénéficier d'une indemnité de chômage pendant un certain temps après qu'ils aient perdu leur emploi.

Attaque spéculative
Vente massive de la monnaie nationale, souvent à cause d'une modification brutale des perceptions des investisseurs, qui rend intenable le taux de change fixé.

Balance commerciale (ou solde)
Recettes d'exportation moins dépenses d'importation.

Balance commerciale équilibrée
Situation où les recettes d'exportation sont égales aux dépenses d'importation.

Banque centrale
Institution responsable de la conduite de la politique monétaire comme la Fed aux États-Unis.

Base monétaire
Somme des pièces et billets en circulation et des réserves bancaires, aussi appelée monnaie à haute puissance ou monnaie centrale.

Bien normal
Bien que le consommateur demande en plus grande quantité lorsque son revenu augmente.

Bilan
État comptable présentant l'actif et le passif.

Budget équilibré
Budget dans lequel les recettes sont égales aux dépenses.

Budgétisation avec compte de capital
Procédure comptable qui tient compte des éléments d'actif autant que de passif.

Capital
1. stock des infrastructures et des équipements utilisés à des fins de production ; 2. fonds permettant de financer l'accumulation du capital défini sous 1.

Capital humain
Accumulation des investissements par un individu pour améliorer ses capacités productives, comme l'éducation.

Capitaux propres bancaires
Ressources financières apportées par les propriétaires d'une institution financière.

Choc
Modification exogène d'une relation économique, telle que la courbe de demande agrégée ou la courbe d'offre agrégée.

Glossaire

Chocs de demande
Événements exogènes déplaçant la courbe de demande agrégée.

Chocs d'offre
Événements exogènes déplaçant la courbe d'offre agrégée.

Chômage conjoncturel
Chômage associé aux fluctuations économiques de court terme ; écart du taux de chômage par rapport à son taux naturel.

Chômage frictionnel
Chômage provoqué par le temps qu'il faut aux travailleurs pour rechercher et trouver les emplois correspondant le mieux à leurs capacités et à leurs goûts. Voir aussi chômage structurel.

Chômage structurel
Chômage résultant de la rigidité des salaires et du rationnement de l'emploi. Voir aussi chômage frictionnel.

Coefficient de sacrifice
Nombre de points de pourcentage du PIB réel d'une année donnée auquel il faut renoncer pour réduire l'inflation d'un point de pourcentage.

Comptabilité nationale
Système comptable qui mesure le PIB et ses diverses composantes.

Concurrence
Situation dans laquelle les consommateurs ou les entreprises sont tellement nombreux que l'action de l'un quelconque d'entre eux n'influence pas le prix du marché.

Consommation
Biens et services achetés par les consommateurs.

Convergence
Tendance des pays avec des dotations initiales différentes à rattraper leur retard et atteindre un niveau similaire de revenu par tête à long terme.

Convergence conditionnelle
Tendance des pays avec des dotations initiales différentes mais bénéficiant du même environnement économique et politique, à rattraper leur retard et atteindre un niveau similaire de revenu par tête à long terme.

Contingent à l'importation (ou quotas)
Limitation légale de la quantité d'un bien qui peut être importée.

Contracyclique
Qui se meut en sens inverse de la production, du revenu et de l'emploi dans le cycle conjoncturel ; qui augmente pendant les récessions et baisse pendant les expansions. Voir aussi acyclique, procyclique.

Contrainte budgétaire
Limite imposée par le revenu sur la dépense. Voir aussi contrainte budgétaire intertemporelle.

Contrainte budgétaire intertemporelle
Contrainte budgétaire affectant la dépense et le revenu pendant plus d'une période de temps. Voir aussi contrainte budgétaire.

Contrainte de liquidité
Restriction de la quantité qu'il est possible d'emprunter auprès des institutions financières, qui limite la capacité de ceux et celles qui en font l'objet de dépenser aujourd'hui leurs revenus futurs. Voir aussi restriction ou rationnement du crédit, *credit crunch*.

Contrainte de financement
Limitation de la quantité de fonds qu'une firme peut trouver, notamment par l'emprunt, en vue d'acheter des biens de capital.

Courbe de demande agrégée
Relation négative entre le niveau des prix et la quantité de production agrégée demandée à la suite de l'interaction entre le marché des biens et services et le marché monétaire.

Courbe de Phillips
Relation négative entre inflation et chômage ; dans sa version moderne, relation entre inflation, chômage conjoncturel, inflation anticipée et chocs d'offre, dérivée de la courbe d'offre agrégée à court terme.

Courbe d'indifférence
Représentation graphique des préférences, qui montre que diverses combinaisons de biens et de services produisent le même degré de satisfaction.

Courbe d'offre agrégée
Relation positive entre le niveau des prix et la quantité agrégée produite par les entreprises.

Courbe IS
Relation négative entre le taux d'intérêt et le niveau de revenu qui apparaît sur le marché des biens et services. Voir aussi modèle *IS-LM*, courbe *LM*.

Courbe LM
Relation positive entre le taux d'intérêt et le niveau du revenu, le niveau des prix étant maintenu constant, qui apparaît sur le marché des encaisses monétaires réelles. Voir aussi modèle *IS-LM*, courbe *IS*.

Coût de menu
Coût de modification d'un prix.

Coût du capital
Quantité d'argent à laquelle on renonce pour détenir une unité de capital pendant une période, comprenant le taux d'intérêt, l'amortissement et le gain ou la perte résultant de la variation du prix du capital.

Coût en chaussures
Coût de l'inflation réduisant les encaisses monétaires réelles, suscité notamment par l'inconvénient que représente le fait de devoir se rendre plus fréquemment à la banque.

Credit crunch
Limitation (voire raréfaction) du crédit offert à des emprunteurs potentiels due à des changements sur les marchés financiers. Les institutions financières sont moins disposées à accorder

de nouveaux crédits. Voir également contrainte de liquidité, restriction ou rationnement du crédit.

Crédits d'impôt en faveur des investissements
Voir déductibilité fiscale de l'investissement.

Critique de Lucas
Argument selon lequel l'analyse conventionnelle des politiques économiques ne tient pas correctement compte de l'impact des modifications de ces politiques sur les anticipations des gens.

Croissance équilibrée
Condition selon laquelle plusieurs variables économiques (revenu par habitant, capital par habitant et salaire réel par exemple) augmentent au même taux.

Currency board
Dispositif dans lequel la banque centrale, sous un régime de taux de change fixe, détient suffisamment de devises étrangères pour couvrir chaque unité de la monnaie nationale. C'est un système de caisse d'émission de monnaie adossée à des réserves en devises.

Cycle conjoncturel
Fluctuations de la production, des revenus et de l'emploi affectant l'ensemble de l'économie.

Cycle électoral
Fluctuations de la production et de l'emploi provoquées par la manipulation de l'économie à des fins électorales.

Déductibilité fiscale de l'investissement (crédit d'impôt)
Disposition fiscale qui permet aux entreprises de payer moins d'impôts sur leurs bénéfices quand elles acquièrent de nouveaux biens de capital.

Défaut de coordination
Situation dans laquelle les décideurs obtiennent un résultat moins bon pour chacun d'entre eux, en raison de leur incapacité conjointe à choisir des stratégies qui offriraient à tous un résultat meilleur.

Déficit budgétaire
Écart négatif des recettes par rapport aux dépenses.

Déficit budgétaire corrigé des variations conjoncturelles
Déficit budgétaire corrigé de l'impact du cycle conjoncturel sur les dépenses et les recettes de l'État ; déficit budgétaire qui surviendrait si la production et l'emploi de l'économie étaient à leurs taux naturels. Appelé également déficit budgétaire de plein emploi.

Déficit budgétaire de plein emploi
Voir déficit budgétaire corrigé des variations conjoncturelles.

Déflation
Baisse du niveau général des prix. Voir aussi désinflation, inflation.

Déflation par l'endettement
Théorie selon laquelle une baisse non anticipée du niveau des prix redistribue la richesse réelle des débiteurs vers les créanciers et réduit donc la dépense totale au sein de l'économie concernée.

Déflateur du PIB
Rapport du PIB nominal au PIB réel ; mesure du niveau général des prix traduisant le coût du panier de biens et de services actuellement produits par rapport à son coût au cours d'une année choisie comme année de base.

Délai externe
Temps qui s'écoule entre le moment où une mesure de politique économique est prise et celui où elle produit ses effets sur l'économie. Voir aussi délai interne.

Délai interne
Temps qui s'écoule entre le moment où un choc s'exerce sur l'économie et celui où une politique est mise en œuvre pour y réagir. Voir aussi délai externe.

Dépenses publiques
Biens et services achetés par l'État. Voir aussi transferts.

Dépôts à vue
Actifs détenus auprès des banques et immédiatement utilisables à des fins de transactions, tels que comptes à vue.

Dépréciation
Baisse de la valeur d'une monnaie par rapport aux autres devises sur le marché des changes. Voir aussi appréciation.

Dépression
Récession particulièrement grave.

Désinflation
Réduction du rythme de hausse des prix. Voir aussi déflation, inflation.

Dévaluation
Réduction de la valeur de la monnaie par la banque centrale, dans un système de taux de change fixes. Voir aussi réévaluation.

Dichotomie classique
Distinction théorique entre variables réelles et nominales faite par le modèle classique, qui implique que les variables nominales n'influencent pas les variables réelles. Voir aussi neutralité de la monnaie.

Dollarisation
L'abandon pur et simple de la monnaie nationale par un pays au profit du dollar américain.

Double coïncidence des besoins
Situation dans laquelle deux individus possèdent précisément le bien que l'autre souhaite.

Économie fermée
Économie sans échanges internationaux. Voir aussi économie ouverte.

Économie ouverte
Économie dans laquelle les gens peuvent librement échanger internationalement des biens et des actifs financiers. Voir aussi économie fermée.

Économie souterraine
Transactions économiques dissimulées en vue d'échapper à l'impôt ou à la répression d'activités illégales.

Effet Fisher
Répercussion intégrale de l'inflation anticipée sur le taux d'intérêt nominal.

Effet Mundell-Tobin
Baisse du taux d'intérêt réel résultant d'une hausse de l'inflation anticipée qui accroît le taux d'intérêt nominal, diminue les encaisses monétaires réelles et la richesse réelle et, de ce fait, réduit la consommation et accroît l'épargne.

Effet Pigou
Hausse des dépenses de consommation induite par une baisse du niveau des prix qui provoque l'augmentation des encaisses monétaires réelles et donc de la richesse des consommateurs.

Effet substitution
Variation de la consommation d'un bien résultant d'un déplacement le long d'une courbe d'indifférence provoquée par une variation du prix relatif. Voir aussi effet revenu.

Effet revenu
Variation de la consommation d'un bien résultant du passage sur une nouvelle courbe d'indifférence, le prix relatif étant constant. Voir aussi effet substitution.

Efficience du travail
Variable du modèle de croissance de Solow qui mesure la santé, l'éducation, le savoir-faire et les connaissances de la population active.

Élasticité
Variation en pourcentage d'une variable provoquée par une variation de 1 % d'une autre variable.

Élimination des variations saisonnières
Élimination des fluctuations régulières d'une variable économique associées aux diverses époques de l'année.

Emprunteurs subprimes
Emprunteurs qui n'offrent pas d'excellentes garanties de remboursement soit parce que leurs revenus sont modestes ou aléatoires, soit parce qu'ils ont déjà eu des difficultés financières par le passé ; clients considérés comme trop risqués et dont la solvabilité est faible.

Encaisses monétaires réelles
Quantité de monnaie exprimée en termes de la quantité de biens et services qu'elle peut acheter ; quantité de monnaie divisée par le niveau des prix (M/P).

Encours de production
Partie des stocks en cours de finition.

Épargne de précaution
Épargne supplémentaire suscitée par l'incertitude relative, notamment, à la longévité ou au revenu futur.

Épargne nationale
Revenu de la nation diminué de la consommation des ménages et des dépenses publiques ; somme de l'épargne privée et de l'épargne publique.

Épargne privée
Revenu disponible moins consommation.

Épargne publique
Recettes publiques moins dépenses publiques ; excédent budgétaire.

Équation de Fisher
Équation selon laquelle le taux d'intérêt nominal est égal à la somme du taux d'intérêt réel et de l'inflation anticipée ($i = r + E\pi$).

Équation quantitative
Identité indiquant que le produit de l'offre de monnaie et de la vitesse de circulation de celle-ci est égal à la dépense nominale ($MV = PY$) ; associée à l'hypothèse de vitesse de circulation stable, explication de la dépense nominale appelée théorie quantitative de la monnaie.

Équilibre
État d'équilibre entre deux forces opposées, telles que l'offre et la demande sur un marché.

Équilibre général
Équilibre simultané de tous les marchés de l'économie.

Équilibre keynésien
Modèle simple de la détermination du revenu basé sur les idées présentées dans la *Théorie générale* de Keynes, qui montre comment les variations de la dépense peuvent avoir un effet multiplicateur sur le revenu agrégé.

Équivalence ricardienne
Théorie selon laquelle les consommateurs tournés vers l'avenir anticipent intégralement les impôts futurs qu'implique la dette publique, de telle sorte que l'emprunt que fait aujourd'hui l'État, associé à l'impôt qu'il devra lever à l'avenir pour rembourser cet emprunt, a exactement le même impact sur l'économie qu'un impôt aujourd'hui.

Espèces, liquidité ou encaisses
Total des pièces de monnaie et billets de banque en circulation.

Esprits animaux
Vagues exogènes et peut-être autoréalisatrices d'optimisme et de pessimisme sur l'état de l'économie, qui, selon certains économistes, déterminent le niveau de l'investissement. Voir aussi anticipations des entrepreneurs.

Étalon-or
Système monétaire dans lequel l'or est utilisé comme monnaie ou dans lequel la totalité de la monnaie est convertible en or à un taux fixe.

État stationnaire
Situation dans laquelle les variables clés ne se modifient pas.

Éviction
Baisse de l'investissement induite par une politique budgétaire expansionniste qui pousse à la hausse les taux d'intérêt.

Excédent budgétaire
Écart positif des recettes par rapport aux dépenses.
Exportations
Biens et services vendus à d'autres pays.
Exportations nettes
Exportations moins importations.
Externalité de la demande agrégée
Impact macroéconomique de l'ajustement du prix d'une entreprise sur la demande des produits de toutes les autres.
Facteur de production
Facteur utilisé pour produire des biens et des services ; par exemple, capital et travail.
Federal funds rate (taux des fonds fédéraux)
Taux que s'appliquent les banques sur leurs emprunts réciproques au jour le jour.
Federal Reserve (la Fed)
Banque centrale des États-Unis.
Flux
Variable mesurée en termes de quantité par unité de temps. Voir aussi stock.
Fonction de consommation
Relation montrant les déterminants de la consommation ; par exemple, relation entre la consommation et le revenu disponible, $C = C(Y - T)$.
Fonction de demande de monnaie
Fonction montrant les déterminants de la demande d'encaisses monétaires réelles ; par exemple, $(M/P)^d = L(i, Y)$.
Fonction de production
Relation mathématique montrant comment les quantités des facteurs de production déterminent les quantités produites de biens et services ; par exemple, $Y = F(K, L)$.
Fonction de production de Cobb-Douglas
Fonction de production de la forme $F(K, L) = AK^\alpha L^{1-\alpha}$, où K est le capital, L le travail et A et α des paramètres.
Fonds prêtables
Flux de ressources disponibles en vue de financer l'accumulation du capital.
Fonds propres réglementaires
Exigences minimales en besoins de fonds propres pour les banques fixées par le régulateur. C'est le capital réglementaire de la banque.
Grande économie ouverte
Économie ouverte capable d'influencer son propre taux d'intérêt ; économie qui, en raison de sa taille, peut avoir un impact substantiel sur les marchés internationaux et en particulier sur le taux d'intérêt mondial. Voir aussi petite économie ouverte.
Hyperinflation
Inflation extrêmement élevée.

Hypothèse du cycle de vie
Théorie de la consommation qui met en avant le rôle de l'épargne et de l'emprunt en tant que moyen de transférer des ressources des périodes de la vie où le revenu est élevé vers celles où le revenu est faible, et notamment de l'âge actif vers l'âge de la retraite.

Hypothèse des marchés efficients (ou encore hypothèse d'efficience des marchés)
Théorie selon laquelle les prix d'un titre ou actif boursier reflètent toute l'information publique disponible concernant la valeur intrinsèque de l'actif.

Hypothèse du taux naturel
Hypothèse selon laquelle les fluctuations de la demande agrégée n'influencent la production, l'emploi et le chômage qu'à court terme, tandis qu'à long terme, ces variables reviennent aux niveaux qu'implique le modèle classique.

Hypothèse du revenu permanent
Théorie de la consommation selon laquelle les gens fixent leur consommation sur la base de leur revenu permanent et ont recours à l'épargne et à l'emprunt pour lisser cette consommation en réaction à des variations transitoires de leur revenu.

Hystérésis (ou hystérèse)
Impact durable de l'histoire, notamment sur le taux de chômage naturel.

Identité comptable du revenu national
Équation qui montre que le PIB est la somme de la consommation, de l'investissement, des dépenses publiques et des exportations nettes.

Importations
Biens et services achetés à d'autres pays.

Impôt sur (les bénéfices) des sociétés, impôt des sociétés
Impôt prélevé sur les bénéfices comptables des entreprises.

Incohérence dans le temps
Tendance des responsables politiques à annoncer certaines mesures de manière à influencer les anticipations des acteurs privés, pour ensuite prendre des mesures différentes une fois formées les anticipations et prises les décisions correspondantes.

Indicateurs précurseurs ou avancés
Variables économiques dont les variations précèdent celles de la production de l'ensemble de l'économie et annoncent donc le sens prévisible de l'évolution de celle-ci.

Indice des indicateurs précurseurs ou avancés
Voir indicateurs précurseurs ou avancés.

Indice des prix à la consommation (IPC)
Mesure du niveau général des prix traduisant le coût d'un panier donné de biens de consommation par rapport au coût de ce même panier au cours d'une année choisie comme année de base.

Indice des prix de Laspeyres
Mesure du niveau des prix basé sur un panier constant de biens et de services. Voir aussi indice des prix de Paasche.

Indice des prix de Paasche
Mesure du niveau des prix basée sur un panier variable de biens. Voir aussi indice des prix de Laspeyres.

Inflation
Accroissement du niveau général des prix. Voir aussi déflation, désinflation.

Inflation-cible
Politique monétaire selon laquelle la banque centrale fixe un objectif pour le taux d'inflation.

Inflation induite par la demande
Inflation suscitée par des chocs sur la demande agrégée. Voir aussi inflation induite par les coûts.

Inflation induite par les coûts
Inflation résultant de chocs sur l'offre agrégée. Voir aussi inflation induite par la demande.

Insiders
Travailleurs déjà occupés et qui peuvent de ce fait influencer les négociations salariales. Voir aussi outsiders.

Intermédiation financière
Processus par lequel des ressources sont transférées des particuliers qui souhaitent épargner une partie de leur revenu en vue de leur consommation future vers les particuliers et les entreprises qui souhaitent emprunter pour acheter des biens d'équipement destinés à leur production future.

Interventions sur le marché monétaire (opérations d'open-market)
Achat ou vente d'obligations d'État par la banque centrale en vue d'accroître ou de réduire l'offre de monnaie.

Investissement
Biens achetés par les particuliers et les entreprises pour accroître leur stock de capital.

Investissement en stocks
Variation de la quantité de biens qu'une entreprise place en stocks, qu'il s'agisse de matières premières et de fournitures, d'encours de production ou de produits finis.

Investissement net
Montant de l'investissement après remplacement du capital amorti ; variation du stock de capital.

Investissement net à l'étranger
Voir sorties nettes de capitaux.

Investissement résidentiel
Logements nouveaux achetés par les gens pour y vivre et par les propriétaires immobiliers pour les louer.

Investissement fixe des entreprises
Acquisition par les entreprises de bâtiments et d'équipements qu'elles destinent à leur production future.

IPC
Voir indice des prix à la consommation.

Levier
Recours à l'endettement pour augmenter les capitaux propres à des fins d'investissement.

Liquide
Aisément convertible en moyen d'échange ; aisément utilisable pour procéder à des transactions.

Lissage de la production
Motif de constitution de stocks selon lequel les entreprises peuvent réduire leurs coûts en maintenant constantes leurs quantités produites, grâce à l'utilisation des stocks pour réagir aux fluctuations des ventes.

Loi d'Okun
Relation négative entre chômage et PIB réel, qui associe la baisse d'un point de pourcentage du chômage à une hausse supplémentaire du PIB réel d'environ 2 %.

Loyer du capital
Montant versé en location d'une unité de capital.

M1, M2, M3
Diverses mesures du stock de monnaie, de plus en plus larges à mesure que l'on passe de $M1$ à $M3$.

Macroéconomie
Étude de l'économie dans son ensemble. Voir aussi microéconomie.

Marche au hasard (ou aléatoire)
Évolution d'une variable dont les variations dans le temps sont imprévisibles.

Marché boursier
Marché sur lequel s'échangent les actions.

Mécanisme de transmission monétaire
Processus par lequel les variations de l'offre de monnaie influencent ce que les ménages et les entreprises souhaitent dépenser en acquisition de biens et services.

Microéconomie
Étude des marchés et des agents économiques individuels. Voir aussi macroéconomie.

Modèle
Représentation simplifiée de la réalité faisant appel à des graphiques ou à des équations pour montrer les interactions entre variables.

Modèle avec erreur des travailleurs sur le niveau des prix
Modèle de l'offre agrégée basé sur l'hypothèse que les travailleurs perçoivent quelquefois incorrectement le niveau général des prix.

Modèle avec prix rigides
Modèle de l'offre agrégée mettant en avant la lenteur d'ajustement des prix des biens et des services.

Modèle avec salaires rigides
Modèle de l'offre agrégée mettant en avant la lenteur d'ajustement des salaires nominaux.

Modèle de Baumol-Tobin
Modèle de la demande de monnaie selon lequel les gens fixent leur détention optimale de monnaie en comparant le coût d'opportunité que représentent les intérêts perdus du fait de cette détention et l'avantage qu'ils tirent d'un nombre inférieur de visites à la banque.

Modèle classique
Modèle de l'économie hérité des économistes classiques, ou pré-keynésiens ; il fait la double hypothèse que les prix et les salaires s'ajustent instantanément pour équilibrer les marchés et que la politique monétaire n'influence pas les variables réelles. Voir aussi modèle keynésien.

Modèle de croissance de Solow
Modèle qui montre comment l'épargne, la croissance démographique et le progrès technologique déterminent conjointement le niveau de vie et sa croissance.

Modèle de l'information imparfaite
Modèle de l'offre agrégée qui souligne que les individus ne connaissent pas toujours le niveau général des prix, car ils ne peuvent observer à tout moment tous les prix de tous les biens et services de l'économie.

Modèle de Mundell-Fleming
Modèle *IS-LM* dans le cas d'une petite économie ouverte.

Modèle d'équilibre du marché
Modèle qui fait l'hypothèse que les prix s'ajustent librement pour équilibrer l'offre et la demande.

Modèle IS-LM
Modèle de la demande agrégée qui montre ce qui détermine le revenu agrégé pour tout niveau donné des prix, en analysant l'interaction entre le marché des biens et services et celui de la monnaie. Voir aussi courbe *IS*, courbe *LM*.

Modèle keynésien
Modèle construit à partir des idées présentées dans la *Théorie générale* de Keynes ; modèle basé sur la double hypothèse que les salaires et les prix ne s'ajustent pas instantanément pour équilibrer les marchés et que la demande agrégée détermine la production et l'emploi. Voir aussi modèle classique.

Modèle macroéconométrique
Modèle qui utilise des données et des techniques statistiques pour décrire quantitativement l'économie, plutôt que d'en donner une interprétation exclusivement qualitative.

Modèle néoclassique de l'investissement
Théorie selon laquelle l'investissement est fonction du différentiel entre la productivité marginale du capital et le coût de celui-ci.

Monétarisme
Doctrine selon laquelle les variations de l'offre de monnaie sont la première source des fluctuations économiques, ce qui implique qu'une offre monétaire stable assure la stabilité de l'économie.

Monnaie
Stock d'actifs utilisés à des fins de transactions. Voir aussi monnaie-marchandise, monnaie fiduciaire.

Monnaie à haute puissance ou monnaie centrale
Somme des pièces et billets en circulation et des réserves bancaires, appelée également base monétaire, monnaie centrale.

Monnaie fiduciaire
Monnaie dépourvue de toute utilité intrinsèque, qui tire exclusivement sa valeur du fait d'être utilisée comme monnaie. Voir aussi monnaie-marchandise, monnaie.

Monnaie-marchandise
Monnaie dotée d'une valeur intrinsèque et qui aurait un usage même si elle ne servait pas de monnaie. Voir aussi monnaie fiduciaire, monnaie.

Moyen d'échange, intermédiaire des échanges
Objet universellement accepté dans les transactions ; l'une des fonctions de la monnaie. Voir aussi réserve de valeur, unité de compte.

Multiplicateur des dépenses publiques
Variation du revenu agrégé résultant d'une variation unitaire des dépenses publiques.

Multiplicateur fiscal
Variation du revenu agrégé provoquée par une variation unitaire des prélèvements fiscaux.

Multiplicateur monétaire
Accroissement de l'offre de monnaie résultant d'une hausse unitaire de la base monétaire.

NAIRU (non-accelerating inflation rate of unemployment)
Taux de chômage n'accélérant pas l'inflation.

Neutralité de la monnaie
Propriété selon laquelle les variations de l'offre de monnaie n'influencent pas les variables réelles. Voir aussi dichotomie classique.

Neutralité monétaire
Voir neutralité de la monnaie.

Nominal
Mesuré en valeur monétaire courante, non corrigée de l'inflation. Voir aussi réel.

Nouvelle économie classique
École de pensée selon laquelle les fluctuations économiques peuvent s'expliquer en conservant les hypothèses du modèle classique. Voir aussi nouvelle économie keynésienne.

Nouvelle économie keynésienne
École de pensée selon laquelle les fluctuations économiques ne peuvent s'expliquer qu'en acceptant le rôle de certaines imperfections microéconomiques telles que la rigidité des prix et des salaires. Voir aussi nouvelle économie classique.

Obligation
Titre négociable représentant une reconnaissance de dette de son émetteur et donnant à son souscripteur le droit de créance sur l'émetteur, généralement une entreprise ou l'État.

Optimiser
Obtenir le meilleur résultat possible sous un ensemble de contraintes.

Outsiders
Travailleurs non actuellement occupés et qui n'ont, de ce fait, aucune influence sur les négociations salariales. Voir aussi Insiders.

Parité de pouvoir d'achat
Doctrine selon laquelle les biens doivent être vendus au même prix dans chaque pays, qui implique que le taux de change nominal reflète les différentiels de prix.

Parts distributives des facteurs de production
Part respective des recettes totales qui rémunère chacun des facteurs de production.

Petite économie ouverte
Économie ouverte dont le taux d'intérêt est donné par les marchés financiers internationaux ; économie qui, en raison de sa taille, n'a qu'un impact négligeable sur les marchés internationaux et en particulier sur le taux d'intérêt mondial. Voir aussi grande économie ouverte.

PIB
Voir produit intérieur brut.

PNB
Voir produit national brut.

Politique accommodante
Politique qui compense les effets perturbateurs d'un choc ; par exemple, stimulation de la demande agrégée en réaction à un choc d'offre négatif en acceptant l'impact de ce choc sur les prix, mais en maintenant inchangé le niveau naturel de production.

Politique budgétaire
Choix de l'État en matière de fixation des niveaux des dépenses et des recettes.

Politique de stabilisation
Politique économique visant à limiter l'ampleur des fluctuations économiques de court terme.

Politique expansionniste
Politique qui stimule la demande agrégée, le revenu réel et l'emploi. Voir aussi politique restrictive.

Politique monétaire
Choix de la banque centrale relatifs à l'offre de monnaie.

Politique restrictive
Politique qui réduit la demande agrégée, le revenu réel et l'emploi. Voir aussi politique expansionniste.

Population active
Fraction de la population totale en âge de travailler qui a un emploi ou qui en recherche un.

Principe de Taylor
Proposition selon laquelle la réplique de la banque centrale à la hausse de l'inflation doit se traduire par un durcissement de la politique monétaire, c'est-à-dire par une hausse plus que proportionnelle du taux d'intérêt nominal.

Prix des facteurs
Rémunération d'une unité d'un facteur de production.

Prix flexibles
Prix qui s'ajustent rapidement pour équilibrer l'offre et la demande. Voir aussi prix rigides.

Prix rigides
Prix qui s'ajustent lentement et qui, donc, n'équilibrent pas toujours l'offre et la demande. Voir aussi prix flexibles.

Problème d'identification
Difficulté d'isoler une relation particulière entre données lorsque deux variables ou davantage ont plus d'une relation entre elles.

Procyclique
Qui se déplace dans le même sens que la production, le revenu et l'emploi dans le cycle conjoncturel ; qui baisse pendant les récessions et augmente pendant les expansions. Voir aussi acyclique, contracyclique.

Productivité marginale décroissante
Caractéristique d'une fonction de production selon laquelle la productivité marginale d'un facteur diminue à mesure que sa quantité augmente, tous les autres facteurs étant maintenus constants.

Productivité marginale du capital (*PMK*)
Quantité de production supplémentaire produite à l'aide d'une unité supplémentaire de capital.

Productivité marginale du travail (*PML*)
Quantité de production supplémentaire produite à l'aide d'une unité supplémentaire de travail.

Productivité totale des facteurs
Mesure du niveau de la technologie ; quantité de production par unité de facteurs, ces derniers étant pondérés par leurs parts distributives. Voir aussi résidu de Solow.

Produit intérieur brut (PIB)
Total des revenus gagnés sur le territoire national, y compris par les facteurs de production dont la propriété est étrangère ; dépenses totales en biens et services produits sur le territoire national.

Produit national brut (PNB)
Revenu total de tous les résidents d'un pays, y compris à l'aide de facteurs de production utilisés à l'étranger ; dépense totale en biens et services produits par les résidents du pays.

Profit, bénéfice
Revenu des propriétaires de l'entreprise ; revenus de l'entreprise moins coûts de l'entreprise. Voir aussi profit, bénéfice comptable ; profit, bénéfice économique.

Profit, bénéfice comptable
Part des recettes que conservent les propriétaires d'une entreprise après avoir rémunéré tous les facteurs de production, à l'exception du capital. Voir aussi profit, bénéfice économique.

Profit, bénéfice économique
Part des recettes que conservent les propriétaires d'une entreprise après avoir payé tous les facteurs de production. Voir aussi profit, bénéfice comptable.

Progrès technologique accroissant l'efficience du travail
Évolutions de la capacité de production qui accroissent l'efficience du travail.

Propension marginale à consommer (PMC)
Accroissement de la consommation associé à une unité supplémentaire de revenu disponible.

Propension moyenne à consommer (pmc)
Rapport de la consommation au revenu (C/Y).

Quasi-monnaie
Actifs pratiquement aussi commodes que la monnaie pour réaliser des transactions et qui sont, de ce fait, de proches substituts de la monnaie.

q de Tobin
Rapport de la valeur en Bourse du capital installé à son coût de remplacement.

Récession
Longue période de baisse du revenu réel.

Réel
Mesuré en unités monétaires constantes ; corrigé de l'inflation. Voir aussi nominal.

Réévaluation
Augmentation de la valeur de la monnaie par la banque centrale, dans un système de taux de change fixes. Voir aussi dévaluation.

Règle d'or
Taux d'épargne du modèle de croissance de Solow qui assure ultimement l'état stationnaire qui maximise la consommation par travailleur (ou par unité efficiente de travail).

Règle de Taylor
Règle de politique monétaire selon laquelle la banque centrale fixe le taux d'intérêt comme une fonction positive de l'inflation et négative de l'insuffisance de la production à partir de son niveau naturel (*output gap*).

Rendements d'échelle constants
Propriété d'une fonction de production selon laquelle un accroissement identique de tous les facteurs de production induit un accroissement proportionnel de la production.

Réserve de valeur
Manière de transférer du pouvoir d'achat du présent vers l'avenir ; l'une des fonctions de la monnaie. Voir aussi moyen d'échange, intermédiaire des échanges, unité de compte.

Réserves
Monnaie que les banques ont reçue en dépôt, mais qu'elles n'utilisent pas pour faire des prêts.

Réserves excédentaires
Réserves détenues par les banques au-delà du montant minimum des réserves obligatoires.

Réserves obligatoires

Niveau minimum des réserves bancaires imposé par la banque centrale lorsqu'elle précise un coefficient de réserves obligatoires.

Résidu de Solow

Croissance de la productivité totale des facteurs mesurée par la variation en pourcentage de la production diminuée de la variation en pourcentage des facteurs, pondérée par leurs parts relatives. Voir aussi productivité totale des facteurs.

Restriction ou rationnement du crédit

Limitation du montant qu'il est possible d'emprunter auprès des institutions financières, se répercutant sur la capacité de ceux et celles qu'elle frappe de dépenser aujourd'hui leurs revenus futurs. Voir aussi contrainte de liquidité, *credit crunch*.

Restructuration sectorielle

Modification de la répartition de la demande d'une économie entre branches industrielles ou régions.

Rétention de main-d'oeuvre

Emploi par les entreprises d'un nombre de travailleurs supérieur à celui dont elles ont besoin en période de faible demande, de manière à en disposer quand la demande reprendra.

Revenu disponible

Revenu après paiement des impôts.

Revenu permanent

Revenu que les gens s'attendent à conserver à l'avenir ; revenu normal. Voir aussi revenu transitoire.

Revenu transitoire

Partie du revenu que les gens ne s'attendent pas à conserver à l'avenir ; revenu courant moins revenu normal. Voir aussi revenu permanent.

Rigidité des prix

Absence d'ajustement des prix pour équilibrer l'offre et la demande de biens et services.

Rigidité des salaires

Absence d'ajustement des salaires pour équilibrer l'offre et la demande de travail.

Risque moral

Possibilité de comportement malhonnête dans les situations où le comportement n'est qu'imparfaitement connu ; par exemple, dans la théorie du salaire d'efficience, possibilité pour les travailleurs faiblement rémunérés de ne pas assumer leurs responsabilités, au risque d'être découverts et licenciés.

Salaire

Rémunération d'une unité de travail.

Seigneuriage

Recettes prélevées par l'État au travers de la création monétaire ; voir aussi taxe d'inflation.

Sélection adverse, ou antisélection

Tri défavorable à certains en conséquence de leurs propres décisions ; par exemple, dans le cadre de la théorie du salaire d'efficience, quand une réduction salariale pousse les bons travailleurs à quitter une entreprise et les mauvais travailleurs à y rester.

Sorties nettes de capitaux

Flux net de fonds investis à l'étranger ; épargne moins investissement sur le territoire national. Appelées également investissement net à l'étranger.

Stabilisateur automatique

Politique qui réduit l'amplitude des fluctuations économiques sans aucune modification délibérée des politiques économiques ; par exemple, système d'impôt sur le revenu qui réduit automatiquement le prélèvement quand le revenu diminue.

Stagflation

Situation de baisse de la production et de hausse des prix ; combinaison de la stagnation et de l'inflation.

Stock

Variable mesurée en termes de quantité à un moment donné du temps. Voir aussi flux.

Stock de sécurité

Incitation des entreprises à détenir des stocks pour éviter de ne pouvoir satisfaire une demande exceptionnellement élevée.

Substitution intertemporelle du travail

Arbitrage des gens entre les quantités de travail qu'ils sont disposés à fournir à diverses périodes.

Système bancaire avec réserves fractionnaires

Système dans lequel les banques conservent en réserves une partie seulement de leurs dépôts. Voir aussi système bancaire avec réserves intégrales.

Système bancaire avec réserves intégrales

Système dans lequel les banques conservent en réserves la totalité de leurs dépôts. Voir aussi système bancaire avec réserves fractionnaires.

Tarif douanier

Taxe frappant les biens importés.

Taux d'activité

Part de la population en âge de travailler dans la population active.

Taux de change

Taux auquel un pays effectue ses transactions sur les marchés internationaux. Voir aussi taux de change nominal, taux de change réel.

Taux de change fixes

Taux de change déterminés par la volonté de la banque centrale d'acheter et de vendre la monnaie nationale en échange de devises à un prix prédéterminé. Voir aussi taux de change flexibles.

Taux de change flexibles, ou flottants

Taux de change dont la banque centrale accepte les variations en réaction à la modification des conditions ou des politiques économiques. Voir aussi taux de change fixes.

Taux de change nominal

Taux de change auquel la monnaie d'un pays s'échange contre les autres devises. Voir aussi taux de change, taux de change réel.

Taux de change réel

Taux auquel un pays échange ses biens et services contre ceux d'un autre pays. Voir aussi taux de change, taux de change nominal.

Taux de chômage

Fraction inoccupée de la population active.

Taux de chômage naturel

Taux stationnaire de chômage ; taux de chômage vers lequel l'économie tend à long terme.

Taux d'escompte

Taux d'intérêt prélevé par la banque centrale sur les prêts qu'elle consent aux banques commerciales.

Taux d'intérêt

Prix du marché auquel des ressources sont transférées entre le présent et le futur ; rendement de l'épargne et coût de l'emprunt.

Taux d'intérêt mondial

Taux d'intérêt qui prévaut sur les marchés financiers internationaux.

Taux d'intérêt nominal

Rendement de l'épargne et coût de l'emprunt non corrigés de l'inflation. Voir aussi taux d'intérêt réel.

Taux d'intérêt réel

Rendement de l'épargne et coût de l'emprunt corrigés de l'inflation. Voir aussi taux d'intérêt nominal.

Taux d'intérêt réel ex ante

Taux d'intérêt réel anticipé lorsqu'un emprunt est contracté ; taux d'intérêt nominal moins l'inflation anticipée. Voir aussi taux d'intérêt réel ex post.

Taux d'intérêt réel ex post

Taux d'intérêt réel effectivement obtenu ; taux d'intérêt nominal moins l'inflation effective. Voir aussi taux d'intérêt réel ex ante.

Taux marginal de substitution (*TMS*)

Taux auquel les consommateurs sont prêts à renoncer à une partie d'un bien en échange d'une quantité accrue d'un autre bien ; pente de la courbe d'indifférence.

Taxe d'inflation

Recette prélevée par l'État liée à la création monétaire ; voir aussi seigneuriage.

Théorème d'Euler
Résultat mathématique utilisé par les économistes pour montrer que le profit économique doit être nul si la fonction de production a des rendements d'échelle constants et si les facteurs sont rémunérés à hauteur de leurs productivités marginales.

Théorie de la croissance endogène
Modèles de croissance économique qui tentent d'expliquer le taux de progrès technologique.

Théorie de la préférence pour la liquidité
Modèle simple du taux d'intérêt basé sur les idées présentées par la *Théorie générale* de Keynes, selon lequel le taux d'intérêt s'ajuste pour équilibrer l'offre et la demande d'encaisses monétaires réelles.

Théorie du cycle (économique) réel
Théorie selon laquelle les fluctuations économiques peuvent s'expliquer par les modifications réelles qui surviennent dans l'économie (par exemple, évolution des technologies), en excluant tout rôle des variables nominales (telles que l'offre de monnaie).

Théorie q de l'investissement
Théorie selon laquelle les dépenses en biens de capital sont fonction du rapport entre la valeur en Bourse du capital installé et son coût de remplacement.

Théorie quantitative (de la monnaie)
Doctrine affirmant que les variations de la quantité de monnaie induisent des variations des dépenses nominales.

Théories de la demande de monnaie basées sur la gestion du portefeuille
Théories qui expliquent les quantités de monnaie que les gens souhaitent détenir par le rôle de la monnaie en tant que réserve de valeur. Voir aussi théorie de la demande de monnaie basée sur la gestion des transactions.

Théories de la demande de monnaie basée sur la gestion des transactions
Théories qui expliquent la quantité de monnaie que les gens souhaitent détenir par le rôle de la monnaie en tant qu'intermédiaire des échanges. Voir aussi théorie de la demande de monnaie basée sur la gestion du portefeuille.

Théories du salaire d'efficience
Théories de la rigidité des salaires réels et du chômage selon lesquelles les entreprises accroissent la productivité du travail et leur profit en maintenant les salaires réels au-dessus de leur niveau d'équilibre.

Transferts
Paiements effectués par l'État au bénéfice de particuliers, sans contrepartie sous forme de biens ou de services, telles que les indemnités de sécurité sociale. Voir aussi dépenses publiques.

Travailleurs découragés
Travailleurs qui quittent la population active parce qu'ils désespèrent de trouver un emploi.

Unité de compte
Mesure dans laquelle sont libellés les prix et les autres éléments comptables ; l'une des fonctions de la monnaie. Voir aussi moyen d'échange, réserve de valeur.

Unités efficientes de travail

Mesure de la population active qui incorpore à la fois le nombre des travailleurs et l'efficience de chacun d'entre eux.

Union monétaire

Groupe d'économies qui ont décidé de partager une monnaie, et donc une politique monétaire, communes.

Utilité

Une mesure du bien-être ou de la satisfaction d'un agent économique.

Valeur actuelle

Montant présent équivalent à un montant qui ne sera reçu qu'à l'avenir, compte tenu du taux d'intérêt qui pourrait être perçu dans l'intervalle.

Valeur ajoutée

Valeur des ventes d'une entreprise diminuée de la valeur des biens et services intermédiaires achetés par elle.

Valeur imputée

Estimation de la valeur d'un bien ou d'un service non vendu sur le marché et qui n'a donc pas de prix de marché.

Variable aléatoire

Variable dont les valeurs sont déterminées par la chance.

Variable endogène

Variable expliquée par un modèle donné ; variable dont la valeur est déterminée par la solution de ce modèle. Voir aussi variable exogène.

Variable exogène

Variable que tout modèle particulier considère comme donnée ; variable dont la valeur est indépendante de la solution de ce modèle. Voir aussi variable endogène.

Variable prédéterminée

Variable dont la valeur a été déterminée à une période antérieure. Elle ne peut pas s'ajuster au cours d'une période t mais peut évoluer de période en période.

Vitesse de circulation de la monnaie

Rapport des dépenses nominales à l'offre de monnaie ; rythme auquel la monnaie passe d'une personne à l'autre.

INDEX

Note : Les numéros de page suivis par f *indiquent des figures ; les numéros de page suivis par* n *indiquent des notes de bas de page ; les numéros de page suivis par* t *indiquent des tableaux.*

A

Abel, Andrew B., 303n
Absence d'exclusion, 608
Absence de neutralité, 487
Absence de rivalité, 609
Accélération de l'inflation, 491
Accord de Libre Échange Nord-Américain (ALENA), 454
Accroissement
    de l'apport du facteur travail à la production, 294
    de la demande d'investissement, 113f
    des facteurs de production, 323
    du capital et du travail, 324
    du travail, 324
    du capital, 323
Accumulation du capital, 172, 182, 210, 253-285, 296, 299, 302, 305, 313, 339, 453, 529, 582, 594, 596, 660, 668
    dicté par la règle d'or, 280
    humain, 298, 301
Acemoglu, Daron, 308, 308n
Acquisition d'emploi, 221, 222f
Actif dominé, 692, 693, 694
Actif immobilisé
    de l'État, 588
Action, 107, 661
Activité économique, 405
    réelle, 663f
Actualisation, 623
Adéquation du capital bancaire, 13
Affectation, 79
    de l'investissement de l'économie, 304
Afrique, 308

Afrique du Sud, 151, 202t, 267f
Aghion, Philippe, 318, 318n, 483n
Agrégat monétaire, 699
Ajustement
    des prix, 463
    saisonnier, 61
Akerlof, George, 39, 152n
Alaska, 151
Aléatoire, 641
Alesina, Alberto, 230f, 245, 245n, 573f, 573n
Allemagne, 141f, 156, 157f, 168, 230t, 239, 240f, 243, 244f, 254t, 264, 266, 310t, 448, 458, 573, 573f, 583t
Allemagne de l'Ouest, 310t
Amérique centrale, 308
Amérique latine, 307, 607
Amortissement, 258, 259f, 260f, 265f
Ando, Albert, 633, 637n
Angeletos, George-Marios, 645n
Angell, Norman, 127n
Angleterre, 317
Anticipation, 562
    adaptative, 490, 521, 563
    d'inflation, 491, 515, 498
    de change, 451
    de l'inflation future, 515
    inflationniste, 531, 536
    rationnelle, 497-499, 502, 563, 641, 642, 643
    sur les variables futures, 517
Antisélection, 232
Apport personnel minimum, 422
Appréciation, 188

de la monnaie nationale, 443, 513
du taux de change, 204, 214, 215, 217, 440, 473f
du taux de change réel, 196, 214f, 216f
Approche ricardienne, 596
Approche traditionnelle de la dette publique, 593
Arabie saoudite, 202t
Arbitrage
à court terme entre inflation et chômage, 494-495, 477, 495f
entre inflation et chômage, 577, 708
entre la variabilité de la production et la variabilité de l'inflation, 540, 541f
Argentine, 136f, 154, 202t, 267f, 460
Asie, 327
autres pays d', 668
divers pays d', 455
Aspect dynamique des fluctuations économiques de court terme, 515
Assurance de revenu constant, 637
Assurance-chômage, 224, 225
Aten, Bettina, 267f, 282f
Atkeson, Andrew, 596n
Atlanta, 201
Attaque spéculative, 459, 460
Australie, 151, 174, 202t, 230t, 282f, 285, 306, 571, 573f, 583, 583t
Autriche, 230t, 583t
Avantages et inconvénients des divers systèmes de taux de change, 457
Aversion pour le risque, 149

B

Bailout, 423
Balance commerciale, 172n, 179, 184f
bilatérale, 174
Balance des biens et services, 171-172
Ball, Laurence, 237n, 485, 500n, 502n
Bangladesh, 254, 254t
Banque, 108
centrale, 127
centrale européenne (BCE), 543-544, 458
fédérale américaine (la Fed), 543
Barro, Robert J., 110f, 111n, 298n, 329n, 577n, 600-601, 601n

Barsky, Robert B., 61n, 142n
Base monétaire, 684, 687f
Baumol, William, 694, 694n
BCE, voir Banque centrale européenne
Becker, Gary, 380
Belgique, 230t, 301, 573f, 583t
Benartzi, Shlomo, 646n
Benjamin, Daniel K., 111n
Bernanke, Ben, 415n, 572, 572n
Bernheim, B. Douglas, 598n, 601n
Biais de substitution, 65
Biélorussie, 136, 136f
Bien
durable, 58t
intermédiaire, 50
non durable, 58t
normaux, 628
usagé, 49
Bien-être économique, 52
Big Mac, 201
Bilan, 681
Blanchard, Olivier J., 245, 245n, 502n
Blinder, Alan S., 146n, 344, 345n, 345t, 344f
Blocage du crédit, 668
BLS, voir *Bureau of Labor Statistics*
Bolivie, 154
Boskin, Michael, 66
Bossons, John, 637n
Breit, William, 39n
Brésil, 141f, 202t, 254t, 282f
Bretton Woods, 457
Brown, Charles, 228n
Brown, E. Cary, 415n
Brumberg, Richard, 633
Brunner, Karl, 413n
Bryan, William Jennings, 150
Buchanan, James, 606
Budget
de l'État équilibré, 102
équilibré et politique budgétaire optimale, 604
Budgétisation avec compte de capital, 589, 591
Bulow, Jeremy I., 233n
Bureau d'Analyses Économiques (*Bureau of Economic Analysis*), 45

Bureau of Labor Statistics (BLS), 62, 66, 68, 70, 71, 229, 230n, 239
Burundi, 266, 267f, 282f
Bush, George, 12, 27, 185, 378, 462, 572, 585, 599, 661
Business Cycle Dating Committee, 335n

C

Cagan, Phillip, 164n
Calibration
    du modèle, 532
    et simulations numériques, 533
Calvo, Guillermo, 482n
Cameroun, 267f
Campbell, John Y., 609n, 643n
Campillo, Marta, 573n
Camps nazis de prisonniers de guerre, 124
Canada, 168, 177, 202t, 230t, 282f, 308, 310t, 312, 433, 454, 571, 573f, 583t
Canetti, Elie R. D., 345n
Capital, 82, 259f
    humain, 187, 298-299, 304-305, 305n, 311, 328
    stationnaire, 260f, 261
    total, 279
Capitalisme des copains, 456
Capitalisme, socialisme et démocratie, 317
Capitaux
    propres de la banque, 689
    réglementaires, 690
Card, David, 228n
Carte bancaire, 129
Carte de crédit, 129
Carter, Jimmy, 27, 579
Cash basis, 591
Congressional Budget Office (CBO), 586, 591-592
Chamley, Christophe, 596n
Chari, V. V., 596n
Chili, 26, 136f, 168, 174, 186, 202t, 254t, 267f, 282, 282f, 309, 443, 461-463, 461f
Choc, 404
    de prix, 360
    positif de demande, 535f
    récessif sur la demande agrégée, 493
    sur l'économie, 358
    sur l'offre agrégée, 360, 530
    sur la courbe *IS*, 413
    sur la courbe *LM*, 415
    sur la demande agrégée, 358, 534
    technologique, 328
Choc d'offre, 488, 493, 496, 516, 522t, 531, 532f
    exogène, 515
    inflationniste, 530, 542
    négatif, 360, 361, 362
    positif, 360
    temporaire, 532f
Choc de demande, 522t, 535f
    positif, 537f
    temporaire, 536
Choi, James J., 646n
Choix intertemporel. 621
Chômage, 66, 219-246, 487, 492, 494
    au cours de la désinflation, 500f
    aux États-Unis, 236, 338f
    conjoncturel, 488
    durée du, 234
    en Europe, 240f
    frictionnel, 223, 224
    structurel, 226
Ciblage
    de l'inflation, 526, 570-571, 710
    du PIB nominal, 570
Cible d'inflation, 522f, 526, 538f
Cigarette, 125, 125n, 128, 153
Cipolla, Carlo M., 93n
Circuit économique, 45, 46f, 47, 80, 81f, 84, 98, 103-105, 114
Civilisation
    aztèque, 285
    maya, 285
Clarida, Richard, 547, 547n
Clinton, Bill, 27, 185, 579, 585, 661
Cobb, Charles, 94
Codes français napoléoniens, 307
Coefficient
    d'encaisses, 684
    de réserves, 682, 684
    de sacrifice, 496-497, 499-550
Cold-turkey, 497
Colon européen, 308
Colosio, Luis Donaldo, 454

Comités du budget de la Chambre et du Sénat aux États-Unis (CBO), 556
Communisme, 84
Compagnie d'assurance-vie, 108
Comparaison des états stationnaires, 268, 273f
Composante, 335
    de la dépense, 55
Comptabilité
    de la croissance (*growth accounting*), 323
    nationale, 45-55
Concours de beauté de Keynes, 664
Concurrence, 85
Condition de crédit, 674
Conference Board, 340, 342
Congrès américain, 138, 183
Congressional Budget Office (CBO), 379, 585
Connaissance, 314
Consommation, 56, 98, 99f, 259f, 270f, 615, 635, 636f
    de capital fixe, 59
Contingentement, 441
    ou quotas, 195
Contrainte
    affectant l'emprunt, 631
    budgétaire, 622, 627f, 628, 628f, 630f
    budgétaire du consommateur, 624, 625f
    budgétaire intertemporelle, 622, 624
    de financement, 666, 667, 667n
    de l'équilibre budgétaire, 607
    de liquidité, 631
    de rationnement du crédit, 599, 631
Contrôle
    de la quantité de monnaie, 127
    temporaire des prix et des salaires, 493
Controverse de la monnaie chinoise, 462
Convention sociale, 126
Convergence, 297
    conditionnelle, 298
Core inflation, 63
Corée, 583t
    du Sud, 202t, 267f, 282f, 300, 327, 328
Costa Rica, 282f
Côte-d'Ivoire, 282f
Council of Economic Advisors, 377, 565n

Courbe
    d'indifférence, 625-626
    d'offre agrégée, 353f, 488
    d'offre agrégée à court terme, 350, 486f
    d'offre agrégée à court terme horizontale, 353f
    d'offre agrégée à long terme, 350, 351f
    d'offre agrégée dynamique, 523-524, 524f, 528f
    d'offre agrégée horizontale, 350-352
    de demande agrégée, 348f, 408, 409f, 410f, 464f
    de demande agrégée décroissante, 348, 348f
    de demande agrégée dynamique, 525-526, 527f, 528f
    de demande agrégée en économie fermée, 463
    de Phillips, 478, 487-490, 490-496, 498, 502, 515-516, 521, 530, 537, 708
    de Phillips avec anticipations adaptatives, 500
    de Phillips de court terme, 494
    IS, 381f, 383f, 369-370, 380-382, 397, 434, 436f
    LM, 369, 382, 387, 388f, 389, 389f, 399, 435, 437f
Coût
    d'opportunité du placement, 670
    de détention de monnaie, 144f
    de l'hyperinflation, 152
    de l'inflation, 711
    de l'inflation anticipée, 147
    de l'inflation non anticipée, 149
    de la désinflation, 711
    de la détention de monnaie, 143, 697
    de la vie, 62
    de menu, 147
    de catalogue, 147
    du capital, 655
    en chaussures de l'inflation (*shoeleather cost*), 147
    historique, 660
    réel du capital, 657
    social de l'inflation, 145
Couverture
    intégrale, 225

partielle, 225
Crainte de l'inflation, 551
Crédibilité, 166, 548f
Credit crunch, 668
Crédit
    d'impôt en faveur des investissements, 660
    interbancaire, 422
    prime, 421
    hypothécaire (*mortgages*), 108
Creux, 335, 336
Crise
    bancaire et le rationnement du crédit, 667
    de 2008-2009, 13, 107, 674, 689
    financière 13, 27, 420, 590, 668
    financière internationale : l'Asie, 1997-1998, 455
    financière internationale : le Mexique, 1994-1995, 453
    pétrolière, 494
    systémique, 423
Critique de Lucas, 562, 563
Croissance, 264
    de la consommation, 337f
    de la production, 328, 329f
    de la productivité du travail, 97t
    démographique, 253, 277, 279f, 280f, 281-283, 298, 529
    des Tigres d'Asie de l'Est, 327
    du PIB réel aux États-Unis, 336f
    économique, 253, 291, 299, 309, 310t, 312, 323
    économique à long terme, 529
    économique aux États-Unis, 327t
    équilibrée, 258, 297
    monétaire, 135f
Currency Board, 459, 460
Current Population Survey (CPS), 67, 70, 229
Cycle conjoncturel, 334-335, 512, 592
Cycle de vie, 636f
Cycle électoral, 566

D

DAD, voir demande agrégée dynamique
Danemark, 202t, 282f, 448, 573f, 583t
Data Resources Incorporated, 404
Day of Reckoning, 607
Débats de politique économique, 15
Déficit, 604
    budgétaire, 27, 81, 102, 185, 303, 581, 604-607
    budgétaire corrigé des variations conjoncturelles, 592
    budgétaire de l'État, 712
    budgétaire de plein emploi, 592
    commercial, 172, 173t, 185, 607
Déficits jumeaux, 185
Déflateur du PIB, 53, 63, 65f
Déflation, 29, 417
    anticipée, 419f
Délai
    externe, 558
    interne, 558
Demande
    d'investissement, 113f, 114f
    de biens et services, 98, 257, 513-521
    de facteurs de l'entreprise, 87
    de logements, 670, 671, 671f
    de monnaie, 143, 144f, 387, 679, 691
Demande agrégée (*DA*), 347, 395, 463
    dynamique (*DAD*), 525-527, 527f
    en économie ouverte, 15
Démarrer
    avec trop de capital, 274
    avec trop peu de capital, 275
Democracy in Deficit, 606
Démographie, 236
Département du Trésor, 27
    aux États-Unis, 690
Dépense, 45
    effective, 370
    militaire, 110f
    prévue, 370
    prévue en fonction du revenu, 371f
    publique, 57, 58t, 102, 374, 379
    totale, 45
Déplacement
    à court terme de la demande agrégée, 353f
    de l'arbitrage de court terme, 495f
    de la courbe d'investissement, 182f

de la courbe de demande agrégée, 349, 359, 369, 369f
de la courbe des sorties nettes de capitaux, 216
de la demande agrégée, 369f
de la demande agrégée à long terme, 352
de la demande d'investissement, 181, 193, 214
Dépôt à vue, 128
Dépréciation, 188, 656
Dépression, 28f, 29
Désinflation, 496
    sans douleur, 497
Déterminant, 98, 657, 687f
    de l'équilibre entre offre et demande de biens et services, 103
    de la production totale de biens et de services, 82
    du taux de change nominal, 196
    du taux de change réel, 190
Dette publique, 581, 596
    autres considérations relatives à la, 604
    dimension internationale, 607
    effets sur la politique monétaire, 605
    et processus politiques, 606
Dévaluation, 448
Dichotomie classique, 13, 159-160, 343, 351, 489, 494, 501, 523, 707
Dickens, William T., 152n
Différence
    entre court et long termes, 343
    internationale entre courbes d'offre agrégée, 484
Différentiel
    d'inflation et taux de change, 198f
    de taux d'intérêt, 450-451
Divergence statistique, 59
Dollarisation, 459, 460
Dominguez, Kathryn M., 560n
Données internationales, 267f
    sur l'inflation et la croissance monétaire, 136f
    sur la croissance démographique et le revenu par habitant, 282f
Dornbusch, Rudiger, 156n, 637n
Double coïncidence des besoins, 124
Double déficit, 185

Double mandat, 544
Douglas, Paul, 93
Droit
    coutumier, 306
    de douane, 441
    de propriété, 308
    de propriété intellectuelle, 309
Dulberger, Ellen, 66
Dynamique
    d'un choc de demande, 537f
    des fluctuations économiques, 512

E

E.A.U., 202t
Earned Income Tax Credit (EITC), 228
Écart
    de la production, 489
    du chômage, 489
Échéance, 103
Eckstein, Otto, 403t
Économie, 340
    américaine, 28, 28f, 29, 30f
    comportementale, 644, 645
    dans le court terme, 15
    dans le long terme, 14, 77
    dans le très long terme, 15
    de l'offre, 378
    de troc, 124
    fermée, 98, 169-171, 176-178, 178f, 183-186, 203-204, 208, 209f, 213-214, 370, 432, 440-441, 471-475, 509
    fermée classique, 507
    ouverte, 98, 167-169, 171, 173t, 176, 182, 210, 212f, 424, 432, 463, 466, 478, 509, 513, 645
    ouverte revisitée, 431
    souterraine, 51, 693
Économistes de l'offre (*supply-siders*), 595
Effet
    de croissance, 266
    de levier, 689-690
    de niveau, 266
    déstabilisateur, 417
    Fisher, 139, 140, 142, 145, 386, 707
    Pigou, 417
    revenu, 629
    stabilisateur, 417

substitution, 629-630
Efficience du travail, 293
Efficience informationnelle, 665
Égypte, 202t
Eichengreen, Barry, 446n, 448n
Élection de 1896, 150-151
Emprunteurs *subprimes*, 671
Emploi
    perte d', 221, 222f
Encaisse monétaire réelle, 131, 157f
Encours de production, 673
Engagement
    contingent, 590
    non pris en compte, 589
Énigme de la consommation, 619, 621f
Enquête
    auprès des établissements, 70
    auprès des ménages, 67
Enseignement de l'histoire, 563
Entreprise
    de location, 654
    en situation de concurrence, 85
    de production, 653
Épargne, 105, 175, 178f, 184f, 264, 369
    de précaution, 637
    des personnes âgées, 635
    et investissement dans le monde, 266
    et investissement des États-Unis, 184f
    nationale, 105
    privée, 105
    publique, 81, 105
Épidémie de peste bubonique, 93
Épuisement des idées, 311
Équateur, 136f, 267f
Équation
    d'accumulation du capital, 315
    de Fisher, 139, 514, 521
    de Phillips, 489
    quantitative en tant que demande agrégée, 347
Équilibre
    commercial, 173t
    dans le court terme, 527
    dans le modèle *IS-LM*, 390f
    de court et de long terme, 411f
    de court et de long terme en petite économie ouverte, 465f
    de court terme, 397-399, 528f
    de long terme, 355f, 522
    de long terme du modèle de l'offre et de la demande agrégées dynamique, 523
    du marché, 37
    du stock, 669
    général, 114, 548
    keynésien, 370, 372f, 373f, 374f, 377, 380, 399
    sur le marché des biens et services, 104
    sur les marchés financiers, 105
Équité intergénérationnelle, 584
Équivalence ricardienne, 582, 596-597, 603
Erreur dans la prévision économique, 560
Espagne, 230t, 241, 242, 267f, 307, 501, 571, 573, 573f, 583t
Espérance mathématique, 515
Esprit animal, 404, 514, 666
Essai
    sur la monnaie, 357
    sur le principe de population, 283
    sur le système de financement, 603
Establishment Survey, 70
Étalon-or, 124, 445-446, 446n
    international, 445
État stationnaire, 222, 260f, 261, 263t, 270f, 272, 295t
    correspondant à la règle d'or, 272
    en présence de progrès technologique, 294
Etats-Unis
    accumulation du capital aux, 593-596
    assurance-chômage aux, 520-521, 239
    balance commerciale avec la chine, 174
    banque centrale des, 573f
    chômage aux, 30, 30f, 234-239, 338f, 368, 492-494, 492f
    crise bancaire et le rationnement du crédit aux, 667-669, 671
    crise financière en Asie et, 455-456
    crise financière et le ralentissement économique de 2008-2009 aux, 420-423
    croissance de la productivité du travail et des salaires aux, 96-97, 97t
    croissance démographique aux, 277

croissance démographique et revenu par habitant aux, 282f
croissance économique des, 310t, 326-327, 327t
déficit budgétaire des, 712-713
déficit commercial aux, 183-185, 184f
élection de 1896 aux, 150-151
en tant que grande économie ouverte, 203-204
en tant que petite économie ouverte, 176-177
faillites des institutions bancaires et l'offre de monnaie dans les années 1930 aux, 687-689, 687t
grande économie ouverte des, 466-467
guerre civile aux, 298, 584
importations et exportations en pourcentage du PIB aux, 168f
indexation aux, 150-151
inflation aux, 26-30, 29f, 122, 134-136, 140-141, 140f, 141f, 492-494, 492f, 548-549
inflation et taux de change aux, 197-199, 198f
inflation et taux d'intérêt nominaux aux, 140-141, 141f
mobilité des capitaux aux, 460-461
mouvement pour le bimétallisme, 150-151
niveau d'endettement des, 582-587, 583t, 584f
offre de monnaie aux, 134-136, 135f, 136f
performance historique de l'économie aux, 26-30, 28f, 29f, 30f
PIB réel des, 254-255, 254t
PIB réel par habitant aux, 26-30, 28f
prix du Big Mac et taux de change aux, 201-202, 202t
récessions aux, 560-562, 561f
salaire minimum aux, 227-230
seigneuriage aux, 138-139
syndicats de travailleurs aux, 230-231, 230t
système de Bretton Woods et les, 443
système financier, marchés, intermédiaires financiers et la crise de 2008-2009 aux, 107-108
traitement comptable du TARP aux, 590-592
Éthiopie, 266, 267f, 282f
Étude empirique, 296
de la demande de monnaie, 697
Euphorie des années 1980, 362
Euro, 460
Europe, 239-241, 243, 458, 544
Évaluation
des politiques économiques, 182
du taux d'épargne, 301
Éviction de l'investissement, 109
Évolution, 125
du capital, 258
Ex ante, 141
Ex post, 141
Excédent
budgétaire, 102, 304, 604
commercial, 172, 173t
Expansion
budgétaire, 181f, 439, 447f, 450t
budgétaire dans une grande économie ouverte, 473f
budgétaire intérieure, 180f
monétaire, 441f, 450t, 474f
Explication des fluctuations à l'aide du modèle *IS-LM*, 396
Exportation nette, 57, 58t, 170, 189, 190f
Externalité technologique, 305

F

Facteur
de production, 82, 314, 673
déterminant des salaires réels, 96
Faillite des institutions bancaires, 687
Fair, Ray C., 560n
Fama, Eugene, 666n
Fazzari, Steven M., 667n
Federal Reserve (la Fed), 127, 543
Federal Deposit Insurance Corporation, 689
Federal Open Market Committee, 407
Federal Reserve System, 458
Fei, 126, 127
Feldstein, Martin, 607

Financement
   par endettement (*debt finance*), 108
   par participation au capital (*equity finance*), 108
Finlande, 230t, 267f, 448, 571, 583t
Fischer, Stanley, 137n, 156n, 637n
Fisher, Irving, 142, 621, 622, 644
Fleming, J. Marcus, 432n
Flinders Island, 285
Fluctuation
   dans les taux de change, 462
   de court terme, 14, 15, 177, 328, 334-335, 340, 435, 486f, 643
   de court terme de l'activité économique, 391, 391f
   de court terme du revenu agrégé, 432
   de court terme des agrégats monétaires, 700
   de court terme du PIB, 706
   de l'activité économique, 340, 592
   de l'offre de monnaie, 350
   de la demande agrégée, 350, 485, 501
   de la production, 652
   des prix, 422
   du marché boursier, 664
   du revenu national, 368, 396
   du taux de chômage, 221
   économique, 11, 12, 15, 37, 331-335, 360-364, 368, 405, 413, 484, 501, 512, 518, 564, 570, 604, 617, 673, 707, 710
   économique de court terme, 15, 136, 160, 342-346, 408, 478, 512, 527, 548, 556, 666, 668, 700
Flux, 47, 47f
   circulaire, 81f
   de capitaux, 186
   international de biens et de capitaux, 169
   international de capitaux, 171
   international de marchandises et de capitaux, 173, 173t
Fonction, 35, 123
   d'investissement, 101f, 659f
   de consommation, 99, 99f, 257, 616, 636f
   de consommation du cycle de vie, 635f
   de consommation keynésienne, 618f, 629
   de demande de monnaie, 132
   de demande de monnaie et l'équation quantitative, 131
   de perte, 577
   de production, 83, 88f, 255, 256f
   de production de Cobb-Douglas, 93, 94, 96, 96f, 187, 654
   de réaction, 532, 534
   du stock de capital, 258
   impulsion-propagation, 532, 534
Fonctionnement de l'économie ouverte, 169
Fond
   commun de placement, 108
   de pension, 108
   propre, 689t
   propre réglementaire, 689, 690
Fondement microéconomique, 16, 38
Fonds Monétaire International (FMI), 168f, 198f, 432n, 455, 456
Fonds
   prêtables, 107
   propres en capital des banques, 13
Ford, Gerald, 27
Ford, Henry, 12, 233
France, 230t, 239, 240f, 243, 244f, 310t, 356, 448, 458, 573f, 583t
Frankel, Jeffrey A., 301, 301n
Fréquence d'ajustement des prix, 344f
Friedman, Ben, 607
Friedman, Milton, 38, 134, 135, 135f, 135n, 164n, 413n, 416, 483n, 556, 570, 621, 638, 638n, 687f
Froot, Kenneth A., 201n
Frydman, R., 483n

G

Gali, Jordi, 547, 547n
Galor, Oded, 284n
Gambie, 282f
Geithner, Timothy, 463
Génération future, 600
Gertler, Mark, 547, 547n
Gestion
   des transactions, 694
   du portefeuille, 691

Ghana, 267f
Glaeser, Edward, 230f, 245, 245n
Glissement sectoriel ou régional, 224
Goldfeld, Stephen M., 698n
Gordon, David, 577n
Gordon, Robert J., 66, 318n, 497n
Gourinchas, Pierre-Olivier, 633n
Grand modèle complet, 507
Grande Dépression, 27, 312, 334, 379, 396, 413n, 414t, 416, 419, 420, 448, 560, 560n, 562, 667
Grande distribution, 318
Grande économie ouverte, 177, 208, 210, 211f, 212, 212f, 213f, 214, 214f, 215f, 216f, 433n, 466, 471-474, 474f, 475
Grande Inflation, 547
Grande-Bretagne, 306, 446, 458-560, 569
Grèce, 137, 267f, 583t
Greenspan, Alan 12, 547, 572, 579, 605, 699
Griliches, Zvi, 66, 317n
Grossman, Gene M., 201n
Groupes démographiques, 235
Guatemala, 282f
Guerre
    du Golfe, 493
    du Vietnam, 640
    et les taux d'intérêt au Royaume-Uni, 1730-1920, 110
    mondiale, 156, 157f
    deuxième guerre mondiale, 124, 266, 312
    première guerre mondiale, 156, 564
Guinée Bissau, 267f, 282f

H

Haïti, 136f
Hall, Robert E., 157f, 221n, 299n, 641, 642n, 644, 661n
Hamilton, Alexander, 12, 138, 569, 582
Hansen, Gary D., 284n
Hausse
    de l'offre de monnaie, 400f
    de la demande, 34f
    de la demande agrégée, 359f
    de la demande d'investissement, 214f
    de la prime de risque, 453
    des dépenses publiques, 108, 374f, 383f, 397f
    du chômage en Europe, 239
    du niveau naturel de production, 529f
    du revenu, 628f
    du taux d'épargne, 265f, 276f
    du taux d'intérêt, 630f
Hayashi, Fumio, 662n
Heertje, Arnold, 39n
Heston, Alan, 267f, 282f
Hicks, John R., 370n
High-powered money, 685
Hirsch, Barry T., 39n
Histoire
    économique des États-Unis, 30
    française, 356
Hong Kong, 202t, 282f, 327, 461f
Hongrie, 202t, 583t
Horizon temporel en macroéconomie, 342
House, Christopher L., 661, 661n
Howitt, Peter, 318, 318n
Hubbard, R. Glenn, 667n
Hume, David, 130, 357
Hurd, Michael, 637n
Hyperinflation, 122, 137, 152
    allemande, 156
    au Zimbabwe, 13, 158-159
    bolivienne, 153
    causes de l', 155
Hypothèse, 176
    d'hystérésis, 502
    d'une économie fermée, 168
    de Keynes quant à la fonction de consommation, 617
    de la dépense, 413
    de la marche au hasard, 641, 642
    de la rigidité des prix, 413
    de petite économie ouverte, 177
    de vitesse constante, 133
    des anticipations adaptatives, 517, 538, 540
    des anticipations rationnelles 517, 641
    des marchés efficients, 664
    des prix rigides, 711
    du cycle de vie, 633
    du revenu permanent, 638, 643
    du taux naturel, 501

monétaire, 415-416
Hystérèse, 501

I

Identité, 131
    comptable, 56
Ignorance 562
Île de Yap, 12, 126
Impact
    bénéfique, 151
    d'une expansion budgétaire étrangère sur une petite économie ouverte, 181f
    d'une hausse de la demande d'investissement, 194f
    d'une politique budgétaire, 192f
    d'une politique budgétaire expansionniste à l'étranger, 193f
    de l'impôt sur l'investissement, 661n
    de la baisse des prix, 416
    de la croissance démographique, 279
    de la politique budgétaire, 108
    des déplacements de la demande agrégée, 486f
    des fluctuations économiques sur la production et l'inflation, 513
    des politiques commerciales, 194
    des politiques commerciales protectionnistes, 195f
    des politiques économiques, 192, 450t
    différé des politiques économiques, 557
    du progrès technologique, 295
    du taux d'intérêt, 209f
Implication de l'hypothèse
    du cycle de vie, 634
    du revenu permanent, 639
Importation et exportation en pourcentage du PIB, 168f
Impossible Trinity, 460
Impôt, 376, 595, 660
    baisse des, 377, 399f
    futur et les consommateurs, 598
    sur les (bénéfices des) sociétés, 660
Imputation
    autre imputation, 50
Incitation, 595
Incohérence dans le temps, 567, 569, 577, 710

Inde, 254t, 267f, 282f, 306
Indemnité de sécurité sociale, 66, 150
Indemnités de chômage, 241
Indépendance de la banque centrale, 572, 573f, 573n
Index of leading economic indicators (ILEI), 340
Indexation, 66, 150
Indicateur économique, 663
    avancé et précurseur, 340, 559
Indice
    de Fisher, 64n
    de Laspeyres, 64, 64n
    de Paasche, 64, 64n
    des prix à la consommation (IPC), 62, 63, 64, 65f
Indonésie, 136f, 202t, 254t, 455, 668
Inertie de l'inflation, 490
Inflation, 64, 121-122, 133, 135f, 138, 140, 140f, 141f, 151, 157f, 387, 487, 492, 494, 515, 522t, 547, 587, 606
    anticipée, 488, 490, 494, 516, 517
    aux États-Unis, 140
    crainte de l', 551
    décélération, 491
    déterminée, 522t
    et indépendance de la banque centrale, 573f
    et la croissance monétaire, 134
    et le chômage aux États-Unis, 1960-2008 492f
    et les taux de change nominaux, 197
    future anticipée, 522t
    induite par la demande, 491
    induite par les coûts, 492
    retardée, 522
    sous-jacente, 63
Infrastructure, 304
Innovation financière, 699
Insider, 231, 501
Institution
    extractive, 308
    moderne, 307
Instrument de la politique monétaire, 517, 686
Interaction entre les politiques monétaires, 401

Intermédiaire
    des échanges, 123-125
    financier, 13, 107
Intermédiation financière, 668, 684
Intervenant
    en Bourse, 141
    sur le marché monétaire, 127, 686
Investissement, 56, 57, 58t, 100, 106f, 175, 178f, 184f, 258, 259f, 260f, 265f, 337f, 369, 380, 651, 653f, 657, 660
    en capital humain, 589
    en stocks, 58t, 652, 653f, 673, 674
    en stocks des entreprises, 57
    extérieur net, 172
    fixe des entreprises, 57, 652, 653,653f, 658, 670
    fixe non résidentiel, 58t
    fixe résidentiel, 58t
    fixe résidentiel des ménages, 57
    fixes des entreprises, 659f
    net, 658
    résidentiel, 652, 653f, 669, 669f, 671
    stabilisateur, 278, 279f, 294
    trois composantes de l', 653f
Irlande, 501, 583t
Irving Fisher, 560
Islande, 583t
Israël, 141f, 154, 282f, 571
Italie, 137, 239, 307, 310t, 448, 501, 573f, 583, 583t

J

Jamaïque, 282f
Japon, 63, 202t, 230t, 254t, 264, 266, 267f, 300, 310t, 573f, 583, 583t
Johnson, Lyndon, 640
Johnson, Simon, 308, 308n
Jones, Charles I., 299n
Jordanie, 282f
Jorgenson, Dale W., 66, 661n
Journée de travail, 233
Juste-à-temps, 674

K

Katz, Lawrence F., 226n, 228n
Kehoe, Patrick J., 596n
Kennedy, John F., 377

Kennickell, Arthur, 637n
Keynes, John Maynard, 11, 368, 574, 616, 666
King, Stephen R., 497n
Klenow, Peter J., 299n
Knowledge spillover, 305
Kochin, Levis A., 111n
Kremer, Michael, 284, 285n
Krueger, Alan B., 228n, 237n
Krugman, Paul R., 241n, 424n
Kuznets, Simon, 619, 620, 635
Kydland, Finn E., 577n

L

La Barbade, 267f
La Porta, Rafael, 307n
Laibson, David I., 644, 644n, 645n, 646n
Laidler, David, 698n
Le Magicien d'Oz, 150-151
Leading indicators, 559
Learning by doing, 305
Lebow, David E., 345n
Leçon de politique monétaire, 356, 540
Législation sur le salaire minimum, 227
Lesotho, 282f
Levier d'endettement, 690
Libre-échange, 299
Lilien, David M., 237n
Lincoln, Abraham, 460n
Liquidité, 124, 369
Lissage
    de la consommation, 629
    de la production, 673
    fiscal, 584, 604, 605
Littlefield, Henry M., 151n
Loi
    d'Okun, 337-339, 339f, 489, 496, 516
    du prix unique, 199
    sur la monnaie de 1792, 138
Lopez-de-Silanes, Florencio, 307n
Loyer du capital, 654, 655f
Lucas, Jr, Robert E., 39, 187n, 313n, 483-484, 483n, 484n, 562, 563n
Luddite, 317
Luxembourg, 267f, 282f, 583, 583t

M

MacCulloch, Robert J., 243n
Macroéconomie, 26, 36, 169, 705
Maddison, Angus, 310t
Madison, James, 582
Madrian, Brigitte, 646n
Malaisie, 186, 202t
Malthus, Thomas Robert, 283
Mankiw, N. Gregory, 298n, 303n, 305n, 329n, 345n, 483n, 485, 500n, 643n
Mann, Catherine L., 185n
Marche au hasard, 641
Marché, 13, 107
    aléatoire (*random walk*), 665
    boursier, 661-663, 663f
    de l'immobilier, 13
    des biens, 370
    des biens et services, 434
    des devises, 211, 211f, 212f, 214f, 215f, 216f
    des encaisses réelles, 388f
    des fonds prêtables, 210, 211f, 212f, 213f, 214f, 215f, 216f
    du logement, 672f
    du travail, 234
    financier, 107
    monétaire, 382, 435
Marx, Karl, 84
Mauro, Paulo, 307n
McCallum, Bennett T., 329n
McChesney Martin, William, 556
McDonald, 201
McKinley, William, 150, 151
Mécanisme de transmission monétaire, 400
Medicaid, 586, 587
Medicare, 586, 587
Méfiance envers les responsables politiques, 566
Mesure, 66
Metrick, Andrew, 646n
Mexique, 201, 202t, 254t, 267f, 454, 607
Meyer, Bruce D., 226n
Microéconomie, 37, 316
Miracle de la croissance
    allemande, 264
    japonaise, 264

Miron, Jeffrey A., 61n, 573n
Mise en place d'institutions adéquates, 306
Mishkin, Frederic S., 572n
Mobilité
    des capitaux, 175
    parfaite des flux de capitaux, 461f
Modèle, 31-38, 31f, 210
    avec anticipations rationnelles, 517
    avec information imparfaite, 482-484, 490
    avec prix rigides, 479, 481, 482n, 484-485
    classique, 40, 81, 104, 343, 346, 350-352, 364, 411, 501, 523, 708
    complet, 509f
    d'équilibre du marché, 37
    d'équilibre du marché du travail, 226
    d'équilibre général dynamique et stochastique (DSGE), 548
    d'équilibre keynésien, 398
    d'offre et de demande agrégées, 391, 508
    d'une économie fermée, 180
    d'une petite économie ouverte, 169
    de Baumol-Tobin, 694, 696-697, 698
    de Cagan, 145, 164
    de court terme d'une grande économie ouverte, 471, 472f
    de croissance de Solow, 254-255, 255n, 264, 285, 292, 301, 319, 346, 593, 616, 645, 709
    de croissance économique, 292
    de croissance endogène, 314-316
    de cycle de vie, 635
    de Fisher, 622, 629, 631, 633
    de l'économie fermée, 471, 475
    de l'investissement résidentiel, 670
    de l'offre agrégée, 479, 485, 487, 502
    de l'offre de monnaie, 684
    de l'offre et de la demande, 32, 33f
    de l'offre et de la demande agrégées, 334, 346, 358, 364, 368, 391f, 408, 411f, 412, 465f, 478, 491, 507, 663, 710
    de la balance commerciale, 190
    de la demande agrégée, 369

de la demande d'encaisses monétaires, 696
de la dynamique de la population active, 221
de la gestion des liquidités de Baumol-Tobin, 694
de la grande économie ouverte, 208, 210, 475
de la petite économie ouverte, 203-204, 208, 475
de Lucas, 483n
de Malthus, 283
de Mundell-Fleming, 15, 431-439, 432n, 433n, 438f, 443- 448, 450-451, 450t, 464, 464f, 465f, 466, 471, 478, 594
de Mundell-Fleming avec taux de change fixes, 508
de Mundell-Fleming avec taux de change flexibles, 508
de Mundell-Fleming avec variation du niveau des prix, 463
de petite économie ouverte, 177
de Solow, 257-258, 261, 264-266, 267f, 277, 279f, 280-282, 280f, 282f, 292, 295f, 295t, 296-298, 301-305, 308, 312-315, 327, 709
des fluctuations de court terme, 115, 342
des fluctuations économiques, 343, 711
des flux internationaux de capitaux et de biens et services, 175
dit d'équilibre keynésien, 372
DRI, 403-404, 403t
DSGE, 548-549
du choix intertemporel de Fisher, 641
du chômage, 223
du cycle de vie, 634, 635f, 637
du revenu national, 115
du taux de change réel, 190, 199
du taux de chômage naturel, 223, 235, 238
dynamique, 517, 519
dynamique de l'inflation et de la production, 540
dynamique de l'offre et de la demande agrégées, 12, 15, 364, 511-513, 519-521, 529, 543-545, 700
dynamique *OA-DA*, 543, 548

économétrique standard, 562
économique, 31, 32, 33f, 35-38, 71, 80, 111, 177
en économie ouverte, 594
explicatif de la production, de la répartition et de l'affectation de la production de biens et services, 114
IS-LM, 350, 367-370, 369f, 370n, 380, 384, 385n, 390-391, 391f, 395-418, 397f, 399f, 400f, 409f, 411f, 419f, 424-425, 434-435, 440, 463, 471-472, 478, 508, 593, 616, 640, 652, 680, 691, 706
IS-LM à court et à long terme, 411
IS-LM applicable en économie ouverte, 432
keynésien, 398
keynésien du revenu national, 411
Kremerian, 284
macroéconométrique, 559
macroéconomique, 36, 37, 346, 403
macroéconomique dynamique et stochastique, 512
malthusien, 284n
microéconomique, 40
microéconomique de la décision de consommation, 691
microéconomique de la décision de demande de monnaie, 691
néo-classique, 667
néo-classique de l'investissement, 653, 662n, 675
OA-DA, 533
OA-DA dynamique, 512, 540, 547
Modification, 398
　　des dépenses publiques, 397
　　du taux d'épargne, 303
Modigliani, Franco, 39, 621, 633, 633n
Moffitt, Robert, 237n
Monétariste, 570
Monnaie, 369
　　à haute puissance, 685
　　absence de neutralité de la monnaie, 711
　　centrale, 685
　　dépréciation de la, 424
　　détention de, 695
　　émission de, 137

équation quantitative de la, 130
et l'inflation 121-159
fiduciaire, 124-125
marchandise, 124
mesure de la, 127, 128t
neutralité de la, 160, 343
rareté de la, 357
types de, 124
Montée des loisirs, 243
Mortgage-backed securities, 421, 591
Mouvement pour le bimétallisme, 150
Mugabe, Robert, 158
Multiplicateur, 374, 376, 403t
des dépenses publiques, 374, 376n
fiscal, 376
monétaire, 685, 687f
Mundell, Robert A., 432n
Mussa, Michael, 156n
Myopie, 598

N

NAIRU, 490, 491, 496
National Bureau of Economic Research (NBER), 335
Négociation collective, 230, 230f
Net present value, 591
Neumark, David, 228n
New York, 201
Newton, Isaac, 316
Nickell, Stephen, 242n
Niger, 282f
Nigeria, 254, 267f
Niveau
d'endettement des États, 583t
de production de plein emploi, 351
des prix, 144f
de vie, 706
naturel de production, 351, 522t
Nixon, Richard, 27, 493
Nombre d'heures annuelles travaillées par actif occupé, 244f
Non-Accelerating Inflation Rate of Unemployment, 490
Non-pertinence de la balance commerciale bilatérale, 174
Nordhaus, William, 566n

Norvège, 202t, 230t, 267f, 282f, 448, 573f, 583t
Nouvelle courbe de Phillips, 490
Nouvelle économie, 97
Nouvelle-Zélande, 202t, 230t, 301, 308, 571, 573, 573f, 583t
Numéraire, 125

O

Obama, Barack, 12, 13, 27, 306, 334, 380, 423, 463, 565n, 585, 591, 646
Obligation, 107
d'État, 103, 110f, 111
indexée, 608, 609n
indexée sur l'inflation, 150
dite à haut risque (*junk bonds*), 103
Obstfeld, Maurice, 432n
Offre
agrégée (*OA*), 350, 477-478
agrégée dynamique (*OAD*), 523-524, 523f
baisse de l', 34f
de biens et services, 84, 255
de flux, 669
de monnaie, 144f, 407, 445f, 679-680, 687f
de monnaie dans les années 1930, 687
et demande de biens et services, 255
et demande de fonds prêtables, 105
et demande de la production de l'économie, 104
monétaire future, 144
Okun, Arthur M., 338, 338n, 497n
OPEP, 311, 362, 493
Opération d'open market, 127, 680, 686
Opinion du profane, 145
Opportunisme de nombreux responsables politiques, 710
Optimisation, 37, 627
Optimum du consommateur, 627f, 632f
Organisation des Pays Producteurs de Pétrole. Voir OPEP
Origine colonial, 307
Oswald, Andrew J., 243n
Outsider, 231, 501
Oz, pays d', 12

P

Pakistan, 254t, 267f, 282f
Panama, 460
Parfaite mobilité des capitaux, 461f
Parité de pouvoir d'achat, 199, 200f, 202t
Parker, Jonathan A., 633n, 643n
Part du revenu du travail, 96f
Passager clandestin, 309
Patrimoine négatif, 422
Pays-Bas, 177, 230t, 448, 573f, 583t
Pensée microéconomique, 37
Pérou, 267f, 268
Perry, George L., 71n, 152n
Personne en emploi à temps partiel pour raisons économiques, 238t
Personne marginalisée par rapport au marché du travail, 238t
Perspective historique, 28
Perte d'emploi, 221, 222f
Pertersen, Bruce C., 667n
Peste noire et prix des facteurs, 93
Petite économie ouverte, 175-181, 178f, 180f, 182f, 203-204, 208-209, 209f, 213-214, 432-437, 438f, 440-446, 450-451, 463, 466, 471-475
    avec parfaite mobilité des capitaux, 433
    classique, 508
Phelps, Edmund, 39, 268n
Philippines, 254t
Phillips, A.W., 490n
PIB, 28, 44, 48, 58t, 335
    et les composantes de la dépense, 58t
    et ses composantes, 57
    nominal, 52
    réel, 52, 54
    réel par habitant, 28f
Pic, 335, 336
Pièces
    et billets de banque en circulation, 128, 128t
    et billets en circulation, 693
Plan de relance, 379, 380
    budgétaire, 585
    de Barack Obama, 379
Plans de Kennedy et de Bush, 377
Plosser, Charles I., 329n

Politique
    budgétaire, 374, 376, 382, 397, 401, 403t, 410f, 439, 446, 473, 585, 641
    budgétaire à l'étranger, 180, 193
    budgétaire intérieure, 192, 213
    budgétaire nationale, 179
    changement de la politique monétaire, 536
    commerciale, 215, 441, 449
    commerciale protectionniste, 195
    conception de la politique monétaire, 540
    de stabilisation, 358, 555, 711
    de stimulation de la croissance économique, 301
    économique, 291, 403, 450, 553
    économique active, 556
    économique dans une grande économie ouverte, 212
    économique de discrétion, 565
    économique passive, 556
    économique et règles, 565
    monétaire, 127, 386, 389, 399, 403f, 410f, 440, 446, 474, 538, 570
    monétaire accommodante, 542
    monétaire et budgétaire, 403, 432, 708
    monétaire indépendante, 461f
    monétaire restrictive, 493
    publique, 224
Pologne, 202t, 583t
Pondération en chaîne, 54
    du PIB réel, 55
Population active, 67-68, 69f, 237
Portefeuille de prêts hypothécaires, 421
Portugal, 230t, 282f, 583t
Pourquoi les parents laissent-ils des héritages, 601
Pouvoir discrétionnaire, 710
Précision des estimations du taux de chômage naturel, 496
Préférence
    du consommateur, 625, 626
    pour la liquidité, 399
Prescott, Edward C., 39, 244, 245n, 284n, 328, 329n, 577n
Pression
    de la gratification immédiate, 644
    inflationniste, 542

Prêteur en dernier ressort, 688
Prévision, 561f
Prime de risque, 451
Principe de Taylor, 545-546, 546f
Principes de l'économie, 39
    politique et de l'impôt, 603
Prix, 133, 137, 144f, 157f
    courant, 144
    des facteurs, 84
    des logements, 671
    des produits pétroliers, 493
    du Big Mac, 202t
    du pétrole, 311
    et salaires flexibles, 37
    et salaires rigides, 37
    flexibles ou rigides, 36
    Nobel, 38, 39n
    réel du capital, 91
    relatif, 159
    rigide, 344
Problème
    de l'erreur de variables, 639
    de mesure, 310, 587-589, 592
Processus
    de destruction créatrice, 317
    politique, 566
    politique et la dette, 606
Production, 79, 259f, 513
    ou revenu national, 522t
    totale, 279
Productivité, 237
    du travail, 96
    marginale décroissante, 87
    marginale du capital (PMK), 90, 95
    marginale du capital et la demande de capital, 90
    marginale du travail (PML), 87, 90f, 94
    marginale du travail à la demande de travail, 88
    moyenne du capital, 95
    moyenne du travail, 95
    totale des facteurs, 310, 325
Produit dérivé 421
Produit intérieur brut. Voir PIB
Produit national, 56
    brut (PNB), 58
    net (PNN), 59

Profit, 37, 86
    comptable, 92
    économique, 91
Progrès
    technique, 529
    technologique, 292, 295f, 295t, 308, 325
    technologique accroissant l'efficience du travail, 294
Propension marginale à consommer (PMC), 99, 99f, 371f, 617, 618f, 621f
Propension moyenne à consommer, 619, 634, 639
Prophétie autoréalisatrice, 456
Propriété dynamiques du modèle, 533

Q

q de Tobin, 661-663, 667, 670
Qualité de la main-d'œuvre, 311
Quasi-monnaie, 699
Quatre principaux enseignements, 705

R

Radford, R.A., 125n
Raff, Daniel M.G., 233n
Raison des fluctuations économiques, 40
Ralentissement, 310t
    de l'économie américaine en 2001, 405
    économique de 2008-2009, 13, 420
    international, 309
Ratio de levier, 690
Ratio dette publique / PIB, 584f
Rationnement, 668
    des emplois, 227f
    du crédit (*credit crunch*), 357, 600, 631f, 632f, 643
    du crédit des consommateurs, 599
Reagan, Ronald, 27, 193, 584, 602, 607
Récession, 13, 27, 28f, 29, 334, 338f, 396, 501, 562, 605
    de 1975, 493
    de 1982, 561f
    de 1990, 493
    de 2001, 336f, 493
    de 2008-2009, 424, 680, 710
Recette fiscale, 398
Recherche
    d'emplois, 223, 225

et développement, 316
sur la nature et les causes de la richesse des nations, 300
Redistribution intergénérationnelle, 605
Réduction, 538f
    de l'épargne, 109f
    de l'épargne nationale, 213f
    de l'offre de monnaie, 386f, 389f
    de la cible d'inflation, 539
    de la demande agrégée, 355f
    des impôts, 111
    du taux d'épargne, 275
    fiscale, 602
    fiscale de 1964, 640
Réduire les impôts pour stimuler l'économie, 377
Réévaluation, 448
Réforme fiscale de 1986, 661
Régime de taux de change, 431, 450t
    fixe, 443, 447f, 449f
    flottant, 438f, 439, 441f, 442f
Réglage fin, 556
Règle, 570
    d'or, 268, 271f, 275f, 296
    d'or de l'état stationnaire, 276f
    d'or du niveau d'accumulation du capital, 268
    de la politique monétaire, 521
    de Taylor, 520, 521f
    monétaire, 518-519, 521f, 530, 543
    pratique, 475
Reis, Ricardo, 483n
Rémunération des facteurs de production, 85f
Rendement d'échelle constant, 83
Rente perpétuelle, 110f, 111
Répartition, 79
    du revenu national, 91
    du revenu national entre facteurs de production, 84
Repetto, Andrea, 645n
Réponse classique, 145
République du Congo, 267f
République slovaque, 583t
République tchèque, 202t, 583t
Réserve
    bancaire, 681

de valeur, 123-125
excédentaire, 687
fédérale, 27
fractionnaire, 682
intégrale, 681
obligatoire, 686
Résidu de Solow, 326-328, 329f
    dans le court terme, 328
Responsables politiques doivent-ils s'efforcer de stabiliser l'économie, 710
Resserrement, 386
Restriction
    d'accès au crédit, 647
    de crédit, 598, 602
    des échanges, 442f, 449f
    des importations, 215f, 450t
    du crédit, 667
    légale à l'emprunt, 210
Restructuration sectorielle, 236
Rétention de la main-d'œuvre, 328
Retenue à la source, 599
Revenu, 45, 387, 636f
    agrégé en économie ouverte, 432
    disponible, 99, 99f
    en économie ouverte, 441
    national, 59-60, 79
    par habitant, 267f
    permanent, 638
    personnel, 60
    personnel disponible, 61
    total, 45, 96f
    transitoire, 638
Revenue Act of 1932, 415
Révolution américaine, 137
Rhodésie, 158
Ricardo, David, 300, 597, 603
Richesse, 636f
Rigidité
    des prix, 479
    des salaires, 226, 479
    du salaire réel, 226
    du salaire réel induit, 227f
Risque, 103
    moral, 232
    risque-pays, 451
Robinson, James A., 308, 308n
Rockoff, Hugh, 151n

Rodriguez-Clare, Andres, 299n
Rogoff, Kenneth, 201n, 432n
Romer, Christina D., 147n, 496n, 564, 565n, 573n
Romer, David H., 147n, 298n, 301, 301n, 305n, 485, 496n, 573n
Romer, Paul M., 305n, 313n
Rosen, Harvey, 596n
Rotemberg, Julio, 482n
Roumanie, 141f
Royaume-Uni, 202t, 230t, 239, 267f, 282f, 310t, 312, 448, 571, 573f, 583t, 608
Rudd, Jeremy E., 345n
Russie, 186, 202t, 254t, 607
Rwanda, 267f

S

Sacerdote, Bruce, 230f, 245, 245n
Sachs, Jeffrey D., 300, 301n, 448n
Sala-i-Martin, Xavier, 298n
Salaire
    réel, 89, 97t, 501
    d'efficience, 231
    minimum 229
Salvador, 267f
Samuelson, Paul A., 39, 663
San Francisco, 201
Sargent, Thomas J., 156n, 157f, 498, 498n
Scandale comptable, 406
Schumer, Charles, 462
Schumpeter, Joseph, 317
Schwartz, Anna J., 135, 135f,, 135n, 413, 416, 687f
Secret du bonheur, 242
Sécurité sociale, 36, 64, 102, 586-587, 590, 637, 645, 712
Seigneuriage, 137
Sélection adverse, 232
Service, 58t
    de logement, 50
Shapiro, Matthew D. 66n, 560n, 600n, 661, 661n
Shiller, Robert J., 146, 147n, 237n, 609n, 666n
Shimer, Robert, 237n
Shleifer, Andrei, 307n, 601n
Sichet, Daniel E., 698n

Singapour, 136, 136f, 202t, 306, 327
Slemrod, Joel, 600n
Smith, Adam, 299, 301, 307
Solde du budget fédéral américain, 184f
Solow, Robert M., 39, 174, 237n, 255n, 283, 326, 326n, 328, 491
Sortie nette de capitaux, 172, 208, 209f, 211, 212f, 213f, 214f, 215f, 216f
Souleles, Nicholas S., 643n
Source de la croissance, 326
Sous-utilisation de la main-d'œuvre, 238t
Spiegelman, Robert G., 226n
Sprenkle, Case M., 693n
Stabilisateur automatique, 559
Stabilisation, 604
    de l'économie, 564
Stagflation, 360, 533
    des années 1970, 362
Stagnation séculaire, 619, 620
Staiger, Douglas, 496, 496n
Start-up, 307
Statistique économique, 71
Stiglitz, J., 483n
Stimuler l'économie, 379
Stock, 47, 47f, 49, 373f
    d'actifs aisément mobilisables, 123
    de capital, 259f, 260f, 265f, 268
    de capital stationnaire, 262
    de sécurité, 673
    du capital, 255, 258, 272, 283, 327, 594
Stock, James H., 496, 496n
Subprimes, 420
Suède, 202t, 230t, 448, 571, 573f, 583t
Suisse, 136, 136f, 141f, 202t, 230t, 241, 267f, 573, 573f, 583t
Summers, Lawrence H., 233n, 303n, 329n, 502n, 573f, 573n, 601n, 662n
Summers, Robert, 267f, 282f
Surplus budgétaire, 81
Surtaxe de 1968, 640
Survey of Professional Forecasters, SPE, 562
Syndicat de travailleurs, 230
Système
    de réserve fédérale, 458
    des taux de change fixes, 444
    dit de Bretton Woods, 443

européen de banques centrales, 544
financier, 13, 107
monétaire, 129
bancaire avec réserves fractionnaires, 679, 682
bancaire avec réserves intégrales, 681

T

Taiwan, 202t, 327
Tarifs douaniers, 195
TARP (*Troubled Assets Relief Program*), 13, 590, 591
Tasmanie, 285
Taux
    d'acquisition d'emploi, 221
    d'activité, 67
    d'embauche, 221
    d'épargne, 271f, 646
    d'escompte, 686
    d'inflation, 28, 29f, 144f, 707
    d'inflation anticipé, 142
    d'inflation cible, 518
    d'inflation moyen, 141f
    d'intérêt, 100, 103, 106f, 138, 144f, 380, 386, 407
    d'intérêt au Royaume-Uni, 110f
    d'intérêt cible, 424
    d'intérêt d'équilibre, 519
    d'intérêt international, 175, 176
    d'intérêt naturel, 514, 518, 522t
    d'intérêt nominal, 100, 139, 140, 140f, 143, 144f, 517, 522t
    d'intérêt nominal à court terme, 141f
    d'intérêt nominal au dix-neuvième siècle, 142
    d'intérêt nominal cible, 518, 519
    d'intérêt nominal d'un pays, 141f
    d'intérêt réel, 100, 101f, 139, 141, 514, 522t, 674
    d'intérêt réel ex ante, 141
    d'intérêt réel ex post, 141
    d'intérêt sur le marché interbancaire, 521f
    d'investissement, 267f
    de change, 187, 202t
    de change fixe, 443, 445f, 457, 461f
    de change flottant, 439, 457
    de change induit, 202t
    de change nominal, 188
    de change réel, 188-189, 190f, 191f, 192, 192f, 193f, 194f, 195f
    de chômage, 28, 30f, 66-67, 220f, 235, 235f, 338f, 707
    de chômage aux États-Unis, 241
    de chômage n'accélérant pas l'inflation, 490
    de chômage naturel, 221, 496, 501, 711
    de chômage naturel aux États-Unis, 220f
    de croissance des États-Unis, 309
    de croissance monétaire, 707
    de participation, 67, 69f
    de perte d'emploi, 221
    de séparation, 221
    des fonds fédéraux, 407, 519, 700
    directeur, 423
    marginal de substitution, 625-626
    moyen d'inflation, 198
    naturel de production de l'économie, 708
    nominal, 138
    réel, 138
Tax Reform Act, 661
Taxe d'inflation, 122, 137, 693
Taylor, John, 519, 521f, 546
Technologie, 291
Tella, Rafael Di, 243n
Temin, Peter, 413n
Terme de l'échange, 188
Thaïlande, 202t, 267f, 455
Thaler, Richard H., 646, 646n
The Economist, 201, 202t
The Mint Act of 1792, 138
Théorème d'Euler, 92
Théorie
    classique, 14, 77
    de Karl Marx, 297
    de la croissance, 15, 40, 251, 296, 668
    de la croissance endogène, 292, 312-313
    de la déflation due à l'endettement, 417
    de la demande agrégée, 408, 464f
    de la demande de monnaie, 691, 694
    de la gestion de portefeuille, 691
    de la préférence pour la liquidité, 382-384, 386f

de la rigidité des prix, 345t
des cycles réels, 328
des fluctuations de court terme, 15, 40, 391f
du q de Tobin, 662n
du salaire d'efficience, 231
générale, 12, 368, 370, 383, 564, 574, 616
générale de l'emploi, de l'intérêt et de la monnaie, 368
keynésienne, 379, 564
macroéconomique moderne, 357
néoclassique de la répartition, 84
quantitative de la monnaie, 129, 133, 136f
Tissu productif, 236
Titre adossé à des hypothèques, 421
Titre adossé à des prêts immobiliers (*mortgage-backed securities*), 108
Titrisation, 421
Tobacman, Jeremy, 645n
Tobin, James, 38, 692n, 694n
Togo, 267f
Trade balance, 172n
Tradition juridique, 306
Traitement
    comptable, 590
    fiscal, 103
Transaction, 130
    aux revenus, 131
Transition
    entre emploi et chômage, 222f
    vers l'état stationnaire dicté par la règle d'or, 274
Trappe à liquidité, 152n, 424
Travail, 82
Travailleur
    découragé, 67, 238t, 239
    efficient, 293
Trésor américain, 423, 591
Triangle d'incompatibilité, 460, 461f
Troc, 125, 153
Tufte, Edward, 566n
Turquie, 136, 136f, 141f, 202t
Twin deficits, 185

U

Underwater, 422
Union européenne, 239, 459
Union monétaire, 458
Union soviétique, 125n
Unité de compte, 123, 125
Uruguay, 282f
Utilisation du modèle, 529
Utilité, 37

V

Valeur
    actualisée nette, 591
    actuelle, 624
    ajoutée, 50
    de l'activité, 44
    imputée, 51
Variable
    aléatoire, 514, 516
    de la politique budgétaire, 106
    déterminée, 102
    économique, 26, 31, 31f, 35, 40, 47, 61, 80
    endogène, 31, 31f, 32f, 33, 102, 521-522, 522t
    exogène, 31-33, 31f, 102, 110-111, 343, 371, 374, 522, 522t
    exogène de la politique budgétaire, 104
    instrumentale, 301
    internationale, 467
    macroéconomique, 28, 80, 129, 159, 169, 457, 480
    nominale, 159-160, 343, 523
    prédéterminée, 522, 522t, 524
    quantitative, 47
    réelle, 159-160, 343, 523
    relative, 507
    statistique, 53, 229
    décisionnelle, 315
    et paramètres du modèle *OA-DA* dynamique, 522t
    exogènes 110
Variation, 670
    de l'épargne, 108
    de la demande d'investissement, 112
    de la richesse, 636f

du chômage en Europe, 241
du revenu sur la consommation, 628
du taux d'intérêt réel sur la consommation, 629
en pourcentage, 54
Velde, François R., 356, 357n
Venezuela, 136f, 186
Vietnam, 254t, 300
Vishny, Robert, 307n
Vitesse
   de circulation de la monnaie, 130
   de circulation de la monnaie en tant que revenu, 131
Volcker, Paul, 387, 493, 500, 547, 579, 605

W

Wagner, Richard, 606
Wal-Mart, 318
Warner, Andrew, 300, 301n
Washer, William, 228n
Washington, George, 460n, 569
Watson, Mark W., 496, 496n
Wealth of Nations, 300
Weil, David N., 284n, 298n, 305n, 313n
Weinberg, Stephen, 645n
Wicksell, Knut, 606
Wilcox, David W., 66n, 609n
Woodbury, Stephen A., 226n
Woodford, Michael, 483n

Y

Yellen, Janet, 233n
Young, Alwyn, 328n

Z

Zambie, 267f
Zechkauser, Richard J., 303n
Zimbabwe, 122, 141f, 158
Zone euro, 136, 136f, 202t

TABLE DES MATIÈRES

L'auteur 5
Sommaire 9
Avant-propos 11

PARTIE 1
INTRODUCTION 23

CHAPITRE 1
La science macroéconomique 25
1.1 Ce qu'étudient les macroéconomistes 26
1.2 Comment pensent les économistes 30
    1.2.1 *Les modèles économiques* 31
    1.2.2 *La macroéconomie, discipline multiple* 36
    1.2.3 *Les prix : flexibles ou rigides* 36
    1.2.4 *La pensée microéconomique et les modèles macroéconomiques* 37
1.3 La démarche de ce livre 40

CHAPITRE 2
Les données qu'utilise la macroéconomie 43
2.1 La mesure de la valeur de l'activité économique :
le produit intérieur brut 44
    2.1.1 *Le revenu, la dépense et le circuit économique* 45
    2.1.2 *Quelques règles de calcul du PIB* 48
        A. Comment additionner des pommes et des oranges 48
        B. Les biens usagés 49
        C. Comment traiter les stocks 49
        D. Les biens intermédiaires et la valeur ajoutée 50
        E. Les services de logement et autres imputations 50
    2.1.3 *Le PIB réel et le PIB nominal* 52
    2.1.4 *Le déflateur du PIB* 53
    2.1.5 *Les nouvelles mesures, à pondération en chaîne, du PIB réel* 54

	2.1.6	Les composantes de la dépense	55
	2.1.7	Les autres mesures du revenu	58
	2.1.8	Ajustements saisonniers	61
2.2	La mesure du coût de la vie : l'indice des prix à la consommation		62
	2.2.1	Le prix d'un panier de biens et de services	62
	2.2.2	Indice des prix à la consommation et déflateur du PIB	63
2.3	La mesure du chômage : le taux de chômage		66
	2.3.1	Les enquêtes auprès des ménages	67
	2.3.2	L'enquête auprès des établissements ou « Establishment Survey »	70
2.4	Conclusion : des statistiques économiques aux modèles économiques		71

PARTIE 2
LA THÉORIE CLASSIQUE : L'ÉCONOMIE DANS LE LONG TERME 77

Chapitre 3
Le revenu national : sa production, sa répartition et son affectation 79

3.1	Les déterminants de la production totale de biens et de services		82
	3.1.1	Les facteurs de production	82
	3.1.2	La fonction de production	83
	3.1.3	L'offre de biens et services	84
3.2	La répartition du revenu national entre facteurs de production		84
	3.2.1	Les prix des facteurs	84
	3.2.2	Le problème de l'entreprise en situation de concurrence	85
	3.2.3	La demande de facteurs de l'entreprise	87
		A. La productivité marginale du travail	87
		B. De la productivité marginale du travail à la demande de travail	88
		C. La productivité marginale du capital et la demande de capital	90
	3.2.4	La répartition du revenu national	91
	3.2.5	La fonction de production de Cobb-Douglas	93
3.3	Les déterminants de la demande de biens et services		98
	3.3.1	La consommation	98
	3.3.2	L'investissement	100
	3.3.3	Les dépenses publiques	102

3.4		Les déterminants de l'équilibre entre offre et demande de biens et services	103
	3.4.1	*L'équilibre sur le marché des biens et services : l'offre et la demande de la production de l'économie*	104
	3.4.2	*L'équilibre sur les marchés financiers : l'offre et la demande de fonds prêtables*	105
	3.4.3	*La variation de l'épargne ou l'impact de la politique budgétaire*	108
		A. Une hausse des dépenses publiques	108
		B. Une réduction des impôts	111
	3.4.4	*Les variations de la demande d'investissement*	112
3.5		Conclusion	114

CHAPITRE 4
La monnaie et l'inflation 121

4.1		Qu'est-ce que la monnaie ?	123
	4.1.1	*Les fonctions de la monnaie*	123
	4.1.2	*Les types de monnaie*	124
	4.1.3	*L'évolution de la monnaie fiduciaire*	125
	4.1.4	*Comment contrôler la quantité de monnaie*	127
	4.1.5	*Comment mesurer la quantité de monnaie*	127
4.2		La théorie quantitative de la monnaie	129
	4.2.1	*Les transactions et l'équation quantitative*	130
	4.2.2	*Des transactions aux revenus*	131
	4.2.3	*La fonction de demande de monnaie et l'équation quantitative*	131
	4.2.4	*L'hypothèse de vitesse constante*	133
	4.2.5	*La monnaie, les prix et l'inflation*	133
4.3		Le seigneuriage, ou le revenu de l'émission de monnaie	137
4.4		L'inflation et les taux d'intérêt	138
	4.4.1	*Deux taux d'intérêt : le taux réel et le taux nominal*	138
	4.4.2	*L'effet Fisher*	139
	4.4.3	*Deux taux d'intérêt réels : ex ante et ex post*	141
4.5		Le taux d'intérêt nominal et la demande de monnaie	143
	4.5.1	*Le coût de la détention de monnaie*	143
	4.5.2	*L'offre monétaire future et les prix courants*	144
4.6		Les coûts sociaux de l'inflation	145
	4.6.1	*L'opinion du profane et la réponse classique*	145
	4.6.2	*Les coûts de l'inflation anticipée*	147
	4.6.3	*Les coûts de l'inflation non anticipée*	149
	4.6.4	*Un impact bénéfique de l'inflation*	151

4.7	L'hyperinflation	152
	4.7.1 *Les coûts de l'hyperinflation*	152
	4.7.2 *Les causes de l'hyperinflation*	155
4.8	Conclusion : la dichotomie classique	159

CHAPITRE 5
L'économie ouverte 167

5.1	Les flux internationaux de biens et de capitaux	169
	5.1.1 *Le rôle des exportations nettes*	169
	5.1.2 *Les flux internationaux de capitaux et la balance des biens et services*	171
	5.1.3 *Les flux internationaux de marchandises et de capitaux : un exemple*	173
5.2	L'épargne et l'investissement dans une petite économie ouverte	175
	5.2.1 *La mobilité des capitaux et le taux d'intérêt international*	175
	5.2.2 *Pourquoi l'hypothèse d'une petite économie ouverte*	176
	5.2.3 *Le modèle*	177
	5.2.4 *Comment les politiques influencent-elles la balance commerciale ?*	179
	A. La politique budgétaire nationale	179
	B. La politique budgétaire à l'étranger	180
	C. Les déplacements de la demande d'investissement	181
	5.2.5 *L'évaluation des politiques économiques*	182
5.3	Les taux de change	187
	5.3.1 *Le taux de change nominal et le taux de change réel*	188
	A. Le taux de change nominal	188
	B. Le taux de change réel	188
	5.3.2 *Le taux de change réel et les exportations nettes*	189
	5.3.3 *Les déterminants du taux de change réel*	190
	5.3.4 *L'impact des politiques économiques sur le taux de change réel*	192
	A. La politique budgétaire intérieure	192
	B. La politique budgétaire à l'étranger	193
	C. Les déplacements de la demande d'investissement	193
	5.3.5 *Les impacts des politiques commerciales*	194
	5.3.6 *Les déterminants du taux de change nominal*	196
	5.3.7 *Le cas particulier de la parité de pouvoir d'achat*	199
5.4	Conclusion : les États-Unis en tant que grande économie ouverte	203

Chapitre 6
Le chômage 219

6.1 Perte d'emploi, acquisition d'emploi et taux de chômage naturel 221

6.2 Recherche d'emploi et chômage frictionnel 223
    6.2.1 Les causes du chômage frictionnel 224
    6.2.2 Les politiques publiques et le chômage frictionnel 224

6.3 Rigidité du salaire réel et chômage structurel 226
    6.3.1 Les législations sur le salaire minimum 227
    6.3.2 Les syndicats de travailleurs et la négociation collective 230
    6.3.3 Les salaires d'efficience 231

6.4 L'expérience du marché du travail : le cas des États-Unis 234
    6.4.1 La durée du chômage 234
    6.4.2 Les taux de chômage et les groupes démographiques 235
    6.4.3 Les tendances du chômage aux États-Unis 236
        A. La démographie 236
        B. La restructuration sectorielle du tissu productif 236
        C. La productivité 237
    6.4.4 Les entrées dans et les sorties de la population active 237

6.5 L'expérience du marché du travail : le cas de l'Europe 239
    6.5.1 La hausse du chômage en Europe 239
    6.5.2 Variation du chômage en Europe 241
    6.5.3 La montée des loisirs en Europe 243

6.6 Conclusion 246

PARTIE 3
LA THÉORIE DE LA CROISSANCE : L'ÉCONOMIE DANS LE TRÈS LONG TERME 251

Chapitre 7
La croissance économique (I) : accumulation du capital et croissance démographique 253

7.1 L'accumulation du capital 255
    7.1.1 L'offre et la demande de biens et services 255
        A. L'offre de biens et services et la fonction de production ... 255
        B. La demande de biens et services et la fonction de consommation ... 257
    7.1.2 L'évolution du capital et la croissance équilibrée 258
    7.1.3 Vers l'état stationnaire : un exemple chiffré 261

	7.1.4	Comment l'épargne affecte-t-elle la croissance	264
7.2		La « règle d'or » du stock de capital	268
	7.2.1	La comparaison des états stationnaires	268
	7.2.2	À la recherche de l'état stationnaire correspondant à la règle d'or : un exemple numérique	272
	7.2.3	La transition vers l'état stationnaire dicté par la règle d'or	274
		A. Démarrer avec trop de capital	274
		B. Démarrer avec trop peu de capital	275
7.3		La croissance démographique	277
	7.3.1	L'état stationnaire lorsque la population croît	277
	7.3.2	Les impacts de la croissance démographique	279
	7.3.3	Perspectives alternatives sur la croissance démographique	283
		A. Le modèle de Malthus	283
		B. Le modèle Kremerian	284
7.4		Conclusion	285

CHAPITRE 8
La croissance économique (II) : technologie, faits empiriques et politique économique 291

8.1		Le progrès technologique dans le modèle de Solow	292
	8.1.1	L'efficience du travail	293
	8.1.2	L'état stationnaire en présence de progrès technologique	294
	8.1.3	Les impacts du progrès technologique	295
8.2		De la théorie de la croissance à son étude empirique	296
	8.2.1	La croissance équilibrée	297
	8.2.2	La convergence	297
	8.2.3	L'accumulation des facteurs et l'efficience de la production	298
8.3		Les politiques de stimulation de la croissance économique	301
	8.3.1	L'évaluation du taux d'épargne	301
	8.3.2	La modification du taux d'épargne	303
	8.3.3	L'affectation de l'investissement de l'économie	304
	8.3.4	La mise en place d'institutions adéquates	306
	8.3.5	La stimulation du progrès technologique	308
8.4		Au-delà du modèle de Solow : la théorie de la croissance endogène	312
	8.4.1	Le modèle de base	313
	8.4.2	Un modèle à deux secteurs	314
	8.4.3	La microéconomie de la recherche et développement	316
	8.4.4	Le processus de destruction créatrice	317

8.5 Conclusion 318

PARTIE 4
LA THÉORIE DES FLUCTUATIONS ÉCONOMIQUES : L'ÉCONOMIE DANS LE COURT TERME 331

Chapitre 9
Introduction aux fluctuations économiques 333

9.1 Les faits concernant les cycles conjoncturels 335
    9.1.1 *Le PIB et ses composantes* 335
    9.1.2 *Le chômage et la loi d'Okun* 337
    9.1.3 *Les principaux indicateurs économiques avancés* 340

9.2 Les horizons temporels en macroéconomie 342
    9.2.1 *Les différences entre court et long termes* 343
    9.2.2 *Le modèle de l'offre et de la demande agrégées* 346

9.3 La demande agrégée 347
    9.3.1 *L'équation quantitative en tant que demande agrégée* 347
    9.3.2 *Pourquoi la courbe de demande agrégée est décroissante* 348
    9.3.3 *Les déplacements de la courbe de demande agrégée* 349

9.4 L'offre agrégée 350
    9.4.1 *Le long terme : la courbe d'offre agrégée verticale* 350
    9.4.2 *Le court terme : la courbe d'offre agrégée horizontale* 352
    9.4.3 *Du court au long terme* 354

9.5 Les politiques de stabilisation 358
    9.5.1 *Les chocs sur la demande agrégée* 358
    9.5.2 *Les chocs sur l'offre agrégée* 360

9.6 Conclusion 364

Chapitre 10
La demande agrégée I : la construction du modèle IS-LM 367

10.1 Le marché des biens et la courbe IS 370
    10.1.1 *L'équilibre keynésien* 370
        A. La dépense prévue 370
        B. L'économie à l'équilibre 372
        C. La politique budgétaire et le multiplicateur : les dépenses publiques 374
        D. La politique budgétaire et le multiplicateur : les impôts 376
    10.1.2 *Le taux d'intérêt, l'investissement et la courbe IS* 380

        10.1.3 *Comment la politique budgétaire déplace la courbe IS* 382
  10.2 Le marché monétaire et la courbe LM 382
        10.2.1 *La théorie de la préférence pour la liquidité* 383
        10.2.2 *Le revenu, la demande de monnaie et la courbe LM* 387
        10.2.3 *Comment la politique monétaire déplace-t-elle la courbe LM ?* 389
  10.3 Conclusion : l'équilibre à court terme 390

CHAPITRE 11
La demande agrégée II : l'application du modèle IS-LM 395

  11.1 L'explication des fluctuations à l'aide du modèle IS-LM 396
        11.1.1 *Comment la politique budgétaire déplace la courbe IS et modifie l'équilibre de court terme* 397
            A. Les modifications des dépenses publiques 397
            B. Les modifications des recettes fiscales 398
        11.1.2 *Comment la politique monétaire déplace la courbe LM et modifie l'équilibre de court terme* 399
        11.1.3 *L'interaction entre les politiques monétaire et budgétaire* 401
        11.1.4 *Les chocs dans le modèle IS-LM* 404
        11.1.5 *Quel est l'instrument de la politique de la Fed : l'offre de monnaie ou le taux d'intérêt ?* 407
  11.2 Le cadre IS-LM en tant que théorie de la demande agrégée 408
        11.2.1 *Du modèle IS-LM à la courbe de demande agrégée* 408
        11.2.2 *Le modèle IS-LM à court et à long terme* 411
  11.3 La Grande Dépression 413
        11.3.1 *L'hypothèse de la dépense : chocs sur la courbe IS* 413
        11.3.2 *L'hypothèse monétaire : chocs sur la courbe LM* 415
        11.3.3 *En prolongeant l'hypothèse monétaire : les impacts de la baisse des prix* 416
            A. Les effets stabilisateurs de la déflation 417
            B. Les effets déstabilisateurs de la déflation 417
        11.3.4 *La Grande Dépression pourrait-elle se reproduire ?* 419
  11.4 Conclusion 425

CHAPITRE 12
L'économie ouverte revisitée : le modèle de Mundell-Fleming et les régimes de taux de change 431

  12.1 Le modèle de Mundell-Fleming 433
        12.1.1 *L'hypothèse centrale : une petite économie ouverte avec parfaite mobilité des capitaux* .. 433
        12.1.2 *Le marché des biens et services et la courbe IS** 434
        12.1.3 *Le marché monétaire et la courbe LM** 435
        12.1.4 *En assemblant les pièces du puzzle* 437

Table des matières **767**

12.2 La petite économie ouverte en régime de taux de change flottants 438
    12.2.1 La politique budgétaire 439
    12.2.2 La politique monétaire 440
    12.2.3 La politique commerciale 441
12.3 La petite économie ouverte en régime de taux de change fixes ... 443
    12.3.1 Le fonctionnement du système des taux de change fixes 444
    12.3.2 La politique budgétaire 446
    12.3.3 La politique monétaire 446
    12.3.4 La politique commerciale 449
    12.3.5 Les politiques économiques dans le modèle de Mundell-Fleming : une synthèse 450
12.4 Les différentiels de taux d'intérêt 450
    12.4.1 Le risque-pays et les anticipations de change 451
    12.4.2 Les différentiels de taux d'intérêt dans le modèle de Mundell-Fleming 451
12.5 Taux de change fixes ou taux de change flottants ? 457
    12.5.1 Avantages et inconvénients des divers systèmes de taux de change 457
    12.5.2 Attaques spéculatives, « Currency Boards » et dollarisation 459
    12.5.3 Le triangle d'incompatibilité (Impossible Trinity) 460
12.6 Du court terme au long terme : le modèle de Mundell-Fleming avec variation du niveau des prix 463
12.7 Pour conclure, un rappel 466

CHAPITRE 13
L'offre agrégée et l'arbitrage à court terme entre inflation et chômage 477

13.1 La théorie de base de l'offre agrégée 478
    13.1.1 Le modèle avec prix rigides 479
    13.1.2 Une théorie alternative : le modèle avec information imparfaite 482
    13.1.3 Synthèse et implications 485
13.2 Inflation, chômage et courbe de Phillips 487
    13.2.1 De la courbe d'offre agrégée à la courbe de Phillips 488
    13.2.2 Les anticipations adaptatives et l'inertie de l'inflation 490
    13.2.3 Les deux causes de l'accélération et de la décélération de l'inflation 491
    13.2.4 L'arbitrage à court terme entre inflation et chômage 494
    13.2.5 La désinflation et le coefficient de sacrifice 496
    13.2.6 Les anticipations rationnelles et la désinflation sans douleur 497
    13.2.7 L'hystérésis et la mise en question de l'hypothèse du taux naturel 501
13.3 Conclusion 502

Chapitre 14
Un modèle dynamique de l'offre et de la demande agrégées ... 511
14.1 Les éléments du modèle 513
    14.1.1 La production : la demande de biens et services 513
    14.1.2 Le taux d'intérêt réel : l'équation de Fisher 514
    14.1.3 L'inflation : la courbe de Phillips 515
    14.1.4 L'inflation anticipée : l'hypothèse des anticipations adaptatives 517
    14.1.5 Le taux d'intérêt nominal : l'instrument de la politique monétaire 517
14.2 La résolution du modèle 521
    14.2.1 L'équilibre de long terme 522
    14.2.2 La courbe d'offre agrégée dynamique 523
    14.2.3 La courbe de demande agrégée dynamique 525
    14.2.4 L'équilibre dans le court terme 527
14.3 L'utilisation du modèle 529
    14.3.1 La croissance économique à long terme 529
    14.3.2 Un choc sur l'offre agrégée 530
    14.3.3 Un choc sur la demande agrégée 534
    14.3.4 Un changement de la politique monétaire 536
14.4 Deux applications : leçons de politique monétaire 540
    14.4.1 L'arbitrage entre variabilité de la production et variabilité de l'inflation ... 540
    14.4.2 Le principe de Taylor 545
14.5 Conclusion : vers les modèles d'équilibre général dynamiques et stochastiques (DSGE) 548

PARTIE 5
LES DÉBATS DE POLITIQUE ÉCONOMIQUE ... 553

Chapitre 15
Les politiques de stabilisation ... 555
15.1 Les politiques économiques doivent-elles être actives ou passives ? 556
    15.1.1 Les retards dans la mise en œuvre et les impacts différés des politiques économiques 557
    15.1.2 La difficulté de prévoir l'évolution économique 559
    15.1.3 Ignorance, anticipations et critique de Lucas 562
    15.1.4 L'enseignement de l'histoire 563
15.2 La politique économique : règles ou discrétion ? 565
    15.2.1 La méfiance envers les responsables politiques et le processus politique 566

15.2.2 *L'incohérence dans le temps des politiques discrétionnaires* 567

15.2.3 *Les règles et la politique monétaire* 570

15.3 Conclusion : décider dans un univers dominé par l'incertitude 574

Chapitre 16
Dette publique et déficit budgétaire 581

16.1 La taille de la dette publique 582

16.2 Problèmes de mesure 587

16.2.1 *Problème de mesure n° 1 : l'inflation* 587

16.2.2 *Problème de mesure n° 2 : les actifs immobilisés de l'État* 588

16.2.3 *Problème de mesure n° 3 : les engagements non pris en compte* ... 589

16.2.4 *Problème de mesure n° 4 : le cycle conjoncturel* 592

16.2.5 *En synthèse* 592

16.3 L'approche traditionnelle de la dette publique 593

16.4 L'approche ricardienne de la dette publique 596

16.4.1 *La logique de base de l'équivalence ricardienne* 596

16.4.2 *Les consommateurs et les impôts futurs* 598

    A. La myopie 598

    B. Les restrictions de crédit 598

    C. Les générations futures 600

16.4.3 *Un choix difficile* 602

16.5 Autres considérations relatives à la dette publique 604

16.5.1 *Budgets équilibrés et politique budgétaire optimale* 604

    A. Stabilisation 604

    B. Lissage fiscal 604

    C. Redistribution intergénérationnelle 605

16.5.2 *Les effets sur la politique monétaire* 605

16.5.3 *La dette et les processus politiques* 606

16.5.4 *La dimension internationale* 607

16.6 Conclusion 610

PARTIE 6
LES FONDEMENTS MICROÉCONOMIQUES DE LA MACROÉCONOMIE 613

CHAPITRE 17
La consommation 615

17.1 John Maynard Keynes et la fonction de consommation 616
    17.1.1 *Les hypothèses de Keynes quant à la fonction de consommation* 617
    17.1.2 *Les premiers succès empiriques* 619
    17.1.3 *La stagnation séculaire, Simon Kuznets, et l'énigme de la consommation* 619

17.2 Irving Fisher et le choix intertemporel 621
    17.2.1 *La contrainte budgétaire intertemporelle* 622
    17.2.2 *Les préférences du consommateur* 625
    17.2.3 *L'optimisation* 627
    17.2.4 *L'impact des variations du revenu sur la consommation* 628
    17.2.5 *L'impact des variations du taux d'intérêt réel sur la consommation* 629
    17.2.6 *Les contraintes affectant l'emprunt* 631

17.3 Franco Modigliani et l'hypothèse du cycle de vie 633
    17.3.1 *L'hypothèse du cycle de vie* 633
    17.3.2 *Les implications de l'hypothèse du cycle de vie* 634

17.4 Milton Friedman et l'hypothèse du revenu permanent 638
    17.4.1 *L'hypothèse du revenu permanent* 638
    17.4.2 *Les implications de l'hypothèse du revenu permanent* 639

17.5 Robert Hall et l'hypothèse de la marche au hasard 641
    17.5.1 *L'hypothèse de la marche au hasard* 641
    17.5.2 *Les implications de l'hypothèse de la marche au hasard* 642

17.6 David Laibson et la pression de la gratification immédiate 644

17.7 Conclusion 647

CHAPITRE 18
L'investissement 651

18.1 L'investissement fixe des entreprises 653
    18.1.1 *Le loyer du capital* 654
    18.1.2 *Le coût du capital* 655
    18.1.3 *Les déterminants de l'investissement* 657
    18.1.4 *Les impôts et l'investissement* 660
    18.1.5 *Le marché boursier et le q de Tobin* 661

	18.1.6	Opinions alternatives de la Bourse : l'hypothèse des marchés efficients versus le concours de beauté de Keynes	664
	18.1.7	Les contraintes de financement	666
	18.1.8	Les crises bancaires et le rationnement du crédit	667
18.2	L'investissement résidentiel		669
	18.2.1	L'équilibre du stock et l'offre de flux	669
	18.2.2	Les variations de la demande de logements	670
18.3	L'investissement en stocks		673
	18.3.1	Pourquoi détient-on des stocks ?	673
	18.3.2	Investissement en stocks, taux d'intérêt réel et conditions de crédit	674
18.4	Conclusion		674

CHAPITRE 19
L'offre de monnaie, la demande de monnaie et le système bancaire ... 679

19.1	L'offre de monnaie		680
	19.1.1	Le système bancaire avec réserves intégrales	681
	19.1.2	Le système bancaire avec réserves fractionnaires	682
	19.1.3	Un modèle de l'offre de monnaie	684
	19.1.4	Les trois instruments de la politique monétaire	686
	19.1.5	Capitaux propres, effet de levier et fonds propres réglementaires	689
19.2	La demande de monnaie		691
	19.2.1	Les théories de la demande de monnaie basées sur la gestion du portefeuille	691
	19.2.2	Les théories de la demande de monnaie basées sur la gestion des transactions	694
	19.2.3	Le modèle de la gestion des liquidités de Baumol-Tobin	694
	19.2.4	L'innovation financière, la quasi-monnaie et les agrégats monétaires	699
19.3	Conclusion		700

Épilogue ... 705
Ce que nous savons, ce que nous ne savons pas encore ... 705

1	Les quatre principaux enseignements de la macroéconomie		705
	1.1	Enseignement n° 1 : à long terme, la capacité d'un pays à produire des biens et des services détermine le niveau de vie de ses citoyens	706
	1.2	Enseignement n° 2 : à court terme, la demande agrégée influence la quantité de biens et services que produit un pays	706
	1.3	Enseignement n° 3 : à long terme, le taux de croissance monétaire détermine le taux d'inflation, mais n'affecte en rien le taux de chômage	707
	1.4	Enseignement n° 4 : à court terme, les responsables des politiques monétaire et budgétaire sont confrontés à un arbitrage entre inflation et chômage	708

2   Les quatre principales questions non résolues
    de la macroéconomie 708
    2.1   Question n° 1 : comment les responsables politiques doivent-ils s'efforcer d'accroître
          le taux naturel de production de l'économie ? 708
    2.2   Question n° 2 : les responsables politiques doivent-ils s'efforcer de stabiliser
          l'économie ? 710
    2.3   Question n° 3 : quels sont les coûts respectifs de l'inflation et de la désinflation ? 711
    2.4   Question n° 4 : dans quelle mesure les déficits budgétaires de l'État font-ils problème ? .. 712
3   Conclusion 713

Glossaire 715

Index 737

OUVERTURES ◀▶ ÉCONOMIQUES

ALLEGRET J.-P., LE MERRER P., *Économie de la mondialisation. Opportunités et fractures*

AMELON J.-L., CARDEBAT J.-M., *Les nouveaux défis de l'internationalisation. Quel développement international pour les entreprises après la crise ?*

ANDERSON R. D., SWEENEY J. D., WILLIAMS A. TH., *Statistiques pour l'économie et la gestion*. 3ᵉ édition
   Traduction de la 5ᵉ édition américaine par Cl. Borsenberger

BÉNASSY-QUÉRÉ A., CŒURÉ B., JACQUET P., PISANI-FERRY J., *Politique économique*. 2ᵉ édition

BEREND IVAN T., *Histoire économique de l'Europe du XXᵉ siècle*
   traduction de la 1ʳᵉ édition anglaise par Amandine Nguyen

BERGSTROM T., VARIAN H., *Exercices de microéconomie - 1. Premier cycle. Notions fondamentales*. 3ᵉ édition
   traduction de la 5ᵉ édition américaine par A. Marciano

BERGSTROM T., VARIAN H., *Exercices de microéconomie - 2. Premier cycle et spécialisation*. 2ᵉ édition française
   traduction de la 5ᵉ édition américaine par J.-M. Baland, S. Labenne et Ph. Van Kerm
   avec la collaboration scientifique d'A. Marciano.

BISMANS F., *Mathématiques pour l'économie - Volume 1. Fonctions d'une variable réelle*

BOUTILLIER S., PEAUCELLE I., UZUNIDIS D., *L'économie russe depuis 1990*

BURDA M., WYPLOSZ C., *Macroéconomie. À l'échelle européenne*. 5ᵉ édition
   traduction de la 5ᵉ édition anglaise par Stanislas Standaert

CADORET I., BENJAMIN C., MARTIN F., HERRARD N., TANGUY S., *Économétrie appliquée*. 2ᵉ édition
   Méthodes, Applications, Corrigés

CAHUC P., ZYLBERBERG A., *Le marché du travail*

CAHUC P., ZYLBERBERG A., *Économie du travail. La formation des salaires et les déterminants du chômage*

CARLTON D. W., PERLOFF J. M., *Économie industrielle*, traduction de la 2ᵉ édition américaine par F. Mazerolle.
   2ᵉ édition

CARTELIER J., *L'économie de Keynes*

CAVES R.E., FRANKEL J. A., JONES R. W., *Commerce international et paiements*,
   traduction de la 9ᵉ édition américaine par M. Chiroleu-Assouline

CAYATTE J.-L., *Introduction à l'économie de l'incertitude*

COLLECTIF, *Économie sociale. Enjeux conceptuels, insertion par le travail et services de proximité*

COMMISSARIAT GÉNÉRAL DU PLAN, *L'intégration régionale.*
   Une nouvelle voie pour l'organisation de l'économie mondiale ?

CORNET B. et TULKENS H. (Éds), *Modélisation et décisions économiques*

CÔTÉ D., *Les holdings coopératifs. Évolution ou transformation définitive ?*

CRÉPON B., JACQUEMET N., *Économétrie : méthode et applications*

CUTHBERTSON K., *Économie financière quantitative. Actions, obligations et taux de change*,
   traduction de la 1ʳᵉ édition anglaise par C. Puibasset

DARREAU Ph., *Croissance et politique économique*

DEFFAINS B., LANGLAIS É., *Analyse économique du droit. Principes, méthodes, résultats*

DEFOURNY J., *Démocratie coopérative et efficacité économique. La performance comparée des SCOP françaises*

DEFOURNY J., DEVELTERE P., FONTENEAU B. (Éds), *L'économie sociale au Nord et au Sud*

DEFOURNY J., MONZON CAMPOS J.L. (Éds), *Économie sociale/The Third Sector. Entre économie capitaliste et économie publique/Cooperative Mutual and Non-profit Organizations*

DE GRAUWE P., *Économie de l'intégration monétaire*, traduction de la 3ᵉ édition anglaise par M. Donnay

DE GRAUWE P., *La monnaie internationale. Théories et perspectives*, traduction de la 2ᵉ édition anglaise par M.-A. Sénégas

DE KERCHOVE A.-M., GEELS TH., VAN STEENBERGHE V., *Questions à choix multiple d'économie politique*. 3ᵉ édition

DE MELO J., GRETHER J.-M., *Commerce international. Théories et applications*

DEVELTERE P., *Économie sociale et développement. Les coopératives, mutuelles et associations dans les pays en voie de développement*

DRÈZE J., *Pour l'emploi, la croissance et l'Europe*

DUPRIEZ P., OST C., HAMAIDE C., VAN DROOGENBROECK N., *L'économie en mouvement. Outils d'analyse de la conjoncture*. 2ᵉ édition

ESCH L., *Mathématique pour économistes et gestionnaires*. 4ᵉ édition

ESSAMA-NSSAH B., *Inégalité, pauvreté et bien-être social. Fondements analytiques et normatifs*

GAZON J., *Politique industrielle et industrie Volume 1. Controverses théoriques. Aspects légaux et méthodologie*

GILLIS M. et al., *Économie du développement*, traduction de la 4ᵉ édition américaine par B. Baron-Renault

GOMEZ P.-Y., KORINE HARRY, *L'entreprise dans la démocratie, Une théorie politique du gouvernement des entreprises*

GUJARATI D. N., *Économétrie*, traduction de la 4ᵉ édition américaine par B. Bernier

HARRISON A., DALKIRAN E., ELSEY E., *Business international et mondialisation. Vers une nouvelle Europe*

HIRSHLEIFER J., GLAZER A., HIRSHLEIFER D., *Microéconomie : théories et applications. Décision, marché, formation des prix et répartition des revenus*

HEERTJE A., PIERETTI P., BARTHÉLEMY PH., *Principes d'économie politique*. 4ᵉ édition

JACQUEMIN A., TULKENS H., MERCIER P., *Fondements d'économie politique*. 3ᵉ édition

JACQUEMIN A., PENCH L. R. (Éds), *Pour une compétitivité européenne. Rapports du Groupe Consultatif sur la Compétitivité*

JALLADEAU J., *Introduction à la macroéconomie. Modélisations de base et redéploiements théoriques contemporains*. 2ᵉ édition

JALLADEAU J., DORBAIRE P., *Initiation pratique à la macroéconomie. Études de cas, exercices et QCM*. 2ᵉ édition

JASKOLD GABSZEWICZ J., *Théorie microéconomique*. 2ᵉ édition

JONES CH. I., *Théorie de la croissance endogène*, traduction de la 1ʳᵉ édition américaine par F. Mazerolle

JURION B., *Économie politique*. 3ᵉ édition

JURION B., LECLERCQ A., *Exercices d'économie politique*

KOHLI U., *Analyse macroéconomique*

KRUGMAN P. R. et OBSTFELD M., *Économie internationale*. 4ᵉ édition traduction de la 6ᵉ édition américaine par A. Hannequart et F. Leloup

KRUGMAN P., *L'économie auto-organisatrice*, traduction de la 1ʳᵉ édition américaine par F. Leloup. 2ᵉ édition

KRUGMAN P., Wells R. *Macroéconomie*, traduction de la 2ᵉ édition américaine par L. Baechler

KRUGMAN P., Wells R., *Microéconomie*, traduction de la 2ᵉ édition américaine par L. Baechler

LANDAIS B., *Leçons de politique budgétaire*

LANDAIS B., *Leçons de politique monétaire*

LECAILLON J.-D., LE PAGE J.-M., OTTAVJ CHR., *Économie contemporaine. Analyses et diagnostics.* 2ᵉ édition

LEMOINE M., MADIÈS P., MADIÈS T., *Les grandes questions d'économie et finance internationales. Décoder l'actualité*

LEROUX A., MARCIANO A., *Traité de philosophie économique*

LESUEUR J.-Y., SABATIER M., *Microéconomie de l'emploi. Théories et applications*

LÖWENTHAL P., *Une économie politique*

MANKIW G. N., *Macroéconomie*, traduction de la 7ᵉ édition américaine par Jihad C. El Naboulsi. 5ᵉ édition

MANKIW G. N., TAYLOR M. P., *Principes de l'économie*, traduction d'Élise Tosi

MANSFIELD E., *Économie managériale. Théorie et applications,* traduction et adaptation de la 4ᵉ édition américaine par B. Jérôme

MASSÉ G., THIBAUT FR., *Intelligence économique. Un guide pour une économie de l'intelligence*

MARCIANO A., *Éthiques de l'économie. Introduction à l'étude des idées économiques*

MILGROM P., ROBERTS J., *Économie, organisation et management*

MONNIER L., THIRY B. (Éds), *Mutations structurelles et intérêt général. Vers quels nouveaux paradigmes pour l'économie publique, sociale et coopérative ?*

NORRO M., *Économies africaines. Analyse économique de l'Afrique subsaharienne.* 2ᵉ édition

PERKINS D. H., RADELET S., LINDAUER D. L., *Économie du développement.* 3ᵉ édition

PROMEURO, *L'Euro pour l'Europe. Des monnaies nationales à la monnaie européenne.* 2ᵉ édition

RASMUSEN E., *Jeux et information. Introduction à la théorie des jeux,* traduction de la 3ᵉ édition anglaise par F. Bismans

SALVATORE D. C., *Économie internationale,* traduction de la de la 9ᵉ édition américaine par Fabienne Leloup et Achille Hannequart

SHAPIRO C., VARIAN H. R., *Économie de l'information. Guide stratégique de l'économie des réseaux,* traduction de la 1ʳᵉ édition américaine par F. Mazerolle

SIMON C. P., BLUME L., *Mathématiques pour économistes,* traduction de la 1ʳᵉ édition américaine par G. Dufrenot, O. Ferrier, M. Paul, A. Pirotte, B. Planes et M. Seris

SINN G., SINN H. W., *Démarrage à froid. Une analyse des aspects économiques de l'unification allemande,* traduction de la 3ᵉ édition allemande par C. Laurent

STIGLITZ J. E., WALSH C. E., Lafay J.-D., *Principes d'économie moderne.* 3ᵉ édition, traduction de la 3ᵉ édition américaine par F. Mayer

SZPIRO D., *Économie monétaire et financière.*

VARIAN H., *Introduction à la microéconomie.* 6ᵉ édition, traduction de la 7ᵉ édition américaine par B. Thiry

VARIAN H., *Analyse microéconomique*, traduction de la 3ᵉ édition américaine par J.-M. Hommet. 2ᵉ édition

VAN DER LINDEN B. (Éd.), *Chômage. Réduire la fracture*

WICKENS M., *Analyse macroéconomique approfondie. Une approche par l'équilibre général dynamique*

ZÉVI A., MONZÓN CAMPOS J.-L., *Coopératives, marchés, principes coopératifs*